BONNER JAHRBÜCHER

des
LVR-Landesmuseums Bonn
und des
LVR-Amtes für Bodendenkmalpflege im Rheinland
sowie des
Vereins von Altertumsfreunden im Rheinlande

BAND 207

2007

VERLAG PHILIPP VON ZABERN · MAINZ AM RHEIN

Gedruckt mit Mitteln des Ministeriums für Bauen und Verkehr des Landes Nordrhein-Westfalen, des Landschaftsverbandes Rheinland (LVR) und des Vereins von Altertumsfreunden im Rheinlande.

VIII und 484 Seiten mit 70 Abbildungen, davon 1 farbig, sowie 24 Tafeln, davon 1 farbig.

Es gelten die Regeln nach www.av-rheinland.de/BonnerJb.htm. Zu beachten sind insbesondere die dort eingestellten Grundsätze nach den ›Berichten der Römisch-Germanischen Kommission‹ Band 71, 1990, und zwar im Sinne der geisteswissenschaftlichen Zitierweise mit Titelschlagwort. Ferner finden Anwendung die ebenfalls eingebundenen Siglen für Periodika nach derselben Zeitschrift Band 73, 1992, sowie die desgleichen erschlossenen Kürzel der antiken Quellen nach ›Der Neue Pauly‹. Weitere Abkürzungen zu Beginn der Berichte in diesem Band.

Redaktion: Olaf Dräger

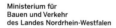   

ISSN 0938-9334
ISBN 978-3-8053-4064-9

Copyright 2009 LVR-Landesmuseum Bonn, LVR-Amt für Bodendenkmalpflege im Rheinland und Verein von Altertumsfreunden im Rheinlande sowie Verlag Philipp von Zabern.
Alle Rechte vorbehalten.
Gedruckt auf alterungsbeständigem Papier mit neutralem pH-Wert.
Printed in Germany.

Inhalt

Aufsätze

1 *Hermann Ament*
  Kurt Böhner

5 *Dieter Timpe*
  Mitteleuropa in den Augen der Römer

33 *Hans-Eckart Joachim*
  Die Datierung der jüngerlatènezeitlichen Siedlung
  von Niederzier-Hambach im Kreis Düren

75 *David Engels*
  Die politische Geschichte des Hauran in hellenistischer Zeit

103 *Paul Gleirscher*
  Zur antiken Bebauung auf dem Gipfel des Magdalensbergs
  Zwischen Oppidum, Königsburg und Heiligtum

121 *Ronald Knöchlein*
  Die Georgskapelle bei Heidesheim
  Zu einigen topographischen Zusammenhängen zwischen
  antiker und nachantiker Besiedlung des ländlichen Raums
  an der Nordwestgrenze des Römerreiches

211 *Raymund Gottschalk*
  Zur spätrömischen Grabkultur im Kölner Umland
  Zwei Bestattungsareale in Hürth-Hermülheim
  Erster Teil. Die Gräber und ihre Befunde

Berichte

301 *Archäologischer Park Xanten*
  Untersuchungen in der Colonia Ulpia Traiana 2004

307 *Archäologischer Park Xanten*
  Untersuchungen in der Colonia Ulpia Traiana 2005

315 *Rheinisches Amt für Bodendenkmalpflege*
Ausgrabungen, Funde und Befunde 2005

351 *Rheinisches Landesmuseum Bonn*
Bericht der Direktion für das Jahr 2006

357 *Rheinisches Amt für Bodendenkmalpflege*
Bericht der Amtsleitung für das Jahr 2005

361 *Verein von Altertumsfreunden im Rheinlande*
Bericht über die Tätigkeit im Jahre 2006

Besprechungen

Vorgeschichte

363 Oliver Rück, Neue Aspekte und Modelle in der Siedlungsforschung zur Bandkeramik. Die Siedlung Weisweiler 111 auf der Aldenhovener Platte, Kr[eis] Düren *(Pieter van de Velde)*

366 Pierre Allard, L'industrie lithique des populations rubanées du Nord-Est de la France et de la Belgique *(Werner Schön)*

367 Thomas Zimmermann, Die ältesten kupferzeitlichen Bestattungen mit Dolchbeigabe. Archäologische Untersuchungen in ausgewählten Modellregionen Alteuropas *(Heidi Peter-Röcher)*

369 Klaus Kilian (†), Die handgemachte geglättete Keramik mykenischer Zeitstellung. Tiryns, Forschungen und Berichte XV *(Karl Reber)*

371 Cornelia Schütz, Das urnenfelderzeitliche Gräberfeld von Zuchering-Ost, Stadt Ingolstadt *(Hans-Eckart Joachim)*

371 Ursula Putz, Früheisenzeitliche Prunkgräber in Ober- und Mittelitalien. Archäologische Forschungen zur Entstehung temporärer Eliten *(Beat Schweizer)*

376 Claudia Tappert, Die Gefäßkeramik der latènezeitlichen Siedlung Straubing-Bajuwarenstraße *(Hans-Eckart Joachim)*

377 Jan Schuster, Herzsprung. Eine kaiserzeitliche bis völkerwanderungszeitliche Siedlung in der Uckermark *(Johanna Brather)*

Klassische Archäologie

381 Volker Michael Strocka (Hrsg.), Meisterwerke. Internationales Symposion anläßlich des 150. Geburtstag von Adolf Furtwängler *(Carlo Gasparri)*

384 Christian Frevel und Henner von Hesberg (Hrsg.), Kult und Kommunikation. Medien in Heiligtümern der Antike *(Ioannis Mylonopoulos)*

387 Ulrike Muss (Hrsg.), Die Archäologie der ephesischen Artemis. Gestalt und Ritual eines Heiligtums *(Anja Slawisch)*

390 Clemente Marconi, Temple Decoration and Cultural Identity in the Archaic Greek World. The Metopes from Selinus *(Erik Østby)*

393 Dirk Piekarski, Anonyme griechische Porträts des 4. Jhs. v. Chr. Chronologie und Typologie *(Harald Schulze)*

400 Valia Schild-Xenidou, Corpus der boiotischen Grab- und Weihreliefs des 6. bis 4. Jahrhunderts v. Chr. *(Carol Lawton)*

402 Max Kunze, Griechische und römische Bronzen. Meisterwerke antiker Bronzen und Metallarbeiten aus der Sammlung Borowski I *(Ute Klatt)*

407 Carina Weiss, Die antiken Gemmen der Sammlung Heinrich Dressel in der Antikensammlung Berlin *(John Boardman)*

407 Ann Steiner, Reading Greek Vases *(John H. Oakley)*

410 Stefan Schmidt, Rhetorische Bilder auf attischen Vasen. Visuelle Kommunikation im 5. Jahrhundert v. Chr. *(Alan Shapiro)*

413 Claudio Gallazzi, Bärbel Kramer und Salvatore Settis (Hrsg.), Il Papiro di Artemidoro *(Harald Mielsch)*

Rom und Provinzen

416 José María Blázquez, Arte y Religión en el Mediterráneo Antiguo *(José d'Encarnação)*

417 Brigitte Ruck, Die Großen dieser Welt. Kolossalporträts im antiken Rom *(Susan Wood)*

419 Wolfgang Ehrhardt, Casa delle Nozze d'argento (V 2, i). Häuser in Pompeji XII *(Thomas Fröhlich)*

423 Michele Borgongino, Archeobotanica. Reperti vegetali da Pompei e dal territorio vesuviano *(Manfred Rösch)*

424 Maria R[adnoti]-Alföldi, Die Fundmünzen der römischen Zeit in Deutschland. Abteilung IV: Rheinland-Pfalz, Band 3: Stadt und Reg[ierungs]bez[irk] Trier, Teilbände IV–VI *(Peter Ilisch)*

425 Holger Komnick, Johannes Heinrichs und Bernd Päffgen, Die Fundmünzen der römischen Zeit in Deutschland. Abteilung IV: Nordrhein-Westfalen, Band 2: Reg[ierungs]bez[irk] Aachen, Teilband 1 *(Richard Reece)*

428 Stefan Groh und Helga Sedlmayer, Forschungen im Vicus Ost von Mautern-Favianis. Die Grabungen der Jahre 1997–1999 *(Michael Erdrich)*

432 Gaële Féret und Richard Sylvestre, Les graffiti sur céramique d'Augusta Raurica *(Marcus Reuter)*

433 Michaela Konrad, Die Ausgrabungen unter dem Niedermünster zu Regensburg II. Bauten und Funde der römischen Zeit. Auswertung *(Günther Moosbauer)*

435 Ulrike Ehmig, Die römischen Amphoren im Umland von Mainz *(Pedro Paulo A. Funari)*

437 Bernd Bienert, Die römischen Bronzegefäße im Rheinischen Landesmuseum Trier *(Joachim Gorecki)*

441 Johan Nicolay, Armed Batavians. Uses and Significance of Weaponry and Horse Gear from Non-Military Contexts in the Rhine Delta *(Richard Hingley)*

442 Karl-Heinz Lenz, Römische Waffen, militärische Ausrüstung und militärische Befunde aus dem Stadtgebiet der Colonia Ulpia Traiana *(Christof Flügel)*

443 Walter Melzer und Torsten Capelle (Hrsg.), Bleibergbau und Bleiverarbeitung während der römischen Kaiserzeit im rechtsrheinischen Barbaricum *(Gerd Weisgerber)*

447 Felix Teichner, Entre tierra y mar. Zwischen Land und Meer. Architektur und Wirtschaftsweise ländlicher Siedlungsplätze im Süden der römischen Provinz Lusitanien *(Markus Trunk)*

449 Michael Mackensen, Militärlager oder Marmorwerkstätten. Neue Untersuchungen im Ostbereich des Arbeits- und Steinbruchlagers von Simitthus/Chemtou. Simitthus III *(Alfred M. Hirt)*

451 Fahri Işık, Girlanden-Sarkophage aus Aphrodisias *(Stephanie Böhm)*

454 Winfried Held, Gergakome. Ein ›altehrwürdiges‹ Heiligtum im kaiserzeitlichen Kleinasien *(Peter Ruggendorfer)*

457 Martin Steskal und Martino La Torre, Das Vediusgymnasium in Ephesos. Archäologie und Baubefund *(Günther Stanzl)*

460 Tønnes Bekker-Nielsen (Hrsg.), Ancient Fishing and Fish Processing in the Black Sea Region *(Marcus Heinrich Hermanns)*

Alte Geschichte

465 Klaus Fittschen (Hrsg.), Historische Landeskunde und Epigraphik in Griechenland. Akten des Symposiums veranstaltet aus Anlaß des 100. Todestages von H. G. Lolling (1848–1894) in Athen vom 28. bis zum 30. 9. 1994 *(Kai Brodersen)*

467 Anna-Maria Wittke, Eckart Olshausen und Richard Szydlak, Historischer Atlas der antiken Welt. Der Neue Pauly. Supplement III *(Wolfgang Moschek)*

468 Paul Veyne, Die griechisch-römische Religion. Kult, Frömmigkeit und Moral *(Jörg Rüpke)*

469 Otto Hiltbrunner, Gastfreundschaft in der Antike und im frühen Christentum *(Elke Stein-Hölkeskamp)*

471 Joachim Losehand, Die letzten Tage des Pompeius. Von Pharsalos bis Pelusion *(Krešimir Matijević)*

474 Bernhard Laubach, Lateinische Spruchregeln zum Unterhaltsrecht *(Thomas Rüfner)*

476 Wolfgang Szaivert und Reinhard Wolters, Löhne, Preise, Werte. Quellen zur römischen Geldwirtschaft *(Ruprecht Ziegler)*

477 Barbara Burrell, Neokoroi. Greek Cities and Roman Emperors *(Jens Bartels)*

Spätantike, Frühes Mittelalter und Mittelalter

478 Joachim Henning (Hrsg.), Post-Roman Towns. Trade and Settlement in Europe and Byzantium *(Richard Hodges)*

480 Gunnar Brands und Hans-Georg Severin (Hrsg.), Die spätantike Stadt und ihre Christianisierung *(Bernd Päffgen)*

Nachleben der Antike

482 Klaus Fittschen, Die Bildnisgalerie in Herrenhausen bei Hannover. Zur Rezeptions- und Sammlungsgeschichte antiker Porträts *(Charlotte Schreiter)*

Aufsätze

Kurt Böhner

Ein Nachruf von Hermann Ament

Am 31. Mai 2007 ist Kurt Böhner, ehemals Direktor des Rheinischen Landesmuseums Bonn, in seinem dreiundneunzigsten Lebensjahr in Dinkelsbühl verstorben. Er wurde am 9. Juni 2007 auf dem Friedhof von Ehingen am Ries, dem Wohnsitz seiner letzten Jahre, unter großer Anteilnahme von Verwandten, Freunden und Fachgenossen beigesetzt.

Am 29. November 1914 wurde Kurt Böhner in Halberstadt geboren. Im Jahr 1925 zog die Familie nach Kaiserslautern um, wo Böhner fortan das humanistische Gymnasium besuchte. Nach dem dort bestandenen Abitur studierte er in den Jahren 1933 bis 1939 Vor- und Frühgeschichte, Klassische Archäologie und Mittellateinische Philologie an den Universitäten Erlangen und München. Mit der Promotion im Jahre 1940 schloss der zu diesem Zeitpunkt bereits im Felde Stehende sein Studium ab.

Mit der Wahl des Themas der Dissertation »Die fränkischen Funde des Regierungsbezirks Trier« hatte Kurt Böhner den ersten Kontakt zur Archäologie des Rheinlandes geknüpft. Er beteiligte sich damit maßgeblich an einem vom damaligen Direktor des Rheinischen Landesmuseums Bonn, Franz Oelmann, seit 1934 betriebenen Dokumentationsunternehmen, das bis heute unter dem Schlagwort »Frankenkatalog« bekannt ist, an der Erfassung nämlich sämtlicher merowingerzeitlicher Funde aus dem Rheinland in deutschen Museen, und zwar in Gestalt einer großen Kartei. Unter den Maßgaben dieses Projektes hat er die einschlägigen Bestände des Rheinischen Landesmuseums Trier erfasst; die von ihm erstellten Scheden bilden noch immer einen integrierenden Bestandteil der bis heute in Bonn verwahrten Kartothek. Das Trierer Material war zugleich die Grundlage für seine Dissertation. Diese wurde von Hans Zeiß betreut, der seit 1935 als Ordinarius für Vor- und Frühgeschichte an der Universität München wirkte.

Schon bei Kriegsbeginn 1939 wurde Kurt Böhner zum Wehrdienst eingezogen. Er absolvierte ihn bei der bespannten Artillerie; von seinen Erfahrungen dort mit Mensch und Tier hat er später noch oft erzählt. An der Ostfront wurde er 1943 schwer verwundet und deshalb aus dem Heeresdienst entlassen. Nach kurzer Rekonvaleszenz trat er noch im gleichen Jahr als wissenschaftlicher Hilfsarbeiter in den Dienst des Rheinischen Landesmuseums Bonn. Dies war der Beginn einer fünfzehnjährigen Tätigkeit in diesem Haus. Es liegt auf der Hand, dass bis Ende des Krieges vor allem die Sicherung und Bewahrung der Bausubstanz des Museums und seiner Sammlungsbestände den Alltag der wenigen verbliebenen Museumsbediensteten bestimmte.

Mit dem Jahr 1945 begann dann die lange und mühsame Phase des Wiederaufbaus, an welcher der 1944 zum Direktorialassistenten ernannte Kurt Böhner von Anfang an wesentlichen Anteil hatte. So oblag ihm die Neuaufstellung der frühmittelalterlichen Altertümer innerhalb der Schausammlung, die im September 1952 wieder der Öffentlichkeit zugänglich gemacht wurde. Der erste Nachkriegsband der Bonner Jahrbücher (Nummer 148, 1948) enthält eine ganze Palette von wissenschaftlichen Beiträgen aus seiner Feder, nicht nur eine grundlegende Abhandlung über einen Schlüsselfund aus der Merowingerzeit (»Das Langschwert des Frankenkönigs Childerich«, S. 218–248), sondern auch zwei Rezensionen, einen Grabungsbericht (»Das fränkische Gräberfeld in Euskirchen«, S. 448–452), und dem Kenner kann nicht verborgen bleiben, dass der Aufsatz von Albert Steeger über den fränkischen Friedhof in Rill bei Xanten (S. 249–298) in seiner typologischen Terminologie und in der Chronologie deutlich die Handschrift des Redaktors Böhner verrät.

Als Nachfolger des 1954 verstorbenen Eduard Neuffer wurde Kurt Böhner im Juni 1955 zunächst kommissarisch, ein Jahr später endgültig zum Direktor des Rheinischen Landesmuseums Bonn ernannt. Zugleich betreute er als »Staatlicher Vertrauensmann für kulturgeschichtliche Bodenaltertümer«, auch die Archäologische Denkmalpflege im Rheinland. Gleich am Anfang seiner Zeit als Leiter von Museum und Denkmalpflege stand die Entdeckung des fränkischen Fürstengrabes auf dem Kirchberg von Morken, welches im Herbst 1955 in einer Sonderausstellung der Öffentlichkeit präsentiert werden konnte. Umfassend publiziert wurde es von Kurt Böhner in jenem 1958 anlässlich des internationalen Prähistorikerkongresses in Hamburg erschienenen Sammelbandes »Neue Ausgrabungen in Deutschland«, der eine eindrucksvolle Bilanz der archäologischen Forschung in Deutschland während der unmittelbar an den Zweiten Weltkrieg anschließenden Phase ziehen konnte – auch und gerade unter Einschluss der archäologischen Forschungen im Rheinland. Gehörte jenes Frankengrab aus Morken in die jüngeren Epochen der vom Bonner Landesmuseum abgedeckten Zeitskala, so stand an deren Anfang der frühe Menschenfund aus dem Neandertal bei Düsseldorf: An dessen Auffindung hundert Jahre zuvor erinnerte eine Sonderausstellung »Eiszeitmenschen am Rhein« im Sommer 1957.

Neufunde und Forschungsinitiativen überall, Wiederaufbau des Museumsgebäudes, Erweiterung des Personalbestandes – noch in dieser ungemein fruchtbaren und zukunftsweisenden Entwicklungsphase verließ Kurt Böhner das Bonner Landesmuseum 1958, um die Stelle des Direktors, später diejenige des Generaldirektors am Römisch-Germanischen Zentralmuseum in Mainz anzutreten. Dort entfaltete er bis zum Eintritt in den Ruhestand im Jahr 1981 eine nicht minder lebhafte und wirkungsvolle Tätigkeit. Er war anerkanntermaßen einer der Exponenten der vor- und frühgeschichtlichen Archäologie in Deutschland, war lange Jahre Vorsitzender des West- und Süddeutschen Verbandes für Altertumsforschung, war Mitglied in den Gremien des Deutschen Archäologischen Instituts, der Römisch-Germanischen Kommission, der Deutschen Forschungsgemeinschaft, der Akademie der Wissenschaften und Literatur in Mainz und etlichen anderen Vereinigungen. An der Universität Mainz entfaltete er eine fruchtbare Tätigkeit als Honorarprofessor, er wirkte in vielerlei Weise anregend, koordinierend und ausgleichend innerhalb des Faches in Deutschland und verhalf ihm durch seine zahlreichen Auslandskontakte zu internationalem Ansehen.

Gleichwohl verlor er auch von Mainz aus das Interesse an der archäologischen Forschung im Rheinland nicht. Die Herausgeberschaft der noch während seines Direktorats in Bonn begründeten Publikationsreihe »Die fränkischen Altertümer des Rheinlandes«, der Serie B im Rahmen der »Germanischen Denkmäler der Völkerwanderungszeit«, übte er bis zu ihrem letzten und zwanzigsten, 2006 erschienenen Band aktiv aus. Zu seinen letzten Veröffentlichungen überhaupt zählen Beiträge über die im Rheinischen Landesmuseum Bonn verwahrten Grabdenkmäler von Moselkern und Niederdollendorf im Reallexikon der Germanischen Altertumskunde von 2002. Auch als er das Feld seiner wissenschaftlichen Betätigung längst auf Deutschland und Europa ausgedehnt hatte, hat er seine Wurzeln im Rheinland nie verleugnet. Dort wird man ihm ein ehrendes und dankbares Andenken bewahren.

Eine ausführliche Würdigung mit dem Schriftenverzeichnis des Geehrten erscheint im Jahrbuch der Römisch-Germanischen Zentralmuseums Mainz.

Dieter Timpe

Mitteleuropa in den Augen der Römer

Wie hat die römische Antike Mitteleuropa angesehen und erlebt? Was haben die Römer, sofern man deren Sichtweisen überhaupt pauschal zusammenfassen darf, vom Lande nördlich der Alpen gewusst und gedacht? Woher stammten ihr Wissen und ihre Annahmen über den Norden, und wie haben sie das Denken, Empfinden und Verhalten gegenüber diesem Raum und seinen Bewohnern geprägt? Auf diese Fragen kann es eine einfache Antwort nicht geben: Die Begegnung mit Land und Leuten erweiterte naturgemäß die Kenntnisse und veränderte die Anschauungen über den mitteleuropäischen Norden. Sie waren deshalb andere, als die Wanderungen der Kimbern nach der fernen Ursache der unheimlichen Invasion forschen ließen, und andere, als die Feldzüge unter Augustus und Tiberius Einwohner und Landesnatur bekannt machten. Und sie hingen von Bildung, Einblick und Überblick der fremden Beobachter ab: Bei einem senatorischen oder ritterlichen Offizier, der, wie Cäsar, den gelehrten Eratosthenes und griechische Geographie kannte[1] oder dem Chiffren des zeitgenössischen Weltbildes wie ›Gades‹ oder ›Tanais‹[2] etwas sagten, waren Kenntnis und Einschätzung des Nordens nach Umfang und Inhalt andere als bei einem Pionier, der Bohlenwege baute, oder einem Sklavenhändler, der Gefangene aufkaufte, und wieder andere sind bei einem Stadtrömer vorauszusetzen, der bei einem Triumph Beute, Bilder und Siegesparolen bestaunte. Folgenreich waren vor allem die begrenzten Kenntnisse und Informationen, theoretischen Annahmen und Vorurteile, die dem politischen und militärischen Handeln römischer Imperiumsträger und Legaten in dem Lande, das sie ›Germania‹ nannten, zugrunde lagen und dadurch in Feldzugsberichte, Senatsakten und Geschichtsschreibung einflossen. Aber die Verstetigung und Verdichtung der römischen Beziehungen zum germanischen Mitteleuropa ließen auch andere Interessen zur Geltung kommen, wie vor allem die plinianische Naturgeschichte veranschaulicht. Summierten sich diese verschiedenen Erfahrungen, Beobachtungen und Eindrücke zu einer allgemein anerkannten Konvention, zu einem die öffentliche Meinung beherrschenden Gesamtbild, das fortan Denken und Verhalten bestimmte, und etwa gar literarisch fixiert und wirksam geworden ist, so dass womöglich wir es noch erkennen können?

Dieser Aufsatz basiert auf einem Vortrag im Rheinischen Landesmuseum Bonn von 2007. Er fasst vor allem folgende Vorarbeiten des Autors zusammen und führt sie weiter: RGA VII (1989) 317 ff.; 323 ff.; 337 ff. s. v. Entdeckungsgeschichte des Nordens in der Antike; Die Landesnatur der Germania nach Tacitus. In: G. Neumann / H. Seemann (Hrsg.), Beiträge zum Verständnis der Germania des Tacitus II. Abhandl. Akad. Wiss. Göttingen, Phil.-hist. Kl. III 195 (1992) 278 ff.; RGA XI (1998) 182 ff. s. v. Germanen, Germania, Germanische Altertumskunde. I A Germanen, historisch; Römisch-germanische Begegnung in der späten Republik und frühen Kaiserzeit. Voraussetzungen – Konfrontationen – Wirkungen. Gesammelte Studien (München 2006); Germanische Ethnographie und römische Zeitgeschichte in der Germania des Tacitus. In: H. Schneider (Hrsg.), Feindliche Nachbarn. Rom und die Germanen (Köln und Weimar 2008) 167 ff.

[1] Caes. Gall. 6, 24, 2.
[2] Vgl. R. Gest. div. Aug. 26, 2; 31, 2.

Gefragt ist damit zunächst nach Stand, Entwicklung und Tragweite der unterschiedlichen geographisch-ethnographischen Kenntnis bei Gebildeten und bei Praktikern, bei Landeskennern und Fernstehenden, aber auch nach deren verschiedener Einstellung zum Lande und seinen Einwohnern. Beides war abhängig von den stets einseitigen und begrenzten Erfahrungen, die ein verhältnismäßig kleiner Personenkreis in und mit Mitteleuropa zu machen in der Lage war, und diese wieder von den Interessen, die ihren selektiven Erwerb steuerten. Was von jenen Erfahrungen einen schriftlichen oder sogar literarischen Niederschlag fand, hing ab von Ehrgeiz, Einsicht und Glück der römischen Akteure, von Zeitgeschichte, Überlieferungszufall und Rezeptionsbedingungen. Die einfache Frage nach Mitteleuropa in römischer Sicht wird damit schnell kompliziert und wegen der Quellenlage schwierig zu beantworten.

Voraussetzungen

Nicht zu bezweifeln ist aber die Ausgangssituation: Seit der Zeit der mittleren römischen Republik galt die Alpenbarriere als »murus Italiae«[3]. Ein italischer Beobachter, der nicht etwa ausnahmsweise theoretisch interessiert oder persönlich engagiert war, muss das Land nördlich dieser Grenze damals als unendlich fern, fremdartig und unzugänglich empfunden haben. Mitteleuropa war ebenso wenig wie andere Regionen Gegenstand eines systematisch geordneten und wissenschaftlich geklärten geographischen Wissens, das theoretisch jedem zu Gebote gestanden hätte und jederzeit aus Atlanten, populärer und Fachliteratur hätte abgerufen werden können. Aber das Binnenland Zentraleuropas kam auch, anders als mediterrane und orientalische Länder, weder in Mythos und Dichtung vor[4], noch trat es – jedenfalls vor der kimbrischen Wanderung – durch Krieg oder Diplomatie in den Gesichtskreis der politischen Klasse der römischen Republik. Der mitteleuropäische Norden weckte deshalb weder das Interesse schulischer Erklärer von Literatur, noch die Aufmerksamkeit von Politikern oder Geschichtsschreibern. Er war vielmehr, trotz seiner relativen Nähe zu Italien, eine außerhalb der mediterranen Kultursphäre liegende Weltgegend, die sich durch Lage und Landesnatur dem Verkehr mit der Umwelt verschloss und weder Anreiz noch Möglichkeit bot, diesen Zustand zu ändern. Und weitgehend blieb es auch während der späten Republik und in der Kaiserzeit bei dieser in Mentalität und kulturellem Bewusstsein verwurzelten Einstellung gegenüber der immer nur unvollkommen bekannten und sich in ungewisser, rätselhafter Ferne verlierenden Region. »Schauderhaft durch Urwälder, widrig durch Sümpfe, ein reizloses, klimatisch ungünstiges, unzivilisiertes Land«, so charakterisiert noch Tacitus, wenn auch sententiös zugespitzt und rhetorisch übertreibend[5], das zentraleuropäische Germanien aus italischer Sicht[6].

Dennoch blieb dieser ferne, fremde Norden den Römern nicht so gleichgültig wie entfernte, öde Weltgegenden dem modernen Europäer, sondern wurde ein Objekt des Interesses, der Neu-

---

[3] Cato orig., s. H. Peter, Historicorum Romanorum reliquiae II² (Leipzig 1906) 85 = H. Beck / U. Walter (Hrsg.), Die Frühen Römischen Historiker I–II (Darmstadt ²2005 und 2003) Frgm. 4, 10 = M. Chassignet (Hrsg.), L'annalistique Romaine I–III (Paris 1996–2004) Frgm. 4, 10 (= Serv. Aen. 10, 13): »Alpes quae secundum Catonem et Livium muri vice tuebantur Italiam«. Vgl. Pol. 3, 54, 2; Liv. 21, 35, 4; 8; Cic. Pis. 81; Cic. prov. 34; Cic. Phil. 5, 37. Genauere Kenntnis der Alpengeographie lieferten erst Hannibals Überquerung des Gebirges, Marius' Kimbernkrieg und vor allem die augusteischen Eroberungen; fachliterarische Behandlung erbrachte erst die Kaiserzeit (vgl. Strab. 5, 210–211; Pomp. Mela 2, 73).

[4] Blasse Spuren spekulativer Integration Germaniens in den Mythos aber bei Tac. Germ. 3 (Herkules und Ulixes in Germanien). Es gab demnach Autoren, die, wohl im Zusammenhang mit Herkunftserörterungen, archäologische oder etymologische Indizien mit dem wandernden Herakles verknüpften und in den ›Exokeanismos‹ des Odysseus auch Germanien einbezogen (vgl. K. Trüdinger, Studien zur Geschichte der griechisch-römischen Ethnographie [Basel 1918] 151 ff.). Aber Tacitus lässt den griechischen Kulturheros zum germanischen Vorkämpfer (»vir fortis«) mutieren und distanziert sich von den Mutmaßungen über Odysseus in Germanien.

[5] Man kann zum Vergleich an Ovids stimmungsbedingte Verzeichnung der moesischen Schwarzmeerküste denken.

[6] Germ. 2, 1; 5, 1.

gier oder der Furcht, seit spätrepublikanischer Zeit den Bürgern Italiens nähergerückt durch Krieg, Politik und Handel und ständige, breite Kontakte. Wenn dann bald ein Jahrhundert lang fast ein Drittel des römischen Heeres am Rhein lag, wenn germanische Nachbarn, Hilfs- und Spezialtruppen, Gefangene, Sklaven, Gesandte in Italien zum Alltag gehörten, wenn Land und Leute in Wort und Bild, in Denkmalen und Münzprägung, in Reden, Siegesparolen und Literatur, in Schilderungen und Reflexionen vergegenwärtigt wurden, dann brauchte der mitteleuropäische Norden den Römern nicht sympathisch zu sein, um dennoch in ihrem Bewusstsein und Weltbild einen wichtigen Platz einzunehmen.

Dabei ermöglichten dem gewöhnlichen Italiker auch in der Kaiserzeit nur schmale und isolierte Zugänge eine Beziehung zu dieser Region und ihren Populationen. Kein Geographie- oder Geschichtsunterricht schuf eine allgemeine und objektive Grundlage dafür, kein entsandter Reporter informierte eine interessierte Öffentlichkeit darüber, keine institutionalisierte Forschung widmete sich den Ländern, Stämmen, Sprachen und internen Verhältnissen im benachbarten Barbaricum. Krieg, militärischer Apparat – der Eingeborene einschließen konnte und aufs ganze gesehen mehr für Vermittlung leistete als der Konfrontation diente – und diplomatischer Verkehr, sodann wirtschaftlicher Austausch im Kleinen und Großen, von der Militärverwaltung getragen oder von privaten Unternehmern gepflegt, und in der Kaiserzeit besonders die weitreichenden römisch-germanischen Beziehungen in der rheinischen und rheinnahen Kontaktzone lieferten die Erfahrungen und Beobachtungen, aus denen sich die selektiven Kenntnisse und einseitigen Vorstellungen vom mitteleuropäischen Raum und seiner Bevölkerung speisten. Sie nahmen sich deshalb auch ganz verschieden aus bei militärisch und politisch Erfahrenen, die ausnahmsweise sogar an Land und Leuten interessiert sein mochten und darüber schrieben, bei räsonierenden Rednern und Populärphilosophen, die Informationen aus zweiter Hand ihren Gedankengängen dienstbar machten, bei realitätsnahen Praktikern, die ihr Wissen in der Regel nicht publizierten oder es sogar als Betriebsgeheimnis hüteten, und bei der großen Menge, deren Sicht der Dinge von Klischees und Zufallsbegegnungen abhängig blieb.

Dürfen wir unter diesen Voraussetzungen überhaupt erwarten, dass der Raum nördlich der Alpen in römischer Anschauung ein begrifflich fassbares Ganzes bildete? Dürfen wir davon ausgehen, dass dem modernen geographischen Begriff ›Mitteleuropa‹ eine, wenn auch noch so vage römische Vorstellung von relativer räumlicher Einheit entsprach? Die Antwort auf diese Fragen wird nicht nur jeweils verschieden ausfallen für die Zeit der Kimberninvasion, der cäsarischen Eroberung Galliens, der augusteischen Okkupationsfeldzüge oder der durch Limites markierten Grenzen; sie hängt auch ab von der Weise, wie geographische Räume überhaupt aufgefasst wurden, von dem, was man das ›Bild der Welt im Kopf‹ genannt hat.

Aber auch der moderne Terminus ›Mitteleuropa‹ bezeichnet nicht nur ein umgrenztes Gebiet der nördlichen Hemisphäre, wie es die neuzeitliche Kartenprojektion nahelegt; vielmehr fehlen gerade hierfür eindeutige naturräumliche Kriterien. Eine spezifische Bedeutung erhielt der geographische Begriff erst im neunzehnten Jahrhundert durch ordnungspolitische Diskussionen in dieser Zeit; er oszilliert hier zwischen einer den preußisch-österreichischen Gegensatz zu überbrücken bestimmten Föderationsidee, kleindeutscher Hegemonialpolitik und der geopolitischen Konzeption einer gedachten Mitte zwischen den Westmächten und Russland, dem der Begriff ›Mittelmächte‹ entsprach[7]. Dem Scheitern dieser Ambitionen – und durch die politischen Zäsuren von 1918, 1945 und 1989 befördert – folgte im zwanzigsten Jahrhundert die Neubesetzung des Begriffes durch die Vision eines lebenskräftigen, am gemeinsamen Erbe der Habsburgermonar-

---

[7] K. Frantz, Der Föderalismus als das leitende Princip für die sociale, staatliche und internationale Organisation, unter besonderer Bezugnahme auf Deutschland (Mainz 1879) (Mitteleuropa als politischer Großverband); Fr. Naumann, Mitteleuropa (Berlin 1915) (Programm der deutschen Hegemonialpolitik).

chie orientierten polyethnischen und polyglotten donauländischen Kulturraumes[8]. Diese Konzepte verbindet trotz ihrer Unvereinbarkeit die Vorstellung, dass Fähigkeit zur Selbstorganisation und Sinnpotential ›Mitteleuropa‹ (in welcher Begrenzung auch immer) eine Identität verleihen, die es zu einem eigenständigen, in die Peripherie ausstrahlenden binnenkontinentalen Kraftzentrum mache.

Dafür gibt es begreiflicherweise kein lateinisches Äquivalent. Die Römer haben nicht einmal Mittel- von Nordeuropa unterschieden und mit dem Westen und Osten des Kontinents andere Assoziationen verbunden als die der Flankierung eines räumlichen Zentrums. Für die vorkaiserzeitliche Antike war die Landmasse im Norden keine dynamische Mitte, sondern nur eine unermesslich große Naturbarriere, ein riesiges totes Verkehrshindernis, für moderne Vorstellung den großen Wüsten, Salzsteppen oder Urwäldern der Erde vergleichbar. In der Kaiserzeit wurde Mitteleuropa zwar als ›Germania magna‹ begrifflich zusammengefasst, aber blieb für römisches Empfinden auch später weitgehend ein exzentrisches Randgebiet und ein Zwischenraum. Nach antiker Anschauung am nördlichen Rand der Oikoumene gelegen gehörte zu den gewissesten und wichtigsten Eigenschaften dieser Region ihr extremes, durch Kälte, Feuchtigkeit und Dunkelheit der nördlichen Erdzone charakterisiertes Klima. Diese Ungunst der Natur erklärte für mediterrane Betrachter die von Sumpf und Wald geprägte, verkehrsfeindliche Oberflächengestalt des Landes, das infolgedessen auch keine Einwanderer lockte und von aller Kulturdiffusion unberührt blieb[9]. Frühe griechische Spekulation hatte im Norden ein die Oikoumene begrenzendes Hochgebirge, die Rhipäen, postuliert, wo die Hyperboreer wohnen und von wo die großen Ströme (wie die vor allem bekannten südrussischen) nach Süden fließen sollten[10]. Nur spekulativ war auch die Frage zu erörtern, ob ein Ringstrom, der Okeanos, die Oikoumene umgürte. Herodot bestreitet, darüber etwas wissen zu können[11]. Als sich die gegenteilige Ansicht durchsetzte[12], ließ man die mitteleuropäische Landmasse am durchgehenden Gestade des nördlichen Ozeans enden, wo eine ihm vorgelagerte, märchenhafte Inselwelt begann.

Für echte, auf Empirie beruhende Informationen über den binneneuropäischen Norden fehlten sichere, durchgehende Verbindungen und die machtpolitischen Voraussetzungen dafür, aber auch das praktische Bedürfnisses danach. Es gab deshalb nur unzusammenhängende und – infolge vieler Zwischenstationen – unkontrollierbare Nachrichten, die in einigen norditalischen Umschlagplätzen des Handels zusammenliefen, dessen ungewisser Umfang leicht überschätzt wird. Sie betrafen die Alpen, den Verlauf der Donau, die bewaldeten Mittelgebirge und die Gefällerichtung nach Norden.

»Oberhalb des Landes der Ombriker« (Umbrer) setzt Herodot den »Alpis« und den »Karpis« als Nebenflüsse des Istros an[13]: Hinter den angeblichen Flussnamen kann verworrene Kenntnis der Alpen und Karpaten bei dem aus griechischer oder großgriechischer Perspektive schreibenden Autor vermutet werden. Korrektere geographische Anschauungen, die bei räumlich näheren Beobachtern vorausgesetzt werden dürfen, sind literarisch nicht bezeugt. Aber die Alpen, nur als Rand, Schutzwall oder Verkehrshindernis empfunden, waren bis in römische Zeit kein Verkehrsraum[14]. Die nirgends beschriebene Nordseite des Gebirges scheint der ursprünglichen Bewaldung wegen unbekannt geblieben und in das Mittelgebirge übergehend gedacht worden

---

[8] E. Busek / E. Brix, Projekt Mitteleuropa (Wien 1986); vgl. Cl. Magris, Danubio (Milano 1986) und andere Schriften des Triestiner Literaturwissenschaftlers.
[9] Tac. Germ. 2, 1: »quis … Asia aut Africa aut Italia relicta Germaniam peteret …?«
[10] Zuerst fassbar bei Aristeas Frg. 1 (Hdt. 4, 16); vgl. J. D. P. Bolton, Aristeas of Proconnesus (Oxford 1962) 20 ff.; Alkm. Frg. 90 Page; so noch Aristot. Meteor. 1, 13, 20. Vgl. RE I A (1914) 846 ff. s. v. ‘Ρίπαια ὄρη (E. Kiessling).
[11] Hdt. 4, 45, 1.
[12] Sie wird von Aristoteles vorausgesetzt oder findet sich z. B. bei Pol. 3, 37, 9.
[13] Hdt. 4, 49, 3.
[14] Siehe Anm. 3.

zu sein. Noch Polybios schätzt die Alpengeographie unrichtig ein[15]; Poseidonios identifiziert im ersten vorchristlichen Jahrhundert die Alpen mit den Rhipäen und scheint Alpen und schwäbische Alb nicht unterschieden zu haben[16].

Weitaus größere Bedeutung gewann die Erkundung des Verlaufes der Donau[17]. Die verschiedenen Namen des Stromes[18] und viele differierende Hypothesen über seine Herkunft weisen darauf hin, dass man ursprünglich nur regionale Teilabschnitte der Donau kannte und benannte, deren ungewisser Ursprung meistens im Norden gesucht wurde[19]. Dass dann Einheit, Verlauf und Richtung des Stromes bekannt wurden, bedeutet nicht, dass er auch als durchgehender Verkehrsweg genutzt worden wäre. In der uns erhaltenen Literatur ist Herodot der erste, der Kenntnis vom westöstlichen Lauf der Donau verrät: Sie entspringe im Westen bei den Kelten und der »Stadt Pyrene« und münde »auf der anderen Seite« (Europas) bei den Skythen, durchquere dabei ganz Mitteleuropa[20] und sei der größte, dem Nil an Bedeutung gleichkommende Strom überhaupt[21]. Herodot kannte aber nur den Unterlauf der Donau, während seine Vorstellungen über ihren mittleren und oberen Verlauf, ihre Zuflüsse und ihre Quelle (im weitgehend unbekannten keltischen Westen) noch verworren und unrichtig sind[22]. Aber die Einheit und den westöstlichen Verlauf der Donau und damit den binnenländischen Zusammenhang des Kontinents hat der Historiker erfasst. Die Donau tritt nun als mitteleuropäische Basislinie in Konkurrenz zu den Alpen. – Mit dieser Entdeckung wird auch die Kenntnis des ›hercynischen Waldgebirges‹ zusammenhängen. Aristoteles, der es für uns als erster erwähnt[23], bezeichnet damit die gesamte Mittelgebirgszone; er nennt die »ὄρη Ἀρκυνία« das »größte Gebirge« der Region nach Höhe und Ausdehnung und hält sie für das Quellgebiet nach Norden abfließender Ströme, lokalisiert also den hercynischen Wald nördlich der Donau[24]. Damit ist grundsätzlich die südnördliche Gefällerichtung Mitteleuropas erkannt, das folglich am Nordozean enden musste, nicht an einem nördlichen Randgebirge[25].

Die große Gebirgsmauer der Zentralalpen hat also Mitteleuropa für das italische Bewusstsein ferner gerückt als es tatsächlich war. Physis und Klima des siedlungsarmen, verkehrsfeindlichen Raumes weckten das Interesse der mediterranen Nachbarn nicht und beschränkten die Möglichkeit, das Land zu erkunden; die Populationen der Ligurer, Räter, Veneter und vor allem dann der Kelten schlossen den Norden auch politisch ab. Diesen lange Zeit hindurch relativ konstan-

---

[15] Pol. 2, 14–15.
[16] FGrHist 87, F 48.
[17] F. Fischer, Die Kelten bei Herodot, Madrider Mitt. 13, 1972, 109 ff.; RGA VI (1986) 17 ff. s. v. Donau, Historisches (D. Timpe).
[18] Thrakisch-griechisch ›Istros‹ gegenüber keltisch-römisch ›Danuvius‹, daneben, wohl skythisch ›Matoas‹ bei Steph. Byz. p. 217 Meineke.
[19] So Aischylos bei Apoll. Rhod. 4, 284.
[20] 2, 34, 1 »ῥέει γὰρ δι᾽ οἰκεομένης, πρὸς πολλῶν γινώσκεται«. Die merkwürdige, vielleicht den Erkenntnisfortschritt widerspiegelnde Bemerkung über die vielen verschiedenen Anwohner des Stromes kehrt noch topisch wieder bei Plin. nat. 4, 79 »per innumeras lapsus gentes Danuvii nomine«, und Tac. Germ. 1, 2 »Danuvius … pluris populos adit, donec in Ponticum mare … erumpat«.
[21] Hdt. 2, 33, 3–4; 4, 48, 1; 49, 3.
[22] Herodot kennt das pannonische Donauknie nicht, aber teilt anscheinend die verbreitete Annahme einer Donaubifurkation (mit Einmündung eines Donauarmes in die Adria; Zeugnisse s. RE IV (1900) 2120 f. s. v. Danuvius [Brandis]), die in der Geschichte von hyperboreischen Weihgeschenken, die vom skythischen Pontos zur Adria gelangen sollten (4, 33), vorausgesetzt wird.
[23] Arist. meteor. 1, 13, 350 b.
[24] RGA XIV (1999) 398 ff. s. v. Hercynia silva, Historisches (P. Kehne). Nach den Exzerpten der pseudo-aristotelischen Schrift De mirab. ausc. 105 entspringt die Donau im hercynischen Waldgebirge. Ob darin ein Erkenntnisfortschritt gegenüber Herodot (s. Anm. 20) zu sehen ist, lässt sich bei der Unbestimmtheit der herodoteischen Angabe und der Lage des hercynischen Waldes kaum sagen.
[25] Vgl. meteor. 2, 1, 356 a. Aristoteles verbindet damit die für ihn glaubwürdige und aus physikalischen Gründen unverzichtbare Annahme ›der alten Meteorologen‹ vom rhipäischen Nordgebirge (meteor. 2, 1, 354 a), das die Flüsse nach Süden entsendet, vermeidet aber den Widerspruch (und erklärt zugleich die Richtung der südrussischen Ströme) durch die (astronomisch begründete) Verschiebung der Rhipäen nach Osten (ὑπὲρ τῆς ἐσχάτης Σκυΐας); vgl. RE I A s. v. ῾Ρίπαια ὄρη (Anm. 10) 875 f. (die Annahme widersprechender geographischer Vorlagen ist unnötig); Timpe, Entdeckungsgeschichte (Fußnotenvorspann) 312 ff.

ten Bedingungen gegenüber gewann die Empirie mit der Kenntnis des Donauverlaufes, der ihm vorgelagerten Waldgebirge und der diese nordwärts entwässernden Ströme nur wenige, aber entscheidende Fixpunkte; denn sie stützten die Annahme einer ozeanischen Nordküste des kontinentalen Binnenlandes, das damit als Raum erfasst werden konnte. Diese Kenntnisse und vor allem ihr Zusammenhang erreichten aber ›die Öffentlichkeit‹, ein ›allgemeines Bewusstsein‹, nur vage und selektiv und nicht überall gleich; sie traten auch älteren mythischen Bildern, wie zum Beispiel den Rhipäen, nicht aufklärend und korrigierend entgegen, sondern interpretierten sie meist konziliatorisch. Dazu trug das Fehlen maßstäblich abbildender kartographischer Raumanschauung wesentlich bei, das die Erfassung fremder Räume auf hodologische Orientierung beschränkte[26]. Doch auch für eine solche boten sich in Mitteleuropa zunächst Routen und markante Punkte nicht an, sieht man von der Bedeutung der Donau als Verkehrsweg und dem unspezifischen Hinweis auf die exzeptionelle Höhe und Ausdehnung des hercynischen Waldgebirges ab.

Die vorrömische Entdeckung

Die relative Unerreichbarkeit und Undurchdringlichkeit des nordalpinen Binnenlandes erlaubten der mediterranen Welt vor der imperialen Expansion der römischen Republik nur bescheidene Möglichkeiten des Kontaktes und weckten auch wenig Interesse daran. Die Erkundung und Erschließung des europäischen Nordens ging von weit entfernt gelegenen und unkoordinierten Basen, von vergleichsweise machtschwachen Gemeindestaaten aus. Und auch deren Ableger, die an die Ausgangspunkte der Entdeckungs- und Handelswege vorgeschobenen Apoikien, verfügten dafür nur über beschränkte technische, finanzielle und organisatorische Mittel; sie waren auf die friedliche Penetration ihrer barbarischen Hinterländer, auf die Kooperation mit deren Stammesaristokratien und vielfache Vermittlung angewiesen[27]. Dass sich dafür im Osten und Westen des Kontinents größere Möglichkeiten als in Mitteleuropa eröffneten, unterschied diese Regionen grundlegend von dem Land hinter der Alpenbarriere: In ihnen haben Handel und Entdeckung der Griechen schon vor der römischen Machtentfaltung die unzugänglichen Mittelgebirgs- und Flachlandzonen Zentraleuropas umgangen.

Die griechische Kolonisation erfasste, ausgehend vor allem von der jonischen Metropole Milet, seit dem siebten Jahrhundert das nordpontische Küstengebiet[28], und jonische Griechen erschlossen von der milesischen Kolonie Olbia am Hypanis- (Bug-) Liman und nahe der Mündung des Borysthenes (Dnjepr) aus das skythische Steppenland der Ukraine[29]. Die Skythen, die

---

[26] Zu den Modalitäten der antiken Raumanschauung zwischen kartographisch-maßstäblicher und hodologischer (an Itinerarien und Periploi orientierter) Auffassung s. R. M. Downs / D. Stea, Kognitive Karten. Die Welt in unseren Köpfen (New York 1982); P. Janni, La mappa e il periplo (Rom 1984); C. Nicolet, Space, Geography and Politics in the Early Roman Empire (Ann Arbor 1991); K. Brodersen, Terra cognita. Studien zur römischen Raumerfassung. Spudasmata 59 (Hildesheim u. a. 1995); Chr. Hänger, Die Welt im Kopf. Raumbilder und Strategie im römischen Kaiserreich. Hypomnemata 136 (Göttingen 2001); E. Hirsch / M. O'Hanlon, The Anthropology of Landscape. Perspectives on Place and Space (Oxford 2003) (Fallstudien); M. Rathmann (Hrsg.), Wahrnehmung und Erfassung geographischer Räume in der Antike (Mainz 2007) (Fallstudien).

[27] Nach Hdt. 4, 24 kamen Griechen aus Olbia und anderen Pontosstädten vereinzelt bis zu den Argippäern, während die Skythen zwischen diesen und dem Pontos nur über sieben Dolmetscher verkehren konnten. Vgl. J. Boardman, Kolonien und Handel der Griechen vom späten 9. bis zum 6. Jahrhundert v. Chr. (München 1981) 294 ff.; Timpe, Entdeckungsgeschichte (Fußnotenvorspann) 316 ff.

[28] Zu vorkolonialem Tauschhandel im Pontosgebiet s. R. Drews, Journal Hellenic Stud. 96, 1976, 18 ff.

[29] E. Bellin de Ballu, L'histoire des colonies grecques du littoral nord de la mer noire (Leiden 1965); ders., Olbia, cité antique du littoral nord de la mer noire (Leiden 1972); D. B. Schelow in: H. Heinen, Die Geschichte des Altertums im Spiegel der sowjetischen Forschung (Darmstadt 1980) 341 ff.; J. Vinogradov, Olbia. Xenia 1 (Konstanz 1981); G. R. Tsetskhladze (Hrsg.), The Greek Colonisation of the Black Sea Area. Historia Einzelschr. 121 (Stuttgart 1998); E. K. Petropoulos, Hellenic Colonization in Euxeinos Pontos. Penetration, early establishment, and the problem of the ›emporion‹ revisited. BAR Intern. ser. 1394 (Oxford 2005).

Thukydides für das größte Volk Asiens und Europas hält[30], wurden zu den bedeutendsten Partnern der Kolonialgriechen im Nordosten[31]. Schon der Lyriker Alkman weiß Ende des siebten Jahrhunderts von den (skythischen) Issedonen[32], Aristeas von Prokonnesos erzählte von ihnen und wollte von ihren fabelhaften nördlichen Nachbarn, den einäugigen Arimaspen, den goldhütenden Greifen und den am Nordozean wohnenden Hyperboreern[33] erfahren haben[34]. In diesen Berichten scheinen sich vage Kenntnisse des mittleren Russlands und ein durch Zwischenhändler vermittelter Anschluss an mittelasiatische Fernhandelswege niedergeschlagen zu haben. Den Wissensstand des fünften Jahrhunderts haben Hekataios und Herodot[35] gesammelt. Der Historiker schreibt den Skythen ein Siedlungsgebiet zu, das sich an der Pontosküste zwanzig Tagereisen, somit etwa viertausend Stadien, also siebenhundert Kilometer weit zwischen Donau und Don und ebenso weit nach Norden erstrecke[36]; dort grenze es an die wald- und sumpfreichen Sitze der Neurer, Budiner (mit ihrer halbgriechischen Holzstadt Gelonos)[37] und Melanchlainen (Schwarzmäntel)[38]. Hinter dem ukrainischen Waldgebiet der Budiner erreiche man die nomadischen, glatzköpfigen Argippäer und östlich von ihnen die Issedonen, über die hinaus Griechen nur vom Hörensagen unsichere Kunde hätten[39].

Die griechische Entdeckung erfasste etwa die westliche Ukraine; über Ausdehnung und Begrenzung der eurasischen Landmasse nach Norden gewannen die Griechen kein sicheres Wissen[40], und die Verbindung zur baltischen Ostsee blieb ihnen unbekannt. Der Blick der Griechen ging also von der pontischen Basis aus zwar weit ins Binnenland, aber Mitteleuropa erreichte er nicht. Da die Unterwerfung der Skythen durch von Osten vordringende Sarmaten die griechisch-skythische Symbiose im vierten Jahrhundert beendete, ist der von Herodot repräsentierte Kenntnisstand nicht mehr übertroffen worden. Von weitreichender Bedeutung für das spätere römische Verständnis Mitteleuropas und seiner Population ist aber die griechische Bekanntschaft mit den nomadischen Steppenvölkern (Kimmerier, Skythen, Sarmaten) geworden: Dass ihre Fluktuation im osteuropäischen Flachland nicht an natürliche Grenzen stieß, musste die Frage aufwerfen, wieweit sie nach Westen reichte, ob also die nomadische Lebensform auch Bewohner Mitteleuropas prägte und ihr Verhalten erklärte.

Der Balkanraum hätte der griechischen Kenntnis Zentraleuropas eher Wege bereiten können als die skythische Waldsteppe. Aber hier kontrollierten Illyrer, Makedonien und die kriegerischen thrakischen Stämme die wenigen Passagen durch die Gebirge. Nur die griechisch kolonisierte westpontische Küste und hier besonders die milesische Apoikie Histria (Istros) boten sich als Basis für Handel und Entdeckung an[41]; das Flusssystem der unteren Donau, wo Thraker und Skythen aneinander grenzen, beschreibt denn Herodot auch eingehend[42]. Er erklärt aber auch, das Land jenseits der Donau sei eine unendliche, unbekannte Einöde[43], und weiter donauaufwärts wird seine Darstellung summarisch und verworren[44]. Die Unkenntnis der Gebirge und

---

[30] Thuk. 2, 97, 6.
[31] B. N. Grakov, Die Skythen (Berlin 1978) 3 ff.; A. I. Alexeev u. a., Nomades des steppes. Les Scythes (Paris 2001); H. Parzinger, Die frühen Völker Eurasiens. Vom Neolithikum zum Mittelalter (München 2006) 705 ff.; 831; ders., Die Skythen (München 2004) 7 ff.
[32] Steph. Byz. s. v. – Zu ihrer Lage s. Der Kleine Pauly II (1967) 1473 (H. Treidler) unter Hinweis auf Ptol. 6, 16, 5; 7; 8 sowie 24, 3; 5; ed. A. Stückelberger / G. Graßhoff Bd. II (Basel 2006) 669 Anm. 224.
[33] Siehe Anm. 10.
[34] Hdt. 4, 13; 16.
[35] In seinem Skythenlogos, s. Hdt. 4, 17–58.
[36] Hdt. 4, 101. Die Fehleinschätzung der Nordsüderstreckung wird Folge einer Richtungsverschiebung sein.
[37] Hdt. 4, 109. – Gelonos wird identifiziert mit der Wallburg von Bilsk bei Poltava an der Worskla, einem linken Nebenfluss des Dnjepr. Hierzu zusammenfassend mit Belegen Grakov, Skythen (Anm. 31) 140 ff.; 148; R. Rolle, Die Welt der Skythen (Luzern 1980) 124 ff.; Parzinger, Völker (Anm. 31) 709.
[38] Hdt. 4, 19–22; 104–109.
[39] Hdt. 4, 23–26.
[40] Hdt. 4, 16; 25; 32; 45, 1.
[41] D. M. Pippidi, I Greci nel Basso Danubio dall'età arcaica alla conquista romana (Mailand 1971); Boardman, Kolonien (Anm. 27) 291 ff.
[42] Hdt. 4, 49, 1; 99, 1–2.
[43] Hdt. 5, 9, 1: »ἔρημος χώρη«.
[44] Vgl. ›Alpis‹ und ›Karpis‹ als angeblich »vom oberen Lande der Ombriker« nach Norden gehende Donauzuflüsse.

Wasserscheiden bezeugt, dass verlässliches griechisches Wissen über den Karpatendurchbruch der Donau nicht hinausreichte.

Das adriatische Meer sollen Phokäer als erste Griechen befahren haben[45]; vor allem haben dann die korinthische Gründung Korkyra und die korinthisch-korkyreischen Apoikien Apollonia und Epidamnos den griechischen Austausch mit der illyrischen und italischen Küste der Adria kontrolliert. Die spärlichen, vor allem archäologischen Belege bezeugen griechische Präsenz in diesem Raum bis etwa zur Mündung des Naron[46] und vorgelagerten Inseln, wie Melaina Korkyra (Kurzel, Korčula), einer knidischen Gründung[47], oder dem syrakusanisch kolonisierten Issa (Lissa)[48]. Weite Möglichkeiten schien die Festsetzung an der Pomündung dem griechisch-etruskischen Kontakt auf der italischen Seite zu eröffnen, wo Spina die wichtigste Vermittlerin wurde[49]. Aber die nördliche Adria haben die Griechen nicht erreicht, und das Caput Adriae wurde nicht zum Ausgangspunkt für Handel und Erkundung des Nordens. Piraterie, xenophobe Küstenbewohner und relative Unergiebigkeit des Hinterlandes der dalmatinischen Schärenküste sowie die keltische Eroberung Oberitaliens sind wohl die Gründe, aus denen die griechische Kolonisation im adriatischen Raum nicht so zur Entfaltung kam wie in Sizilien und der Magna Graecia. Das hat wirtschaftliche, durch Zwischenhändler vermittelte Austauschbeziehungen und vereinzelte indirekte Kontakte mit Mitteleuropa nicht verhindert, wohl aber eingespielte direkte Verbindungen, die gesicherte öffentliche Kenntnisse nordalpiner Länder zur Folge hätten haben können. In charakteristischer Verwechslung von Umschlagplätzen mit Produktionsstätten konnte deshalb von den bekannten, geheimnisumwitterten Produkten des Nordens phantasiert werden, von denen das Zinn bei den (italischen) Venetern und Istrern gesucht, der Bernstein am sagenhaften Fluss Eridanos vermutet wurde, den man dann mit dem Po gleichsetzte. Demgegenüber betonte Herodot mit kritischer Nüchternheit[50], dass Zinn und Bernstein sowie auch Gold zwar aus dem Norden kämen, aber ein nordwärts fließender Eridanos oder Zinninseln nur poetische Erfindungen seien. Er habe auch von keinem Augenzeugen Verlässliches über einen Europa im Norden umgebenden Ozean erfahren können.

Ebensowenig wie zusammenhängende geographische Vorstellungen gewannen die Griechen von ostmediterranen Basen aus ein zutreffendes Bild der elementaren ethnischen Verhältnisse des alpinen und nordalpinen Europas. Nachweisbarer Warenaustausch und vielfach erkennbare Zivilisationskontakte bezeugen zwar die grundsätzliche Durchlässigkeit der Gebirgsbarriere, besonders in den Ostalpen, und setzen begrenzte Erfahrungen mit Land und Leuten bei den beteiligten regionalen Vermittlern voraus. Aber zu objektivem, zugänglichem und anerkanntem Wissen, zu einer wirklichen Entdeckung Mitteleuropas summierten sie sich nicht.

Die westliche Umgehung Mitteleuropas ging vom Seeverkehr an der europäischen Atlantikküste aus, der dem Metallimport aus England und Spanien ins Mittelmeergebiet diente. Seine früheste Bezeugung bietet der Periplous, der in der ›Ora maritima‹ des Rufius Festus Avienus aus dem vierten nachchristlichen Jahrhundert erhalten ist[51]. Mit Vorsicht darf man dem schwierigen

---

[45] Hdt. 1, 163, 1.
[46] Vgl. Theopomp bei Strab. 7, 317.
[47] Strab. 7, 315.
[48] R. L. Beaumont, JRS 61, 1936, 159 ff.; L. Braccesi, Grecità adriatica (Bologna 1971); Boardman, Kolonien (Anm. 27) 265 ff.; D. Timpe, Griechischer Handel nach dem nördlichen Barbaricum. In: K. Düwel u. a. (Hrsg.), Untersuchungen zu Handel und Verkehr der vor- und frühgeschichtlichen Zeit in Mittel- und Nordeuropa. Abhandl. Akad. Wiss. Göttingen, Phil.-hist. Kl. III 143 (1985) 197 ff.
[49] Strab. 5, 214: »ἡ Σπίνα, νῦν μὲν κωμίον, πάλαι δὲ Ἑλληνὶς πόλις ἔνδοξος«. Trogus 20, 1, 11; N. Alfieri / P. E. Arias / M. Hirmer, Spina (München 1958); Boardman, Kolonien (Anm. 27) 268 f.
[50] Hdt. 3, 115.
[51] Diese fragmentarische lateinische Versifizierung einer hellenistischen Küstenbeschreibung, die sich (42–50) auf Quellen des 5. Jhs. beruft, beschreibt die Atlantikküste von England bis Gibraltar und die mittelmeerische von dort bis Massilia unter Verwendung von Material des 6. oder 5. Jh. Kommentierte Ausgaben von A. Schulten ²1955, A. Berthelot 1935, J. P. Murphy 1977; s. K. Müllenhoff, Deutsche Altertumskunde I² (Berlin 1890) 73 ff.; K. Smolak in: R. Herzog / P. L. Schmidt, Handbuch der lateinischen Literatur der Antike V (München 1989) 324 f.

und vielfach umstrittenen Text wohl entnehmen, dass Tartessos (Tarsis) an der Guadalquivirmündung als wichtigstes Produktions- und Verarbeitungszentrum von Silber und Kupfer sowie als Umschlagplatz für den Zinnhandel einmal den Metallimport aus dem Westen monopolisiert hat[52]. Über die wahre Lage der nördlichen Erzlagerstätten – die Bretagne, die ihr vorgelagerten Inseln oder Cornwall – existierten deshalb nur unsichere Vermutungen. Während Tartessos die Verbindung mit phokäischen Griechen begünstigte[53], die ihre Apoikie Mainake in Andalusien als mittelmeerischen Umschlagplatz benutzten, bauten Tyrier und Karthager dagegen Gades als ihr Emporion für den Seehandel aus. Die Konkurrenz endete damit, dass die Karthager um 500 v. Chr. Tartessos und Mainake zugunsten ihrer Stützpunkte Gades und Malaka zerstörten und nun den atlantischen Seeweg beherrschten, den Griechen nur noch ausnahmsweise zu nutzen und zu erkunden vermochten[54]. Erst die Sperrung der Meerenge, der Verlust der phokäischen Emporien in Spanien und die Niederlage der Phokäer gegen Etrusker und Karthager[55] scheint Massalia als Kompensation auf sein ligurisches, dann keltisches Hinterland verwiesen zu haben. Der Stadt nahe der Rhonemündung, die anfangs durch ihr beengtes Territorium und feindliche Nachbarn kaum Entwicklungsmöglichkeiten zu Lande hatte, gelang es schließlich, gefördert durch die vielgerühmte Gunst des von der Rhone ausgehenden Flusssystems[56], einen binnenländischen Zinnhandelsweg zur Bretagne aufzubauen und ganz Gallien bis auf den Norden und Osten ihrem Fernhandel zu erschließen[57]. Die Massalioten konnten sich dabei auf die Kooperation mit den Kelten stützen, die sich der Hellenisierung des Landes öffneten[58]. Im Westen wie im Osten drangen Griechen also von mediterranen Basisstationen aus unter Umgehung des kontinentalen Zentrums tief in europäische Binnenländer vor.

In diesen Zusammenhang gehört die berühmte, aber schlecht bezeugte Expedition des Massalioten Pytheas, deren Motiv und Ziel, individuelle und zeitgeschichtliche Voraussetzungen leider nicht zu erkennen sind. Pytheas, ein Zeitgenosse Alexanders des Großen, fuhr die atlantische Küste Europas ab[59], erreichte die Bretagne und den Ärmelkanal, inspizierte Britannien und die Nordseeküste[60] und legte seine aufsehenerregenden und oft bezweifelten Beobachtungen in einer faszinierenden Schrift ›Über den Ozean‹ nieder[61]. Sein Unternehmen setzte geographische und kosmologische Annahmen über den Nordrand der Oikoumene voraus[62] und suchte sie vielleicht zu verifizieren: Eine äußere Ozeanküste Europas – die »παρωκεανῖτις τῆς Εὐρώπης« nach Strabo – und der Oikoumene musste im Norden den keltischen Westen und den skythischen Osten verbinden, Mitteleuropa deshalb der Raum sein, wo sesshafte Kelten und nomadisierende

---

[52] 1. Kö. 10, 22; 22, 49; Hdt. 4, 152, 2–3. Ps.-Aristot. de mirab. ausc. 135; Diod. 5, 35, 4; Strab. 3, 148; 151; Paus. 6, 19, 2; Avien. 113–116; RE IV A (1932) 2448 f. s. v. Tartessos (A. Schulten); ders., Tartessos² (Hamburg 1952); Der Neue Pauly XII (2002) 39 f. s. v. Tartessos (M. Blech / P. Barceló).

[53] Hdt. 1, 163.

[54] In diesen Zusammenhang scheint die Erwähnung des Griechen (unbekannter Herkunft) Midacritus (Plin. nat. 7, 197) zu gehören, der »plumbum ex Cassiteride insula« (dazu RE X [1919] 2328 ff. s. v. Kassiterides [F. J. Haverfield]) »primus adportavit« (RE Suppl. VIII [1956] 353 f. s. v. Midacritus [F. Gisinger]).

[55] Hdt. 1, 166.

[56] Diod. 5, 25, 3–5; Strab. 4, 177.

[57] Diod. 5, 22; 38, 4–5; Strab. 4, 179–183 (aus Poseidonios); Iust. 43, 3, 4–5, 10; Ps.-Skymn. 183–184; P. Morel, La Parola del Passato 21, 1966, 378 ff. – M. Clerc, Massalia. Histoire de Marseille dans l'antiquité (Marseille 1927); M. Clavel-Lévêcque in: E. Ch. Welskopf (Hrsg.), Hellenische Poleis II (Berlin 1973, ²Darmstadt 1974) 855 ff.; W. Kimmig, Die griechische Kolonisation im westlichen Mittelmeergebiet und ihre Wirkung auf die Landschaften des westlichen Mitteleuropa, Jahrb. RGZM 30, 1983, 5 ff.; Timpe, Griechischer Handel (wie Anm. 48) 202 ff.

[58] Iust. 43, 4, 1 2; Strab. 4, 181.

[59] Fraglich ist, ob dies, wie Strab. 2, 104 behauptet, von Gades aus geschah oder etwa erst von der Girondemündung an.

[60] Diod. 5, 21–22; Strab. 1, 63.

[61] Pytheas von Massalia, Hrsg. H. J. Mette (Berlin 1952). – Müllenhoff, Altertumskunde (Anm. 51) 471 ff.; RE XXIV (1963) 314 ff. s. v. Pytheas (F. Gisinger); C. F. C. Hawkes, Pytheas. Europe and the Greek Explorers (Oxford 1977); Timpe, Entdeckungsgeschichte (Fußnotenvorspann) 325 ff.; B. Cunliffe / M.-G. l'Her, Pythéas le grec découvre l'Europe du Nord (Paris 2003); RGA XXIII (2003) 617 ff. s. v. Pytheas. (H.-G. Nesselrath).

[62] Vgl. Strab. 2, 104.

Skythen einander begegneten, vielleicht am legendären Tanais als gedachter Stromgrenze[63]. Pytheas scheint unter dieser Prämisse Rheinmündungsgebiet und Deutsche Bucht befahren und als riesige amphibische Landschaft (das »aestuarium ›Metuonis‹«) mit seinen ›Guiones‹ (Ἰγγυαίονες, Inguaeones?) genannten Anwohnern wahrgenommen zu haben[64]. Sein Hauptinteresse galt aber wohl der fremdartigen und womöglich eigengesetzlichen Inselwelt, dem in unbekannter Ausdehnung dem Festlandsrand vorgelagerten nördlichen Archipel, der rätselhafte Phänomene des Nordmeeres wie den Bernstein barg[65], wo auch Fabelwesen hausen oder die Erfahrung sprengende Erscheinungen (wie die Vermischung der Elemente) anzutreffen sein mochten. Ältere griechische Scheibtischgeographen berichteten von Inseln, deren Bewohner von Vogeleiern und wildem Hafer lebten, oder die von pferdefüßigen und schlappohrigen Mischwesen bevölkert wären[66]. Solchen märchenhaften Vorstellungen mag neben viel Seemannsgarn auch verunklärte und missdeutete Kunde von echten Orten und Namen zugrunde liegen. Die griechische Ethnographie dachte sich ja an den nördlichen und südlichen Rändern der Welt ursprünglich friedlich-harmlose Naturmenschen, die man womöglich in jenen unkontrollierbaren Nachrichten über den Norden wiederzuerkennen glaubte.

Methodische Beobachtungen und Messungen flossen bei Pytheas in spekulative Gesamtvorstellungen über Oikoumene, Ozean und Klimazonen ein, die in Zusammenhang mit der zeitgenössischen, durch Alexander und die alexandrinische Wissenschaft mächtig beförderten mathematisch-astronomischen Erdkugel-Geographie standen. Sie haben die praktische Landeskenntnis Mitteleuropas nicht gefördert[67], aber das Binnenland nördlich der Alpen theoretisch als umgrenzten und messbaren Teil der Oikoumene betrachten lassen, der durch die gedachte Ostwestpassage von der als stille Gegenwelt vorgestellten Parokeanitis geschieden war, dem Archipel im Nordmeer. Daraus ergaben sich erste Anhaltspunkte für Größenverhältnisse und Entfernungsschätzungen, die also nicht auf konkreten Messungen, sondern den auf Mitteleuropa angewendeten Ergebnissen der mathematischen Geographie hellenistischer Gelehrter wie Dikaiarch oder Eratosthenes beruhen. Wissenschaftlich Gebildeten – wie später Cäsar – standen damit begründete Annahmen über Umfang, Distanzen und elementare morphologische Gegebenheiten der mitteleuropäischen Landmasse zur Verfügung, bevor man sie empirisch überprüfen und über die dortigen ethnographischen Verhältnisse etwas in Erfahrung bringen konnte. Deshalb begegneten zwar die einschlägigen geographischen Beobachtungen des Pytheas Zweifeln und Ablehnung, seine Daten und Messwerte aber gingen in die mathematisch-geographische For-

---

[63] Die Annahmen über die Grenze schwanken beträchtlich: (1.) im Bereich der Nordeseeküste, so Timaios bei Plin. nat. 4, 94 (da dic Insel Burcana »ante Scythiam« liegt; (2.) an der Maiotis, dem Asowschen Meer, so Plut. Marius 11, 6; (3.) am Tanais, dem heutigen Don, der Grenze Europas gegen Asien (Strab. 11, 490), und der Maiotis, so Strab. 2, 128; Plin. nat. 2, 246; 6, 219; (4.) am Tanais, der aber hier, entsprechend der pytheanischen Distanzangabe für die Ozeanküste »ἀπὸ Γαδείρων ἕως Τανάιδος« (Strab. 2, 104) in den Nordozean fließend gedacht ist und deshalb mit der Elbe assoziiert werden konnte (R. Gest. div. Aug. 26, 1: »a Gadibus ad ostium Albis fluminis«).

[64] Plin. nat. 35, 37 (vgl. 4, 96). – Müllenhoff, Altertumskunde (Anm. 51) 476 ff.; D. Detlefsen, Die Entdeckung des germanischen Nordens im Altertum (Berlin 1904). Unbegründet ist die Vermutung, Pytheas habe die kimbrische Halbinsel umfahren und sei in die Ostsee gelangt.

[65] Nach Pytheas (bei Plin. nat. 37, 35) stammt der Bernstein von der eine Tagereise vor der (sechstausend Stadien, also über tausend Kilometer langen) Metuonis liegenden Insel Abalus (nach Timaios ›Basileia‹ genannt); nach Xenophon von Lampsakos (um 100 v. Chr., bei Plin. nat. 4, 95) liegt dagegen drei Tagereisen von der skythischen Küste entfernt (»a litore Scytharum«) die Insel Balcia, »immensae magnitudinis«, die Plinius mit der Basileia des Pytheas identifiziert. Timaios (bei Plin. nat. 4, 94) nennt ferner Baunonia (mit germanischer Wurzel ›Bohne‹, lat. Fabaria, Plin. nat. 4, 97) als der Scythia eine Tagereise weit vorgelagerte, Bernstein liefernde Insel; Plinius nennt sie Burcana (Βυρχανίς, Strab. 7, 290) und die bedeutendste von dreiundzwanzig Inseln in der Deutschen Bucht, die durch die römischen Okkupationsfeldzüge bekannt geworden seien. Die Nachrichten lassen sich nicht widerspruchsfrei verbinden; vgl. RGA I (1973) 5 s. v. Abalus (R. Wenskus); RGA IV (1981) 113 s. v. Burcana (ders.).

[66] Plin. nat. 4, 95.

[67] Strab. 2, 93.

schung ein⁶⁸. Auf diesen Voraussetzungen beruhte das dann durch räumliche Nachbarschaft, geschichtliche Erfahrungen und politische Intentionen geprägte römische Verhältnis zu Mitteleuropa.

Römische Begegnung mit Kelten, Kimbern und Germanen

Für die Römer beherrschten und sperrten seit dem vierten Jahrhundert die Kelten gleichsam in einem großen, Italien umgebenden Bogen den Norden. Die traumatische Erfahrung der keltischen Invasionen des vierten Jahrhunderts und die auch nach deren Abwehr andauernde Keltisierung Oberitaliens und Galliens, aber auch die wachsende Überlegenheit der Römer und ihr siegreiches Eindringen in den keltischen Ring um Italien bestimmten fortan die römische Vorstellung vom europäischen Norden[69]. Die Unterwerfung des keltischen Oberitalien stellte Hannibal noch einmal kurze Zeit in Frage. Und dann war es im späten zweiten Jahrhundert, als die ökonomische und politische Penetration Galliens durch die mit Massilia verbündeten Römer bereits kräftig einsetzte und mit der Gründung der Provinz Gallia Narbonensis auch die direkte römische Festsetzung im jenseitigen Gallien begann, der Kimbernsturm, der die Furcht vor der Bedrohung aus dem Norden, den »metus Gallicus«, unerwartet und intensiv erneuerte[70].

Die römische Konfrontation mit den nördlichen Wandervölkern berührte Mitteleuropa nur am Rande, nämlich im ostalpinen, römisch verbündeten Noricum, wo der Konsul Gnaeus Papirius Carbo 113 v. Chr. gegen die Anwesenheit (oder den Durchzug) der Kimbern intervenierte und sein Überfall auf die Weiterziehenden in der Schlacht bei Noreia scheiterte[71]. Der Weg der Kimbern zu Boiern, Norikern und Helvetiern, erst recht aber ihre Wendung nach Gallien konnten also die Kenntnis ihres Heimatlandes bei Römern nicht entscheidend verbessern, aber sie weckten das Interesse an den geographischen Bedingungen und ethnographischen Voraussetzungen dieser Italien bedrohenden Aggression und regten theoretische Deutungen des unheimlichen und unverständlichen Phänomens an: Die Kimbern, der namengebende Kern der großen Völkerbewegung, galten als Bewohner der Nordseeküste; eine Sturmflut sollte ihr Land vernichtet und so jene Notlage herbeigeführt haben, die ihre Auswanderung erzwang[72]. Das Interesse an nördlichen ozeanischen Phänomenen wurde damit erneut belebt. Andererseits waren die Kimbern südwärts zum hercynischen Wald und den keltischen Boiern, Helvetiern, Tauriskern und Skordiskern gewandert. Das ließ eine nördliche, seeorientierte Flachlandzone und eine südliche, binnenkontinentale Mittelgebirgszone unterscheiden, und auch das Dunkel der Wälder wurde mit den Kimbern in Verbindung gebracht[73]. Schließlich ließ die Dauermobilität großer militarisierter Verbände an einer kontingenten Ursache der Wanderbewegung, wie dem Landverlust durch Meereseinbruch, überhaupt zweifeln: Vielleicht waren die Kimbern doch eher, so diskutierte man, aus Südrussland eingewanderte vagierende Keltoskythen oder ein Teil der alten Kimmerier[74], und dies mochte ihre unheimliche Quantität, Schnelligkeit und Unwiderstehlichkeit erklären. Mit der spateren Wendung des Kimbernzuges nach Westen trat auch der Rhein zum

---

[68] Strab. 4, 201 (vgl. 1, 63; 2, 104). Dass Pytheas als Schwindler verdächtigt wurde, lag an der Skepsis der Empiriker (vgl. Pol. 3, 38, 2 »τὸ μεταξὺ Τανάιδος καὶ Νάρβωνος εἰς τὰς ἄρκτους ἀνῆκον ἄγνωστον ἡμῖν ἕως τοῦ νῦν ἐστίν«. Strab. 7, 294 in Verbindung mit 1, 14) und der Ungunst der Überlieferung: Polybios und Strabo verachten Timaios, der sich in seiner wirkungsmächtigen Geographie des Westens auf Pytheas stützte. Zum Kenntniszuwachs nach Polybios s. Timpe, Entdeckungsgeschichte (Fußnotenvorspann) 339 f.

[69] B. Kremer, Das Bild der Kelten bis in augusteische Zeit. Historia Einzelschr. 88 (Stuttgart 1994).
[70] Timpe, Begegnung (Fußnotenvorspann) 63 ff.; RGA XVI (2000) 495 ff. s. v. Kimbern (Th. Grünewald).
[71] Strab. 5, 214; App. Kelt. 13, 1–3.
[72] Mit solchen Fluttheorien setzte sich Poseidonios auseinander (Strab. 7, 292–293; s. aber 2, 102); Plut. Marius 11, 5; R. Gest. div. Aug. 26, 4.
[73] Plut. Marius 11, 9.
[74] Plut. Marius 11, 6–9.

ersten Male als eine wichtige Grenzlinie in den Gesichtskreis der mediterranen Beobachter[75]. Die Erklärung der kimbrischen Bewegung blieb auch nach deren Ende (und trotz vieler später erreichbarer Informationen) eine Sache der Spekulationen und Hypothesen; aber die Kimbernerfahrung hinterließ elementare Vorstellungen über die Geographie und Ethnographie Mitteleuropas, die, so unsicher und einseitig sie waren, noch später die römischen Anschauungen bestimmten.

Vor allem wurde dieser bisher unbekannte und neutrale Raum nun als eine Abwehrreflexe weckende Gefahrenquelle eingeschätzt: Schien er doch arme, aber durch Entbehrung physisch starke Barbaren zu beherbergen, die sich aus Not oder Unrast zu gewaltigen Massen ballen konnten und als aggressive Räuber, wie einst die keltischen Senonen, imstande waren, in Italien den alten Gallierschrecken zu erneuern. Die glorreichen römischen Schlachtensiege der Marius und Lutatius Catulus bei Aquae Sextiae und Vercellae beruhigten solche Befürchtungen, aber löschten die Erinnerung nicht aus. Auch Cäsar muss von ihr erfüllt gewesen sein: Er benutzte Kimbernreminiszenzen zur Rechtfertigung seines Eroberungskrieges[76], aber begründete mit ihnen auch die Vorstellung eines römischen Schutzauftrages für Gallien[77].

Die Okkupation dieses Landes bis an die Nordsee führte zur unmittelbaren politischen und militärischen Berührung mit mitteleuropäischen Stämmen und Landschaften, die damit in den römischen Interessenhorizont eintraten. Die cäsarische Eroberung Galliens war deshalb zugleich der größte und wirkungsmächtigste Fortschritt in der römischen Kenntnis Mitteleuropas. Die Vorstellung, von der westlichen Flanke aus in ein mitteleuropäisches Zentrum vordringen zu können, lag Cäsar jedoch ganz fern, und der Ehrgeiz, auch diesen Raum zu erschließen oder gar zu gewinnen, erfüllte ihn nicht. Sein Bestreben ging vielmehr dahin, das unterworfene Gallien von östlichen Aggressionen und Einmischungen freizuhalten[78]. Das nach Westen gerichtete Kulturgefälle und die gallischen Stammesrivalitäten führten nämlich nach seiner Darstellung zu einem ständigen Wanderungsdruck, der sich in Raubzügen kleiner, mobiler Kriegerverbände äußerte und durch den Bedarf gallischer Kriegsparteien an Hilfstruppen angeregt wurde, aber sich schubweise auch zu großen, womöglich lawinenartig anwachsenden Massenauszügen steigern konnte, wie demjenigen, dem Cäsar in der von Ariovist geführten, suebisch genannten Festsetzung bei den Sequanern begegnete[79].

Der römische Eroberer sah deshalb in Kimbern-, Sueben- oder Sugambrerinvasionen eine endemische Gefahr für die politische Stabilität Galliens. Um ihr zu begegnen, bestimmte er den Rhein als politische und ethnische Grenze, der diese Bedeutung bis dahin nicht hatte[80], suchte in den gallischen Stämmen verlässliche Parteigänger an die Macht zu bringen und germanische Infiltrationen offensiv abzuwehren[81]. Dazu unternahm er im Bereich des Neuwieder Beckens zwei kurze Abschreckungsfeldzüge ins rechtsrheinische Gebiet[82], knüpfte mit einigen rechtsrhei-

---

[75] Vell. 2, 8, 3: »tum [III v. Chr.] Cimbri et Teutoni transcendere Rhenum, multis mox nostris suisque cladibus nobiles«.

[76] Caes. Gall. 1, 12, 4–7; 40, 5; 2, 29, 4.

[77] Caes. Gall. 1, 33, 3–4; 37, 3; 2, 4, 2. Vgl. Tac. hist. 4, 73, 2: »quot proeliis adversus Cimbros Teutonosque … tractaverimus, satis clarum. Nec ideo Rhenum insedimus, ut Italiam tueremur, sed ne quis alius Ariovistus regno Galliarum potiretur« (Rede des Petillius Cerialis).

[78] Caes. Gall. 1, 33, 3; 4, 6; 8.

[79] Caes. Gall. 1, 31–33. Ariovist heißt »rex Germanorum« und Keltenbesieger (1, 31, 10–12), Sueben stellen aber nach 1, 51, 2 nur ein Kontingent seines Heeres neben anderen; für suebischen Charakter seiner Landnahme sprechen nur indirekte Zeugnisse: suebische Frau, s. 1, 53, 4; suebischer Nachzug, s. 1, 37, 3–4; allgemeiner suebischer Westdruck und dessen Abwehr durch Cäsars rechtsrheinische Invasionen (s. u.).

[80] G. Walser, Caesar und die Germanen (Wiesbaden 1956) 37 ff.; R. Wolters, Römische Eroberung und Herrschaftsorganisation in Gallien und Germanien (Bochum 1990) 134 ff.; L. Rübekeil, Suebica. Völkernamen und Ethnos (Innsbruck 1992) 163 ff.; RGA XI (1998) 245 f. s. v. Germanen, Germania, Germanische Altertumskunde. I B (B. Scardigli).

[81] Caes. Gall. 4, 16, 1: »cum videret Germanos tam facile impelli ut in Galliam venirent, suis quoque rebus eos timere voluit, cum intellegeret et posse et audere populi Romani exercitum Rhenum transire«.

[82] Caes. Gall. 4, 16, 1–2; 19; 6, 9–10; 29, 1–2.

nischen Stämmen, wie den Ubiern am Mittelrhein, Bündnisbeziehungen an und behandelte die meisten anderen als Feinde, zunächst die nördlich davon wohnenden Usipeter, Tenkterer und Sugambrer, dann vor allem die aggressiven Sueben im Rücken der Rheinanwohner. Sie waren ihm schon als Bestandteil oder Kern von Ariovists Heer in Gallien begegnet und traten weiter als schwer fassbare mobile Kleinverbände oder Söldnerkontingente in Stammeskonflikten in Erscheinung[83]. Dass es Cäsar und seinen Nachfolgern in Gallien nicht gelang, diese Situation grundlegend zu ändern, ist die Ursache der sich allmählich bis zu den Offensivfeldzügen der augusteischen Zeit steigernden römischen Abwehr[84].

Cäsar verstand alle rechtsrheinischen Stämme, einschließlich der suebischen, die er summarisch als Einheit beschreibt, aber nicht genau lokalisiert[85], als ›Germanen‹ und die Germanen als eine große, selbständige Völker- oder Stammesgruppe zwischen Kelten im Westen und Skythen und Dakern im Osten, die am Rhein begann, aber bis in ungewisse Weiten im Osten reichte[86]. Man hatte bis dahin ›Germanen‹ wahrscheinlich als kleineren westlichen Stammesverband links und rechts des Rheins verstanden und eher den Kelten zugeordnet, folglich in Mitteleuropa Kelten und Skythen irgendwo aneinander grenzen lassen. Die bei Cäsar zuerst genannten, schweifend-aggressiven Sueben tragen noch skythisierende Züge[87]. Cäsars Germanenbegriff, in dem sich wahrscheinlich Beobachtung und Konstruktion – vielleicht politisch motivierte Konstruktion – mischten, war ungeheuer folgenreich: Er beherrschte fortan mindestens die westlich-lateinische Terminologie und prägte die römische Auffassung der ethnischen und politischen Situation in Mitteleuropa, aber auch die von ihr abhängige moderne bis heute: Zwei große, nach Bedeutung und Ausdehnung vergleichbare, aber grundsätzlich unterscheidbare Ethnien, Gallier und Germanen, trafen danach im Rheinland aufeinander; das zwischen ihnen bestehende Kulturgefälle erklärte den allgemeinen Westdruck der primitiveren, aber physisch stärkeren Germanen grundsätzlich, aber Cäsar fordert deshalb auch entschieden die römische Verteidigung der Rheingrenze. Die wahre Dimension dieser Aufgabe ergab sich jedoch nun erst aus der neu erkannten oder behaupteten räumlichen Tiefe des germanischen Ethnos. Germanen waren ja dann ihrer rechtsrheinischen Herkunft wegen auch schon die Kimbern und die Sueben Ariovists gewesen. Nicht nur beutesuchende Rheinanwohner bedrohten die römische Flussgrenze, sondern die dynamisch-unruhige Stammeswelt Mitteleuropas im Ganzen. Man musste befürchten, dass sie weiter Invasionsgruppen in unberechenbarer Zahl und Stärke aus der Tiefe des hercynischen Waldes entließ. Mitteleuropa war damit die gefahrenträchtige ›Germania magna‹[88].

Cäsars politische Einschätzung des Landes eilte seiner geographischen Kenntnis weit voraus. Er schreibt zwar als erster Römer über Mitteleuropa, aber sein konkretes Wissen über Land und Leute reichte über die rechtsrheinische Zone nicht hinaus und beruhte auf Informationen seitens der Ubier und anderer Bundesgenossen. Auch der Kontakt mit dem Lande und seinen Bewohnern von Westen her änderte noch wenig an der relativen Undurchdringlichkeit des mitteleuro-

---

[83] Suebische Infiltrationen s. Caes. Gall. 1, 37, 3–5; 54, 1 (Ariovistzug); 4, 1, 2–6; 3, 4 (Exkurs); 6, 9, 8–10, 5. 29, 1–2 (Feldzug). Nach dem ihnen eigens gewidmeten Exkurs (4, 1–3) sind ihre besonderen Merkmale Größe und Militanz (»gens longe maxima et bellicosissima Germanorum omnium«), primitive, verkehrsfeindliche Lebensform, Arbeitsteilung zwischen Krieg und Feldbestellung, fehlendes Grundeigentum, Ödlandgrenzen. Zur Frage der ethnischen Identität der Sueben s. K. Peschel, Die Sueben in Ethnographie und Archäologie, Klio 60, 1978, 259 ff.; Rübekeil, Suebica (Anm. 80); Neumann / Seemann (wie Fußnotenvorspann); RGA XXX (2005) 188 ff. s. v. Sweben (R. Scharf).

[84] Timpe, Begegnung (Fußnotenvorspann) 147 ff.

[85] Sie ziehen sich bei Cäsars zweitem Feldzug an ihre unermesslich weite östliche Ödlandgrenze zurück, die Silva Bacenis, die sie von den Cheruskern scheidet (6, 10, 5).

[86] Aus der abundanten Literatur zum Germanenbegriff vgl. nur G. Dobesch in: Pro arte antiqua. Festschr. Hedwig Kenner (Wien und Berlin 1983) 77 ff.; Timpe, Germanen (Fußnotenvorspann) 182 ff.; W. Pohl, Die Germanen² (München 2004).

[87] Caes. Gall. 4, 1; vgl. Strab. 7, 290–291; s. Timpe, Begegnung (Fußnotenvorspann) 360 ff.

[88] Zum Begriff s. RGA XI s. v. Germanen … (Anm. 80) 255 ff.

päischen Raumes und der sich daraus ergebenden weitgehenden Unkenntnis der geomorphologischen und ethnographischen Verhältnisse. So kommt etwa auch Cäsar auf den hercynischen Wald zu sprechen, jenen alten Fixpunkt der Nordgeographie, aber beruft sich dafür nicht auf eigene Erforschung, sondern auf die Autorität des alexandrinischen Universalgelehrten Eratosthenes aus dem dritten Jahrhundert und andere, ungenannte Griechen[89]. Er teilt nichts über die Natur der nördlichen Küste und ihre Anwohner mit und berührt das Verhältnis zwischen germanischer und keltischer Population Süddeutschlands nicht[90]. Angaben über Entfernungen, Verkehrsbedingungen und Landesgestalt, wie sie in frühaugusteischer Zeit dann in Agrippas Kommentarien gesammelt wurden[91], beruhen auf theoretischen Konstruktionen oder elementaren einheimischen Informationen. Danach war die mitteleuropäische Germania der nun gestalthaft vorgestellte Raum, dem im Norden der Ozean, im Süden die alten Basislinien Donau oder Alpen als Grenzen zugeschrieben wurden, der im Westen am Rhein begann und im Osten bis zur Weichsel beziehungsweise bis zu den Sarmaten reiche. Agrippa kannte auch ostelbische Flüsse[92]. Grundlegend war an Cäsars Perspektive aber die binnenländisch orientierte Sicht: Der vom gallischen Westen aus mit rasch abnehmender Tiefenschärfe nach Osten gerichtete Blick des Eroberers trat an die Stelle der Mutmaßungen des von mediterranen Basen, von Alpen oder Donau aus nach Norden sehenden Kaufmanns oder des Seefahrers, der das Land von seinem nördlichen Küstenumriss aus inspizierte. Die neue Sichtweise wurde zur Voraussetzung der dann bei Agrippa begegnenden gestalthaften Raumvorstellung.

Die Dominanz der militärischen Sicht

Die Römer verstanden dank Cäsar Mitteleuropa seitdem zwar als umgrenzten, geographisch-ethnographisch definierten Raum, aber sahen ihn zuerst mit den Augen der Militärs und aus westlicher Richtung, eine unvermeidliche Folge der Machtlage und der Informationssituation. Die Entdeckung und Erschließung Mitteleuropas vollzog sich zum großen Teil durch Krieg und Eroberung von der Rheinbasis aus. »Bekannt geworden sind die germanischen Stämme«, so fasst der Geograph Strabo ihre Aufzählung zusammen[93], »durch die Kriege, die sie gegen die Römer führten«, oder noch allgemeiner: »die Römer haben den ganzen Westen Europas bis zur Elbe erschlossen«[94]; gemeint ist natürlich: durch ihre Eroberungsfeldzüge. Deshalb schränkt er aber auch allen Hypothesen abhold ein: »Die Gebiete jenseits der Elbe am Ozean sind uns völlig unbekannt«[95], denn sie sind von römischen Truppen nicht berührt worden. Die Elbe teilt für den Geographen darum auch Germanien in zwei Teile, den von Westen her erschlossenen, zeitweise direkt beherrschten und dadurch bekannten und andererseits den relativ unbekannten östlichen[96]. Tacitus bemerkt in seiner Landesbeschreibung einleitend, dass Germanien im Norden

---

[89] Caes. Gall. 6, 24, 2. Der Eroberer Galliens hat dem hercynischen Wald vielleicht eine ungefähr querrechteckige Gestalt zugeschrieben, denn dem Exkurs im Bellum Gallicum zufolge erstreckte sich die anders nicht zu bestimmende Waldzone über sechzig Tagemärsche in westöstlicher, neun in nordsüdlicher Richtung, vom Rheinknie bei Basel an gemessen (6, 25, 1–4, aber die Stelle ist interpoliert); er umfasst und bezeichnet hier die gesamte Mittelgebirgszone. Der eine Generation jüngere griechisch schreibende Geograph und Historiker Strabo denkt sich den mitteleuropäischen Urwald, der auch bei ihm nördlich der Donau liegt, eher ringförmig (7, 290–291; 292).

[90] Cäsar setzt (aus unbekannter Quelle) keltische, im Rufe der Gerechtigkeit und Kriegstüchtigkeit stehende Volcae Tectosages am (germanischen!) Hercynischen Wald an (6, 24, 2–3); ganz unsicheren Lage s. RGA XXXII (2006) 564 s. v. Volcae (P. Scardigli). Der gallisch-germanische Exkurs enthält sonst keine geographischen Angaben zur Germania.

[91] Plin. nat. 4, 81; 98–99; A. Klotz, Klio 24, 1931, 38–58; 386–466. – D. Detlefsen, Ursprung, Einrichtung und Bedeutung der Erdkarte Agrippas (Berlin 1906) 39 f.; Nicolet, Space (wie Anm. 26), 109; Hänger, Welt (Anm. 26) 150.

[92] Plin. nat. 4, 100.
[93] Strab. 7, 291.
[94] Strab. 1, 14.
[95] Strab. 7, 294.
[96] Strab. 1, 14.

vom Ozean begrenzt werde[97]. Dort, sagt er, seien »Könige und Stämme bekannt geworden, die erst der Krieg enthüllt hat (aperuit)«, wie wenn der Krieg den Vorhang vor einer Bühne weggezogen hätte. Von Räumen und Zeiten, in denen sich keine spektakulären Militäroperationen abspielten, wie in Süddeutschland während der römischen Okkupationsfeldzüge oder in spättiberischer Zeit und anderen Perioden in Germanien überhaupt, erfuhr man wenig oder nichts, weil Land und Leute in keinem Feldzugsbericht auftauchten. Unabhängig von militärischen Informationen gewonnene Kenntnisse spielten für den römischen Blick auf Mitteleuropa nur eine geringe Rolle; weil sie noch weniger als diese öffentlich wurden, wobei die Öffentlichkeit vor allem durch Literarität erreicht wurde[98].

Auch die reichen und detaillierten Informationen, die römische Strategen und Praktiker des Krieges notwendigerweise erwarben, gelangten als solche nämlich nur zum geringsten Teil und seit Augustus gefiltert durch das kaiserliche Informationsmonopol zu öffentlicher Kenntnis und Wirkung. Die Oberkommandierenden an der germanischen Front rapportierten an den Kaiser, der daraus nach Ermessen an den Senat berichtete und seine Siegesbulletins veröffentlichte. Das mochte die Talente von Dichtern, Künstlern und Schmeichlern anspornen, aber es förderte das Verständnis der Landessituation bei Außenstehenden, das durch ein objektives Kartenbild und bekannte topographische Fixpunkte nicht unterstützt wurde, nur wenig. Aus den amtlichen Verlautbarungen und hilfsweise aus verhältnismäßig seltenen privaten Zeugnissen und autobiographischen Veröffentlichungen literarisch oder politisch ehrgeiziger Memoirenschreiber schöpften dann Verlaufserzählung und Exkurse der literarisch geformten Zeitgeschichtsschreibung[99]. Die politischen und militärischen Entscheidungsträger selbst gewannen die Kenntnisse und Beurteilungen der Landesnatur, auf denen ihre praktischen Entscheidungen beruhten, aus dem Erfahrungswissen ihrer Vorgänger und militärischer Praktiker, aus eigener Erkundung und Befragung Einheimischer, angereichert durch Vorgaben des Bildungswissens und Vorurteile[100]. Die Hauptrolle dürfte dabei der Umgang mit germanischen Hilfstruppen und deren Führungsoffizieren gespielt haben, wie vor allem die Schilderung des Bataveraufstandes in den taciteischen Historien illustriert[101]. Aus unabhängigen Quellen stammende Informationen und eine an ihnen sachlich interessierte Öffentlichkeit können dagegen hier kaum vorausgesetzt werden. Die große unpolitische Masse, zumal außerhalb Roms, wurde mit Barbarenklischees und Siegespropaganda bedient und kam mangels Interesse, Kritik und Sachkenntnis über diese Stilisierung auch nicht hinaus.

Gewiss machten auch viele Nichtmilitärs reiche und aufschlussreiche Erfahrungen im und mit dem mitteleuropäischen Norden der Römer, aber solche fügten sich nicht zu einem objektiven Bild zusammen, das nach außen hätte vermittelt werden können. Von besonderem Gewicht müssen die Informationen und Erfahrungen des römischen Personals der militärischen Infrastruktur gewesen sein, der Heereslieferanten, Händler, Marketender, Dolmetscher und anderer. Sie kamen in viel engere Berührung mit Land und Leuten, hatten handfestere Interessen, nah-

---

[97] Tac. Germ. 1, 1.
[98] Vgl. o. im Kapitel ›Voraussetzungen‹.
[99] »Die Kaiserzeit war solchen Denkwürdigkeiten im allgemeinen nicht günstig« (H. Peter, Die geschichtliche Literatur über die römische Kaiserzeit I [Leipzig 1897] 202). Für die Kenntnis Germaniens sind vor allem der autobiographisch geprägte Geschichtsabriss des Velleius Paterculus (2, 97–122; Kommentar: A. J. Woodman II 1977, Forschungsbericht s. J. Hellegouarc'h in: ANRW II 32, 1 (1984) 404 ff.; U. Schmitzer, Velleius Paterculus und das Interesse an der Geschichte im Zeitalter des Tiberius (Heidelberg 2000) 226 ff. und die von Plinius benutzten Commentarii des Gnaeus Domitius Corbulo (H. Peter, Historicorum Romanorum reliquiae II [Leipzig 1906] CXXXII ff. 99 f.) von Bedeutung.
[100] Solche werden vor allem Varus zu Recht oder Unrecht nachgesagt, polemisch zugespitzt etwa Vell. 2, 117, 3 »concepit esse homines, qui nihil praeter vocem membraque haberent hominum, quique gladiis domari non poterant, posse iure mulceri.«
[101] Aufschlussreich auch die Nachrichten über den Umgang des Varus mit den für vertrauenswürdig gehaltenen Verschwörern um Arminius, s. Vell. 2, 118, 2–4; Flor. epit. 2, 30, 33; Cass. Dio 56, 19, 2–3.

men teilweise anderes wahr und fanden anderes wichtig als die Offiziere, mit denen sie freilich eng zusammenarbeiteten und denen sie Informationen zulieferten, nämlich über Märkte, Straßenverbindungen, Austauschmöglichkeiten, wirtschaftliche Kapazitäten, Gefahren, Kuriosa aller Art und nicht zuletzt die Mentalität ihrer eingeborenen Partner. Sie werden brutalen oder treuherzigen Häuptlingen Waffen, Pferde, Wein und Prestigegüter verhökert haben und dabei unter manchen Risiken neben viel Gewinn auch unschätzbare Einblicke in die Lebensverhältnisse und die Landesnatur gesammelt haben. Von ihrem professionellen Wissen, ihren Betriebsgeheimnissen und ihrem spezifischen Blick auf die naturräumlichen und gesellschaftlichen Gegebenheiten Mitteleuropas ist aber noch weniger bekannt, weil ihre Eindrücke und Erfahrungen erst recht keine literarische Form und damit keine öffentliche Bekanntheit gewannen. Am meisten ist derartiger Stoff in der Naturgeschichte des älteren Plinius zu fassen.

Aufschlussreich ist immerhin, dass schon Cäsar von den Sueben (wie von den Galliern der Belgica) vermerkt, sie erlaubten Handel mit Fremden nur eingeschränkt, verkauften ihnen zwar Kriegsbeute, also vor allem Gefangene, aber gestatteten keine Einfuhr fremder Produkte, wohl vor allem keinen Wein[102]. Schon zum Jahr 25 v. Chr., also aus der Zeit vor den Eroberungsfeldzügen, erfahren wir zufällig, dass rechtsrheinische Germanen römische Kaufleute in ihrem Lande töteten und damit eine Strafexpedition auslösten[103]. Solche Zusammenhänge zwischen militärischer und ökonomischer Aktivität werden indessen nur selten beleuchtet, obwohl später Handelstätigkeit in großem Umfange stattgefunden haben muss. Eine merkwürdige und interessante, weil singuläre Spur davon gibt – abgesehen von archäologisch fassbarem Fundgut[104] – die Geographie des Klaudios Ptolemaios aus dem zweiten Jahrhundert zu erkennen. Dieser politisch uninteressierte griechische Autor ohne eigene Landeskenntnis hat Ortslisten mit Lagebestimmungen zusammengestellt und Karten mit geographisch-ethnographischem Namensmaterial gefüllt, die schlecht und fehlerhaft kompiliert sind, sich aber nirgendwo sonst in solcher Fülle finden, und deshalb auch zum großen Teil nicht verifiziert werden können. Die vielen Völker-, Orts- und Flussnamen bei Ptolemaios sind römischen Itinerarien entnommen, die anscheinend aus Kaufmannswissen stammten[105]. Sie zeigen, dass gewisse römische Unternehmer, wenn auch nicht die römische Öffentlichkeit, berufsbedingt über eingehende topographische und ethnographische Kenntnisse verfügten. In diesem Zusammenhang, wo es um lokale Zentren und Handelsplätze, günstige Routen, schwierige Engpässe oder Flussübergänge ging, um nützliches Wissen für den Praktiker, begegnen deshalb Namen von Orten, Geländepunkten und kleinen Teilstämmen, die in der aus Kriegsberichten stammenden Geschichtsschreibung, die sich auf die großen, militärisch wichtigen und einheitlich agierenden Stämme konzentrierte, keine Rolle spielen.

Die wichtigste allgemeine, noch uns erkennbare Auswirkung kommerziellen Wissens von Römern über Mitteleuropa ist die Öffnung der direkten Verbindung von der niederösterreichisch-slowakischen Donaugrenze zur Ostsee, der sogenannten Bernsteinstraße. Dem älteren Plinius, dem wohl besten römischen Kenner Germaniens in der frühen Kaiserzeit, verdanken wir

---

[102] Caes. Gall. 4, 2.
[103] Cass. Dio 53, 26, 4.
[104] H. J. Eggers, Der römische Import im Freien Germanien (Hamburg 1951); J. Kunow, Der römische Import in die Germania libera bis zu den Markomannenkriegen (Neumünster 1983); U. Lund Hansen, Römischer Import im Norden (Kopenhagen 1987); R. Wolters, Der Waren- und Dienstleistungsaustausch zwischen dem Römischen Reich und dem Freien Germanien in der Zeit des Prinzipats. Eine Bestandsaufnahme. Münster. Beitr. z. Ant. Handelsgeschichte Bd. 9 (Sankt Katharinen 1990) 14 ff.; Bd. 10 (Sankt Katharinen 1991) 78 ff.; S. v. Schnurbein / M. Erdrich, Das Projekt ›Römische Funde im mitteleuropäischen Barbaricum‹ dargestellt am Beispiel Niedersachsen, Ber. RGK 73, 1992, 5 ff.; S. v. Schnurbein, Vom Einfluss Roms auf die Germanen. Nordrhein-Westfälische Akad. Wiss. Düsseldorf, Vorträge, Geisteswissenschaften G 131 (1995); Timpe, Germanen (Fußnotenvorspann) 232 f.
[105] Ptol. 2, 11, 8–30, s. Klaudios Ptolemaios, Handbuch der Geographie, Hrsg. A. Stückelberger / G. Graßhoff Bd. I (Basel 2006) 227 ff.

die Nachricht[106], dass unter Nero zum ersten Male ein ungenannter römischer Ritter (also ein Großhändler) auf Veranlassung der kaiserlichen Verwaltung zum Einkauf von Bernstein vom pannonischen Carnuntum, dem heutigen Deutsch-Altenburg an der Donau, direkt an die samländische Küste reiste und eine riesige Menge des begehrten Stoffes heimbrachte. Die nur aus einzelnen Depotfunden, aber nicht als konkreter Weg nachweisbare Bernsteinstraße setzt Warentransport mit Wagen und entsprechender Begleitung sowie bekannte und passierbare Wege, vor allem aber befriedete Verhältnisse und Verkehrssicherheit voraus[107]. Die hier neu gewonnene, wirtschaftlich motivierte Kenntnis und Durchdringung des germanischen Ostens, der von römischer Eroberung immer frei blieb, hat in der unverhältnismäßig eingehenden Beschreibung der östlichen Stämme und des Ostseeraumes in der taciteischen Germania[108] ausnahmsweise sogar einen literarischen Niederschlag gefunden.

Das römische Verhältnis zum mitteleuropäischen Raum war seit der spätrepublikanischen Zeit durch zivilisatorischen Kontrast, aber auch Akkulturationstendenzen, durch Streben nach Herrschaft und Kontrolle, aber auch politische und ökonomische Kooperation geprägt. Tacitus hat es einseitig zur Polarität zwischen naturhafter Freiheit und imperialer Herrschaft übersteigert[109]. Aus dieser dogmatischen und wirklichkeitsfremden Konstruktion spricht mehr senatorische Freiheitsideologie und Kritik an der aktuellen kaiserlichen Außenpolitik zur Zeit Domitians als abgewogenes historisches Urteil. Denn nicht einmal die meisten Stämme, geschweige denn die Germanen im Ganzen waren militärisch-politisch einheitlich handelnde Größen, und eben deshalb konnten sie in Schach gehalten werden. Es gab immer auch Stämme, Teilstämme, Clans und Stammesadlige mit ihren manchmal ausgedehnten Gefolgschaften, die den Römern treu ergeben waren, weil sie von ihnen Schutz gegen Feinde erwarteten oder sonst ihren Vorteil dabei fanden oder einfach, weil sie ihre unbegreifliche Überlegenheit bewunderten[110]. Sie konnten aber auch vom Bündnis mit den römischen Herren abfallen, wenn diese ihre Erwartungen oder Ansprüche nicht erfüllten oder sie ungeschickt behandelten. Solche Hintergründe hatte wahrscheinlich der Verrat des Cheruskers Arminius, und Enttäuschungen dieser Art nährten auf der römischen Seite barbarenpsychologische Klischees über die Verschlagenheit oder Unzähmbarkeit der Germanen, die das konventionelle Bild ihrer Wildheit, Primitivität und Naivität variierten[111].

Für die verantwortlichen Vertreter der römischen Macht war Germanien nicht die kompakte, widerständige barbarische Einheit, die Tacitus' Urteil suggeriert. Sie unterschieden realistisch zwischen verlässlichen, brauchbaren Bundesgenossen oder wenigstens kooperationswilligen Kräften auf der einen und hartnäckigen Gegnern oder unzuverlässigen Stammeshäuptlingen auf der anderen Seite; sie schlichteten Konflikte zwischen Personen, Faktionen und Stämmen[112]; sie belohnten, unterstützten, privilegierten und benutzten wie moderne Kolonialmächte ihre Freunde, weil sie strategisch wichtige Stützpunkte boten, ihre Gegner in Schach hielten oder dem Land angepasste Hilfstruppen stellten, und sie unterdrückten deren und ihre Feinde durch Geiselstellung, Tributauflagen, Entwaffnung, Zwangsrekrutierung oder Vertreibung. Dabei gewannen sie alle nur wünschbaren Einblicke in die Stammesinterna und reiche Informationen auch über geographische und strategische Zusammenhänge, die sich zu einem umfassenden Herrschaftswissen summierten, das aber aus den genannten Gründen arkan blieb. Die Bilder von

---

[106] Plin. nat. 37, 45.
[107] RGA II (1976) 292 f. s. v. Bernstein und Bernsteinhandel, archäologisch (D. Bohnsack).
[108] Tac. Germ. 43–45.
[109] Tac. Germ. 37, 2.
[110] Vgl. Vell. 2, 107.
[111] Verschlagenheit s. Vell. 2, 118, 1. Unzähmbarkeit s. Flor. epit. 2, 30, 32.
[112] Im Zerrbild des justizwütigen Varus (Vell. 2, 117, 4; Flor. epit. 2, 30, 31) ist diese Seite römischer Herrschaftspraxis zu vermuten.

Mitteleuropa in den Köpfen derer, die an diesem Wissen Anteil hatten, derer, die historische Literatur und geographische Exkurse lasen, und der großen Mehrheit unbeteiligter und uninteressierter römischer und nichtrömischer Reichsangehöriger waren verschieden, und zwischen ihnen vermittelte kein schulisches oder populäres Elementarwissen.

Die augusteische Eroberung und die Elbe

Römische Augen sahen Mitteleuropa nur gleichsam aus einem erheblich verengten Gesichtsfeld, und dabei noch sehr verschieden genau. Aber mit diesen Einschränkungen dürfen wir nun doch fragen, was sie sahen und was sie davon zu öffentlicher Kenntnis brachten.

Die römischen Herren Galliens waren seit Cäsar bestrebt, die Rheingrenze zu sichern und dazu das rechtsrheinische Vorfeld zu kontrollieren. Diese Bemühungen eskalierten zu den Eroberungsfeldzügen, die unter Drusus und Tiberius, den Stiefsöhnen des Augustus, zwischen 12 und 8 v. Chr. bis zur Elbe führten, die Unterwerfung der westgermanischen Stämme erreichten[113] und die Deportation, Vertreibung oder Abwanderung von Suebengruppen zur Folge hatten[114]. Dieses Ergebnis stellte sieben Jahre später ein großer Aufstand in Frage, der in einem neuen Krieg, am Ende, 5 n. Chr., wiederum unter Tiberius' Führung, bezwungen wurde[115]. Den Friedenszustand danach machten aber der gleichzeitige Aufstand in Pannonien und die unsichere Haltung der Suebenstämme östlich der Elbe prekär, die Varusschlacht im Jahre 9 n. Chr. beendete ihn und die direkte römische Herrschaft rechts des Rheins überhaupt. Nach fünf Jahren des Abwartens und der Reorganisation an der Rheinfront versuchte Germanicus, der Neffe und Adoptivsohn des Tiberius, die Wiedereroberung. Mit seiner Abberufung 16 n. Chr. endeten, wie sich im Nachhinein zeigte, die Okkupationsfeldzüge definitiv[116]. Durch sie wurde die Landesnatur des Gebietes zwischen Rhein und Elbe, Nordsee und Main aus militärischer Perspektive wie nie vorher oder nachher annähernd erfasst, wurden Dutzende von Stämmen mit Namen und relativer Lage bekannt und auch einer literarischen Öffentlichkeit vorgestellt, aber zugleich tiefgreifenden Veränderungen durch Dezimierung und Deportationen, römische Interventionen und Organisationsmaßnahmen ausgesetzt[117].

Die Offensiven gegen das Land, das die Römer Germania nannten, erfolgten von der Rheinbasis aus. Die römischen Strategen blickten auf Mitteleuropa zunächst aus exzentrischer Position von Westen her. Die Legionsfestungen Castra Vetera (Xanten) gegenüber der Lippemündung und Mogontiacum (Mainz) gegenüber der Mainmündung wurden zu Ausgangspunkten von Einfallsrouten durch die Flusstäler von Lippe, Lahn und Untermain, durch Wetterau und Fulda in Richtung Weser. Sie waren durch Lagerketten geschützt und konnten auf dem Wasserweg versorgt werden, endeten aber, wie in der Westfälischen Bucht, an Mittelgebirgsrändern. Jenseits dieser Naturbarrieren konnten römische Truppen nur noch auf Landwegen unter Mitführung großer Trosse operieren und hatten dabei mit schwierigen und unübersichtlichen Wegeverhältnissen zu kämpfen, wenn die Bewaldung auch nicht geschlossen war und mehr oder weniger große Siedlungskammern freiließ[118]. Wege durch das norddeutsche Flachland umgingen zwar die Waldgebirge, aber auch die am meisten umkämpften Stammesgebiete, und sie waren in den

---

[113] Vell. 2, 97, 4; Aufidius Bassus fr. 3 Peter = Cassiod., Chron. 746 a. u. c.

[114] Strab. 7, 290; Suet., Tib. 21, 1.

[115] Vell. 2, 104, 2–107.

[116] Tac. ann. 1, 49–72; 2, 5–26; 41.

[117] Cass. Dio 56, 18, 2–3. Über die Forschungslage und die abundante Literatur unterrichten etwa G. A. Lehmann, Boreas 12, 1989, 207 ff.; Timpe, Germanen (Fußnotenvorspann) 215 ff.; R. Wolters, Germanien im Jahr 8 v. Chr. In: W. Schlüter / R. Wiegels (Hrsg.), Rom, Germanien und die Ausgrabungen von Kalkriese (Osnabrück 1999) 591 ff.; Timpe, Begegnung (Fußnotenvorspann) 265 ff.

[118] Siehe die Beiträge in J. S. Kühlborn u. a. (Hrsg.), Rom auf dem Weg nach Germanien. Geostrategie, Vormarschstraßen und Logistik. Bodenaltertümer Westfalens 45 (Mainz 2008).

ausgedehnten Moorlandschaften oder uneingedeichten Küstengebieten ebenfalls schwer und nur unter Gefahren zu begehen[119]. Speziell diese naturräumlichen Bedingungen waren es, die den Eindruck erzeugten, dass Germanien ein Land der Wälder und Sümpfe und wie kein anderes unwegsam und verkehrsfeindlich sei. In den militärischen Stäben und in den Köpfen der Praktiker muss internes Wissen über Wegeverhältnisse, Gefahrenstellen, Pässe, Flussübergänge und dergleichen aber vorausgesetzt werden.

Seit Drusus haben römische Flotten auch die Nordseeküste befahren und die Flussläufe von Ems, Weser und Elbe benutzt, um von der Küstenbasis aus ins Binnenland einzudringen und dort operierende Truppen zu versorgen. Tacitus lässt seinen Germanicus diese Strategie eindrucksvoll begründen[120]: Die Germanen seien durch ihre Wälder und Sümpfe begünstigt, außerdem durch den kurzen Sommer und frühen Winter. Der römische Soldat litte dagegen unter den enormen Marschwegen; die langen Trosse seien Überfällen ausgesetzt und schwer zu verteidigen. Aber der Seeweg sei leicht und für den Feind nicht einsehbar. Man könne den Krieg früher im Jahr beginnen, Legionen und Verpflegung zusammen transportieren, Reiter und Pferde könnten, über Küsten und Flüsse befördert, ausgeruht mitten in Germanien stehen.

Eine bemerkenswerte logistische Leistung, die Velleius Paterculus als Augenzeuge beschreibt, bestätigt diese strategische Konzeption: »Das römische Heer gelangte [5 n. Chr.] ... bis zur Elbe; und ebendort vereinigte sich dank des wunderbaren Glücks und der Vorsorge des Tiberius die Flotte, versehen mit reichsten Vorräten aller Art, ... mit dem Heer«[121]. Aber gefahrlos war auch der Seeweg keineswegs, obwohl Versorgungsdepots und Stützpunkte an den Flussmündungstrichtern seine systematische, über die literarisch bekannten Expeditionen hinausgehende Benutzung bezeugen[122]. Die Tücken der Nordsee, die mangelhafte Kenntnis der Gezeiten und des Wattenmeeres führten wiederholt zu katastrophalen Verlusten[123]. Einen entscheidenden Durchbruch zur Bezwingung des mitteleuropäischen Landes scheinen der Einsatz der Flotte und die Benutzung des Seeweges deshalb nicht gebracht zu haben. Sie verraten aber eine Gesamtanschauung des ozeanisch begrenzten mitteleuropäischen Raumes und die Fähigkeit zu weiträumigen Zangenoperationen, erklären wohl auch die strategische Bedeutung der Elbe als der letzten das Binnenland erschließenden Wasserstraße vor der Barriere der jütischen Halbinsel.

Römische Truppen konnten sich nicht – wie immerhin zu Cäsars Zeit in Gallien – aus dem Lande allein ernähren und auf feste Zentralorte mit Versorgungsdepots stützen; sie konnten nur in selbsterrichteten Lagern halt machen. Außer morschen Knüppeldämmen durch Moore gab es nur Naturwege, aber im Mittelgebirge überall Passagen, die Überfälle auf marschierende, lang auseinandergezogene, trossbeladene Kolonnen erlaubten, und unbefestigte, mäandrierende Flüsse ohne Brücken. Römische Pioniertruppen haben deshalb in schwer vorstellbarem Umfange Dämme und Brücken angelegt, Naturwege verbessert und begradigt und breite Schneisen (limites) durch Waldgebiete geschlagen, um das Land »zu öffnen«[124]. Trotzdem blieb die militärische Beweglichkeit begrenzt. Populationen, die zu Unterwerfung und Kooperation nicht bereit waren, zogen sich vor römischen Angriffen in ihre Walddickichte zurück, in die größere Verbände nicht eindringen konnten, wo kleinere aber gefährdet waren. Die Zerstörung der Siedlungen und Fluren sollten in solchen Fällen die Eingeborenen aushungern und zum Aufgeben zwingen. Die Schwierigkeit, das Land über die Gebirgsschwellen hinaus zu befrieden, wuchs mit der Entfernung von der exzentrischen Rheinbasis. Hier gibt es auch nur wenige römische Spu-

---

[119] Tac. ann. 1, 70.
[120] Tac. ann. 2, 5.
[121] Vell. 2, 106, 2.
[122] Zu Bentumersiel (Jemgumkloster) s. K. Brandt in: Probleme der Küstenforschung im südlichen Nordseegebiet 12, 1977, 1 ff.; G. Ulbert ebd. 33 ff.; RGA XXIV (2003) 354 ff. s. v. Reiderland (E. Strahl).
[123] Cass. Dio 54, 32, 2–3; Tac. ann. 2, 23–25, 1; 26, 2.
[124] Timpe, Begegnung (Fußnotenvorspann) 137 ff.

ren¹²⁵, und wir wissen nicht, wie die römische Eroberung und Herrschaftssicherung dort konkret ausgesehen hat. Es überrascht nicht, dass Landeskenner wie der ältere Plinius erklärten, das Land sei auch während der Okkupationsphase nicht vollständig und genau bekannt geworden¹²⁶.

Das operative Ziel der römischen Kriegführung bestand aber auch nicht in flächiger Besetzung des unergiebigen Landes, sondern in der Kontrolle und Stabilisierung der Stammesgesellschaft und in der Abschreckung der schwer fassbaren, aggressiven und mobilen Gefolgschaftskriegerverbände, die besonders den Sueben nachgesagt wurden. Dieses Ziel zu erreichen, heißt »Germaniam pacare«. Die negativen römischen Urteile über das unzugängliche, rauhe und unkultivierte Land rechts des Rheins widersprechen deshalb nicht den Anstrengungen, seiner Herr zu werden. Dieses Ziel galt als erreicht mit der Auflösung des Sugambrerstammes und der Vertreibung oder Abwanderung der Sueben, namentlich der Markomannen unter Marbod: Die römischen Siegesparolen des Jahres 8 v. Chr. feierten die »Unterwerfung aller Germanen zwischen Rhein und Elbe«¹²⁷. Wie sich dagegen die widerspenstige Wirklichkeit ausnahm, illustriert eine ganz isolierte, aber aufschlussreiche Episode¹²⁸: Der Statthalter Lucius Domitius Ahenobarbus, der Großvater Neros, kommandierte um die christliche Zeitwende am Rhein und hatte dabei die in Germanien typischen Ordnungs- und Schiedsrichteraufgaben zu lösen. Eine vagierende Splittergruppe suebischer Hermunduren siedelte er (wahrscheinlich zwangsweise, um einen Unruhefaktor zu beseitigen) in einem von abgewanderten Markomannen geräumten Distrikt an; andere Suebengruppen östlich der Elbe nötigte er, Vertragsverpflichtungen einzugehen; eine in einem Faktionskriege unterlegene und vertriebene Partei von Cheruskern an der Weser bat ihn um Hilfe, aber er erzwang ihre Rückführung nicht, vermutlich weil seine Macht oder seine Energie dazu nicht ausreichten. Das schadete seiner Autorität sehr und ermutigte romfeindliche Stammesparteien. Der Ausbruch des neuen, zweiten Krieges war die Folge unbewältigter Konflikte solcher Art.

Als fünf Jahre später Tiberius wieder an der Elbe stand, sah er das andere Ufer von kampfbereiten Sueben besetzt¹²⁹. Aber den Plan, allen suebischen Bedrohungen durch einen großen Zangenangriff von Main und Donau aus gegen das böhmische Marbodreich ein Ende zu machen, vereitelte der 6 n. Chr. ausgebrochene Aufstand in Pannonien¹³⁰. Die Elbe wurde zur symbolisch aufgeladenen, vieldeutigen, durch Ansprüche und Erinnerungen belasteten Grenze. Zunächst verpflichtete der Ruhm des Drusus, den Strom als erster erreicht zu haben, seinen Bruder Tiberius ebenso wie seinen Sohn Germanicus: Die Elbe gilt deshalb dem taciteischen Germanicus als zwar tatsächlich nicht erreichtes, aber doch proklamiertes Ziel der Wiedereroberung¹³¹ und spiegelbildlich begrenzt sie dem taciteischen Arminius den Bereich römischer Fremdherrschaft¹³². Der erreichte, erstrebte oder gar überschrittene Strom oder seine von römischen Flotten befahrene Trichtermündung¹³³ machte ihn sodann als Grenzpunkt berühmt. Geographische Groborientierung dachte ihn dagegen parallel zum Rhein fließend¹³⁴ und sah in der gleichsam nach Osten verschobenen Rheinlinie die Begrenzung des gestalthaft vorgestellten germanischen

---

125 Zu Hedemünden s. K. Grote in: Kühlborn, Rom (wie Anm. 118) 323 ff.; ders., Hedemünden. Ein römisches Militärlager an der Werra-Weser-Linie im rechtsrheinischen Germanien. In: M. Zelle (Hrsg.), Terra incognita? Die nördlichen Mittelgebirge im Spannungsfeld römischer und germanischer Politik um Christi Geburt (Mainz 2008) 177 ff., zu Bielefeld, Sparrenberger Egge s. D. Bérenger in: J. S. Kühlborn (Hrsg.), Germaniam pacavi. Germanien habe ich befriedet. Archäologische Stätten augusteischer Okkupation (Münster 1995) 170 ff.
126 Plin. nat. 4, 98.
127 Siehe o. mit Anm. 113–114.
128 Cass. Dio 55, 10a, 2.
129 Cass. Dio 55, 28, 5; Vell. 2, 106, 3 – 107, 1.
130 Vell. 110, 1–3.
131 Tac. ann. 2, 14, 4. – Im Tropaeum nach der sog. Schlacht von Idistaviso (2, 22, 1: »debellatis inter Rhenum Albimque nationibus«) und im Triumph des Germanicus über die »nationes usque ad Albim« (2, 41, 2) wird die Erreichung der Elbgrenze beansprucht, dem Gegner wird der Gedanke unterstellt, über die Elbe zu fliehen (2, 19, 1).
132 Tac. ann. 1, 59, 4.
133 Siehe o. mit Anm. 121–122; vgl. R. Gest. div. Aug. 26, 2.
134 Strab. 7, 290.

Raumes. Von solchen punktuell oder linear gedachten geographischen Vorstellungen muss wieder die Funktion der Elbe im wechselvollen militärischen Kalkül unterschieden werden: Der Durchbruch des Drusus bis an den Strom wurde als Erfolg gefeiert oder als unheilträchtige Maßlosigkeit kritisiert[135], Domitius Ahenobarbus griff ein Jahrzehnt später zur Durchsetzung römischer Herrschaft sogar offensiv über die Elbe hinaus, aber Augustus verbot dann aus politischer Vorsicht ihre Überschreitung[136], und die defensive Haltung des Tiberius entsprach offenbar dieser Weisung, die vermutlich auch in der Varuszeit befolgt wurde. Von einer Elbgrenze kann im genauen Sinne des Wortes kaum gesprochen werden, weil der Verlauf der mittleren und oberen Elbe durch die römischen Feldzüge zweifellos bekannt, an eine Annexion Mitteleuropas bis nach Böhmen aber nicht zu denken war[137]. Im militärisch-politischen Sprachgebrauch bedeutet die Nennung der Elbe eine traditionell geprägte Chiffre des römischen Herrschaftsanspruches, die mit der fortschreitenden Landeskenntnis und sich ändernden Machtverhältnissen nicht Schritt hielt, aber ihre Suggestion dem Bedürfnis verdankte, den unterworfenen, beanspruchten oder wenigstens durch die Okkupationsfeldzüge bekannten Westen Germaniens von dem unbekannten Osten zu unterscheiden. Doch war die Germania magna an der Elbe nicht zu Ende, und dass auch die römische Politik immer mehr das interdependente Ganze Mitteleuropas in den Blick zu nehmen lernte, ist das wichtigste Ergebnis der augusteisch-tiberischen Okkupationsgeschichte.

Germania magna

Nicht die westgermanischen Stämme der Sugambrer, Brukterer, Chatten oder Cherusker, sondern die östlich von ihnen sitzenden Sueben gaben durch ihre kaum zu beherrschende Fluktuation, Aggressivität und Sozialorganisation der römischen Germanienpolitik seit Cäsar das größte Problem auf[138]. Die Unterwerfung und Kontrolle des rheinischen Vorfeldes beendete zwar den Westdruck suebischer Verbände, aber das verlagerte den Unruheherd nur in den Osten der größeren Germania: Die Markomannen und Quaden beschäftigten nun die Statthalter von Illyricum. Die römischen Entscheidungsträger lernten die einseitig westliche Blickrichtung überwinden, und erkannten den relativen Zusammenhang der mitteleuropäischen Stammeswelt. Das lässt bereits der Plan eines von Westen und Osten gleichzeitig vorgetragenen Angriffs auf die suebische Machtposition Marbods erkennen. Dramatisch bewusst wurde dieser Zusammenhang, als man nach der Varusschlacht kurze Zeit fürchten musste, Markomannen und rebellische Cherusker könnten sich verbünden[139], die Pannonier auf der einen, die Gallier auf der anderen Seite zum Aufstand ermutigen[140] und so die gesamte europäische Nordfront des Imperiums bedrohen.

Die mit der Erfahrung wachsende Einsicht in die interdependenten ethnischen und politischen Verhältnisse der Germania magna wurde entscheidend gefördert durch den neuartigen

---

[135] Cass. Dio 55, 1, 2–3.
[136] Strab. 7, 292.
[137] Die oft und in vielen Varianten vertretene Auffassung, Augustus habe die Okkupation Germaniens bis zur pannonischen Donau angestrebt und eben dieses offensive Ziel formuliere die Berufung auf die Elbe (in ihrem realen Gesamtverlauf), ist m. E. nicht begründet; hier wie sonst müssen die blumigen Wendungen der Weltherrschaftsideologie und der nüchtern kalkulierten militärischen Möglichkeiten auseinandergehalten werden. Zur Diskussion der Elbgrenze s. C. R. Whittaker, Frontiers of the Roman Empire (Baltimore 1994) 38; 70 f. 100; J. Deininger, Flumen Albis. Die Elbe in Politik und Literatur der Antike. Ber. J. Jungius-Ges. Hamburg 15, 4 (Hamburg 1997); J. Bleicken, Augustus (Berlin 1998) 565 ff. (568); Hänger, Welt (Anm. 26) 250 ff.; Wolters, Germanien (Anm. 117) 591 ff. (618 ff.); P. Kehne, Limitierte Offensiven. Drusus, Tiberius und die Germanienpolitik im Dienste des augusteischen Prinzipats. in: J. Spielvogel (Hrsg.), Res publica reperta. Festschr. Jochen Bleicken (Stuttgart 2002) 297 ff.; K.-P. Johne, Die Römer an der Elbe (Berlin 2006); Timpe, Begegnung (Fußnotenvorspann) 265 ff. (291 ff.).
[138] Siehe Anm. 83.
[139] Vell. 2, 119, 5.
[140] Vell. 2, 120, 1; Suet. Tib. 17, 1; Cass. Dio 56, 23, 1.

außenpolitischen Handlungsspielraum, den der augusteische Prinzipat dem Imperator bot. Augustus und seine Paladine, allen voran Tiberius, kannten aus langjähriger Tätigkeit gleichermaßen die Rhein- und die Donaugrenze des Imperiums, sie überblickten daher die ›Germania omnis‹ in ihrer Entwicklung. Aber sie konnten das nur, weil seit dem Ende der Bürgerkriege der Oberbefehl über die römischen Legionen dauerhaft in einer Hand lag: Republikanische Prokonsuln hatten nur ihre Provinz und ihre Interessen im Auge gehabt und dies für eine kurze Amtszeit; die Cäsaren besaßen faktisch ein unbefristetes Machtmonopol, sie konnten und mussten das Ganze bedenken. Ihr Informationsvorsprung und ihre Entscheidungsfreiheit hoben sie aus der aristokratischen Öffentlichkeit heraus, die jedoch meinungsprägend blieb. Ob die kaiserlichen außenpolitischen Entscheidungen sachgemäß waren, konnten deshalb selbst politisch und militärisch kompetente Beobachter nicht leicht beurteilen, umso leichter waren sie dem Vorwurf jedes mit ihnen Unzufriedenen ausgesetzt, nur persönlichen Motiven zu entspringen.

Diesen Zusammenhang zeigt besonders anschaulich die unterschiedliche Einschätzung des Suebenherrschers Marbod. Augustus fürchtete beim pannonischen Aufstand nicht nur die Nähe der Rebellen, sondern befürchtete auch ihren Schulterschluss mit der sprunghaft anwachsenden Machtbildung der Markomannen in Böhmen[141], deren Herrschaftsgebiet, wie Velleius Paterculus[142] besorgt vorrechnet, nur dreihundert Kilometer von Italiens Grenze entfernt begann. Marbod verbündete sich zur Erleichterung des Kaisers zwar weder mit den pannonischen noch mit den cheruskischen Rebellen, aber Tiberius hielt den Germanenfürsten nach seinen Erfahrungen trotzdem für einen gefährlicheren Feind der Römer, als es einst die hellenistischen Könige Pyrrhos und Antiochos III. waren[143]. Er schickte deshalb im Jahr 17 seinen Sohn, den jüngeren Drusus, an die pannonische Donaufront, der die markomannische Machtstellung mit diplomatischen Mitteln zu demontieren verstand[144]. Und noch rückblickend nannte Tiberius die Bewältigung der Suebenbedrohung neben der Unterwerfung der Sugambrer, also der Sicherung der Rheingrenze, den entscheidenden Schritt zur römischen Befriedung Germaniens. Die fortdauernde Rebellion der Cherusker und ihrer Bundesgenossen schien sie ihm hingegen nicht ernstlich in Frage zu stellen, und er missbilligte deshalb die Offensivfeldzüge des Germanicus[145]. Das Urteil des erfahrenen Imperators entsprang überlegener, vielseitiger Kenntnis der Germania magna und es sollte sich als berechtigt erweisen[146]. Die tiberiusfeindliche senatorische Historiographie setzte umgekehrte Akzente[147], aber nicht aus erwägenswerten sachlichen Gründen, sondern aus prinzipatskritischer Parteinahme für den im Germanien zwischen Rhein und Elbe nach Ruhm und Ehre des Kriegers strebenden, tragisch scheiternden Drususohn Germanicus gegen den vermeintlich neiderfüllten claudischen Cäsar Tiberius.

Die Divergenz der Urteile macht zunächst deutlich, dass das moderne Geschichtsbild unkritisch nur der taciteischen Sicht der Dinge folgt, wenn es in der Abberufung des Germanicus schließlich den Erfolg der cheruskischen Erhebung und im vermeintlichen römischen Verzicht auf Germanien die weltgeschichtlich wirksame Niederlage des Imperiums im Ringen um die Herrschaft in Mitteleuropa sieht. Einer räumlich und politisch unverkürzten Sicht auf die Germania magna muss in der Tat die gelungene Auflösung der bedrohlichen suebischen Macht-

---

[141] Panikstimmung des Augustus s. Vell. 110, 6; 111, 1; vgl. den Vorwurf des Tiberius, Marbod habe sich nach der Varuskatastrophe neutral (d. h. unberechenbar) verhalten (Tac. ann. 2, 46, 5).
[142] Vell. 2, 109, 4.
[143] Tac. ann. 2, 63, 3.
[144] Tac. ann. 2, 44, 1–2; 62, 1: »haud leve decus Drusus quaesivit inliciens Germanos ad discorias«. Ebd. 3, 11, 1.
[145] Tac. ann. 2, 26, 2–3.
[146] Als sich Cherusker und Markomannen schließlich gegeneinander wandten (Tac. ann. 2, 44–46) und Arminius ermordet wurde (ebd. 2, 88, 2).
[147] Tacitus widmet der (dadurch für uns völlig undurchsichtigen) Mission des Drusus nur eine kurze, sachlich unergiebige Notiz (s. Anm. 144), den Feldzügen des Germanicus dagegen eine warme und detaillierte Beschreibung von etwa zwanzig Druckseiten (ann. 1, 49–51; 55–72; 2, 5–26; 41).

stellung wichtiger erscheinen als die direkte Herrschaft über die Stämme an Weser und Elbe, nachdem deren rheinwärts gerichtete Offensivkraft gebrochen war. Denn die Frage nach Erfolg oder Niederlage der römischen Politik in Mitteleuropa bemisst sich an deren Zielen[148], und sie beantwortet nicht der Verzicht auf die Kontrolle über Sümpfe und Wälder, sondern die Tatsache, dass seit Tiberius die politische Lage grundsätzlich im Zeichen unbezweifelbarer römischer Überlegenheit stand und deshalb an Rhein und Donau für Jahrzehnte relative Ruhe herrschte. Die Kaiser waren auf lange Zeit befreit vom Zwang, auf germanische Aktivitäten nur reagieren zu müssen. Sie hatten Handlungsfreiheit gewonnen und konnten deshalb in Germanien nach Belieben Kriegsruhm suchen wie Caligula oder auch die Dinge laufen lassen wie Claudius und Nero.

Die römischen Kenntnisse und Vorstellungen über Mitteleuropa wurden dank der Informationssituation einseitig und überproportional durch die Okkupationsfeldzüge bestimmt, und auch unser modernes Wissen bleibt von dieser Begrenzung abhängig. In der augusteisch-tiberischen Zeit sind aus militärischer Berichterstattung mehr Personen, geographische Namen und politische Tatsachen zu öffentlicher Kenntnis gelangt als je zuvor oder später[149]. Noch ungleich mehr Erfahrungen und geographisch-ethnographische Sachverhalte blieben aber internes Wissen der militärischen Praktiker, weil es dem Usus entsprach oder der kaiserlichen Politik opportun erschien oder auch Informationsbedürfnis und Aufnahmefähigkeit der römischen Öffentlichkeit dafür nicht vorhanden waren.

Von der hier wirksamen Selektion vermittelt Strabos Geographie einen Eindruck: Der kleinasiatische Grieche, mehr Sammler als Kritiker, gibt ohne Autopsie des Landes, aber aus guter Kenntnis zeitgenössischer Quellen ein Bild des in frühtiberischer Zeit literarisch zugänglichen Wissens über Germanien; er zeigt damit auch, wie der enorme Kenntniszuwachs aufbereitet wurde und wieviel Interesse daran vorausgesetzt werden konnte[150]. Nach Strabo ist das mitteleuropäische Binnenland festumrissener, theoretisch vermessbarer Teil und Rand der nördlichen Oikoumene, begrenzt durch Rhein und Donau[151], Nordozean[152] und – im Osten nur vermutet – durch nomadisierende Völker am Tanais (Don) oder Borysthenes (Dnjepr) und nördlich des Pontos[153]. Diskussion älterer Distanzangaben[154], eigene Distanzschätzungen[155] oder Lagebestimmungen[156] zeigen das Interesse an exakten Raumvorstellungen[157]. Strabo kennt und nennt geographische Vorgänger, ist sich aber des in seiner Zeit neugewonnenen Kenntnisstandes bewusst[158]. Er unterscheidet deutlich das durch die römischen Kriege bekannt gewordene Germanien diesseits der Elbe von dem unbekannt gebliebenen ostelbischen[159]. Die alten Fixpunkte der mitteleuropäischen Geographie – der westöstliche Donauverlauf, der hercynische Wald, die Gefällerichtung des Landes und die nordwärts fließenden Ströme – werden übernommen und

---

[148] Siehe o. mit Anm. 127–128.
[149] Strab. 1, 14 mit der Parallele der geographischen Kenntniserweiterung durch den Alexanderzug.
[150] J. Engels, Die strabonische Kulturgeographie in der Tradition der antiken geographischen Schriften und ihre Bedeutung für die antike Kartographie, Orbis Terrarum 4, 1998, 63 ff.; ders., Augusteische Oikoumenegeographie und Universalhistorie im Werk Strabons von Amaseia. Geogr. Historica 12 (Stuttgart 1999); ders. in: Rathmann, Wahrnehmung (wie Anm. 26) 123 ff.
[151] Strab. 2, 128.
[152] Strab. 7, 289; 290; 294. Der Nordrand der Oikoumene liegt nach Strabos Annahme südlicher als (nach Pytheas) angenommen, Germanien aber nördlicher als die Keltike (4, 196). Die Ozeanküste wird nach alter Vorstellung bis zur Einmündung des (als Golf gedachten) Kaspischen Meer durchgehend vorgestellt (7, 294), nördlich davon sei klimatisch bedingt (2, 115; 7, 4, 201) kaum noch normales menschliches Leben möglich.
[153] Strab. 2, 129; 7, 294; 306.
[154] Strab. 1, 62.
[155] Rhein s. Strab. 4, 193; 7, 290; Donau s. 7, 289; Luftlinie Rhein–Elbe s. 7, 292.
[156] Strab. 1, 62; 7, 294.
[157] Die Vorstellung der Gesamtlage (Germanien nördlicher als Keltike; südlicher Teil Germaniens liegt westlich der Elbe, 7, 294) ist wohl verzerrt.
[158] Timosthenes, Eratosthenes und frühere Geographen hätten keine Kenntnis der Γερμανικά gehabt (2, 93); heftige Kritik übt Strabo (nach Polybios) an Pytheas (1, 62; 2, 104).
[159] Strab. 7, 291; 294.

mit dem neuen Wissensstand kombiniert[160]. In das Gesamtbild der westlichen Germania setzt Strabo die in der Okkupationszeit neu bekannten Stammesnamen eher mechanisch und listenartig ein[161]. Schwerpunkte seiner Darstellung sind – entsprechend den verwendeten Feldzugsberichten – der Südwesten[162] und die östliche Suebia[163]. Geringeres Interesse gilt dem ozeanischen Norden[164].

Das von Strabo vermittelte Bild Mitteleuropas in augusteisch-tiberischer Zeit verbindet also Anschauungen der älteren, auch mathematisch-physikalischen Geographie der Oikumene mit reichen Informationen aus den römischen Okkupationsfeldzügen, dadurch auch den weiteren Blick auf die Germania magna mit der politisch-militärisch bedingten Betonung der Elbgrenze. Zeitgeschichtliche Ereignisse und Namen berücksichtigt Strabo in großer Zahl[165], wie umgekehrt auch reine Feldzugsbeschreibungen geographische Schilderungen enthalten, vor allem in Tacitus' ersten Annalenbüchern. Eine Trennung zwischen Geschichte und Geographie gibt es also nicht, aber von selbständigem historischem Verständnis und politischem Urteil ist Strabo frei. So malt er den Triumph des Germanicus von 17 n. Chr. in der naiven, aber die einschlägigen Racheparolen widerspiegelnden Meinung, dadurch sei die Varuskatastrophe kompensiert[166]. Strabo beschreibt die Germania seiner Zeit ohne die kritische Hintergründigkeit senatorischer Historiker, aber er vermittelt den geographisch-ethnographischen öffentlich gewordenen Kenntnisstand, den man außerhalb der Herrschaftsklasse in tiberischer Zeit von Mitteleuropa haben konnte. Dass seine Angaben in kartographische Anschauungen nicht umsetzbar sind, liegt an maßstäblichen Verzerrungen und auch daran, dass dem Lande geographische Fixpunkte fehlten, wie bekannte Städte, dass Stammesterritorien keine brauchbare Orientierung gaben und Flüsse die wichtigste Gliederungshilfe blieben. Die durch militärische Erfahrung entscheidend verbesserte Landeskenntnis gab auch keinen Anlass, das Urteil über die Zivilisationshöhe des Landes zu revidieren; auch Strabo fasst den Eindruck des Landes in der Formel ›Sumpf und Wald‹ zusammen[167].

Das erste Jahrhundert und Tacitus' Germania

In der frühen Kaiserzeit hörte die römische Durchdringung und Erkenntnis des germanischen Mitteleuropa nicht auf, sondern ging weiter. Römische Stützpunkte und Besatzungen lagen zeitweise an der Nordseeküste[168], die römische Diplomatie, gegebenenfalls unterstützt durch militä-

---

[160] Der hercynische Wald ist kreisförmig (7, 292) und wird mit den Sueben in spezielle Verbindung gebracht (4, 207; 7, 290); die Kenntnis der Mittelgebirge ist durch die Feldzüge des Tiberius detaillierter geworden (neue Namen, z. B. Gabreta 7, 292); im Norden werden Lippe, Ems und Weser genannt (unrichtige Vorstellung aber vom Lauf der Lippe 7, 291); Vorstellung einer (nach Osten gerichteten!) Einheit der Alpennordseite und der schwäbischen Alb bleibt erhalten (7, 290).

[161] Strab. 7, 290–291, auch 4, 192–193. – Die Stämme werden in Längsstreifen parallel zum Rhein geordnet (7, 290), nach Größe oder Stärke (7, 291) gruppiert.

[162] Tiberius-Drusus-Feldzug 15 v. Chr. s. Strab. 4, 192; 206; 7, 292.

[163] Marbodherrschaft und ihr Zentrum Bouiaimon s. Strab. 7, 290. Verworren ist aber die Lokalisierung der Sueben, deren Sitze einmal am Rhein beginnen und bis über die Elbe hinaus reichen (4, 194. »μέγιστον ἔθνος«, 7, 290), die aber dann wieder am und im hercynischen Wald hausen (Anm. 160).

[164] Die hierzu gehörigen Nachrichten beziehen sich auf die Drususfeldzüge (Flottenkampf auf der Ems mit Brukterern, 7, 290; Eroberung von Byrchanis [Borkum] und weiterer ostfriesischer Inseln, 7, 291), nicht die des Germanicus, von deren dramatischen Episoden (Tac. ann. 2, 23–24) und emotional geprägten Reflexen (Albinovanus Pedo, bei Sen. suas. 1, 15) Strabo nichts überliefert.

[165] Darunter auch solche, die in der erhaltenen Literatur nur hier bezeugt sind, z. B. Marbods Herkunft und Aufstieg, Drusus' Schlacht auf der Ems und Unfall an der Saale (7, 290–291), Stammesnamen wie Zumoi, Mougilones, Sibinoi (ebd.), Lokalnamen wie Aduellas (4, 192; 204), Personennamen wie Thoumelikos, Sesithakos, Oukromeros (7, 292) u. a.

[166] Strab. 7, 291–292, s. bes. 7, 291: »ἔτισαν δὲ δίκας ἅπαντες καὶ παρέσχον νεωτέρῳ Γερμανικῷ λαμπρότατον θρίαμβον«. Vgl. Tac. ann. 2, 26, 3.

[167] Strab. 1, 10: Die Barbaren führen ihren ›Stellungskrieg‹ gegen die römischen Legionen »ἐν ἕλεσι καὶ δρυμοῖς ἀβάτοις ἐρεμίαις«. Vgl. Pomp. Mela 3, 29.

[168] Siehe Anm. 122; Tac. ann. 4, 72, 1.

rische Interventionen, häufiger noch durch leisere Mittel, kontrollierte die rheinnahen Stämme[169]. Römische Klientelkönige wurden etwa den Brukterern[170] und Cheruskern[171] oder den Nachfolgegebilden des Markomannenbundes[172] oktroyiert, eine meist undurchsichtige, aber effektive Bündnispolitik spielte die Stämme gegeneinander aus und hielt die Stammeswelt trotz ihrer Instabilität einigermaßen im Gleichgewicht[173]. Der direkte Verkehr zur Ostseeküste seit neronischer Zeit[174] setzte sichere und politisch kontrollierte Wege dorthin voraus, aus flavischer Zeit werden zufällig Kontakte mit den Semnonen zwischen Elbe und Havel erwähnt[175].

Erstaunlich sind die Kenntnisse des unermüdlichen Plinius: Er kennt die Geographie Germaniens, soweit man sie überhaupt kennen konnte, erwähnt die Quellen der Donau[176] und die Mündungen des Rheins[177], den Schwarzwald[178] und die vermeintliche Insel Scatinavia[179], er beschreibt die Thermen Wiesbadens[180], die Wurten der Küstenbewohner[181] und natürlich den berühmten Bernstein[182], er kennt Zugvögel[183] und Fische[184], Wisente und Auerochsen[185], und Elche vom Hörensagen[186], weiß, dass die Eingeborenen Haferbrei[187] oder Rettiche[188] verzehren und wie sie Tuch weben[189]. In diesem Sammelsurium haben sich die Beobachtungen, Reiseberichte und Erkundungen von Generationen niedergeschlagen. Tacitus, der andere große Zeuge, beschreibt Kultfeste, Kampfesweisen, Sitten und Wohnverhältnisse auch östlicher Stämme und teilt Hunderte von Details mit; irgendjemand muss all das einmal gesehen und berichtet haben. Der germanische Norden blieb für die Römer gewiss eine fremde und abweisende, wenn nicht sogar eine antithetische Welt, aber er war trotz vieler Konflikte keine unbekannte oder schlechthin unverständliche mehr.

Dennoch ergeben jene zahlreichen Einzelheiten kein zuverlässig zu beurteilendes, zusammenhängendes Gesamtbild. Das liegt an den erwähnten Bedingungen unseres und schon des antiken Wissens: Einmal waren es vorwiegend militärische Aktionen und politische Vorgänge wie Gesandtschaften, Königsernennungen oder Ehrungen, die über die Senatsöffentlichkeit nach kaiserlichem Ermessen in die Geschichtsschreibung eingingen, während die unauffällige Zuständlichkeit und die große Masse individueller Beobachtungen und Erfahrungen in der Regel nicht zu literarischer Form und zu allgemeiner Kenntnis gelangten. Zum anderen existierte in der Sphäre der politischen und militärischen Praxis und erst recht in der unpolitischen Welt hauptsächlich wirtschaftlicher Interessen nirgendwo eine Zuständigkeit und selten ein Interesse für Germanien im ganzen. Einen umfassenden Blick auf die Germania omnis hatten, wenn sie wollten, nur der Princeps selbst und sein Consilium, unter unpolitischen Beobachtern allenfalls Geographen.

Die taciteische Germania ist deshalb fast das einzige und jedenfalls das weitaus wichtigste Zeugnis der römischen Kenntnis und Einschätzung Mitteleuropas in der frühen Kaiserzeit. Freilich will die kleine Schrift keine objektive, umfassende Synthese des einschlägigen Wissens bieten, am wenigsten über die Geographie Mitteleuropas unterrichten, sondern sie benutzt den Stoff, um die hintergründigen und zeitkritischen Reflexionen eines senatorischen Historikers darzulegen[190]. Aber ihre rätselhaften Lücken, die scheinbar willkürliche Auswahl des Berichteten

---

[169] Vgl. Tac. ann. 13, 54–55.
[170] Plin. ep. 2, 7, 2.
[171] Tac. ann. 11, 16–17; Cass. Dio 67, 5, 1.
[172] Tac. ann. 2, 62–63.
[173] D. Timpe, Romano-Germanica (Stuttgart und Leipzig 1995) 217 ff.
[174] Siehe o. mit Anm. 106–108.
[175] Cass. Dio 67, 5, 3.
[176] Plin. nat. 4, 79.
[177] Plin. nat. 4, 101; 122.
[178] Mons Abnoba, s. Plin. nat. 4, 79.
[179] Plin. nat. 4, 96.
[180] Plin. nat. 31, 25.
[181] Plin. nat. 16, 2–4.
[182] Plin. nat. 37, 42–47.
[183] Plin. nat. 10, 72.
[184] Plin. nat. 9, 44–45; 63.
[185] Bisontes, uri (bubali), s. Plin. nat. 8, 38.
[186] Plin. nat. 8, 39.
[187] Plin. nat. 18, 149.
[188] Raphanus, s. Plin. nat. 19, 83.
[189] Plin. nat. 19, 8–9.
[190] Timpe, Ethnographie (Fußnotenvorspann).

und die schwer verständlichen Assoziationen berühren die Grundgedanken wenig. Und die lauten: Germanien grenzt erst weit im Osten an baltische, sarmatische und dakische Populationen, die Germania magna ist an der Elbe nicht zu Ende; Tacitus ignoriert sie in ihrer früheren Bedeutung[191]. Die eigengesetzliche Märchenwelt des nördlichen Ozeans, von der noch Plinius erzählt, schrumpft zum germanischen Rand, wo es natürlich hergeht wie sonst in der Welt auch. Die Germanen unterscheiden sich markant von ihren barbarischen Nachbarn[192], und die Einheitlichkeit ihrer Lebensform, ihrer Mores, ist größer als die Differenzen zwischen den Einzelstämmen. Auch die Sueben, ihr größter Teil, gliedern sich, fern aller halbnomadischen Fluktuation, in streitbare, aber grundsätzlich sesshafte und lokalisierbare Stämme. In ihrer naturhaften Freiheit sind die Germanen ein schicksalhafter Kontrahent der Römer und ein Gegenpol zu imperialer oder monarchischer Herrschaft, potentiell wirkungsmächtig, aber ohne rationale Ordnung und Disziplin. Ihre Militanz ist groß und tief in der Lebensordnung verwurzelt, aber sie nimmt für Tacitus nicht – nicht mehr oder noch nicht wieder – in großen, aggressiven Wanderkonglomeraten bedrohliche Formen an.

Und doch kündigte sich gerade dieser Vorgang zu seiner Lebenszeit in den Kriegen Domitians an der Donau an[193] und steigerte sich zwei Generationen später in den langjährigen Markomannenkriegen Marc Aurels zu einem Präludium der spätantiken Invasionen. Sie haben die römische Welt mit noch einmal anderen Augen nach Mitteleuropa sehen lassen. Die antiken Beobachter – die politischen Entscheidungsträger wohl nicht anders als Berufsmilitärs oder Historiker – standen diesem Phänomen aber ratlos gegenüber, deuteten es etwa als Verschwörung oder charakterbedingte Unrast. Die Kenntnisse und Erkenntnisse, die Römer von Cäsar bis zu Tacitus über Mitteleuropa sammelten und gewannen und die später nicht mehr übertroffen wurden, waren reich, anschaulich und vielfältig, aber nicht tiefenscharf genug, um jene Eruptionen verstehen zu lassen, die schließlich das Imperium erschütterten und transformierten.

Prof. Dr. Dieter Timpe, Keesburgstraße 28, 97074 Würzburg, Deutschland

---

[191] Dies trotz Tac. Germ. 41, 2.
[192] Ganz anders und gleichsam vorcäsarisch Strab. 4, 196; 7, 290.
[193] Tac. hist. 1, 2, 1.

Ergebnis. Mitteleuropa war der vorrömischen Antike eine unzugängliche und unbekannte Region. Griechische Händler und Entdecker umgingen sie von pontischen Kolonien im Osten und gallischen im Westen aus und machten nur den Donauverlauf, die bewaldete Mittelgebirgszone, die Gefällerichtung nach Norden und die Ozeanbegrenzung bekannt. Den Römern sperrten die Kelten den europäischen Norden, bis die römische Expansion diesen Ring durchbrach, Marius die kimbrische Invasion besiegte und Cäsars Eroberung Galliens zur unmittelbaren Berührung mit rechtsrheinischen Stämmen führte. Der Schutz der Rheingrenze eskalierte zu den augusteischen Okkupationsfeldzügen, die den römischen Militärs trotz ihrer exzentrischen und begrenzten Sicht umfassende Kenntnisse Mitteleuropas bis zur Elbe vermittelten. Die Konflikte mit den suebischen Stämmen erwiesen aber den vom cäsarischen Germanenbegriff her antizipierten ethnischen und politischen Zusammenhang der Germania magna. Ihm beizukommen und die Rhein- und Donaugrenze zu befrieden, gelang trotz militärischer Rückschläge und politischer Kurswechsel dank des einheitlichen Militärkommandos in der Hand der Kaiser. Vom militärischen Apparat getragene Erkundung und Beeinflussung des germanischen Mitteleuropa setzten sich in der frühen Kaiserzeit fort, fanden aber nur selektiv Eingang in die politisch tendenziöse Geschichtsschreibung, während die reichen nichtmilitärischen Informationen nur ausnahmsweise literarische Gestalt gewannen.

Summary. In pre-Roman times to the ancient world Central Europe was an inaccessible and unknown region. Greek merchants and explorers circuited that area on the eastern and western sides starting from Pontic or Gallic colonies and were acquainted only with the course of the river Danube, the zone of wooded mountain ranges (Hercynia silva), the courses of rivers running north, and the oceanic coast. The Celts blocked up the European north against the Romans until their expansion finally opened the wall, Marius defeated the Cimbrian invasion, and Caesar's conquest of Gaul led to immediate contacts with Transrhenanian tribes. The protection of the Rhenish frontier by Roman legions escalated to the Augustean occupation campaigns, which transferred to the Roman military, notwithstanding their eccentric and limited view, extensive information about central Europe as far as the river Elbe. But the conflicts with the Suebic tribes demonstrated the ethnical and political coherence of ›Germania magna‹ anticipated by the Caesarian definition of ›Germani‹ and ›Germania‹. Mastering this greater Germania and pacifying the Rhenish and Danubian frontiers succeeded in spite of military reversals and changes of the political course thanks to the Roman emperors' unitizing military commandership in their hands. Military reconnaissance and infiltration of Germanic central Europe continued during the first century A. D. but were only selectively processed by the politically tendentious Roman historiography, whereas the abundant non-military information obtained a literary form solely exceptionally.

Résumé. Nell'antichità preromana, l'Europa centrale fu una regione inaccessibile e sconosciuta. Mercanti ed esploratori la aggirarono sia da Oriente, cioè dalle colonie pontiche, sia da Ponente, ovvero da quelle galliche, rendendo noti quindi soltanto il percorso del Danubio, l'esistenza della zona delle montagne centrali, boscose, l'andamento delle alture, con un aumento della pendenza generale del terreno verso Nord, e la delimitazione costituita dall'Oceano. I Celti bloccarono ai Romani l'accesso alla zona settentrionale dell'Europa, finché quest'ultimi con la loro espansione non furono in grado di spezzare questo accerchiamento. Mario ebbe la meglio contro i Cimbri ed il loro tentativo di invasione e la vittoria di Cesare in Gallia portò a contatti diretti con tribù trasrenane. La difesa del confine renano sfociò nelle campagne militari di età augustea, finalizzate ad occupare nuovi territori. Queste spedizioni consentirono ai Romani di acquisire un'ampia ed approfondita conoscenza dell'Europa centrale fino all'Elba, per quanto il loro agire fosse dettato da una visione alquanto ridotta ed unilaterale. I conflitti con le tribù suebe confermarono determinate coerenze etnico-politiche presenti nello spazio in questione, quali erano già state anticipate dal concetto cesariano della stessa Germania Magna. Dopo alcuni insuccessi militari e repentini cambianti della rotta politica, in età imperiale i Romani, accostandosi proprio alla visione di Cesare, riuscirono a pacificare i confini fluviali del Reno e del Danubio, grazie al comando unitario delle truppe saldamente riposto nelle mani dell'imperatore. La scoperta e l'influsso sull'Europa centrale germanica esercitato dall'apparato militare romano proseguì nella prima età imperiale. Le conoscenze così raccolte, però, trovarono solo poche aperture nel campo della storiografia, purtroppo condizionata dalla faziosità politica. Solo in casi eccezionali, le preziose informazioni di carattere non-militare assunsero forma letteraria.

Hans-Eckart Joachim

Die Datierung der jüngerlatènezeitlichen Siedlung von Niederzier-Hambach im Kreis Düren

Die zwischen 1977 und 1982 im Zuge von Erschließungsarbeiten des Braunkohletagebaus Hambach I entdeckte und abgebaggerte jüngerlatènezeitliche Siedlung von Niederzier-Hambach (HA 382) ist vor allem durch einen Golddepotfund bekannt geworden (Abb. 1). Sie ist aber auch deshalb von besonderer Bedeutung, weil sie in der gesamten keltischen Koine bislang die einzige komplett ausgegrabene Flachlandsiedlung darstellt. Die zweiphasige Anlage weist ein ovales Siedlungsareal von etwa drei Hektar Größe auf, in dem insgesamt dreihundertsiebenundsechzig Bauten unterschiedlicher Größe und Nutzung gestanden haben.

Im Folgenden werden gemäß der Gliederung im Katalogteil die Befunde und Funde der Bauten, Gruben, Pfostengruben bzw. Pfostenverfärbungen, der beiden Brunnen und Gräben sowie die Einzelfunde der befestigten Siedlung von Niederzier-Hambach im Kreis Düren besprochen (Farbtafel 1). Es erfolgt also keine generelle Typenbesprechung der Funde, sondern diese werden in den jeweiligen Kategorien vorgestellt, so dass es zu Querverweisen kommen kann. Im Abschlusskapitel wird eine zusammenfassende Darstellung der Kontexte und des Fundstoffs geboten.

Der überwiegende Teil der Funde besteht aus Keramik, die sich nach wie vor weder morphologisch noch typologisch besser als im Folgenden beschrieben kulturell und zeitlich einordnen lässt. Hier kann künftig nur eine breitere Datenbasis weiterhelfen.

Bauten

Die Keramikreste aus Pfostengruben beziehungsweise Pfostenverfärbungen der Bauten stammen von gut fünfzig Gefäßen und gehören mehrheitlich zum üblichen Spektrum ungegliederter spätlatènezeitlicher Töpfe[1] und Schalen[2] mit überwiegend recht hart gebrannter, rötlicher bis brauner, fein sandiger bis grob gemagerter Machart[3]. Beide Formen treten etwa gleich häufig auf. Zwei Randprofile gehören zu flaschenartigen Gefäßen (Taf. 2, 7. 17). Ungewöhnlich ist ein

---

Die letzte zusammenfassende Darstellung zu Niederzier-Hambach 382 bei J. Kunow / H.-H. Wegner (Hrsg.), Urgeschichte im Rheinland (Köln 2006) 447 f. – Die vorliegende Publikation soll als Diskussionsgrundlage dienen und bedeutet keine endgültige Vorlage zu der Siedlung, deren monografische Bekanntgabe noch aussteht. – Jennifer Gechter-Jones, Overath, danke ich sehr für ihr entgegenkommendes Verständnis und ihre Hinweise.

[1] So u. a. hier Taf. 1, 1. 8. 18. 21. 24–25. 30–31 sowie 2, 1–2. 9–10. 16. 18. 24. 26.
[2] So u. a. hier Taf. 1, 6–7; 9; 16–17; 19; 20; 26; 28; 32 sowie 2, 3–4; 8; 11–13; 19–21; 26.
[3] Die Härte entspricht der Gradation 3 nach Friedrich Mohs. – Zur Machart s. generell u. a. Joachim, Porz-Lind 15.

Gefäßbruchstück mit Griffzapfen (Taf. 1, 3), welche in ähnlicher Form bislang nur von Xantener Gefäßen bekannt sind[4]. Zwei Schalen (Taf. 2, 5–6) ähneln Exemplaren in Porz-Lind und gleichen entfernt Kehlhalsschüsseln des Neuwieder Beckens[5].

Die aus Stelle 500 (Bau 39) stammende rippenverzierte Wandscherbe kann mittellatènezeitlich sein[6] (Taf. 1, 12). Das gilt auch für das Läuferfragment einer Basaltlava-Drehmühle aus demselben Bau 39 (Taf. 1, 11), da Drehmühlenproduktion der Mayener Steinbrüche seit der Mittellatènezeit nachweisbar ist[7].

Von den erhaltenen Metallgegenständen gehört die Nauheimer Fibel (Taf. 1, 2) der Gruppe A6.3 nach Karin Striewe an, eine Form, die im gesamten nordalpinen Gebiet weit verbreitet ist und während einer eher späten Verwendungszeit innerhalb von La Tène D1 existiert hat[8]. Aus Pfostengruben von Bau 248 kommt sowohl eine eiserne spätlatènezeitliche Fibel (Taf. 2, 22), wie sie ähnlich in Eschweiler belegt ist[9], als auch eine benutzte eiserne Pflugschar (Taf. 2, 23). Die zur Spätlatènezeit in allen Mittelgebirgslandschaften zwischen Rhein und Saale verwendete Tüllenschar für einen Hakenpflug ist auch von Befestigungsanlagen bei Oberursel, bei Römhild oder Frickhofen her bekannt[10]. Bei dem aus Stelle 3273 (Bau 28) geborgenen Bronzegegenstand kann es sich um ein den Stecheisen vergleichbares Stück handeln[11] (Taf. 1, 4). Das aus der Stelle 1013 von Bau 78 der ersten Siedlungsphase stammende dreirippige blaue Glasringbruchstück mit senkrecht zum Ringverlauf gekerbtem Mittelteil ähnelt der Reihe 21 und ist mittellatènezeitlich, eine Form, die zwar im keltischen Bereich häufig auftritt, im Nordwestgebiet aber selten ist[12].

Gruben

Die Funde aus den Gruben und ihre Datierung werden in numerischer Folge besprochen. Liegen sie in räumlicher Nähe nachweisbarer Bauten, besteht die Möglichkeit, für diese eine zeitliche Angabe zu machen[13].

Aus einer etwa achtzig Meter südwestlich der spätlatènezeitlichen Siedlung gelegenen Grube (Nr. 110) kommen drei Becher mit weitem langen Hals- und tief angebrachtem, kurzem, scharf geknicktem Unterteil (Taf. 3, 2–4). Sie sind als »vases« oder »gobelets à carène basse« oder »gobelets jogassiens« anzusprechen und gehören zu den typischen Formen der Marneregion in der Champagne, sind aber darüber hinaus bis in die französischen Regionen Nord und Picardie

---

[4] H.-E. Joachim in: Xantener Ber. 8 (Köln und Bonn 1999) 177. Bei wenigen Gefäßen des Neuwieder Beckens sind die Zapfen durchbohrt, s. Oesterwind, Spätlatènezeit 73.

[5] Joachim, Porz-Lind 16; Oesterwind, Spätlatènezeit 62; R. Bockius, Untersuchungen zu jüngeren Latène- und älteren römischen Kaiserzeit im Mittelrheingebiet. Ungedr. Diss. Mainz 1992, 76 f.

[6] Vgl. Wandscherben aus Porz-Lind, s. Joachim, Porz-Lind 17.

[7] H.-E. Joachim, Arch. Korrbl. 15, 1985, 362 ff.; F. Mangartz in: ders. / A. Belmont (Hrsg.), Mühlsteinbrüche. RGZM-Tagungen 2 (Mainz 2006) 28. – Zu weiteren Produktionsgebieten von latènezeitlichen Drehmühlen s. u. a. S. Wefers in: ebd. 15–24; F. Boyer / O. Buchsenschutz, Rev. Arch. Centre France 37, 1998, 197–206; F. Jodry, Arch. Korrbl. 36, 2006, 65–74; dies., Cah. Alsaciens d'Arch., d'Art et d'Hist. 49, 2006, 17–29; A. Bick, Die Latènezeit im Nördlinger Ries. Materialh. Bayer. Vorgesch. A 91 (Kallmünz/Opf. 2007) 211 f. – Stefanie Wefers (Mainz) und Vera Holtmeyer-Wild (Königswinter) danke ich für Literaturhinweise.

[8] K. Striewe, Studien zur Nauheimer Fibel und ähnlichen Formen der Spätlatènezeit. Internat. Arch. 29 (Espelkamp 1996) 33. – Eine weitere Fibel der Form A6.3 liegt aus Xanten vor, s. W. Zanier, Arch. Korrbl. 34, 2004, 65 mit Abb. 1, 1, der mit Recht eine Benutzung der Nauheimer Fibeln über den Zeithorizont La Tène D1 hinaus annimmt.

[9] W. E. Stöckli, Bonner Jahrb. 193, 1993, 137 Abb. 9, 15. 18. 21.

[10] R. Spehr in: Beitr. z. keltisch-germanischen Besiedlung im Mittelgebirgsraum. Weimarer Mon. z. Ur- u. Frühgesch. 28 (Stuttgart 1992) 54 mit Abb. 6, 3–4 und 8, 3; dazu auch weitere Parallelen aus der Slowakei und Ungarn, s. Jacobi, Manching 68.

[11] Jacobi, Manching 38 mit Taf. 8, 139–140.

[12] H.-E. Joachim, Bonner Jahrb. 205, 2005, 72; 74; das hier vorgelegte Stück ist in dieser Publikation nicht aufgeführt.

[13] So P. Tutlies, Bonner Jahrb. 197, 1997, 150.

sowie nach Belgien und in die südlichen Niederlande hin belegt[14]. Sie stellen einen weiteren Nachweis von direktem, wohl durch Migration erfolgten Einfluss der Marnekultur am Niederrhein dar. In dieselbe Richtung deuten Hausgrundrisse rund achtzig Meter nordöstlich der Grube 110. Die Datierung der aus Gräbern wie Siedlungen stammenden Becher ist nicht einheitlich, da sie sowohl in gesicherten Komplexen der Stufe Hallstatt final II b als auch im darauffolgenden Frühlatène I a auftreten[15] und keine erkennbaren formalen Unterschiede aufweisen[16]. Da die etwa fünfundzwanzig Meter südöstlich von Stelle 110 gelegene Grube 164 (Taf. 3, 8–23) vor allem wegen einer Tonschale mit hohem Umbruch (Taf. 3, 19) in den zeitlichen Übergang von Hallstatt D zu Frühlatène gehört und ein räumlicher Zusammenhang beider Stellen 110 und 164 sowie der dazugehörigen Häuser anzunehmen ist, dürften die genannten Becher der gleichen Zeit angehören[17].

Die auf demselben Areal nachweisbare bandkeramische Siedlung erklärt die Tatsache, dass in Befunden von Hambach 382 wiederverwendete Steingeräte existieren, aber auch neue Stücke hergestellt wurden[18].

Die Gruben 198 und 204 (Taf. 4, 1 und 4, 7) sind sicher latènezeitlich; bei Grube 200 ist die Keramikdatierung unklar (Taf. 4, 2–3). Bei der Grube 210 (Taf. 4, 8–20; 5; 6, 1–15) ist kein zeitlicher Unterschied der Funde aus Schicht 1 und 2 erkennbar. Eine Fibel zeigt (Taf. 6, 10) hierfür die spätlatènezeitliche Datierung an. Die Überzahl von Schalen gegenüber Töpfen ist in dieser Periode üblich. Lediglich eine scheibengedrehte Schüssel (Taf. 6, 13) gehört in den Übergang zwischen den Phasen La Tène C2 und D1, und es sind entsprechende Parallelen aus treverischen Gräbern belegt, vor allem aus Wederath-Belginum[19].

---

[14] Verbreitungskarte ohne den Niederrhein s. J. Hurtrelle u. a., Les débuts du second âge du Fer dans le Nord de la France. Doss. Gauheria 1 (Noeux-les-Mines 1989) 224; für den Niederrhein zuletzt Hopp, Siedlungskeramik 178 f.; 190 f.

[15] Nach Demoule entspricht die erste Phase der Periode Aisne-Marne I B, die letzere Aisne-Marne I B bis II A, s. J.-P. Demoule, Rev. Arch. Picardie, numéro spécial 15, 1999, 143 ff. mit Taf. 9, 1–2. 4. 7.

[16] So z. B. J. Debord, Mém. Soc. Champenoise 2, 1981, 119 mit Taf. S. 113 (LT I a); A. Coudart u. a., ebd. 126 Abb. 5 (LT I a); J.-L. Flouest / I.-M. Stead, ebd. 176 mit Abb. 10 (LT früh I a); C. Pommepuy / P. Brun, Les fouilles protohist. dans la vallée de l'Aisne 12, 1984, 136 mit Abb. 17; 21 (Hallstatt final); J.-G. Rozoy, Mém. Soc. Arch. Champenoise 4, 1984, Taf. 33; 34 (Hallstatt final); Hurtrelle (Anm. 14) 215 mit 14 Abb. 2 oben; 18 Abb. 3, 13; 48 Abb. 4, 1–2 (Hallstatt final I b und LT früh I a); G.-D. Leman-Delerive in: J.-J. Charpy (Hrsg.), L'Europe celtique du Ve au IIIe siècle avant J.-C. Mém. Soc. Arch. Champenoise 9, 1995, 37–48. 37 mit Abb. 4, 2 (Hallstatt final); A. Villes in: J.-J. Charpy (Hrsg.), L'europe celtique du Ve au IIIe siècle avant J.-C. Mém. Soc. Arch. Champenoise 9, 1995, 143 f. Abb. 1–2 (Hallstatt final II b bis La Tène früh I a); A. Villes in: Fastes des celtes entre Champagne et Bourgogne aux VIIe – IIIe siècles avant notre ère. Kolloquium Troyes 1995. Mém. Soc. Arch. Champenoise 15, 1999, 11–92 mit Abb. 1; 15; 21; 54 (dto.); E. Pinard u. a., Rev. Arch. Picardie 3/4, 2000, 27 mit Abb. 16 (Grab 17; Periode Aisne-Marne II A).

[17] Siehe auch M. Kempa, Haffen. Rhein. Ausgr. 39 (Köln und Bonn 1995) 41 f.; für das benachbarte Belgien (Hesbaye) vgl. G. Destexhe, La protohistoire en Hesbaye Centrale du Bronze final à la romanisation. Arch. Hesbignonne 6 (Saint-Georges 1987) Taf. 51, 1–3; 54. 10. 14–15; 63, 3; 64, 23; 83, 14. 16; 86, 50; A. Simons, Bronze- und eisenzeitliche Besiedlung in den Rheinischen Lößbörden. BAR Internat. Ser. 467 (Oxford 1989) 67. – Sabine Jürgens, Köln, weist mich freundlicherweise darauf hin, dass aus einer Grube (Stelle 425) von Alt-Lich-Steinstraß, Gemeinde Niederzier, ein weiterer Gefäßunterteil wie bei den vorliegend abgebildeten Stücken (Taf. 3, 2–4) stammt, mit dem zusammen u. a. eine Scherbe mit Ringabrollung gefunden wurde (Hallstatt D bis La Tène A).

[18] Hier Taf. 3, 7. 23; 6, 11–12; 10, 11–14; 11, 30–36; 13, 16; 15, 14; 17; 5; 19, 13; 21, 1–2. 17. – Siehe H. Hesse in: Archäologische Talauenforschungen, Rhein. Ausgr. 52 (Mainz 2001) 221; 227. Weitere Nachweise eisenzeitlicher bis frührömischer Steingeräteverwendung s. Arch. im Rheinland 1999, 63 f. (S. K. Arora / I. Lochner); 65 f. (A. Schröder); 67 ff. (S. K. Arora / U. Geilenbrügge); J. N. Andrikopoulou-Strack u. a., Bonner Jahrb. 200, 2000, 418. – Eine Seriation der bandkeramischen Keramik von Hambach 382 wurde erstellt von E. Mattheußer, Eine Entwicklungsgeschichte der Bandkeramik zwischen Rhein und Maas. Diss. Frankfurt a. M. 1994; zitiert bei J. Lehmann in: Der bandkeramische Siedlungsplatz von Erkelenz-Kückhoven I. Rhein. Ausgr. 54 (Mainz 2004) 42 ff. – Zu der unmittelbar südöstlich der latènezeitlichen Siedlung gelegenen römischen Villa s. zuletzt U. Heimberg, Bonner Jahrb. 202/203, 2002/2003, 137 mit weiterer Lit. sowie Abb. 35; 41.

[19] Trierer Zeitschr. 55, 1992, 163 mit Taf. 23 b (Hunolstein, Grab 2); Haffner, Wederath-Belginum, Taf. 82, 7–8; 93, 15; 94, 8–9; R. Cordie-Hackenberg / A. Haffner, Das keltisch-römische Gräberfeld von Wederath-Belginum. Trierer Grabungen u. Forschungen 6, 4 (Mainz 1991) Taf. 427 b (Grab 1653); 428 e (Grab 1657); 434 d; 440 c (Grab 1687); 447 e; 466 c (Grab 1790); dies., dass. 6, 5 (1997) Taf. 510–511; s. auch B. C. Oesterwind / K. Schäfer, Die Mittellatènezeit im Neuwieder Becken. Pellenz Museum 4 (Nickenich 1989) 20 f. mit Abb. 8, 5.

Auch aus der in der Nähe der Grube 210 liegenden Grube 227 ist die Zahl von offenen Keramikformen gegenüber Hochgefäßen wesentlich höher (Taf. 6, 16–17; 7–8; 9, 1). Neben spätlatènezeitlich geprägten Stücken ist auch hier manchmal wegen der erkennbaren Rand- und Rippenbildung eine mittellatènezeitliche Komponente vorhanden (Taf. 7, 9–10; 8, 1–3. 9. 12), die es erlaubt, den Komplex 227 in den Übergang vom Mittel- zum Spätlatène zu stellen[20].

Die außerhalb des Lateneberings gelegene Grube 229 (Taf. 9, 2–14; 10–11; 12, 1–3) beinhaltet neben Steinartefakten eine Keramik, die hallstattzeitlich datiert, wobei die Funde der Schicht 1 wegen Gestaltungstendenzen der Tonware eher noch Hallstatt C-zeitlich aussehen (Taf. 9, 4–5. 7. 13; 10, 1–2). Unter der Gefäßkeramik der Schicht 2 tendieren hingegen die mit Dreierdellen und flächendeckender Tupfenzier ornamentierten Stücke sowie die Schüsseln mit Kammstrichverzierung eher in die Hallstatt-D-Stufe[21] (Taf. 11, 1–2. 10. 25–29).

Der an der Nordostecke der Grube 323 gesichert geborgene, in halbierten Keramikschalen der Spätlatènezeit aufgefundene Depotfund aus drei Goldblechringen und sechsundvierzig Goldmünzen (Abb. 1) wird seit seiner Bekanntgabe kontrovers diskutiert. Das gilt sowohl für die Bedeutung als auch für die Datierung.

Einen möglichen kultischen Charakter des Depots in der Erstpublikation[22] vermuten Andres Furger-Gunti und Jan Mathieson Stead, auch im Hinblick auf die Horte von Saint-Louis und Snettisham[23]. Diese Ansicht referieren ebenso Andrew Fitzpatrick und Johann van Heesch[24]. Dem widerspricht Bernward Ziegaus bereits 1995 und nimmt eine ausschließlich profane Niederlegung an[25]. Eine gewissermaßen vermittelnde Deutung schlägt Michael Nick vor: Es scheine »angesichts der fließenden Grenzen zwischen göttlichen und profanen Bereichen in vormodernen Gesellschaften möglich«, »dass sich beide ergänzen und deshalb nicht ausschließen«[26]. Neben einer rein kultischen, nicht wieder hebbaren Deponierung und einer profanen, aus Sicherheitsgründen erfolgten Niederlegung habe es aus beiden eine Mischform gegeben, »eine Deponierung in der Obhut der Götter«[27].

---

[20] Zahlreiche Parallelen bei H.-E. Joachim, Bonner Jahrb. 180, 1980, 355–459 passim; s. auch Oesterwind, Spätlatènezeit 70.

[21] Hopp, Siedlungskeramik 156 f.; Kempa (Anm. 17) 39 (Form 11); R. Lommerzheim / B. C. Oesterwind, Die hallstattzeitliche Siedlung von Düsseldorf-Rath. Rhein. Ausgr. 38 (Köln und Bonn 1995) 56; 62 f. mit Anm. 214; O. Nakoinz, Studien zur räumlichen Abgrenzung und Strukturierung der älteren Hunsrück-Eifel-Kultur. Univ. forsch. z. prähist. Arch. 118 (Bonn 2005) 82.

[22] Göbel, Goldschatz 32.

[23] Zitiert bei M. Nick in: Iron age coinage 141.

[24] A. Fitzpatrick in: ebd. 171; J. van Heesch in: ebd. 253. – Diese Ansicht vertritt auch D. Wigg-Wolf in: A. Bursche / R. Ciolek (Hrsg.), Roman Coins Outside the Empire. Ways and Phases, Contexts and Functions. Exploratory Workshop, Nieborów 2005. Collection Moneta 82 (Wetteren 2008) 36: »it is also significant that the earlier phases of Celtic coinage saw the deposition of a large number of ritual hoards of precious metal coinage.«

[25] B. Ziegaus, Der Münzfund von Großbissendorf. Ausstellungskat. Prähist. Staatsslg. München 27 (München 1995) 137 f.

[26] M. Nick in: Iron age coinage 143.

[27] Ebd. 144. – Nach wie vor herrscht aber keine einheitliche Deutung. C. Klages in: Krieg und Frieden 86 meint, dass auch die Schmuckstücke zum Zeitpunkt der Deponierung nur noch Goldwert besessen habe. Zu den Münzen und Torques äußern sich gleichlautend J. Gechter-Jones ebd. 164 f. sowie G. Creemers / S. Scheers ebd. 171, dass nämlich diese vermeintlichen Opfergaben ursprünglich Prestigeobjekte waren und als Diplomatengaben andere Funktionen besessen hätten.

[28] M. Nick in: Iron age coinage 129; 132.

[29] V. Zedelius in: Göbel, Goldschatz 61; 67; Nick (vorherige Anm.) 126 mit Tab. 3 datiert Niederzier auch in die 1. Hälfte 1. Jh. v. Chr.

[30] S. Scheers in: M. Lodewijckx (Hrsg.), Archaeological and historical aspects of West-European societies. Acta Arch. Lovaniensia Mon. 8 (Löwen 1996) 87–94, klassifiziert die Stücke als Statere vom Typus Lummen-Niederzier »biface«; Variante 9. Siehe auch A. Fitzpatrick in: Iron age coinage 180: »It is suggested … that the hoard may date to 53 BC and Julius Caesar's campaign. Whilst the historical association for deposition may be attractive, the torques could very well be earlier, as the coins almost certainly are«.

[31] C. Haselgrove, The Numismatic Chronicle 159, 1999, 135.

[32] B. Ziegaus in: L. Van Impe u. a., Arch. in Vlaanderen 6, 1997/98, 57; Scheers ebd. 69; G. Creemers / S. Scheers in: Krieg und Frieden 169.

[33] Van Impe u. a. (vorige Anm.) 118 f. sowie Creemers/Scheers (vorige Anm.) 171 vertreten für die Münzen vom Typus Lummen-Niederzier allerdings eine Datierung »möglicherweise in die Zeit um 75 v. Chr.«

[34] Zum Dolium hier vgl. Gefäße aus Andernach, s. K.-V. Decker, Die Jüngere Latènezeit im Neuwieder Becken. Jahrb. f. Gesch. u. Kunst d. Mittelrheins u. seiner Nachbargebiete, Beih. 1 (Neuwied 1968) Taf. 26, A1–A2.

1 Goldobjekte aus dem Depotfund der Grube 323.

Die Goldmünzen sind durchgehend ortsfremd und entstammen zwei unterschiedlichen Regionen, und zwar aus dem Südosten und dem Nordwesten. Nach Nick bildeten sie hier am Ort kein übliches Zahlungsmittel[28]. Während Volker Zedelius die Münzen 1991 in die erste Hälfte des ersten vorchristlichen Jahrhunderts datiert, die dann auch um die Jahrhundertmitte niedergelegt sein können[29], wird seit der Neubearbeitung eines Teils der Niederzierer Statere durch Simone Scheers eine eher ältere Datierung befürwortet[30]. Seit der Untersuchung von Colin Haselgrove und der Vorlage des gut vergleichbaren Horts von Beringen ist nämlich festzustellen, dass die Niederzierer Statere nicht jünger als La Tène D1 sind, so dass von einer Deponierung spätestens um das Jahr 60 auszugehen ist[31]. Statere vom Typus Lummen-Niederzier sind jedenfalls seit dem späten zweiten Jahrhundert im Umlauf, und die beiden Beringer Münzserien scheinen aus der Mitte des zweiten Jahrhunderts zu stammen[32]. Bei entsprechender Verwendungsdauer und Gültigkeit der Münzen ist anzunehmen, dass die beiden Depots von Niederzier und Beringen am ehesten in der zweiten Hälfte des zweiten vorchristlichen Jahrhundert zusammengestellt wurden, vielleicht im ausgehenden Jahrhundert, und ihre Niederlegung auch mit den Kimbern- und Teutonenzügen zusammenhängen könnte[33].

Die beiden Gefäße der Stelle 297 haben ein relativ hohes Alter (Taf. 12, 4–5). Jünger ist die Keramik von den Stellen 324 (Taf. 12, 6–8), 433 (Taf. 12, 9), 437 (Taf. 12, 10), 445 (Taf. 12, 11), 446 (Taf. 12, 12–14) und 489 (Taf. 12, 15–16). Aus der Grube 525 kommt außer einem Eisennagel und jünger spätlatènezeitlichen, scheibengedrehten Gefäßteilen (Taf. 12, 18–19; 13, 2–4) das Randstück eine großen Doliums[34] (Taf. 13, 1). Einen ebenso wie dort profilierten Rand weist eine Keramik aus Grube 656 auf (Taf. 13, 9). Auch hier fällt die Größe ins Auge (etwa bei Taf. 13, 12, vgl. Taf. 9, 1).

Aus der stark gestörten Grube 826 stammen zwölf, aus der Grube 1303 insgesamt einundneunzig Eisenbarren (Abb. 2), die seit ihrer Bekanntgabe fälschlicherweise dem Typus Wartburg zugeordnet werden[35], den sogenannten Schwurschwertern. Nach Publikationen von Derek F. Allen, Marcel-Edouard Mariën und Gerhard Jacobi werden die schwertförmigen insularen Barren als Zahlungsmittel bezeichnet, sogenannte »currency bars« im Sinne der bei Cäsar erwähnten Eisenbarren[36]. Die kontinentalen Stücke mit anders gestalteten, glatten Lamellen und eingeschnürtem vermeintlichen Griffteil bezeichnet man als ›Typus Wartburg‹[37]. Barren dieser Form wurden vermutlich in den Eisenerzrevieren des Siegerlandes geschmiedet, und sind vor allem im rechtsrheinischen Mittelgebirgsraum nachweisbar[38]. Dagegen sind spatelförmige zierlichere, an einem Ende zu einer langen Röhre gerollte Barren in der westlichen Oppidazivilisation von der Maas über den oberen Donauraum bis tief in die Alpen verbreitet. Sie werden teils als ›Typus Wérimont-La-Tène‹[39], seit Jacobi besser aber als ›Typus Manching‹ bezeichnet[40]. Eine weitere Zwischenform mit schaufelförmig ausgeschmiedetem Oberteil klassifiziert Karl Peschel jüngst als ›Typus Schwanberg‹, dem er richtig ein Stück aus Lohmar und vermutungsweise auch die Exemplare aus Niederzier zuordnet[41]. Für diese trifft das aber nicht zu, da sie zwar die schmallange Form vom Typus Wartburg aufweisen, im Gegensatz zu diesem aber keinen

2 Einundneunzig Eisenbarren der Grube 1303

zusammengekniffenen beziehungsweise eingedellten oberen Griffteil, sondern dort eine schaufelförmige, mit Randleisten versehene Partie zeigen (Taf. 14, 1–7; 16, 1–2). Vielmehr handelt es sich hier um einen vierten, bislang unbekannten eigenständigen kontinentalen ›Typus Niederzier‹, der am Ort produziert worden sein kann.

Als weiterer Komplex ist die Grube 956 wegen einer tief gerieften Wandscherbe als mittellatènezeitlich anzusehen[42] (Taf. 14, 9–11; 15, 1–2). Die Formgebung einer Schale aus Grube 977 legt die gleiche Zeitstellung nahe (Taf. 15, 3). Weitere Gruben führen hingegen eher Spätlatènekeramik, so 1047 (Taf. 15, 4–8), 1083 (Taf. 15, 9–12), 1240 (Taf. 15, 13), 1416 (Taf. 15, 15–16) und 1583 (Taf. 16, 3–9; 17, 1–4). Aus dieser Grube kommt auch ein Wetzstein, wie auch aus Grube 2053 (Taf. 16, 10; 17, 9). In die gleiche Zeitspanne gehören auch alle weiteren Gruben außerhalb und innerhalb des Berings[43]. Dabei ist Fingertupfenverzierung auf dem Rand nur einer Schale (Taf. 13, 12) und dort nur bei drei Töpfen (Taf. 15, 15; 17, 8; 18, 2) vertreten; die Kombination von Fingertupfen- und Kammstrichverzierung auf einer Gefäßwandung ist ungewöhnlich[44] (Taf. 17, 4).

Pfostengruben und Pfostenverfärbungen

Eine Trennung zwischen Pforstengruben und Pfostenverfärbungen ist nicht möglich. Die Keramik aus einzelnen Pfostengruben (Taf. 19, 14; 20, 1–10) ist spätlatènezeitlich, wobei die Randstücke der Pfostenlöcher 923 und 2974 (Taf. 20, 1. 8) ähnlich aussehen wie Exemplare der Abfallgruben 525 und 656 (Taf. 13, 1. 9), die als jünger spätlatènezeitlich angesehen werden. Auch in Pfostengruben fanden sich Fragmente von Drehmühlen aus Basaltlava[45] (Taf. 19, 15).

Brunnen

Aus den Verfüllungen des westlichen Brunnens kommt neben Feuersteinartefakten (Taf. 21, 1–2; 17) und einem Reibsteinfragment aus Sandstein (Taf. 21, 12) sowie üblicher Spätlatènekeramik (Taf. 21, 3–11. 13–15) ein eiserner Gegenstand (Taf. 21, 16), bei dem es sich entweder um den Griffteil eines Hakenschlüssels oder um einen Ösenstift handeln kann[46]. Aus den Verfüllungen des östlichen Brunnens stammen nur wenige spätlatènezeitliche Scherben (Taf. 21, 18–19; 22, 1–2), wovon ein kammstrichverzierter Topf (Taf. 22, 2) mit den Halterner Kochtöpfen verwandt ist[47]. Die Reste eines Zweihenkelkrugs vom Typus Hofheim 57 (Taf. 22, 3) fixieren einen Terminus post quem um 30 bis 40 n. Chr., von dem an der noch offene östliche der beiden Brunnen aus der Latèneperiode verfüllt wurde.

Gräben

Auch aus den inneren wie äußeren Gräben 288/288 A beziehungsweise 289 und deren Sohlen und Füllschichten ist gängige Keramik der Spätlatènezeit belegt (Taf. 22, 4–6. 8–9. 11. 13–20 sowie 23, 1. 3–4. 6–12). Davon stammt nur eine Randscherbe aus dem Außengraben 289 (Taf. 23, 12). An weiteren Funden ist ein mittellatènezeitliches fünfrippiges Bruchstück eines Glasarmrings blauer Farbe vorhanden (Taf. 22, 7), das dem am häufigsten am Niederrhein verbreiteten Ringtypus der Reihe 17 zugehört[48]. Neben dem Fragment einer Rundmühle aus Basaltlava[49] (Taf. 22, 10) liegen drei aus Ton oder Stein bestehende Schleuderkugeln vor (Taf. 22, 12 sowie 23, 2. 5), eine am Niederrhein verbreitete Waffe der Latènezeit[50].

Einzelfunde

Bei den ausgewählten Einzelfunden sind Schalen, Töpfe und Flaschen zu nennen (Taf. 23, 13. 15–26. 29). Außerdem liegen das Bruchstück eines tönernen Webgewichts (Taf. 23, 14), ein flacher Bronzering (Taf. 23, 28) sowie ein rundstabiges, mit Dorn versehenes Eisenwerkzeug vor (Taf. 23, 27). Mit seinem Spachtelende ähnelt es Exemplaren aus Manching, deren Funktion nicht genau bekannt ist.[51]

---

[35] H.-E. Joachim, in: Göbel, Goldschatz 52.

[36] Siehe Caes. Gall. 5, 12: »taleae ferreae«.

[37] D. Allen, Proc. Prehist. Soc. N. S. 33, 1967, 307–335; M.-E. Mariën, Le Trou de l'Ambre au Bois de Wérimont Eprave. Mon. D'Arch. Nat. 4 (Brüssel 1970) 125 ff.; Jacobi, Manching 251 ff.; K. Wilhelmi, Germania 55, 1977, 184–190; M. Rech, Arch. im Rheinland 1989, 46–48.

[38] Jacobi, Manching 252; Wilhelmi (vorige Anm.) 187; Rech (vorige Anm.) 47.

[39] Mariën (Anm. 37) 126 mit Abb. 47–48; U. Schaaff, Bull. Musées d'Art et d'Hist. 54, 1984, 96; K. Schäfer, Arch. Korrbl. 14, 1984, 163–168.

[40] Jacobi, Manching 252; K. Peschel, Zeitschr. f. Arch. 16, 1982, 43; ders., Altthüringen 38, 2005, 22.

[41] Ebd. 22 mit Anm. 20 und Abb. 10; zu den Barren s. neuerdings auch A. Bick, Die Latènezeit im Nördlinger Ries. Materialh. Bayer. Vorgesch. A 91 (Kallmünz/Opf. 2007) 47 ff.; 220 ff. mit weiterer Lit.

[42] Vgl. Joachim, Porz-Lind 17 mit Taf. 2, 5; 4, 17; 7, 19.

[43] Hier Gruben 2046 (Taf. 17, 6–8), 2053 (Taf. 17, 9–11), 2150 (Taf. 17, 12–14; 18, 1), 2191 (Taf. 18, 2–3), 2318 (Taf. 18, 4–5), 2438 (Taf. 18, 6–10), 2675 (Taf. 18, 11–16; 19, 1–3), 2706 (Taf. 19, 4), 2711 (Taf. 19, 5), 2756 (Taf. 19, 6–7; älter latènezeitlich?), 2761 (Taf. 19, 8–9) und 2936 (Taf. 19, 10–12).

[44] In Porz-Lind sind Fingertupfenverzierungen auf Schalen und Töpfen viel häufiger zu finden: Joachim, Porz-Lind 17.

[45] Vgl. oben mit Anm. 7.

[46] Vgl. Jacobi, Manching Taf. 44, 709; 716 bzw. Taf. 62, 1021–1022.

[47] Zu Parallelen in Xanten s. Joachim (Anm. 4) 172 mit Abb. 6, 7–8.

[48] H.-E. Joachim, Bonner Jahrb. 2005, 2005, 68; 74; das Stück hier ist in dieser Publikation nicht genannt.

[49] Dazu s. oben mit Anm. 7.

[50] Hopp, Siedlungskeramik 155 mit Verbreitungskarte Abb. 75; Joachim, Porz-Lind 17.

[51] Jacobi, Manching 65 mit Taf. 10, 179–181.

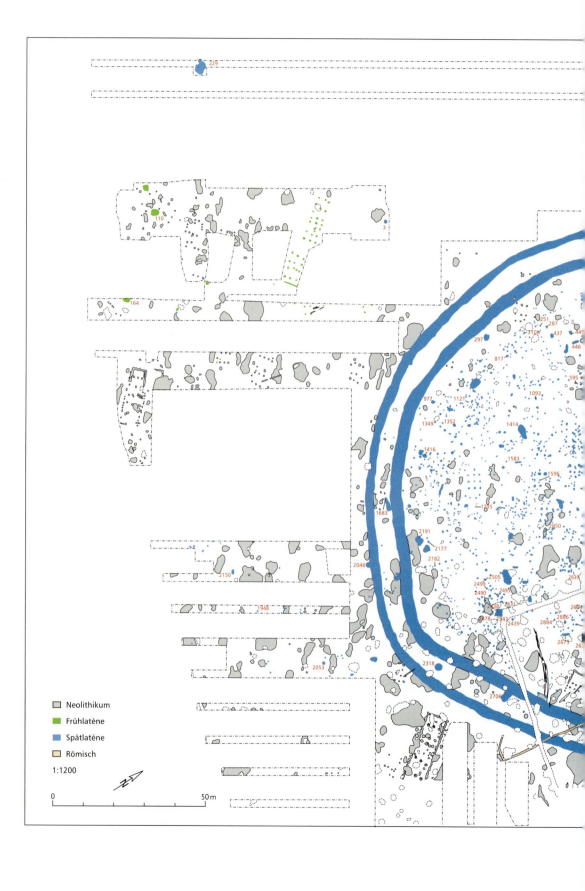

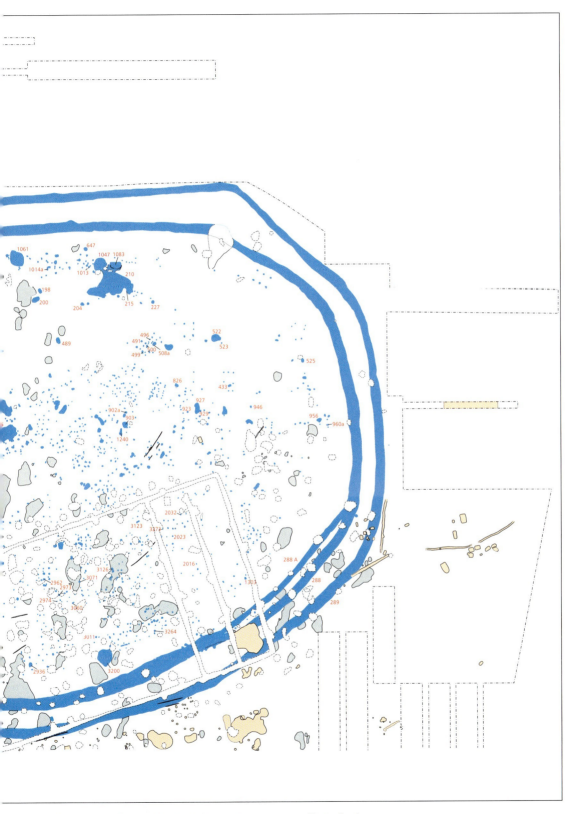

Farbtafel 1 Niederzier-Hambach 382 mit Eintragungen aller Befunde, von denen die hier beschriebenen rot markiert sind. Maßstab 1:1200.

Fazit

Einwanderer aus dem Kreis der Seine-Marne-Kultur errichten in Niederzier (Hambach 382) eine Siedlung, wo fünftausend Jahre zuvor, in der Bandkeramik, bereits einmal Menschen gewohnt hatten. Der neue Ort existiert um 500 v. Chr. am Übergang von der Periode Hallstatt D zur Epoche La Tène A, also in einer recht kurzen Phase. Erneut wurde in der zweiten Hälfte des zweiten vorchristlichen Jahrhunderts, in der ausgehenden Mittellatènezeit (La Tène C2), eine Ortschaft errichtet, diesmal eine befestigte Großsiedlung, wie die freilich geringen Keramikreste beweisen[52]. Sie muss hauptsächlich während der Stufe La Tène D1 bis La Tène D2a bestanden haben, also bis zum Beginn von Cäsars Gallischem Krieg 55 v. Chr. Die Hauptmasse der erhaltenen Keramik, die sich entsprechend der in anderen gleichzeitigen Siedlungen vor allem aus Schalen, viel weniger aus Töpfen und nur ganz wenigen Flaschen zusammensetzt[53], gehört in die Stufe La Tène D1, und nur einige Gefäße dürften noch etwas jünger sein (Taf. 13, 1–2. 4 und 22, 2).

Alle anderen nichtkeramischen Fundstücke wie die Glasarmringreste, Fibeln und Eisenfunde gehören in die Phasen La Tène C beziehungsweise La Tène D. Der aus Goldringen und Goldmünzen bestehende Hortfund wurde in Resten einer abgenutzten Schale deponiert, die als allgemein verbreiteter Typus am ehesten der Stufe La Tène D1 anzusehen ist[54]. Damit lässt sich kein genauerer Niederlegungszeitpunkt beziehungsweise ein Terminus post quem für das Depot fixieren. Dasselbe gilt für die Statere, die im zweiten vorchristlichen Jahrhundert hergestellt sein können, deren Umlauf aber zeitlich nicht eingrenzbar ist. Ihre Vergrabung kann daher sowohl vor 100 v. Chr. als auch danach erfolgt sein. Eine Koppelung mit der Auflassung der Siedlung zu Beginn der Stufe La Tène D2a, kurz vor der Mitte des ersten vorchristlichen Jahrhunderts, ist jedenfalls nicht schlüssig beweisbar.

Der Abbruch der unzerstörten Siedlung von Niederzier-Hambach entspricht einem Vorgang, dem aus bisher nicht wirklich erklärbaren Gründen die gesamte Oppidazivilisation zu dieser Zeit unterliegt[55]. Dass indes die Bewohner von Niederzier nach Ansicht von Johannes Heinrichs keine Eburonen, sondern Atuatuker waren, ist genauso hypothetisch und unbewiesen wie ihre angebliche Abwanderung nach Westen[56].

Prof. Dr. Hans-Eckart Joachim, Institut für Kunstgeschichte und Archäologie,
Abteilung für Vor- und Frühgeschichtliche Archäologie, Regina-Pacis-Weg 7, 53113 Bonn,
Joachim-Bonn@t-online.de

---

[52] So auch J. Gechter-Jones in: Krieg und Frieden 165. – Eine absolutchronologische Fixierung des Siedlungsbeginns ist für Niederzier ausgeschlossen, zumal die mittelrheinischen (s. A. Miron in: ders. / A. Haffner [Hrsg.], Studien zur Eisenzeit im Hunsück-Nahe-Raum. Trierer Zeitschr., Beih. 13 [Trier 1991] 168) und die süddeutschen (s. S. Rieckhoff, Süddeutschland im Spannungsfeld von Kelten, Germanen und Römern. Trierer Zeitschr., Beih. 19 [Trier 1995] 186 Tab. 20; dies. / J. Biel, Die Kelten in Deutschland [Stuttgart 2001] 12) Datierungsansätze für das Ende der Stufe La Tène C2 (Miron: 130 v. Chr., Rieckhoff: 160/150 v. Chr.) differieren.

[53] Ebenso z. B. in Köln-Porz, s. Joachim, Porz-Lind 14. – In Niederzier sind mindestens 163 Schalen, 63 Töpfe und 10 Flaschen nachgewiesen.

[54] Göbel, Goldschatz 36 Abb. 10, 4.

[55] S. Rieckhoff in: C. Dobiat / S. Sievers / Th. Stöllner (Hrsg.), Dürrnberg und Manching. Wirtschaftsarchäologie im ostkeltischen Raum. Koll. z. Vor- u. Frühgesch. 7 (Bonn 2002) 373 f.; 379, mit teilweise problematischen Thesen.

[56] J. Heinrichs, Zeitschr. f. Papyrologie u. Epigraphik 164, 2008, 221 f. Heinrichs Darlegung in teilweise sich wiederholenden Argumentationsketten ist widersprüchlich und nicht überzeugend, zumal unter weitgehender Auslassung oder Nichtberücksichtigung der derzeitigen archäologischen Quellenlage einseitig aus althistorischer Sicht argumentiert wird.

Abkürzungen

Göbel, Goldschatz	J. Göbel u. a., Der spätkeltische Goldschatz von Niederzier. Bonner Jahrb. 191, 1991, 27–84.
Haffner, Wederath-Belginum	A. Haffner, Das keltisch-römische Gräberfeld von Wederath-Belginum. Trierer Grabungen u. Forschungen VI 1 (Mainz 1971).
Hopp, Siedlungskeramik	D. Hopp, Studien zur früh- und mitteleisenzeitlichen Siedlungskeramik des linken Niederrheins. Internat. Arch. 8 (Buch am Erlbach 1991).
Iron age coinage	C. Haselgrove / D. Wigg-Wolf, Iron age coinage and ritual practices. Stud. zu Fundmünzen der Antike 20 (Mainz 2005)
Jacobi, Manching	G. Jacobi, Werkzeug und Gerät aus dem Oppidum von Manching. Die Ausgrabungen in Manching V (Wiesbaden 1974).
Joachim, Porz-Lind	H.-E. Joachim, Porz-Lind. Ein mittel- bis spätlatènezeitlicher Siedlungsplatz im Linder Bruch (Stadt Köln). Rhein. Ausgr. 47 (Mainz 2002).
Krieg und Frieden	Krieg und Frieden. Kelten – Römer – Germanen. Begleitbuch z. Ausst. Rhein. Landesmus. Bonn (Darmstadt 2007)
Oesterwind, Spätlatènezeit	B. C. Oesterwind, Die Spätlatènezeit und die frühe Römische Kaiserzeit im Neuwieder Becken. Bonner H. z. Vorgesch. 24 (Bonn 1989).

Bildrechte. Farbtafel 1 Rheinisches Amt für Bodendenkmalpflege. – Das Übrige Rheinisches Landesmuseum Bonn. Zeichnungen von Ursula Naber, Sigrun Wischhusen und Hans Pfennig (†).

Ergebnis. Eine monografische Vorlage der zwischen 1977 und 1982 vor dem Braunkohleabbau ausgegrabenen jüngerlatènezeitlichen Siedlung von Niederzier-Hambach (HA 382) im Kreis Düren gibt es bislang nicht. Die Anlage ist nicht nur wegen der Auffindung eines Goldhortes und zweier Eisenbarrenhorte von überregionaler Bedeutung, sondern sie stellt die bislang in der gesamten keltischen Koine einzige komplett untersuchte Flachlandsiedlung mit insgesamt dreihundertsiebenundsechzig Bauten dar. Die Vorlage aller Funde ermöglicht es, eine Besiedlung von La Tène C2 bis La Tène D2a zu konstatieren, wie sie in der gesamten Oppidazivilisation zu beobachten ist, also vom ausgehenden zweiten bis zur Mitte des ersten vorchristlichen Jahrhunderts. Ein besonderes Augenmerk wird auf die nach wie vor kontroverse Datierung des Goldhortes geworfen, und es wird ein neuer Typus von Eisenbarren beschrieben. Die Reste von annähernd zweihundertvierzig Keramikgefäßen entsprechen überwiegend dem bereits bekannten Formenschatz. Von besonderer Bedeutung sind darüber hinaus die im Grabungsareal entdeckten Reste einer späthallstatt- bis frühlatènezeitlichen Siedlung unter dem Einfluss der Marnekultur.

Summary. The Late La Tène settlement of Niederzier-Hambach (HA 382), situated in the district of Düren, was excavated between 1977 and 1982 before stoping the local brown coal. Its archaeological evidence is still unpublished. The site has proved to be of supraregional importance not only because of the finds of a gold hoard and two iron hoards, moreover it represents a solitary case, in the celtic koine, of an entirely investigated and documented lowland settlement, consisting of three hundred and sixty-seven buildings. Analysing all relevant finds in this issue, we are enabled to assess a habitat dating between La Tène C2 and La Tène D2a, similar to others throughout the oppida civilisation prospering in the period from the end of the second to the middle of the first century B. C. Particular attention is paid to a new type of iron bars, and to the controversially discussed dating of the gold hoard. The remains of the near to two hundred and forty ceramic items broadly match the well-known repertory of the cultural stratum. Of great importance are also the relics of another settlement found in the same area, dating between the Late Hallstatt and the Early La Tène periods, shaped under the influence of the Marne Culture.

Résumé. Jusqu'à maintenant il n'existe pas de monographie sur l'habitat de Niederzier-Hambach (HA 382), Département Düren, de la période de La Tène postérieure. Le site a été fouillé entre 1977 et 1982 avant l'exploitation du lignite. Le site est non seulement d'une importance suprarégionale, parce qu'on a trouvé un trésor d'or et deux lingots en fer, mais aussi parce que le site représente le seul cas de koiné celtique d'un habitat en plaine complètement étudié et documenté. Il consiste en trois cent soixante sept bâtiments. Analysant toutes les trouvailles, il est possible d'établir une période d'habitation datant de la La Tène C2 au D2a, c'est à dire de la fin du deuxième au milieu du premier siècle avant J.-C., semblable à celle de toute la civilisation des oppida. On décrit un nouveau type de lingots de fer et l'attention se porte particulièrement sur la datation controversée du trésor en or. Les formes de presque deux cent quarante récipients céramiques ressemblent à celles qui sont déjà connues. Les vestiges d'un autre habitat en ce lieu, surgis sous l'influence de la culture de la Marne et dont la datation se situe entre la période du Hallstatt final et celle de La Tène antérieure, sont d'une importance particulière.

Katalog

Es gelten neben den üblichen auch die im Vorspann zum Bericht des Rheinischen Amtes für Bodendenkmalpflege angeführten Abkürzungen. Zu abgebildeten Gefäßen wird die Art des erhaltenen Bruchstückes – zumeist eine Randscherbe – in der Regel nicht eigens erwähnt.

Bei der Keramik werden Glättungen erwähnt – sie finden sich vorherrschend nur an der Gefäßaußenseite –, unbehandelte und leicht raue Oberflächen bleiben hingegen unbeschrieben. Nicht eigens angegeben ist bei den häufigen Schalen sowie den sogenannten Fässern oder Fässchen der vorherrschende feine Ton, der bei den Fässern oft, bei den Schalen zumeist eine nicht extra angeführte graue Färbung aufweist. Dekor zeigen nur Gefäßaußenseiten, soweit nichts anderes benannt wird. Im Folgenden wird »Oberfläche« als »Ofl.« abgekürzt.

Pfostengruben von Bauten

Bau 14, Stelle 929. – Schale mit rötlichen Rinden und ockerfarbiger Ofl. (Taf. 1, 1); WS. – Inv. 79.1466, 01.

Bau 18, Stelle 2032. – Frgt. einer bronzenen Nauheimer Fibel, der Bügel mit einem Kerbband in Mitte, an den Seiten je eine Rille sowie zwei Querrillen (Taf. 1, 2); WS; Steinchen. – Inv. 80.2061, 01–03.

Bau 19, Stelle 2016. – WS eines glattwandigen Gefäßes mit Grifflappen aus feinem, grauem Ton mit hellgelber Ofl. – Inv. 80.2052, 01.

Bau 28, Stelle 3273. – Bronzener Schaft (Nadel?), ein Ende platt geschlagen, eines rund (Taf. 1, 4); WS. – Inv. 81.2893, 01–02.

Bau 29, Stelle 2023. – Glattwandige Schale mit innen graubrauner, außen gelbbrauner Ofl. (Taf. 1, 5); WS. – Inv. 80.2056, 01.

Bau 33, Stelle 3264. – Glattwandige Schale aus rötlichbraunem Ton mit rötlicher Ofl., die Außenseite abgewittert (Taf. 1, 6). – Inv. 81.2888, 01.

Bau 35, Stelle 215. – Schale aus hellockerfarbigem, sandigem Ton (Taf. 1, 7). – Inv. 77.2488, 01.

Bau 36, Stelle 496. – Glattwandige Schale mit hellbrauner Ofl. (Taf. 1, 8); WS. – Inv. 79.1394, 01.

Bau 37, Stelle 508 a. – Glattwandige Schale aus ockerfarbigem, sandigem Ton, nachgedreht (Taf. 1, 9); RS; WS. – Inv. 79.1426, 01.

Bau 39, Stelle 491. – Schale mit braunschwarzer Ofl. (Taf. 1, 10). – Inv. 79.1392, 01.

Bau 39, Stelle 499. – Teile einer Rundmühle aus Basaltlava, stark abgenutzt, auf einer Seite eine Randrippe (Taf. 1, 11). – Inv. 79.1396, 01.

Bau 39, Stelle 500. – Glattwandige WS aus graugelblichem, feinem Ton mit gelblicher Ofl., fünf umlaufende Rippen in dichter Folge (Taf. 1, 12). – Inv. 79.1424, 01.

Bau 47, Stelle 902 a. – Glattwandige Schale aus ockerfarbigem Ton (Taf. 1, 13); WS; Hüttenlehm. – Inv. 79.1458, 01.

Bau 59, Stelle 3126. – Glattwandige RS aus grauem, an den Rinden rötlichem, feinem Ton mit rötlichbrauner Ofl. (Taf. 1, 14). – Inv. 81.2865, 01.

Bau 78, Stelle 1013. – Frgt. eines transluziden blauen Glasarmrings mit Seitenrippen und gekerbtem Mittelteil (Taf. 1, 15). – Inv. 79.1510, 01.

Bau 92, Stelle 2973. – Schale aus ockerfarbigem, sandigem Ton (Taf. 1, 16); Schale aus sandigem, grauem Ton mit graubrauner Ofl. (Taf. 1, 17). Inv. 81.2824, 01.

Bau 92, Stelle 3060. – Topf aus grauschwarzem, feinem Ton mit graubrauner Ofl. (Taf. 1, 18). – Inv. 81.2853, 01.

Bau 93, Stelle 1014 a. – Glattwandige Schale mit brauner Ofl. (Taf. 1, 19); WS. – Inv. 79.1511, 01.

Bau 102, Stelle 2962. – Glattwandige Schale mit graubrauner Ofl. (Taf. 1, 20). – Inv. 81.2822, 01.

Bau 110, Stelle 1128. – Schale aus graurötlichem Ton mit innen graubrauner, außen rötlichbrauner Ofl. (Taf. 1, 21); glattwandige RS aus grauem, feinem Ton (Taf. 1, 22). – Inv. 79.1545, 01.

Bau 123, Stelle 595. – Fass aus schwarzem, an den Rinden rötlichem Ton mit innen rötlicher, außen graurötlicher Ofl. (Taf. 1, 23). – Inv. 79.1407, 01.

Bau 150, Stelle 2644. – Schale aus hellrötlichem Ton mit graugelblicher Ofl. (Taf. 1, 24); WS. – Inv. 81.2725, 01.

Bau 159, Stelle 2639. – Fass aus hellockerfarbigem Ton (Taf. 1, 25). – Inv. 81.2724, 01.

Bau 166, Stelle 2656. – Glattwandige Schale aus hellockerfarbigem, steingemagertem Ton (Taf. 1, 26); WS. – Inv. 81.2730, 01.

Bau 167, Stelle 2654. – Glattwandige Schale mit hellockerfarbigen Rinden und hellbrauner Ofl. (Taf. 1, 27); WS. – Inv. 81.2729, 01–02.

Bau 169, Stelle 2671 b. – Glattwandige Schale mit hellbrauner Ofl. (Taf. 1, 28). – Inv. 81.2735, 01.

Bau 170, Stelle 2884. – Unterteil eines Gefäßes aus grauem, feinem Ton mit hellgelblicher Rinde außen und hellgraugelber Ofl., Bodendm. 9 cm (Taf. 1, 29); WS. – Inv. 81.2803, 01.

Bau 170, Stelle 2886. – RS aus graurötlichem, feinem Ton mit rötlichgelber, feiner Ofl. (Taf. 1, 30); Stein. – Inv. 81.2804, 01.

Bau 171, Stelle 2676. – Fass mit graurötlicher Ofl. (Taf. 1, 31); WS. – Inv. 81.2739, 01.

Bau 173, Stelle 251. – Schale aus graubraunem, schamottegemagertem Ton mit graubrauner Ofl. (Taf. 1, 32);

glattwandiges Gefäß aus hellockerfarbigem feinem Ton, leichte Halsausbildung und Schulteransatz (Taf. 2, 1); WS. - Inv. 77.2532, 0 bis 77.2533, 0.

Bau 175, Stelle 310 b. – Schale mit rötlichbrauner Ofl. (Taf. 2, 2). – Inv. 79.1344, 01.

Bau 177, Stelle 817. – Glattwandige Schale mit brauner Ofl. (Taf. 2, 3). – Inv. 79.1438, 01.

Bau 185, Stelle 1093. – Schale aus ockerfarbigem Ton mit grauockerfarbiger Ofl., innen und im Randbereich sekundär verbrannt (Taf. 2, 4); zahlreiche, z.T. sekundär verbrannte WS; Steine; Schale mit Mündungskehlung, aus sandigem, ockerfarbigem Ton (Taf. 2, 5). – Inv. 79.1533, 01.

Bau 193, Stelle 1596. – Glattwandige Schale aus schwarzem Ton mit hellbraunen Rinden und hellrötlichgrauer Ofl. (Taf. 2, 6). – Inv. 79.1602, 01.

Bau 199, Stelle 2850. – Glattwandiges Gefäß aus rötlichem, feinem Ton mit hellrötlicher Ofl. (Taf. 2, 7); WS; Frgt. einer Feuersteinklinge. – Inv. 81.2792, 01–02.

Bau 221, Stelle 1121. – Schale aus schwarzgrauem Ton mit grauer Ofl. (Taf. 2, 8); Topf aus grauem, an den Rinden hellockerfarbigem Ton (Taf. 2, 9); Scherbchen. – Inv. 79.1543, 01.

Bau 230, Stelle 1349. – Schale aus graugelblichem Ton (Taf. 2, 10). – Inv. 79.1571, 01.

Bau 230, Stelle 1352. – Schale aus schwarzem Ton mit innen braunschwarzer, außen rötlichgelber Ofl. (Taf. 2, 11). – Inv. 79.1572, 01.

Bau 236, Stelle 2499. – Schale mit hellgelben Rinden und graugelblicher Ofl. (Taf. 2, 12); Schale aus ockerfarbigem Ton (Taf. 2, 13); WS und RS einer Schale; zersprungene Steine; Basaltlavabröckchen. – Inv. 81.2682, 01.

Bau 236, Stelle 2505 b. – Schale mit ockerfarbigen Rinden und grauockerfarbiger Ofl. (Taf. 2, 14); WS und RS eines Topfes; Steine. – Inv. 81.2684, 01–02.

Bau 238, Stelle 2490. – Glattwandige Schale aus hellgrauem Ton, Rinden und Ofl. hellockerfarbig (Taf. 2, 15); Fass aus braunem Ton mit innen grauer, außen dunkelbrauner Ofl. (Taf. 2, 16); WS. – Inv. 81.2675, 01.

Bau 239, Stelle 2431. – Glattwandiges Gefäß aus grauem, feinem Ton mit brauner Ofl. (Taf. 2, 17); WS; Steine. – Inv. 81.2644, 01.

Bau 239, Stelle 2495. – Fass mit ockerfarbigen Rinden und ockerfarbiger bis brauner Ofl. (Taf. 2, 18); Schlackenrest; WS. – Inv. 81.2679, 01.

Bau 243, Stelle 2478. – Glattwandige Schale aus ockerfarbigem, im Kern grauem Ton mit hellockerfarbiger Ofl. (Taf. 2, 19); WS; Steine. – Inv. 81.2669, 01.

Bau 243, Stelle 2543. – Schale mit innen graurötlicher, außen hellockerfarbiger Ofl. (Taf. 2, 20); Schale aus ockerfarbigem Ton (Taf. 2, 21); WS; Steine. – Inv. 81.2696, 01.

Bau 248, Stelle 1795. – Eiserne Drahtfibel mit vierspiraliger äußerer Sehne und Nadelrest (Taf. 2, 22); eiserne Pflugschar mit offener Tülle, die sich randleistenartig bis zur Öffnung von der Mitte an fortsetzt, die Spitze mit deutlichem Absatz von der Tülle abgebogen, L. 20,1 cm (Taf. 2, 23). – Inv. 79.1684, 01.

Bau 267, Stelle 2177. – Schale mit grauschwarzer Ofl., Dm. 32 cm (Taf. 2, 26); Fass aus grauschwarzem Ton mit innen hellgelbrötlicher, außen schwarzbrauner, nur leicht rauer Ofl. (Taf. 2, 24); Fass aus hellgelblichem Ton mit innen graubrauner, außen hell gelbbrauner Ofl. (Taf. 2, 25); WS; Stücke von Feuerstein. – Inv. 80.2132, 01–02.

Gruben

Grube 3. – Glattwandiges Gefäß aus grauem, feinem Ton mit graubrauner Ofl., Bodendm. 15,1 cm (Taf. 3, 1). – Inv. 77.2318, 0.

Grube 110. – Glattwandiger Becher aus braunem, feinem Ton mit braunschwarzer Ofl., Randdm. 18,5 cm (Taf. 3, 2); dasselbe, Bodendm. 2,8 cm (Taf. 3, 3); dasselbe, Randdm. 9,5 cm (Taf. 3, 4); zwei WS; Schale aus braunem Ton mit schwarz glänzend polierter Ofl., Randdm. 18 cm (Taf. 3, 5); glattwandige Schale aus ockerfarbigem Ton (Taf. 3, 6); fünfunddreißig weitere WS, z. T. sekundär verbrannt und rauwandig; BS; ein verbranntes Stück Tierknochen; verbranntes Klingenbruchstück (Taf. 3, 7). – Inv. 77.2348, 0 bis 77.2351, 0.

Grube 164. – Töpfe aus grauem bis gelblichem, feinem Ton mit grauer bis gelblicher, überglätteter bis geglätteter Ofl., Fingerkerben- und Fingertupfenverzierung (Taf. 3, 8–15); glattwandige Töpfe aus grauem bis rötlichgelbem Ton (Taf. 3, 16–17); Schale mit graubrauner Ofl., nur innen geglättet, Dm. 27 cm (Taf. 3, 18); glattwandige Schüssel aus grauem, feinem Ton mit innen grauer, außen gelblicher Ofl. (Taf. 3, 19); Wandfrgt. mit Reliefverzierung (Taf. 3, 21); glattwandige Bodenfrgt.e aus gelbgrauem, feinem Ton mit gelbrötlicher Ofl., Bodendm. 10 cm (Taf. 3, 20 und 22); Frgt. eines Webgewichtes; Frgt. einer Feuersteinklinge (Taf. 3, 23); zahlreiche weitere WS, BS, Artefakte, Steine, Reibsteinfrgt. (?). – Inv. 77.2356, 0 bis 77.2376, 0.

Grube 198. – Schale mit gelblicher Ofl. (Taf. 4, 1); Feuersteinartefakt. – Inv. 77.2465, 0 bis 77.2466, 0.

Grube 200. – Drei WS, davon zwei aus grauem bzw. gelblichem, feinem Ton mit Riefen- und Grübchenverzierung (Taf. 4, 2–3). – Inv. 77.2467, 0.

Grube 204. – Schale aus gelbem, im Kern grauem, feinsandigem Ton mit gelblicher Ofl., Dm. 28 cm (Taf. 4, 5); Topf, ebenso, nur außen sekundär gebrannt, Dm. 11 cm (Taf. 4, 4); zwei BS aus feinsandigem, rötlichem bis graugelblichem Ton, Dm. 11 cm (Taf. 4, 6–7); fünfundzwanzig WS und BS:. – Inv. 77.2468, 0 bis 77.2469, 0.

Grube 210. – S c h i c h t 1: Schale, sekundär gebrannt, Dm. 21,5 cm (Taf. 4, 8); Schale ebenso, die Ofl. gelbbraun, Dm. 20 cm (Taf. 4, 9); Bodenfrgt., aus grauem, feinem Ton mit hellbrauner, überglätteter Ofl., Bodendm. 11 cm (Taf. 4, 10); Basaltlavabröckchen. – S c h i c h t 2: Vierundzwanzig RS von Schalen aus grauem bis gelblichbraunem, feinsandigem Ton mit gelblichbrauner bis grauer, in einigen Fällen geglätteter Ofl., alle Stücke sind handgemacht, allenfalls am Rand z. T. nachgedreht (Taf. 4, 11–20; 5, 1–9; 6, 1–5); vier Töpfe ebenso (Taf. 5, 10–12; 6, 14); glattwandiger Topf aus ockerfarbigem, feinsandigem Ton mit gelbockerfarbiger Ofl. (Taf. 6, 15); Schüssel aus braunem, feinem Ton mit brauner, polierter Ofl., Drehscheibenware, Dm. 24 cm (Taf. 6, 13); zehn BS (Taf. 5, 13–19; 6, 6–8); glattwandiger Tonwirtel aus grauem feinem Ton mit rötlichbrauner Ofl. (Taf. 6, 9); zwei Feuersteinabschläge (Taf. 6, 11–12); vierspiralige Eisenfibel mit glattem Bügel, L. (erh.) 4,6 cm (Taf. 6, 10). – Inv. 77.2473, 0 bis 77.2487, 0; 79.1332, 01 bis 79.1332, 14. – Ferner viele WS, BS, Steine und Basaltlavabrocken einer Rundmühle.

Grube 227. – Schale aus schwarzem bis rötlichem, sandigem Ton mit innen schwarzgrauer, außen rötlicher, unsorgfältig geglätteter Ofl., H. 10,5 cm (Taf. 7, 1); weitere Schalen aus gelblichem bis grauem, feinsandigem Ton mit an der Innenseite geglätteter Ofl. (Taf. 6, 16; 7, 2–15); Topf aus grauschwarzem bis rötlichem, feinem Ton mit innen graugelber und geglätteter, außen graugelblicher bis rötlicher Ofl., H. 13,2 cm, zerbrochen, mit Fehlstellen (Taf. 6, 17); Schale mit graubrauner Ofl., Dm. 20,5 cm (Taf. 8, 1); glattwandige Schale mit graubrauner Ofl., Dm. 20 cm (Taf. 8, 2); glattwandige Schale mit graubrauner Ofl., umlaufende Rippung, Dm. 16,5 cm (Taf. 8, 3); Becher oder Tönnchen aus rötlichgrauem, feinem Ton mit innen graugelblicher, außen gelbrötlicher, geglätteter bis leicht rauer Ofl., Randdm. 10 cm (Taf. 8, 4); glattwandige BS aus grauem, feinem Ton, innen graugelblich, außen rötlichbraun bis grau, feine Kammstrichverzierung, Bodendm. 10 cm (Taf. 8, 5); BS aus ockerfarbigem, feinsandigem Ton, Bodendm. 11 cm (Taf. 8, 6); zwei weitere BS (Taf. 8, 7–8); WS aus grauem, feinem Ton mit grauer Ofl., feine Besenstrichverzierung (Taf. 8, 10); Topf aus grauem, feinem Ton mit innen grauer, außen graugelblicher Ofl., Randdm. 15,5 cm (Taf. 8, 9); glattwandiger Napf aus grauem, feinem Ton mit graubrauner Ofl., H. 6,5 cm (Taf. 8, 11); glattwandige Schale aus graurötlichem Ton mit Besenstrichverzierung, Randdm. 24,5 cm (Taf. 8, 12); mehrere Fässer aus graugelblichem bis rötlichem Ton mit geglätteter bis leicht rauer Ofl., Randdm. zwischen 13 und 32 cm (Taf. 8, 13–16; 9, 1); Steine; Basaltlavabruchstücke. – Inv. 77.2490, 0 bis 77.2494, 0. – Ferner WS, BS, RS.

Grube 229. – S c h i c h t 1: glattwandige Töpfe aus rötlichgelbem bis grauschwarzem, feinem Ton, in einem Falle mit Fingertupfenverzierung auf dem Rand (Taf. 9, 2–9); becherartiges Gefäß mit geglätteter oder übergeglätteter Ofl., aus grauem, feinem Ton mit schwarzgrauer Ofl. (Taf. 9, 10); Topf aus gelbgrauem, feinem Ton mit Fingernagelkerbverzierung, Randdm. 14,5 cm (Taf. 9, 11); zwei glattwandige Schalen aus graubraunem Ton mit brauner Ofl. (Taf. 9, 12–13); zwei glattwandige Schalen aus braunem, weiß quarzgemagertem Ton mit brauner Ofl., tiefe Rillenverzierung und eine gedellte Randknubbe (Taf. 10, 1–2); glattwandiges Näpfchen aus graubraunem, feinem Ton mit Wirrstrichverzierung, H. noch 3,6 cm, Mündung weggebrochen (Taf. 9, 14); sieben WS mit tiefer Kammstrich- und Wirrstrichverzierung sowie Reliefverzierung (Taf. 10, 3–9); glattwandiges Gefäß aus graubraunem, feinem Ton (Taf. 10, 10); Feuersteinartefakte (Taf. 10, 11–14). – S c h i c h t 2: elf Töpfe mit gelblicher bis graubrauner, unsorgfältig geglätteter Ofl., Fingertupfenverzierung auf Rand und Hals (Taf. 10, 15–25); zwei becherartige Gefäße mit Fingertupfenverzierung auf Rand und Hals sowie tiefer Kammstrichverzierung (Taf. 11, 1–2); glatt- bis rauwandige Schalen mit Fingertupfen- und Kammstrichmustern (Taf. 11, 3–9); zweier ebensolche Schüsseln, auch mit Kammstrichverzierung (Taf. 11, 10–11); WS und BS mit derselben Dekoration (Taf. 11, 12–21); glattwandige WS aus dunkelgrauem, feinem Ton mit feinem Riefenschmuck (Taf. 11, 22); WS mit Reliefdekor (Taf. 11, 23–24); WS aus ockerfarbigem, feinem Ton, rundliche Eindrücke verzieren die Ofl. (Taf. 11, 25–29); Feuersteinartefakte (Taf. 11, 30–36). – Grube: braungraue bis gelbliche Töpfe und Schalen, u. a. mit Kammstrichverzierung (Taf. 12, 1–3); weitere WS mit Kammstrich- und rundlicher Tupfenverzierung auf Ofl. – Inv. 77.2495, 0 bis 77.2515, 0. – Ferner WS, BS, RS.

Grube 297. – S c h i c h t 1: glattwandiger Topf aus grauschwarzem, feinem Ton mit gelblicher Ofl., Randdm. 17,5 cm (Taf. 12, 4). – S c h i c h t 2: glattwandiger Topf aus ockerfarbigem, feinem Ton, Randdm. 15 cm (Taf. 12, 5); WS, Steine. – Inv. 79.1338, 01 bis 79.1338, 05. – Ferner einige WS.

Grube 323. – Rechteckig, L. 1,05 m, B. 0,7 m. Die Grubenwandung verlief von der Grabungsfläche bis 0,65 m T. im N und W gleichmäßig schräg nach unten, von 0,65 m bis 0,8 m T. senkrecht, im Abstand von 0,2 m, von 0,8 m bis 0,95 m T. allseitig im Winkel von 45 Grad spitz zu und endete auf dem anstehenden Kies. Durch die unterschiedlichen Winkel der Wandungen im N und S lag die Spitze mehr im SW. – F ü l l u n g : In unregelmäßigen Schichten mittelgraubrauner schluffiger Lößlehm mit Holzkohle und gebranntem Lehm, abwechselnd mit gelben bis gelbbraunen Lößbändern. Die Grube überschnitt einen mittel- bis hellbraunen, lößlehmverfüllten bandkeramischen Befund (nicht näher definierbar). Im östlichen Randbereich der Grube, etwa 5 cm unter dem angelegten Grabungsplanum bei 102,22 m ü. NN lag eine spätlatènezeitliche Schale, deren eine Hälfte die Unterlage eines Hortfundes bildete und deren andere, abgebrochene Hälfte den Fund abdeckte (Abb. 2; Taf. der vier Schalen s. Bonner Jahrb. 191, 1991, 36 Taf. 10). – Inv. 79.1346, 01 bis 79.1348, 05.

Grube 324. – Glattwandige Schale aus ockerfarbigem Ton, Dm. 24 cm (Taf. 12, 6); Schale, Ton mit grauem

Kern und ockerfarbiger Rinde außen, die Ofl. außen überglättet, innen geglättet, Dm. 22 cm (Taf. 12, 7); glattwandiger Topf aus grauem Ton mit feiner weißer Quarzmagerung und ockerfarbigen Rinden, Randdm. 25,5 cm (Taf. 12, 8) – Inv. 79.1350, 01–02. – Ferner WS, RS.

Grube 433. – Glattwandige Schale aus schwarzem Ton mit gelblicher Ofl., Dm. 23 cm (Taf. 12, 9); WS; Steinchen. – Inv. 79.1367, 01 bis 79.1367, 04.

Grube 437. – Bodenfrgt. aus grauem, feinem Ton mit graugelblicher, innen geglätteter, außen überglätteter Ofl. (Taf. 12, 10). – Inv. 79.1369, 0 bis 79.1369, 02.

Grube 445. – Glattwandiges Fass mit rötlichen Rinden, Randdm. 17,5 cm (Taf. 12, 11). – Inv. 79.1373, 0102. – Ferner WS.

Grube 446. – Glattwandige Schale mit graugelblicher Ofl., Dm. 23 cm (Taf. 12, 12); glattwandige Fässer aus grauem bis ockerfarbigem Ton (Taf. 12, 13–14). – Inv. 79.1374, 01–03. – Ferner WS und RS.

Grube 489. – Fässer mit graugelblicher bis rötlicher Ofl., Randdm. zwischen 14 und 16 cm (Taf. 12, 15–16); WS. – Inv. 79.1391, 0102.

Grube 522. – Spinnwirtel aus grauem, feinem Ton mit brauner, geglätteter Ofl. (Taf. 12, 17); WS; Feuersteinartefakt. – Inv. 79.1497, 01.

Grube 525. – Glattwandiges Dolium aus grauem, feinem Ton mit graurötlicher Ofl., Drehscheibenware?, Randdm. 22 cm (Taf. 13, 1); glattwandiger Becher aus grauem, an den Rinden rötlichbraunem, feinem Ton (Taf. 13, 2); mehrere Wandfrgt.e mit waagerechten Horizontalglättstreifen außen, Drehscheibenware, Randdm. 12,5 cm (Taf. 13, 4); glattwandige Schale mit dunkelbrauner Ofl. (Taf. 12, 19); Fass mit hell rötlichgelber Ofl., Dm. 15,5 cm (Taf. 13, 3); Eisennagel, L. noch 7,5 cm (Taf. 12, 18). – Inv. 79.1500, 0102. – Ferner Steine und weitere WS und RS.

Grube 647. – Glattwandige Schale aus gelbockerfarbigem Ton, Dm. 22,5 cm (Taf. 13, 5). – Inv. 79.1415, 01. – Ferner Stein und WS.

Grube 656. – Mehrere glattwandige Schalen aus grauem bis rötlichem Ton (Taf. 13, 6–7); Schale mit braungrauer, überglätteter Ofl., Dm. 23,5 cm (Taf. 13, 8); Schale aus ockerfarbigem Ton mit innen wie außen überglätteter Ofl., unter dem Rand geschlickt, dort Fingertupfenverzierung, Dm. 29 cm (Taf. 13, 12); glattwandiges Randfrgt. aus ockerfarbigem, feinem Ton mit hellbrauner Ofl., außen eine breite Riefe unter dem Rand (Taf. 13, 9); mehrere Gefäßböden aus ockerfarbigem Ton mit überglätteter Ofl. (Taf. 13, 10–11); Basaltlavabröckchen; Feuersteinartefakt; Steine. – Inv. 79.1417, 0108.

Grube 826. – Durch Kampfmittelbeseitigung stark gestört. Unregelmäßige Form, L. 2,3 m, B. 2,2 m, T. 0,15 m. – Reste von mindestens zwölf eisernen Barren, die z. T. ineinander gestapelt werden können; es sind nur die mittleren Abschnitte erhalten, stark korrodiert und miteinander verbacken (Taf. 14, 1–7). – Inv. 79.1442, 0103. Ferner Stein und WS mit feiner Kammstrichverzierung.

Grube 903. – Glattwandige Schale aus grauem, an den Rinden ockerfarbigem Ton mit rötlicher Ofl., Dm. 25 cm (Taf. 13, 13); glattwandigen Schale aus ockerfarbigem, feingemagertem Ton, Dm. 24,5 cm (Taf. 13, 14); glattwandige Schale aus grauschwarzem Ton mit braunen Rinden und graubrauner Ofl., Dm. 25 cm (Taf. 13, 15); randretuschierte, graue Feuersteinspitze (Taf. 13, 16); WS; Steine. – Inv. 79.1459, 0102.

Grube 927. – Glattwandige Flasche aus ockerfarbigem, feinem Ton, Mündungsdm. 17,5 cm (Taf. 14, 8); WS. – Inv. 79.1465, 01.

Grube 956. – Glattwandiges Gefäß aus grauschwarzem, feinem Ton mit rötlichgrauer Ofl., Randdm. 17 cm (Taf. 14, 10); glattwandige Schale aus grauschwarzem Ton mit rötlichen Rinden und gelbrötlicher Ofl., Dm. 15,5 cm (Taf. 14, 9); glattwandige Schale mit graurötlicher Ofl., Dm. 22 cm (Taf. 15, 1); BS aus grauem, feinem Ton mit gelbrötlichen Rinden und graurötlichgelber Ofl., Bodendm. 9,5 cm (Taf. 15, 2); glattwandige WS aus dunkelockerfarbigem, feinem Ton mit innen grauer, außen brauner Ofl., tiefe Riefen (Taf. 14, 11); WS; RS; Steine; Basaltlavabröckchen. – Inv. 79.1476, 01.

Grube 977. – Glattwandige Schale aus grauschwarzem Ton mit blass braungrauer Ofl., Dm. 32 cm (Taf. 15, 3); WS. – Inv. 79.1484, 01.

Grube 1047. – Glattwandiges Fass aus schwarzem Ton mit rötlichen Rinden und graurötlicher Ofl., Randdm. 29 cm (Taf. 15, 4); glattwandiges Fass aus hellgelblichem Ton, Randdm. 18 cm (Taf. 15, 5); glattwandiger Topf aus ockerfarbigem, feinem Ton, Randdm. 21 cm (Taf. 15, 7); glattwandige Schalen aus grauschwarzem Ton mit rötlichen Rinden (Taf. 15, 6 und 8); WS; RS; Steine. – Inv. 79.1523, 0105.

Grube 1083. – Glattwandige Schale mit braunen Rinden und gelbbrauner Ofl., Dm. 19,5 cm (Taf. 15, 10); Schale aus rötlichem Ton mit sekundär verbrannter Ofl., Dm. 22 cm (Taf. 15, 11); glattwandiger Topf aus grauem, feinem Ton mit rötlichgelber Ofl., Randdm. 25,5 cm (Taf. 15, 12); glattwandige BS aus grauem, feinem Ton mit innen grauer, außen graubrauner Ofl., Bodendm. 10 cm (Taf. 15, 9); RS; BS. – Inv. 79.1532, 0104.

Grube 1240. – Glattwandige Schale mit innen hellbrauner, außen graubrauner Ofl., nachgedreht (?), Dm. 23 cm (Taf. 15, 13). – Inv. 79.1556, 01.

Grube 1303. – Durch Kampfmittelbeseitigung gänzlich zerstört. Eisenfunde lagen noch in situ, darunter nur noch einige Zentimeter der hell graubraunen schluffigen Lößlehmfüllung der Grube erhalten. (Die Grube war ursprünglich mindestens 2,3 × 1,4 m groß und ca. 0,2 m tief.) Aufgefunden wurden zählbare einundneunzig eiserne Barren, die als Paket gebündelt und gestapelt waren, stark korrodiert, erhaltene L. etwa 48 cm (Taf. 16, 1–2 u. Abb. 3). – Inv. 80.2187, 01.

Grube 1414. – Feuersteinabschlag mit Retuschen, L. 4,4 cm (Taf. 15, 14); WS. – Inv. 79.1578, 01.

Grube 1416. – Fass mit hellgraubrauner, im Oberteil geglätteter, über dem Boden außen gerauter Ofl., Fingertupfenrandverzierung, Randdm. 15 cm (Taf. 15, 15); Glattwandiger Topf aus grauem, feinem Ton mit brauner Ofl., Randdm. 26 cm (Taf. 15, 16); WS. – Inv. 79.1579, 01.

Grube 1583. – Fass mit rötlichen Rinden und grauockerfarbiger, innen ganz, außen nur unter dem Rand übergläteter Ofl. mit waagerechten Glättstrichen, Randdm. 18,5 cm (Taf. 16, 3); glattwandige Schale aus schwarzgrauem Ton mit graubraungelblicher Ofl., Dm. 26 cm (Taf. 17, 1); glattwandige Schale aus grauschwarzem Ton, H. 7,7 cm (Taf. 16, 5); glattwandige Schale aus ockerfarbigem Ton, Dm. 20,5 cm (Taf. 16, 4); BS aus grauem, feinem Ton mit brauner bis rötlicher Ofl. (Taf. 16, 6–8; 17, 2–3); glattwandige BS aus rötlichem, feinem Ton mit Kammstrichverzierung (Taf. 16, 9); glattwandige BS aus grauem, feinem Ton mit braunschwarzer Ofl., bandförmige Kammstrich- und Tupfenverzierung am Bauchumbruch, Bodendm. 12,5 cm (Taf. 17, 4); WS; RS; Wetzstein? (Taf. 16, 10); Steine; Knochensplitter. – Inv. 79.1601, 01 und 80.2004, 01.

Grube 1683. – WS; Basaltlavabröckchen; Feuersteinklinge (Taf. 17, 5). – Inv. 79.1606, 0102.

Grube 2046. – Schale mit braungrauer, übergläteter Ofl., Dm. 24 cm (Taf. 17, 7); Fass mit innen graubrauner und geglätteter, außen braunrötlicher Ofl., Fingertupfenrand, darunter Glättung und anschließend Kammstrichverzierung, Dm. 20,5 cm (Taf. 17, 8); Becher aus schwarzem, feinem Ton mit braungrauer Ofl. (Taf. 17, 6); RS; WS; Steine; Gussformstücke aus Ton. – Inv. 80.2068, 0105.

Grube 2053. – Glattwandiger Topf aus grauem, feinem Ton mit graubrauner Ofl., Randdm. 18 cm (Taf. 17, 11); glattwandige Schale aus grauem bis rötlichem Ton mit rötlichgrauer Ofl., Dm. 20 cm (Taf. 17, 10); spitz zulaufender Stein, bearbeitet? (Taf. 17, 9); WS. – Inv. 80.2074, 01.

Grube 2150. – S c h i c h t 1 : Fässchen mit innen graubrauner und geglätteter, außen graugelblicher Ofl., Randdm. 9 cm (Taf. 17, 12). – S c h i c h t 2 : glattwandige Schalen aus graubraunem bis rötlichem Ton (Taf. 17, 13–14); glattwandige BS aus grauem bis rötlichem, feinem Ton mit graubrauner bis rötlicher Ofl., Bodendm. 15 cm (Taf. 18, 1); Hüttenlehm; WS. – Inv. 80.2121, 0104.

Grube 2191. – Fässchen aus schwarzem Ton, innen übergläteter grauschwarze Ofl., außen gelbe Rinde und gelbliche Ofl., Fingernagelkerbrand, Randdm. 15 cm (Taf. 18, 2); glattwandige BS aus grauem, schamottegemagertem Ton mit innen graubrauner, außen gelbbrauner Ofl., Bodendm. 13 cm (Taf. 18, 3); WS. – Inv. 80.2139, 0102.

Grube 2318. – Töpfe aus grauem bis gelblichem, feinem Ton mit gelblichbrauner bis grauer, übergläteter Ofl. (Taf. 18, 4–5); WS; Steine. – Inv. 80.2175, 01 und 81.2631, 01.

Grube 2438. – Fässer mit rötlichen Rinden und graubraunrötlicher Ofl. (Taf. 18, 6–7); glattwandiges Fass mit gelblichen Rinden und gelbrötlicher Ofl. (Taf. 18, 8); Schale mit graugelbrötlicher Ofl., Dm. 20 cm (Taf. 18, 10); Schale mit schwarzgrauer Ofl. sowie innen und außen geglätteter Randzone, Dm. 15 cm (Taf. 18, 9); WS, RS; Steine; Basaltlavabröckchen. – Inv. 81.2646, 0103.

Grube 2675. – Fässer aus graurötlichem bis gelblichem Ton (Taf. 18, 11–13); Schale aus schwarzem Ton mit grauschwarzer Ofl., innen übergläteter, außen am Rand geglättet, darunter grob übergläteter, Dm. 24 cm, Wandungsloch (Taf. 18, 14); Schale aus grauem, an den Rinden rötlichem Ton mit rötlicher Ofl., beidseits des Randes grau und geglättet, Dm. 30 cm (Taf. 19, 1); Schale mit graubrauner, im Randbereich außen stärker geglätteter Ofl. (Taf. 19, 2); Schale aus ockerfarbigem, sandigem Ton, Dm. 18 cm (Taf. 18, 16); Flasche aus braunem, feinem Ton mit innen rötlicher, außen schwärzlicher Ofl., Mündungsdm. 16 cm (Taf. 18, 15); BS aus grauem, feinem Ton mit graubrauner, übergläteter Ofl., Bodendm. 12 cm (Taf. 19, 3); Steine; Basaltlavabröckchen, WS. – Inv. 81.2738, 0104.

Grube 2706. – Glattwandiger Topf aus ockerfarbigem, im Kern grauem, feinem Ton mit innen gelblicher, außen ockerfarbiger Ofl., Lackreste, Randdm. 34 cm (Taf. 19, 4); WS; Steinchen. – Inv. 81.2753, 01.

Grube 2711. – Glattwandige Schale aus hellockerfarbigem, im Kern grauem Ton mit graurötlicher Ofl. (Taf. 19, 5); WS. – Inv. 81.2756, 0103.

Grube 2756. – Topf aus grauem, feinem Ton mit einer Magerung aus kantigen, weißen, großen Quarzitstücken, die Ofl. innen grau, außen gelbockerfarbig und unsorgfältig übergläteter, Fingertupfenkerbleiste (Taf. 19, 6); RS aus grauem, ebenso gemagertem Ton mit ebensolcher, außen gelbgrauer Ofl. (Taf. 19, 7); Steine; WS. – Inv. 81.2770, 0103.

Grube 2761. – Glattwandiges Gefäß aus hellockerfarbigem Ton, im Kern hellgrau, an der Ofl. gelbockerfarbig, schwache doppelte Horizontalrippung, Randdm. 19 cm (Taf. 19, 8); BS aus braunem, feinem Ton mit graurötlichbrauner Ofl., Bodendm. 13,5 cm (Taf. 19, 9); WS; Steine; Basaltlavabröckchen. – Inv. 81.2771, 0102.

Grube 2936. – Glattwandige Schalen aus rötlichem, feinsandigem Ton mit gelbrötlicher Ofl. (Taf. 19, 11–12); Schüssel mit hellrötlich-ockerfarbigem, feinsandigem Ton mit ockerfarbiger Ofl., leicht gegliederte Schulterpartie, Dm. 20 cm (Taf. 19, 10); RS; WS; Steine; Hüttenlehmstücke. – Inv. 81.2818, 0102.

Grube 3123. – Feuersteinklinge (Taf. 19, 13). – Inv. 81.2863, 03.

Pfostengruben und Pfostenverfärbungen

Pfostengrube 287. – Schale aus ockerfarbigem, quarzigem Ton und grauockerfarbiger, unsorgfältig geglätteter Ofl. (Taf. 19, 14). – Inv. 77.2578.

Pfostengrube 523. – Drei Teile einer Rundmühle aus Basaltlava, davon ein Stück vom Unterlieger und eines vom Läuferstein, Dm. 40 cm (Taf. 19, 15). – Inv. 79.1498, 01.

Pfostengrube 923. – Dreizehn WS; drei glattwandige RS aus schwarzem Ton mit organischer Magerung und graubrauner Ofl. (Taf. 20, 1). – Inv. 79.1683, 01.

Pfostengrube 946. – Töpfe aus grauem, feinem Ton mit schwarzrötlicher Ofl., Randdm. 12 cm (Taf. 20, 2–3). – Inv. 79.1471, 01.

Pfostengrube 960 a. – Glattwandige Schale mit hellrötlicher Ofl., die Außenseite teilweise rau (Taf. 20, 4). – Inv. 1477, 01.

Pfostengrube 1948. – Glattwandige Schale mit schwarzer Ofl., Dm. 26 cm (Taf. 20, 5); Stein. – Inv. 80. 2023, 01-02.

Pfostengrube 2182. – WS; Feuersteinabschlag; Topf aus grauschwarzem bis rötlichem, feinem Ton mit innen überglätteter rötlicher, außen gelblicher Ofl., Fingernagelrand (Taf. 20, 6). – Inv. 80.2136, 01–02.

Pfostengrube 2439. – Zwei WS; Stein; glattwandige Schale aus ockerfarbigem Ton, Dm. 24 cm (Taf. 20, 7). – Inv. 81.2647, 01.

Pfostengrube 2974. – Zwei WS; Stein; Hüttenlehm- und Basaltlavabröckchen; glattwandige Schüssel aus hellrötlichem, feinem Ton mit innen gelbrötlicher, außen schwarzbrauner Ofl. (Taf. 20, 8). – Inv. 81.2825, 01.

Pfostengrube 3011. – Topf aus grauem, schamottegemagertem Ton mit überglätteter, innen grauer, außen rötlicher Ofl., Randdm. 10 cm (Taf. 20, 9). – Inv. 81.2835, 01.

Pfostengrube 3071. – Fünf WS; RS einer Schale; Schale aus graurötlichem Ton mit unsorgfältig geglätteter, rötlichbrauner Ofl., Dm. 22 cm (Taf. 20, 10); zwei Feuersteinabschläge; Bruchstücke eines Reibsteins aus Basaltlava. – Inv. 81.2854, 01.

Brunnen

Westlicher Brunnen (Stelle 1061)

Stelle 1061-3. – Drei WS; Stein; Kratzer aus Rijckholtflint; Spitze aus Feuerstein (Taf. 21, 1–2). – Inv. 79.1527, 02.

Stelle 1061-4. – Vier WS; Bodenfrgt.; glattwandige Schale aus grauem bis rötlichem Ton mit rötlich weißgrauer Ofl., Dm. 24 cm (Taf. 21, 3). – Inv. 79.1527, 05.

Stelle 1061-13. – Drei WS; Basaltlavabröckchen; glattwandige Schale mit gelbgrauer Ofl. (Taf. 21, 4). – Inv. unbekannt.

Stelle 1061-16. – Vier WS; glattwandige Schale mit rötlicher Ofl. (Taf. 21, 5), Hüttenlehm. – Inv. unbekannt.

Stelle 1061-20. – Sieben WS; Bodenfrgt. aus grauem, feinem Ton und innen grauer, außen gelblicher Ofl., Bodendm. 14 cm (Taf. 21, 6). – Inv. unbekannt.

Stelle 1061-22. – Basaltlavabrocken; glattwandiger Topf aus rötlichem, quarzgemagertem Ton mit graurötlicher Ofl. (Taf. 21, 7, römisch?); Topf aus rotbraunem Ton mit brauner Ofl. (Taf. 21, 8). – Inv. 79.1527, 05.

Stelle 1061-25. – Zehn WS; Lehmstück; Schale mit gelbrötlicher Ofl. (Taf. 21, 9); Schüssel aus ockerfarbigem, feinem Ton (Taf. 21, 10); glattwandige Schale aus gelbem Ton mit brauner Ofl. (Taf. 21, 11). – Inv. 79.1527, 05.

Stelle 1061-26. – Reibstein aus grobem Sandstein; viele Brocken von Basaltlavareibstein (Taf. 21, 12). – Inv. 79.1527, 04–06.

Stelle 1061-29. – Neunzehn WS; glattwandige Schale aus schwarzem Ton mit innen graubrauner, außen rötlicher Ofl., Dm. 20 cm (Taf. 21, 13); glattwandige Schale aus schwarzem Ton mit gelblicher Ofl., Dm. 20,5 cm (Taf. 21, 14); Bodenfrgt. (Taf. 21, 15). – Inv. 79.1527, 02.

Stelle 1061-30. – Eiserner Haken, L. 13,8 cm (Taf. 21, 16). – Inv. unbekannt.

Stelle 1061-34. – Feuersteinspitze (Taf. 21, 17). – Inv. 79.1527, 03.

Östlicher Brunnen (Stelle 3200)

Schicht 9. – Bodenfrgt. aus graugelbem, feinem Ton mit gelblicher Ofl., Bodendm. 14 cm (Taf. 22, 1). – Inv. 82.2084, 02.

Schicht 14. – Acht WS; Topf aus schwarzem, feinem Ton mit rötlichgrauer Ofl., Kammstrichverzierung, Randdm. 17,5 cm (Taf. 22, 2); RS einer glattwandigen Schale mit gelbrötlicher Ofl. (Taf. 21, 18); Schlacke; Basaltbrocken; Feuersteinartefakt. – Inv. 82.2084, 04.

Schicht 23. – Zweihenkeliger Krug des Typus Hofheim 57 (Taf. 22, 3). – Inv. 82.2084, 08.

Schicht 53. – Glattwandiges Bodenfrgt. aus schwarzem bis rötlichem, feinem Ton mit rötlichgelber Ofl., Bodendm. 19 cm (Taf. 21, 19). – Inv. 82.2084, 15.

Gräben

Innengraben (Stelle 288 und 288 A)

Stelle 14. – Schale aus grobkiesig gemagertem Ton mit abgewitterter, ockerfarbiger Ofl. (Taf. 22, 5). – Inv. 77.2588, 00.

Stelle 16. – Schale aus grauem, mit grobem, weißem Kies gemagertem Ton mit rötlichgelber Ofl., Dm. 17,5 cm (Taf. 22, 6). – Inv. 77.2590, 00.

Stelle 19. – Schale aus ockerfarbigem, mit grobem, weißem Kies gemagertem Ton mit abgewitterter, ockerfarbiger Ofl. (Taf. 22, 4); WS; Knochenstück. – Inv. 77.2593, 00.

Stelle 69. – Glattwandige Schale mit gelblicher Ofl., Drehscheibenware, Dm. 32 cm (Taf. 22, 8); Schale aus ockerfarbigem, kiesgemagertem Ton mit graurötlicher Ofl., Dm. 28 cm (Taf. 22, 9); 13 WS; BS; Stein. – Inv. unbekannt.

Stelle 70. – Frgt. einer Rundmühle aus Basaltlava (Taf. 22, 10). – Inv. unbekannt.

Stelle 79. – Glattwandige Schale aus ockerfarbigem Ton mit gelbockerfarbiger Ofl., Dm. 20 cm (Taf. 22, 11); zwei WS; ein Stück Basaltlava. – Inv. 79.1336, 04.

Stelle 81. – Rot gebrannte Tonschleuderkugel, L. 4,5 cm (Taf. 22, 12). – Inv. unbekannt.

Stelle 82. – Glattwandige Schale aus schwarzem Ton mit grauschwarzer Ofl., Dm. 20 cm (Taf. 22, 13). – Inv. unbekannt.

Stelle 84. – Schale mit rötlichgelber Ofl., Dm. 22 cm (Taf. 22,14); drei WS. – Inv. unbekannt.

Stelle 88. – Frgt. eines transluzid blauen Glasarmringes (Taf. 22,7). – Inv. 79.1336, 03.

Stelle 110. – Schale aus ockerfarbigem, sandigem Ton (Taf. 22,15); Bodenfrgt. aus grauem, schamottegemagertem Ton, Dm. 8,6 cm (Taf. 22,16); glattwandige Schale mit graurötlicher Ofl., Dm. 20 cm (Taf. 22,17); Bodenfrgt. aus graugelbem Ton mit innen und außen rötlichgrauer geglätteter Ofl., Bodendm. 9 cm (Taf. 22,18); Schale aus grauem sandigem Ton mit gelbgrauer Ofl. (Taf. 22,19); Schale aus grauem, schamottegemagertem Ton mit graugelber Ofl. (Taf. 22,20); etwa fünfzig WS; vier RS. – Inv. 80.2001, 03.

Stelle 116. – Glattwandige Schale aus graurötlichem, schamottegemagertem Ton (Taf. 23,1). – Inv. 80.2001, 05.

Stelle 127. – Schleuderstein, L. 4,5 cm (Taf. 23,2). – Inv. 81.2617, 05.

Stelle 134. – Schale aus ockerfarbigem Ton, Dm. 18 cm (Taf. 23,3); sechs WS. – Inv. 81.2617, 14.

Stelle 145. – Topf aus gelbem, schamottegemagertem Ton mit gelbockerfarbiger Ofl., Randdm. 17 cm (Taf. 23,4). – Inv. 81.2617, 12.

Stelle 175. – Schleuderstein, L. 4,5 cm (Taf. 23,5); Bodenfrgt. aus grauem, kiesgemagertem Ton mit gelbgrauer Ofl., Bodendm. 14 cm (Taf. 23,6). – Inv. 82.2081, 03.

Stelle 176. – Rundmühle aus Basaltlava, Dm. 37,5 cm (Taf. 20,11). – Inv. 82.2081, 04.

Stelle 196. – Schale aus rötlichem, kiesgemagertem Ton, Dm. 22 cm (Taf. 23,9); Schale aus graurötlichem, schamottegemagertem Ton mit rötlicher Ofl., Dm. 10 cm (Taf. 23,10); sieben WS; RS einer Schale; ein Stück Feuerstein. – Inv. 82.2081, 10.

Stelle 191. – Glattwandige Schale aus schwarzem, feinkiesig gemagertem Ton mit innen und außen graubrauner Ofl. (Taf. 23,11). – Inv. 82.2081, 09.

Stelle 288 A/14. – Schale aus graurötlichem, schamottegemagertem Ton mit rötlicher Ofl. (Taf. 23,7); Schale aus rötlichem, kiesigem Ton (Taf. 23,8). – Inv. 81.2899, 06.

Außengraben (Stelle 289)

Stelle 62. – Schale aus schwarzgrauem Ton mit gelbgrauer Ofl., Dm. 20 cm (Taf. 23,12). – Inv. 80.2002, 02.

Einzelfunde in Auswahl

Stelle 1000-12. – Topf aus außen schwarzem und innen rötlichem Ton mit rötlicher Ofl., außen rau und innen geglättet (Taf. 23,13); Webgewichtfrgt. aus graurötlichem Ton (Taf. 23,14). – Inv. 79.1505, 12. – Ferner Steine, Feuersteine, 26 WS, Hüttenlehm.

Stelle 1000-22. – Glattwandige Schale aus schwarzem, schamottegemagertem Ton mit innen schwarzer, außen graugelber Ofl., Rillenverzierung (Taf. 23,15); Schale mit geglätteter Ofl. (Taf. 23,16). – Inv. 79.1505, 22. – Ferner acht WS.

Stelle 1000-23. – Glattwandige Schale aus feinem, gelbem Ton mit rötlichgelber Ofl., Dm. 26 cm (Taf. 23,17). – Inv. 79.1505, 23. – Ferner siebzehn WS.

Stelle 1000-25. – Glattwandige Schale mit brauner Ofl. (Taf. 23,18); dasselbe aus ockerfarbigem Ton, Dm. 28 cm (Taf. 23,19). – Inv. 79.1505, 24. – Ferner zwei Steine, zweiundvierzig WS, Hüttenlehm.

Stelle 1000-26. – RS von mehreren Schalen oder einem einzigen Topf aus grauem bis ockerfarbigem, mit Kies und Schamotte gemagertem Ton mit unsorgfältig geglätteter Ofl. (Taf. 23, 20–22). – Inv. 79.1505, 25. – Ferner fünfundzwanzig WS, sechs RS.

Stelle 1000-28. – Glattwandige Schale mit geglätteter Ofl. (Taf. 23,23). – Inv. 79.1505, 27. – Ferner fünf WS.

Stelle 1000-29. – Topf aus grauschwarzem, grobem Ton mit schwarzrötlicher Ofl. (Taf. 23,24); glattwandige Schale mit gelbgrauer Ofl. (Taf. 23, 25). – Inv. 79.1505, 28. – Ferner sieben WS, drei RS.

Stelle 1000-30. – Schale mit graugelber Ofl., Dm. 26 cm (Taf. 23,26). – Inv. 79.1505, 29. – Ferner Basaltlava- und Feuersteinstücke, zwölf WS.

Stelle 1000-37. – Eisernes Werkzeug mit Spachtelende sowie gewundenem Schaft mit Dorn, L. 7,9 cm (Taf. 23,27). – Inv. 79.1505, 55.

Stelle 1000-48. – Flacher Bronzering, Dm. 2,4 cm (Taf. 23,28). – Inv. 79.1505, 57.

Stelle 1000-55. – Bodenfrgt. aus grauem, feinem Ton mit überglätteter, innen rötlichgrauer und außen braungrauer Ofl., Bodendm. 8,6 cm (Taf. 23,29). – Inv. 79.1505, 49.

Stelle 1000-70. – Schale aus rötlichgrauem, kiesgemagerten Ton mit innen und außen rötlicher Ofl., Dm. 20 cm. – Inv. 80.2003, 11. – Ferner zwölf WS.

Stelle 1000-78. – Topf aus grauem, schamottegemagertem Ton mit grauschwarzer Ofl. – Inv. 80.2003, 19. – Ferner drei WS; ein stark verbranntes Stück Feuerstein.

Stelle 1000-87. – Bodenfrgt. aus grauem, feinem Ton mit grauer, außen polierter Ofl., Drehscheibenware, Bodendm. 16 cm. – Inv. 80.2003, 27.

Stelle 1000-95. – Topf aus graugelbem, hart gebranntem Ton mit gelber Ofl. – Inv. 81.2619, 08. – Ferner zwei Steine; acht WS.

Stelle 1000-103. – Topf aus schwarzem, schamottegemagertem Ton mit rötlichgelber Ofl., Randdm. 24 cm. – Inv. 81.2619, 16. – Ferner vier WS; zwei RS.

Stelle 1000-104. – Schale. – Inv. 81.2619, 17. – Ferner ein Stein; WS.

Stelle 1000-108. – Glattwandiger Topf aus innen grauem, außen rötlichem Ton mit rötlichgelber Ofl.; Topf aus rötlichgrauem, sandigem Ton mit rötlichgrauer Ofl., Randdm. 20 cm. – Inv. 81.2619, 21. – Ferner zwei WS.

Tafel 1 Hans-Eckart Joachim

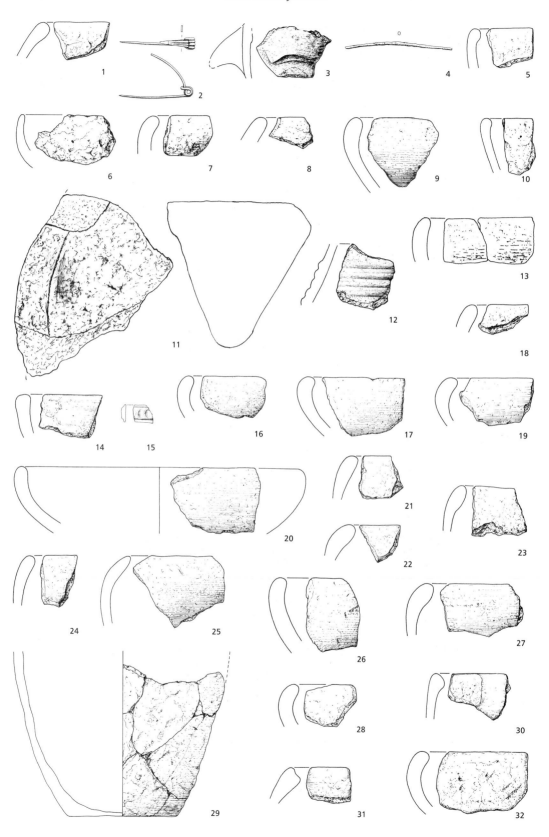

Funde aus den Bauten. Maßstab 1:3.

Die jüngerlatènezeitliche Siedlung von Niederzier-Hambach — Tafel 2

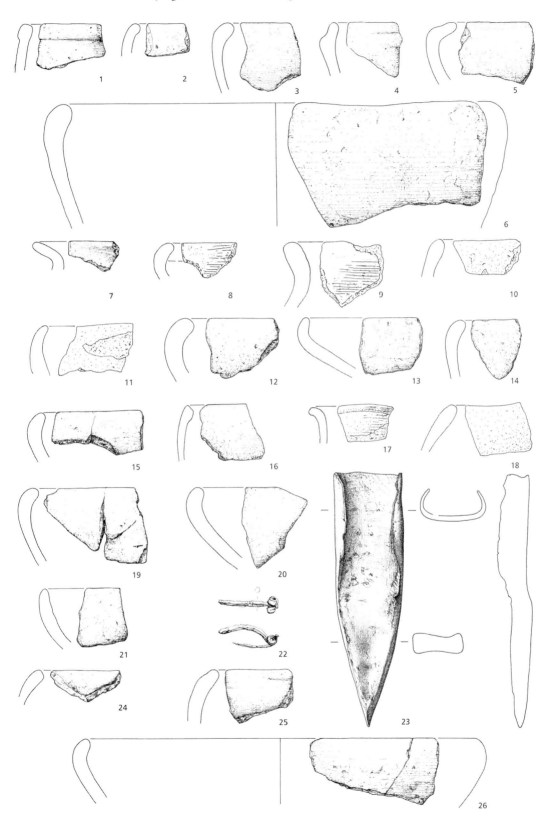

Funde aus den Bauten. Maßstab 1:3.

Tafel 3　　　　　　　　　　　Hans-Eckart Joachim

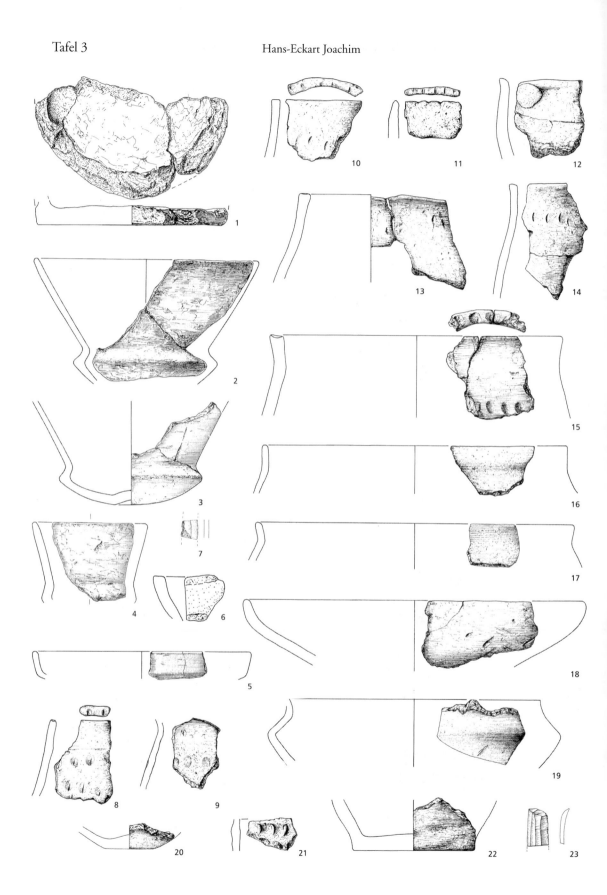

Funde aus den Gruben. Maßstab 1:3.

Die jüngerlatènezeitliche Siedlung von Niederzier-Hambach Tafel 4

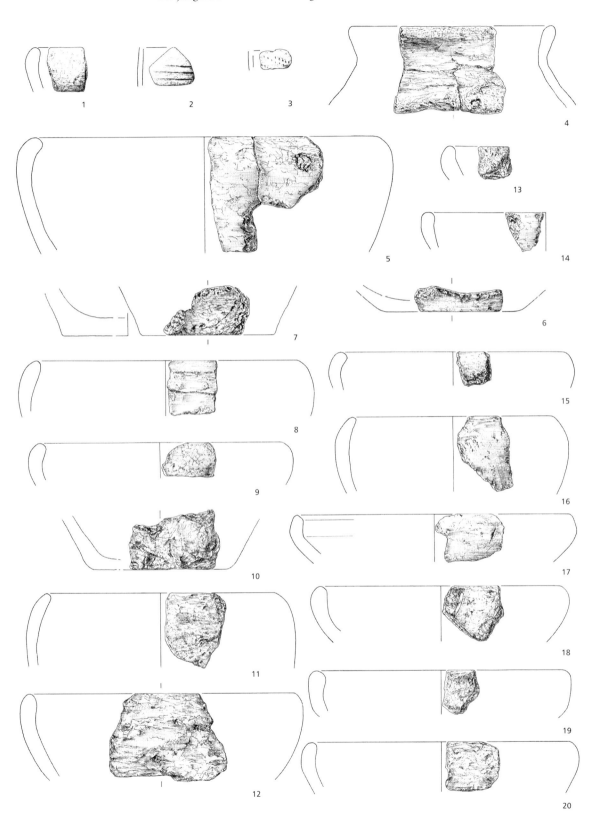

Funde aus den Gruben. Maßstab 1:3.

Tafel 5 Hans-Eckart Joachim

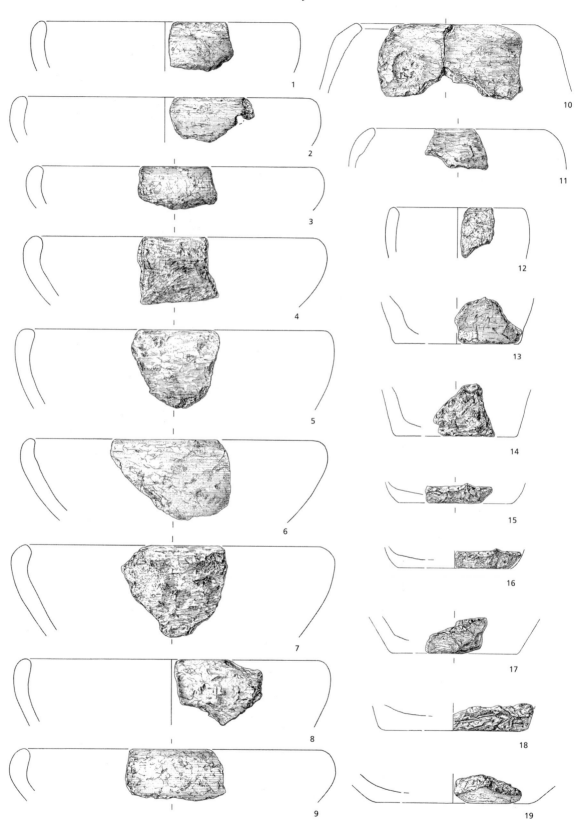

Funde aus den Gruben. Maßstab 1:3.

Die jüngerlatènezeitliche Siedlung von Niederzier-Hambach Tafel 6

Funde aus den Gruben. Maßstab 1:3.

Tafel 7　　　　　　　　　　Hans-Eckart Joachim

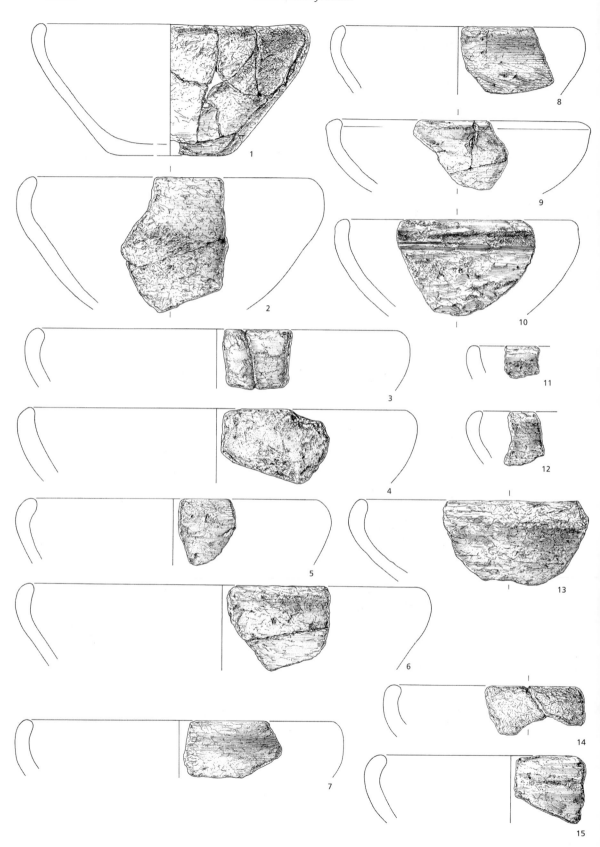

Funde aus den Gruben. Maßstab 1:3.

Die jüngerlatènezeitliche Siedlung von Niederzier-Hambach Tafel 8

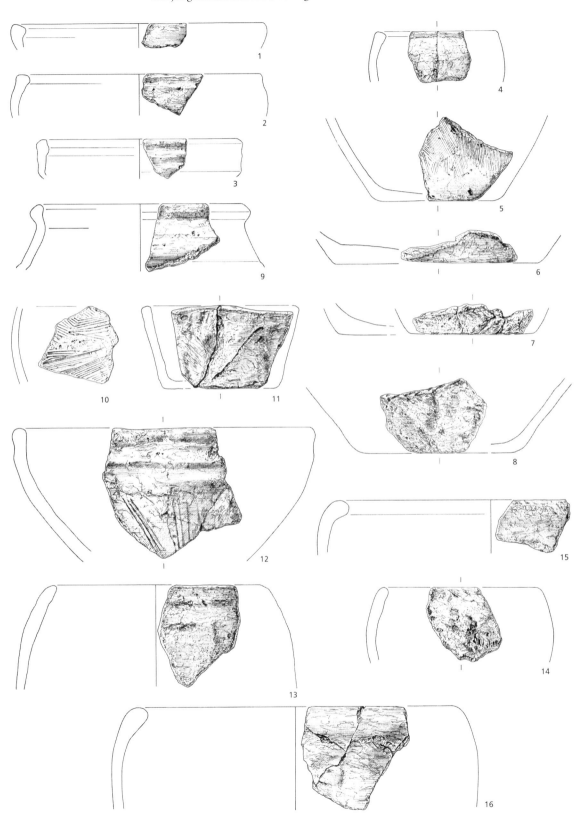

Funde aus den Gruben. Maßstab 1:3.

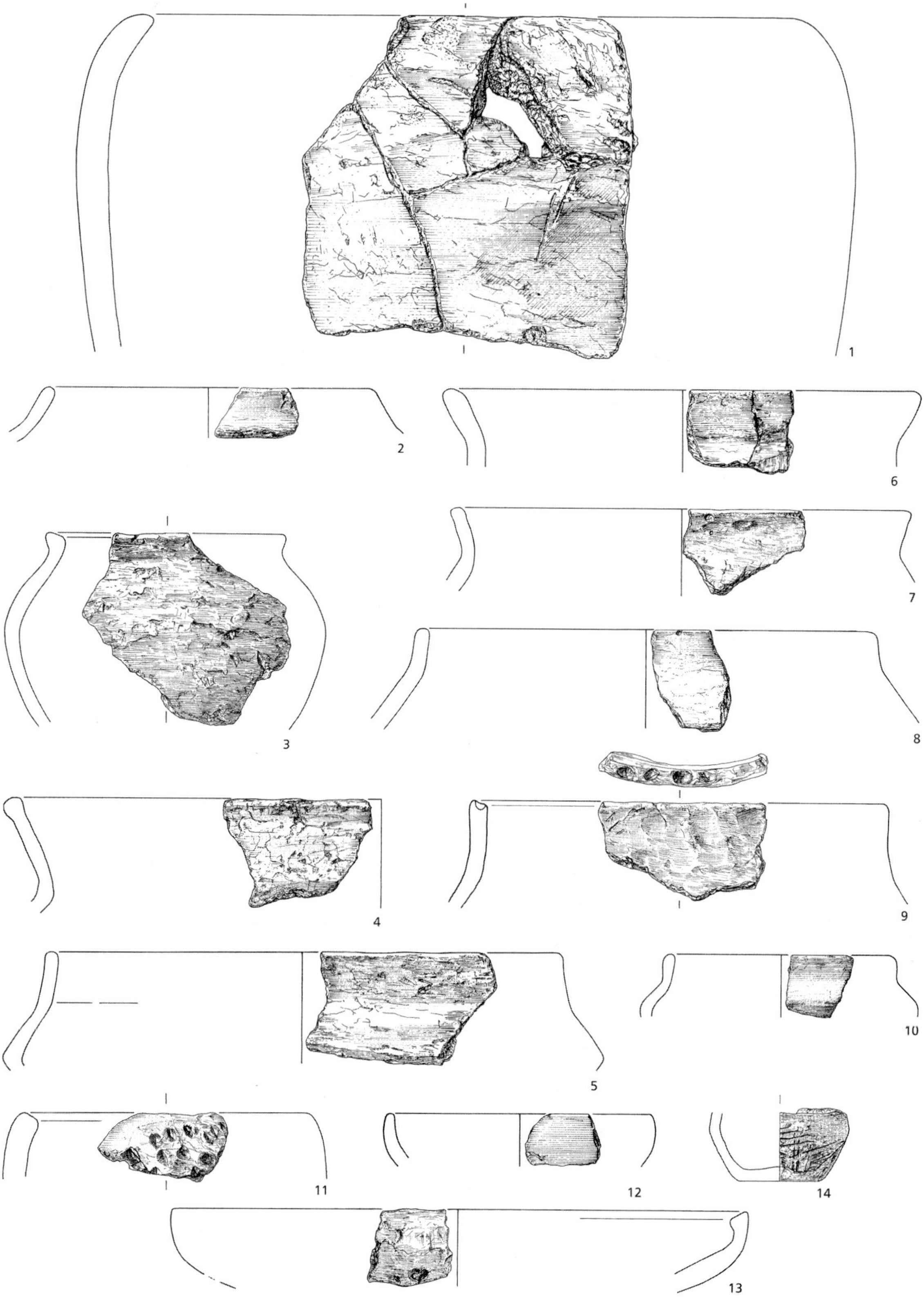

Tafel 9   Hans-Eckart Joachim

Funde aus den Gruben. Maßstab 1:3.

Die jüngerlatènezeitliche Siedlung von Niederzier-Hambach Tafel 10

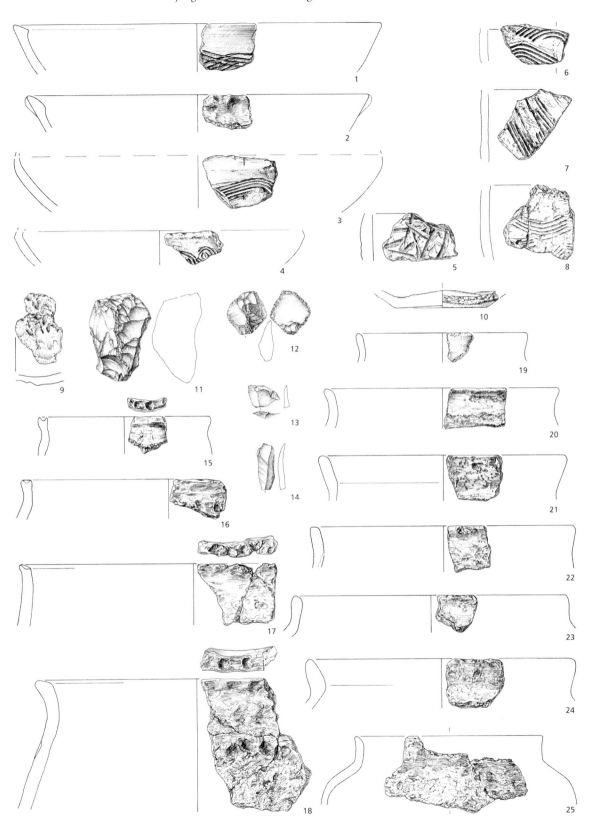

Funde aus den Gruben. Maßstab 1:3.

Tafel 11 Hans-Eckart Joachim

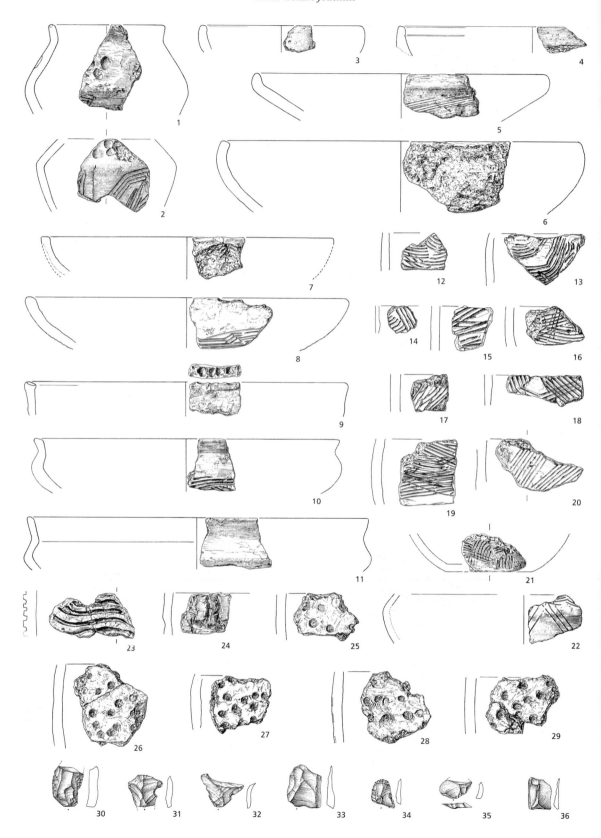

Funde aus den Gruben. Maßstab 1:3.

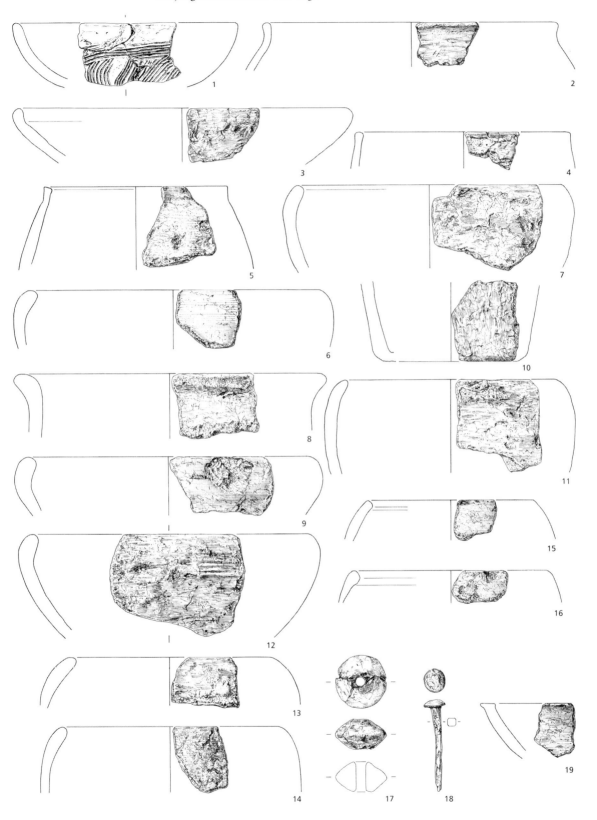

Funde aus den Gruben. Maßstab 1:3.

Tafel 13 Hans-Eckart Joachim

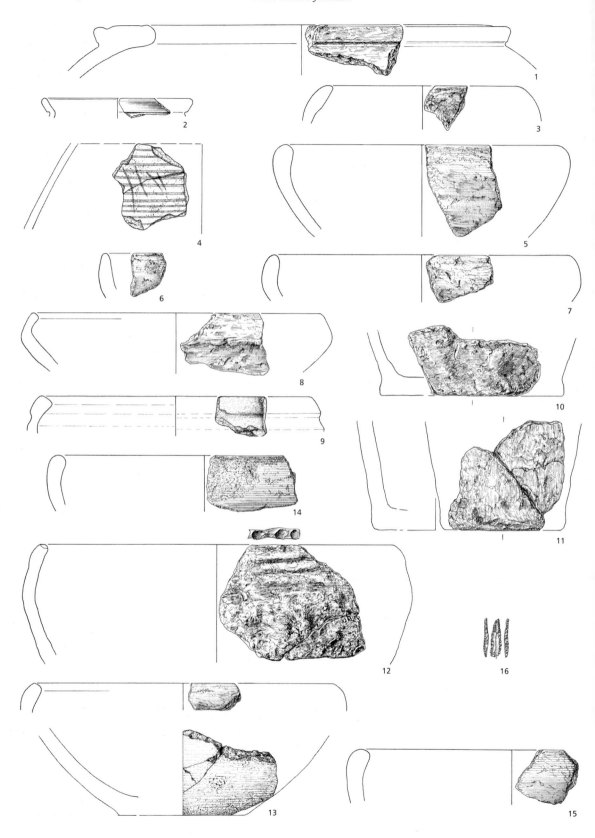

Funde aus den Gruben. Maßstab 1:3.

Die jüngerlatènezeitliche Siedlung von Niederzier-Hambach Tafel 14

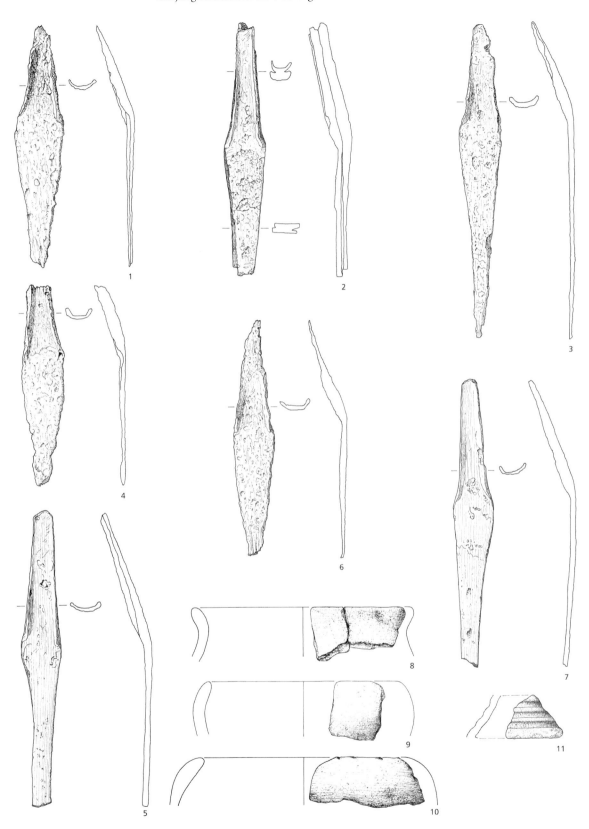

Funde aus den Gruben. Maßstab 1:3.

Tafel 15

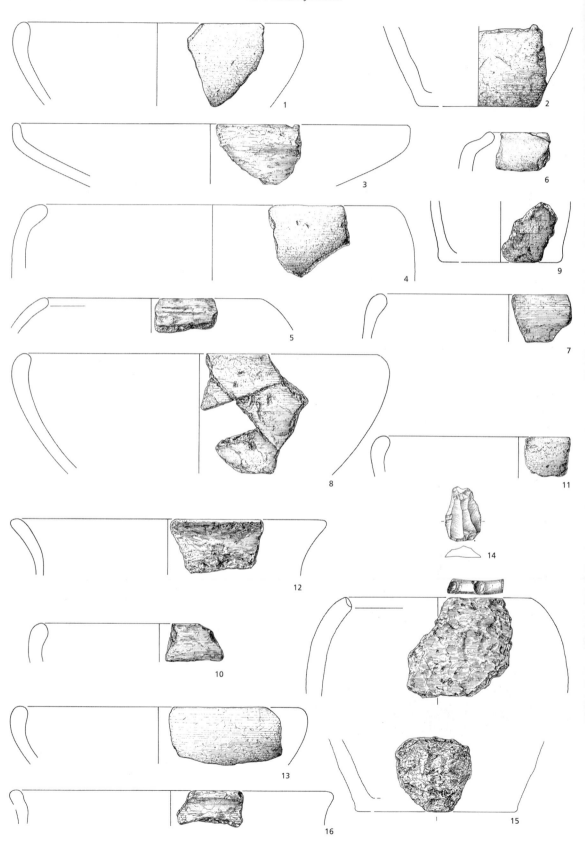

Funde aus den Gruben. Maßstab 1:3.

Die jüngerlatènezeitliche Siedlung von Niederzier-Hambach   Tafel 16

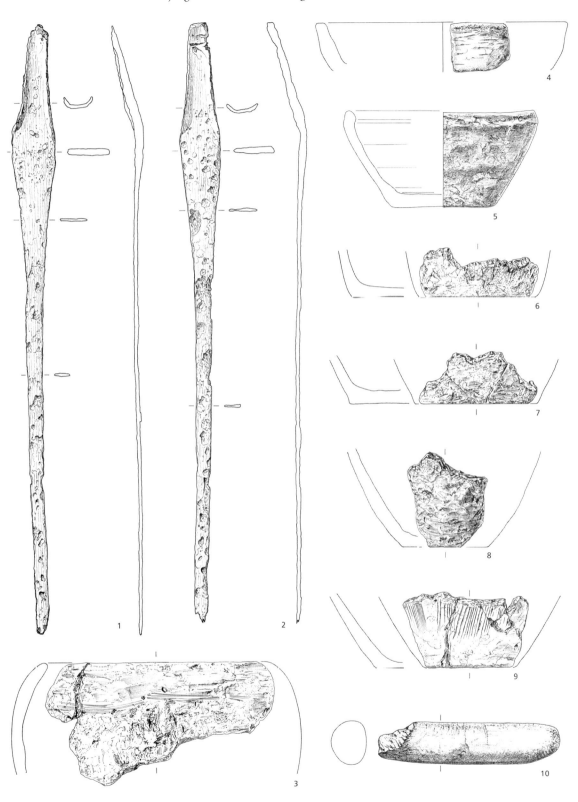

Funde aus den Gruben. Maßstab 1:3.

Tafel 17   Hans-Eckart Joachim

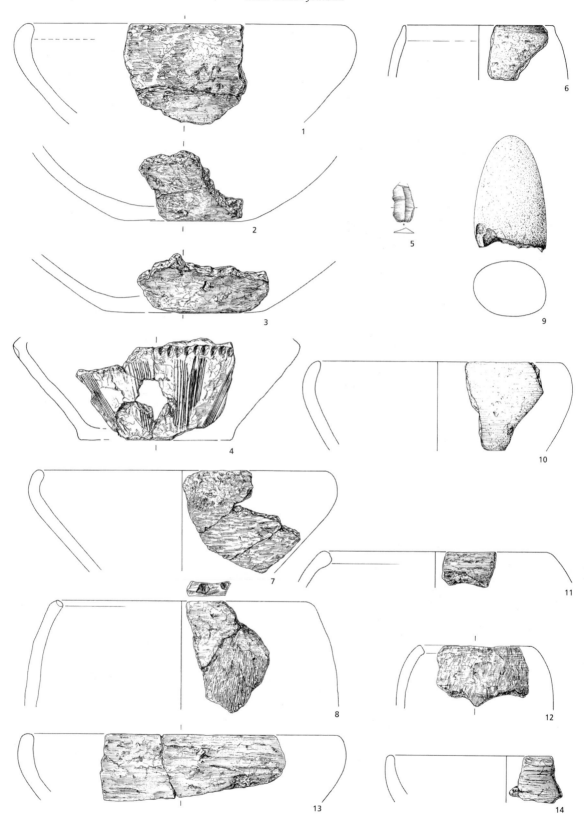

Funde aus den Gruben. Maßstab 1:3.

Die jüngerlatènezeitliche Siedlung von Niederzier-Hambach Tafel 18

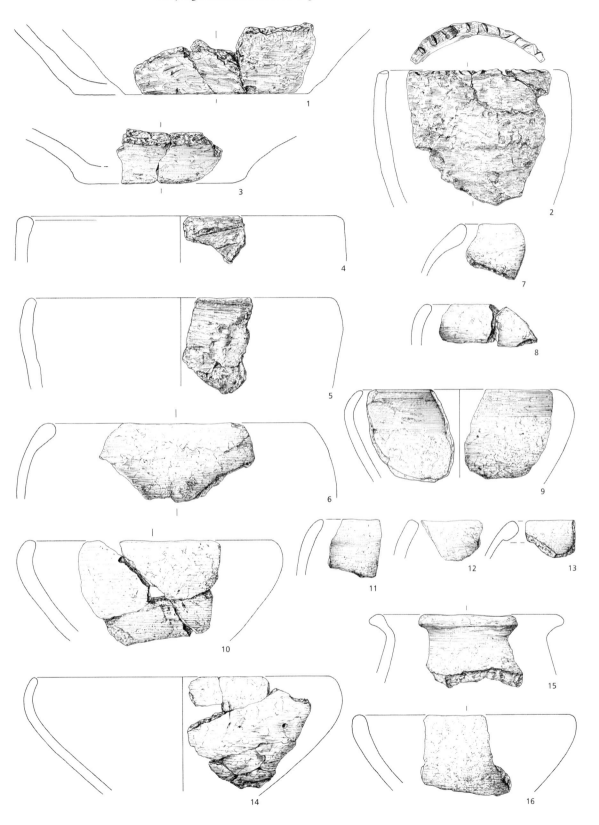

Funde aus den Gruben. Maßstab 1:3.

Tafel 19 Hans-Eckart Joachim

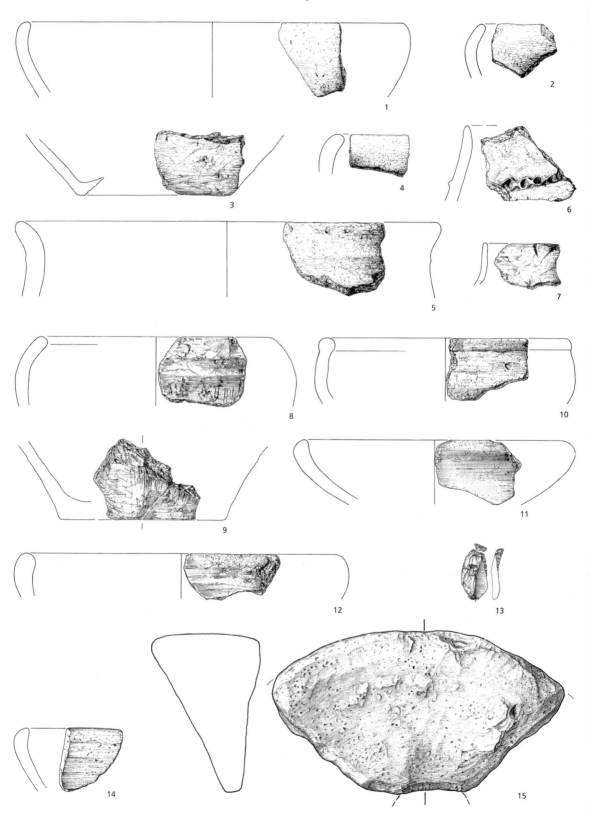

(1–13) Funde aus Gruben. – (14–15) Funde aus Pfostengruben beziehungsweise Pfostenverfärbungen. – Maßstab 1:3.

Die jüngerlatènezeitliche Siedlung von Niederzier-Hambach Tafel 20

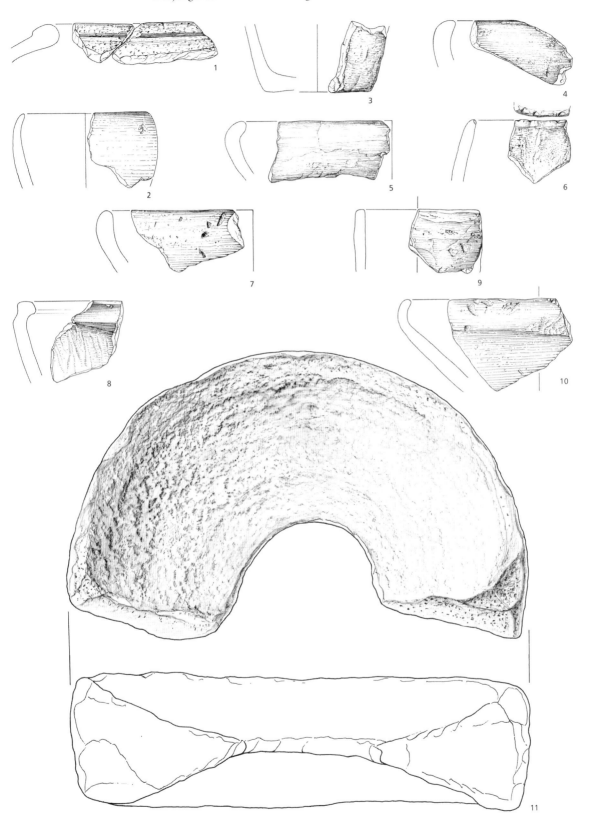

(1–10) Funde aus Pfostengruben beziehungsweise Pfostenverfärbungen. –
(11) Mühlstein aus dem Innengraben, Stelle 176. – Maßstab 1:3.

Tafel 21　　　　　　　　　　　　Hans-Eckart Joachim

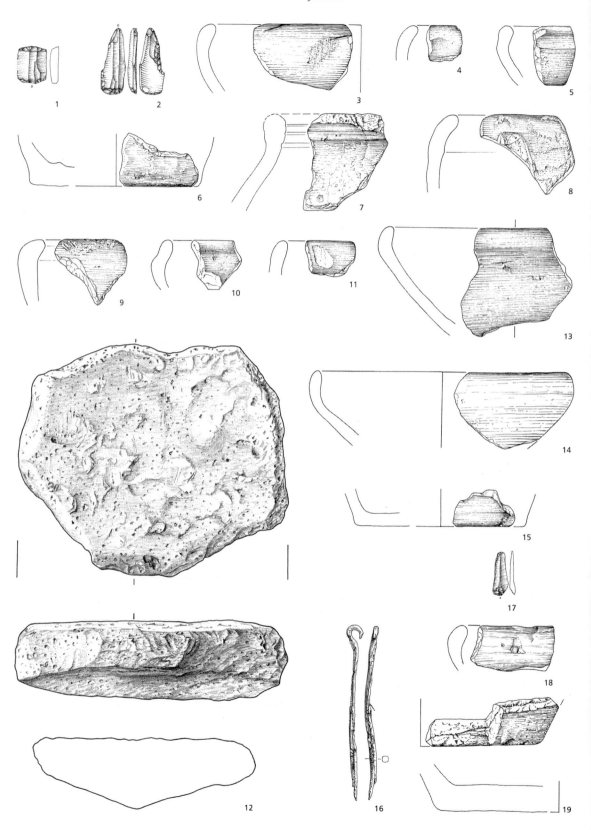

(1–17) Funde aus dem Westbrunnen, Stelle 1061. – (18–19) Funde aus dem Ostbrunnen, Stelle 3200. – Maßstab 1:3.

Die jüngerlatènezeitliche Siedlung von Niederzier-Hambach Tafel 22

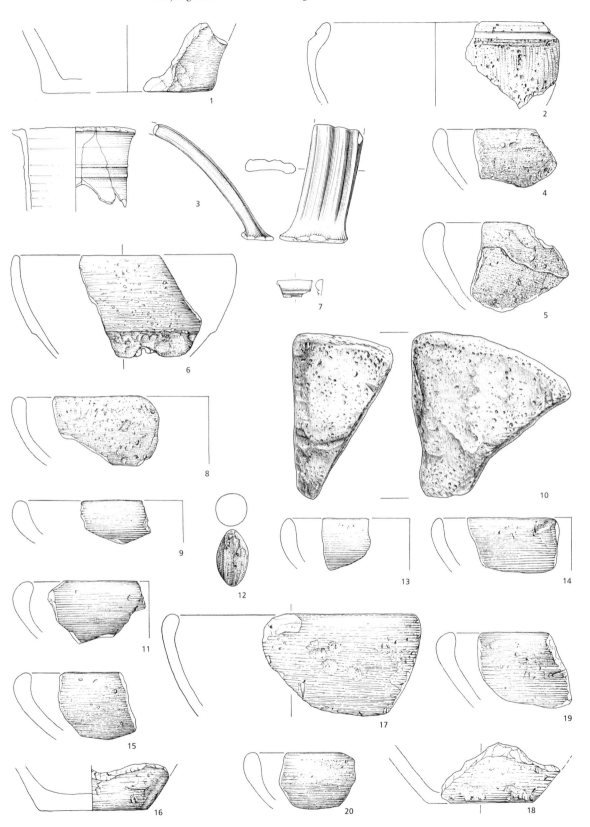

(1–3) Funde aus dem Ostbrunnen, Stelle 3200. – (4–20) Funde aus dem Graben 288. – Maßstab 1:3.

Tafel 23 Hans-Eckart Joachim

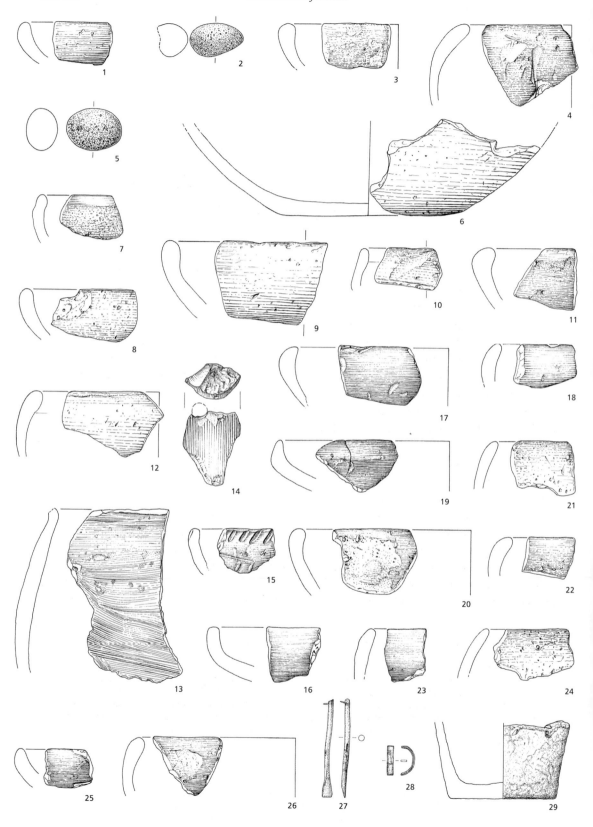

(1–11) Funde aus den Gräben 288 und 288 A. – (12) Funde aus dem Graben 289. –
(13–29) Einzelfunde. – Maßstab 1:3.

David Engels

Die politische Geschichte des Hauran in hellenistischer Zeit

Bei der verstärkten Beschäftigung der Alten Geschichte mit der Ostgrenze des Imperium Romanum stoßen allmählich auch die weniger zentral gelegenen Gebiete der antiken Mittelmeerwelt auf das wachsende Interesse der Forschung. Unter diesen Regionen bietet gerade der Hauran, eine Landschaft im Süden des heutigen Syrien[1], auf Grund des bemerkenswerten materiellen Erhaltungszustandes vieler Denkmäler ein besonders lohnendes Feld für historisch-archäologische Betätigung, ist es hier doch wie sonst nur selten möglich, die Spuren der antiken Besiedlung und Bebauung zumindest vom zweiten nachchristlichen Jahrhundert an bis auf Erdbebeneinwirkung in fast unverändertem und weitgehend unverwittertem Zustand wiederzufinden; eine Besonderheit, welche schon von den ersten Reisenden wie Julius Euting[2] erkannt wurde und etwa 1860 zur Prägung der Bezeichnung ›Städtewüste‹ geführt hat[3]. Im Rahmen der vorliegenden Untersuchung soll allerdings weniger versucht werden, eine archäologische Bestandsaufnahme vorzunehmen[4], als vielmehr, eine Übersicht über die hellenistische Zeit des Hauran zu geben[5]. Ein solcher Gesamtüberblick über die politische Geschichte dieses Gebietes in der Zeitspanne zwischen Alexander dem Großen und der römischen Provinzialisierung fehlt bislang, ist allerdings angesichts der Komplexität der historisch-politischen Situation ein ebenso notwendiges wie methodisch problematisches Desiderat, da zum einen erstaunlicherweise keine bedeutenderen archäologischen Zeugnisse aus der Zeit vor der Mitte des ersten vorchristlichen Jahrhunderts gefunden wurden, zum anderen unsere Schriftquellen aus der Zeit vor der römischen Einflussnahme durch Pompejus kaum historisch Auswertbares überliefern. So ist etwa die Situation des Hauran zur Zeit des Ptolemäer- und Seleukidenreichs so gut wie unbekannt. Zwar fand eine

---

Diese Untersuchung entstand im Zusammenhang mit einer Exkursion des Deutschen Archäologischen Instituts in den Hauran im Oktober 2007. Ich danke allen Begleitern und Teilnehmern, allen voran aber Frau Dr. Karin Bartl für die vorzügliche Organisation und Herrn Prof. Dr. Klaus Stefan Freyberger für seine fachkundigen Ausführungen vor Ort und seine freundliche Bereitschaft zur Betreuung vorliegender Untersuchung. Alle Fehler und Irrtümer gehen selbstverständlich zu Lasten des Verfassers.

[1] Zum Hauran vgl. allg. J. Mascle, Le Djebel Druze³ (Beirut 1944); M. Dunand in: Archiv Orientalni 18, 1, 1950, 144–164; Sourdel, Cultes du Hauran bes. 1–18; S. Mittmann, Beiträge zur Siedlungs- und Territorialgeschichte des nördlichen Ostjordanlandes (Wiesbaden 1970); R. Contini, Felix Ravenna 4. ser. 38, 1987 (1990) 25–79; F. Villeneuve, Recherches sur les villages antiques du Haurâne (ungedr. Diss. Paris 1983); Braemer, Prospections I–III; Sartre, Bostra; D. F. Graf in: Fahd Toufic (Hrsg), l'Arabie préislamique et son environnement historique et culturel. Koll. Straßburg 1987 (Leiden 1989) 341–400; J.-M. Dentzer / J. Dentzer-Feydy (Hrsg.), Le Djebel al-'Arab. Histoire et Patrimoine au Musée de Suweida' (Paris 1991); R. Farioli Campanati, Felix Ravenna 4. ser. 42–43, 1991–1992, 177–232; Graf, Hauran; N. Atallah, Syria 72, 1995, 387–399; D. L. Kennedy / P. M. Freeman, Levant 27, 1995, 39–73.

[2] J. Euting, Tagebuch einer Reise in Inner-Arabien I (Leiden 1896) 1–25.

[3] J. G. Wetzstein, Reisebericht über Ḥaurān und die Trachonen (Berlin 1860) 44.

[4] Hierzu sei verwiesen auf das vorzügliche Sammelwerk Dentzer, Hauran I 1; I 2.

[5] Dentzer, Hauran I 2, 287–420; 388.

erste systematische Prospektion des Hauran sowie eine Auswertung der relevanten historiographischen und epigraphischen Quellen[6] bereits im neunzehnten und in der ersten Hälfte des zwanzigsten Jahrhunderts statt[7], während im Gelände wenig später zuerst durch Gottlieb Schumacher[8], Howard Butler[9] und andere[10] gegraben wurde, doch ist selbst die präzise Einordnung der archäologischen Zeugnisse angesichts des eklatanten Mangels an antiken Quellen bis heute äußerst schwierig.

Vor Beginn der Erarbeitung einer historischen Übersicht seien kurz die geographischen Besonderheiten des Hauran erwähnt[11] (Abb. 1). Im engeren Sinne ist der Hauran ein in 1839 Metern Höhe kulminierender Gebirgszug östlich von Derat und südöstlich von Damaskus, dem heutigen Djebel ed-Druz beziehungsweise Djebel el-Arab. Im Wesentlichen besteht er aus einem Basaltplateau vulkanischen Ursprungs und wurde in der Antike als Auranitis bezeichnet. Der Begriff entstammt zwar wahrscheinlich der Terminologie der ptolemäischen Verwaltung[12], entspricht aber letztlich der Selbstbezeichnung der semitischsprachigen Einwohner[13] und verweist auf die schwarze Färbung dieser vulkanischen Landschaft. Die prägnante Lage der Auranitis hat allerdings dazu geführt, dass die Bezeichnung auch auf die umliegenden Territorien übertragen wurde, so dass sie heute synonym für die etwa achttausend Quadratkilometer der vulkanischen Zone[14] Südsyriens verwendet wird[15]. Im Westen der Auranitis liegt das Gebiet der Batanea (heute Nuqra), das trotz weniger Wasserläufe und seltenen Regens durch Abfluss der Niederschläge des Gebirges und Erosion des Basalts sehr fruchtbar ist und dank eines ausgefeilten Kanalisationssystems im Nordwesten selbst Weinkultur und im Westen Getreideanbau erlaubt. Zentral gelegen sind hier die Poleis Dion und Adraa (Dar'a), wenn auch die an die Abhänge der Auranitis grenzenden Städte Bostra (Bosra), Dionysias (As-Suwayda) und Kanatha (Qanawat), zu denen später noch Philippopolis (Schahba) und Maximianopolis (Schaqqa) hinzukamen, größere urbane Bedeutung besaßen. Auch der Süden der Batanea ist recht fruchtbar, wurde aber erst in der Kaiserzeit systematisch urbar gemacht und ist vor allem durch Rinderzucht gekennzeichnet, wie Reste von Futtertrögen beweisen. Im Osten liegt die Übergangszone zur arabischen Wüste, die Steinwüste (Harra). Im Norden und Nordwesten schließlich ist die durch erkaltete Lavaflüsse zerklüftete Trachonitis (Ledja)[16] zu verorten, gegen den See von Tiberias hin die Gaulanitis.

Die Zeit der alten vorderasiatischen Reiche

Wenn wir auch mittlerweile durch archäologische Funde wissen, dass die Besiedlung des Hauran wohl bis ins vierte Jahrtausend zurückgeht[17], so findet sich eine erste schriftliche Erwähnung

---

[6] Zur Geschichte der Erforschung vgl. M. Sartre in: L. Jalabert (Hrsg.), Inscriptions grecques et latines de la Syrie XIII 1 (Paris 1982) 11–27.

[7] M. de Vogüé, Inscriptions araméennes et nabatéennes du Haouran (Paris 1864); ders., Syrie centrale. Architecture civile et religieuse du Ier au VIIe siècle (Paris 1865–1877); ders., Syrie centrale. Inscriptions sémitiques (Paris 1868–1877); R. Dussaud / F. Macler, Voyage archéologique au Ṣafa et dans le Djebel ed-Druz (Paris 1901); Brünnow/Domaszewski, Arabia.

[8] G. Schumacher, Across the Jordan. Being an Exploration and Survey of Part of Hauran and Jaulan (London 1889).

[9] Butler, Syria II.

[10] Weitere frühere Grabungen in H. H. von der Osten, Svenska Syrien Expeditionen 1952–1953 (Lund 1956).

[11] Vgl. auch F. Huguet, Aperçu géomorphologique sur les paysages volcaniques du Hauran, in: Dentzer, Hauran I 1, 5–18.

[12] Hierzu Jones, Cities 239–241.

[13] Vgl. Ez 47, 16–18 zur Identifizierung der Nordostgrenze des Königreichs Israel.

[14] Nach Dentzer, Hauran I 2, 388.

[15] Der Hauran ist heute in die administrativen Einheiten Qunaitra, As-Suwayda und Dar'a aufgeteilt; traditioneller Hauptort ist Bosra. Somit reicht der Hauran im Westen an die israelische und libanesische Grenze (Golanhöhen, Berg Hermon, Djebel ed-Druz), im Süden und Westen an die jordanische Grenze, und im Norden an das Gebiet um Damaskus.

[16] Eine eindrucksvolle Beschreibung der Trachonitis hat sich bei Strab. 16, 755 f. erhalten. Allg. zur hellenistischen Ledja vgl. G. W. Bowersock in: Sartre, Syrie hellénistique 341–348, und Th. M. Weber in: ebd. 349–377.

[17] Hierzu detailliert Dentzer, Hauran I 2, 389 und Braemer, Prospections I–III. Detailstudien zur Geschichte des Hauran im Chalkolithikum bis zum Beginn der Eisenzeit

transjordanischer Fürstentümer und Städte wie etwa Bosra[18] in ägyptischen Quellen der Regierungszeit Thutmosis' III. (1479–1425) und der Amarnaepoche (um 1350)[19], wenn man das umstrittene Zeugnis einer Statuette der Zeit um 1800 aus Sakkara auslässt, auf welcher vielleicht bereits Bosra schriftlich erwähnt wird[20]. Während der Zeit ägyptischer Dominanz, die durch mehrere ägyptische Gebietsstelen belegt ist[21], war der Hauran offensichtlich in mindestens ein halbes Dutzend kleine Fürstentümer zersplittert, die von der ägyptischen Zentralmacht abhingen. Handelskontakte mit Ägypten sind gut nachweisbar, denkt man an die ägyptischen Fundstücke auf den Golanhöhen; sogar mit dem mykenischen Griechenland scheinen im dreizehnten Jahrhundert (sicherlich indirekte) wirtschaftliche Beziehungen geknüpft worden zu sein[22].

Auch im Alten Testament finden sich Nennungen politischer und topographischer Einheiten des Hauran[23], wobei von den hier genannten Orten etwa Astarot mit Tell Astara identifiziert werden könnte, Busruna mit Bosra, Du-bu mit Tell Dibba, Edre'i mit Dar'a, Qarnaïm mit Scheikh Sa'd und Tu-b-ja mit Tayyiba[24]. Ein weiterer Rekurs auf den Hauran findet sich vielleicht in den aus den Psalmen bekannten sechzig Städten des Reichs Baschan, die einem mythischen König Og untergeordnet sind[25]. Die im Alten Testament überlieferten Namen der Regionalfürsten sind alle westsemitischen oder indoeuropäischen Ursprungs; die Dynastie von Astarot ist vielleicht babylonischer Abstammung[26]; die ansässige Bauernbevölkerung allerdings ist sicherlich ursprünglich aramäisch.

Die assyrische Zeit des Hauran ist durch die assyrischen Annalen etwas besser bekannt[27]: Unter Salmanasar III. (858–824) geriet das Gebiet vorübergehend unter assyrische Herrschaft; der Name Hauranu erscheint auf einer Inschrift als Bezeichnung des Hochplateaus und Haurina als Name einer Stadt[28]. Die assyrische Niederlage bei Karkar 853 gegen eine Koalition des Königreichs Damaskus und Israel mit lokalen Fürsten verhinderte aber vorübergehend die Eingliederung Südsyriens in das assyrische Reich, die erst durch Tiglat Pileser III. nach der Belagerung von Damaskus 733/32 vollzogen wurde[29]. Hier findet sich auch die erste Nennung des Begriffs Haurina als Bezeichnung einer politischen Einheit, nämlich eines 723 von Tiglat Pileser III. eingerichteten Verwaltungsdistrikts, doch umfasste dieser nicht den ganzen Hauran, sondern nur die Osthälfte; die Westhälfte (um das heutige Scheikh Sa'd) wurde als Qarnaïm bezeichnet[30]. Ins siebte Jahrhundert fällt dann die erste Nennung arabischer Bevölkerungsgruppen, die sich um Damaskus herum aufhielten und auf der Flucht vor Assurbanipal (668–637) in den Hauran

---

bei A. Abou-Assaf An. Arch. Arabes Syriennes 18, 1968, 103–122; ders., An. Arch. Arabes Syriennes 19, 1969, 101–108; H. Seeden, Berytus 34, 1986, 11–81; C. Nicolle / F. Braemer, Le Levant sud au Bronze Ancien. Pour une définition des systèmes socio-économiques non intégrés. Stud. Hist. and Arch. Jordan 7 (Amman 2001) 197–2004; F. Braemer, Khirbet al Umbashi. Villages et encampements de pasteurs dans le ›désert noir‹ (Syrie) à l'âge de Bronze (Beirut 2004).

[18] Zur Etymologie Bosras vgl. Sartre, Bostra 48 f.
[19] Quellen der Zeit des Thutmosis bei Abel, Palestine I, 274 f.; II, 8–11; H. Klengel, Geschichte Syriens im 2. Jahrtausend III (Berlin 1970) 100–103, Amarna-Briefe Nr. 182–184; 197, 201, 203–206, 241 und 256; vgl. auch E. Edel, Die Ortsnamen aus dem Totentempel Amenophis III. (Bonn 1966) 12, 61 und 74.
[20] W. Helck, Die Beziehungen Aegyptens zu Vorderasien im 3. und 2. Jahrtausend v. Chr.² (Wiesbaden 1971) 55 Anm. 27. Die Statuette nennt einen Fürsten mit Namen Ja-múrú, der König von Bwdznw sei. Vgl. hierzu Sartre, Bostra 44 f.
[21] Die Pharaonen Seti I. in Tell as-Sahab und Thutmosis II. in Scheikh Sa'd. Vgl. G. A. Smith, Palestine Exploration Fund Quarterly Statement 1901, 344–350.
[22] Ägyptische und mykenische Fundstücke (Keramik IIIb, also 1300–1230) aufgezeichnet bei von der Osten, Expeditionen (Anm. 10) und F. H. Stubbings, Mycenean Pottery from the Levant (Cambridge 1951) 83.
[23] Dt 3, 1–11; Ez 47, 16–18.
[24] Nachweise bei Braemer, Prospections I, 220.
[25] Ps 135, 11.
[26] Vgl. J. Briend / M. J. Seux, Textes du Proche Orient ancien et histoire d'Israël (Paris 1977) 61.
[27] D. D. Luckenbill, Ancient Records of Assyria and Babylonia³ (Chicago 1926–1927) I, 578; 672; 821; H. Sader, Les états araméens de Syrie depuis leur fondation jusqu'à leur transformation en provinces assyriennes (Tübingen 1984) 246–289.
[28] Vgl. Braemer, Prospections I, 221.
[29] Zur Eingliederung vgl. B. Obed, Journal Near Eastern Stud. 29, 1970, 177–186.
[30] E. Forrer, Die Provinzeneinteilung des Assyrischen Reiches (Leipzig 1921) 62 f. 69; Abel, Palestine II, 102.

flüchteten.³¹ Seit dem fünften bis vierten Jahrhundert ist dann durch Graffiti östlich des Djebel ed-Druz³² das Einsickern nomadisierender safaïtischer arabischer Stämme belegt³³, deren Herkunftsgegend – vielleicht der Jemen – noch unsicher ist. Nach dem Fall des Neuassyrischen Reichs wurde der Hauran spätestens durch Nebukadnezar II. (605–562) dem Neubabylonischen Reich angegliedert, 539 fiel er dann zusammen mit dem Rest des Reichs an die Achämeniden unter Kyros (601–530). Zwar finden sich für diese Epoche keine historischen Quellen³⁴, doch belegt ein Münzfund der Zeit um 445 den Kontakt zu den Phöniziern der Küste³⁵ und eine etruskische Kanne des vierten Jahrhunderts die Anbindung an den Mittelmeerhandel³⁶. In neuerer Zeit wurden auch einige ionische Kapitellformen³⁷ und die in der hauranitischen Kunst greifbare Motivik des Adlers³⁸ achämenidischem Einfluss zugeschrieben, doch lässt sich die Figur des Adlers im sepulkralen und sakralen Kontext auch aus hellenistischer Tradition ableiten, während die ionischen Kapitellformen auch als Derivate der Kunst des hellenistischen Ostens betrachtet werden können.

Ptolemäische und seleukidische Zeit

Die Eroberung Syriens durch Alexander den Großen 333–331 stellte sicherlich eine Zäsur in der Geschichte des Hauran dar. Ob Alexander im Jahr 331 vielleicht sogar selbst den Hauran durchzog, da Damaskus Ausgangspunkt seiner damaligen Unternehmungen gegen Mesopotamien war, ist unsicher, ähnlich wie nicht zu klären ist, ob er tatsächlich als Gründer von Städten wie Dion, Pella oder Gerasa bezeichnet werden kann, wie die spätere Tradition überliefert³⁹. Nach den Diadochenkämpfen und der Reichsteilung von Ipsos geriet der Hauran dann für ein Jahrhundert unter ptolemäische Herrschaft, wenn auch der seleukidische Gebietsanspruch nie aufgegeben wurde. Die Gründung von Philadelphia⁴⁰, Hippos⁴¹ und Skythopolis⁴² im Süden der Dekapolis zeigt zwar ein Interesse der Ptolemäer an der strategischen Sicherung der umliegenden Gebiete durch griechische und makedonische Siedler und somit auch eine sicher vorauszusetzende Durchdringung des Hauran mit Formen der hellenistischen Weltkultur, doch lässt unsere Quellenlage kaum weitere Schlüsse zu, wie ohnehin die Zuschreibung von Koloniegründungen an Alexander, die Ptolemäer und die Seleukiden in den meisten Fällen höchst umstritten ist⁴³. Erhalten haben sich lediglich Anspielungen auf den Hauran in den Zenon-Papyri aus der Zeit um 259/58, in welchen der Hauran als Ziel- und Aufenthaltsort von Händlern erwähnt wird⁴⁴ und somit in das ptolemäische Wirtschaftsgebiet eingebunden scheint, gleichzeitig aber auch die Präsenz nabatäischer Händler bezeugt wird, welche später so wichtig für die politische Entwicklung Südsyriens werden sollten⁴⁵. Die enge ökonomische Kontrolle durch die Ptolemäer wird

---

31 Braemer, Prospections I, 221.
32 Vgl. P. Dhorme, Les pays bibliques et l'Assyrie (Paris 1911) 118–121. Zu diesen Inschriften vgl. J. Starcky in: Dentzer I 1, 183–188.
33 Zu den Safaïten vgl. F. E. Peters, Journal Near Eastern Stud. 37, 1978, 315–326; Dict. Bible Suppl. XI (1887) 2 f. s. v. Safaitique (J. Ryckmans).
34 Dentzer, Hauran I 2, 388.
35 C. M. Kraay / P. R. S. Moorey, Rev. Num. 1986, 182–210.
36 Hierzu Th. Weber, Arch. Anz. 1990, 435–448.
37 J. Dentzer-Feydy, Syria 67, 1990, 143–181.
38 Graf, Hauran 459 f.
39 Dion: Ios. ant. Iud. 13, 15, 3; Pella: Steph. Byz. Ethnica 103 f.; App. Syr. 57; Gerasa: C. B. Welles in: C. H. Kraeling (Hrsg.), Gerasa. City of the Decapolis (New York 1938) 355–616, hier Nr. 78. Zur Einschätzung dieses Anspruchs vgl. Sartre, Orient romain 336 f.
40 Steph. Byz. Ethnica s. v. Philadelphia; die Stadt gilt hier als Gründung Ptolemaios' II. Philadelphos.
41 V. Tscherikower, Die hellenistischen Städtegründungen von Alexander dem Grossen bis auf die Römerzeit (Leipzig 1927) 74.
42 Hierzu S. Applebaum, Judaea in Hellenistic and Roman Times (Leiden, New York und Kopenhagen 1989) 1–8.
43 Hierzu zusammenfassend Sartre, Histoire du Levant 120 f.
44 Zur Einschätzung der Zenon-Papyri vgl. Sartre, Histoire du Levant 240–250.
45 Papyrus PSO IV 406 und Papyrus PCZ Nr. 59004. Hierzu auch Suppl. Dict. Bible 39 (1964) s. v. Pétra (J. Starcky) 904.

auch dadurch offenbar, dass wir aus dem ptolemäischen Syrien keine nennenswerten Münzschätze mit außerlagidischen Stücken kennen[46]; das Einfuhrverbot ausländischer Münzen konnte also auch im Hauran strikt durchgesetzt werden. Auch die Toponymie der erst seit Herodes belegten geographischen Aufteilung des Hauran in Gaulanitis, Trachonitis, Batanea und Auranitis mag die Strukturen der ptolemäischen Verwaltung widerspiegeln, da zum einen der Suffix auf -itis und -ea typisch für die hellenistische Verwaltungsstruktur ist[47], andererseits jene Bezeichnungen später nicht mehr mit der politischen Grenze des ersten vorchristlichen und ersten nachchristlichen Jahrhunderts koinzidieren, welche sowohl die Batanea als auch die Auranitis in Westostrichtung durchkreuzte[48], und also älter als diese sein müssen.

Seit dem Fünften Syrischen Krieg von 202 bis 195 geriet der Hauran wie der Rest Koilesyriens bis Gaza unter seleukidische Kontrolle[49] und war seit 198 dauerhaft besetzt. Doch auch die Seleukidenzeit des Hauran ist nicht besser bekannt als die ptolemäische Oberherrschaft. Da aber etwa die seleukidische Ära offensichtlich nur vereinzelt zur Datierung benutzt wurde[50], lässt sich vermuten, dass der Herrschaftswechsel nur wenig Spuren hinterließ, schwächten doch der Vertrag von Apameia 188, der von Rom erzwungene Rückzug aus dem Sechsten Syrischen Krieg 169 und schließlich der Makkabäeraufstand von 165 dauerhaft das zudem im Osten durch die Parther hart bedrängte Seleukidenreich. Als kolonisatorische Tätigkeit ist etwa die Gründung von Seleukeia (Abila) im Jahre 198 und Antiocheia (Hippos) überliefert, bei denen es sich aber vielleicht nur um die dynastische Umbenennung und administrative Aufwertung älterer Siedlungen handeln könnte[51]. Was die wirtschaftliche Situation betrifft, so ist hier ein Münzschatz aufschlussreich[52].

Wenn auch das Ausmaß der Hellenisierung des Hauran zur Zeit der ptolemäischen und seleukidischen Könige nur schwer quantifizierbar ist, und das Fehlen nachweisbarer größerer griechischer Stadtgründungen auf den ersten Blick nicht für eine bedeutendere Durchdringung der Zone mit hellenistischem Kulturgut wie etwa in Nordsyrien spricht, so ist doch bedeutsam, dass das Griechische in der Epigraphik des Gebiets omnipräsent scheint[53], wenn die meisten dieser Inschriften auch leider erst seit dem ersten nachchristlichen Jahrhundert einsetzen. Dass diese Inschriften keineswegs nur dem offiziellen Bereich entstammen, sondern das Griechische auch für Inschriften privater und religiöser Natur genutzt wurde, zeigt, dass sich das Bekenntnis zu den äußeren Formen der Koine als Ausdruck kommunaler Elitestellung weitgehend durchgesetzt hat und durch die Übertragung griechisch-hellenistischer Formen die eigene Kultur aufgewertet werden sollte. Da die meisten aus dem Hauran bekannten Eigennamen aber trotzdem semitischen Ursprungs sind – wenn die Formen auch gräzisiert wiedergegeben werden: Azizos, Moslemos, Nomimos und andere[54], – obwohl unser Befund doch größtenteils auf Inschriften beruht und daher nur die Namensgebung der reicheren Bevölkerung verrät, darf man wohl den Grad der ethnischen Hellenisierung nicht überschätzen.

Eng mit der Frage nach der Hellenisierung des Hauran hängt die Einschätzung der Verbindungen zur Dekapolis zusammen. Diese war eine Gruppe von ursprünglich zehn autonomen, mehr oder weniger hellenisierten Städten im Grenzgebiet zwischen Syrien und Judäa, welche in römischer Zeit auch politisch als Einheit auftraten, möglicherweise aber auch schon vorher zusammengeschlossen waren, was vielleicht bereits auf die Neugründung beziehungsweise Neuorganisation der größeren Städte des Seleukidenreichs durch Antiochos IV. zurückgehen

---

[46] M. Sartre in: Dentzer/Orthmann, Syrie II, 31–44; 36 f.
[47] Hierzu Jones, Cities 239–241.
[48] Diese Vermutung bei Dentzer, Hauran I 2, 395.
[49] Zur Eroberung der Batanea durch Antiochos III. vgl. Ios. ant. Iud. 12, 3, 3.
[50] Dentzer, Hauran I 2, 392.
[51] Head, Historia Numorum 786.
[52] Hierzu G. Le Ridder in: A. Houghton u. a. (Hrsg.), Studies in Honor of Leo Mildenberg. Numismatics, Art History, Archaeology (Wetteren 1984) 165–169.
[53] Hierzu allg. M. Sartre in: Dentzer, Hauran I 1, 189–204; Sartre, Epigraphie du Hauran 45 f., 317–321.
[54] Vgl. hierzu die exzellente onomastische Zusammenstellung bei Sartre, Bostra 161–246.

könnte[55]. Die älteste Aufzählung der Mitglieder der Dekapolis findet sich bei Plinius dem Älteren, welcher Damaskus, Philadelphia, Raphana, Skythopolis, Gadara, Hippos, Dion, Pella, Gerasa und Kanatha aufzählt[56]. Zu diesen zehn Städten muss allerdings noch Abila hinzugerechnet werden, welche inschriftlich schon früh als Teil der Dekapolis belegt ist[57], während Damaskus hingegen als eine der ältesten vorderorientalischen Metropolen kaum Gründungsmitglied des hellenistischen Städtebundes war.

Später dehnte sich die Zahl der Städte aus[58], ohne dass die Bezeichnung als Dekapolis geändert wurde[59]. Von diesen Städten, deren Lage teils sehr umstritten ist[60], zählen Kanatha, Raphana und Dion im engeren Sinne zum Hauran, im weiteren Sinne auch die eher peripher gelegenen Poleis Hippos und Abila[61]. Abila wird von Schumacher mit dem Tell Abil am Wadi al-Quwailiba in Jordanien identifiziert[62] und hieß nach Angabe seiner Münzen seit 198 Seleukeia[63]; Hippos (Susita) hieß nach Ausweis der Münzen Antiocheia am Hippos[64] und liegt am See Genezareth. Kanatha entspricht Qanawat und liegt sieben Kilometer nordnordöstlich von As-Suwayda. Die Identifizierung von Raphana ist schwierig: Teils wurde es mit Capitolias auf dem Gebiet von Beit Ras nördlich von Irbid in Jordanien oder mit Abila gleichgesetzt[65], wenn auch Plinius Abila und Raphana als unterschiedliche Städte betrachtet, teils aber auch mit dem aus den Makkabäerbüchern belegten Raphon, dem heutigen Dorf Ar-Rafa[66], so dass es in der Mitte der Batanea liegen würde. Auch die Identifizierung von Dion ist nicht einfach. Es kann sowohl mit dem zehn Kilometer südsüdöstlich von Irbid gelegenen ʿĒdūn als auch mit dem gleichnamigen ʿĒdūn bei Mafraq und schließlich mit dem siebzehn Kilometer nordwestlich von Darʿa gelegenen Tell al-Aschari gleichgesetzt werden[67]. Manchmal wird es aber auch mit Capitolias in Jordanien mit der Ortsbezeichnung ʿAdūn bei Beit Ras in Verbindung gebracht. Wenn auch Gerasa, Dion, Pella und Gadara Gründungen Alexanders beziehungsweise des Perdikkas waren[68], zeigen doch die Besonderheiten Gadaras und Kanathas, dass es sich keineswegs bei allen Städten der Dekapolis um hellenistische Gründungen handelt, sondern zumindest bei einigen um gewachsene autochthone Siedlungen[69]. Allerdings ist in Anbetracht ihres Zusammenschlus-

---

[55] Der Name ist erstmals belegt bei Mk 5, 20 und 7, 31 Mt 4, 25. Vgl. generell H. Herzfelder, Rev. Num., 4. ser., 39, 1936, 285–291; H. Seyrig, Syria 36, 1959, 60–78; S. T. Parker, Journal Biblical Lit. 94, 1975, 437–441; Bietenhard, Dekapolis; Spijkerman, Coins; J. M. C. Bowsher, Palestine Exploration Quaterly 119, 1987, 62–69; D. F. Graf in: P. Freeman / D. Kennedy (Hrsg.), The Defence of the Roman and Byzantine East (Oxford 1986) 784–796; Wenning, Dekapolis; M. A. Chancey / A. Porter, Near Eastern Archaeology 64, 4, December 2001, 164–198.

[56] Plin. nat. 5, 74.

[57] Bietenhard, Dekapolis 221.

[58] Man denke hier etwa an Damaskus, das bis in die Kaiserzeit die seleukidische, nicht die pompejanische Ära konservierte, oder Gadora, das als Hauptstadt von Peräa eine jüdische Stadt war und kaum von Pompejus zum Dekapolisverband hinzugerechnet worden wäre, da es diesem vielmehr auf administrative Trennung von Griechischem und Jüdischem ankam; vgl. Bietenhard, Dekapolis 222.

[59] Der unter Antoninus Pius schreibende Ptolemaios (Geogr. 5, 14, 18) nennt als Städte der Dekapolis und Koilesyriens Heliopolis (Baalbek), Abila Lysaniae, Saana, Ina (lat. Hina), Damaskus, Samulis, Abida, Hippus, Capitolias (vielleicht auch identisch mit Raphana/Abila oder Dion), Gadara, Adra (lat. Edrei), Skythopolis, Gerasa, Pella, Dion, Gadora, Philadelphia und Kanatha, also achtzehn Städte, lässt aber Raphana aus. Dass Raphana aber zur Dekapolis gehörte, wird dadurch klar, dass es die pompejanische Ära einführte.

[60] Philadelphia, das frühere Rabbat Ammon, entspricht dem heutigen Amman; auch Gadara / Antiocheia Semiramis / Seleukeia (Umm Quays), Pella (Tabaqat Fahl), und Gerasa (Jerasch) sind auf jordanischem Gebiet; Scythopolis (Bet Scheʾan) befindet sich auf dem westlichen Jordanufer und auf dem Territorium Israels.

[61] Eine Übersicht über die Städte im Norden der Dekapolis bietet M. Sartre, Aram 4, 1992, 139–156.

[62] G. Schumacher, Abila of the Decapolis (London 1889).

[63] Head, Historia Numorum 786.

[64] Ebd.

[65] Vgl. etwa Schürer, Jewish People 164.

[66] 1. Makk 5, 37; hierzu Bietenhard, Dekapolis 225.

[67] Lit. bei Bietenhard, Dekapolis 223 f.

[68] Hierzu M. Sartre in: Dentzer/Orthmann, Syrie II, 36.

[69] Dentzer, Hauran I 2, 397. Tscherikower, Städtegründungen (Anm. 41) 74 und Sourdel, Cultes du Hauran II vermuten allerdings, Kanatha sei eine Gründung Alexanders. Auch bei Gadara handelt es sich um eine genuin orientalische Stadt, welche ihren klassischen Stadtplan erst in flavischer Zeit erhielt; vgl. J. Seigne, Rev. Biblique 93, 1986, 238–247; F. Braemer, Annu. Dep. Ant. Jordan 31, 1987, 525–530; ders. / J. Seigne, Jérash, la Ghérasa antique, Dossiers Histoire et Archéologie, Juin 1987, 48–63; ders., Jerash Archaeological Project 1984–1988 (Paris 1989);

ses und ihrer Abgrenzung gegen das Umland durchaus zu vermuten, dass die Hellenisierung hier weiter fortgeschritten war als in den anderen umliegenden Städten, wie etwa die gut überlieferten Konflikte der griechischen mit der jüdischen Bevölkerung anlässlich von kulturellen Streitthemen wie Götterverehrung, Homosexualität, Schweinezucht und Beschneidung verraten[70].

Hasmonäer, Ituräer und Nabatäer

Nachdem die seleukidische Oberherrschaft seit 163 allmählich zusammenbrach, waren es die Hasmonäer und Nabatäer, die langfristig das Erbe der Seleukiden antraten, wenn auch unsere ersten Nachrichten über die Details dieser Machtablösung spärlich sind. Einen ersten Einblick gewährt eine Passage der Makkabäerbücher, welche von einer transjordanischen Expedition des Judas Makkabäus berichtet, die dieser 163 zum Schutz der von ihren Nachbarn bedrängten Juden Gileads und Baschans unternommen hatte[71]. Die Feinde der transjordanischen Juden wurden vom Feldherrn Timotheus geleitet, der als Anführer der Ammoniter bekannt ist[72], wahrscheinlich aber auch Teile der Batanea und Auranitis kontrollierte, wie der Bericht über die Auseinandersetzungen zwischen Juden und Ammonitern deutlich macht. Dies muss aber nicht bedeuten, dass man in ihm nur einen lokalen Heerführer und Herrscher über ein herrenloses Gebiet zu sehen hat[73], sondern vielleicht auch einen seleukidischen Klientelfürsten, der wohl vom Strategen von Damaskus abhängig gewesen war[74]. Interessanterweise überliefert diese Quelle auch, dass Judas in einer Entfernung von drei Tagesmärschen vom Jordan einer Gruppe Nabatäer begegnete, welche dem jüdischen Heer detaillierte Informationen über den Hauran zukommen ließ und ihm auch den Wüstenweg nach Bosra und anderen Städten wies[75], wo Judas den von ihren heidnischen Mitbewohnern bedrohten Juden zu Hilfe kommen wollte. Das damals bereits stark befestigte Bosra selbst scheint also zu dieser Zeit noch nicht in nabatäischen Händen gewesen zu sein, wie wir aus dem weiteren Bericht der Belagerung und Plünderung der Stadt durch Judas Makkabäus entnehmen können[76]. Eine Passage aus der Vita Isidori des Damaskios ist an dieser Stelle hochrelevant, schreibt er doch: »Er [Isidoros?] reiste nach Bosra in Arabien. Dies ist keine alte Stadt – es ist nämlich eine Gründung des Kaisers Severus –, wohl aber eine alte Grenzfestung, welche von den arabischen Königen gegen die benachbarten Dionysier angelegt wurde«[77]. Da mit den Dionysiern die Bewohner von Dionysias gemeint sind, welches ebenfalls

---

ders., Annu. Dep. Ant. Jordan 36, 1992, 261–280; ders., Jérash romaine et byzantine: développement urbain d'une ville provinciale orientale. Stud. Hist. and Arch. Jordan 4 (Amman und Lyon 1992) 331–341; ders., Aram 4, 1992, 185–195. Weitere Literatur bei Wenning, Dekapolis 13 Anm. 79.

[70] Mk 5, 1–10 (vgl. auch Mt 4, 25 und 8, 28; Mk 5, 20; 7, 31; Lk 8, 37); hierzu dann M. Goodman, Aram 4, 1992, 1–48. In die hasmonäische Zeit fällt dann der Versuch der Judaisierung von Teilen der Dekapolis durch die Eroberung und bald hierauf die Zerstörung von Pella (Jos. ant. 12, 15, 4). Zu den kultischen Besonderheiten der Dekapolis vgl. A. Lichtenberger, Kulte und Kultur der Dekapolis. Untersuchungen zu numismatischen, archäologischen und epigraphischen Zeugnissen (Wiesbaden 2003); N. Riedl, Gottheiten und Kulte in der Dekapolis (Diss. Freie Univ. Berlin 2003, online).

[71] 1 Makk 5, 1–54. Hierzu F. N. Abel, Rev. Biblique 32, 1923, 495–552.

[72] 1 Makk 5, 6; er verdingte auch arabische Söldner in seinem Heer; vgl. 1 Makk 5, 39.

[73] So etwa Dentzer, Hauran I 2, 392.

[74] Peters, Nabateans bes. 264; J. D. Grainger, A Seleukid Prosopography and Gazetteer (Leiden, New York und Köln 1997) 121 s. v. Timotheos, gegen Schürer, Jewish People 140 Anm. 5.

[75] 1 Makk 5, 24–26: »Judas, der Makkabäer, und sein Bruder Jonatan hatten indessen den Jordan überschritten und waren drei Tagesmärsche durch die Steppe gezogen. Dort trafen sie auf die Nabatäer, die ihnen freundlich begegneten und alles erzählten, was ihren Brüdern in Gilead zugestoßen war. Viele von ihnen würden in Bosora, Bosor, Alema, Kaspin, Maked und Karnajim festgehalten, lauter großen, befestigten Städten.« (Einheitsübersetzung) Wahrscheinlich ist 2 Makk 12, 20 zu entnehmen, dass Judas den Nomadentrupp zunächst kriegerisch besiegen musste, bevor die Nabatäer ihm die gewünschten Informationen weitergaben. Bossora und Bosor sind zwei unterschiedliche Städte: Bossora entspricht dem heutigen Bosra, während Bosor mit Busr el-Bariri zu identifizieren ist; vgl. Sartre, Bostra 47.

[76] 1 Makk 5, 26, 28.

[77] Dam. Isid. 119, 9–13 (ed. Asmus) = 196 (ed. Zintzen). Übersetzung Rudolf Asmus.

später nabatäisch werden sollte, kann sich die Stelle wohl nur auf die Zeit des Zusammenbruchs der seleukidischen Hegemonie beziehen, während der die Kontrolle über die verstreuten Festungen und Städte des Hauran allmählich in die Hände lokaler Kleinfürsten fiel, welche sich von Siedlungen wie Bosra und Dionysias gegenseitig befehdeten[78]. Der Zug des Judas Makkabäus durch den Hauran war allerdings nur eine vorübergehende Expedition, mit welcher die bedrängten Juden evakuiert werden sollten. Eine dauerhafte makkabäische Kontrolle über den Hauran war wohl zunächst nicht angestrebt.

Inwieweit nach dem Abzug der jüdischen Truppen wenigstens nominell die seleukidische Oberhoheit wiederhergestellt werden konnte oder das Land sofort in Kleinfürstentümer und Stadtstaaten zerfiel, lässt sich schwer klären. Die jüdischen Fürsten waren jedoch nicht die einzigen, die am Erbe der Seleukiden interessiert waren, konkurrierten doch auch die Nabatäer um die Kontrolle des Hauran, der als Endpunkt ihrer nördlichen Karawanenstraßen für sie von besonderem Interesse war. Wenn wir auch kaum informiert sind, wie der Stammesstaat der Nabatäer verwaltet wurde[79], so ist doch die nabatäische Präsenz im Hauran durch Josephus wie durch archäologische und epigraphische Zeugnisse recht gut belegt. Zum Zeitpunkt seiner größten Ausdehnung umfasste dieser Staat auch Petra und dessen Umfeld, einen großen Teil des Sinai, den Norden des Hedjez und Transjordanien bis Madaba. Die Nabatäer sind seit dem dritten Jahrhundert im Hauran nachweisbar, wie die bereits erwähnten Zenon-Papyri zeigen; der Beginn der politischen Kontrolle dürfte allerdings erst Ende des zweiten beziehungsweise Anfang des ersten Jahrhunderts anzusetzen sein und kann nur im Rahmen der seit 111 nie mehr abbrechenden Bürgerkriege zwischen den verschiedenen seleukidischen Thronprätendenten verstanden werden, welche das Machtvakuum in Südsyrien vergrößerten und von den umliegenden Völkern und Stämmen zur eigenen Expansion genutzt wurden[80]. Das erste Zeugnis für eine nabatäische Kontrolle über Teile des Hauran ist bei Josephus zu finden, der davon berichtet, dass Alexander Jannaios 93 auf seinen Zügen jenseits des Jordan und östlich von Galiläa auf die nabatäischen Truppen Obadas' I. (96–85 v. Chr.) stieß[81] und mit diesem um die Gaulanitis kämpfte, so dass die Topographie nahelegt, dass dieser auch die Auranitis, Batanea und Trachonitis kontrollierte[82], vielleicht mit Ausnahme Kanathas[83]. Die Nabatäer müssen also die seleukidischen Truppen oder die lokalen Herrscher in der Zeit vor 93 aus dem Hauran vertrieben und die Souveränität über Dörfer wie griechische Poleis übernommen haben.

Neben den Hasmonäern und Nabatäern konkurrierten aber auch die Ituräer um das seleukidische Erbe[84]. Nachdem sie bis 103 kurzfristig ganz Galiläa besetzt hatten, bevor Aristobulos I.

---

[78] Diese Deutung bei Peters, Nabateans; G. W. Bowersock in: Sartre, Syrie hellénistique 344.

[79] Das Gemeinwesen der Nabatäer ist, was die vorrömische Periode betrifft, keineswegs als zentralisierter Flächenstaat misszuverstehen, sondern bestand vielmehr in einem komplexen Beziehungsgeflecht von Sippen und Familien; erst in römischer Zeit kam es im Zuge der Umwandlung in ein Klientelkönigreich allmählich zur Herausbildung echter staatlicher Strukturen und fester Außengrenzen. Zu den Nabatäern vgl. A. Kammerer, Pétra et la Nabatène (Paris 1929); Hammond, Nabataeans; Negev, Nabateans; M. Lindner (Hrsg.), Petra und das Königreich der Nabatäer³ (München 1980); H. P. Roschinski, Bonner Jahrb. 180, 1980, 129–154; St. G. Schmid in: B. MacDonald / R. Adams / P. Bienkowski (Hrsg.), The Archaeology of Jordan (Sheffield 2001) 367–426; E. Netzer, Nabatäische Architektur. Insbesondere Gräber und Tempel (Mainz 2003); Hackl/Jenni/Schneider, Nabatäer.

[80] Vgl. R. Bellinger, The End of the Seleucids, Transact. Connecticut Acad. 38, 1949, 64–72.

[81] Ios. ant. Iud. 13, 13, 5 (ähnl. bell. Iud. 1, 4, 4): »Als er nun aber dem Araberkönige Obedas entgegentrat, fiel er in einer zerklüfteten und schwer zugänglichen Gegend in einen Hinterhalt, wurde bei dem galiditischen Dorf Gadara von der Menge der Kamele in eine tiefe Schlucht gedrängt und entkam nur mit geringer Not. Von hier floh er dann nach Jerusalem« (Übersetzung Heinrich Clementz, wie auch bei den folgenden Josephuszitaten).

[82] Ios. ant. Iud. 13, 15, 3 und bell. Iud. 1, 4, 8 überliefern für 85 Kämpfe zwischen Hasmonäern und Nabatäern um Dion, Seleukeia und Gebiete der Gaulanitis; die Territorien jenseits dieser Frontlinie scheinen also nabatäisch gewesen und geblieben zu sein.

[83] Zur zweifelhaften Zugehörigkeit Kanathas zu den Eroberungen des Jannaios oder zum Staat der Nabatäer vgl. Peters, Nabateans 265 Anm. 20.

[84] Zu den Ituräern vgl. einführend W. Schottroff, Zeitschr. Dt. Palestina-Ver. 98, 1982, 125–152; J. Aliquot, Mél. Univ. Saint-Joseph 56, 1999–2003, 161–290.

dieses Gebiet zurückeroberte[85], erlangte ihr Staat unter Ptolemaios (84–40 v. Chr.), dem Sohn des Mennaios und Tetrarchen von Iturea und Chalkis,[86] erneut größere Ausdehnung. Dieser drang nicht nur bis ins obere Galiläa und die Gaulanitis vor, befehdete hier die Hasmonäer und besetzte sogar Abila, sondern bedrohte auch das seleukidische Damaskus[87]. Nachdem der Nabatäerkönig Obodas I. oder Rabbel I. um 85 bei Motho (Imtan) im Hauran einen Angriff Antiochos' XII. aufhalten und das Heer der Seleukiden vernichten konnte[88], brach die seleukidische Kontrolle über Koilesyrien definitiv zusammen. Zwar waren sowohl der seleukidische als auch der nabatäische König in der Schlacht gefallen, doch lieferte sich Damaskus 84 angesichts der ituräischen Bedrohung dem neuen Nabatäerkönig Aretas III. (85–62 v. Chr.) aus und erhielt eine Besatzung[89]; Aretas prägte Münzen mit der Aufschrift Βασιλέως Ἀρήτου φιλεννήνος[90]. Diese Eroberung blieb allerdings nur von kurzer Dauer, wissen wir doch, dass es schon 72 dem mit den Parthern verbündeten armenischen König Tigranes gelang, die alte Metropole zu besetzen und bis 70 v. Chr. zu halten[91], ohne dass vorher Nachrichten über Kampfhandlungen zwischen Nabatäern und Armeniern überliefert wären oder Aretas danach versucht hätte, die Stadt wieder zu besetzen. Dies mag darauf schließen lassen, dass er es im Zuge einer bei Josephus nur andeutungsweise erwähnten Auseinandersetzung mit Alexander Jannaios[92] vorzog, neben einigen transjordanischen Gebieten auch Damaskus wieder zu räumen[93]. Hierbei wahrten die Nabatäer den Süden der Auranitis, verloren aber wohl die im Zuge dieser Ausdehnung kurzfristig besetzten Gebiete der Trachonitis, Batanea und Nord-Auranitis, da die wichtigen Städte dieser Bezirke in der Zukunft zwischen Ituräern und Hasmonäern umkämpft blieben, wobei letztere bis 64 v. Chr. zahlreiche Städte der Dekapolis im Hauran erobern konnten[94], während vereinzelt vermutet wird, dass zu diesem Zeitpunkt etwa Kanatha und Philadelphia nabatäisch waren[95].

Inwieweit die hier skizzierten nabatäischen, hasmonäischen und ituräischen Unternehmungen aber tatsächlich gleichzusetzen sind mit einem Wechsel realer politischer Oberhoheit und dementsprechend einen stetigen Wechsel der Grenzziehung implizieren, ist äußerst fraglich: Tatsächlich handelt es sich, zumindest im zweiten und frühen ersten Jahrhundert, bei den politischen Gesellschaften der Ituräer und Nabatäer weniger um ausgeprägte Staaten als vielmehr um vorübergehend zusammengeschlossene Stammesverbände, deren wechselseitige Fehden und Kriegszüge kein Streben nach politischer Kontrolle über die durchzogenen Gebiete verraten,

---

[85] Ios. ant. Iud. 13, 11, 3.
[86] Hierzu RE XXIII (1959) 1766 f. s. v. Ptolemaios (Nr. 60) (H. Volkmann).
[87] Strab. 16, 2, 10; Ios. ant. Iud. 16, 10, 1–3.
[88] Ios. ant. Iud. 13, 15, 1; bell. Iud. 1, 4, 7; Steph. Byz. 466, 5–7; 482.15 f. Die Datierung ist zwischen 87 und 85 umstritten; Forschungsdiskussion hierzu bei Wenning, Dekapolis 4 Anm. 23.
[89] Ios. ant. Iud. 13, 15, 2 (ähnl. bell. Iud. 1, 4, 8): »Nach Antiochus gelangte zur Regierung von Coelesyrien Aretas, der von der Besatzung in Damaskus aus Haß gegen Ptolemäus Mennaei zur Herrschaft berufen wurde. Dieser rückte nach Judäa ins Feld, besiegte den Alexander bei Addida, schloß aber dann Frieden mit ihm und zog sich wieder nach Judäa zurück.« Eine in Damaskus geprägte Münze des Arethas ist zu finden bei E. T. Newell, Late Seleucid Mints in Ake-Ptolemais and Damascus (New York 1939) 92 und Taf. 16.
[90] J. Meshorer, Nabataean Coins (Jerusalem 1975) 12–15 Taf. 1 Nr. 5–8.
[91] Ios. ant. Iud. 13, 16, 2–3 und bell. Iud. 1, 5, 3 überliefert, dass Aristobulos im Jahre 70 einen Zug nach Damaskus unternahm, um es angeblich vor Ptolemaios und seinen Ituräern zu schützen.
[92] Ios. ant. Iud. 13, 15, 2.
[93] Schürer, Jewish People 226 Anm. 25. Auch später bevorzugten die Nabatäer es, gegen die Zusage transjordanischer Gebiete ein Heer zur Unterstützung des Hyrkanos gegen Jerusalem zu entsenden, anstatt zu versuchen, Damaskus zurückzugewinnen; vgl. Ios. ant. Iud. 14, 2, 1–2. Wenning, Dekapolis 5 nimmt allerdings kriegerische Auseinandersetzungen zwischen Tigranes und Aretas an.
[94] Ios. ant. Iud. 14, 4, 4.
[95] So Bietenhard, Dekapolis 231 f. Die archäologischen Funde erlauben allerdings kaum, eine nabatäische Herrschaft bis 64 v. Chr. zu belegen. Auch die Frage, inwieweit es schon als Ausdruck einer echten nabatäischen territorialen Souveränität, soweit dieser Begriff in diesem Zusammenhang überhaupt sinnvoll ist, zu betrachten ist, wenn der Schutz nabatäischer Händler durch mehr oder weniger regelhafte Streifzüge nabatäischer Stammestruppen gewährleistet wird, muss offen bleiben.

sondern lediglich den Wunsch nach Tribut, Beute und kurzfristigen Lagerplätzen, so dass ein Rückzug der Truppenhauptmacht meist die Restitution der lokalen Autonomie bewirkte[96].

Die Neuordnung unter Pompejus

Pompejus vollzog im Jahre 64 im Rahmen seiner Neuordnung des hellenistischen Ostens und der Provinzialisierung Syriens[97] eine territoriale Umstrukturierung des Hauran. Nachdem er den ituräischen Fürsten Ptolemaios im Libanon besiegt und seine Festungen zerstört hatte[98], schlug er den Ituräern nach Zahlung von tausend Talenten die Batanea, die Trachonitis und den Norden der Auranitis zu[99], wobei schwer zu sagen ist, inwieweit es sich hierbei nur um eine Bestätigung des Status Quo handelt oder um eine territoriale Neuregelung, welche Nabatäern oder Hasmonäern Gebiete abnahm. Ptolemaios' wohl auch aus dem Neuen Testament als Tetrarch von Abilene bekannter[100] Sohn Lysanias übernahm nach dessen Tod im Jahr 40 das Reich[101], wurde dann aber 36 v. Chr. von Marc Anton hingerichtet, welcher die ituräischen Besitzungen Kleopatra übertrug[102].

Allerdings bestimmte Pompejus Kanatha zur autonomen Stadt, ähnlich wie er auch den Hasmonäern und Nabatäern die anderen hellenistischen Städte der Dekapolis nahm[103] und sie zu einer mehr oder weniger zusammengehörenden politischen Einheit zusammenfasste. Die Ankunft des Pompejus wurde von den Städten angesichts der politischen Instabilität der Region wohl als Befreiung begrüßt, so dass das Jahr 63 zumindest in Gadara, allmählich aber auch in den anderen Städten rückwirkend als Beginn einer neuen Ära zählte[104], wenn auch umstritten ist, ob der politische Zusammenschluss bereits unter Pompejus oder etwa zwischen der Regierungszeit Agrippas I. und Agrippas II. oder schließlich erst während des Jüdischen Kriegs geschah[105]. Während die Verwaltung großer Teile des Nord-Hauran ursprünglich offensichtlich auf der Autonomie der dörflichen Einheiten beruhte,[106] wurden offenbar einige Dörfer zu diesem Zeitpunkt als Chora, also als abhängiges dörflich-agrarisches Umland, naheliegenden Städten der Dekapolis zugeordnet. Dies legen Spezialstudien zum Territorium von Kanatha nahe, dessen Gebiet wohl

---

[96] Hackl/Jenni/Schneider, Nabatäer 46f. unterteilen das nabatäische Gebiet in »ein nabatäisches Staatsgebiet, ein Siedlungsgebiet und ein Streifgebiet, also eine Zone, in welcher die nabatäischen Händler und Hirten anzutreffen waren«. Die realen Verhältnisse waren allerdings sicherlich noch unschärfer; und mit Ausnahme Petras und seines direkten Umlandes, welches Herrschafts- und Stammessitz der Nabatäer war, dürfte man wohl alle anderen Zeugnisse nabatäischer Bevölkerung der Kategorie von Handelsniederlassungen zuordnen, die mehr oder weniger effektiv durch nabatäische Truppen geschützt werden konnten.

[97] Hierzu G. Downay, The Occupation of Syria by the Romans, Transact. and Proc. Am. Philol. Assoc. 82, 1951, 159–163; F. P. Rizzo, Le fonti per la storia della conquista Pompeiana della Siria (Palermo 1963); Gebhardt, Imperiale Politik 22 ff.

[98] Strab. 16, 744.

[99] Ios. ant. Iud. 14, 3, 2; 15, 10, 1; bell. Iud. 1, 20, 4.

[100] Luk 3, 1.

[101] Ios. ant. Iud. 14, 13, 3; bell. Iud. 1, 13, 1.

[102] Ios. ant. Iud. 15, 4, 1–2; bell. Iud. 1, 22, 3.

[103] Ios. ant. Iud. 14, 4, 4 erklärt, dass Pompejus die Städte Gadara, Hippos, Skythopolis, Pella, Dion und noch einige andere, nicht der Dekapolis zugehörige Städte von der Oberherrschaft der Juden befreite: »Gadara, welches kurz zuvor zerstört worden war, ließ er dem Gadarener Demetrius, seinem Freigelassenen, zu Gefallen wieder aufbauen, und die Städte Hippos, Skythopolis, Pella, Dion, Samaria, Marissa, Azot, Jamnia und Arethusa gab er ihren früheren Bewohnern zurück. Diese im Binnenland gelegenen Plätze mit Ausnahme der zerstörten sowie die am Meer gelegenen Städte Gaza, Joppe, Dora und Stratonsturm […] erklärte Pompejus für selbständig und teilte sie der Provinz Syrien zu.« Aus anderen Passagen wissen wir, dass auch Gerasa (Ios. bell. Iud. 1, 21, 2) und Raphana (1 Makk 5, 37) zum jüdischen Staat gehörten, so wie wohl auch Abila, während Kanatha einem nabatäischen Fürsten namens Ptolemaios gehorchte und Philadelphia einem (vielleicht ebenfalls nabatäischen) Dynasten namens Zeno Kotylas; hierzu Bietenhard, Dekapolis 231 f.

[104] Nachweisbar für Abila, Dion, Gadara, Gerasa, Kanatha, Pella, Philadelphia und Hippos; vgl. Head, Historia Numorum 786 f. Allerdings ist die Zählung nur für Gadara, das Pompejus einem seiner Freigelassenen zuliebe wiederaufbauen ließ (Ios. ant. Iud. 14, 4, 4; bell. Iud. 1, 7, 7), seit dem ersten Jahr belegt; Kanatha begann erst 38/39 n. Chr. als zweite Stadt der Dekapolis mit einer Münzprägung nach dieser Ära; vgl. Wenning, Dekapolis 8.

[105] Wenning, Dekapolis 12.

[106] Vgl. Dentzer, Hauran I 2, 396.

im Westen an das Gebiet von Adraa grenzte und im Süden an das von Bosra[107]. Diese Präsenz zweier Strukturen mag auf die Neuordnung durch Pompejus zurückzuführen sein, welcher das typisch hellenistische städtische Organisationsmuster auf den Hauran übertrug beziehungsweise restituierte.[108] Somit wollte er die vorhandenen urbanen Zentren der Dekapolis favorisieren[109], zu der ja Kanatha zählte, genau genommen Canatha Gabinia, wie sie aus Dank gegenüber den Privilegien des syrischen Statthalters hieß[110], welche wie die anderen Dekapolisstädte auch die pompejanische Ära einführte. Doch darf dieses Muster nicht täuschen, ist Kanatha doch, soweit wir wissen, keine hellenistische Gründung, sondern eine allmählich gewachsene autochthone Stadt[111], welche nie eine nennenswerte griechische Bevölkerung aufwies und ihre Wichtigkeit vor allem ihrem extraurbanen Heiligtum Siʿ zu verdanken hatte[112], welches durch lokale Würdenträger gestiftet worden war, zum Anlaufpunkt sowohl kommunaler als auch nomadischer Frömmigkeit wurde und somit auch wichtige wirtschaftliche und politische Funktionen wahrnehmen konnte[113]. Offensichtlich grenzten die Territorien der Dekapolis aneinander, so dass sie zum Zeitpunkt ihrer Konstituierung durch Pompejus ein durchgängiges Staatsgebiet bildeten[114], aber trotz ihrer inneren Autonomie dem Statthalter Syriens unterstanden[115]. Ob die Dekapolis – eine Bezeichnung, die übrigens erst hundert Jahre nach Pompejus nachweisbar ist[116] – mit der Zielsetzung einer Schwächung der Nabatäer und Hasmonäer errichtet wurde[117], ist jedoch fraglich. Wie die Inschriften und die Archäologie[118] zeigen, war die Dekapolis weitgehend arabisiert beziehungsweise judaisiert. Michael Avi-Yonah schätzte auf der Basis der Inschriften das Verhältnis von Griechen zu Semiten auf eins zu fünfzehn bis eins zu zwanzig[119], doch ist hierbei zudem

---

[107] M. Sartre, Syria 58, 1981, 343–357.

[108] Zur Frage, inwieweit diese duale dörfliche Struktur auf Pompejus zurückzuführen ist, oder bereits in ptolemäischer und seleukidischer Zeit praktiziert und in den Jahrzehnten der Wirren allmählich zu ungunsten der Chora der Städte beseitigt wurde, vgl. Graf, Hauran 461. Zum Umgang der römischen Verwaltung in Syrien mit dörflichen Strukturen vgl. G. Maclean-Harper, Village Administration in the Roman Province of Syria, Yale Classical Stud. 1, 1928, 105–168.

[109] So Dentzer, Hauran I 2, 397. In römischer Zeit wurde daher die Autonomie, Eleutherie und Heiligkeit der Städte der Dekapolis ganz besonders hervorgehoben, wie auch die Münzprägung verrät, wobei die einzelnen Städte ihre Loyalität durch die Pflege des Kaiserkults unterstrichen. Generell zur pompejanischen Politik der Städteförderung W. Dahlheim, Gewalt und Herrschaft. Das provinziale Herrschaftssystem der römischen Republik (Berlin und New York 1977) 279 f.

[110] BMC Greek Coins, Galatia, 302 f.; Spijkerman, Coins 93–95.

[111] Zur urbanistischen Entwicklung vgl. die Übersicht bei K. S. Freyberger in: Orte und Zeiten. 25 Jahre archäologische Forschung in Syrien (1980–2005) (Damaskus 2005) 80–87.

[112] Dentzer, Hauran I 2, 397. Zur Stadt Kanatha vgl. allg. C. Auge, Bull Bull. Soc. Française Num. 36, 1981, 82–85; W. Oenbrink, Damaszener Mitt. 12, 2000, 231–243; P. Henrich, Damaszener Mitt. 13, 2002, 245–315; H. Laxander in: P. Noelke (Hrsg.), Romanisation und Resistenz in Plastik, Architektur und Inschriften der Provinzen des Imperium Romanum (Mainz 2003) 577–586.

[113] Ob Kanatha nabatäisch besiedelt war – so Wenning, Dekapolis 17 f. – ist mehr als unsicher; eine Handelsniederlassung jedenfalls ist höchst wahrscheinlich.

[114] Bietenhard, Dekapolis 233.

[115] H. Guthe, Griechisch-römische Städte des Ostjordanlandes (Leipzig 1817) 27 f.

[116] Wenning, Dekapolis 7.

[117] N. Glueck, Annu. Am. School Orient. Research 18/19, 1937–1939, 139–145; ders. Bull. Am. Schools Orient. Research 85, 1942, 3–8. Ihm folgt auch Bietenhard, Dekapolis.

[118] Bowsher (Anm. 56) zeigt, dass die Städte der Dekapolis durchaus nach orientalischem Muster gestaltet waren. Vgl. dagegen aber Rey-Coquais (Anm. 55), der den hellenistischen Charakter der Städte betont. Letztlich ist wohl anzunehmen, dass die meisten Orte des hellenistischen Ostens – abgesehen von seleukidischen oder ptolemäischen Neugründungen, und auch dies nur in der Anfangsphase – als autochthone Städte zu betrachten sind, deren kultureller Selbstausdruck durch importiertes und mehr oder weniger glücklich assimiliertes Kulturgut überfrachtet wurde, so dass es zu einem höchst heterogenen, kompositen Endergebnis kam. Erst in der Zeitenwende entstand durch die reichsweite, zentral geförderte Urbanisierung nach römischem Muster und die (Selbst-)Romanisierung der Eliten das typische kaiserzeitliche städtische Einheitsmodell, welches sich etwa in der standardisierten Ausstattung mit Forum, Basilika, Curia, Therme und Kaiserkulttempel oder im Gebrauch von künstlerischen Formen wie dem korinthischen Normalkapitell äußerte.

[119] M. Avi-Yonah, Hellenism and the East (Ann Arbor 1978) 131. Da auch viele Semiten griechische Namen trugen, fällt dieses Verhältnis sicherlich noch extremer aus; vgl. Wenning, Dekapolis 2 Anm. 7. Ebenfalls gegen eine antisemitische Zielsetzung der Dekapolis sprechen sich aus: Graf (Anm. 55); Th. Weber, Pella Decapolitana. Studien zur Geschichte, Architektur und bildenden Kunst einer

zu bedenken, dass zum einen die gewählte Sprache nur wenig über den ethnischen Charakter des Auftraggebers aussagt, während zum andern kaum strikt zwischen ›Griechen‹ und ›Semiten‹ getrennt werden kann, da mit Ausnahme der Juden, die anhand ihrer Religion erfassbar sind, die meisten Völker jenes Raums wesentlich Mischethnien waren.

Der Süden der Auranitis mit Bosra blieb trotz der Konstituierung der Dekapolis weiter unter nabatäischer Kontrolle; bis auf Kanatha und Philadelphia konnte also der nabatäische Besitzstand von vor 64 weitgehend gewahrt bleiben. Trotzdem war die Kooperation mit den Römern nicht nur friedlich: Schon Pompejus plante im Jahr 63 einen Zug gegen die Nabatäer, arrangierte sich aber letztlich friedlich mit ihnen[120]. Richtiggehende militärische Unternehmungen der Römer im Südosten Syriens sind dann aber schon für 62 v. Chr. überliefert, als Scaurus die Nabatäer zur Zahlung von dreihundert Talenten verpflichtete[121], und auch für das Jahr 55, als sie durch Gabinius bekriegt werden mussten[122]. Wenn die Nabatäer auch unter Malichos I. im Alexandrinischen Krieg Cäsar unterstützten[123], kooperierten sie doch kurze Zeit später (40 und 38) mit den eingefallenen Parthern[124], so dass Ventidius Bassus ihnen 39/38 eine Strafzahlung auferlegte[125].

Die Situation im Hauran ist dann schlaglichtartig erst wieder für die Zeit Marc Antons bekannt. Dieser übertrug nach der Hinrichtung des Tetrarchen Lysanias[126] im Jahre 40 die ituräischen Anteile an dieser Region wohl als Domäne an Kleopatra[127] und scheint dabei auch in den Gebietsbestand der Nabatäer eingegriffen zu haben, wobei die Details schwierig nachzuvollziehen sind. Wir wissen nur, dass er im Jahre 36 den Besitz nicht näher definierter, finanziell interessanter Territorien des Hauran Kleopatra übertrug, deren Pachteinzug diese dem Herodes anvertraute[128]. Es ist überliefert, dass Herodes selbst die entsprechenden Summen – zweihundert Talente jährlich – von den Nabatäern eintreiben musste, diese nach einiger Zeit nicht mehr erhielt und die Situation zwischen 34 und 31 sogar in der Schlacht bei Kanatha gegen Malichos I. (59–30 v. Chr.) eskalierte[129]. Zu vermuten ist daher, dass die entsprechenden, ehemals ituräischen Territorien damals in den Besitz der Nabatäer gelangt waren, welche die Tributleistung an Herodes zur Zahlung der Pacht an Kleopatra, also die verdeckte Annektion durch die Römer verwei-

---

hellenisierten Stadt des nördlichen Ostjordanlandes (Wiesbaden 1993), 1–4; W. Ball, Rome and the East. The Transformation of an Empire (London, New York 2000) 181–197.

[120] Ios. ant. Iud. 14, 3, 3–4. Dass Pompejus bei seinem Triumphzug die Nabatäer zu den unterworfenen Nationen zählte, beruht daher auf einer Übertreibung (App. Mithr. 106; Diod. 40, 4; Plin. nat. 7, 97 f.; Plut. Pomp. 45, 1–2). Vgl. hierzu ausführl. Hackl/Jenni/Schneider, Nabatäer 47–50.

[121] Ios. ant. Iud. 14, 5, 1–2. Zu weiteren Auseinandersetzungen mit ›Arabern‹ vgl. App. Syr. 51 und Ios. ant. Iud. 14, 6, 4.

[122] Ios. ant. Iud. 14, 6, 4.

[123] Bell. Alex. 1.

[124] Hammond, Nabataeans 35–46.

[125] Cass. Dio 48, 41, 5.

[126] Die Hinrichtung war durch die propartischen Sympathien des ituräischen Fürsten motiviert; vgl. G. W. Bowersock in: Sartre, Syrie hellénistique 342.

[127] Zu dieser Schenkung vgl. A. Schalit, König Herodes (Berlin 1969) Appendix 12, 772–777 (»Die Schenkungen des Antonius an Kleopatra«).

[128] Ios. ant. Iud. 15, 4, 2 (ähnl. bell. Iud. 1, 18, 5): »Hier traf Herodes mit ihr [i. e. Kleopatra] zusammen und pachtete ihr den geschenkten Teil von Arabien sowie die Einkünfte des Gebietes von Jericho ab.« Vgl. auch Plut. Ant. 36; Cass. Dio 49, 32, 5; Euseb. Chron. 1, 169–170 (Schoene). Zur präzisen Zuordnung dieser Gebiete zum Hauran vgl. Tholbecq, Hérodiens 300 f.

[129] Ios. ant. Iud. 15, 4, 4 – 5, 1 (ähnl. bell. Iud. 1, 18, 4 – 19, 6): »Was übrigens die Zölle betrifft, die der Kleopatra samt den ihr abgetretenen Landesteilen von Antonius angewiesen worden waren, so bezahlte Herodes dieselben pünktlich, da er es nicht für klug hielt, der Ägypterin Ursache zur Unzufriedenheit zu geben. Der Araberkönig nun, von dem Herodes die Abgaben erhob, weil dieser für die pünktliche Entrichtung derselben sich verbürgt hatte, entrichtete zwar eine zeitlang jährlich zweihundert Talente, wurde aber später säumig in der Bezahlung des Geldes, und wenn er auch einen Teil der Abgaben auf vieles Drängen hin zahlte, so tat er das doch nicht, ohne zugleich noch Unterschlagungen zu begehen. Da nun der Araber sich so unzuverlässig zeigte und zuletzt seiner Pflicht gar nicht mehr nachkam, wollte Herodes ihn mit Waffengewalt [zur Vertragstreue] zwingen, wurde aber durch den inzwischen ausgebrochenen römischen Bürgerkrieg daran gehindert.« Herodes verlor allerdings die Schlacht, da der römische Verwalter von Koilesyrien, Athenaion, sich auf die Seite der Nabatäer stellte. Erst im darauffolgenden Jahr siegte Herodes bei Philadelphia über die Nabatäer (Ios. ant. Iud. 15, 5, 3–5; bell. Iud. 1, 19, 5 f.).

gert hätten. Der Ort der Schlacht könnte vermuten lassen, dass die umstrittenen Landstriche die Chora von Kanatha betrafen, ja, dass ihr Besitz vielleicht sogar die Souveränität über die gesamte Stadt implizierte, welche also zwischen 64 und 40/36 v. Chr., vielleicht im Kontext der Partherkriege, ihre Unabhängigkeit verloren haben muss und in die Hände der Nabatäer gelangt war[130]. Dass Herodes die Garantie der Pachtzahlung übernahm, mag darauf zurückgeführt werden, dass er durch die vorhersehbare Auseinandersetzung mit den Nabatäern ganz in den Besitz dieser Territorien zu gelangen hoffte[130a].

Als dann nach der Schlacht von Aktium die Macht Kleopatras verfiel, machte sich auch der von Kleopatra als Pächter der ituräischen Besitzungen eingesetzte Zenodoros mehr oder weniger selbständig und unterstützte die Banden der Trachonitis bei ihren Raubzügen gegen das Gebiet von Damaskus. Angesichts des Machtvakuums in der Region geriet er schnell in Gebietsstreitigkeiten mit Herodes, der das Territorium für sich beanspruchte und im Jahr 30 bei Octavian eine Besitzzusage für die Trachonitis, Batanea und Auranitis erwirkte[131]. Zenodoros erhob hierauf unverzüglich Klage gegen Herodes in Rom und verkaufte Josephus zufolge angesichts des unsicheren Auskommens dieses Rechtsstreits die Auranitis für fünfzig Talente an die Nabatäer, doch mag es sich hierbei um eine falsche Kontextualisierung eines früheren Verkaufs handeln. Ob die erstaunlich niedrige Zahl den gesunkenen Wert des Gebiets deutlich macht[132], der auch dadurch bestätigt wird, dass später die Güter des Tetrarchen Philipp, der als Nachfolger des Herodes die Batanea, Trachonitis, Auranitis und einige weitere Territorien außerhalb des Hauran erhielt, auf hundert Talente geschätzt wurden[133], oder ob sich hier nur die verzweifelte Lage des Zenodoros widerspiegelt, dessen reiche Einkünfte aus der Pacht der hauranitischen Territorien ja bei Josephus besonders hervorgehoben werden[134], ist schwierig zu entscheiden. Möglicherweise verbirgt sich hinter dieser Angabe auch die Reminiszenz daran, dass die Nabatäer sich gegen diese Summe schon früher den Schutz ihrer Karawanen durch den Kleinfürsten erkauft hatten[135] und dies später von den Geschichtsschreibern als Kauf des Gebiets verstanden wurde. Inwieweit die Nabatäer das erworbene Gebiet nämlich tatsächlich besetzten, ist unsicher; auch muss wohl unergründet bleiben, ob es Zufall ist, dass der Bau des Baal Schamin geweihten Haupttempels von Sīʿ, den die Nabatäer auch später durch Schenkungen und Bauten bereichern sollten[136], gerade im Jahre 33/32 v. Chr. dediziert wurde, als die Nabatäer wenigstens formell im Besitz dieses Territoriums waren, wenn die Anlage auch erst 29/30 n. Chr. durch den Tetrarchen Philipp geweiht wurde. Da nämlich unsicher ist, welche Zeit die Planung des Plateaus und die Errichtung von Stützmauern und Terrassen in Anspruch nahm, welche ja Voraussetzungen für den Bau des Haupttempels waren, darf die Dedikationsinschrift nicht voreilig als Beweis für eine nabatäische Baupolitik herangezogen werden.

Herodes und die augusteische Raumordnung

Augustus entschied um 23 v. Chr. den Streit zwischen Zenodoros und Herodes definitiv zugunsten des letzteren und überantwortete nach einer durch Varro geleiteten Strafexpedition gegen die Räuber der Trachonitis[137] die ehemals ituräischen Gebiete der Trachonitis, Batanea und Auranitis mitsamt den Dekapolis-Städten Gadara, Hippos[138], Kanatha[139] und höchstwahr-

---

[130] So Bietenhard, Dekapolis 238.
[130a] Vgl. Tholbecq, Hérodiens 301.
[131] Ios. ant. Iud. 15, 10, 1.
[132] So Dentzer, Hauran I 2, 398.
[133] Ios. ant. Iud. 17, 11, 4.
[134] Ios. ant. Iud. 15, 10, 1.

[135] Ios. ant. Iud. 15, 10, 1–2; bell. Iud. 1, 20, 4. Die Deutung der Summe als Schutzgeld findet sich bei Peters, Nabateans 269.
[136] Butler, Syria II, 378 f.; Dentzer, Hauran I 2, 412.
[137] Strab. 16, 2, 20.
[138] Ios. bell. Iud. 1, 20, 3.
[139] Bietenhard, Dekapolis 239.

scheinlich auch Dion und Raphana[140] Herodes und seinen Nachfolgern[141]. Hiervon waren natürlich auch die Nabatäer betroffen, welche ja laut Josephus die nördliche Auranitis von Zenodoros gekauft hatten, deren Gebietsanspruch aber nach römischer Sichtweise ungültig war, so dass sie sich nur unfreiwillig in den Verlust schickten, da Herodes sie erneut bekriegen musste[142]. Die Südgrenze des herodischen Hauran verlief seitdem direkt entlang der Linie Dar'a, Bosra und Salkhad, wie wir daran erkennen können, dass südlich dieser Grenze weiter nach den nabatäischen Königen datiert wurde[143], und teilte somit Auranitis wie Batanea zwischen Herodianern und Nabatäern. Durch die augusteische Neuordnung wurde auch die pompejanische Konzeption der Dekapolis teilweise aufgegeben, denn während Pompejus jene Städte wohl als eigenständige politische Einheiten geplant hatte, beseitigte Augustus diese Ordnung zugunsten der Errichtung größerer regionaler Klientelstaaten[144] und schloss die Städte Gadara und Hippos sowie sicherlich einige weitere Poleis dem Reich des Herodes an[145]. Dass die Dekapolisstädte über diese Regelung unzufrieden waren, zeigen zahlreiche von Zenodoros geförderte Klagen über Herodes gegenüber der römischen Verwaltung, in denen die Städte ihren Anschluss an die Provinz Syrien forderten; ein Antrag, der aber zunächst abschlägig beantwortet wurde[146]. Erst nach dem Tod des Herodes wurden dann Gadara und Hippos wieder der Provinz Syrien unterstellt[147], doch steht zu vermuten, dass die seit Marc Anton in den Besitz Kleopatras und danach als Rechtsnachfolger in das Eigentum Octavians gelangten Güter auch unter Herodes weiterhin kaiserliches Vermögen blieben.

Trotz dieser Klagen scheinen die Jahre des Herodes wirtschaftlich äußerst nutzbringend für den Hauran gewesen zu sein. Denn wenn auch mit Ausnahme der südlichen Gaulanitis, welche ja bereits seit Alexander Jannaios judaisiert worden war, ein Großteil des Landes nichtjüdisch war, sah Herodes doch offensichtlich davon ab, etwa die lokalen Tempelanlagen zu zerstören oder die Religionsausübung zu behindern, da während seiner gesamten Regierungszeit heidnische Votivinschriften erhalten sind und sogar eine Statue des Königs im Baal-Schamin-Tempel in Sīʿ aufgestellt wurde[148], der zu den neuen herodianischen Gebieten gehörte. Die Herrschaft des Herodes und die Pax Augusta ermöglichten auch die systematische Melioration der fruchtbaren Batanea, welche zur Kornkammer Syriens wurde, wie auch das Zeugnis Strabos belegt[149].

Vor dem Hintergrund der augusteischen und vielleicht bereits auch pompejanischen Neuordnung und ihrer Durchsetzung durch die herodianische und die provinziale Verwaltung ist wohl auch die Tatsache zu sehen, dass so gut wie alle unsere antiken archäologischen wie epigraphischen Zeugnisse für den Hauran erst Mitte des ersten Jahrhunderts einsetzen[150]. Es stellt sich

---

[140] So Bietenhard, Dekapolis 240.
[141] Ios. ant. Iud. 15, 10, 1; bell. Iud. 1, 20, 4.
[142] Ios. ant. Iud. 15, 10, 2.
[143] Schürer, Jewish People 338 Anm. 2; Peters, Nabateans 271.
[144] Hierzu Bietenhard, Dekapolis 239. Nur einige wenige Städte, wie etwa Skythopolis oder Pella, entgingen der Unterstellung unter das Haus des Herodes; handelte es sich hierbei doch um strategische Positionen, durch deren Unabhängigkeit die Römer ein taktisches und leicht zu kontrollierendes Gegengewicht zur einheimischen Dynastie schaffen konnten.
[145] Ios. ant. Iud. 15, 7, 3; bell. Iud. 1, 20, 3.
[146] Zum Fall Gadara 22 und 20 v. Chr. vgl. Ios. ant. Iud. 15, 10, 3: »Im siebzehnten Jahre der Regierung des Herodes kam der Cäsar nach Syrien, und ein großer Teil der Gadarener benutzte diesen Anlaß, um über Herodes Klage zu führen, daß er sich herrschsüchtig, hart und tyrannisch benehme. Zu diesem kühnen Wagnis hatte sie Zenodorus getrieben, der sie stets aufwiegelte, sich über Herodes beklagte und ihnen eidlich zusagte, alles aufbieten zu wollen, damit sie von der Herrschaft des Herodes befreit und unmittelbar der Botmäßigkeit des Augustus unterstellt würden.«
[147] Ios. ant. Iud. 17, 11, 4; bell. Iud. 2, 6, 3.
[148] Butler, Syria II, 3788 f.; vgl. auch OGIS 415. Zum Tempel von Sīʿ vgl. allg. J.-M. Dentzer, Les fouilles de Sî et la phase hellénistique en Syrie du Sud, Comptes Rendus Séances Acad. Inscript. 1981, 78–102; ders., Damaszener Mitt. 2, 1985, 65–83; K. S. Freyberger, Die frühkaiserzeitlichen Heiligtümer der Karawanenstationen im hellenisierten Osten (Mainz 1998) 46–62; J. Dentzer-Feydy / J.-M. Dentzer / P.-M. Blanc (Hrsg.), Hauran II. Les installations de Sî'. Du sanctuaire à l'établissement viticole I. II (Beirut 2003).
[149] Strab. 16, 20; hierzu Peters, Nabateans 270.
[150] Hierzu auch Sartre, Orient romain 344 f.

somit die Frage, wieso die römische Verwaltung Syriens, der vorübergehende Anschluss der Dekapolisstädte an die Provinz und die spätere Einflussnahme des Herodes ein solch massives Anwachsen der lokalen Bautätigkeit hervorrufen konnten. Zwar mag dieser Befund zum Teil darauf zurückzuführen sein, dass zum einen bislang nur wenige Tiefengrabungen unternommen werden konnten und sicherlich noch Fundstücke vorrömischer Zeit im Boden aufbewahrt sind[151], zum andern bei der Neuerrichtung von Tempeln und Stadtteilen frühere Bauphasen weitgehend zerstört und überbaut wurden, doch reicht dies nicht, das völlige Fehlen archäologisch relevanter monumentaler Fundstücke aus der Zeit vor Pompejus zu erklären. Was die Privatarchitektur betrifft, so stellt sich in Anbetracht der jahrtausendelangen Kontinuität von Baumaterial und Bautechnik zunächst die Frage, inwieweit die vorhandenen Wohnhäuser überhaupt zeitlich einzuordnen sind – das früheste ungefähr datierbare Wohnhaus, ein Peristylhaus im Norden Kanathas, ist wohl zu Beginn des ersten Jahrhunderts einzuordnen. Die kontinuierliche, bis heute feststellbare Wiederverwendung brauchbarer Basaltplatten und -quader hat ein Übriges dazu getan, die Spuren älterer Strukturen zu verwischen[152], so dass selbst in vielen kaiserzeitlichen Monumentalbauten die Bausubstanz älterer, einfacherer Vorgängerarchitektur übernommen worden sein könnte.

Das Fehlen von Monumentalarchitektur vor der Provinzialisierung könnte dadurch zu erklären sein, dass vor Beginn der durch Rom garantierten Unabhängigkeit der Dekapolisstädte kein Bedürfnis beziehungsweise keine Möglichkeit zur architektonischen Selbstdarstellung kommunaler Autonomie bestand[153] und die zahlreichen Kriegszüge der umliegenden Stämme und Kleinstaaten die Bereitstellung der Mittel für eine solche repräsentative Tätigkeit unmöglich machten. Zudem hatten die meisten Siedlungen des Hauran relativ bescheidene Ausmaße und waren zwar dicht gesät, aber bis zur Reorganisation durch Pompejus kaum in größere städtische Einheiten zusammengefasst, so dass sie erst jetzt richtiggehend miteinander in Konkurrenz treten[154] und auch privaten Euergetismus aktivieren konnten[155], wenn auch von einer echten ›Stadtlandschaft‹ nicht gesprochen werden kann[156]. Ein weiteres Erklärungselement mag die Provinzialisierung des Gebiets gewesen sein, doch ist fraglich, ob diese sich bereits vor dem Prinzipat des Augustus segensreich auf die Bewohner auswirkte oder hier vielmehr einem Zeitgenossen wie Cicero Glauben zu schenken ist[157], der in seinen Reden die Ausbeutung und Verarmung der römischen Provinzen anklagt[158]. Immerhin darf der Euergetismus der Provinzverwalter und vor

---

[151] Zum Fehlen früh- und mittelhellenistischer Funde vgl. auch Sartre, Histoire du Levant 121 f.

[152] Vgl. hierzu E. M. Bopp in: K. S. Freyberger u. a. (Hrsg.), Kulturkonflikte im Vorderen Orient an der Wende vom Hellenismus zur römischen Kaiserzeit (Leidorf 2003) 47–63; dies., Die antike Wohnkultur des Hauran in Syrien (Rahden 2006).

[153] Generell zur Konstituierung von Identität durch meist sakrale oder kommunale Repräsentationsbauten vgl. K. S. Freyberger in: A. Schmidt-Colinet (Hrsg.), Lokale Identitäten in Randgebieten des Römischen Reiches. Symposium Wiener Neustadt 2003 (Wien 2004) 59–70.

[154] Zum Fallbeispiel der Kultbauten in Qanawat vgl. K. S. Freyberger in: E.-L. Schwandner / K. Rheidt (Hrsg.), Macht der Architektur – Architektur der Macht (Mainz 2004) 263–273.

[155] Ein typisches Beispiel etwa Cass. Dio 52, 6, 2 (Übersetzung Otto Veh): »In den Demokratien leisten indessen zahlreiche Bürger weitgehend freiwillig große Beisteuern zu dem hinzu, [was ihnen abverlangt wird,] und sie sehen darin eine Sache edlen Wettstreits und empfangen für ihre Gaben gebührende Ehren. Müssen aber einmal von der ganzen Bürgerschaft auch zwangsweise Abgaben gezahlt werden, dann nehmen sie diese auf sich, einmal, weil sie damit einverstanden sind, und dann auch in der Überzeugung, daß sie die Beiträge zu ihrem eigenen Besten leisten.« Zum privaten Euergetismus vgl. Ph. Gauthier, Les Cités grecques et leurs bienfaiteurs (IVe–Ier siècle av. J.-C.) (Paris 1985) sowie Sartre, Orient romain 147–166.

[156] Vgl. etwa Jones, Cities 286, der nach einer Untersuchung der Stadtterritorien von Kanatha, Dionysias, Philippopolis und Maximianopolis zu der Schlußfolgerung kommt: »The cities ruled no larger area than did the villages and were, in fact, merely glorified villages.«

[157] Hierzu etwa O. Flemming, Cicero ad Quintum fratrem I (Tübingen 1953).

[158] Vgl. pars pro toto Cic. ad Q. fr. 1, 1, 19 und 32 f. (Noch unter Nero beschwere man sich über die Publicani: Tac. ann. 13, 50, 1). Hierzu D. Magie, Roman Rule in Asia Minor I (Princeton 1950) 165 f.; F. M. Ausbüttel, Die Verwaltung des Römischen Kaiserreiches (Darmstadt 1998) 82 f.; N. Ehrhardt in: ders. / L.-M. Günther (Hrsg.), Widerstand – Anpassung – Integration. Die griechische Staatenwelt und Rom, Festschrift Deininger (Stuttgart 2002) 135–153.

allem der Bürgerkriegsparteien nicht von vornherein als Erklärungsfaktor ausscheiden, traten doch nicht nur Pompejus[159], sondern auch Cäsar[160] vielerorts auch im römischen Osten als großzügige Förderer großangelegter Bauprogramme hervor. Doch erlauben unsere Quellen kaum, das Wirken herausragender römischer Politiker der ausgehenden Republik auch im Hauran nachzuvollziehen, nimmt man die Tätigkeiten des Gabinius aus, der nicht nur in Kanatha als Euerget auftrat[161], sondern offensichtlich auch der Ausbeutung Syriens durch die Publicani erfolgreich entgegentrat[162]. Ein dritter Verständnisansatz mag durch die Stabilisierung des Mächtegleichgewichts seit Beginn der römischen Einflussnahme gegeben sein, welches zu außenpolitischem Frieden, innerer Stabilität und damit auch wirtschaftlicher Prosperität geführt habe[163], wenn auch die zahlreichen Auseinandersetzungen zwischen Herodianern und Nabatäern sicherlich nicht gering geachtet werden sollten. Eine vierte Erklärung der Omnipräsenz von Monumentalarchitektur mit späthellenistisch-frühaugusteischen bauornamentalen Charakteristika[164] wäre die Tatsache, dass der Beginn der eigentlichen Romanisierung der Provinzen des römischen Reichs keineswegs allein mit dem Datum der Inkorporierung ins Imperium in Zusammenhang steht, sondern vielmehr überall im Reich – also von früh erworbenen Gebieten wie Spanien und Kleinasien bis in jüngst eroberte Regionen wie Gallien – einheitlich in die Phase von der Mitte des ersten vorchristlichen bis in die ersten Jahrzehnte des ersten nachchristlichen Jahrhunderts zu datieren ist[165]. Der Monumentalisierungsschub des Hauran wäre also weniger auf regionale Eigenheiten zurückzuführen, als vielmehr auf ein reichsweites Phänomen.

Tatsächlich nämlich ermöglichte das ausgehende erste Jahrhundert im Raum des Hauran die Stabilisierung der Herrschaftsverhältnisse und somit eine nachhaltige Sicherung von Ruhe und Ordnung. Ein Aufstand der Trachonitis im Jahre 12 führte etwa wenig später zur Gründung einer jüdischen Militärkolonie durch Ansiedlung von dreitausend Idumenäern und zur Befriedung und Erschließung der Gegend[166]. Nach 10 v. Chr. sollte Herodes auch eine weitere Militärkolonie im Hauran gründen, deren Siedler nunmehr nicht nur aus dem Westjordanland, sondern sogar aus Mesopotamien herbeigeführt wurden[167]. Diese babylonischen Juden wurden im heute noch nicht sicher identifizierten Bathyra angesiedelt[168] und scheinen weitere Zuwanderungen begünstigt zu haben, da auch in späteren Zeiten zahlreiche mesopotamische jüdische Siedler

---

[159] So ließ Pompejus etwa einem seiner Freigelassenen zuliebe die Stadt Gadara wiederaufbauen (Ios. ant. Iud. 14, 4, 4; bell. Iud. 1, 7, 7). Zusammenstellung aller inschriftlichen Ehrungen des Pompejus als Euergetes, Soter und Ktistes bei D. Michel, Alexander als Vorbild für Pompeius, Caesar und Marcus Antonius (Brüssel 1967) 48 ff.

[160] Übersicht bei E. Winter, Staatliche Baupolitik und Baufürsorge in den römischen Provinzen des kaiserzeitlichen Kleinasien (Bonn 1996) 20 ff.

[161] BMCC Galatia, 302 f.; Spijkerman, Coins 93–95.

[162] Zu den Klagen der Publicani gegen Gabinius, der schließlich aus Syrien abberufen wurde, vgl. Cic. prov.; hierzu generell dann E. M. Sanford, Transact. Am. Philol. Assoc. 70, 1939, 64–92 und D. Engels, Rev. Belge Phil. Hist. 86, 2008, 23–45. Zu Gabinius' Auseinandersetzungen mit den Publicani und seiner Rolle als Wohltäter Syriens vgl. auch Sartre, Histoire du Levant 454 f.

[162] Ganz ähnlich führte ja auch die Befriedung des ituräischen Gebiets zur Monumentalisierung der Bautätigkeit; vgl. hierzu M. Sommer in: Schmidt-Colinet (Anm. 153) 199–208.

[163] Hierzu J. Dentzer-Feydy in: Dentzer, Hauran I 1, 261–310.

[164] Hierzu J.B. Ward-Perkins, Journal Roman Stud. 60, 1970, 1–19; Der Neue Pauly X (2001) 1124 s. v. Romanisierung (G. Woolf) Allg. zur Problematik R. Macmullen, Romanization in the Time of Augustus (New Haven 2000).

[166] Ios. ant. Iud. 16, 9, 1–2. Dass vierzig der flüchtenden Rebellen von Syllaios, dem Gouverneur des nabatäischen Königs Obadas III. (30–9 v. Chr.) aufgenommen wurden, zeigt allerdings die andauernde Feindseligkeit zwischen den beiden Staaten.

[167] Ios. ant. Iud. 17, 1, 1–3. Dicsc Babylonicr standen unter der Führung des Zamaris, waren teils in parthischer Kampftaktik ausgebildet und zuerst durch den syrischen Gouverneur Saturninus (10–6 v. Chr.) bei Antiocheia angesiedelt worden, zweifellos zum Schutz vor parthischen Überfällen.

[168] Bathyra entspricht vielleicht dem heutigen Nawa, in dessen Nähe viele auf eine jüdische Besiedlung deutende archäologische Reste aufgefunden wurden; vgl. Jones, Cities 286 und 266 Anm. 82. Allerdings wäre auch die Stadt Basir denkbar, welche strategisch günstig gelegen die Ledja überschaut; vgl. Peters, Nabateans 270. Auch eine Inschrift aus Scha ara legt die Präsenz einer herodianischen Kolonie nahe, da hier vom dreiundzwanzigsten Jahr einer Kolonie gesprochen wird (IGLS XV 62a).

belegt sind¹⁶⁹, wenn die Stadt auch in den folgenden Jahrzehnten allmählich ihre anfänglichen Privilegien verlor¹⁷⁰. Epigraphisch ist auch die Präsenz griechischstämmiger Siedler etwa in Danaba belegt¹⁷¹; inwieweit diese aber erst unter den Herodianern angesiedelt wurden, oder schon in seleukidischer oder gar ptolemäischer Zeit, muss unsicher bleiben.

Die Hasmonäer übten also in der Trachonitis eine Art Polizeifunktion zum Schutz der Karawanenstraßen aus¹⁷² und wurden hierin teilweise durch römische Truppenabteilungen¹⁷³ unterstützt, da es auch im Interesse der römischen Hegemonialmacht lag, ein reibungsloses Funktionieren der wichtigsten regionalen Transportroute zu gewährleisten, welche von Damaskus über Bosra nach Petra und von da zum Roten Meer führte. Da diese Straße, die nur in der Trachonitis über herodianisches Gebiet lief, logistisch weitgehend von den Nabatäern betreut wurde, ist auch das Anliegen der Römer verständlich, Konflikte zwischen Herodes und den Nabatäern einzudämmen und vielmehr auf die Komplementarität beider Antagonisten zu achten. Die enge Verzahnung aller Beteiligten, also der Römer, der Herodianer und nicht zuletzt der lokalen Eliten zum Schutze friedlichen Handels geht auch aus einer Inschrift aus Al-Hit aus der Zeit Agrippas I. oder II. hervor, in welcher ein Einheimischer mit Namen Charetos als Eparch einer römischen Kohorte und gleichzeitig als στρατηγὸς νωμάδων bezeichnet wird¹⁷⁴. Dieses Doppelamt ist wohl so zu verstehen, dass Charetos als Scheikh eines hauranischen Stammes gleichzeitig von den Herodianern als Sicherheitsverantwortlicher seines Territoriums anerkannt wurde, und dies durch den römischen Staat offiziell bestätigt wurde¹⁷⁵; ein keineswegs unbekannter Vorgang, ist doch eine ähnliche Heranziehung von Stammesoberhäuptern als ›principes gentium‹ auch aus Nordafrika und anderen nomadischen Randgebieten des Reichs bekannt¹⁷⁶. Im Vergleich zum Versuch der hellenisierenden Neuordnung des Hauran durch Pompejus bedeutet die augusteische Zeit also einen Rückgriff auf die alten Muster, da durch die Einsetzung regionaler Herrscher wie der Herodianer und der Nabatäer sowie der Einbeziehung lokaler Eliten und althergebrachter Stammesstrukturen¹⁷⁷ die politische Bedeutung der Städte wieder verringert wurde, wenn auch ihre wirtschaftliche Bedeutung stärker denn je war. Dies mag auf das Überhandnehmen der Bedrohung der Karawanen und landwirtschaftlichen Einrichtungen durch räuberische Nomaden zurückgeführt werden, denen gegenüber sich das polyzentrische Modell kleinerer Stadtstaaten nicht gewachsen zeigte, während im Gegenteil die Koordinierung lokaler Sicherheitsbeauftragter durch eine regionale Zentrale mehr Effizienz versprach¹⁷⁸.

Die Nachfolger des Herodes

Nach dem Tode des Herodes und der Teilung seines Reiches wurden der herodische Hauran mit Ausnahme von Gadara und Hippos, welche an Syrien gingen¹⁷⁹, seinem Sohn Philipp (4 v. Chr. – 34 n. Chr.) als Tetrarchie zugeschlagen¹⁸⁰, dem damit ein ethnisch höchst komplexes Gebiet

---

¹⁶⁹ Ios. ant. Iud. 17, 2, 2.
¹⁷⁰ Jones, Cities 283 mit Anm. 77.
¹⁷¹ IGLS XV 228.
¹⁷² Vgl. IGLS XVI 183 und ausführl. hierzu Sartre, Epigraphie du Hauran 318.
¹⁷³ Vgl. etwa Ios. ant. Iud. 15, 10, 1.
¹⁷⁴ IGR III 1136; OGIS 421: Ἐπὶ βασιλ|έω[ς μεγάλου Μάρκου Ἰου]λίου Ἀγρίππα, [ἔτους .., ———] | Χάρητος, ἔπα[ρχος ——————] | σπείρης Αὐ[γούστης καὶ στρατηγ]|ὸς Νομάδων ——- | -ης καὶ Χαλ[κιδηνῆς ———]. Hierzu u. a. Th. Brüggemann in: A. Lewin (Hrsg.), L'esercito tardo antico nel vicino oriente. Da Diocleziano alla conquista araba (Oxford, im Druck).
¹⁷⁵ Zur Deutung vgl. etwa Dentzer, Hauran I 2, 396.
¹⁷⁶ Vgl. hierzu etwa Th. Brüggemann in: S. Leder / B. Streck (Hrsg.), Shifts and Drifts in Nomad-Sedentary Relations (Wiesbaden 2005) 241–270; ders., Römische Verwaltung im nomadischen Umfeld. Ethnarchen, Phylarchen und Strategen in der Provinz Arabia (1.–3. Jh. n. Chr.), in: Kurt Franz (Hrsg.), Verwaltete Nomaden (im Druck).
¹⁷⁷ Hierzu Jones, Cities 283 f. mit Anm. 78; M. Sartre, Syria 59, 1982, 77–91.
¹⁷⁸ So Dentzer, Hauran I 2, 397.
¹⁷⁹ Ios. ant. Iud. 17, 11, 4.
¹⁸⁰ Ios. ant. Iud. 17, 3 und 17, 11, 4 f. und bell. Iud. 2, 6, 3. Zur herodischen Dynastie vgl. generell R. D. Sullivan in: ANRW II 8 (1977/78) 296–354, und N. Kokkinos, The Herodian Dynasty (Sheffield 1998) bes. 236.

zufiel[181], lebten hier doch in den Militärkolonien Juden, in der oberen Gaulanitis Ituräer, in der Auranitis Nabatäer, in der Batanea Aramäer und in der Trachonitis Araber, wozu noch griechische Bevölkerungsgruppen kamen, welche in den Städten der Dekapolis ihren Bezugspunkt hatten[182]. Philipps Regierungszeit verlief offensichtlich weitgehend ereignislos, wenn auch nach dem Ende seiner Herrschaft das Gebiet für drei Jahre der Provinz Syrien angegliedert wurde[183]. Dass trotz der Meliorationen der augusteischen Zeit das Gesamtgebiet wirtschaftlich immer noch nicht sehr ergiebig war, erweist sich aus der erstaunlichen und vielleicht nicht ganz ernst zu nehmenden Schätzung des jährlichen Ertrages auf etwa hundert Talente[184]. Im Jahr 37 n. Chr. übertrug Caligula mitsamt den anderen ehemaligen Besitzungen des Herodes auch die Gaulanitis, Batanea und Trachonitis an Herodes Agrippa I. (37–44 n. Chr.) und fügte 41 die Auranitis hinzu[185], was später von Claudius bestätigt wurde[186]. Es ist nicht überliefert, ob Gadara und Hippos weiter der syrischen Verwaltung unterstanden[187], wenn auch die etwa für Kanatha 38/39 und für Skythopolis 39/40 n. Chr. einsetzende Münzprägung nach pompejanischer Ära für eine Autonomie dieser und weiterer hellenisierter Städte der Region und damit eine Unterordnung unter das Imperium spräche[188]. Nach dem Tod Agrippas I. wurden diese Gebiete abermals kurzfristig eingezogen[189], 53 aber an Agrippa II. (53–70/93 n. Chr.) zur Neukonstituierung der alten Tetrarchie Philipps übertragen[190]. Dass trotz dieser mehrfachen Besitzänderung der gesamte Hauran letztlich immer von Rom abhängig blieb, wird schon dadurch deutlich, dass in Kanatha bereits während der Regierungszeiten von Agrippa I. und Agrippa II. Münzen mit dem Bild Caligulas beziehungsweise Domitians geschlagen wurden, wie die Ausgrabungen am Tempel von Sīʿ ergaben[191]. Agrippas Bemühungen, die halbnomadischen Bevölkerungsgruppen zur Ansässigkeit zu führen und hierdurch nicht nur den wirtschaftlichen Ertrag, sondern auch die Sicherheit des Hauran zu vergrößern, ist dann aus einer Inschrift gut bekannt, welche wohl aus Sīʿ stammt[192]. Ähnlich wie Agricola ungefähr zur gleichen Zeit 78–79 n. Chr. die Bevölkerung Britanniens durch infrastrukturelle Leistungen des römischen Staates und Anreize zur Sesshaftigkeit pazifizieren und ins neue Provinzialgefüge einzubinden suchte[193], ermahnte auch Agrippa hier seine Untertanen, das nomadische Leben aufzugeben und Häuser zu bauen. Dieses Unterfangen mochte zwar in Anbetracht der Wohltaten der Pax Romana tatsächlich zu einer gewissen Förderung des sesshaften Elements und einer Verstärkung landwirtschaftlicher Tätigkeiten gegenüber nomadisierender Viehzucht führen, war aber letztlich natürlich nie vollständig realisierbar, lebte doch der Hauran als Übergangszone zwischen der mediterranen Küstenlandschaft und der arabischen Wüste vom wirtschaftlichen wie sozialen Austausch zwischen sesshaften und nomadisierenden Bevölkerungsgruppen. Charakteristisch blieb daher eine zutiefst dimorphe Gesellschaft von trotz aller Rivalitäten eher komplementären als antagonistischen Bevölkerungsgruppen[194].

---

[181] So bereits Ios. bell. Iud. 3, 3, 5.
[182] Peters, Nabateans 270.
[183] Zur Angliederung an Syrien zwischen 34 und 37 vgl. Ios. ant. Iud. 18, 4, 6. Zu den Gründen dieser annexionistischen Versuche, die sicherlich nicht allein aus Sicherheitsüberlegungen vorgenommen wurden, vgl. H. N. Cotton in: W. Eck (Hrsg.), Lokale Autonomie und römische Ordnungsmacht in den kaiserzeitlichen Provinzen vom 1. bis 3. Jahrhundert (München 1999) 75–92; Sommer, Steppengrenze 60–64.
[184] Ios. ant. Iud. 17, 11, 4. Im Vergleich hierzu erbrachten die Besitztümer seiner Brüder Antipas und Archelaos 200 bzw. 400 Talente.
[185] Ios. ant. Iud. 18, 6, 10; 19, 5, 1 und 8, 2.
[186] Ios. bell. Iud. 2, 11, 5.
[187] Für eine weitere Zugehörigkeit zur Provinz Syrien Bietenhard, Dekapolis 241.
[188] Hierzu Wenning, Dekapolis 10.
[189] Ios. ant. Iud. 19, 9, 1 f.; bell. Iud. 2, 11, 6.
[190] Ios. ant. Iud. 20, 7, 1; bell. Iud. 2, 12, 8.
[191] Chr. Augé in: Dentzer, Hauran I 2, 205–218; 210.
[192] OGIS 424: a [Βασιλεὺς Ἀγ]ρίππας Φιλοκαῖσαρ | [καὶ] Φιλορω]μαῖος λέγει· ——— ϑηριώδους καταστάσεω[ς | ———] b ——— οὐκ οἶδ᾽ ὅπως μέχρι νῦν λ[αϑόντες καὶ || ἐν πολλοῖς τῆς χώ]ρας μέρεσιν ἐνφωλεύσ[αντες ———|— ε]ἴχεν ἢ μηδ᾽ ὅλως ποτὲ γ———--|——— ο..τ......πτ.
[193] Tac. Agric. 21.
[194] Hierzu M. Rowton, Oriens Antiquus 15, 1976, 17–31; ders., Journal Near Eastern Stud. 36, 1977, 181–198; Sommer, Steppengrenze, bes. 58–65. Zu beachten ist der

Der jüdische Krieg zog dann die Städte der Dekapolis in Mitleidenschaft, ist doch überliefert, die Juden, welche auch im Hauran zerstreut in zahlreichen Dörfern und Militärkolonien siedelten, hätten die Territorien zahlreicher dieser Poleis verwüstet, zu denen auch Hippos zählte[195]. Angesichts dieser äußeren Bedrängnis wandten sich die heidnischen Bewohner von Hippos, Gadara, Gerasa und Skythopolis gegen ihre jüdischen Mitbürger, so dass es hier wie auch anderswo zu Judenmorden und zahlreichen Internierungen kam[196] und Hippos wie Gerasa mit eigener Münzprägung nach pompejanischer Ära begannen, um ihre Autonomie zu unterstreichen[197]. Vielleicht geschah es sogar erst im Laufe des Jüdischen Krieges, dass sich die Dekapolisstädte definitiv zusammenschlossen und als Teil des Imperium darstellten, insofern diese Entwicklung nicht bereits unter Pompejus oder die erste Zusammenfassung unter die Provinzialadministration zwischen der Regierungszeit Agrippas I. und Agrippas II. stattgefunden hatte[198]. Interessanterweise ist zugleich überliefert, dass viele der Aufständischen gerade aus der Trachonitis, Gaulanitis und der Gegend von Hippos kamen, was man sowohl mit der Bandentradition der Trachonitis erklären kann als auch mit einer missglückten Integrationspolitik im ethnisch vielfältigen Hauran.

In der Zeit um 92/93 n. Chr. wurde der Nord-Hauran dann im Rahmen der Auflösung der jüdischen Eigenstaatlichkeit definitiv zur Provinz Syrien geschlagen[199], wobei die Grenzziehung zum Süden dadurch bekannt ist, dass im Norden meist nach Regierungsjahren der Kaiser datiert wurde, während später, seit 106 n. Chr., im zur Provinz Arabien gehörigen Süd-Hauran eine eigene Provinzialära, die Aera Bostrensis, einsetzte[200].

Der nabatäische Süd-Hauran

Während also der Besitz großer Teile des Hauran gleich mehrfach zwischen der Provinz Syrien und den jüdischen Regionalfürsten wechselte[201], ist über den Süden der Auranitis, welcher ja auch nach der Neuordnung des Pompejus weiter nabatäisch blieb, nur wenig überliefert. Größere Konflikte zwischen Nabatäern und Herodianern sind trotz der Teilung des Hauran nicht bekannt, was wohl darauf zurückzuführen ist, dass beide Mächte auf römische Anweisung hin zum beiderseitigen Nutzen friedlich koexistierten, indem die Nabatäer die Handels- und Pilgerroute von Damaskus nach Palästina logistisch organisierten, der herodische Staat sie aber militärisch sicherte[202]. Eine Passage des Zweiten Briefs an die Korinther, in welcher ein Ethnarch Königs Arethas IV. (8–40 n. Chr.) in Damaskus erwähnt wird[203], ließe zwar auf eine gewisse Kontrolle der Nabatäer über diese Stadt und somit auch die nordhauranischen Gebietsstreifen bis dorthin um 40 n. Chr. vermuten[204], zumal tatsächlich römische Münzen für Caligula, Claudius und die ersten acht Regierungsjahre Neros aus Damaskus fehlen und die Nabatäer bis ins späte erste Jahrhundert etwa Admedera in der Nähe von Damaskus besaßen[205]. Doch ist eine solche Schenkung Caligulas an Aretas IV. umstritten, gehörte Damaskus doch seit der Provinzialisie-

---

gegenwärtige Sonderforschungsbereich zu dimorphen Gesellschaften an der Universität Halle; Zwischenstand des Projekts in: B. Streck (Hrsg.), Mitteilungen des SFB ›Differenz und Integration‹ 6: Segmentation und Komplementarität. Organisatorische, ökonomische und kulturelle Aspekte der Interaktion von Nomaden und Sesshaften (Halle 2004).
[195] Ios. bell. Iud. 2, 18, 1 f., der Philadelphia, Gerasa, Pella, Skythopolis, Gadara, Hippos und die Gaulanitis erwähnt.
[196] Ios. bell. Iud. 2, 18, 1–5.
[197] Wenning, Dekapolis 11.
[198] Wenning, Dekapolis 12.
[199] Hierzu etwa Th. Frankfort in: Mélanges Grenier II (Brüssel 1962) 659–672.
[200] Sartre, Epigraphie du Hauran 318 f.
[201] Zu den diesbezüglichen Inschriftenfunden vgl. auch Sartre, Bostra 51–54.
[202] Peters, Nabateans 272.
[203] 2 Kor 11, 32.
[204] Unterstützt etwa durch Schürer, Jewish People 582; Jones, Cities 290 f.; Bietenhard, Dekapolis 245–258.
[205] CIS II 161.

rung durch Pompejus fest zum Territorialbestand Syriens und war eben auch römische Münzprägestätte[206]. Die Stelle aus dem Zweiten Korintherbrief lässt sich daher mit Hammond besser als Hinweis auf den Vertreter einer nabatäischen Minderheit in Damaskus deuten[207], welcher interne Aufsichtsfunktionen zum Schutz einer nabatäischen Handelsniederlassung ausübte.

Als die Römer, die bereits unter Augustus Teile Arabiens militärisch zu besetzen versuchten[208], während der Herrschaft von Malichos II. (40–70) den nabatäischen Hafen Leuke Kome annektierten[209], der gegenüber dem ägyptischen Berenike lag, wurde auch die nabatäische Wirtschaft insoweit davon betroffen, als der Ausgangspunkt der traditionellen Handelsroute vom Roten Meer zum Mittelmeer, die von Leuke Kome über Petra nach Gaza verlief[210], in römische Hand geriet und der Zoll auch römisch besteuert wurde[211]. Dies machte die arabische Karawanenstraße für die Handelsverbindungen vielleicht weniger attraktiv, da die Güter nach der Einführung ins Nabatäerreich wahrscheinlich erneut und dann bei der Ankunft am Mittelmeer wohl ein drittes Mal verzollt werden mussten, so dass eine Abwicklung über das ägyptische Berenike, den Nil und Alexandreia wirtschaftlich interessanter schien, da nur eine einmalige Verzollung notwendig war; doch ist diese Vermutung umstritten. Inwieweit daher das nabatäische Reich durch diese Entwicklung geschwächt wurde, ist unsicher; sicherlich aber ist es wohl kein Zufall, dass diese Periode mit einer verstärkten urbanistischen Aktivität der Nabatäer in Bosra unter Rabbel II. (71–106 n. Chr.)[212] koinzidiert, wobei die wachsende Bedeutung dieser Stadt keine Verlagerung des Machtzentrums von Petra nach Bosra implizieren muss, sondern vor allem vor dem Hintergrund wachsender Sesshaftigkeit des nabatäischen Stammesverbands zu verstehen ist. Die wirtschaftliche Zentrumsfunktion der Metropole des Hauran, welche auf der Strecke von Petra nach Damaskus lag, ist vielleicht auch durch eine in Bosra geprägte Münze dieses Königs belegt, welche drei wie Baetyle geformte Zylinder auf einer Plattform darstellt[213]. Da wir wissen, dass die Nabatäer eine besondere Verehrung des Himmelsgottes Dusares pflegten[214], der zunächst nur Lokalgottheit von Petra war[215], unter Rabbel II. aber auch in Bosra inschriftlich oft erwähnt wurde[216], ist sogar vermutet worden, dass diese Münzbilder das zentrale Stammesheiligtum symbolisch visualisieren sollten und seine Übertragung nach Bosra bezeugten[217], wenn sich diese

---

[206] Peters, Nabateans 271.
[207] Hammond, Nabataeans 37.
[208] Strab. 16, 780–783; Cass. Dio 53, 29; Plin. nat. 6, 32. Vgl. hierzu R. Fazy, Bull. Soc. Suisse Amis Extrême-Orient 5, 1943, 3–31; J. Pirenne, Le royaume sud-arabe de Qataban et sa datation (Louvain 1961) 93–124.
[209] Zu Leuke Kome vgl. Strab. 16, 4, 23 f. Die römische Annexion wird durch die Präsenz eines römischen Zenturio und einer Garnison in der Zeit um 75 n. Chr. (Peripl. m. Erythr. 19) nahegelegt – Th. Mommsen, Römische Geschichte V (Berlin 1904) 479 Anm. 30 –, ist aber nicht unumstritten; vgl. Pirenne (vorige Anm.) 178.
[210] Diese Handelsroute ist beschrieben bei Plin. nat. 6, 144.
[211] Peripl. 19.
[212] Hierzu Peters, Nabateans 272; G. W. Bowersock, Roman Arabia (Cambridge, Mass. und London 1983) 73; A. Lewin, in: E. Dabrowa (Hrsg.), The Roman and Byzantine Army in the East (Krakau 1994) 109–118, 112–114. Zur Stadt Bosra in der hellenistischen und römischen Zeit allg. vgl. A. Alt, Das Territorium von Bostra, Zeitschr. Dt. Palästina-Ver. 68, 1946–51, 235–245; S. Mougdad, Bosra (Damaskus 1974); Negev, Nabateans 660–663; S. Mougdadin: Studies in the History and Archaeology of Jordan I (Amman 1981) 267–273; M. Sartre in: L. Jalabert (Hrsg.), Inscriptions grecques et latines de la Syrie XIII 1 (Paris 1982); A. Kindler, The Coinage of Bostra (Warminster 1983); D. S. Miller, Aspects of Graeco-Roman Urbanism (Oxford 1983) 110–127; Sartre, Bostra; K. S. Freyberger, Damaszener Mitt. 4, 1989, 45–60, bes. 46–52; J. M. Dentzer u. a., Syria 79, 2002, 75–157.
[213] C. B. Morey in: Butler, Syria II, S. XXVII–XXXVI (Appendix).
[214] Nabat. dwšr', also ›Duschara‹, wohl abzuleiten von Dhu l-Šara (›der vom Gebirge Šarā‹). Zu Dusares vgl. allg. EI² II (1965) 246a s. v. Dhū l-Shara (G. Ryckmans). Noch in spätester Zeit wurde in Bosra der Gott verehrt und v. a. am 25. Dezember gefeiert; vgl. Epiphanius haeres. 51 p. 483 Dind.
[215] Vgl. hierzu J. Starcky, Pétra et la Nabatène. Suppl. Dict. Bible 7 (Paris 1966) 986 f.
[216] RES 676 und 2025 (Bosra), RES 83 (Imtan); RES 1096 (Umm al-Jimal), CIS II, 218 (Hegra). RES 2025 spricht daher auch explizit von einem Heiligtum für Dusares und die anderen Götter von Bosra.
[217] Diese Hypothese begründet durch J. T. Milik, Syria 35, 1958, 227–251. Während das mittlere Baetyl also Dusares darstellt, mögen die beiden anderen jeweils Allat und die Tyche der Stadt Bosra bezeichnen, wie der epigraphische Befund der religiösen Aktivitäten der Stadt vermuten lässt.

These auch bislang nicht verifizieren ließ[218]. Bedenkt man die eventuelle Schwächung des nabatäischen Handels einerseits und die besondere Fruchtbarkeit des Hauran andererseits, wird die wachsende Bedeutung Bosras auch durch den Wunsch verständlich, die Prosperität der nabatäischen Wirtschaft durch Optimierung der landwirtschaftlichen Nutzung des Hauran zu sichern: So kann man vielleicht auch den Beginn der systematischen Erschließung des Gebiets durch ausgefeilte Bewässerungsanlagen in die Regierungszeit Rabbels II. datieren[219]. Zudem bewirkte die Verlegung der Handelsstraßen, dass die Routen vom Jemen nicht mehr prinzipiell über Petra liefen, sondern über Ägypten. Die Güter aus dem Persischen Golf und Mesopotamien benötigten dagegen das im Handelsvolumen schrumpfende Petra als Umschlagplatz nicht mehr und nahmen nunmehr die kürzere Strecke über Bosra[220], welches ähnlich wie Palmyra und auch Gerasa direkt von dieser Verlegung der Handelsrouten profitierte. Die besondere Bedeutung von Bosra noch vor Petra wird auch dadurch deutlich, dass es eben Bosra sein sollte, das nach der Annexion durch Trajan 106 n. Chr. zur Hauptstadt der Provincia Arabia bestimmt werden sollte[221], wenn auch vielleicht nach einer kurzen Übergangsphase in Petra[222].

Spuren nabatäischer Präsenz sind vor allem für die West- und Südhänge des Djebel ed-Druz wie auch für die Trachonitis erwiesen, fehlen aber weitgehend für die fruchtbare Batanea, genauso wie sie nicht auf der östlichen Seite des Djebel ed-Druz[223] bezeugt sind, was dadurch erklärt werden kann, dass die Trachonitis wichtiges Durchzugsgebiet auf dem Weg von der Auranitis nach Damaskus war, wogegen die Batanea während der kurzen Zeit möglicher nabatäischer Einflussnahme auf Grund der häufigen ituräischen Einfälle zu verwüstet war[224], um zum Siedeln attraktiv zu sein, und schließlich die Osthänge des Djebel ed-Druz nicht fruchtbar genug waren, um einen nabatäischen Zuzug zu begünstigen. Ob die Nabatäer sich zur Zeit ihrer politischen Kontrolle des Hauran und der Ledja auch in größeren Gruppen hier ansiedelten, ist wegen des nur spärlichen Vorkommens der typischen nabatäischen Keramik wie auch nabatäischer Inschriften[225] in diesem Gebiet umstritten[226]. Freilich kann dies letztlich kein Indiz für die

---

[218] Kritisch zur Verlegung der Hauptstadt etwa R. Haensch, Capita provinciarum. Statthaltersitze und Provinzverwaltung in der römischen Kaiserzeit (Mainz 1997) 238 Anm. 42. Betrachtet man das Stadtbild von Bosra, so wird unter dem sicherlich bereits in nabatäischer Zeit angelegten, aber erst in römischer Zeit als Kolonnadenstraße ausgeschmückten ostwestlichen Cardo und mehreren nordsüdlichen Decumani, welche auf das Lager der seit 106 n. Chr. in Bosra stationierten Legio III Cyrenaica (und seit 293 auch der Legio IV Martia; hierzu P. Leriche in: Dentzer/Orthmann, Syrie II, 275 f.) ausgerichtet sind, eine ungeordnete Straßenstruktur deutlich. Diese ist noch heute an der Ostseite durch einen großen, ›nabatäisch‹ genannten Bogen bestimmt, der allerdings ein komposites Gebilde ist, das im Aufbau frühaugusteischen italischen Torbauten ähnelt, während seine Dekoration sowohl östliche als auch westliche Formen aufweist und v. a. durch Hörnerkapitelle geprägt wird, welche in der Tradition hellenistischer Bossenkapitelle stehen und daher kaum als nabatäisch zu bezeichnen sind. Dieser Bogen vermittelt geschickt zwischen der Ausrichtung der Ostwestachse und der Orientierung einer nach Osten hin anschließenden großen Platzanlage, an welche auch ein als Palast bezeichnetes, mehrstöckiges großes Hofhaus angelehnt ist. Es kann daher vermutet werden, dass das Gebiet um den Tempel und den Palast das Herzstück der ursprünglichen Stadtanlage gewesen sein muss, der Bogen zwischen der Altstadt und der späteren Stadterweiterung nach Westen vermitteln und den Orientierungswechsel kaschieren sollte – vgl. Dentzer, Hauran I 2, 406 f. – und die Tempelanlage als Dusaresheiligtum identifiziert werden könnte – Peters, Nabateans 274.

[219] N. Glueck, Rivers in the Desert (New York 1959) 223–225; A. Negev, Israel Explor. Journal 11, 1961, 127–138 und 13, 1963, 113–124; Peters, Nabateans 274. Vgl. auch Hackl/Jenni/Schneider, Nabatäer 165: »Die Nabatäer schufen sich hier ein agrarisches Standbein, so dass sie nicht mehr vom Handel allein abhingen.«

[220] Hierzu A. Poidebard, La trace de Rome dans le désert de Syrie (Paris 1934) 57–67.

[221] Jones, Cities 291 erklärt die Bestimmung Bosras – »hitherto a place of no great importance« – zur Provinzhauptstadt allerdings aus rein strategischen Gründen, da die Lage Petras zu isoliert gewesen sei.

[222] Vgl. Haensch (Anm. 218) 238–244.

[223] Peters, Nabateans 267.

[224] Strab. 16, 2; Ios. ant. Iud. 15, 10, 1.

[225] Zu den Keramikfunden im Hauran vgl. Dentzer, Hauran I 2, 219–222; M. Barret u. a., ebd. 223–234; ders. / D. Orssaud, ebd. 259 f. – Zur Streuung der nabatäischen Inschriften im Hauran vgl. J. Starcky in: Dentzer, Hauran I 1, 167–182.

[226] Gegen eine größere Ansiedlung s. Glueck 1942 (Anm. 117) 2–8; dafür aber etwa Sourdel, Cultes du Hauran 6 f.

ethnische oder kulturelle Siedlungsstruktur sein. Auch inwieweit die Nabatäer die Privat-[227] und Monumentalarchitektur prägten, und Gebäude wie der Tempel von Sīʿ, die Bauten in Bosra und zahlreiche weitere Tempelanlagen im Süd-Hauran als Zeugnisse einer eigenen nabatäischen Kultur zu betrachten sind[228], ist immer noch fraglich. Die meisten strukturellen Grundzüge jener Gebäude entsprechen eher dem Formenschatz der hellenistischen ornamentalen und architektonischen Koine als genuin nabatäischen Formen[229]. Dass allerdings die ursprünglich jüdisch-aramäische Bevölkerungsstruktur sich im Zuge nabatäischer Zuwanderung im Süden und safaïtischer im Osten zu einer eher aramäisch-arabischen und schließlich gänzlich arabischen wandelte, steht angesichts onomastischer Studien und der späteren ghassanidischen Dominanz wohl außer Frage[230].

Was die Verwaltungsstruktur betrifft, so dürfen die epigraphischen Funde, welche in der Nachfolge der Seleukiden von Strategoi als Provinzgouverneuren sprechen, keineswegs auf eine zentralisierte Bürokratie schließen lassen. Vielmehr muss man annehmen, dass die einzelnen Territorien wie auch im römisch-herodisch dominierten Norden durch örtliche Scheikhs administriert wurden, welche sich den Nabatäern nominell unterstellten[231]. Die unterste Ebene lokaler Verwaltung ist durch die im Hauran verstreuten Inschriften recht gut bekannt[232], aus denen eine weitgehende Autonomie der einzelnen Dörfer hervorgeht, die jeweils von einem Hauptdorf, einer Metrokome, abhängig waren[233], welches seinerseits allerdings wohl keinen Status als Polis hatte.

Während Bosra das städtische Zentrum des nabatäischen Hauran war, bildete die Tempelanlage von Sīʿ unstreitbar einen wichtigen religiösen Mittelpunkt nicht nur des Stadtgebiets von Kanathas[234], als dessen extraurbanes Heiligtum der Tempel zu sehen ist, sondern auch der Territorien unter nabatäischem Einfluss. Dies ist durch nabatäische Stiftungen, wie etwa den Südtempel und die große Zahl nabatäischer Münzen[235] belegt, wenn das Heiligtum auch später mit den kurzen Ausnahmen von 84–72 und 30–23 v. Chr. im Gebiet der herodianischen Staaten lag[236]. Das Heiligtum ist typisch für den religiösen wie politischen Eklektizismus des Hauran in hellenistischer Zeit: Gefördert sowohl von lokalen Würdenträgern aus Kanatha wie auch von nabatäischen Stiftern, aber zum Staat des Herodes zugehörig, war es als Heiligtum sowohl Baal Schamin als auch der Tyche des Ortes und Dusares zugleich gewidmet – auch wenn diese Zuschreibungen nicht unumstritten sind[237] – und kann als Pilgerstätte und Warenumschlagplatz für Nomaden wie Sesshafte gleichermaßen betrachtet werden[238]. Während der Baal-Schamin-

---

[227] Zur Annahme nabatäischer Elemente im regionalen Hausbau vgl. Negev, Nabateans 613 f.

[228] Eine Aufzählung bei Peters, Nabateans 274.

[229] Auch das sogenannte nabatäische Hörnerkapitell ist keineswegs Alleingut nabatäischer Architektur, sondern findet sich als Bossenkapitell auch außerhalb des nabatäischen Raums wie etwa auf Zypern.

[230] Hierzu Sourdel, Cultes du Hauran 6 f. Generell zur Problemstellung der Rolle der Araber in der antiken Welt vgl. R. Dussaud, La pénétration des Arabes en Syrie avant l'Islam (Paris 1955); A. Grohmann, Arabien (München 1963); F. Altheim / R. Stiehl (Hrsg.), Die Araber in der alten Welt (Berlin 1969); I. Shahid, Rome and the Arabs (Dumbarton Oaks 1984).

[231] Vgl. Ios. ant. Iud. 18, 5, 1.

[232] Hierzu ausführlich G. McLean Harper, Yale Class. Stud. 1, 1928, 103–168; M. Sartre in: E. Frézouls (Hrsg.), Sociétés urbaines, sociétés rurales dans l'Asie Mineure et la Syrie hellénistiques et romaines. Kolloquium Straßburg 1985 (Straßburg 1987) 239–257; J. D. Grainger, Levant 27, 1995, 179–195.

[233] Eine Liste der Metrokōmiai bei M. Sartre, Syria 76, 1999, 197–222

[234] Zum Tempel von Sīʿ vgl. allg. Negev, Nabateans 614–618; J.-M. Dentzer / J. Dentzer, Les fouilles de Sī et la phase hellénistique en Syrie du Sud, Comptes-rendus séances acad. inscript. et belles lettres 1, 1981, 78–102; Dentzer-Feydy/Dentzer/Blanc, Hauran II (Anm. 148).

[235] Hundertzehn von den hundertfünfundsiebzig in Sīʿ gefundenen Münzen normaler Größe sind Prägungen der nabatäischen Könige von Aretas IV. bis Rabbel II.; vgl. Chr. Augé in: Dentzer, Hauran I 2, 205–218, bes. 208–211.

[236] Hierzu Butler, Syria II, 365–402, und neuerdings Tholbecq, Hérodiens.

[237] Hierzu bes. J. Dentzer-Feydy, Syria 56, 1979, 325–332; Freyberger, Karawanenstationen Anm. 148) 46–54. Baal Schamin ist als lokaler Himmelsgott mit solarem Charakter zu betrachten, der als Kosmokrator verehrt wurde, wie auch Zeus Uranios in Baitokaike, Iuppiter Damascenus, Iuppiter Heliopolitanus, etc.

[238] Dentzer, Hauran I 2, 405 f. Hierzu auch Sommer, Steppengrenze 63 f. Zur Funktion des Heiligtums als Marktplatz vgl. auch K. S. Freyberger, Ant. Welt 35, 2004, 8–18.

Tempel in das Jahr 33/32 zu datieren ist und – vielleicht – während der kurzen Jahre nabatäischer Souveränität über das Territorium von Kanatha errichtet wurde, wenn er auch auf eine private Stiftung zurückgeht[239], wurde der zweite Tempel unter Agrippa II. (59–95 n. Chr.) errichtet[240], der dritte dank einer Stiftung Rabbels II. (71–106). Die Anlage beherbergte auf ihrem Territorium neben der bereits erwähnten Herodesstatue auch ein Edikt Agrippas[241] und eine Inschrift des Claudius oder Domitians[242].

Auch bei Dayr Smaydj in der Nähe von Kanatha befand sich ein kleiner nabatäischer Temenos[243]. Die spätere Römerstraße, welche von Shubah über Kanatha und Dionysias nach Bosra führte, dürfte schon auf eine nabatäische Vorgängerroute zurückgehen, wenn auch die quer durch die Trachonitis angelegte, anstatt die gebirgige Landschaft umgehende Route sicherlich römischer Konzeption folgt und als Befriedungsversuch gegenüber den räuberischen Bewohnern ebenso wie zur Verkürzung der Strecke nach Damaskus zu deuten ist[244]. Wirtschaftliche Hauptaktivität der Städte am fruchtbaren Westabhang des Djebel-Hauran dürfte der Weinanbau gewesen sein: Das gesamte Gebiet war dem nabatäischen Himmelsgott Dusares geweiht, der in vielen Zügen auch Dionysos ähnelte[245], dessen regionale Popularität bereits in hellenistischer Zeit durch Städtenamen wie Dionysias bezeugt wird und dessen Symbolik auch die dekorative Ausgestaltung auranitischer Bauten bestimmen sollte, denkt man an die Omnipräsenz von Weintrauben und Reben in den späteren römischen Strukturen[246]. Vielleicht war es sogar der um Kanatha besonders ertragreiche Weinanbau, welcher die Übertragung des Territoriums durch Marc Anton an Kleopatra und den Streit zwischen Herodes und den Nabatäern erklärt.

Nach dem Wegfall des herodianischen Königtums und der Übernahme seiner Funktionen durch die römische Verwaltung[247] entschied Trajan im Anschluss an den Tod Rabbels II. im Jahr 106, im Zuge der Vereinfachung der südsyrischen Staatenwelt auch den Nabatäerstaat durch den syrischen Legaten Aulus Cornelius Palma auflösen zu lassen[248]. Nach der Besetzung durch die römischen Truppen und der Umwandlung der Region in die Provincia Arabia wurde auch der Süd-Hauran Teil der neugeschaffenen Verwaltungseinheit[249]. Mit der Einrichtung der Provinz Arabia endeten auch die letzten Reservate der Dekapolisstädte, welche die gemeinsame Namensführung einstellten, aber den pompejanischen Kalender weiterführten. Philadelphia, Gerasa, Adraa und wahrscheinlich auch Dion gehörten fortan zur Provinz Arabia[250]; Kanatha allerdings unterstand zunächst weiterhin der syrischen Verwaltung[251]. Die römische Neuordnung machte auch die Trennung des Hauran in einen Nord- und einen Südteil hinfällig, welche ja nur durch die Rivalität zwischen den Nabatäern, Ituräern und Hasmonäern beziehungsweise Herodianern

---

[239] Vgl. Hackl/Jenni/Schneider, Nabatäer E.004.01 (CIS II 195–197): »Gutes Gedenken an Malikat*, den Sohn des Aušu*, des Sohnes des Mu'airu*, der gebaut hat für Ba'al šamin* den inneren Tempelteil und den äußeren Tempelteil* und dieses ›Theater‹* und die Portikus (?)* [—]* Jahr 280 bis zum Jahr 311. Und überdies ein Leben in Frieden.«

[240] Hierzu Dentzer-Feydy (Anm. 237).

[241] OGIS 424.

[242] Butler, Syria II, 390.

[243] Butler, Syria II, 352 f. Zur Verehrung von Theandrios, Gott von Rabbos, in Kanatha vgl. R. Donceel / M. Sartre, Electrum 1, 1997, 21–34

[244] M. Dunand, La voie romaine du Ladja. Mém. acad. inscr. et belles-lettres 13 (Paris 1930) 521–557; Peters, Nabateans 272. Zu den Straßenverbindungen des Hauran vgl. auch Th. Bauzou in: Dentzer, Hauran I 1, 137–166.

[245] Sourdel, Cultes du Hauran 62–64. Zur Gleichsetzung von Dusares mit Dionysos vgl. bereits Hdt. 3, 8.

[246] Vgl. Brünnow/Domaszewski, Arabia III Abb. 1024 und 1025.

[247] Zur Übernahme v. a. der Polizeifunktion auf den Karawanenstraßen vgl. auch Sartre, Epigraphie du Hauran 318.

[248] Fest. 14, 3; Cass. Dio 68, 14, 5; Amm. 14, 8, 13; Eutr. 8, 3. Hierzu G. W. Bowersock, Zeitschr. Papyr. Epigr. 5, 1970, 37–47; ders., Journal Roman Stud. 61, 1971, 219–242; J. W. Eadie in: J. W. Eadie / J. Ober (Hrsg.), The Craft of the Ancient Historian. Essays in Honor of Chester G. Starr (Lanham 1985) 407–423; Gebhardt, Imperiale Politik 87–105; Hackl/Jenni/Schneider, Nabatäer 52–56.

[249] Cass. Dio 48, 14, 6; Fest. 14, 3; Amm. 14, 8, 13; Eutr. 8, 3; Hieron./Euseb. Chron. 2118. Hierzu Bowersock (vorige Anm.); Peters (Anm. 33); D. F. Graf, Bull. Am. Schools Orient. Res. 229, 1978, 1–26; Bowersock, Roman Arabia (Anm. 213).

[250] Hierzu Bietenhard, Dekapolis 245; weitere Literatur hierzu bei Gebhardt, Imperiale Politik 88 mit Anm. 4.

[251] IGR III 1224 und 1226 (aus den Jahren 124 und 170/1).

entstanden war: Der bislang zur Provinz Syrien gehörende Nord-Hauran wurde daher wohl erstmals durch Caracalla versuchsweise mit dem arabischen Süd-Hauran vereint[252], endgültig dann durch die Severer[253].

Ausblick

Der Befund unserer historiographischen Quellen hinterlässt also einen ebenso zwiespältigen wie ungleichen Eindruck: Während die politische Geschichte des Hauran in der Zeit der alten vorderorientalischen Reiche nahezu unbekannt ist, und auch über die Epoche der ptolemäischen und seleukidischen Oberhoheit kaum präzise Daten und Fakten überliefert sind, rückt das Gebiet erst für die Zeit seit dem Ende des zweiten und der Mitte des ersten vorchristlichen Jahrhunderts in das Blickfeld von jüdischen Historikern wie den Autoren der Makkabäerbücher und Flavius Josephus oder römischen wie Cassius Dio. In keinem dieser Fälle ist es allerdings der Hauran selbst, der als geschichtlich bedeutsame Region das Interesse der Historiker beansprucht, sondern vielmehr seine Rolle in der Außenpolitik umliegender Mächte, sei es das hasmonäische oder das herodianische Königshaus, sei es das Ausgreifen Roms unter Pompejus, Marc Anton und Octavian in den östlichen Mittelmeerraum. Somit ist es nicht erstaunlich, dass wir selten über eine grobe und oft sicherlich allzu schematisierte Rekonstruktion der territorialen Zugehörigkeit der hauranitischen Gebiete hinausgelangen können. Selbst hier ist größte Vorsicht geboten, da in Anbetracht des nur wenig ausgeprägten staatlichen Charakters der umliegenden Stammesverbände kaum von einer richtiggehenden Grenzziehung gesprochen werden kann, sondern vielmehr vom fließenden Wechsel von Einflussbereichen und kurzfristigen Tributzonen.

Nur die Archäologie könnte hier weiterhelfen, doch eröffnet der gegenwärtige Forschungsstand eher weitere Fragen, als dass er die bislang angesprochenen Probleme beantworten helfen würde: Zu sehr ist der Hauran in die standardisierte Formenwelt späthellenistischer und kaiserzeitlicher künstlerischer Ausdruckskraft eingebunden, als dass die materiellen Zeugnisse der hauranitischen Kultur relevante Rückschlüsse auf die zugrundeliegenden ethnischen und politischen Strukturen zulassen würden. Zwar verrät das Resultat der Überformung der autochthonen Tradition durch die antike Formensprache zumindest zu Beginn der römischen Zeit noch die große künstlerische Dynamik und Originalität des kulturell, ethnisch und religiös alles andere als homogenen Territoriums: Man denke hier an die Besonderheiten der dekorativen Gestaltung durch eine alles überwuchernde Ornamentik, die typisch orientalische Form nicht der Tempelgrundrisse selbst, aber der Heiligtumsbezirke generell, oder die Berücksichtigung regionaler kultischer Strukturen wie etwa der Epiphaniefenster. Doch hat das von außen herangetragene künstlerische Repertoire in den meisten Fällen das Spezifische der ursprünglichen Kulturen allmählich fast völlig verwischt. Die bis heute staunenswert gut erhaltene Monumentalität der hauranitischen ›Städtewüste‹ bezeugt weniger die materielle Kultur einer sich in seiner vollen Originalität entfaltenden Schaffenskraft als vielmehr die Folgen der kulturellen Dominanz einer antiken Kultur, die den geistigen Bestrebungen der ostmittelmeerischen Kulturen nur oberflächlich angemessen sein konnte.

Dr. David Engels, Titulaire de la chaire d'histoire romaine, Université Libre de Bruxelles, Avenue Franklin D. Roosevelt 50, CP 175, 1050 Brüssel, Belgien, dengels@ulb.ac.be.

---

[252] Vgl. etwa Sourdel, Cultes du Hauran 5 f. Die Ansicht, diese Vereinigung sei frühestens in die Zeit Diokletians zu datieren – vgl. etwa J. Cantineau, Les parlers arabes du Hôrân (Paris 1946) 22 f. und 39 f. –, ist wohl nicht mehr haltbar.

[253] IGLS XV 21. Vgl. Brünnow/Domaszewski, Arabia III, 268 f.; Sartre, Epigraphie du Hauran 319.

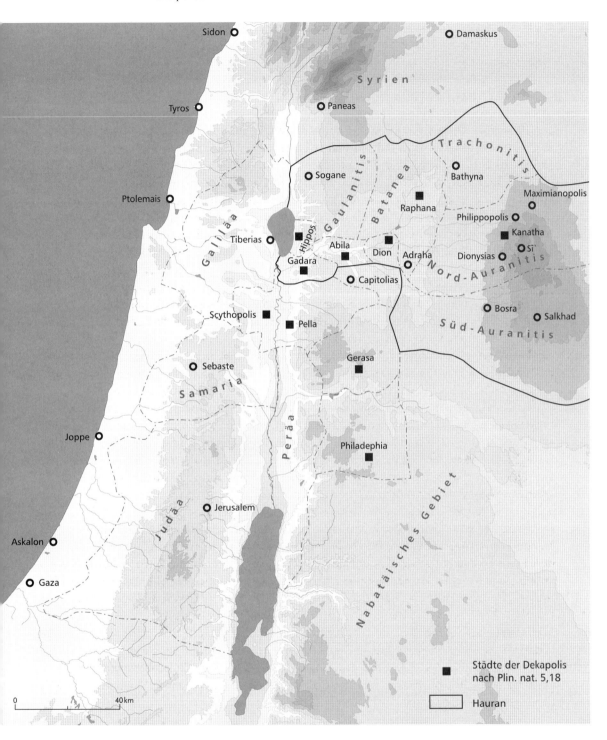

1   Der Hauran und Palästina gegen Ende der hellenistischen Epoche und zu Beginn der Kaiserzeit.

Bildrechte. Abb. 1 Rheinisches Landesmuseum Bonn, Grafik Christoph Duntze.

Ergebnis. Bislang wurde die politische Geschichte der antiken Auranitis – des heutigen Hauran – nur selten und bestenfalls bruchstückhaft untersucht; eine Feststellung, welche wohl den geographischen Gegebenheiten und der damaligen politischen Zersplitterung dieser Region zuzuschreiben ist. In Anbetracht des verstärkten gegenwärtigen Interesses für die Geschichte des römischen Ostens und des ausgesprochen günstigen archäologischen Erhaltungszustands des Hauran ist eine solche historische Übersicht allerdings ein dringend notwendiges Desideratum. Die vorliegende Abhandlung versucht daher, die politische Entwicklung des Hauran auf Basis unserer literarischen, epigraphischen und archäologischen Zeugnisse zu skizzieren und betrifft die Epoche zwischen der ptolemäischen Herrschaft und der Eingliederung ins Römische Reich. Hierbei soll vor allem die Zeit des ersten vorchristlichen Jahrhunderts mit ihren sich förmlich überstürzenden politischen Ereignissen im Mittelpunkt stehen, welche gekennzeichnet waren durch ein bislang nur selten im Gesamtgefüge untersuchtes Zusammenspiel kultureller Begegnungen hellenisierter und indigener Gesellschaften sowie politischer Konflikte zwischen den Gemeinwesen der Juden, Ituräer, Nabatäer und Seleukiden wie auch dem Städtebund der Dekapolis.

Summary. The political history of the ancient ›Auranitis‹ – the actual Hawran – in Hellenistic times has never or only partially been investigated due to the geographical peculiarities and the political disruption of this region during the concerned period. Considering furthermore the recent interest in the Roman Near East as well as the particularly well preserved nature of the archaeological sites of the Hawran, therefore a continuous overlook over the history of this region is long overdue. The present article attempts to sketch the political evolution of the Hawran on the basis of the literary and epigraphic as well as the main archaeological sources, stretching from Ptolemaic times up to the integration into the Roman Empire and stressing above all the period of intense political activity in the first century BC, when the cultural contacts between hellenized and indigenous societies and the complex interaction of the different regional powers such as the Decapolis, the Jewish, the Ituraean, the Nabataean and the Seleucid State provoked a seemingly inextricable and therefore only seldom investigated political dislocation.

Résumé. Jusqu'à nos jours, l'histoire politique à l'ère hellénistique de l'ancienne Auranitis – l'actuel Hauran – n'a jamais ou que seulement partiellement été investiguée; un constat dû aux spécificités géographiques et au morcellement politique de la région à cette époque. Vu le récent intérêt pour l'histoire du Proche Orient romain de même que l'état particulièrement bien conservé des sites archéologiques du Hauran, un tel aperçu continu de l'histoire politique de cette région était dû depuis longtemps. Le présent article tente donc d'esquisser l'évolution politique du Hauran sur base de nos sources littéraires, épigraphiques et archéologiques et recouvre la période entre la domination ptolémaïque et l'intégration dans l'Empire Romain. Il investigue surtout la phase d'activité politique intense du premier siècle av. J.-C., quand les contacts culturels entre les sociétés hellénisés et indigènes et l'interaction complexe avec d'autres corps politiques tels que la Décapole et les états juif, ituréen, nabatéen et séleucide provoquaient une dislocation politique presque inextricable et seulement rarement analysée dans leur contexte historique globale.

Abkürzungen I. Corpora

CIS	Corpus Inscriptionum Semiticarum (Paris 1881–1962).
EI²	Encyclopédie de l'Islam, Nouvelle édition (Paris 1986–1993).
IGLS	Inscriptions Grecques et Latines de la Syrie (Paris 1929 ff.)
IGR	Inscriptiones Graecae ad res Romanas pertinentes (Paris 1911–1927)
OGIS	Orientis Graeci Inscriptiones Selectae (Leipzig 1903–1905).
RES	Répertoire d'épigraphie Sémitique (Paris 1899 ff.)

Abkürzungen II. Literatur

Abel, Palestine	F. M. Abel, Géographie de la Palestine I. II (Paris 1938).
Bietenhard, Dekapolis	H. Bietenhard, Die syrische Dekapolis von Pompejus bis Trajan. In: ANRW II 8 (1977) 220–261.
Braemer, Prospections I–III	F. Braemer, Prospections archéologiques dans le Hawran, Teil 1, Syria 61, 1984, 219–250; Teil 2, Syria 65, 1988, 99–137; Teil 3, Syria 70, 1993, 117–170.
Brünnow/Domaszewski, Arabia	R. E. Brünnow / A. von Domaszewski, Die Provincia Arabia I–III (Straßburg 1904–1909).
Butler, Syria II	H. C. Butler, Publications of the Princeton University Archaeological Expedition to Syria in 1904–1905 and 1909, I–IV (Leiden 1911–1943), hier v. a. Bd. II Architecture. Southern Syria (1919).
Dentzer, Hauran I 1; I 2	J.-M. Dentzer (Hrsg.), Hauran I. Recherches archéologiques sur la Syrie du Sud à l'époque hellénistique et romaine 1. 2 (Paris 1985 und 1986).
Dentzer/Orthmann, Syrie II	J.-M. Dentzer / W. Orthmann, Archéologie et histoire de la Syrie II (Saarbrücken 1989).
Gebhardt, Imperiale Politik	A. Gebhardt, Imperiale Politik und provinziale Entwicklung. Untersuchungen von Kaiser, Heer und Städten im Syrien der vorseverischen Zeit (Berlin 2002).
Graf, Hauran	D. F. Graf, The Syrian Hauran. Journal Roman Arch. 5, 1992, 450–466.
Hackl/Jenni/Schneider, Nabatäer	U. Hackl / H. Jenni / Chr. Schneider, Quellen zur Geschichte der Nabatäer. Textsammlung mit Übersetzung und Kommentar (Fribourg und Göttingen 2003).
Hammond, Nabataeans	P. Hammond, The Nabataeans. Their History, Culture and Archaeology (Göteborg 1973).
Head, Historia Numorum	B. V. Head, Historia Numorum. A Manual of Greek Numismatics² (Oxford 1910).
Jones, Cities	A. H. M. Jones, The Cities of the Eastern Roman Provinces² (Oxford 1971).
Negev, Nabateans	A. Negev, The Nabateans and the Provincia Arabia. In: ANRW II 8 (1977) 520–686.²
Peters, Nabateans	F. E. Peters, The Nabateans in the Hawran, Am. Journal Oriental Soc. 97, 1977, 263–271.
Sartre, Bostra	M. Sartre, Bostra. Des origines à l'Islam (Paris 1985).

Sartre, Histoire du Levant	M. Sartre, D'Alexandre à Zénobie. Histoire du Levant antique (Paris 2001).
Sartre, Syrie hellénistique	M. Sartre (Hrsg.), La Syrie hellénistique (Lyon 2003).
Sartre, Épigraphie du Hauran	M. Sartre, Épigraphie et histoire du Hauran antique, An. Arch. Arabes Syriennes 45/46, 2002/2003, 317–321.
Sartre, Orient romain	M. Sartre, L'orient romain. Provinces et sociétés provinciales en Méditerranée orientale d'Auguste aux Sévères (Paris 1991).
Schürer, Jewish People	E. Schürer, The History of the Jewish People in the Age of Jesus Christ I, überarbeitet durch G. Vermes und F. Millar (Edinburgh 1973).
Sommer, Steppengrenze	M. Sommer, Roms orientalische Steppengrenze. Palmyra – Edessa – Dura-Europos – Hatra. Eine Kulturgeschichte von Pompejus bis Diocletian (Stuttgart 2005).
Sourdel, Cultes du Hauran	D. Sourdel, Les cultes du Hauran à l'époque romaine (Paris 1952).
Spijkerman, Coins	A. Spijkerman, The Coins of the Decapolis and Provincia Arabia (Jerusalem 1978).
Tholbecq, Hérodiens	L. Tholbecq, Hérodiens, Nabatéens et Lagides dans le Ḥawrān au Ier s. av. J.-C. Réflexions autour du sanctuaire de Ba'alšamîn de Sīʿ (Syrie du Sud), Topoi 15/1, 2007, 285–310.
Wenning, Dekapolis	R. Wenning, Die Dekapolis und die Nabatäer l, Zeitschr. Dt. Palästina Ver. 110, 1994, 1–35.

Paul Gleirscher

Zur antiken Bebauung auf dem Gipfel des Magdalensbergs

Zwischen Oppidum, Königsburg und Heiligtum

Der 1059 Meter hohe Magdalensberg prägt zusammen mit dem westlich gelegenen etwas niedrigeren Ulrichsberg die Landschaft an der Glan nördlich von Klagenfurt, das Zollfeld. Er überragt den Talboden um rund sechshundert Meter und ist, bekrönt von der Helenenkirche, weithin erkennbar. Er zählt zu den bekanntesten und bedeutendsten Höhensiedlungen im Alpenraum[1]. Schon der erste archäologische Fund im Jahre 1502, die bronzene Statue des Jünglings vom Magdalensberg[2] (Abb. 8), erregte großes Aufsehen. Weitere Fundmeldungen führten seit der Mitte des neunzehnten und im frühen zwanzigsten Jahrhundert zu ersten Ausgrabungen. Vielseitige Beachtung erfahren die im Jahre 1948 begonnenen systematischen Untersuchungen, brachten sie doch dank der Bedeutung der Siedlung und deren in Bezug auf die Erosion günstiger Hanglage eine Reihe von außerordentlich gut erhalten Ruinen und spektakulären Funden aus der republikanisch-frühkaiserzeitlichen Epoche ans Licht, die den Magdalensberg gleichsam zu einem kleinen ›Pompeji des Nordens‹ machen. Dabei sind zwei Fundareale zu unterscheiden (Abb. 1 und 2): Der eigentliche Gipfelbereich um die Helenenkirche sowie die Siedlung an dessen Südabhang, rund hundert Höhenmeter unterhalb des Gipfelplateaus.

Gernot Piccottini geht davon aus[3], dass die römische Händlersiedlung, das Emporium, unterhalb des Gipfelplateaus noch in keltischer Zeit und im unmittelbaren Umfeld des Vorortes der Noriker mit dessen sakralem Mittelpunkt am Gipfelplateau entstanden ist, und hält zugleich fest, dass bis jetzt der Nachweis jener einheimischen Vorgängersiedlung fehlt. Er erschließt die keltische Niederlassung indirekt anhand verschiedener Kleinfunde, welche die Anwesenheit eines einheimischen Bevölkerungselements innerhalb des römischen Emporiums anzeigen[4]. Während Piccottini die erste Ansiedlung der Römer am Magdalensberg – Schmelzplätze für Eisen und einfache Unterkünfte – bis vor kurzem in die erste Hälfte des ersten vorchristlichen

---

[1] Zusammenfassend u. a. Piccottini, Römer 90–106; Piccottini, Alt-Virunum; Piccottini, Virunum 103 f.; Dolenz, Magdalensberg oder Piccottini/Vetters, Führer. – Vgl. auch O. H. Urban, Der lange Weg zur Geschichte. Die Urgeschichte Österreichs (Wien 2000) 364–370; Gassner/Jilek, Frühzeit 63–70 oder Fischer, Noricum 69–78. – Vorberichte zu den laufenden Ausgrabungen in den entsprechenden Bänden der landeskundlichen Zeitschriften ›Carinthia I‹ und ›Rudolfinum. Jahrbuch des Landesmuseums Kärnten‹.

[2] Zuletzt kurz F. Glaser, Der Bronzejüngling vom Magdalensberg 1502–2002. Rudolfinum 2002, 89–98. – Vgl. u. a. zum Typus der Figur R. Wünsche, Der Jüngling vom Magdalensberg: Studien zur römischen Idealplastik. In: Festschr. Luitpold Dussler (München 1972) 45–80, sowie zur Tatsache, dass die Statue nur als renaissancezeitliche Kopie auf uns gekommen ist, K. Gschwandtler, Der Jüngling vom Magdalensberg. In: Griechische und römische Statuetten und Großbronzen. Akten 9. Intern. Tagung antike Bronzen Wien 1986 (Wien 1988) 16–27.

[3] Piccottini, Römer 92; Piccottini, Alt-Virunum 188 f.; Piccottini/Vetters, Führer 12 f.

[4] So auch Dolenz, Magdalensberg 125 f.

Jahrhunderts datiert[5], setzt er den Siedlungsbeginn neuerdings und gestützt auf die aktuelle Einschätzung der Kleinfunde seitens der Magdalensberg-Arbeitsgemeinschaft um ein bis zwei Generationen später an, während der Stufe La Tène D2 um 40 oder 30 v. Chr.[6] Für die frühe Datierung der Ansiedlung von römischen Händlern am Magdalensberg wird auch die Statue des Jünglings vom Magdalensberg (Abb. 8) ins Treffen geführt und im frühen ersten vorchristlichen

---

[5] Piccottini, Römer 92; Piccottini/Vetters, Führer 7 und 13.

[6] Piccottini, Römerzeitl. Funde 35; bereits in diese Richtung tendierend Piccottini, Alt-Virunum 189 (ca. Mitte 1. Jh. v. Chr.). – So auch Dolenz, Magdalensberg 124.

[7] Piccottini/Vetters, Führer 7 und 13; Dolenz, Magdalensberg 128 f. – So auch Gassner/Jilek, Frühzeit 64 f. versus 69 (Zuordnung der Figur zu einem römischen Heiligtum aus der Zeit kurz vor der Zeitenwende) oder Fischer, Noricum 71 Abb. 93.

[8] W. Wohlmayr, Der Jüngling vom Magdalensberg. Versuch einer stilistischen Neubestimmung. Mitt. Ges. Salzburger Landeskde. 131, 1991, 7–44, bes. 38. – So auch F. Glaser, Rudolfinum 2002, 96 f. oder P. Scherrer in: M. Hainzmann (Hrsg.), Auf den Spuren keltischer Götterverehrung. Mitt. Prähist. Komm. 64 (Wien 2007) 207–241, bes. 239. – Auf Grund der Stifterinschrift augusteisch datiert bereits bei A. Oxé, Rhein. Mus. 59, 1904, 124 Anm. 3. – Weitere vorokkupationszeitliche epigraphische Zeugnisse vom Magdalensberg nennt Piccottini, Römerzeitl. Funde 35 f., doch bleibt deren exakte Datierung letztlich offen.

[9] D. Božič, Late La Tène-Roman cemetery in Novo mesto. Ljubljanska cesta and Okrajno glavarstvo. Studies on fibulae and on the relative chronology of the Late La Tène period. Kat. in monogr. 39 (Laibach 2008) 123–129.

[10] P. Gamper, Tiberius ac Noricos imperio nostro armis subiunxit. Neue Erkenntnisse zur römischen Besetzung Noricums durch die Grabungskampagne 2005 auf der Gurina. Arch. Korrbl. 37, 2007, 421–440, bes. 432–437; ders., Risultati della campagna di scavo 2006 sulla Gurina. Aquileia Nostra 78, 2007, 345–386, bes. 356–360. Ihm ist hinsichtlich der Datierung von OR 20 c–c (vgl. zum Komplex E. Schindler Kaudelka, Rudolfinum 2002, 163–176) zuzustimmen. – Vehement, aber ohne differenzierte Diskussion zurückgewiesen bei Dolenz, Sullo stato und dies., Zum Stand der Forschung. Anfangsdatierung und frühe Siedlungsstruktur der Stadt auf dem Magdalensberg. Carinthia I 198, 2008, 41–53; Strobel, Alpenkrieg 995 f. mit Anm. 153 oder Piccottini, Römerzeitl. Funde 40 Anm. 69.

[11] Schindler Kaudelka (vorige Anm.) 163; dies. in: G. Piccottini (Hrsg.), Die Ausgrabungen auf dem Magdalensberg 1986 bis 1990. Magdalensberg-Grabungsber. 17 (Klagenfurt 2004) 221–227. – Vgl. auch H. Graßl, Zeitschr. Papyrol. u. Epigr. 153, 2005, 241 f.

[12] K. Roth-Rubi in: C.-M. Hüssen / W. Irlinger / W. Zanier (Hrsg.), Spätlatènezeit und frühe römische Kaiserzeit zwischen Alpenrand und Donau (Bonn 2004) 133–148. – Ohne Reflexion der Magdalensbergdatierung zurückgewiesen auch bei Strobel, Alpenkrieg 985 Anm. 102.

1 (Buchseite gegenüber) und 2
Der Magdalensberg.
Die beiden Fundzonen im Gipfelbereich
um die Helenenkirche
und am südlichen Abhang.

Jahrhundert angesetzt[7]. Doch zeigt Wolfgang Wohlmayr, dass die Figur aus stilistischen Gründen erst zur Zeit des Kaisers Augustus geschaffen wurde[8]. Demgegenüber geht Dragan Božič mit Blick auf die Kleinfunde aus den Schichten unterhalb der Basilika am Ostrand des Händlerforums (OR/39 – Boden 4), die er als geschlossenen Fund betrachtet, erneut von einem Siedlungsbeginn in der Stufe La Tène D1b aus, also bereits während der ersten Hälfte des ersten vorchristlichen Jahrhunderts[9]. Beides steht in krassem Gegensatz zu dem von Peter Gamper jüngst vorgeschlagenen Ansatz, wonach die Gründung des Ortes am Magdalensberg nicht vor der Eroberung Noricums durch Rom im Jahre 15 v. Chr. anzusetzen sei[10].

Im Zusammenhang mit den Datierungsfragen vermerkt Eleni Schindler Kaudelka, dass auch nach sechzig Jahren systematischer Ausgrabungstätigkeit die Auffindung nichtkontaminierter Schichten und versiegelter Kontexte zu den selten erreichten Sternstunden gehört[11]. Zugleich weist sie auf eine Reihe von methodologischen Fallen hin, da nämlich typenchronologische Studien zum zeitgenössischen Fundgut am Caput Adriae die Unterschiede zwischen den Wirtschaftsräumen unzureichend beachten, denen etwa der Magdalensberg und die Militärlager am germanischen Limes angehören, oder außer Acht gelassen wird, dass die frühkaiserzeitliche Chronologie in Oberitalien und Slowenien ihrerseits auf der Datierung des Magdalensberges fußt, und deshalb methodisch gesehen eine zeitliche Einordnung der dortigen Funde in das übliche archäologische Raster als Zirkelschluss einzuschätzen ist. Gerade der Datierungsansatz für eine Reihe von Schichten beziehungsweise Bauten, die dem ausgehenden ersten vorchristlichen Jahrhundert zugewiesen werden und wiederholt nur wenige Jahre vor die Eroberung Noricums durch Rom im Jahre 15 v. Chr. datiert werden, bleibt jedenfalls problematisch. Er ist anhand der Kleinfunde nicht abzusichern, sondern müsste auf dendrochronologischen Daten fußen. In konsequenter Weiterführung der in diesem Zusammenhang am Magdalensberg scheinbar gesicherten Einschätzungen wurde denn auch versucht, im Militärlager von Dangstetten einen Horizont auszumachen, der bereits vor den Alpenfeldzug von 15 v. Chr. zurückreicht[12]. Das ist unhaltbar und dasselbe gilt für den Vorschlag, die Militärtürme am Walensee bereits um oder nach 20 v. Chr. einzuordnen[13], ebenso wie für den jüngsten Datierungsansatz der frühesten Schichten im römischen Militärlager von Vindonissa[14].

Die Ausgräber sind davon überzeugt, den antiken Namen der Siedlung am Magdalensberg zu kennen. Wie schon der Vorort der einheimischen Noriker hätte auch die römische Siedlung den Namen Virunum getragen[15]. Das wird zum einen mit der Gründungssage der Stadt Virunum begründet, die lange Zeit in Vergessenheit geraten war. In einer Pariser Handschrift[16] heißt es dazu: »Noriker ist nicht der Name einer Stadt, sondern eines Stammes. Die bedeutendste Stadt liegt auf einem steilen Abhang, so wie alle Städte wegen der Kriege bisher auf Berghängen lagen. Ihr Name ist Virunion in lateinischer Sprache; denn sie sind Nachbarn, und die ganze Umgebung verwendet die Sprache Italiens. ›Vir‹ bedeutet nämlich Mann, ›unus‹ einer. Man erzählt, dass ein riesiger gottgesandter Eber das Land mit großem Schaden verwüstete. Alle Leute wollten zusammen Hand an ihn legen, konnten ihn aber nicht erlegen, da er ein Werkzeug göttlichen Zorns war. Schließlich kam ein gottgesandter Mann. Dieser überwand den Eber, legte ihn auf seine Schultern, so wie man es bei den Griechen in Kalydon von einem Rieseneber und in Attika von einem Stier erzählt. Die Noriker riefen in ihrer Sprache zu ihm: ›ein Mann‹, das heißt ›vir-unus‹. Von daher wurde die Stadt Virunion genannt.« Es handelt sich also um eine typische Drachentötergeschichte aus späthellenistischer Zeit, nicht um ein geradezu einzigartiges Zeugnis keltischer Erzähltradition, die einzig echte auf uns gekommene keltische Sage aus dem kontinentalen Europa[17].

Außerdem wird für den Nachweis, dass die Siedlung am Magdalensberg wie die spätere Stadt im Zollfeld Virunum geheißen hat, das Bruchstück einer stark beschädigten Inschrift herangezogen (Abb. 3). Entgegen der oft geäußerten Behauptung[18] muss das Fragment aber nicht zwingend als »VIRVN« gelesen werden, sondern vom letzten erhaltenen Buchstaben ist nur noch der fußende Apex einer senkrechten Haste übrig. Die Ergänzung des letzten Buchstabens zu einem ›N‹ ist ebenso hypothetisch wie spekulativ; es könnte genauso gut ein ›F‹ zu lesen sein, also »VIRVF« anstelle von »VIRVN«. Und das empfiehlt Franz Glaser mit Blick auf eine neu gefundene

---

[13] K. Roth-Rubi u. a., Jahrb. SGUF 87, 2004, 33–70, bes. 49. – Abgelehnt bei W. Zanier, Das Alpenrheintal in den Jahrzehnten um Christi Geburt. Münchner Beitr. Vor- u. Frühgesch. 59 (München 2006) 119.

[14] A. Hagendorn u. a., Veröff. Ges. Pro Vindonissa 18 (Brugg 2003). – Hinterfragt bei W. Zanier, Germania 86, 2008, 364–369.

[15] Piccottini, Virunum 103.

[16] Cod. Paris. Gr. suppl. 607 A; vgl. kürzer auch Suda B 265 Adler. – G. Dobesch, Zu Virunum als Namen der Stadt auf dem Magdalensberg und zu einer Sage der kontinentalen Kelten. Carinthia I 187, 1997, 107–128; H. Graßl, Der Gründungsheros von Virunum. In: F.-W. Leitner (Hrsg.), Carinthia Romana und die römische Welt. Festschr. Gernot Piccottini. Forsch. u. Kunst 34 (Klagenfurt 2001) 25–32.

[17] So Dobesch, Virunum (Anm. 16) 118. – Vgl. Gleirscher, Noreia 67–72.

[18] Piccottini/Vetters, Führer 13, 24 f. und 66; G. Piccottini, VIRVN[---] oder VIRV(ivus)F(ecit). Carinthia I 195, 2005, 570–574; Dolenz, Magdalensberg 124. – So u. a. aber auch Fischer, Noricum 71; Gassner/Jilek, Frühzeit 68 f.; Strobel, Noreia-Frage 33 oder M. Šašel Kos, Appian and Illyricum. Situla 43 (Laibach 2005) 522.

[19] F. Glaser, Der Name der Stadt auf dem Magdalensberg. Rudolfinum 2003, 85–87.

[20] Piccottini, Alt-Virunum 189 f. (hier als »erste Bauperiode« bezeichnet); Piccottini/Vetters, Führer 13–19 und 32–34 mit Abb. 10; Dolenz, Magdalensberg 126 f. – Vgl. oben mit Anm. 6.

[21] Piccottini/Vetters, Führer 32.

[22] Piccottini/Vetters, Führer 14 (Badegebäude) versus 32 (Basilika).

[23] Fischer, Noricum 74.

[24] Dolenz, Erdbeben. – Vgl. auch Piccottini/Vetters, Führer 19 f.

[25] Piccottini, Römer 97–100; Piccottini/Vetters, Führer 20 f.; F. Glaser, Kelten – Römer – Karantanen (Klagenfurt 1998) 121 f. (mit Schaubild); Dolenz, Magdalensberg 127 f.

[26] Piccottini/Vetters, Führer 44–46; Dolenz, Magdalensberg 128. – Vgl. auch Gleirscher, Noreia 90–97.

[27] G. Piccottini, Militärische Stabsgebäude auf dem Magdalensberg. In: H. Heftner / K. Tomaschitz (Hrsg.), Ad Fontes! Festschr. Gerhard Dobesch (Wien 2004) 563–569; ders. in: ders. (Hrsg.), Die Ausgrabungen auf dem Magdalensberg 1986 bis 1990. Magdalensberg-Grabungsber. 17 (Klagenfurt 2004) 13–48; G. Gostenčnik in: ebd. 57–116. – So auch Dolenz, Magdalensberg 128.

[28] Piccottini/Vetters, Führer 39–44.

[29] Zu weiteren Umbauten Piccottini/Vetters, Führer 14 und 21–23.

Grabinschrift aus Pölling bei Launsdorf, unweit nördlich des Magdalensbergs[19]. Demnach handelt es sich, wie auch das marmorne Werkstück vom Magdalensberg nahelegt, um eine Grabinschrift, die in der bekannten Formel »vir v[ivus] f[ecit]« endet. Wie immer der Ort am Magdalensberg geheißen hat, aus dem Inschriftfragment ist sein Name nicht abzuleiten.

Die römische Niederlassung am Südabhang erfuhr – und wir kehren zur Siedlungsentwicklung zurück – bald schon einen starken Aufschwung, den Piccottini ursprünglich in die fünfziger Jahre v. Chr. datiert und insbesondere mit der Versorgung der römischen Truppen im Gallischen Krieg erklärt, der aber nunmehr auch aus seiner Sicht zwei Jahrzehnte später anzusetzen wäre[20]. Am Magdalensberg entstand ein Forum in Form eines großen rechteckigen Platzes von gut hundert Metern Länge und knapp fünfzig Metern Breite mit planmäßig angeordneten langrechteckigen Wohnhäusern und Tabernen von Händlern in Gestalt von Ständerbauten mit vorgelagerten gemauerten Kellern. Wenn dabei von »mittels Leitern oder Treppen zu betretenden, teilweise unterirdischen Räumen« sowie von »in die Erde versenkten Häusern« die Rede ist[21], so wird zu überlegen sein, inwieweit dieser Eindruck nicht auf einer späteren Überschüttung durch ausgedehnte Planierungsmaßnahmen beruhen könnte. An der östlichen Schmalseite des Forums wurde eine Marktbasilika zur Abwicklung der Handelsgeschäfte von dreißig mal siebzehn Metern Größe errichtet. Nach der römischen Eroberung Noricums wurde in mittelaugusteischer

3 Magdalensberg.
Marmorspolie mit Inschriftrest VIRVF(?).

Zeit an diesem Bebauungsschema festgehalten, sämtliche Bauten allerdings in Stein aufgeführt. An der Nordwestseite des Forums entstand ein Badegebäude[22]. Dieser Bebauung zufolge liegt eine Niederlassung römischer Händler vor, die sich in reichlicher italischer Handelsware sowie in Geldbeuteletiketten (tesserae nummulariae) und Rechenmarken (calculi) ebenso widerspiegelt wie in freskierten Wohnräumen. Die Fresken im ausgehenden Zweiten Pompejanischen Stil werden von den Ausgräbern um 20 v. Chr. und damit fünf Jahre vor die Eroberung Noricums durch Rom datiert. Das ist zu eng gesehen und der Zeitraum für die Schaffung der Fresken problemlos bis in mittelaugusteische Zeit erweiterbar. Dazu kommen Produktionsstätten für verschiedenste Buntmetalle und Eisen. Am Magdalensberg war ein Großhandelsplatz entstanden, allerdings wohl erst nach der Eroberung Noricums durch Rom. Bei solcher Sichtweise entfällt die Vorstellung, wonach mit dem vermeintlichen vorokkupationszeitlichen Händlerniederschlag am Magdalensberg »ein Phänomen [vorliegt], das nicht einmal in Gallien in dieser Intensität zu fassen ist«[23].

In tiberischer Zeit kam es – offenbar nach einem Erdbeben[24] – zu einer grundlegenden Neugestaltung der Siedlung. Sie zeigt nunmehr auch alle Merkmale eines römischen Verwaltungszentrums samt den Einrichtungen für die wirtschaftliche Kontrolle einer Provinz[25]: eine Marktbasilika für Rechtsprechung (Tribunal), Amtshandlungen, Handels- und Bankgeschäfte sowie einen Tempel des offiziellen Kultes für die Göttin Roma und den vergöttlichten Augustus. Im Südwesten entstand ein riesiger Baukomplex, der offenbar auch mit der norischen Goldgewinnung zu verbinden ist[26]. Ein größerer Bau im Nordwesten des Forums wird als Principia interpretiert[27], dürfte aber ein Heiligtum darstellen. Ostwärts schlossen Wohn- und Werkstattbauten an; am Ostrand prägte ein Doppeltor das Erscheinungsbild der Stadt[28]. Nach nicht einmal hundertjährigem Bestehen und reger Bautätigkeit wurde die blühende Siedlung um die Mitte des ersten nachchristlichen Jahrhunderts abrupt verlassen[29]. In der Ebene am Fuße des Berges beziehungsweise an der Glan entstand mit unmittelbarer Einbindung in ein Netz aus Fernstraßen das Municipium Claudium Virunum als neue Hauptstadt der Provinz Noricum[30].

Doch nicht die Entwicklung der römischen Siedlung am Südabhang des Gipfels soll im folgenden weiter beleuchtet werden, sondern die Bebauung des Gipfelplateaus, mit der seit langem und in besonderer Weise auch die Frage nach keltischen Bauresten am Magdalensberg verknüpft ist. Die Vermutung, dass der Berg einst auch ein keltisches Oppidum getragen hätte, hat in der ersten modernen Grabungskampagne von 1948 ihren Ursprung. Im Rahmen mehrerer Sondagen im Gipfelbereich glaubte Hermann Vetters, auch die Überreste einer vorgeschichtlichen Palisadenstruktur in Verbindung mit einer Steinschicht angeschnitten zu haben, die er mit keltischen Wehranlagen von der Art des Murus Gallicus in Verbindung brachte, wobei er die deutlich einfachere Ausführung der Variante am Magdalensberg betont[31]. Das hat sich als unhaltbar erwiesen, wenngleich der Ort bis heute gelegentlich in Übersichtswerken als keltisches Oppidum aufscheint[32]. Und dementsprechend resümiert Karl Strobel[33]: »Der Magdalensberg trug zu keiner Zeit ein norisches Oppidum oder auch nur eine größere vorrömische Siedlung«, und meint sogar weiter: »ja bisher fehlt der Nachweis einer keltischen Besiedlung überhaupt«.

Geradezu »überraschend groß« angelegte Umwallungen und Siedlungsterrassen hatte Franz X. Kohla, ehrenamtlicher Kustos am Landesmuseum Kärnten, bereits 1927 an den Abhängen des Magdalensbergs beobachtet und in einer groben Skizze veröffentlicht[34]. Insofern waren diese Wälle und Terrassen im Jahre 2006 weder erst zu »erkennen« noch als mehr oder minder fantasievolle Skizzen abzutun[35]. Die Umwallungen und Terrassierungen sind noch heute vor allem im Bereich der bewaldeten Nord-, West- und Ostabhänge des Gipfels gut zu erkennen. Südseitig, wo entsprechende Spuren zu fehlen scheinen, vermuten die Ausgräber eine Schleifung der Wallanlage zur Zeit der Errich-

---

[30] Piccottini, Virunum 105–108 und 116–128 (mit Beitr. von H. Dolenz und R. Jernej); Fischer, Noricum 78–80; Gassner/Jilek, Frühzeit 108.
[31] H. Vetters in: C. Praschniker, Die Versuchsgrabung 1948 auf dem Magdalensberg. Carinthia I 139, 1949, 146 f. mit Abb. 2b; ders., Carinthia I 140, 1950, 456 f.; G. Piccottini in: Piccottini/Vetters, Bericht 1980, 13–109, bes. 102.
[32] Unter anderem S. Rieckhoff-Pauli in: Die Kelten in Mitteleuropa. Ausstellungskat. Hallein (Hallein 1980) 37–47, bes. 38 Abb. 1 oder Fischer, Noricum 68 Abb. 95 (bemängelt bei Ch. Flügel, Bayer. Vorgeschbl. 68, 2003, 205).
[33] Strobel, Noreia-Frage 31.
[34] F. X. Kohla, Carinthia I 140, 1950, 411–416, bes. 412–416 mit Abb.; ders., Kärntens Burgen, Schlösser und wehrhafte Stätten². Aus Forsch. u. Kunst 17,1 (Klagenfurt 1973) 197; vgl. auch H. Vetters, Carinthia I 141, 1951, 677–716, bes. 714 Abb. 26.
[35] Artner, Osterwitz; Artner u. a., Wallbefund 73; Dolenz, Römische Tempel 71 f.
[36] Artner u. a., Wallbefund 73.
[37] Artner, Osterwitz 666; Artner u. a., Wallbefund; Dolenz, Römische Tempel 71 f.
[38] Noch zweifelnd Artner, Osterwitz 666. – Gar »Steine und Geröll in einem Holzbalkenwerk« erkennt Strobel, Alpenkrieg 996.
[39] Artner u. a., Wallbefund 75; Strobel, Alpenkrieg 996. – Basierend auf M. Wheeler / K. M. Richardson, Hill-Forts of Northern France (Oxford 1957).
[40] Artner u. a., Wallbefund 75; Strobel, Alpenkrieg 996.
[41] J. L. Brunaux / St. Fichtl / C. Marchand, Saalburg-Jahrb. 45, 1990, 5–23, bes. 9 f.

tung des Forums in der Händlersiedlung[36]. Für die archäologische Untersuchung der Befestigung im Sommer 2006 wurde ein Bereich am Nordabhang ausgewählt, an dem neben einer mächtigen Toranlage auch ein kleiner Vorwall auszumachen ist[37]. Der Annexwall umschließt auf einer Fläche von knapp einem Hektar mehrere »markante Terrassierungen« sowie »podiumsartige Geländeverstellungen« und war noch über fünf Meter hoch erhalten. Der Wallbefund (Abb. 4 und 5) ließ sich den Ausgräbern zufolge zwar »gut erkennen, ist jedoch schwierig zu deuten und vorerst zumindest im Südostalpenraum ohne Parallelen«.

4 (Buchseite gegenüber) und 5   Magdalensberg, Wallschnitt 2006, von Süden (4), und von Norden (5).

Der Wallkörper zeige eine gestufte Grundstruktur, welche die Ausgräber mit plattformartigen, treppenförmig übereinander angelegten Schüttungen erklären. Die Oberfläche der so entstandenen Lehmpodien wurde, so erfährt man weiter, mit Bruchsteinen ausgekleidet, und es fanden sich zudem Reste von sogenannten Feuerstellen. Die Steinlagen und die vermeintlichen Brandstätten in der Wallschüttung werden von den Ausgräbern dahingehend erklärt, dass sie zu deren Stabilisierung und Austrocknung beigetragen hätten. Als Wallkrone wird eine im Querschnitt dreieckige, in zwei Phasen, vielleicht sogar in zwei verschiedenen Bauperioden aufgebrachte Schüttung beschrieben. Unregelmäßige Steinlagen im Bereich der Wallkrone werden als zweischalige Fundamentlage für einen hölzernen Aufbau verstanden[38], ob Wehrgang oder Palisade, der eineinhalb Meter breite und wallparallel verlaufende Zwischenraum möglicherweise als »Entwässerungsgraben« betrachtet. Aus der Verfüllung des vorgelagerten Grabens von zwei Metern Breite und einem Meter Tiefe mit einer äußeren Böschung, die wie der Wallkörper Überreste flächiger sogenannter Feuerstellen enthielt, meinen die Ausgräber erneut eine Zweiphasigkeit der Wehranlage ableiten zu können, genauer gesagt eine leichte Versetzung des Grabens im Rahmen erosionsbedingter Reinigungsarbeiten. Das »auf den ersten Blick recht simpel wirkende« Befestigungswerk wäre nicht nur leicht zu errichten und instand zu halten, sondern auch wenig feuergefährdet gewesen. Der reine Erdwall mit vorgelagertem Graben, der Wallkern also, wird den Erdwällen vom Typus Fécamp in Zentral- und Ostfrankreich an die Seite gestellt[39], die sowohl von den Kelten wie auch den Römern errichtet worden seien[40].

Zu den Wällen vom Typus Fécamp zählt auch die Wehranlage von Camp César in La Chaussée-Tirancourt bei Amiens in der Picardie, jedenfalls was deren erste Bauphase betrifft, eine rund dreieinhalb Meter hohe Schüttung, die man aus dem Aushub des vorgelagerten seichten Grabens gewann[41]. Dem folgt eine zweite Bauphase in Form einer Mauer mit kastenförmigen Holzeinbauten (samt Nägeln) und einer Front aus Sandsteinen. Diese Baumerkmale unterscheiden sich deutlich vom Wall am Magdalensberg. Mit dem zeitlich gesehen durchaus nicht homogenem Fundgut, das auch eine Reihe römischer Objekte umfasst, darunter Militaria, wird die Anlage den Römern zugewiesen und als römischer Stützpunkt mit Revolten um das Jahr 30 v. Chr. in Verbindung gebracht. Das römische Fundmaterial wird allerdings auch von den Ausgräbern noch mit jenem aus den Militärlagern von Oberaden, Rödgen oder Dangstetten verglichen und kann deshalb in Teilen auch erst mittelaugusteisch sein[42]. Im Sinne der älteren Forschung kann man nach wie vor für beide Phasen der Wehranlage von Camp César auch keltische Erbauer erwägen und muss aus den wenigen römischen Fundstücken nicht zwingend auf eine singuläre, von den Römern errichtete Wehranlage schließen.

Dass »das keramische Fundmaterial aus dem Wallschnitt am Magdalensberg überraschend reichhaltig« ist, wird mit unmittelbar benachbarter Siedlungstätigkeit erklärt. Den Ausgräbern zufolge handelt es sich dabei zum einen um Reste einheimischer, insbesondere spätlatènezeitlicher Gefäße der Stufe La Tène D2. Dazu kommen Fragmente römischen Importgeschirrs, wie man es aus den ältesten Schichten der Händlersiedlung am Magdalensberg kennt, insbesondere aus OR/39 (Boden 4) und aus dem Bereich der Basilika am Ostrand des Händlerforums[43]. Dazu zählt auch der Standring eines Tellers, der zuunterst in der Wallschüttung, am Felsen aufliegend, gefunden wurde und der orientalischen Terra Sigillata vom Typus A zugerechnet wird, einer Form, die am Magdalensberg aus derweil frühaugusteisch datierten Schichten geläufig ist. Fragmente von gelb unterlegten mittel- bis spätlatènezeitlichen Glasarmreifen und ein Luppenfragment ergänzen den Fundbestand[44]. Das gesamte Material wird auf Grund der Importkeramik dem Jahrzehnt zwischen 40 und 30 v. Chr. zugewiesen, als Nutzungszeitraum auch noch die Frühzeit der Provinz ins Auge gefasst. Und obwohl das datierende Fundmaterial – anders ausgedrückt der Siedlungsschutt – aus der Wallschüttung stammt, wird auch die Errichtung des Walles in die Zeit zwischen 40 und 30 v. Chr. und damit in spätrepublikanisch-frühaugusteische Zeit, also noch in die Periode vor der römischen Eroberung Noricums im Jahre 15 v. Chr. datiert[45]. Der Wall wäre dann, kulturgeschichtlich gesehen, als spätkeltisch anzusprechen.

Tatsächlich kann es aber nur so sein, dass der in der Wallschüttung enthaltene Siedlungsschutt zunächst nur ein Terminus post quem für die Schüttungsarbeiten sein kann. Dieser Eindruck wird durch den Brandschutt – von den Ausgräbern als Feuerstellen interpretiert – ebenso verstärkt wie durch die unregelmäßig und auch immer wieder infolge der Schüttung zwangsläufig in wallparalleler, aber strukturloser Lage angetroffenen Steinlagen. Als frühester möglicher

---

[42] Ebd. 22.
[43] Vgl. oben mit Anm. 9–10 und 12–14.
[44] Artner u. a., Wallbefund 75 f.
[45] Artner, Osterwitz 666; Artner u. a., Wallbefund 76; Dolenz, Römische Tempel 72; Dolenz, Sullo stato 397; Strobel, Alpenkrieg 996 f.
[46] Artner, Osterwitz 666.
[47] P. Gleirscher, Keltische Baureste am Gipfel des Magdalensbergs? Arch. Österreichs 19, 2, 2008, 22–24.
[48] Kohla, Kärntens Burgen (Anm. 34) passim. – So zunächst auch Strobel, Noreia-Frage 28, der ebd. unter Hinweis auf meine Forschungen und auf Begehungen durch Heimo Dolenz von einer »endgültigen« Bestätigung dafür spricht, dass die Terrassierung nicht antik ist.
[49] Gleirscher, Noreia 129–138; zuvor P. Gleirscher, Carinthia I 183, 1993, 33–93, bes. 45 mit Lit.
[50] Ebd. 55–81 und 92; ders., Carinthia I 189, 1999, 11–41.
[51] Ebd. 34–39.
[52] S. Ladstätter-Schretter, Mitt. Christl. Arch. 4, 1998, 9–22; P. Gleirscher, Carinthia I, 189, 1999, 39.
[53] Ders., Rudolfinum 2005, 39–43.
[54] Ders., Rudolfinum 2000, 25–32, bes. 29.
[55] K. Gostenčnik / M. Huber, Carinthia I 182, 1992, 69–73 mit Abb. 3; M. Huber, Carinthia I 183, 1993, 297–302 mit Abb. 2.

[56] So C. Eibner in: R. v. Uslar, Vorgeschichtliche Fundkarten der Alpen. Röm.-German. Forsch. 48 (Mainz 1991) 427–450, bes. 435 f.
[57] Zuletzt P. Gleirscher, Carinthia I 187, 1997, 19–64, bes. 57 f.; Ch. Gugl, Arheol. vestnik 52, 2001, 303–349, bes. 325–327.
[58] Gleirscher (vorige Anm.) 45–60 mit Lit. versus P. Gamper, Vorbericht zur Grabungskampagne 2004 auf der Gurina im Oberen Gailtal, Kärnten. Arch. Austriaca 88, 2004, 121–167, bes. 141–150 und 157–159. – Vgl. dazu allerdings die Ergebnisse der Nachgrabung von 2008, wonach auch die mächtige Zweischalenmauer unter Verwendung von Mörtel aufgezogen wurde und demnach als römisch einzustufen ist: P. Gleirscher / P. Gamper in: Fundber. Österreich 47, 2008, im Druck.
[59] R. Jernej, Arheol. vestnik 55, 2004, 481–508.
[60] P. Gleirscher in: W. Wadl (Hrsg.), Kärntner Landesgeschichte und Archivwissenschaft. Festschr. Alfred Ogris. Archiv vaterländ. Gesch. u. Topogr. 84 (Klagenfurt 2001) 23–39; Gleirscher, Noreia 119–121.
[61] St. Gabrovec, Stična I. Siedlungsgrabungen. Kat. in monogr. 28 (Laibach 1994); Dular / Tecco Hvala, Slovenia 85–91.
[62] J. Dular, Höhensiedlungen in Zentralslowenien von der Kupfer- bis zur Eisenzeit. Praehist. Zeitschr. 74, 1999, 129–153.

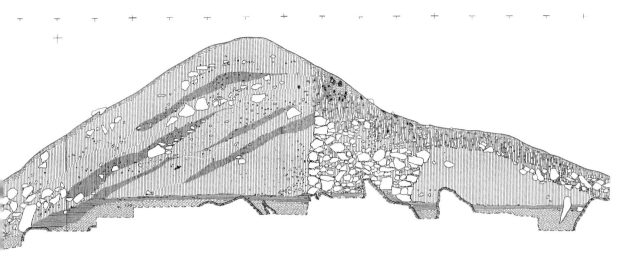

6   Sittich (Stična), Befestigung am heutigen Cvinger, Wallschnitt 10, Ostprofil. Maßstab 1:100.

Termin für die Wallerrichtung kommt demnach die Zeit der Inbesitznahme Noricums durch Rom in Frage, ohne dass man das auch favorisieren müsste. Jeder beliebige spätere Zeitpunkt erscheint genauso gut möglich. Römischer Schutt steht im Gipfelbereich des Magdalensberges noch heute zur Verfügung. Und Artner erwähnt auch ein neuzeitliches Fundstück[46]. Demnach lässt sich anhand des bisher ergrabenen Wallbereichs weder eine keltische noch eine römische Erbauungszeit erschließen[47].

Vergleichbare Wälle und Terrassierungen sind im Südostalpenraum entgegen der Einschätzung der Ausgräber nicht ungewöhnlich, wie für Kärnten bereits Franz X. Kohla zeigt[48]. So vermutete er beispielsweise zunächst auch im Bereich der Gracarca am Klopeiner See ausgedehnte Befestigungsanlagen und Terrassierungen, kam jedoch im Zuge seiner Ausgrabungstätigkeit zum Schluss, dass dort »keine geschlossene, gesamtumfassende Befestigung« vorliegt, wie sie nach wie vor denkbar, aber nicht nachgewiesen ist[49]. Auch die jüngsten archäologischen Untersuchungen auf der Gracarca haben gezeigt, dass die heute sichtbaren Geländeterrassen nicht aus der Eisenzeit stammen, sondern aus dem Hochmittelalter, und nur partiell eisenzeitliche Siedlungsterrassen überlagern[50]. Am Georgiberg, dem Ostende des Gracarcastocks, konnte der noch heute sichtbare Wall an dessen Westseite als Erdschüttung definiert und dem Spätmittelalter zugewiesen werden, also der Zeit der Türkeneinfälle im Ostalpenraum[51]. Dem dürfte der mächtige Erdwall am Hemmaberg bei Globasnitz[52] ebenso anzuschließen sein wie jene am Förker Laas-Riegel bei Nötsch im Gailtal[53] oder am Katharinakogel bei Sankt Michael ob Bleiburg[54]; die Erdschicht über der spätantiken Stadtmauer von Teurnia (heute Sankt Peter in Holz) scheint hingegen anders erklärbar zu sein[55]. Und ähnlich ist beispielsweise der Erdwall am Kaiserköpperl bei Bärndorf im Paltental in der Steiermark nicht der Eisenzeit[56], sondern einer unbekannten späteren Epoche zuzuordnen. Alle diese Wälle sind zeitlich gesehen zudem keinesfalls mit den genannten und ihrerseits komplex aufgebauten Terrassierungen aus der Zeit des Hochmittelalters zu verbinden.

Die Kenntnis prähistorischer Wehranlagen im Ostalpenraum ist hingegen nach wie vor bescheiden, deren zeitliche Zuordnung nicht immer eindeutig. Aus dem Kärntner Raum sind allein die Wehranlagen der Stadtgörz[57], von der Gurina[58], von Sankt Helena am Wieserberg[59] und vom Maria Saaler Berg[60] zu nennen. Ausgehend von umfangreichen Sondagen im Bereich des Cvingers bei Sittich (Stična)[61] ist der Forschungsstand in Unterkrain dank eines breit angelegten Forschungsprogramms ausnehmend gut[62]. Abgesehen von einer Reihe gleichartiger Zweischalenmauern aus der älteren Eisenzeit, die mitunter über ein Holzrahmenwerk verfügen, wurden wiederholt und übereinanderliegend auch spätkeltische Wehrmauern ergraben. Auch bei diesen handelt es sich um Zweischalenmauern, die im Gegensatz zur Hallstattkultur, wo Breiten von zwei bis drei Metern üblich sind, allerdings nur mehr gut einen Meter breit und anstelle von Steinen mit Erdreich beziehungsweise Lehm verfüllt wurden. Zu nennen sind insbesondere die Wallanlagen am Cvinger bei Korita und auf Veliki Vinji vrh bei Bela Cerkev[63]. Wie die erschlossenen Profile vermuten lassen, muss es außerdem an verschiedenen Höhensiedlungen in Unterkrain in späterer Zeit – wiederholt wohl im ausgehenden Mittelalter – zur Errichtung mächtiger Erdwälle gekommen sein.

Am Cvinger in Sittich hat sich das in den Schnitten im Nordteil am deutlichsten gezeigt, wo in Schnitt 10 (Abb. 6) die Breite des Erdwalles mit bis zu zehn Metern eingeschätzt werden kann und seine Höhe von außen gesehen über fünf Meter beträgt[64]. Demnach liegt auch im Basisbereich keine Lehmanschüttung zur Stabilisierung der hallstattzeitlichen Steinmauer vor[65], die – in Schnitt 10 etwa – unmittelbar am Felsen aufliegt, sondern die überaus mächtig dimensionierte spätere Anschüttung eines Erdwalles über einer – wohl erst später – im oberen Teil ausgerissenen ältereisenzeitlichen Zweischalenmauer. Sie zeigt in ihrer Zusammensetzung im Übrigen eine Reihe von Ähnlichkeiten mit dem Wall auf dem Magdalensberg, der also auch hinsichtlich seiner Mächtigkeit nicht singulär im Südostalpenraum dasteht, wie die Ausgräber meinen[66]. Und dementsprechend wurde die spätkeltische Wehrmauer am Lethkogel bei Stainz in der Weststeiermark – eine Zweischalenmauer mit Holzarmierungen – nicht »aus unbekannten Gründen regelrecht eingemottet, also mit einer mächtigen Materialschüttung wieder zugegraben«[67], sondern wohl gleichermaßen zur Zeit der Türkeneinfälle als Erdwall ausgebaut. Wie im Sachgut und in den Bestattungssitten ist für die keltische Zeit auch im Siedlungswesen innerhalb des Südostalpenraumes der Vergleich zur Mokronoggruppe zu suchen. Für den Magdalensberg bleibt allenfalls der Vergleich zum ausgedehnten, im frühesten Fall römerzeitlichen, vielleicht auch erst erheblich späteren Wall um den Auerberg im schwäbisch-bayerischen Alpenvorland zu ziehen, woraus sich gegebenenfalls eine antike Zeitstellung ergäbe[68]. Wie leicht man sich in der Einschätzung groß angelegter Wehrsysteme in die Irre leiten lassen kann, zeigte sich zuletzt beispielsweise auch in Bezug auf die Datierung der Befestigungsanlagen an der Heuneburg[69].

Im Sinne der Frühdatierung des Walles am Magdalensberg versteht Karl Strobel[70] den Siedlungsbeginn als Folge des Boiereinfalles nach Noricum in den sechziger Jahren v. Chr. Eine Generation später hätte diese Siedlung dann in den dreißiger Jahren einen Ausbau zum ersten befestigten protourbanen Zentralort in der Geschichte des südlichen Noricum erfahren, der auch die Niederlassung der römischen Händler am Südabhang eingeschlossen hätte. Das neue Oppidum namens Virunum, was soviel wie »wahre bzw. starke Festung« bedeute, wäre in Sichtweite des alten Herrschaftssitzes Noreia[71] errichtet worden, als sichtbares Zeichen einer neuen, unter Cäsar angebrochenen Zeit, in welcher der König der Noriker von Rom eingesetzt und bestätigt worden sei, das Regnum Noricum also zum römischer Vasallenstaat geworden sei. Diese Einschätzung geht derweil an den historischen und archäologischen Quellen vorbei.

---

[63] Dular / Tecco Hvala, Slovenia 93 f. mit Abb. 47 B und 49 A.
[64] Gabrovec, Stična (Anm. 61) 116–119 Beil. 26; Dular / Tecco Hvala, Slovenia 88 Abb. 40 B.
[65] So Gabrovec, Stična I (Anm. 61) 147 Abb. 135a; Dular / Tecco Hvala, Slovenia 89 Abb. 44.
[66] Artner u. a., Wallbefund 74.
[67] W. Artner in: B. Hebert, Tätigkeitsbericht 2006 der Bodendenkmalpflege. Zeitschr. Hist. Ver. Steiermark 98, 2007, 357–416 s. v. Gamsgebirg (S. 359–361, bes. 360).
[68] G. Ulbert, Der Auerberg I. Münchner Beitr. Vor- u. Frühgesch. 45 (München 1994).
[69] Vgl. H. Reim, Arch. Ausgr. Baden-Württemberg 2003, 56–61, und G. Kurz, ebd. 2006, 58–62.
[70] Strobel, Alpenkrieg 996–999. – Vgl. auch Dolenz, Römische Tempel 72.
[71] Zusammenfassend Gleirscher, Noreia 73–138 und 187–189.

Wendet man sich im weiteren der Frage der eigentlichen Gipfelbebauung am Magdalensberg und damit zunächst den noch heute sichtbaren Mauerringen zu (Abb. 7), so werden auch diese von den Ausgräbern als Befestigungsmauern eingeschätzt[72]. Dieses Befestigungswerk sei in den zwanziger Jahren v. Chr.[73] in geradezu propagandistisch-repräsentativer Gestalt unter Leitung eines römischen Festungsarchitekten in Form eines dreifachen Mauerringes errichtet worden; in spätaugusteisch-tiberischer Zeit sei die Anlage geschleift oder abgetragen worden. Die Mächtigkeit der Anlage ließ Gernot Piccottini zum Schluss kommen, dass es sich dabei nur um den Sitz des norischen Stammesfürsten, der zumindest zeitweise dort anwesend war, handeln könne. Doch hat bereits Günther Ulbert vor einem Vierteljahrhundert den Eindruck gewonnen, dass nicht ein komplexes Befestigungssystem, sondern vielmehr die Überreste eines bedeutenden und architektonisch großartig gestalteten Heiligtums vorliegen dürften, dessen Datierung auf Grundlage des veröffentlichten Schichtzusammenhanges nicht zu geben sei[74]. Und Franz Glaser zeigt[75], dass der »mittlere Mauerring mit Schlauchtor« als Substruktion mit Mittelfundament für eine fast hundert Meter lange und dreizehn Meter breite zweischiffige Säulenhalle zu interpretieren ist, wie man sie aus hellenistischen Heiligtümern kennt und an einem prominenten Heiligtum erwarten darf[76]. Um das gewissermaßen richtigzustellen, hat Heimo Dolenz die systematischen Ausgrabungen im Bereich des Magdalensberg-Gipfels wieder aufgenommen[77], und das »umso bereitwilliger [als die] neuen Forschungsansätze, die in den Gipfelbauten ein Terrassenheiligtum zu erkennen trachten, in jüngst erschienenen archäologisch-historischen Überblickswerken einseitig selektiv Eingang gefunden [haben]«[78]. Doch es fand sich kein »mittlerer Festungsring«. Glaser zieht in diesem Zusammenhang auch den Vergleich zum Tempelberg von Jerusalem mit der Festung Antonia an der Nordwestecke und erwägt unter Hinweis auf eine Schilderung des Flavius Josephus auch die Stationierung von Militär im Gipfelbereich des Magdalensbergs[79]. Die Überreste des zugehörigen römischen Tempels im Bereich der Helenenkirche, auf die noch zurückzukommen ist, waren bereits im Jahre 1970 nachgewiesen worden.

Betrachtet man den inneren und äußeren Mauerring der vermeintlich dreiteiligen Befestigung, so war die Annahme eines inneren Verteidigungswerkes stets mehr als spekulativ, ist der Mauerrest dem Zugang des Tempels zuzuordnen. Was den äußeren Befestigungsring anbelangt, so handelt es sich dabei jedenfalls um eine Wehrmauer. Zu deren Charakter und Datierung bleiben allerdings verschiedene Fragen offen, die nur im Zuge weiterer Nachgrabungen zu klären sind. So könnte schon die vorgeschlagene Torfunktion zu überdenken sein und an dieser Stelle ein Turm gestanden haben. Grundsätzlich könnte dieser Bering bereits in mittelaugusteische Zeit datieren und mit den Festungsmauern auf der Gurina[80] oder denjenigen von Dolge njiva in Vrhnika[81] zu vergleichen sein. Dann wäre sie nur bis in spätaugusteisch-frühtiberische Zeit, als

---

[72] G. Piccottini in: Piccottini/Vetters, Bericht 1980, 13–109; Piccottini, Römer 95 f.; Piccottini/Vetters, Führer 25–30; Dolenz, Magdalensberg 126.

[73] Dolenz, Magdalensberg 126, hingegen sagt, dass »keine Funde vorliegen, die früher als um 15 v. Chr. datieren«. Oder doch früher: Dolenz, Magdalensberggipfel 2003, 123; 2004, 169; Dolenz, Erdbeben 109.

[74] G. Ulbert, Rezension zu Vetters/Piccottini, Bericht 1980 in: Gnomon 55, 1983, 273 f.

[75] F. Glaser, Neue Forschungsergebnisse zum Gipfel des Magdalensberges. Rudolfinum 2000, 51–60. – Zustimmend Gassner/Jilek, Frühzeit 69 oder Fischer, Noricum 74 oder Dolenz, Römische Tempel 73. – Anders noch Dolenz, Magdalensberg 126; Dolenz, Erdbeben 109 f. und Strobel, Noreia-Frage 29 f.; Strobel, Alpenkrieg 997, der gar die Existenz eines »basilikaartigen« Komplexes behauptet.

[76] Zurückgewiesen bei G. Piccottini, Rudolfinum 2000, 81–83. Vgl. aber Piccottini/Vetters, Führer 27 versus 30.

[77] Dolenz, Magdalensberggipfel 2002–2007; Dolenz, Römische Tempel 67–77.

[78] Dolenz, Magdalensberggipfel 2003, 119; so auch Ch. Flügel, Bayer. Vorgeschbl. 68, 2003, 205.

[79] Ios. bell. Iud. 5, 5, 8. – Glaser, Gipfel (Anm. 75) 56 f. – Vgl. H. Dolenz, Eisenfunde aus der Stadt auf dem Magdalensberg. Kärntner Museumsschr. 75 (Klagenfurt 1998) 129, der darin Hermann Vetters folgt. – Ablehnend Fischer, Noricum 75 f.

[80] Gamper, Vorbericht (Anm. 58) 159–163; ders., Tiberius ac Noricos 431 f. – So auch Dolenz, Sullo stato 398; Dolenz u. a., Zum Stand (Anm. 10) 49.

[81] B. Mušič / J. Horvat, Arheol. vestnik 58, 2007, 219–283, bes. 261 f. und 266 f.

das Heiligtum erbaut wurde, in Funktion gewesen. Möglicherweise handelt es sich aber um eine Wehrmauer aus spätantiker Zeit, für die sich im Südostalpenraum reichlich Vergleiche finden lassen[82]. Das römerzeitliche Fundgut aus dem Gipfelbereich des Magdalensbergs reicht jedenfalls bis in die Spätantike[83].

Was schließlich die Frage nach dem Nachweis etwaiger Heiligtümer im Gipfelbereich anbelangt, so erwies sich der im Jahre 2006 ergrabene keltische Kultbau[84] als Fiktion[85]. Trotz des eindeutigen Befundes, wonach einige der dazu gehörigen Pfostenlöcher die Bodenreste des römischen Tempelbaues durchschlagen, also später eingebracht wurden, und ohne signifikante Funde wurde – wie schon bezüglich der Wallanlage – der Vergleich nach Gallien gezogen. Auch für die diesem Typus von Heiligtümern zugeordnete Fundstelle im Bereich der Perl- und Stadläcker am Abhang des Frauenberges bei Leibnitz in der Steiermark[86] bleibt nach wie vor eine Reihe von wesentlichen Fragen offen, vor allem auch zur Frage, warum die Tierknochen sichtlich selektiert in den Boden gelang sind, einem Phänomen, das sich etwa am Hallstätter Salzberg mit der Produktion von Schinken erklären lässt[87].

Gleichzeitig mit dem vermeintlichen keltischen Kultbau hätten die Römer in spätrepublikanischer Zeit einen Tempel errichtet. Davon hätten sich zwar keine Grundmauern, wohl aber in den dem keltischen Kultbau zugeordneten Gruben die Reste von teilweise mit Stuck überzogenen Tuffsteinsäulen sowie oberflächlich angespitze massive Marmorplatten nebst weiteren Architekturfragmenten erhalten[88]. Der Standort des sogenannten Tuffsäulentempels am Magdalensberg bleibe zwar unbekannt – auch die beiden Mauerzüge im Kircheninneren scheiden dafür aus –, doch könne er nur in der Nähe des vermeintlichen keltischen Kultbaues und des nachfolgenden Podiumstempels gelegen haben. Anhand der Säulenreste allein ist die Existenz des ›Tuffsäulentempels‹ jedoch nicht zu erschließen. Diese Fragmente sind vielmehr jenem Podiumstempel zuzurechnen, der bereits 1970 zum Teil ergraben wurde, auch weil zu diesem trotz der ansehnlichen Menge an Bauschutt und Architekturresten jegliche Säulenreste fehlen. Die Vorstellung von einem nach der Mitte des ersten vorchristlichen Jahrhunderts errichteten gemeinsamen Heiligtum der Römer und Kelten[89] – dem ›Tuffsäulentempel‹ und dem hölzernen Kultbau – sowie einer römisch-keltischen Doppelstadt am Magdalensberg[90] – dem keltischen Königssitz Noreia und der römischen Händlersiedlung Virunum – findet im Befund also keinerlei Rückhalt.

Was nun den seit den siebziger Jahren bekannten Podiumstempel im Bereich der Helenenkirche anbelangt[91], so ordnet Dolenz diesem jene Baumaßnahmen zu, die in Zusammenhang mit dem »repräsentativen wie fortifikatorischen Ausbau des Magdalensberggipfels im zeitlichen Umfeld der Okkupation Noricums durch Rom (15 v. Chr.) standen«[92]. In dieser Sichtweise

---

[82] S. Ciglenečki, Höhenbefestigungen aus der Zeit vom 3. bis 6. Jh. im Ostalpenraum (Laibach 1987).

[83] Dolenz, Erdbeben 109; Fischer, Noricum 78; Gassner / Jilek, Frühzeit 70.

[84] H. Dolenz in: Fundber. Österreich 45, 2006, 679 f. s. v. KG Ottmanach; Dolenz, Römische Tempel 68 f.; Dolenz, Magdalensberggipfel 2006, 67.

[85] Gleirscher, Keltische Baureste (Anm. 47) 23. – Nach der Kampagne 2007 auch von den Ausgräbern erkannt: Dolenz, Magdalensberggipfel 2007, 98; ders., Fundber. Österreich 46, 2007, 678 f. s. v. Ottmanach; ders., Tre strutture templari nel centro del Norico. Quad. Friulani Archeol. 17, 2007, 67–82, bes. 67–69. – Nicht erwähnt bei Strobel, Alpenkrieg.

[86] G. Tiefengraber / Ch. Grill in: E. Lauermann / P. Trebsche (Hrsg.), Heiligtümer der Druiden. Opfer und Rituale bei den Kelten. Kat. Niederösterr. Landesmus., N. F. 474 (Asparn a. d. Zaya 2008) 90 103.

[87] E. Pucher in: A. Kern u. a. (Hrsg.), Salz – Reich. 7000 Jahre Hallstatt. Veröff. Prähist. Abt. 2 (Wien 2008) 74–77.

[88] Dolenz, Römische Tempel 69–71; Dolenz, Magdalensberggipfel 2006, 67 f.

[89] Dolenz, Römische Tempel 71.

[90] Vorgeschlagen von Graßl, Gründungsheros (Anm. 16) 29 f. – Ähnlich auch Urban, Urgeschichte Österreichs (Anm. 1) 369 f.

[91] G. Piccottini in: ders. / H. Vetters, Die Ausgrabungen auf dem Magdalensberg 1969 bis 1973. Magdalensberg-Grabungsber. 13 (Klagenfurt 1973) 185– 207.

[92] Dolenz, Römische Tempel 72–77; Dolenz, Magdalensberggipfel 2006, 68 f.; Dolenz, Magdalensberggipfel 2007, 95–97. – In Abrede gestellt bei Strobel, Noreia-Frage 29 f.

Zur antiken Bebauung auf dem Gipfel des Magdalensbergs 115

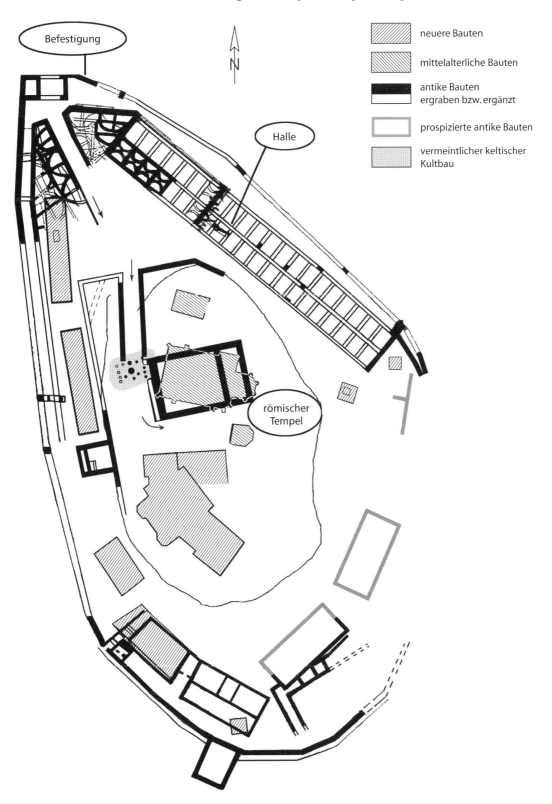

7   Magdalensberg, idealisierter Grundriss zur Gipfelbebauung. Maßstab 1:100.

scheint »die zitadellenartige Gipfelbefestigung in augusteischer Zeit das sakrale und administrative Zentrum der Stadt weithin sichtbar eingefasst zu haben«, sei im Rahmen des Erdbebens in spätaugusteisch-frühtiberischer Zeit aufgelassen und in den Bereich der Händlersiedlung verlegt worden[93]. Der Tempel erhob sich auf einem abgearbeiteten Felssockel. Das Podium war mit Marmorplatten verkleidet und von einem Boden aus Schieferplatten umgeben, der besonders gut an der Nordostecke erhalten ist. Nordseitig zeichnet sich eine Gliederung durch Wandpfeiler ab[94], woraus sich ein guter Vergleich beispielsweise zum Tempel am Stadthügel von Brescia ergibt[95]. Von der Treppe blieb allein der Unterbau erhalten. Die bereits genannten Tuffsteinsäulen sind diesem Bau zuzurechnen. Von der weiteren Ausstattung verdienen insbesondere eine Pilasterbasis und das Bruchstück eines Kapitells ionischer Ordnung Erwähnung. Was die Maße dieses Podiumstempels anbelangt, so gibt Dolenz für den Sockel 85 × 58 × 6 römische Fuß an[96]. Der Schutt dieses herausragenden Tempels, der beim Bau der spätromanischen Kirche abgetragen wurde, ist über das gesamte Gipfelplateau verstreut.

Als Kultbild wurde zunächst die Bronzefigur des Jünglings vom Magdalensberg (Abb. 8) vorgeschlagen, zweifellos ein Pasticcio, und in diesem Herbert Graßls Interpretationsansatz folgend der Heros Virunus gesehen[97]. Obwohl das Vergraben solcher Figuren nur mit der Einführung des Christentums als Staatsreligion gegen Ende des vierten Jahrhunderts zu verbinden ist, meint Dolenz, die Existenz dieses Tempels nicht über das zweite Jahrhundert hinaus belegen zu können[98]. Er geht nunmehr davon aus, dass es in spätaugusteisch-frühtiberischer Zeit im Zusammenhang mit dem Erdbeben und der Einrichtung der norischen Hauptstadt im Bereich der Händlersiedlung zur Schleifung des Tempels gekommen sei[99]. Es spricht allerdings nichts dagegen, den Bau des Podiumstempels mit jener aufwendigen Umgestaltung des Gipfelbereichs am Magdalensberg zu verbinden, die Glaser mit der Errichtung einer zum Podiumstempel gehörenden fast hundert Meter langen und dreizehn Meter breiten zweischiffigen Säulenhalle (Abb. 7) verbindet und in tiberische Zeit datiert[100]. Dabei kann er sogar die in der Länge des Bauwerks begründeten Korrekturen der Visurlinien nachweisen, die keinesfalls als eigene Bauperiode zu interpretieren sind, weil es auch durchlaufende Mauerabschnitte gibt. Demnach kann auch kein Erdbeben als Erklärung dienen, wie das Dolenz vorschlägt[101].

---

[93] Dolenz, Eisenfunde (Anm. 79) 129; Dolenz, Römische Tempel 73; Dolenz, Magdalensberggipfel 2007, 99.
[94] Verkannt bei Dolenz, Römische Tempel 76 Abb. 2.
[95] G. Cavallieri Manasse / G. Massari / M. P. Rossignani, Piemonte, Valle d'Aosta, Liguria, Lombardia, Guida Laterza (Mailand 1982) 246.
[96] Es gibt aber auch Hinweise auf einen symbolträchtigen Grundriss mit den Maßen 100 × 60 Fuß: Vgl. G. Gruben, Die Tempel der Griechen (München 1984) 326–328; W. Zwickel, Der salomonische Tempel (Mainz 1999) 58; F. Glaser in: H. R. Sennhauser (Hrsg.), Frühe Kirchen im östlichen Alpengebiet. Abhandl. Bayer. Akad. Wiss., phil.-hist. Kl. N. F. 123 (München 2003) 413–437, bes. 434 ff.
[97] Dolenz, Römische Tempel 76. – Vgl. Graßl, Gründungsheros (Anm. 16). – Nunmehr verworfen: Dolenz, Tre stutture templari (Anm. 85) 70; Dolenz, Magdalensberggipfel 2007, 97.
[98] Dolenz, Römische Tempel 77.
[99] Dolenz, Magdalensberggipfel 2007, 99.
[100] Glaser, Gipfel (Anm. 75). – Zustimmend Fischer, Noricum 74 oder Gassner/Jilek, Frühzeit 69.
[101] Dolenz, Erdbeben 109.
[102] R. Fleischer, Die römischen Bronzen aus Österreich (Mainz 1967) 128 Nr. 166; Dolenz, Magdalensberggipfel 2006, 66 Abb. 6.
[103] P. Gleirscher, Rudolfinum 2004, 51–63; Gamper, Vorbericht (Anm. 58) 123–138 und 163–166; ders., Die Opferplätze der Gurina und ihr Umfeld (Österreich). In: St. Groh / H. Sedlmayer (Hrsg.), Blut und Wein. Keltische und römische Kultpraktiken. Protohist. Européenne 10 (Montagnac 2007) 119–139; ders., Die heilige Kuppe auf der Gurina. In: F.-W. Leitner (Hrsg.), Götterwelten. Tempel, Riten, Religionen in Noricum (Klagenfurt 2006) 25–30.
[104] Glaser, Gipfel (Anm. 75) 57; ders., Heiligtümer im östlichen Alpenraum als Ausdruck lokaler Identität. In: A. Schmidt-Colinet (Hrsg.), Lokale Identitäten in Randgebieten des Römischen Reiches (Wien 2004) 91–100, bes. 93 f.
[105] Piccottini/Vetters, Führer 12 f.
[106] Vgl. Caes. Gall. 2, 15, 4; 3, 1, 2; 4, 2, 1 und 5; 4, 5, 2–3; 7, 3, 1; 42, 3–4 sowie 55, 5 oder Cic. Font. 11.
[107] Sall. Iug. 25–26. – Vgl. für Pannonien Vell. 16, 110, 6.
[108] H. Graßl, Römische Händlersiedlungen in der späten Republik und frühen Kaiserzeit. In: Heftner/Tomaschitz, Ad Fontes (Anm. 27) 295–301.

Inwieweit das großangelegte römerzeitliche Heiligtum am Gipfel des Magdalensberges an einen bereits vorrömischen Kultplatz anschließt, dem je nach Datierungsansatz auch der Jüngling vom Magdalensberg zuzurechnen ist, bleibt nach wie vor spekulativ. Eine etruskische Herkulesstatuette[102], deren genauer Fundort am Magdalensberg unbekannt ist, könnte dafür sprechen und würde dann umso mehr auch topographisch an die Situation auf der Gurina bei Dellach im Gailtal, am Nordfuß des Plöckenpasses, erinnern, wo eine römische Siedlung von einem in eisenzeitlicher Tradition stehenden, wenn auch viel einfacher gestalteten Heiligtum überragt wird[103]. Am Magdalensberg hat Glaser die Hypothese von der Existenz eines bedeutenden einheimischen Heiligtums – möglicherweise eines der vergöttlichten Noreia – schließlich mit dem in der ostmediterranen Welt besonders gut belegten Phänomen verknüpft, dass jene römischen Händler, die bereits vor der Eroberung durch Rom in Noricum ansässig waren, die Asylzone um das Heiligtum als einen wesentlichen Faktor für die Wahl des Siedlungsplatzes bewertet hätten[104]. Auch Piccottini hält es für möglich, dass die Ansiedlung der römischen Händler im Umfeld eines zentralen Ortes der Noriker erfolgte, vielleicht mit einem sakralen Mittelpunkt auf dem Gipfel des Berges[105]. Die Händlersiedlung am Magdalensberg liegt jedenfalls hoch über dem Talboden und bietet logistisch gesehen eine Reihe von Unannehmlichkeiten, die wohl entscheidend dazu beigetragen haben, dass die Stadt in claudischer Zeit in den Talboden ins Zollfeld verlegt wurde.

Ähnlich wie für Noricum zu vermuten, waren bereits um 70 v. Chr. römische Geschäftsleute in Gallien tätig, wenngleich nicht überall willkommen[106]. Deren Leben schützen zu müssen, gab Julius Cäsar vor, um den Angriff auf Cenabum zu rechtfertigen, das heutige Orléans. Die Gefahr, in die sich römische Händler außerhalb des Reiches selbstredend immer wieder begaben, erhellt auch aus einer Begebenheit in Numidien. Nach der Kapitulation von Adherbal in der Stadt Cirta ließ Jugurtha auch die dort befindlichen und ins Kampfgeschehen verwickelten römischen Händler töten[107]. Der Verknüpfung der Händlersiedlung mit dem Heiligtum am Magdalensberg widerspricht Herbert Graßl, der für die Ortswahl der Händlersiedlung die Nähe zum Sitz des norischen Königs als entscheidend einschätzt und deshalb auch die keltische Stadt Noreia am Magdalensberg lokalisiert[108]. Jedoch steht dafür nach wie vor jeglicher archäologische Nachweis aus.

8   Der Jüngling vom Magdalensberg. Renaissancezeitliche Kopie einer antiken Großbronze.

Fassen wir zusammen: Von einer einheimisch-keltischen Komponente in der Bebauung des Gipfels des Magdalensbergs kann also nach wie vor weder mit Blick auf die bisher untersuchte Umwallung noch mit Blick auf ein in keltischer Tradition stehendes Kultgebäude die Rede sein, das parallel zu einem ersten römischen Tempel mit Tuffsäulen bestanden hätte und dessen Existenz auch die Ausgräber inzwischen wieder verwerfen. Die Vorstellung von der Koexistenz eines römischen Emporiums am Südabhang des Magdalensbergs und einer weitläufigen, von einem Erdwall geschützten norischen Zentralsiedlung an dessen Nordostflanke in spätrepublikanisch-frühaugusteischer Zeit ist beim derzeitigen Kenntnisstand nicht nachvollziehbar. Das gilt gleichermaßen für den Vorschlag, dass sich im Gipfelbereich des Magdalensbergs ein in propagandistisch-repräsentativer Gestalt errichtetes dreifaches Befestigungswerk des norischen Königs befunden habe. Dabei handelt es sich zum einen um die Substruktion der zu einem aufwendigen Tempel im Bereich der Helenenkirche gehörigen zweischiffigen Säulenhalle (der vermeintliche mittlere Mauerring), zum anderen um eine Festungsmauer (der äußere Mauerring). Dieses Bollwerk könnte in mittelaugusteischer oder spätantiker Zeit entstanden sein, sein Alter ist derweil nicht bestimmbar. Zur vorrömerzeitlichen und vielleicht sakralen Nutzung des Gipfelbereichs am Magdalensberg lassen sich nach wie vor nur mehr oder weniger plausible Hypothesen anstellen.

Dr. Paul Gleirscher, Landesmuseum Kärnten, Museumsgasse 2, 9021 Klagenfurt, Österreich, Paul.Gleirscher@landesmuseum-ktn.at

Bildrechte. Abb. 1 nach Piccottini, Römer 91 Abb. 56. – Abb. 2 Foto Songild Tichy. – Abb. 3 und 8 Landesmuseum Kärnten, Klagenfurt. – Abb. 4 und 5 nach Artner u. a., Wallbefund (Anm. 35) 75 Abb. 3 und 4. – Abb. 6 nach Gabrovec, Stična (Anm. 61) Beil. 26. – Abb. 7 verändert nach Dolenz, Tre strutture (Anm. 85) 68 Abb. 1.

Abkürzungen

Artner, Osterwitz	W. Artner in: Fundber. Österreich 45, 2006, 666 s. v. KG Osterwitz.
Artner u. a., Wallbefund	W. Artner / H. Dolenz / M. Luik / E. Schindler Kaudeka, Ein Wallbefund am Magdalensberg. Rudolfinum 2006, 73–77.
Dolenz, Erdbeben	H. Dolenz, Ein Erdbeben in der Stadt Alt-Virunum auf dem Magdalensberg? In: G. H. Waldherr / A. Smolka (Hrsg.), Antike Erdbeben im alpinen und zirkumalpinen Raum. Geogr. Historica 24 (Stuttgart 2007) 99–115.
Dolenz, Magdalensberg	H. Dolenz, in: Reallex. German. Altkde. 19 (Berlin und New York 2001) 124–130, s. v. Magdalensberg.
Dolenz, Magdalensberggipfel	[Jährliche Berichte 2002–2007:] H. Dolenz, Die Ausgrabungen auf dem Magdalensberggipfel im Jahre 2002. Rudolfinum 2002, 109–121; dass. 2003, 119–126; dass. 2004, 169–176; dass. 2005, 103–109; dass. 2006, 61–72; dass. 2007, 95–102.
Dolenz, Römische Tempel	H. Dolenz, Römische Tempel im Zentrum Noricums. Neue Untersuchungen und Feldforschungen im Überblick. In: F.-W. Leitner (Hrsg.), Götterwelten. Tempel, Riten, Religionen in Noricum (Klagenfurt 2007) 66–92.
Dolenz, Sullo stato	H. Dolenz u. a., Sullo stato di ricerca. La data di inizio e le prime strutture insediative della città sul Magdalensberg. Aquileia Nostra 78, 2007, 389–404
Dular / Tecco Hvala, Slovenia	J. Dular / S. Tecco Hvala, South-Eastern Slovenia in the Early Iron Age. Opera Inst. Arch. Sloveniae 12 (Laibach 2007).
Fischer, Noricum	Th. Fischer, Noricum (Mainz 2002).
Gassner / Jilek, Frühzeit	V. Gassner / S. Jilek in: dies. / S. Ladstätter, Am Rande des Reiches. Die Römer in Österreich (Wien 2002) 31–152.
Gleirscher, Noreia	P. Gleirscher, Noreia. Atlantis der Berge (Klagenfurt 2009).
Piccottini, Alt-Virunum	G. Piccottini, Alt-Virunum. Die Stadt auf dem Magdalensberg. Antike Welt 29, 1998, 185–198.
Piccottini, Römer	G. Piccottini, Die Römer in Kärnten (Klagenfurt 1989).
Piccottini, Römerzeitl. Funde	G. Piccottini, Römerzeitliche Funde aus Kärnten. Carinthia I 198, 2008, 11–40.
Piccottini, Virunum	G. Piccottini, Virunum. In: M. Šašel Kos / P. Scherrer (Hrsg.), The autonomous towns of Noricum in Pannonia. Situla 40 (Laibach 2002) 103–134.
Piccottini / Vetters, Bericht 1980	H. Vetters / G. Piccottini (Hrsg.), Die Ausgrabungen auf dem Magdalensberg 1973 bis 1974. Magdalensberg-Grabungsber. 14 (Klagenfurt 1980).
Piccottini / Vetters, Führer	G. Piccottini / H. Vetters (†), Führer durch die Ausgrabungen auf dem Magdalensberg[6] (Klagenfurt 2003).
Rudolfinum	Rudolfinum. Jahrbuch des Landesmuseums Kärnten.
Strobel, Alpenkrieg	K. Strobel, Der Alpenkrieg und die Eingliederung Noricums und Raetiens in die römische Herrschaft. in: Ch. Franek u. a. (Hrsg.), Thiasos. Festschr. Erwin Pochmarski (Wien 2008) 967–1004.
Strobel, Noreia-Frage	K. Strobel, Die Noreia-Frage. Carinthia I 193, 2003, 25–71.

Summary. During the Late Republic and Early Empire there existed an important Roman settlement on the Magdalensberg in Carinthia. Recent studies and modern excavations have answered some questions concerning the buildings on top of the hill. There is no evidence for Celtic structures, that can corroborate the existence of an oppidum as well as of the fortress of a Noric king, proposed by some scientists. The detected circle wall cannot be dated with security and may even derive from Late Roman times. From the time of the Early Empire onwards, a representative sanctuary existed on the summit, consisting of a temple with podium and a portico. Some elements seem to indicate the existence of a pre-Roman cult place.

Résumé. Sul Magdalensberg, in Carinzia, si trovava un importante insediamento Romano al tempo della tarda Repubblica e della prima età imperiale. Studi e scavi recenti hanno rivelato alcuni dati relativi alle strutture architettoniche sulla sommità della montagna. Non si è trovata comunque alcuna evidenza archeologica per confermare l'esistenza di strutture celtiche, tali da corroborare l'ipotesi di un oppidum e la residenza di un re Norico, proposti da una parte della ricerca. Il circolo fortificato indagato non può essere datato con sicurezza e potrebbe essere stato eretto anche nel tardo Impero. Sin dalla prima età imperiale vi fu un santuario sulla sommità della montagna, costituito da un tempio su podio e portico. Alcuni elementi sembrano indicare l'esistenza di un luogo di culto preromano.

Izsledki. Na Štalenski gori je stalo na koncu republikanske dobe in v zgodnji cesarski dobi pomembno rimsko naselje. Novejše razprave in najnovejša izkopavanja osvetljujejo pozidavo vrha gore. Keltske gradnje tam še vedno niso izpričane, čeprav so že večkrat domnevali, da je bil na tem območju opidum oziroma utrdba noriškega kralja. Dokazano je bilo samo eno kamnito obzidje, ki pa bi bilo lahko šele poznoantično. Od zgodnje cesarske dobe je stalo na vrhu mogočno svetiš e s templjem na podiju in stebriščno dvorano. Razen tega posamezna dejstva nakazujejo obstoj predrimskega svetišča.

Ronald Knöchlein

Die Georgskapelle bei Heidesheim

Zu einigen topographischen Zusammenhängen zwischen antiker und nachantiker Besiedlung des ländlichen Raums an der Nordwestgrenze des Römerreiches

Nach wie vor zählt von allen Epochenwechseln im archäologischen Spektrum der Übergang von der Antike zum Mittelalter zu den meistdiskutierten Themen. Die Gründe liegen auf der Hand: Auf der einen Seite steht der quantitativ und qualitativ alles davor Gewesene weit übertreffende archäologische Quellenbestand der römischen Antike, auf der anderen mit dem Mittelalter der bis heute fortwirkende ältere Abschnitt abendländischer Geschichte. Die kontinuierlichen Überleitungen werden im Rahmen der konventionellen antiquarischen Archäologie zwischen beiden Epochen typischerweise jeweils in den Provinzhauptstädten, in den sonstigen Städten, in den Kleinstädten (Vici) im Sinne ländlicher Mittelzentren und an Militärplätzen direkt durch Auswertung von Siedlungsfunden oder indirekt durch Erforschung der Nekropolen herausgestellt. Von ganz anderer Perspektive tastet sich eine Vorgehensweise auch an dieses Thema heran, die eine sicher nicht unvorteilhafte Unvoreingenommenheit mit sich bringt. Es sind dies die unter dem Begriff Landschaftsarchäologie gebündelten Methoden, bei denen die Landschaft mit verschiedenen Rastern in unterschiedlichen Ausschnittsgrößen gleichsam überzogen wird, und die auf eine möglichst direkte Erfassung vor- und frühgeschichtlicher Besiedlungszeugnisse ohne den Umweg über die positivistische konventionelle Arbeitsweise abzielen[1]. Im Wesentlichen handelt es sich um eine qualitative Erweiterung der Siedlungsarchäologie Herbert Jankuhns. Immer wieder stellt sich in der Praxis das Problem, die mit Radiokarbondatierungen, Dendrodatierungen und Pollenanalysen eruierten Hinweise auf anthropogene Eingriffe in der Land-

---

Gewidmet Landesarchäologe Dr. Gerd Rupprecht zum fünfundsechzigsten Geburtstag am 17. März 2009. Der Dank des Verfassers gilt ferner den Mitarbeitern der Archäologischen Denkmalpflege Mainz: Jürgen Ernst, Erik Klingenberg und Klaus Soukup für die Installation des örtlichen Vermessungssystems, Durchführung und Dokumentation der Grabungen; Restaurator Thomas Schilp u. a. für werkstoffkundliche Hinweise; Elke Nalepa, Barbara Spannring, Ursula Weichhart und Petra Winkel für die Zeichnungen der Fundobjekte (Abb. 6–11); Dr. Marion Witteyer und Dr. Ingeborg Huld-Zetsche für wertvolle Hinweise zur antiken Keramik. Dr. Joachim Gorecki (Univ. Frankfurt a. M.) übernahm dankenswerterweise die Bestimmung der römischen Münzen. Finanzielle Unterstützung wurde dem Unternehmen seitens des Diözesanbauamtes des Mainzer Bistums zuteil; der ausdrückliche Dank gilt hier Manfred Stollenwerk. Weitere Unterstützung wurde dem Verfasser schließlich auch von Dr. Gerhard Bauchhenß und Dr. Olaf Dräger (beide Bonn), Dr. Karl Viktor Decker und Martin Lutze (beide Mainz) zuteil. – Datierungen beziehen sich auf die nachchristlichen Jahrhunderte.

[1] Vgl. etwa zahlreiche Beiträge in Arch. im Rheinland, vor allem die Bände 1999, 178 ff.; 2001, 155 f.; 2004, 199 f. – A. Zimmermann, Ber. RGK 83, 2002, 17 ff.; ders. u. a. ebd. 85, 2004, 37 ff. – Beiträge zum Thema Analyse räumlicher Daten in: Arch. Inf. 27/2, 2004, 227 ff.; 233 ff.; 245 ff.; 251 ff.

schaft mit dem konventionellen archäologischen Bild zu verbinden. Von daher bleiben die Aussagemöglichkeiten der konventionellen Archäologie ein noch immer unverzichtbares, ergänzendes Korrektiv. Nach Auffassung des Verfassers sind sie auch im Fall der Kontinuitätsdiskussion für den rein ländlichen, auf der Grundlage römischer Gutshöfe besiedelten Raum abseits der genannten zentralen Orte noch keineswegs ausgeschöpft.

In den vergangenen Jahrzehnten haben sich an römerzeitlichen Siedlungsstellen des ländlichen Bereiches auf ehemals römischem Provinzialgebiet in großer Zahl und breiter Vielfalt Funde und Befunde der nachantiken Zeit verstärkt eingestellt. Was besagt dies nun für die Diskussion um Brüche und Kontinuität im ländlichen Raum? Vielleicht trägt die im folgenden dargebotene Übersicht dazu bei, über bisherige Auffassungen hinausgehende Spielräume für weitergehende Interpretationen zu schaffen.

Lage und Gestalt

Anlass zur Beschäftigung mit dem angesprochenen Thema ist die Bearbeitung einer Plangrabung der Archäologischen Denkmalpflege Mainz im Bereich eines ländlichen Kirchengebäudes etwa neun Kilometer westlich von Mainz auf dem Gebiet der Gemarkung Heidesheim im Kreis Mainz-Bingen.

Es handelt sich um die knapp einen halben Kilometer nördlich der Bahnlinie von Mainz nach Bingen weit außerhalb von Heidesheim gelegene Georgskapelle, die am Ende einer zungenartig nach Norden in die Rheinebene vorspringenden natürlichen Geländeanhebung steht (Abb. 1). Der Standort der Georgskapelle markiert im örtlichen naturräumlichen Gefüge exakt die Grenzlinie zwischen der sandig-kiesigen diluvialen Niederterrasse nach Süden zu und andererseits den alluvialen Talbodenaufschüttungen Richtung Norden. Entsprechend unterschiedlich sind die Böden: Gen Süden sind dies aus Flugsand und Bewuchs entwickelte Parabraunerden über den diluvialen Schottern, im Norden dagegen kalkhaltige Aueschwemmlehme und anlehmige Sande. Die heute einseitig dominierenden Obstplantagen und die generelle Zersiedlung der Landschaft haben diese sich östlich und westlich von Heidesheim fortsetzende Grenzlinie oberirdisch völlig verwischt. Auf einem Kartenbild vom Beginn des neunzehnten Jahrhunderts (Abb. 2) ist die Grenze der Bodenformationen noch exakt markiert durch die scharfe Trennung zweier Nutzungsformen: nördlich der Grenzlinie Wiesengelände, südlich davon Ackerland. Das einst unmittelbar bis an die Georgskapelle reichende Wiesengelände war der natürliche, vom Rhein jahreszeitlich in unterschiedlichem Ausmaß beanspruchte Überschwemmungsbereich. Auch hier vermittelt das heutige Landschaftsbild mit dem knapp zwei Kilometer nördlich der Georgskapelle am heutigen Ortsteil Heidenfahrt vorbeifließenden, eingedämmten Rhein einen nicht mehr im geringsten an den ursprünglichen Zustand anknüpfenden Eindruck. Gut einen halben Kilometer nördlich der Georgskapelle verlief einst ein weit nach Süden ausholender Nebenarm des Rheins, an den noch die Geländebezeichnung ›Am kleinen Rhein‹ erinnert und der sich auch noch kaum merklich in der Höhenschichtung bemerkbar macht. Etwa einen Viertelkilometer nördlich der Georgskapelle gab es wohl einst eine sumpfige Niederung, die im Flurnamen ›Am alten Weiher‹ anklingt, vielleicht ebenso der Rest eines Altrheins. Deutlicher nachvollziehbar ist viel weiter nördlich noch die einstige völlige Abtrennung der Nonnenaue durch einen weiteren Nebenarm. Der ursprüngliche landschaftliche Eindruck nördlich der Georgskapelle war also der einer von Feuchtgebieten und Nebenarmen des Rheins stark gegliederten Auen- und Auenwaldlandschaft, die vom Rhein weg nach Süden zu, zusätzlich forciert von menschlicher Einwirkung, immer stärker den Charakter eines offenen Wiesengeländes annahm. Vor diesem Hintergrund umso bemerkenswerter ist die wahrscheinlich an der Mündung eines ehemaligen Nebenarmes in den Rhein fassbare ältere Besiedlung beim Ort Walsheim im Bereich

Die Georgskapelle bei Heidesheim   123

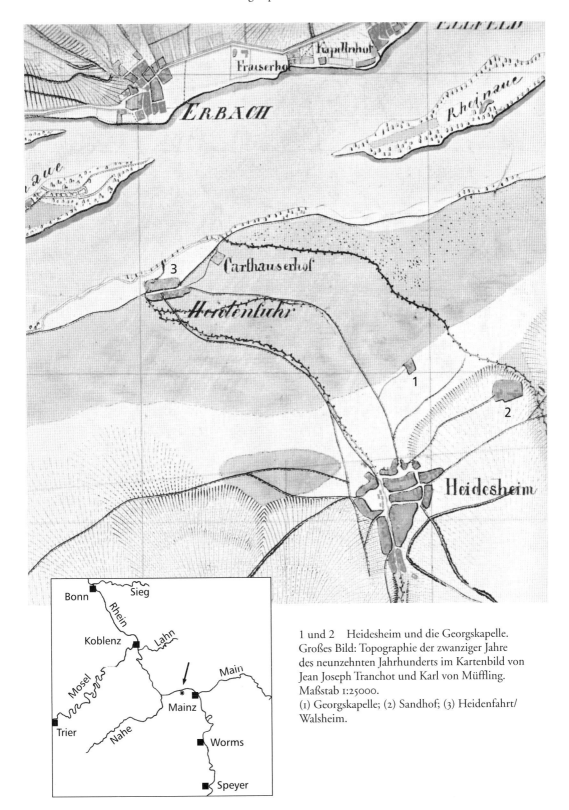

1 und 2 Heidesheim und die Georgskapelle.
Großes Bild: Topographie der zwanziger Jahre
des neunzehnten Jahrhunderts im Kartenbild von
Jean Joseph Tranchot und Karl von Müffling.
Maßstab 1:25000.
(1) Georgskapelle; (2) Sandhof; (3) Heidenfahrt/
Walsheim.

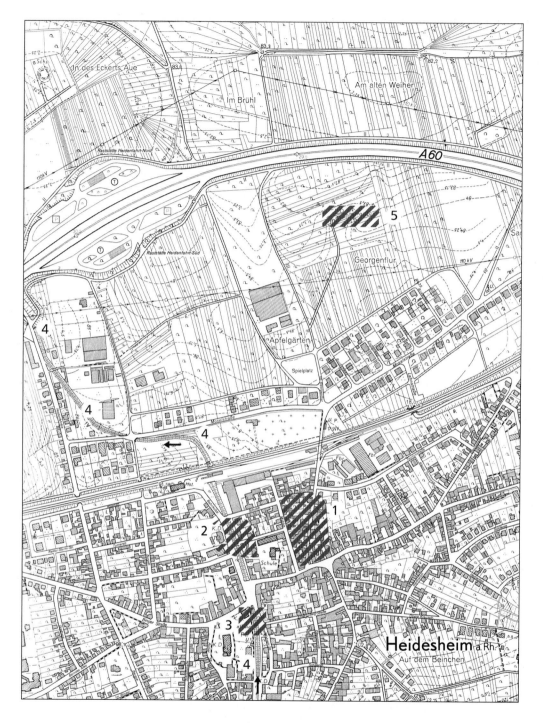

3 Heidesheim, historische Topographie. Maßstab 1:5000.
Durch Schraffur hervorgehoben (bis auf 4):
(1) Maximale Ausdehnung des fränkischen Gräberfeldes; (2) der älteste wahrnehmbare Ortsbereich,
mit Burg Windeck; (3) St. Philippus und Jakobus sowie die Lohmühle;
(4) Hünerbach; (5) Georgskapelle.

des heutigen Heidenfahrt in vorgeschichtlicher, antiker und frühmittelalterlicher Zeit, deren exponierte Lage eigentlich nur verkehrstopographisch erklärbar ist, etwa mit einem Schiffsanlegeplatz oder einem Fährhof. Auch wenn im Falle von Heidenfahrt beziehungsweise Walsheim die naturräumliche Grundlage der Ansiedlung noch nicht im Makroausschnitt mit letzter Gewissheit geklärt wurde, könnte es sich um eine dünenüberhöhte Auenlage gehandelt haben, die eine überschwemmungsfreie oder hochwasserarme Dauerbesiedlung unmittelbar im Uferbereich des Rheins ermöglichte.

Nach Süden zu haben die spätpleistozänen Flugsandanwehungen den Übergang zwischen der Niederterrasse und dem südlich anschließenden, tertiär bewegten Gelände stark verschliffen. Dort wo der Flugsand gegenüber seinem tertiären Untergrund stark abnimmt, das heißt an den Hängen zur Rheinniederung hin, hat sich ein ausgeprägter Quellhorizont ausgebildet, der wohl mitverantwortlich ist für die stetige Besiedlung der Heidesheimer Gemarkung über die gesamte Vor- und Frühgeschichte hinweg[2].

Namentlich wird die Georgskapelle erstmals im Oculus Memorie erwähnt, dem 1211 abgefassten Güterverzeichnis der 1135 gegründeten Zisterzienserabtei Eberbach vis-à-vis im Rheingau[3]. Die in den zwanziger Jahren von dem verdienstvollen Heimatforscher Ernst Krebs vor dem Westeingang der Georgskapelle beobachteten zahlreichen Bestattungen ohne Beigaben und aufwendigen Grabbau, geschichtet in mehreren Lagen, sind nicht näher dokumentiert, vermitteln aber das typische Erscheinungsbild eines mittelalterlichen Friedhofes[4]. Das hier offenbarte Bestattungsrecht, das heißt die Existenz eines regelrechten Kirchhofes ist in diesem Ausmaß wohl kaum mit dem Charakter einer bloß zu Andachtszwecken dienenden Kapelle zu vereinbaren. Zusammen mit weiteren historischen Anhaltspunkten ist davon auszugehen, dass die Georgskapelle ursprünglich den Rang einer zentralen Pfarrkirche einnahm. Ihr Sprengel hat möglicherweise das östlich benachbarte Budenheim und Walsheim beziehungsweise Heidenfahrt sowie das fünf Kilometer entfernte Finthen[5] eingeschlossen; in den beiden erstgenannten Orten hatte das Mainzer Altmünsterkloster umfangreichen Besitz, alle drei wiederum vereint in einem zusammenhängenden größeren Besitzkomplex der Mainzer Kirche generell. Der Ursprung der Georgskapelle muss mit der Entstehung dieses Besitzkomplexes eng zusammenhängen, als dessen Pfarrkirche sie dann aus unter noch der Klärung bedürfenden Umständen gegründet wurde. Möglicherweise ist das Georgspatrozinium ein Hinweis auf die zeitliche Ebene: Aus landesgeschichtlicher Sicht werden für die Heidesheimer Georgskapelle und andere frühe regionale Georgskirchen Zusammenhänge mit dem Wirken des Mainzer Bischofs Sidonius kurz nach der Mitte des sechsten Jahrhunderts für möglich gehalten[6].

In der Toponymie und anscheinend auch in der schriftlichen Überlieferung fehlen direkte Hinweise auf eine einstmals bei der Georgskapelle bestehende Siedlung. Dennoch ist kaum

---

[2] Geologische Karte von Hessen 1:25000 Blatt 5914 Eltville; dazu Erläuterungsband von F. Michels (Wiesbaden 1972); G. Bernhard, Die beiden Ingelheim und ihre Umgebung. Eine Studie über das Meßtischblatt Ober-Ingelheim. Rhein-Mainische Forschungen 15 (Frankfurt a. M. 1936). – Eine thematisch anders gelagerte, kürzere Fassung erschien an anderer, etwas entlegenerer Stelle: Knöchlein, Georgskapelle.

[3] H. Meyer zu Ermgassen, Der Oculus Memorie, ein Güterverzeichnis von 1211 aus Kloster Eberbach im Rheingau I–III (Wiesbaden 1981, 1984 und 1987). – Eine ausführliche, vollständige Würdigung der veröffentlichten und unveröffentlichten historischen Quellen zum Objekt kann in diesem Rahmen nicht gegeben werden.

[4] Krebs, Heidesheimer Kirchen.

[5] Staab, Sandhof 59

[6] Die Rechte von Altmünster über die Heidesheimer Pfarrei allerdings verbinden sich mit St. Philippus und Jakobus als Mittelpunkt und sind erst seit dem Spätmittelalter fassbar. – Staab, Mittelrhein 157 Anm. 664; 194 ff.; F. Staab in: ders. (Hrsg.), Zur Kontinuität zwischen Antike und Mittelalter am Oberrhein. Oberrheinische Stud. 11 (Sigmaringen 1994) 143; Chr. Moßig, Grundbesitz und Güterbewirtschaftung des Klosters Eberbach im Rheingau 1136–1250. Untersuchungen zur frühen Wirtschaftsverfassung der Zisterzienser. Quellen u. Forsch. hess. Gesch. 36 (Darmstadt und Marburg 1978) 313 f.; I. Adam in: 1300 Jahre Altmünsterkloster in Mainz. Ausstellungskat. Mainz (Mainz 1994) 8 ff., vor allem Abb. S. 14.

vorstellbar, dass das Kirchengebäude abseits seiner Bezugspunkte Walsheim beziehungsweise Heidenfahrt sowie Heidesheim, Budenheim und Finthen die meiste Zeit entsprechend dem heutigen Eindruck völlig verlassen in der Flur stand. Zumindest eine kleine Ansiedlung in der zeitweiligen Rolle eines Pfarrhofs in unmittelbarer Nähe darf wohl angenommen werden. Schwierig einzuschätzen ist in diesem Zusammenhang die Darstellung der Georgskapelle im Kartenwerk von Tranchot und von Müffling (Abb. 2). Unmittelbar an der überaus deutlichen Grenzlinie von Ackerland und Wiesengelände findet sich an der betreffenden Stelle nördlich von Heidesheim ein mit schwarzer Konturlinie versehenes grünes Areal genau in der Form dargestellt, wie Dörfer, Weiler und einzelne Höfe in diesem Kartenwerk üblicherweise wiedergegeben sind. In diesen schwarz konturierten grünen Fleck sind darüber hinaus drei kleine rote Vierecke eingetragen, die Gebäude wiedergeben. Trotz der geringen Größe und Schematisierung könnte durchaus zum Ausdruck gebracht sein, dass neben der Georgskapelle zwei weitere Gebäude existierten. Warum hätte der Kartograph drei Gebäude andeuten sollen, wenn außer der Georgskapelle keinerlei weitere Bauten sichtbar gewesen wären? Angesichts der generellen Qualität des Kartenwerkes, das entsprechend heutigen Karten 1:25.000 die damalige Bebauung, zum Beispiel anhand von Heidesheim selbst gut nachvollziehbar, minutiös Haus für Haus zum Ausdruck brachte[7], ist an der Grundaussage des Kartenbildes nicht zu zweifeln, also der Nachbarschaft der Georgskapelle und zweier weiterer Gebäude. Andererseits ist kaum vorstellbar, dass es sich um die Relikte einer alten Hofsiedlung handelt, über die in dem Fall bestimmt mehr bekannt wäre, sondern erst um sekundäre Baulichkeiten in Zusammenhang mit der Georgswallfahrt. Bis heute hebt sich dieser annähernd quadratische Bereich von etwa zweihundert Metern Seitenlänge um die Georgskapelle durch die um neunzig Grad abweichende Orientierung seiner Parzellierung von der Umgebung ab.

Schon das merowingerzeitliche Siedlungsgeschehen bewegte sich im Rahmen des heutigen alten Ortsbereiches (Abb. 3) und hat eindeutig dessen kontinuierliche Tradition bis heute begründet. Ein alter Siedlungskern zeichnet sich ganz im Norden dicht vor der heutigen Bahntrasse ab, wo der Heidesheim von Süd nach Nord durchquerende Hünerbach (Abb. 3, 4) das leicht abschüssige Gelände verlässt und in die Rheinebene eintritt. Der Bereich der merowingerzeitlichen Siedlung wird durch eine ehemalige Mühle und heutige Schule sowie durch die Niederungsburg Windeck abgesteckt (Abb. 3, 2). Auf diesen Komplex bezieht sich eindeutig ein heute völlig überbautes, größeres Gräberfeld mit Funden des fünften bis siebten Jahrhunderts etwa hundertfünfzig Meter südöstlich hangaufwärts (Abb. 3, 1). Ein zweiter Siedlungskern kann rein hypothetisch, dem Verlauf des Hünerbaches weiter aufwärts folgend, durch Annahme eines inneren Zusammenhangs der Lohmühle und der heutigen Pfarrkirche unterstellt werden (Abb. 3, 3): Wenngleich keine weiteren Anhaltspunkte vorhanden sind, wäre die Annahme einer Hofstelle im Bereich der Lohmühle und die Lage des zugehörigen Gräberfeldes nicht weit davon entfernt, aber demgegenüber deutlich erhöht im Bereich der späteren Kirche auf dem Dimberg eine regionaltypische Situation, nämlich die Errichtung von Kirchen in fränkischen Gräberfeldern[8]. St. Philippus und Jakobus könnte theoretisch also einen frühmittelalterlichen Vorläufer besessen haben, dem jedenfalls bis ins Hochmittelalter aber noch nicht die Rolle der Pfarrkirche zugekommen sein kann. Zur frühen Baugeschichte von St. Philippus und Jakobus stehen freilich keine Angaben zur Verfügung. Allem bisherigen Anschein nach stand die Georgskapelle also auch im Abseits hinsichtlich der bisher bekannten merowingerzeitlichen Verhältnisse (Abb. 3, 5).

---

[7] Vgl. etwa H. Müller-Miny, Die Kartenaufnahme der Rheinlande durch Tranchot und v. Müffling 1801–1828, Band II: Das Gelände. Eine quellenkritische Untersuchung (Köln/Bonn 1975) 95 ff.

[8] E. Stephan, Mainzer Zeitschr. 50, 1955, 9 f.; D. Ellmers in: Führer zu vor- und frühgeschichtlichen Denkmälern 12 (Mainz 1969) 91 ff.; G. Zeller, Die fränkischen Altertümer des nördlichen Rheinhessen. Germ. Denkmäler Völkerwanderungszeit B 15 (Stuttgart 1992) Bd. I, 249; Bd. II, 91 f.

Auf Grund eines historischen Sachverhalts des Jahres 1278 klingt bereits an, dass die Georgskapelle – noch im vollen Bewusstsein ihres altüberkommenen Status – im frühen Spätmittelalter de facto nicht mehr als zentrale Pfarrkirche betrachtet wurde. Im weiteren Verlauf des Spätmittelalters waren zur Betreuung der Georgskapelle nur noch oder, je nach Sichtweise, immerhin noch Kapläne abgestellt[9]. Daran und an einem weiteren Indiz[10] lässt sich ablesen, dass eine völlige Aufgabe der Georgskapelle nicht beabsichtigt war. Vielmehr dürfte der eingetretene Bedeutungswandel hin zur herausragenden Georgskultstätte seinen Niederschlag finden. Diesen Aspekt heben schließlich Aufzeichnungen der frühen Neuzeit hervor. Auch massive Zerstörungen im Dreißigjährigen Krieg und – nach Wiederherstellung durch den Besitzer der Georgenflur, Philipp Erwin von Schönborn 1664 – eine wohl durch Opferkerzen am 8. Dezember 1776 ausgelöste Brandzerstörung vermochten nicht die Heidesheimer von ihrer tief verwurzelten, in der alljährlichen Georgswallfahrt gipfelnden Treue gegenüber dem altehrwürdigen Bauwerk weit draußen vor dem Ort abzubringen. Als die Georgskapelle am Beginn der napoleonischen Ära 1806 schließlich als beschlagnahmtes Staatseigentum zur Steingewinnung versteigert werden sollte, wandten sich die Heidesheimer in einem Gesuch an den zuständigen Präfekten des Donnersbergdepartements dagegen. Dem Ansinnen wurde stattgegeben und damit ein regional einzigartiges Baudenkmal vor dem schon so gut wie sicheren Abbruch bewahrt[11].

Schon lange hatte die Umgebung der Georgskapelle durch Funde römischer Gegenstände eine gewisse Aufmerksamkeit auf sich gelenkt[12]. Im Jahr 1925 unternahm Krebs, der Besitzer des historischen Sandhofes[13], eine Ausgrabung im unmittelbaren Außenbereich der Georgskapelle[14]. Danach war grundsätzlich klar, dass das Bauwerk in den Ruinen des Hauptgebäudes einer Villa rustica stand. Die Absicht, das einem langjährigen Verfall ausgesetzte Bauwerk wieder in einen gottesdienstfähigen Zustand zu bringen, bedeutete auch für die Archäologische Denkmalpflege Mainz Verpflichtung und Chance zugleich vor dem Hintergrund, dass die archäologische Erforschung ländlicher Kirchengebäude in Rheinhessen im Gegensatz zu den benachbarten Regionen noch ganz in den Anfängen steht.

Vor allem auf Grund der Grabungen von Krebs warf die Georgskapelle nicht unwesentliche Fragen auf: Wie verhält sich nun konkret das heute aufgehende Mauerwerk zur antiken Bausubstanz? Gibt es Hinweise auf Vorgängerbauten und deren Alter? Ist die so weit nach Norden

---

[9] Ph. Weis, Die Pfarrer und Kapläne der Pfarrei Heidesheim. In: Festschrift Heidesheim 33 ff., vor allem 34.

[10] Staab, Mittelrhein 157 Anm. 664; 194 ff.: Hinweis auf Viertelzehnt.

[11] Joh. Sebastian Severus, Dioecesis Moguntina in parochis conspicere ... III (Handschrift Stadtbibliothek Mainz 1764): »Ad capitulum Algesheim, Parochia in Heydesheim: [...] Est et in agro Heydesheimensi capella S. Georgii, in prima fundatione parvo muro constructa, ex inde ob peregrinantium hac venientium copia ampliata: et ut videretur consecrata, nam super(?) pervulam nunc lapidibus clausam partem insculptam legitur: + VIII kal mai dedic + festo S. Georgii. Hic oppidi festive semper habito, communitas loci solemnis processione supplicatum vadit, sacroque et cancioni solenniter habitis interest. In feriis rogationu Budenheimenses et Findenses pariter huc veniunt.«, sinngemäß etwa »Es gibt auf einem Heidesheimer Feld auch eine Kapelle des Hl. Georg, bei der ersten Erbauung mit schwachen Mauern errichtet, danach wegen der Menge von Besuchern erweitert und, wie man sieht, eingeweiht, denn über einer kleinen, nun mit Steinen verschlossenen Tür kann man eingemeißelt lesen: ›Zu den achten Kalenden des Mai dem Fest des Heiligen Georg geweiht‹. Weil dieser dem Ort immer geneigt war, unternimmt die Gemeinde eine jährliche Bittprozession sowie Gottesdienste und Treffen. An diesen Veranstaltungen beteiligen sich auch die Budenheimer und die Fintaher.« Für freundliche Unterstützung bei der Recherche dieser Quelle danke ich Bernd Vest, Mainz. Diese Angaben zur Georgskapelle und zu Heidesheim generell fand Severus unter Resten der größtenteils verlorengegangenen Materialsammlung des Jesuiten Gamans (1605–1687), der eine ähnliche Gesamtdarstellung geplant hatte; zu Gamans vgl. L. Koch S. J., Jesuiten-Lexikon (Paderborn 1934) und F. Arens, Mainzer Zeitschr. 39/40, 1944/45, 41 ff. Severus jedenfalls vermutet einen unbekannten Heidesheimer Pfarrer als Gewährsmann von Gamans. – W. Schleuß, Heimatjahrb. Landkreis Mainz-Bingen 32, 1988, 15 ff.

[12] K. Schumacher, Mainzer Zeitschr. 3, 1908, 19 ff.; vor allem 26.

[13] Staab, Sandhof 59.

[14] OA Mainzer Amt. – Germania 11, 1927, 77 f.; Jahresber. Denkmalpfl. Hessen 4a, 1930, 11 f. Abb. 55; Krebs, Heidesheimer Kirchen; B. Stümpel in: Festschrift Heidesheim 14 Abb. 4.

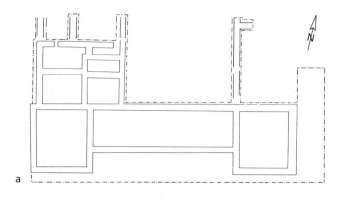

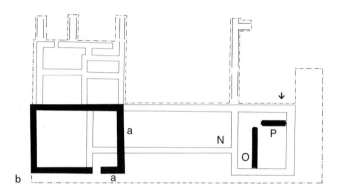

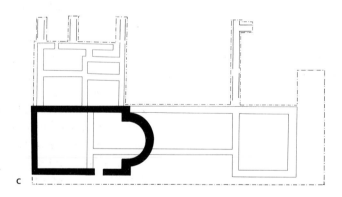

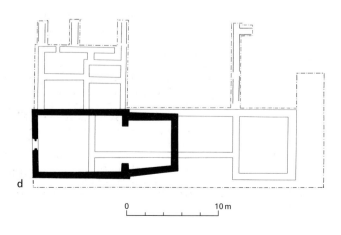

4 Schematische Darstellung der baulichen Abfolge. Der Pfeil (b) weist auf das Profil hier Abb. 5.

vom heutigen Ortsmittelpunkt bei der Pfarrkirche St. Philippus und Jakobus abgesetzte Georgskapelle tatsächlich mit einem nicht mehr bestehenden Siedlungskern in Verbindung zu bringen? Vor dem geschilderten Gesamthintergrund wird deutlich, welch einzigartige Chance die geplante Restaurierung bedeutete, im Rahmen der damit verbundenen Bauarbeiten den Innenraum der Georgskapelle zu untersuchen. Vielfalt und Qualität der im Zuge dieser Grabungen 1988 und 1989 aufgedeckten neuzeitlichen, mittelalterlichen und antiken Befunde erweiterten das Wissen um das Objekt ganz wesentlich. Es ergab sich daraus aber auch die Notwendigkeit, die wenigen, in Hinblick auf die das Kirchengebäude eng umschließenden Obstplantagen äußerst begrenzten Arbeitsmöglichkeiten im Außenbereich in den Jahren 1996 und 2003 für weitere Sondagen zu nutzen.

Die Befundabfolge

Alle bisherigen Beobachtungen zusammengenommen ergibt sich für den thematisch relevanten Zeitausschnitt zwischen spätrömischer Zeit und Frühmittelalter ein Bild der Befundabfolge vor Ort wie folgt (Abb. 4).

Den vorläufigen Abschluß einer komplexen Abfolge von Baubefunden mit quantitativ und qualitativ fortschreitend prosperierender Tendenz seit der frühen Kaiserzeit bildete spätestens um 200 n. Chr. ein Villenhauptgebäude durchschnittlicher Größe vom Risalittypus mit nach Süden ausgerichteter Schauseite (Abb. 4a). Dieser Bauzustand wurde dann, soweit er von den Grabungsausschnitten erfasst ist, in seinen Grundzügen bis zum Ende der antiken Besiedlung beibehalten. Ein Hinweis auf lang währende Nutzung des jüngeren antiken Bauzustandes darf in mehreren, auf diesen Bauzustand zu beziehenden, einander überlagernden, also ablösenden Bodenestrichen erblickt werden. Weitere Veränderungen, aber stets im Rahmen des jüngsten antiken Bauzustandes, zeichnen sich in den aufgehend erhaltenen und einen Teil des heutigen Kirchenbaus bildenden Partien des westlichen Risalits ab, wo eventuell bereits in antiker Zeit Fenster vermauert worden sein könnten. In anderen, bislang unbekannten Bereichen wurde der Bau möglicherweise unter Verwendung großer Quader zusätzlich befestigt, die beim Umbau des späteren, nachrömischen Rechtecksaales (siehe unten) erneut Verwendung fanden[15].

Zu erheblich späterer, bereits nachantiker Zeit wurde die vorhandene Bausubstanz im Bereich des westlichen Risalits für Bestattungszwecke hergerichtet, indem die antiken Böden geradezu systematisch aufgebrochen wurden und man durch Steinmaterial ausgekleidete Grabschächte mit Plattenabdeckung zwecks wiederholter Nachbestattungsmöglichkeit eintiefte. Den Innenraum des Rechtecksaales (siehe unten) füllten die Bestattungen wohl von West nach Ost chronologisch fortschreitend aus. Fundeinschlüsse und Radiokarbondaten aus einigen Gräbern liefern Anhaltspunkte zum zeitlichen Rahmen der Bestattungen im Bereich des Rechtecksaales, die demnach im Zeitraum von etwa 700 bis 1000 n. Chr. eingebracht worden waren. Nur eines der zahlreichen Individuen war im begrenzten archäologischen Sinne mit einer Beigabe versehen: Der betreffende Tote war wohl mit angelegtem Gürtel beigesetzt, den eine kleine Beschlagschnalle karolingischer Zeitstellung verschloss.

Gleichzeitig mit den Gräbern war der antike Bau durch Teilabbruch und unter Ergänzung durch einen neu eingezogenen Mauerwinkel (a) in einen rechteckigen Saalbau verwandelt worden, der in Hinblick auf die Bestattungen den ältesten frühmittelalterlichen Vorgängerbau der

---

[15] Den Ergebnissen der wissenschaftlichen Betreuung des aufgehenden Mauerwerks und der außen und innen angetroffenen Wandputzstraten seitens der Bau- und Kunstdenkmalpflege soll hier nicht vorgegriffen werden.

Vgl. vorab das Referat unserer Resultate bei A. Pufke, Denkmalpflege in Rheinland-Pfalz. Jahresber. 47–51, 1992–96 (1999) 13 ff. (dort irrtümlich ›Frühmittelalter‹ anstelle von ›Hochmittelalter‹).

Georgskapelle darstellt. Die Gräber 30 bis 34 speziell waren bereits unmittelbar entlang der östlichen Außenseite des Rechteckbaues angelegt. Anscheinend waren im Zuge dieser Veränderungen auch die östlichen Abschnitte der Portikus sowie der östliche Risalit abgebrochen worden. Damit hängt dann auch die Entstehung der für den östlichen Außenbereich so kennzeichnenden Bauschuttschicht zusammen (Abb. 5): Unter der mit niedrigem dichtem Gras zwischen den Obstbäumen bewachsenen Oberfläche und einem dünnen Humushorizont folgte über die gesamte Fläche hinweg zwischen 84,15 m und 83,36 m zunächst ein dunkelbrauner, homogener Mutterboden ohne nennenswerte Fundeinschlüsse (Abb. 5, 1). Der Mutterbodenhorizont war auf Grund seiner beachtlichen Stärke wohl über einen langen Zeitraum auf einer ebenso über die gesamte Fläche zwischen 83,36 m und 82,90 m anzutreffenden Schicht gewachsen, die auf Grund ihres unzweifelhaften Charakters das Ergebnis eines Einebnungsvorganges bildet und als Bauschuttschicht bezeichnet werden soll (Abb. 5, 2). Sie enthielt in hoher Dichte Mörtelbrocken, zersetzten Mörtel, Steinmaterial, Ziegelbruch, Wandputz und andere Relikte ausschließlich der antiken Bausubstanz. An chronologisch relevanteren Funden konnten nur einige Keramikscherben der Bauschuttschicht entnommen beziehungsweise dieser zugeordnet werden. Es handelt sich neben wenigen Stücken der frühen bis mittleren Kaiserzeit vor allem um spätrömische Fragmente und drei spätmerowingische bis karolingische Stücke[16].

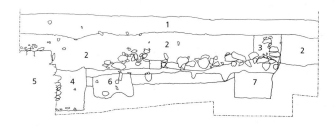

5   Das Profil im Bereich des östlichen Risalits (vgl. den Pfeil in Abb. 4b). Norden rechts, Blickrichtung Westen. Länge des Profilausschnitts 6,50 m. (1) Mutterboden; (2) Bauschuttschicht; (3) Mauer P; (4) Baugrube der südlichen Risalitmauer; (5) südliche Risalitmauer; (6) und (7) Mauerreste älterer römischer, hier nicht relevanter Bauphasen.

Grundsätzlich ist noch voranzuschicken, dass von der Bauschuttschicht an abwärts eine völlig andersgeartete Ausgangssituation gegeben war als im Innenbereich des Kirchengebäudes: Hatten sich dort vielfach noch die römischen Laufniveaus erhalten, waren hier nur noch die untersten Abschnitte von Pfostenlöchern, Gruben und Fundamentgräben von Mauern beziehungsweise deren Ausbruchsgräben, seltener noch mit Stickung und gar gemörtelter Substanz darüber anzutreffen.

Nur zwei Mauerreste (O und P) blieben von der Bauschuttschicht ausgespart und schlossen gemeinsam mit dieser nach oben bündig gegen den Mutterbodenhorizont ab (Abb. 5, 3). Soweit die stark abgebauten Reste eine Beurteilung überhaupt zulassen, ruhte jeweils auf einer Stickung aus kleinteiligem Kalksteinmaterial eine primitive zweischalige Mauer unter Verwendung ausgesucht großteiliger unbearbeiteter Kalksteine, zusammengefügt durch stark verdichteten lettenartigen Lehm. Auch wenn die beiden Mauerzüge (O, P) im vorgefundenen Zustand nicht mehr direkt zusammenhingen, ist unzweifelhaft, dass sie ursprünglich eine bauliche Einheit bildeten. Die Fundamentsohlen reichen bis zu 82,67 m (O) und 82,79 m (P) hinab, aufgehend waren die Mauerreste bis auf maximal 83,15 m (O) und 83,56 m (P) zu verfolgen. Mauer O erweckte den Anschein, nach Süden zu der wesentlich solideren, westöstlich verlaufenden Risalitmauer sekundär angesetzt oder letztere mit einbeziehend darüber hinweggeführt zu sein. Wand P brach kurz vor der nordsüdlich gerichteten Risalitmauer ab. Nur für P stehen Profilansichten zur Verfügung, aus denen die Einbindung in den baulichen Ablauf hervorgeht (Abb. 5, 3). Demnach ist P – und wohl auch O – am ehesten in die schon vorgegebene Bauschuttschicht eingetieft worden, mit letzterer frühestens also gleichzeitig entstanden. Dagegen wurden die Risalitmauerzüge, soweit dokumentiert, allesamt bereits von der Bauschuttschicht abgekappt (Abb. 5, 4. 5): Das Ab- und

Ausbruchmaterial des östlichen Risalits dürfte im Wesentlichen die Substanz der Bauschuttschicht ausgemacht haben. Der zunächst während der Ausgrabung entstandene Eindruck von O und P als Reste eines sekundären spätantiken Einbaus im östlichen Risalit war also verfehlt: Die Mauerzüge O und P sind vielmehr Reste eines Baus, der erst nach Niederlegung des östlichen Risalits errichtet worden sein kann. Die Fundeinschlüsse der Bauschuttschicht legen die Annahme nahe, dass die zeitliche Ebene für diesen Vorgang im späteren Frühmittelalter zu suchen ist. Der bündige Abschluss der Mauerstümpfe von O und P nach oben hin gemeinsam mit der Bauschuttschicht gegen den Mutterboden ist ein Hinweis, dass es irgendwann in der Zeit danach zu einem massiven Geländeabtrag gekommen war.

Das Verhältnis des weiter westlich eingetieften Brunnenschachtes N (Abb. 4b) zur Bauschuttschicht blieb anhand der zur Verfügung stehenden Profilansichten zunächst unklar, da Krebs durch tiefgehende Freilegung der Portikusmauer eine massive Störung der Schichtenabfolge an dieser Stelle verursacht hatte. Die unregelmäßig in den umgebenden lehmigen Sand gesetzte Schachtmauerung aus sehr unterschiedlich großem Steinmaterial und der unterschiedlich ovale bis unregelmäßig runde Schachtquerschnitt unterscheiden sich deutlich von der Qualität des weiter westlich in halber Länge der Portikus gelegenen nachweislich antiken Brunnens B (in Abb. 4 nicht eingetragen). Auch N war nur noch in seinen untersten Abschnitten erhalten, nach oben zu erwies er sich als gekappt, die Höhenlage des zugehörigen Laufniveaus war nicht mehr zu erschließen. Der Brunnen war nach oben hin bis auf eine Höhe von maximal 83,11 m erhalten. Dort lag eine unbearbeitete Kalksteinplatte gleichsam in der Art einer bewussten Abdeckung auf den zuoberst erhaltenen Lagen der Schachtmauerung. Die hinter dieser ›Deckelung‹ stehende Absicht erschließt sich nicht ohne weiteres: Der unterhalb davon erhaltene Restschacht war jedenfalls mit dem gleichen Material vollständig verfüllt, das auch die Bauschuttschicht bildete. Der kompakte, im wahrsten Sinne abgeschlossene Verfüllungskomplex enthielt an chronologisch relevanten Einschlüssen wenigstens zwölf näher ansprechbare Keramikfragmente, die sich zeitlich von der mittleren über die späte Kaiserzeit bis ins späte Frühmittelalter verteilen[17]. Mit der Entstehung der Bauschuttschicht verlor der Brunnen jedenfalls schon wieder seinen funktionalen Wert. Nach unten schloss die Schachtmauerung bei 81,69 m ohne irgendwelche Besonderheiten im grauen Sand ab: Spuren eines hölzernen Einbaus und ein steinerner Absatz auf dem Niveau der Brunnensohle etwa wie beim antiken Brunnen fanden sich nicht. Nach Süden zu war die Schachtmauerung unmittelbar an den Rest der Portikusmauer gesetzt.

Der zweite nachantike, und zwar hochmittelalterliche Bauzustand sah eine Erweiterung des Rechtecksaales um eine nach Osten vorspringende, die oben genannten Gräber überlagernde Apsis gemeinsam mit dem bis heute nicht mehr veränderten Triumphbogen; die Ostmauer des einfachen Saalbaues wurde abgebrochen und zum Chorabsatz modifiziert, der antike Brunnen B erst zu jener Zeit endgültig verfüllt (Abb. 4c). Beibehalten wurde die mit Sicherheit vom Vorgängerbau stammende Eingangssituation seitlich im Südosten. Mit der Entstehung des zweiten nachantiken Bauzustandes endete die Bestattung im Kircheninneren: Der Bestattungshorizont war durch aufwendige Auffüllungen und Einziehen neuer Estrichböden in Rechtecksaal und Apsis nicht mehr zugänglich. Von nun an bildete sich im bis dahin mit Sicherheit gräberfreien Außenbereich um die Georgskapelle ein Kirchhof rein mittelalterlichen Charakters, was auch an der veränderten Totenbehandlung ablesbar ist. Vermutlich wurden in diesem Zusammenhang östlich ein oberer Teil der frühmittelalterlichen Bauschuttschicht und der hinter den Mauerresten O und P stehende Bau abgetragen. Unmittelbar in Flucht mit der Ostbegrenzung des Seiteneinganges zog sich das Fundament einer Chorschranke quer durch den Saal.

[16] Kat. A27, A58, C7, D10, D21, D22, D25, E19, F4, F47, F58, F67, F68, F71, F78, F83, F86, G20, G25 und G37.

[17] Kat. A141, F11, F28, F45, F60, F85, F87, G23, G33, G34, G39 und G43.

Zum dritten nachantiken, diesmal spätmittelalterlichen Bauzustand hin wurde die Apsis durch einen wesentlich größeren, sekundär von Osten dem Triumphbogen angesetzten Chor von trapezoidem Grundriss ersetzt, der teilweise mit einem dekorativen Tonfliesenboden ausgelegt war (Abb. 4 d). Im Rahmen dieses Bauzustandes ist es bis in die Neuzeit hinein noch zu Modifikationen gekommen. Dies betraf vor allem die Verlegung des Einganges von der Südseite nunmehr axial in die größtenteils noch antike Westmauer. Im Zuge neuzeitlicher Zerstörungen während des Dreißigjährigen Krieges und beim Brand von 1776 wurde die Nordmauer von den antiken Fundamenten an neu hochgezogen, der spätmittelalterliche Tonfliesenboden 1664 und schließlich 1776 durch zwei Nachfolger ersetzt sowie der Altar aus der Mitte des trapezoiden Chores in eine der Ostwand eingearbeitete Nische verschoben.

Der Fundstoff

Es gibt relativ wenige, aber aussagekräftiger Fundstücke[18] (Abb. 6–11) für den hier besonders interessierenden Zeitraum. Dem sehr breit angelegten Spektrum an römischer und nachrömischer Gefäßkeramik (Gruppen A bis H) liegt nur eine wohl verhältnismäßig kleine Anzahl jeweils stark zersplitterter Gefäße zugrunde. Aber im Vergleich mit der Gefäßkeramik treten qualifizierte Metallfunde und sonstige Kleinfunde im engeren Sinne (Gruppe I) völlig in den Hintergrund und können hier, abgesehen von den römischen Münzen (M), übergangen werden. Bis auf eine Münze der mittleren Kaiserzeit gehören alle siebzehn sonstigen im Bereich der Georgskapelle soweit bekannt gewordenen antiken Geldstücke der Zeit nach 260 an. Von einer vollständige Auflistung sei hier abgesehen. Erwähnt seien lediglich die beiden aus einem wichtigen Befundzusammenhang stammenden Antoniniane der Zeit seit 270 (M6, M7) und die späteste bislang vor Ort bekannte Münze (M18).

In großer Menge und Breite dagegen haben die Ausgräber Bestandteile der Bauausstattung geborgen, das heißt Dachdeckungen, Wandputzreste, Bodenbeläge und ähnliches (Gruppen J–K) aus antiker und nachantiker Zeit.

Die wiederholten baulichen Aktivitäten im Inneren der Georgskapelle und im Außenbereich haben immer wieder auf engstem Raume Umlagerungen und Auffüllungen bewirkt. Nur ein ganz geringer Teil des zur Verfügung stehenden Fundmaterials konnte herangezogen werden, wenn es galt, den im Rahmen der zuvor beschriebenen Bauabfolge geäußerten Hinweisen zur Datierung eine Grundlage zu geben. Dennoch wurden darüber hinaus bewusst möglichst alle erreichbaren und sinnvoll ansprechbaren Objekte einbezogen, die in irgendeiner Weise geeignet sind, das Geschehen im Bereich der Georgskapelle zu beleuchten.

Die Bearbeitung der antiken Gefäßkeramik (Gruppen A–F) als neben der Bausubstanz wichtigstem Reflex des antiken Besiedlungsgeschehens bedarf wohl kaum der Rechtfertigung und erhält nur noch durch die Fundmünzen eine nicht unwillkommene Bereicherung. Allerdings ergab die Durchsicht der antiken Keramik, dass die Zusammensetzung des Spektrums sehr unausgewogen ist: Material aus der anzunehmenden Gründungszeit kurz vor der Mitte des ersten Jahrhunderts ist vorhanden, aber ausgesprochen rar. Das Gros des Materials konzentriert sich auffallend in der Zeit um 200 bis in die zweite Hälfte des dritten Jahrhunderts. Ob dieser über die Gesamtbesiedlungszeit gesehen überdurchschnittliche Fundniederschlag historisch zu interpretieren ist, kann noch nicht mit letzter Gewissheit beantwortet werden. Spärlicher sind wiederum die Funde der anschließenden Zeit bis ins frühere fünfte Jahrhundert.

---

[18] Die Bezifferung der in den Abb. 6–11 präsentierten Funde entspricht dem anschließenden Fundkatalog. Von allen dort aufgeführten Stücken sind nur die aussagekräftigen abgebildet, die das Typenspektrum nachvollziehbar repräsentieren. – Die Farbangaben in den Beschreibungen der Keramik beziehen sich auf: Michel-Farbenführer (München 2000).

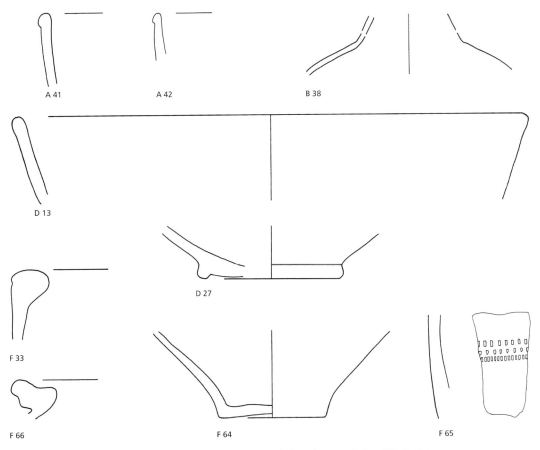

6   Keramik aus der Verfüllung des Gräbchens beim östlichen Risalit. M. 1:2.

Während der antike Fundstoff als Ausdruck der antiken Besiedlung kaum hinterfragt werden muss, verbindet sich mit den ebenso recht beachtlich vertretenen Kataloggruppen G (früh- und hochmittelalterliche Keramik) und H (spätmittelalterliche und neuzeitliche Keramik) demnach eine nicht unwesentliche Aussage: Auch dieses Material ist schwerlich anders denn als Besiedlungsniederschlag im unmittelbaren Umfeld der Georgskapelle zu interpretieren.

Speziell im Rahmen dieser Veröffentlichung, in der es um einen die spätrömische Zeit und das Frühmittelalter betreffenden Fragenkomplex geht, wird bewußt vor allem der keramische Fundstoff dieser beiden Zeitabschnitte vollständig präsentiert.

An den Beginn sei zunächst ein Fundkomplex gestellt (Abb. 6), der dem quantitativ vor Ort so herausragenden Materialbestand des Niederbieberhorizontes zwar noch eng verbunden ist, durch signifikante Neuerungen aber einen antiquarischen Entwicklungsschritt darüber hinaus verkörpert[19]. Die betreffenden Objekte wurden neben diversem Bauschutt der Verfüllung eines parallel zur östlichen Außenseite des Ostrisalits verlaufenden Wassergräbchens entnommen. An Keramik fanden sich Fragmente von Terra-Sigillata-Schüsseln der Form Dragendorff 37, unter denen vor allem ein Stück spätester Reliefware (A24) auffällt; die übrigen (A28, A41, A42) sind nicht mehr näher anzusprechen. An Terra Sigillata gehört ferner noch die Bodenpartie eines

---

[19] Vgl. unten bei den aufgelisteten Funden M6.7, A24, A28, A41, A42, A90, B38–B41, B56, B64, B69–B71, C20, D13, D16, D17, D27, F33, F49 und F64–F66.

Tellers der Form Dragendorff 32 dem Komplex an. Fragmente von Schwarzfirnisbechern (vor allem Niederbieber 33a oder 33c) und eines Rotfirnistellers lassen gegenüber dem Niederbieberhorizont keine Besonderheit erkennen. Auch die rauwandige Ware ist vor allem durch die klassischen Niederbieberformen 89, 104 und 113 vertreten; neben der gewohnten Urmitzer Technik fällt lediglich die davon abweichende Tonbeschaffenheit des Randprofils F66 besonders auf. Vor allem die Nigrafragmente (D13, D16, D17, D27) setzen ein klares Zeichen, hier am Beginn der spätrömischen Keramikentwicklung zu stehen. Die vergesellschafteten Münzen (M6 und M7) lassen an eine Verfüllung des Gräbchens am ehesten in den siebziger Jahren des dritten Jahrhunderts denken[20].

Im übrigen hier präsentierten Bestand dürften die anschließenden Abschnitte der Tetrarchenzeit, der konstantinischen, valentinianischen und nachvalentinianischen Zeit in etwa abgedeckt sein. Immerhin erstreckt sich die Münzreihe bislang schon bis ins späte vierte Jahrhundert. Insgesamt gibt das Material wenigstens eine grobe Annäherung an das Ende der antiken Besiedlung sicher schon nach 400 her (vgl. etwa F75 und F78).

Aber selbst unter großzügigster Auslegung aller mittlerweile für spät- und nachrömische Keramikgruppen herausgearbeiteten Datierungsspannen[21] bleibt hier vor Ort im Falle der Georgskapelle ein Zeitraum etwa von 450 bis 550, der – bisher – nicht mit einem zwingend signifikanten Fundobjekt zu belegen ist und für den sich keinerlei Aktivitäten nachweisen lassen. Auch die bereits um 500 erfolgte Gründung der fränkischen Vorgängersiedlung des heutigen Heidesheim einige hundert Meter weiter südlich ging anfänglich am Bereich der Georgskapelle offenbar spurlos vorbei. Doch ist in Hinblick auf die geringen Fundzahlen und die Unvollständigkeit der Erforschung des antiken Gutshofes schwerlich schon das letzte Wort bezüglich Kontinuität oder Diskontinuität der Besiedlung vor Ort gesprochen.

Zu den frühesten nachrömischen Funden aus den bislang erforschten Bereichen innerhalb und außerhalb der Georgskapelle respektive des antiken Gebäudes sind zunächst drei kleine Fragmente doppelkonischer Gefäße (G1–G3) zu rechnen. Sie entsprechen qualitativ völlig dem aus den Gräbern des sechsten und siebten Jahrhunderts reichlich bekannt gewordenen Material der Region (geglättete, reduzierend gebrannte Ware), an Siedlungsplätzen stets unterrepräsentiert[22]. Typisch ist die dunkelgraue, gut geglättete Beschaffenheit der Oberfläche, die stark an antike Nigrakeramiken erinnert[23]. Die Rollstempelmuster im Falle der Fragmente 1 und 2 sprechen für eine Datierung sicher schon nach der Mitte des sechsten Jahrhunderts und in der Zeit um 600 (AM II spät bis AM III)[24].

Häufiger im Bereich von Siedlungen und so auch im Falle der Georgskapelle anzutreffen ist die nach Technik und Formengut die Tradition der spät- und späteströmischen Mayener Ware fortführende rauwandige Ware der Merowingerzeit. Sie deckt hier am Ort den Zeitraum der älteren, jüngeren und späten Merowingerzeit ab (AM II spät bis JM III früh; G4–21). Auch die nicht ganz so typischen Fragmente G22–G24 dürften am ehesten wohl noch spätmerowingisch einzustufen sein.

[20] Gilles, Höhensiedlungen 58 f.; 86; H. Bernhard in: R'RhPf 124 ff.; Hunold, Alzey 216 ff.
[21] Beispielsweise Roth-Rubi, Gebrauchskeramik 27 ff.; Marti, Siedlungsgeschichte 202 ff.
[22] Typisch etwa Schenk, Speyer 40 zu Ware 4.
[23] Vgl. etwa die Töpfereifunde aus Mainz, Schlossergasse: Knöchlein, Mainz 10; 22 ff. zu Kat. 30.
[24] Exemplarisch: Neuffer-Müller/Ament, Rübenach 32 ff.
[25] K.-H. Esser/A. do Paco, 10 Jahre Ausgrabungen in Mainz 1965–1974 (Mainz 1975).
[26] U. Gross, Mittelalterliche Keramik zwischen Neckarmündung und schwäbischer Alb. Forsch. u. Ber. Arch. Mittelalter Baden-Württemberg 12 (Stuttgart 1991) 36 ff.; Schenk, Speyer 40 ff. zu Ware 5.
[27] Stamm, Frankfurt 151 ff. zu Gruppe 16. – Redknap, Mayen 101 ff. zu Ware ME.
[28] W. Lung, Kölner Jahrb. Vor- u. Frühgesch. 1, 1955, 56 ff. Abb. 6; W. A. van Es / W. J. H. Verwers, Excavations at Dorestad I. The Harbour: Hoogstraat I. Nederlandse Oudheden 9 (Amersfoort 1980) Abb. 28; Knöchlein, Mainz 11 f. Anm. 14.
[29] Entfällt.

Herstellungstechnisch noch ganz der Tradition merowingerzeitlicher rauwandiger Ware verpflichtet leitet Fragment 25 gefäßtypologisch bereits zur karolingischen Formenwelt über.

Wie an anderen Orten der Region zeichnet sich auch hier in der Keramik um 700 ein grundlegender Wandel ab. Die Produktion der klassischen merowingischen, sowohl geglätteten als auch reduzierend gebrannten Ware klingt aus, parallel dazu weitgehend die der rauwandigen Ware in der lange Zeit gewohnten Qualität. Dafür erscheint nunmehr eine breite Staffel neuer Keramiken, allerdings einhergehend mit einer stärkeren Regionalisierung der Produktion und einer massiven Verarmung des Formengutes gegenüber der vorangehenden, noch an römische Verhältnisse erinnernden Vielfalt und mit einer Beschränkung im wesentlichen auf Ausgussgefäße und Töpfe. Eine feinere chronologische Aufgliederung innerhalb des Gesamtzeitraumes (JM III spät bis karolingisch) ist nur selten überzeugend fassbar. Eine besondere Eigenart von Fundorten dieser Zeit im Mainzer Stadtgebiet und Umland ist das gemeinsame Auftreten von Keramik sehr unterschiedlicher regionaler Tradition, so vor allem das Nebeneinander der am Nieder- und Mittelrhein so prägenden Badorfware und der für den Oberrhein so typischen älteren, gelbtonigen Drehscheibenware, die einander in ihren Hauptverbreitungsgebieten nahezu ausschließen. Zu diesen Sachverhalten vermag der mengenmäßig zu bescheidene Bestand der Georgskapelle nicht weiter beizutragen. Hier ist die Veröffentlichung größerer Unternehmungen abzuwarten, nämlich der Pfalzgrabung von Ingelheim und der Brandgrabung von Mainz[25]. Insgesamt repräsentieren den spätmerowingisch-karolingischen Horizont im Bereich der Georgskapelle die ältere, gelbtonige Drehscheibenware (G26–G31)[26], die hartgebrannte Mayener Ware (G32–G38)[27], die hartgebrannte feingemagerte Ware mit Streifenglättung (G39), untypische Fragmente (G40 und G41) sowie die Badorfware beziehungsweise Fragmente in Badorfer Technik (G42 und G43)[28].

M Römische Münzen

(M6) Antoninian, barbarisiert, Pax-Typus. 270/280, Gallien. – FU: SCH9.2 Nr. 13 (12.04.96).

(M7) Antoninian, barbarisiert, Salus-Typus? 270/280, Gallien. – FU: SCH9.0 Nr. 10 (17.04.96).

(M158) Halbcentenionalis, theodosianische Dynastie. 388/395. – FU: Bl. 12 Nr. 23.

A Terra Sigillata (Abb. 6 und 7)

Späteste Reliefware dürfte das Bruchstück eines Gefäßes aus Haute-Yutz oder Trier repräsentieren (A24). Es war gemeinsam mit den Fragmenten A28, A41, A42 und A90 Bestandteil der wohl in den siebziger Jahren des dritten Jahrhunderts zustande gekommenen Verfüllung des Gräbchens I– östlich des östlichen Risalits.

Während das Gros der Sigillaten dem jüngeren Abschnitt der mittleren Kaiserzeit angehört, lassen sich gerade einmal neun spätrömische Fragmente aussondern (A133–A141). Neben Rädchensigillata (A138 und A139) handelt es sich unter anderem um die charakteristische Umbruchpartie einer Schüssel Chenet 323f/g (A140). Das Stück dürfte den mittleren oder letzten Jahrzehnten des vierten Jahrhunderts angehören. Besondere Erwähnung verdient noch die Randpartie einer Schüssel Chenet 320 (A136): Von den Randpartien der Vorgängerform Dragendorff 37 unterscheidet sie sich durch die breit angelegte flache facettierte Randlippe und den geradlinigen, nicht nach außen verdickten Wandungsansatz.

(A24) WS Drag. 37. – Glanzton braun- bis dunkelbraunorange, fleckig; Bruch hellrötlichorange, muschelig; harter Brand. Auffallend dickwandig; Reliefzone sehr weit unten: umlaufender doppelter Eierstab mit zwei umlaufenden Stäben, Zunge nicht wahrnehmbar, rechtsständiges Stäbchen verschmolzen; weitere kreissegmentförmige Punzenreste. Vielleicht späteste ostgallische Ware aus dem Werkstattumfeld des Clamosus, des Alpinus von Haute-Yutz oder späteste Trierer Reliefware. J.-P. Petit, Jahrb. RGZM 36, 1989, 512 ff.; I. Huld-Zetsche, Trierer Zeitschr. 32, 1969, 221 ff.; frdl. Hinweise Ingeborg Huld-Zetsche, Frankfurt a. M. – FU: SCH9.1 Nr. 1 (07.03.96).

(A28) WS Drag. 37. – Glanzton dunkelbraunorange, matt; Bruch hellrötlichorange, glatt; harter Brand. Reliefdekor: Rest eines Eierstabes mit Zunge, zwei feinen umlaufenden Streifen und linksangelehntem Stäbchen sowie Ausschnitt einer größeren, schlecht ausgeformten Punze und einer weiteren. – FU: SCH9.1 Nr. 2 (13.05.96).

(A41) RS Drag. 37. – Glanzton braunorange, außen glänzend, innen matt; Bruch hellgraurot, glatt; harter Brand. Rdm. ca. 20 cm. – FU: SCH9.1 Nr. 1 (07.03.96).

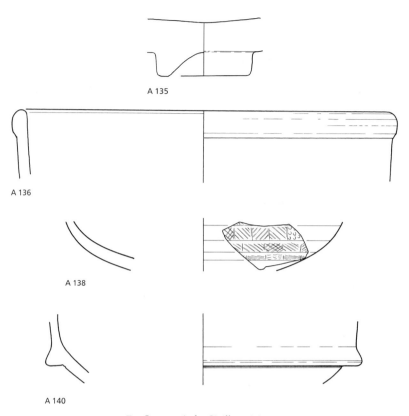

7 Spätrömische Sigillata. M. 1:2.

(A42) RS Drag. 37. – Glanzton braunorange, matt; Bruch hellbraunorange, glatt; harter Brand. Rdm. ca. 20 cm. – FU: SCH9.1 Nr. 1 (10.04.96).

(A90) BS Drag. 32. – Glanzton dunkelbraunorange, matt; Bruch hellbraunorange, glatt bis feinschiefrig geschichtet; harter Brand. – FU: SCH9.2 Nr. 13 (11.04.96).

(A133) RS etwa W. Ludowici, Rheinzabern. Katalog V (o. O. 1927) Sn / Chenet 318b. – Glanzton dunkelbraun, matt; Bruch hellrötlichorange, muschelig; harter Brand. Rdm. ca. 13 cm. – FU: Bl.12 Nr. 29 (07.07.03).

(A134) WS. – Glanzton außen schwärzlichbraunorange, matt; innen kaum vorhanden; Bruch schwärzlichbraunorange, muschelig; harter Brand. Feiner Kerbbanddekor. – FU: Bl.17 Nr. 24 (14.08.03).

(A135) Chenet 310. – Glanzton schwärzlichbraunorange, matt; Bruch hellbraunorange, glatt; sehr harter Brand. Bdm. 5,9 cm. – FU: SCH8.0 Nr. 16 (17.04.96).

(A136) Chenet 320. – Glanzton braunorange, matt, neigt zum Abblättern; Bruch hellbraunorange, muschelig; harter Brand. – FU: ST2.19 Nr. 21. Lesefund.

(A137) RS Chenet 320. – Kräftige sekundäre Brandspuren. Rdm. 2 cm. – FU: Bl.17 Nr. 24 (14.08.03).

(A138) WS Chenet 320. – Glanzton außen braunorange, innen schwärzlichrotorange, matt; Bruch hellrötlichorange, feinschiefrig geschichtet; harter Brand. Ausschnitte eines unkenntlichen Rollstempeldekors, Rapport nicht mehr eindeutig zu vervollständigen. – FU: SCH8.1 Nr. 17 (24.05.96). Lesefund.

(A139) WS Chenet 320. – Stark abgerollt. Glanzton schwärzlichrotorange, matt; Bruch hellrötlichorange, feinschiefrig geschichtet; harter Brand. Unkenntlicher Rollstempeldekor, Rapport nicht mehr eindeutig zu vervollständigen. – FU: Bl.11 Nr. 10 (09.07.03).

(A140) WS Chenet 323f/g. – Glanzton schwärzlichrotorange, matt, stellenweise schlierig; Bruch hellbraunorange, schiefrig geschichtet; weicher Brand. – FU: 4.4 Nr. 9. Lesefund.

(A141) RS wohl Chenet 324. – Glanzton schwärzlichrotorange, matt; Bruch hellrotorange, muschelig bis fein geschichtet; harter Brand. – FU: Bl.15 Nr. 28 (10.07.03). Verfüllung Brunnenschacht N.

B Schwarzfirnisware (Abb. 6 und 8)

Schwarzfirnisbecher treten nicht vor dem Niederbieberhorizont auf; sie wurden wohl bis in das späte dritte Jahrhundert produziert, wie die Vorkommen im Komplex Louis-Lintz-Straße in Trier (um 275) zeigen (S. Loeschcke, Museumsbericht Trier 1921 Beilage II, 103 ff. mit Typentaf. 11 und 12; Hussong/Cüppers, Kaiserthermen 5 Abb. 17), wohin besonders Nr. 78 gehört. Die davor aufgelisteten Exemplare (B38–B64) waren Bestandteil der Verfüllung von Gräbchen I[5].

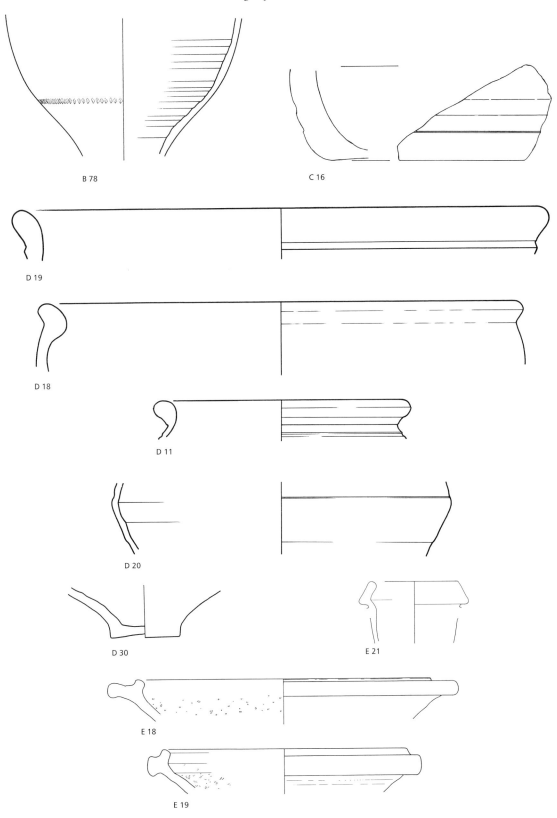

8 Spätrömische Keramik. Schwarz- und Rotfirnisware (B72 und C169), Terra Nigra (D11, D18–D20 und D30) sowie tongrundige Ware (E18, E19 und E21). – Maßstab der tongrundigen Ware 1:4, der übrigen Stücke 1:2.

(B38) WS Niederbieber 33a oder 33c. – Außen schwarzer, sehr qualitätvoll metallisch glänzender Üb.; Drehrillen nicht wahrnehmbar; innen braunschwarz, glänzend, sehr feine Drehrillen; Bruch hellrotorange und mattgrau geschichtet, glatt; Mag. nicht erkennbar, harter Brand. – FU: Lesefund Schnitt 9 (06.03.96). Bruchstück wohl vom gleichen Gefäß unter SCH9.1 Nr. 1 (10.04.96).

(B39) WS Niederbieber 33a oder 33c. – Außen braunschwarzer, sehr qualitätvoll metallisch schimmernder Üb.; am Schulteransatz kleiner Restausschnitt eines sehr feinen Rollstempeldekors aus kleinen Rechtecken, Drehrillen nicht wahrnehmbar; innen braunschwarz wie außen, feine bis gröbere Drehrillen; Bruch weißgrau mit rötlich schimmerndem, undeutlichem Kernbereich, glatt, Mag. nicht erkennbar; harter Brand. – FU: SCH9.2 Nr. 13 (11.04.96).

(B40) WS Niederbieber 33a oder 33c. – Außen braunschwarzer, sehr qualitätvoll metallisch schimmernder Üb., Ausschnitt eines zierlichen Rollstempeldekors aus kleinen Rechtecken, Drehrillen nicht wahrnehmbar; innen braunschwarz wie außen, seichte Riefung, feine Drehrillen; Bruch im Kern mattgrau, nach außen jeweils sehr dünne, hellrötlichorangefarbene Schichtung, glatt, Mag. nicht wahrnehmbar; harter Brand. – FU: SCH9.2 Nr. 13 (11.04.96).

(B41) WS Niederbieber 33a oder 33c. – Außen braunschwarzer, sehr qualitätvoll metallisch schimmernder Üb., Kerbbandmuster, Drehrillen nicht wahrnehmbar; innen braunschwarz wie außen, Riefung, sehr feine Drehrillen; Bruch hellrötlichorange, im Kern mattgrau, glatt, Mag. nicht erkennbar; harter Brand. – FU: SCH9.2 Nr. 13 (11.04.96).

(B56) WS eines Bechers. – Außen schwärzlichgraubrauner, glänzender Üb., Kerbbanddekor, Drehrillen nicht erkennbar; innen schwärzlichgraubraun, glänzend, kräftige Riefung, sehr feine Drehrillen; Bruch hellorange, mattgrau und mittelgrau geschichtet, glatt, Mag. nicht erkennbar; harter Brand. – FU: SCH9.1 Nr. 1 (10.04.96).

(B64) WS eines Bechers. – Außen schwärzlichgraubrauner, metallisch glänzender Üb., Drehrillen nicht wahrnehmbar; innen wie außen, feine Drehrillen, seichte Riefung; Bruch hellrötlichorange und weißgrau geschichtet, glatt, Mag. nicht erkennbar; harter Brand. – FU: SCH9.1 Nr. 1 (07.03.96).

(B69) BS mit Wandungsansatz eines Bechers. – Außen und Unterseite schwarzer, matter Üb., Drehrillen nicht wahrnehmbar; innen schwarz, matt, Drehrillen nicht wahrnehmbar; Bruch hellbraunorange, muschelig, Mag. nicht erkennbar; harter Brand. Bdm. 5 cm. – FU: SCH9.2 Nr. 13 (11.04.96).

(B70) BS mit Wandungsansatz eines Bechers. – Außen schwärzlichgraubrauner matter Üb., Drehrillen nicht wahrnehmbar; innen weiß engobiert, feine Drehrillen vereinzelt wahrnehmbar; Bruch hellbraunocker, muschelig, Mag. vereinzelt erkennbar; harter Brand. Bdm. 7,8 cm. – FU: SCH9.2 Nr. 13 (11.04.96).

(B71) BS eines Bechers. – Außen braunschwarzer matter Üb., Drehrillen nicht wahrnehmbar; innen wie außen; Bruch hellorange, muschelig, porös, Mag. vereinzelt wahrnehmbar; harter Brand. Bdm. 7,3 cm. – FU: SCH9.2 Nr. 13 (11.04.96).

(B78) WS Krefeld-Gellep 59. – Außen schwarzer, matter bis irisierend glänzender Üb., Drehrillen nicht wahrnehmbar; einzeiliger Rollstempeldekor in Form abgesetzter spitzovaler Eindrücke; innen schwarz, matt, Drehrillen nicht wahrnehmbar, kräftige Riefung; Bruch orangeweiß, muschelig, Mag. nicht erkennbar; harter Brand. – FU: SCH9.5 Nr. 1 bzw. SCH9.6 Nr. 4 (1996).

C   Rotfirnisware (Abb. 8)

Im Falle von C16 ergeben sich Abweichungen von der gewohnten Qualität dieser Ware: Der Ton weist eine feinsandigere Beimengung auf, ist dabei schiefrig geschichtet und von sehr hartem Brand, ganz in der Art späterer rauwandiger Waren. Allerdings ist auch hier die Oberfläche im überfärbten wie auch im nicht überfärbten Bereich vorzüglich geglättet. Möglicherweise handelt es sich bei diesem Stück um die bereits spätantike Weiterentwicklung der Gruppe (Hussong/Cüppers, Kaiserthermen 17 zu Typus 37a/b). C20 war Bestandteil des Verfüllungskomplexes von Gräbchen I⁵.

Andere Firniswaren sind im Fundbestand der Georgskapelle nur in Splittern nachgewiesen, unter anderem spätrömische Wormser Rotfirniskeramik.

(C16) WS. – Außen, innen und im Bruch hellrötlichorange, Üb. lebhaft braunorange. – FU: SCH3.0 Nr. 15. Lesefund.

(C20) BS. – Außen und im Bruch hellbraunorange, Üb. hellrötlichbraun. – FU: SCH9.1 Nr. 1 (07.03.96).

D   Terra Nigra (Abb. 6 und 8)

Speziell spätrömisch einzustufen sind die Fragmente D10–D30, besonders typisch die Randprofile oder etwa das profilierte Wandungsfragment D20 von einer Fußschüssel. Gemäß den Ausführungen von Helmut Bernhard ist mit einem Produktionsbeginn dieser Ware nicht vor den fünfziger bis sechziger Jahren des dritten Jahrhunderts zu rechnen (Bernhard, Terra Nigra 34 ff.). Gut vertreten ist die spätrömische Nigra bereits in Fundkomplexen des Zerstörungshorizontes von 275 n. Chr., so hier vor Ort D13, D16, D17 und D27 aus dem in jener Zeit verfüllten Wassergräbchen I⁵. Es handelt sich ausschließlich um im Kern rottonige Ware, somit um Vertreter des älteren, nicht über die erste Hälfte des vierten Jahrhunderts hinausgehenden Nigrahorizontes.

(D10) RS mit Bodenansatz Niederbieber 113. – Außen und innen schwärzlichgraubrauner Üb., außen und innen matt, sehr feine Drehrillen, glatte Oberfl.; Bruch hellbraunorange, stellenweise sekundär dunkel verbrannt, muschelig, Mag. nicht wahrnehmbar; harter

Brand. Rdm. ca. 25 cm. – FU: Bauschuttschicht. Fläche 9, »Funde unter Mutterboden« (01.03.96).

(D11) RS. – Außen und innen mattgrau bis braungrau, matt, nicht geglättet, sehr feine bis gröbere Drehrillen; Bruch mattgrau, muschelig mit feinsandiger Beimengung; sehr harter Brand. – FU: 6.14 Nr. 37. Lesefund aus Grab 30.

(D12) RS eines Tellers. – Außen braunschwarzer matter Üb.; innen rötlichgrau, matt; Bruch hellrötlichorange, muschelig, Mag. nicht erkennbar; sehr harter Brand. – FU: Lesefund Schnitt 9 (06.03.96).

(D13) RS eines Tellers. – Außen und innen braunschwarzer matter Üb., feine Drehrillen; Bruch hellbraunorange, muschelig bis grob geschichtet, Mag. nicht erkennbar; sehr harter Brand. Rdm. 31 cm. – FU: SCH9.2 Nr. 13 (11.04.96).

(D14) BS eines Tellers. – Außen und unten schwärzlichgraubrauner matter Üb.; innen schwärzlichgraubraun, glänzend; Bruch hellbraunorange, muschelig bis fein geschichtet, Mag. nicht erkennbar; sehr harter Brand. Bdm. ca. 23 cm. – FU: Lesefund Schnitt 9 (06.03.96).

(D15) BS eines Tellers. – Außen, unten und innen schwärzlichgraubrauner matter Üb., unten feine bis gröbere Drehrillen; Bruch hellbraunorange, muschelig, Mag. nicht erkennbar; sehr harter Brand. – FU: SCH8.0 Nr. 25 (24.04.96).

(D16) RS einer Schüssel. – Außen und innen mattgrau und schwärzlichgraubraun gefleckter, matter Üb.; Bruch hellbraunockerfarben, feinschiefrig geschichtet, Mag. nicht erkennbar; harter Brand. Rdm. ca. 19 cm. – FU: SCH9.2 Nr. 13 (11.04.96).

(D17) RS einer Schüssel. – Außen und innen fast völlig abgerollter schwärzlichgraubrauner matter Üb.; Bruch hellorange mit weißgrauem Kern, muschelig, Mag. nicht erkennbar; harter Brand. Rdm. ca. 20 cm. – FU: SCH9.2 Nr. 13 (11.04.96).

(D18) RS einer Schüssel. – Außen und innen stark abgerollter schwärzlichgrauer matter Üb.; Bruch hellbraunorange, muschelig, Mag. nicht erkennbar; sehr harter Brand. Rdm. 27,3 cm. – FU: Lesefund Schnitt 9 (06.03.96).

(D19) RS einer Schüssel. – Außen und innen stark abgerollter schwärzlichgrauer matter Üb.; Bruch hellbraunorange, muschelig, Mag. nicht erkennbar; sehr harter Brand. Rdm. 29 cm. – FU: SCH9.5 Nr. 1/ SCH9.6 Nr. 4 (ohne Datum).

(D20) WS, Umbruchpartie einer Schüssel. – Überzug außen und innen hellbraunorange bis braunschwarz, glatt poliert, matt glänzend, keine Drehrillen; Mag. vereinzelt hervortretend, glatt, matt, keine Drehrillen; Bruch rotorange, glatt bis muschelig, Mag. vereinzelt erkennbar; harter Brand. – FU: 5.6 Nr. 34. Lesefund.

(D21) WS einer Schüssel. – Außen und innen schwarzer glänzender Üb., stark abgerollt; Bruch hellbraunorange, muschelig bis glatt, Mag. nicht erkennbar; harter Brand. Dm. ca. 27 cm. – FU: Bauschuttschicht. ›Fläche 9, Funde unter Mutterboden‹ (01.03.96).

(D22) WS einer Schüssel. – Außen und innen schwarzer matter Üb., stark abgerollt; Bruch hellrötlichorange, muschelig, Mag. nicht erkennbar; harter Brand. – FU: Bauschuttschicht. ›Fläche 9, Funde unter Mutterboden‹ (01.03.96).

(D23) WS wohl einer Schüssel. – Außen braunschwarzer matter Üb., innen blaugrau; Bruch hellbraunorange, muschelig, Mag. nicht erkennbar; harter Brand. – FU: SCH8.8 Nr. 5 (12.06.96).

(D24) WS aus der Umbruchpartie einer Schüssel. – Außen hellrotgrauer glänzender, streifengeglätteter Üb.; innen schwarz, matt, feine Drehrillen; Bruch hellbraunorange, muschelig, Mag. nicht erkennbar; harter Brand. Dm. 19 cm. – FU: SCH9.1 Nr. 2–7 (07.03.96).

(D25) BS einer Schüssel. – Außen und innen schwarzer, matt glänzender, stark abgerollter Üb. auf dünner hellorangefarbener Engobe; Bruch hellrotorange, muschelig, sehr feine Mag.; sehr harter Brand. Bdm. 11,0 cm. – FU: Bauschuttschicht. ›Fläche 9, Funde unter Mutterboden‹ (01.03.96).

(D26) BS einer Schüssel. – Außen und innen braunschwarzer, matt glänzender Üb. auf hellrötlichbrauner Engobe, innen sehr feine Drehrillen; Bruch hellbraunorange, muschelig, Mag. nicht erkennbar; harter Brand. Bdm. 4,9 cm. – FU: SCH8.0 Nr. 25 (24.04.96).

(D27) BS einer Schüssel. – Außen und innen schwärzlichgrauer, stark abgerollter matter Üb.; Bruch hellbraunorange, muschelig bis feinschiefrig geschichtet, Mag. nicht erkennbar; sehr harter Brand. Bdm. 7,9 cm. – FU: SCH9.0 Nr. 4 (29.03.96).

(D28) WS eines Bechers. – Außen graubrauner bis schwärzlichgraubrauner matter Üb.; innen rotgrau; Bruch hellbraunorange, muschelig, Mag. nicht erkennbar; harter Brand. – FU: SCH7.1 Nr. 7 (04.04.96).

(D29) WS eines Bechers. – Außen und innen schwärzlichgraubrauner Üb., außen matt glänzend, innen matt; innen gerieft, feine Drehrillen, Bruch hellbraunorange, muschelig, Mag. nicht erkennbar; harter Brand. – FU: Bl.17 Nr. 24 (14.08.03).

(D30) BS eines Bechers. – Außen braunschwarzer, matt glänzender Üb., stark abgerollt; innen rötlichgrau, matt, vereinzelt Drehrillen; Bruch hellbraunorange, muschelig bis geschichtet, sehr feinsandige Mag.; harter Brand. Bdm. 3,8 cm. – FU: SCH8.1 Nr. 11 (03.03.96).

E Oxydierend gebrannte tongrundige Ware (Abb. 8)

Diese an antiken Siedlungsstellen stets zahlreich anzutreffende Gattung begegnet auch im Bereich der Georgskapelle, allerdings fast ausschließlich in Form kleinteilig zersplitterter Wandungsfragmente. Verschwindend gering ist die Zahl signifikanter Stücke. Nur für die folgenden Exemplare kommt spätrömische Einschätzung mehr oder weniger in Betracht.

(E18) RS einer Reibschüssel mit Wandungsansatz. – Außen, innen und im Bruch hellrötlichorange, stellenweise sekundär geschmaucht; feine Drehrillen; feinkörnige, nicht hervortretende, gut eingeglättete Mag.; innen eingelassene Quarzitkörner; Bruch geschichtet, gefaltet, muschelig; sehr harter Brand. Rdm. 33 cm. Mit ihrer ausgeprägten, deutlich abgesetzten Innenleiste mit betont kantiger Kehlung nach außen hin ist diese Reibschüssel am ehesten wohl in den späteren Abschnitt der mittleren Kaiserzeit oder in die beginnende spätrömische Periode einzuordnen (ca. 200–300). Vgl. etwa J. Metzler / J. Zimmer / L. Bakker in: W. Janssen / D. Lohrmann (Hrsg.), Villa, Curtis, Grangia. Landwirtschaft zwischen Loire und Rhein von der Römerzeit zum Hochmittelalter (München 1983) Abb. 180, 203 (Echternach); Gilles, Höhensiedlungen 95 zu Typus 38 A Taf. 45. – FU: Lesefund Schnitt 9 (06.03.96).

(E19) RS einer Reibschüssel mit Wandungsansatz. – Außen, innen und im Bruch hellrötlichorange, stellenweise sekundär angeschmaucht; außen und um den Rand gut geglättet, feine Drehrillen; innen grobe Quarzitkörner eingelassen; Bruch muschelig, Mag. nur vereinzelt wahrnehmbar; sehr harter Brand. Rdm. ca. 32 cm. – Mit ihrem schon relativ gestaucht-knolligen Randkragen, der ausgeprägten Innenleiste mit scharfkantig abgesetzter Innenkehlung ist das Stück am ehesten bereits spätrömisch einzustufen, also in das späte dritte bis in die erste Hälfte des vierten Jahrhunderts, vgl. etwa Fehr, Kaiserslautern 103 f. Taf. 87, 8 (Kindsbach, Großer Berg); Gilles, Höhensiedlungen Taf. 45, 38 B/C. – FU: Bauschuttschicht: Fläche 9, ›Funde unter Mutterboden‹ (01.03.96). SCH9.9 Nr. 3 (10.06.96); dazu ferner wohl noch BS SCH9.0 Nr. 6 (20.05.96).

(E21) RS einer kleinen Amphore Alzey 19. – Außen und innen hellbraunocker, Bruch im Kern hellrötlichorange; sehr feine Drehrillen; kleine dunkle Mag.'partikel gut eingeglättet, vereinzelt Glimmer; Bruch sehr feinschiefrig geschichtet; sehr harter Brand. Rdm. 12,4 cm. Wohl 3. oder erste Hälfte 4. Jh., vgl. etwa B. Pferdehirt, Die Keramik des Kastells Holzhausen. Limesforschungen 16 (Berlin 1976) G 28; Hunold, Alzey 155 Taf. 65, 2. 3; Fehr, Kaiserslautern 54 Taf. 90, 15–22. – FU: Bl. 17 Nr. 26 (22.08.03).

F Rauwandige Ware (Abb. 6 und 9)

(F33) RS Niederbieber 104. – Urmitzer Technik. Außen dunkelgrau, innen weißgrau, Bruch grauweiß. Rdm. ca. 32 cm. – FU: SCH9.1 Nr. 1 (10.04.96).

(F49) RS Niederbieber 113. – Urmitzer Technik. Außen und innen dunkelgrau, speckiger Sinterglanz; Bruch hellgrau bis hellgraugelb. Rdm. ca. 31 cm. – FU: SCH9.2 Nr. 13 (11.04.96).

(F64) BS mit Wandungsansatz. – Urmitzer Technik. Außen sehr unterschiedlich gefärbt: weißgrau, dunkelgrau, schwärzlichgrau, ultramaringrau; Bodenunterseite und Bruch hellbraungrau, stellenweise sekundär im zerbrochenen Zustand dunkel angeschmaucht; innen hellgelbgrau. Bdm. im Mittel 6 cm. – FU: SCH9.1 Nr. 1 (10.04.96).

(F65) Zwei WS, wohl von einem einzigen Gefäß. – Urmitzer Technik. Außen hellgraugelb, innen schwärzlichgrau, Bruch orangeweiß. Rollstempeldekor. – FU: SCH9.2 Nr. 13 (11.04.96) und SCH9.2 Nr. 30 (01.03.96).

(F66) RS Niederbieber 89. – Um den Rand braunschwarz, innen weiß engobiert; Bruch hellorange, sehr fein geschichtet, Oberfl. gut geglättet; Mag. sehr fein, kaum wahrnehmbar; sehr harter Brand. – FU: SCH9.1 Nr. 1 (07.03.96).

(F72) WS wohl Alzey 34. – Außen und innen hellchromgelb; feinsandige bis grobkörnige, dunkle Mag., welche durch die innen ausgeprägtere Sinterhaut stößt; feine, flüchtige Drehrillen; Bruch gelblichweiß, muschelig bis ausgeprägt schiefrig geschichtet, vereinzelt gröbere Mag'partikel; sehr harter Brand. – Die von Unverzagt seinerzeit in Alzey nur in einem Exemplar belegte Form 34 gehört mit Sicherheit noch der Vorkastellzeit an und ist als typologischer Vorläufer von Alzey 29 anzusehen. Typische Form der konstantinischen Zeit (Hussong / Cüppers, Kaiserthermen, Kellergangkeramik Typus 81c). – FU: Bauschuttschicht. Fläche 9, ›Funde unter Mutterboden‹ (01.03.96).

(F73) RS Alzey 27; zwei nicht mehr anpassende Fragmente ein- und desselben Gefäßes. – Mayener Technik. Außen hellgelbbraun bis schwärzlichbraun, vor allem um die Mündung, um den Deckelfalz und innen schwärzlichockerbraun getönt; Bruch schwarz. Rdm. 14,4 cm. Zur Bewertung s. u. zu Nr. 74. – FU: SCH1.0 Nr. 9. Lesefund.

(F74) RS Alzey 27. – Wohl Mayener Technik: außen um den Rand schwärzlichorangebraun, innen hellrötlichorange; ausgeprägte, von grober Mag. durchdrungene Sinterhaut, sehr feine Drehrillen; Bruch hellrötlich, im Kern dunkelgrau, grob geschichtet, zerklüftet; grobe kristallin glitzernde Mag. deutlich hervortretend; sehr harter Brand. Rdm. 14 cm. Vgl. etwa Roth-Rubi, Gebrauchskeramik Taf. 3, 37; Oldenstein, Alzey Abb. 15, 12; Bernhard, Burgi Abb. 33, 7. – FU: SCH8.2 Nr. 4 (03.05.96).

(F75) RS Alzey 27. – Mayener Technik. Außen lilabraun getönte Oberfl., innen schwärzlichgraubraun; Bruch im Kern grau mit bräunlicher Tönung; besonders grob hervortretende Mag. Nr. 75 repräsentiert gegenüber 73 und 74 durch Schwund des Deckelfalzes und durch die besonders grobe Beschaffenheit ein noch späteres Entwicklungsstadium mit Sicherheit bereits der Zeit nach 400: vgl. etwa Bernhard, Terra Nigra 86 f. Abb. 47, 5; Oldenstein, Alzey Abb. 15, 9; Roth-Rubi, Gebrauchskeramik Abb. 6, 4–6. – FU: 6.14 Nr. 37. Lesefund aus Grab 30.

(F76) RS Alzey 29. – Mayener Technik. Außen und innen hellorangebraun, Bruch hellgrau. Vgl. etwa Roth-Rubi, Gebrauchskeramik 14 (Qualitätsgruppe 5) und als formale Parallele ebd. Taf. 32, 365; Bernhard, Terra Nigra 71 ff. Abb. 36, 4 (Depotfund von Bellheim). – FU: 4.7 Nr. 37. Lesefund aus Grab 14.

(F77) RS Alzey 29. – Mayener Technik. Außen, innen und im Bruch hellrötlichorange. Rdm. ca. 32 cm. – FU: SCH8.1 Nr. 11 (03.05.96).

(F78) RS Alzey 30. – Mayener Technik. Außen hellrötlichbraun und am Rand graubraun, innen hellbraun-

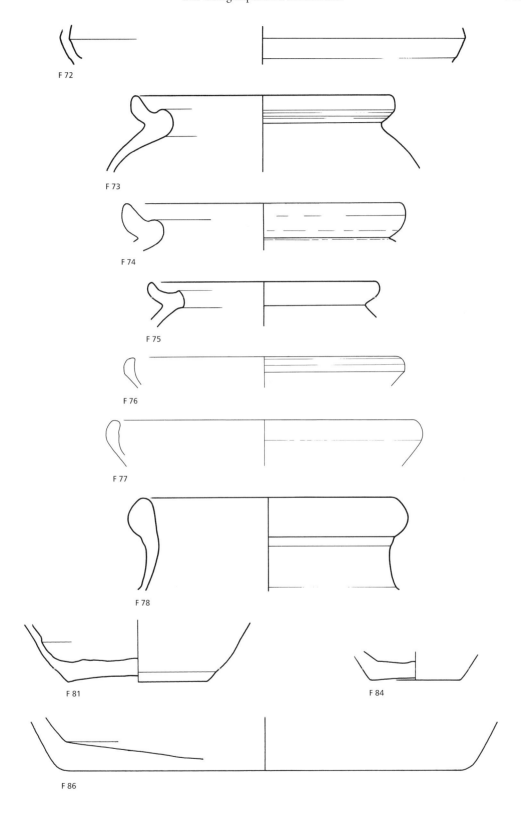

9 Spätrömische Keramik, rauwandige Ware.
Der Maßstab von F76 und F77 entspricht 1:4, sonst 1:2.

orange; Bruch dunkelgrau und hellbraunorange. Rdm. ca. 15 cm. Spätes 4. bis 5. Jh.: vgl. etwa Roth-Rubi, Gebrauchskeramik 50f. Taf. 43, 471; Gilles, Höhensiedlungen 98 Taf. 47, 49A; S. Spors, Jahrb. RGZM 33, 1986, 435 f. Abb. 14, 23; J. Lemant, Le cimetière et la fortification du Bas-Empire de Vireux-Molhain, Dép. Ardennes. RGZM Monographien 7 (Mainz 1985) 18 f. Abb. 24, 2. – FU: Bauschuttschicht. Schnitt 9 (1996).

(F79) WS. – Mayener Technik. Außen schwärzlichorangebraune Sinterhaut, ausgeprägte Riefen; innen hellorange und schwärzlichgraubraun gefleckt, unruhig verstrichene Oberfl.; Bruch hellgelblichrot. Entspricht wohl Roth-Rubi, Gebrauchskeramik Qualitätsgruppe 3. – FU: 5.13 Nr. 25. Lesefund.

(F80) WS. – Mayener Technik. Außen und innen dunkelorangebraun, innen zusätzlich chromgelbe Reste wohl einer Art Engobe aufgelagert; Bruch schwärzlichgrau. – FU: Bl.11 Nr. 11 (07.07.03).

(F81) BS. – Mayener Technik. Außen und unten chromgelb; innen hellchromgelb; Bruch mehrschichtig, von außen nach innen hellchromgelb, weißgrau, hellorangefarbener Kern, weißgrau, hellchromgelb. – FU: 6.14 Nr. 37. Lesefund aus Grab 30.

(F82) BS eines kräftig einziehenden Gefäßkörpers. – Mayener Technik. Außen und innen hellrötlichorange, Bruch braungrau. Entspricht wohl Roth-Rubi, Gebrauchskeramik Qualitätsgruppe 6. – FU: 3.4 Nr. 31. Lesefund aus Grab 8.

(F83) WS mit Bodenansatz. – Mayener Technik. Außen schwarz, innen dunkelgrau, Bruch schwarz bis mittelgrau. Bdm. ca. 9 cm. – FU: Bauschuttschicht. SCH 7.5 Nr. 11 (22.05.96).

(F84) BS. – Mayener Technik. Außen und Unterseite unterschiedlich hellbraun, graubraun bis schwärzlichgraubraun gefärbt; Bruch und innen hellbraunorange. Bdm. im Mittel 5,5 cm. – FU: SCH 8.2 Nr. 4 (03.05.96).

(F85) BS mit Wandungsansatz. – Wohl Mayener Technik: Außen und innen hellbraunorange, teils dunkler, teils heller gefleckt, teils sekundär dunkel angeschmaucht; ausgeprägte, von grober Mag. durchdrungene Sinterhaut, nur innen feine Drehrillen Bruch hellorangebraun, grob geschichtet; deutlich wahrnehmbar grobe, teils kristallin glitzernde Mag.; sehr harter Brand. Bdm. ca. 8 cm. – FU: Schnitt 7B. Verfüllung Brunnenschacht N (26.04.96).

(F86) BS. – Wohl Mayener Technik: Außen und unten hellrötlichgrau bis rötlichgrau, sinterhautartige Oberfl. mit durchdringender grober Mag., raue Oberfl., Drehrillen nicht erkennbar; innen einheitlich lebhaft chromgelb, sinterhautartige Oberfl. mit durchdringender Mag., Drehrillen nicht erkennbar. Bruch hellgelblichorange, grob geschichtet, zerklüftet; stark hervortretende dichte feine bis sehr grobe Mag., darunter Kristallpartikel; sehr harter Brand. Bdm. ca. 22 cm. – FU: Bauschuttschicht unter ›Mutterboden‹, Fläche 8 (27.02.96).

(F87) WS. – Wohl Mayener Technik: außen schwärzlich-sienafarbene Sinterhaut, durchdrückende grobe Mag., keine Drehrillen; äußere Schicht des Bruchs schwärzlich-sienafarben, innere Schicht des Bruchs und innen lebhaftorangebraun; innen sehr feine Drehrillen; Bruch kräftig geschichtet, stark zerklüftet mit grob hervortretender, teils kristallin glitzernder Mag.; sehr harter Brand. – FU: Schnitt 7B. Verfüllung Brunnenschacht N (26.04.96).

G Frühmittelalterliche Keramik (Abb. 10 und 11)

(G1) WS eines doppelkonischen Gefäßes; Schulterpartie mit Wulst, unterhalb davon ein Rollstempelmuster. – Außen und innen dunkelgraue matte, aber gut geglättete Oberfläche mit feinen Drehrillen; Bruch grau, ausgeprägt schiefrige Schichtung, Mag. nicht erkennbar; weicher Brand. – FU: ST 2.20 Nr. 33. Von Bodenhorizont 4 aufgelesen.

(G2) WS eines doppelkonischen Gefäßes; wohl von der Schulterpartie mit schmaler Rille, konturscharfem Wellen- oder Zickzackband – letzteres ist wahrscheinlicher – und einzeiligem Rollstempelmuster mit hochrechteckigen Eindrücken. – Außen schwärzlichgraubraune matte glatte Oberfl.; innen völlig abgeblättert; Bruch grau, ausgeprägt schiefrige Schichtung, Mag. nur vereinzelt erkennbar; weicher Brand. – FU: 4.4 Nr. 9. Von Bodenhorizont 4 aufgelesen.

(G3) WS eines kleineren Gefäßes doppelkonischer Form; Wandungsabschnitt unterhalb des Umbruches; außen eine schmale Rille, innen sehr ausgeprägte, zierliche Riefung. – Dunkelgraue, gut geglättete, matt glänzende Oberfl. mit sehr feiner Dreh'rlg; Bruch hellgrau, ausgeprägt schiefrig geschichtet, in sehr dünnen Lagen abblätternd, Mag. nicht erkennbar; weicher Brand. – FU: ST 2.21 Nr. 35. Über Grab 31 geborgen.

(G4) RS. – Außen, innen und im Bruch hell- bis dunkelgrau, feine Drehrillen; dichte relativ grobkörnige Mag., vereinzelt schwarzglitzernde, scharfkantig kristalline Partikel aus der Sinterhaut ragend, leicht raue Oberfläche; Bruch grob schiefrig geschichtet und zerklüftet mit hervortretender Mag.; sehr harter Brand. Späte nachrömische Ableitung von Alzey 33. Parallelen zur fast karniesartigen Randbildung: Oldenstein, Alzey Abb. 16, 1; Hussong/Cüppers, Kaiserthermen Abb. 38, 7; Stamm, Frankfurt Taf. 7, 103; Knöchlein, Mainz Kat. 38.45.004–006; 38.47.003. AM II spät bis AM III. – FU: ST 2.21 Nr. 37. Lesefund aus Grab 36.

(G5) RS. – Außen und innen grau, feine Drehrillen; schwach hervortretende Mag., vor allem unter Beteiligung grobkörniger dunkler Partikel, Oberfl. nur leicht geraut; Bruch weißgrau mit ockerfarbener Tönung, schiefrig geschichtet, feinsandige und vereinzelt grobkörnige dunkle Mag.; sehr harter Brand. – Hier wird es sich letztlich um eine entfernte, späte Ableitung von Alzey 33 handeln entsprechend Stamm, Frankfurt Taf. 11, 139 (Gruppe 9, Technik D). Vgl. etwa Knöchlein, Mainz Kat. 30.3.002–003. – FU: 5.9 Nr. 32. Lesefund bei Grab 21.

(G6) RS. – Außen und innen grau; flüchtige feine Drehrillen; dunkle verhältnismäßig grobe Mag.'kör-

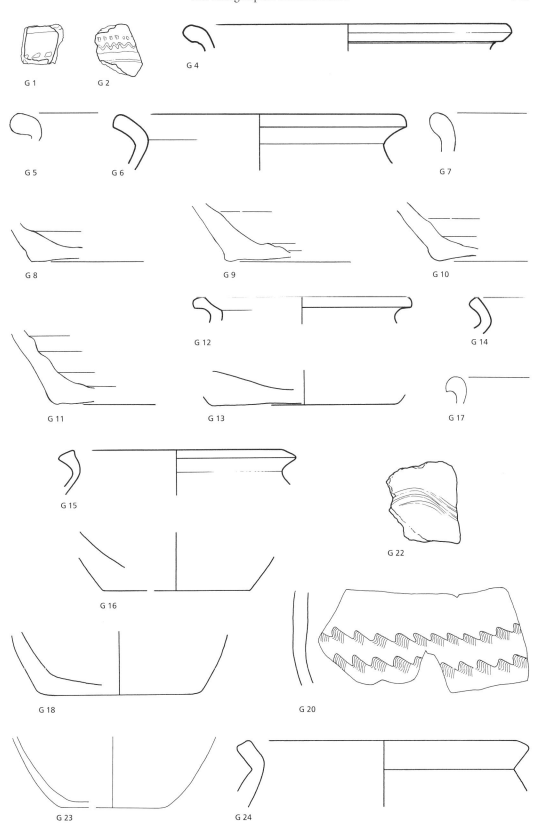

10 Frühmittelalterliche Keramik. Maßstab 1:2.

nung schwach hervortretend, Oberfl. leicht rau; Bruch schwarz bis hellgraugelb, schiefrig geschichtet, stark zerklüftet mit feinsandiger bis grobkörniger Mag.; sehr harter Brand. – Ähnlich Nr. 5 muss Nr. 6 mit schräg ausbiegender, an der Unterseite kantig abgestrichener Randpartie als spätes Derivat von Alzey 33 angesehen werden; mit einem Datierungsspielraum umfassend das 6. und frühere 7. Jh. (AM III–JM I) ist auch hier zu rechnen; vgl. etwa Hussong / Cüppers, Kaiserthermen, Umbaukeramik Typus 44b/c; Roth-Rubi, Gebrauchskeramik Taf. 27, 326; Stamm, Frankfurt Taf. 11, 141. 142 (Gruppe 9, Technik D); Knöchlein, Mainz etwa Kat. 30.3.007. – FU: ST 2.20 Nr. 33. Von Bodenhorizont 4 aufgelesen.

(G 7) RS. – Außen und innen mattgrau mit schwarzglitzernden, vereinzelt durch die angesinterte Oberfl. dringenden Mag.'partikeln sowie Glimmer, feine Drehrillen; Bruch grauweiß, teils schiefrig geschichtet, teils muschelig, porös wirkend; feinsandige bis grobkörnige dunkle Mag. sowie helle Partikel (Quarzit) und Glimmer; sehr harter Brand. – Vgl. Stamm, Frankfurt Taf. 11, 139 (Gruppe 9, Technik A); Knöchlein, Mainz Kat. 30.3.003–008; am ehesten früheres 7. Jh. (JM I). – FU: ST 2.21 Nr. 35. Lesefund aus Grab 37.

(G 8) BS. – Außen und unten unterschiedlich grauweiß bis dunkelgrau gefleckt; über der schlecht geglätteten Oberfl. Sinterhaut, durchdrungen von groben dunklen Mag.'partikeln, Glimmer, keine Drehrillen; innen einheitlicher weißgrau, glatter als außen und unten, Sinterhaut von grobkörniger Mag. durchdrungen, feine Drehrillen; Bruch weißgrau, stark zerklüftet, schiefrig geschichtet, die sehr grobkörnige Quarzitmag. im Kern deutlich hervortretend; sehr harter Brand. Rauwandige Ware wohl bereits der jüngeren Merowingerzeit (JM I); vgl. Knöchlein, Mainz 10 f. – FU: 6.16 Nr. 40. Lesefund aus Grab 30.

(G 9) BS. – Außen rötlichgrau, sinterhautartige Oberfläche von der sehr dichten grobkörnigen Mag. durchdrungen, sehr rau, keine Drehrillen; innen weißgrau, seichte Riefung, vereinzelt Drehrillen, ansonsten wie außen; Bruch grau, muschelig, stark zerklüftet, feinsandige bis sehr grobe Mag. deutlich sichtbar; sehr harter Brand. Einordnung wie Nr. 8. – FU: 4.7 Nr. 36. Lesefund aus Grab 13.

(G 10) BS. – Außen rötlichgrau, vereinzelt gröbere Drehrillen, sinterhautartige Oberfl. vereinzelt von gröberen Mag.'körnern durchdrungen, leicht rau; innen rotgrau, Mag. dichter als außen, unter der Sinterhaut nur schwach hervortretend und vereinzelt nach außen durchstoßend, feine Drehrillen; Bruch hellgrau, eher muschelig als schiefrig, leicht zerklüftet; feinsandige bis grobe Mag. aus schwarzen, grauen, weißen und rötlichen Partikeln, Glimmer; sehr harter Brand. Einordnung wie Nr. 8. – FU: 4.7 Nr. 36. Lesefund aus Grab 13.

(G 11) BS. – Unten wohl sekundär geschwärzt, außen lilagrau, die unter der Sinterhaut dichte grobkörnige Mag. gut eingeglättet, nur vereinzelt nach außen dringend, keine Drehrillen; innen rotgraue sinterhautartige Oberfl. mit sichtbarer, aber kaum hervortretender Mag., feine Drehrillen vereinzelt sichtbar, kräftige Riefung; Bruch lebhaft graubraun, schiefrig geschichtet, stark zerklüftet, feinsandige bis sehr grobe Mag. (vor allem rötliche und weiße Quarzitkörner sowie Ziegelsplitt); sehr harter Brand. Einordnung wie Nr. 8. – FU: 4.4 Nr. 9. Lesefund.

(G 12) RS. – Außen und innen braunschwarz, gefleckt, mit Anflug von Sinterglanz; feinkörnig dichte, nur schwach hervortretende Mag. (schwarzglitzernd kristalline Partikel, Glimmer), leicht raue Oberfl., feine Drehrillen; Bruch graubraun, schiefrig geschichtet, feinsandige bis gröbere Mag.; sehr harter Brand. Rauwandige Ware bereits der jüngeren Merowingerzeit (JM I): vgl. Knöchlein, Mainz Kat. 30.3.001; 39.003. – FU: ST 1.4 Nr. 19. Lesefund aus Grab 6.

(G 13) BS. – Innen und unten graue sinterhautartige Oberfläche, von groben Mag.'partikeln anrauend durchdrungen; Bruch hellgelbgrau, schiefrig geschichtet, grob zerklüftet, sehr unterschiedliche Mag.'partikel grob hervortretend, u. a. Glimmer; sehr harter Brand. Bdm. ca. 11 cm. Jüngermerowingische rauwandige Ware (etwa JM I–JM II): vgl. Knöchlein, Mainz Abb. 4, 17.019; Abb. 8, 30.3.011–012; Abb. 9, 30.3.013–015. – FU: SCH 9.0 Nr. 6 (03.04.96).

(G 14) RS. – Außen schwärzlichgrau, relativ grobe, nur schwach hervortretende Mag. unter matter Sinterhaut, leicht raue Oberfl., feine, flüchtige Drehrillen; innen schwärzlichgrau bis grau, Mag. stärker als außen hervortretend, feine Drehrillen; Bruch schwarz bis dunkelgrau, schiefrig geschichtet, zerklüftet, dunkle und helle, feinsandige bis grobe Mag., teils schwarz glitzernd kristalline Partikel; sehr harter Brand. Rauwandige Ware wohl bereits der jüngeren Merowingerzeit (JM I–JM II): vgl. Knöchlein, Mainz Kat. 30.3.001, 006 und 008. – FU: ST 2.20 Nr. 33. Von Bodenhorizont 4 aufgelesen.

(G 15) RS. – Außen um den Rand bis knapp nach innen dunkelgrau, Wandungsansatz hellgrau mit rötlicher Tönung, grobe, schwach hervortretende Mag., Oberfl. sinterhautartig, leicht rau, feine Drehrillen; innen ausgeprägte hellorangefarbene Sinterhaut, vereinzelt von sehr groben Mag.'körnern durchstoßen, Drehrillen fast völlig aufgelöst; Bruch hellgraugelb mit rötlicher und grauer Tönung, schiefrig geschichtet, zerklüftet, feinsandige bis grobe Mag., Glimmer; sehr harter Brand. Rauwandige Ware der jüngeren Merowingerzeit (JM I–JM II). – FU: 5.4 Nr. 42. Lesefund außerhalb der Apsis b unter dem Bauestrich des trapezoiden Chores.

(G 16) BS mit Wandungsansatz. – Außen und Bodenunterseite lebhaftgrau bis dunkelgrau, vereinzelt speckiger Sinterglanz, innen einheitlicher lebhaftgrau; sehr feine Drehrillen; feine bis gröbere, anrauend an die Oberfläche tretende Mag., Glimmer; Bruch hellbraungrau, muschelig; sehr harter Brand. Jüngermerowingische rauwandige Ware (JM I–JM II): vgl. Knöchlein, Mainz Abb. 8, 9 und 12. – FU: SCH 8.2 Nr. 4 (03.05.96).

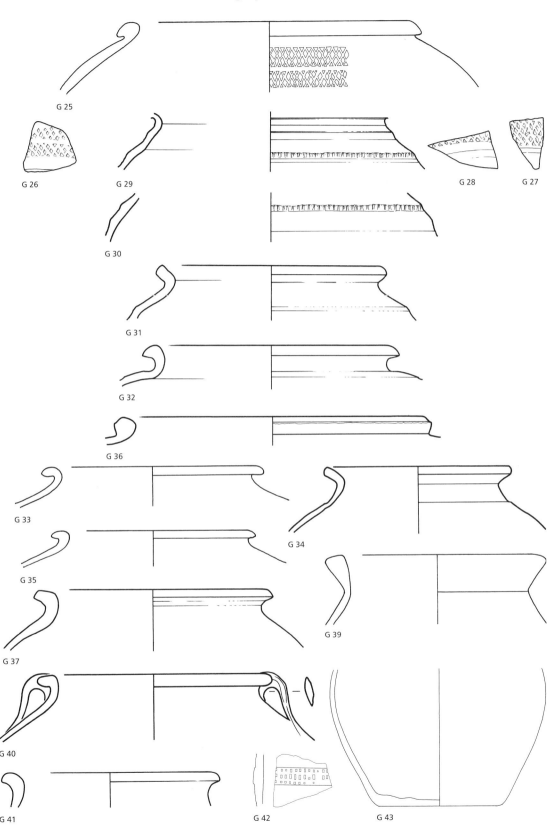

11 Frühmittelalterliche Keramik. Maßstab 1:2; G 43 im Maßstab 1:4.

(G17) RS. – Außen dunkelgrau, innen weißgrau, Mag. nicht hervortretend, feine Drehrillen nur außen, glatte Oberfl.; Bruch weißgrau wie innen, muschelig, sehr feinsandige Mag.; sehr harter Brand. – FU: 6.11 Nr. 21. Lesefund innerhalb der Apsis b unter Bodenhorizont 7.

(G18) BS mit Wandungsansatz. – Außen dunkelgrau, sinterhautartig geschlossen, relativ glatt, keine Drehrillen, seichte Riefung; Bruch hellbraungrau, muschelig, sehr feinsandige Mag., vereinzelt Glimmer; sehr harter Brand. Bdm. ca. 8,7 cm. Jüngermerowingische rauwandige Ware (JM I–JM II). – FU: SCH 8.11 Nr. 11 (03.05.96).

(G19) WS mit Bodenansatz (›Wackelboden‹). – Außen hellgelbgrau bis braungrau gefleckt, stellenweise feine Drehrillen; feinsandige, schwach anrauend an die Oberfl. tretende Mag. Innen und im Bruch hellchromgelb; innen feine Drehrillen, sinterhautartige Oberfl., grobschlierig belassene Riefung. Bruch muschelig bis fein geschichtet; sehr harter Brand. Dm. max. 15 cm. Wohl noch spätmerowingische rauwandige Ware (JM III). – FU: Bl. 12 Nr. 29 (07.07.03).

(G20) WS. – Außen und innen schwärzlichgraubraune sinterhautartige Oberfläche; schwach durchdrückende Mag., seichte Rillengruppen und qualitätvoller Tremolierstichdekor; Bruch hellgelbgrau, muschelig, feine bis sehr grobe Mag. hervortretend, vereinzelt Glimmer; sehr harter Brand. Wohl noch spätmerowingisch rauwandige Ware (JM III). – FU: Bauschuttschicht: ›Funde unter Mutterboden‹, Fläche 9 (01.03.96); SCH 8.1 Nr. 11 (03.05.96).

(G21) WS. – Außen violettgrau mit dichter dunkler schwach hervortretender, fein- bis grobkörniger Mag., unzusammenhängende Sinterhaut, Glimmer, leicht rau, feine Drehrillen; innen hellviolettgrau, feine Drehrillen, dichte fein- bis grobkörnige Mag., schwach hervortretend, relativ glatte Oberfl.; Bruch hellrötlichgrau, schiefrig geschichtet, zerklüftet mit deutlich erkennbarer Mag.; sehr harter Brand. – FU: 4.6 Nr. 24. Lesefund aus Grab 14.

(G22) WS mit flüchtig ohne Kamm eingeritztem, lang gezogenem Wellenliniendekor. – Außen hellrötlichorangefarbene, sinterhautartige Oberfl. mit schwach hervortretender, sehr unterschiedlicher Mag.'körnung, leicht rau, feine Drehrillen; Innenoberfl. nicht mehr erhalten; Bruch orangeweiß, schiefrig geschichtet, zerklüftet; sandige bis grobe Mag. (rötliche Kiesel, Quarzit); sehr harter Brand. – FU: 5.4 Nr. 42. Lesefund außerhalb der Apsis b unter dem Bauestrich des trapezoiden Chores.

(G23) WS mit Bodenansatz. – Außen hellorange, um die Bodenpartie sekundär dunkel geschmort; innen hellbraun, seichte Riefung, vereinzelt feine Drehrillen; sehr dichte, sehr feine bis sehr grobe Mag., beidseits anrauend hervortretend, Glimmer. Bruch grob zerklüftet, graubraun; sehr harter Brand. Generell in der Tradition frühmittelalterlicher rauwandiger Ware. – FU: Bl. 15 Nr. 28 (10.07.03). Verfüllung Brunnenschacht N.

(G24) RS mit Schulteransatz. – Außen braunschwarze, verhältnismäßig gut geglättete Oberfl., feine bis gröbere Drehrillen, Glimmerpartikel; innen dunkelgraubraun, feinere bis gröbere Drehrillen; feine bis gröbere, gut eingeglättete Mag.'partikel; Bruch grauweiß mit undeutlichem dunklerem Kern, muschelig bis zerklüftet, Mag. feinsandig bis grob hervortretend; sehr harter Brand. Rdm. 18,5 cm. Wohl frühmittelalterlich einzustufendes Fragment eines Wölbwandtopfes: vgl. ähnliche Randprofile etwa Stamm, Frankfurt Taf. 14; 16. – FU: wohl aus der Bauschuttschicht über der Verfüllung des Gräbchens I[5] (SCH 9.1 Nr. 1, 10.04.96).

(G25) RS mit Schulterpartie. – Außen und um den Rand unterschiedlich hellgelborange bis hellorange; sinterhautartige Oberfläche mit leicht anrauend hervortretender, feiner bis gröberer Mag.; stellenweise feine Drehrillen; zweibahniger Ausschnitt eines Rollstempeldekors (Rautengitter). Innen hellchromgelb; sinterhautartige Oberfläche; sehr dichte feinkörnige bis gröbere, anrauend hervortretende Mag.; sehr feine Drehrillen; Bruch hellchromgelb, sehr feinschiefrig geschichtet, grob zerklüftet; sehr harter Brand. Rdm. ca. 16 cm. Technisch noch ganz in der Tradition spätrömisch-frühmittelalterlicher rauwandiger Waren; wohl spätmerowingisch (JM III spät) bis karolingisch, vgl. Schultertöpfe von Bad Nauheim: L. Süß, Die frühmittelalterliche Saline von Bad Nauheim. Mat. Vor- und Frühgesch. Hessen (Frankfurt a. M. 1978) Abb. 10. 11 Taf. 49, 7. 9–11. – FU: Bauschuttschicht. Bl. 10 Nr. 15 (08.07.03).

(G26) WS, facettierte Schulterpartie mit Rollstempeldekor in Form eines rhombischen Netzmusters. – Außen dicke graubraune Rinde ohne erkennbare Drehrillen; innen hellrötlichgrau, feine Drehrillen; die beidseits nur schwach hervortretende, feinsandige Mag. erzeugt eine schleifpapierartige Oberfläche; Bruch hellorange, muschelig, nur andeutungsweise Schichtung, feinsandige Mag., nur vereinzelt gröbere Quarzitkörner, Glimmer; harter Brand. Ältere, gelbtonige Drehscheibenware; JM III spät bis karolingisch. – FU: 6.6 Nr. 16. Lesefund aus der Auffüllung des Brunnens B.

(G27) WS, facettierte Schulterpartie mit Rollstempeldekor in Form eines rhombischen Netzmusters. – Ton ähnlich Nr. 26. – FU: wie Nr. 26.

(G28) WS, facettierte Schulterpartie mit Rollstempeldekor in Form eines rhombischen Netzmusters. – Ton ähnlich Nr. 26. – FU: 6.7 Nr. 8. Lesefund aus der Auffüllung des Brunnens B.

(G29) RS, facettierter Schulteransatz mit einzeiligem Rollstempeldekor in Form hochrechteckiger Eindrücke. – Außen hellgraugelb mit stellenweise orangefarbener und grauer Tönung; innen einheitlich hellgraugelb, breite seichte Riefung; beidseits nur vereinzelt erkennbar kleine dunkle Mag.'partikel, feine Drehrillen, nahezu glatte kreidige Oberfläche; Bruch gelblichweiß, muschelig, Mag. kaum erkennbar feinsandig; harter Brand. Ältere, gelbtonige Drehscheibenware; JM III spät bis karolingisch. – FU: 6.2 Nr. 27. Lesefund.

(G30) WS, facettierte Schulterpartie mit einzeiligem Rollstempeldekor in Form hochrechteckiger bis keilförmiger Eindrücke. – Tonbeschaffenheit ähnlich Nr. 29. Ältere, gelbtonige Drehscheibenware; JM III spät bis karolingisch. – FU: 5.11 Nr. 38. Lesefund.

(G31) RS mit facettiertem Schulteransatz. – Außen und innen dunkelgrau, Mag. nicht hervortretend, feine Drehrillen, nahezu glatte Oberfläche; Bruch hellgrau, muschelig bis glatt, nur vereinzelt dunkle, feinkörnige Mag.'partikel erkennbar; harter Brand. – FU: 6.11 Nr. 28. Lesefund innerhalb der Apsis b unter Bodenhorizont 7.

(G32) RS. – Außen und innen schwarzgrau, teils bläulicher Sinteranflug, matter Glanz, teils glatt, poliert wirkend, vereinzelt gröbere Mag., nur außen feine Drehrillen; Bruch an einer Seite schwärzlichgraubraun mit vereinzelt größeren, nicht hervortretenden Mag.'körnern und Glimmer, an anderer Stelle vollständig schwarz und glatt; sehr harter Brand. Hartgebrannte Mayener Ware: Stamm, Frankfurt 151 ff. zu Gruppe 16. – Redknap, Mayen 277 ff. zu Typus F18 (kugeliger Topf mit Linsenboden). JM III spät bis karolingisch. – FU: 6.12 Nr. 29. Lesefund innerhalb der Apsis b unter Bodenhorizont 7.

(G33) RS mit Schulteransatz. – Außen, um den Rand und im Bruch dunkelolivbraun, innen rötlichbraun; sinterhautartige Oberfläche, flüchtige Drehrillen; Mag. durchdrückend, aber nicht anrauend; Bruch glatt; sehr harter Brand. Rdm. 12,5 cm. Hartgebrannte Mayener Ware. – FU: Bl. 15 Nr. 28 (10.07.03). Verfüllung Brunnenschacht N.

(G34) RS mit Schulteransatz. – Außen und innen braunschwarze glatte sinterhautartige Oberfl., stellenweise sehr feine Drehrillen, weich durchdrückende Mag.; Bruch glatt, schwärzlichrötlichbraun; sehr harter Brand. Rdm. ca. 11 cm. Hartgebrannte Mayener Ware. – FU: Schnitt 7B. Verfüllung Brunnenschacht N (26.04.96).

(G35) RS mit Schulteransatz. – Außen und im Bruch dunkelrötlichbraun, um den Rand und innen schwärzlichgraubraun; sinterhautartige Oberfl. mit vereinzelt durchdrückender Mag.; Bruch glatt; sehr harter Brand. Hartgebrannte Mayener Ware. Rdm. ca. 12 cm. – FU: Bl. 11 Nr. 11 (07.07.03).

(G36) RS mit Schulteransatz. – Außen schwärzlichgraubraun, innen und im Bruch schwärzlichsiena; sinterhautartige Oberfl. mit vereinzelt durchdrückender grober Mag., sehr feine Drehrillen; Bruch glatt; sehr harter Brand. Hartgebrannte Mayener Ware. Rdm. ca. 17 cm. – FU: SCH 7.0 Nr. 12 (25.04.96).

(G37) RS mit Schulteransatz. – Außen dunkelbraun, sehr feine Drehrillen, matt glänzend sinterhautartige Oberfläche, gut geglättet, nur vereinzelt durchdrückende gröbere Mag. Innen schwärzlichgraubraun, sinterhautartige Oberfläche, matt; vereinzelt durchdrückende Mag., sehr feine Drehrillen; Bruch schwärzlichsiena, glatt; sehr harter Brand. Rdm. ca. 10 cm. Hartgebrannte Mayener Ware spätmerowingisch-karolingischer Zeit: vgl. etwa Redknap, Mayen Abb. 72, F17.20; F17.23. – FU: Bauschuttschicht. ›Funde unter Mutterboden‹, Fläche 9, nachrömische Planierung (01.03.96).

(G38) WS, etwa Schulterbereich eines Wölbwandgefäßes. – Außen grau, glatt mit schwarzpoliertem Sparrenmuster, Mag. erkennbar, keine Drehrillen; innen dunkelgrau bis graubraun, seicht gerieft, schwach hervortretende Mag., keine Drehrillen; Bruch rötlichbraun, glatt, vereinzelt gröbere Mag.'spartikel; sehr harter Brand. Von der Tonsubstanz her eher noch der hartgebrannten Mayener Ware zuzuordnen. – FU: 5.4 Nr. 43. Lesefund.

(G39) RS, WS und Henkelfragment wohl ein- und desselben Gefäßes. – Außen und innen schwärzlichgrau, Oberfl. gut geglättet, stellenweise schwarzglänzende Glättstreifen. Bruch grauweiß, muschelig bis sehr feinschiefrig geschichtet, sehr feinsandige Mag. kaum wahrnehmbar; sehr harter Brand. Rdm. ca. 11,7 cm. Hartgebrannte feingemagerte Ware mit Streifenglättung: etwa Knöchlein, Mainz 11. – FU: Bl. 15 Nr. 28 (10.07.03). Verfüllung Brunnenschacht N.

(G40) RS mit Schulteransatz und flachem, unregelmäßig profiliertem Ösenhenkel. – Außen und im Bereich des Randes nach innen schwärzlichgraubraun mit rötlicher Tönung; nur vereinzelt sichtbare, nicht hervortretende Mag.'körner, feine Drehrillen, glatte Oberfläche; innen schwärzlichgraubraun, stellenweise orange getönt; Bruch rötlichbraun, glatt, mit Mag.'partikeln in geringer Dichte sowie Glimmerbeimengung; harter Brand. Rdm. ca. 13 cm. Möglicherweise noch als frühmittelalterliche, hartgebrannte Mayener Ware anzusprechen, s. o. G37. – FU: 6.6 Nr. 16. Lesefund aus der Auffüllung des Brunnens B.

(G41) RS. – Außen dunkelgrau, feine Drehrillen, Mag. nicht hervortretend, Glimmer, nahezu glatte Oberfl.; innen grau, feine Drehrillen, Beimengung außer Glimmer nicht erkennbar; Bruch gelblichweiß, feingeschichtet, sehr feinsandige Mag., Glimmer; sehr harter Brand. – FU: 3.1 Nr. 10. Lesefund aus dem auf Bodenhorizont 3 einplanierten Schutt.

(G42) WS. – Außen hellchromgelb, mit den Fingern flüchtig glattgestrichene, kreidige Oberfl.; Mag. nicht wahrnehmbar; Reliefband mit dreizeiligem Rollstempeldekor (Kleinrechtecke). Innen hellgelbocker; feine bis sehr grobe Mag.'partikel unterschiedlicher Art, durch Finger verstrichen in die Oberfl. eingeglättet, kreidig. Bruch mattgrau, nahezu glatt, Mag. nicht wahrnehmbar; sehr harter Brand. Badorfer Technik, JM III spät bis karolingisch. – FU: Bl. 11 Nr. 10 (09.07.03).

(G43) WS/BS. – Außen unterschiedlich gelbgrau, hellbraungrau und braungrau, per Finger gut geglättete kreidige Oberfl., keine Drehrillen. Innen einheitlicher braungraue, sehr feine Drehrillen, sehr seichte Riefung, Mag.'partikel schwach anrauend hervortretend. Bruch weiß bis gelblichweiß, muschelig; sehr harter Brand. Bdm. 13,8 cm. Bezüglich der Tonsubstanz dem Badorfkomplex nahe stehend. – FU: Bl. 15 Nr. 28 (10.07.03). Verfüllung Brunnenschacht N.

Antike Siedlungsstellen des ländlichen Raums mit späterer Nutzung

Im Folgenden wird für West- und Südwestdeutschland, das Elsass, die Schweiz mit Liechtenstein und Vorarlberg sowie Süddeutschland der Versuch einer Zusammenstellung nachantiker Fund- und Befundsituationen in antiken. Dabei geht es vor allem um die Verhältnisse in den ländlichen Siedlungsräumen. Fast gänzlich bis auf wenige besonders gelagerte Fälle[30] außer Betracht blieben die Kastelle an der spätrömischen Reichsgrenze und im Hinterland sowie die Städte mit kontinuierlicher Weiterbesiedlung. Auch wenn in der Kommentierung im einen oder anderen Fall schon Hinweise auf den zugrunde liegenden Situationstypus gegeben werden (etwa wiederbesiedelter antiker Gutshof, kontinuierlich besiedelter Gutshof), bedarf es für viele Plätze – entsprechend der Natur einer solchen Gesamtübersicht – naturgemäß noch der Präzisierung der historisch-topographischen Angaben[31].

Angesichts des vorzüglichen Forschungs- und Publikationsstandes in Nordrhein-Westfalen (I), was die Erforschung einerseits antiker Siedlungsstellen und andererseits der Kirchen des ländlichen Bereiches anbelangt, ist der dort erfasste Bestand, auf den gesamten linksrheinischen Teil des Bundeslandes gesehen, fast schon als spärlich zu bezeichnen. Verkleinert man den Betrachtungsausschnitt auf den Bereich nördlich der Eifel und westlich von Köln[32], ist aber eine dortige Häufung beachtlicher nachantiker Befunde bis hin zu kontinuierlich weiterbesiedelten Orten oder möglicherweise gar kontinuierlich weiterbelegten Gräberfeldern unübersehbar. Wahrscheinlich hat das weitflächige Öffnen der Landschaft für den Braunkohleabbau und dessen gründliche archäologische Überwachung zu einer vollständigeren Erfassung der archäologischen Quellen geführt als anderswo und sich auch entsprechend auf die hier behandelten Fragestellungen ausgewirkt.

Mehr Befunde als bislang erschließbar sind wiederum noch im Saarland (II) zu erwarten, das hinsichtlich seiner kleinen Fläche ohne besondere Anstrengung im normalen Fundaufkommen mit einer erstaunlichen Dichte teils sehr qualitätvoller Befunde aufwarten kann. Besonders bemerkenswert ist etwa der Siedlungskomplex von Saarlouis-Roden (II 16), dem ein kontinuierlich belegtes Gräberfeld zugeordnet werden kann.

Komplizierter ist die Situation im historisch so heterogenen Bundesland Rheinland-Pfalz, wo ganz unterschiedliche denkmalpflegerische Traditionen durch Vereinigung von Gebieten der ehemals preußischen Rheinprovinz, Rheinhessens und der ehemals bayerischen Pfalz bis heute nachwirken und das archäologische Bild überlagern können. Die Befunde aus diesem Bundesland werden deshalb in zwei großen räumlichen Einheiten getrennt präsentiert: zum einen die Befunde der archäologischen Denkmalpflegesprengel Trier und Koblenz (III), zum anderen die der Sprengel Mainz und Speyer (IV). An dem seit Kurt Böhners grundlegender Veröffentlichung zum Trierer Land vorherrschenden Bild einer Region mit ausgeprägter Kontinuität des ländlichen Siedlungsbildes durch zahlreiche weiter bestehende antike Villen und kontinuierlich weiterbelegte Gräberfelder hat sich bis heute nichts wesentlich geändert, abgesehen vom Zuwachs einiger neuer, diesen Eindruck weiter verstärkender Befunde in Böhners Arbeitsgebiet als auch an der mittleren und unteren Mosel. Die vergleichsweise wenigen Belege in Rheinhessen und im Nahetal verglichen mit dem Bestand an der Mosel sind vor dem Hintergrund einer lange

---

[30] Ausnahmen etwa Breisach (VIII 13), Burghöfe (IX 28), Eining (IX 33) und Epfach (IX 34).

[31] Bei den im Bundesgebiet gelegenen Plätzen ist ungeachtet der unterschiedlichen Verwaltungsterminologie der Vereinfachung halber stets von Kreisen (Kr.) die Rede; bei den an der Benennung der (Land-)Kreise beteiligten Städten wurde auf die Angabe des (Land-)Kreises verzichtet, bei den in der Schweiz gelegenen Orten im Falle der Kantonshauptstädte auf die Kantonsangabe.

[32] Beispielsweise das Arbeitsgebiet von Plum, Aachen-Düren.

Zeit ungünstigeren Ausgangsbasis archäologischer Denkmalpflege um so beachtlicher. Dennoch ist die erheblich geringere Anzahl – verglichen mit dem Moselraum – im wesentlichen aber Ausdruck einer hier gänzlich andersartigen historischen Ausgangssituation am Beginn des Frühmittelalters, was auch in einer Gegenüberstellung der Ortsnamenbilder oder auf anderen Betrachtungsebenen zum Ausdruck käme. Auch die Spärlichkeit der Befunde in der Pfalz ist mit Sicherheit ein authentischer Eindruck. Die in der Zusammenstellung aufgeführten Belege der Region (IV) lassen gerade vor dem oben angedeuteten forschungsgeschichtlichen Hintergrund (Stand der archäologischen Erforschung ländlicher Kirchenbauten) erahnen, dass dies hier öfters der Fall ist als bisher bekannt[33]. Andererseits sollte dieses Moment auch nicht im Sinne einer besonders hohen Dunkelziffer überbewertet werden: Auf Grund ihrer besonderen Qualitäten und Vielfalt haben römische Funde und Befunde von den frühesten Zeiten archäologischer Beobachtung an schon stets große Beachtung auf sich gezogen. Insofern wird die Anzahl der auch in Rheinhessen und in der Pfalz bekannten Fälle nicht mehr unabsehbar ansteigen. Die Divergenz von antiker und nachantiker Siedlungsverteilung ist hier viel zu ausgeprägt. Die geringe verbleibende Schnittmenge hätte eigentlich viel größer ausfallen müssen, wenn für die betreffenden Situationen lediglich eine ›natürliche‹ Wiederanknüpfung das entscheidende Kriterium gewesen wäre, weil eine große Auswahl auch dem Frühmittelalter topographisch entgegenkommender antiker Fundstellen zur Verfügung stand[34]. Dies entspricht auch dem Fehlen von Gräberfeldern in diesem Gebiet, die seit spätrömischer bis in fränkische Zeit fortdauernd weiterbelegt wurden. Oder muss mittlerweile einschränkend vom fast völligen Fehlen solcher Kontinuitäten die Rede sein? Die Entdeckung einer früh- bis ältermerowingischen Bestattung in einem bereits spätrömisch genutzten Sarkophag im Rahmen einer spätrömischen Gutshofnekropole mit sonst ausschließlich spätrömischen Bestattungen in Worms-Leiselheim ist in dieser speziellen Variante bislang in der Region noch ein Ausnahmebefund[35]. Vor dem Hintergrund des reichen regionalen Bestandes an jeweils für sich stehenden rein ländlichen Bestattungsplätzen der spätrömischen und der fränkischen Zeit ist dies sozusagen das entsprechende Gegenbild des anderen archäologischen Quellenbereiches gegenüber den hier im Mittelpunkt stehenden Siedlungsbefunden und dort mitkombinierten Gräbern. Umso mehr muss den vergleichsweise wenigen regionalen Vertretern des Situationstypus ein besonderer historischer Hintergrund zugestanden werden. Mit Sicherheit ist der Situationstypus hier jedenfalls kein Plädoyer dafür, den über lange Zeit gewachsenen Eindruck zu relativieren oder grundsätzlich in Frage zu stellen – etwa in dem Sinne, der römischen Vorbesiedlung weitaus größere oder gar entscheidende Bedeutung an der Entstehung des heutigen Besiedlungsbildes auch in Rheinhessen und in der Pfalz beizumessen und die geringe Anzahl der belegbaren Fälle mit dem Mangel an direkten archäologischen Belegen der Ortsgründungen fränkischer Zeit in den alten Ortskernen zu vergleichen[36].

Für das nach Süden zu anschließende Elsass (V) hat nicht zuletzt das rasant fortschreitende Inventarisationswerk der Carte archéologique de la Gaule mittlerweile dazu beigetragen, eine

---

[33] Nicht aufgenommen: Bockenau, Kr. Bad Kreuznach. Die Kirche St. Laurentius im Gegensatz zu älteren Nachrichten des regionalen Schrifttums nicht im Bereich einer antiken Villa. Freundliche Mitteilung Marion Witteyer, Mainz. – Vgl. Klarstellung Knöchlein, Aspisheim 191.

[34] Vgl. etwa Eismann, Kirchen 159 ff. zum Prinzip der diskordanten Überlagerung.

[35] R. Knöchlein, Germania 80, 2002, 622 ff.; die Möglichkeit einer dahinterstehenden kontinuierlichen Weiterbesiedlung des Leiselheimer Gutshofes bis um 500 erwägt H. Bernhard vor dem Hintergrund eines weiteren, noch unveröffentlichten Grabfundes aus dem Wachenheimer Komplex (IV 52), in: Haupt/Jung, Alzey 189 Anm. 31; ders. in: Archäologie zwischen Donnersberg und Worms. Ausflüge in ein altes Kulturland (Regensburg 2008) 105.

[36] H. Bayer, Mainzer Zeitschr. 62, 1967, 125 ff.; Müller-Wille/Oldenstein, Mainz. – H. Ament, Das Dorf in Rheinhessen als Forschungsgegenstand der Siedlungsarchäologie. In: Das Dorf am Mittelrhein. 5. Alzeyer Koll. Geschichtl. Landeskde. 30 (Stuttgart 1989) 1 ff.; P. Haupt in: Haupt/Jung, Alzey 17 f.

beachtliche Anzahl einschlägiger Plätze mit teils bemerkenswerten Qualitäten zu erschließen (etwa V 38 oder V 49). Die quantitativen Relationen bewegen sich auf dem Niveau des Gebiets von Rheinhessen, der Pfalz und dem Nahegebiet, wohl ein Spiegelbild vergleichbarer dahinterstehender historischer Rahmenbedingungen.

Die mit Abstand größte Anzahl respektive Dichte an erfassten Plätzen findet sich in der westlichen und südlichen Schweiz[37]. In den französischsprachigen Kantonen, im Tessin und vor allem noch in den Kantonen Aargau, Basel-Land, Solothurn, Bern und Graubünden bezeugen Siedlungen und zahlreiche kontinuierlich ins Frühmittelalter weiterbelegte Bestattungsplätze in der gleichen räumlichen Schwerpunktbildung eine ausgeprägte Kontinuität aus der Antike heraus gerade auch im ländlichen Siedlungsbereich[38]. Auch wenn jährlich vereinzelt noch immer Neuentdeckungen hinzutreten: Das soweit schon erreichte Gesamtbild der Schweiz ist nicht nur durch seine – dank langer Zeit gut gepflegten Forschungstradition – gewachsene Repräsentativität an sich schon so wertvoll, sondern vor allem noch dadurch, dass sich dieses solide Beobachtungsraster über beide Seiten der die Schweiz durchziehenden kulturellen Grenze erstreckt. Während der westliche und der südliche Teil Verhältnisse vorwegnehmen, die bei Ausdehnung des Arbeitsgebietes weiter nach Frankreich und nach Italien hinein zu erwarten sind, steht demgegenüber eine Situation im nordöstlichen Teil der Schweiz, die in etwa mit den Verhältnissen in Rheinhessen, in der Pfalz und im Elsass vergleichbar ist.

Im vom Limes nach außen abgegrenzten Provinzialgebiet östlich des Rheines, nördlich von Hochrhein und Bodensee, westlich der Iller und nördlich der Donau (Hessen, Baden-Württemberg, Bayern) kristallisiert sich die siedlungsgeschichtliche Seite des Sachverhaltes immer stärker heraus.

Schwierig zu beurteilen, wohl durch den Forschungsstand negativ beeinflusst erschien lange Zeit das Bild speziell im hessischen Anteil des Dekumatlandes (VII). Auch hier fehlen zunächst weitgehend systematische Untersuchungen ländlicher Kirchenbauten. Einschlägige Befundsituationen im Bereich der schon seit langem und intensiv erforschten Militärplätze in der Wetterau und am Limes gaben zunächst Anlass zu der Erwartung, dass mit weiteren Befunden auch an den kleinstädtischen und ländlichen Siedlungsplätzen gerechnet werden durfte. Die in den letzten Jahren verstärkte Ausgrabungstätigkeit im Bereich antiker Gutshöfe hat dort die geringe Anzahl nachantiker Befunde bislang allerdings nicht wesentlich erhöht. Immerhin hat mittlerweile Bernd Steidl für sein so siedlungsgünstiges Arbeitsgebiet Wetterau vor dem Hintergrund einer beachtlichen Anzahl germanischer Fundstellen der späten Kaiserzeit auf einen ausgeprägten Bruch zwischen limes- und nachlimeszeitlicher Besiedlung schließen müssen. Zum gleichen Ergebnis kommt Jörg Lindenthal aus dem Blickwinkel der mittelkaiserzeitlichen

---

[37] Nicht berücksichtigt etwa: Bülach, Kt. Zürich. Römische Vorbesiedlung »in unmittelbarer Nähe« der Kirche; noch keine genaueren Angaben. Jahrb. SGUF 90, 2007, 185. – (Niederhasli-)Chastelhof, Kt. Zürich. Der heutige Weiler Chastelhof (Alter?) überlagert antiken Gutshof. Zürcher Denkmalpflege 6, 1968/69, 105. – (Pratteln-)Rumpeln, Kt. Basel-Land. »Seit langem ist bekannt, dass die Häuser Nr. 19 und 23 im Rumpel auf römischen Mauern stehen«. Jahrb. SGUF 56, 1971, 221. – Gretzenbach, Kt. Solothurn. Die Pfarrkirche St. Peter und Paul und der Kirchhof überlagern wohl Hauptgebäude einer antiken Villa? Ita, Kirche 61 f. – Schinznach-Dorf, Kt. Aargau. Wohl erst sekundäre Überlagerung einer antiken Villa im Zuge der neuzeitlichen Ortserweiterung. Jahrb. SGUF 54, 1968/69, 145. – Wädenswil, Kt. Zürich. Topographische Zusammenhänge noch zu vage. Zürcher Denkmalpflege 3, 1962/63, 98 ff.; Kerzers, Kt. Freiburg. Ohne Zweifel ein komplexer Überlagerungsbefund mit verzahnten Gräbern, der sich noch nicht genauer beurteilen läßt. Eismann, Kirchen 326 f. Kat. 144. – Zu Sézegnin, Kt. Genf vgl. u. Anm. 38.

[38] Exemplarisch: Oberbuchsiten, hier VI 133. – Bonaduz, Graubünden: Schneider-Schnekenburger, Churrätien; R. Marti, Das frühmittelalterliche Gräberfeld von Saint-Sulpice VD (Lausanne 1990); B. Privati, La nécropole de Sézegnin (IVe-VIIIe siècle) (Genf 1983); dies., Arch. Schweiz 9, 1986, 9 ff.: kontinuierlich belegtes Gräberfeld und wohl gleichzeitige, im Verlauf des 8. Jhs. wüstgewordene Siedlung. – Weitere Hinweise in dem Sammelwerk A. Furger u. a. (Hrsg.), Die Schweiz zwischen Antike und Mittelalter. Archäologie und Geschichte des 4. bis 9. Jahrhunderts (Zürich 1996), vor allem die Beiträge Martin und Windler.

Vorbesiedlung³⁹. Offenbar steht dort hinter der nachlimeszeitlichen Entwicklung gemäß archäologischer Wahrnehmung ein von den Verhältnissen im rechtsrheinischen Gebiet weiter südlich in Baden-Württemberg deutlich abweichender historischer Ablauf im vierten und fünften Jahrhundert.

Denkbar günstig ist die generelle archäologische Quellenlage in Baden-Württemberg (VIII), wo für die hier diskutierten Fragen eine große Anzahl antiker Siedlungsplätze und ländlicher Kirchenbauten erforscht und publiziert zur Verfügung steht⁴⁰. Deutlicher als früher für möglich gehalten bildeten die nach 260 verlassenen Siedlungsplätze verschiedenster Art Anknüpfungspunkte für nachrückende germanische Zuwanderer⁴¹. Letztere müssen auch zumindest an einigen der hier erfassten Orte wohl als Träger einer Siedlungskontinuität bis ins Frühmittelalter akzeptiert werden⁴². Ganz am Ende dieses Vorganges, im Zuge einer verstärkten Nivellierung der Lebensverhältnisse zwischen ehemals spätrömischem Provinzialgebiet und ›Barbaricum‹ treten hier in Gestalt des Situationstyps die Zusammenhänge zwischen Römerzeit und Kirchengründungen als sekundäre Folgen eines Umweges über eine jahrhundertelange siedlungsgeschichtliche Entwicklung hervor. Einer Gegenüberstellung zwischen der Schweiz und Baden-Württemberg kommt entsprechend besonderes Gewicht zu, wenn es darum geht, Qualität und Häufigkeit nachantiker Befunde in Relation zur Lage im spätrömischen Provinzialgebiet oder im Limeshinterland zu vergleichen. Auch wenn der beachtliche Bestand in Baden-Württemberg überrascht: Ein Vergleich mit der Schweiz anhand der in der Liste genannten Plätze vermittelt einen authentischen Eindruck der qualitativen und quantitativen Unterschiede, und was es rückblickend für eine antike Siedlung bedeuten kann, statt im Limeshinterland im bis ins fünfte Jahrhundert römisch gebliebenen Provinzialgebiet zu liegen.

Im bayerischen Anteil des Limesgebietes (IX 1 bis IX 18) beherrschen die generell gut erforschten Kastellorte am Limes einseitig das Bild. In Anbetracht des dicht geknüpften Netzes archäologischer Betreuung (siehe unten) ist der Mangel an einschlägigen Plätzen eher wohl Ausdruck tatsächlicher historischer Gegebenheiten. Der im Vergleich mit der Schweiz und mit den Gebieten an Rhein und Mosel schon erstaunlich geringe Bestand auch im flächenmäßig so großen spätrömischen Provinzialgebiet östlich der Iller und südlich der Donau (IX 19 bis IX 63)⁴³ ist angesichts der immensen Grabungsaktivitäten und des guten Publikationsstandes auf breiter institutioneller Basis – Landesarchäologie, Archäologische Staatssammlung München, Münch-

---

³⁹ Steidl, Wetterau 7 ff.; J. Lindenthal, Die ländliche Besiedlung der nördlichen Wetterau in römischer Zeit. Mat. Vor- u. Frühgesch. Hessen 23 (Wiesbaden 2007) 52 und 63 ff. (Katalogteil mit topographischen Übersichten)

⁴⁰ In diesem Gebiet nicht aufgenommen nur der Befund von Staufen, Kr. Breisgau-Hochschwarzwald: Die Zugehörigkeit des von Eismann, Kirchen 257 Kat. 61, aufgeführten Platzes zum Situationstypus erscheint mir fraglich.

⁴¹ Zuletzt und mit jeweils reicher Zusammenstellung des älteren Schrifttums: Pfahl, Besiedlung 58 f.; Kartierung Beilage 3; Trumm, Hochrhein 217 ff.; M. Reuter, Die römisch-frühvölkerwanderungszeitliche Siedlung von Wurmlingen, Kreis Tuttlingen. Materialh. Arch. Baden-Württemberg 71 (Stuttgart 2003) 66 ff.; 72 ff.; 104 ff.

⁴² VIII 1(?), VIII 2(?), VIII 4(?), VIII 5, VIII 13, VIII 27(?), VIII 28, VIII 38, VIII 51(?), VIII 54(?), VIII 56, VIII 57(?), VIII 60(?), VIII 66(?), VIII 71(?), VIII 73 und VIII 80(?).

⁴³ Nicht berücksichtigt u. a.: Seebruck, Kr. Traunstein. Die weitläufige Streuung des heutigen Ortes überlagert den Bereich des früh- und mittelkaiserzeitlichen Vicus Bedaium beidseits des Abflusses der Alz. Errichtung eines

spätantiken Burgus im westlichen Teil des Vicus. Andauern der spätrömischen Besiedlung bis ins 5. Jh. – Nicht mehr genauer lokalisierbarer Fund einer älteremerowingischen Ärmchenfibel. Wohl erst jüngermerowingischer Besiedlungsansatz mit Bestattungsplatz am nördlichen Rand des westlichen Vicusbereiches. Erst im Verlauf des Hochmittelalters wurde der Burgus zu einem turmburgartigen Adelssitz umgewandelt. Im Spätmittelalter wurde dort die Pfarrkirche St. Thomas errrichtet, um die sich dann erst nach und nach die heutige Bebauung scharte. H.-J. Kellner / G. Ulbert, Bayer. Vorgeschbl. 23, 1958, 48 ff.; O. v. Hessen, Die Funde der Reihengräberzeit aus dem Landkreis Traunstein. Kat. Prähist. Staatsslg. 7 (Kallmünz/Opf. 1964) 14; 52 f.; P. Fasold, Das römisch-norische Gräberfeld von Seebruck-Bedaium. Materialh. Bayer. Vorgesch. 64 (Kallmünz/Opf. 1993); S. Burmeister, Vicus und spätrömische Befestigung von Seebruck-Bedaium. Materialh. Bayer. Vorgesch. 76 (Kallmünz/Opf. 1998), vor allem 180 ff. Abb. 56. – Weltenburg, Kr. Kelheim. Die Besiedlung der spätrömischen Abschnittsbefestigung auf dem Frauenberg bis in den frühmerowingischen Horizont noch nicht zweifelsfrei gesichert. Fischer, Staubing 160 Nr. 44.

ner Akademiekommission, Kreis- und Stadtarchäologien, Universitätsinstitute – dort ebenso wenig auf den Forschungsstand zurückzuführen. Vielmehr zeigt sich auch an diesem Sachverhalt letztlich ein besonders nachhaltiger struktureller Niedergang in spät- und nachantiker Zeit in Flachlandrätien und Westnorikum. Eine Ursache ist etwa der aus der frühen und mittleren Kaiserzeit ererbte Mangel an kleinstädtischen Zentren im Gebiet zwischen Donau und Alpen. Selbst unter den einer Kontinuität noch am ehesten entgegenkommenden Verhältnissen an der Donau gingen von den fortbestehenden Kastellplätzen[44] bestenfalls das unmittelbare Umfeld erfassende, jedoch nicht wesentlich über das Donautal hinausreichende Impulse aus. Dank der grundlegenden Arbeiten von Thomas Fischer sind vor allem die Verhältnisse im Abschnitt Kelheim bis Regensburg gut überschaubar, wo sich schon für die Zeit nach der Mitte des vierten Jahrhunderts keine nennenswerten Spuren ländlicher Besiedlung mehr ausmachen ließen. Für den östlich anschließenden niederbayerischen Donauraum kam Günther Moosbauer zu vergleichbaren Ergebnissen[45]. Für das Regensburger Castrum stand auf Grund der Siedlungsfunde und des zuzuordnenden großen, bis in die Merowingerzeit weiterbelegten Gräberfeldes mit romanischem Ausstattungsmuster die kontinuierliche Weiterbesiedlung schon stets außer Frage. Bemerkenswerterweise ist darüber hinaus in Regensburg ein mit den Verhältnissen an Rhein und Mosel vergleichbarer Technologietransfer aus der Antike heraus im Bereich der Keramik fassbar: Es ist dies das Nebeneinander einer reduzierend gebrannten geglätteten Feinware (zumeist Knickwandformen) und einer rauwandigen Gebrauchsware, beide Gruppen in technisch anspruchsvoller Drehscheibenqualität und aus antiker Keramiktradition abzuleiten. Lange Zeit war dies nur anhand einer bemerkenswerten Fundverdichtung in und um Regensburg zu fassen; mittlerweile ist die Produktion an zwei Plätzen dicht bei Regensburg selbst nachgewiesen[46]. Etwa von Straubing und Künzing an donauabwärts zeichnet sich ein weiteres Gefüge dieser Art mit einglättverzierten Feinwaren einhergehend mit robusterem Gebrauchsgeschirr ab, das letztlich aus den antiken Keramiktraditionen des norisch-pannonischen Raumes hervorgegangen ist. Hier haben die wichtigen Vorarbeiten von Fischer etwa zum einglättverzierten Knickwandgeschirr oder von Christlein zum Komplex der Horreumkeramik und darauf aufbauende Studien schon die ganz wesentlichen Beiträge zur Kontinuitätsdiskussion geliefert[47]. Damit eng verwandt und ebenso Zeugnisse beständiger Weiterbesiedlung sind die in den Tälern des mittleren und östlichen Alpenraumes geläufigen alpenromanischen Hauskeramiken[48]. Mit diesem antiquarischen Rüstzeug an der Hand hätte es inzwischen eigentlich möglich sein sollen, auch – oder: erst recht – für das dazwischen gelegene große Gebiet südlich der Donau und nördlich des Alpenfußes beziehungsweise die Täler von Iller, Lech, Isar und Inn sowie die siedlungsgünstige Münchner Schotterebene und die Siedlungskammern um die Voralpenseen durch Vorhandensein oder Nichtvorhandensein einschlägiger Materialien zu entsprechenden Positiv- oder Negativschlussfolgerungen hinsichtlich einer Besiedlungskontinuität durch das fünfte Jahrhundert hindurch zu gelangen: Warum sollten gerade im bayerischen Alpenvorland südlich der Donau ganz andere

[44] R. Christlein in: Ausst. Severin 217 ff.; G. Moosbauer, Kastell und Friedhöfe der Spätantike in Straubing. Passauer Univ.schr. zur Arch. 10 (Rahden 2005).

[45] Fischer, Regensburg 118 ff.; Fischer, Staubing 94 ff.; Moosbauer, Besiedlung 195 ff.

[46] Fischer, Staubing 78 ff.; W. Eichinger / E. Wintergerst, Denkmalpflege in Regensburg 7, 1997/98, 112 ff.

[47] R. Christlein: Ostbairische Grenzmarken 18, 1976, 28 ff.; ders., ebd. 22, 1980, 106 ff.; ders. in: Ausst. Severin 217 ff.; A. Gattringer / M. Grünewald, Bayer. Vorgeschbl. 46, 1981, 199 ff.; Th. Fischer, Bayer. Vorgeschbl. 54, 1989, 153 ff., vor allem 167 ff.; V. Gassner in: Das Kastell Mautern-Favianis. Der röm. Limes in Österreich 39 (Wien 2000) 236 ff.; 244 ff.; H. Sedlmayer in: Forschungen im Kastell Mautern-Favianis. Der röm. Limes in Österreich 42 (Wien 2002) 308 ff.; Gschwind, Abusina 246. ff.; G. Moosbauer, Kastelle und Friedhöfe der Spätantike in Straubing. Passauer Univ.schr. Arch. 10 (Rahden/Westf. 2005) 70.

[48] V. Bierbrauer, Invillino-Ibligo in Friaul I. Die römische Siedlung und das spätantik-frühmittelalterliche Castrum (München 1987) 209 ff. – Vgl. ferner etwa das Material der Siedlung bei Riva del Garda am Lago di Ledro: L. Dal Ri / G. Piva in: La Regione Trentino - Alto Adige nel Medio Evo. Kongr. Rovereto 1984 (Calliano 1987) 265 ff. Abb. 39 (frdl. Hinweis Stefan Demetz, Bozen).

archäologisch-kulturelle, sich dem direkten Nachweis entziehende Rahmenbedingungen vorauszusetzen sein als unmittelbar nördlich an der Donau, unmittelbar südlich im Alpenraum, unmittelbar östlich auf österreichischem Gebiet und unmittelbar westlich. Von daher ist für dieses Gebiet eher von einem massiven Bruch von der späten Römerzeit zur frühen Merowingerzeit hin auszugehen. Dagegen hat sich die regionale Forschung in jüngster Zeit darauf verlegt, die Fragen um Besiedlungskontinuität von der Spätantike zum Frühmittelalter mit Hilfe abstrakter Projektionen abseits der oben angedeuteten antiquarischen Ansätze anzugehen. So führte zum Beispiel unkritischer Umgang mit den Ergebnissen vegetationsgeschichtlicher Untersuchungen zum vermeintlichen Beweis ungebrochener Besiedlungstradition in diesem Gebiet und Zeitraum[49], während dies seitens der Naturwissenschaft selbst zurückhaltend bis eher kritisch eingeschätzt wird[50]. Andere gelangten mit einer Mischargumentation aus Ortsnamen und Ausstattungsmustern von Reihengräberfeldern gar zur Vorstellung einer Baiuaria romana: Eine angeblich zurückhaltendere Beigabenausstattung der Reihengräberfelder des Alpenvorlandes im Vergleich mit den Verhältnissen außerhalb des spätrömischen Provinzialgebietes sei darauf zurückzuführen, dass die – immerhin in ihrer Existenz noch grundsätzlich zugelassenen – germanischen Zuwanderer sich einer zahlenmäßig noch bedeutenden romanischen Bevölkerungsmehrheit auch im rein ländlichen Siedlungsraum gegenübergesehen hätten und deren Grabgepflogenheiten im Sinne eines reduzierten Ausstattungsmusters übernommen hätten. Erst nach 600 sei hier eine Umkehrung im Sinne einer Germanisierung in Gang gekommen[51]. Zum Maßstab erhoben wurden vor allem in Baden-Württemberg und Bayerisch-Schwaben gelegene Bestattungsplätze, die nahezu europaweit zum besten gehören, was diese Quellengattung zu bieten hat; sei es inhaltlich durch die Qualität der Grabinventare – nicht zuletzt durch verhältnismäßig geringe Beraubungsquote, sei es forschungsbedingt durch die Qualität von Ausgrabung, Dokumentation und Publikation. Keinesfalls als relativiert und aus der Welt geschafftes Problem eines solchen Vergleiches können die hohen Beraubungsquoten in Ober- und Niederbayern durchgehen, die schwerlich eine Grundlage verlässlicher Ergebnisse abgeben. Schon von daher wird den redlichen Versuchen, anhand von Mustern der Beigabenausstattung in merowingerzeitlichen Gräberfeldern das kontinuierliche Fortleben spätrömischer Provinzialer in nennenswerten Kontingenten als Romanen des Frühmittelalters und deren starke Einflussnahme auf die germanischstämmigen Zuwanderer nachzuweisen[52], schwerlich Bestätigung erwachsen.

Auf Grund der guten archäologischen Quellenlage nahm im Rahmen der Kontinuitätsdiskussion für diese Region der Ort Epfach[53] schon stets eine herausragende Diskussion ein. Der alte Kernbereich des heutigen Ortes mit der Pfarrkirche St. Marien überlagert den südlichen Teil des Vicus Abodiacum der mittleren Kaiserzeit an der Kreuzung der Via Claudia mit der Überlandstraße Kempten – Gauting. Im Bereich des mittelkaiserzeitlichen Vicus herrscht bis zur Wiederbesiedlung des Ortes im Verlauf des Frühmittelalters – abgesehen von einer spätrömischen Münze – eine fast völlige Fundlücke. Am nordwestlichen Rand des alten Ortskernes finden sich in die Vicusruinen eingetiefte Bestattungen eines Reihengräberfeldes noch unbekannter Gesamtausdehnung. In spätrömischer Zeit verlagerte sich die Besiedlung auf das befestigte Plateau des gut einen halben Kilometer nordöstlich in einer Lechschleife gelegenen Lorenzberges. Allem Anschein nach in spätrömischer Zeit dagegen beibehalten wurde der auf den Vicus zu beziehende Bestattungsplatz in der Mühlau. Das Andauern der spätrömischen Besiedlung auf

---

[49] Etwa H. Fehr, Ber. bayer. Bodendenkmalpfl. 43/44, 2002/03, 223.
[50] M. Peters, ebd. 47/48, 2006/07, 343 ff.; vor allem 348; 350.
[51] A. Rettner in: Festschrift Martin 255 ff.
[52] Beispiele: M. Bertram, Die frühmittelalterlichen Gräberfelder von Pocking-Inzing und Bad Reichenhall-Kirchberg. Mus. für Vor- und Frühgesch. Bestandskat. 7 (Berlin 2002) 207 ff.; A. Rettner in: Festschrift Martin 255 ff.; B. Wührer, Das frühmittelalterliche Gräberfeld von Erpfting, Stadt Landsberg am Lech, ebd. 305 ff.
[53] Zur Literatur s. IX 34.

dem Lorenzberg läßt sich bis kurz vor der Mitte des fünften Jahrhunderts fassen. Ein anschließender Zeitraum von gut hundert Jahren ist antiquarisch nicht zu belegen. Seit dem mittleren sechsten Jahrhundert füllten sich weite Teile des Plateaus, chronologisch tendenziell wohl von West nach Ost fortschreitend, mit den Bestattungen eines großen, bislang aber nur in kleinsten, unzusammenhängenden Ausschnitten bekannten Reihengräberfeldes. Allein schon von daher erscheint es fragwürdig, aus dem kaum repräsentativen Bestand Bestattungs- und Ausstattungsmuster einer kontinuierlich aus der Spätantike fortlebenden romanischen Ortsbevölkerung herauszulesen. Hervorzuheben ist vor allem das Inventar der matur verstorbenen Frau in Grab 150 mit goldenem Ohrringpaar und goldenem Brustkollier und anderen Beigaben[54] angetroffen in der Nordwestecke von Raum A des spätrömischen Rechteckbaus I. Einerseits scheint das Grab die Innenecke des Baus zu respektieren, andererseits weicht die Orientierung leicht von der des Gebäudes ab. Joachim Werner ließ hier zunächst zwei alternative Einschätzungen nebeneinander bestehen. Zum einen könnte es sich lediglich um Überschichtung der antiken Bausubstanz ähnlich wie im weiter nördlich gelegenen Bereich des antiken Magazinbaus handeln. Zum anderen war es im Bereich der Räume B und C im achten Jahrhundert zu gut wahrnehmbaren Baumaßnahmen und Ausbesserungsvorgängen gekommen, die auch an einer Stelle im Bereich von Raum A fassbar waren. Von daher wäre auch eine Weiterverwendung von Bau I als Grab- und Sakralbau nicht auszuschließen. In der abschließenden Zusammenfassung gibt Werner der ersteren Auffassung den Vorzug. Spätere Autoren folgen ihm darin nicht und favorisieren die Einschätzung der Weiternutzung von Bau I als Grab- und Sakralbau und damit als frühesten Kirchenbau am Ort. Bemerkenswert bleibt jedenfalls, dass die als solche wahrnehmbaren Vorgängerbauten der Lorenzkirche über Bau I errichtet wurden und Grab 150 dabei stets mehr oder weniger unter dem Altarbereich verblieb. Die Bauaktivitäten und die immerhin beachtlichen Funde des achten Jahrhunderts nach Auflassung des Reihengräberfeldes interpretiert Werner als Niederschlag eines karolingischen Militärpostens, erklärbar aus der Lage an der alamannisch-bairischen Grenze.

I   Nordrhein-Westfalen

(I 1) **Alfter**, Rhein-Sieg-Kreis. Kirche überlagert antike Villenruine. – Bonner Jahrb. 192, 1992, 375.

(I 2) (Bonn-)**Bad Godesberg**, ›Arndtruhe‹. Am Standort einer heute nicht mehr existierenden Servatiuskapelle antike Villenruine mit beigabenlosen Gräbern. Neben antiken Siedlungskleinfunden auch Fragmente merowingerzeitlicher Keramik, wohl Niederschlag einer Wiederbesiedlung in dieser Zeit. – Bonner Jahrb. 157, 1957, 444; ebd. 159, 1959, 380 ff. Abb. 25.

(I 3) (Nörvenich-)**Binsfeld**, Kr. Düren. Die Pfarrkirche überlagert eine antike Ruine; keine näheren Angaben. – Bonner Jahrb. 189, 1989, 443.

(I 4) (Köln-)**Braunsfeld**. Bis um 400 besiedelte Villa. Zwei spätestantike oder bereits nachantike, gemörtelte Tuffsteinkisten, westöstlich gerichtet mit Resten gestörter Skelette ohne Beigaben in der Südostecke des zum spätantiken Wehrturm umgebauten Risalitbaus K des Hauptgebäudes. – F. Fremersdorf, Bonner Jahrb. 135, 1930, 109 ff., vor allem 119 f.; H. G. Horn, Die Römer in Nordrhein-Westfalen (Stuttgart 1987) 506.

(I 5) (Rheinberg-)**Budberg**, Kr. Wesel. Die Budberger Lambertikirche im Bereich einer antiken Ansiedlung. – Bonner Jahrb. 162, 1962, 421 ff.

(I 6) (Düren-)**Derichsweiler**, Kr. Düren. Im Bereich der ehemaligen Martinspfarrkirche sollen – im Gegensatz zu dem in einem älteren Vorbericht Publizierten (Arch. Rheinland 1987, 104 f.) – tatsächlich nur geringe Spuren antiker Vorbesiedlung vorliegen: Vorromanische Kirchenbauten II, 87. – Plum, Aachen-Düren 196 f.

(I 7) **Dormagen**, Kr. Neuss. Abgegangene Martinskirche mit Kirchhof im Bereich einer antiken Villenruine. – Bonner Jahrb. 165, 1965, 430.

(I 8) **Düren**, Kr. Düren. In der Flur ›Miesheimer Kirche‹ (Wüstung des Dreißigjährigen Krieges) antike Villenruine mit vier beigabenlosen Gräbern, ausgerichtet von Südwesten nach Nordosten, eines mit Steinsetzung. – Bonner Jahrb. 166, 1966, 565 und 585; ebd. 171, 1971, 542; Janssen, Wüstungsfrage II, 23 f.; Plum, Aachen-Düren 201.

---

[54] Zeitstellung JM III früh.

(I 9) (Aldenhoven-)**Engelsdorf**, Kr. Düren. Im Bereich einer abseits heutiger Besiedlung gelegenen Villa deuten Kleinfunde eine Siedlungskontinuität von der frühen Kaiserzeit bis in die Zeit um 500 an. – Arch. Rheinland 2005, 99 ff.; Plum, Aachen-Düren 202 Taf. 35A.

(I 10) **Euskirchen**, Kr. Euskirchen. Die Martinskirche über antikem Bau. – Bonner Jahrb. 172, 1972, 550 f.

(I 11) (Dormagen-)**Hackenbroich**, Kr. Neuss. Die antike Villa kontinuierlich (Siedlungsfundspektrum) aus der Antike bis in die späte Merowingerzeit weiterbesiedelt. – Arch. Rheinland 2001, 76 ff.

(I 12) **Herzogenrath**, Kr. Aachen. Einzelnes Skelett eines Kindes »in der Auffüllung des Hypokaustenraumes« einer antiken Villa. – Bonner Jahrb. 174, 1974, 632 ff.

(I 13) (Duisburg-)Rheinhausen, Kr. Moers, Ortsteil **Hochemmerich**. Die Christuskirche (ehemals St. Peter) im Bereich einer frühmittelalterlichen Ansiedlung entstanden, die wiederum an einen antik besiedelten Ort anknüpft. Dem Siedlungskomplex südwestlich davon gelegenes, schon in AM II belegtes fränkisches Gräberfeld zuzuordnen. – Binding, Ausgrabungen 1 ff. 111 ff.; F. Siegmund, Merowingerzeit am Niederrhein. Rheinische Ausgr. 34 (Bonn 1998) 304 ff. Kat.Nr. 75.

(I 14) (Nörvenich-)**Hochkirchen**, Kr. Düren. Die Pfarrkirche St. Victor eng bauverzahnt mit antiker Villa (Besiedlung bis in die 1. Hälfte des 5. Jhs.); dazu merowingerzeitliche Bestattungen, die ebenso auf die antike Substanz Bezug nehmen. – Ausgrabungen im Rheinland 1981/82, 45; Vorromanische Kirchenbauten II, 185 f.; Bonner Jahrb. 194, 1994, 427; Plum, Aachen-Düren 209 ff.

(I 15) (Alsdorf-)**Hoengen**, Kr. Aachen. Im Hauptgebäude einer abseits des heutigen Orts gelegenen römischen Villa merowingerzeitliche Siedlungsbefunde und -funde. – Plum, Aachen-Düren 213.

(I 16) (Mariaweiler-)**Hoven**, Kr. Düren. Die alte Pfarrkirche von Mariaweiler überlagert das Hauptgebäude einer antiken Villa. In antiken Ruinen nicht näher geklärter Art in der Flur ›Getzeracker‹ acht Gräber des späten 6. und des 7. Jhs. – K. V. Decker, Vor- und frühgeschichtliche Fundstellen in der Gemarkung Mariaweiler-Hoven, Krs. Düren. Dürener Geschichtsblätter 53, 1970, 1289 ff.; Plum, Aachen-Düren 222 ff.

(I 17) **Inden**, Kr. Düren. Der alte Ortsbereich überlagert das Hauptgebäude einer römischen Villa. Funde geben Hinweise auf Weiterbesiedlung im Frühmittelalter. – Bonner Jahrb. 202/203, 2002/2003, 464; Arch. Rheinland 2005, 86 ff.

(I 18) **Jüchen**, Kr. Neuss. Im Rahmen des Umsiedlungsprojektes Neuotzenrath/Neuspenrath abseits historisch gewachsener Besiedlung römische Villenstelle mit Haupt- und Nebengebäuden wohl vollständig erfasst. Über den antiken Besiedlungszeitraum (2.–5. Jh.) hinaus kontinuierliche Weiterbesiedlung oder Wiederbesiedlung in der Merowingerzeit. – Arch. Rheinland 1999, 82 ff.; Bonner Jahrb. 201, 2001, 418.

(I 19) **Korschenbroich**, Kr. Neuss. Das alte Ortszentrum mit Kirche überlagert antiken Bau; keine näheren Angaben. – Bonner Jahrb. 136/137, 1932, 321 f.

(I 20) **Kuchenheim**, Kr. Euskirchen. Anzeichen für kontinuierliche Weiterbesiedlung einer antiken Villa (›Siedlungstelle II‹) wohl bis um 500 oder ins 6. Jh. – Bonner Jahrb. 199, 1999, 306 ff.

(I 21) (Steinstraß-)**Lich**, Kr. Düren. Gräberfeld mit jünger- bis spätmerowingischen Bestattungen überlagert spätrömischen Burgus unter Bezugnahme auf dessen Befestigung. – Plum, Aachen-Düren 222.

(I 22) (Eschweiler-)Kinzweiler, Kr. Aachen, Ortsteil **Lürken**, ›Alte Burg‹, Hauptgebäude einer römischen Villa im Bereich der späteren nordwestlichen Vorburg. Siedlungsfunde bis ins 5. Jh. Das Alter der speziell an diesem Teilbereich haftenden Geländebezeichnung »Kirchfeldchen« oder »Kirfeldchen« nicht geklärt. In Raum XIII des antiken Herrenhauses vereinzeltes Männergrab der Stufe JM I (Grab 88). 20 m südöstlich davon mitten in Raum XXIV durch den antiken Estrich hindurch in den gewachsenen Untergrund in ausgemauerten und verputzten Grabschächten zwei Bestattungen (gestört, keine Beigaben) eingetieft. In karolingischer oder ottonischer Zeit Errichtung einer rechteckigen Kapelle in Form eines hölzernen Pfostenbaus annähernd deckungsgleich über dem antiken Raum. Um diesen Holzbau und darauf zu beziehen Friedhof mittelalterlichen Charakters mit hoher Belegungsdichte und ohne Bezugnahme auf die antike Substanz. Ganz abseits davon, generell zwar wohl noch im Gelände der antiken Villa, aber ohne konkreteren Bezug zwei isolierte Gräber mit Gürtelzubehör des frühen 8. Jhs. Früheste nachrömische Siedlungsfunde seit etwa 700: Keramik des Badorfhorizontes aus Siedlungsgrube 669 im Bereich der südwestlichen Vorburg und verlagert in die Verfüllung von Grab 275. – W. Piepers, Ausgrabungen an der Alten Burg Lürken. Rheinische Ausgr. 21 (Köln und Bonn 1981) 74 ff. Abb. 31; 101 f.; 163; 164 f.; 172 f.; 184 Taf. 6; 7, 1, 1; 12, 2; 43; 48; Vorromanische Kirchenbauten II, 289; Plum, Aachen-Düren 104; 214 ff.

(I 23) (Xanten-)**Lüttingen**, Kr. Wesel. Im unmittelbaren Umfeld eines spätrömischen Wachturms Siedlungsbefunde von der Merowingerzeit an bis ins Mittelalter. Arch. Rheinland 1995, 95 ff.; ebd. 2006, 155 ff.

(I 24) **Merzenich**, Kr. Düren. Nahe beim alten Ortsbereich spätrömische Bestattungen, von fränkischem (Orts-?)Gräberfeld überschichtet, möglicherweise in Kontinuität. – Plum, Aachen-Düren 224 ff.

(I 25) Morken-Harff, Erftkreis, Ortsteil **Morken**. An exponierter Stelle auf dem Morkener Kirchhügel lag das Hauptgebäude einer bis um 400 besiedelten antiken Villa. Im Badetrakt entstand wohl im Verlauf des 6. Jhs., spätestens um 600 der älteste, wohl hölzerne Vorgängerbau der Pfarrkirche St. Martin, die dann als Adelsgrablege diente, wie die übereinstimmende Ausrichtung der Gräber und des späteren, steinernen Kirchenbaus zwingend nahelegen, die von der antiken Bauausrichtung deutlich abweichen und auch sonst keine Zusammenhänge mit der antiken Bausubstanz aufweisen. Trotz der in diesem Fall gründlichen Erforschung eines weitgefaßten Außenbereiches der Kirche und günstiger Erhaltungsbedingungen haben sich keine Anhaltspunkte dafür ergeben, dass die antike Villa bereits gleichzeitig mit der Nutzung als Adelsgrablege auch wieder bewohnt war; die frühesten nachantiken Siedlungsspuren in diesem Bereich stammen aus dem 8. Jh.; unmittelbar um die Kirche überschichtete der mittelalterliche und neuzeitliche Friedhof die antike Ruine. – H. Hinz, Die Ausgrabungen auf dem Kirchberg in Morken, Kreis Bergheim (Erft). Rheinische Ausgr. 7 (Düsseldorf 1969); Vorromanische Kirchenbauten II, 289.

(I 26) **Niederzier**, Kr. Düren, ›Wüstweiler‹. Im römischen Gutshof (Fst. ›Hambach 500‹) wurde seit der Mitte des 4. Jhs. Glasproduktion betrieben. Die antike Besiedlung reicht mit Sicherheit noch weit ins 5. Jh. hinein. Spätestens seit der Mitte des 6. Jhs. bis ins Hochmittelalter war der Ort kontinuierlich weiterbesiedelt. – A. Heege, Hambach 500. Rheinische Ausgr. 41 (Köln 1997). – Plum, Aachen-Düren 262.

(I 27) (Nörvenich-)**Poll**, Kr. Düren. Außerhalb des heutigen Ortes römische Siedlungsbefunde und »einige merowingerzeitliche Befunde, u. a. im Bereich einer römischen Mauerstickung«. – Bonner Jahrb. 204, 2004, 332.

(I 28) **Rheinbach**, Rhein-Sieg-Kreis, ›Knöttebende‹. Im Bereich des Hauptgebäudes der antiken Villa vereinzeltes Mädchengrab des 6. Jhs. Evtl. einem weiteren Grab ist eine Kerbschnittriemenzunge einer spätrömischen Gürtelgarnitur zuzuordnen. Eine merowingerzeitliche Siedlung liegt etwa 250 m südwestlich der Gräber. – Arch. Rheinland 2002, 82 f.

(I 29) (Kerpen-)**Sindorf**, Erftkreis. Außerhalb des Ortes antike Villenstelle mit nachrömischem, nicht näher datiertem Holzbaubefund. – Arch. Rheinland 2002, 87 ff.

(I 30) (Zülpich-)**Sinzenich**, Kr. Euskirchen. Die Pfarrkirche St. Kunibert bauverzahnt mit Hauptgebäude eines antiken Gutshofes. Eine beigabenlose, nordsüdlich gerichtete Bestattung dürfte gemäß der inneren Befundabfolge am ehesten dem Zeitraum späteste Antike bis Merowingerzeit angehören. Intensiverer Fundniederschlag seit dem 7. Jh. wohl mit dem weiteren Ausbau als Kirche zu verbinden. – Vorromanische Kirchenbauten II, 386; Bonner Jahrb. 199, 1999, 479 ff.

(I 31) (Moers-)**Veen**, Kr. Wesel. Die Pfarrkirche St. Nikolaus wohl auf antiker Siedlungsstelle. – Binding, Ausgrabungen 48 f.

(I 32) **Vettweiß**, Kr. Düren. Im Bereich einer nicht näher angesprochen römischen Fundstelle, am ehesten doch wohl einer Siedlungsstelle, beim Maarfelder Hof fand sich das Bruchstück einer bronzenen, früh- bis ältermerowingischen Bügelfibel. – Bonner Jahrb. 204, 2004, 337.

(I 33) **Wankum**, Kr. Geldern. Die älteste Ortskirche mit dem umgebenden alten Ortszentrum auf antiker Siedlungsstelle entstanden. Keine näheren Angaben. – F. Geschwendt, Kreis Geldern. Arch. Funde und Denkmäler des Rheinlandes 1 (Köln 1960) 293 Nr. 14 und 15; Binding, Ausgrabungen 55 ff.

(I 34) **Weilerswist**, Kr. Euskirchen. Die Wüstung Swist überlagert römische Ansiedlung. Ein aufgehend nicht mehr erhaltener frühmittelalterlicher Kirchenbau orientiert sich an den Mauerfluchten eines antiken Gebäudes. Das zur Kapelle reduzierte, hochmittelalterliche ›Swister Türmchen‹ steht deckungsgleich auf römischem Gemäuer. – Führer vor- u. frühgesch. Denkmäler 26 (Mainz 1974) 15 f.; Janssen, Wüstungsfrage II 121 f.; Arch. Rheinland 2005, 126 f.

(I 35) (Eschweiler-)**Weisweiler**, Kr. Aachen. Abseits des heutigen Orts gelegene Villa ›Burgacker‹ angeblich in merowingischer Zeit weiterbesiedelt. – Plum, Aachen-Düren 281.

(I 36) **Wesseling**, Erftkreis. Ortskirche überlagert antiken Bau; keine näheren Hinweise. – Bonner Jahrb. 136/137, 1932, 329 f.

II Saarland

(II 1) **Altforweiler**, Kr. Saarlouis, ›Primmengarten‹. Die Ausgrabungen im Herrenhaus einer antiken Villa außerhalb des alten Ortsbereiches von Altforweiler ergaben eine Besiedlung bis um 400 n. Chr.; Hinweise auf nachantike Siedeltätigkeit fehlen. Allerdings sind in Hinblick auf den ursprünglichen Gesamtumfang des Gutshofes nur kleine Ausschnitte bekannt. Irgendwann wohl im späteren Frühmittelalter diente im Herrenhaus der Bereich unmittelbar südlich des Badetraktes (Räume L–R) vorübergehend als Bestattungsort. Eingetieft in die Schuttauffüllungen der antiken Ruine und ohne unmittelbaren Bezug auf die Bausubstanz wurden insgesamt 24 beigabenlose, westöstlich gerichtete Gräber angetroffen, bei denen nur gelegentlich und flüchtig Steinmaterial zum Grabbau Verwendung fand. Aus anthropologischer Sicht fiel die kleine Skelettserie gemessen an den Körpergrößen »in den normalen Variationsbereich von sozialen Mittel- und Unterschichten im mitteleuropäischen germanischen Siedlungsraum des frühen Mittelalters«. – H. Maisant, Der römische Gutshof von Altforweiler (Krs. Saarlouis). Ber. Staatl. Denkmalpflege Saarland Beih. 1 (Saarbrücken 1990).

(II 2) (Blieskastel-)**Böckweiler**, Saar-Pfalz-Kreis. Das alte Ortszentrum einschließlich der ehemaligen Pfarrkirche St. Stephan (früher St. Cantius, Cantianus und Cantianilla) überlagert antike Ansiedlung wohl vom Charakter einer Großvilla. Der früheste fassbare, wohl karolingische Kirchenbau verzahnt mit der antiken Substanz. Bislang anscheinend noch keine direkten Belege zur Merowingerzeit vor Ort. – 8. Ber. Staatl. Denkmalpfl. Saarland 1961, 82 ff.; Führer vor- u. frühgesch. Denkmäler 5 (Mainz 1966) 139 ff.; Führer arch. Denkmäler Deutschland 18 (Stuttgart 1988) 147 ff.; Vorromanische Kirchenbauten II, 57 f.

(II 3) (Perl-)**Borg**, Kr. Merzig-Wadern. Antike Villa in freiem Gelände mit Hinweisen auf nachantike Besiedlung. – Führer arch. Denkmäler Deutschland 24 (Stuttgart 1992) 112 ff.

(II 4) **Bous**, Kr. Saarlouis. Die Pfarrkirche überlagert antiken Bau. – Maisant, Saarlouis 113 zu Fpl. 3.

(II 5) (Schmelz-)Hüttersdorf, Kr. Saarlouis, Ortsteil **Buprich**. Abseits des historischen Ortsbereiches anscheinend beigabenlose Plattengräber im Bereich einer antiken Villa. – Maisant, Saarlouis 166 zu Fpl. 5.

(II 6) **Differten**, Kr. Saarlouis. Pfarrkirche und Pfarrhof überlagern Hauptgebäude einer antiken Villa. – Maisant, Saarlouis 114 f. zu Fpl. 4.

(II 7) **Dillingen**, Kr. Saarlouis. Die nicht mehr bestehende, alte Johanneskirche im Bereich einer antiken Ansiedlung. – Maisant, Saarlouis 117 zu Fpl. 4.

(II 8) Erfweiler-Ehlingen, Saar-Pfalz-Kreis, Ortsteil **Erfweiler**. Kirche und Ortszentrum überlagen antike Villa; keine näheren Angaben. – Zuletzt: 23. Ber. Staatl. Denkmalpflege Saarland 1976, 13; Führer arch. Denkmäler Deutschland 18 (Stuttgart 1988) 151.

(II 9) (Rehlingen-)**Fremersdorf**, Kr. Saarlouis. Die alte Pfarrkirche mit Pfarrhof und aufgelassenem alten Friedhof abseits des alten Ortszentrums im Bereich einer antiken Ansiedlung. – Maisant, Saarlouis 141 zu Fpl. 7.

(II 10) Kleinblittersdorf-Rilchingen, Stadtverband Saarbrücken, Ortsteil **Hanweiler**, ›In den Hünergärten‹. Wohl nachantike Bestattungsreste in antiker Villa. »In einer Gebäudeecke fand sich ein Nest aus menschlichen Röhren- und Beckenknochen. […] Die von der Ortspolizei gemeldeten Knochenfunde stellten sich als Überreste zweier vermutlich merowingerzeitlicher Bestattungen heraus, deren Skelettreste westöstlich orientiert lagen. Beigaben wurden nicht festgestellt. […] Laut Aussagen von Herrn Butterbach soll auf demselben Grundstück in den 80er Jahren [also im 19. Jh.] ein Grab mit Waffenbeigaben gefunden worden sein.« – 11. Ber. Staatl. Denkmalpflege Saarland 1964, 228.

(II 11) (Schwalbach-)**Hülzweiler**, Kr. Saarlouis. Die alte Pfarrkirche von Hülzweiler, wohl bereits wie ihr neuzeitlicher Nachfolger mit dem Patrozinium St. Laurentius, stand im Bereich einer antiken Ansiedlung. – Maisant, Saarlouis 156 zu Fpl. 5.

(II 12) **Ihn**, Kr. Saarlouis. Unmittelbar nördlich des in der Art eines kleinen Gutshofhauptgebäudes gestalteten Wohnhauses der Priester im gallo-römischen Quellheiligtum zwei vereinzelte frühmittelalterliche Bestattungen unmittelbar nebeneinander. Beigaben nur in Grab 2; u. a. Reste eines assymmetrischen, einzeiligen Beinkammes wohl bereits des 7. Jhs. – H. Maisant in: A. Miron (Hrsg.), Das galloromische Quellheiligtum von Ihn (Kreis Saarlouis). Ber. Staatl. Denkmalpflege Saarland Beih. 2 (Saarbrücken 1994).

(II 13) (Merzig-)**Mechern**, Kr. Merzig-Wadern. Die Kirche St. Quiriacus überlagert mit dem zugehörigen Kirchhof und dem alten Ortsbereich das Hauptgebäude einer antiken Villa. – Führer arch. Denkmäler Deutschland 24 (Stuttgart 1992) 122 ff.

(II 14) (Perl-)**Nennig**, Kr. Merzig-Wadern. Das Hauptgebäude der bekannten antiken Großvilla liegt knapp südlich außerhalb des alten Ortszentrums. Eine genetische Verbindung zwischen letzterem und der antiken Villa stellt die Pfarrkirche St. Martin her, die über dem Nordostflügel des Hauptgebäudes entstanden ist und sich in ihrer Bauausrichtung streng parallel an den antiken Mauern orientiert. Eine etwaige Bauverzahnung ist beim derzeitigen Publikationsstand nicht nachprüfbar. Etwa 20 m westlich der Kirche standen in einem Raum des Nordflügels zwei trapezoide Sarkophage spezifisch merowingerzeitlicher Formgebung und ornamentaler Gestaltung, in und bei denen sich Skelettreste von etwa zwanzig beigabenlos bestatteten Individuen fanden. – Zuletzt: Führer arch. Denkmäler Deutschland 24 (Stuttgart 1992) 73 ff.; 151 ff.

(II 15) (Nonnweiler-)**Otzenhausen**, Kr. St. Wendel, ›Dollberg‹. Im Bereich der latènezeitlichen Höhenbefestigung „Hunnenring" Besiedlung angeblich auch in der mittleren und späten Kaiserzeit sowie in der Merowingerzeit. – Führer vor- u. frühgeschichtl. Denkmäler 5 (Mainz 1966) 218 ff. – R'RhPf 385 f.

(II 16) (Saarlouis-)**Roden**. Die 1904 abgebrochene Pfarrkirche St. Maria und das Ortszentrum im Bereich einer antiken Villa. Vor der Westfront der Kirche Sarkophag mit beigabenloser, ungestörter Bestattung unter Kalküberguss, wohl noch im Verlauf der spätrömischen Besiedlung eingebracht. Diesem Siedlungskomplex ein Gräberfeld auf dem Wackenberg zuzuordnen, das kontinuierlich von der Spätlatènezeit bis in die Merowingerzeit belegt war. – Böhner, Trierer Land II, 136 ff.; Führer vor- u. frühgesch. Denkmäler 5 (Mainz 1966) 86 f.; 159 f.; Maisant, Saarlouis 230 f. zu Fpl. 11.

(II 17) **Saarbrücken**. Die Kirche St. Arnuald über antikem Bau entstanden. – Vorromanische Kirchenbauten II, 354.

(II 18) **St. Ingbert**, Saar-Pfalz-Kreis. Die in vorgeschichtlicher und römischer Zeit wiederholt genutzte Höhensiedlung ›Großer Stiefel‹ auch in merowingischer, karolingischer und hochmittelalterlicher Zeit besiedelt. – Führer arch. Denkmäler Deutschland 18 (Stuttgart 1988) 64 ff.

(II 19) Homburg, Saar-Pfalz-Kreis, Stadtteil **Schwarzenacker**. Im Bereich des wohl auch nach 400 noch besiedelten römischen Vicus Knickwandtopf einer Bestattung der Zeit um 600 oder des früheren 7. Jhs. Weitere topographische Entwicklung zum heutigen Ort noch nicht nachvollziehbar. – Kolling, Schwarzenacker 147 ff. Abb. 19 oben.

(II 20) **Sehndorf**, Kr. Merzig-Wadern, ›Espen‹. Im Bereich der mit Sicherheit noch bis ins beginnende 5. Jh. regulär besiedelten antiken Villa Spuren wohl nachrömischer Aktivitäten. – K.-P. Henz / M. Neyses in: A. Miron (Hrsg.), Archäologische Untersuchungen im Trassenverlauf der Bundesautobahn A8 im Landkreis Merzig-Wadern. Ber. Staatl. Denkmalpfl. Saarland, Abt. Bodendenkmalpflege, Beih. 4 (Saarbrücken 2000) 433 ff.

(II 21) **Tholey**, Kr. Sankt Wendel. Der heutige Ort (634: Teulegio) aus einer kontinuierlich weiterbesiedelten antiken Großvilla hervorgegangen. Aus dem Herrenhaus entwickelte sich schrittweise die Pfarrkirche St. Peter und Mauritius. – Böhner, Trierer Land II, 153 f.;

Führer vor- u. frühgesch. Denkmäler 5 (Mainz 1966) 198 ff.

(II 22) **Wiesbach**, Kr. Neunkirchen. Die Wallenbornkapelle (Feldkapelle) im Bereich einer antiken Villa. – 8. Ber. Staatl. Denkmalpflege Saarland 1961, 140.

(II 23) (Homburg-)**Wörschweiler**, Saar-Pfalz-Kreis. Zwischen der bis in spätrömische Zeit reichenden antiken Vorbesiedlung und der erst im Hochmittelalter gegründeten Zisterzienserabtei auf dem Klosterberg noch kein verbindender frühmittelalterlicher Zusammenhang erkennbar. – Kolling, Schwarzenacker 126 ff.

III Rheinland-Pfalz, Denkmalpflegebezirke Koblenz und Trier

(III 1) Bad Neuenahr - Ahrweiler, Stadtteil **Ahrweiler**. Die Ruine des bis um 400 besiedelten bzw. zuletzt als Ort für das Metallschmelzen genutzten Herrenhauses am Silberberg war im 8. Jh. trotz bereits weit fortgeschrittener Auffüllung mit Bauschutt und Überlagerung durch Hangsediment – vergleichbar mit dem Schicksal der Bad Kreuznacher Großvilla (IV 6) – wohl noch so gut sichtbar, dass sie einen Bestattungsort mit mindestens 32 beigabenlosen Gräbern anzog. Die Grabschächte waren überwiegend mit großen Schieferplatten ausgekleidet, die Toten westöstlich ausgerichtet. Einerseits nahmen die Bestattungen nur noch vereinzelt Bezug auf die antiken Mauerzüge. Andererseits war die räumliche Konzentration in der Südhälfte des Badetraktes so auffallend, dass der Ausgräber zu Recht erwog, einem der nördlich anschließenden, von den Bestattungen ausgesparten Apsidenbauten des Bades eine Nutzung als Grabkapelle zu unterstellen. – H. Fehr, Roemervilla. Führer durch die Ausgrabungen am Silberberg Bad Neuenahr - Ahrweiler. Arch. an Mittelrhein und Mosel 7 (Koblenz 1993) 31 Plan 5; R'RhPf 324 f.

(III 2) **Andernach**, Kr. Mayen-Koblenz. Ein früher Kirchenbau im Bereich des ehemaligen Klosters St. Thomas entwickelte sich anscheinend schrittweise aus einem Apsidengebäude (Badeanlage) einer antiken suburbanen Villa knapp 1 km südwestlich des spätrömischen Castrums. Darin auf engem Raum dicht gedrängt eine Gruppe spätrömischer Bestattungen, von zeitlich anschließenden Gräbern der Merowingerzeit überlagert (kontinuierliche Belegung?). Verhältnis der Bestattungen zu den Baubefunden nicht nachzuvollziehen. Die verfügbaren Informationen ferner wohl so zu interpretieren, dass speziell ein jüngermerowingisches (aufwendig gebautes, reich ausgestattetes?) Männergrab auf einen bereits existierenden Kirchenbau Bezug nimmt. Nördlich davon weiterer frühmittelalterlicher Bestattungsort, der sich auf eine dem späteren Wirtschaftshof (Niederhof) des Klosters vorausgehende Ansiedlung bezieht. – J. Röder, Germania 31, 1953, 116; H. Ament in: Andernach im Frühmittelalter. Andernacher Beitr. (Andernach 1988) 11; M. Brückner, Die spätrömischen Grabfunde aus Andernach. Arch. Schr. Inst. Vor- u. Frühgesch. Univ. Mainz 7 (Mainz 1999) 5; 26;

167 f.; A. Vogel, Zwischen Kreuz und Schwert. Andernach im 7. Jahrhundert. Andernacher Beitr. 16 (Andernach 2001) 38 f.; Ristow, Christentum 167.

(III 3) **Arzbach**, Westerwaldkreis. Die Kirche des Weilers Arzbach überlagert das antike Kastellbad. Pfarrhaus und Scheune liegen nördlich anschließend knapp im Kastellareal. Auch wenn die Kirche im heutigen Bauzustand wohl nicht vor 1500 zurückgeht, kann angesichts der frühen Erwähnung des Ortes bereits im 10. Jh. wohl mit einem wesentlich älteren Vorgängerbau gerechnet werden. – ORL B Nr. 3.

(III 4) **Bad Ems**, Rhein-Lahn-Kreis. Das Kastell nördlich der Lahn hat die Topographie des historischen Kerns von Bad Ems maßgeblich beeinflußt, der innerhalb der Lagerumwehrung entstanden ist. Die Martinskirche nimmt in etwa die Position der Principia ein. Auf diesen Siedlungskern bezieht sich ein bereits seit der 2. Hälfte des 5. Jh. belegtes Gräberfeld 100 bis 200 m südwestlich. Etwas Material aus dem Zeitraum vom Limesfall bis zum Beginn der Belegung des Gräberfeldes. – ORL B Nr. 4; Neumayer, Mittelrheingebiet 139 f.; Stribrny, Römer 375 f.

(III 5) **Bernkastel**, Kr. Bernkastel-Wittlich. Die spätrömische Höhensiedlung im Bereich der Burg Landshut bis um 500 weiterbesiedelt; danach wohl Besiedlungslücke bis zur Errichtung der Burg im Hochmittelalter. – Gilles, Höhensiedlungen 108 ff.; R'RhPf 332.

(III 6) **Bollendorf**, Kr. Bitburg-Prüm. Aus dem Hauptgebäude der antiken Villa stammt u. a. auch ein merowingerzeitliches Tongefäß. – Böhner, Trierer Land II, 10; R'RhPf 338 ff.; Kuhnen, Hunsrück und Eifel 88 f.

(III 7) **Brauneberg**, Kr. Bernkastel-Wittlich, ›Unter Mötschert‹. Aus dem westlichen antiken Kelterhaus mindestens ein merowingerzeitlicher Fund. – K.-J. Gilles, Neuere Forschungen zum römischen Weinbau an Mosel und Rhein. Schr. zur Weingesch. 115 (Wiesbaden 1995) 33 f.; Kuhnen, Hunsrück und Eifel 90 f.

(III 8) **Briedel**, Kr. Cochem-Zell. Im Bereich des abseits heutiger Besiedlung gelegenen mittelalterlichen bis neuzeitlichen Kelterhauses ›Grafenkelter‹ römische Gebäudereste. – Führer arch. Denkmäler Deutschland 46 (Stuttgart 2005) 94 f.

(III 9) **Butzweiler**, Kr. Trier-Saarburg. Die Pfarrkirche St. Remigius im Bereich einer antiken Villa. – Trierer Zeitschr. 30, 1967, 248.

(III 10) **Cleinich**, Kr. Bernkastel-Wittlich. »Im Innern des Kirchturms wohl erhaltene alte Baureste. Es ist ein Bogen in römischer Bauweise mit Ziegeldurchschuss ausgeführt«. – Bonner Jahrb. 130, 1925, 352.

(III 11) Ediger-Eller, Kr. Cochem-Zell, Ortsteil **Ediger**. Beigabenlose Gräber »in römischem Mauerwerk«, nichts Näheres bekannt. – Back, Grabfunde 123.

(III 12) (Ralingen-)**Edingen**, Kr. Trier-Saarburg, ›Auf der Huf‹. Skelettreste einer Bestattung in antiker Villa. – Trierer Zeitschr. 55, 1992, 410.

(III 13) (Trier-)**Ehrang**. Der heutige Ort überlagert antike Villa. Wohl kontinuierlich aus der Antike heraus belegtes, zugehöriges Gräberfeld. – Böhner, Trierer Land I, 306 f. Abb. 30; II, 14 ff.; R'RhPf 647 f.

(III 14) Ediger-Eller, Kr. Cochem-Zell, Ortsteil **Eller**; Fst. beidseits der Gemarkungsgrenze von Eller und Neef. Auf dem Petersberg im Bereich einer Siedlungsstelle mit Funden des 3. und 4. Jhs. extrem dicht belegtes merowingerzeitliches Gräberfeld (6. und 7. Jh.). Eine davon 250 m entfernte Befestigung war vom späten 3. bis ins mittlere 5. Jh. besiedelt. Über die dort errichtete, zumindest wohl ins Hochmittelalter zurückreichende Peterskapelle nichts Näheres bekannt. Das Gräberfeld bezieht sich wohl auf eine in größerer Entfernung in der Moselniederung gelegene Siedlung. – Gilles, Höhensiedlungen 163 ff.; Back, Grabfunde 124 ff.

(III 15) **Erden**, Kr. Bernkastel-Wittlich. Bestattungen des 7. Jhs. in der Ruine einer spätantiken Weinkelter. Aus dem Objekt ferner mit den Bestattungen gleichzeitige und jüngere Lesefunde. – Funde u. Ausgr. Bez. Trier 26, 1994, 33 ff.; Gilles, Weinbau (s. III 7) 37 ff.; Kuhnen, Hunsrück und Eifel 96 f.; Trierer Zeitschr. 63, 2000, 413 f.

(III 16) (Trier-)**Euren**. Das Ortszentrum samt Pfarrkirche (ehemals St. Laurentius und Remigius, jetzt St. Helena) hat sich aus einer antiken Großvilla entwickelt. Zuletzt zwischen Burgmühlenstraße und St.-Helena-Straße bei Gebäudeabriss Abfolge von Siedlungsschichten von der römischen Zeit bis ins frühe und spätere Mittelalter beobachtet. Diesem Siedlungskomplex ein kontinuierlich aus der Antike heraus in der Merowingerzeit weiterbelegtes Gräberfeld an der Moseluferstraße zuzuordnen. – Böhner, Trierer Land II, 154 f.; Trierer Zeitschr. 24–26, 1956–58, 611; ebd. 57, 1994, 482 f.

(III 17) (Trier-)**Feyen**. Der Ort könnte auf Grund der topographischen Situation (Lage am Moselufer) aus einer suburbanen Villa hervorgegangen sein. Die Verbindung zur Antike ist wohl über das nicht mehr bestehende Kloster St. Germanus ad undas herzustellen. – Böhner, Trierer Land II, 155.

(III 18) **Gönnersdorf**, Kr. Ahrweiler. Das alte Ortszentrum um die Pfarrkirche St. Stephan überlagert eine im Frühmittelalter wiederbesiedelte antike Ansiedlung. – Kleemann, Ahrweiler 86.

(III 19) **Graach**, Kr. Bernkastel-Wittlich. Der erstmals sicher im Jahre 1168 erwähnte, laut unsicherer Überlieferung (Schenkung des Trierer Bischofs Magnerich an die Trierer Abtei St. Martin) möglicherweise bereits im späten 6. Jh. existierende Josephshof überlagert antike Villa. Deren Kelterhaus könnte wegen des Fundes einer späteströmischen Tierkopfschnalle mit festem Beschlag bis ins mittlere 5. Jh. in Nutzung gewesen sein. Unmittelbar anschließend wurde ein Teil des Gebäudes für Bestattungszwecke genutzt. Neben einer altgestörten, beigabenlosen, westöstlich gerichteten Bestattung fand sich eine weitere, ebenso geostete Bestattung mit einer spärlichen, aber signifikant übergangszeitlichen Beigabenausstattung um 460. Eine Weiterbesiedlung in die Merowingerzeit hinein ist archäologisch an diesem Punkt des Areals jedenfalls nicht nachgewiesen. – Funde und Ausgr. Bez. Trier 28, 1996, 41 ff.

(III 20) **Hinterweiler**, Kr. Daun, ›Im Kloster‹. »Vom LM Trier ein Trockenmauergrab ohne Funde in römischer Ruinenstätte beobachtet«. – Böhner, Trierer Land II, 42.

(III 21) **Holsthum**, Kr. Bitburg-Prüm. Einziges Anzeichen nachrömischer Aktivitäten im Bereich der römischen Villa ›Auf den Mauern‹ bislang der Fund eines Sceattas. – Trierer Zeitschr. 59, 1996, 241; Kuhnen, Hunsrück und Eifel 102 f.

(III 22) **Holzweiler**, Kr. Ahrweiler. Der alte, inzwischen wegverlagerte Ortskern um die nicht mehr bestehende Pfarrkirche St. Martin überlagert eine in der Merowingerzeit wieder genutzte antike Siedlung. – Kleemann, Ahrweiler 91 Nr. 2 und 6.

(III 23) **Hosten**, Kr. Bitburg-Prüm, ›Kirche‹. »Es fanden sich Gräber mit Waffen, die in einer römischen Ruinenstelle lagen«; keine näheren Angaben. – Steinhausen, Ortskunde 132 f.; Böhner, Trierer Land II, 53.

(III 24) (Zell-)**Kaimt**, Kr. Cochem-Zell, ›Marienburg‹. Die Marienkapelle des ehemaligen Augustinerinnenklosters Nachfolgerin der alten Pfarrkirche (St. Peter) von Kaimt an gleicher Stelle. Diese wiederum entstand wohl schon im Verlauf des Frühmittelalters im Bereich einer spätrömischen, bis in die 1. Hälfte des 5. Jhs. besiedelten Höhenbefestigung. – Gilles, Höhensiedlungen 220 ff.

(III 25) **Treis-Karden**, Kr. Cochem-Zell, Ortsteil **Karden**. Die Stifts- und Pfarrkirche St. Kastor schrittweise über einem größeren Gebäudekomplex des antiken Vicus entstanden. In die antiken Gebäudereste, teilweise auf diese Bezug nehmend eingetieft und vom dem ältesten fassbaren, noch frühmittelalterlichen Kirchenbau überlagert Gräber der Merowingerzeit, an die sich auch im Außenbereich zahlreiche Bestattungen anschließen. Insgesamt spärliches Ausstattungsmuster, abgesehen von einem gut ausgestatteten, ältermerowingischen Waffengrab (Spatha, Ango, zwei Lanzenspitzen, Franziska) und einer Bestattung mit Spatha schon der Zeit nach 700. Die zugehörige Siedlung lag abseits des antiken Vicus. – Back, Grabfunde 138 ff.; Führer arch. Denkmäler Deutschland 46 (Stuttgart 2005) 181 ff.

(III 26) (Konz-)**Karthaus**, Kr. Trier-Saarburg. Unter dem Kloster spätrömische Siedlungsschicht beobachtet. – Trierer Zeitschr. 59, 1996, 253.

(III 27) Kastel-Staadt, Kr. Trier-Saarburg, Ortsteil **Kastel**. Am Westende des in römischer Zeit dicht besiedelten Plateaus und vom heutigen Ort überlagert spätrömische und merowingerzeitliche Bestattungen unmittelbar westlich eines wieder genutzten vorgeschichtlichen Abschnittwalles. Die ehemalige Pfarrkirche St. Johannes Baptist am Ostende des Plateaus auf einer antiken Villa errichtet. Um die Kirche im Bereich der Villa Bestattungen des 7. Jhs. – Böhner, Trierer Land I, 298 f.; II, 58; Führer vor- u. frühgesch. Denkmäler 5 (Mainz 1966) 179 ff.; R'RhPf 406 f.; Trierer Zeitschr. 60, 1997, 347; Kuhnen, Hunsrück und Eifel 108 f.

(III 28) **Kelsen**, Kr. Trier-Saarburg, ›Auf dem Pellenberg‹. Gräber des 6. und 7. Jhs. in den Ruinen einer antiken Villa. – Böhner, Trierer Land II, 58 f.

(III 29) **Kenn**, Kr. Trier-Saarburg. Der heutige Ort überlagert antike Villa und hat sich wohl kontinuierlich aus dieser entwickelt. Aus einem antiken Keller merowingerzeitliche Funde. – Steinhausen, Ortskunde 149; Böhner, Trierer Land II, 59; K.-J. Gilles, Jahrb. Kreis Trier-Saarburg 1990, 122 ff.; Trierer Zeitschr. 55, 1992, 418; Kuhnen, Hunsrück und Eifel 112 f.

(III 30) **Kirchberg**, Rhein-Hunsrück-Kreis. Plangrabung des Koblenzer Amtes 1967/68 im Innenraum der Pfarrkirche St. Michael. Insgesamt drei Vorgängerbauten über Baubefunden wohl des römischen Vicus Dumnissus, dessen Name im Ortsteil Denzen fortlebt. Bereits am ältesten Kirchenbau orientieren sich zwei trockengemauerte Grabschächte mit jeweils einer beigabenlosen Bestattung. Dem Siedlungskomplex wohl schon seit der älteren Merowingerzeit belegtes Gräberfeld am östlichen Rand des alten Ortsbereiches zuzuordnen. – Back, Grabfunde 146 ff.; R'RhPf 415 f.

(III 31) (Serrig-)**Kirten**, Kr. Trier-Saarburg. Der Ortsteil Kirten mit der Serriger Pfarrkirche St. Martin überlagert eine antike Villa. – Böhner, Trierer Land II, 142.

(III 32) **Klüsserath**, Kr. Trier-Saarburg. Heutiger Ort aus antiker Villa entstanden. Unmittelbar bei der Pfarrkirche St. Marien zwischen antikem Mauerwerk Bestattungen wohl des 7. Jhs. mit Beigaben. – Böhner, Trierer Land I, 312 f.; II 62 f.

(III 33) **Klüsserath**, Kr. Trier-Saarburg. Unmittelbar bei der Michaelskapelle antike Baureste und Bestattungen; nichts näheres bekannt. – Böhner, Trierer Land II, 63.

(III 34) **Kobern-Gondorf**, Kr. Mayen-Koblenz, Ortsteil **Kobern**. Merowingerzeitliche Bestattungen mit Beigaben wohl des 7. Jhs. im Bereich einer antiken Villa. – M. Schulze-Dörrlamm, Die spätrömischen und frühmittelalterlichen Gräberfelder von Gondorf, Gem. Kobern-Gondorf, Kr. Mayen-Koblenz. Germ. Denkmäler Völkerwanderungszeit B 14 (Stuttgart 1990) Teil I, 27 ff.

(III 35) **Kobern-Gondorf**, Kr. Mayen-Koblenz, Ortsteil **Kobern**. Die nordwestlich abseits des Ortskernes auf einem Bergsporn hoch über der Mosel gelegene Niederburg von spätrömischer Zeit an bis in die Neuzeit kontinuierlich besiedelt. – Gilles, Höhensiedlungen 138 ff.

(III 36) **Koblenz**, Stadtgebiet. Römische Villa im Koblenzer Stadtwald beim Forsthaus Remstecken, bis ins mittlere 4. Jh. besiedelt. In der Portikus des Hauptgebäudes vereinzeltes merowingerzeitliches Frauengrab des Horizontes AM III (um 600). – L. Grunwald, Acta Praehist. Arch. 34, 2002 (= Festschr. Ament) 100 f.

(III 37) (Konz-)**Könen**, Kr. Trier-Saarburg. Die Pfarrkirche St. Amandus im Bereich einer antiken Villa. – Trierer Zeitschr. 30, 1967, 261 f.; ebd. 58, 1995, 492.

(III 38) **Konz**, Kr. Trier-Saarburg. Der heutige Ort hat sich kontinuierlich aus der bekannten antiken Großvilla entwickelt. – Führer vor- u. frühgesch. Denkmäler 34 (Mainz 1977) 260 ff.; Kuhnen, Hunsrück und Eifel 114 f.

(III 39) **Kröv**, Kr. Bernkastel-Wittlich. Weit außerhalb des alten Ortskernes von Kröv stand nach Westen zu eine nicht mehr existierende Peterskirche mit Kirchhof im Bereich einer antiken Villa. Diese war im Frühmittelalter wiederbesiedelt worden und ist identisch mit einem 862 überlieferten Hof des Klosters Stablo. Auf ansteigendem Gelände oberhalb davon lag der zugehörige merowingerzeitliche Bestattungsort. Die Ansiedlung wurde später wüst bzw. aufgegeben und an den Rand des alten Ortskernes verlagert, die Peterskirche erst 1801 abgebrochen. – Böhner, Trierer Land II, 64 f.; Trierer Zeitschr. 40/41, 1977/78, 416.

(III 40) (Koblenz-)**Lay**. Bislang insgesamt elf Bestattungen der Merowingerzeit im Bereich des Hauptgebäudes einer antiken Villa, teilweise unter Bezugnahme auf die antike Substanz. Derzeit noch fraglich, ob zugehörig zum Situationstypus: »Der Friedhof setzt sich noch weiter hangaufwärts nach Süden fort«. Das antike Gutshofareal dürfte sich mit dem heutigen Ort nicht mehr wesentlich überlappen; das frühmittelalterliche Gräberfeld – sofern es sich als größeres Ortsgräberfeld erweist – könnte auf den alten Ortsbereich von Lay um die Kirche bezogen sein. – Denkmalpflege in Rheinland-Pfalz 40/41, 1985/86, 94 f.; Neumayer, Mittelrheingebiet 144.

(III 41) **Lehmen**, Kr. Mayen-Koblenz, ›Hüdeborn‹. Im Bereich »römischer Siedlungsreste« Schieferplattengrab »angeblich ohne Beigaben«. – Back, Grabfunde 150 f.

(III 42) **Leisel**, Kr. Birkenfeld. Die heutige evangelische Kirche ›Heiligenbösch‹, ehemals Wallfahrtskapelle und davor Pfarrkirche einer Wüstung, bauverzahnt mit der Badeanlage einer antiken Villa. – H. Cüppers, Eine römerzeitliche Villa und Badeanlage in Heiligenbösch. Mitt. d. Ver. f. Heimatkunde im Landkreis Birkenfeld und der Heimatfreunde Oberstein 28, 1965, 2 ff.; K. Hein, Heiligenbösch ebd. 7 ff.; Führer vor- u. frühgesch. Denkmäler 34 (Mainz 1977) 147 ff.; R'RhPf 439; Trierer Zeitschr. 61, 1998, 397.

(III 43) **Leudersdorf**, Kr. Daun, ›In Burnert‹. Antike Villenruine mit Anzeichen einer nachantiken Nutzung. – Trierer Zeitschr. 24–26, 1956–58, 546 ff.

(III 44) **Löf**, Kr. Mayen-Koblenz. 1975 wurden bei Restaurierungsarbeiten in der Pfarrkirche St. Lucia im westlichen Teil des Kirchenschiffes mehrere Bestattungen aufgedeckt, zu deren Anlage der Estrich- und Ziegelplattenboden einer antiken Badeanlage stellenweise aufgebrochen worden war. Von den insgesamt feststellbaren Gräbern (Gesamtzahl unbekannt) konnten sieben untersucht werden. Beigaben nur in Grab 1: Tongefäß und Glasbecher des 7. Jhs. – Back, Grabfunde 152 f.

(III 45) **Lörsch**, Kr. Trier-Saarburg. Die Pfarrkirche soll ursprünglich außerhalb des Ortes in einem Bereich gestanden haben, der von einer ausgedehnten antiken Villa eingenommen wird. – Steinhausen, Ortskunde 174.

(III 46) **Lösnich**, Kr. Bernkastel-Wittlich. Die ehemalige Pfarrkirche St. Vitus und Modestus und heutige Friedhofskapelle St. Anna steht im Bereich einer kontinuierlich weiterbesiedelten antiken Villa, wobei sich der Siedlungsschwerpunkt im Verlauf des Mittelalters mehr zum Moselufer hin verlagerte. Dem Siedlungskomplex ist ein kontinuierlich(?) weiterbelegtes Gräberfeld zuzuordnen. – Böhner, Trierer Land II, 69f.

(III 47) **Longen**, Kr. Trier-Saarburg. Das heutige Dorf überlagert eine ausgedehnte antike Villa. – Steinhausen, Ortskunde 175.

(III 48) **Longuich**, Kr. Trier-Saarburg. Römische Gebäudespuren im Bereich von Kirche und Kirchhof. – Steinhausen, Ortskunde 175 f.

(III 49) **Lüxem**, Kr. Bernkastel-Wittlich. Unter der Pfarrkirche eine antike Villa. – Trierer Zeitschr. 35, 1972, 313.

(III 50) **Mehring**, Kr. Trier-Saarburg. Der nördliche Teil überlagert eine ausgedehnte antike Villa. Diesem Siedlungskomplex ist ein seit ältermerowingischer Zeit belegtes Gräberfeld zuzuordnen. – Steinhausen, Ortskunde 184 ff.; Böhner, Trierer Land II, 77.

(III 51) **Menningen**, Kr. Trier-Saarburg. Im Bereich der abseits heutiger Besiedlung gelegenen Villenstelle ›Katzenwinkel‹ fränkische Gräber; keine genaueren Angaben. – Steinhausen, Ortskunde 188; Böhner, Trierer Land II, 77 f.

(III 52) **Mesenich**, Kr. Cochem-Zell, ›In Fahls‹. In Resten eines antiken Gebäudes fünf oder sechs beigabenlose Skelette; keine näheren Angaben. – Back, Grabfunde 154 f.

(III 53) **Messerich**, Kr. Trier-Saarburg, Kr. Bitburg-Prüm. 1849 beim Abbruch der Pfarrkirche und später auf dem Kirchhof wurde Mauerwerk wohl vom Hauptgebäude einer antiken Villa freigelegt. – Steinhausen, Ortskunde 192 f.

(III 54) (Bitburg-)**Mötsch**, ›Folker‹. In antiker Villenruine Skelettreste und Grabbeigaben des 6. Jhs. und der Zeit um 600 (AM II–III). – Trierer Zeitschr. 57, 1994, 493; ebd. 61, 1998, 401; ebd. 63, 2000, 419 f.

(III 55) **Moselkern**, Kr. Cochem-Zell. Bestattungen mit Beigaben in einem ausgedehnten antiken Villenkomplex, überwiegend ohne nähere Befundhinweise. Der erhaltene Fundstoff vor allem Keramik, überwiegend Trinkgeschirr des 7. Jhs. Es fanden sich 1908 zwei beigabenführende Bestattungen »in einem schmalen Raum der Villa«. – Back, Grabfunde 161 f.

(III 56) **Mülheim**, Kr. Bernkastel-Wittlich. Der Westteil des heutigen Ortes mit der Pfarrkirche St. Laurentius wohl aus einer antiken Villa hervorgegangen. Dem Siedlungskomplex ist ein merowingerzeitliches Gräberfeld zuzuordnen. – Böhner, Trierer Land II, 86 f.

(III 57) **Münstermaifeld**, Kr. Mayen-Koblenz. Am Sportplatz im Bereich einer antiken Ansiedlung Funde von Sarkophagen fränkischer Formgebung; keine näheren Hinweise zum Befund und zu Beigaben. – Back, Grabfunde 169.

(III 58) (Münstermaifeld-)**Mörz**, Kr. Mayen-Koblenz. Im heutigen Ort »neben römischen Siedlungsresten« drei Männergräber des 7. Jhs. nebeneinander »im Abstand von je einem Meter«. – Back, Grabfunde 159 f.

(III 59) **Newel**, Kr. Trier-Saarburg, ›Im Kessel‹ und ›Köncherwies‹. Im östlichen Nebenhof des Herrenhauses einer antiken Villa »wurde im Bauschutt ein Skelett freigelegt, das nur notdürftig in der Zerstörungsschicht mit einer aus Ziegelbruchstücken bestehenden Einfassung begrenzt war«, Ausrichtung nordsüdlich. Die Siedlungskleinfunde des Gutshofes reichen bis in die 1. Hälfte des 5. Jhs. (Münzreihe bis Arcadius, Kerbschnittbronze, Stützarmfibel). Die Bestattung erfolgte, ausgehend vom Grabbau und von der nicht durch Baubefunde vorgegebenen Ausrichtung, wohl im Verlauf der anschließenden Jahrzehnte. – H. Cüppers / A. Neyses, Trierer Zeitschr. 34, 1971, 143 ff.; vor allem 164 Abb. 13,8 und 35,3; J. Oexle, Studien zu merowingerzeitlichem Pferdegeschirr am Beispiel der Trensen. Germ. Denkmäler Völkerwanderungszeit A 16 (Mainz 1992) 207 f. Kat. 286.

(III 60) **Newel**, Kr. Trier-Saarburg, ›Unterm Lewiger Berg‹. »Gräberfeld in römischer Ruinenstätte. […] In den 1880er Jahren wurde ein Skelett mit einem Schwert gefunden«. – Böhner, Trierer Land II, 92.

(III 61) (Piesport-)**Niederemmel**, Kr. Bernkastel-Wittlich. Der heutige Ort ist wohl aus einer antiken Großvilla hervorgegangen, möglicherweise identisch mit einem historisch überlieferten Ort Mediolanum. – Böhner, Trierer Land I, 300 ff.

(III 62) **Niederscheidweiler**, Kr. Bernkastel-Wittlich. Die 1806/07 neuerrichtete, jedoch ältere Pfarrkirche St. Hubertus überlagert eine antike Villa. – Trierer Zeitschr. 30, 1967, 270.

(III 63) **Oberkirn**, Kr. Bernkastel-Wittlich. Die Pfarrkirche überlagert eine antike Villenruine; im Altarsockel ist die Spolie eines antiken Grabdenkmals verbaut. – Trierer Zeitschr. 24–26, 1956–58, 506 f.

(III 64) (Fließem-)**Otrang**, Kr. Bitburg-Prüm. Im Hauptgebäude der bekannten antiken Großvilla fanden sich in Raum 3 drei aus antiken Spolien zusammengesetzte Steinkisten. Von den Toten fanden sich nur noch jeweils außerhalb verstreute Skelettreste; im Inneren der Steinkisten beobachteten die Ausgräber noch Spuren der spätantiken Grabsitte, die Toten mit Kalk zu übergießen. – Bonner Jahrb. 55/56, 1875, 246 f.; Böhner, Trierer Land II, 36; R'RhPf 367 ff.; Kuhnen, Hunsrück und Eifel 100 f.

(III 65) (Trier-)**Pallien**. Die Markuskapelle abseits späterer Besiedlung ist im Bereich eines antiken Gebäudekomplexes ungeklärter Bedeutung entstanden. – Steinhausen, Ortskunde 337 f.

(III 66) **Palzem**, Kr. Trier-Saarburg, ›Auf der Platsch‹. Größere römische Villa, der ein kontinuierlich in der Merowingerzeit weiterbelegtes Gräberfeld zugeordnet wird. Die anzunehmende antike Ortsbezeichnung »Palatiolum« dürfte dem o. g. Flurnamen noch zugrunde liegen und ging dann im Zuge kontinuierlicher Verlagerung der Besiedlung in der Form ›Palzem‹ auf den heutigen Ort über. – Böhner, Trierer Land II, 107.

(III 67) (Röhl-)**Palzkyll**, Kr. Bitburg-Prüm. Ein kontinuierlich in der Merowingerzeit weiterbelegtes, ursprünglich einer römischen Villa zuzuordnendes Gräberfeld, wohingegen die Besiedlung sich schon in fränkischer Zeit von der Villenstelle wegverlagert hatte. – Böhner, Trierer Land II, 108 f.

(III 68) (Trier-)**Pfalzel**. Der heutige Ort aus dem Sommerpalast Palatiolum hervorgegangen. – Böhner, Trierer Land I, 316 f.; R'RhPf 649 ff.

(III 69) **Piesport**, Kr. Bernkastel-Wittlich. Eine antike Villenruine bei der Kapelle am westlichen Ortsrand. Im Dezember 1949 wurden bei Ausschachtungsarbeiten antike Mauerzüge freigelegt sowie zwei vereinzelte männliche Bestattungen des späten 7. Jhs. »Nach Angaben der Arbeiter lagen die Bestattungen in nordsüdlicher Orientierung nebeneinander unmittelbar vor einem römischen Mauerpfeiler. Beide Gräber waren von Rotsandsteinplatten eingefaßt«. In einem anschließenden Bereich des antiken Anwesens ergaben sich 1985/86 Anzeichen merowingerzeitlicher Besiedlung. – Böhner, Trierer Land II, 111 Taf. 27, 5 und 29, 4; Trierer Zeitschr. 24–26, 1956–58, 608 f. Abb. 167; 622 f.; Ausgr. u. Funde Bez. Trier 19, 1987, 53 ff., vor allem 58; Gilles, Weinbau (s. III 7) 26 ff.; Kuhnen, Hunsrück und Eifel 130 f.

(III 70) **Pölich**, Kr. Trier-Saarburg. Überwiegend beigabenlose, jüngermerowingische Bestattungen unbekannter Anzahl in den Ruinen einer antiken Villa. 1949 fand sich ein Grab ausgestattet mit einer Bronzekette aus S-förmig gebogenen Gliedern, in die ein spätantiker Schnallenbügel eingereiht war. Auch die wohl aber erst durch den Bestattungsort angezogene Pfarrkirche liegt noch im Randbereich dieser Villenstelle, während das nachrömische Siedlungsgeschehen sich in den heutigen Ortsbereich dicht unterhalb davon verlagerte. – Bonner Jahrb. 135, 1930, 207; Trierer Zeitschr. 5, 1930, 156; Böhner, Trierer Land II, 112; Trierer Zeitschr. 24–26, 1956–58, 622 Abb. 173; K.-J. Gilles, Jahrb. Kreis Trier-Saarburg 1990, 113 ff.

(III 71) **Polch**, Kr. Mayen-Koblenz, ›In den Jaichen‹. Ein kontinuierlich seit der spätesten Antike belegtes Gräberfeld in den Ruinen einer antiken Villa. – Back, Grabfunde 175 f.; R'RhPf 525.

(III 72) **Röhl**, Kr. Bitburg-Prüm. Die Röhler Kapelle auf antiken Fundamenten im Bereich eines ausgedehnten Villenkomplexes errichtet. – Steinhausen, Ortskunde 271.

(III 73) **Rüber**, Kr. Mayen-Koblenz. Unmittelbar westlich der Margarethenkapelle innerhalb eines antiken Gebäudes ein gemauertes Grab mit Ohrringpaar des späten 7. Jhs. – Back, Grabfunde 184.

(III 74) (Gerolstein-)**Sarresdorf**, Kr. Daun, ›Hofacker‹. Im erforschten Nebengebäude der nicht vollständig gegrabenen antiken Großvilla 15 westostgerichtete, trockengemauerte, auf die antiken Mauerzüge bezugnehmende Grabschächte wohl der späten Merowingerzeit: an Beigaben lediglich ein »Schwert« und ein »bronzener Ohrring« erwähnt. Zusammenhang der Pars rustica mit dem heutigen Ort denkbar. – Bonner Jahrb. 118, 1909, Bericht über die Tätigkeit des Provinzialmuseums 139; Böhner, Trierer Land II, 36; Janssen, Wüstungsfrage I, 170; Teil II 217 f.; R'RhPf 373; Trierer Zeitschr. 67/68, 2004/2005, 93 ff.

(III 75) **Schalkenmehren**, Kr. Daun. Die heute noch bestehende Martinspfarrkirche der Wüstung Weinfeld(en) liegt im Bereich einer antiken Villa in besonders exponierter Lage unmittelbar am Ufer des Totenmaars. –Bonner Jahrb. 125, 1919, Jahresbericht des Provinzialmuseums zu Trier 34; Trierer Zeitschr. 40/41, 1977/78, 434; Führer vor- u. frühgesch. Denkmäler 33 (Mainz 1977) 325 f. Abb. 3; P. Henrich, Die römische Besiedlung in der westlichen Vulkaneifel. Trierer Zeitschr. Beih. 30 (Trier 2006) 199 f. Kat. Nr. 312.

(III 76) **Schweich**, Kr. Trier-Saarburg. Der östliche Ortsteil mit der ehemals dort stehenden, 1818 abgebrochenen alten Pfarrkirche überlagert einen ausgedehnten Villenkomplex mit aufwendigen Ausstattungselementen. – Steinhausen, Ortskunde 287.

(III 77) **Schwirzheim**, Kr. Bitburg-Prüm. Im Ortszentrum überlagerte die 1936 abgebrochene Friedhofskapelle streckenweise deckungsgleich die Südostecke eines antiken Umgangstempels. – Trierer Zeitschr. 24–26, 1956–1958, 564 f.

(III 78) **Schwirzheim**, Kr. Bitburg-Prüm. Östlich des Ortes nachantike Bestattungen in den Ruinen einer Villa: »An der Südmauer von Raum 11 war dicht am Fundament unter Fußbodenhöhe im gewachsenen Boden ein menschlicher Schädel vergraben. [...] In Raum 3 fand sich bei Resten einer älteren Bauperiode ein halbes Skelett. [...] Der andere [Skelettfund] wurde im Praefurnium gemacht. Es war ein richtiges Grab mit einer aus Kalkbruchsteinen gebildeten Grabkiste. Die Leiche lag auf der Sohle des Heizraumes in der ungefähren Richtung von West nach Ost gebettet, der Kopf im Westen [...] Beigaben nicht gefunden [...] Vielleicht ist ein Stück eines mit eingepunzten konzentrischen Kreisen verzierten Bronzebleches, das sich beim linken Handgelenk fand, als Rest des vielleicht geplünderten Grabinhaltes anzusehen. Beim rechten Handgelenk fand man eine kleine in Konstantinopel geprägte Kupfermünze von Valentinian II.« Vielleicht darf in der letztgenannten Bestattung ein Grab bereits aus spätestantiker Zeit gesehen werden. Das Blechobjekt könnte der Rest eines Armreifes sein, die Münze bewusst beigelegt. – Trierer Zeitschr. 5, 1930, 93 ff. Abb. 1; vor allem 98; Böhner, Trierer Land II, 141.

(III 79) (Senheim-)**Senhals**, Kr. Cochem-Zell. Außerhalb des Ortes sechzehn beigabenlose, »steinumstellte Gräber, Grabrichtung Westen« im Bereich antiken Mauerwerks. – Back, Grabfunde 185.

(III 80) **Serrig**, Kr. Trier-Saarburg. Im Bereich römischer Siedlungsspuren in der Flur ›Seif‹ wurde ein Keramikfragment der Merowingerzeit aufgelesen. – Trierer Zeitschr. 62, 1999, 353 f.

(III 81) **Söst**, Kr. Trier-Saarburg, ›Schwarzfeld‹. Antike Villa mit Bestattungen des 7. Jhs. – Trierer Zeitschr. 35, 1972, 332.

(III 82) **Bremm**, Kr. Cochem-Zell, Bereich des ehemaligen Klosters **Stuben** abseits heutiger Besiedlung.

Im Bereich der Ruine der barockzeitlichen Klosterkirche kontinuierliche bauliche Entwicklung ausgehend von einer römischen Villa über einen spätrömischen Wehrbau, frühmittelalterliche Besiedlung, eine hochmittelalterliche Burg und anschließende Kirchenbauten. – Führer arch. Denkmäler Deutschland 46 (Stuttgart 2005) 80 ff.

(III 83) **Tawern**, Kr. Trier-Saarburg, ›Auf Röler‹. Abseits der römischen Straßenstation Tabernae, die dem heutigen Ort den Namen gab, ist einer römischen Villa ein bis in der Merowingerzeit weiterbelegtes Gräberfeld zuzuordnen. – Böhner, Trierer Land II, 149 ff.

(III 84) **Temmels**, Kr. Trier-Saarburg. Der heutige Ort hat sich kontinuierlich aus einer antiken Großvilla entwickelt. Fränkische Siedlungsfunde und ein Gräberfeld sind dieser Zeit zuzuordnen. – Böhner, Trierer Land II, 152.

(III 85) **Thür**, Kr. Mayen-Koblenz. Römisches, in der Merowingerzeit wohl kontinuierlich weiterbelegtes Gräberfeld. – A. v. Berg, Denkmalpflege in Rheinland-Pfalz 47–51, 1992–96, 540 ff.

(III 86) **Trier**. Die Abteikirche St. Martin (urspgl. Hl. Kreuz) schrittweise aus einer suburbanen Villa am Moselufer etwa 100 m vor der nordwestlichen Umbiegung der Trierer Stadtmauer entstanden. Innerhalb der Kirche merowingerzeitlich, evtl. bereits späteströmisch belegte Sarkophage. Gemäß historischer Überlieferung wurde der Bischof Magnerich, ein Nachkomme der spätrömischen Villenbesitzer, im Jahr 595 hier bestattet. – Böhner, Trierer Land I, 286 f.; II, 155 f.

(III 87) **Trier**. Die Kirche St. Isidor auf dem linken Moselufer überlagert einen antiken Gebäudekomplex, wohl eine suburbane Villa. Keine näheren Angaben. – Böhner, Trierer Land II, 161.

(III 88) **Trier**. Die Kirche St. Viktor auf dem linken Moselufer ist im Bereich einer suburbanen Villa entstanden. Plattengrab mit sekundär verwendeter, wohl merowingerzeitlicher Grabplatte. – Böhner, Trierer Land II, 160.

(III 89) **Trier**. Die Abteikirche St. Maria ad Martyres ca. 1,2 km nördlich der Porta Nigra ist im Bereich einer suburbanen Villa am Moselufer entstanden. Im Gebiet dieses Komplexes drei Sarkophage, einer mit spätrömischer Bestattung, die anderen ohne Beigaben, die Form des einen spätrömisch, die des anderen frühmittelalterlich. – Böhner, Trierer Land I, 288; II, 155.

(III 90) **Trier**. Die Pfarrkirche St. Medard im Bereich einer suburbanen Villa am Moselufer ca. 700 m südlich der Stadtmauer an der Ausfallstraße nach Metz entstanden. – Böhner, Trierer Land II, 161.

(III 91) **Trier**. Die Kirche St. Martin auf dem Berge in einer suburbanen Villa ca. 700 m östlich der nordöstlichen Umbiegung der Stadtmauer entstanden. – Böhner, Trierer Land II, 161.

(III 92) **Trier**. Die Pfarrkirche St. Symphorian (historische Überlieferung des 7. Jhs.) auf Grund ihrer villenspezifischen Lage am Moselufer ca. 300 m nördlich der nordwestlichen Umbiegung der Stadtmauer von K. Böhner der Gruppe der suburbanen Villenkirchen zugeordnet. – Böhner, Trierer Land I, 161.

(III 93) **Trier**. Die Pfarrkirche St. Remigius (historische Überlieferung des früheren 8. Jhs.) auf Grund ihrer villenspezifischen Lage am Moselufer ca. 600 m nördlich der nordwestlichen Umbiegung der Stadtmauer von K. Böhner der Gruppe der suburbanen Villenkirchen zugeordnet. – Böhner, Trierer Land I, 161.

(III 94) **Veldenz**, Kr. Bernkastel-Wittlich. Das historische Ortszentrum um die heutige evangelische, aber erheblich ältere Kirche überlagert eine römische Villa. – Kuhnen, Hunsrück und Eifel 150 f.

(III 95) **Waldrach**, Kr. Trier-Saarburg. Angeblich antike Vorbesiedlung ›bei der Kirche (Pfarrgarten)‹. – Steinhausen, Ortskunde 358.

(III 96) **Wasserliesch**, Kr. Trier-Saarburg. Die frühere Pfarrkirche im Bereich einer antiken Villa. – Trierer Zeitschr. 50, 1987, 413 ff.; R'RhPf 661.

(III 97) **Wehlen**, Kr. Bernkastel-Wittlich. Die ehemalige, heute als Wohngebäude genutzte Pfarrkirche St. Agatha überlagert eine auf künstlicher Geländeterrasse angelegte antike Villa, aus der sich der Ort wohl kontinuierlich entwickelt hat. Die zugehörigen Bestattungen der Merowingerzeit (Beigaben des 7. Jhs.) wohl im Bereich römischer Bebauung in der Flur ›Brück‹ angelegt. – Böhner, Trierer Land II, 167 f.; Trierer Zeitschr. 24–26, 1956–58, 508 ff.

(III 98) **Welschbillig**, Kr. Trier-Saarburg. Aus der bekannten antiken Großvilla mit dem Hermenweiher hat sich kontinuierlich der heutige Ort samt Pfarrkirche St. Peter entwickelt. Siedlungsfunde auch des Frühmittelalters. Dem Siedlungskomplex ist ein wohl kontinuierlich aus der Antike heraus weiterbelegter Bestattungsort zuzuordnen. – Böhner, Trierer Land II, 169 f.; Führer vor- u. frühgesch. Denkmäler 33 (Mainz 1977) 190 ff. Abb. 4.

(III 99) **Wiltingen**, Kr. Trier-Saarburg. Der historische Ortskern um die Pfarrkirche St. Martin und Maria überlagert eine antike Villa und hat sich wohl kontinuierlich aus dieser entwickelt. – Böhner, Trierer Land II, 174; Trierer Zeitschr. 49, 1986, 393.

(III 100) **Wincheringen**, Kr. Trier-Saarburg, ›Auf den Häuserchen‹. Aus antiker Villa der Lesefund einer Lanzenspitze des 6. Jhs., wohl eine Beigabe in einem zerstörten Grab. – Trierer Zeitschr. 50, 1987, 419 f.

(III 101) **Winningen**, Kr. Mayen-Koblenz, ›Auf dem Bingstel‹. Im Bereich der antiken Villa ein Einzelgrab in Speicherbau C, Raum 1, unmittelbar an die nördliche Mauer gesetzt. Gestörte westöstlich gerichtete Bestattung mit Schildbuckel, wohl des späten 7. Jhs. – H. Eiden, Ausgrabungen an Mittelrhein und Mosel 1963–1976. Trierer Zeitschr. Beih. 6 (Trier 1982) Taf. 99; Back, Grabfunde 190 f.; R'RhPf 669 f.

(III 102) **Wintersdorf**, Kr. Trier-Saarburg. Der Siedlungskern um die Pfarrkirche hat sich kontinuierlich aus einer antiken Villa entwickelt, wie Funde belegen. Ebenso wurde in dem darauf zu beziehende Gräberfeld kontinuierlich weiterbestattet. – Böhner, Trierer Land II, 177 f.

(III 103) **Wintrich**, Kr. Bernkastel-Wittlich. Die Pfarrkirche St. Kornelius und der alte Ortskern im Bereich einer antiken Villa. – Bonner Jahrb. 127, 1922, 350; Trierer Zeitschr. 33, 1970, 279.

(III 104) **Wolken**, Kr. Mayen-Koblenz. Der historische Kernbereich des Ortes einschließlich der Kirche überlagert antike Ansiedlung. – Bonner Jahrb. 140/141, 1936, 498; Neumayer, Mittelrheingebiet 138.

(III 105) **Zewen**, Kr. Trier-Saarburg, ›Königsacht‹. Unmittelbar oberhalb der antiken Großvilla, hinter der die Erbauer der Igeler Säule vermutet werden, wahrt eine Marienkapelle noch die Erinnerung an diese Ansiedlung. Dazu kontinuierlich in der Merowingerzeit weiterbelegtes Gräberfeld in der Flur ›Heideberg‹. Die Siedlung dagegen in nachrömischer Zeit weiter hangabwärts näher zum Moselufer hin verlagert (Pfarrkirche St. Dionysius) und nach dem Grabmal Igel benannt. – Böhner, Trierer Land II, 183.

IV Rheinland-Pfalz, Denkmalpflegebezirke Mainz und Speyer

(IV 1) **Alzey**, Kr. Alzey-Worms. Nicht mehr zum Bereich des Vicus zu rechnen ist das vom aktuell bekannten Fundstreubereich und möglicherweise durch einen noch nicht genauer fassbaren spätrömischen Bestattungsbereich deutlich nach Osten abgesetzte Areal des um 1800 abgebrochenen Klosters St. Johann. 1963 Sondagen entlang der Mauerzüge in von Überbauung bedrohtem Teilbereich der erst spät im Verlauf des Mittelalters historisch aufscheinenden Anlage. Dabei zeigte sich, dass das Kloster nur das Endstadium einer langen, komplexen Siedlungsentwicklung vor Ort bildete, die losgelöst von der eigentlichen Alzeyer Entwicklung vom früh- bis spätkaiserzeitlichen Vicus über die valentinianische Kastellgründung bis zu den fränkischen Siedlungskernen an der Selz gesehen werden muss. Die Mauern der Klosterbauten überlagerten unter anderem bei abweichenden Bauflüchten die Mauern eines größeren römischen Baukomplexes. Auch im Bereich unmittelbar östlich des Klosters Beobachtung römischer Estrichböden. Wohl der Gebäudebereich einer größeren Landvilla. Die antike Besiedlung reichte noch in spätrömische Zeit, zumindest ins 4. Jh. Zwischen den römischen und klosterzeitlichen Mauern fanden sich an verschiedenen Stellen insgesamt mindestens neunundzwanzig Gräber. Teilweise handelte es sich wegen des Befundzusammenhanges um beigabenlose, klosterzeitliche Sargbestattungen. Die übrigen Gräber im Befundzusammenhang sind jünger als die antike Villa und älter als das Kloster: einfache Sargbestattungen, Plattengräber und vier Sarkophage. Sechs von ihnen, darunter zwei der Sarkophage mit spärlichen Beigaben (Ton- und Glasgeschirr, kaum Trachtzubehör, keine Waffen) der älteren und jüngeren Merowingerzeit (AM II früh – JM I). Die meisten Bestattungen mehr oder weniger altgestört und, soweit der Befund eine Beurteilung noch zuließ, westöstlich ausgerichtet. Der Lesefund eines doppelzeiligen Beinkammes mit profilierten Endplatten wohl eher als Zeugnis noch der spätesten antiken Vorbesiedlung anzusehen. Ortsakte Archäologische Denkmalpflege Mainz. – B. Stümpel, Alzeyer Geschichtsblätter 4, 1967, 44 ff.; Hunold, Alzey 20 f. Plan 2; dies. in: Bevor die Römer kamen. Kelten im Alzeyer Land. Ausstellungskat. Alzey (Alzey und Mainz 2003) 133 Abb. 5; I. Klenner in: E. Heller-Karneth u. a. (Hrsg.), Alzey. Geschichte der Stadt III. Alzeyer Geschbl. Sonderh. 20 (Alzey 2006) 105 ff.

(IV 2) **Aspisheim**, Kr. Mainz-Bingen. Der alte Ortskern von Aspisheim überlagert eine antike Ansiedlung, wohl einen Gutshof, dessen Badegebäude 1984 dicht bei der Kirche (heute evangelisch, ehemals St. Martin) im Verlauf der Kirchhofmauer angeschnitten wurde; Fundmaterial der mittleren bis späten Kaiserzeit. Beim Bau des neuen Gemeindezentrums unmittelbar nördlich umgelagertes römisches Siedlungsmaterial der frühen und mittleren Kaiserzeit geborgen. Am Nordrand des alten Ortskernes in der Steingasse wohl als Siedlungsfund zu interpretierendes Bruchstück eines Knickwandtopfes aufgelesen. Dem Siedlungskomplex ist ein merowingerzeitliches Gräberfeld zuzuordnen, dessen Belegung bereits im frühmerowingischen Horizont (AM I) einsetzt. – Knöchlein, Aspisheim; zuletzt ders., Arch. in Rheinland-Pfalz 2002, 115 ff.

(IV 3) (Grünstadt-)**Asselheim**, Kr. Bad Dürkheim. Bestattungen späteströmischer Zeit im Ortsbereich möglicherweise Hinweis auf eine vom heutigen Ort überlagerte antike Ansiedlung, die durch ein an anderer Stelle bekanntgewordenes, zuzuordnendes Gräberfeld der Merowingerzeit ggf. weiterbesiedelt blieb oder früh wiederbesiedelt wurde. – Polenz, Pfalz 162 ff.; Mitt. Hist. Ver. Pfalz 97, 1999, 161 ff.

(IV 4) Hochdorf-Assenheim, Kr. Ludwigshafen, Ortsteil **Assenheim**, ›Im kleinen Brühl‹. Beigabenlose Plattengräber teils unter Verwendung antiker Spolien im Bereich einer Ansiedlung in antike Gruben eingetieft. – Polenz, Pfalz 205 f.

(IV 5) **Auen**, Kr. Bad Kreuznach. Die heute isoliert abseits liegende Willigiskapelle ursprünglich die Pfarrkirche eines ausgedehnten Sprengels. Der heute fassbare Bau entstand um 1000 in den Ruinen eines antiken Gebäudes. Bislang noch kein Nachweis frühmittelalterlicher Aktivitäten. – Knöchlein, Aspisheim 191.

(IV 6) **Bad Kreuznach**. Bestattungen der Merowingerzeit an zwei Stellen im Hauptgebäude der antiken Großvilla im Ellerbachtal. Wohl indirektes Zeugnis einer nicht unmittelbar nachgewiesenen Wiederbesiedlung weiter unterhalb im Bereich der in ihrer Existenz bekannten, aber noch nicht näher erforschten Wirtschaftsgebäude. – R'RhPf 321 ff.; R. Knöchlein, Mainzer Arch. Zeitschr. 2, 1995, 197 ff.

(IV 7) **Bechtheim**, Kr. Alzey-Worms. Der älteste fassbare, allerdings kaum vor das frühere Hochmittelalter zurückreichende Vorgängerbau der heutigen Lambertikirche entstand im Bereich einer seit der Merowingerzeit wiederbesiedelten antiken Villa. Unmittelbar östlich Reihengräberfeld. – H. Huth, Die romanische

Basilika zu Bechtheim bei Worms. Der Wormsgau 4, 1959/60, 5 ff.; J. Sommer, Bechtheim St. Lambertus (Königstein i. T. 1980); Mainzer Zeitschr. 73/74, 1978/79, 342; Vorromanische Kirchenbauten II, 46.

(IV 8) **Bodenheim**, Kr. Mainz-Bingen. Die nach Süden zu außerhalb des Ortes gelegene Wallfahrtskapelle Maria Oberndorf wohl im Bereich einer antiken Villa entstanden. Keine genaueren Angaben. – Müller-Wille/Oldenstein, Mainz 293 Nr. 71.

(IV 9) **Boos**, Kr. Bad Kreuznach. Die Kirche im alten Ortskern unmittelbar und deckungsgleich auf den Mauern des Herrenhauses einer antiken Villa entstanden. Bei der Kirche fand sich ein als Siedlungsfund anzusprechendes, merowingerzeitliches Gefäßfragment (Mus. Bad Kreuznach Inv. 10200), ein direkter Hinweis, dass der antike Gutshof, wenn nicht gar kontinuierlich besiedelt, so doch zumindest in der Merowingerzeit wiedergenutzt wurde. Ein vollständig erhaltener Tonbecher und ein Perlrandbecken der Merowingerzeit aus der Sammlung Scherer (Mus. Bad Kreuznach Inv. 10196 und 10197) stammen höchstwahrscheinlich von der Booser Gemarkung und sind wohl Grabbeigaben des noch nicht lokalisierten Ortsgräberfeldes. –Bonner Jahrb. 126, 1921, 276f; Staab, Mittelrhein 157; 459; G. Rupprecht, Arch. Deutschland 1988, H. 2, 8 f.; R'RhPf 342 f.; G. Rupprecht, Denkmalpflege in Rheinland-Pfalz 47–51, 1992–96, 486 f.; Knöchlein, Aspisheim 191.

(IV 10) **Bornheim**, Kr. Alzey-Worms. Im Bereich der seit langem bekannten Villenstelle knapp westlich außerhalb des Ortes konnte auch eine merowingerzeitliche Scherbe aufgelesen werden. – Jahresber. Denkmalpflege Volksstaat Hessen 4a, 1913–1928, 101; Ortsarchiv Mainzer Amt, Fundmeldern. 01-060.

(IV 10 a) (Quirnheim-)**Boßweiler**, Kr. Bad Dürkheim. Die schon 765 namentlich ersterwähnte Siedlung Boßweiler (Hof) überlagert das Zentrum des Gebäudebereiches einer antiken Großvilla. Speziell der mittelalterlich-neuzeitliche Hofkern könnte seiner Ausrichtung nach auf das in Nordsüdrichtung 130–145 m lange oder noch weitaus größere Herrenhaus Bezug nehmen. Archäologische Funde generell noch nicht bekannt. – Staab, Mittelrhein 386 Anm. 470; G. P. Karn / U. Weber, Kreis Bad Dürkheim. Denkmaltopographie Bundesrepublik Deutschland. Kulturdenkmäler in Rheinland-Pfalz XIII 2 (Worms 2006) 468; 475 ff.; H. Bernhard in: ders. u. a., Der römische Vicus von Eisenberg. Arch. Denkmäler in der Pfalz 1 (Speyer 2008) 228 ff.

(IV 11) (Bingen-)**Büdesheim**. Bestattungen des 7. Jhs. im Bereich einer antiken Villa auf dem nordwestlichen Abschnitt der ›Treffelsheimer Köpfchen‹ genannten Anhöhe, knapp innerhalb der Büdesheimer Markung, nordwestlich des in den Karten noch eingetragenen Sta(a)rberges. Diese Fundstelle inzwischen durch den Straßenbau zerstört, das Terrain stark verändert. – Behrens, Katalog Bingen 219 zu K8; Karte der Umgebung rot Nr. 8; Mainzer Zeitschr. 59, 1964, 132 Abb. 27; 145 f.; ebd. 60/61, 1965/66, 168; ebd. 65, 1970, 178 f.; ebd. 69, 1974, 241.

(IV 12) (Obrigheim-)**Colgenstein**, Kr. Bad Dürkheim. Die heutige evangelische Kirche und ehemalige Pfarrkirche St. Peter überlagert die Ruine einer antiken Villa. Bauverzahnungen scheinen nicht vorzuliegen, der bislang älteste fassbare, hochmittelalterliche Kirchenbau hält sich wohl noch an die antike Bauflucht; keine Gräber. Dem Siedlungskomplex merowingerzeitliches Gräberfeld im südlich unmittelbar anschließenden Hanggelände zuzuordnen. – Mitt. Hist. Ver. Pfalz 81, 1983, 102 Abb. 55; ebd. 84, 1986, 148 ff. Abb. 39.40; Polenz, Pfalz 353 f.

(IV 13) (Mainz-)**Ebersheim**. Im Bereich der pars rustica der römischen Villa ›Am Linsenberg‹ abseits des historischen Ortsbereiches jüngermerowingisches Keramikfragment geborgen. – R. Knöchlein, Ebersheim. Von der frühesten Besiedlung bis in die fränkische Zeit. Arch. Ortsbetrachtungen 10 (Mainz 2007) 53 f.; 55 zu R4 und Fr2.

(IV 14) **Eisenberg**, Donnersbergkreis. Aus dem abseits des historischen Siedlungskerns gelegenen spätantiken Burgus stammt ein kleines Keramikensemble, das für eine begrenzte Nutzung des Baus zumindest vom 8.–14. Jh. spricht. In unmittelbarer Nähe möglicherweise Gräberfeld der Merowingerzeit; die zugehörige Siedlung wohl nicht beim Burgus anzunehmen. – Bernhard, Burgi 57 Abb. 38; ders., Mitt. Hist. Ver. Pfalz 95, 1997, 39; Polenz, Pfalz 110.

(IV 15) (Waldalgesheim-)**Genheim**, Kr. Mainz-Bingen. Der Kernbereich des bereits 817 urkundlich erwähnten Ortes überlagert antike Ansiedlung. Frühmittelalterliche Funde generell und Grabfunde nicht bekannt. – Knöchlein, Aspisheim 191; Krienke, Mainz-Bingen 623 ff.

(IV 16) Gleiszellen-Gleishorbach, Kr. Südliche Weinstraße, Ortsteil **Gleiszellen**. Die Pfarrkirche St. Dionysius im Bereich einer antiken Villa errichtet. Keine näheren Angaben. – Mitt. Hist. Ver. Pfalz 68, 1970, 96.

(IV 17) **Großfischlingen**, Kr. Südliche Weinstraße. Aus der bis nach 400 besiedelten antiken Villa ›Im Steinbühl‹ stammen u. a. auch zwei Keramikfragmente des 6. Jhs., in denen H. Bernhard wohl zu Recht direkte Zeugnisse einer Wiederbesiedlung des Gutshofareals sieht; angesichts der zahlreichen antiken Funde hätten sich im Falle einer frühmittelalterlichen Sepultur in diesem Bereich auch einschlägige Metallobjekte (Waffen, Trachtzubehör) im Fundspektrum niederschlagen müssen. – Mitt. Hist. Ver. Pfalz 78, 1980, 31 ff.; Polenz, Pfalz 173 f.; H. Bernhard, Mitt. Hist. Ver. Pfalz 95, 1997, 32.

(IV 18) (Zellertal-)**Harxheim**, Donnersbergkreis. Beigabenlose Gräbergruppe überlagert die Mauern einer antiken Villa; keine näheren Angaben. In unmittelbarer Nähe anscheinend die beigabenführenden Bestattungen des Harxheimer Ortsgräberfeldes. – Polenz, Pfalz 438 ff.

(IV 19) (Mainz-)**Hechtsheim**. Die frühestens in karolingischer Zeit historisch bezeugte Kirche St. Maria in campis, später Heilig-Kreuz-Stift im Gebäudebereich einer antiken Villa und deren Bestattungsort entstanden. Merowingerzeit vor Ort bislang archäologisch nicht belegt. – Westdt. Zeitschr. 18, 1899, 401 f. mit Korrespondenzbl. Sp. 83 und 84; Mainzer Zeitschr. 56/57, 1961/62, 125 ff., vor allem 130 f.; Jahrb. RGZM 15, 1968, 181; Mainzer Zeitschr. 73/74, 1978/79, 306 Abb. 1; L. Falck in: Hechtsheim. Arch. Ortsbetrachtungen 7 (Mainz 2005) 34 ff.

(IV 20) Stadecken-Elsheim, Ortsteil Stadecken. Die ehemalige Pfarrkirche St. Peter der Wüstung **Hetdenesheim**, der früh- und hochmittelalterlichen Vorgängersiedlung von Stadecken, gut 500 m östlich abseits des heutigen Ortes im Gelände als gehölzüberwucherter Schutthügel wahrnehmbar. Im unmittelbar nördlich anschließenden Gelände seit jüngster Zeit zahlreiche Lesefunde römischer und auch fränkischer Zeit. Über die innere Topographie von Hetdenesheim, etwa die genaue Lage der Kirche zum besiedelten Bereich, ist noch nichts bekannt. Entgegen anders lautenden Nachrichten – beruhend auf einem im Schrifttum mehrfach wiederkehrenden falschen Zitat (Westdeutsche Zeitschr. 10, 1891, 399; Grabfund der Spätbronzezeit) – sind bezogen auf Hetdenesheim keine Grabfunde der Merowingerzeit bekannt. – Ortsakte Archäologische Denkmalpflege Mainz, zuletzt Fundmelden. 02-082 und 03-073.

(IV 21) **Hornbach**, Kr. Pirmasens. Das in spätmerowingischer Zeit entstandene Benediktinerkloster überlagert antike Ansiedlung. – Vorromanische Kirchenbauten I, 127; Führer vor- u. frühgesch. Denkmäler 5 (Mainz 1966) 144 ff.

(IV 22) **Hüffelsheim**, Kr. Bad Kreuznach. Im Ortsbereich antike Villa. Dem Siedlungskomplex sind merowingerzeitliche Bestattungen zuzuordnen. – Knöchlein, Aspisheim 191; Witteyer, Besiedlung.

(IV 23) Offenbach-Hundheim, Kr. Kusel, Ortsteil **Hundheim**. Erste historische Erwähnung 1150. Deutlich südwestlich abseits des heutigen Ortszentrums liegt die heutige evangelische Pfarrkirche, die sog. ›Hirsauer Kirche‹. Vor der Reformation war sie mit dem Patrozinium St. Alban verbunden, was auf frühmittelalterlichen Ursprung eines anzunehmenden ältesten Vorgängerbaus hinweisen dürfte. Im heutigen, in seinen ältesten Bestandteilen aus dem Hochmittelalter stammenden Bau finden sich antike Spolien vermauert. Beim Einbau einer Fußbodenheizung wurde 1962 eine spätrömische Siedlungsschicht angeschnitten. Um die Kirche ist auch der älteste nachrömische Siedlungsbereich anzunehmen, der sich dann im Verlauf des Mittelalters in den heutigen alten Ortsbereich verlagerte; nur die Kirche verblieb an ihrem traditionellen Standort. Bislang keine merowingerzeitlichen Funde. – R'RhPf 518; Chr. Schüler-Beigang, Kreis Kusel. Kulturdenkmäler Rheinland-Pfalz XVI (Worms 1999) 200 ff.

(IV 24) (Zweibrücken-)**Ixheim**. Der historische Kernbereich von Ixheim überlagert antike Ansiedlung, wohl eine Großvilla. Zur nachrömischen Entwicklung anscheinend nichts bekannt. – R'RhPf 681 f.; Mitt. Hist. Ver. Pfalz 97, 1999, 234.

(IV 25) **Jockgrim**, Kr. Germersheim. Die alte Zehntscheuer überlagert wohl antikes Bauwerk. – Mitt. Hist. Ver. Pfalz 78, 1980, 52.

(IV 26) **Kusel**, Kr. Kusel. Das historische Stadtzentrum im Bereich des Marktplatzes und der Pfarrkirche mit dem alten Patrozinium St. Remigius überlagert eine größere antike Villa. Auch wenn bislang anscheinend keine merowingerzeitlichen Grab- und Siedlungsfunde mit diesem Komplex zu verbinden sind, sprechen die historischen Anhaltspunkte dafür, dass der römische Siedlungsansatz zumindest früh in nachrömischer Zeit wiederbesiedelt wurde, wenn nicht gar kontinuierlich weiterbesiedelt blieb. Diesbezüglich war sicher auch die Lage an der antiken Überlandstraße von Bad Kreuznach nach Tholey maßgeblich. – Staab, Mittelrhein 288; Polenz, Pfalz 462; Mitt. Hist. Ver. Pfalz 97, 1999, 177.

(IV 27) **Laubenheim a. d. Nahe**, Kr. Bad Kreuznach. Das alte Ortszentrum um die heutige evangelische Kirche (ehemals Pfarrkirche St. Matthäus) überlagert antike Ansiedlung. Als sich 1967 am Pfarrhaus Setzungsrisse zeigten und zur Erarbeitung eines geologischen Gutachtens ein Bodenprofil an der Südostecke ausgeschachtet wurde, fand sich über dem gewachsenen Boden eine antike Kulturschicht mit Bauschutt. An Funden wurde u. a. Keramik des 4. Jhs. geborgen.

Zwischen dem alten Ortszentrum von Laubenheim und der 600 m nördlich davon gelegenen Laubenheimer Mühle, zweifellos einem weiteren alten Siedlungskern, liegt ziemlich genau auf halbem Wege am steil zur Nahe abfallenden Hang die Flur ›Im Kartäuser‹, wo – nicht mehr punktgenau lokalisierbar – im 19. Jh. ein größeres merowingerzeitliches Gräberfeld wiederholt angeschnitten worden war. Dessen Zuordnung scheint vor allem unter Berücksichtigung der Geländebeschaffenheit nicht eindeutig möglich. – Knöchlein, Aspisheim 192.

(IV 28) **Medard**, Kr. Kusel. Die alte, ehemals katholische und seit der Reformation evangelische Pfarrkirche am nördlichen Randbereich des heutigen Ortes im Bereich der Nebengebäude einer antiken Villa entstanden. Ebenso fanden sich unweit der antiken Gebäude und der Kirche Grubenhäuser des ursprünglichen, mittelalterlichen Siedlungskerns von Medard, die im erforschten Ausschnitt allerdings nicht vor das 11. Jh. zurückreichten. Wohl im Verlauf des Spätmittelalters verlagerte sich das Siedlungsgeschehen weiter nach Süden. – R'RhPf 475 f.; H. Bernhard, Denkmalpflege in Rheinland-Pfalz 47–51, 1992–96, 506 f.; Mitt. Hist. Ver. Pfalz 97, 1999, 188; Chr. Schüler-Beigang, Kreis Kusel. Kulturdenkmäler Rheinland-Pfalz XVI (Worms 1999) 188 ff.

(IV 29) Gundersheim, Kr. Alzey-Worms. Der auf Gundersheimer Gebiet gelegene **Mönch-Bischheimer Hof** (Münchbischheimer Hof) Überbleibsel des 769 ersterwähnten Ortes Bischofsheim. Römische Vorgängersiedlung im gleichen Bereich. Dem Siedlungskomplex Gräberfeld der Merowingerzeit zuzuordnen. – Knöchlein, Aspisheim 191.

(IV 30) **Mörstadt**, Kr. Alzey-Worms. Am östlichen Rand des alten Ortsbereiches (766: Merstat) auf dem Vorplatz der heutigen evangelischen, bis 1705 katholischen Pfarrkirche einige römische Keramikfragmente wohl von Siedlungscharakter der mittleren Kaiserzeit geborgen. Angeblich »weitere römische Reste« im Innern der Kirche bei Erneuerung des Bodens ohne Hinzuziehung der Archäologischen Denkmalpflege beobachtet. Dem Siedlungskomplex ein schon im frühmerowingischen Horizont belegtes Gräberfeld am nördlichen Ortsrand zuzuordnen. Ein zweites Gräberfeld am südwestlichen Ortsrand steht für einen weiteren Siedlungskern. – Mainzer Zeitschr. 70, 1975, 225; ebd. 73/74, 1978/79, 357; Staab, Mittelrhein 479.

(IV 31) **Münster-Sarmsheim**, Kr. Mainz-Bingen. Der Ortsteil **Münster** überlagert eine antike Großvilla, deren Hauptgebäude aufwendige Mosaikböden besaß. Im gleichen Bereich merowingerzeitliche Bestattungen (Abb. 12 und 13). – Ortsarchiv Mainzer Amt, Fundmeldenr. 87 107; P. Jüliger, Katholischer Kirchenkalender der Pfarrei Bingen 3, 1911, 17 ff.; ders., Der Mithrakult in der Binger Landschaft, nachgedruckt in: H. V. Eisenhuth, Chronik der Gemeinde Münster-Sarmsheim. Loreley-Galerie 4 (Oberwesel 1989) 19 ff.; Behrens, Katalog Bingen 231 ff.; 264; ebd. Fundkarte der Umgebung von Bingen Nr. 5 (blau) und 18 (rot); J. Hagen, Römerstraßen der Rheinprovinz. Erläuterungen zum geschichtlichen Atlas der Rheinprovinz VIII (Bonn 1931) 377; 397; 418 f.; K. Parlasca, Die römischen Mosaiken in Deutschland. Röm.-Germ. Forsch. 23 (Berlin 1959) 86 ff.; Knöchlein, Aspisheim 192; Witteyer, Besiedlung; Krienke, Mainz-Bingen 544 ff. Vgl. u. IV 44.

(IV 32) **Neuhofen**, Kr. Ludwigshafen. Der alte Ortsbereich überlagert eine noch nicht näher bekannte antike Villa. Ein gut 500 m davon nach Süden abgesetztes Gräberfeld der Merowingerzeit diesem Komplex wohl kaum zuzuordnen; der Ort aus historischen Gründen möglicherweise erst im Hochmittelalter neu entstanden. – Polenz, Pfalz 296 f.; R'RhPf 491.

(IV 33) Undenheim, Kr. Mainz-Bingen. Die Bebauung der Wüstung **Nordelsheim** überlagert antiken Gutshof. – Knöchlein, Aspisheim 193.

(IV 34) **Ober-Flörsheim**, Kr. Alzey-Worms. Aus dem Bereich der römischen Villenstelle im Neubaugebiet ›Wasserriß‹ außerhalb des alten Ortsbereiches vereinzeltes Keramikfragment der Merowingerzeit. – R. Knöchlein, Mitteilungsblatt zur rheinhessischen Landeskunde 8, 2006, 17 zu Fst. OF12.

(IV 35) **Obrigheim**, Kr. Bad Dürkheim. Der alte Ortsbereich überlagert in noch nicht näher fassbarer Weise antike Villa. Diesem Siedlungskomplex ist ein schon im frühmerowingischen Horizont belegtes Gräberfeld im unmittelbar nördlich anschließenden Hanggelände zuzuordnen, während noch keine antike Nekropole lokalisiert ist. – Polenz, Pfalz 313 ff., vor allem 350 f.; H. Bernhard, Mitt. Hist. Ver. Pfalz 95, 1997, 33 ff. Abb. 12.

(IV 36) **Odernheim a. Glan**, Kr. Bad Kreuznach. Auf dem Disibodenberg römische Siedlungsfunde der mittleren und späten Kaiserzeit im Bereich der Klosterruine und nordöstlich davon. Historisch schon um 600 Klostergründung durch den Hl. Disibod anzunehmen. Bislang nur Bauforschung im Bereich der Klosterruine. Noch keine Übersicht der nachrömischen Funde möglich. – H. Fehr, Die vor- und frühgeschichtliche Besiedlung der Kreise Kaiserslautern und Rockenhausen (Speyer 1972) 165 f.; Mitt. Hist. Ver. Pfalz 66, 1968, 114; ebd. 68, 1970, 112; E. J. Nikitsch in: Ex Ipsis Rerum Documentis. Beiträge zur Mediävistik. Festschr. H. Zimmermann (Sigmaringen 1991) 195 ff.

(IV 37) **Offenheim**, Kr. Alzey-Worms. Jahresber. Denkmalpflege Großherzogtum Hessen 2, 1908–1911, 68: »Beim Kanalbau wurde in der Dorfstraße von Offenheim eine römische Fundamentmauer mit Heizkachel- und Ziegelresten angetroffen und eingemessen«. In Ermangelung entsprechender Dokumente unter Vorbehalt davon auszugehen, dass mit Dorfstraße tatsächlich der alte Ortskern im Bereich Unter- und Obergasse gemeint ist. Diesem Siedlungskomplex wäre dann ein seit dem Jahr 2000 bekanntes Reihengräberfeld am nordöstlichen Ortsrand oberhalb des Steinbaches zuzuordnen. – 768–1968. 1200 Jahre Offenheim. Beiträge aus der Geschichte der Gemeinde (Offenheim 1968); Ortsakte Archäologische Denkmalpflege Mainz, Fundmeldenr. 00-047.

(IV 38) **Oppenheim**, Kr. Mainz-Bingen. Südlich des eigentlichen Stadtareals liegt, annexartig in die mittelalterliche Stadtumwehrung miteinbezogen, der älteste Siedlungskern von Oppenheim um die 1839 abgerissene, bereits 774 urkundlich erwähnte Pfarrkirche St. Sebastian (heutiges Grundstück Wormser Straße 52). Auf den unmittelbar nördlich und östlich des Standorts von St. Sebastian anschließenden Grundstücken wurden aufwendige römerzeitliche Bauten nachgewiesen. Die antike Bebauung erstreckt sich mit Sicherheit in den Bereich von St. Sebastian. Es dürfte sich am ehesten um Gebäude einer Etappenstation an der Rheintalstraße von Mainz nach Worms (in etwa die heutige Wormser Straße/B9) handeln – evtl. um den historisch überlieferten Ort Buconica –, wohl kaum um einen Gutshof. Gegenüber von St. Sebastian und den antiken Bauten fanden sich westlich jenseits der Wormser Straße auf ansteigendem Gelände wiederholt Brandgräber und wohl auch spätere Körpergräber einer ausgedehnten antiken Nekropole. Trotz des Fehlens eines eindeutig zuzuordnenden Gräberfeldes ist davon auszugehen, dass ein dort anzunehmender Hof Karls d. Gr. aus einer merowingerzeitlichen Wiederbesiedlung des antiken Ortes resultierte. – Knöchlein, Aspisheim 192 f.

(IV 39) **Schwabenheim a. d. Selz**, Kr. Mainz-Bingen, Ortsteil **Pfaffenhofen**. Nach Südwesten zu setzt sich die ehemalige, nach historischen Quellen ins 10. Jh. zurückreichende Propstei und heutige landwirtschaftliche Versuchsanstalt vom eigentlichen Ortsbereich ab. Von hier aus verwaltete die Trierer Benediktinerabtei St. Maximin ihren umfangreichen Schwabenheimer Besitz. Die Propstei war der Mittelpunkt des ansonsten nicht mehr bestehenden Weilers Pfaffenhofen. Die Propsteikirche St. Bartholomäus ist, soweit die Überlieferung diesbezüglich zurückreicht (13. Jh.), von alters her die katholische Pfarrkirche von Schwabenheim. Um 1950 wurde um die ehemalige Propstei im anzunehmenden Bereich des Weilers römisches Fundmaterial von Siedlungscharakter aufgelesen. Eine vor das frühe Hochmittelalter zurückreichende Wiederbesiedlung der hier anzunehmenden antiken Siedlungsstelle ist bislang nicht erwiesen. – Knöchlein, Aspisheim 193; Krienke, Mainz-Bingen 301 ff.

(IV 40) (Bad Kreuznach-)**Planig**. Das historische Ortszentrum mit der Pfarrkirche St. Gordian überlagert vermutlich eine antike Ansiedlung nicht geklärten Charakters. – M. Witteyer, Mainzer Arch. Zeitschr. 3, 1997, 57 ff.

(IV 41) Höheinöd, Kr. Pirmasens. Im Bereich der Wüstung **Queichheim** wohl antike Ansiedlung. Keine genaueren Angaben. – Mitt. Hist. Ver. Pfalz 78, 1980, 52.

(IV 42) Ludwigshöhe, Kr. Mainz-Bingen. Der heutige Ort Ludwigshöhe ca. 4 km südsüdwestlich von Oppenheim ist der 1821–23 wegen einer Rheinbettverlagerung neugegründete, nach dem damaligen hessischen Großherzog Luwig I. benannte Nachfolger des 2 km östlich in der Rheinniederung gelegenen, alten Dorfes **Rudelsheim** (765: Rudolfesheim). Auf Grund von Funden im Bereich der Wüstung ist wohl davon auszugehen, dass Rudelsheim im Bereich einer antiken Ansiedlung entstanden ist. Das zugehörige Gräberfeld der Merowingerzeit ist bekannt. – Knöchlein, Aspisheim 192.

(IV 43) **Rutsweiler a. d. Lauter**, Kr. Kusel. Die weit abseits des Ortes frei in der Landschaft gelegene Zweikirche (Marienpatrozinium) reicht im aufgehend erhaltenen Bauzustand wenigstens ins 11. Jh. zurück. Nachfolgerin einer abgegangenen, älteren Peterskirche in unmittelbarer Nachbarschaft. Vermauerte antike Spolien. Kirche und Kirchhof mit einem bis 1823 noch bestehenden Siedlungskern überlagern den Gebäudebereich einer antiken Villa; keine näheren Angaben. – Pfälzer Heimat 29, 1978, 70 f.; R'RhPf 545.

(IV 44) Münster-Sarmsheim, Kr. Mainz-Bingen, Ortsteil **Sarmsheim**. Unter dem Turm der alten Pfarrkirche St. Alban und Martin am südlichen Rand des alten Ortsbereiches beim Neubau 1901 Fund eines römischen Sarkophages mit Bestattung des späten 4. Jhs.; für einen weiteren Sarkophag wohl vergleichbarer Zeitstellung steht nicht fest, ob er in unmittelbarer Nähe zum erstgenannten gefunden wurde. Ohne Fundzusammenhang u. a. ein rauwandiger Henkeltopf Alzey 30. – Behrens, Katalog Bingen 230 Abb. 106; Witteyer, Besiedlung zu Fst. 3; Taf. 316,6; Krienke, Mainz-Bingen 555 f. Abb. 1421. – Vgl. o. IV 31.

(IV 45) Stromberg, Kr. Bad Kreuznach. Der Ortsbereich der Wüstung **Schindelberg** einschließlich Kirche und Kirchhof überlagert antike Ansiedlung. Antike Besiedlung bis in spätrömische Zeit. – Vorromanische Kirchenbauten I, 305; Poittner, Wüstungen 22 ff.; 159; H. Bayer, Mainzer Zeitschr. 62, 1967, 174; Witteyer, Besiedlung.

(IV 46) **Schöneberg**, Kr. Bad Kreuznach. Der im 10. Jh. unter diesem Namen ersterwähnte Ort ist aus zwei ursprünglich deutlich voneinander abgesetzten Siedlungskernen entstanden. Entscheidend für Namengebung, mittelalterliche und neuzeitliche Entwicklung war im Südosten der befestigte Gutshof der Herren von Schöneberg mit Kirche, Kirchhof und Burghaus. Etwa 300 m nordöstlich davon ist eine weitere, auffallende Ballung alter Anwesen zu beobachten, zweifellos ein weiterer Ortsteil, der ursprünglich einen eigenen Namen besessen haben könnte (»Hohstatt«, »Hüttstadt«). Beide Siedlungskerne sind durch eine von Nordost nach Südwest verlaufende Straße miteinander verbunden, an die sich beidseits jüngere Anwesen linear reihen. Unter dem nordöstlichen Siedlungskern Baubefunde des Hauptgebäudes einer größeren antiken Villa dokumentiert, die wohl bis ins beginnende 5. Jh. besiedelt war. Nordwestlich davon wurde im Zuge der Eigenheimbebauung das zugehörige Gräberfeld angeschnitten. Frühmittelalterliche Zeugnisse fehlen bislang. – W. Zimmermann, Die Kunstdenkmäler des Kreises Kreuznach – (München und Berlin 1972) 345 f.; Poittner, Wüstungen 136; Knöchlein, Aspisheim 193; Witteyer, Besiedlung Taf. 341–343.

(IV 47) **Siefersheim**, Kr. Alzey-Worms. Auf dem markanten Martinsberg südöstlich abseits des Ortes Hinweise auf antike Ansiedlung. Dazu spätrömische Skelettgräber. Völlig herausgelöst aus dem heute wahrnehmbaren historisch-topographischen Gesamtzusammenhang der Gemarkung stand hier eine Martinskirche, die im frühen 19. Jh. noch als Ruine sichtbar war. In ihrem Bereich wurde zuletzt 2005 römische Baukeramik aufgelesen. Die Kirche darf wohl als Zeugnis einer vorübergehenden Wiederbesiedlung angesprochen werden, auch wenn ansonsten keine archäologischen und historischen Anhaltspunkte für eine Nutzung des Ortes in nachantiker Zeit vorliegen. – G. Behrens (Hrsg.), Rheinhessen in seiner Vergangenheit 1 (Mainz 1923) 47; Knöchlein, Aspisheim 193; Ortsarchiv Mainzer Amt, Fundmeldenr. 05-009, unveröffentlicht.

(IV 48) **Trechtingshausen**, Kr. Mainz-Bingen. Die südlich abseits des Ortskerns gelegene frühere Pfarrkirche, nunmehr Friedhofskapelle St. Clemens, überlagert einen antiken Bau, der in den sechziger Jahren bei Anlage der Pfarrergruft angeschnitten wurde. Spätrömische Funde. Außerhalb der Kapelle ein goldener Fingerring des 4./5. Jhs. mit Inschrift »vivas in Deo«. Die Wüstung liegt durch nachantike Flussbettverlagerung im überschwemmungsgefährdeten Uferbereich des Rheins. Die Bewohner abgewandert nach Trechtingshausen, Pfarrkirche und Kirchhof am alten Ort weiterbenutzt bis 1823. – Knöchlein, Aspisheim 193; Krienke, Mainz-Bingen 597; 612 ff.

(IV 49) (Bingen-)Kempten, Wüstung **Treffelsheim**. Südlich von Kempten, etwa 1 km nordnordöstlich der oben genannten Fundstelle auf Büdesheimer Gebiet (›Treffelsheimer Köpfchen‹) liegt in der Flur ›Im Kühweg‹ (vormals ›Auf der Platte‹, ›Platte‹) eine antike Großvilla. Das Fundmaterial reicht bis ins 5. Jh., mit deutlichem spätrömischen Schwerpunkt. Bereits 1928 wurden die – anscheinend beigabenlosen – Skelette eines erwachsenen Individuums und eines Kindes entdeckt, die grundsätzlich in der Westostachse lagen und unmittelbar angelehnt an entsprechend verlaufende antike Mauern durch Bauschutt hindurch eingetieft auf dem jüngsten antiken Estrich auflagen. Die Grabschächte wiesen keinerlei aufwendigere Steinauskleidung auf. Mitten zwischen diesen beiden Gräbern fand sich später ein weiteres Skelett, das ostwestlich orientiert war und die Kanäle einer antiken Bodenheizung in diesem Bereich störte. Auch dieses Grab wies keinen besonderen Grabbau auf und war beigabenlos. In der Grabauffüllung fand sich eine Glasperle des 5. Jhs. Ein südöstlich der bislang bekannten antiken Reste gelegenes Gelände trägt heute den Namen Treffelsheimer Hohl und bezieht sich auf einen alten Hohlweg, der vom ebenen Gelände südsüdöstlich schräg zum Hang wegstrebt. Der nördliche Ausgangspunkt des Weges liegt dicht bei der antiken Villa. Letztere lag also in noch nicht näher fassbarer Weise im Bereich der mittelalterlichen Wüstung Treffelsheim: Teile des antiken Villenareals waren also im Frühmittelalter wieder besiedelt worden. Zu Beginn der sechziger Jahre kam etwa 100 m hangaufwärts westlich der bislang bekannten Baureste der antiken Villa bei Ausschachtungen zum Bau des heutigen Anwesens Haus Hohlweg in der Flur ›Büdesheimer Hohl‹ ein fragm. Knickwandbecher des 7. Jhs. zutage, wohl Rest einer Grabausstattung. 1987 wurde knapp 50 m östlich davon ein definitives Frauengrab des frühen 7. Jhs. durch das Mainzer Amt freigelegt. Dieses Gräberfeld kann von den Entfernungen her nicht mit Kempten zusammenhängen. Seine Lage auf dem zur antiken Villa hin abfallenden Hang und die kurze Entfernung zur antiken Villa erhärten auch aus diesem Blickwinkel, dass die zugehörige Siedlung, d. h. also Treffelsheim, im Areal der antiken Villa entstanden ist, deren Hauptgebäude in nachmerowingischer Zeit vorübergehend als Grablege und möglicherweise Standort eines Kirchenbaus diente. – G. W. J. Wagner, Die Wüstungen im Großherzogthum Hessen. Provinz Rheinhessen (Darmstadt 1865) 65 f. zu Nr. 41; Behrens, Katalog Bingen 219 zu K7; Karte der Umgebung von Bingen Nr. 7 (rot); Mainzer Zeitschr. 59, 1964, 131 f.; ebd. 63/64, 1968/69, 198; ebd. 65, 1970, 165 f.; ebd. 67/68, 1972/73, 299; ebd. 69, 1974, 239 f.; ebd. 70, 1975, 213; ebd. 73/74, 1978/79, 342; ebd. 75, 1980, 253; ebd. 76, 1981, 170; ebd. 77/78, 1982/83, 199; Knöchlein, Aspisheim 191 f.; Witteyer, Besiedlung zu Fst. 9; Taf. 237–258.

(IV 50) **Udenheim**, Kr. Alzey-Worms. Die Bergkirche überlagert wohl antiken Bau; keine näheren Angaben, Dokumentation der Grabung Behn verschollen. – Knöchlein, Aspisheim 193.

(IV 51) (Bad Dürkheim-)**Ungstein**. Der spätantike Burgus im Norden des alten Ortsbereiches war unter noch nicht geklärten Umständen am Beginn der nachantiken Entwicklung nicht ganz unbeteiligt und namengebend für Ungstein (714 Unches stagni; 764 Uncunstein) ähnlich anderen Fällen bereits im Frühmittelalter belegter Ortsnamen auf ›-stein‹, die mit spätantiken Befestigungen zusammenhängen. H. Polenz vertritt dagegen die Auffassung, dass ein etwa 70 m südöstlich des Burgus fassbares merowingerzeitliches Gräberfeld sich nicht auf den Bereich dieser Festungsanlage, sondern auf einen anderen alten Siedlungskern fast 200 m weiter südöstlich bezieht. Direkte Anzeichen einer nachantiken Nutzung des Burgus liegen nur aus der Zeit um 1000 vor. Zwischen dem merowingerzeitlichen Gräberfeld und dem Burgus – von dessen Südwestecke nur 20 m entfernt – fanden sich neun beigabenlose Körperbestattungen in unterschiedlicher Orientierung, in denen H. Bernhard wohl zu Recht Angehörige der spätantiken Kastellbesatzung sieht. – Staab, Mittelrhein 46.119; Bernhard, Burgi 25 Abb. 2; 27 Abb. 4; 34 f.; 36 Abb. 19; Polenz, Pfalz 35 ff.; G. P. Karn / R. Mertzenich, Kreis Bad Dürkheim. Kulturdenkmäler in Rheinland-Pfalz 13.1 (Worms 1995) 122 ff.

(IV 52) **Wachenheim a. d. Weinstraße**, Kr. Bad Dürkheim. Die antike Villa nordöstlich abseits des historischen Ortsbereiches in der Flur ›Am Osthof‹ lt. Aussage der Siedlungsfunde und des zugehörigen Gräberfeldes ca. 400 m südlich noch klar bis ins frühere 5. Jh. konventionell besiedelt. Unmittelbar zeitlich anschließend zwischen zwei Nebengebäuden ein streuender, neu angelegter Bestattungsbereich mit dreizehn spärlich, aber chronologisch signifikant ausgestatteten Gräbern aus dem zweiten und dritten Viertel des 5. Jhs. Im Bereich des Hauptgebäudes zwei Grubenhütten dieser Zeit. Hinweise auf sich darüber hinaus in die Merowingerzeit fortsetzende Aktivitäten fehlen unmittelbar im soweit erforschten Bereich der Villenbebauung. Dennoch dürfte der Gutshof insgesamt in noch nicht näher fassbarer Form an den Ursprüngen der nahegelegenen, erstmals im Hochmittelalter erwähnten Ansiedlung Osthof beteiligt gewesen sein. Von dieser Wüstung ist eigentlich nur das spätmittelalterliche bis neuzeitliche Endstadium der Entwicklung, der Herrensitz Hollerburg, im Gelände 280 m westlich der Villa lokalisierbar. Eine fränkische Vorgängersiedlung könnte durchaus sehr viel näher an der römischen Villa oder gar in deren Bereich gelegen haben, wofür ein merowingerzeitliches Gräberfeld nur etwa 120 m nordwestlich der Villengebäude spricht, von dem allerdings bislang noch wenig bekannt ist. – Pfälzer Heimat 20, 1969, 131 f.; Polenz, Pfalz 412 f.; H. Bernhard, Mitt. Hist. Ver. Pfalz 95, 1997, 20 ff.; ders. (Hrsg.), Archäologie in der Pfalz. Jahresbericht 2000 (Speyer 2001) 93 ff.; J. Keddigkeit / A. Thon / R. Übel (Hrsg.), Pfälzisches Burgenlexikon 2 F–H (Kaiserslautern 2002) 417 ff. (dort unter der Bezeichnung Hollenburg); H. Bernhard in: Haupt/Jung, Alzey 189 Anm. 31.

(IV 53) **Weiler**, Kr. Mainz-Bingen. Der bereits 823 historisch nachweisbare Ort (»Uuillare«) überlagert antike Ansiedlung; Funde im Bereich der bereits früh überlieferten Kirche St. Maria Magdalena. Etwa 150 m nordnordöstlich der Kirche fanden sich u. a. aufwendig gearbeitete Architekturteile, die sowohl von einem Gebäude als auch von einem größeren Grabmonument stammen könnten. Keine mit dem Ortskern um die Kirche zusammenhängenden Grabfunde der Merowingerzeit bislang bekannt. – Knöchlein, Aspisheim 193; Witteyer, Besiedlung.

(IV 54) **Weiler**, Kr. Mainz-Bingen. Nordnordöstlich setzt sich von Weiler ein Siedlungskern um einen alten Wirtschaftshof des Klosters Rupertsberg ab. Bei Abbrucharbeiten im Bereich des Hofes fanden sich zwischen den Weltkriegen, wohl 1938 antike Kleinfunde und Mauerzüge. Auch bei der Nachkriegsbebauung des unmittelbaren Umfeldes fanden sich im Untergrund – wohl antike – Mauerzüge. Grabfunde der Merowingerzeit in geringer Entfernung belegen die lange zurückreichende Tradition des Klosterhofes bzw. die frühe Wiederbesiedlung des antiken Ortes. – Knöchlein, Aspisheim 193; Witteyer, Besiedlung; Neumayer, Mittelrheingebiet 205; Krienke, Mainz-Bingen 626 f.; 778 (Karte; ›Ober dem Hof‹).

(IV 55) (Mainz-)**Zahlbach**. Auf dem Hangfuß des Kästrichanstiegs östlich der Zaybachaue antiker Gebäudekomplex wohl einer suburbanen Villa mit Anzeichen nachrömischer Besiedlung. – Knöchlein, Mainz 13; 26 Kat. 36; H. Bernhard in: Attila und die Hunnen. Ausstellungskat. Speyer (Stuttgart 2007) 124.

V A Elsass, nördlicher Teil (Dép. Bas-Rhin)

(V 1) **Achenheim**. Römische Bebauung im alten Ortsbereich; keine näheren Angaben. Dazu fränkisches Gräberfeld. – Flotté/Fuchs, Bas-Rhin 154.

(V 2) **Avolsheim**. Im Ortsbereich um die Ulrichskapelle Hinweise auf antike Vorbesiedlung. – Flotté/Fuchs, Bas-Rhin 160.

(V 3) **Bettweiler** (Bettwiller). Im Bereich der Kirche und in deren unmittelbarem Umfeld römische Gebäudereste und jüngermerowingische Bestattungen. – Flotté/Fuchs, Bas-Rhin 188.

(V 4) **Bockenheim** (Bouquenom). Der mittelalterliche Stadtkern überlagert einen ausgedehnten antiken Vicus (Beobachtungen etwa bei der Pfarrkirche St. Georg). Das Frühmittelalter archäologisch noch nicht belegt. – Flotté/Fuchs, Bas-Rhin 547 ff.

(V 5) **Brumath**. Aus historischen Gründen ist kontinuierliche Entwicklung vom antiken Brocomagus zum heutigen Ort an gleicher Stelle anzunehmen. Die Weiterbesiedlung im Frühmittelalter archäologisch noch nicht belegt. – Flotté/Fuchs, Bas-Rhin 213 ff.

(V 6) **Dachstein**. Im Bereich eines spätrömischen Burgus Körpergrab ohne nähere Angaben zur Zeitstellung. – Flotté/Fuchs, Bas-Rhin 237 f.

(V 7) **Durstel** (718: Turestodolus). Altgegrabener Bestattungsplatz mit römischen und fränkischen Gräbern; kontinuierliche Belegung nicht mehr nachzuvollziehen. – Flotté/Fuchs, Bas-Rhin 259 ff.

(V 8) **Eyweiler** (Eywiller). Möglicherweise kontinuierlich belegtes spätrömisch-fränkisches Gräberfeld. – Flotté/Fuchs, Bas-Rhin 285.

(V 9) **Herbsheim**. Im Bereich der Villenstelle Gietzenfeld/Kirchsträng hoch- und spätmittelalterliche Funde; möglicherweise topographischer Zusammenhang mit merowingerzeitlichem Gräberfeld im Bereich ›Strangäcker‹. – Flotté/Fuchs, Bas-Rhin 351.

(V 10) **Hochfelden**. Die römische Ansiedlung ›Auf den Scherlenheimer Weg‹ in der Merowingerzeit zumindest wiederbesiedelt. Es ist dies auch der Fundort des bekannten, 1964 geborgenen Frauengrabes des ›Attilahorizontes‹. – Flotté/Fuchs, Bas-Rhin 358 f.

(V 11) **Kestenholz** (Châtenois). Im Ortsbereich nahe der Kirche Hinweise auf römische Vorbesiedlung. – Flotté/Fuchs, Bas-Rhin 235.

(V 12) **Kirchheim**. Das historische Ortszentrum hat sich schrittweise aus einer kontinuierlich besiedelt gebliebenen antiken Großvilla entwickelt, in deren Bereich der merowingische Königshof des Domänenkomplexes Marlenheim lokalisiert wird. Den entsprechenden Baubefunden auch Bestattungsplatz der Merowingerzeit zuzuordnen. – Flotté/Fuchs, Bas-Rhin 379 ff.

(V 13) **Krautgersheim**. In der Flur ›Große Schaumatten‹ Spuren römischer und frühmittelalterlicher Besiedlung. Keine näheren Angaben. – Flotté/Fuchs, Bas-Rhin 383.

(V 14) **Lauterburg** (Lauterbourg). Vage Hinweise auf römische Gebäudespuren im alten Stadtkern. – Flotté/Fuchs, Bas-Rhin 391.

(V 15) **Sundhausen** (Sundhouse). Am Ort einer römischen Villenstelle die Wüstung **Linkenheim**. Keine näheren Angaben. – Flotté/Fuchs, Bas-Rhin 619.

(V 16) **Lixhausen**. In der Flur ›Dusteckelamm‹ wohl Hauptgebäudebereich einer antiken Villa mit Anzeichen einer frühmittelalterlichen Nutzung. – Flotté/Fuchs, Bas-Rhin 401.

(V 17) **Lupstein**. Im alten Ortszentrum (739: Lupfinstagni) im Kirchenhügel Reste eines aufwendigen antiken Baukomplexes. Keine archäologischen Hinweise zum Frühmittelalter. – Flotté/Fuchs, Bas-Rhin 405.

(V 18) **Mackweiler** (Mackwiller). Der heutige Ort hat sich aus einer antiken Großvilla entwickelt (u. a. Badeanlage am östlichen Ortsrand, Baubefunde im Bereich der Kirche). Dem Siedlungskomplex fränkisches Gräberfeld zuzuordnen. – Flotté/Fuchs, Bas-Rhin 409.

(V 19) **Maursmünster** (Marmoutier). Kontinuierliche Besiedlung und schrittweise bauliche Entwicklung aus einer antiken Großvilla in die Merowingerzeit und darüber hinaus. Im Bereich der heutigen Abteikirche spätantiker Grabbau(?) als Ausgangspunkt der Entwicklung. – Flotté/Fuchs, Bas-Rhin 419 ff.

(V 20) **Neuweiler** (Neuwiller-lès-Saverne). Im Bereich des Kapitelhofs Hinweise auf römische Vorbesiedlung und frühmittelalterliche Weiter- oder Wiederbesiedlung des alten Ortsbereiches. – Flotté/Fuchs, Bas-Rhin 451 f.

(V 21) **Bad Niederbronn** (N.-les-Bains). Der heutige Ort (820: Brunnon) hat sich, archäologisch vielfältig belegbar, kontinuierlich aus einem antiken Badeort entwickelt. – Flotté/Fuchs, Bas-Rhin 451 ff.; P. Prévost-Bouré / J.-C. Gérold, Cahiers Alsaciens 45, 2002, 19 ff.

(V 22) (Burgheim-)**Oberburgheim**. Der Ort überlagert teilweise antike Ansiedlung. Vor allem die Pfarrkirche St.-Arbogast vom Ort auffallend abgesetzt über antiken Mauern und Plattengräbern ungeklärter Zeitstellung. – Flotté/Fuchs, Bas-Rhin 196 ff.

(V 23) **Oermingen**. Unmittelbar bei den Baubefunden der Villenstelle ›Busmauer‹ merowingische Plattengräber. Aus dem Villenbereich stammt ferner ein 72 cm langer Sax: Ohne aussagekräftigen Grabzusammenhang wohl nicht mehr zu entscheiden, ob es sich um einen Schmalsax der Zeit um 600 handelt oder gar um einen attilazeitlichen bis frühmerowingischen Schmalsax entsprechend etwa bekannten Beispielen aus Pleidelsheim, Hemmingen, Basel-Kleinhüningen, Fridingen a. d. Donau; für letztere Annahme könnte sprechen, dass der Schneidenverlauf nicht in der Art geschweift ist, wie dies bei den späteren Schmalsaxen der Fall ist. – Flotté/Fuchs, Bas-Rhin 495.

(V 24) **Plompsheim** (Plobsheim). Die Kapelle Nôtre-Dame du Chêne im Bereich antiker Gebäudereste. – Flotté/Fuchs, Bas-Rhin 516.

(V 25) **Reichshofen** (Reichshoffen). Der 994 als Richenesovan unter diesem Namen ersterwähnte Ort überlagert ausgedehnte antike Ansiedlung, wohl Vicus. Zum Frühmittelalter archäologisch nichts bekannt. – Flotté/Fuchs, Bas-Rhin 519 ff.

(V 26) **Saarwerden** (Sarrewerden). Der Ort überlagert wohl antike Großvilla. Beobachtungen u. a. bei der Pfarrkirche. Keine Anhaltspunkte zur nachrömischen Entwicklung. – Flotté/Fuchs, Bas-Rhin 550 f.

(V 27) **Wasselnheim** (Wasselonne; 754: Wazzeleneheim). Beim Bau des Bahnhofs 1864–65 ein aufwendig gemauerter antiker Gebäudekomplex unbekannter Bedeutung (zahlreiche Ziegelstempel der Achten Legion) freigelegt. Darin ungefähr vierzig Plattengräber der Merowingerzeit mit Beigaben. – Flotté/Fuchs, Bas-Rhin 634.

(V 28) **Weyersheim**. Im Hauptgebäudebereich der römischen Villa ›Bruchkirch‹ Hinweise auf merowingerzeitliche Bestattungen und Besiedlungsspuren vom 9. bis 12. Jh. – Flotté/Fuchs, Bas-Rhin 645.

(V 29) **Wolfskirchen**. In der Flur ›Gärten bei der alten Diedendorfer Kirche‹ kleiner Ausschnitt eines antiken Gebäudes mit zwei beigabenlosen, westöstlich gerichteten Bestattungen unmittelbar nebeneinander in Raum A; eine davon in Plattengrab aus antiken Spolien. – Flotté/Fuchs, Bas-Rhin 654 f.

V B Elsass, südlicher Teil (Dép. Haut-Rhin)

(V 30) **Bergheim**. Ortskern im aufwendig ausgestatteten Hauptgebäudebereich einer antiken Villa. – Zehner, Haut-Rhin 106.

(V 31) **Blieschwihr**, Wüstung im Stadtgebiet von Colmar. Im Bereich einer römischen Siedlung. – Zehner, Haut-Rhin 131 f.

(V 32) **Buchsweiler** (Bouxwiller). Der Ort überlagert eine römische Ansiedlung. – Zehner, Haut-Rhin 121.

(V 33) **Gebweiler** (Guebwiller). Die Pfarrkirche St.-Léger auf römischen Mauern errichtet. – Zehner, Haut-Rhin 166.

(V 34) **Kötzingen** (Koetzingue). Im Bereich der Wüstung **Gutzwiller** römische Siedlungsbefunde. – Zehner, Haut-Rhin 225.

(V 35) **Hattstatt**. Die nördlich abgesetzt vom heutigen Ort gelegene Kirche St.-Colombe überlagert antike Ansiedlung. Chronologisch dazwischen merowingerzeitliche Gräber. Die Flurbezeichnung ›Altewic‹ wohl Hinweis, dass hier der ursprüngliche Siedlungsmittelpunkt von Hattstatt lag. – Ch. Bonnet / S. Plouin, Cahiers Alsaciens 38, 1995, 93.95; Zehner, Haut-Rhin 174.

(V 36) **Haussen** (Houssen). Wohl kontinuierlich seit der Antike besiedelt gebliebener Ortsbereich (römische und frühmittelalterliche Siedlungsbefunde, merowingerzeitlicher Bestattungsplatz). – Zehner, Haut-Rhin 196.

(V 37) **Hirzbach** (Hirtzbach). Die Kapelle St.-Léger im Bereich antiker Baubefunde. Dabei beigabenlose, steingefasste Bestattungen. – Zehner, Haut-Rhin 180.

(V 38) **Illzach**. Die antike Großvilla ›Am Weiher‹ wohl im Zuge der Ereignisse von 275 zunächst zerstört. Wiederbesiedlung im 4. Jh. fassbar anhand neuer Bauaktivitäten. Wohl seit dem 5. Jh. Wechsel zu hölzerner Bauweise und Andauern der Besiedlung bis ins 9. Jh. Von der ersten Hälfte des 5. Jhs. an Präsenz germanischstämmiger Bewohner mit signifikantem Fundniederschlag. – Zehner, Haut-Rhin 207 ff.

(V 39) **Kleinlandau** (Petit-Landau). In der Flur ›Altdorf‹ römische und merowingerzeitliche Besiedlungsspuren im gleichen Bereich. – Zehner, Haut-Rhin 248.

(V 40) **Köstlach**. Der östliche Randbereich des alten Ortskerns überlagert im ›Bürgelgarten‹ an der Dörflegasse zumindest das aufwendig ausgestattete Hauptgebäude einer römischen Großvilla. Antike Besiedlungsdauer nach derzeitigem Kenntnisstand bis um 400. An wenigstens zwei verschiedenen Stellen des Gebäudes Körpergräber mit spärlicher Beigabenausstattung der jüngeren bis späten Merowingerzeit. Davon speziell ein Frauengrab mit Scheibenfibel separiert im Gebäudeabschnitt 12. – Zehner, Haut-Rhin 222 ff.

(V 41) **Kötzingen** (Koetzingue). Im alten Ortskern Spuren antiker Bebauung. Dem Siedlungskomplex merowingerzeitliches Gräberfeld zuzuordnen. – Zehner, Haut-Rhin 225.

(V 42) **Riedisheim**. Ausgedehnter antiker Siedlungsbereich in den Arealen ›Neben dem Marxweg‹ und ›Ober dem Marxweg‹ mit bis in die erste Hälfte des 5. Jhs. reichenden Befunden. Um das antike Hauptgebäude herum die Siedlungsbefunde der hier gelegenen Wüstung **Leibersheim**, beginnend mit dem 6. Jh. – Zehner, Haut-Rhin 262 ff.

(V 43) **Linsdorf**. In der Flur ›Sainte-Blaise‹ wohl Villenstelle mit Hinweisen auf merowingerzeitliche Besiedlung und zugehörigem Bestattungsplatz dieser Zeit. – Zehner, Haut-Rhin 228.

(V 44) **Lutterbach**. Der bereits 728 historisch erwähnte Ort überlagert antike Ansiedlung. In der Holzgasse am Ortsrand spätrömischer Bestattungsplatz, u. a. ein ins frühe 5. Jh. münzdatiertes Grab. Das Frühmittelalter archäologisch noch nicht belegt. – Zehner, Haut-Rhin 230.

(V 45) **Obersulzbach** (Soppe-le-Haut). Spuren antiker Vorbesiedlung im Ortsbereich. – Zehner, Haut-Rhin 291.

(V 46) Biesheim. Die Wüstung **Oedenburg** bzw. deren Kirche über römischer Ansiedlung. – Zehner, Haut-Rhin 110 f.

(V 47) **Oltingen** (Oltingue). Im Bereich der Kirche St. Blaise antike Siedlungsschicht und frühmittelalterliches Gräberfeld. – Zehner, Haut-Rhin 245 f.

(V 48) **Ostheim**. Im Ortsbereich römische Siedlungsfunde. – Zehner, Haut-Rhin 246.

(V 49) **Rufach** (Rouffach). Der 770 in der Form »pagus Rubeacus« erwähnte und mit der älteren Tradition eines merowingischen Königshofes verbundene Ort überlagert antike Ansiedlung mit Spuren aufwendiger Bebauung und ist seit der Antike kontinuierlich besiedelt geblieben, wie vielfältige archäologische Hinweise zeigen. – Zehner, Haut-Rhin 268 ff.

(V 50) **Sulzmatt** (Soultzmatt). Bei Kanalbauarbeiten in der Kirche St. Grégoire römische Funde, wohl Siedlungsfunde und merowingisch eingestufte Sarkophage. – Zehner, Haut-Rhin 292 f.

(V 51) Balschweiler (Balschwiller). Die Wüstung **Uesswiller** im Bereich einer römischen Ansiedlung. – Zehner, Haut-Rhin 102.

(V 52) **Untersteinbrunn** (Steinbrunn-le-Bas). Im Bereich der römischen Villa ›Kalaecker-Grossbock‹ Wiederbesiedlung in der Merowingerzeit. – Zehner, Haut-Rhin 294.

(V 53) **Wittenheim**. Im Bereich ›Brestenberg-Niederhof‹ Villenstelle mit nachrömischen Besiedlungsspuren bislang der Karolingerzeit. Der lange Zeitraum von der mittleren Kaiserzeit bis dahin noch nicht überbrückt. – Zehner, Haut-Rhin 325.

VI Schweiz, Fürstentum Liechtenstein, Vorarlberg

(VI 1) (Neuhausen-)**Aazheimer Hof**, Kt. Schaffhausen. Im Bereich der mittelalterlichen und neuzeitlichen Domäne römische Baubefunde, u. a. eine Badeanlage. – Trumm, Hochrhein 306 ff.

(VI 2) **Aesch**, Kt. Basel-Land. Das alte Ortszentrum überlagert antike Ansiedlung. Spätrömische und frühmittelalterliche Funde. – Marti, Siedlungsgeschichte 7 ff.

(VI 3) **Aetingen**, Kt. Solothurn. Die Pfarrkirche St. Gallus im Bereich einer antiken Ansiedlung, indirekt erschließbar aus Baumaterialfunden in den ältesten Gräbern (alle beigabenlos). Die Gräber wohl auf einen nicht näher fassbaren ersten Kirchenbau zu beziehen. – Arch. Solothurn 2, 1981, 65 ff.

(VI 4) **Allschwil**, Kt. Basel-Land. Unter Kirche und Friedhof antike Villenstelle. Keine näheren Angaben. – Jahrb. SGU 46, 1957, 119; Jahrb. SGUF 56, 1971, 202; ebd. 58, 1974, 184; ebd. 84, 2001, 227; Marti, Siedlungsgeschichte 54 f.

(VI 5) **Altendorf**, Kt. Schwyz. Pfarrkirche mit Ortszentrum überlappt sich in noch nicht näher fassbarem Ausmaß mit dem Areal eines antiken Gutshofes. – Mitt. Hist. Ver. Kanton Schwyz 57, 1964, 3 ff., vor allem 5 f.

(VI 6) **Altstätten**, Kt. Zürich. Die Marienkirche überlagert wohl Hauptgebäude einer antiken Villa. Frühester bislang fassbarer Kirchenbau 11. Jh.; die intakte Ziegelplattenabdeckung einer Hypokaustanlage diente im hohen Mittelalter als Laufboden. – Jahrb. SGU 33, 1942, 95; Ita, Kirche, Kirche 27.

(VI 7) **Anwil**, Kt. Basel-Land. Östlich vom Dorf abgesetzt römische Villenstelle und frühmittelalterliche Bestattung. Keine genaueren Angaben. – Marti, Siedlungsgeschichte 57.

(VI 8) **Ardon**, Kt. Wallis. Die Pfarrkirche St.-Jean-Baptiste hat sich im Bereich einer antiken Villa schrittweise aus einem Grabbau des 5. Jhs. entwickelt. – Zeitschr. Schweizer Arch. u. Kunstgesch. 21, 1961, 113 ff.; Martin, Besiedlung 120 f. Abb. 48; Vorromanische Kirchenbauten I, 25 f.; R'Schweiz 323.

(VI 9) **Baar**, Kt. Zug. Die Pfarrkirche St. Martin auf antiker Villenruine entstanden. Auf letztere bezogen jünger- bis spätmerowingische Tuffplattengräber. Dicht bei der Kirche Gräberfeld mit Bestattungen des späten 6. und 7. Jhs. Nachrömische Holzbaubefunde. – Vorromanische Kirchenbauten II, 40 f.; Jahrb. SGUF 56, 1971, 204; 233 f.; ebd. 76, 1993, 202; ebd. 81, 1998, 312; ebd. 82, 1999, 282.303; ebd. 85, 2002, 312; ebd. 86, 2003, 231 f.; ebd. 87, 2004, 163 ff.

(VI 10) **Balsthal**, Kt. Solothurn. Kirche überlagert antike Villa; keine näheren Befundangaben. Im Außenbereich auf die antike Ruine zu beziehende, beigabenlose Bestattungen. – Jahrb. SGU 5, 1912, 164; ebd. 28, 1936, 68; ebd. 46, 1957, 121 und 150; Jahrb. SGUF 57, 1972/73, 287; Martin, Besiedlung 128.

(VI 11) **Balzers**, Fürstentum Liechtenstein. Unter dem Ort römische Baubefunde. Anhand des Fundmaterials kontinuierliche Weiterbesiedlung durch die nachrömische Zeit bis heute belegbar. – Jahrb. SGUF 80, 1997, 240.

(VI 12) **Bassersdorf**, Kt. Zürich. Die 1370 erstmals erwähnte, ältere Pfarrkirche St. Johannes bzw. deren hochmittelalterlicher Vorgängerbau nicht bauverzahnt und in der Orientierung abweichend über einer bis ins 4. Jh. besiedelten antiken Villa. Unter den Kleinfunden aus der Villa auch ein sicher nachantiker Spinnwirtel. – Zürcher Denkmalpflege 4, 1964/65, 187 f.; ebd. 8, 1975/76, 33; Jahrb. SGUF 57, 1972/73, 288 ff. Abb. 69.

(VI 13) **Beinwil**, Kt. Aargau. In der Ruine einer antiken Villa wohl beigabenlose Skelette; keine näheren Angaben. – Jahrb. SGU 20, 1928, 61.

(VI 14) **Bellmund**, Kt. Bern. Der historische Ortskern um die Kirche überlagert wohl antike Villa. – Jahrb. SGUF 87, 2004, 405 f.

(VI 15) (Mesocco-)**Benabbia**, Kt. Graubünden. Beigabenlose, nachrömische Plattengräber in spätrömischen Bauschutt eingetieft. – Jahrb. SGUF 89, 2006, 278.

(VI 16) **Bennwil**, Kt. Basel Land. Im Frühmittelalter wiederbesiedelte Villa rustica. – Martin, Besiedlung 123; Vorromanische Kirchenbauten II, 50; Marti, Siedlungsgeschichte 84 ff.

(VI 17) **Berg**, Kt. Thurgau. Die heutige reformierte Kirche im Bereich eines antiken Siedlungsplatzes; keine näheren Angaben. – Jahrb. SGUF 77, 1994, 193.

(VI 18) **Beringen**, Kt. Schaffhausen. Die Dorfkirche wohl im Bereich einer antiken Ansiedlung. – Jahrb. SGUF 74, 1991, 256; Trumm, Hochrhein 251 f.

(VI 19) **Bern**. Ägidiuskapelle über antikem Tempel; frühester fassbarer Kirchenbau angeblich erst 14. Jh. – Ita, Kirche, Kirche 35 f.

(VI 20) **Bernex**, Kt. Genf. Das heutige Dorf hat sich kontinuierlich aus einem antiken Gutshof entwickelt. – Martin, Besiedlung 120; R'Schweiz 366 f.

(VI 21) **Biberist**, Kt. Solothurn, ›Spitalhof‹. Nachantike Bestattungen in antiker Villa. Unmittelbar an der nördlichen Umfassungsmauer zwei auf die Bausubstanz des Wirtschaftstraktes bezugnehmende, isolierte Gräber mit Gürtelschnallen der Zeit um 600; beigabenlose Gräbergruppe »auf der östlichen Unterteilungsmauer«. – Jahrb. SGUF 70, 1987, 218 f.; ebd. 71, 1988, 264 f.; Arch. Solothurn 5, 1987, 157 Abb. 1.

(VI 22) **Binningen**, Kt. Basel-Land. Kirche wohl im Bereich einer antiken Ansiedlung, vielleicht Straßenstation. Spätrömische Funde; vereinzelter frühmittelalterlicher Fund. Zuletzt: Marti, Siedlungsgeschichte 87 f.

(VI 23) **Bioggio**, Kt. Tessin. Die Pfarrkirche San Maurizio hat sich wohl aus einem spätestantiken Grabbau entwickelt. – Jahrb. SGUF 81, 1998, 313 f.

(VI 24) **Birmenstorf**, Kt. Aargau. Unmittelbar bei einem römischen Gebäude frühmittelalterliches Grubenhaus. – Jahrb. SGUF 90, 2007, 184.

(VI 25) **Bösingen**, Kt. Freiburg. Schon seit dem ältermerowingischen Horizont dicht belegtes, 237 Bestattungen umfassendes Gräberfeld mit romanischem Ausstattungsmuster zwischen der Porticus des Hauptgebäudes und der Terrassierungsmauer einer antiken Villa. Die Villenruine mit den Bestattungen anschließend durch ein »wahrscheinlich mittelalterliches, rechteckiges Gebäude unbekannter Funktion« überlagert. Darum entwickelte sich schließlich das alte Ortszentrum mit der ehemaligen Cyriuskirche (heute St. Jakobus). – Jahrb. SGU 41, 1951, 118; ebd. 46, 1957, 124 f.; ebd. 48, 1960/61, 143 ff.; Ita, Kirche, Kirche 37 f.; R'Schweiz 369 f.; Freiburger Arch. Fundber. 1986, 72 Abb. 94; ebd. 1994, 17 f. Abb. 6; Freiburger H. Arch. 1, 1999, 40 ff.; Jahrb. SGUF 78, 1995, 213; ebd. 81, 1998, 290; ebd. 82, 1999, 283 f.; ebd. 83, 2000, 233; ebd. 84, 2001, 257; ebd. 88, 2005, 350; ebd. 90, 2007, 163.

(VI 26) **Boswil**, Kt. Aargau. Die Martinskapelle hat sich schrittweise aus einer antiken Villa entwickelt. – Jahrb. SGU 26, 1934, 49; Ita, Kirche, Kirche 39; Jahrb. SGUF 82, 1999, 304 f.

(VI 27) **Bourg-St.-Pierre**, Kt. Wallis. Die Kirche mit dem alten Ortskern über einer antiken Mansio entstanden. Bislang ältester fassbarer Kirchenbau karolingisch. – Ita, Kirche, Kirche 40 f.

(VI 28) (Rankweil-)**Brederis**, Vorarlberg. Römische Villa im Bereich ›Weitried‹ nördlich abseits des heutigen Ortes. In der nach Süden vorspringenden Apsis eines im Südosten des Hauptgebäudekomplexes gelegenen Saales beigabenlose Körperbestattung des 8. Jhs. (C14-Datum um 745). Anscheinend keine weiteren gleichzeitigen Zeugnisse bekannt. Im Spätmittelalter bestand im gleichen Bereich ein als Schmiede gedeuteter Gesamtbefund. – Overbeck, Alpenrheintal 53 ff.; D. Hagn, Jahrb. Vorarlberger Landesmusver. 145, 2001, 63 ff.

(VI 29) **Bubendorf**, Kt. Basel-Land. In der Flur Fieleten römischer Gutshof mit spätrömischen und frühmittelalterlichen Funden. – Marti, Siedlungsgeschichte 93.

(VI 30) (Bern-)**Bümpliz**. Die Mauritiuskirche überlagert zumindest streckenweise deckungsgleich, wenn nicht gar bauverzahnt den Badetrakt des Herrenhauses einer antiken Großvilla. Außerhalb der Kirche an anderer Stelle im Bereich des Herrenhauses von der antiken Bauflucht abweichender, »frühchristlicher« resp. subantiker Grabbau mit westöstlich gerichteter Bestattung. – Zusammenfassend: Arch. Bern 3, 1994, 397 ff.; Jahrb. SGUF 81, 1998, 288 f.; ebd. 83, 2000, 231.

(VI 31) **Büren a. d. Aare**, Kt. Bern. Die Wallfahrtskapelle St. Maria bauverzahnt mit antiker Ruine. Zwischen letzterer und dem ersten steinernen Kirchenbau vor Ort im hohen Mittelalter liegt zeitlich eine hölzerne Kapelle, die zahlreiche Bestattungen an sich gezogen hat, wohl alle nachmerowingisch. – Jahrb. SGUF 78, 1995, 230 f.; ebd. 82, 1999, 305 f.

(VI 32) (Ägerten-)**Bürglen**, Kt. Bern. Die frühere Marienkirche und heutige reformierte Kirche überlagert spätantiken Burgus. – Arch. Bern 2, 1992, 395 ff.

(VI 33) **Bursins**, Kt. Waadt. Die Martinskirche überlagert bei abweichender Bauorientierung aufwendige antike Gebäudereste. Die Anfänge der nachantiken Bauentwicklung noch nicht geklärt, ebenso die Zuordnung einiger verstreuter, beigabenloser Bestattungen. – Jahrb. SGUF 75, 1992, 235 f.

(VI 34) (Jona-)**Bußkirch**, Kt. Sankt Gallen (*Ad Fossonas, 842/843 Fossonas ecclesiam, 854 Fussinchirichun). Im weilerartig streuenden Ort überlagern Martinskirche und Kirchhof antiken Bau, wohl Hauptgebäude eines größeren Gutshofes oder Gebäudekomplex eines Vicus unmittelbar an der Einmündung der Jona in den oberen Zürichsee. Beibehaltung der antiken Bauorientierung. Zwei beigabenlose, südnordgerichtete Bestattungen orientieren sich noch an der antiken Bausubstanz. Zeitlich anschließend dann ältester, generell merowingerzeitlicher Kirchenbau. Weitere Bestattungen erst spätmerowingisch, karolingisch. Antike Baubefunde auch außerhalb der Kirche. – Jahrb. SGU 25, 1933, 111; Ita, Kirche, Kirche 42 f.; Helvetia Arch. 8, 1977, 146 ff.; Vorromanische Kirchenbauten II, 77; Jahrb. SGUF 84, 2001, 238; Eismann, Kirchen 299 f.

(VI 35) **Cadro**, Kt. Tessin. Die älteste wahrnehmbare, hochmittelalterliche Bauphase der Kirche S. Agata überlagert bei abweichender Orientierung antikes Gebäude. – Jahrb. SGUF 88, 2005, 375.

(VI 36) **Castiel**, Kt. Graubünden. Südwestlich abgesetzt vom heutigen Ort auf dem Plateau des Kirchhügels Carschlingg befestigte spätrömische Höhensiedlung. Kontinuierliche Weiter- oder zumindest Wiederbesiedlung in der Merowingerzeit (Siedlungsfunde, Holz-Erde-Befestigung). – Overbeck, Alpenrheintal 129 f.

(VI 37) **Chamson**, Kt. Wallis. Die Kirche St.-Pierre-de-Clages überlagert antiken Bau. – Ita, Kirche, 43 f.

(VI 38) (Sempach-)**Chilchbüel**, Kt. Luzern. Der heutige Weiler überlagert teilweise den Wirtschaftstrakt eines antiken Gutshofes. Die Pfarrkirche St. Martin bei abweichender Orientierung über antiken Mauern. Über dem Nebengebäude des Gutshofes massiver, quadratischer Bau übereinstimmender Ausrichtung (spätrömischer Burgus?), der wiederum von beigabenlosen, späten Gräbern abgelöst wird, an die sich wiederum der älteste fassbare Kirchenbau anschließt. Zusammenhang (wiederbesiedelter Gutshof) mit Reihengräberfeld in einiger Entfernung. – Ita, Kirche, Kirche 69 ff.; Martin, Besiedlung 124 Abb. 53.

(VI 39) **Colombier**, Kt. Neuchâtel. Der heutige Ortsmittelpunkt mit Kirche und Schloss hat sich aus dem Hauptgebäudekomplex einer antiken Großvilla entwickelt. Auch Fundmaterial der Merowingerzeit bekannt, wohl Siedlungsfunde. – Arch. Schweiz 7, 1984, 79 ff.; R'Schweiz 384 f.

(VI 40) **Commugny**, Kt. Vaud. Der heutige Ort hat sich wohl kontinuierlich aus einer antiken Großvilla entwickelt. Die Pfarrkirche bauverzahnt mit dem antiken Herrenhaus. – Ita, Kirche, Kirche 50 f.; Martin, Besiedlung 120 Abb. 47; Vorromanische Kirchenbauten II, 80 f.

(VI 41) **Corsier**, Kt. Genève. Die Pfarrkirche St. Mauritius und der alte Ortskern überlagern antike Ansiedlung. – Ita, Kirche, Kirche 51 f.

(VI 42) **Courroux**, Kt. Jura. Kirche mit altem Ortsbereich überlagert antiken Gutshof. – Martin, Besiedlung 123.

(VI 43) **Dällikon**, Kt. Zürich. Der alte Ortskern hat sich schrittweise aus einem römischen Gutshof entwickelt. – Jahrb. SGUF 84, 2001, 233 f.; ebd. 86, 2003, 233 f.; ebd. 87, 2004, 141 ff.

(VI 44) **Develier**, Kt. Jura. Frühmittelalterliches Gräberfeld mit Beigaben zumindest des 7. Jhs. im Bereich eines antiken Gutshofes. Keine genaueren Angaben. – Helvetia Arch. 7, 1976, 30 ff.

(VI 45) **Diepflingen**, Kt. Basel-Land. Im Ortsbereich römische Ansiedlung, evtl. auch frühmittelalterlicher Fund; keine näheren Angaben. – Marti, Siedlungsgeschichte 104.

(VI 46) **Dietikon**, Kt. Zürich. Das alte Zentrum um die St. Agathenkirche überlagert den Hauptgebäudekomplex einer antiken Großvilla. Bei Gebäude B im Wirtschaftstrakt drei Bestattungen des 7. Jhs., ferner merowingerzeitliches Keramikfragment und Kammfragment als Lesefunde in unmittelbarer Nähe. Eine konkretere Wiederbesiedlung des Villenareals bislang erst für das 9./10. Jh. nachgewiesen. – R'Schweiz 388 f. Abb. 362; Jahrb. SGUF 69, 1986, 267; ebd. 73, 1990, 207; ebd. 84, 2001, 234; ebd. 86, 2003, 259 f.; ebd. 87, 2004, 382; ebd. 88, 2005, 354 f.; ebd. 90, 2007, 164 f.; Chr. Ebnöther, Der römische Gutshof in Dietikon. Monogr. Kantonsarch. Zürich 25 (Zürich und Egg 1995) 232.

(VI 47) **Döttingen**, Kt. Aargau. Beigabenlose Skelette im Bereich einer antiken Villa. Keine näheren Angaben. – Jahrb. SGU 35, 1945, 86.

(VI 48) **Domdidier**, Kt. Freiburg. Die frühmittelalterliche Kapelle Notre-Dame-de-Compassion bauverzahnt mit mittelkaiserzeitlichem Grabbau. In letzterem Bestattung des 7. Jhs. – Jahrb. SGUF 68, 1985, 264.

(VI 49) **Dornach**, Kt. Solothurn. Der heutige Ort überlagert antiken Gutshof. – Ita, Kirche, Kirche 53; Jahrb. SGUF 57, 1972/73, 308 Abb. 85; ebd. 85, 2002, 314.

(VI 50) **Dübendorf**, Kt. Zürich. Der frühmittelalterliche Vorgängerbau der heutigen reformierten Kirche im Bereich einer antiken Villa entstanden. Die angetroffenen Gräber (beigabenlos, teils Steinkisten) wohl bereits auf den ältesten Kirchenbau zu beziehen. – Zürcher Denkmalpflege 6, 1968/69, 42 ff.; Vorromanische Kirchenbauten II, 98.

(VI 51) **Egerkingen**, Kt. Solothurn. Die Pfarrkirche St. Martin überlagert antike Villa unter Beibehaltung der antiken Bauorientierung. Vage Hinweise (Trockenmauer) auf frühmittelalterlichen Bau. Südöstlich außerhalb der Kirche Siedlungsgruben des späteren Mittelalters. 400 m westlich der Kirche frühmittelalterliches Gräberfeld. – Ita, Kirche, Kirche 53 f.; Martin, Besiedlung 122; Arch. Solothurn 2, 1981, 94 f.; Jahrb. SGUF 88, 2005, 355; Arch. und Denkmalpflege im Kanton Solothurn 10, 2005, 37 ff.

(VI 52) **Elgg**, Kt. Zürich. Auch im Falle von Elgg ist wohl von der Wiederbesiedlung eines antiken Gutshofes im Bereich des heutigen alten Ortszentrums auszugehen. Dies zeigen vor allem einschlägige Befunde unter der heutigen reformierten Kirche: Übereinstimmende Baufluchten deuten sich an; die antiken Baureste allerdings nur zu ganz geringen Teilen erforscht. – Zürcher Denkmalpflege 4, 1964/65, 41 ff.; Vorromanische Kirchenbauten II, 113 f.; R. Windler, Das Gräberfeld von Elgg und die Besiedlung der Nordostschweiz im 5.–7. Jh. Monogr. d. Kantonsarch. Zürich 13 (Zürich 1994) 150 f. Abb. 180.

(VI 53) **Elsau**, Kt. Zürich. Die lange Zeit vorherrschende Sichtweise, dass über einem Ökonomiegebäude einer antiken Villa ein hochmittelalterlicher Wohnturm errichtet wurde, später von einem Kirchenbau abgelöst, wurde jetzt in Frage gestellt. – Jahrb. SGUF 87, 2004, 409 f.

(VI 54) **Ennetbaden**, Kt. Aargau. Das heutige Ortszentrum überlagert antiken Gebäudekomplex. – Jahrb. SGUF 90, 2007, 165 f.

(VI 55) **Ettingen**, Kt. Basel-Land. Ältester, wohl spätmerowingischer Vorgängerbau der Pfarrkirche überlagert kleinen antiken Bau von quadratischem Grundriss. Keine Bauverzahnung, Abweichung in der Orientierung. Jahrb. SGUF 78, 1995, 232 f.; Marti, Siedlungsgeschichte 109 ff.

(VI 56) **Flums**, Kt. Sankt Gallen. Die Pfarrkirche St. Justus überlagert antike Villa; die Längsachse gegenüber der antiken Bauorientierung deutlich gedreht. Gräber des 7. Jhs. schon auf die Kirche bezogen. – Ita, Kirche, Kirche 55 f.; Vorromanische Kirchenbauten I, 77; Schneider-Schnekenburger, Churrätien 195 f.; Overbeck, Alpenrheintal 79 f.; Jahrb. SGUF 86, 2003, 261 f.

(VI 57) **Font**, Kt. Freiburg. Die Pfarrkirche St.-Sulpice hat sich wohl schrittweise aus einem spätantiken Grabbau entwickelt. – Freiburger Arch. Fundber. 1994, 29 ff.

(VI 58) **Freiburg**. Auf dem Pérollesplateau südlich außerhalb des alten Stadtgebietes in den Mauern einer antiken Villa jüngermerowingischer Bestattungsplatz einer Wüstung. – Freiburger H. f. Arch. 9, 2007, 24 ff.

(VI 59) **Frick**, Kt. Aargau. Die Pfarrkirche St. Peter und Paul überlagert ohne direkten baulichen Zusammenhang antike Villenruine. Auf letztere bezogen Bestattungen teils mit Beigaben der Zeit um 700. – Arch. Schweiz 1, 1978, 121 ff.; Vorromanische Kirchenbauten II, 129; R'Schweiz 397 f.

(VI 60) **Galmiz**, Kt. Freiburg, ›Gassenfeld‹. Neunzehn fast völlig beigabenlose Gräber im Bereich einer antiken Villa. Keine näheren Angaben zum Befund. Gräberfelder der Völkerwanderungszeit. – Neue archäologische Entdeckungen beim Nationalstraßenbau im Kanton Freiburg. Ausstellungskat. Basel (Freiburg 1978) 14.

(VI 61) **Grafenried**, Kt. Bern. Frühe, später umgebaute Saalkirche überlagert subantiken Grabbau. Noch keine näheren Angaben. – Jahrb. SGUF 71, 1988, 282.

(VI 62) **Gränichen**, Kt. Aargau. Die alte, heute nicht mehr bestehende Kirche wohl im Bereich einer antiken Villa. Keine weiteren Angaben. – Jahrb. SGU 47, 1958/59, 188; ebd. 50, 1963, 81.

(VI 63) **Granges-près-Marnand**, Kt. Vaud. Die Pfarrkirche bauverzahnt mit Nebengebäude eines antiken Gutshofes. Im Bereich außerhalb der ersten Kirche einige beigabenlosen Gräber wohl ohne Zusammenhang mit dem antiken Bau. Auf die erste Kirche bezogen Gräber des 7. Jhs. – Helvetia Arch. 4, 1973, 92 ff.; Vorromanische Kirchenbauten II, 153 f.

(VI 64) **Gravesano**, Kt. Ticino. Die Peterskirche hat sich kontinuierlich aus einem spätantiken Grabbau entwickelt. – Jahrb. SGUF 78, 1995, 233 f.

(VI 65) **Grenchen**, Kt. Solothurn. Die Pfarrkirche St. Eusebius überlagert antiken Bau. – Ita, Kirche 60 f.

(VI 66) **Grenchen**, Kt. Solothurn, ›Breitholz‹. Mehrere Bestattungen des 7. Jhs. im Bereich einer antiken Villa. – R'Schweiz 407; Arch. Solothurn 8, 1993, 86.

(VI 67) **Greyerz** (Gryères), Kt. Freiburg, ›Epagny/Les Adoux‹. In lockerer Gruppierung an mehreren Stellen im Bereich des Hauptgebäudes einer antiken Villa 30 beigabenlose Körpergräber ohne eindeutigen Bezug auf die antiken Mauern. – Freiburger Arch. Fundber. 1986, 78 ff.; ebd. 1987/88, 63 ff.

(VI 68) **Greyerz** (Gryères), Kt. Freiburg. Die Burg überlagert einen antiken Bau. – Freiburger Arch. Fundber. 1994, 68 ff.

(VI 69) **Großdietwil**, Kt. Luzern. Die alte, 1880 abgebrochene und durch einen Neubau unmittelbar südlich davon ersetzte Pfarrkirche St. Johannes d. T. überlagert unter Beibehaltung der Bauorientierung das Hauptgebäude einer antiken Villa, das sich auch unter den Kirchenneubau fortsetzt. Der Zeitraum vom Ende der römischen Besiedlung bis zum ältesten fassbaren, karolingischen Vorgängerbau der Kirche noch nicht zu belegen. – Eismann, Kirchen 320.

(VI 70) **Großwangen**, Kt. Luzern. Die Kapelle Oberroth samt Teilen des alten Ortsbereiches im Areal eines antiken Gutshofes. – Jahrb. SGU 16, 1924, 97; Jahrb. SGUF 70, 1987, 221.

(VI 71) **Henggart**, Kt. Zürich. Die erste ›romanische‹ Kirche vor Ort (Datierung nicht gesichert) überlagert antikes Gebäude (Mörtelestrich, Herdstelle). – Zürcher Denkmalpflege 7, 1970–1974, 69 ff.

(VI 72) **Herzogenbuchsee**, Kt. Bern. Die Pfarrkirche St. Peter und altes Ortszentrum über dem aufwendig gestalteten Hauptgebäude eines antiken Gutshofes entstanden. Keine detaillierten Befundangaben zum Verhältnis von Kirche und antiker Bausubstanz. – Jahrb. SGU 12, 1920, 110 f.; ebd. 37, 1946, 75; Ita, Kirche 62 ff.; R'Schweiz 408 f.; Arch. Bern 2, 1992, 259 ff.

(VI 73) **Hettlingen**, Kt. Zürich. Im Bereich einer römischen Villa in nachrömischer Zeit Grabbau in abweichender Orientierung errichtet. An diesem Grabbau orientieren sich mehrere jüngermerowingische Bestattungen ebenfalls im Bereich der römischen Gebäudereste. Darüber entwickelten sich wiederum unter Bezugnahme auf die römische Bauorientierung die Vorgängerbauten der örtlichen Pfarrkirche. – Zeitschr. Schweizer Arch. u. Kunstgesch. 41, 1984, 229 ff.; Böhme, Adelsgräber 532 f. Abb. 107.

(VI 74) **Hinwil**, Kt. Zürich. Der frühmittelalterliche Vorgängerbau der heutigen reformierten Pfarrkirche bauverzahnt mit dem Badetrakt des Hauptgebäudes einer antiken Villa. – Zürcher Denkmalpflege 6, 1968/69, 63 ff.

(VI 75) **Hitzkirch**, Kt. Luzern. Die Pankratiuskirche bauverzahnt mit antiker Villa. In einem Nebenraum des antiken Baus innerhalb der späteren Kirche wurden durch den antiken Bodenestrich hindurch Grabschächte eingetieft mit insgesamt sechs Bestattungen des späten 6. und des 7. Jhs. – Arch. Schweiz 11, 1988, 89 ff.

(VI 76) **Hochdorf**, Kt. Luzern. Martinskirche im Bereich einer Villenruine. – Ita, Kirche 64 f.; Martin, Besiedlung 124.

(VI 77) **Hofstetten**, Kt. Solothurn. Die Kapelle St. Johannes über antikem Bau, wohl Grabbau, anscheinend unter Wahrung der antiken Baufluchten entstanden. – Ita, Kirche 65 f.; Arch. Solothurn 2, 1981, 95 f.; ebd. 4, 1985, 106; ebd. 5, 1987, 7 ff.; Arch. u. Denkmalpfl. Solothurn 1996, 61.

(VI 78) Sils i. D., Burg **Hohenrätien**, Kt. Graubünden. Spätrömische Höhensiedlung, in deren Bereich ein Baptisterium die kontinuierliche Entwicklung einer nachrömischen Kirchenanlage einleitet. – Jahrb. SGUF 85, 2002, 267 ff.

(VI 79) **Jegenstorf**, Kt. Bern. Kirche überlagert antike Villa; keine näheren Angaben. – Jahrb. SGU 39, 1948, 70.; ebd. 48, 1960/61, 162 f.; Ita, Kirche 67 f.; Arch. Bern 1, 1990, 40; Jahrb. SGUF 90, 2007, 188.

(VI 80) **Kallnach**, Kt. Solothurn, ›Bergweg‹. Ruine einer antiken Mansio als Bestattungsplatz. Grabbau wohl des 5. Jhs, der von der vorangehenden antiken Baufluchtdeutlich abweicht, am Beginn der Belegung. Nördlich davon zahlreiche Bestattungen des 6. und 7. Jhs. in dichtgedrängter Anordnung, welche die Begrenzungsmauern des antiken Innenhofes deutlich respektieren. Westlich davon weitere beigabenführende Bestattungen, die keinen Bezug auf die antiken Mauern nehmen bzw. diese stören. – Arch. Schweiz 16, 1993, 87 ff.; Arch. Bern 3, 1994, 152 ff.

(VI 81) (Jona-)**Kempraten**, Kt. Sankt Gallen. Spätmerowingische Einzelbestattung an einer Mauer in Ruine sowie weitere Bestattungen teils mit Beigaben des 7. Jhs. im Bereich des antiken Vicus. – Jahrb. SGU 33, 1942, 85; Ita, Kirche 68 f.; R'Schweiz 473 ff.; Jahrb. SGUF 82, 1999, 183 ff., vor allem 184; ebd. 86, 2003, 178 ff. 267 f.; ebd. 87, 2004, 384 f.; ebd. 89, 2006, 254; ebd. 90, 2007, 166 ff.

(VI 82) (Wetzikon-)**Kempten**, Kt. Zürich. Der heutige Ort im Bereich einer antiken Großvilla entstanden. – Zürcher Denkmalpflege 3, 1962/63, 102 f.; Jahrb. SGUF 81, 1998, 309 f.; ebd. 82, 1999, 299; ebd. 89, 2006, 265; 90, 2007, 177.

(VI 83) **Kilchberg**, Kt. Basel-Land. Römische Bebauung im Bereich der Pfarrkirche. Keine näheren Angaben. – Marti, Siedlungsgeschichte 121 f.

(VI 84) **Kilchberg**, Kt. Basel-Land. In einer römischen Villa südwestlich außerhalb des Ortes in der Flur Bäreneiche wohl nachrömische Bestattungen. Keine näheren Angaben. – Marti, Siedlungsgeschichte 121.

(VI 85) (Obersiggenthal-)**Kirchdorf**, Kt. Aargau. Im Frühmittelalter wiederbesiedelte antike Großvilla unter dem heutigen Ortszentrum. – Martin, Besiedlung 125; Jahrb. SGUF 87, 2004, 392 f. Abb. 34.

(VI 86) **Klein-Andelfingen**, Kt. Zürich. ›Gräberfeld‹ des 7. Jhs. in Villenruine. Keine näheren Angaben. – Jahrb. SGU 17, 1925, 92; 108 f.

(VI 87) **Kleinhöchstetten**, Kt. Bern. Die heutige reformierte Kirche, ehemals Pfarrkirche St. Marien überlagert antiken Bau. Ältester bislang fassbarer Kirchenbau aus dem 8. Jh. – Ita, Kirche 71 f.; Vorromanische Kirchenbauten II, 208.

(VI 88) **Kölliken**, Kt. Aargau. Kirche, Pfarrhaus und Friedhof wohl im Bereich einer antiken Villa. Keine näheren Angaben. – Jahrb. SGU 42, 1952, 88.

(VI 89) **Köniz**, Kt. Bern, ›Buchsi‹. In Villenruine 56 Gräber, die sich teils eng an die antike Bausubstanz halten; Grabausrichtung unterschiedlich, überwiegend nordsüdlich; spärliches Ausstattungsmuster mit Beigaben des 7. Jhs. – Jahrb. SGU 48, 1960/61, 191 ff.; Jahrb. SGUF 70, 1987, 235; Chr. Bertschinger / S. Ulrich-Bochsler / L. Meier, Köniz-Buchsi 1986. Der römische Gutshof und das frühmittelalterliche Gräberfeld (Bern 1990); Arch. Bern 1, 1990, 43 Abb. 36.

(VI 90) **Koppigen**, Kt. Bern. Kirche überlagert antiken Bau; keine näheren Angaben. – Jahrb. SGU 29, 1937, 89; Ita, Kirche 72 f.

(VI 91) **Kriegstetten**, Kt. Solothurn. Die Mauritiuskirche überlagert antike Ansiedlung. Keine näheren Angaben. – Jahrb. SGU 22, 1930, 82; Ita, Kirche 73 f.

(VI 92) **Küttigen**, Kt. Solothurn. Die Kirche außerhalb des heutigen Dorfes Überbleibsel einer Wüstung Lörach, die über einem antiken Gutshof in diesem Bereich entstanden war. – Martin, Besiedlung 125; R'Schweiz 418 f.

(VI 93) **La Tour-de-Trême**, Kt. Freiburg. Nachrömische, abgesehen von einer hochmittelalterlichen Scheibenfibel beigabenlose Bestattungen im Bereich einer antiken Villa. – Jahrb. SGUF 84, 2001, 241; ebd. 87, 2004, 386 f.; 420 f.

(VI 94) **Läufelfingen**, Kt. Basel-Land. Kirche und Pfarrhaus überlagern antike Villa; zeitlich dazwischen beigabenlose Gräber des frühen bis hohen Mittelalters. – Jahrb. SGUF 86, 2003, 268.

(VI 95) **Landgut** (Le Glèbe), Kt. Freiburg. Das Ortszentrum überlagert eine antike Großvilla (Funde bis 2. Hälfte 4. Jh.) mit Badeanlage und galloromischem Tempel. – Jahrb. SGUF 87, 2004, 387; ebd. 88, 2005, 358 f.

(VI 96) **Langendorf**, Kt. Solothurn. Der Fund einer einzelnen Vogelfibel und menschlicher Skelettreste im Hauptgebäude eines antiken Gutshofes könnten für ein zerstörtes Einzelgrab des 6. Jhs. sprechen. – Arch. Solothurn 2, 1981, 21 ff., vor allem 31.

(VI 97) **Langenthal**, Kt. Bern. Antiker Gutshof im Bereich der Kirche. Das Herrenhaus wohl von Kirche und Kirchhof überlagert. – Jahrb. SGUF 84, 2001, 240; ebd. 88, 2005, 358.

(VI 98) **Laufen**, Kt. Basel-Land. Vage Hinweise auf antike Vorbesiedlung unter der Pfarrkirche St. Martin. – Marti, Siedlungsgeschichte 125.

(VI 99) **Laufen**, Kt. Basel-Land, ›Müschhag‹. Mehrere Bestattungen im Badetrakt (Raum XXIX) der antiken Villa. An Beigaben nur eiserne Beschlagschnalle der Zeit um 600 und wohl noch eine Pfeilspitze bekannt. Einige Keramikfunde karolingischer und ottonischer Zeitstellung könnten für den Ansatz einer Wiederbesiedlung unmittelbar im Gutshofareal stehen, die sich anscheinend aber nicht auf Dauer zu konsolidieren vermochte. – Helvetia Arch. 9, 1978, 64; S. Martin-Kilcher, Die Funde aus dem römischen Gutshof von Laufen-Müschhag (Bern 1980) 94 ff.

(VI 100) **Laupersdorf**, Kt. Solothurn. Abgegangene Pfarrkirche St. Martin abseits des heutigen Ortes: Der älteste feststellbare Bau orientiert sich noch weitgehend an der zugrunde liegenden antiken Villa, ebenso mehrere gemauerte Gräber. In einem einfachen Erdgrab bzw. Holzsarg Frauenbestattung der Zeit um 600. – Ita,

Kirche 74f.; Jahrb. SGUF 57, 1972/73, 373ff.; Martin, Besiedlung 125.

(VI 101) **Lausen**, Kt. Basel-Land. Um die alte Pfarrkirche St. Nikolaus abseits des heutigen Ortes bestand die im Verlauf des 13. Jhs. wüst gewordene Siedlung Bettenach im Areal eines kontinuierlich weiterbesiedelten antiken Gutshofes. – Martin, Besiedlung 119; Jahrb. SGUF 84, 2001, 265; Marti, Siedlungsgeschichte 126 ff.; dazu ders., ebd. Textteil 271 ff.

(VI 102) **Lenzburg**, Kt. Aargau, Schloßberg. Unter dem heutigen Schloss Spuren antiker Vorbesiedlung; keine Hinweise auf frühmittelalterliche Nutzung. – Jahrb. SGUF 90, 2007, 169.

(VI 103) **Lerchenberg** (zu Oberwichtrach), Kt. Bern. Kirche und Kirchhof im Bereich des Hauptgebäudes einer antiken Großvilla. – Ita, Kirche 88; Arch. Bern 1, 1990, 141 ff.

(VI 104) **Leuk**, Kt. Wallis. Die Pfarrkirche St. Stephan bauverzahnt mit antikem Gebäude. Der Errichtung des ältesten – sicher frühmittelalterlichen – Kirchenbaus ging eine Nutzung des antiken Raums als Bestattungsplatz voraus (sieben gestörte Plattengräber, Beigaben nicht vorgefunden). – Arch. Schweiz 6, 1983, 97 ff.; Vorromanische Kirchenbauten II, 244 f.; Jahrb. SGUF 88, 2005, 359; ebd. 89, 2006, 257.

(VI 105) **Leuzigen**, Kt. Bern, ›Thürner‹. Gräber des 7. Jhs. im Bereich einer antiken Villa. – Zusammenfassend: Arch. Bern 2, 1992, 277 ff.

(VI 106) **Leytron**, Kt. Wallis. Die Pfarrkirche St. Martin überlagert antikes Heiligtum. – Jahrb. SGUF 78, 1995, 216.

(VI 107) **Liesberg**, Kt. Basel-Land. Auf dem Kilchacker außerhalb des Ortes römischer Gutshof mit merowingerzeitlichen Bestattungen. – Marti, Siedlungsgeschichte 161 f.

(VI 108) **Liestal**, Kt. Basel-Land. Ältester Vorgängerbau der Stadtkirche (ehemals u.a. St. Martin, St. Peter, St. Georg) auf Spuren antiker Vorbesiedlung. – Marti, Siedlungsgeschichte 163 ff.; ders., ebd. Textteil 180 ff.

(VI 109) **Lostorf**, Kt. Solothurn. Martinskirche und Kirchhof über antiker Villa. Wahrscheinlich im Frühmittelalter wiederbesiedelter antiker Gutshof. – Ita, Kirche 79 f.; Martin, Besiedlung 125.

(VI 110) **Lyß**, Kt. Bern. Gräbergruppe des 7. Jhs. in antiker Ruine unter späterer Kirche. Keine näheren Befundangaben. – Jahrb. SGU 24, 1932, 111 f.; Ita, Kirche 86 f.

(VI 111) **Maisprach**, Kt. Basel-Land. Kirche nahe dem Hauptgebäude einer antiken Villa. Mehrere Gräber, beigabenlos oder mit jüngermerowingischen Beigaben im Bereich der Badeanlage. – Marti, Siedlungsgeschichte 180 ff.

(VI 112) **Maladers**, Kt. Graubünden. Westlich abseits des heutigen Ortes auf dem Tummihügel Weiterbesiedlung einer spätrömischen Höhensiedlung in der Merowingerzeit. – Overbeck, Alpenrhein 137 f.

(VI 113) **Massongex**, Kt. Wallis. Nachantikes, wohl beigabenloses Grab im Bereich eines Vicusgebäudes; ebenso beigabenlose Gräbergruppe im Bereich einer Thermenruine. – Ita, Kirche 80; Jahrb. SGUF 70, 1987, 225; ebd. 82, 1999, 291.

(VI 114) **Maudach**, Kt. Aargau. Kirche überlagert antike Villa; keine näheren Angaben. – Jahrb. SGU 51, 1964, 117.

(VI 115) **Maur**, Kt. Zürich. Der alte Ortsbereich wohl aus einem wiederbesiedelten antiken Gutshof hervorgegangen. Der erste fassbare, noch frühmittelalterliche Kirchenbau vor Ort in Stein hält sich in der Bauorientierung noch ganz an antiken Gebäuderest, punktuell wohl bauverzahnt. Etwa ein Dutzend frühmittelalterliche Gräber, teils Steinplattengräber, überwiegend beigabenlos. Grab 15 enthielt eine spätmerowingische Pressblechscheibenfibel. Die Einordnung der Gräber in den Gesamtbefund nicht ganz eindeutig. Die Ausgräber beziehen die Gräber auf einen ansonsten nicht mehr fassbaren Holzkirchenbau zwischen der antiken Ruine und dem ersten steinernen Kirchenbau; letzterer jedenfalls jünger als die Gräber. Wahrscheinlicher ist, dass die Gräber unmittelbar in die antike Ruine eingetieft wurden. – Zürcher Denkmalpflege 6, 1968/69, 87 ff.; Vorromanische Kirchenbauten II, 266 f.

(VI 116) **Mauren**, Fürstentum Liechtenstein. Die Pfarrkirche St. Peter und Paul überlagert antike Ruine. – Jahrb. SGUF 70, 1987, 236.

(VI 117) **Meikirch**, Kt. Bern. Im Frühmittelalter wiederbesiedelter antiker Gutshof. Die Pfarrkirche wohl bauverzahnt mit antiker Villenruine. An den Mauerzügen der Villa orientieren sich Bestattungen innerhalb und außerhalb der Kirche mit Beigaben des siebten und wohl des beginnenden 8. Jhs. – Martin, Besiedlung 123; Arch. Schweiz 3, 1980, 118; Jahrb. SGUF 84, 2001, 242; ebd. 85, 2002, 320.

(VI 118) **Meinier**, Kt. Genf. Die Pfarrkirche St.-Pierre im Bereich eines antiken Gutshofes. – Vorromanische Kirchenbauten II, 270 f.

(VI 119) **Messen**, Kt. Solothurn. Der alte Ortsbereich mit der Kirche überlagert antiken Gutshof. Auf den ältesten Kirchenbau bezogen reicher Grabfund der Zeit um 700. – Ita, Kirche 80 f.; Vorromanische Kirchenbauten I, 209 f.; Martin, Besiedlung 123.

(VI 120) **(Biel-)Mett**, Kt. Bern. Römische Siedlungsspuren im eigentlichen Sinne im Ortsbereich allgemein und vor allem im Bereich der Kirche (ehemals katholische Pfarrkirche St. Stephan) noch nicht eindeutig nachgewiesen. Ältester Befund unter der Kirche spätrömischer Grabbau mit reich ausgestattetem Männergrab aus dem zweiten Viertel des 4. Jhs. In späterer Zeit wurden in den bereits verfüllten Grabbau drei beigabenlose Steinkistengräber eingebracht, und zwar so, dass jeweils die Nordmauer, die Ostmauer und die Südmauer des Grabbaus arkosolnischenartig unterschnitten wurden. Auf diesen Grabbau nimmt dann ein erster als solcher wahrnehmbarer Kirchenbau (I) Bezug, indem der recheckige Chor im Grundriss der östlichen Hälfte des Grabbaus folgt. Auf diesen ersten Kirchenbau beziehen sich dann einige jüngermerowingische Bestattungen. – Arch. Schweiz 1, 1978, 138 ff. (Beitrag v. Kaenel); 149 ff. (Beitrag Lehner).

(VI 121) **Morens**, Kt. Freiburg. Wiederbesiedelter antiker Gutshof. Die Kirche überlagert antike Ruinen; keine näheren Angaben. – Helvetia Arch. 1, 1970, 8 ff.

(VI 122) **Münsingen**, Kt. Bern. Das alte Ortszentrum um die Pfarrkirche St. Martin und den Kirchhof überlagert Hauptgebäude einer antiken Großvilla. – Ita, Kirche 82 f.; Arch. Bern 1, 1990, 133 ff.; Jahrb. SGUF 85, 2002, 321 Abb. 22.

(VI 123) **Müstair**, Kt. Graubünden. Das karolingische Kloster über antiker Ansiedlung entstanden. – Vorromanische Kirchenbauten II, 295 ff.

(VI 124) **Munzach**, Wüstung bei Liestal, Kt. Basel-Land. Die im 18. Jh. abgerissene ehemalige Pfarrkirche St. Laurentius überlagerte mit der zugehörigen Siedlung einen antiken Gutshof. Kontinuierliche Besiedlung vom 1. bis 13. Jh. Dabei stand speziell die Kirche über einem antiken Tempel oder Grabbau. Wohl aus einem zerstörten Grab innerhalb der Kirche Bronzearmreif des 6. oder 7. Jhs. – Jahrb. SGU 45, 1956, 78 Abb. 30; Jahrb. SGUF 56, 1971, 220; Martin, Besiedlung 119 Abb. 43; R'Schweiz 430 ff.; Marti, Siedlungsgeschichte 168 ff.; ders., ebd. Textteil 179 f.; Jahrb. SGUF 86, 2003, 270.

(VI 125) **Muralto**, Kt. Tessin. Die Pfarrkirche St. Victor als auch die Kapelle St. Stephan jeweils aus Grabbauten mit spätest- und nachantiken Bestattungen im Bereich des antiken Vicus entstanden. – Vorromanische Kirchenbauten II, 297; R'Schweiz 450; Jahrb. SGUF 73, 1990, 207; ebd. 81, 1998, 300; Eismann, Kirchen 336 ff.

(VI 126) **Muraz**, Kt. Wallis. Die Pfarrkirche hat sich schrittweise aus antiker Ruine entwickelt. Ein Grabbau mit beigabenlosen Bestattungen innerhalb und außerhalb verbindet die antiken Befunde mit den nachantiken Kirchenbauten. – Zeitschr. Schweizer Arch. u. Kunstgesch. 33, 1976, 185 ff.; Vorromanische Kirchenbauten II, 297 f.

(VI 127) **Murten**, Kt. Freiburg, ›Combette‹. Im Bereich einer antiken Villenruine mindestens 23 beigabenlose, sehr unterschiedlich orientierte Bestattungen ohne aufwendigen Grabbau. Die Gräber richten sich anscheinend nicht nach den antiken Mauerzügen, die zum Zeitpunkt der Eintiefung der Gräber bereits ausgebrochen waren. – Freiburger Arch. Fundber. 1986, 81; ebd. 1989–1992, 107 ff.

(VI 128) **Muttenz**, Kt. Basel-Land. Innerhalb und außerhalb der Pfarrkirche St. Arbogast, römische und speziell auch spätrömische Siedlungsfunde. Fast völlig beigabenlose Plattengräber (nur Grab 23 mit spätmerowingischem Inventar) bereits auf den ältesten Kirchenbau (I) bezogen. Spätmerowingisch-frühkarolingischer Grabstein. – Marti, Siedlungsgeschichte 189 ff.; ders., ebd. Textteil 169 ff.

(VI 129) **Niederbipp**, Kt. Bern. Kirche, Kirchhof und Pfarrhaus überlagern Hauptgebäude einer antiken Villa. – Ita, Kirche 83 f.; Arch. Bern 3, 1994, 423 ff.

(VI 130) **Niederwangen** bei Köniz, Kt. Bern. Weitergenutztes Areal einer römischen Villa mit frühmittelalterlichem Gräberfeld. – Jahrb. SGUF 83, 2000, 262 f.

(VI 131) **Niederwil**, Kt. Aargau. Kirche und Kirchhof überlagern antike Villa. – Jahrb. SGU 49, 1962, 80 ff.

(VI 132) **Oberbipp**, Kt. Bern. Der alte Ortsbereich innerhalb eines antiken Gutshofes. Enger Zusammenhang des antiken Gebäudes und der nachantiken Kirchenbauten. Zwischen der antiken Ruine und dem ersten fassbaren nachantiken Kirchenbau (1. Hälfte 8. Jh.) ein noch nicht näher interpretierter quadratischer Bau der Übergangszeit und auf die antike Bausubstanz bezogene Bestattungen des 6. und 7. Jhs. – Jahrb. SGU 49, 1962, 92; ebd. 89, 2006, 279 f. Abb. 44; Vorromanische Kirchenbauten I, 240; Martin, Besiedlung 120.

(VI 133) **Oberbuchsiten**, Kt. Solothurn. Der alte Ortskern (Bereich Bachmatt-Kirche) aus einer kontinuierlich weiterbesiedelten Villa hervorgegangen (Siedlungsbefunde). Dem Siedlungskomplex ist das kontinuierlich belegte Gräberfeld ›Bühl‹ zuzuordnen. – Jahrb. SGUF 88, 2005, 362; Arch. u. Denkmalpflege im Kt. Solothurn 10, 2005, 52 f.; A. Motschi, Das spätrömisch-frühmittelalterliche Gräberfeld von Oberbuchsiten (SO). Collectio Archaeologica 5 (Zürich 2007); Jahrb. SGUF 90, 2007, 170.

(VI 134) **Oberlunkhofen**, Kt. Aargau. Mindestens sieben Bestattungen des 7. Jhs. in den Ruinen einer antiken Villa; ohne nähere Angaben zum Befund. – Arch. Schweiz 3, 1980, 65.

(VI 135) **Obermumpf**, Kt. Aargau. Der hochmittelalterliche (?) Vorgängerbau der Pfarrkirche St. Peter und Paul auf antikem Gebäude entstanden, teils bauverzahnt mit der antiken Substanz. – Jahrb. SGU 46, 1957, 130 f. Abb. 54.

(VI 136) **(Köniz-)Oberwangen**, Kt. Bern. Merowingerzeitliches Gräberfeld in den Ruinen einer antiken Villa. – Jahrb. SGUF 84, 2001, 264.

(VI 137) **Oberweningen**, Kt. Zürich. In der Ruine einer antiken Villa Bestattungen des 7. Jhs. Keine näheren Angaben. – Jahrb. SGU 6, 1913, 129 f.; Jahrb. SGUF 83, 2000, 247; ebd. 84, 2001, 242; ebd. 89, 2006, 260.

(VI 138) **Oberwil**, Kt. Basel-Land. Die Pfarrkirche St. Peter und Paul im Bereich einer antiken Villa. Auf den ersten, annähernd quadratischen Kirchenbau bezogen Plattengräber des 7. Jhs. mit Beigaben. – Marti, Siedlungsgeschichte 196 ff; ders., ebd. Textteil 166 ff.; Jahrb. SGUF 87, 2004, 422.

(VI 139) **Oensingen**, Kt. Solothurn. Die Pfarrkirche St. Georg überlagert antiken Bau. – Ita, Kirche 90 f.

(VI 140) **Oensingen**, Kt. Solothurn. Im Bereich Mitteldorf vereinzeltes, westöstlich gerichtetes Skelett ohne Beigaben bei antikem Mauerzug. – Jahrb. SGUF 57, 1972/73, 381.

(VI 141) **Ormalingen**, Kt. Basel-Land. Bestattungen des 7. Jhs. im Hauptgebäudebereich einer antiken Villa. – Marti, Siedlungsgeschichte 204 ff.

(VI 142) **Orny**, Kt. Vaud. Die Pfarrkirche St. Marien überlagert Hauptgebäude einer antiken Villa. – Ita, Kirche 91 f.

(VI 143) **Pfäfers**, Kt. Sankt Gallen. Die Georgenkapelle auf exponiertem Bergsporn nordöstlich vom heutigen Ort und Kloster wohl schon seit dem Frühmittelalter im Bereich einer antiken Ansiedlung (Höhensiedlung?). – Jahrb. SGU 35, 1944, 69; Vorromanische Kirchenbauten I, 258; Overbeck, Alpenrheintal 81 ff.

(VI 144) **Pfeffikon**, Kt. Luzern. Aufgedeckt 24 auf eine antike Ruine bezogene Gräber unter der Pfarrkirche St. Mauritius; keine näheren Angaben. – Jahrb. SGU 13, 1921, 106; ebd. 25, 1933, 114; Ita, Kirche 92 f.; Helvetia Arch. 14, 1983, 91 ff. Abb. 4.

(VI 145) **Pully**, Kt. Vaud. Die Pfarrkirche St.-Germain (nach Ita, Kirche »St.-Maurice«) hat sich schrittweise aus dem Hauptgebäude einer antiken Großvilla entwickelt. – Ita, Kirche 94 f.; R'Schweiz 471 ff.; Jahrb. SGUF 87, 2004, 395.

(VI 146) **Riaz**, Kt. Freiburg, ›L'Etrey‹. Mindestens 38 Gräber im Bereich einer antiken Villa. Teilweise trockengemauerte, mehrfach genutzte Grabschächte. Die Gräber richten sich nur vereinzelt nach den antiken Mauern. Nur vereinzelt Beigaben der Zeit um 600 und des 7. Jhs. – Freiburger Arch. Fundber. 1986, 82 f.; ebd. 1987/88, 92 Abb. 134.

(VI 147) **Riom**, Kt. Graubünden. Kontinuierlich ins Frühmittelalter weiterbesiedelte antike Straßenstation (Siedlungsfunde). – Jahrb. SGUF 85, 2002, 103 ff.; ebd. 90, 2007, 172 f.; Jahresber. Arch. Dienst Graubünden 2006 (Chur 2007) 85 ff.

(VI 148) **Rodersdorf**, Kt. Solothurn. Im Ortsbereich römische Villa. In die bereits in ruinösem Stadium befindlichen antiken Gebäudereste Bestattungen des 7. Jhs. in Zusammenhang mit einem über den antiken Mauern entstandenen Holzbau angelegt. – Jahrb. SGUF 84, 2001, 246; ebd. 88, 2005, 364; Arch. u. Denkmalpflege im Kt. Solothurn 10, 2005, 59 ff.; ebd. 12, 2007, 35 ff.

(VI 149) **Rodersdorf**, Kt. Solothurn. Auf dem Klein Büel römisches Gebäude, wohl Tempel, mit merowingerzeitlichen Bestattungen. – Jahrb. SGUF 84, 2001, 268; 85, 2002, 328; 355 f.

(VI 150) **Rüplisried bei** Mühleberg, Kt. Bern. Der heutige Weiler überlagert römische Villa. – Jahrb. SGUF 89, 2006, 259.

(VI 151) **Rüti** bei Büren, Kt. Bern. Kirche (zunächst St. Mauritius, später St. Katharinen) über antikem Mauerwerk; keine näheren Angaben. – Jahrb. SGU 24, 1932, 83; Ita, Kirche 95 f.

(VI 152) **Russin**, Kt. Genf. Die heutige reformierte Kirche und ehemalige Pfarrkirche St. Laurentius über antikem Bau. – Vorromanische Kirchenbauten II, 353.

(VI 153) **Sagogn**, Kt. Graubünden. Auf dem Schiedberg östlich außerhalb des heutigen Ortes befestigte spätrömische Höhensiedlung. Kontinuierliche Besiedlung vom 4. bis 14. Jh. und bauliche Entwicklung hin zum mittelalterlichen Herrensitz. – Overbeck, Alpenrhein 142 ff.

(VI 154) **Saillon**, Kt. Wallis. Laurentiuskapelle im Areal eines antiken Gutshofes. Ältester Kirchenbau etwa um 500. Wohl darauf jüngermerowingische Bestattungen zu beziehen. – Ita, Kirche 96 ff.; Vorromanische Kirchenbauten II, 357 f.; Eismann, Kirchen 346.

(VI 155) **St. Moritz**, Kt. Wallis. Im Bereich der Abtei Baubefunde und Gräber aus dem Zeitraum zwischen Römerzeit und Mittelalter. – Eismann, Kirchen 346 ff.; Jahrb. SGUF 89, 2006, 286.

(VI 156) **St.-Prex**, Kt. Vaud. Die Pfarrkirche St. Marien hat sich aus einem antiken Wohnbau mit Grabbau als Zwischenglied schrittweise entwickelt. – R'Schweiz 497; Vorromanische Kirchenbauten II, 368.

(VI 157) **St.-Saphorin**, Kt. Vaud. Im Hauptgebäudetrakt einer antiken Großvilla im 4. oder 5. Jh. Grabbau errichtet, aus dem sich schrittweise die Kirche im heutigen Ortszentrum entwickelte. – R'Schweiz 497; Jahrb. SGUF 77, 1994, 210 Abb. 28.

(VI 158) **Satigny-Dessus**, Kt. Genf. Im Hauptgebäude einer antiken Villa mehrere teils auf die Baubefunde bezugnehmende Bestattungen, darunter die eines Priesters mit Beigabe von liturgischem Gerät. Schon seit dem 6. Jh. Errichtung eines aufwendigen hölzernen Kirchenbaus mit gegenüber dem antiken Gebäude abweichender Bauausrichtung; seit karolingischer Zeit durch die demgegenüber wiederum abweichend orientierten, steinernen Vorgängerbauten der Abteikirche St. Peter mit dicht belegtem Kirchhof ersetzt. – Jahrb. SGUF 62, 1979, 150 f.; Eismann, Kirchen 350 f.

(VI 159) **Schleitheim**, Kt. Schaffhausen. Im Herrenhaus der abseits heutiger Besiedlung gelegenen römischen Großvilla ›Vorholz‹ spätrömische Münze und wohl nachrömisches Körpergrab. – Trumm, Hochrhein 353 ff.

(VI 160) **Schongau**, Kt. Luzern. Die Vorgängerbauten der heutigen Ulrichskirche überlagern wohl das Hauptgebäude einer antiken Villa mit beigabenlosem Plattengrab. – Jahrb. SGU 43, 1953, 108; ebd. 46, 1957, 135 f.; Ita, Kirche 102 f.

(VI 161) **Schwäbis** bei Steffisburg, Kt. Bern. Der heutige Ort überlagert antiken Siedlungsplatz. – Jahrb. SGUF 56, 1971, 229.

(VI 162) **Seeberg**, Kt. Bern. Im Hauptgebäude einer römischen Villa hölzerner Grabbau mit beigabenlosen Bestattungen; daraus schrittweise die heutige Kirche entstanden. – Jahrb. SGUF 83, 2000, 268 f.

(VI 163) **Seengen**, Kt. Aargau. Der historische Ortskern um Kirchhof, Kirche und Pfarrhof überlagert größeren antiken Villenkomplex. In Zusammenhang mit einer antiken Mauer außerhalb der Kirche beigabenlose, westöstlich gerichtete Bestattung. – Jahrb. SGU 26, 1934, 63; ebd. 28, 1936, 74; Ita, Kirche 103 f.; Jahrb. SGUF 76, 1993, 215.

(VI 164) **Seewen**, Kt. Solothurn. Die Pfarrkirche überlagert antike Ansiedlung. – Ita, Kirche 104 f.

(VI 165) **Serrières**, Kt. Neuchâtel. Die Pfarrkirche St. Johannes bauverzahnt mit antikem Bau. – Ita, Kirche 105 ff.

(VI 166) **Siblingen**, Kt. Schaffhausen. Im Badegebäude der abseits des heutigen Ortes gelegenen Villenstelle ›Tüelwasen‹ Fund eines menschlichen Schädels, Rest einer ansonsten nicht erkannten nachrömischen Bestattung? Funde bislang nur der mittleren Kaiserzeit. – Trumm, Hochrhein 370.

(VI 167) **Sierre**, Kt. Wallis. Spätmerowingische Bestattungen in antiker Villenruine oder auf die dort später errichtete Kapelle St. Ginier zu beziehen. – Jahrb. SGUF 77, 1994, 209 f.

(VI 168) **Sissach**, Kt. Basel-Land. Nur schwache Spuren römischer Vorbesiedlung um die im Frühmittelalter entstandene Pfarrkirche St. Jakob. – Marti, Siedlungsgeschichte 246 ff.

(VI 169) **Staufen**, Kt. Aargau. Kirche und Pfarrhaus wohl auf antikem Siedlungsplatz entstanden; keine näheren Angaben. – Jahrb. SGU 25, 1933, 118 f.

(VI 170) **Stüsslingen**, Kt. Solothurn. Die Kirche außerhalb des heutigen Dorfes über antikem Gutshof. – Martin, Besiedlung 125.

(VI 171) **Thierackern**, Kt. Bern. Pfarrhof und wohl auch Kirche in einem größeren Villenkomplex. Keine näheren Angaben. – Jahrb. SGU 26, 1934, 64; Ita, Kirche 110 f.

(VI 172) **Tiefencastel**, Kt. Graubünden. Unter dem Kirchenhügel wohl antike Mauerzüge. Keine näheren Angaben. – Jahrb. SGU 28, 1936, 74; Overbeck, Alpenrhein 154 ff.

(VI 173) **Tours**, Kt. Freiburg. Die Pfarrkirche Notre-Dame hat sich seit dem 6. Jh. schrittweise aus einer antiken Villenruine entwickelt. – Zeitschr. Schweizer Arch. u. Kunstgesch. 35, 1978, 79 ff.; Vorromanische Kirchenbauten II, 414.

(VI 174) **Triesen**, Fürstentum Liechtenstein. Kirche im Bereich wohl des Hauptgebäudes einer antiken Villa. Ebenso im alten Ortsbereich spätrömisches Körpergrab. – Jahrb. SGU 41, 1951, 127; Overbeck, Alpenrheintal 115 ff.

(VI 175) **Trimbach**, Kt. Solothurn. In antiken Ruinen außerhalb des Ortes Bestattungen des 7. Jhs.? Darüber die alte Pfarrkirche St. Mauritius und St. Johannes Baptist entstanden. – Ita, Kirche 111 f.

(VI 176) **Tumegl/Tomils**, Kt. Graubünden. Im Bereich der Kirchenruine Sogn Murezi (St. Mauritius) Spuren römischer Vorbesiedlung. – Jahrb. SGUF 83, 2000, 273 f.

(VI 177) **Ueken**, Kt. Aargau. Im Ortsbereich römische Baubefunde, wohl nachrömisches Grubenhaus und beigabenloses, nachrömisches Körpergrab. – Jahrb. SGUF 89, 2006, 264.

(VI 178) Freienbach, Kt. Schwyz. Auf der Insel **Ufenau** die Klosterkirche St. Peter und Paul auf gallorömischem Umgangstempel errichtet. Vorromanische Kirchenbauten I, 355; R'Schweiz 397.

(VI 179) **Unterkulm**, Kt. Aargau. Kirche über antiker Ruine entstanden; keine näheren Angaben. – Jahrb. SGU 50, 1963, 85.

(VI 180) **Ursins**, Kt. Vaud. Die ehemalige Pfarrkirche St. Nikolaus durch Umbau eines gallorömischen Umgangstempels mit auf letzteren zu beziehenden beigabenlosen Bestattungen entstanden. – Ita, Kirche 112 f.; R'Schweiz 530.

(VI 181) **Vaduz**, Fürstentum Liechtenstein. Bislang nur schwache Hinweise auf römische Vorbesiedlung des Stadtgebietes. – Overbeck, Alpenrheintal 119.

(VI 182) **Valeyres-sous-Rances**, Kt. Vaud. Kirche überlagert antiken Tempel. – Ita, Kirche 113 f.

(VI 183) **Vallon**, Kt. Freiburg. Antike, im Frühmittelalter kontinuierlich weiterbesiedelte Großvilla. In subantiker Zeit entstand ein rechteckiger Grabbau. Über etwaige Beigaben der dort angetroffenen Gräber keine Aussagen. Aus dem Grabbau entwickelte sich schrittweise die Pfarrkirche. An anderer Stelle fanden sich drei Bestattungen des 7. Jhs. eingetieft in Mosaikböden. – Freiburger Arch. Fundber. 1987/88, 109 Abb. 161; ebd. 1989, 83 f.; Jahrb. SGUF 74, 1991, 277 ff.; ebd. 83, 2000, 251; ebd. 90, 2007, 176 f.

(VI 184) **Vandoevres**, Kt. Genf. In kontinuierlich weiterbesiedelter antiker Villa im frühen 5. Jh. Kirche mit darauf bezogenen beigabenlosen Gräbern entstanden. – Arch. Schweiz 14, 1991, 229 ff.; ebd. 16, 1993, 25 ff.; Jahrb. SGUF 74, 1991, 280.

(VI 185) (Winterthur-)**Veltheim**, Kt. Zürich. Die heutige reformierte Pfarrkirche schrittweise wohl aus einem merowingerzeitlichen Vorläufer im Bereich einer antiken Ansiedlung entstanden. Auf diese bezogen beigabenlose Einzelbestattung. Ferner angeblich Funde des 6. oder 7. Jhs. Befund insgesamt noch unklar. – Jahrb. SGU 42, 1952, 92; ebd. 47, 1958/59, 196 f.; Zürcher Denkmalpflege 9, 1977/78, 258 ff.; Vorromanische Kirchenbauten II, 433 f.

(VI 186) **Vernier**, Kt. Genf. Beigabenlose Gräber in Villenruine; keine näheren Angaben. – Jahrb. SGU 21, 1929, 109.

(VI 187) **Vicques**, Kt. Bern. Der heutige Ort über die in der Pars rustica entstandene Pfarrkirche St. Valerius mit antiker Villa verknüpft. – Ita, Kirche 114; Martin, Besiedlung 120 Abb. 44.

(VI 188) **Villaz - Saint Pierre**, Kt. Freiburg. Römische Villa, von merowingerzeitlichem Gräberfeld überlagert, über dem sich die bis heute fortbestehende Kirche entwickelte. – Jahrb. SGUF 83, 2000, 274 f.; ebd. 84, 2001, 271.

(VI 189) **Villette**, Kt. Vaud. Der heutige Ort einschließlich der Pfarrkirche St. Saturnin überlagert antike Großvilla; die Kirche speziell hat sich seit dem 7. Jh. schrittweise aus dem Hauptgebäude entwickelt. – Ita, Kirche 115 f.

(VI 190) **Vuippens**, Kt. Freiburg. Innerhalb und unmittelbar außerhalb eines wohl zu einem rechteckigen Grabbau umgestalteten Badegebäudes einer römischen Villa insgesamt fünf Bestattungen, davon nur eine (Nr. 5) mit Beigabe (Messer). Das unmittelbar nordöstlich anschließende Herrenhaus nahezu vollständig erforscht; keine Hinweise auf nachrömische Nutzung. Die wohl südöstlich unterhalb von Bad und Hauptgebäude zu suchende (wiederbesiedelte?) Pars rustica nicht erforscht. Topographischer Zusammenhang mit dem heutigen Ort wohl auszuschließen. Dagegen kommt das gut 60 m östlich des Hauptgebäudes in einer zum Ort hin abfallenden Hangzone ausgegrabene merowingerzeitliche Gräberfeld von der Entfernung her noch als Ortsgräberfeld von Vuippens in Betracht. – H. Schwab / C. Buchiller / B. Kaufmann,

Vuippens/La Palaz. Freiburger Arch. 10 (Freiburg 1997).

(VI 191) **Wahlen**, Kt. Basel-Land. Frühmittelalterliche Bestattungen in Villenruine. – Marti, Siedlungsgeschichte 272.

(VI 192) **Wangen a. d. Aare**, Kt. Bern. Kirche auf antiker Ruine; keine näheren Angaben. – Jahrb. SGU 24, 1932, 88; ebd. 25, 1933, 120.

(VI 193) **Wattenwil**, Kt. Bern. »Die Kirche soll auf den Resten einer römischen Villa erbaut sein«. Keine näheren Angaben. – Jahrb. SGU 29, 1937, 98.

(VI 194) **Wegenstetten**, Kt. Aargau. Die Michaelskirche überlagert antiken Bau. – Jahrb. SGU 25, 1933, 120; Ita, Kirche 116 f.

(VI 195) **Winterthur**, Kt. Zürich, ›Sternen‹. Drei westöstlich gerichtete, beigabenlose Skelette in Villenruine. – Jahrb. SGU 15, 1923, 107 ff.; ebd. 16, 1924, 122.

(VI 196) **Witterswil**, Kt. Solothurn. Im Haupt- oder Nebengebäudebereich einer antiken Villa früh- bis hochmittelalterliches Grubenhaus. Darüber der älteste Vorgängerbau der Pfarrkirche St. Katharina errichtet. – Arch. Solothurn 4, 1985, 7 ff.

(VI 197) **Wittnau**, Kt. Aargau. Kirche über antiker Villenruine mit frühmittelalterlichen Bestattungen entstanden. Keine näheren Angaben. – Jahrb. SGU 43, 1953, 109 und 115; ebd. 44, 1954/55, 119; ebd. 45, 1956, 62 f. mit Plan Abb. 22.

(VI 198) **Yvonand**, Kt. Vaud. Der historische Ortskern ist über dem Hauptgebäude einer antiken Großvilla entstanden. Im Bereich des Hauptgebäudes nachantike Bestattungen ohne Beigaben. – R'Schweiz 565 ff.; Jahrb. SGUF 75, 1992, 230; ebd. 82, 1999, 301.

(VI 199) **Zell**, Kt. Zürich. Frühmittelalterlicher Kirchenbau überlagert Hauptgebäude einer antiken Villa; abweichende Bauorientierung; ein bereits kirchenzeitliches Grab. – Zürcher Denkmalpflege 1, 1958/59, 70 ff.; ebd. 2, 1960/61, 97 ff.; Jahrb. SGU 48, 1960/61, 216 ff. Abb. 75 und 76.

(VI 200) **Zernez**, Kt. Graubünden. Im Friedhofsbereich bei der Kirche römisches Gebäude. In dessen Bauschutt merowingerzeitliche Bestattung mit einem Kamm. – Overbeck, Alpenrheintal 165.

(VI 201) **Zillis**, Kt. Graubünden. Die Martinskirche mit antikem Bau verzahnt. Der älteste Kirchenbau wird um 500 angesetzt. – Jahrb. SGU 30, 1938, 117 f.; Ita, Kirche 119 ff.; Vorromanische Kirchenbauten I, 390; Overbeck, Alpenrheintal 159 f.

(VI 202) **Zorten** bei Vaz/Obervaz, Kt. Graubünden. Der älteste fassbare Vorgängerbau der Pfarrkirche St. Donatus außerhalb des heutigen Ortes mit darauf zu beziehenden Gräbern des 7. Jhs. über antikem Siedlungsplatz. – Schneider-Schnekenburger, Churrätien 190 f.; Overbeck, Alpenrheintal 157 f.

(VI 203) **Zuchwil**, Kt. Solothurn. Martinskirche wohl bauverzahnt mit antiker Villenruine. Gemörtelter, an einen antiken Mauerzug innerhalb der späteren Kirche gesetzter Grabschacht »aus Bruchsteinen und römischen Ziegelstücken gebaut und mit rotem Verputz verkleidet, der Boden mit römischen Ziegelstücken gepflastert«. Darin Frauenbestattung des 7. Jhs. mit ›B-Beschlag‹. Wohl aus einem weiteren, zerstörten Grab großer Drahtohrring. – Ita, Kirche 121 ff.; Jahrb. SGUF 57, 1972/73, 373 ff.; Martin, Besiedlung 123.

(VI 204) **Zug**. Der Konvikt St. Michael auf antiken Fundamenten; keine näheren Angaben. – Jahrb. SGU 25, 1933, 121; ebd. 89, 2006, 290.

(VI 205) **Zuzgen**, Kr. Aargau. Frühmittelalterliche Gräber im Bereich eines römischen Gebäudes nordwestlich des alten Ortskernes angelegt. – Jahrb. SGUF 89, 2006, 268.

VII Hessen

(VII 1) **Altenstadt**, Wetteraukreis. Das antike Kastellareal liegt peripher zum alten Ortsbereich. Auffallend vom übrigen Ortsbild abgesetzt überlagert der **Alte Hof** die Principia. Über die Entstehungsgeschichte des Hofes ist freilich nichts bekannt; ebensowenig scheinen unmittelbar nachkastellzeitliche Funde vorzuliegen. – H. Schönberger / H.-G. Simon, Die Kastelle in Altenstadt. Limesforschungen 22 (Berlin 1983).

(VII 2) (Lich-)**Arnsburg**, Kr. Gießen. Innerhalb der Umwehrung des Limeskastells (Arnsburg-)**Altenburg** entstand 1151 ein Benediktinerkloster, das bereits 1171 wieder aufgegeben wurde. Zwischen der Porta Praetoria und der Principia entstand die Klosterkirche, deren Bau allerdings unvollendet blieb. Unweit davon wurde 1174 ein Zisterzienserkloster gegründet, das im heutigen Solmschen Schloß Arnsburg fortlebt. Einige Lesefunde aus der Spanne zwischen Römerzeit und Kloster. – ORL B Nr. 16; R'Hessen 228 f.; Stribrny, Römer 482; Steidl, Wetterau 259 f.

(VII 3) (Trebur-)**Astheim**, Kr. Groß-Gerau. Der spätrömische Burgus mit Schiffslände am ehemaligen Mündungsbereich des Schwarzbaches in den Rhein blieb anscheinend kontinuierlich durch die gesamte späteste Kaiserzeit und Merowingerzeit hindurch besiedelt. – Hessenarchäologie 2003, 119 ff.

(VII 4) (Wiesbaden-)**Bierstadt**. In antiker Ansiedlung neben Funden des 4. Jhs. Anzeichen einer Nutzung in karolingischer Zeit. – Dahmlos, Hessen 213; Stribrny, Römer 477.

(VII 5) (Darmstadt-)**Dieburg**. Die heutige Altstadt entwickelte sich innerhalb der Stadtmauer des antiken Vorortes der Civitas Auderiensium. Zumindest merowingerzeitliche Wiederbesiedlung durch Grab- und Einzelfunde gesichert. – R'Hessen 250 ff.; Möller, Starkenburg 49.

(VII 6) **Echzell**, Wetteraukreis. Der älteste, karolingische Vorläufer der heutigen evangelischen Kirche entstand als Umbau des antiken Kastellbades. Bis heute decken sich die Mauern des Rechtecksaales mit den antiken Mauern trotz zwischenzeitlicher Umbauten. Im Bereich von Kastell und Vicus Münzen und Fragment einer germanischen Fibel des 4. Jhs. – Roeren, Südwestdeutschland 258 Kat.Nr. 116; Saalburg-Jahrb. 22, 1965, 118 ff. Abb. 1; Fundber. Hessen 9/10, 1969/70,

168 f. Abb. 14; R'Hessen 261 ff. Abb. 190; Steidl, Wetterau 173 f.

(VII 7) (Frankfurt a. M. -) Bergen-Enkheim, Ortsteil **Enkheim**. Antike Ansiedlung, wohl Gutshof in den Fluren ›Hofgärten‹ und ›Am Pfingstborn‹ mit Anzeichen vorübergehender Wiederbesiedlung in der Merowinger- bis Karolingerzeit. »Im Inneren eines römischen Gebäudes mindestens fünf Gräber; da sich als Beigabe lediglich eine Pfeilspitze fand, ist die Zeitstellung unsicher«. – Dahmlos, Hessen 115.

(VII 8) **Frankfurt a. M.** Auf dem in der Antike zunächst militärisch genutzten Römerberg stand später bis zum Limesfall wohl ein größerer Gutshof, der noch im 3. Jh. von zugewanderten Germanen wiederbesiedelt wurde, was eine bis heute fortdauernde Siedlungskontinuität in diesem Bereich begründete. Zusammenfassend: R'Hessen 293 ff.; Stribrny, Römer 381 f.; Steidl, Wetterau 206 ff.; M. Wintergerst, Franconofurd. 1: Die Befunde der karolingisch-ottonischen Pfalz aus den Frankfurter Altstadtgrabungen 1953–1993. Schr. d. Arch. Mus. Frankfurt 22/1 (Frankfurt 2007) 18 ff.

(VII 9) **Friedberg**, Wetteraukreis. Im Bereich des mittelkaiserzeitlichen Kastells (Belegungsdauer noch unklar) entwickelte sich die mittelalterliche Burg, im Kastellvicus die mittelalterliche Stadt. Zwischenstadien seit dem Ende der Limeszeit allerdings lassen sich noch kaum fassen. Bislang scheint nur der zu großen Teilen in seiner Authentizität nicht unumstrittene Münzbestand anzudeuten, dass Friedberg in der späten Kaiserzeit von zentraler Bedeutung war, während andere Kleinfunde dieser Zeit bislang fehlen. Vage Nachrichten zu Funden fränkischer Keramik im Bereich der Burg. Im Vicusbereich resp. in der Friedberger Altstadt bei der Stadtkirche Besiedlungsansatz anhand eines fränkischen Gräberfeldes fassbar. – ORL B Nr. 26; Stribrny, Römer 351 ff., vor allem 380 f.; Beiträge V. Rupp und A. Thiedmann in: Friedberg in Hessen. Die Geschichte der Stadt I. Wetterauer Geschbl. 44, 1995, 75 ff.; 113 ff.; Steidl, Wetterau 242 ff. Kat. 66–70.

(VII 10) **Groß-Bieberau**, Kr. Darmstadt-Dieburg. »In den Ruinen der römischen Villa« Grabfund (Perlen, Kamm, Messer). – Dahmlos, Hessen 36; Möller, Starkenburg 57.

(VII 11) **Großkrotzenburg**, Main-Kinzig-Kreis. Die innere Topographie des Kohortenkastells wurde weitgehend ins Mittelalter tradiert. Außer Funden des 4. Jhs. ist bislang kein jüngeres Material bekannt, das eine Siedlungskontinuität durch die vormittelalterliche Zeit belegt. – ORL B Nr. 23; Weidemann, Siedlungsgeschichte 100; 117 Abb. 16; R'Hessen 328 f.; Stribrny, Römer 478.

(VII 12) **Groß-Umstadt**, Kr. Darmstadt-Dieburg. Die Pfarrkirche St. Kilian (ehemals St. Peter) überlagert das Hauptgebäude einer antiken Villa. Gegenüber dem antiken Bau ist die Längsachse des heutigen, in spätgotischer Zeit neu errichteten Baus gedreht; von den früh- bis hochmittelalterlichen Vorläuferbauten keine Pläne publiziert. Südlich der Kirche deuten Grabfunde auf ansteigendem Gelände die Möglichkeit einer Besiedlungskontinuität seit dem 4. Jh. an. – Dahmlos, Hessen 37; R'Hessen 328 f. Abb. 268; Möller, Starkenburg 72 ff.; Vorromanische Kirchenbauten II, 157 f.

(VII 13) (Frankfurt a. M. -)**Heddernheim**. Im Bereich von Nida, Vorort der Civitas Taunensium, Funde der späten Kaiserzeit und früheren Merowingerzeit. – Steidl, Wetterau 219 ff.

(VII 14) (Idstein-)**Heftrich**, Rheingau-Taunus-Kreis. Das Numeruskastell Heftrich-Alteburg weist Anzeichen einer nachantiken Veränderung des Hauptgebäudes auf, vielleicht Hinweise auf eine überlieferte, 1178 gegründete Eremitage, aus der sich ein bis in die frühe Neuzeit bestehendes, kleines Kloster entwickelte. Im Bereich des Lagerdorfes überlagerte südlich des Kastells die heute nicht mehr bestehende Klosterkapelle einen seinerzeit von den Ausgräbern als Mithräum gedeuteten antiken Bau. An die Tradition des Klosters knüpft wiederum der bis heute noch dort im freien Gelände abgehaltene Alteburger Markt an. Anscheinend keine nachlimeszeitlichen Funde bislang bekannt. – ORL B Nr. 9; FMRD V 1, 2 Nr. 1202. 1203.

(VII 15) (Heidenrod-)**Kemel**, Rheingau-Taunus-Kreis. Der alte Ortskern von Kemel mit der Kirche innerhalb der Umwehrung des Limeskastells entstanden. Die den Ort durchquerende Bäderstraße läuft in einem Bogen durch die Seitentore des Kastells. Auch wenn sich – abgesehen von einigen dem Kastell und unmittelbaren Umfeld zuweisbaren spätrömischen Münzen – archäologisch keine Besiedlungskontinuität belegen lässt, war der Ort in karolingischer Zeit jedenfalls als Etappenstation an der streckenweise für den Fernverkehr genutzten antiken Straße offenbar von erheblicher Bedeutung. – ORL B Nr. 7; Staab, Mittelrhein 38; FMRD V 1, 2 Nr. 1210; 1212–1214.

(VII 16) **Lorsch**, Kr. Bergstraße. Das bekannte Kloster grundsätzlich schon im Bereich römischer Vorbesiedlung, über die bislang allerdings weitaus weniger bekannt ist, als lange Zeit im Schrifttum suggeriert; zuletzt etwa bei Eismann, Kirchen 238 f. Kat. 39. Zu Zweifeln an den Selzerschen Baubefunden und zur Unterschiebung von Funden der späten Kaiserzeit und der Merowingerzeit s. W. Meier-Arendt, Fundber. Hessen 17/18, 1977/78, 69 ff.; R'Hessen 423 f.; Möller, Starkenburg 96; Artikel Lorsch in: RGA² 18, 611 ff.

(VII 17) (Hammersbach-)**Marköbel**, Main-Kinzig-Kreis. Die Innengliederung des Limeskastells schlägt sich noch im mittelalterlichen Ortskern nieder. Die alte, ehemalige Pfarrkirche und heutige evangelische Kirche ist außerhalb der Lagerumwehrung über dem Kastellbad entstanden. – ORL B Nr. 21; R'Hessen 429 f.

(VII 18) (Karben-)**Okarben**, Wetteraukreis. Das allerdings seit trajanischer Zeit kaum noch militärisch genutzte Alenkastell hat die Ortstopographie bis heute geprägt. Die in ihrer Baugeschichte noch nicht geklärte, heute evangelische Pfarrkirche steht an der Stelle der Principia offenbar unter Beibehaltung der antiken Bauorientierung. Der Lagervicus jedenfalls hatte Bestand bis ins 3. Jh. – ORL B Nr. 25a; H. Schönberger / H.-G. Simon, Das Kastell Okarben und die Besetzung der Wetterau seit Vespasian. Limesforschungen 19 (Berlin 1980).

(VII 19) (Frankfurt a. M.-)**Seckbach**. Die nicht mehr existierende Bergkirche soll über dem Keller einer römischen Villa gestanden haben. – Eismann, Kirchen 220 Kat. 19.

(VII 20) **Seligenstadt**, Kr. Offenbach. Das heutige Rathausensemble hat sich wohl aus den Ruinen der Principia des Limeskastells entwickelt. Auf Grund des chronologisch nahezu lückenlosen Keramikspektrums aus dem Innenbereich des Kastells ist eine kontinuierlich über das 4. und 5. Jh. fortgeführte Besiedlung sehr wahrscheinlich. – E. Schallmayer, Saalburg-Jahrb. 43, 1987, 5 ff.; Stribrny, Römer 386 ff.

(VII 21) **Semd**, Kr. Darmstadt-Dieburg. Die nicht mehr existierende Taufkapelle St. Maria entstand unter Verwendung von antikem Baumaterial über antikem Gebäudekomplex. Von nachrömischen Funden ist nichts bekannt. – Fundber. Hessen 13, 1973, 325.

(VII 22) **Sulzbach**, Main-Taunus-Kreis. Friedhof wohl mit Kirche und Königsgutkomplex im Bereich einer antiken Villa. Spätrömische Münze. G. Wolff, Die südliche Wetterau in vor- und frühgeschichtlicher Zeit (Frankfurt a. M. 1913) 146; Stribrny, Römer 478.

(VII 23) **Trebur**, Kr. Groß-Gerau. Die heutige evangelische Kirche und ehemalige Pfalzkapelle St. Laurentius überlagert einen antiken Bau, möglicherweise Gutshof, der vielleicht schon in der späten Kaiserzeit, spätestens in der Merowingerzeit wiederbesiedelt wurde. Dem Siedlungskomplex ist wohl ein seit der spätesten Kaiserzeit belegtes Ortsgräberfeld zuzuordnen. – Dahmlos, Hessen 110 ff.; Möller, Starkenburg 131 ff.; Vorromanische Kirchenbauten II, 415 f.; Stribrny, Römer 483.

(VII 24) (Biblis-)**Nordheim**, Kr. Bergstraße, ›**Zullestein**‹. Ein Burgus mit Schiffslände aus der Zeit Valentinians I. bildete den Mittelpunkt der erstmals 806 urkundlich erwähnten Siedlung Zullestein. Merowingerzeitliches Material scheint zu fehlen. – W. Jorns, Der spätrömische Burgus mit Schiffslände und die karolingische Villa Zullestein. Arch. Korrbl. 3, 1973, 75 ff.; F.-R. Herrmann, Der Zullenstein an der Weschnitzmündung. Arch. Denkmäler Hessen 82 (Wiesbaden 1989); Vorromanische Kirchenbauten II, 471.

VIII Baden-Württemberg

(VIII 1) **Aalen**, Ostalbkreis. Die Lage der alten Johanniskirche völlig außerhalb des alten Stadtzentrums jenseits der Einmündung der Aal in den Kocher unmittelbar vor dem Alenkastell könnte als Hinweis zu verstehen sein, dass einst im Bereich des Kastells und im unmittelbar anschließenden Vicusbereich (spätkaiserzeitliche Münzen) ein frühmittelalterlicher, später wüst gewordener Siedlungskern bestand, von dem sich nur die Johanniskirche samt Kirchhof auf Dauer erhielt. Ein bei Aalen gefundener, silberner Runenhalsreif des 5./6. Jhs. lässt sich nicht mehr näher topographisch zuordnen. Auf Wohnplätze im Kastell- und Vicusareal beziehen sich zwei kleine, getrennte Gräbergruppen des 7. Jhs. – Führer vor- u. frühgesch. Denkmäler 22 (Mainz 1973) 133 ff.; R'BW 203 ff.; Stribrny, Römer 488; Fundber. Baden-Württemberg 12, 1987, 614 f.; ebd. 17/2, 1992, 160; Arch. Ausgr. Baden-Württemberg 1988, 87 ff.; ebd. 1997, 152 ff.; E. Wamers, Der Runenreif aus Aalen. Arch. Reihe 17 (Frankfurt a. M. 2000); M. Dumitrache / R. Schurig, Aalen. Arch. Stadtkataster Baden-Württemberg 4 (Stuttgart 2000) 18 f.; FMRD II 4 Nachtrag 1, 4001; Planck, Römerstätten 16 ff.

(VIII 2) (Horb-)**Altheim**, Kr. Freudenstadt, ›Talberg‹. Im Bereich einer römischen Ansiedlung Bestattungsplatz mit Gräbern wohl ausschließlich des frühmerowingischen Horizontes (AM I), die Bezug auf die antiken Mauerzüge nehmen. Darüber hinaus weitere Besiedlungshinweise bis ins Hochmittelalter. – Fundber. Baden-Württemberg 22/2, 1998, 111.199; Arch. Ausgr. Baden-Württemberg 1999, 149 ff.; ebd. 2000, 137 ff.

(VIII 3) **Asselfingen**, Alb-Donau-Kreis. »Im römischen Gehöft im Lebenhölzle bei Lindenau fand Bürger ein Skelett neben der Ostseite von Gebäude c und ein zweites Skelett in dem Schutthügel f im Osten.« Wohl beigabenlos. Paret, Württemberg 260.

(VIII 4) (Stuttgart-)**Bad Cannstatt**. Der Vorläuferbau der im 16. Jh. ins Tal verlegten Martinskirche stand im Areal des Alenkastells auf der Steig. Dort existierte wahrscheinlich auch eine Siedlung etwa unter der Bezeichnung Altenburg. Auf diese könnten sich ein beigabenloses Plattengrab und merowingerzeitliche Bestattungen mit Beigaben im Vicusbereich beziehen. Dort auch Hinweis auf spätkaiserzeitliche Besiedlung. – Fundber. Schwaben N.F. 3, 1926, 79; Paret, Württemberg 224; Veeck, Alamannen 236 f. zu Nr. I–IV; Weidemann, Siedlungsgeschichte 103 ff.; 126 ff. Abb. 23; Christlein, Alamannen 168 Nr. 338; R'BW 573 ff.; Stribrny, Römer 491; FMRD II 4 Nachtrag 1, 4475 E 1, 9.10.

(VIII 5) **Baden-Baden**. Verbindungen zwischen dem antiken Aquae, Hauptort der Civitas Aquensis und dem darüberliegenden mittelalterlichen Stadtkern noch kaum herausgestellt. Einige Funde der späten Kaiserzeit (Münzen, Bügelknopffibel). Aus dem Frühmittelalter eine spätmerowingische Pressblechfibel und ein wohl frühestens spätmerowingischer Reitsporn. In einer königlichen Schenkung des späten 7. Jhs. an Kloster Weißenburg im Elsass klingen der antike Name der Gebietskörperschaft und die anscheinend fortgeführte Tradition der Bäder noch an: »trans Renum in pago Auciacinse sitas […] cum omnibus et cum ipsa marca ad ipsas balneas pertinente«. Im Hochmittelalter erfolgte der Wechsel zur Namensform ›locus Badon‹. – Garscha, Südbaden 4; Christlein, Alamannen 130 Taf. 108; R'BW 226 ff.; Stribrny, Römer 493; Arch. Ausgr. Baden-Württemberg 1996, 124 ff.; ebd. 1997, 128 ff.; Führer Arch. Denkmäler Deutschland 16 (Stuttgart 1988) 244 ff.; Führer Arch. Denkmäler Baden-Württemberg 11 (Stuttgart 1989) 109 ff.

(VIII 6) **Badenweiler**, Kr. Breisgau-Hochschwarzwald. Aus der Thermenruine Objekte des 7. Jhs. und der Zeit um 700. Nach Fingerlin jetzt als nutzungsbedingte Verlustfunde zu betrachten. Die mittelalterlichen Vorgängerbauten der heutigen evangelischen Kirche auf den Mauern eines Podiumstempels entstanden. Dort wurde beim Neubau der Kirche 1892 unter nicht näher dokumentierten Umständen ein wohl als Grabbeigabe anzusprechender, leichter Breitsax der jüngeren Merowingerzeit (JM I) geborgen. Bis auf wenige Münzen anscheinend keine nennenswerten Funde der späten Kaiserzeit. – Garscha, Südbaden 5; R'BW 235 ff.; Stribrny, Römer 496; Arch. Nachr. Baden 46, 1991, 15 Abb. 15; Arch. Ausgr. Baden-Württemberg 1995, 222 ff.; ebd. 1998, 179 ff.; G. Seitz in: Oberrhein und Enns 157 ff.; dies. in: Führer arch. Denkmäler Baden-Württemberg 22 (Stuttgart 2002) 35 ff.; G. Fingerlin in: ebd. 94 ff.; Planck, Römerstätten 34 f.

(VIII 7) **Balingen**, Zollernalbkreis. Die nicht mehr existierende Ulrichskapelle stand im Bereich eines antiken Bauwerks. Dort sollen auch, ohne dass der Zusammenhang genauer dargestellt ist, frühmittelalterliche Gräber gefunden worden sein. – Fundber. Schwaben N. F. 8, 1933–35, 97; G. Schmitt, Die Alamannen im Zollernalbkreis. Materialh. Arch. Baden-Württemberg 80 (Stuttgart 2007) 83 zu Fst. VI.

(VIII 8) (Winterlingen-)**Benzingen**, Zollernalbkreis. Die Pfarrkirche angeblich mit »alamannischem Gräberfeld« möglicherweise im Bereich einer antiken Villa. – Paret, Württemberg 223.

(VIII 9) **Bietigheim**, Kr. Ludwigsburg. Die außerhalb der Stadt gelegene Friedhofskirche St. Peter überlagert antiken Bau. – Fundber. Schwaben N.F. 8, 1933–1935, 97; Vorromanische. Kirchenbauten I, 37; Führer arch. Denkmäler Deutschland 22 (Stuttgart 1991) 117 f.; Eismann, Kirchen 206 f. Kat. 6.

(VIII 10) (Efringen-Kirchen-)**Blansingen**, Kr. Lörrach. Die Pfarrkirche St. Peter auf antikem Bauwerk mit Bestattungen, die zeitlich den Kirchenbauten vorausgehen. Dem Siedlungskomplex ein in sich nicht näher bekanntes Ortsgräberfeld zuzuordnen. – Garscha, Südbaden 17; Arch. Ausgr. Baden-Württemberg 1984, 216 ff.; Fundber. Baden-Württemberg 22/2, 1998, 194.

(VIII 11) **Bondorf**, Kr. Böblingen. Die Pfarrkirche St. Remigius steht im Bereich einer antiken Villa. Zusammenhang nicht genauer bekannt. Dem Siedlungskomplex Gräberfeld der Merowingerzeit zuzuordnen. – Christlein, Alamannen 134 Nr. 47; Fundber. Baden-Württemberg 8, 1983, 256 f. Abb. 75.

(VIII 12) **Bondorf**, Kr. Böblingen. Antike Villa in der Flur ›Mauren‹ abseits des Ortes. Im Westrisalit des Hauptgebäudes A eine ostwestlich gerichtete Körperbestattung (Frauengrab) des späteren 4. Jhs. oder der Zeit um 400. – A. Gaubatz-Sattler, Die Villa rustica von Bondorf (Kr. Böblingen). Forsch. u. Ber. Vor- u. Frühgesch. Baden-Württemberg 51 (Stuttgart 1994) 45 f. Abb. 37–39; 194 ff.

(VIII 13) **Breisach**, Kr. Breisgau-Hochschwarzwald. Das spätrömische Castrum auf dem Münsterhügel kontinuierlich in nachrömischer Zeit weiterbesiedelt. – Arch. Nachr. Baden 64, 2001, 15 ff.

(VIII 14) **Brensbach-Wersau**, Odenwaldkreis. Die Bergkirche St. Ägidius überlagert antiken Bau. Der Zeitraum hin zum ältesten fassbaren Kirchenbau des Spätmittelalters nicht durch Funde belegt. – Eismann, Kirchen 210 Kat. 10.

(VIII 15) (Sontheim a. d. Brenz-)**Brenz**, Kr. Heidenheim. Pfarrkirche St. Gallus über antiker Ruine; hölzerner Kirchenbau mit ›Stiftergrab‹ sowie jünger- und spätmerowingischen Gräbern u. a. evtl. von Priestern. Darüber steinerner Kirchenbau mit antiken Spolien als Fundament. – Fundber. Schwaben N. f. 18, 1967, Teil 2, 84; Vorromanische Kirchenbauten I, 401 f.; Pfahl, Besiedlung 206 f.; Christlein, Alamannen 135 Nr. 57; R'BW 563 f.

(VIII 16) (Lahr-Burgheim-)**Burgheim**, Ortenaukreis. Die Pfarrkirche St. Peter mit reichen, auf den ältesten fassbaren Vorgängerbau bezogenen Bestattungen des späten 7. Jhs. im Bereich einer antiken Ansiedlung entstanden. – Garscha, Südbaden 183 ff.; Vorromanische Kirchenbauten I, 48; II, 75 f.; Planck, Römerstätten 168 ff.; N. Krohn / G. Bohnert, Lahr-Burgheim. 50 Jahre Kirchenarchäologie (Remshalden 2006).

(VIII 17) **Cleebronn**, Kr. Heilbronn. Die St.-Michaels-Kapelle überlagert antiken Bau. Die frühesten nachrömischen Funde bislang aus spätmerowingisch-karolingischer Zeit. – R'BW 267; Fundber. Baden-Württemberg 22/2, 1998, 232; Planck, Römerstätten 61.

(VIII 18) **Deißlingen**, Kr. Rottweil. »In Deißlingen wurden beim Umbau der Kirche 1881 vermutlich die Überreste eines Badegebäudes und, unmittelbar nördlich davon, Teile einer römischen Siedlung freigelegt«. Von anderer Stelle der Gemarkung Funde spätrömischer Münzen. Zuordnung der beiden bekannten Reihengräberfelder unklar. – Arch. Informationen Baden-Württemberg 37 (Stuttgart 1997) 15.

(VIII 19) (Balingen-)**Engstlatt**, Zollernalbkreis. Die Pfarrkirche wohl im Bereich einer antiken Ansiedlung. – Fundber. Schwaben N.F. 8, 1933–1935, 100.

(VIII 20) **Epfendorf**, Kr. Rottweil. Der frühmittelalterliche Vorgängerbau der Remigiuskirche in einer antiken Ansiedlung entstanden. – Arch. Ausgr. Baden-Württemberg 1996, 174.

(VIII 21) **Esenhausen**, Kr. Ravensburg. Die Pfarrkirche überlagert antike Villa; wohl keine Bauverzahnung. – Fundber. Baden-Württemberg 2, 1975, 154.

(VIII 22) **Ettlingen**, Kr. Karlsruhe. Die Pfarrkirche St. Martin hat sich schrittweise aus der Ruine einer antiken Badeanlage entwickelt. Die früheste nachantike Nutzung belegen insgesamt zwölf Bestattungen, die unter Bezugnahme auf die antike Bausubstanz angelegt wurden. Ein Frauengrab der Zeit um 700 (u. a. goldenes Bommelohrringpaar) lag besonders exponiert axial in der apsidenförmigen Rundung eines Badebeckens. Gleichzeitig mit den übrigen, wohl beigabenlosen und jüngeren Bestattungen ist der älteste fassbare Kirchenbau vor Ort in Form einer an der antiken Substanz ausgerichteten Saalkirche. – Badische Fundber. 3, 1933, 337; Arch. Ausgr. Baden-Württemberg 1981, 153 ff.; R'BW 286 ff.; Führer arch. Denkmäler Deutschland 16 (Stuttgart 1988) 205 ff.

(VIII 23) **Fischingen**, Kr. Breisgau-Hochschwarzwald. Der älteste frühmittelalterliche Vorgängerbau der heutigen Pfarrkirche St. Peter überlagert antike Ruine bei abweichender Orientierung. – Arch. Nachr. Baden

24, 1980, 27; Führer vor- u. frühgesch. Denkmäler 47 (Mainz 1981) 137 ff.; Vorromanische Kirchenbauten II, 121; Eismann, Kirchen 218 Kat. 17.

(VIII 24) **Göppingen**, Kr. Göppingen. Über antiker Villa im 7. Jh. eine hölzerne Saalkirche errichtet, aus der sich die Oberhofenkirche St. Martin und Marien entwickelte. – Vorromanische Kirchenbauten II, 150 f.; FMRD II 4 Nachtrag 1 Nr. 4147 E1, 1; Eismann, Kirchen 220 ff. Kat. 21.

(VIII 25) Grenzach-Wyhlen, Kr. Lörrach, Stadtteil **Grenzach**. Das alte Ortszentrum überlagert aufwendig ausgestatteten antiken Bau. An nachrömischen Funden bislang Keramik von spätmerowingisch-karolingischer Zeit an. – R'BW 303 ff.; Planck, Römerstätten 93.

(VIII 26) **Gundelsheim**, Kr. Heilbronn. Im alten Ortskern Hinweise auf römische Vorbesiedlung. – Hüssen, Heilbronn 226 Kat. 229.

(VIII 27) **Heidelberg**. Auf dem Heiligenberg antike Baubefunde eines Merkurtempels. Vereinzelte Funde der späten Kaiserzeit. In einem antiken Apsidenraum jüngermerowingische Bestattungen. Darüber Kirchen- und Klosterbauten seit dem 9. Jh. mit integrierter antiker Bausubstanz. – Arch. Ausgr. Baden-Württemberg 1982, 190 ff.; ebd. 1983, 205 ff.; Vorromanische Kirchenbauten II, 169 f.; Führer Arch. Denkmäler Baden-Württemberg 20 (Stuttgart 1999) 55 ff.

(VIII 28) **Heidenheim**, Kr. Heidenheim. Im Anschluss an die militärische Belegung des Alenkastells, die bereits Mitte des 2. Jhs. endete, wurden die Kastellbauten bis zum Limesfall weitergenutzt. Sie haben die Herausbildung des historischen Kernbereiches von Heidenheim maßgeblich mitbeeinflusst. Die Marienkirche überlagert knapp das Hauptgebäude; einige Straßenzüge in diesem Bereich nehmen Bezug auf Lagerstraßen. Konstantinischer Münzschatz. An eine frühalamannische Besiedlung (Spuren von Wohnplätzen, z. B. im Bereich der Mannschaftsbaracken) des 4. und 5. Jhs. knüpfte schließlich die merowingerzeitliche Weiterbesiedlung des Kastellareals an, welche die Besiedlungskontinuität bis heute fortführte. Das zugehörige Ortsgräberfeld überlagerte den Vicusbereich; aus dem Kastellareal wurden einzelne, unzusammenhängende Bestattungen wohnplatznaher Grablegen bekannt. – Paret, Württemberg 260; Veeck, Alamannen 173; R'BW 321 ff.; Christlein, Alamannen 149 Nr. 168–170; Stribrny, Römer 489; FMRD II 4 Nachtrag 1 Nr. 4191/1; Arch. Ausgr. Baden-Württemberg 2001, 89 ff.; ebd. 2002, 97 ff.

(VIII 29) **Heitersheim**, Kr. Breisgau-Hochschwarzwald. Im Hauptgebäude der antiken Großvilla unzusammenhängend an mehreren Stellen Bestattungen teils mit Beigaben des 7. Jhs. Der zugehörige Wohnplatz am ehesten im siedlungsgünstigen Bereich der Pars rustica der antiken Villa hochwassergeschützt auf dem Plateau über dem Sulzbachtal anzunehmen. Wahrscheinlich kontinuierlicher siedlungsgenetischer Zusammenhang mit dem heute die Pars rustica einnehmenden Malteserschloss samt Kirche resp. Schlosskapelle. Auch der heutige Ortsteil Oberdorf dürfte von hier seinen Ausgang genommen haben und sich im Verlauf des Mittelalters in den Hangbereich zum Sulzbach verlagert haben. Funde und Befunde der späten Kaiserzeit scheinen bislang zu fehlen. – Fundber. Baden-Württemberg 10, 1985, 549; Arch. Ausgr. Baden-Württemberg 1991, 159; ebd. 2006, 150 ff.; ebd. 2007, 139 ff.; Arch. Nachr. Baden 57, 1997, 3–17 und 21–30; Planck, Römerstätten 122 ff.

(VIII 30) **Hertingen**, Kr. Lörrach. »Mit den frühgeschichtlichen Bestattungen in der römischen Villa von Hertingen (Lörrach) liegt ein Befund vor, der ein weiteres Mal den uns nicht völlig erklärlichen Zusammenhang zwischen römischen Ruinen und frühmittelalterlichem Friedhof zeigt«. Noch keine genaueren Angaben. – Arch. Nachr. Baden 22, 1979, 35.

(VIII 31) **Jagsthausen**, Kr. Heilbronn. Der historische Ortsbereich vollständig im Bereich des Limeskastells und des zugehörigen Vicus entstanden. Die antike Vorbesiedlung hat die Topographie des Ortes nachhaltig beeinflusst. Allerdings sind späte Kaiserzeit und Frühmittelalter bislang archäologisch so gut wie nicht belegt. – A. Thiel, Das römische Jagsthausen. Materialh. z. Arch. in Baden-Württemberg 72 (Stuttgart 2005).

(VIII 32) (Friedrichshafen-)**Jettenhausen**, Bodenseekreis. Pfarrkirche und Friedhof überlagern antike Villa. – Paret, Württemberg 226.

(VIII 33) Rottenburg a. N., Kr. Tübingen. Die Wüstung **Kalkweil** stellt wohl eine Wiederbesiedlung eines antiken Gutshofes dar. Eine bis heute existierende Georgskapelle erinnert noch an die Lage im Gelände. Bekannt wurde von dort ein beigabenloses Plattengrab, ohne dass der Zusammenhang näher fassbar ist. – Paret, Württemberg 229; Arch. Ausgr. Baden-Württemberg 1982, 177 ff.

(VIII 34) **Kickach**, Kr. Ravensburg. »Auf dem Estrich über einem Hypokaustum des römischen Gebäudes lag nur 30 cm unter dem Boden das Skelett eines 5–6 Jahre alten Kindes«. Paret, Württemberg 260.

(VIII 35) **Kippenheim**, Kr. Breisgau-Hochschwarzwald. Die ehemals katholische Pfarrkirche St. Mauritius überlagert antiken Gebäuderest mit gegenüber der Kirche abweichender Ausrichtung. Der älteste anzunehmende Kirchenbau frühestens karolingisch. Der Zeitraum bis dahin anscheinend nicht belegt. – Eismann, Kirchen 231 Kat. 31.

(VIII 36) **Knittlingen**, Enzkreis. Die im 18. Jh. abgebrochene, ehemalige Pfarrkirche mit dem sicherlich frühmittelalterlichen Patrozinium St. Georg und der bis heute als Gemeindefriedhof fortgeführte Kirchhof im Bereich einer antiken Villa. St. Georg steht auf einer Anhöhe etwas abgesetzt vom historischen Ortskern und könnte im Bereich des allerdings noch nicht nachgewiesenen Ortsgräberfeldes der Merowingerzeit entstanden sein. – Fundber. Baden-Württemberg 17/2, 1992, 110; Damminger, Kraichgau 167 f. zu Karte 15, Punkte A und B.

(VIII 37) **Kolbingen**, Kr. Tuttlingen. Vage Andeutung einer Überlagerungssituation (antiker Bauschutt) im alten Ortsbereich vor der Zehntscheuer anlässlich eines Berichtes zum Fund eines römischen Münzschatzes im Jahr 1760. – Fundber. B.-W 26, 2002, 129 f.

(VIII 38) **Ladenburg**, Rhein-Neckar-Kreis. Das antike Stadtgebiet von Lopodunum zog nach dem Einschnitt des Jahres 260 immer wieder Besiedlung nachrückender germanischer Bevölkerung an. Intensive militärische römische Aktivitäten in valentinianischer Zeit: Errichtung eines Burgus am Nordwestrand der ehemaligen Stadt und einer weiteren Befestigung (Kastell III) südöstlich außerhalb der Stadtmauer; Zuordnung eines bis auf den Fund einer Zwiebelknopffibel beigabenlosen, achtzig Bestattungen umfassenden Gräberfeldes im Bereich abgebrochener Gebäude in der Südhälfte der Stadt. Auch anschließend durch das 5. Jh. fortgeführte Besiedlung, die schrittweise in die komplexe Entstehung der fränkischen Kernsiedlung als Ausgangspunkt der mittelalterlichen Stadtentwicklung im Bereich der antiken Stadt einmündete. – Übersichten: C. S. Sommer in: H. Probst (Hrsg.), Ladenburg. Aus 1900 Jahren Stadtgeschichte (Ubstadt-Weiher 1998) 179 ff.; H. Probst ebd. 214 ff.; Führer arch. Denkmäler Deutschland 36 (Stuttgart 1999) 175 ff.

(VIII 39) **Langenau**, Alb-Donau-Kreis. Die Pfarrkirche St. Martin auf antikem Kultbau errichtet. Zwei beigabenlose, westöstlich gerichtete Bestattungen; unklar, ob auf antiken Bau oder Kirche bezogen. Dem Siedlungskomplex ist ein merowingerzeitliches Ortsgräberfeld zuzuordnen. – Paret, Württemberg 226; Fundber. Schwaben N.F. 18/II, 1967, 102; Vorromanische Kirchenbauten I, 167; II, 240; Christlein, Alamannen 156 Nr. 235; Pfahl, Besiedlung 158 ff.

(VIII 40) (Rosenfeld-)**Leidringen**, Zollernalbkreis. »Beim Einbau einer Heizung in die Kirche wurde im Juli 1949 bei der Tür der Südseite eine römische Hypokaustanlage angeschnitten. […] Die Fundamente der Kirche ruhen zum Teil auf der römischen Mauer«. Die Pfarrkirche steht auf dem Hauptgebäude einer antiken Villa. – Paret, Württemberg 226; Fundber. Schwaben N. f. 12, 1938–51, Teil 2, 64; Fundber. Baden-Württemberg 2, 1975, 176.

(VIII 41) **Lorch**, Ostalbkreis. Der historische Kernbereich von Lorch ist vollständig innerhalb des Kastellareals entstanden. Spätkaiserzeitliche Münze. Anschließender Zeitraum bis zum Hochmittelalter noch nicht belegbar. – ORL B Nr. 63; R'BW 433 f.; Stribrny, Römer 491; S. Dumitrache / S. M. Haag, Lorch. Arch. Stadtkataster Baden-Württemberg 20 (Stuttgart 2002) 21 ff.; Planck, Römerstätten 181 f.

(VIII 42) (Tübingen-)**Lustnau**. Kulturschicht mit Fundeinschlüssen unter der Pfarrkirche (ehemals St. Martin) belegt römische Vorbesiedlung des Ortsbereiches. Nachrömische Siedlungsfunde im gleichen Bereich erst vom späteren Frühmittelalter an. Dem Siedlungskomplex Bestattungsplatz der Merowingerzeit am östlichen Ortsrand zuzuordnen. – B. Scholkmann, Forsch. u. Ber. Arch. Mittelalter Baden-Württemberg 8, 1983, 269 ff.

(VIII 43) (Denzlingen-)**Mauracher Hof**, Kr. Emmendingen. Antiker, u. a. wohl mit Erzverhüttung befasster Siedlungsplatz am Ausgang des Glottertals, der im Frühmittelalter wiederbesiedelt wurde. – Arch. Nachr. Baden 60, 1999, 23; 26 f.

(VIII 44) (Brackenheim-)**Meimsheim**, Kr. Heilbronn. Die Martinskirche wohl bauverzahnt mit antiker Villa. Dazu möglicherweise Gräberfeld der Merowingerzeit. – Veeck, Alamannen 212 Fst. I; Paret, Württemberg 227.

(VIII 45) **Mühlacker**, Enzkreis. Die Pfarrkirche St. Peter im Bereich eines antiken Siedlungsplatzes. Im Kirchhof unmittelbar daneben merowingerzeitliche Gräber mit antiken Spolien als Abdeckung. – Fundber. Schwaben N. f. 12, 1938–51, Teil 2, 72.

(VIII 46) **Mühlheim a. d. Donau**, Kr. Tuttlingen. In der Altstadt die Pfarrkirche St. Gallus im Bereich einer antiken Villa. Dort auch Bestattungen der Merowingerzeit, über die nichts näher bekannt ist. – Veeck, Alamannen 296; Paret, Württemberg 223.

(VIII 47) **Müllheim**, Kr. Breisgau-Hochschwarzwald. Die ehemalige Pfarrkirche St. Martin überlagert ohne Bauverzahnung das Herrenhaus eines antiken Gutshofes. Anscheinend keine Funde der späten Kaiserzeit, dagegen im gleichen Bereich Siedlungsfunde der Merowingerzeit. Eine ältere, noch nicht direkt nachgewiesene, aber wohl vorauszusetzende Vorgängerkirche des 7. Jhs. war unmittelbar daneben erbaut worden. Die Einordnung von Gräbern (u. a. Sarkophag des 8. Jhs.) im Gesamtbefund noch fraglich. Diesem Siedlungskomplex ist wenigstens eines der örtlich bekannten Reihengräberfelder zuzuordnen. – Garscha, Südbaden 223; Arch. Nachr. Baden 26, 1981, 20 ff.; Arch. Ausgr. Baden-Württemberg 1981, 192 ff.; ebd. 1984, 224 f.; R'BW 446 ff.; Vorromanische Kirchenbauten II, 291; Planck, Römerstätten 214 f.

(VIII 48) (Stuttgart-)**Münster**. Der historische Kernbereich von Münster um die heutige Kirche entwickelte sich wahrscheinlich aus einem im Bereich einer antiken Villa vorübergehend bestehenden Kloster des frühen Mittelalters. Wahrscheinlich kommt die nachgewiesene Umfassungsmauer des antiken Gutshofes noch im heutigen Straßenverlauf zum Ausdruck. Aus dem Klosterhof u. a. Münze des Magnentius (351/353). Dem Siedlungskomplex zuzuordnen ein Friedhof mit, soweit bekannt, wohl jüngermerowingischen Bestattungen. Davon etwa 500 m nordwestlich entfernt ein nur im frühmerowingischen Horizont belegter Bestattungsplatz. – R'BW 578 f.; Christlein, Alamannen Nr. 343.344; Stribrny, Römer 491; FMRD II 4 Nachtrag 1, 4495 E1, 1; Planck, Römerstätten 331 f.

(VIII 49) **Murrhardt**, Rems-Murr-Kreis. Die Walterichskirche (Friedhofskapelle St. Marien) in exponierter Hügellage am Ort eines römischen Grabmonumentes entstanden. Ältester Kapellenbau Holzpfostenkonstruktion. Der heutige Ort überlagert Kastellvicus. – Vorromanische Kirchenbauten II, 299; R'BW 448 ff.; Eismann, Kirchen 244 ff. Kat. 46–47.

(VIII 50) **Nagold**, Kr. Calw. Die Pfarrkirche St. Remigius auf dem Katzensteig – gut 1 km südwestlich vom Ortskern deutlich abgesetzt – bauverzahnt mit dem Nebengebäude einer antiken Villa. Beigaben aus Gräbern wohl des 7. Jhs. nicht mehr im ursprünglichen Befundzusammenhang angetroffen. R'BW 454 f.; V. Roeser, St. Remigius in Nagold. Forsch. u. Ber. Arch. Mittelalter Baden-Württemberg 9 (Tübingen 1986).

(VIII 51) (Heidelberg-)**Neuenheim**. Spätkaiserzeitliche Bestattungen und Münzen im Vicusbereich. Im Westtorbau des Steinkastells beigabenlose Bestattungen wohl des späteren Frühmittelalters. – Weidemann, Siedlungsgeschichte 103; R'BW 318 f.

(VIII 52) (Niederstotzingen-)**Oberstotzingen**, Kr. Heidenheim. Pfarrkirche St. Martin und Kirchhof wohl im Bereich antiker Ruinen. – Fundber. Schwaben 1, 1893, 21.

(VIII 53) **Offenburg**, Ortenaukreis. Die Offenburger Altstadt überlagert Militärlager und einen über die Belegungszeit des Lagers fortbestehenden Vicus. Bislang anscheinend noch keine spätkaiserzeitlichen Funde. Fraglich ein Zusammenhang des mit dem altbekannten Gräberfeld am südöstlichen Randbereich dokumentierten Besiedlungsansatzes der Merowingerzeit mit dem Bereich des Vicus. – Garscha, Südbaden 232 f.; Arch. Ausgr. Baden-Württemberg 2005, 143 ff.; Fundber. Baden-Württemberg 29, 2007, 859.

(VIII 54) **Osterburken**, Neckar-Odenwald-Kreis. Der alte Ortsbereich, vor allem um die Pfarrkirche St. Kilian (vormals St. Martin) überlagert wesentliche Teile des Kastellvicus und hat sich siedlungsgenetisch wohl aus diesem entwickelt. Keine genaueren Angaben. Wenige spätkaiserzeitliche Funde. Eine Anzahl merowingerzeitlicher Funde, u. a. angeblich aus dem Kastellareal. Speziell im Zuge der Grabungen 2004/2005 fand sich beim Kastellbad ein vereinzeltes Frauengrab des 7. Jhs. – ORL B Nr. 40; Roeren, Südwestdeutschland 259 Kat.Nr. 137; Koch, Main-Tauber-Gebiet 192 f.; Weidemann, Siedlungsgeschichte 101; 116 f. Abb. 15; R'BW 468 ff.; Stribrny, Römer 484; A. Gaubatz-Sattler / W. Seidenspinner, Osterburken. Arch. Stadtkataster Baden-Württemberg 16 (Stuttgart 2001) 35; Arch. Ausgr. Baden-Württemberg 2005, 135 ff.

(VIII 55) **Pfaffenhofen**, Kr. Heilbronn. Unter dem Pfarrhaus Hypokaustanlage angetroffen: Kirche und Pfarrhaus im Bereich einer antiken Villa. – Fundber. Baden-Württemberg 8, 1983, 326; Hüssen, Heilbronn 274 Kat. 410.

(VIII 56) **Pforzheim**. Spätkaiserzeitliche und spätmerowingische Funde vom Kappelhofplatz im Bereich der sog. Altstadt um St. Martin deuten die Weiterbesiedlung des mittelkaiserzeitlichen Vicus an. – Arch. Ausgr. Baden-Württemberg 1989, 139 ff.; Stribrny, Römer 391 f.; Damminger, Kraichgau 178 f. Karte 23; ders., Acta Prähist. Arch. 34, 2002 (= Festschr. Ament), 241 ff.; Planck, Römerstätten 253 f.

(VIII 57) **Riegel**, Kr. Emmendingen. Der heutige Ort überlagert völlig antiken Vicus. Im Bereich des ›Fronhofbuck‹ jüngermerowingische Besiedlung im Bereich mittelkaiserzeitlicher Bebauung. Diesem Komplex evtl. merowingerzeitlicher Bestattungsplatz zuzuordnen. Situation im Bereich von St. Martin noch nicht genauer zu beurteilen. Im Bereich der antiken Marktbasilika u. a. »vermutlich spätantike Scherben«. Von anderer Stelle spätrömischer Ziegelstempel und Zwiebelknopffibel. – Garscha, Südbaden 243; R'BW 504 ff.; Stribrny, Römer 392 f.; Arch. Ausgr. Baden-Württemberg 1994, 107 ff.; ebd. 1996, 143 ff. und 291 ff.; ebd. 1997, 117 ff.; ebd. 2000, 129 ff.; ebd. 2001, 118 ff.; ebd. 2003, 122 ff.; ebd. 2004, 157; Fundber. Baden-Württemberg 23, 1999, 253 ff.; Arch. Nachr. Baden 66, 2002, 22 ff.; Planck, Römerstätten 277 f.; Chr. Dreier in: Festschrift Nuber 95 ff.

(VIII 58) (Ehingen-)**Rißtissen**, Alb-Donau-Kreis. Kastellbereich und Vicus Ausgangspunkte nachrömischer Entwicklungen. Spätkaiserzeitliche Münzen. In der Ruine eines antiken Badegebäudes wohl Separatgrablege adeligen Charakters des 7. Jhs.; Situation nicht mehr genauer darstellbar. Nordwestlich davon überlagert ein größeres Gräberfeld das Kastellgelände. Im Bereich des Vicus der historische Kern der nachrömischen Entwicklung mit der Pfarrkirche St. Pankratius und Dorothea. – Paret, Württemberg 261; Veeck, Alamannen 317; Christlein, Alamannen 163 Nr. 297; Stribrny, Römer 501; Führer arch. Denkmäler Deutschland 33 (Stuttgart 1997) 133 ff.; Fundber. Baden-Württemberg 22/2, 1998, 194 f.; Arch. Ausgr. Baden-Württemberg 1999, 96 ff.

(VIII 59) **Rottenburg a. N.**, Kr. Tübingen. Auch wenn im Schrifttum immer wieder und grundsätzlich nicht zu Unrecht die Diskontinuität von Sumelocenna zum mittelalterlichen Rottenburg betont wird, dürfte dennoch die nach dem Limesfall weitgehend verödete antike Stadt der allmählichen Entstehung Rottenburgs aus mehreren frühmittelalterlichen Siedlungskernen förderlich gewesen sein. Im antiken Stadtgebiet an zwei ca. 40 m auseinander liegenden Stellen, eingetieft in antiken Bauschutt und in Sedimente eines gemauerten antiken Abwasserkanals drei isolierte, Bestattungen der Merowingerzeit mit spärlichen Beigaben. – Paret, Württemberg 228 f.; Weidemann, Siedlungsgeschichte 120 ff. Abb. 19; R'BW 510 ff.; Arch. Ausgr. Baden-Württemberg 1988, 102 Abb. 74,1.2 und 76; Stribrny, Römer 394 ff.

(VIII 60) **Rottweil**. Weiterbesiedlung auch nach 260 an verschiedenen Stellen (vereinzelte Funde der Spätkaiserzeit, vor allem Münzen). Ähnlich Rottenburg ist auch die Entstehung der Rottweiler Altstadt auf die Wiederbesiedlung in getrennten Bereichen des antiken Stadtgebietes zurückzuführen, die im Verlauf des Mittelalters zusammenwuchsen. Einer dieser Siedlungskerne ist bei der aus einem antiken Bad entstandenen Pelagiuskirche nachgewiesen; speziell diesem Komplex nördlich davon ein größeres Ortsgräberfeld zuzuordnen. Ein anderer Siedlungskern ist indirekt durch eine Gruppe von zehn beigabenlosen Plattengräbern im Bereich des Ruinendistriktes Hochmauren zu vermuten, ein dritter schließlich im Bereich des späteren Königshofes. – Veeck, Alamannen 288 zu Fst. III; Weidemann, Siedlungsgeschichte 128 ff. Abb. 24; R'BW 521 ff.; Stribrny, Römer 394 ff.; FMRD II 3 Nachtrag 1, 3204 A1, 158–162; Führer arch. Denkmäler Deutschland 29 (Stuttgart 1994) 149 ff.; Arch. Informationen Baden-Württemberg 38 (Stuttgart 1998) 20 ff.; D. Ade-Rademacher u. a., Rottweil. Arch. Stadtkataster Baden-Württemberg 30 (Stuttgart 2005) 40 ff.; Arch. Ausgr. Baden-Württemberg 2000, 102.; ebd. 2005, 155; 157 f.; ebd. 2006, 111 ff.

(VIII 61) **Rutesheim**, Kr. Böblingen. Bestattungen in antiker Ruine, ohne nähere Angaben: »Im Schutt des 1927 aufgedeckten Kellers in der Flur ›Auf der Mauer‹ lagen zwei Skelette.«. – Paret, Württemberg 261.

(VIII 62) **Schopfheim**, Kr. Lörrach. Die Pfarrkirche St. Michael im Bereich einer antiken Villa errichtet, dazu keine näheren Befunde bekannt. Wohl auf den ältesten Kirchenbau bezogen Gräber der jüngeren oder späten Merowingerzeit mit Beigaben. – Führer vor- u. frühgesch. Denkmäler 47 (Mainz 1981) 238 ff.; Vorromanische Kirchenbauten II, 376.

(VIII 63) **Schorndorf**, Rems-Murr-Kreis. Bei der Teufelsmühle am Schornbach zwei Plattengräber aus antiken Spolien, eingetieft in antike Kulturschicht im Bereich einer Straßenstation; ohne nähere Angaben zum Befund. Aus einem der Gräber spätmerowingisches Objekt. Fundber. Schwaben N. f. 14, 1957, 203 f. Taf. 32B.

(VIII 64) (Friesenheim-)**Schuttern**, Ortenaukreis. Der älteste Kirchenbau in Schuttern, aus dem sich in mehreren Zwischenstadien die spätere Reichsabtei entwickelte, im 7. Jh. in einer antiken Villenruine errichtet; keine Bauverzahnung, aber parallele Bauorientierung. Beigabenlose Plattengräber beziehen sich bereits auf den ältesten Kirchenbau. – Arch. Korrbl. 9, 1979, 119 ff.; Vorromanische Kirchenbauten II, 376 ff.; Planck, Römerstätten 85 f.

(VIII 65) (Jagsthausen-)**Sindringen**, Kr. Heilbronn. Die Pfarrkirche Hl. Kreuz bauverzahnt mit Kleinkastell am Limes. – Paret, Württemberg 230.

(VIII 66) **Sontheim a. d. Brenz**, Kr. Heidenheim. Die in der Flur ›Braike‹ gelegene römische Straßenstation durch das 4. Jh. hindurch und bis in die späte Merowingerzeit weiter- oder wiederbesiedelt. – Planck, Römerstätten 322.

(VIII 67) (Calw-)**Stammheim**, Kr. Calw. Bestattung im Hauptgebäude einer antiken Villa: »In einem Raum des Ostteils der Villa lag auf dem Estrich das Skelett eines etwa 50jährigen Menschen in NW-SO Richtung mit Kopf im NW. [...] Beim Skelett fand sich nur ein eiserner Ring.« – Paret, Württemberg 261; Veeck, Alamannen 253; Damminger, Kraichgau 287.

(VIII 68) (Hechingen-)**Stein**, Zollernalbkreis. Spätkaiserzeitliche und jüngermerowingische bis karolingische Besiedlung im Bereich der antiken Villa. – Arch. Ausgr. Baden-Württemberg 1996, 161 ff.; ebd. 1997, 102 ff.; ebd. 2004, 179 ff., vor allem 180; ebd. 2006, 149 f.; Führer arch. Denkmäler Baden-Württemberg 21 (Stuttgart 1999) 62 ff.; Planck, Römerstätten 106 ff.; Schmitt, Zollernalbkreis (s. VIII 7) 162.

(VIII 69) **Steinheim a. d. Murr**, Kr. Ludwigsburg. Teile der Klosterbauten Marienthal über einen hochmittelalterlichen Profanbau mit antiker Badeanlage verzahnt. Bislang allerdings keine ins Frühmittelalter zurückreichenden Nutzungsspuren. – Arch. Ausgr. Baden-Württemberg 1986, 217 ff.

(VIII 70) (Schwaigern-)**Stetten am Heuchelberg**, Kr. Heilbronn. Kirche und Kirchhof möglicherweise im Bereich einer antiken Ansiedlung. Weiter östlich wurden Siedlungsbefunde mit Keramik des 9./10. Jhs. nachgewiesen. – Fundber. Schwaben N.F. 16, 1962, 265; ebd. 18/I, 1967, 269 ff.; Fundber. Baden-Württemberg 8, 1983, 349.

(VIII 71) (Leinfelden-Echterdingen-)**Stetten auf den Fildern**, Kr. Esslingen. Spätkaiserzeitliche Besiedlung im Bereich einer römischen Villa abseits heutiger Besiedlung. Rund 20 m nördlich des Hauptgebäudes Ausschnitt eines Gräberfeldes mit Bestattungen bislang ausschließlich des frühmerowingischen Horizontes. Weiter südlich rechtwinklig quer zur Portikusmauer aus römischen Handquadern gemauerter Grabschacht mit spätmerowingischem Knabengrab. Der Zeitraum zwischen der frühen Gräbergruppe und dem spätmerowingischen Grab bislang noch nicht belegt. – Zuletzt: H. Schach-Dörges, Fundber. Baden-Württemberg 29, 2007, 603 ff.

(VIII 72) **Ubstadt-Weiher**, Kr. Karlsruhe, Ortsteil **Stettfeld**. Alter Ortsbereich überlagert antiken Vicus. Antike Baubefunde auch unter der Pfarrkirche St. Marcellus; in deren Nähe Kreuzung zweier bedeutender antiker Überlandstraßen. Nach dem gut fassbaren Abbruch der Besiedlungsgeschichte um 260 bislang keinerlei Funde und Befunde der späten Kaiserzeit und des Frühmittelalters generell. – P. Knötzele, Zur Topographie des römischen Stettfeld (Landkreis Karlsruhe). Forsch. u. Ber. Vor- u. Frühgesch. Baden-Württemberg 97 (Stuttgart 2006).

(VIII 73) **Rottenburg**, Kr. Tübingen: Der Bereich der Wüstung **Sülchen** wohl kontinuierlich von der mittleren Kaiserzeit bis ins Mittelalter besiedelt. – Arch. Ausgr. Baden-Württemberg 2006, 194 ff.; A. Gaubatz-Sattler in: Festschrift Nuber 109 ff.

(VIII 74) **Sulzburg**, Kr. Breisgau-Hochschwarzwald. Die älteste (Holz-)Kirche der Bergbausiedlung ›Geißmättle‹ und ihr Kirchhof aus der Zeit frühestens um 1000 überlagern römisches, wohl im Verlauf des 3. Jhs. aufgegebenes Gebäude. Keine spätkaiserzeitlichen und frühmittelalterlichen Funde. – Arch. Nachr. Baden 61/62, 1999, 65 ff.

(VIII 75) **Ubstadt-Weiher**, Kr. Karlsruhe, Ortsteil **Ubstadt**. Das historische Ortszentrum mit dem dort vermuteten Sitz der Herren von Ubstadt um die Pfarrkirche St. Andreas wohl im Bereich eines antiken Siedlungsplatzes. Nachrömische Siedlungsfunde von dort reichen bislang nicht weiter als in die Karolingerzeit zurück. Derzeit kein diesem Siedlungskern zuzuordnendes Gräberfeld der Merowingerzeit bekannt. – Fundber. Baden-Württemberg 2, 1975, 218; Damminger, Kraichgau 156.

(VIII 76) (Brigachtal-)**Überauchen**, Schwarzwald-Baar-Kreis. Im Bereich des Hauptgebäudes der antiken Villa auf mehrere Stellen verteilt, vor allem östlich der Portikus 13 beigabenlose, westöstlich gerichtete Körperbestattungen. – Arch. Ausgr. Baden-Württemberg 1994, 176 ff.; ebd. 1995, 194 ff.; Planck, Römerstätten 53 ff.

(VIII 77) **Umkirch**, Kr. Breisgau-Hochschwarzwald. Heutiger Ort über antikem Vicus. Funde der späten Kaiserzeit anscheinend nicht bekannt. Wiederbesiedlung wohl seit der Merowingerzeit. – Garscha, Südbaden 277; Eismann, Kirchen 260 f. Kat. 65; Planck, Römerstätten 343 ff.

(VIII 78) (Wendlingen a. N.-)**Unterboihingen**, Kr. Esslingen. Im separierten Badegebäude einer antiken Villa Gruppe von zehn beigabenlosen Bestattungen (Stein- oder Ziegelplattengräber, Trockenmauerbauweise). Die Gräber 2 und 3 lehnen sich an die antiken Baustrukturen an, die übrigen weichen in der Orientierung von den Mauerzügen ab oder stören diese gar. – Fundber. Schwaben N.F. 17/I, 1967, 290 ff.

(VIII 79) (Lonsee-)**Ursprung**, Alb-Donau-Kreis. In der Nordostecke des abseits heutiger Besiedlung gelegenen Kohortenkastells eine nicht näher erforschte, nicht mehr oberirdisch bestehende Kapelle St. Agatha. Auch der Lagervicus abseits heutiger Besiedlung. Späte Kaiserzeit: vager Hinweis bei Weidemann, Besiedlung 112 f. mit Karte Abb. 13. Merowingerzeitliche Bestattungsplätze sind auf den heutigen Ortsbereich zu beziehen. – R'BW 430 ff.; Führer arch. Denkmäler Deutschland 33 (Stuttgart 1997) 68 f. Abb. 37; 160 ff.

(VIII 80) **Walheim**, Kr. Ludwigsburg. Obgleich das Walheimer Kohortenkastell mit der Vorverlegung des Limes schon seit der Mitte des 2. Jhs. nicht mehr militärisch genutzt wurde, blieben die soliden Kastellbauten bestehen und dienten zivilen Zwecken des weiter bestehenden Kastellvicus, der sich zu einem zentralen Ort des Dekumatlandes entwickelte. Über die Spätkaiserzeit hinweg, in Walheim bislang nur äußerst spärlich belegt, hatte das Kastell mehr noch als das Lagerdorf ausreichend Bestand, um der Topographie des mittelalterlichen Ortskernes unverkennbar seinen Stempel aufzudrücken: Neckarstraße und Bahnhofstraße entsprechen weitgehend dem Verlauf von Via praetoria und Via decumana, die heutige Hauptstraße gibt den Verlauf der Via principalis wieder. Die auffallende Drehung der Längsachse der Kirche gegenüber den übrigen Baufluchten in diesem Bereich hängt damit zusammen, dass die – alte – Kirche in der entsprechend gerundeten südöstlichen Innenecke der Kastellumwehrung entstanden ist. Der Standort der Kirche im Kastellareal lässt vermuten, dass auch in Walheim der für die weitere Entwicklung vor Ort maßgebliche Siedlungskern im Kastell lag: Letzteres dürfte spätestens in der Merowingerzeit wiederbesiedelt worden sein; unübersehbar ist der Zusammenhang mit dem 200 m südwestlich des Kastells im Bahnhofsbereich angeschnittenen Bestattungsplatz dieser Zeit. Die Zuordnung eines grundsätzlich gesichert aus Walheim stammenden, reichen frühmerowingischen Frauengrabes speziell zu diesem Bestattungsplatz ist nicht gesichert. – ORL B Nr. 57; Veeck, Alamannen 188; Paret, Württemberg 261; Roeren, Südwestdeutschland 260 Kat. 150; Christlein, Alamannen 172 Nr. 373; R'BW 596 ff.; Arch. Ausgr. Baden-Württemberg 2005, 120 ff.; Planck, Römerstätten 355.

(VIII 81) **Wannweil**, Kr. Reutlingen. »Da die uralte Kirche auf römischen Bauresten steht, darf angenommen werden, dass ein römischer Steinbau als erster Kirchenraum diente«. – Paret, Württemberg 230.

(VIII 82) (Berg-)**Weiler**, Kr. Ravensburg. »Bei der Kapelle wurden bedeutende römische Baureste aufgedeckt«. – Paret, Württemberg 230.

(VIII 83) (Hechingen-)**Weilheim**, Zollernalbkreis. »Beim Kirchlein scheinen römische Mauern zu stehen«. Falls der alte Ortsbereich gemeint ist, wäre noch ein merowingerzeitliches Gräberfeld zuzuordnen. – Paret, Württemberg 230; Schmitt, Zollernalbkreis (s. VIII 7) 189.

(VIII 84) (Balingen-)Weilstetten, Zollernalbkreis, Ortsteil **Weilheim**. Im Bereich römischer Gebäudereste jüngermerowingische Bestattungen, wohl kleinere Grabergruppe. – Germania 32, 1954, 299 ff.; Führer arch. Denkmäler Deutschland 43 (Stuttgart 2003) 80 f.; Schmitt, Zollernalbkreis (s. VIII 7) 189 f.

(VIII 85) (Stuttgart-)**Weilimdorf**. Die Pfarrkirche im Bereich einer antiken Villa, wahrscheinlich das Hauptgebäude unter der Kirche. Im Kirchhof Steinplattengräber. Keine näheren Einzelheiten bekannt. – Veeck, Alamannen 224 Nr. II; Fundber. Schwaben N.F. 14, 1957, 204 f.

(VIII 86) (Wilhelmsdorf-)**Zußdorf**, Kr. Ravensburg. »Auf dem Estrich eines römischen Gebäudes lag ein gemauertes Grab mit Skelett und Eisenwaffen- und schnallen. Innerhalb der Baureste wurden noch zwei weitere alamannische Gräber gefunden«. – Paret, Württemberg 261.

IX Bayern

Provinzialgebiet nördlich der Donau

(IX 1) (Nördlingen-)**Baldingen**, Kr. Donau-Ries. Beim Haupt- und Nebengebäude eine Villa rustica Siedlungsbefunde der späten Kaiserzeit und der Merowingerzeit. – Arch. Jahr Bayern 1994, 130 ff.

(IX 2) (Kipfenberg-)**Böhming**, Kr. Eichstätt. Die Pfarrkirche von Böhming mit Kirchhof und Mesnerhaus fast 400 m vom Dorf nach Westen abgesetzt. Sie überlagert bei abweichender Bauflucht das Hauptgebäude des Numeruskastells. Eine germanische Fibel könnte noch der spätesten Limeszeit oder der Zeit kurz danach angehören. – ORL B Nr. 73 a; Dannheimer, Mittelfranken 157 Taf. 54 A.

(IX 3) (Ingolstadt-)**Etting**. In der Nordwestecke des Mauergevierts der antiken Villa eine merowingerzeitliche Ansiedlung. Keine näheren Angaben. Arch. Jahr Bayern 1998, 73 ff.; Führer arch. Denkmäler Deutschland 42 (Stuttgart 2003) 125 ff.

(IX 4) (Lauingen-)**Faimingen**, Kr. Dillingen a. d. Donau. Der heutige Ort überlagert antiken Vicus und Kastell. Aus der Zeit nach 260 eine Münze des Valens aus dem Gräberfeld und ein wohl intakter, vollständig erhaltener Sigillatateller Alzey 9/11 des 5. Jhs. ohne genauere topographische Zuordnung. Noch keine Anhaltspunkte zur siedlungsgenetisch-topographischen

Entwicklung bis zur Entstehung des mittelalterlichen Ortes. – R. Hasch, Jahrbuch des historischen Vereins Dillingen a. d. Donau 90, 1988, 122 ff.; R'Bayern 441 ff.; M. Müller, Die römischen Grabfunde. Faimingen-Phoebiana II. Limesforschungen 26 (Mainz 1999) 19 Anm. 28; Gschwind, Abusina 286 Anm. 1309–1310.

(IX 5) (Harburg-)**Großsorheim**, Kr. Donau-Ries. Zwischen Haupt- und Nebengebäuden einer antiken Villa »ausgedehnte Bauspuren (Pfostengebäude, Grubenhäuser) der karolingischen Ursiedlung von Großsorheim«. Noch keine definitiven Aussagen zur Frage einer etwaigen Besiedlungslücke in der späten Kaiserzeit und Merowingerzeit. – Arch. Jahr Bayern 1988, 105 f.; R'Bayern 450 ff.; Bayer. Vorgeschbl. Beih. 3, 1990, 91; ebd. 4, 1991, 138.

(IX 6) **Gunzenhausen**, Kr. Weißenburg-Gunzenhausen. Der historische Kernbereich von Gunzenhausen mit Pfarrkirche, Pfarrhof und Zehntscheuer hat sich seit dem frühen Mittelalter gänzlich im Innenbereich des Limeskastells entwickelt. Keine näheren archäologischen Angaben zu Kastell, Vicus und Nachlimeszeit. – ORL B Nr. 71; R'Bayern 456.

(IX 7) (Ehingen-)**Dambach**, Kr. Ansbach. Weit außerhalb von Dambach liegt unmittelbar am Limes im Bereich des Limeskastells der Weiler **Hammerschmiede**. Dieser steht möglicherweise in der Tradition einer ins Frühmittelalter zurückreichenden Ansiedlung. Jedenfalls fanden sich bei den Grabungen der Reichslimeskommission im Innern des Kastells im Innenhof und unmittelbar außerhalb des Praetoriums 28 beigabenlose, westöstlich gerichtete Bestattungen. Möglicherweise hat das aufwendig gebaute Praetorium in nicht mehr fassbarer Weise vorübergehend die Rolle einer Kirche übernommen und die Bestattungen an sich gezogen. – ORL B Nr. 69; Dannheimer, Mittelfranken 155; 224; R'Bayern 432 f.

(IX 8) **Kösching**, Kr. Eichstätt. Das Alenkastell hat die Topographie des Marktortes indirekt bis heute nachhaltig beeinflusst. Die Spuren der mittelalterlichen Befestigung folgen noch deutlich dem Verlauf der Kastellmauer und der antiken Wehrgräben (Kugelgasse–Regengasse–Am Graben). Die Kirche steht nahezu exakt in Kastellmitte und ist wohl aus dem Hauptgebäude heraus entstanden. Marktgasse und Schafgasse sowie Steggasse vollziehen antike Lagerstraßen nach. Spätkaiserzeitliche Münzen. Wohl kontinuierliche Weiterbesiedlung des Siedlungskomplexes auf Grund zuzuordnender Bestattungsplätze der Merowingerzeit. – ORL B Nr. 74; Stribrny, Römer 505; Führer arch. Denkmäler Deutschland 42 (Stuttgart 2003) 160 ff.

(IX 9) **Mauern**, Kr. Neuburg-Schrobenhausen. Das historische Ortszentrum um die Pfarrkirche überlagert ausgedehnte antike Villa. – Bayer. Vorgeschbl. 25, 1960, 265 f.

(IX 10) **Miltenberg**, Kr. Miltenberg. Der älteste, im Verlauf des Spätmittelalters endgültig aufgelassene Siedlungskern der heutigen Stadt hat sich innerhalb des Kohortenkastells entwickelt, das wohl von der Zeit des Limesfalls an kontinuierlich durch die Völkerwanderungszeit hindurch besiedelt blieb. – R'Hessen 437 ff.; Stribrny, Römer 386 f.; L. Wamser in: H.-W. Böhme (Hrsg.), Burgen der Salierzeit II. In den südlichen Landschaften des Reiches. RGZM Monographien 26 (Sigmaringen 1991) 235 ff.

(IX 11) **Nassenfels**, Kr. Eichstätt. Der heutige Ort überlagert weitgehend den antiken Vicus Scuttarensium. In dessen Bereich bis auf eine Münze der Tetrarchenzeit keine spätkaiserzeitlichen Funde. Am nordöstlichen Abschnitt des mittelkaiserzeitlich verfüllten Kastellgrabens »Hinweise auf eine jüngere, vermutlich frühmittelalterliche Überbauung mit Steingebäuden«. – Am westlichen Rand des Vicus eine aufwendige Villa suburbana. Von dort aus der Zeit nach 260 ein Gürtelbeschlag der ersten Hälfte des 5. Jhs. Im 7. Jh. intensive Besiedlung der Villa (u. a. Grubenhäuser, Brunnen) teilweise unter Bezugnahme auf die antiken Gebäudestrukturen und Errichtung eines Gebäudes aus antiker Spoliensubstanz: Wegen fünf zuzuordnenden, beigabenlosen spätmerowingisch-karolingischen Bestattungen in trockengemauerten Schächten wohl als früher Kirchenbau anzusprechen. – Im Bereich des mittelkaiserzeitlichen Brandgräberfeldes östlich des Vicus jünger- und spätmerowingische Bestattungen. Die dort später errichtete Nikolauskapelle auf den Mauern eines antiken Grabbaues. Der zugehörige frühmittelalterliche Siedlungskern wohl in der Nähe der für den Ort namengebenden Burg zu suchen anzusprechen. – Dannheimer, Mittelfranken 66 f.; 225 f.; R'Bayern 485 f.; Arch. Jahr Bayern 2002, 63 f.; ebd. 2004, 116 ff.; Bayer. Vorgeschbl. Beih. 18, 2006, 15.

(IX 12) **Niedernberg**, Kr. Miltenberg. Das Kohortenkastell hat den Straßenverlauf im alten Ortskern maßgeblich geprägt. Die Entwicklung vor Ort nach dem Limesfall ist mit Fundmaterial nicht zu belegen. – ORL B Nr. 34; R'Hessen 455.

(IX 13) **Nördlingen**, Kr. Donau-Ries. Kastellvicus der mittleren Kaiserzeit im südwestlichen Teil der Altstadt innerhalb und außerhalb des staufischen Stadtmauerringes. Vereinzelte Scherbenfunde der späten Kaiserzeit und der Merowingerzeit. – Bayer. Vorgeschbl. Beih. 6, 1993, 145; Arch. Jahr Bayern 1998, 90 ff.; ebd. 2005, 79 ff.

(IX 14) **Obernburg**, Kr. Miltenberg. Die Innengliederung des Kohortenkastells hat die Topographie des historischen Kernbereiches von Obernburg bis heute geprägt. Die Frage einer kontinuierlichen Besiedlung seit der Limesfallzeit ist mittlerweile positiv zu beantworten; vgl. etwa Arch. Jahr Bayern 1986, 121 ff., vor allem 123 (Armring des 4. Jhs. und karolingische Emailscheibenfibel aus dem Lagervicus); ebd. 1996, 132 ff. (u. a. spätrömische Glasschale mit christlichem Schliffdekor). – R'Hessen 457; Jahresber. Bayer. Bodendenkmalpfl. 30/31, 1989/90, 179 ff.; vor allem 207 (Hinweis auf Pingsdorfware).

(IX 15) (Walting-)**Pfünz**, Kr. Eichstätt. Aus dem Limeskastell auf dem Kirchbergplateau u. a. zwei spätrömische Münzen und vereinzelte merowingerzeitliche Funde. Etwa 50 m vor der Nordwestecke des Kohortenkastells wohl frühmittelalterliche (merowingerzeitliche?) Bestattungen im Bereich eines Rundbaus. Darüber im hohen Mittelalter eine Nikolauskapelle entstanden. Einer der Siedlungskerne, aus denen der heutige Ort entstand, im Bereich Kastell und Lagerdorf zu vermuten. Maßgeblich für die weitere Entwicklung der heutige, näher am Pfünzer Bach gelegene Ortsbereich. – ORL B Nr. 73; F. Winkelmann, Eichstätt. Kat. west- und süddtsch. Altertumsslg. 6 (Frankfurt a. M. 1926) 58; 103 f.; 245; Dannheimer, Mittelfranken 167; 226; Stribrny, Römer 504.

(IX 16) **Stockstadt**, Kr. Aschaffenburg. Zwei spätkaiserzeitliche Männergräber des Horizontes C3 (etwa nach 320 bis 400; die Gräber eher schon spät in diesem Zeitraum) zwischen Kastellbad und Kastell und in der Berme nahe der Südostecke des Kastells. Aus dem Gesamtbereich (Kastell und Vicus) einige spätkaiserzeitliche Siedlungsfunde (Münzen, etwas Keramik). Im Kastellareal nordöstlich der Principia Körperbestattungen wohl der Merowingerzeit und die ursprüngliche Pfarrkirche St. Peter und Marcellinus. Keine näheren Angaben. – ORL B Nr. 33; Bayer. Vorgeschbl. 20, 1954, 128 ff.; Koch, Main-Tauber-Gebiet 163 f.; Weidemann, Siedlungsgeschichte 100; 126 Abb. 22; R'Hessen 479 ff.; Stribrny, Römer 386.

(IX 17) (Treuchtlingen-)**Wettelsheim**, Kr. Weißenburg-Gunzenhausen. Bislang noch vereinzelte Bestattung des mittleren 7. Jhs. in einem hypokaustierten Raum wohl des Hauptgebäudes einer antiken Villa am südöstlichen Ortsrand. – Beitr. Anthr. u. Urgesch. Bayern 13, 1899, 155 ff. Taf. 9–12; Dannheimer, Mittelfranken 186 f.

(IX 18) (Treuchtlingen-)**Wettelsheim**, Kr. Weißenburg-Gunzenhausen. Ca. 1700 m westlich der Wettelsheimer Kirche und ca. 2 km westlich der zuvor genannten Fst. beim Ausbruch antiker Mauerzüge Gruppe von mindestens elf Gräbern des 7. Jhs. aufgedeckt. – Dannheimer, Mittelfranken 187 f.

Provinzialgebiet südlich der Donau

(IX 19) (Straubing-)**Alburg**. Römische Villa am Hochweg, wohl bis in die Spätantike besiedelt. Im Bereich der Gebäude Gruppe von fünf merowingerzeitlichen Bestattungen. – Moosbauer, Besiedlung 310.

(IX 20) (Memmingen-)**Amendingen**, Stadt Memmingen. In einer in kleinen Ausschnitten bekanntgewordenen römischer Villa (bislang nur Funde bis spätes 3. Jh.) frühmittelalterliche Plattengräber ohne eindeutigeren Befundzusammenhang; wohl überlagerndes, größeres Reihengräberfeld. – G. Weber in: Provinzialrömische Forschungen. Festschrift für Günter Ulbert zum 65. Geburtstag (Espelkamp 1995) 263; Scholz, Steinplattengräber 254.

(IX 21) (Pietzing-)**Anisag**, Kr. Rosenheim. »Reihengräber mit Skeletten und Beigaben, anscheinend im Hypokaustum eines Gebäudes«. – F. Weber, Die vorgeschichtlichen Denkmale des Königreichs Bayern. I. Oberbayern (München 1909) 127.

(IX 22) **Aschheim**, Kr. München. Badegebäude einer antiken Villa mit frühmittelalterlichen Keramikfunden und wohl gleichzeitigen eisernen Steckkreuzchen, die eine sakrale Anknüpfung an die antike Ruine andeuten. – Arch. Jahr. Bayern 2001, 104 ff.

(IX 23) (München-)**Aubing**. Das große, schon im frühmerowingischen Horizont belegte Reihengräberfeld nimmt Bezug auf römische Siedlungsstruktur in unmittelbarer Nachbarschaft. – H. Dannheimer, Das bajuwarische Reihengräberfeld von Aubing, Stadt München I. Veröffentl. Prähist. Staatsslg. München (Stuttgart 1998) 21 f.

(IX 24) (Anger-)**Aufham**, Kr. Berchtesgadener Land. Römisches Steingebäude (Nebengebäude Gutshof?) teils von Gräbern eines merowingerzeitlichen Bestattungsplatzes überlagert. – Bayer. Vorgeschbl. 18/19, 1951/52, 290.

(IX 25) (Neustadt a. d. Donau-)**Bad Gögging**, Kr. Kelheim. Die Pfarrkirche von Bad Gögging entstand im 7. Jh. durch Umwidmung einer antiken Badeanlage, von der jedoch kaum etwas erhalten geblieben ist. – Jahresber. Bayer. Bodendenkmalpfl. 15/16, 1974/75, 270; Vorromanische Kirchenbauten II, 149 f.; R'Bayern 426 f.; Arch. Jahr Bayern 1998, 75 ff., ebd. 2006, 81 ff.; Eismann, Kirchen 64; 266 ff. Kat. 71.

(XI 26) (Jengen-)**Beckstetten**, Kr. Ostallgäu. Unter der vom Ort abgesetzten Pfarrkirche St. Agatha römischer Gebäuderest mit abweichender Orientierung. – Eismann, Kirchen 268 Kat. 72.

(IX 27) **Bobingen**, Kr. Augsburg. Antiker Siedlungsplatz, möglicherweise auch spätrömischer Burgus auf dem ehemaligen Friedhofsgelände bei der Kirche St. Felicitas. – Uenze, Schwabmünchen 91.

(IX 28) (Mertingen-)**Burghöfe**, Kr. Donau-Ries. Im Bereich der spätrömischen Befestigung Hinweise auf merowingerzeitliche, karolingische, hochmittelalterliche Nutzung (kontinuierliche Weiterbesiedlung?). Evtl. siedlungsgenetischer Zusammenhang mit dem heutigen Weiler Burghöfe. – Arch. Jahr Bayern 2001, 94 ff.; Trier, Lechtal 475.

(IX 29) (Moos-)**Burgstall**, Kr. Deggendorf. Mittelkaiserzeitliches Kastell im „Bürgfeld". Südlich anschließend zugehöriger Kastellvicus nachgewiesen, aber nicht erforscht. Keine spätrömischen Funde. Adelsbestattungsplatz des 7. Jhs. nahe der Südostecke des Kastells. Zugehöriger Siedlungskern des Gräberfeldes im heutigen Weiler Kurzenisarhofen. Die mittelalterliche Befestigung, von der das Bürgfeld seinen Namen hat, wohl frühestens spätkarolingisch bis hochmittelalterlich. – Ber. RGK 63, 1982, 179 ff.; ebd. 68, 1987, 493 ff.

(IX 30) **Deisenhausen**, Kr. Günzburg. Im Bereich der Wüstung Schwabeuren antike Siedlungsspuren. Bayer. Vorgeschbl. 17, 1948, 81.

(IX 31) (München-)**Denning**. Wenigstens bis um 400 besiedelte römische Villa. Im Bereich der Gebäude zwei separate merowingerzeitliche Gräbergruppen sowie eine Anzahl beigabenloser Körpergräber. »Auch einige Reste frühmittelalterlicher Siedlungskeramik deuten auf die Nähe einer Niederlassung«. – W. Czysz,

Der römische Gutshof in München Denning und die römerzeitliche Besiedlung der Münchner Schotterebene. Kat. Prähist. Staatsslg. 16 (Kallmünz/Opf. 1974) 10 mit Beil. 1; K. Niemela, Frühmittelalterliche Grabfunde aus München-Denning. Bayer. Vorgeschbl. 69, 2004, 27 ff.

(IX 32) **Egmating**, Kr. Ebersberg. Von ein- und demselben Platz Siedlungsfunde der Antike, des frühen und hohen Mittelalters. – Dannheimer/Torbrügge, Ebersberg 82 f.

(IX 33) **Eining**, Kr. Kelheim. Wohl spätrömische Plattengräber in Gebäuderesten vor der mittelkaiserzeitlichen Kastellumwehrung. – Gschwind, Abusina 87 ff.

(IX 34) **Epfach**, Kr. Landsberg am Lech. Wechselvolles, komplexes Nebeneinander topographischer Anknüpfungen und Brüche im Zuge der Entwicklung vom mittelkaiserzeitlichen Vicus Abodiacum zum heutigen Epfach. J. Werner (Hrsg.), Studien zu Abodiacum-Epfach. Münchner Beitr. Vor- u. Frühgesch. 7 (München 1964); ders., Der Lorenzberg bei Epfach. Die spätrömischen und frühmittelalterlichen Anlagen. Münchner Beitr. Vor- u. Frühgesch. 8 (München 1969), vor allem 133 ff.; 215 ff. (Beitrag Dannheimer); 270 ff.; Christlein, Alamannen 48 Abb. 13; Böhme, Adelsgräber 532; 534 Abb. 108; A. Rettner in: Oberrhein und Enns 270 ff.

(IX 35) (Neu-Ulm-)**Finningen**. Die Pfarrkirche St. Mammas im alten Ortszentrum überlagert einen spätrömischen Wachtturm. Dicht dabei ein wohl merowingerzeitliches Gräberfeld. – Eismann, Kirchen 271 f. Kat. 76.

(IX 36) **Friedberg**, Kr. Aichach-Friedberg. Im unmittelbaren Außenbereich eines antiken Herrenhauses einer suburbanen Villa vor Augsburg separate Adelsgrablege des 7. Jhs. Im Bereich östlich des Herrenhauses und nördlich eines Nebengebäudes Siedlungsausschnitt karolingischer und ottonischer Zeit. – Arch. Jahr Bayern 1990, 94 ff. Abb. 63 und 64; Trier, Lechtal 320 ff.

(IX 37) (Regensburg-)**Harting**. Römische Villa, die bis kurz nach der Mitte des 4. Jhs. besiedelt war. Im Badegebäude zehn Bestattungen der Zeit um 700, die sich überwiegend an der antiken Bausubstanz orientieren. Der Trakt des antiken Sudatoriums mit nach Osten vorspringender Apsis wurde möglicherweise als Kapelle genutzt. – Arch. Jahr Bayern 1983, 148 ff.; Vorromanische Kirchenbauten II, 165 f.; Fischer, Regensburg 118 f.; 244 ff. zu 16.3.

(IX 38) (Buchloe-)**Honsolgen**, Kr. Ostallgäu. Auf dem Bronner Berg außerhalb des Ortes fanden sich merowingerzeitliche Bestattungen und ein wohl spätmerowingisches Plattengrab, eingetieft in römischen Bauschutt etwa einer antiken Villa in diesem Bereich. Fund u. a. zweier Steckkreuze. In diesem Bereich soll lt. mündlicher Überlieferung eine Kirche gestanden haben. – H. Dannheimer, Arch. Korrbl. 3, 1973, 251 ff.; Scholz, Steinplattengräber 256.

(IX 39) (Chieming-)**Ising**, Kr. Traunstein. Die Kirche des heutigen Gutshofes im Bereich einer antiken Villa entstanden. Unmittelbar neben der Kirche zwischen den Hypokaustpfeilern einer antiken Badeanlage vier nordsüdlich gerichtete Skelette. »Beigaben wurden nicht bekannt«. – O. v. Hessen, Die Funde der Reihengräberzeit aus dem Landkreis Traunstein. Kat. Prähist. Staatsslg. 7 (Kallmünz/Opf. 1964) 47 mit Farbtaf. A.

Lorenzberg s. Epfach.

(IX 40) **Mangolding**, Kr. Regensburg. Jünger- bis spätmerowingische Bestattungen im Bereich einer antiken Niederlassung, deren Besiedlung nur bis kurz nach der Mitte des 4. Jhs. andauerte. – Fischer, Regensburg 118 f. Anm. 438; 263 ff.

(IX 41) **Marklkofen**, Kr. Dingolfing-Landau. Die Kirche wohl im Bereich einer römischen Ansiedlung. – Moosbauer, Besiedlung 271.

(IX 42) (Bad Reichenhall-)**Marzoll**, Kr. Berchtesgadener Land. Der heutige Ort überlagert einen ausgedehnten antiken Gutshof. Bislang keine spätrömische Besiedlung nachgewiesen. – Bayer. Vorgeschbl. 28, 1963, 30 ff.

(IX 43) **Memmingen**. Im Untergrund des alten Kernbereiches um St. Martin Baubefunde antiker Vorbesiedlung. Funde bis in spätrömische Zeit. 150 m südlich der Kirche beigabenlose, wohl frühmittelalterliche Plattengräber. – Führer arch. Denkmäler Deutschland 30 (Stuttgart 1995) 201 f. – Scholz, Steinplattengräber 255.

(IX 44) (Mindelheim-)**Nassenbeuren**. Die Pfarrkirche St. Vitus samt älterer Vorgängerbauten über antikem Bau unter Bezugnahme auf dessen Bauorientierung. – Eismann, Kirchen 274 f. Kat. 82.

(IX 45) (Moosach-)**Niederseeon**, Kr. Ebersberg. Bei der Ausgrabung eines antiken Gebäudes von annähernd rechteckigem Grundriss »konnte ein westöstlich orientiertes, 1,8 m langes Tuffplattengrab festgestellt werden, das mit seiner östlichen Schmalseite an die Nordwestecke des Steinbaues gelehnt war. An der Nordostecke und 14,4 m vor der Südostecke nach Osten wurden je ein Skelett aufgedeckt. Beigaben fanden sich nicht«. – Dannheimer/Torbrügge, Ebersberg 118 f.; Scholz, Steinplattengräber 299.

(IX 46) **Peiting**, Kr. Weilheim-Schongau. Wohl bis ins späte 4. Jh. besiedelte Villa. »Die drei im Westteil aufgedeckten, geosteten Kinderskelettbestattungen werden wohl nicht einmal mehr in die Spätphase des Baues gehören«. – Bayer. Vorgeschbl. 22, 1957, 223 ff.; ebd. 50, 1985, 483 ff.

(IX 47) **Pilsting**, Kr. Dingolfing-Landau. Im Bereich einer antiken Niederlassung früh- und hochmittelalterliche Besiedlung. – Vorträge des 7. Niederbayerischen Archäologentages (Deggendorf 1989) 107 ff.

(IX 48) **Puchheim**, Kr. Fürstenfeldbruck, »Am Lorenzenfeld/Laurenzerweg«. 1963 »Zerstörung und Teiluntersuchung von mindestens 27 Reihengräbern«, die in oder bei einer antiken Ruine mit Hypokaustanlage eingetieft waren. – Bayer. Vorgeschbl. 33, 1968, 204.213.

(IX 49) **Riekofen**, Kr. Regensburg. Frühmittelalterliche Besiedlungsspuren in römischer Villa. – Fischer, Regensburg 118 f. Anm. 438; 306 f. zu Nr. 36.1.

(IX 50) **Schrobenhausen**, Kr. Ingolstadt. In der Altstadt südlich der Pfarrkirche Hinweise auf römische und frühmittelalterliche Vorbesiedlung. – Führer arch. Denkmäler Deutschland 42 (Stuttgart 2003) 200 f.

(IX 51) Neustadt an der Donau-Bad Gögging, Ortsteil **Sittling**. Zwei spätmerowingische Bestattungen »auf der Mauer« und »auf einer ausgebrochenen Zwischenmauer« eines römischen Villengebäudes. – Koch, Regensburg 148.

(IX 52) **Straßkirchen**, Kr. Straubing-Bogen. Ortskern überlagert antike Ansiedlung. Dem Siedlungskomplex Gräberfeld mit Belegungsbeginn schon im frühmerowingischen Horizont zuzuordnen. – Moosbauer, Besiedlung 409 ff.

(IX 53) **Thalmassing**, Kr. Regensburg. Gebäudereste einer wohl bis ins späte 4. oder gar 5. Jh. besiedelten Villa. Beginnend mit seit dem 7. Jh. fassbaren Bauaktivitäten entwickelte sich schrittweise darüber die bis heute fortbestehende Pfarrkirche. – Arch. Jahr Bayern 1991, 146 ff.

(IX 54) **Tittmoning**, Kr. Traunstein. Die Pfarrkirche überlagert antiken Bau. – Bayer. Vorgeschbl. Beih. 2, 1988, 145.

(IX 55) **Türkheim**, Kr. Mindelheim. Die spätrömische Höhenbefestigung auf dem Goldberg abseits heutiger Besiedlung um 500 sowie im späten Früh- und beginnenden Hochmittelalter wiederbesiedelt; u. a. Keller- und Pfostengruben, Bau einer Holzkirche und deren Ausbau in Stein mit zugehörigem Kirchhof über römischen Baubefunden. – I. Moosdorf-Ottinger, Der Goldberg bei Türkheim. Münchner Beitr. Vor- u. Frühgesch. 24 (München 1981); vor allem 104 ff.

(XI 56) **Unterbaar**, Kr. Augsburg. Abseits des heutigen Ortes im Bereich einer römischen Villa Fund einer jüngermerowingischen Riemenzunge. – Trier, Lechtal 247; 473 Taf. 191, 3.

(IX 57) **Unterpfaffenhofen**, Kr. Fürstenfeldbruck. Der Einbau einer Kirchenheizung führte 1964 zur Aufdeckung von Mauerresten älterer mittelalterlicher Kirchen, dazwischen und darunter ließen sich Teile einer antiken Hypokaustanlage feststellen. – Bayer. Vorgeschbl. 33, 1968, 208 f.

(IX 58) **Wehringen**, Kr. Augsburg. Im Bereich einer römischen Villa westlich abseits des alten Ortsbereiches neben u. a. »Menschen- und Tierknochen« Fund einer ältermerowingischen Lanzenspitze, wohl Beigabe einer Bestattung. – Uenze, Schwabmünchen 180 f.; Trier, Lechtal 100; 473 Taf. 192, 2.

(IX 59) **Wehringen**, Kr. Augsburg. Im Bereich der Gebäude einer antiken Villa nördlich außerhalb des alten Ortsbereiches »mehrere frühmittelalterliche Hüttenstellen« freigelegt. – Uenze, Schwabmünchen 182 f.

(IX 60) **Weil**, Kr. Landsberg am Lech. Im Bereich der großen, in spätrömischer Zeit noch besiedelten antiken Villa Besiedlungshinweise des 6. Jhs. – Arch. Jahr Bayern 1997, 121 ff.

(IX 61) Seehausen, Kr. Garmisch-Partenkirchen, Insel **Wörth**. Der Kirchenhügel von einer umlaufenden spätrömischen Befestigung eingenommen. In deren Bereich Bestattung wohl noch des 6. Jhs. mit Beigaben. Unweit davon der älteste fassbare, bereits in Stein ausgeführte Kirchenbau (I) des 7. Jhs., im 8. Jh. von einer größer angelegten Klosterkirche (II) abgelöst, die im Spätmittelalter die Rolle einer Pfarrkirche übernahm. – B. Haas-Gebhard, Archäologische Ausgrabungen auf der Insel Wörth im Staffelsee. In: Dedicatio. Hermann Dannheimer zum 70. Geburtstag. Kat. der Prähist. Staatsslg. Beih. 5 (Kallmünz/Opf. 1999) 140 ff.

(IX 62) **Wulfertshausen**, Kr. Aichach-Friedberg. Im Bereich eines römischen Gebäudes abseits des alten Ortskernes wurde das Bruchstück einer bronzenen Zierscheibe geborgen. – Trier, Lechtal 237 f.; 335 Taf. 17, 4.

(IX 63) (Sulzberg-)**Zipfwang**, Kr. Oberallgäu. Abseits heutiger Besiedlung wurde auf den Ruinen eines römischen Gebäudekomplexes bei abweichender Bauorientierung die Lojakapelle errichtet. Der Zeitraum vom späteren 3. Jh. bis ins Spätmittelalter ist archäologisch nicht belegt. – Führer arch. Denkmäler Deutschland 30 (Stuttgart 1995) 232 f. Abb. 90.

Die Georgskapelle im überregionalen Vergleich

Die Entstehung eines ländlichen Kirchengebäudes aus und über einer römischen Ruine ließ sich am Beispiel der Georgskapelle in seltener Eindringlichkeit vor Augen führen, ist aber keine ungewohnte Erscheinung[55]. Innerhalb der Gesamtheit aller Fallbeispiele bestehen erhebliche Unterschiede in der Qualität der Befunde. Besonders auffallend sind zunächst die mit der Georgskapelle vergleichbaren Situationen, in denen noch aufgehend erhaltene antike Bausubstanz jeweils in den Kirchenbau miteinbezogen ist; ebenso die Befunde, bei denen die aufgehenden Mauern der späteren Architektur deckungsgleich auf antiken Fundamenten ruhen. Häufiger begegnen demgegenüber Situationen, bei denen nur die Ausrichtung des christlichen Sakralgebäudes auf die antiken Baufluchten Bezug nimmt. Hier könnten sich im einen oder anderen Fall bestimmte Baustadien, die direkter als die noch erhaltene Architektur an die antike Bausubstanz anknüpften, nicht im Befund niedergeschlagen haben, etwa Holzbauphasen. Gleiches kann auch im einen oder anderen Fall eine Rolle gespielt haben, wenn bereits der älteste fassbare Kirchenbau von der antiken Bauausrichtung abweicht.

Für die überwiegende Mehrheit der Beispiele erlaubt der Informationsstand lediglich, nur ganz allgemein von einer Überlagerung eines antiken Gebäudes im ländlichen Siedlungsraum durch einen nachantiken Sakralbau auszugehen, da mangels Grabung, Dokumentation oder Publikation keine genaueren Angaben zur Verfügung stehen.

Gerade die Fälle, in denen eine Kirche die antike Ruinenstätte ohne weitere bauliche Verzahnung oder wenigstens übereinstimmende Baufluch überlagert, verdeutlichen, dass der antik vorbesiedelte Ort an sich schon Grund genug war, in späterer Zeit dort einen Kirchenbau zu errichten: Soweit die noch vorhandene römische Bausubstanz für diesen Zweck in irgendeiner Weise nutzbar war, wurde sie nach Bedarf mit einbezogen; eine Grundvoraussetzung für den Bau einer Kirche war sie jedoch keineswegs. Auch bei unmittelbar einander ablösenden Kirchenbauten aus späterer Zeit fallen wiederholt Abweichungen der Baufluchten jeweils gegenüber dem Vorgängerbau auf, ohne dass Anlass besteht, einen Bruch der institutionellen Kontinuität anzunehmen. Der Qualität des baulichen Zusammenhanges von Kirche und antiker Substanz muss also zunächst keine besondere Aussagekraft in Hinblick auf zeitliche Nähe oder gar Kontinuität zur Antike zukommen[56].

Immerhin wird die Errichtung von Kirchen im ländlichen Bereich über antiken Ruinen, meist über den Bauten von Gutshöfen, typischerweise aber ein Hinweis sein, dass letztere spätestens mit Errichtung der Kirchen auch wieder zum Siedeln genutzt wurden. Naturgemäß steht nur für eine kleine Minderheit der in der Auflistung oben zusammengestellten Orte eine auch nur halbwegs verlässliche archäologische Datierung des ältesten fassbaren Kirchenbaus und damit der Zeitpunkt ante quem für das Bestehen der zugehörigen Siedlung zur Verfügung. Dies lässt sich aber dann schon wesentlich präzisieren, wenn ein topographischer Zusammenhang des Komplexes aus antiker Ruine und Kirche mit einem merowingerzeitlichen Gräberfeld besteht[57]. Dabei kann es sich – je nach Region – auch um kontinuierlich seit der Antike weiterbelegte

---

[55] Übersicht des Gebietes Rheinhessen-Nahe-Pfalz: Knöchlein, Georgskapelle. – Zuletzt Gegenstand einer Gesamtdarstellung für Hessen, Baden-Württemberg, Schwaben, Altbayern und die Schweiz: Eismann, Kirchen.

[56] Bereits Max Martin weist auf die in einigen Fällen unmittelbar über antiken Ruinen errichteten Holzkirchen hin: Martin, Besiedlung 118 ff.; Marti, Siedlungsgeschichte Textteil 193 ff.; Knöchlein, Georgskapelle 143 ff.; Eismann, Kirchen 62 ff.; S. Ristow, Bonner Jahrb. 204, 2004, 455.

[57] II 16. – III 4, III 13, III 16, III 22, III 27, III 30, III 39, III 46, III 50, III 56, III 66, III 67, III 83, III 84 III 85, III 98, III 102, III 105. – IV 2, IV 3, IV 7, IV 12, IV 22, IV 29, IV 30, IV 35, IV 37, IV 49, IV 54. – V 1, V 7, V 8, V 9, V 12, V 18, V 36, V 41, V 43. – VI 38, VI 51, VI 52, VI 133. – VII 3, VII 5, VII 9, VII 12, VII 23. – VIII 1, VIII 4, VIII 10, VIII 11, VIII 28, VIII 39, VIII 42, VIII 44, VIII 47, VIII 48, VIII 58, VIII 60, VIII 80. – IX 8, IX 11, IX 34, IX 35, IX 43, IX 52.

Bestattungsplätze handeln, die wohl griffigste Verknüpfung zwischen römischer und nachrömischer Zeit, auch wenn dies umgekehrt eine kontinuierliche Beibehaltung der Siedlungsstelle nicht unbedingt beinhalten muss. Grundsätzlich ist in ganz geringer Anzahl schon auch mit Situationen zu rechnen, in denen die antike Ruine mit nachfolgendem Kirchenbau abseits des merowingerzeitlichen Siedlungskerns liegt, wo der Kirchenbau also zumindest anfänglich tatsächlich ganz für sich stand und, sofern überhaupt, erst später von Wohnplätzen umgeben wurde. Im vergleichsweise gut und großflächig erforschten Morken im Rheinland (I 25) ist beim derzeitigen Kenntnisstand nicht auszuschließen, dass der alte Ortskern abseits des Kirchhügels im Bereich des Wirtschaftstraktes der antiken Villa entstand. Auf dem ruinösen Herrenhaus dagegen wurde wohl bereits im sechsten Jahrhundert ein zunächst hölzerner Kirchenbau errichtet. Erst auf ihn bezieht sich dann die bekannte Adelsgrablege der Zeit um 600 und des siebten Jahrhunderts. Wie die zusammenhängende Erforschung des Ortes ergab, rückten frühestens im achten Jahrhundert die Wohnplätze nahe an die Kirche und ihren sich langsam konsolidierenden Kirchhof heran. Auch im rheinischen Lürken (I 22) blieb die über der antiken Ruine entstandene Holzkirche mit Kirchhof zunächst abseits einer vorauszusetzenden frühmittelalterlichen Ansiedlung. Tendenziell darf aber für die überwiegende Mehrheit der Fälle die Erbauungszeit der Kirche jeweils eher großzügig als Terminus ante quem für den Beginn der Wiederbesiedlung ausgelegt werden. Dies lehrt schon das Beispiel des antiken Vorgängerbaus der Georgskapelle, wo es bereits im späteren sechsten Jahrhundert nachweislich wieder zu Aktivitäten gekommen sein muss. Für eine beachtliche Anzahl weiterer Orte ist mittlerweile auch der direkte Nachweis kontinuierlicher Weiternutzung aus der Antike heraus oder wenigstens einer dem Kirchenbau vorangehenden Wiederbesiedlung durch entsprechende Befunde und Funde zu erbringen[58]. Wie im Falle der Georgskapelle bereits angesprochen, waren viele weiter- oder wiederbesiedelte antike Siedlungsplätze genauso wie andere erst nachrömisch neu entstandene Ansiedlungen mittelalterlichen und neuzeitlichen Wüstungsprozessen unterworfen und hinterließen in einzelnen Fällen bestenfalls die dort errichteten Kirchen[59], während andere als alte Ortszentren mit Kirche oder auch als Klöster, Burgen und Schlösser über antiker Vorbesiedlung bis heute fortleben.

Aus all dem ergibt sich konsequenterweise, dass eine Beschränkung des Blickwinkels speziell auf die an Kirchenbauten festgemachten Situationen[60] schwerlich den vollen qualitativen und quantitativen Umfang zumindest des siedlungsgeschichtlichen Aspektes zu erfassen vermag: Auch die Stellen, an denen bestehende oder wüst gewordene alte Ortsbereiche an sich ohne den direkten Bezug mittels eines Kirchenbaus in räumlichem Zusammenhang mit antiker Vorbesiedlung stehen, müssen hier miteinbezogen werden. Die Wahrnehmung reicht in Abhängigkeit vom örtlichen Forschungsstand dabei fließend von schwachen, aber direkten Andeutungen kontinuierlicher Weiter- oder Wiederbesiedlung nach der Römerzeit in Form vereinzelter Funde über regelrechte Siedlungsbefunde, wie etwa Umbauten oder Grubenhäuser bis hin zu namentlich überlieferten Dorfwüstungen und schließlich kontinuierlich bis heute fortbestehenden Orten[61].

---

[58] I 2, I 13, I 30. – III 16, III 29, III 69, III 82, III 84, III 98, III 102. – IV 9, IV 20. – V 19, V 50. – VI 12, VI 20, VI 22, VI 39, VI 40, VI 46, VI 51, VI 101, VI 109, VI 124, VI 133, VI 183, VI 184, VI 185, VI 196(?).– VII 2, VII 9, VII 11, VII 15, VII 20, VII 22. – VIII 1, VIII 4, VIII 5, VIII 6, VIII 13, VIII 28, VIII 38, VIII 41, VIII 42, VIII 47, VIII 48, VIII 54, VIII 56, VIII 57, VIII 58, VIII 60, VIII 66, VIII 75, VIII 80. – IX 8, IX 11, IX 15, IX 16, IX 34, IX 55.

[59] I 8(?). – III 75. – IV 23, IV 28, IV 43. – V 35, V 46. – VI 92, VI 101, VI 124. – VIII 4, VIII 33. – IX 15.

[60] So etwa der Ausgangspunkt von Eismann, Kirchen, dessen Arbeit allerdings primär auch nicht auf siedlungsgeschichtliche Fragestellungen abzielte.

[61] Frühmittelalterliche Siedlungsfunde und -befunde, Wüstungen: I 9, I 15, I 18, I 20, I 23, I 26, I 27, I 29, I 32, I 35. – II 3, II 15, II 18, II 20. – III 5, III 7, III 21, III 35, III 43, III 80. – IV 10, IV 13, IV 14, IV 17, IV 34, IV 55. – V 10, V 13, V 16, V 28, V 31, V 34, V 39, V 42, V 43, V 51. – VI 16, VI 24, VI 29, VI 36, VI 112, VI 130, VI 147. – VII 3, VII 24. – VIII 2, VIII 51, VIII 66, VIII 68, VIII 71, VIII 73. – IX 1,

In vielen Fallbeispielen dieser Siedlungsbefunde mitkombiniert begegnet darüber hinaus das Phänomen des Einbringens von Bestattungen in antike Ruinen oder ruinöse antike Gebäude. In der Georgskapelle waren der Umbau des antiken Herrenhauses zur Kirche und der Beginn der Bestattungen unter eindeutiger Bezugnahme auf die antike Bausubstanz zeitlich nicht zu trennen. Allein die in dicht gedrängter, schon planmäßiger Anordnung praktisch die gesamte Innenfläche einnehmenden, meist wiederholt genutzten Grabschächte (Plattengräber, trockengemauerte Schächte) im Bereich des Rechtecksaals, dem ältesten Teil der Kapelle, enthielten die Gebeine von mindestens achtundsiebzig nahezu beigabenlos bestatteten Individuen. Diese Grablegungen verteilten sich auf den Zeitraum etwa 700 bis 1000. Nur in einem Fall war eine Gürtelschnalle karolingischer Zeitstellung eindeutig zuzuordnen. Damit gehören die Bestattungen in der Georgskapelle zu den chronologisch bislang spätesten Ausläufern eines Phänomens, das schon in spätrömischer Zeit einsetzt.

Die Interpretation dieser Gräbergruppen als siedlungsnahe bis wohnstellenunmittelbare Grablegen betrifft vor allem den hier im Vordergrund stehenden besiedlungsgeschichtlichen Aspekt. Als Regionalbeispiel sei hier die in einem Seitental des Ellerbaches dicht vor der Einmündung in die Nahe gelegene römische Großvilla von Bad Kreuznach (IV 6) besonders hervorgehoben. Vor allem das als Peristylkonzept gestaltete Herrenhaus des zweiten Jahrhunderts gelangte auf Grund von Größe, genereller Bauqualität und Ausstattung mit Mosaikböden zu überregionaler Bekanntheit. Der Wirtschaftshof war nördlich des Herrenhauses angelegt, planmäßig auf dieses bezogen und erstreckte sich hangabwärts, wobei er sich unter axialer Aufreihung der Gebäude von Süden nach Norden bis dicht an den Ellerbach hingezogen haben könnte. Leider sind davon auf Grund der Überbauung in den sechziger Jahren nur kleinste Ausschnitte bekannt geworden. Wohl in Zusammenhang mit den Ereignissen des Jahres 275 war das Hauptgebäude einer massiven Brandzerstörung zum Opfer gefallen und verblieb einige Zeit ungenutzt in diesem Zustand. Später wurde die terrassenartig abgesetzte, tiefer liegende nördliche Hälfte des Herrenhaus zu einer regelrechten Wohnfestung mit massiven Türmen und einer den Innenhof schneidenden Spolienmauer umgestaltet. Um diese Befestigung zog sich ein Wehrgraben. Sein Verlauf setzt den planmäßigen Abbruch der übrigen nicht einbezogenen Bausubstanz voraus, deren Material bei Errichtung der Befestigung Verwendung fand. Dieser Nutzungsabschnitt endete ohne besondere Anzeichen von Zerstörung noch im Verlauf des vierten Jahrhunderts, was zeitlich und ursächlich mit der Errichtung der valentinianischen Festung auf den Ruinen des Kreuznacher Vicus zusammenhängen könnte.

Erst nach einer archäologisch bislang nicht belegbaren Zeitspanne von gut zweihundert Jahren ist es innerhalb der Befestigung wieder zu Aktivitäten gekommen: An zwei gut fünfzig Meter voneinander entfernt liegenden Stellen wurden um 600 und im früheren siebten Jahrhundert insgesamt drei Gräber eingetieft. Einerseits setzt der Befund einer der Bestattungen einen schon länger zurückliegenden Abbruch der spätrömischen Spolienmauer im Bereich des Innenhofes voraus. Andererseits muss die Wohnfestung noch oberirdisch wahrnehmbar gewesen sein, da wohl kaum zufällig gerade ihr Bereich bewußt als Bestattungsort ausgewählt worden war. Eine den merowingerzeitlichen Grablegen zuzuordnende Siedlung ist am ehesten unterhalb der Bestattungen näher auf den Ellerbach zu im Bereich des antiken Wirtschaftshofs zu vermuten.

Sicherlich ist damit aber der Charakter dieser Begräbnisstätten mit ihrem oft engen Bezug zur antiken Bausubstanz noch nicht vollständig erfasst. Ähnlich der Typologisierung von Überlage-

---

IX 3, IX 5, IX 22, IX 28, IX 29, IX 30, IX 31, IX 32, IX 36, IX 47, IX 49, IX 50, IX 56, IX 59, IX 60, IX 62. – Bis heute fortbestehend: I 17. – V 36, V 38, V 49. – VI 11, VI 45, VI 54, VI 68, VI 85, VI 177, VI 181. – IX 10, IX 13, IX 14. – Noch knapp vormerowingisch die Grubenhütten von Wachenheim a. d. Weinstraße: IV 52. – Martin, Besiedlung 122 ff. – Die Problematik ferner exemplarisch deutlich umrissen von P. van Ossel / P. Ouzoulias, Arch. Korrbl. 19, 1989, 391 ff.; K. H. Lenz, Ber. RGK 86, 2005, 349 ff.

rungssituationen bei Kirchengebäuden verkennt eine vergleichbare Herangehensweise auch an die Bestattungen das Ausmaß der zwischenzeitlich eingetretenen archäologischen Substanz- und Informationsverluste und die so geschaffenen Spielräume[62]. In den Veröffentlichungen zu diesem Thema finden sich vielfältige Vorschläge hinsichtlich eines heidnischen, eines abergläubischen und eines profanen Hintergrundes. Die profane Argumentation geht vor allem davon aus, dass von minderwertigen Böden eingenommenes weil durch antike Bebauung besetztes Land wertlos, das heißt von der agrarischen Nutzung ausgenommen gewesen sein muss, wertvolles unbelastetes Land somit nicht für Bestattungszwecke vergeudet werden musste[63]. So interpretierte zuletzt etwa Stefan Eismann Ergebnisse der Regionalaufarbeitung seitens Markus Trier zum Lechtal dahingehend, dass man zur Anlage von Bestattungsplätzen dort in Gebieten mit eingeschränktem Angebot an günstigen Böden auf steile Sandhänge oder römische Ruinen zurückgegriffen hätte. In der dem Verfasser zur Verfügung stehenden Druckfassung der Trierschen Arbeit stellt sich der Sachverhalt allerdings differenzierter und anders dar: Für den Ort eines Gräberfeldes war nämlich durchwegs die Lage oberhalb der Siedlungen charakteristisch. Diese erhöhte Position scheint die ideellen Beweggründe für die Wahl der Bestattungsplätze geliefert haben. Mangelnde agrarische Qualität dürfte dagegen nicht ausschlaggebend gewesen sein, denn diese ist nur gelegentlich festzustellen, indem in solchen Lagen zum Beispiel auf Grund des Gefälles »tertiäre Sande oberflächennah anstehen«.

Bewegt man sich argumentativ auf der profanen Ebene, ließe sich mindestens genauso plausibel der profanen Argumentation weiter entgegenhalten, dass das Einbringen von Bestattungen in ein antikes Gebäude mit erheblich größeren Mühen und Hindernissen (etwa massive antike Bodenestriche) verbunden gewesen sein dürfte als auf befundfreiem Boden, der auch nahe den Wohnstätten überreichlich zur Verfügung gestanden haben muss. Und schließlich findet sich die überwiegende Mehrheit der klassischen Ortsgräberfelder nach damaligen und heutigen Maßstäben auf landwirtschaftlich gut nutzbarem Land. Ohnehin war Landverknappung zumindest bis in die späte Merowingerzeit regional und örtlich noch kein Thema: In allen hier erfassten Gebieten war nicht einmal der in römischer Zeit erreichte Siedlungsraum voll ausgeschöpft[64]. Nahezu in Sichtweite jeder frühmittelalterlichen Ansiedlung standen zu dieser Zeit noch gut erhaltene Ruinen antiker Gutshöfe oft in exponierten Hanglagen, die völlig die Kriterien zur Anlage frühmittelalterlicher Bestattungsplätze in Bezug auf das räumliche Verhältnis zur Siedlung erfüllten. Was hätte also näher liegen können, als die typischerweise mit Umfassungsmauern gut definierten Gutshofareale, die schon bei durchschnittlicher Größe ohne Schwierigkeiten ein frühmittelalterliches Ortsgräberfeld zu fassen vermochten, viel systematischer, als dies tatsächlich der Fall ist, für eben diesen Zweck zu nutzen und nicht etwa die offene Feldflur?[65]

Eine zweite Deutung geht von der Interpretationen der Befunde unter heidnischen Vorzeichen aus. Sie stützt sich zum Beispiel auf Parallelen zu Nachbestattungen in vorgeschichtlichen

---

[62] Etwa Eismann, Kirchen 101 f.: Eine gruppenweise Verteilung oder scheinbar systemlose Streuung der Bestattungen über den Ruinenbereich besagt nichts über den zur Zeit der Einbringung der Bestattungen gegebenen Zustand der Bausubstanz und etwaige heute nicht mehr wahrnehmbare Bezugspunkte in Form aufgehend erhaltener Gebäudeteile, die den Mittelpunkt einer räumlichen Gruppierung bilden konnten. Im Falle der Überschneidungen der Mauerzüge durch Gräber ist in den meisten Fällen nicht auszuschließen, dass es sich um solche älterer antiker Bauzustände handelt, während die zum Zeitpunkt der Bestattungen maßgeblichen höhergelegenen Mauerzüge längst abgetragen sein können und sich so der archäologischen Wahrnehmung entziehen.

[63] H. Zeiß, Bayer. Vorgeschbl. 11, 1933, 46 f.; E. Ennen / W. Janssen, Deutsche Agrargeschichte. Vom Neolithikum bis zur Schwelle des Industriezeitalters (Wiesbaden 1979) 113 f.

[64] Exemplarisch: Plum, Aachen-Düren 165 f.; R. Schreg, Dorfgenese in Südwestdeutschland. Das Renninger Becken im Mittelalter. Materialh. Arch. Baden-Württemberg 76 (Stuttgart 2006) 184 ff.; 317; 337 ff.; Trier, Lechtal 288 f.

[65] Eismann, Kirchen 102; ebd. Anm. 676 Sammlung weiterer Zitate dieser Richtung. – Trier, Lechtal 262 ff.

Grabhügeln. Den Hintergrund soll auch hier ein mit der Legitimierung von Besitzansprüchen verbundener Ahnenkult bilden[66]. Ferner wird gegen eine christliche Interpretation mit der auch diesen Bereich berührenden Beigabensitte argumentiert, die dann ihrerseits den religiösen Problembereich wiederum mit ethnischen Fragen (Romanen, Germanen) verknüpft; mit dem Kontinuum einer heidnisch-christlichen religiösen Gemengelage unter beliebig verschiebbaren Akzenten und mit vermittelnden Kompromissvorschlägen aus diesem Bereich[67]. Der Verweis auf nicht näher bestimmten Aberglauben kommt in der Forschung dann zur Anwendung, wenn keine konkretere inhaltliche Annäherung an die Befunde für möglich gehalten wird[68]. Ferner wird den an zahlreichen städtischen und ländlichen Bestattungsplätzen begegnenden spätrömischen Grabbauten eine grundsätzliche Verbindung mit christlichen Vorstellungen in jener Zeit abgesprochen, ohne umgekehrt den paganen Charakter konkret positiv herauszustellen.

Im Falle des letztgenannten Punktes wurde etwa der bekannte Bestattungsplatz von Furfooz (Belgien) durch Sebastian Ristow als Beleg herangezogen[69]. Auch wenn Ristow hier anders lautenden Meinungen folgt[70], ist auf Grund der ausgeprägten Regionalität vergleichbarer Friedhöfe in Nordfrankreich, den Beneluxländern und dem westlichen Rheinland an der schon lange etablierten Auffassung nicht zu zweifeln, in diesen Bestattungsplätzen den Niederschlag eines als germanisch ansprechbaren Personenkreises zu sehen. Charakteristisch dafür ist die in unterschiedlicher Intensität wiederkehrende Merkmalkombination aus Waffenausstattung, weiblicher Fibeltracht und Brandbestattung[71]. Damit setzen sich diese Gruppen, die wohl bewusst an bestimmten Orten zur Erfüllung militärischer Aufgaben angesiedelt worden waren, von der eingesessenen gallorömischen Landbevölkerung ab. Deren Grabausstattung beschränkte sich nämlich vor allem auf die anhand des Geschirrs fassbare Speise- und Trankbeigabe, die in gleicher Form wiederum von der germanischstämmigen Gruppe zusätzlich übernommen wurde.

Vorbehaltlich der gerade im Falle von Furfooz besonders lückenhaften und widersprüchlichen Dokumentation lässt sich aus dem Befund immerhin herauslesen, dass der größte Teil der Verstorbenen Speise- und Trankbeigaben und dem gallorömischen Umfeld folgend Körperbestattung erhielt; daneben kommen auch zwei Brandbestattungen vor. In einem zentralen geistig-kulturellen Bereich hatte sich die Gruppe also von germanisch-heidnischen Zuständen fortbewegt. In ihren mutmaßlichen Heimatgebieten (vor allem im Nordseeküstenbereich) war dagegen die Brandbestattung als Normalfall der Totenbehandlung vorgesehen. Von daher ist in Furfooz auch die Einbringung einiger der Toten in ein offenbar als Grabbau verstandenes antikes Badegebäude als Rückgriff auf eine antike Tradition keine Überraschung.

Konsequenterweise ist dann auch die Grundannahme der These des heidnischen Hintergrundes zu hinterfragen: Noch immer unterschätzt wird der über das Materielle hinausgehende,

---

[66] Eismann, Kirchen 104.
[67] Heidnischer, nach und nach christianisierter Brauch: L. Grunwald in: Acta Prähist. Arch. 34, 2002, 110 f. Darüber hinaus verkörpert für ihn die Beigabensitte germanisch-heidnische Gesinnung: In Hinblick beispielsweise auf die »frühen germanischen Ruinenbestattungen« (Grunwald a. a. O. 109) von Polch (Kr. Mayen-Koblenz; III 71) übersieht er den für (fränkisch-)germanische Verhältnisse ausgesprochen spärlichen Charakter der Waffenbeigabe: Mit der treffenderen, gut begründeten Einschätzung des Bearbeiters (Back, Grabfunde 81; 86 f.; 93) im Sinne eines romanischen Beigabenmusters findet keine an diesem Punkt doch wohl angebrachte Auseinandersetzung statt. – Für die Bestimmung der Kategorien ›heidnisch‹ und ›christlich‹ ungeeignet hält die Beigabensitte etwa Ristow, Christentum 265 f., u. a. unter Verweis auf die Kölner Domgräber.
[68] Etwa O. Paret in: F. Hertlein / O. Paret / P. Goeßler, Die Römer in Württemberg III (Stuttgart 1932) 261 f.; Grunwald (vorige Anm.) 110.
[69] Ristow, Christentum 41 ff.
[70] Ristow, Christentum 42 Anm. 257: zu den zitierten Arbeiten von Brather vgl. jetzt die Rezension von U. Koch, Bonner Jahrb. 204, 2004, 463 ff. sowie M. Martin, Zeitschr. Schweizer. Arch. u. Kunstgesch. 59, 2002, 302 Anm. 73.
[71] H. W. Böhme, Germanische Grabfunde des 4. bis 5. Jahrhunderts zwischen unterer Elbe und Loire. Münchner Beiträge Vor- und Frühgesch. 19 (München 1974); ders. in: J.-P Lemant, Le cimetière et la fortification du Bas-Empire de Vireux-Molhain, Dép. Ardennes. RGZM Monographien 7 (Mainz 1985) 76 ff.

etwa an den Bestattungsgewohnheiten ablesbare geistig-kulturelle Transfer an spätrömischer Kultur sowohl zu den auf Provinzialgebiet ansässig gewordenen als auch zu der im unmittelbaren Vorfeld entlang der spätrömischen Reichsgrenze siedelnden germanischen Bevölkerung[72]. Daher erscheint es in Hinblick etwa auf die besonders qualitativ herausragenden, dort mit unzweifelhaft christlichen Bestattungen verbundenen Befunde in Trier[73] statthaft, auch die weniger profilierten Befunde bis hin zu den hier in den Mittelpunkt gerückten Bestattungen in antiken Ruinen mit einem christlichen Hintergrund zu verbinden – eingedenk dessen, in wie vielen Bereichen das Christentum auf äußerliche Ausdrucksformen der vorchristlichen Antike zurückgriff.

Positiv zu untermauern sind nach wie vor Überlegungen, nach denen sich an antike Gebäudereste christliche Inhalte knüpften, bauliche Hinterlassenschaften der Römerzeit also als christliche Sakralbauten, in einem sehr allgemeinen Sinne als Kirchen, Kapellen – oder welche Bezeichnung auch immer dafür treffend sein mag – angesehen wurden[74]. Flurnamen dieser Örtlichkeiten aus den Wortfeldern um Kloster, Kirche und Kapelle an sich sind noch kein Beweis für einen entsprechenden Bedeutungswandel. Dennoch ist im einen oder anderen Fall nicht prinzipiell auszuschließen, dass eine derartige Benennung die Erinnerung an eine christlich-kultische Umwidmung kontinuierlich bewahrt[75]. Ein regionales Phänomen in Südbayern darf ebenfalls als direkter Beleg eines solchen Sinnzusammenhanges von antiker Ruinenstätte und christlichem Kultplatz herangezogen werden. Es handelt sich um die typischerweise im Bereich antiker Ruinen anzutreffende Erscheinung der Steckkreuze, deren zeitliche Einordnung inzwischen eine Kontinuität von der jüngeren und späten Merowingerzeit bis in die früheste volkskundlich fassbare Zeitebene seit dem Spätmittelalter möglich erscheinen lässt[76].

Entsprechend haben diese Stellen nicht nur nahe gelegenen Siedlungen einen Ort von Handlungen in Zusammenhang mit dem christlichen Kult geboten, sondern geradezu folgerichtig auch Bestattungen an sich gezogen. Unter den hier zusammengestellten Gräbern in antiken Ruinen des ländlichen Siedlungsraumes finden sich zunächst zahlreiche Situationen, in denen die Grablegen die einzigen wahrnehmbaren nachantiken Befunde darstellen[77]. Daneben treten die

---

[72] Vgl. etwa RGA² II, 175 ff. s. v. Bekehrung und Bekehrungsgeschichte I; RGA² XII, 453 ff. s. v. Gotische Mission.

[73] A. Neyses, Jahrb. RGZM 46, 1999, 413 ff.; Ristow, Christentum 203 ff.

[74] N. Kyll, Tod, Grab, Begräbnisplatz, Totenfeier. Rheinisches Archiv 81 (Bonn 1972) 187 ff. Anm. 905; J. Percival, The Roman Villa. An Historical Introduction (London 1976) 183 ff.; B. Theune-Großkopf, Arch. Korrbl. 19, 1989, 283 ff.; Böhme, Adelsgräber 397 ff., vor allem 520 f.; Eismann, Kirchen 102 Anm. 675.

[75] Vgl. etwa III 20, III 23; V 9, V 28, V 29, V 43; IX 48. Eine systematische und vollständige Erfassung der Flurnamen an den betreffenden Plätzen würde den Rahmen dieser Übersicht weit übersteigen. Dies gilt auch für die Verknüpfung der archäologischen Betrachtungsebene mit der sprachgeschichtlichen Bewertung der Ortsnamen: Für einen kleinen Gebietsausschnitt Knöchlein, Georgskapelle 146.

[76] Entscheidender, da sozusagen selbstredend zweifelsfrei merowingerzeitlicher Beleg, noch immer das altbekannte tauschierte Steckkreuz aus einer römischen Villenstelle bei Hinterfischen: H. Dannheimer, Bayer. Vorgeschbl. 29, 1964, 193 f. Abb. 1,4; L. Pauli in: Die Bajuwaren. Von Severin bis Tassilo 488–788. Ausstellungskat. Rosenheim und Mattsee (München und Salzburg 1988) 433; u. a. mit Hinweis auf Bad Gögging (IX 25), wo sich ein Steckkreuzkomplex auf Grund der Einbindung in die Bauabfolge vor 700 einordnen lassen soll. Vgl. ferner IX 22, IX 38.

[77] I 8, I 12, I 21, I 28. – II 1, II 5, II 10, II 12, II 19. – III 1, III 6, III 11, III 12, III 15, III 20, III 23, III 28, III 34, III 36, III 40, III 41, III 51, III 52, III 54, III 55, III 57, III 60, III 71, III 74, III 79, III 81, III 100, III 101. – IV 4, IV 6, IV 11, IV 18. – V 6, V 23, V 27, V 29. – VI 7, VI 13, VI 15, VI 21, VI 28, VI 44, VI 47, VI 58, VI 60, VI 66, VI 67, VI 80, VI 81, VI 84, VI 86, VI 89, VI 93, VI 96, VI 99, VI 105, VI 107, VI 113, VI 127, VI 134, VI 136, VI 137, VI 140, VI 141, VI 146, VI 148, VI 149, VI 159, VI 166, VI 186, VI 190, VI 191, VI 195, VI 205. – VII 7, VII 10. – VIII 3, VIII 29, VIII 30, VIII 34, VIII 51, VIII 61, VIII 63, VIII 67, VIII 71, VIII 76, VIII 78, VIII 84, VIII 86. – IX 7, IX 17, IX 18, IX 19, IX 20, IX 21, IX 23, IX 24, IX 37, IX 40, IX 45, IX 46, IX 48, IX 51, IX 58. – Zu VIII 29, Heitersheim: Eismann, Kirchen 99 Anm. 645 stellt die Zuordnung zum Befundtyp in Frage; aus den veröffentlichten Angaben jedenfalls geht jedoch klar hervor, dass es sich nicht um ein Grab, sondern um mehrere Bestattungen, und zwar im Bereich des Hauptgebäudes und nicht im Bereich der Pars rustica handelt, wo der den Gräbern zugehörige Siedlungsplatz im heutigen Malterschloß samt Kirche fortlebt; vgl. Zitate bei VIII 29.

Fälle, in denen die Bestattungen chronologisch zwischen der römischen Nutzungsphase einerseits und der Nutzung eines Gebäudes für den nachantiken christlichen Kult andererseits stehen. Beide Phänomene dürften den sinnerklärenden inneren Zusammenhang zwischen antiker Ruine und Kirchenbau belegen[78].

Beispielhaft für die Komplexität örtlicher Entwicklungsabläufe an solchen Orten und durch die flächig zusammenhängende Ausgrabung geradezu ein besonderer Glücksfall von überregionaler Bedeutung ist der angesprochene Befund in Lürken (I 22), der eine etwas ausführlichere Würdigung verdient. In Raum XIII des Herrenhauses der antiken Villa fand sich eine vereinzelte merowingerzeitliche Bestattung, und zwar ein Männergrab durchschnittlicher Ausstattung des Horizontes JM I (Grab 88). Zwanzig Meter südöstlich davon waren exakt mittig axial in der Osthälfte von Raum XXIV durch den antiken Estrich hindurch in den gewachsenen Untergrund zwei ausgemauerte und verputzte Grabschächte mit insgesamt drei Bestattungen eingetieft worden (Gräber 249 und 250). Die Skelette präsentierten sich den Ausgräbern zwar anscheinend ungestört, in beiden Fällen war aber keine Abdeckung vorhanden beziehungsweise nachweisbar. Ferner war der östliche Abschluss des Grabschachtes 249 beim Ausheben eines Grabungsschnittes gestört worden. Am Fußende von Grab 250 lagen zusammengeräumte Gebeine wohl am ehesten einer vorangehenden Erstbelegung. Beigaben wurden nicht angetroffen. Anscheinend war dieser Raum auch im aufgehenden Bereich zunächst noch als entsprechender, eventuell für sich stehender Gebäuderest erhalten geblieben, denn nach ihm richtete sich eine ganze Anzahl im Außenbereich eingetiefter beigabenloser Gräber, nunmehr ohne Bezugnahme auf die übrigen antiken Befunde. Später wurde über diesem Grundriss ein annähernd deckungsgleich rechteckiger, unter Beibehaltung der antiken Bauausrichtung leicht nach Süden verschobener und zeitlich nicht genauer als karolingisch oder ottonisch anzusetzender hölzerner Pfostenbau wohl als Nachfolger errichtet. Seine Pfosten schneiden teilweise bereits vorhandene Gräber, die noch den antiken Restbau respektieren. Der größte Teil der vorgefundenen übrigen, auch stratigraphisch jüngeren Gräber nimmt wiederum auf diesen Holzbau Bezug. Er führte die wohl schon mit dem Vorgänger, dem antiken Restbau verbundene Idee eines Kirchengebäudes fort, umgeben von einem typisch mittelalterlichen Friedhof mit massiver Schichtung der Bestattungen. Entsprechend nicht berücksichtigt wurden auch andernorts die Situationen, in denen eindeutig klar ist, dass es sich bei den Bestattungen um den mittelalterlichen und neuzeitlichen Kirchhof einer über der antiken Ruine entstandenen Kirche handelt. Ähnlich wie im Falle der Georgskapelle bedingen Kirchenbau und Bestattungen im Innenraum einander und stehen gleichermaßen in engstem Zusammenhang mit einem antiken Gebäuderest; im Außenbereich überlagert ein mittelalterlicher Kirchhof die antike Substanz.

Zumeist jedoch reicht der örtliche Kenntnisstand auch nicht entfernt an die detaillierten Einblicke heran, wie sie in Lürken möglich sind. So sei noch ein krasses Gegenbeispiel herausgegriffen. Zu den prominenten Objekten der Dauerpräsentation des Rheinischen Landesmuseums Bonn zählt fraglos das bekannte Bodenmosaik mit der Darstellung des Sonnengottes Sol auf seiner Quadriga. Es stammt von ehemals preußischem Rheinprovinzgebiet, nämlich dem alten Kreis Kreuznach, und zwar aus Münster (IV 31) auf dem linken Naheufer südlich von Bingerbrück. Aus den erhaltenen Mosaikteilen wurde ein Rechtecksaal von gut siebzehn Metern Länge und zwölf Metern Breite zuzüglich einer maximal fünf Meter vorspringenden Apsis rekonstruiert.

---

[78] I 2, I 6, I 14, I 22, I 30. – II 14. – III 2, III 25, III 32, III 33, III 44, III 69, III 70, III 73, III 86, III 88, III 89. – IV 1. – V 3, V 22, V 35, V 37, V 47, V 50. – VI 9, VI 10, VI 34, VI 38, VI 46, VI 48, VI 73, VI 75, VI 94, VI 100, VI 104, VI 110, VI 111, VI 115, VI 117, VI 120, VI 125, VI 132, VI 144, VI 158, VI 160, VI 162, VI 163, VI 175, VI 180, VI 183, VI 188, VI 197, VI 200, VI 203. – VIII 6, VIII 22, VIII 27, VIII 85. – IX 11, IX 15, IX 16, IX 38, IX 39, IX 61.

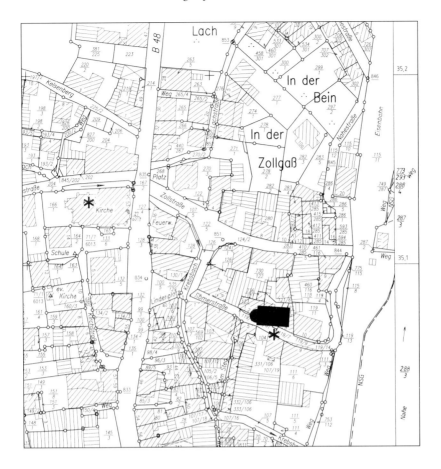

12 Münster-Sarmsheim, Ortsteil Münster (IV 31), alter Ortsbereich, hervorgehoben die
Lage des antiken Apsidensaals der Großvilla und der fränkischen Grabfunde (Asterisk).
Maßstab 1:2000.

Über diesen bekannten Fund von 1895 hinaus ist Münster auch topographisch von besonderem Interesse: Der Fundort des Mosaiksaals offenbart zusammen mit weiteren Fundbeobachtungen, dass der alte Ortskern von Münster den ausgedehnten, luxuriös ausgestatteten Hauptgebäudekomplex einer antiken Großvilla überlagert (Abb. 12). In unmittelbarer Nähe des Apsidensaals wurde später im Verlauf der ehemaligen Backhausgasse, der jetzigen Römerstraße, neben Teilen weiterer Mosaikböden und antiken Kleinfunden ein Knickwandgefäß fränkischer Zeitstellung geborgen. Am ehesten dürfte dies der Rest eines als solchen nicht erkannten Grabfundes sein. Das Gefäß gelangte zwar ins Kreuznacher Museum, ist aber leider verschollen. Anhand der überlieferten Beschreibung allein ist es chronologisch nicht mit letzter Gewissheit genauer einzuordnen, da auch der erwähnte Dekor in Form von Rosettenstempelung in zwei Reihen zusammengenommen mit der Gefäßkontur, einen zu weiten Auslegungsspielraum lässt. Leider sind all diese wichtigen Altbeobachtungen im Münsterer Ortskern nicht weiter dokumentiert; im Schatten der Mosaiken wurden nicht einmal antike Mauerzüge festgehalten.

Auch in der Folgezeit stand der alte Ortskern archäologisch unter keinem glücklichen Stern. So wurde erst 1988 bekannt, dass schon viele Jahre vorher ziemlich genau hundert Meter nordwestlich des Apsidensaals im Schiff der Pfarrkirche St. Peter und Paul ein Bauvorgang stattgefunden hatte, bei dem drei Bestattungen freigelegt worden waren. Zwei davon waren beigabenlos, in einem Fall war ein fränkischer Knickwandtopf als Beigabe zuzuordnen (Abb. 13). Das in geglätteter, reduzierend gebrannter Technik gefertigte Gefäß ist anhand der Randbildung sowie der Profilierung von Schulter, Umbruch und Bauch zusammengenommen mit dem noch hoch liegenden Umbruch an den Beginn der regionalen Entwicklung hin zu den jüngermerowingischen Knickwandtöpfen zu stellen[79]. Auch dazu liegen keinerlei Befundinformationen vor. Immerhin könnten – Wahrnehmungen der Zeit vor dem ersten Weltkrieg zutreffend interpretiert – unmittelbar südlich des Kirchengebäudes und gestört durch eine mittelalterliche Brunnenstube antiker Bauschutt und antike Baubefunde zum Vorschein gekommen sein, die sich unter die Kirche fortsetzten. Auch wenn die verfügbaren Informationen keine gesicherten Anhaltspunkte zur Gesamtausdehnung und Gliederung des Herrenhauses um den Apsidensaal geliefert haben, impliziert die Bauqualität eine Dimension, die den Bereich der Kirche noch eingeschlossen haben könnte. Es wäre dies beispielsweise die Größenordnung des Herrenhauses der Bad Kreuznacher Großvilla (IV 6) oder gar der jüngst von Helmut Bernhard bekannt gemachten Großvilla von Boßweiler (IV 10a).

Neben den angesprochenen Zeugnissen fränkischer Zeit ist dem erstmals im elften Jahrhundert namentlich erwähnten Münsterer Siedlungskomplex bislang kein geschlossenes Ortsgräberfeld etwa auf dem westlich ansteigenden Hanggelände zuzuordnen. Ein entsprechend umfangreicheres, über einen längeren Zeitraum belegtes Gräberfeld ist zwar am Hanggelände gut vierhundert Meter nordwestlich des antiken Apsidensaals nachgewiesen. Es hängt aber wohl nicht mit dem Münsterer Ortskern, sondern mit einem nördlich davon gelegenen, später wüst gewordenen Besiedlungsansatz unterhalb davon am Hangfuß zusammen, an dessen einstige Existenz noch die Stellenbezeichnung Fronheim erinnern könnte, sofern es sich nicht zufälligerweise um einen Familiennamen handelt. Die Stelle ganz in der Nähe der Ruine des spätmittelalterlichen Zollturms Trutzbingen war verkehrstopographisch von großer Bedeutung, indem hier die Nahe mittels einer wichtigen Furt durchquert werden konnte. Insgesamt wäre für den alten Ortsbereich von Münster eine kontinuierliche Weiterbesiedlung gut vorstellbar. Den genannten merowingerzeitlichen Funden käme im Sinne wohnplatznah in antike Gebäudereste eingetiefte Bestattungen auch hier eine entscheidend verklammernde Rolle zu. Dennoch bleibt das Bild zu lückenhaft, zumal die Fortdauer der antiken Besiedlung unbekannt ist.

Auch ohne ausgeprägte innere Geschlossenheit offenbart sich der eigenständige Charakter dieser Befundgruppe in all ihren örtlichen Ausprägungen und Schattierungen gegenüber den gewohnten Feldfriedhöfen. Die sehr unterschiedliche Anzahl der Bestattungen bei verschie-

---

[79] Exemplarisch gut datierte Parallelen der Periode AM III, ca. 580–610: Mainz-Finthen, Grab XV von 1976, s. Mainzer Zeitschr. 73/74, 1978/79, Abb. 46, 26. – Eltville Grab 507, s. M. C. Blaich, Das frühmittelalterliche Gräberfeld von Eltville, Rheingau-Taunus-Kreis (Wiesbaden 2006) Taf. 507, 3. – Rübenach Grab 348, s. Neuffer-Müller/Ament, Rübenach Taf. 24, 1. – Aus Periode JM I, ca. 610–640: Nieder-Erlenbach Grab 57: M. Dohrn-Ihmig, Das fränkische Gräberfeld von Nieder-Erlenbach, Stadt Frankfurt a. M. (Frankfurt a. M. 1999) Taf. 16, 1 zu Grab 57; Knöchlein, Mainz Kat. 30.3.022, 024 und 025 (Abb. 11; Töpfereifund).

[80] Etwa der vage Befund von (Löf-)Kattenes, Kr. Mayen-Koblenz. Hier dürfte das oberhalb vom alten Ortskern gelegene Ortsgräberfeld einen antiken Ruinenbereich am ehesten überschichtet haben – sofern die vagen Grundannahmen überhaupt zutreffen: Back, Grabfunde 94; 146. Riaz, Kt. Freiburg: Das etwa 470 Bestattungen umfassende Reihengräberfeld überschichtet im Zuge seiner chronologisch bedingten Ausweitung nach Westen im Verlauf des 7. Jhs. die Ruine eines gallorömischen Umgangsstempels: Freiburger H. Arch. 4, 2002, 36 ff. Grenzwertig hier etwa auch der Befund von Aufham (IX 24).

Dagegen etwa in Regensburg-Kumpfmühl klar zusammenhanglose Annäherung einer Anzahl früh- bis ältermerowingischer Bestattungen an die Nordostecke des bereits in der mittleren Kaiserzeit eingeebneten Kastells und knapp an den Streubereich des noch im 3. Jh. aufgegebenen Vicus: Koch, Regensburg 203 f.; A. Faber, Das römische Auxiliarkastell und der Vicus von Kumpf-mühl. Münchner Beitr. Vor- u. Frühgesch. 49 (München 1994).

[81] R. Knöchlein, Mainzer Arch. Zeitschr. 2, 1995, 207; Böhme, Adelsgräber.

[82] V 19. – VI 8, VI 23, VI 30, VI 55(?), VI 57, VI 61, VI 73, VI 80, VI 124(?), VI 125, VI 126, VI 132, VI 157, VI 162, VI 183; nicht aufgenommen für den noch nicht nachvollziehbare, von Eismann, Kirchen 300 f. referierte Befund von Céligny, Kt. Genf.

nen Grabformen – vereinzelte bis zu mehreren Dutzend Grablegen, Einzelbegräbnisse oder wiederholt genutzte, gemauerte Grabschächte – erreichen jedenfalls nie die Ausmaße typischer Feldfriedhöfe: Die rein äußerlich bedingte Überlagerung einer antiken Siedlung durch einen Feldfriedhof ist eine nur vereinzelt zu beobachtende Ausnahmesituation und genauso zu bewerten wie die Überlagerung durch einen mittelalterlichen bis neuzeitlichen Kirchhof[80]. Abgesehen von den wohnplatznahen Bestattungsgruppen bestehen keine auffallend häufigen Bezüge zu anderen Arten von Separatfriedhöfen, etwa den in der Forschung schon seit langem thematisierten, vor dem Hintergrund sozialer Differenzierungsprozesse interpretierten Separatgrablegen[81]. Im schon angesprochenen Morken-Harff (I 25) war der hölzerne Vorgängerbau der Kirche, der die bekannte, bereits eindeutig auf diese älteste Kirche zu beziehende Adelsgrablege barg, bei deutlich abweichender Bauorientierung über einer antiken Ruine errichtet worden. Ohne Zusammenhang mit dem ältesten wahrnehmbaren Kirchenbau, aber unter Bezugnahme auf die antike Bausubstanz fand sich in Ettlingen (VIII 22) eine gut ausgestattete spätmerowingische Frauenbestattung immerhin exponiert in der Apsis einer wohl als Kirchengebäude genutzten antiken Badeanlage. Möglicherweise kommt auch der leider nicht wünschenswert deutlich dokumentierte Altbefund von Rißtissen (VIII 58) noch in Betracht, auf alle Fälle der Befund von Regensburg-Harting (IX 37).

Eine sowohl mit den Kirchenbauten als auch mit dem Komplex der Ruinenbestattungen eng verzahnte und zum Verständnis des oben vertretenen Sinngehaltes nicht unwesentlich beitragende Befundgruppe spezieller Art einerseits und andererseits die chronologische Staffelung der Befunde führen dann wieder zu den siedlungsgeschichtlichen Aspekten. Zunächst handelt es sich um Grabbauten, die im ländlichen Siedlungsraum in der Endphase der antiken Besiedlung oder unmittelbar anschließend im Bereich nicht mehr genutzter Gebäudeteile entstanden. Sie stehen im Vorzeichen bewussten, positiven Charakters der Ortswahl. Dort wo

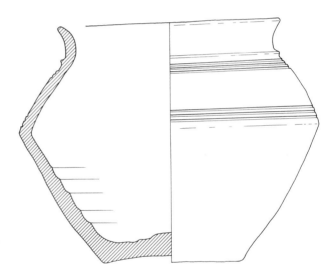

13 Fränkischer Knickwandtopf aus der Kirche von Münster (IV 31). Maßstab 1:2.

sie auftreten – im hier erfassten Gesamtausschnitt vor allem in der West- und Südschweiz – sind sie typischerweise ein Hinweis auf kontinuierliche Weiterbesiedlung der betreffenden Orte im fünften und sechsten Jahrhundert. Dieser Verbreitungsschwerpunkt deckt sich in etwa mit der größten regionalen Häufung von Bestattungen in Ruinen ohne erkennbare Grabbauten, was die gleichartige Bedeutung beider Befundgruppen unterstreicht. Wiederholt führt von diesen Memorien eine bruchlose Entwicklung zu bis heute fortbestehenden Kirchenbauten[82].

Eng verwandt mit dieser Gruppe sind Befunde, bei denen ein vorhandener Gebäudeteil für diesen speziellen Zweck erkennbar umgebaut wurde, wie zum Beispiel in Köln-Braunsfeld (I 4) oder in Hitzkirch (Kt. Luzern, VI 75). Infolge des generellen zwischenzeitlich eingetretenen archäologischen Substanzverlustes und durch die Fortentwicklung zu als solchen erkennbaren Kirchenbauten ist eine hohe Dunkelziffer zu unterstellen, da allenfalls die Bestattungen wahrnehmbar bleiben.

Darüber hinaus sind von vornherein als solche angelegte eigenständige Memorienbauten als Ausgangspunkte der Entwicklung von Kirchenbauten nicht nur von städtischen Gräberfeldern her bekannt, sondern zunehmend auch von antiken Bestattungsplätzen des ländlichen Siedlungsraums[83]. Leider zu ungenau dokumentiert ist die Situation der Pfarrkirche St. Alban und Martin in Sarmsheim (IV 44). Der Bau steht im Bereich eines römischen Gräberfeldes mit Brand- und Körperbestattungen. Dass sich speziell mit zwei unter der Kirche angetroffenen Sarkophagen die Anknüpfung eines zu postulierenden älteren Vorgängerbaus an einen etwaigen, seinerzeit noch wahrnehmbaren spätrömischen Grabbau verbinden lässt, wie aus anderen Regionen durchaus bekannt, wäre eine berechtigte Spekulation.

Aussagemöglichkeiten erschließen sich aus der zeitlichen Differenzierung der Bestattungsbefunde auch ohne Bezug zu einem bewusst beziehungsweise wahrnehmbar für diesen Zweck gestalteten Bau. Die frühesten Belege finden sich fast ausschließlich westlich des Rheins; aus der Schweiz sind nur Fälle in Zusammenhang mit Grabbauten (s. o.) bekannt, die bereits bewusst als solche verstanden wurden. Besonders markante Beispiele finden sich in Rheinland-Pfalz: Andernach St. Thomas, Newel ›Im Kessel/Köncherwies‹, Polch ›In den Jaichen‹ und Schwirzheim[84]. Vor allem der Befund von Graach-Josephshof (III 19) verdient hier Hervorhebung. Allen gemeinsam ist das Einbringen von Bestattungen noch im spätesten Abschnitt der antiken Siedlungsaktivitäten im mittleren fünften Jahrhundert. Im weiteren regionalen Umfeld der Georgskapelle (Liste IV) gewährt der im Blickfeld einer Plangrabung vollständig erforschte Befund von Wachenheim an der Weinstraße (IV 52) einen zuvor noch nie für möglich gehaltenen Einblick ins zweite und dritte Viertel des fünften Jahrhunderts in Form eines Bestattungsplatzes und durch Grubenhäuser im Gebäudebereich einer Villa. Nur der Vollständigkeit halber – wegen des zeitlichen Zusammenhangs und in Hinblick auf den übergeordneten Rahmen des Themenfeldes der Kontinuität – ist oben schon auf den Befund von Worms-Leiselheim hingewiesen. Er gehört streng genommen nicht hierher, da es dort um eine früh- bis ältermerowingischen Belegung in einer spätrömischen Gutshofnekropole ohne Zusammenhang mit Baubefunden geht[85]. Die im Rahmen einer äußerst unvollständigen Ausgrabung zufällig soweit erfassten Gräber von Alzey - St. Johann (IV 1) reichen immerhin bis ins frühere sechste Jahrhundert (AM II früh) zurück. Im Elsass hat anscheinend gar das bekannte völkerwanderungszeitliche Einzelgrab von Hochfelden (V 10) einen solchen Hintergrund[86]. Einen für das Gebiet östlich des Rheins und nördlich der Donau einzigartigen Ausnahmefall bildet das in einen Gebäudetrakt der römischen Villa von Bondorf eingebrachte Frauengrab der späten Kaiserzeit (VIII 12)[87].

Dr. Ronald Knöchlein, Am Wasserwerk 22, 55120 Mainz

---

[83] VI 48 (wiederbenutzter Grabbau der mittleren Kaiserzeit), VI 64, VI 77, VI 120, VI 156.
[84] III 2, III 59, III 71, III 78.
[85] Vgl. Anm. 35.
[86] Spätrömisch insgesamt: II 16. – III 2, III 19, III 59, III 64, III 71, III 78, III 86(?), III 89. – IV 52. – V 10. – IX 33.
[87] Vgl. den oben angedeuteten skizzierten Hinweis zum Thema Kulturtransfer ins Barbaricum und Anm. 70.

Bildrechte. Abb. 1 Verfasser. – Abb. 2 Kartenaufnahme der Rheinlande durch Tranchot und v. Müffling Blatt 110 (rrh) Ober-Ingelheim. Edition: Hessisches Landesvermessungsamt, 1979. Gegenüber dem Original auf M. 1:25000 verkleinert; mit Ergänzungen des Verfassers. – Abb. 3 Grundlage Deutsche Grundkarte 1:5000 Blatt Heidesheim mit Ergänzungen des Verfassers. – Abb. 4–11 Archäologische Denkmalpflege Mainz und Verfasser. – Abb. 12 Grundlage Rahmenkarte 1:1000 Blatt 45.2035D mit Ergänzungen des Verfassers. – Abb. 13 Archäologische Denkmalpflege Mainz.

Abkürzungen

Zu Abkürzungen bei der Fundansprache siehe den Bericht des Rheinischen Amtes für Bodendenkmalpflege in diesem Band.

Ausst. Severin	Severin. Zwischen Römerzeit und Völkerwanderung. Ausstellungskat. Enns (Linz 1982).
Back, Grabfunde	U. Back, Frühmittelalterliche Grabfunde beiderseits der unteren Mosel. BAR Int. Ser. 532 (Oxford 1989).
Behrens, Katalog Bingen	G. Behrens, Bingen. Städtische Altertumssammlung. Kat. west- u. süddtsch. Altertumsslg. IV (Frankfurt a. M. 1920).
Bernhard, Burgi	H. Bernhard, Die spätrömischen Burgi von Bad Dürkheim-Ungstein und Eisenberg. Eine Untersuchung zum spätantiken Siedlungswesen in ausgewählten Teilgebieten der Pfalz. Saalburg-Jahrb. 37, 1981, 23 ff.
Bernhard, Terra Nigra	H. Bernhard, Studien zur spätrömischen Terra Nigra zwischen Rhein, Main und Neckar. Saalburg-Jahrb. 40/41, 1984/85, 34 ff.
Binding, Ausgrabungen	G. Binding, Bericht über Ausgrabungen in niederrheinischen Kirchen II. In: Beiträge zur Archäologie des Mittelalters II. Rheinische Ausgr. 9 (Düsseldorf 1971).
Böhme, Adelsgräber	H. W. Böhme, Adelsgräber im Frankenreich. Archäologische Zeugnisse zur Herausbildung einer Herrenschicht unter den merowingischen Königen. Jahrb. RGZM 40, 1993, 397 ff.
Böhner, Trierer Land I. II	K. Böhner, Die fränkischen Altertümer des Trierer Landes. 1. Teil. Textband (I), 2. Teil. Katalog, Tafeln und 3 Karten (II). Germ. Denkmäler Völkerwanderungszeit B 1 (Berlin 1958) Bde. I und II.
Chenet	G. Chenet, La cèramique gallo-romaine d'Argonne du IVe siècle et la terre sigillée décorée a la molette. Fouilles et documents d'archéologie antique en France I (Macon 1941).
Christlein, Alamannen	R. Christlein, Die Alamannen. Archäologie eines lebendigen Volkes (Stuttgart 1979).
Dahmlos, Hessen	U. Dahmlos, Archäologische Funde des 4. bis 9. Jahrhunderts in Hessen (Marburg 1979).
Damminger, Kraichgau	F. Damminger, Die Merowingerzeit im südlichen Kraichgau und in den angrenzenden Landschaften. Material. Arch. Baden-Württemberg 61 (Stuttgart 2002).
Dannheimer, Mittelfranken	H. Dannheimer, Die germanischen Funde der späten Kaiserzeit und des frühen Mittelalters in Mittelfranken. Germ. Denkmäler Völkerwanderungszeit A 7 (Berlin 1962).
Dannheimer/Torbrügge, Ebersberg	H. Dannheimer / W. Torbrügge, Vor- und Frühgeschichte im Landkreis Ebersberg. Kat. Prähist. Staatsslg. 4 (Kallmünz/Opf. 1961)
Eismann, Kirchen	St. Eismann, Frühe Kirchen über römischen Grundmauern. Freiburger Beitr. zur Arch. u. Gesch. des ersten Jt. 8 (Rahden/Westfalen 2004).
Festschrift Heidesheim	Festschrift zur 1200-Jahr-Feier von Heidesheim (Gau-Algesheim 1962).

Festschrift Martin	Hüben und Drüben. Räume und Grenzen in der Archäologie des Frühmittelalters. Festschrift Max Martin zu seinem fünfundsechzigsten Geburtstag. In: Archäologie und Museum. Ber. aus Arch. u. Mus. Baselland 48 (Liestal 2004).
Festschrift Nuber	G. Seitz (Hrsg.), Im Dienste Roms. Festschr. Hans Ulrich Nuber (Remshalden 2006).
Fischer, Staubing	Th. Fischer, Das bajuwarische Reihengräberfeld von Staubing. Kat. Prähist. Staatsslg. 26 (Kallmünz/Opf. 1993).
Fischer, Regensburg	Th. Fischer, Das Umland des römischen Regensburg. Münchner Beitr. Vor- u. Frühgesch. 42 (München 1990)
Flotté/Fuchs, Bas-Rhin	P. Flotté / M. Fuchs, Le Bas-Rhin. Carte archéologique de la Gaule 67/1 (Paris 2000).
FMRD	M. R.-Alföldi (Hrsg.), Die Fundmünzen der römischen Zeit in Deutschland.
Garscha, Südbaden	F. Garscha, Die Alamannen in Südbaden. Germ. Denkmäler Völkerwanderungszeit A 11 (Berlin 1970).
Gilles, Höhensiedlungen	K.-J. Gilles, Spätrömische Höhensiedlungen in Eifel und Hunsrück. Trierer Zeitschr. Beih. 7 (Trier 1985).
Gschwind, Abusina	M. Gschwind, Abusina. Münchner Beitr. Vor- u. Frühgesch. 53 (München 2004).
Haupt/Jung, Alzey	P. Haupt / P. Jung (Hrsg.), Alzey und Umgebung in römischer Zeit. In: E. Heller-Karneth u. a. (Hrsg.), Alzey. Geschichte der Stadt III. Alzeyer Geschbl. Sonderh. 20 (Alzey 2006).
Hüssen, Heilbronn	C.-M. Hüssen, Die römische Besiedlung im Umland von Heilbronn. Forsch. u. Ber. Arch. Baden-Württemberg 78 (Stuttgart 2000).
Hussong/Cüppers, Kaiserthermen	L. Hussong / H. Cüppers, Die Trierer Kaiserthermen. Die spät-spätrömische und frühmittelalterliche Keramik. Trierer Grabungen und Forschungen I 2 (Mainz 1972).
Hunold, Alzey	A. Hunold, Der römische vicus von Alzey. Arch. Schr. Institut Vor- u. Frühgesch. Univ. Mainz 5 (Mainz 1997).
Ita, Kirche	B. Ita, Kirche, Antiker Bau und frühmittelalterliche Kirche. Geist und Werk der Zeiten 6 (Zürich 1961).
Janssen, Wüstungsfrage I. II	W. Janssen, Studien zur Wüstungsfrage im fränkischen Altsiedelland zwischen Rhein, Mosel und Eifelnordrand. Beih. Bonner Jahrb. 35 (Köln 1975).
Kleemann, Ahrweiler	O. Kleemann, Vor- und Frühgeschichte des Kreises Ahrweiler (Bonn 1971).
Knöchlein, Aspisheim	R. Knöchlein, Zur Frühgeschichte von Aspisheim, Kr. Mainz-Bingen. Mainzer Arch. Zeitschr. 4, 1997, 187 ff.
Knöchlein, Georgskapelle	R. Knöchlein, Die Georgskapelle bei Heidesheim, Kr. Mainz-Bingen – ein Situationstyp? In: Festschrift Martin 141 ff.
Knöchlein, Mainz	R. Knöchlein, Mainz. Zwischen Römern und Bonifatius. Arch. Ortsbetrachtungen 2 (Mainz 2003).
Koch, Main-Tauber-Gebiet	R. Koch, Bodenfunde der Völkerwanderungszeit im Main-Tauber-Gebiet. Germ. Denkmäler Völkerwanderungszeit A 8 (Berlin 1967).

Koch, Regensburg	U. Koch, Die Grabfunde der Merowingerzeit aus dem Donautal um Regensburg. Germ. Denkmäler Völkerwanderungszeit A 10 (Berlin 1968).
Krebs, Heidesheimer Kirchen	E. Krebs, Beiträge zur Geschichte der Heidesheimer Kirchen und Kapellen und ihrer Pfarrer. Nachrichtenblätter der Gemeinden Heidesheim und Wackernheim (o. O. 1934).
Krienke, Mainz-Bingen	D. Krienke, Kreis Mainz-Bingen. Denkmaltopographie Bundesrepublik Deutschland. Kulturdenkmäler in Rheinland-Pfalz Band 18.1 (Worms 2007).
Kuhnen, Hunsrück und Eifel	H.-P. Kuhnen (Hrsg.), Archäologie zwischen Hunsrück und Eifel. Führer zu den Ausgrabungsstätten des Rheinischen Landesmuseums Trier (Trier 1999).
Maisant, Saarlouis	H. Maisant, Der Kreis Saarlouis in vor- und frühgeschichtlicher Zeit. Saarbrücker Beitr. Altertumskunde 9 (Bonn 1971).
Marti, Siedlungsgeschichte	R. Marti, Zwischen Römerzeit und Mittelalter. Forschungen zur frühmittelalterlichen Siedlungsgeschichte der Nordwestschweiz (4.–10. Jahrhundert). Arch. u. Mus. 41 (Liestal/Schweiz 2000).
Martin, Besiedlung	M. Martin, Die alten Kastellstädte und die germanische Besiedlung. In: Ur- u. frühgesch. Arch. Schweiz 6 (Basel 1979) 97 ff.
Möller, Starkenburg	J. Möller, Katalog der Grabfunde aus Völkerwanderungs- und Merowingerzeit im südmainischen Hessen (Starkenburg). Germ. Denkmäler Völkerwanderungszeit B 11 (Stuttgart 1987).
Moosbauer, Besiedlung	G. Moosbauer, Die ländliche Besiedlung im östlichen Raetien während der römischen Kaiserzeit. Passauer Univ.schr. Arch. 4 (Espelkamp 1997).
Müller-Wille/Oldenstein, Mainz	M. Müller-Wille/J. Oldenstein, Die ländliche Besiedlung des Umlandes von Mainz in spätrömischer und frühmittelalterlicher Zeit. Ber. RGK 62, 1981, 261 ff.
Neuffer-Müller/Ament, Rübenach	Chr. Neuffer-Müller / H. Ament, Das fränkische Gräberfeld von Rübenach. Germ. Denkmäler Völkerwanderungszeit B 7 (Berlin 1973).
Neumayer, Mittelrheingebiet	H. Neumayer, Merowingerzeitliche Grabfunde des Mittelrheingebietes zwischen Nahe- und Moselmündung. Arch. Schr. Institut für Vor- u. Frühgesch. Univ. Mainz (Mainz 1993).
Niederbieber	F. Oelmann, Die Keramik des Kastells Niederbieber. Mat. röm.-germ. Keramik 1 (Frankfurt am Main 1914).
Oberrhein und Enns	L. Wamser / B. Steidl (Hrsg.), Neue Forschungen zur römischen Besiedlung zwischen Oberrhein und Enns. Koll. Rosenheim 2000. Schr.reihe d. Arch. Staatsslg. 3 (Remshalden Grunbach 2002).
Oldenstein, Alzey	J. Oldenstein, Neue Forschungen im spätrömischen Kastell von Alzey. Vorbericht über die Ausgrabungen 1981–1985. Ber. RGK 67, 1986, 289 ff.
ORL	E. Fabricius / F. Hettner / O. v. Sarwey (Hrsg.), Der obergermanisch-raetische Limes des Römerreiches (Berlin 1894–1937).

Overbeck, Alpenrheintal	B. Overbeck, Geschichte des Alpenrheintals in römischer Zeit. Münchner Beitr. Vor- u. Frühgesch. 20 (München 1982).
Paret, Württemberg	F. Hertlein / O. Paret / P. Goeßler, Die Römer in Württemberg III (Stuttgart 1932).
Pfahl, Besiedlung	St. Fr. Pfahl, Die römische und frühalamannische Besiedlung zwischen Donau, Brenz und Nau. Materialh. Arch. Baden-Württemberg 48 (Stuttgart 1999).
Planck, Römerstätten	D. Planck (Hrsg.), Die Römer in Baden-Württemberg. Römerstätten und Museen von Aalen bis Zwiefalten (Stuttgart 2005).
Plum, Aachen-Düren	R. M. Plum, Die merowingerzeitliche Besiedlung in Stadt und Kreis Aachen sowie im Kreis Düren. Rheinische Ausgr. 49 (Mainz 2003).
Poittner, Wüstungen	B. Poittner, Wüstungen im Kreis Bad Kreuznach (Bad Kreuznach 1972).
Polenz, Pfalz	H. Polenz, Katalog der merowingerzeitlichen Funde in der Pfalz. Germ. Denkmäler Völkerwanderungszeit B 12 (Stuttgart 1988).
Ristow, Christentum	S. Ristow, Frühes Christentum im Rheinland (Köln und Münster 2007).
R'Bayern	W. Czysz u. a. (Hrsg.), Die Römer in Bayern (Stuttgart 1995).
R'BW	Ph. Filtzinger / D. Planck / B. Cämmerer, Die Römer in Baden-Württemberg (Stuttgart, Aalen 1986).
R'Hessen	D. Baatz / F.-R. Herrmann (Hrsg.), Die Römer in Hessen (Stuttgart 1982).
R'RhPf	H. Cüppers (Hrsg.), Die Römer in Rheinland-Pfalz (Stuttgart 1990).
R'Schweiz	W. Drack / R. Fellmann, Die Römer in der Schweiz (Jona SG, Stuttgart 1988).
Redknap, Mayen	M. Redknap, Die römischen und mittelalterlichen Töpfereien in Mayen. Ber. Arch. Mittelrhein und Mosel 6. Trierer Zeitschr. Beih. 24 (Trier 1999) 11 ff.
Roth-Rubi, Gebrauchskeramik	K. Roth-Rubi, Die scheibengedrehte Gebrauchskeramik vom Runden Berg. Der Runde Berg bei Urach 9 (Sigmaringen 1991).
Schenk, Speyer	H. Schenk, Die Keramik der früh- bis hochmittelalterlichen Siedlung Speyer ›Im Vogelgesang‹. Arch. Forsch. in der Pfalz 1 (Neustadt a. d. W. 1998).
Schneider-Schnekenburger, Churrätien	G. Schneider-Schnekenburger, Churrätien im Frühmittelalter. Münchner Beitr. Vor- u. Frühgesch. 26 (München 1980) 17 ff.
Staab, Mittelrhein	F. Staab, Untersuchungen zur Gesellschaft am Mittelrhein in der Karolingerzeit. Geschichtliche Landeskunde 11 (Wiesbaden 1975).
Staab, Sandhof	F. Staab, Die Gründung der zisterziensischen Grangie Sandhof bei Heidesheim. Heimatjahrb. Lkr. Mainz-Bingen 39, 1995, 58 ff.
Stamm, Frankfurt	O. Stamm, Spätrömische und frühmittelalterliche Keramik der Altstadt Frankfurt am Main. Schr. d. Frankfurter Mus. f. Vor- und Frühgesch. 1 (Frankfurt am Main 1962).

Steidl, Wetterau	B. Steidl, Die Wetterau vom 3. bis 5. Jahrhundert n. Chr. Mat. Vor- u. Frühgesch. Hessen 22 (Wiesbaden 2000).
Steinhausen, Ortskunde	J. Steinhausen, Ortskunde Trier-Mettendorf. Geschichtl. Atlas d. Rheinprovinz I 1 (Bonn 1932).
Stribrny, Römer	K. Stribrny, Römer rechts des Rheins nach 260 n. Chr. Ber. RGK 70, 1989, 351 ff.
Trier, Lechtal	M. Trier, Die frühmittelalterliche Besiedlung des unteren und mittleren Lechtals nach archäologischen Quellen. Materialh. Bayer. Vorgesch. A 84 (Kallmünz/Opf. 2002).
Trumm, Hochrhein	J. Trumm, Die römerzeitliche Besiedlung am östlichen Hochrhein. Materialh. Arch. Baden-Württemberg 63 (Stuttgart 2002).
Uenze, Schwabmünchen	H. P. Uenze, Vor- und Frühgeschichte im Landkreis Schwabmünchen. Kat. Prähist. Staatsslg. 14 (Kallmünz/Opf. 1971).
Veeck, Alamannen	W. Veeck, Die Alamannen in Württemberg. Germ. Denkmäler Völkerwanderungszeit 1 (Berlin und Leipzig 1931).
Vorromanische Kirchenbauten I	F. Oswald / L. Schaefer / H. R. Sennhauser, Vorromanische Kirchenbauten (München 1966).
Vorromanische Kirchenbauten II	W. Jacobsen / L. Schaefer / H. R. Sennhauser, Vorromanische Kirchenbauten. Nachtragsband (München 1991).
Witteyer, Besiedlung	M. Witteyer, Untersuchungen zur römischen Besiedlung zwischen Soonwald und Unterer Nahe. Unveröffentlichtes Dissertationsmanuskript (München 1989). Fundstellenkatalog. – Tafelband: Mainzer Arch. Schr. 4 (Mainz 2005), Textband im Druck.
Zehner, Haut-Rhin	M. Zehner, Haut-Rhin. Carte archéologique de la Gaule 68 (Paris 1998).

Ergebnis. Rund zehn Kilometer westlich von Mainz liegt in der Rheinebene die Kapelle St. Georg abseits heutiger Besiedlung in der Gemarkung Heidesheim. Ihre Architektur ist eng verzahnt mit dem Hauptgebäude einer römischen Villa. Die antike Besiedlung erstreckte sich bis ins frühere fünfte Jahrhundert. Erst seit der zweiten Hälfte des sechsten Jahrhunderts ist es dort wieder zu Aktivitäten gekommen. Anhand des Forschungsstandes ist eine Siedlungskontinuität nicht auszuschließen, sie ist jedoch vor dem regionalen Hintergrund unwahrscheinlich. – Dieser Befund bildet den Ausgangspunkt zur Diskussion um den siedlungsgeschichtlichen Übergang von der römischen zur nachantiken Epoche an der Nordwestflanke des Imperiums, wobei im Mittelpunkt ländliche Provinzialgebiete mit Vorbesiedlung auf der Grundlage antiker Villen stehen. Die Verknüpfungen reichen von nachrömischen Siedlungsfunden und -befunden am Ort römischer Villen über Bestattungen in antiken Ruinen bis hin zu komplexen Befunden in der Art der Georgskapelle und weiterbelegten Gräberfeldern. Phänomene dieser Art begegnen besonders gehäuft dort, wo auch nach anderen archäologischen und historischen Kriterien eine vielfältige Kontinuität aus der Antike heraus belegt ist (Saar-Mosel-Raum, Westschweiz). Die beschriebenen Situationen geben Aufschluss über die Art des Übergangs zum Frühmittelalter und sind regional unterschiedlich – mit entsprechend anderen Ergebnissen für die Gebiete weiter östlich dicht am Rhein (Niederrhein, Mittelrhein, Rheinhessen, Pfalz, Elsass), in der Nordostschweiz und in Südbayern.

Summary. The St George's chapel near Heidesheim is situated far from current settlements, in the Rhine basin about ten kilometres to the west of Mayence. Its architecture is closely interlocked with the main building of a Roman villa. The settlement history of the site can be traced back to the early fifth century. Only from the second half of the sixth century onward we encounter further activity there. We cannot rule out continuous settling from Roman times to Early Medieval, but the regional background of that age makes it unlikely. – This position provides the starting point for a discussion of the transition in settlement history from the Roman to the post-Classical period in the North-Western reaches of the Empire, focussed on rural provincial regions with previous habitats based on Classical villas. Connections range from post-Roman settlement finds and results at the sites of Roman villas to burials in ancient ruins and such complex cases like the St George's chapel as well as reused burial sites. Considering other archaeological and historical criteria, such phenomena are found in a higher concentration in places where a multi-faceted continuity originating in Classical antiquity is encountered (Saar-Moselle-area, Western Switzerland). These situations allow us to draw conclusions about the nature of the transition to the Early Middle Ages, and they differ regionally – thus presenting different results for areas further to the east and close to the river Rhine (Lower Rhine, Middle Rhine, Rhine-Hesse, Palatinate, Alsace), as well as in North-Eastern Switzerland and Southern Bavaria.

Résumé. Environ dix kilomètres à l'ouest de Mayence dans la plaine du Rhin à l'écart du terrain ou s'élevant actuellement les bâtiments du village de Heidesheim vous trouvez la chapelle Saint-George, engrené dans pars urbana d'une villa romaine. La colonisation antique s'étendait jusqu'aux premières années du cinquième siècle. Ce n'était qu'à partir de la deuxième moitié du sixième siècle qu'il y avait de nouveau des activités pareilles. D'après l'état des recherches une continuité de colonisation ne paraît pas impossible, mais au fond invraisemblable, regardant la situation régionale. C'est leur résultat, qui forme le point de départ pour la discussion sur la transition du temps romain au temps postromain dans le terrain provincial au flanc du nord-ouest de l'empire. Il y a des jonctions topographiques entre les objets trouvés postromains et ceux aux quartiers de villas romaines, ceux des inhumations dans des ruines romaines jusqu'aux résultats complexes à la manière de la chapelle Saint-George et cimetières avec utilisation continue. Ils se montrent fréquemment dans les régions rurales de colonisation pour lesquelles une continuité variée déjà du temps de l'Antiquité est reconnue depuis longtemps (région Sarre-Moselle, Suisse d'Ouest). A cause de ces relations les situations enregistrées sont le critère supplémentaire pour la qualité régionale respective à la transition de l'Antiquité tardive à Haut Moyen Âge dans la région de colonisation sur la base de villas antique. Des régions près du Rhin plus à l'est (Bas-Rhin, Rhin moyen, Hesse Rhénane, Palatinat, Alsace), la Suisse du nord-est et la Bavière méridionale montrent d'autres résultats.

Raymund Gottschalk

Zur spätrömischen Grabkultur im Kölner Umland

Zwei Bestattungsareale in Hürth-Hermülheim

Erster Teil. Die Gräber und ihre Befunde

Spätantike Gräberfelder des Rheinlandes sind nicht nur wegen der Vielzahl und Qualität ihrer Beigaben außerordentlich wichtige archäologische Quellen. Ihre Entwicklungsgeschichte erlaubt Schlüsse auf die Genese von Siedlungsgemeinschaften, und ihre zeitliche Einordnung ist die Grundlage für weiterführende historische Fragestellungen. In der Ausstattung und Gestaltung der Gräber können darüber hinaus soziale Eigenheiten, regionale Verbindungen und ethnische Zusammenhänge deutlich werden.

Ein solcher Bestattungsplatz wurde 1987 beim Bau eines Parkplatzes in Hürth-Hermülheim entdeckt (Abb. 1). Der Fund eines Steinsarkophages führte hier zu einer Ausgrabung, bei der das Rheinische Amt für Bodendenkmalpflege unter Leitung von Paul Wagner am Schnittpunkt der Kölnstraße und der Straße Am alten Bahnhof einen Ausschnitt des Gräberfeldes freilegen konnte. Insgesamt wurden sechzehn Bestattungen – darunter vierzehn komplett dokumentierte Körpergräber und eine Aschenkiste – sowie eine römische Grube gefunden. Von einer letzten Bestattung am östlichen Rand der beobachteten Fläche wurde nur ein Teil geborgen, wahrscheinlich der Inhalt einer Beigabennische; der unter den Versorgungsleitungen der Kölnstraße liegende Rest war der Untersuchung nicht zugänglich[1].

Unweit dieser Grabungsfläche begannen im Herbst 2004 westlich der Straße Am alten Bahnhof Bauarbeiten zur Errichtung von Mehrfamilienhäusern. Hier dokumentierte und barg das Amt bei teils schlechten Witterungsbedingungen bis zum Februar 2005 ein weiteres Areal mit

Der zweite Teil dieses Beitrages mit dem Titel »Die Funde und ihre Deutung« soll im nächsten Band der Bonner Jahrbücher vorgelegt werde, wo auch das Resümee und die Auflösungen zu den in der Forschung geläufigen Formbezeichnungen ihren Ort haben. – Für Unterstützung danke ich vor allem Prof. Dr. Jürgen Kunow, Paul Wagner M.A., Petra Tutlies M.A., Karin Drechsel, Abdolreza Shariar Mousavian (Rheinisches Amt für Bodendenkmalpflege); Dr. Ursula Heimberg, Dr. Anna-Barbara Follmann-Schulz, Ulrike Komainda, Christiane Dirsch, Sigrun Wischhusen, Holger Becker, Dr. Olaf Dräger (Rheinisches Landesmuseum Bonn); Dr. Manfred Faust (Stadtarchiv Hürth). Ein besonderer Dank gilt den eingangs genannten Institutionen, die das hier vorgelegte Forschungsprojekt ebenso wie die Stadt Hürth, die Raiffeisenbank Hürth und der Heimat- und Kulturverein Hürth unterstützt haben. – Alle Umzeichnungen der Fundobjekte sind, soweit nicht anders angegeben, im Maßstab 1:3 abgebildet. Für die Befundzeichnungen gilt dasselbe bezüglich des Standardmaßstabes von 1:25. – Datierungen beziehen sich auf die nachchristlichen Jahrhunderte, sofern nichts anderes angegeben ist.

[1] P. Wagner, Arch. Rheinland 1987, 91 f.; J. Wentscher / J. Schleifring, Rhein. Landesmus. Bonn 3/1988, 1–5.

wenigstens sechsundzwanzig Bestattungen, darunter vierundzwanzig Körpergräber und zwei Aschenkisten. Auch von hier sind nicht alle Gräber vollständig bekannt, allein aus Streufunden lassen sich wohl vier weitere Grabbefunde erschließen.

Südlich der Ausgrabungsfläche von 2004 und 2005 fand im Mai und Juni 2008 in Vorbereitung der weiteren Bebauung noch eine Untersuchung des Amtes für Bodendenkmalpflege unter der Leitung von Petra Tutlies statt. In diesem Bereich war der Boden jedoch weiträumig durch moderne Bebauung gestört. Suchschnitte in ungestörten Teilen erbrachten keine gesicherten römischen Grab- oder Siedlungsbefunde.

Nachdem die Restaurierung der Funde sowie die anthropologischen Untersuchungen der Ausgrabungen von 1987 abgeschlossen waren, habe ich das Material im Rahmen meiner Bonner Magisterarbeit 1994 ausgewertet[2]. Dank des Entgegenkommens des Rheinischen Amtes für Bodendenkmalpflege und des Rheinischen Landesmuseums Bonn sowie der Unterstützung durch Sponsoren aus Hürth konnte ich inzwischen den 2004 und 2005 geborgenen Teil des Gräberfeldes ebenfalls aufarbeiten.

Die Vorlage des Fundortes trägt dazu bei, eine Lücke in der Erforschung von spätrömischen Grabfunden des Rheinlandes zu schließen. Zusammen mit dem Bestattungsplatz der Siedlung Hambach 132 und der noch unveröffentlichten Nekropole von Eschweiler-Lohn (Weisweiler 39) ist Hürth-Hermülheim eines der wenigen spätantiken Gräberfelder einer ländlichen Siedlung aus dem Umland von Köln mit dreißig oder mehr Grablegungen. Die verhältnismäßig große Zahl der meist gut ausgestatteten Gräber bietet einen differenzierten Einblick in Bestattungs- und Beigabensitten und damit eine Grundlage für weiterführende Überlegungen zur Chronologie und zum kulturellen Hintergrund.

Die Lage

Die Fundstelle liegt etwa siebeneinhalb Kilometer südwestlich vom ummauerten Stadtkern des antiken Köln. Die römische Straße von dort nach Trier, die heutige Luxemburger Straße, verläuft ungefähr zweihundertzwanzig Meter weiter östlich (Abb. 1).

Eine Trümmerstelle oder Baubefunde wie Mauern oder Fundamente der zugehörigen Siedlung sind bislang nicht nachgewiesen. Als Streufunde der Grabung von 2004 und 2005 wurden jedoch größere Fragmente von Wandputzhalterziegeln geborgen, die teilweise noch Reste des roten Verputzes tragen[3]. Es dürfte sich um Bauschutt aus dieser Siedlung handeln. Auch weisen Gruben im Bereich des Gräberfeldes und der Kleinschlag von römischen Gefäßen und Ziegeln in den Gräbern wohl auf die Nähe einer Villa hin.

Ein Strang der Eifelwasserleitung nach Köln läuft knapp dreihundert Meter westlich an der Fundstelle vorbei[4]. Ob sie innerhalb des von diesem Gehöft bewirtschafteten Bereiches lag, ist nicht zu klären.

---

[2] Das römerzeitliche Gräberfeld von Hürth-Hermülheim (Erftkreis), mit einem anthropologischen Gutachten von Petra Konieczka und Manfred Kunter; Die römerzeitlichen Gräber von Hürth-Hermülheim (Erftkreis). – Darauf aufbauend Hürther Heimat 74, 1995, 1–17; Rhein. Landesmus. Bonn 2/1996, 37–40; Arch. Korrbl. 26, 1996, 483–500; Gottschalk, Einordnung 81–91.

[3] R. Gottschalk, Hürther Heimat 86, 2007, 9 mit Abb. 8.

[4] Zum Verlauf der Wasserleitung im Bereich Hürth-Hermülheim vgl. K. Grewe, Atlas der römischen Wasserleitungen nach Köln. Rhein. Ausgrabungen 26 (Köln 1986) 171 Kartenblatt 55.

[5] Teilweise gestört wurden die Gräber 21 und 22. – Die Verlegung von Versorgungsleitungen auf der Straße Am Alten Bahnhof, die zwischen den beiden Gräberfeldbereichen verläuft, wurde vom RAB beobachtet. Der Boden war dort jedoch nach Mitteilung von Paul Wagner durch einen alten Gleiskörper tiefgründig gestört.

[6] Beispiele für Villen mit mehreren Gräberfeldern oder Gräbergruppen bei Gaitzsch, Grundformen 414–417 Abb. 6; F. Fremersdorf, Der römische Gutshof von Köln-Müngersdorf. Röm.-Germ. Forsch. 6 (Berlin und Leipzig 1933) bes. Taf. 3 mit Lage von Brandgräberfeld und Sarkophagen; O. Doppelfeld, Kölner Jahrb. Vor- u. Frühgesch. 5, 1960/61, 7 mit Gesamtplan; M. Gechter, Jahrb. Rhein-Sieg-Kreis 1987, 39–46.

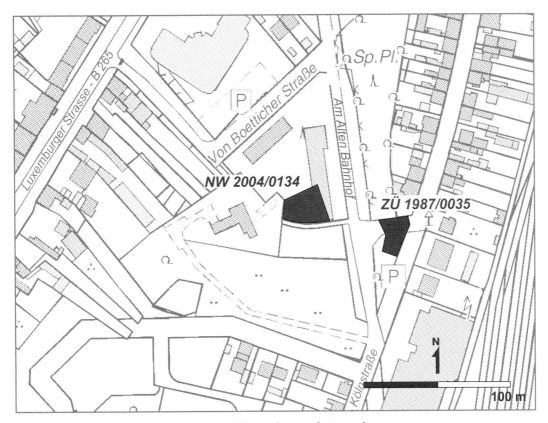

1   Hürth-Hermühlheim, die Lage der Ausgrabungen.

Die beiden Areale (Abb. 2) sind wahrscheinlich nicht Teile einer einzigen, großen, geschlossenen Nekropole, sondern gehören zu zwei separaten Gräberfeldern. Im 1987 ausgegrabenen Bereich reichen die Gräber im Westen, also in Richtung auf das Areal der Ausgrabungen von 2004 und 2005 hin, nicht ganz bis an die Grabungsgrenze. Dagegen ist hier im Nordosten und Osten, wo an der Grenze der Ausgrabung die Belegung relativ dicht ist und mit Grab 17 ein Befund nicht vollständig geborgen werden konnte, mit einer Fortsetzung des Gräberfeldes zu rechnen. Innerhalb der Bauausschachtung des Areals von 2004 und 2005 reichte die Belegung nicht bis zur zwischen den Bestattungsplätzen liegenden modernen Straße. Im Norden und im Osten wurde die Grenze des Gräberfeldes also offenbar erreicht, während im südöstlichen Teil wenigstens zwei Bestattungen teilweise vom Bagger zerstört wurden[5]. Von dort sowie aus dem südwestlichen Nekropolenteil liegen einige Streufunde vor, in den beiden Bereichen befanden sich offenbar die zerstörten Gräber A bis D. Die Nutzungsgrenzen sind in diesen Bereichen unklar.

Zwischen den beiden Bestattungsplätzen befindet sich demnach eine belegungsfreie Zone. Eine vergleichbare Situation von Villen mit mehreren Gräberfeldern unterschiedlicher Größe wurde im Umland Kölns mehrfach beobachtet[6]. Die Fundstelle Hürth-Hermülheim ist offenbar ein weiteres Beispiel für dieses bekannte Phänomen.

Die Topographie der beiden Nekropolenteile unterscheidet sich deutlich. Im Ausgrabungsbereich von 1987 sind die Längsachsen der meisten Gräber nordsüdlich bis nordwest-südöstlich orientiert, die Skelette können nach Norden wie auch nach Süden weisen. Von dieser Ausrichtung weichen Grab 1 mit dem Sarkophag und Grab 11 ab. Die Belegung ist im südöstlichen Bereich der Grabungsfläche relativ dicht. Im Norden liegt Grab 16 dagegen mehrere Meter von den anderen Bestattungen entfernt. Die Struktur wirkt dadurch insgesamt relativ unregelmäßig.

2 Die beiden Ausgrabungsareale. Maßstab 1:400.

Im Vergleich dazu fallen im Ausgrabungsareal von 2004 und 2005 zwei unterschiedliche Ausrichtungen der Gräber auf. Dort sind im nordwestlichen Bereich die Längsachsen mit Ausnahme von Grab 42 nordost-südwestlich gerichtet. Im südöstlichen Teil der Grabungsfläche herrscht dagegen mit Ausnahme des südwest-nordöstlich gerichteten Grabes 22 die Ausrichtung südost-nordwestlich mit Kopf im Süden vor. Die bei der Anlage von Gräberfeldern anderer Siedlungen des Rheinlandes wirksamen Prinzipien bieten einen Schlüssel zum Verständnis der Topographie.

Die Längsachsen der Gräber können wie bei der Villa Hambach 132 an einem Umfassungsgraben des Grundstücks oder wie beim Bestattungsplatz Weisweiler 39 an einem zu rekonstruierenden Weg ausgerichtet sein, wobei sich beides nicht ausschließt[7]. Ein vergleichbares Prinzip liegt offenbar auch bei den Ausgrabungen von 2004 und 2005 von Hürth-Hermülheim vor. Hier lassen sich die südlichen Enden (Kopfenden) der Gräber 42, 26 und 28 mit den Längsachsen der Gräber 39, 25 und 29 zu einer Reihe verbinden. Südlich davon sind die beiden Aschenkisten des dritten Jahrhunderts (Gräber 18 und 19), das beigabenlose Grab 34 (Fußende) und das um die Mitte des vierten Jahrhunderts entstandene Grab 24 aufgereiht (Abb. 2). Der dazwischen liegende Freiraum dürfte ebenfalls auf einen ehemaligen Weg oder eine Begrenzung hindeuten[8].

Die rechtwinklig dazu angelegten Grabreihen mit südost-nordwestlicher Ausrichtung sind analog dazu wahrscheinlich mit Bezug auf eine weitere Struktur wie einen anderen Weg oder Graben angelegt worden. Der Versuch, Teile der Innengliederung des Siedlungsgeländes wie Wege oder Grundstücksgrenzen nach den Grabausrichtungen des Gräberfeldausschnittes von 2004 und 2005 zu rekonstruieren führte zu der Beobachtung, dass die Achse der längsten Grabreihe im Areal von 1987 ungefähr rechtwinklig auf die Flucht der rekonstruierten Grundstücksaufteilung trifft. Dies deutet darauf hin, dass beide Nekropolen auf ein zusammenhängendes System von Wegen, Begrenzungen oder Parzellierungen der noch unbekannten Villa bezogen sind. Ähnlich wie bei Villen im Hambacher Forst war dieses Gliederungssystem nicht auf die Orientierung der römischen Hauptstraße hin ausgerichtet[9].

Die Formen der Gräber

Brandbestattungen. Bei Grab 4 aus dem Grabungsareal von 1987 handelt es sich um eine Tuffsteinkiste aus dem dritten Jahrhundert mit der Brandbestattung eines fünfundzwanzig bis dreißig Jahre alten Mannes. Der Leichenbrand war auf mehrere Stellen in der Aschenkiste verteilt. Die Grabgrube war rechteckig und enthielt Aschereste, wohl vom Scheiterhaufen (Abb. 3). Etwas

---

[7] Zu HA 132 vgl. Gaitzsch u. a., Glashütten bes. 184 mit Plan. Die Körpergräber liegen dort parallel zu einem Umfassungsgraben. Von dieser Siedlung sind auch Brandbestattungen des 1. und 2. Jhs. bekannt, die ebenfalls in Reihen angelegt wurden und Gräben und Wege flankieren, vgl. M. Fendt / W. Gaitzsch / M. Haarich, Bonner Jahrb. 197, 1997, 302–304 mit Abb. 26. – Plan des Gräberfeldes WW 39 mit Freifläche innerhalb des Gräberfeldes als Indiz eines ehemaligen Weges vgl. R. Gottschalk, Arch. Nachrbl. 9, 2004, 338–344, bes. 342 mit Abb. 2. Das Gräberfeld wurde während der Ausgrabung einer neolithischen Siedlung entdeckt und ist deswegen vollständig bekannt; auch Teile der zugehörigen Siedlung WW 37 wurden ausgegraben. Zum Gesamtplan vgl. K.-H. Lenz, Siedlungen der römischen Kaiserzeit auf der Aldenhovener Platte. Rhein. Ausgr. 45 (Köln 1999) 203 Abb. 37. Die Längsachse des Gräberfeldes ist danach ungefähr parallel zur Schmalseite von Gebäude 2 ausgerichtet, was für einen Bezug auf das Wege- und Begrenzungssystem des Villenareals sprechen dürfte.

[8] Zur Kartierung mit Rekonstruktion der mutmaßlichen Freifläche vgl. das Kapitel zur Chronologie. An einigen Stellen reichen Verfärbungen aus dem Bereich der Grabgruben unter die Zwischenräume zwischen den Bestattungen. Das bedeutet, dass ein Weg oder eine Begrenzung im Bereich des Gräberfeldes nicht als solide, unveränderliche Struktur verstanden werden muss. Vielmehr mag es sich um einfache Pfade oder schlichte Gräbchen gehandelt haben, die beim Aushub eines Grabes mit aufgegraben und nachher wieder hergestellt werden konnten. So stören in der Siedlung HA 132 spätrömische Gräber einen älteren Graben, s. Gaitzsch u. a., Glashütten 184 Abb. 55. – Allgemein zu Begrenzungen von ländlichen Siedlungen im Rheinland auch Gaitzsch, Grundformen 402 f.; U. Heimberg, Bonner Jahrb. 202/203, 2002/2003, 57–148, bes. 77 ff.

[9] Vgl. Gaitzsch, Grundformen 407–414 zur annähernden SW-NO-Ausrichtung von Villen im Hambacher Forst sowie 426 mit Abb. 23 zum annähernd westöstlichen Verlauf der Straße Köln–Tongeren.

Asche fand sich auch unter der Steinkiste, die demnach erst während oder nach der Verbrennung in die Grube gehievt wurde. Die rechteckige Aschenkiste hat auf der Innenseite des Bodens einen flachen Absatz mit halbrunder Nische, die sich in Fundlage an der Ostseite befand.

Zu den 2004 geborgenen Bestattungen gehören zwei weitere, stark gestörte Aschenkisten. Bei Grab 19 aus der zweiten Hälfte des dritten Jahrhunderts ist nur die Bodenplatte mit Ansätzen der Seitenwände erhalten, bei Grab 18 lediglich die langrechteckige Bodenplatte. Vermutlich sind beide zeitlich nicht allzu weit voneinander entfernt anzusetzen.

3   Die Aschenkiste Grab 4.

Körpergräber. Für die Körperbestattungen wurden unterschiedliche Sargformen verwendet[10]. Die Tote aus Grab 1 wurde in einem glatt abgespitzten, ungefähr drei Tonnen schweren Sarkophag mit walmdachförmigem Deckel bestattet. Beide Teile bestehen aus rötlichem Nideggener Sandstein. Mangels eines geeigneten Wasserweges erfolgte der Transport wahrscheinlich auf der am Fundort vorbeiführende römische Straße, die auch das Abbaugebiet in der Eifel durchquert. Die Grabgrube ist nur wenig größer als der Sarkophag und hat steile Wände. Demnach wurde der Steinsarg mit einer Hebevorrichtung in die Erde gesenkt, wie etwa einem Kran[11].

Der Trog des Tuffsteinsarges von Kindergrab 37 besteht aus einer gut einen Meter langen Spolie, die am südwestlichen Ende durch Steinplatten verschlossen wurde (Abb. 4). Von der ursprünglichen Nutzung des Blocks als Bauglied zeugen ein Klammerloch in einer Ecke und ein Verbindungs- oder Rückloch an einer Längsseite. Der grob gearbeitete Deckel ist relativ flach, hat in der Mitte Längsrippen und wird an einem Ende durch ein Tuffsteinstück ergänzt. Im spätrömischen Rheinland kommen aus Spolien gefer-

[10] Zu einigen Funden aus dem Grabungsabschnitt von 1987 vgl. bereits R. Gottschalk, Instrumentum 20, Dez. 2004, 24–28.

[11] Zu Gesteinsbestimmung, Transport und Hebetechnik des Steinsarges von Grab 1 vgl. R. Gerlach / R. Gottschalk, Arch. Rheinland 1997, 70–73 mit Befundfoto Abb. 51 c sowie Abb. 52–53.

[12] Haberey, Brühl; P. Wagner, Arch. Rheinland 2003, 110–115; Andrikopoulou-Strack / Bauchhenß, Reliefsarkophag.

[13] Möglicherweise war der Sarg von Grab 43 ähnlich konstruiert, da Nägel beidseitig unterhalb der Füße lagen, allerdings ist die Fundlage eines weiteren Nagels unbekannt.

[14] Es handelt sich um die Gräber 3, 5, 6, 14, 24 und 25. Bei Grab 33 ist die Lage der Nägel nicht bekannt.

[15] Zur Rekonstruktion des Sarges mit Satteldach vgl. Gottschalk (Anm. 10) 25 Abb. 2. – Von oben in die Skelette eingedrungene Nägel, vielleicht von Sargdeckeln, fanden sich in St. Severin in Köln, zusammenfassend B. Päffgen in: S. Ristow (Hrsg.), Neue Forschungen zu den Anfängen des Christentums im Rheinland. Jahrb. Ant. u. Christentum Erg. Bd. Kleine R. 2 (Münster 2004) 173–186 bes. 174 f. Abb. 1 (mit älterer Literatur).

[16] Archäobotanisches Gutachten vom 13.11.2006 (für die Funde aus der Ausgrabung von 2004/2005). – Zu weiteren Holzarten von Särgen aus dem Rheinland, die teilweise im Rahmen meiner Dissertation untersucht wurden (darunter auch zu jenen aus der Grabung von 1987 von Hürth-Hermülheim) vgl. bereits RGA XXVI (2004) 483–485 s. v. Sarg und Sarkophag, §14. Holzartenbestimmung von Särgen (U. Tegtmeier / B. Päffgen).

[17] Die Größen der Särge sind unterschiedlich. Dem genannten Überschlagswert kommen etwa die Särge der Gräber 23 und 28 nahe. Für die Höhe des Sarges sind zuverlässige Werte nur selten direkt aus dem Befund zu entnehmen. So wurden in Grab 12 Spuren des Holzsarges bereits knapp über der Grabsohle entdeckt. Das Innere des Sarges muss hoch genug gewesen sein, um den Verstorbenen und die im Sarg deponierten Beigaben aufzunehmen. Nach der Höhe der Flasche 45.1 lässt sich eine lichte Höhe der Kiste in Grab 45 von wenigstens 30 cm erschließen.

tigte Steinsärge gelegentlich vor, bekannt sind das aus Statuenbasen zusammengesetzte Grab 1 von Brühl und die Grabgruppe aus Weilerswist mit einer als Aschenkiste genutzten Brunnenschale und einem grob umgearbeiteten, wiederverwendeten Erotensarkophag, der aus dem mit Inschrift versehenen Stein eines älteren Grabmonuments gefertigt wurde[12].

Die meisten Toten wurden in Holzsärgen bestattet. Einige der Kisten wurden mit Eisennägeln zusammengefügt. Soweit erkennbar, haben deren Schäfte einen vierkantigen Querschnitt. Nagellängen von bis zu elf Zentimetern zeigen, dass oft relativ starke Hölzer verwendet wurden. Die Anzahl der Nägel ist verschieden. Während in Grab 44 nur ein einzelnes Stück geborgen wurde, stammen aus Grab 25 mehr als zwanzig Exemplare. Anhand ihrer jeweils unterschiedlichen Lage lassen sich verschiedene Sargkonstruktionen vermuten.

In den Gräbern 7 und 16 fanden sich Nägel oberhalb des Kopfes und unterhalb der Füße, nicht jedoch seitlich des Skeletts. Daher bestanden die Seitenwände der Särge hier wohl aus langen, durchgehenden Brettern, an welche die Schmalseiten und möglicherweise auch der Boden angenagelt wurden[13].

In weiteren Gräbern wurden Nägel auch an den Seiten der Toten entdeckt[14]. Diese können zur Befestigung des Sargbodens oder -deckels gedient haben. Vielleicht wurde gelegentlich aber auch ein Kasten aus kürzeren Brettern angefertigt, die mit Hilfe einer genagelten Konstruktion verbunden wurden.

Bei Grab 5 sind die Seitenwände des Sarges als Verfärbung im Erdreich erkennbar. Auf der linken Seite des Toten liegen Sargnägel genau im

4   Der Steinsarg Grab 37.

Bereich der Wand. Weitere Nägel fanden sich allerdings auch im Bereich des Kiefers und in der Mitte des Beckens, also genau in der Längsachse des Grabes. Diese Lage deutet wohl darauf hin, dass auch der Deckel in der Mitte zusammengenagelt war. Bei einem flachen Deckel ist dies nicht erforderlich, dagegen ist bei einer dachförmigen Konstruktion eine feste Verbindung sinnvoll. Grab 5 dürfte daher eine satteldachförmige Abdeckung gehabt haben[15].

Die Bestimmung der an einigen Sargnägeln erhaltenen Holzreste wird Ursula Tegtmeier verdankt. Die Särge der Gräber 3, 5, 16, 24, 25 und 33 bestanden aus Eichenholz, für Grab 14 wurde Kiefernholz eingesetzt. Die Eichensärge aus Hürth-Hermülheim wurden für Ausstattungen verschiedenen Charakters verwendet, vom Männergrab mit Militärgürtel und reichhaltiger Geschirrbeigabe bis zur beigabenlosen Frauenbestattung, Grab 33 gehört zu einem Kind[16]. Eichenholz kam also unabhängig von Alter und Geschlecht des Toten zum Einsatz und hatte auch keinen nachweisbaren Prestigewert.

Nach den Bodenverfärbungen und der Lage der zum Zusammenbau verwendeten Nägel waren die genagelten Särge in Hürth-Hermülheim rechteckig. Für einen solch rechteckigen Sarg mit flachem Deckel und Boden lässt sich die benötigte Holzmenge ungefähr abschätzen. Rechnet man bei den Befunden mit kürzeren Nägeln eine Bohlenstärke von fünf Zentimetern und als Annäherungswerte eine Sarglänge von zwei Metern, eine Breite von einem halben Meter und eine Höhe einschließlich Deckel von vierzig Zentimetern, dann ergibt sich ein Materialbedarf von etwa hundertsiebzig Kubikdezimetern[17]. Bei der Verwendung trockenen Eichenholzes mit einer Dichte von sechshundertfünfzig Gramm pro Kubikdezimeter würde ein solches Stück etwa hundertzehn Kilogramm wiegen[18].

Särge, die ohne Eisennägel aus Brettern oder Bohlen hergestellt wurden, sind nur durch Erdverfärbungen im Bereich der Bretter nachgewiesen[19]. Auch diese Stücke waren meist rechteckig, lediglich bei Grab 30 wurde offenbar ein trapezförmiger Sarg verwendet[20].

Die Erhaltungsbedingungen für Sarghölzer sind ausgesprochen ungleichmäßig. So sind in den Gräbern 3 und 14 die Wände völlig vergangen, nur die Eisennägel beweisen die Existenz der Särge aus Eichen- beziehungsweise Kiefernholz. Bei Grab 25 lagen einige Nägel außerhalb der erhaltenen Sargverfärbungen. In Grab 13 ohne Eisennägel wurden Holzspuren nicht nur auf Höhe des Skeletts, sondern auch bereits im darüber liegenden Planum beobachtet. Hier ruhte der Verstorbene also nicht auf einem Totenbrett, sondern in einem Sarg oder einem anderen Grabeinbau. Innerhalb eines einzelnen Grabes sind manchmal nur an einigen Stellen Holzverfärbungen erhalten. Diese Erhaltungsbedingungen zeigen, dass ein Fehlen organischer Überreste nicht beweist, dass kein Sarg verwendet wurde, sondern nur, dass die Frage nach einem solchen offenbleiben muss[21]. Wenn Verfärbungen ohne Nägel oder bestimmbare Seitenwände erhalten sind, ist nicht völlig gesichert, welche Form der Grabeinbau hatte. Relativ aufwendige Grabgruben bei Grab 11 und Grab 15 oder scharf abgesetzte Grabgrenzen wie bei Grab 26 oder Grab 39 geben einen Hinweis darauf, dass wohl eher Särge als einfache Totenbretter verwendet wurden. In Hürth-Hermülheim bildeten nach alledem Sargbeisetzungen die häufigste Bestattungsform.

Ein Baumsarg ist in Grab 29 anhand der intensiven Holzverfärbung und der im Schnitt abgerundeten Sargunterseite nachgewiesen (Abb. 5). Solche Särge sind in römerzeitlichen Gräbern des Rheinlandes bisher selten[22].

In einzelnen Fällen ließen sich weitere konstruktive Besonderheiten feststellen. Bei Grab 32 sind auf Schulterhöhe Spuren eines breiten, querliegenden Unterlegholzes erhalten. Auch unter dem Sarg von Grab 35 waren Spuren mehrerer quer laufender Hölzer erhalten. Vorstellbar ist, dass die schweren Totenbehälter mit Seilen in die Grabgrube heruntergelassen wurden. Wenn der Sarg nicht direkt auf dem Boden stand, konnten die Seile danach wieder leicht herausgezo-

[18] Dichte für trockenes Eichenholz nach E. König, Holz-Lexikon I (²Stuttgart 1972) 221 f. Bei der Verwendung frischen Holzes fallen die Särge natürlich schwerer aus.

[19] Gräber 12, 28 und 40. Bei den Gräbern 32 und 35 könnte es sich wegen der intensiven, sehr starkwandigen Verfärbungen auch um eine andere Sargform handeln, wie z. B. einen Baumsarg.

[20] Zu einem spätantiken trapezförmigen Holzsarg aus Azlburg 2, Grab 12 vgl. G. Moosbauer, Kastell und Friedhöfe der Spätantike in Straubing. Passauer Universitätsschr. zur Archäologie 10 (Rahden 2005) 99 f. – Trapezförmige Särge sind auch vom Starenweg in Jülich bekannt, vgl. Gottschalk, Studien I, 88. – In Vireux-Molhain waren die Gruben des spätantiken Brandgrabes 12 und von Grab 41 trapezförmig, vgl. J.-P. Lemant, Le cimetière et la fortification du Bas-Empire de Vireux-Molhain, Dep. Ardennes. RGZM Monogr. 7 (Mainz 1985) 15; 30.

[21] Keine Holzreste oder andere Überbleibsel eines Sarges wurden bei den Gräbern 10, 21 und 26 beobachtet.

[22] Xanten Grab 317, vgl. Th. Otten, Die Ausgrabungen unter St. Viktor zu Xanten. Rheinische Ausgrabungen 53 (Mainz 2003) 38. – In den Gräbern 32 und 35 von Hürth-Hermülheim sind Baumsärge möglich, aber nicht gesichert.

[23] U. Heimberg in: Ausgrabungen im Rheinland '78. Rhein. Landesmus. Bonn Sonderh. (Bonn 1979) 90–93. bes. 90 f.

[24] Eine größere, durch Nägel an den Seiten nachgewiesene Holzkiste ist aus Tongeren Grab 99 bekannt, s. W. Vanvinckenroye, De romeinse zuidwest-begraafplats van Tongeren. Publ. Provinciaal Gallo-Romeins Mus. Tongeren 29, 2 (Tongeren 1984) Taf. 14.

[25] Zu Nischengräbern vgl. etwa W. Haberey, Germania 18, 1934, 274–279 bes. 276 Abb. 3; Friedhoff, Jakobstraße Taf. 13 (Grab 105), Taf. 14 (Grab 106), Taf. 17 (Grab 114) und Taf. 19 (Grab 112). – Ausführlich zur regionalen Verbreitung und Abgrenzung gegen andere Formen provinzialrömischer Nischengräber auch Gottschalk, Studien I, 106–109.

[26] Die Tote aus Hürth-Hermülheim Grab 7 war mit den Individuen aus den Gräbern 6 und Grab 11 verwandt, für diese beigabenlose Bestattung war keine Beigabennische erforderlich. – Otten, Xanten (Anm. 22) 39 weist für das Gräberfeld unter der Immunität von St. Viktor in Xanten auf die räumliche Nähe der Nischengräber hin und wertet dies als Indiz für eine Belegung nach Sippen.

[27] Die Grabsohle lag 1,14 m unter der Nische vom östlichen Ende des Grabes. – Friedhoff, Jakobstraße 42 stellte für die meisten Grabnischen eine Lage 40–50 cm über dem Schachtboden fest. – Vgl. auch bereits Haberey (vorletzte Anm.) 274.

[28] Seitliche Absätze im Grab werden von D. Wortmann, Bonner Jahrb. 170, 1970, 252–266 als Arbeitsbühne zum Zusammenbau des Grabeinbaus gedeutet.

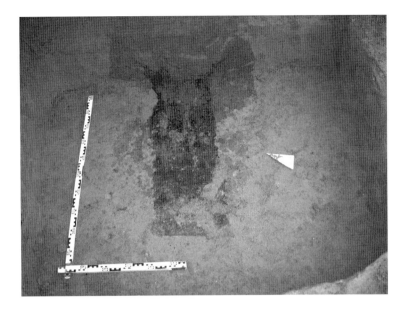

5 Der Baumsarg Grab 29. Der Profilschnitt mit abgerundeter Sargunterkante im Bildhintergrund.

gen werden. Auch unter dem 1977 gefundenen Sarkophag von Zülpich-Enzen fanden sich – allerdings parallel zu den Langseiten – noch Kanthölzer, mit denen der steinerne Kasten in die Grube abgesenkt worden war[23].

Bei Grab 39 wurde am Fußende eine quer verlaufende organische Struktur beobachtet. In den Gräbern 23 und 24 lagen am Fußende Beigaben im Bereich organischer Verfärbungen. Diese Befunde sind nicht eindeutig zu interpretieren. Möglicherweise gehen sie lediglich auf ungleichmäßige Holzerhaltungen innerhalb der Gräber zurück, in diesem Fall würde es sich um Sargspuren handeln. Über eine Beigabe größerer massiver Möbelstücke lässt sich dagegen nur spekulieren[24].

Die Gruben der nebeneinander liegenden Bestattungen 23 und 35 sind relativ groß. Es dürfte sich um Kammergräber handeln.

Im Ausgrabungsbereich von 1987 wurden für die benachbarten Gräber 6, 11 und 15 relativ große Grabgruben mit mehreren seitlichen Wandnischen ausgehoben. Solche Nischengräber sind im Rheinland nicht selten[25]. Nach anthropologischen Untersuchungen ist die Frau aus Grab 11 mit den Toten aus den Gräbern 15 und 6 verwandt. Mitglieder einer Familie haben hier also auch nachweisbar eine vergleichbare Bestattungsform verwendet[26]. Gräber mit seitlichen Wandvertiefungen oder Absätzen kommen in Hürth-Hermülheim mehrfach vor, fast immer dienten diese Nischen zur Deponierung von Beigaben. Sie können relativ weit oberhalb der Grabgrube liegen, in Grab 11 befindet sich die höchstgelegene von drei Nischen mehr als einen Meter über der Sohle des Grabes[27].

Bei Grab 5 wurden in der an der Westseite der relativ engen Grabgrube gelegenen Nische keine Beigaben beobachtet. Ob diese Nische leer gelassen wurde, ob vorhandene Beigaben vollständig vergangen sind oder einer Störung zum Opfer fielen, lässt sich nicht klären.

Im Gräberfeldausschnitt der Ausgrabungen von 2004 und 2005 sind die Nischengräber seltener. Im östlichen Bereich der Grube von Grab 23 fand sich siebzig Zentimeter über der Grabsohle ein Henkeltopf. Wenig tiefer lag an der Südseite ein Absatz von etwa einem Meter Breite, in der nunmehr deutlich engeren Grube zeichneten sich organische Wandverfärbungen eines vermutlich kammerartigen Einbaus von knapp dreieinhalb Metern Länge und anderthalb Metern Breite deutlich ab[28]. Am Fußende von Grab 23 lagen etwa einen halben Meter oberhalb der Sohle Gefäßbeigaben, die entweder auf einem Absatz oder in einer Nische deponiert waren. Eine weitere Gefäßbeigabe in einer Nische oder auf einem Absatz wurde bei Grab 25 in Planum 1 beobachtet, dort lag eine Schüssel ungefähr einen halben Meter vom Grabschacht entfernt[29]. Ob Befund 20 eine Beigabennische von Grab 36 ist, konnte nicht geklärt werden.

Der Umstand, dass auf den beiden Gräberfeldteilen unterschiedliche Formen von Nischengräbern vorkommen, ist statistisch nur bedingt aussagekräftig, da beide Areale nur unvollständig bekannt sind. Einige Gräber sind im Bereich der Grabgrube modern gestört, daher ist nicht auszuschließen, dass höher gelegene Grabnischen solchen Bodeneingriffen zum Opfer fielen[30]. Wegen der unterschiedlichen Beobachtungsbedingungen und eines möglichen »Fehlers der kleinen Zahl« ist auch der unterschiedliche Anteil von etwa einem Drittel Nischengräbern im Areal von 1987 und weniger als einem Zehntel Bestattungen mit seitlichen Absätzen oder einer Nische im Grabungsgebiet von 2004 und 2005 kein völlig sicherer Hinweis auf die unterschiedliche Verwendung dieser Grabform in den beiden Bereichen.

Anthropologische Bestimmungen und Folgerungen

Die anthropologische Auswertung von Petra Konieczka und Manfred Kunter sowie von Marina Vohberger zeigt ein im Rahmen der kleinen untersuchten Zahl ausgewogenes Verhältnis zwischen Männern und Frauen[31]. Die anthropologische Geschlechtsbestimmung führt in wenigen Fällen zu einem anderen Ergebnis, als es anhand der Beigaben zu erwarten gewesen wäre. In Grab 24 mit eher männlich charakterisiertem Skelett fand sich eine Beinnadel. Im anthropologisch bestimmten Frauengrab 14 war eine Ringfibel beigegeben; diese Fibelform wurde meist Männern mitgegeben.

Auffällig ist das hohe Durchschnittsalter der Toten. Immerhin drei Männer haben ein Alter von sechzig und mehr Jahren erreicht[32]. Weitere siebzehn Personen sind älter als vierzig Jahre geworden, darunter acht Frauen und neun Männer[33]. Ein adultes Sterbealter zwischen zwanzig und vierzig Jahren ist für mehr Frauen als Männer nachweisbar[34]. Eine Ursache dafür mag das Risiko durch Geburten gewesen sein. Insgesamt sind nur zwei Kinder nachgewiesen, wohl ein indirekter Hinweis darauf, dass die bekannten Gräber keinen repräsentativen Querschnitt durch die Gesamtbevölkerung der Siedlung darstellen[35].

Die Soldaten mit Militärgürtel aus Grab 5 beziehungsweise mit Zwiebelknopffibel aus Grab 15 könnten Veteranen gewesen sein, wie ihr Sterbealter zwischen fünfundvierzig und fünfundfünfzig Jahren vermuten lässt[36]. Der mit vierzig bis fünfundvierzig Jahren verstorbene Mann aus Grab 25, der mit einer Schnalle des Typus Hermes-Loxstedt bestattet wurde, dürfte ebenfalls am Ende seiner Dienstzeit gestanden haben oder bereits die Honesta missio erhalten haben. Auch der im Alter von fünfzig bis sechzig Jahren verstorbene Mann aus Grab 38 mit beschlagloser

---

[29] Gefäßbeigabe auf einem Absatz an der Seite des Grabes vgl. Vanvinckenroye, Tongeren (Anm. 24) Taf. 6 (zu Grab 43).

[30] So waren von den Gefäßbeigaben in der nördlichen Nische von Grab 15 nur noch der Standring eines Terra-Sigillata-Tellers und einige weißtonige Keramikscherben erhalten, bei einer etwas tiefer reichenden Störung wäre diese Nische nicht mehr erkennbar gewesen.

[31] Im Areal von 1987 haben Konieczka und Kunter (Anm. 2) acht (mutmaßliche oder sichere) Frauenskelette sowie sechs Reste von Männern anthropologisch bestimmt, in dem von Vohberger 2007/2008 (unveröffentlicht) bearbeiteten Bereich von 2004/2005 sind es neun Männer und acht Frauen.

[32] Gräber 13, 42 und 45.

[33] Frauen: Gräber 1, 11, 12, 14, 16, 23, 36 und 40(?) – Männer: Gräber 3, 5, 9, 15, 22, 24, 25(?), 32 und 38.

[34] Mutmaßliche oder sichere Männerbestattungen mit Sterbealter zwischen zwanzig und vierzig Jahren sind die Gräber 4, 35 und 44; entsprechende Frauenbestattungen sind die Gräber 7, 10, 28, 29 und 43. Bei der im Alter von wohl etwas über zwanzig Jahren verstorbenen Person aus Grab 27 dürfte es sich nach der Beigabe einer Perle und eines Kästchenschlüssels ebenfalls um eine Frau handeln.

[35] Kinder wurden in den Gräbern 33 und 37 bestattet, nach der zu vermutenden Kindersterblichkeit sind sie unterrepräsentiert. Auch in anderen Villen des Rheinlandes ist nur ein Teil der zu erwartenden Bestattungen tatsächlich anzutreffen, vgl. etwa Gaitzsch, Grundformen 415.

[36] Gottschalk, Einordnung 85–89.

Schnalle hatte seine reguläre Zeit beim Heer wohl beendet. Der mit einer einfachen Gürtelgarnitur ausgestattete Mann aus Grab 45 starb in einem Alter von sechzig bis fünfundsechzig Jahren und war daher sicher nicht mehr im aktiven Dienst. Der Nachweis von Veteranengräbern des vierten und fünften Jahrhunderts ohne sicheren Hinweis auf Bestattungen aktiver Soldaten aus dieser Zeit lässt vielleicht sogar darauf schließen, dass die Männer außerhalb der Siedlung stationiert waren.

Bei ehemaligen Soldaten wurden verheilte Verletzungen nachgewiesen, so war das linke Schlüsselbein des Toten aus Grab 25 gebrochen gewesen. In Grab 38 und 45 liegt jeweils eine verheilte Schramme am Stirnbein vor. Die Befunde erlaubten allerdings keine sicheren Rückschlüsse auf die Ursache der Verletzungen[37].

Grabraub und Grabstörungen

Vorsätzlicher antiker Grabraub ist in den beiden Gräberfeldteilen nicht nachweisbar. Grabstörungen sind hingegen in mehreren Zusammenhängen aufgetreten. Grab 2 überlagert die Grabgrube von Sarkophag Grab 1 und berührt dessen Deckel. Das Innere des Steinsarges wurde bei der zufälligen Auffindung durch den Bagger gestört, der dabei unversehrt gebliebene Bereich unterhalb der Knie mit dem dort liegenden Beigabenensemble mit versilbertem Bronzespiegel und Münze deuten darauf hin, dass er bei der Anlage von Grab 2 nicht geplündert worden war.

In den Verfüllungen der Gräber 6 und 11 fanden sich jeweils Skelettreste eines anderen Individuums. Die Herkunft ist nicht geklärt, möglicherweise wurden beim Aushub ältere Grablegen zerstört.

Moderne Störungen betreffen mehrfach nur den oberen Teil der Grube oder sie berühren die Gräber lediglich am Rand[38]. In einigen Fällen sind Gräber stärker in Mitleidenschaft gezogen worden. Bei der Aschenkiste Grab 4 ist der Deckel zerstört. Von den Kisten der Gräber 18 und 19 ist jeweils nur der Boden erhalten, die Inventare sind unvollständig. Beim Skelett in Grab 21 fiel der gesamte Oberkörper und bei demjenigen in Grab 22 der südöstliche Teil mit dem rechten Bein dem Bagger zum Opfer. In der nur teilweise erhaltenen Grube 31 fanden sich weder Knochenreste noch Teile einer Beigabenausstattung, daher wird nicht deutlich, ob es sich überhaupt um ein Grab handelt. Vollständig erhaltene Gefäße, die im Südwesten und Südosten der Ausgrabungen von 2004 und 2005 als Streufunde geborgen wurden, weisen darauf hin, dass dort mehrere Gräber oder Beigabennischen durch Bauarbeiten zerstört wurden[39].

Chronologie

Die zeitliche Einordnung der einzelnen Bestattungen erfolgt zunächst anhand der zusammenfassenden Wertung der einzelnen Teile des Grabinventars. Eine zusätzliche Rolle spielen auch Beobachtungen zur Lage innerhalb des Gräberfeldes. Weiterhin gehen wie bei Grab 2 chronologisch relevante Grabsitten oder im Fall des beigabenlosen Grabes 7 die Verwandtschaft zu datierten Gräbern in den chronologischen Ansatz ein.

Die so ermittelte Zeitstellung der einzelnen Gräber ist im Katalog angegeben. Sie stellt die Grundlage für die Diskussion der Gräberfeldchronologie einschließlich der Rekonstruktion der Belegung dar. Die so begründete Abgrenzung einzelner Phasen bestätigt sich im größeren Areal

---

[37] Anthropologische Begutachtung durch Frau Vohberger vom 27.02.2008.
[38] Vgl. die Beschreibungen der Störungen bei den Gräbern 2, 5, 9, 10, 11, 17 (nur teilweise geborgen) und 42 im Katalog.
[39] Diese zerstörten Befunde werden als »Grab A«–»Grab D« bezeichnet.

durch die zusätzlich vorgenommene Kartierung verschiedener Sachformen sowie der Glasfarben. Da weder die Ausgrabungen von 1987 noch jene von 2004 und 2005 einen vollständigen Nekropolenabschnitt erfasst haben, können die chronologischen Ergebnisse zur Entwicklung der Siedlungsstelle sich nur auf die bekannten Bereiche beziehen.

Das Areal von 1987. Mit dem Sarkophag von Grab 1, der Aschenkiste von Grab 4 und der mutmaßlichen Beigabennische von Grab 17 wurde am nordöstlichen Rand des Grabungsbereiches von 1987 eine Zone mit Bestattungen des dritten Jahrhunderts gefunden. Es ist davon auszugehen, dass sich unter der Kölnstraße noch eine unbekannte Anzahl von Befunden verbirgt[39a]. Nach der einzigen Beigabe, einer gläsernen Traubenflasche, dürfte auch Grab 10 aus dem südlichen Bereich in das zweite oder dritte Jahrhundert zu setzen sein. Die Lage dieser Beisetzung zwischen Bestattungen des vierten Jahrhunderts lässt die Möglichkeit offen, dass es sich bei der Flasche um ein Altstück handelt.

Eine chronologisch relativ einheitliche Gräbergruppe befindet sich in der Mitte des bekannten Bereiches. Das reich ausgestattete Frauengrab 11 wurde nach Ausweis der Münzbeigabe nach 316 angelegt, das Inventar weist in die erste Hälfte des vierten Jahrhunderts. Nach anthropologischen Analysen ist die Frau aus Grab 11 mit dem jugendlichen Individuum aus Grab 6 und dem Mann aus Grab 15 verwandt, die beiden letztgenannten Bestattungen sind kurz vor oder um die Mitte des vierten Jahrhunderts anzusetzen[40]. Die mit den Toten aus den Gräbern 11 und 6 verwandte, ohne Beigaben begrabene Frau aus Grab 7 wird im vierten Jahrhundert gestorben sein, wie das Verwandtschaftsverhältnis und die Lage der Bestattung zeigen. Grab 5 kann durch acht Münzen, die einen Terminus post quem von 347/348 liefern, und wegen der Beigabe von drei Kännchen des Typus Gellep 112 ebenfalls um die Mitte des vierten Jahrhunderts angesetzt werden. Etwas weiter ist der Datierungsspielraum von Grab 12, das wegen eines Glasbechers der Form Gellep 191 ins mittlere Drittel des vierten Jahrhunderts gehören dürfte.

Nördlich und südlich dieser Gräber des mittleren vierten Jahrhunderts befinden sich Bestattungen aus der zweiten Jahrhunderthälfte. In Grab 3 und Grab 9 sind Schüsseln der um dieselbe Zeit aufkommenden Form Gellep 122 beigegeben. Grab 14 enthält eine Trichterhalsflasche mit Standring der Form Trier 101a, deren Hauptbenutzungszeit in der zweiten Hälfte des vierten Jahrhunderts liegt. Grab 2 überlagert den Steinsarg Grab 1 aus dem späten dritten Jahrhundert und ist anhand der Sitte der Beigabe einer einzelnen Münze wohl in der zweiten Hälfte des vierten Jahrhunderts anzusetzen.

Das beigabenlose Grab 13 dürfte wegen der Lage ins vierte Jahrhundert einzuordnen sein. Das etwas abseits gelegene Grab 16, das einer mit zwei Bronzearmreifen ausgestatteten gebietsfremden Frau gehört, stammt ebenfalls aus dem vierten Jahrhundert.

Das Areal der Ausgrabungen von 2004 und 2005. Die Beschreibung des Belegungsablaufes in diesem Areal berücksichtigt den belegungsfreien Streifen, der als Weg oder eine Grundstückseinteilung innerhalb des Gräberfeldes interpretiert wurde[41]. Diese schmale Freifläche läuft an den beiden ältesten bekannten Gräbern, den Aschenkisten 18 und 19 im Osten des Areals vorbei, trennt

---

[39a] Siehe o. mit Anm. 1.
[40] Die Datierung bis um die Mitte des 4. Jhs. ist in den Gräbern 6, 11 und 15 durch Kännchen des Typus Niederbieber 64 / Gellep 112 begründet. Grab 6 ist nicht vor dem mittleren Jahrhundertdrittel angelegt worden, wie die TS-Schüssel mit Kleinrechteckverzierung zeigt. Auch Grab 15, das u. a. mit einer Zwiebelknopffibel des Typus Pröttel 3/4 ausgestattet ist, entstand nicht vor dem mittleren Drittel des 4. Jhs.

[41] Vgl. das Kapitel zu Lage und Topographie.
[42] Grab 39 gehört in das 1.–2. Drittel des 4. Jhs., Grab 43 ins 4. Jh. Nicht datiert sind die beigabenlosen bzw. ohne Beigaben geborgenen gestörten Gräber 34, 21 und 22.
[43] Aus dem Bereich einer Störung westlich der Gräber 24, 25 und 39 stammen die als »Grab D« bezeichneten Streufunde, unter denen sich auch ein Teller der Form Gellep 38 aus der ersten Hälfte des 4. Jhs. befindet.

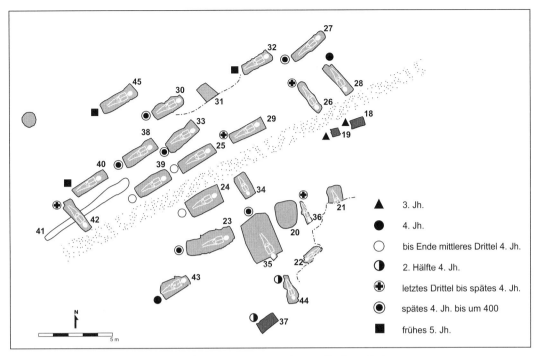

6   Ausgrabungen von 2004 und 2005. Datierte Gräber.

sie von den Gräbern 26 und 28 und lässt sich bis zu Grab 42 im Westen verfolgen. Die Zeitstellung der einzelnen Bestattungen ist kartiert (Abb. 6).

Die beiden Aschenkisten gehören noch in das dritte Jahrhundert, Grab 19 eher in die zweite Jahrhunderthälfte. Da einige Bestattungen wie das gegenüber den Aschenkisten liegende Grab 28 innerhalb des vierten Jahrhunderts nicht präzise zu datieren sind und mit dem hypothetischen Grab D Funde der ersten Jahrhunderthälfte aus dem gestörten Bereich bekannt sind, lässt sich nicht sicher klären, ob in diesem Areal kontinuierlich bestattet wurde[42].

Die ältesten genauer datierbaren Körperbestattungen des vierten Jahrhunderts liegen ebenfalls unmittelbar an der Freifläche, wenige Meter westlich der Brandgräber im Zentrum des Grabungsgebiets. Charakteristisch für diese Bestattungen sind Objekte wie einige der im zweiten Teil dieses Artikels diskutierte Flaschenformen (Abb. 7) oder Tongefäße (Abb. 10), die im mittleren Drittel des Jahrhunderts außer Gebrauch geraten. Das im zentralen Bereich unmittelbar südlich des mutmaßlichen Weges liegende Grab 24 mit einer 333/334 geprägten Münze ist kaum später als um die Mitte des vierten Jahrhunderts einzuordnen. Dies zeigt das dort gefundene Kännchen mit seitlichem Ausguss der Form Gellep 112 / Niederbieber 64, und diesen Zeitansatz unterstützt auch der Fund einer Flasche der Form Gellep 201 im selben Zusammenhang. Direkt nördlich davon wurde Grab 25 angelegt. Eine Glasflasche der Form Trier 140, die Imitation eines Bechers der Form Gellep 59 und ein Kamm der Form Böhme A legen einen Ansatz spätestens im ausgehenden mittleren Drittel des vierten Jahrhunderts nahe, wobei die Beigabe einer Schnalle der Form Hermes-Loxstedt, einer Schüssel der Form Gellep 122 sowie einer optisch geblasenen Glasschale für eine Grablegung nach der Jahrhundertmitte spricht. Östlich von Grab 25 liegt Grab 39, diese Bestattung enthält eine Trichterhalsflasche der Form Trier 101 b und dürfte spätestens im mittleren Drittel des vierten Jahrhunderts angelegt worden sein. Die besprochenen, eindeutig auf die Freifläche bezogenen Gräber bilden somit offenbar einen Kern der Belegung, der spätestens im mittleren Drittel des vierten Jahrhunderts entstanden ist[43].

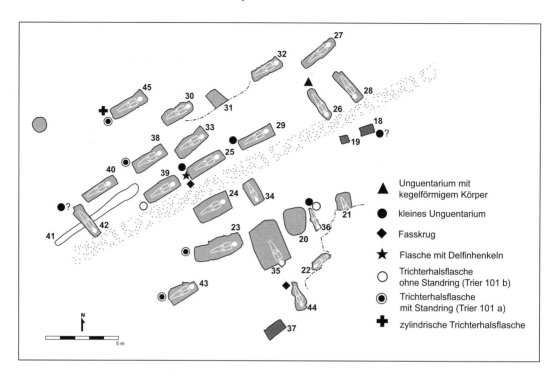

Die nebeneinander liegenden, bis zum Ende des mittleren Drittels des vierten Jahrhunderts angelegten Bestattungen werden nördlich der Freifläche von Grabfunden aus dem letzten Jahrhundertdrittel flankiert. Grab 26 mit einer zwischen 367 und 375 geprägten Siliqua des Valens wird nicht lange nach Prägung der Münze angelegt worden sein, da Vergleichsstücke zum im Grab gefundenen Unguentarium mit kegelförmigem Körper nach der Mitte des vierten Jahrhunderts selten werden. Das nach der Münzbeigabe frühestens 378 n. Chr. angelegte Grab 29 dürfte anhand der Beigabe eines von der Form her dem Typus Bonn 40 ähnelnden Parfumfläschchens ebenfalls noch ins vierte Jahrhundert zu datieren sein. Auch beim unmittelbar nördlich des Weges liegenden Grab 42 lässt die Beigabe eines Balsamariums und einer Kanne der Form Brulet F 5 einen Ansatz noch im vierten Jahrhundert vermuten, die enge Dellenschale weist dabei jedoch auf einen Bestattungszeitpunkt am Ende des Säkulums hin.

Weitere Gräber aus der zweiten Hälfte des vierten Jahrhunderts befinden sich im südöstlichen Gräberfeldteil. Soweit erkennbar liegt Steinsarg Grab 37 am südlichen Rand der Nekropole. Die Bestattung mit einer frühestens 340 geprägten Münze des Constantius wurde nach den übrigen Beigaben, wie einem Terra-Sigillata-Becher der Form Gellep 17 und einer Glasschale Isings 115, zu schließen in der Mitte oder der zweiten Hälfte des vierten Jahrhunderts angelegt. Grab 44 gehört ebenfalls in die zweite Hälfte des vierten Jahrhunderts, wie die Beigabe eines ECVA-Fasskruges zeigt; die weite Dellenschale widerspricht dieser Datierung nicht. Das bei der Grabungsgrenze im Südosten liegende Grab 36 enthält eine bis ins mittlere Drittel des vierten Jahrhunderts gebräuchliche Trichterhalsflasche des Typus Trier 101 b. Wie der beigegebene Kamm zeigt, entstand der Fundkomplex aber wohl erst gegen Ende des vierten Jahrhunderts. Grab 43 im Süden der Nekropole stammt aus dem vierten Jahrhundert, ohne dass eine nähere Eingrenzung möglich wäre. Da die am südlichen Rand des Ausgrabungsbereiches liegenden Gräber 37 und 44

---

[44] So wird etwa Grab 42 anhand des Unguentariums trotz der Beigabe einer engen Dellenschale noch dem kulturellen Milieu des ausgehenden 4. Jhs. zugerechnet (vgl. oben).

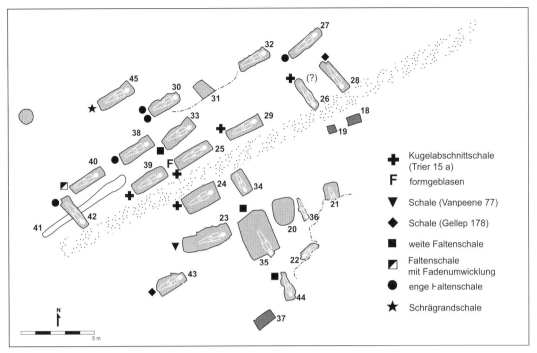

Ausgrabungen von 2004 und 2005.
7 (Buchseite gegenüber) Glasflaschen.
8 Glasschalen.

innerhalb der zweiten Hälfte des vierten Jahrhunderts nicht genauer eingeordnet werden können, muss offen bleiben, ob das Gräberfeld nach der Jahrhundertmitte vom mutmaßlichen Weg aus nach Süden vergrößert wurde oder ob im südlichen Bereich ein weiterer Belegungskern existierte und diese Areale erst gegen Ende des Jahrhunderts bei der Anlage der Gräber 23 und 35 zusammenwuchsen.

Bestattungen aus den beiden beschriebenen Belegungsphasen des vierten Jahrhunderts sind sowohl durch die im Einzelfall bereits vorgestellten charakteristischen Formen wie auch durch unterschiedliche Parfümflaschen (Abb. 9) und gläserne Kugelabschnittschalen (Abb. 8) gekennzeichnet. Dort finden sich grüne, blaugrüne und graugrüne Gläser, gelbliche Farbtöne sind die Ausnahme (Abb. 9).

In tendenziell jüngeren Fundkomplexen, deren Datierungsspielraum vom späten vierten Jahrhundert bis in die Zeit um 400 reicht, begegnen nebeneinander Formen, die im vierten Jahrhundert häufig sind, neben solchen, die erst am Ende des Jahrhunderts entstanden. Die Sitte der Parfumbeigabe ist nicht mehr nachweisbar. Unverzierte Kugelabschnittschalen kommen außer Gebrauch, die engen Dellenschalen setzen sich nun verstärkt durch (Abb. 8). In diesen Zeitabschnitt gehören weiterhin die jüngsten im Gräberfeld nachweisbaren Keramikformen (Abb. 10). Die betreffenden Gräber liegen zu beiden Seiten des mutmaßlichen Weges erst in der zweiten Reihe, vor allem im Norden lassen sie sich räumlich von älteren Grablegungen trennen und werden somit als eigene Belegungsphase zusammengefasst. Die chronologische Abgrenzung zu Funden aus dem späten vierten Jahrhundert wie auch zu solchen aus dem frühen fünften Jahrhundert ist aber natürlich schon wegen der geringen zeitlichen Abstände fließend[44]. Grab 38 mit einer frühestens 367 n. Chr. geprägten Siliqua des Valens und einer Delfinkopfschnalle ohne Beschlag ist nach der Beigabe einer engen Dellenschale wohl frühestens ins ausgehende vierte Jahrhundert zu setzen. Ähnliches gilt für Grab 33, bei dem ein zweizeiliger Dreilagenkamm einen Ansatz frü-

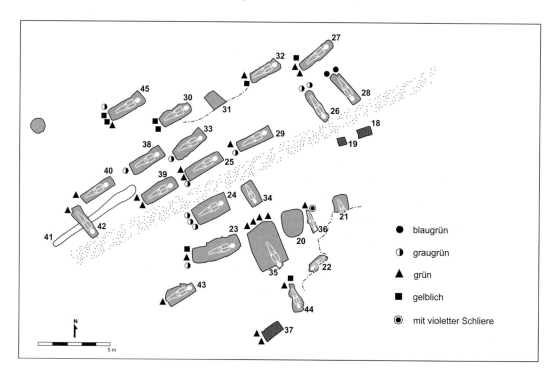

hestens in dieselbe Zeit rechtfertigt; die einzige weitere Beigabe, eine weite Dellenschale, kann schon in der zweiten Jahrhunderthälfte entstanden sein. Grab 30 mit einem zweizeiligen Dreilagenkamm mit durchlochtem Ende und einer engen Dellenschale ist anhand einer Terra-Sigillata-Kanne des vor allem im vierten Jahrhundert verbreiteten Typus Chenet 348 wohl noch in die Zeit um 400 zu datieren. Grab 27 enthält neben einer eher noch ins vierte Jahrhundert einzuordnenden Variante der rauwandigen Kannenform Gellep 114 eine enge Dellenschale, wodurch eine Zeitstellung um 400 oder ins frühe fünfte Jahrhundert gegeben ist. Das südlich des Weges gelegene Grab 23 mit einer Schüssel aus Terra Sigillata mit Rädchenverzierung Unverzagt 199 und einer rauwandigen Kanne ähnlich Brulet H 13 gehört frühestens ans Ende des vierten Jahrhunderts, die optisch geblasene Glaskanne der Form Gellep 217–218 dürfte eine Eingrenzung in die Zeit um 400 erlauben. Grab 35 wird durch einen Becher der Form Isings 108 frühestens in das ausgehende vierte Jahrhundert datiert, diese Bestattung ist mit einer im vierten Jahrhundert geläufigen Glaskanne der Form Gellep 217 ausgestattet.

Die jüngsten bekannten Gräber der letzten Belegungsphase liegen alle am nördlichen Rand der 2004 und 2005 ausgegrabenen Fläche[45]. Mehrfach sind in dieser Phase Gläser aus einer gelblichgrünen Glasmasse vertreten, Keramik fehlt dort (Abb. 9 und 10), Speisebeigaben sind nicht nachgewiesen. Grab 45 mit einer einfachen Gürtelgarnitur des Typus A nach Aouni gehört ins erste Drittel des fünften Jahrhunderts. Für Grab 40 wird eine Datierung ins frühe fünfte Jahr-

---

[45] Die Einteilung der jüngeren Belegungsphasen in Hürth führt bei einigen Sachformen zu Ergebnissen, die abweichen etwa von der Chronologie bei F. Siegmund, Merowingerzeit am Niederrhein. Rhein. Ausgr. 34 (Köln und Bonn 1998) 176–204; U. Müssemeier u. a., Chronologie der merowingerzeitlichen Grabfunde vom linken Niederrhein bis zur nördlichen Eifel. Materialh. Bodendenkmalpfl. Rheinland 15 (Köln 2003) bes. 102 Abb. 4 zu Phase 1 und 2. – Im Gräberfeld an der Zitadelle in Jülich trat seit der Phase B (350/60–390/400) eine Beigabenreduzierung auf, vgl. H. Aouni in: G. v. Büren / E. Fuchs, Jülich. Stadt Territorium Geschichte. Festschrift zum 75jährigen Jubiläum des Jülicher Geschichtsvereins [von] 1923. Jülicher Geschbl. 67/68, 1999/2000, bes. 324–327. Auch diese Entwicklung ist in Hürth-Hermülheim nicht in solcher Schärfe nachweisbar, vgl. etwa das Inventar von Grab 45.

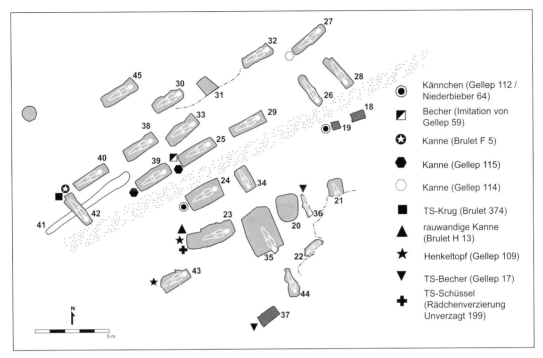

Ausgrabungen von 2004 und 2005.
9 (Buchseite gegenüber) Glasfarben.
10 Ausgewählte Keramikformen.

hundert vorgeschlagen, die fadenumwickelte Dellenschale mit abgesprengtem Rand ist wohl an den Beginn der Entwicklung dieser Variante zu setzen. Der Tote aus Grab 32 wurde mit einem Kamm Böhme Typus C 3 ausgestattet, diese Form gehört vorwiegend ins mittlere Drittel des fünften Jahrhunderts. Die Kombination mit einer Flasche der Form Trier 79 a und einem Becher der Form Trier 49 a erscheint jedoch noch stark im vierten Jahrhundert verwurzelt, und daher ist eine Einordnung ins zweite bis vierte Jahrzehnt des fünften Jahrhunderts wahrscheinlich.

Die reichen Gräber des dritten Jahrhunderts

Die Mehrzahl der Gräber des dritten Jahrhunderts aus Hürth-Hermülheim hat provinzialrömischen Charakter. Dies zeigt sich an der Bestattungsform in Aschenkisten und in Steinsarg Grab 1 genau so wie durch Beigaben von Kännchen des Typus Gellep 112 oder von Unguentarien. Eine mögliche Ausnahme ist die an germanische Grabsitten gemahnende Scherenbeigabe in Grab 17, wobei diese Beigabensitte in der romanisierten Bevölkerung im Rheinland aber vielleicht nie völlig ausgestorben ist.

Wenigstens drei Bestattungen des dritten Jahrhunderts zeichnen sich sowohl durch eine aufwendige Grabform wie auch durch hochwertige Beigaben aus, nämlich das Sarkophaggrab 1 mit versilbertem Spiegel, die Aschenkiste Grab 4 mit Beigabe silberner Riemenzungen, silbertauschierter Stili und eines Messers mit silberverkleidetem Griff sowie die gestörte Aschenkiste Grab 19 mit erhaltener goldener Herkuleskeule. Der Gesamtaufwand bei zwei weiteren Gräbern ist nicht bestimmbar. Die Aschenkiste Grab 18 war bis auf die Bodenplatte zerstört, die Ausstattung ist daher nicht zu beurteilen. Von Grab 17 wurde wohl eine Beigabennische geborgen, die Bestattungsform ist nicht bekannt. Zu diesem ebenfalls aus dem dritten Jahrhundert stammenden Inventar gehören immerhin ein Silberlöffel und ein Messer mit silbernen Zwingen. Außer in Hürth-

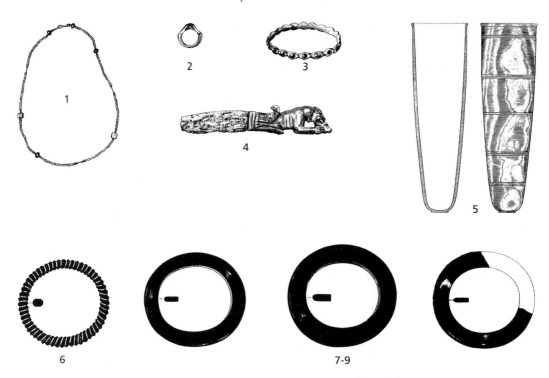

Hermülheim sind aus dem Rheinland noch weitere Fundorte mit mehr als einer reichen Bestattung des genannten Zeitraums bekannt. Wenn diese Gräber bei einer nachgewiesenen oder mutmaßlichen Villa gefunden wurden, kann es sich, dem notwendigen materiellen Aufwand nach zu schließen, nur um Mitglieder der wohlhabenden Gutsbesitzerfamilien handeln. Eine sozialgeschichtliche Interpretation der reichen Grabfunde des dritten Jahrhunderts von Hürth-Hermülheim erfolgt sinnvollerweise im Kontext der gleichzeitigen reichen Grabfunde des Rheinlandes[46].

In Rheinbach-Flerzheim wurde eine römische Villa mit reichen Brand- und Körpergräbern freigelegt[47]. Besonders gut ausgestattet war ein Kinderdoppelgrab in einem Sarkophag. Zu den Beigaben gehören zwei goldene Halsketten, davon eine mit Naturperlen und Saphiren, ein Goldfingerring, Textilreste mit goldumwickelten Fäden, eine Attisstatuette aus Gagat sowie drei Gagatnadeln, ein Silberbecher, ein Glascyphus mit griechischem Trinkspruch, zwölf weitere Glasgefäße und drei Münzen[48]. In einem Bleisarg mit Brandbestattung fanden sich ein Messer mit goldverziertem Gagatgriff, Fragmente eines Gagatringes, stark zerstörte Gläser sowie Münzen, die einen Terminus post quem von 275 liefern[49]. Nach dem stratigraphischen Befund jünger

[46] Die reichen Grabinventare des 3. Jhs. aus dem Rheinland werden in der unveröffentlichten Dissertation des Verfassers zusammenfassend diskutiert, aus Gründen der Nachvollziehbarkeit werden hier nur die wichtigsten Ausstattungsbestandteile zitiert.
[47] M. Gechter, Jahrb. Rhein-Sieg-Kreis 1987, 40–46.
[48] Bei den Münzen handelt es sich um Altstücke des 2. Jhs., vgl. V. Zedelius, Rhein. Landesmus. Bonn 2/1986, 30. Zum Befund des Sarkophages J. Niemeier, ebd. 19–21 bes. 20 f. Zu weiteren Beigaben A.-B. Follmann-Schulz, ebd. 22–24; J. Niemeier, ebd. 25; F. Gelsdorf, ebd. 26–29.
[49] Niemeier (vorige Anm.) 19 mit Hinweis auf sechs Münzen. Zedelius (vorige Anm.) 30 nennt abweichend elf Münzen aus dem Brandgrab.
[50] Niemeier (vorletzte Anm.) 19 f.
[51] Zusammenfassend zum Gräberfeld von Köln-Lindenthal s. Noelke, Gräber 373–421.
[52] Zu den Inventaren von Köln-Lindenthal, Gräber 1 und 2, vgl. Noelke, Gräber 377–393.
[53] Vgl. W. Gaitzsch, Bonner Jahrb. 182, 1982, 502–504; ders., Bonner Jahrb. 183, 1983, 654 f. mit Abb. 21 (Plan der Siedlung mit Lage der Sarkophage); ders. / F. Gelsdorf in: H. Hellenkemper u. a. (Hrsg.), Archäologie in Nordrhein-Westfalen. Schr. Bodendenkmalpflege Nordrhein-Westfalen 1 (Mainz 1990) 247–250.
[54] Zur Interpretation der Münzen Haberey, Brühl 402.

Köln-Lindenthal Grab 1, Auswahl von Fundstücken. Maßstab 1:3.

11 (Buchseite gegenüber) (1–3) Gold mit unterschiedlichen Steinen, (4) Achat und Eisen, (5) Achat, (6) Gagat und Gold, (7–9) Gagat.

12 Glas.

ist ein weiterer Bleisarg, in dem unter anderem ein goldener Fingerring, eine goldene Amulettkapsel mit Inschrift »Liio« (Leo) und ein mit Niello und Gold verzierter Stilus sowie ein Glas- und ein Tonbecher beigegeben waren[50].

Zur römischen Villa von Köln-Lindenthal gehören zwei Grabgruppen mit wenigstens sieben Bestattungen. Zwei von insgesamt fünf Steinsärgen gehören ins letzte Viertel des dritten Jahrhunderts, sie lagen in einer Grabgruppe unmittelbar nebeneinander[51]. Grab 1 war besonders gut ausgestattet (Abb. 11 und 12). Zum Inventar gehört eine Goldhalskette mit Saphiren, Smaragden und vermutlich auch Perlen, die bei der Auffindung bereits vergangen waren, ein Goldarmreif mit Granateinlagen, ein Goldfingerring mit Saphir, ein Gagatarmreif mit Goldverzierung sowie drei weitere Gagatarmreifen, ein Griff aus Elfenbein, Teile einer Miniaturwaage sowie angeblich Fragmente einer Bernsteinnadel und ein Schliffglasscyphus. Aus Achat bestehen ein Becher sowie ein Messergriff in Form einer aus einer Blüte herauswachsenden Raubkatze, die in einen Rinderkopf beißt. Außerdem wurden mehrere Keramikgefäße beigegeben. Das weniger reiche Grab 2, die Bestattung einer im dritten Lebensjahrzehnt verstorbenen Frau, enthielt unter anderem sechs Gagatarmreifen, mehrere Beinnadeln, zwei Messer, davon eines mit Goldblechzwinge, einen Kasten mit Buntmetallbeschlägen, Miniaturgeräte, dreiundzwanzig Münzen (Terminus post quem 276), Glas- und Keramikgefäße, eine Schnecke und ein Ei[52].

Unweit der in der Nähe von Niederzier gefundenen römischen Villa Hambach 69 wurden zwei Sarkophage entdeckt, die vermutlich in der gleichen Grabgrube beigesetzt waren. In Grab 1 waren neben einem Bernsteinspinnrocken zahlreiche Bernsteinperlen, eine Bernsteinhülse und zwei weinblattförmige Anhänger aus Bernstein beigegeben. Diese Objekte werden als traubenförmige Kette rekonstruiert, das Gewicht beträgt über dreihundert Gramm. Zur Grabausstattung gehören weiterhin ein gläserner Aryballos und eine Glastrigilis, ein Glaskrug, zwei Keramikgefäße und als Altstück eine Münze Hadrians. Die Beigaben von Grab 2, Gefäße aus Glas und Keramik sowie möglicherweise eine Spiegelscheibe, sind deutlich weniger aufwendig[53].

In Brühl wurden unmittelbar nebeneinander ein aus Spolien zusammengesetzter Sarkophag und ein Bleisarg gefunden. Das Inventar von Steinsarg Grab 1, der Bestattung einer im Alter von mehr als sechzig Jahren verstorbenen Frau, beinhaltet ein Messer mit goldverziertem Gagatgriff und ein weiteres Messer mit goldbeschlagenem Beingriff. Zugehörig sind auch eine stark zerstörte Schliffglasschüssel mit Vogelverzierung und verlorener Inschrift, eine Glasschale mit Netzauflage, ein Unguentarium und verschiedene Miniaturgeräte. Unter den fünf Münzen des Grabes (Terminus post quem 270) befinden sich drei Sonderabschläge, die bei der Fundvorlage als mögliche Auszeichnungen oder offizielle Geschenke interpretiert werden[54]. Der Bleisarg aus dem benachbarten Grab 2 mit Bestattung eines über sechzig Jahre alten Mannes enthält ein Trinkhorn mit Faden- und Nuppenauflage, eine Glasschale mit Facettschliff und drei Münzen (Terminus post quem 290)[55].

Von zwei in Dorweiler gefundenen Sarkophagen lässt sich das Inventar bei dem unberaubten Grab 2 beurteilen. Es handelt sich um ein silbernes und vergoldetes Messertäschchen mit zwei Messern mit Goldblechzwinge, einen Bernsteinspinnrocken, Goldfäden, Glasperlen, ein Silberblechfragment, sieben Beinnadeln mit vergoldeten Köpfen, zwei Körbchen mit mutmaßlichen Unguentarien, drei weitere Glasflaschen und den Boden eines Goldglases. Die Formen der Glasgefäße, aber auch anderer Formen wie der Messerzwingen erlauben eine Datierung des Grabes in die zweite Hälfte des dritten Jahrhunderts[56]. Auf Grund der beiden Sarkophage wird Dorweiler trotz der Beraubung von Grab 1 zu den reichen Grabgruppen gezählt.

Die Inventare der beraubten Steinsärge von Weilerswist lassen sich nur ansatzweise beschreiben, der wieder verwendete Erotensarkophag enthielt Goldbrokat[57].

Bei ländlichen Siedlungen des Rheinlandes sind außer Gruppen mit mehreren reich ausgestatteten Bestattungen des dritten Jahrhunderts noch verschiedene Fundstellen bekannt, an denen einzelne dieser Grablegungen nachgewiesen werden konnten. Eine Sonderstellung nimmt dabei die Grabkammer von Weiden mit einem um 300 n. Chr. entstandenen Reliefsarkophag aus Marmor ein. Dem 1843 gefundenen Steinsarg sind keine Beigaben zuweisbar[58].

Das umfangreichste Grabinventar ist bei dem 1977 gefundenen Steinsarg aus Zülpich-Enzen mit Brandbestattung einer erwachsenen, vermutlich im Alter von vierzig bis fünfzig Jahren verstorbenen Person nachgewiesen. Nach einer Neuuntersuchung des unter dem Sarg gefundenen Holzes lässt sich eine dendrochronologische Datierung ins vierten Jahrhundert nicht mehr aufrecht erhalten, die Funde verweisen das Grab vielmehr in die zweite Hälfte des dritten Jahrhunderts. Zur Ausstattung gehören ein silberner und drei goldene Fingerringe, ein Gold- und ein Gagatarmreif, Gold- und Gagatperlen, Fragmente eines muschelförmigen Silberbeckens, ein Silberlöffel mit der Inschrift »Nonnula Zeses«, möglicherweise einem Namenszug, ein Messergriff und weitere Griffe mit Goldverzierung, eine Waage, ein Kerzenhalter, Kästchenteile, eine Reibepalette, vierzehn Nadeln, Spielsteine und ein mutmaßlicher Spinnrocken aus Gagat. Weiterhin wurden zwei Glasscyphi mit Schliffverzierung, ein weiterer Glasbecher, zahlreiche Glasflaschen und -krüge sowie kleinere Unguentarien gefunden, aus Keramik bestehen zwei Krüge und ein Topf[59].

Etwa dreihundertvierzig Meter von der Bestattung von 1977 entfernt wurde bereits um 1663 ein außerordentlich reich ausgestatteter Sarkophag entdeckt, von dessen Beigaben ein aus einem geperlten und zwei glatten Drähten gedrehter Goldarmreif und ein goldenes Scheitelband erhalten sind. Die noch bestimmbaren Funde legen einen Ansatz im dritten Jahrhundert nahe, vermutlich in dessen Mitte oder zweiter Jahrhunderthälfte[60]. Einige Meter neben diesem Fund

---

[55] Ebd. 402–404. Die Grabgrube des Bleisarges überschneidet diejenige des Sarkophages, Grab 2 ist also auch stratigraphisch jünger als Grab 1.

[56] W. Haberey, Bonner Jahrb. 149, 1949, 82–93, mit Datierung ins 4. Jh., zur Neudatierung des Grabes vgl. Gottschalk, Niederrheinische Bucht 34 f.

[57] Zusammenfassend zum Sarkophag mit Nachbestattung aus der 2. Hälfte des 3. Jhs. Andrikopoulou-Strack / Bauchhenß, Reliefsarkophag 47; A. Stauffer, Arch. Rheinland 2004, 113–115 (mit Lit.).

[58] F. Fremersdorf, Das Römergrab in Weiden bei Köln (Köln 1957); J. Deckers / P. Noelke, Die römische Grabkammer in Köln-Weiden. Rheinische Kunststätten 238 (Neuss 1980); P. Noelke, Kölner Jahrb. 41, 2008 (im Druck).

[59] Zusammenfassend zum Grabinventar A.-B. Follmann-Schulz, Kölner Jahrb. Vor- u- Frühgesch. 22, 1989, 49–68.

Vorbericht mit Interpretation der Inschrift des Löffels bei U. Heimberg, Rhein. Landesmus. Bonn 3/1980, 34–37. Zur Neudatierung s. Gottschalk, Niederrheinische Bucht 85; 112 f.

[60] Zum Grab von 1663 vgl. J. Freudenberg, Bonner Jahrb. 25, 1857, 122–137; H.-W. Böhme in: Führer vor- u. frühgesch. Denkm. Bd. 26. Nordöstl. Eifelvorland (Mainz 1974) 70–74. – Ein Vergleichsstück für das dort vorgelegte Scheitelband von Enzen, und zwar aus einem Schatzfund von Lyon, ist mit ca. 2000 Münzen vergesellschaftet, die bis in die Zeit von Septimius Severus reichen, s. A. Comarmond, Description de l'écrin d'une dame romaine trouvé à Lyon 1841 (Paris und Lyon 1844) 38 f. Taf. 4 Nr. 23. – Der Armring ist mit den Goldringen aus einem nach 251 angelegten Mädchengrab in Bonn vergleichbar, vgl. W. Haberey, Bonner Jahrb. 161, 1961, 319–332, bes. 323 mit Abb. 4 Taf. 57; 60, 3.

wurde im Jahr 1811 noch eine mutmaßliche Aschenkiste entdeckt, die jedoch nicht sicher ins dritte Jahrhundert eingeordnet werden kann. Nicht geklärt ist, ob die Gräber aus Enzen zu einer einzigen oder zu zwei benachbarten Siedlungen gehören.

Im Hambacher Forst wurde 1998 ein Brandgrab in einer vergangenen Holzkiste gefunden. Die Bestattung lag unter einer quadratischen Steinfundamentierung, die möglicherweise von einem Grabdenkmal stammt. Zu den Beigaben gehören ein Goldband, eine goldene Kette und ein Goldfingerring sowie vier figürliche Bernsteinarbeiten, ein Bernsteinspinnrocken, Bernsteinwürfel und Bernsteinperlen. Weiterhin fanden sich ein hoher zylindrischer Glaskrug, ein kleiner Krug und zwei Becher mit blauen und weißen Schlangenfadenverzierungen sowie ein Zweihenkelgefäß aus blauem Glas mit weißer federartiger Verzierung. Die Gläser erlauben eine Datierung des Komplexes in die Mitte oder die zweite Hälfte des dritten Jahrhunderts[61].

Angeblich aus der Nähe von Zülpich stammen zwei goldene Halsketten mit Perlen und zwei intakte Glasflaschen, die vom Rheinischen Landesmuseum Bonn als Rest eines Grabfundes angekauft wurden. Vergleichsfunde für die Gläser wie auch für die Ketten sind im Rheinland nachweisbar. Die Glasformen und auch eine Perlenkette gehören in die zweite Hälfte des dritten Jahrhunderts. Nach der Einheitlichkeit, dem Zustand der Gläser und der Zusammensetzung ist es plausibel, dass das Ensemble tatsächlich aus einem reichen rheinischen Grabfund stammt[62].

In einem Steinsarg aus einer Grabgruppe von Rommerskirchen mit einer Brandbestattung wohl aus der Mitte des dritten Jahrhunderts war die Leichenasche offenbar in ein Goldbrokattuch eingeschlagen. Zu den Beigaben gehören ein Haarnetz mit Perlen und vergoldeten Bronzeteilen, Ketten mit Glas- und Halbedelsteinperlen, eine mutmaßliche Spindel aus Bein, ein als silberne Totenspindel gedeuteter Spinnrocken, teilvergoldete Beinnadeln, ein Klappmesser, eine Schale aus Terra Sigillata, eine Öllampe, in verkohlten Resten erhaltene Weintrauben sowie zahlreiche Glasobjekte, darunter Flaschen, ein auf einem kleinen Marmortisch abgestellter konischer Becher, ein gläserner Hemmoorer Eimer, ein Kerzenleuchter und ein Teller. Der am gleichen Ort gefundene Bleisarg eines erwachsenen Mannes aus der Mitte des dritten Jahrhunderts war weniger reich ausgestattet, nämlich mit einer blauen Glasflasche, einer Schale aus Terra Sigillata und einem Becher aus Glanztonware[63].

Zum Inventar eines 1902 gefundenen Bleisarges aus Hürth-Hermülheim gehören ein Goldohrring, ein Bronzefingerring, ein Lignitarmreif, zwei Gagat- und dreizehn Beinnadeln, Kästchenbeschläge aus Buntmetall, ein Messergriff in Gladiatorenform, Glasflaschen und -becher, ein gläsernes Unguentarium, ein Glasteller, möglicherweise eine Spiegelscheibe sowie dreiundzwanzig oder fünfundzwanzig Münzen (Terminus post quem 268)[64].

In Köln-Bickendorf wurde wenige Meter von den Fundamenten eines Grabdenkmals entfernt ein Brandgrab geborgen, das einen silbernen Teller und einen Silberlöffel mit Goldtauschierung mit Inschrift des möglichen Männernamens »Adelfi« enthielt[65]. Zu den Funden gehören auch drei Tonkrüge, zwei Glasflaschen und fünf Münzen, die eine Datierung um 280 nahelegen[66].

---

[61] W. Gaitzsch in: H. Horn u. a. (Hrsg.), Millionen Jahre Geschichte. Fundort Nordrhein-Westfalen (Mainz 2000) 290–295.

[62] A.-B. Follmann-Schulz u. a., Bonner Jahrb. 187, 1987, 608–610.

[63] Chr. Dirsch u. a., Ber. Rhein. Landesmus. Bonn 2/2006, 25–29. Außer dem Steinsarg und dem Bleisarg wurden noch ein Bustum und eine Körperbestattung geborgen.

[64] J. Hagen, Bonner Jahrb. 114/115, 1906, 379–434 bes. 421–434. Zu den Münzen J. Gorecki, Ber. RGK 56, 1975, 319.

[65] Beispiele zum Namen Adelphius vgl. etwa A. Jones, The Prosopography of the Later Roman Empire 260–395 (Cambridge 1971) 13 f. In diesem Fall würde es sich um einen besitzanzeigenden Genitiv handeln. – Die Form »Adelphi« bzw. »Adelphoi« (»Die Brüder«) als latinisierter Plural könnte dagegen möglicherweise auf die Schenker hinweisen (freundlicher Hinweis Enno Coltzau).

[66] F. Fremersdorf, Prähist. Zeitschr. 18, 1927, 274–276 Taf. 37.

Lokalisierung	Schmuck und Zierrat aus Gold (Bernstein)	sonstiger Schmuck	Gegenstände der weiblichen Sphäre
Zülpich-Enzen (1977)	3 Ringe, Armreif, Perlen	Gagat, Silberring	Gagatrocken(?)
Rheinbach-Flerzheim Kinderdoppelgrab	2 Halsketten, Ring, Brokat	Gagat	
Köln-Lindenthal Grab 1	Kette, Armreif, Ring	Gagat*	
Hambacher Forst (1998)	Kette, Band, Ring		Bernsteinrocken
Bonn, Josefstraße	2 Ketten, Ohrringe, Armreifen, Ringe		Silberspiegel, Kästche m. Goldverzierung
Hambach 69 Grab 1	(Bernsteincollier)		Bernsteinrocken
Bonn, Adolfstraße, Grab I	2 Ringe, Herkuleskeule		
Rommerskirchen	Brokat, Haarnetz mit Vergoldung	Verschiedenes**	Silberblechrocken
Dorweiler	Brokat	Perlen	Bernsteinrocken
Bonn, Adolfstraße, Grab V	Herkuleskeule, Bleche, Herkulesknoten		
Hürth-Hermülheim (1902)	Ohrring	Lignitarmreif	
Köln-Lindenthal Grab 2		Gagat	
Brühl Grab 1			
Hürth-Hermülheim Grab 1			versilberter Spiegel
Jakobwüllesheim			Nadeln, Kamm

Tafelluxus	sonstige außergewöhnliche Beigaben	Grabform	Tpq
Silberbecken, Silberlöffel, 2 Schliffglasscyphi	Spielsteine, zahlreiche Gläser	Steinsarg (Brandgrab)	
Silberbecher, Schliffglasscyphus	Gagatstatuette, zahlreiche Gläser	Sarkophag	
Achatbecher, Schliffglasscyphus	Messer mit Achatgriff	Sarkophag	
Buntglas	Bernstein: Figuren und Würfel	Brandgrab, Grabdenkmal(?)	
Schliffglasbecher	Spielsteine, Stilus, zahlreiche Gläser	Sarkophag	251
	Glasstrigilis	Sarkophag	
Silberflasche		Aschenkiste	269
Glaseimer	Marmortischchen, zahlr. Gläser, Klappmesser	Steinsarg (Brandgrab)	
Goldglasfragment	silbervergoldete Messertasche	Sarkophag	
Trinkhorn	Messer mit Goldzwinge	Aschenkiste	
	Messer***	Bleisarg	268
	Messer mit Goldblech, Miniaturgeräte	Sarkophag	276
Schliffglasschale	2 Messer†, Miniaturgeräte	Sarkophag	270
	Messer mit Silberzwinge, Cypraea	Sarkophag	
	Messertasche, Messer mit Goldzwingen	Brandgrab m. Steinplatten	

Tabelle 1   Reiche Frauengräber des dritten Jahrhunderts im Rheinland, Ausstattungskategorien A 1 (oben) und A 2 (unten), in Auswahl. – Siglen: (Tpq) Terminus post quem anhand von Münzfunden; (*) darunter ein Gagatarmreif mit Golddraht; (**) vgl. Dirsch u. a. (Anm. 63); (***) der Griff in Form einer Gladiatorenfigur; (†) mit Gagat- und Goldgriff sowie mit Silberverkleidung.

Aus einer Aschenkiste mit Bestattung eines zwanzig bis vierzig Jahre alten Mannes aus Pattern stammen ein silberner Teller mit einem dionysischen Fries aus Masken und Tieren, ein silberner, teilvergoldeter Napf, der mit Lotospflanzen und Vögeln verziert ist, sowie ein silberner Löffel. Weiterhin waren auch ein bronzenes Salbfläschchen mit zwei Strigiles und mehrere Glasbecher, Kannen, Krüge und eine große Flasche beigegeben. Als Datierung wird in der Forschung der Beginn des dritten Jahrhunderts vorgeschlagen, wobei die Silbergefäße wohl älter sind[67].

Von einer durch Kiesabbau gestörten Grabgruppe mit vier Bleisärgen aus Lommersum darf Grab 2 vermutlich zu den Bestattungen mit gehobener Ausstattung gerechnet werden, da im Aushub Reste von Goldfäden gefunden wurden. Zu diesem Sarg gehören eine Glasflasche mit Facettschliff, ein oder zwei Glasbecher, Teile eines Kästchens, ein Holzkamm, Textil- und Fadenreste, ein Pinienzapfen und fünfundfünfzig Münzen (Terminus post quem 279)[68].

In einer Aschenkiste von Jakobwüllesheim aus der zweiten Hälfte des dritten Jahrhunderts wurden Fragmente eines Messertäschchens entdeckt, dessen silbernes Zierband die Inschrift »Non nita« trägt, die Messerzwinge besteht aus Gold. Zu den Beigaben gehören weiterhin Glasflaschen, ein röhrenförmiges Unguentarium, ein Aryballos, sechs Beinnadeln, ein fragmentierter Kamm, ein Griff und als Altstücke drei Münzen[69].

Reich ausgestattete Gräber des dritten Jahrhunderts sind im Rheinland nicht nur von Gutshöfen bekannt. Etwa vierhundert Meter östlich des Militärlagers Bonn wurde an der Ecke Adolfstraße und der Straße Im Krausfeld eine Grabgruppe mit vier Aschenkisten freigelegt. In Behälter Grab I lagen zwei goldene Fingerringe, eine Herkuleskeule aus Goldblech, eine silberne Flasche, außerdem zwei Glasflaschen, zwei Glasbecher und ein Tonkrug, ein verrosteter Eisenstift und sieben Münzen mit einem Terminus post quem von 269 (Abb. 13). Zwischen Grab I und der Aschenkiste von Grab II befand sich eine von Ziegeln eingefasste Konzentration zahlreicher Keramikgefäße, der Befund kann jedoch keiner dieser Bestattungen eindeutig zugeordnet werden. Aus Aschenkiste Grab V stammen eine goldene Herkuleskeule, ein Herkulesknoten aus Golddraht, ein Goldblech, ein Messer mit gedrechseltem Beingriff und Goldzwinge, eine Miniaturwaage und ein Trinkhorn mit Fadenauflage. Wohl zugehörig ist eine neben der Aschenkiste gefundene Münze des Nerva als Altstück[70].

---

[67] W. Gaitzsch, Arch. Rheinland 1997, 67 f.; ders. in: Horn, Fundort NRW (Anm. 61) 296 f. mit Datierung; ders. in: Festschrift Jülich (Anm. 45) 255–282, zur Typologie s. ders. / H. Haarich, Bonner Jahrb. 198, 1998, 411–413.

[68] D. Wortmann, Bonner Jahrb. 170, 1970, 252–258; V. Zedelius, Bonner Jahrb. 179, 1979, 639–648.

[69] J. Gerhards / W. Haberey, Bonner Jahrb. 159, 1959, 417–419.

[70] W. Haberey, Bonner Jahrb. 160, 1960, 285–300.

[71] Haberey (Anm. 60).

[72] Zur Rekonstruktion des zu Köln gehörenden städtischen Umlandes vgl. Eck, Köln 13–18.

[73] Funde, die keinem Grab zuweisbar sind, sowie unpublizierte Bestattungen s. etwa J. Poppelreuter, Bonner Jahrb. 114/115, 1906, 344–378 bes. 360 f. mit Abb. 6 (Bernstein); W. Hagen, Bonner Jahrb. 142, 1937, 77–144; A. Kisa, Bonner Jahrb. 99, 1896, 21–53 bes. 46 Taf. 2 Abb. 6 (silbervergoldeter Beschlag einer Messertasche Typus Dorweiler); A. Krug, Ber. RGK 61, 1980, 151–260, bes. 162 ff. (zu einem unpublizierten Mädchengrab des letzten Viertels des 3. Jhs., u. a. mit Gagatschmuck und Gemmenbeigabe, ebd. 163); S. Loeschke / H. Willers, Beschreibung römischer Altertümer gesammelt von C.A. Niessen, britischem Consul in Cöln a. Rh. (Köln 1911) 242 ff. (verschiedene Goldobjekte mit Fundortangabe Köln, darunter etwa die Ohrringe Nr. 4526–4545 von der Luxemburger Straße/Gräberfeld). Zu aufwendigen Gläsern des 3. Jhs. vgl. etwa F. Fremersdorf, Die römischen Gläser mit Schliff, Bemalung und Goldauflagen aus Köln. Denkmäler röm. Köln 8 (Köln 1967) passim.

[74] Friedhoff, Jakobstraße 254 Taf. 84. Er datiert ebd. 178 das Grab anhand der Beifunde in das Ende des 3. Jhs. und die 1. Hälfte des 4. Jhs. Da er ebd. 179 den Ohrring mit dem Exemplar aus der Josefstraße in Bonn (nach 251) verbindet und Vergleichsstücke für den Fingerring ebenfalls in die 2. Hälfte des 3. Jhs. gehören (etwa das achteckige goldene Exemplar aus Zülpich-Enzen), möchte ich Grab 134a von der Jakobstraße ins späte 3. Jh. einordnen.

[75] B. Päffgen, Die Ausgrabungen in St. Severin zu Köln. Kölner Forsch. 5 (Mainz 1992) Bd. III Taf. 6. Es handelt sich um ein Brandgrab in einem Holzkästchen. Die Münzen des Grabes stammen von Nerva und Antoninus Pius (nach der Mitte des 2. Jhs.), sind jedoch abgegriffen, vgl. ebd. Bd. II, 28 f.

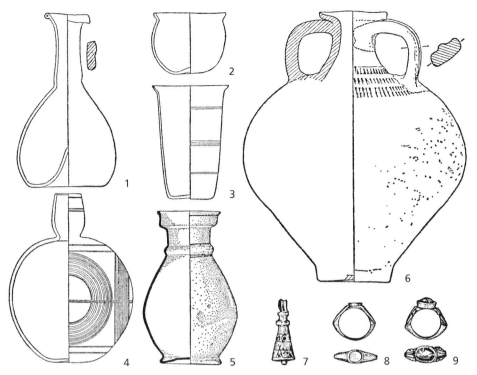

13   Bonn, Ecke Adolfstraße und Im Krausfeld, Aschenkiste Grab 1. (1–4) Glas, (5) Silber, (6) Keramik, (7–9) Gold. Maßstab (1–6) 1:3, (7–9) 2:3.

Ein reiches Mädchengrab mit Steinsarg wurde in der Bonner Josefstraße geborgen, die Fundstelle liegt etwa fünfhundertdreißig Meter südlich der Mauer des Militärlagers. Zur Ausstattung gehören unter anderem eine goldene Halskette mit Almandinen, ein Paar Goldohrringe mit Almandinen, eine Gliederkette aus Golddraht, zwei Goldringe mit Verschlussöse, drei Goldfingerringe, ein Gagatarmreif, ein kleiner Silberspiegel, eine silberne Röhre, ein eiserner Stilus, eine alt beschädigte und danach überarbeitete Glasschale mit eingeschliffenem Faustkämpfermotiv, mehrere Glasflaschen und Glasbecher, ein Glasgefäß in Tierform, Unguentarien, gläserne Spielsteine, ein Tontopf, Reste eines Kästchens mit vergoldetem Lederfutter und sieben Münzen, die einen Terminus post quem von 251 liefern[71].

Die oben zusammengestellten reichen Bestattungen stammen alle aus dem zur Verwaltung der antiken Stadt Köln gehörenden Gebiet[72]. In den Nekropolen des Zentralortes selbst sind ebenfalls reiche Grabinventare des dritten Jahrhunderts nachweisbar. Zahlreiche Einzelobjekte aus Edelmetall, Bernstein, Gagat, Elfenbein, Halbedelsteinprodukte wie Gemmen sowie Prunkgläser, die sich keinem geschlossenen Grabfund zuweisen lassen, stammen aus Altgrabungen. Auch sind noch reiche Kölner Gräber unpubliziert[73].

Das ungestörte Mädchengrab 134a in der Jakobstraße mit einem Holzsarg enthielt neben Geschirr eine Reihe von Schmuckstücken, darunter einen Goldohrring und einen achteckigen Silberring, außerdem einen Chalzedonanhänger, Glas- und Gagatperlen, eine Gagatnadel und einen Spiegel[74].

Zur Ausstattung des mutmaßlichen Mädchengrabes I 16 von St. Severin gehören eine goldene und eine silberne Herkuleskeule sowie ein mutmaßlicher Armreif aus Bein[75].

Aus der Nähe eines beraubten Sarkophages am Hohenzollernring, möglicherweise der Beigabennische, stammen unter anderem achtundsechzig Münzen mit einem Terminus post quem von 272, ein Kameo, eine Gemme, ein helmförmiges Gefäß mit Silber- und Nielloeinlagen, ein Bronzespiegel mit Gladiatorenszene und Spielsteine[76].

Der Aschenkiste Grab 2 vom Severinswall war ein Silberring mit Gemme beigegeben[77]. Im gestörten Erdgrab 11 des gleichen Gräberfeldbereiches wurde ein Gerätegriff mit Goldblechzwinge geborgen[78].

Aus der Richard-Wagner-Straße liegt der Fund eines Bleisarges mit einem Mädchengrab mit Goldohrringen sowie einer Glasflasche vor[79]. Von derselben Straße stammt die Aschenkiste mit dem gläsernen Achillespokal, die unter anderem noch ein Messer mit silberblechbelegtem Griff enthielt und wohl in die Zeit um 200 oder in das frühe dritte Jahrhundert gehört[80].

Die hier vorgelegte vorläufige Zusammenstellung von gut ausgestatteten Gräbern aus dem Umland von Köln erlaubt es, die reichen Funde des dritten Jahrhunderts aus Hürth-Hermülheim in ihrer sozialen Bedeutung genauer einzuordnen. In dieser Zeit ist – gemessen an der Zahl bekannt gewordener Funde – eine aufwendige Grabsitte in der Nähe römischer Villen relativ häufig. Die Zusammensetzung der Funde ist nicht einheitlich. Dennoch lassen sich einige Gemeinsamkeiten festhalten. Bis auf wenige Ausnahmen finden sich kostbare Beigaben in Sarkophagen oder Aschenkisten aus Stein, nur manchmal in Blei- oder einfachen Holzsärgen. Gelegentlich wurden Reste von Grabbauten oder Grabdenkmälern beobachtet. Mehrfach fanden sich bei einer Siedlung oder in einer Nekropole mehr als ein aufwendiges Grab, dort bestatteten also wohlhabende Familien.

Bei einem Teil der hochwertigen Funde handelt es sich um geschlechtsspezifische Beigaben von Mädchen und Frauen. Dazu zählen die meisten Teile des Goldschmuckes, also Ohrringe, Halsketten und Armreifen. Fingerringe können auch Männern gehören. Schmuck, Spinnrocken und wahrscheinlich auch kleine Schnitzarbeiten aus Bernstein und Gagat gehören ebenfalls in die weibliche Sphäre. In diesen Bereich sind auch einige Arten von Toilettegeräten wie Spiegel, kostbare Stoffe, von denen Goldbrokatreste erhalten sind, oder außergewöhnliche Stücke wie das Haarnetz aus Rommerskirchen sowie die Mehrzahl der Kästchen einzuordnen[81]. Charakteristische hochwertige Beigaben aus Männergräbern wie die silbernen Riemenzungen aus Hürth-Hermülheim Grab 4 sind wesentlich seltener[82]. Da Frauen häufiger mit geschlechtsspezifischen Beigaben ausgestattet wurden, die zugleich auch oft zu den besonders kostbaren Objekten gehören, sind die Inventare von reichen Männer- und Frauengräbern verschieden.

Reiche Gräber des Rheinlandes aus dem dritten Jahrhundert mit Beigaben aus Edelmetall oder Bernstein habe ich beschreibend der gehobenen Ausstattungskategorie A zugeordnet.

Die Männergräber der Kategorie A sollen hier schon aus Gründen der geringen Zahl nicht weiter untergliedert werden. Bei der Betrachtung von Mädchen- und Frauengräbern dieser Kate-

---

[76] F. Fremersdorf, Germania 15, 1931, 290 f. Taf. 18–19. Die Münzen lagen in einem Kasten. Die Beigabe von Kästchen und Spiegel legt eine Deutung als Frauengrab nahe. – Die Argumentation von Krug (Anm. 73) 162, nach der es sich beim Toten wegen der Gladiatorendarstellung und dem sogenannten Würfelbecher in Helmform um einen Mann handeln müsse, ist nicht überzeugend, wie gesicherte Frauengräber mit gladiatorenverzierten Beigaben (z. B. Messergriff in Gestalt einer Gladiatorenfigur aus Hürth-Hermülheim, Grab von 1902) oder mit Spielsteinbeigaben (z. B. Zülpich-Enzen 1977) zeigen.

[77] F. Naumann-Steckner, Ornamenta pretiosa. Ausst. Köln (Köln 2003) 9 f. mit Datierung in die 2. Hälfte des 3. Jhs.

[78] U. Giesler, Arch. in Köln 1, 1992, 77–79.

[79] Zum Grab eines Mädchens mit Goldohrringen aus Grab 109 in der Richard-Wagner-Straße vgl. den Vorbericht von St. Neu, Arch. in Köln 1, 1991, 71 (im Grab sonst nur noch eine Glasflasche); ders. in: Xantener Ber. Bd. 12. Festschr. G. Precht (Mainz 2002) 55–59 bes. 55 Anm. 4.

[80] St. Neu, Kölner Mus. Bull. 4, 1993, 4–17 datiert das Grab um 200, Naumann-Steckner, Ornamenta (Anm. 77) 10 f. schlägt eine Einordnung in das erste Drittel des 3. Jhs. vor.

[81] Auch einige Geräte wie Messer mit edelmetallverziertem Griff stammen meist aus Frauengräbern, das Exemplar aus Hürth-Hermülheim Grab 4 ist eine Ausnahme.

[82] Anthropologisch als Mann sind außer Hürth-Hermülheim Grab 4 auch die oben angesprochenen Bestattungen in der Aschenkiste von Pattern, im Bleisarg Brühl Grab 2 und im Bleisarg von Rommerskirchen bestimmt. Die Namensangabe »Leo« spricht bei einem Bleisarg von Rheinbach-Flerzheim für einen Knaben, die mutmaßliche Namensangabe »Adelfi« im Brandgrab von Köln-Bickendorf weist auf einen männlichen Toten.

gorie sind im Kölner Umland hingegen Qualitätsunterschiede feststellbar (Tabelle 1). Die tabellarisch aufgenommenen Inventare von Zülpich-Enzen (1977), Rheinbach-Flerzheim (Kinderdoppelgrab), Köln-Lindenthal Grab 1, Hambacher Forst (1998) sowie das Mädchengrab von der Josefstraße in Bonn enthielten aufwendigen Goldschmuck, anzuschließen ist Hambach 69, Grab 1 mit der großen Bernsteinkette. All diese Gräber sind außerdem mit weiteren außergewöhnlichen Beigaben, darunter Gefäße aus Silber und aufwendige Gläser, qualitätvollen Objekten aus der weiblichen Sphäre oder weiteren Gegenständen der gehobenen Lebensführung ausgestattet und lassen sich daher zur Kategorie A 1 zusammenfassen.

Stark an diesen reichsten Gräbern orientiert sind noch zwei Aschenkisten mit Goldschmuck von der Adolfstraße in Bonn, bei denen ein Silbergefäß in Grab 1 und ein Elfenbeinmesser mit Goldbesatz in Grab 5 die gehobene Qualität unterstreichen; außerdem der Steinsarg von Rommerskirchen und Sarkophag Grab 2 von Dorweiler, bei denen zwar Goldschmuck im engeren Sinne fehlt, die Gesamtausstattung insgesamt aber durch hochwertige Objekte aus unterschiedlichen Lebensbereichen betont wird.

Bei Frauengräbern der immer noch reichen Kategorie A 2, die aber nur wenig Edelmetall enthalten, ist die Qualität der übrigen Beigaben durchweg geringer. Goldschmuck ist hier nur durch einen Ohrring aus dem 1902 gefundenen Bleisarg von Hürth-Hermülheim vertreten, Bernstein ist in dieser Kategorie unüblich. Geräte mit Edelmetallteilen und Gagatschmuck sind dagegen mehrfach nachweisbar. Die Qualität des Geschirrs ist offenbar geringer als in Kategorie A 1, besonders die außergewöhnlichen Beigaben wie Schliffglasskyphi fehlen, Schliffgläser mit figürlichen Darstellungen sind selten.

In die tabellarische Aufstellung gehen deutlich unvollständige Inventare nicht ein. Teilinventare wie der Grabrest von Zülpich-Enzen (1663) oder das mit Fundortangabe Zülpich angekaufte Konvolut sind ein Indiz dafür, dass in der Vergangenheit Bestattungen der Kategorie A 1 zerstört wurden. Der Befund bei der Aschenkiste Grab 19 von Hürth-Hermülheim mit der goldenen Herkuleskeule ist so stark verunklärt, dass diese Bestattung nur allgemein zur Kategorie A gerechnet werden kann[83].

Die genannten reichen Grabausstattungen bringen nicht nur Wohlstand, sondern ein ganzes Spektrum römischer Lebensart zum Ausdruck. Schliffgläser und Silbergeschirr weisen auf eine gehobene Tafelkultur hin. Der Achatbecher aus Köln-Lindenthal Grab 1 dürfte auch sehr hohen Ansprüchen genügt haben, waren Becher aus Halbedelstein doch sogar als Festgeschenk in der stadtrömischen Gesellschaft gefragt[84]. Spinngeräte aus kostbaren Materialien waren geeignet, auf die mit Textilarbeiten verbundenen weiblichen Tugenden der Verstorbenen hinzuweisen. Spiegel und Kosmetika sind Accessoires weiblicher Schönheitspflege, Goldbrokatreste zeigen, dass auch kostbare Stoffe in die Gräber gelangten. Die Beigaben von Schreibgeräten und einigen beschrifteten Gegenständen weisen auf die Lese- und Schreibfähigkeit von Frauen und Männern hin.

Eine Interpretation dieser reichen Gräber muss versuchen, diese und weitere kulturelle Aspekte zu erfassen. Im Rheinland nimmt die Zahl von Grabsteinen und Grabmonumenten im dritten Jahrhundert ab. Der archäologisch nachweisbare Aufwand für die Bestattung verlagerte sich also zunehmend unter die Erde. Es ist daher mit aller gebotenen Vorsicht statthaft, den durch Grabfunde gekennzeichneten Ausschnitt des Totenbrauchtums vergleichend zu untersuchen[85].

---

[83] Die Gräber der Kategorie B, für die unter anderem das Fehlen von Edelmetall charakteristisch ist, sind nicht tabellarisch dargestellt. Da nur Beispiele von reichen Gräbern aus dem Umland von Köln näher vorgestellt wurden, sind die Funde von städtischen Nekropolen in der Tabelle ebenfalls nicht berücksichtigt.

[84] So etwa Mart. 14, 113 (murrina) zu Gefäßen aus Flussspat,

dazu H. Blümner, Technologie und Terminologie der Gewerbe und Künste bei Griechen und Römern III (1884) 276f. – Vgl. H. Merten, Arch. Korrbl. 2009, 135–140 mit Lit.

[85] Für das 1. und 2. Jh. wäre dieser Ansatz hingegen nicht angemessen, da das ehemalige Verhältnis von oberirdisch betriebenem Aufwand – etwa durch einen Grabstein – und Beigabenausstattung im Regelfall nicht zu überprüfen ist.

Wie bereits dargelegt, wird es sich bei den zu ländlichen Siedlungen gehörenden Funden um Bestattungen der Gutsbesitzerfamilien handeln, wie der materielle Aufwand zeigt. Da innerhalb kleiner Grabgruppen wie in Köln-Lindenthal oder in der Villa Hambach 69 nebeneinander Gräber der Ausstattungskategorie A 1 sowie der Kategorie A 2 oder B vorkommen, zeigen sich innerhalb einer Familie Unterschiede beim Beigabenreichtum.

Es ist kaum möglich, den materiellen Wert der einzelnen Beigaben untereinander sowie den Aufwand für die Bestattung insgesamt, also beispielsweise den Preis eines Steinsarges und die Kosten der Begräbnisfeierlichkeiten abzuschätzen und in eine angemessene Beziehung zu setzen[86]. Plinius der Ältere erwähnt in seiner Naturgeschichte, dass ein kleines Bernsteinbildnis bereits den Wert eines Sklaven übersteigen konnte[87]. Falls eine solche Angabe auch nur annähernd auf das Rheinland des dritten Jahrhunderts übertragbar ist, entspräche die Bernsteinausstattung einiger Bestattungen dem Preis für mehrere Diener.

Aus diesen und anderen Gründen ist der Vergleich einer Beigabenausstattung mit dem mutmaßlichen Vermögen einer Landbesitzerfamilie problematisch. Die Villen, bei denen reiche Gräber gefunden wurden, können sich nach Größe und Typus unterscheiden[88]. Solche Unterschiede mögen auf wirtschaftliche oder soziale Unterschiede der Besitzer zurückgehen, obwohl diese Gräber der gleichen Kategorie angehören. Weiterhin lässt die Zusammensetzung von Schatzfunden der zweiten Hälfte des dritten Jahrhunderts aus Gallien vermuten, dass wohlhabende Familien hochwertige Gegenstände wie Silbergeschirr und große Silberspiegel besaßen, die auch in reichen Gräbern nicht zur Norm gehören[89]. Die Grabausstattungen erlauben keinen Rückschluss auf den Bestand an solchen Kostbarkeiten in den Haushalten.

Die Herstellung und der Transport eines mehrere Tonnen schweren Steinsarges könnten bereits den Materialwert eines kleinen Goldobjektes überstiegen haben. Bei der Verwendung eines solchen Sarges darf aus dem Fehlen von Merkmalen der Ausstattungskategorie A also nicht auf eine mangelnde wirtschaftliche Leistungsfähigkeit der Toten und ihrer Familien geschlossen werden.

Ein Sarkophag oder eine Aschenkiste aus Stein wurde im Rheinland des dritten Jahrhunderts nicht zwangsläufig mit außergewöhnlich kostbaren Beigaben versehen. Zu diesen im Verhältnis schlichteren Ausstattungen, die hier zur Kategorie B zusammengefasst sind, gehören etwa Funde aus einer Grabgruppe mit Sarkophag und zwei Aschenkisten von Hürth-Aldenrath, in der Objekte aus Glas, Keramik, Buntmetall und Bein, hingegen keine aus Edelmetall oder Bernstein geborgen wurden[90]. Auch in einem teilweise ummauerten Gräberbezirk in Euskirchen-Kirchheim mit einem allerdings gestörten Sarkophag sind weder Bernstein noch Edelmetall nachweisbar[91]. Eine Aschenkiste des dritten Jahrhunderts aus Kerpen-Sindorf enthielt eine Glasflasche, einen Glasbecher, Kästchenteile und eine Rippenschale aus Buntmetall[92]. In der Aschenkiste von Berzdorf mit Bestattung eines zwanzig bis dreißig Jahre alten Mannes lagen ein gläsernes Trinkhorn mit Fadenauflage, ein Glaskelch, ein Becher aus Glanztonware, ein Satz von drei kleinen Kännchen und Spielsteine[93]. Zur Kategorie B gehört auch der oben bereits erwähnte Steinsarg Grab 2 von der Siedlung Hambach 69.

Nach den genannten Argumenten lässt sich kein Beweis dafür finden, dass die beschreibend vorgestellten verschiedenen Ausstattungskategorien A und B unmittelbar einen unterschiedlichen Wohlstand widerspiegeln. Vielmehr sind andere Gründe für diese Unterschiede zu diskutieren.

---

[86] Historische Quellen zum Verlauf von Begräbnisfeierlichkeiten etwa bei J. Marquardt, Das Privatleben der Römer (²Leipzig 1886) 340. – Einen Leichenzug im spätantiken Gallien beschreibt Sulp. Sev. Vita Martini 12.
[87] Plin. nat. 37, 12, 51.
[88] Vgl. U. Heimberg, Bonner Jahrb. 202/203, 2002/2003, 93–97 zu den Villen HA 69 und Rheinbach-Flerzheim.
[89] Zu Silberschätzen des 3. Jhs. vgl. etwa F. Baratte, Le trésor de la place Camille-Jouffray à Vienne (Isère). 50. suppl. à Gallia (Paris 1990) passim; ders. u. a., Trésors d'orfèvrerie gallo-romains, Ausst. Paris (Paris 2001) passim.
[90] W. Haberey, Bonner Jahrb. 155/156, 1955/56, 469–473.
[91] U. Heimberg, Bonner Jahrb. 179, 1979, 525–542.
[92] Vgl. D. Soechting / U. Heimberg / D. Haupt, Bonner Jahrb. 178, 1978, 715 f.; Gottschalk, Niederrheinische Bucht 60.
[93] W. Haberey, Bonner Jahrb. 159, 1959, 385 f.

Im dritten Jahrhundert steigt die Zahl reicher Grabinventare im römischen Reich allgemein an[94]. Vor diesem Hintergrund braucht es nicht zu verwundern, dass im Rheinland bereits vor den politischen Veränderungen der zweiten Hälfte des dritten Jahrhundert einige gut ausgestattete Gräber angelegt wurden[95]. Die Gesamtzahl der hier vorgestellten Befunde in einem relativ eng umgrenzten Raum stellt jedoch ein eigenes Phänomen dar[96].

Es wird vermutet, dass gut ausgestattete Gräber der zweiten Hälfte des dritten Jahrhunderts im Kölner Umland mit dem Gallischen Sonderreich und seiner Hauptstadt Köln zu verbinden sind[97]. Das Phänomen kann deshalb in gewisser Weise mit der Sitte der Anlage von sogenannten Prunkgräbern verglichen werden, die auch in anderen Kulturen in Zeiten sozialer Veränderungen beobachtet wird[98]. Bereits vor der Usurpation des ersten gallischen Sonderkaisers Postumus war der Imperator Gallienus im Jahr 256 zur Bekämpfung germanischer Stämme an den Rhein gekommen; er hatte in Köln Station bezogen und hier eine Münzstätte einrichten lassen. Köln wurde daher offenbar schon zu dieser Zeit als besonders geeignet angesehen, den Kaiser und seinen Hof aufzunehmen[99]. Eine politische Aufwertung Kölns hat daher bereits unter Gallienus, also vor der Entstehung des Gallischen Sonderreiches stattgefunden, die wirtschaftlichen und logistischen Voraussetzungen für die Aufnahme des Kaisers und seines Trosses dürften sogar noch früher gegeben gewesen sein.

Die Häufung reicher Gräber aus der zweiten Hälfte des dritten Jahrhunderts fällt zeitlich gut mit dieser politischen Aufwertung Kölns zusammen. Es ist daher plausibel, die meisten Bestattungen der Ausstattungskategorie A einer Bevölkerungsschicht zuzurechnen, welche auf die politischen Veränderungen in der Form reagierte, dass sie ihren Status auch durch einen besonderen Aufwand bei der Bestattung zeigen wollte.

Landbesitzende Familien, die mit außergewöhnlichen Grabausstattungen Wohlstand, Kultur und Prestigebewusstsein zum Ausdruck bringen, dürfen einer gehobenen Gesellschaftsschicht zugeordnet werden. Als eine Gruppe der Träger »reicher« Grabsitten kommt die städtische Oberschicht in Betracht. Dazu können etwa etablierte Familien gehören, deren Wohlstand sich nach den Grabfunden über eine Generation oder länger verfolgen lässt. Die Familie, die im vierten Jahrhundert den Gutshof von Köln-Braunsfeld besaß, wird mit dem Dekurionenstand in Verbindung gebracht. Zu den dort gefundenen Sarkophagen gehören kostbare Beigaben: zu Grab 1 ein mit christlichen Szenen verziertes Goldglas, zu Grab 3 die Zirkusschale und zu Grab 5 ein Diatretbecher[100]. Voraussetzung zur Aufnahme in den Dekurionenrat waren freie Geburt, das Bürgerrecht, der Kandidat durfte keinem als unehrenhaft empfundenen Gewerbe nachgehen und musste ein Mindestvermögen nachweisen. Für Köln wird der Umfang dieses Gremiums auf

---

[94] Vgl. etwa die Zusammenstellungen bei A. Rottloff in: W. Czysz u. a. (Hrsg.), Provinzialrömische Forschungen. Festschrift für Günter Ulbert zum 65. Geburtstag (Espelkamp 1995) 371–386; H. v. Hesberg in: P. Fasold u. a. (Hrsg.), Bestattungssitte und kulturelle Identität, Kolloquium Xanten 1995. Xantener Berichte 7 (Köln und Bonn 1998) 13–28; J. Griesbach in: M. Heinzelmann u. a. (Hrsg.), Römischer Bestattungsbrauch und Beigabensitten. Kolloquium Rom 1998. Palilia 8 (Wiesbaden 2001) 99–121.

[95] Vgl. etwa die Zusammenstellung bei W. Gaitzsch in: Festschr. Jülich (Anm. 45) 255–282 bes. 279f.

[96] Die Grenzen der Bestattungsbräuche sind nicht deckungsgleich mit den politischen Stadtgrenzen von Köln, jedoch weisen die Kännchen etwa aus Grab 10 von Xanten mit Goldanhänger und Schmucksteinen auf die Nähe zu Beigabensitten des Kölner Umlandes, vgl. C. Bridger / K. Kraus, Bonner Jahrb. 200, 2000, 25–81. Aus Grab 12 dieser Fundstelle stammen u. a. ein Klappmesser mit Elfenbeingriff und Silberzwinge und ein Silberring mit Karneolgemme. – Zu einem möglicherweise in Venlo zu lokalisierenden reichen Grab vgl. F. Naumann-Steckner, Kölner Jahrb. 37, 2004, 103–121. – In Nachbarregionen gibt es andere Formen reicher Gräber, vgl. etwa gut ausgestattete Tumuli der Belgica, s. M. Mariën, Quatre tombes romaines du IIIe siècle. Thoerembais-Saint-Trond et Overhespen. Monographie d'archéologie nationale 8 (Brüssel 1994) passim.

[97] Haberey, Brühl 402; Noelke, Gräber 422 f.; R. Gottschalk, Arch. Nachrbl. 9, 2004, 339–341.

[98] G. Kossack in: ders. / G. Ulbert (Hrsg.), Studien zur vor- und frühgeschichtlichen Archäologie, Festschrift für Joachim Werner zum 65. Geburtstag, Münchner Beiträge zur Vor- und Frühgeschichte, Ergbd. 1 (München 1974) 3–33.

[99] Eck, Köln 552–556.

[100] Fundvorlage bei Doppelfeld (Anm. 6) 13–23. Vgl. Gottschalk, Studien II, 267 f.; Eck, Köln 316 f.

etwa hundert Personen geschätzt. Die in den Gräbern der höchsten Ausstattungskategorie des dritten Jahrhunderts zum Ausdruck kommenden Vorstellungen – neben dem Wohlstand der Familien vor allem auch die beschriebenen Hinweise auf gehobene kulturelle Standards – sind für diesen Personenkreis passend. Die Verbreitung der Funde in Villen außerhalb des eigentlichen Zentralortes Köln widerspricht dieser Möglichkeit nicht, da epigraphische Zeugnisse verstreuten Landbesitz der städtischen Oberschicht innerhalb des verwaltungsmäßig zum Stadtgebiet Kölns gehörenden ländlichen Territoriums belegen[101]. Allerdings spricht die im Vergleich zur mutmaßlichen Anzahl der Dekurionenfamilien relativ hohe Zahl von Fundorten mit Belegen der Ausstattungskategorie A des dritten Jahrhunderts aus dem Kölner Umland sowie der Nachweis von weiteren gut ausgestatteten Gräbern aus Köln dafür, dass reiche Bestattungen in dieser Zeit von einem insgesamt größeren Personenkreis angelegt wurden.

Die silbernen Riemenzungen aus Hürth-Hermülheim Grab 4 bieten einen Anhaltspunkt dafür, dass Offiziere ebenfalls aufwendig bestattet wurden. Anzunehmen ist, dass die begüterten Frauen der Gräber 1 und 19 zur gleichen Familie gehören[102]. Auch reiche Gräber aus der Nähe des Bonner Legionslagers zählen wegen des Fundortes vielleicht zu Familien höherrangiger Militärs.

Außerdem haben möglicherweise Beamte sowie Personen, die aus den veränderten Bedingungen wirtschaftliche Vorteile gezogen hatten und daraus einen Prestigegewinn ableiten konnten oder noch erhofften, dies bei der Bestattung in Szene gesetzt. Dass diese unterschiedlichen sozialen Gruppen tatsächlich einen vergleichbaren Aufwand beim Begräbnis betrieben, lässt sich am Beispiel von Erotensarkophagen des dritten Jahrhunderts aus dem Rheinland zeigen. Der Erotensarkophag aus Weilerswist war für die Ehefrau eines Signifer der Legio I aus Bonn bestimmt, ein weiteres Exemplar aus Köln war Deccia Materna, Tochter eines Kölner Dekurionen, zugeeignet und ein drittes Stück, ebenfalls aus Köln, wurde von Desideratus, einem Händler mit Steinmetzerzeugnissen für sich, seine Ehefrau Verecundinia Placida und seinen Sohn Verecundinius Desiderius erworben[103]. Wenn wohlhabende Kaufleute gleichartige Steinsärge wie Dekurionenfamilien oder Angehörige reicher Soldaten verwendeten, mögen sie ebenfalls wie diese hochwertige Grabbeigaben ausgewählt haben.

Vor dem Hintergrund der politischen Verhältnisse ist nachvollziehbar, dass die Gräber der höchsten Ausstattungskategorie nicht abrupt mit dem Ende des Gallischen Sonderreiches abbrechen. Der letzte Sonderkaiser Tetricus war zwar Kaiser Aurelian im Kampf unterlegen, erhielt danach aber seinen Sitz im Senat zurück und wurde mit der Administration von Lukanien betraut. Die Anhänger der ehemaligen Usurpatoren in Köln wurden wahrscheinlich geschont[104]. Daher bestand wohl keine Veranlassung, gewohnte Grabsitten unmittelbar zu verändern. In der Zeit um 300 verschob sich dann allerdings der Ausstattungsmodus reicher Gräber zugunsten aufwendiger Geschirrbeigaben. Die vorher so prägenden Deponierungen von Goldschmuck und Bernstein traten mit jener Generation der provinzialrömischen Bevölkerung im Kölner Umland, die nicht mehr im Gallischen Sonderreich sozialisiert wurde, in den Hintergrund.

Eine Abhängigkeit des Beigabenreichtums vom Sterbealter lässt sich für die gut ausgestatteten Gräber des dritten Jahrhunderts im Rheinland bislang nicht nachweisen[105]. In einem gebiets-

---

[101] Eck, Köln 316. Der bekannte Grabstein des im Jahr 352 verstorbenen Dekurionen Masclinius Maternus wurde bei Zülpich-Hoven gefunden, er wurde dort vermutlich auf seinem eigenen Besitz bestattet, vgl. ebd. mit Anm. 5.
[102] Der individuelle Status des nur teilweise geborgenen Grabes 17 ist nicht sicher bestimmbar.
[103] Zum Sarkophag von Weilerswist etwa Andrikopoulou-Strack / Bauchhenß, Reliefsarkophag mit Lit. – Zum Erotensarkophag der Deccia Materna und dem für die Familie des Desideratus gefertigten Stück vgl. B. und H. Galsterer, Die römischen Steininschriften aus Köln (Köln 1975) Nr. 293 und Nr. 325; Friedhoff, Jakobstraße 245 f. mit Inventar der Nachbestattung aus dem Steinsarg der Deccia Materna. – Zu unterschiedlichen Personenkreisen, die in Köln und im städtischen Kölner Umland große Grabdenkmäler errichten ließen, vgl. etwa Eck, Köln 391–401.
[104] Eck, Köln 580 f.
[105] Die bislang geringe Zahl anthropologisch bestimmter Sterbealter erlaubt noch keinen Abgleich der Altersstruk-

übergreifenden Ansatz versucht Andrea Rottloff, reiche Bestattungen weiblicher Toter des zweiten und dritten Jahrhunderts mit Kindern und jüngeren Frauen in Verbindung zu bringen[106]. Auch im Rheinland sind mehrere Kindergräber mit Goldbeigaben ausgestattet. Die der Kategorie A 1 angehörende Brandbestattung der wohl im Alter von vierzig bis fünfzig Jahren verstorbenen Frau von Zülpich-Enzen (1977) bietet jedoch einen Hinweis darauf, dass in dieser Region auch mature Frauen noch Goldschmuck und weitere kostbare Beigaben erhielten[107]. Die Dame aus Brühl Grab 1, die der Ausstattungskategorie A 2 zugerechnet wird, starb im Alter von über sechzig Jahren, die Tote aus Grab 1 von Hürth-Hermülheim, die zu gleichen Kategorie gezählt wird, wurde vierzig bis fünfzig Jahre alt. In Anbetracht der geringen Zahl anthropologisch untersuchter Gräber und weiterer Nachweise von Goldbeigaben aus zerstörten Bestattungen scheint die Abhängigkeit des Beigabenreichtums vom Lebensalter für das spätantike Rheinland im Gegensatz zu Gräbern der Merowingerzeit statistisch bislang nicht gesichert[108].

Die Bevölkerung im vierten Jahrhundert

Seit der Mitte des vierten Jahrhunderts kommen in Gräberfeldern Nordgalliens verstärkt Beigaben vor, die wahrscheinlich nicht auf provinzialrömische Ausstattungstraditionen zurückgehen und daher als Indizien für germanische Bestattungen gelten. Dazu gehören bei Männern schwere Waffen und sogenannte Militärgürtel, bei Frauen Trachtbestandteile wie Haarpfeile und spezielle Fibeltypen; darüber hinaus auch Kämme mit dreieckiger Griffplatte, Edelmetallmünzen, Halsreifen, Spinnwirtel, Eisenscheren, Feuerstähle und Feuersteine, handgemachte Keramik oder Holzeimer, hinzu kommt die Anlage von Brandgräbern noch weit nach Ende der provinzialrömischen Brandgrabsitte[109]. Bei der Diskussion der in Hürth-Hermülheim gefundenen Kämme, Militärgürtel, Silbermünzen oder der achterförmigen Bernsteinperlen soll darauf näher eingegangen werden[109a].

Wichtig ist, dass einige dieser als unrömisch zu deutenden Fundgegenstände auf germanische Vorbilder zurückgehen oder sie selbst möglicherweise sogar importiert sind[110]. Manche anderen Beigaben stammen zwar nicht aus fremden Formtraditionen, ihre Verwendung ist aber offenbar auf Vorstellungen aus verschiedenen germanisch geprägten Lebensbereichen zurückzuführen[111]. Dies gilt etwa für die Ausstattung der Toten mit schweren Waffen, Gürtelteilen oder einigen Arten von Geräten. Die manchmal sogar bereits bei Kindern nachzuweisende Mitgabe von Waffen und Militärgürteln ist wohl auf die Einstellung von Germanen zurückzuführen, die ihren Stand und ihr Selbstverständnis als Krieger auf diese Weise über den Tod hinaus zum Ausdruck brachten. Dabei ist die Häufigkeit von Waffenbeigaben im fünften Jahrhundert gestiegen[112]. Die

---

tur von im Grab »reich« ausgestatteten Frauen mit einer adäquaten Alterspyramide.
[106] Rottloff (Anm. 94) 382–385.
[107] Zum Sterbealter der Toten vgl. A.-B. Follmann-Schulz, Kölner Jahrb. Vor- u- Frühgesch. 22, 1989, 49.
[108] E. Stauch in: S. Brather (Hrsg.), Zwischen Spätantike und Frühmittelalter. RGA Ergbd. 57 (Berlin und New York 2008) 275–295; dies., Alte Menschen im frühen Mittelalter. Soziale Definition durch Alter und Geschlecht (in Druckvorbereitung). Eva Stauch sei für Anregungen herzlich gedankt.
[109] Vgl. etwa die Zusammenstellung germanischer Indizien bei Böhme, Grabfunde 166 f.
[109a] Siehe den zweiten Teil dieses Artikels.
[110] Vgl. den zweiten Teil dieses Artikels, etwa zu Kämmen mit dreieckiger Griffplatte sowie berlockförmigen Perlen.
[111] Vgl. Böhme, Grabfunde bes. 186–194.

[112] Böhme, Grabfunde 165; 189 f. 178–180, mit Hinweis darauf, dass bereits Kinder und Jugendliche mit Waffen und anderen reichen Beigaben ausgestattet wurden und daher als Mitglieder der germanischen Führungsschicht zu erkennen waren. – S. Brather, Ethnische Interpretationen in der frühgeschichtlichen Archäologie. Geschichte, Grundlagen und Alternativen. RGA Ergbd. 42 (Berlin und New York 2004) 300 sieht diese spätantiken Waffenbeigaben als Statussymbole, was nach der Argumentation von Böhme, Grabfunde 165 nicht zwangsläufig in Widerspruch zu einer »ethnischen« Interpretation gesehen werden muss. – Vgl. RGA XVII (2001) 584–588 s. v. Laeten und Laetengräber (H.-W. Böhme) bes. 586; M. Schulze-Dörlamm, Jahrb. RGZM 32, 1985, 509–569; Lenz, Germanische Siedlungen bes. 352.

Beigabe germanischer Fibelformen geht offenbar direkt auf eine Mode peplosartiger Gewänder bei Germaninnen zurück, die im Gegensatz zu den ohne Fibeln getragenen Tuniken der romanischen Bevölkerung mit Gewandnadeln befestigt werden. Diese Fibeltracht wird offenbar vorwiegend von der ersten Generation zuwandernder Germaninnen getragen und dann zugunsten der Tunika aufgegeben[113].

Das Vorkommen unrömischer Formtraditionen und anderer Vorstellungen kann in Gräbern nicht für Einzelfälle isoliert betrachtet werden, denn im Sonderfall lässt sich ein Erwerb einer Beigabe wie eines Kamms mit dreieckiger Griffplatte durch Import, Geschenk und ähnliches nicht ausschließen[114]. Aussagekräftig ist dagegen die Beobachtung, dass die oben beschriebenen germanischen Indizien immer wieder unabhängig voneinander in Bestattungen kombiniert sind. Nicht geschlechtsspezifische Objektgruppen verbinden dabei Männer und Frauen. Von einigen Fundorten sind mehrere Gräber mit germanischen Indikatoren bekannt, kulturelle Zusammenhänge betreffen also ganze Gruppen[115].

Sucht man den Vergleich mit Bestattungsplätzen, wo ein germanischer Bevölkerungsanteil vorlag, so sind die zu landwirtschaftlichen Betrieben gehörenden Nekropolen von Vert-la-Gravelle und Cortrat von ähnlicher Größe wie das Gräberfeld von Hürth-Hermülheim und weitere spätantike Gräberfelder des Rheinlandes[116]. Von den beiden französischen Fundorten sind Männer mit Waffen und Frauen mit germanischen Fibelformen bekannt[117]. Der Anteil beigabenloser Gräber liegt dort allerdings deutlich höher als in Hürth[118].

Weitere Unterschiede betreffen die Beigabenausstattungen und die Grabsitten. In Hürth-Hermülheim sind keine schweren Waffen nachgewiesen[119]. Die Fibeln aus Frauengräbern lassen sich hier nicht unmittelbar einer germanischen Tracht zuordnen[120]. Ähnliche Phänomene kommen im Rheinland noch bei anderen Gräberfeldern vor. So sind in den vollständig ausgegrabenen Nekropolen von Eschweiler-Lohn und der Villa Hambach 132 jeweils Militärgürtel, aber keine schweren Waffen bekannt. Germanische Frauenfibeln fehlen ebenfalls[121]. Auch die Zahl der beigabenlosen spätantiken Gräber ist dort verhältnismäßig gering[122]. Die genannten Unter-

---

[113] H.-W. Böhme in: D. Geuenich (Hrsg.), Die Franken und die Alemannen bis zur Schlacht bei Zülpich. RGA Ergbd. 19 (Berlin 1998) 31–58, bes. 43; RGA s. v. Laeten (vorige Anm.) 586 (jeweils mit Lit. zum Nachweis zahlreicher Fundorte). – Kritisch zum ethnischen Aussagewert von Beigaben etwa Brather, Interpretationen (vorige Anm.); H. Fehr in: Brather, Spätantike (Anm. 108) 67–102.

[114] Der Aussagewert von ganzen Beigabengruppen ist im Einzelfall zu diskutieren, für das Rheinland vgl. etwa oben zur möglicherweise kontinuierlich bis in die Spätantike nachweisbaren Scherenbeigaben.

[115] Vgl. Böhme, Grabfunde 191, der zusätzlich noch auf das gleichartige Verbreitungsbild unterschiedlicher Teile germanischer Frauen- und Männergrabinventare hinweist.

[116] Böhme, Grabfunde 180. Vgl. unten zum Gräberfeld der Villa HA 132 und zum Bestattungsplatz von Eschweiler-Lohn (WW 39).

[117] Vgl. Böhme, Grabfunde 167 Abb. 56. Danach sind von Cortrat achtunddreißig Gräber und von Vert-la-Gravelle vierunddreißig bekannt, davon ist je ein Grab mit Waffen und drei mit Frauenfibeln ausgestattet.

[118] Die Beigabenlosigkeit liegt nach Böhme, Grabfunde 167 Abb. 56 in Vert-la-Gravelle bei einem Fünftel und in Cortrat bei der Hälfte, in Hürth-Hermülheim sind lediglich drei von über vierzig Gräbern sicher beigabenlos, bei zwei gestörten Bestattungen sind keine Beigaben nachweisbar (vgl. oben).

[119] Die am Militärgürtel getragenen Messerformen (vgl. den zweiten Teil dieses Artikels) sind sowohl als Waffe wie als Werkzeug einsetzbar.

[120] Zu berücksichtigen ist allerdings, dass das Gräberfeld von Hürth-Hermülheim nicht vollständig bekannt ist. Zu provinzialrömischen Fibelformen aus den anthropologisch bestimmten Frauengräbern 14 und 36 vgl. den zweiten Teil dieses Artikels.

[121] Für Auskünfte zum Gräberfeld HA 132 danke ich Wolfgang Gaitzsch und Marion Brüggler. – Der erwähnte rheinische Gräberfeldtyp hat somit auch nicht an der oben erwähnten Zunahme von Waffengräbern teil.

[122] Gaitzsch u. a., Glashütten 182 nennen für den Bestattungsplatz der Villa HA 132 sechsunddreißig reiche spätrömische Körpergräber und neun Brandbestattungen (bei siebenundvierzig Befunden, vgl. 184 Abb. 55). Im unveröffentlichten Gräberfeld WW 39 von Eschweiler-Lohn ist nur eins von dreißig Gräbern beigabenlos.

[123] Gottschalk, Einordnung.

[124] Zur Methode vgl. Böhme, Grabfunde 174–181.

[125] Zu regionalen Sitten wie der Anlage von Grabnischen, der Mitgabe von Kännchen des Typus Niederbieber 64 / Gellep 112 oder der Deponierung von Schalen auf dem Oberkörper, vgl. oben und den zweiten Teil dieses Artikels. Auf allgemein provinzialrömische Vorstellungen gehen Beigaben von Parfum oder die Verwendung von Sarkophagen zurück.

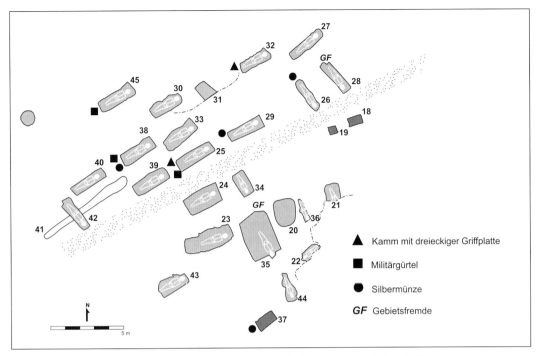

14   Ausgrabungen von 2004 und 2005, Gräber mit germanischen Indizien.

schiede führen zu der Überlegung, ob für das Rheinland ein eigener Gräberfeldtypus mit Beigaben aus germanischen Kontexten sowie zusätzlichen regionalen Elementen definiert werden kann.

Dies ist offensichtlich tatsächlich der Fall. In Hürth-Hermülheim werden Grab 5 mit Militärgürtel, einem relativ großen Messer sowie Feuersteinen, Grab 12 mit achterförmigen Bernsteinperlen und Grab 15 mit einem mutmaßlichen germanischen Namensanfang auf einem Glasbecher bereits als germanische Bestattungen interpretiert[123]. Im 2004 und 2005 ausgegrabenen Bereich fanden sich in zwei Bestattungen jeweils zwei germanische Indizien. Aus Grab 25 sind sowohl die Schnalle eines Militärgürtels wie auch ein Kamm mit dreieckiger Griffplatte bekannt. Zu den Beigaben von Grab 38 gehört neben einem Militärgürtel eine Silbermünze. Einzelne Hinweise auf Germanen stammen aus Grab 45 mit einer sogenannten einfachen Gürtelgarnitur, Grab 32 mit einem Kamm mit dreieckiger Griffplatte sowie Grab 26, Baumsarg Grab 29 und Steinsarkophag Grab 37 mit je einer Silbermünze. Die Kartierung (Abb. 14) zeigt eine Häufung der Gräber mit germanischen Indizien im nördlichen Teil der Ausgrabungen von 2004 und 2005, wobei die Bestattungen 25, 29 und 26 in einer Reihe entlang der mutmaßlichen Freifläche liegen. Vermutlich lässt sich aus dem Verbreitungsbild eine zusammenhängende Gruppe ableiten[124].

Neben Merkmalen germanischer Bestattungssitten sind in den genannten Gräbern auch verschiedene provinzialrömische Grabbräuche zu beobachten, die teilweise charakteristisch für das Rheinland sind, und daher als Merkmale des hier definierten rheinischen Gräberfeldtypus gelten dürfen[125]. Bei Grab 5 gab es wahrscheinlich eine seitliche Grabnische, zu den Funden dieser Bestattung gehört ein im Kölner Raum häufiger Satz von drei Kännchen. Wenigstens ein vergleichbares Kännchen stammt aus Grab 15, das ebenfalls seitliche Grabnischen aufweist. Dem Toten aus Grab 15 wurde zusätzlich nach regionalem Brauch eine Glasschale mit dem Boden nach oben auf den Oberkörper gelegt. Auch in Grab 12 lag ein Trinkgefäß auf dem Oberkörper. Grab 25 weist eine Grabnische oder einen erhöhten Absatz auf, dem Toten war eine Schale auf den Oberkörper gelegt worden, ein Unguentarium wurde auf einem kleinen Buntmetallteller beigegeben. Der Frau aus Grab 26 war ein Balsamarium mitgegeben, offenbar lag auf dem Oberkörper eine Glasschale. Die in einem Baumsarg bestattete Tote aus Grab 29 bekam ebenfalls eine Glasschale auf den Oberkörper gelegt, zu den Beigaben gehört eine kleine Parfumflasche. Bei den Männern aus den Gräbern 38 und 45 fanden sich wiederum Glasschalen auf dem Oberkörper. Das Kind aus Grab 37 wurde in einem aus Spolien gefertigten Steinsarg begraben[126].

Die archäologischen Funde lassen bisher noch keinen Schluss auf eine mögliche Herkunftsregion von Germanen in Hürth-Hermülheim zu. In einer ergänzenden Untersuchung hat Mike Schweissing Untersuchungen der Strontiumisotopen an Zähnen von neunundzwanzig Individuen vorgenommen, von denen fünfundzwanzig als »ortstreu« und vier als »gebietsfremd« bestimmt wurden[127]. Die Isotopensignaturen der Personen mit archäologischen germanischen Indizien unterscheiden sich nicht signifikant von lokalen Werten. Allerdings sind vergleichbare Isotopenzusammensetzungen nicht auf das Kölner Umland beschränkt, sondern auch von rechtsrheinischem Gebiet bekannt[128]. Falls Neuzuwanderer aus Territorien mit vergleichbaren Strontiumwerten stammten, können sie mittels dieser Analyse weder von ihren bereits am Zuzugsort geborenen Nachfahren noch von der einheimischen Bevölkerung unterschieden werden.

Mit der Untersuchung der Strontiumisotopen konnten vier gebietsfremde Personen bestimmt werden, die Bevölkerung der Siedlung ist von ihrer geographischen Herkunft her also nicht homogen. Bei den nach archäometrischen Daten Gebietsfremden handelt es sich um drei Frauen und einen mutmaßlichen Mann[129]. Im bekannten und untersuchten Teil der Population sind nach dieser Untersuchungsmethode mehr Frauen aus anderen Regionen zugezogen als Männer[130].

In den Gräbern der nach archäometrischem Befund gebietsfremden Personen finden sich keine archäologischen Hinweise auf germanische Traditionen. Den Toten aus Grab 28 und aus Grab 35 war jeweils eine Glasschale auf den Oberkörper gelegt worden. In diesen beiden Fällen wurden also auch archäometrisch nachweisbare Zuwanderer ohne germanische Indizien nach regionalem Grabbrauch bestattet.

Eine solch starke regionale Prägung lässt sich auch in den vollständig ausgegrabenen und zum Vergleich geeigneten Gräberfeldern von Hambach 132 und Eschweiler-Lohn nachweisen[131]. In der Nekropole der Siedlung Hambach 132 wurden mehrmals Teile von Militärgürteln in Nischengräbern gefunden[132]. Dort lagen außerdem in den Gräbern mit den Stellennummern 184, 188 und 189 mit Militärgürtelbeigabe Glasschalen in einer Position in der Grabmitte, die auf eine

---

[126] Im Sarkophag von Nimwegen, Grutberg Grab 405 wurde ein Mädchen u. a. mit silbernen Tutulusfibeln und einem Kamm mit dreieckiger Griffplatte bestattet, vgl. Böhme, Grabfunde 285. – Teile von Militärgürteln als germanische Indizien in Steinsärgen fanden sich etwa in Kobern, s. Bonner Jahrb. 142, 1937, 241 (Wagner), und in Mayen, s. W. Haberey, Bonner Jahrb. 147, 1942, 249–284 (Sarkophage der Gräber 5, 6, 12, 16, 21 und 26), von diesem Fundort stammt auch eine Pfeilspitze aus Sarkophag Grab 25 (ebd. 279 f.), ein Spinnwirtel aus Sarkophag Grab 18 (ebd. 249–276) sowie eine Schere und ein handgemachtes Gefäß aus Grab 27 (ebd. 282 f., aus einem Holzsarg?). – Kritische Diskussion zu Sarkophagbestattungen mit Schwertbeigabe aus Bonn und Vermand bei F. Theuws / M. Alkemade in: F. Theuws / J. Laughland Nelson, Rituals of Power. From Late Antiquity to the Early Middle Ages (Leiden 2000) 401–476 bes. 450–470. – Zu weiteren auf Germanisches deutenden Indizien aus Sarkophagen vgl. unten.

[127] Ortstreu sind die Bestatteten der Gräber 1, 3, 5, 6, 7, 9, 11, 12, 15, 22–25, 27, 29, 32, 33, 36–38, 40 und 42–45. Als gebietsfremd wurden die Toten der Gräber 10, 16, 28 und 35 bestimmt.

[128] Freundliche Auskunft Mike Schweissing, München. Eine positive Herkunftsangabe ist bislang nicht möglich, vergleichbare Isotopensignaturen wie in Hürth-Hermülheim sind etwa aus der Gegend von Unna sowie aus der Hamburger Region bekannt.

[129] Vgl. die Angaben im Katalog zu den Gräbern 10, 16, 28 und 35.

[130] Auch in Neuburg an der Donau sind archäometrisch mehr ortsfremde Frauen als Männer nachgewiesen, vgl. M. Schweissing in: G. Moosbauer, Kastell und Friedhöfe der Spätantike in Straubing (Rahden 2005) 249–302 bes. 286.

[131] Die Kenntnis der vollständig ausgegrabenen Gräberfelder von Eschweiler-Lohn und HA 132 rechtfertigt die hier beschriebenen Kriterien des rheinischen Gräberfeldtypus. Nach den dokumentierten Befunden gehört Hürth-Hermülheim ebenfalls hinzu, allerdings sind hier die Gräberfeldgrenzen nicht überall erreicht, außerdem sind einige Grabkomplexe zerstört.

[132] Gaitzsch u. a., Glashütten 182–194 zu Grab/Stelle 161 (mit Nische nach Plan Abb. 55) sowie den Gräbern 184, 188 und 189.

Deponierung auf dem Oberkörper hindeutet[133]; die Skelette sind hier allerdings nicht erhalten. Im noch unveröffentlichen Gräberfeld von Eschweiler-Lohn wurden Teile von Militärgürteln aus Buntmetall sowie Eisenschnallen in mehreren Nischengräbern entdeckt. Auch dort wurden Glasschalen mit dem Boden nach oben auf den Oberkörper gelegt[134]. Eine gewisse Ähnlichkeit zum rheinischen Gräberfeldtypus ist womöglich durch die Häufung von Militärgürteln in Sarkophagbestattungen im Gräberfeld von Mayen in der Gemarkung Auf der alten Eich gegeben, wo ebenfalls schwere Waffen fehlen[135]. Mayen liegt allerdings nicht mehr im Hauptverbreitungsgebiet einiger für die Charakterisierung ausschlaggebender Grabsitten[136].

Zum hier beschriebenen rheinischen Gräberfeldtypus kommen noch kleinere Grabgruppen und Einzelgräber hinzu, wo ebenfalls sowohl deutliche provinzialrömisch-regionale Bezüge wie auch germanische Indizien zu beobachten sind, wobei die schweren Waffen und charakteristischen germanischen Frauenfibelformen fehlen. Zu den Hinweisen auf germanische Bestattungen im Inventar der Steinsärge der Villa von Köln-Müngersdorf gehören ein Holzeimer aus Grab C, von dem die Beschläge aus Buntmetall erhalten sind, sowie der mögliche Zierniet einer einfachen Gürtelgarnitur und eine Pinzette aus Grab D. Deutliche einheimische Elemente sind die Mitgabe von Gefäßen in der Dreizahl sowie von Becherpaaren. In den Sarkophagen C und D wurde je ein Löffel mit der christlich zu interpretierenden Inschrift »Deo gratias« gefunden[137]. Die Villa selbst ist bis ins fünfte Jahrhundert hinein in provinzialrömischer Weise bewirtschaftet worden, eine handgemachte Schüssel aus Brunnen 1 ist ein weiteres Indiz für die Anwesenheit von Germanen an diesem Ort[138]. Auf dem Oberkörper des Toten im Steinsarg der Siedlung Hambach 500, zu dessen Beigaben eine beschlaglose Buntmetallschnalle möglicherweise eines Militärgürtels gehört, fand sich eine Dellenschale[139]. Zu den Beigaben einer bei Aldenhoven zufällig gefundenen Sarkophagbestattung gehören einige Buntmetallringe als mögliche Teile einer Gürtelgarnitur, eine flache Glasschale lag in der Nähe des Oberkörpers[140].

Im Rheinland kommen allerdings auch Gräber mit regionalen Bezügen sowie Waffenbeigaben und germanischen Fibelformen vor, wie sie in Nordgallien beobachtet werden. In Grab 2 von Bad Münstereifel-Kalkar war in einem nur knapp anderthalb Meter langen Kindersarg eine Axt beigegeben. Keramikbeigaben wurden außerhalb des Sarges in einer Nische deponiert[141]. In Grab 140 des Gräberfeldes bei der Zitadelle in Jülich lag eine Schrägrandschale auf der Brust, zu den übrigen Beigaben gehören eine Axt, Lanzenspitzen, ein Militärgürtel, ein Kamm mit dreieckiger Griffplatte und ein Feuerstein[142]. Demnach wurden also nicht nur Nekropolen mit Charakteristika des rheinischen Typus angelegt, sondern es deuten sich wie bereits bei Siedlungsformen Differenzierungen innerhalb der spätantiken Besiedlungslandschaft des Rheinlandes an[143].

---

[133] Gaitzsch u. a., Glashütten 191–194 mit Grabskizzen Abb. 57. Zur fehlenden Skeletterhaltung ebd. 182.

[134] Publikation durch den Verf. in Vorbereitung. Gürtelteile stammen aus den Nischengräbern 5, 6, 18, 21, 26, 27 und 29, Glasschalen auf dem Oberkörper fanden sich in den Gräbern 21 und 29.

[135] Haberey (Anm. 126) 261–283 (Katalog). In Grab 19, in dem allerdings keine Gürtelteile gefunden wurden, lag eine Faltenschale auf dem Oberkörper (ebd. 176). Zu einer Pfeilspitze aus Grab 24 vgl. ebd. 279 f.

[136] Vgl. oben und den zweiten Teil dieses Artikels zur Verbreitung der Nischengräber oder der Kännchen des Typus Niederbieber 64 / Gellep 112.

[137] F. Fremersdorf, Der römische Gutshof von Köln-Müngersdorf. Röm.-German. Forsch. 6 (Berlin und Leipzig 1933) 93–98. – Zur Interpretation der germanischen Indizien s. Lenz, Germanische Siedlungen 409–414.

[138] Lenz, Germanische Siedlungen 409–414.

[139] A. Heege, Hambach 500. Rhein. Ausgr. 41 (Köln 1997) 40 f. Taf. 133–135 sowie Beil. 4 (römische Befunde).

[140] Lenz, Germanische Siedlungen 124 f. Taf. 10.

[141] W. Janssen, Bonner Jahrb. 177, 1977, 598.

[142] H. Aouni, Acta Arch. et Praehist. 30, 1998, 29 Abb. 9.

[143] Nach der Zusammenstellung von J. Henning in: D. Hägermann (Hrsg.), Akkulturation. RGA Ergbd. 41 (Berlin 2004) 396–435 bes. 428 Fundliste 4 und 425 Abb. 7 sind im nördlichen Rheinland dörfliche Siedlungen vom germanischen Typus nachgewiesen, die im Süden der Region fehlen. Bei der weiter westlich liegenden Siedlung von Voerendaal wurde auch ein Waffengrab entdeckt, vgl. dazu W. Willems in: C. van Driel-Murray (Hrsg.), Roman Military Equipment. The Sources of Evidence. BAR Internat. Ser. 476 (Oxford 1989) 143–156. Vgl. Lenz, Germanische Siedlungen 416; danach gehört Voerendaal zur bei aufgegebenen Villen angelegten Siedlungsgruppe 4.

Bei Bestattungen mit germanischen Indizien von Kölner Gräberfeldern ist ebenfalls eine differenzierte Teilhabe an regional geprägten Grabsitten zu beobachten. Der Toten aus dem Körpergrab in der Hofergasse wurde eine Armbrustfibel nach germanischer Trachtsitte mitgegeben. In dem Grab wurden aber auch mehrere Bronzeminiaturen (Leiter, Waage, Axt, Hacke) gefunden, die als regionalspezifische Beigabe vor allem im Rheinland vorkommen[144].

Ein Frauengrab des späten vierten Jahrhunderts aus der Maastrichter Straße, zu dem ein Kamm mit dreieckiger Griffplatte und ein kleiner handgemachter Napf gehören, enthielt eine kleine Waagschale und war daher möglicherweise ebenfalls mit Miniaturgeräten ausgestattet. Beim Becken der Toten fand sich eine gläserne Dellenschale, die ursprünglich wohl auf dem Oberkörper deponiert war. Zu den Beigaben zählt möglicherweise sogar ein Tintenfass[145].

Zum Konvolut des Grabes mit Schwertbeigabe vom Kölner Severinstor gehört ein Satz von für die Region charakteristischen Kännchen[146].

Die meisten Beigaben germanischer Bestattungen in Nordgallien einschließlich der Militärgürtel und der Waffen stammen aus römischer Produktion. Auch römische Grabsitten wurden in starkem Maße übernommen. Für all dies fand der Begriff der »Mischzivilisation« in die Forschung Eingang[147].

In Hürth-Hermülheim und den anderen Bestattungsorten des rheinischen Typus sind Grablegungen mit germanischen Indizien ebenfalls fast ausschließlich mit Gegenständen aus römischer Produktion ausgestattet. Die Romanisierung der Verstorbenen geht dabei deutlich über die bloße Benutzung dieser Objekte hinaus, vielmehr sind sie klar in regionale beziehungsweise provinzialrömische Totenbräuche eingebunden. Die kulturellen Hintergründe dabei sind vielschichtig. Die Deponierung von Schalen auf dem Oberkörper ist wohl von römischen Trinksitten abgeleitet, die Verwendung von Düften bei der Mahlzeit geht offenbar auf römische Speisesitten zurück. Frauen mit Beigaben germanischer Prägung bekamen Unguentarien ins Grab und benutzten daher wohl auch römische Kosmetik. Bei anderen Beigaben wie den nur als Grabkeramik nachweisbaren kleinen Kännchen oder den Buntmetallminiaturen ist der kulturelle Hintergrund zwar nicht abschließend geklärt, der intensive regionale Bezug ist jedoch durch die Verbreitung der Sitten nachgewiesen. Die Körperbestattung, gelegentlich auch die Verwendung von Sarkophagen sowie die Anlage von Grabnischen wurden ebenfalls aufgenommen.

Die in unterschiedlichen Bereichen nachweisbare Anpassung an provinzialrömische Vorstellungen in Gräbern ist auch gut mit der Beobachtung vereinbar, dass Villen wie jene von Köln-

---

[144] Zum Grab vgl. F. Fremersdorf, Prähist. Zeitschr. 18, 1927, 285 mit Abb. 27; Böhme, Grabfunde 277 Taf. 75. – Zu den früher als Mithrassymbole bezeichneten Buntmetallminiaturen vgl. etwa Noelke, Gräber 413–417; B. Päffgen, Die Ausgrabungen in St. Severin zu Köln I (Mainz 1992) 257–259; Ph. Kiernan, Miniature Votive Offerings in the Roman North-West (Mainz und Ruhpolding 2009) 195–210.

[145] Fremersdorf (vorige Anm.) 290.

[146] Bei H.-W. Böhme in: D. Geuenich (Hrsg.), Die Franken und die Alemannen bis zur Schlacht bei Zülpich. RGA Ergbd. 19 (Berlin 1998) 36 wird der mit Beigaben römischer Provenienz ausgestattete Krieger als römischer Offizier bezeichnet.

[147] Vgl. Böhme, Grabfunde 205; Böhme (vorige Anm.) 44.

[148] Lenz, Germanische Siedlungen 409.

[149] Gaitzsch u. a., Glashütten 182.

[150] Zum Becher und den regionalen Bezügen wie Grabnischen bei Grab 15 vgl. oben. Dazu auch bereits Gottschalk, Einordnung 88–91 (mit Lit.) mit Hinweis auf den germanischen Namen auf einem Glasbecher mit Inschrift »Merveifa vivas tuis« aus dem rechtsrheinischen Rheindorf.

[151] Da aus Hürth-Hermülheim weitere gleichzeitige Gräber ohne anthropologische Verwandtschaftsnachweise, jedoch mit germanischen Indizien vorliegen, ist die Anwesenheit einer solchen Gruppe am Ort gesichert.

[152] Skelettreste aus zerstörten Bestattungen fanden sich in den Gräbern 6 und 11, vgl. oben im Kapitel Grabraub und Grabstörungen.

[153] Zu beigabenlosen Gräbern als möglichen Bestattungen einer einheimisch-romanischen Gruppe vgl. etwa Böhme, Grabfunde 180 f.

[154] Aus der Mitte oder dem mittleren Drittel des 4. Jhs. stammen neben Grab 15 auch die Gräber 5, 12 und 25. Grab 45 wird ins 1. Drittel des 5. Jhs., Grab 32 ins 2.–4. Jahrzehnt des 5. Jhs. datiert.

[155] Vgl. oben zur anthropologischen Altersbestimmung.

[156] Dagegen wurde ein Teil der Militärgürtel aus rechtsrheinischen Fundorten von Germanen mitgebracht, die nach ihrem Dienst wieder in die Heimat zurückkehrten, vgl. etwa Böhme, Grabfunde 194; M. Sommer, Die Gürtel und Gürtelbeschläge des 4. und 5. Jahrhunderts im römischen Reich. Bonner Hefte 22 (Bonn 1984) 101.

Müngersdorf offenbar von Menschen mit germanischem Hintergrund auf provinzialrömische Weise betrieben werden konnten[148]. Möglicherweise waren mit Militärgürteln bestattete Germanen auch an der Bewirtschaftung der glasverarbeitenden Betriebe der Villa Hambach 132 beteiligt[149]. Daher ist es plausibel, die in verschiedenen Aspekten des Grabbrauchs aufscheinende Akkulturation auch in der lebenden Bevölkerung anzunehmen.

Eine intensive Romanisierung zeichnet sich in Hürth-Hermülheim bereits um die Mitte des vierten Jahrhunderts bei den durch anthropologische Analysen als Verwandte bestimmten Personen aus dem Gräberfeldareal von 1987 ab (Abb. 15). Nach epigenetischen Merkmalen ist hier die Tote aus Grab 11 mit den Personen aus den Gräbern 6, 7 und 15 verwandt, die Verstorbenen aus den Gräbern 6 und 7 sind noch einmal untereinander verwandt. Aus Grab 15 liegt der Glasbecher mit dem mutmaßlichen Anfang eines germanischen Besitzernamens »Sig…« vor, die Bestattung weist mehrere regionale Bezüge auf[150]. Der Tote ist durch die Beigabe einer Zwiebelknopffibel Typus Pröttel 3/4 B als Soldat gekennzeichnet. Wenn die Deutung der Gefäßaufschrift zutrifft, war der Mann aus Grab 15 zu seinen Lebzeiten an seinem Namen als Germane erkennbar, im Grab ist er jedoch vollständig romanisiert. Bei der mit dem Toten verwandten Frau aus Nischengrab 11, zu deren Beigaben unter anderem Parfumflaschen, drei Kännchen und ein Elfenbeinspinnrocken gehören, handelt es sich nach archäologischen Kriterien um eine provinzialrömische Bestattung. Auch Nischengrab 6 mit Beigabe dreier Kännchen ist an regionale Grabsitten anzuschließen. Grab 7 ist beigabenlos. Von vier Mitgliedern einer nach anthropologischen Kriterien rekonstruierten Familie trägt also eine Person wohl einen germanischen Namen, nach

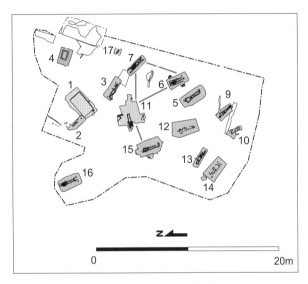

15 Ausgrabungen von 1987, Verwandtschaftsbeziehungen zwischen Bestatteten nach epigenetischen Merkmalen.

Form und Ausstattung der Gräber sind alle an regionale Sitten angepasst und von der einheimischen provinzialrömischen Bevölkerung nicht zu unterscheiden[151]. Der Fund von Knochen aus zerstörten Bestattungen bietet vielleicht einen weiteren Hinweis darauf, dass diese Gruppe in Hürth-Hermülheim zugewandert ist und die Lage älterer Gräber nicht kannte oder respektierte[152].

Da das reine Fehlen von germanischen Indizien keine sichere Unterscheidung zwischen möglichen germanischen und romanischen Bevölkerungsteilen in den Bestattungen des vierten Jahrhunderts in Hürth-Hermülheim ermöglicht und auch andere mögliche Hinweise wie Gruppen beigabenloser Gräber fehlen, wird auf die Herausarbeitung einer einheimisch-romanischen Gruppe verzichtet[153].

Mit aller gebotenen Vorsicht bleibt zu fragen, ob die Romanisierung mit den beschriebenen starken regionalen Bezügen Rückschlüsse auf eine mögliche Selbstwahrnehmung der in den Gräberfeldern des rheinischen Typus bestattenden Bevölkerung ermöglichen. Hier spielen mehrere Gesichtspunkte eine Rolle. Gräber mit germanischen Indizien sind in Hürth-Hermülheim wenigstens über drei Generationen hinweg von der Mitte des vierten bis ins frühe fünfte Jahrhundert nachweisbar[154]. Die hier bestatteten Träger von Militärzubehör waren bereits im Veteranenalter[155]. Sie haben sie sich deshalb nicht nur für die Zeit ihres aktiven Dienstes niedergelassen, sondern es handelt sich um eine dauerhafte Ansiedlung[156]. Wie oben erwähnt ist eine intensive Akkulturation nicht nur beim Grabbrauch zu beobachten, sondern es haben an manchen Orten Siedler mit germanischem Hintergrund römische Bewirtschaftungsformen beim Betrieb von Villen übernommen. Dies deutet darauf hin, dass sich diese Leute unter Beibehaltung einiger germanischer Vorstellungen in wesentlichen anderen Bereichen des Totenkultes und wahrscheinlich auch des Lebens wie ein Teil der Provinzbevölkerung verhielten. Eine solche über Generationen fortbestehende Verhaltensanpassung kann durchaus mit einem Gefühl der Zugehörigkeit zur provinzialrömischen Umwelt einhergegangen sein. Nach dieser Modellvorstellung wären die oben genannten germanischen Indizien in Gräbern teils auf hergebrachte Bräuche zurückzuführen und teils als Reaktion auf neue Lebenssituationen im römischen Reich zu interpretieren, aber nicht zwangsläufig als gewollte Abgrenzung gegen die einheimische Bevölkerung zu verstehen.

Die mehrfach nachweisbaren Bezüge zum Militär und die Benutzung von Gegenständen mit germanischer Herstellungstradition können unabhängig davon dazu geführt haben, dass die Bewohner der mit Gräberfeldern des rheinischen Typus wie Hürth-Hermülheim verbundenen Siedlungen von ihren Zeitgenossen von der alteingesessenen Bevölkerung anderer Villen unterschieden werden konnten[157]. Ob romanisierte germanische Zuwanderer und ihre Nachfahren von ihrer Umgebung noch langfristig als Fremde oder nach einer gewissen Zeit als Einheimische mit fremden Wurzeln verstanden wurden, ist generalisierend kaum zu entscheiden, da dies von mehreren Faktoren abhängen kann. Individuelle Einschätzungen und Urteile, bei denen Sympathie ein Zusammengehörigkeitsempfinden oder aber Abneigung ein Fremdheitsgefühl vermitteln, können hier genauso einfließen wie die Wahrnehmung eines weiteren Umfeldes, die etwa davon abhängt, ob die militärischen Einheiten, in denen die Männer der Siedlung Dienst taten, eher als römische Soldaten oder stärker als Angehörige germanisch geprägter Truppenteile wahrgenommen wurden.

Dr. Raymund Gottschalk, Kruppstraße 97, 40227 Düsseldorf, Deutschland,
raymundgottschalk@gmx.de

---

[157] Dies gilt auch für die oben mit Hürth-Hermülheim verglichenen Gräberfelder der Villa HA 132 und Eschweiler-Lohn.

Katalog

Eingangs werden die siebzehn Bestattungen und Befunde des 1987 ausgegrabenen Areals aufgeführt. Der anschließende, von 2004 bis 2005 ausgegrabene Grabungsabschnitt wurde bei der Auswertung an den ersten anschließend nummeriert, die Bezifferung beginnt dort also mit Grab 18 und endet mit Grube 46. Wenigstens vier Komplexe lassen sich darüber hinaus als zerstörte Bestattungen interpretieren und sind als Gräber A bis D angefügt. Eine Auswahl der weiteren Streufunde des Areals von 2004 und 2005 folgt am Ende. Bei Objekten aus Verfüllungen handelt es sich in der Regel um Streufunde, nicht um Beigaben, was nicht eigens erwähnt wird.

Maßangaben zu Fundstücken verstehen sich in Zentimetern, sofern nichts anderes angeführt ist. Maße in Klammern geben die erhaltene Größe fragmentierter Stücke an. Die Inventarnummern sind diejenigen des Rheinischen Landesmuseums Bonn. Bei Tongefäßen ist im Regelfall die Warenart angegeben. Das Material der Eichensärge wurde als »Quercus-Holztyp« bestimmt.

Die Ausgrabung 1987

Grab 1 (Abb. 16–17). Sarkophaggrab, NO–SW, gestreckte Rückenlage. Die Grube unregelmäßig rechteckig, L. 3,30 m, B. 1,90 m, T. 2,38 m, UK bei 62,35 m. Bei der Entdeckung wurde der Befund zum Teil durch den Bagger gestört. – Sarkophag aus rötlichem Nideggener Sandstein, sauber abgespitzt. L. 2,27 m, B. 1,22 m, H. 0,98 m, Wandstärke 0,15, Gewicht ca. 3 t. Gewalmter Deckel L. 2,30 m, B. 1,24 m. Inv. 87.0724,01. – Reste eines Frauenskeletts, Alter 40–50 Jahre. Ortstreues Individuum. Inv. 87.0724,18.

(1.1) Becher ähnlich Gellep 59, aber mit verschliffenem Halsansatz. – Glanztonware Technik B. Überzug mattschwarz mit geringen Resten von Weißmalerei. Ton rot. – H. (11,5), Dm. 11,4. – Rand beschädigt, Scherben passen nicht aneinander. – Vom rechten Knie der Toten, wohl durch den Bagger verlagert. – Inv. 87.0724,03.

(1.2) Kanne ähnlich Niederbieber 62 a, aber mit angedeutetem Ausguss. – Glattwandig. Weißer Ton. – H. 17,7, Dm. 11,5, Volumen ca. 750 ml. – Zerscherbt und unvollständig. Geklebt. – Vom Fußende, außerhalb des Sarkophags. – Inv. 87.0724,02.

(1.3) Becher ähnlich Gellep 59–61, bei der Materialaufnahme nicht auffindbar. – Wohl schwarze Glanztonware. – Lag außerhalb des Sarkophags, Nachweis nur durch Grabungsphoto.

(1.4) Flasche ähnlich Isings 100 bzw. Trier 140. – Ansätze von zwei Delfinhenkeln, Körper mit zwei Schliffrillenpaaren. Hellgrünes, schwach blasiges Glas. – H. (20,3), Dm. 7. – Unvollständig. – Aus dem Bereich links des Oberkörpers, durch den Bagger verlagert. – Inv. 87.0724,01.

(1.5) Unguentarium Bonn 36–38. – Grünliches blasenarmes Glas. – H. 5,8, Dm. 3. – Vom Fußende, Südostecke. In der Flasche steckte bei der Auffindung noch die Beinnadel (1.11). – Inv. 87.0724,05.

(1.6) Napf Trier 26. – Bläuliches blasenarmes Glas. – H. (3,4), Dm. 12,2. – Nur Fragmente des Oberteils erhalten. – Vom Fußende außerhalb des Sarkophages. – Inv. 87.0724,04.

(1.7) Glasgefäß, Form nicht ermittelt. – Wenige weiße, sehr kleine Fragmente, Fadennetzauflage? – Vom Fußende, außerhalb des Sarkophags. – Inv. 87.0724,07.

(1.8) Messer, Eisenklinge mit Beingriff. – Am Klingenansatz in zwei Zonen unterteilte Zwinge aus Silberblech, mittig und an den Seiten mit Rillenverzierung. Heftabschluss mit Spuren einer weiteren, verlorenen Zwinge. – L. 16,7, davon Heft L. 9,5. – Vom Fußende, Südostecke, lag auf der Münze (1.17). – Inv. 87.0724,08.

(1.9) Spiegel mit Bügelgriff, Lloyd-Morgan Gruppe W, dazu Reste wohl eines Lederfutterals. – Konvexe Spiegelscheibe, Rückseite mit Drehrillen am Rand. Griff in Form von geschuppten Fingern. Stützen stark profiliert, Attaschen tropfenförmig. Bronze, versilbert. – Dm. 12,2, Griff L. 9,9, Stärke der Spiegelscheibe 0,2. – Vom Fußende, Südostecke. – Inv. 87.024,10.

(1.10) Kastenbestandteile, Buntmetall. – (a) Nagel mit keulenförmigem Blechrest. – (b) Splint mit Drahtrest. – (c) Nagel, Spitze umgebogen, mit Resten einer gekerbten Unterlegscheibe. Die Umbiegung lässt auf eine Holzstärke von 1,4 schließen. – (d) Ring mit rautenförmigem Querschnitt, blütenförmige Unterlegscheibe, Zwinge. Dm. 2,4. – (e) Ring mit rundem Querschnitt, zwei Zwingen, Reste von organischem Material. Dm. 2,0. – (f) Beschlagfragment mit Holzresten. Eisen. – Vom Fußende, Südostecke. – Inv. 87.0724,11.

(1.11) Nadel mit ovalem Kopf, Typus Riha 12.11. – Bein. – L. (9,3). – Spitze abgebrochen. – Steckte bei der Auffindung in der Flasche (1.5). – Inv. 87.0724,12.

(1.12) Porzellanschnecke, wohl Cypraea pantherina. – Kein Hinweis auf eine Fassung. – L. 7,8, B. 4,5. – Vom Fußende, Südostecke. – Inv. 87.0724,13.

(1.13) Knochen vom Huhn, wohl Speisebeigabe. – Vom Fußende außerhalb des Sarkophages. – Inv. 87.0724,14.

(1.15) Organischer Rest, unbestimmt. – Vom Fußende. – Inv. 87.0724,16.

(1.16) Organische Reste, unbestimmt. – Aus dem Bereich des Kiefers. – Inv. 87.0724,17.

(1.17) Münze, Sesterz der Faustina. – Lag unter dem Messer (1.8). – Inv. 87.0724,09.

(1.18) Dachziegelfragmente, eine Tegula, zwei Imbrices. – Aus der Verfüllung. – Inv. 87.024,17.

Im Sarkophag fanden sich auch einige rezente Betonfragmente, die wohl bei der Störung durch den Bagger eingeschleppt wurden.

Die Münze (1.17) ist ein Altstück. Die Zwingenform des Messers (1.8) gehört in die zweite Hälfte des dritten Jahrhunderts. Die Mehrzahl der Kragenschalen wie (1.6) begegnet andernorts erst im vierten Jahrhundert. Demnach entstand das Grab in der zweiten Hälfte oder am Ende des dritten Jahrhunderts.

Grab 2 (Abb. 17). Körperbestattung, SO–NW, gestreckte Rückenlage. Grabgrube L. 2,17 m, B. 0,7 m, T 1,58 m, UK bei 63,15 m. Fußende modern gestört. – Im Profil wurden Reste eines Totenbrettes beobachtet. – Reste eines vermutlich weiblichen Skeletts, Alter über 20 Jahre. – Inv. 87.0725,02.

(2.1) Münze, Buntmetall, Fol./Cen. Fragment des vierten Jahrhunderts. Prägung verschliffen, auf Revers eine stehende Figur? – Dm. 1,6. – Beim rechten Knie. – Inv. 87.0725,01.

(2.2) Knochen vom Huhn. – Nicht geklärt ist, ob es sich um einen zufälligen Bestandteil der Grabverfüllung oder eine Fleischbeigabe handelt. – Inv. 87.0725,02.

Wegen der vorliegenden Sitte reduzierter Begräbnisausstattung gehört das Grab wohl in die zweite Hälfte des vierten Jahrhunderts, falls die Münze (2.1) die einzige Beigabe darstellt. Die Bestattung überschneidet Grab 1 und ist somit jünger.

Grab 3 (Abb. 18). Körperbestattung, SO–NW, gestreckte Rückenlage. Die Grube unregelmäßig rechteckig, nach unten leicht verjüngt. In Planum 1 bei einer Tiefe von 1,43 m L. 2,48 m, B. 0,86 m. In Planum 2 L. 2,42 m, B. 0,82 m, T. 1,75 m, UK bei 62,98 m. – Vom Sarg oder Grabeinbau aus Eichenholz Eisennägel (L. ca. 11) mit Holzresten beiderseits des Skeletts. Inv. 87.0726,06. – Reste eines Männerskeletts, über 55 Jahre. Ortstreues Individuum. Inv. 87.0726,07.

(3.1) Henkeltopf ähnlich Gellep 109. – Rauwandige, wohl getauchte Ware, Magerung glimmerhaltig. Ton rotbraun, Oberfläche grau. – H. 13,9, Dm. 11,5, Volumen ca. 680 ml. – Vom Fußende, neben (3.2) an der Wand der Grabgrube. – Inv. 87.0726,01.

(3.2) Schüssel ähnlich Gellep 122. – Rauwandige, getauchte Ware, Magerungspartikel teilweise größer als 0,2, glimmerhaltig. Ton rotgrau, Oberfläche unregelmäßig rot. – H. 5,3, Dm. 14,6, Volumen ca. 230 ml. – Neben dem linken Fuß. – Inv. 87.0726,02.

(3.3) Glasscherben, wohl von einem halbkugeligen Becher ähnlich Trier 49 a. – Grünliches Glas mit Schlieren. – Völlig zerdrückt, als unrestaurierbar im Block konserviert. – Lag auf der Brust des Toten. – Inv. 87.0724,04.

(3.4) Teller, einzelne Randscherbe. – Aus der Verfüllung. – Inv. 87.0726,03.

Die Zusammenstellung der Geschirrbeigabe spricht für einen Ansatz in der zweiten Hälfte des vierten Jahrhunderts. Die Form von (3.1) gehört ins vierte Jahrhundert, diejenige von (3.2) ist seit der Mitte dieses Jahrhunderts belegt.

Grab 4 (Abb. 18–19). Brandbestattung in einer Tuffsteinkiste, Längsachse O–W. Leichenbrand an mehreren Stellen verteilt. – Grabgrube rechteckig, L. 1,80 m, B. 1,30 m, T. 1,70 m, UK bei 63,03 m. – In der Grabgrube und unter der Tuffkiste Aschenreste, wohl vom Scheiterhaufen. Die Aschenkiste wurde daher wohl erst bei oder nach der Verbrennung in die Grabgrube gehievt. – Aschenkiste L. 0,93, B. 63 m. Innenseite des Bodens mit flachem Absatz und halbrunder Nische, in Fundlage an der Ostseite. – Beschädigt, bei der Bergung gerissen, im Block konserviert. Deckelfragmente und einige rezente Objekte in der Verfüllung, daher Vollständigkeit des Inventars nicht gesichert. – Inv. 87.0727,01. – Leichenbrand von maximal drei Individuen, (a) einem Mann von 25–30 Jahren (1721 g), (b) einem Kind von etwa 7–13 Jahren (7 g) und (c) einem Mann von 20–40 Jahren (190 g). Nach brieflicher Auskunft von Manfred Kunter (Gießen) handelt es sich jedoch wahrscheinlich um Reste nur eines einzigen Mannes von 25–30 Jahren. – Inv. 87.0727,15.

(4.1) Wandscherbe, Form unbestimmt. – Rauwandige Ware, Farbe uneinheitlich grau. – Brandspuren, eine Nutzung als Primärbeigabe vor der Verbrennung ist nicht beweisbar. – Inv. 87.0727,02.

(4.2) Eines oder mehrere Glasgefäße, Anzahl und Typus unbestimmt. – (a) Flaschenhals. Farbloses Glas. – Innendm. 2,3. – (b) Fragmente von mindestens einem Dellengefäß. Farbloses Glas. – (c) Wandscherben mit Fadenauflage. Farbloses Glas. – Vom Absatz der Nische. – Inv. 87.0727,03.

(4.3) Dellengefäß, Typus unbestimmt. – Farbloses Glas. – Nur Fragmente erhalten. – Aus der Südwestecke. – Inv. 87.0727,04.

(4.4) Dellenflasche, Typus nicht näher bestimmt. – Farbloses, fast blasenfreies Glas mit fadenartiger schwarzer Schliere. – Innendm. des Halses ca. 2. – (a) Halsansatz, Teile der Schulter und eine Wandungsdelle. – (b) Vielleicht zugehörig, jedoch nicht anpassend der Hals eines farblosen Glasgefäßes. – Aus der Nordwestecke, zusammen mit (4.5). – Inv. 87.0727,05 (a).

(4.5) Glasgefäß, Typus unbestimmt. – Grünliches Glas. – Innendm. des Halses 3,4. – Halsfragment. – Beim Gefäß (4.4) in der Nordwestecke. – Inv. 87.0727,05 (Objekt 2).

(4.6) Messer. Beingriff, fein profiliert, mit breiteren Segmenten in der Mitte und an den Enden, gedrechselt, mit Silberblech überzogen. Zwinge aus Buntmetall. Eisenklinge, am Ort gerundet mit leichtem Fortsatz. – Griff L. 16,6, L. Klinge 6,9, Dm. Griff max. 1,32. – Von der westlichen Wand. – Inv. 87.0727,06.

(4.7) Riemenzungen, Silber, zwei Stück. – Zweigliedrig mit Scharnier, dreieckige Abschlüsse. Durchbruchtechnik mit Wellenrankendekor, Ranken mit sechs Enden. Gegossen und nachgefeilt, mit Bearbeitungsspuren. Aus den Schlitzenden stammen Reste eines feinen Gewebes. – L. 12,5, B. maximal 1,2. Ein Ende 2,3 tief geschlitzt. Gewicht 13,07 g bzw. 15,29 g. – Aus der Nordwestecke. – Inv. 87.0727,07 und 08.

(4.8) Stili, Eisen mit Silbertauschierung. – Zehn Fragmente von mindestens drei Exemplaren, darunter drei Endstücke, davon zwei mit rechteckiger Glättfläche und umlaufender ringförmiger Tauschierung. Eines mit Resten der Glättfläche und Gittertauschierung. Drei Schaftbruchstücke mit Gittertauschierung. Eine ausgefallene Gittertauschierung. Drei unverzierte Schaftbruchstücke. – Längstes Fragment L. 7,8. – Gefunden vor der westlichen Schmalseite. – Inv. 87.0727,10.

(4.9) Nagel, Eisen. – L. ca. 4. – Aus der Verfüllung. – Inv. 87.0727,13.

(4.10) Reibepalette. – Rechteckig, einseitig mit schrägen Kanten. Auf dieser Seite Kratz- oder Schnittspuren. Die andere, flache Seite mit leichter Reibepolitur. Grünliches Gestein. – L. 9,5, B. 6,1, D. 0,7. – Stand hochkant an der westlichen Schmalseite. – Inv. 87.0727,09.

(4.11) Kästchenteile, Bein. – (a) Drei rechteckige Plättchen mit kleinen seitlichen Fortsätzen und omegaförmigen Henkeln aus Buntmetall (ein Henkel verloren). Kreisaugenverzierung. B. max. 4,6, L. 2,9. – (b) Zwei rechteckige Plättchen, Kreisaugenverzierung. B. 2,6, L. 2,1. – Die Objekte (a) und (b) lagen vor der westlichen Schmalseite. – Aus dem Leichenbrand wurden noch die Intarsienbestandteile (c) und (d) ausgelesen: (c) Achtzehn rautenförmige Plättchen. L. ca. 1,5, B. ca. 0,5. – (d) Zweimal Buchstabe »H«. – Inv. 87.0727,11.

(4.12) Münze. Sesterz des Antoninus Pius, RIC 891, geprägt 151/152 in Rom. – Aus dem Zwickel des Nischenabsatzes. – Inv. 87.0727,12.

(4.13) Aus der Verfüllung stammen rezente Beton- und Fliesenfragmente. – Inv. 87.0727,14.

Die Münze (4.12) ist ein Altstück. Die Riemenzungen (4.7) und das Messer (4.6) sprechen für eine Datierung ins dritte Jahrhundert.

Grab 5 (Abb. 19–20). Körperbestattung, N–S, gestreckte Rückenlage, Hände im Becken verschränkt. – Grabgrube in Planum 1 unregelmäßig rechteckig, auf Höhe von Planum 2 bei 62,99 m mit Nische. Die Tiefe des Grabes wurde nicht genau festgestellt, sie beträgt mindestens 1,75 m, auf der Grabsohle L. 2,50 m, B. ca. 0,65 m. – Am Boden wurden drei kleine seitliche Einbuchtungen beobachtet, möglicherweise Pfostensetzungen. In der Nische wurden keine Beigaben festgestellt. – Eisennägel und Eichenholzreste vom Sarg oder Grabeinbau. – Inv. 87.0728,41 bis 49. – Unter dem Schädel fanden sich strohartige Reste, vielleicht von einem Kopfkissen. – Reste eines Männerskeletts, Alter 45–55 Jahre. Ortstreues Individuum. – Inv. 87.0728,50.

(5.1) Kännchen, Niederbieber 64. – Glattwandig. Der Scherben blassrosa. Im unteren Bereich Textil- oder Schwammabdruck, wohl Produktionsspur vom Glätten des Gefäßes. – H. 11,7, Dm. 8,4, Volumen 160 ml. – Teile von Rand und Ausguss verloren. – Vom Fußende. – Inv. 87.0728,01.

(5.2) Kännchen Niederbieber 64. – Glattwandig. Der Scherben blassrosa. – H. 11,4, Dm. 7,8, Volumen 130 ml. Vom Fußende. – Inv. 87.0728,02.

(5.3) Kännchen Niederbieber 64. – Glattwandig. Der Scherben blassbraun. – H. 12,6, Dm. 7,6, Volumen 130 ml. – Vom Fußende. – Inv. 87.0728,03.

(5.4) Henkeltopf Gellep 110. – Rauwandige Ware, Magerung glimmerhaltig. – H. 10,9, Dm. 8,8, Volumen 270 ml. – Vom Fußende. – Inv. 87.0728,04.

(5.5) Messer mit lanzettförmiger, einseitig geschärfter Klinge. – Eisen. Ovale Knaufplatte aus Buntmetall. – L. 31,0, L. Klinge 18,3, B. 5,3. – Das Messer lag am Fußende, seine Griffangel auf einem Henkelkännchen. Der Messerknauf war wohl alt abgebrochen und wurde verlagert angetroffen. – Inv. 87.0728,05, Knauf 87.0728,06.

(5.6) Gürtelschnalle und Beschlag, Typus Colchester-Sissy-Zengövárkony. – Buntmetall. – (a) Bügel mit antithetischen Delfinen beiderseits einer Sphaira. L. 2,7, B. 4,5. – (b) trapezförmiger Beschlag mit fünfeckigen, trapezförmigen sowie schlüssellochförmigen Durchbrüchen. L. 4,8, B. 4,5. – Vom Fußende, zeichnet zusammen mit dem Gegenbeschlag und den Propellerbeschlägen ein Oval als Lage des Gürtels um das Keramikensemble nach. – Inv. 87.0728.

(5.7) Gegenbeschlag, rechteckig mit langrechteckigen und halbmondförmigen Durchbrüchen. – Buntmetall. – L. 4,9, B. 3,5. – Vom Fußende bei der Schnalle (5.5). – Inv. 87.0728,09.

(5.8) Propellerförmige Gürtelbeschläge mit Eckzipfeln, Mittelscheibe und gekerbtem Mittelgrat. Rückseiten (vom Guss) angeraut, Gussgleichheit der Stücke nicht nachgewiesen. – Buntmetall. – L. ca. 4,6, B. ca. 2,1. Nietenlänge ca. 0,3. – Vom Fußende. – Inv. 87.0728,09 bis 20.

(5.9) Ring, Drahtquerschnitt oval. – Buntmetall. – Dm. 2,1. – Lag beim Messer (5.5), weiteren Ringen und Gürtelbeschlägen. – Inv. 87.0728,21.

(5.10) Ring, Drahtquerschnitt oval. – Buntmetall. – Dm. 2,05. – Fundlage wie (5.9). – Inv. 87.0728,22.

(5.11) Ring, Drahtquerschnitt oval. – Buntmetall. – Dm. 2,83. – Fundlage wie (5.9). – Inv. 87.0728,23.

(5.12) Drei Ringe. Buntmetall. (a) Drahtquerschnitt rautenförmig. Dm. 1,73. – (b) Drahtquerschnitt rund. Dm. 2,3. – (c) Drahtquerschnitt oval. Dm. 2,5. – Alle aus der Nähe von (5.8). – Inv. 87.0728,24.

(5.13) Feuerstein. – L. 6,5, B. 1,7. – Mit Schlagspuren, Oxydationsresten von den Schuhnägeln, weißlichen Farbresten. – Im Ensemble aus Feuersteinen und Münzen. – Inv. 87.0728,25.

(5.14) Feuerstein. – L. 4,0, B. 2,5. – Mit Schlagspuren, ankorrodiert ein Schuhnagel. – Im Ensemble aus Feuersteinen und Münzen. – Inv. 87.0728,26.

(5.15) Feuerstein. – L. 5,0, B. 2,2. – Mit Schlagspuren, ankorrodierten Nagelschäften, weißlicher Verfärbung. – Im Ensemble aus Feuersteinen und Münzen. – Inv. 87.0728,27.

(5.16) Vierzehn Schuhnägel mit hutförmigen Köpfen, Schäfte teilweise umgebogen. – Eisen. – L. ca. 1,5. – Vom Fußende südöstlich der Keramik. – Inv. 87.0728,37.

(5.17) Hülse, unregelmäßig zusammengebogenes Blech mit Fehlstellen. – Buntmetall, darin Eisenrest. – L. 3,9, B. 0,9. – Vom Fußende. – Inv. 87.0728,38.

(5.18) Acht Münzen, Terminus post quem 347/348. – (a) Fol. Nachpr. Urbs Roma, 330/1, RIC 242. – (b) Fol. Helena 337/vor April 340, RIC 65. – (c) Fol. Constans, nach April 340, Typus RIC 106. – (d) Fol. Constans oder Constantius II, 347/348, RIC 183. – (e) Ähnliches Exemplar, Fol. Constans oder Constantius II, 347/348, RIC 183. – (f) Fol.? Konstantin II., Typus Gloria Ex. – (g) Fol. Nachpr. Constantius II?, Typus Gloria Ex. – (j) Fol. Constantius II, Typus Gloria Ex. Die Zugehörigkeit eines Fol. Constans oder Constantius II, 347/348, RIC 183 ist nicht gesichert. – Im Ensemble aus Feuersteinen und Münzen. – Inv. 87.0728.

Die Münzen (5.18) liefern einen Terminus post quem von 347/348. Mitte des vierten Jahrhunderts.

Grab 6 (Abb. 21–22). Körperbestattung, N–S, gestreckte Rückenlage, Hände im Becken verschränkt. – Grube L. 2,3 m, B. 1,5 m, T. 2,29 m mit zwei Wandnischen. Nische 1 an der Ostwand, L. 0,4 m, B. 0,3 m, T. 1,51 m, Nische 2 an der Westwand, L. 0,4 m, B. 0,4 m, T. 1,70 m. – In der Grabverfüllung das Beckenfragment eines Erwachsenen. – Nägel und Verfärbungen vom Holzsarg. – Inv. 87.0729,13. – Reste eine Skeletts unbestimmten Geschlechts, Alter 14–15 Jahre. Genetische Verwandtschaftsverbindungen zu Grab 7 und Grab 11-1. Ortstreues Individuum. – Inv. 87.0729,14.

(6.1) Schüssel Chenet 320 mit Rollrädchendekor Hübener Gruppe 2. – Terra Sigillata. – H. 6,2, Dm. 13,6, Volumen 350 ml. L. des Rapports 8. – Geklebt. – Gefunden in der Nische an der Westseite. – Inv. 87.0729,09.

(6.2) Becher Gellep 61. – Glanztonware Technik B, Überzug dunkelgrau, Ton rötlichgelb. – H. (12,5), Dm. 9,0, Volumen 330 ml. – Rand zerstört, nicht anpassende Randscherben. – Aus der Nische an der Westseite. – Inv. 87.0729,10.

(6.3) Teller ähnlich Niederbieber 53 a. – Bemalte Ware. – H. 4,3, Dm. 23,0. – Wandung mit Riss (Benutzungsspur?). – Aus der Nische an der Ostseite. – Im Teller lagen das Messer (6.11) und Geflügelknochen (6.12). – Inv. 87.0729,03.

(6.4) Krug Niederbieber 62 a. – Glattwandige Ware. – H. 23,8, Dm. 14,8, Volumen ca. 1450 ml. – Teile der Wandung verloren. – Aus der Nische an der Ostseite. – Inv. 87.0729,02.

(6.5) Kännchen Gellep 112. – Rauwandige Ware. – H. 12,6, Dm. 8,0, Volumen 180 ml. – Aus der Nische an der Westseite. – Inv. 87.0729,06.

(6.6) Kännchen Gellep 112. – Rauwandige Ware. – H. 13,4, Dm. 8,0, Volumen 200 ml. – Mündung beschädigt. – Aus der Nische an der Westseite. – Inv. 87.0729,07.

(6.7) Kännchen Gellep 112. – Rauwandige Ware. – H. 12,4, Dm. 8,2, Volumen 210 ml. – Mündung beschädigt. – Aus der Nische an der Westseite. – Inv. 87.0729,08.

(6.8) Ausgusstopf ähnlich Gellep 276. – Rauwandige Ware. – H. 13,8, Dm. 13,0, Volumen 900 ml. – Im unteren Wandungsbereich eine schwarze Verfärbung (Kochspur). – Vom Fußende innerhalb des Sarges. – Inv. 87.0729,01.

(6.9) Becher Trier 49 a. – Grünliches Glas mit Schlieren und sehr kleinen Blasen. – H. 7,0, Dm. 8,8, Volumen 250 ml. – Aus der Nische an der Westseite. – Inv. 87.0729,12.

(6.10) Messer. – Eisen mit Holzgriff, am Griffansatz unverzierte Zwinge aus Buntmetall. Weitere Zwinge wohl vom Ende des Griffs. – L. 14,0, davon Klinge 5,8. – Aus dem Teller (6.3). – Inv. 87.0729,05.

(6.11) Hühnerknochen, Überrest der Speisebeigabe. – Aus dem Teller (6.3). – Inv. 87.0729,04.

(6.12) Teller Gellep 128 b. – Randscherbe, rauwandige Ware. – Aus der Verfüllung des Grabes. – Inv. 87.0729,11.

Die Schüssel (6.1) sowie die Kännchen (5.5–7) sprechen für eine Datierung etwa im vierten Jahrzehnt oder in der Mitte des vierten Jahrhunderts.

Grab 7 (Abb. 22). Körperbestattung, NW–SO. Gestreckte Rückenlage, Hände im Becken. Grube, in Planum 1 L. 2,6 m, B. 0,96 m, T. 1,77 m, UK bei 92,96 m. – Sargnägel mit Resten von Eichenholz, Sarglänge 2,10 m, B. 0,44 m. – Inv. 87.0730,02 – Reste eines Frauenskeletts, Alter 20–23 Jahre. Ortstreues Individuum, genetische Verwandtschaftsverbindungen zu Gräbern 6 und 11-1. – RLMB 87.0730,03.

(7.1) Aus der Verfüllung stammen einige Streuscherben, darunter ein Bodenfragment eines Tellers, wohl Niederbieber 40. – Inv. 87.0730,01.

Die Scherben aus der Verfüllung des beigabenlosen Grabes können lediglich einen Terminus post quem im dritten Jahrhundert liefern. Die anthropologisch nachgewiesenen Verwandtschaftsbeziehungen der Toten legen eine Datierung ins vierte Jahrhundert nahe.

Grube 8 (Abb. 22). Unregelmäßig geformte Grube, bei der Ausgrabung als »Fundpunkt 6« bezeichnet. – Von hierher stammen keine menschlichen Überreste, sondern lediglich Tierknochen, daher ist der Befund nicht als Rest eines Grabes bestimmbar.

(8.1) Keramikscherben, darunter Fragmente mehrerer Teller ähnlich Niederbieber 40 sowie diverse glatt- und rauwandige Wandscherben. – Inv. 87.0740,03.

(8.2) Glasgefäß, Form unbestimmt. – Winzige weiße Wandscherben. – Inv. 87.0740,04.

(8.3) Siegelkapsel, zylindrisch, Seitenwand profiliert, mit drei Löchern im Boden. – Buntmetall, auf der Innenseite Reste einer organischen Substanz. – Dm. 3,0, H. (0,7). Zerbrochen, stark korrodiert, Röntgen Nr. 4531. – Inv. 87.0740,01.

(8.4) Blechstreifen. Buntmetall, unregelmäßige längliche Form. – L. ca. 6, B. ca. 4,5. – Inv. 87.0740,02.

(8.5) Nägel, Fragmente von etwa drei Exemplaren. – Eisen. – Inv. 87.0740,05.

(8.6) Radiusepiphyse bzw. -diaphyse vom Rind sowie unbestimmte, teils verbrannte Tierknochen. – Inv. 87.0740,05.

Die Keramik (8.1) spricht für eine Datierung ins zweite bis dritte Jahrhundert.

Grab 9 (Abb. 23). Körperbestattung, NW–SO, gestreckte Rückenlage mit den Händen im Becken. Grube L. 1,85 m, B. 0,6 m, T. 1,75 m. – Im Oberkörperbereich leichte Verfärbung von einem Totenbrett oder Sarg. – Reste eines Männerskeletts, Alter 40–50 Jahre. Ortstreues Individuum. – Inv. 87.0731,03.

(9.1) Krug oder Kanne, Variante Chenet 343. – Eiförmiger Gefäßkörper mit Schulterrillen, vegetabile Weißmalerei. Rand mit Deckelfalz und vertikalem, unterschnittenem Abschluss. – Terra Sigillata. – H. 23,5, Dm. 14,4, Volumen 1260 ml. – Mündung beschädigt. – Vom linken Unterschenkel. – Inv. 87.0731,01.

(9.2) Schüssel, wohl Gellep 122, Rand ganz leicht ausgestellt. – Rauwandige Ware, die Oberfläche wohl geglättet. – H. 5,8, Randdm. 12,4, Volumen 250 ml. – Vom linken Fuß. – Inv. 87.0731,02.

Die Schüssel (9.1) spricht wohl für einen Ansatz in der Mitte oder der zweiten Hälfte des vierten Jahrhunderts.

Grab 10 (Abb. 23). Körperbestattung, N–S, gestreckte Rückenlage. Unregelmäßige Grabgrube, L. ca. 1,8 m, B. 0,4 m bis 1,2 m, T. 1,6 m. – Reste eines vermutlich weiblichen Skeletts, Alter 25–35 Jahre. Gebietsfremdes Individuum. – Inv. 87.0732,02.

(10.1) Traubenflasche Trier 138. – Grünliches Glas. – H. 13,8, B. 6,2. – Stark zerdrückt, im Block konserviert. – Von der rechten Schulter. – Inv. 87.0732,02.

Die einzige Beigabe gehört ins zweite oder dritte Jahrhundert, wegen der Lage des Grabes im Bereich von Bestattungen des vierten Jahrhunderts ist eine spätere Datierung nicht ausgeschlossen.

Grab 11 (Abb. 24–26). Körperbestattung, W–O, gestreckte Rückenlage, rechte Hand im Becken. – In der Körpermitte Verfärbung, wohl von einem Holzsarg. – Grabgrube mit drei seitlichen Wandnischen, L. 4 m, B. 3,4 m. In der Grabgrube rechteckige Vertiefung für den Sarg, L. 2,2 m, B. 0,63 m. T. gesamt 3,02 m. – Reste eines Frauenskeletts (Grab 11-1), Alter 40–49 Jahre. Ortstreues Individuum. Genetische Verwandtschaftsverbindungen zu den Toten in den Gräbern 6, 7 und 15. – Inv. 87.0733,27. – In der Grabverfüllung weitere Reste eines wohl männlichen Skeletts (Grab 11-2), Alter 50–70 Jahre. – Inv. 87.0733,26.

(11.1) Teller Gellep 38. – Terra Sigillata. – H. 6,5, Dm. 25,2. – Aus der Nische an der Südseite, im Teller lagen Hühnerknochen. – Inv. 87.0733,05.

(11.2) Becher Gellep 61 mit Kerbbandverzierung. – Glanztonware, Überzug dunkelgrau, Ton rötlichgelb. – H. 15,0, Dm. 9,4, Volumen 320 ml. – Aus der Nische an der Nordseite. – Inv. 87.0733,06.

(11.3) Kanne, wohl Gellep 80. – Glattwandige, weißtonige Ware mit hellroter Punkt- und Streifenbemalung. – H. erh. 21,0, Dm. 16,0, Volumen 1,67 l. – Mündung bis auf Reste des Ausgusses verloren. – Aus der Nische an der Nordseite. – Inv. 87.0733,01.

(11.4) Kännchen Gellep 112. – Rauwandige Ware. – H. 10,8, Dm. 7,4, Volumen 140 ml. – Aus der Nische an der Südseite. – Inv. 87.0733,02.

(11.5) Kännchen Gellep 112. – Rauwandige Ware. – H. 11,8, Dm. 8,6, Volumen 220 ml. – Aus der Nische an der Südseite. – Inv. 87.0733,03.

(11.6) Kännchen Gellep 112. – Rauwandige Ware. – H. 11,1, Dm. 8,2, Volumen 170 ml. – Henkel fehlt. – Aus der Nische an der Südseite. – Inv. 87.0733,04.

(11.7) Unguentarium, wohl Trier 85. – Grünliches Glas mit Schlieren. – H. (8,2), Dm. 2,2. – Erhalten ist ein größeres Fragment der Gefäßmitte. – Aus der Nische an der Nordseite. – Inv. 87.0733,11 (Objekt 1).

(11.8) Unguentarium Trier 85. – Grünliches blasiges Glas. – H. (11), Dm. (2,8). – Erhalten ist der Unterteil mit sehr dickem Boden, Heftnarbe. – Gehört nicht zum Gefäß (11.7). – Aus der Nische an der Nordseite. – Inv. 87.0733,11 (Objekt 2).

(11.9) Unguentarium oder Glaspyxis, vierkantig, wohl Isings 62. Graugrünes blasiges Glas mit Schlieren. Seitenlänge 3,6. – Bodenteil. – Aus der Nische an der Nordseite. Ein wahrscheinlich zugehöriges Oberteil fand sich in der Störung neben der Nische. – Inv. 87.0733,11 (Objekt 3).

(11.10) Unguentarium Bonn 40. – Farbloses blasiges Glas, sehr dünnwandig.. – H. (4). – Zerbrochen, Mündung und Teile des Halses sowie des Gefäßkörpers fehlen. – Aus der Nische an der Nordseite. – Inv. 87.0733,12.

(11.11) Kugelflasche Trier 79 a. – Hellbläulichgrünes blasiges Glas. – H. 15,4, Dm. 10,4. – Geklebt, unvollständig. – Aus der Nische an der Nordseite. – Inv. 87.0733,07.

(11.12) Kugelflasche Trier 79 a. – Grünolivfarbenes blasiges Glas. – H. 13,5, Dm. 9,5. – Aus der Nische an der Nordseite. – Inv. 87.0733,08.

(11.13) Konischer Becher mit Schliffrillenzone Isings 106 b. – Fast farbloses, sehr blasenarmes Glas. – H. 11,3, Dm. 7,6, Volumen 180 ml. – Aus der Nische an der Nordseite. – Inv. 87.0733,09.

(11.14) Becher, optisch geblasen mit vertikalen, leicht schräg stehende Rippen, Gellep 191. Rand verrundet, Boden mit Heftmarke. – Weißolivbraunes blasiges Glas mit Schlieren. – H. 6,0, Dm. 8,1, Volumen 180 ml. – Aus der Nische an der Nordseite. – Inv. 87.0733,10.

(11.15) Spinnrocken Typus Hürth-Hermülheim. – Elfenbein. – L. (9,6). – Ende abgebrochen, die Mittelscheibe steckte bei der Auffindung auf dem Schaft, der näpfchenförmige Aufsatz lag daneben. – Aus der Nische an der Nordseite. – Inv. 87.0733,16.

(11.16) Nadel, flacher prismatischer Kopf. – Bein – L. 9,8. – Aus der Nische an der Nordseite. – Inv. 87.0733,17.

(11.17) Nadel, flacher prismatischer Kopf. – Bein – L. (7,8). – Schaft abgebrochen. – Aus der Nische an der Nordseite. – Inv. 87.0733,18.

(11.18) Nadel, flacher prismatischer Kopf. – Bein – L. (1,3). – Schaft abgebrochen. – Aus der Nische an der Nordseite. – Inv. 87.0733,19.

(11.19) Nadel, Schaftbruchstück, nicht anpassend an (11.17–18). – Bein. – L. (4,7). – Aus der Nische an der Nordseite. – Inv. 87.0733,19.

(11.20) Gänseei mit rötlichen Bemalungsresten. – Aus der Nische an der Nordseite. – Inv. 87.0733,13.

(11.21) Gänseei mit rötlichen Bemalungsresten. – Aus der Nische an der Nordseite. – Inv. 87.0733,14.

(11.22) Eierschale, Hühnerei? – Aus der Nische an der Südseite. – Inv. 87.0733,15.

(11.23) Eierschale. – Aus der Nische an der Ostseite. – Bei der Materialaufnahme nicht auffindbar.

(11.24) Sandstein, Pseudoartefakt? Unregelmäßig rechteckig, mit Farbspuren, natürliche Oxydausfällung? Schliffspuren? – Aus der Grabverfüllung. – Inv. 87.0733,21.

(11.25) Münze von 316. Fol. Konstantin d. Gr., RIC 102. – Lag in der rechten Hand. – Inv. 87.0733,20.

(11.26) Münze, unbestimmt. – Aus der Nische an der Ostseite. – Bei der Materialaufnahme nicht auffindbar.

(11.27) Keramikscherben. – Aus der Störung im Bereich der Nordnische von Grab 11. Die Zugehörigkeit zur Bestattung ist nicht beweisbar. – Inv. 87.0733,23.

Die Münze liefert einen Terminus post quem von 316. Der Teller (11.1) und die Kannen (11.4–6) sprechen für einen Ansatz spätestens in der Mitte des vierten Jahrhunderts.

Grab 12 (Abb. 26–27). Körperbestattung, S–N, gestreckte Rückenlage. Grube L. 2,15 m, B. 0,95 m, rekonstruierte T. 1,96 m, UK bei 62,77 m. – Spuren des Holzsarges bereits 0,2 m oberhalb der Grabsohle. L. ca. 2 m, B. ca. 0,4 m. – Reste eines vermutlich weiblichen Skeletts, Alter 40–50 Jahre. Ortstreues Individuum. – Inv. 87.0734,06.

(12.1) Becher, optisch geblasen, Rippenverzierung schräg verlaufend, Typus Gellep 191. Rand verrundet, Boden mit Heftmarke. – Grünlichgelbes blasiges Glas. – H. 5,2, Dm. 8,4, Volumen 180 ml. – Lag auf dem Oberkörper. – Inv. 87.0734,02.

(12.2) Konischer Becher Trier 53 a. – Hellgrünes, schwach blasiges Glas mit Schlieren. – H. 9,1, Dm. 8,8, Volumen 250 ml. – Aus dem Fußbereich. – Inv. 87.0734,01.

(12.3) Perlen, dreiundvierzig Stück. – Blaues transluzides Glas. – Achtundzwanzig ballige Exemplare, Dm. 4,6 bis 6,3 mm und zwölf doppelkonische Stücke, Dm. 4,5 bis 6,3 mm sowie drei Ringperlen, Dm. 6,0 bis 6,9 mm. – Aus dem Schulterbereich, in einer nur im Röntgenbild sichtbaren rechteckigen Struktur. – Inv. 87.0734,03.

(12.4) Zweiundfünfzig Perlen. – Blaues transluzides Glas. – Vorwiegend unregelmäßig-ballige Exemplare wie (12.3). – Aus dem Schädelbereich. – Inv. 87.0734,04.

(12.5) Drei zylindrische Perlen. – Bernstein. – Dm. 0,7 bis 0,9. – Aus dem Schädelbereich. – Inv. 87.0734,05.

(12.6) Neun achterförmige Perlen. – Bernstein. H. 1,5–2. – Aus dem Schädelbereich. – Inv. 87.0734,05.

(12.7) Zwei tonnenförmige Perlen. Bernstein. – L. 0,9. – Aus dem Schädelbereich. – Inv. 87.0734,05.

(12.8) Kästchen ohne Metallbeschläge? – Die Perlen (12,3) wurden im Block geborgen, sie lagen im Bereich einer nur im Röntgenbild sichtbaren rechteckigen Struktur, L. 14,0, B. 9,5. Möglicherweise handelt es sich dabei um die Standspur eines völlig vergangenen, bei der Schulter stehenden Kästchens.

Der Becher (12.1) spricht wohl für einen Ansatz im mittleren Drittel des vierten Jahrhunderts.

Grab 13 (Abb. 27). Körperbestattung, SW–NO, gestreckte Rückenlage, Unterarme im Becken gekreuzt. – Grube L. 2,24 m, B. 0,65 m, rekonstruierte T. 1,97 m, UK bei 62,80 m. – Im Bereich des Oberkörpers Reste von einem Holzsarg, L. 2,05 m, B. 0,6 m. – Reste eines Männerskeletts, Alter über 65 Jahre. – Inv. 87.0735.

Beigabenlos.

Grab 14 (Abb. 27). Körperbestattung, SW–NO, gestreckte Lage. – Grube L. 2 m, B. 0,6 m, rekonstruierte T. 1,99 m, UK bei 62,74 m. – Vom Sarg aus Kiefernholz sind fast nur die Nägel erhalten, Inv. 87.0736,06. – Reste eines Frauenskeletts, Alter 45–60 Jahre. – Inv. 87.0736,07.

(14.1) Trichterhalsflasche mit Standring Trier 101a. – Im Hals eine Delle. Grünliches blasiges Glas mit leichten Schlieren. – H. 17,9, Dm. 12,8. – Rand abgesprengt und beschliffen. – Geklebt, Fehlstellen. – Von der rechten Schulter. – Inv. 87.0736,03.

(14.2) Ringfibel, langrechteckiger Drahtquerschnitt, eingerollte Enden. Außenrand mit Kerbschnitt. Form b nach A. Böhme, Saalburg Jahrb. 29, 1972, 46. – Buntmetall. – Dm. 3,9. – Vom rechten Fuß. – Inv. 87.0736,04.

(14.3) Niet(?)kopf, konisch (rezent?). – Buntmetall. – L. 1,2. – Stellenweise und nur geringfügig korrodiert. – Aus dem Kieferbereich. – Inv. 87.0736,05.

(14.4) Keramikscherben. – Aus der Verfüllung. – Inv. 87.0736,01 und 02.

Viertes Jahrhundert, die Flasche (14.1) spricht wohl für eine Datierung in der zweiten Jahrhunderthälfte.

Grab 15 (Abb. 28–29). Körperbestattung, N–S, in gestreckter Rückenlage, Unterarme im Becken gekreuzt. Grube mit Nischen an der Nord- und Westseite. L. 2,35 m, B. 0,55 m an der Grabsohle, T. 2,35 m, UK bei 62,38 m. – Nische Nordseite L. 0,4 m, B. 0,6 m, T. 1,52 m. – Nische Westseite L. 0,5 m, B. 0,7 m, T. 1,57 m. – Holzsarg L. max. 2,35 m, B. 0,55 m. – Reste eines Männerskeletts, Alter 45–55 Jahre. Ortstreues Individuum. – Inv. 87.0737,14–15.

(15.1) Napf Gellep 29. – Terra Sigillata. – H. 4,2, Dm. 9,2, Volumen 90 ml. – Aus der Nische an der Westseite. – Inv. 87.0737,03.

(15.2) Boden, wohl eines Tellers. – Terra Sigillata. – Nur ein Standringfragment erhalten. – Aus der Nische an der Nordseite. – Inv. 87.0737,06.

(15.3) Becher, etwas gedrungener als Gellep 62. – Glanztonware Technik B. – H. 16,2, Dm. 9,4, Volumen 440 ml. – Vom Fußende. – Inv. 87.0737,05.

(15.4) Hochform, wohl Niederbieber 64. – Glattwandige Ware. – H. (10,2), Dm. 9,6, Volumen >280 ml. – Aus der Nische an der Westseite. – Inv. 79.0737,01.
(15.5) Einige Wandscherben, Form unbestimmt. – Glattwandige Ware. – Aus der Nische an der Nordseite. – Inv. 87.0737,07.
(15.6) Einhenkeltopf Gellep 107. – Rauwandige Ware. – H. 14,7, Dm. 12,6, Volumen 900 ml. – Im unteren Wandungsbereich eine schwarze Verfärbung (Kochspur), im Gefäß die Münze (15.13). – Vom Fußende. – Inv. 87.0737,03.
(15.7) Trichterhalsflasche ohne Standring, Trier 101 b. – Grünliches Glas mit Schlieren und kleinen Blasen. – H. 18,1, Dm. 12,7, Volumen 980 ml. – Vom Fußende. – Inv. 87.0737,08.
(15.8) Pokalartiger Becher Trier 59. – Wandung mit zwei Schliffrillenzonen. Unterhalb des Randes Inschriftrest, erhalten drei Buchstaben »SIG«, dann ein Zwischenraum und drei weitere, zerstörte Buchstaben. – Grünliches, blasiges, schlierenarmes Glas. – H. 24,0, Dm. 9,0, Volumen 580 ml. – Geklebt, kleine Fehlstellen. – Vom Fußende. – Inv. 87.0737,09.
(15.9) Becher Trier 53 a. – Schliffrillenverzierung. Schwach grünliches Glas mit kleinen Blasen. – H. 9,2, Dm. 10,1, Volumen 330 ml. – Rand abgesprengt und beschliffen. – Vom Fußende. – Inv. 87.0737,10.
(15.10) Faltenschale ähnlich Trier 28 mit kalottenförmigem Boden. – Wandung mit acht Dellen. Grünliches Glas mit Schlieren. – H. 6,5, Dm. 13,4, Volumen 400 ml. – Rand unregelmäßig abgesprengt. – Lag gestürzt auf dem Bauch des Toten, über den gekreuzten Unterarmen. – Inv. 87.0737,11.
(15.11) Becher, Form unbestimmt. – Grünliches Glas. – Maße nicht ermittelt, nur wenige Wandscherben erhalten. – Vom Fußende. – Inv. 87.0737,12.
(15.12) Zwiebelknopffibel Keller 4 a bzw. Pröttel 3/4 B. – Buntmetall. – L. 8,6, B. 5,2. – Fuß leicht beschädigt. – Vom nördlichen Grabende in einem Zwischenplanum einen knappen halben Meter über der Grabsohle. – Inv. 87.0737,13.
(15.13) Münze von 307/308. Fol. Konstantin d. Gr., Münzstätte TRE, SA/PTR, RIC (VI) 773. – Aus dem Henkeltopf (15.6). – Inv. 87.0737,03.
Die Münze liefert einen Terminus post quem von 307/308. Die übrigen Beigaben weisen auf eine Datierung nach dem ersten Drittel des vierten Jahrhunderts und spätestens um die Jahrhundertmitte.

Grab 16 (Abb. 29). Körperbestattung, N–S, in gestreckter Rückenlage, Hände im Becken zusammengeführt. Grube unregelmäßig, L. ca. 2,4 m, B. ca. 1,3 m, T. 1,51 m, UK bei 63,22 m. – Eichensarg, L. 2,1 m, B. 0,4 m, an den Enden genagelt, Nägel Inv. 87.0738,03. – Reste eines Frauenskeletts, Alter 40–50 Jahre. Gebietsfremdes Individuum. – Inv. 87.0738,04.
(16.1) Armreif, ovaler Drahtquerschnitt, massiv, die Enden rechteckig verbreitert. – Buntmetall. – Dm. 7,0, lichte Weite 6,3. – Am linken Arm getragen. – Inv. 87.0738,01.

(16.2) Armreif, tordierter Draht von ungleichmäßiger Stärke, mit Ösenverschluss. – Buntmetall. – In vier Teile zerbrochen, nicht anpassende Fragmente. Öse beschädigt. – Am rechten Arm getragen. – Inv. 87.0738,02.
Die Schmuckformen sprechen für einen Ansatz im vierten Jahrhundert.

Grab 17 (Abb. 30). Es handelt sich wohl um eine Beigabennische; der Rest der Bestattung konnte unter den Versorgungsleitungen der Kölnstraße nicht geborgen werden. – Tiefe der mutmaßlichen Nische 1,11 m, UK bei 63,62 m.
(17.1) Fassförmiges Gefäß, wohl Becher Gellep 96. – Belgische Ware. – H. (8,2), Dm. 6,2, Nur in Fragmenten erhalten, Unterteil? – Inv. 87.0739,04.
(17.2) Fassförmiges Gefäß, wohl Becher Gellep 96. – Belgische Ware. – H. (9,2), Dm. 8,3. – Nur in Fragmenten erhalten, Unterteil? – Inv. 87.0739,05.
(17.3) Kännchen, wohl Gellep 112. – Glattwandige, etwas sandige Ware. – H. (7,6), Dm. 8,2. – Mündung, Hals und Henkel fehlen. – Inv. 87.0739,01.
(17.4) Kännchen, wohl Gellep 112. – Glattwandige, etwas sandige Ware mit Keramikmehl. – H. (8,8), Dm. 8,4. – Mündung und Teile von Hals und Henkel fehlen. – Inv. 87.0739,02.
(17.5) Kännchen, wohl Gellep 112. – Glattwandige, etwas sandige Ware. – H. (8,4), Dm. 7,8. – Mündung und Hals fehlen. – Inv. 87.0739,03.
(17.6) Becher, optisch geblasen, Schliffrille unterhalb des Randes, wohl ähnl. Tournai, Rue Perdue Grab 122. – Bläuliches blasiges Glas. – Nur der Oberteil erhalten. – H. (8,6), Dm. 6,1. – Inv. 87.0739,06.
(17.7) Löffel, Laffe beutelförmig, Rolle durchlocht, Stieloberseite mit Kerbschnittverzierung. – Silber. – L. (6,3), B. 2,3. Gewicht (6,2 g). – Laffe gebrochen, geklebt. Stiel kurz nach dem Ansatz abgebrochen, Ende fehlt. – Inv. 87.0739,07.
(17.8) Messer, Klinge fehlt. – Eisen, am Klingenansatz mit Silberzwinge. Ankorrodiert sind Holzreste, nicht bestimmt. – L. (8), B. ca. 1,5. – Inv. 87.0739,08.
(17.9) Schere, omegaförmiger Griff. – Eisen. – L. (7). – Nur Bruchstücke erhalten. Ein nicht anpassendes Klingenfragment könnte nach dem Schneidenquerschnitt zur Schere gehören. – Inv. 87.0739,09.
Spätes drittes Jahrhundert, da die Gefäßform (7.1–2) erst in dieser Zeit entsteht, während die Form des Löffels (17.7) bereits ungebräuchlich wird.

Die Ausgrabung von 2004 bis 2005

Grab 18 (Abb. 30). Brandbestattung in einer Aschenkiste aus Tuff, von der nur noch die Bodenplatte erhalten war. Längsachse ONO–WSW. – L. ca. 1 m, B. max. 0,59 m, H. (0,2) m, Tiefe 1,64 m. Unterkante bei 64,56 m, nach Osten etwas abfallend. Holzkohleverfärbung westlich der Aschenkiste. – Eine Tüte voll unbestimmtem Leichenbrand, Brutto 195 g. – Inv. 2005.250,00.
(18.1) Kleine Bruchstücke von zwei unvollständigen Glasgefäßen mit kugeligem Körper, Typus unbestimmt,

nach der Größe wohl Unguentarien. – (a) Eine Wandscherbe. Graugrün, wenig Blasen. – (b) Mehrere dünnwandige weißgelbe Bruchstücke. Wenig Blasen. – Gesamtgewicht 8 g. – Inv. 2005.250,01.

(18.2) Bruchstücke von mindestens vier Glasgefäßen, unvollständig. – (a) Unterteil einer Hochform, Pyxis oder Flasche? Bodendm. 3,4. Grünliches, etwas blasiges Glas. Boden verkratzt, Benutzungsspur? – (b) Form unbestimmt. Grünliches blasiges Glas. – (c) Wohl von der Wandung einer kugeligen Flasche, mit Halsansatz. Gelbliches Glas mit leichtem Grünstich, wenige Blasen. – (d) Wandscherben eines dünnwandigen Gefäßes, Form unbestimmt. Gelbliches, leicht blasiges Glas. – Gesamtgewicht (a) bis (d) 65 g. – Inv. 2005.250,03.

(18.3) Bruchstück eines Eisennagels. – L. 6. – Inv. 2005.250,02.

(18.4) Ziegelbruchstücke. – Inv. 2005.250,04.

(18.5) Tuffbrocken. – Inv. 2005.250,05.

Wegen der Brandgrabsitte und der Lage bei Grab 19 wahrscheinlich wie dieses ins dritte Jahrhundert zu datieren.

Grab 19 (Abb. 30). Brandbestattung in einer Aschenkiste aus Tuff, von der nur noch die Bodenplatte und geringe Reste der Seitenwände erhalten waren. Längsachse annähernd O–W. – L. max. ca. 0,6 m, B. ca. 0,5 m, Tiefe 1,68 m, Unterkante bei 64,52 m. Bodendicke ca. 0,12 m, Wandstärke 8–9. – Zerbrochen, geborgen wurden vier Kisten mit Fragmenten der Aschenkiste aus weichem hellbraunem Tuff mit teilweise recht großen, über einen Zentimeter dicken ascheartigen Einschlüssen. – Inv. 2005.251,06. – Eine Tüte voll unbestimmtem Leichenbrand, Brutto 1205 g. – Inv. 2005.251,00.

(19.1–3) Bruchstücke von drei glattwandigen Kännchen Niederbieber 64. – (1) Kännchen mit Ausguss nach rechts. – H. 11,2, Dm. 7,4, Volumen 110 ml. – Wandung mit Textil- oder Schwammabdruck als mutmaßlicher Glättspur. – Inv. 2005.251,02. – (2) Fuß eines gleichartigen Gefäßes. – Inv. 2005.251,03. – (3) Fragmente, die nach Form und Wandungsstärke in den Fußbereich eines dritten, gleichartigen Gefäßes gehören, sie passen nicht zu (1) und (2). – Aus der Südostecke der Aschenkiste. – Inv. 2005.251,04.

(19.4) Warzenbecher? – Mehrere klare, leicht grünstichige gläserne Wandscherben, Form unbestimmt, ein herausgestochener Fortsatz. – Gewicht 5 g. – Inv. 2005.251,01.

(19.5) Randscherbe einer Trichterhalsflasche, wohl Trier 101 (frühestens zweite Hälfte des dritten Jahrhunderts), nicht ausgeschlossen Isings 92 (Ende des zweiten Jahrhunderts). – Weißgrünliches Glas. – Gewicht 5 g. – Inv. 2005.251,05.

(19.6) Konische Herkuleskeule aus dünnem Goldblech mit tropfenförmigen Astknubben. – L. 3,3, Dm. max. 0,7. – Inv. 2005.251,07.

Die Trichterhalsflasche (19.5) und die Brandgrabsitte bieten Anhaltspunkte für eine Datierung ins dritte Jahrhundert, wohl in dessen zweite Hälfte.

Befund 20 (Abb. 31). Die Grenzen des Befundes waren in Planum 1 nicht klar zu erkennen. Anscheinend handelt es sich um eine rechteckige Struktur mit abgerundeten Ecken. Längsachse N–S, L. 0,9 m, B. 0,75 m. – Nach der Erhaltung der Keramikfunde (20.1) – (20.3) handelt es sich wohl um einen Teil des Grabes. – Im nächsten Planum war dann eine größere, unregelmäßige Struktur erkennbar, unter der Grab 36 lag. Dieses Grab schließt sich östlich an Befund 20 an. Die unregelmäßige große Struktur ist also entweder eine ältere Grube, in deren Bereich sowohl Befund 20 als auch Grab 36 liegen oder ein Grabkomplex mit unregelmäßiger Grabgrube und einer zugehörigen Beigabennische. In jenem Fall wären Befund 20 und Grab 36 als Teile einer einzigen Bestattung zu werten.

(20.1) Teller Gellep 40 mit leicht nach außen geneigtem Rand. – Terra Sigillata. – H. 6,7, Randdm. 29,2. – Möglicherweise aus dem südlichen Bereich. – Inv. 2005.252,01.

(20.2) Becher, Unterteil ähnlich Gellep 779, Rand fehlt. – Zwölf spazierstockförmige Eindrücke, davon einer doppelt. Da die Abstände zwischen den Eindrücken ungleichmäßig sind, handelt es sich nicht um eine Abrollung. – Glanztonware. – H. (11), Dm. 11,4. – Inv. 2005.252,02.

(20.3) Unterteil einer Hochform. – Leicht sandige Ware. – Bodendm. 5,6. – Inv. 2005.252,03.

(20.4) Massiver Buntmetallring, etwa von einem Zügel, kein Fingerring. Kreisrund mit durchlochtem zylindrischem Aufsatz. – Lichte Weite 1,3, Dm. 1,9. – Inv. 2005.252,07.

(20.5) Eisennagel. – L. 8. – Aus dem südlichen Bereich. – Inv. 2005.252,06.

(20.6) Keramikscherben, darunter auch ein winziges Bruchstück vorgeschichtlicher Machart. Ziegelbruchstück. Tuffbrocken. – Aus der Verfüllung. – Inv. 2005.252,04 und 05.

(20.7) Tierknochen. – Aus dem südlichen Bereich. – Inv. 2005.252,00.

Die Funde sprechen für eine Datierung ins späte vierte Jahrhundert oder an den Anfang des fünften. Falls es sich um eine Nische von Grab 36 handelt, gehört der gesamte Befund ins letzte Jahrhundertdrittel.

Grab 21 (Abb. 31). Körperbestattung, NO–SW. – Gestört, nur Bereich der Beine erhalten. – UK bei 63,38 m. – Gesicherte Beigaben wurden nicht festgestellt. – Reste vom Skelett eines erwachsenen Individuums. – Inv. 2005.253,00.

(21.1) Keramikscherben, Ziegelbruchstücke und unbestimmte Eisenfragmente. – Aus der Verfüllung. – Inv. 2005.253,01 bis 03.

Keine datierenden Funde.

Grab 22 (Abb. 31). Körperbestattung, NW–SO, gestreckte Rückenlage. UK bei 63,48 m. – Wände der Grabgrube im Profil nicht ganz senkrecht abgestochen. Keine Reste des zu vermutenden Holzsarges erhalten. – Rechte Seite und Fußende beim Ausschachten zerstört. – Beigaben wurden nicht festgestellt. – Reste eines Männerskeletts, Alter 40–45 Jahre. Ortstreues Individuum. – Inv. 2005.254,00.

(22.1) Keramikscherben, ein Ziegelbruchstück, Bruchstück eines(?) Eisennagels. – Aus der Verfüllung. – Inv. 2005.254,01,03 und 04.

Keine datierenden Funde.

Grab 23 (Abb. 32–33). Körperbestattung, O–W, gestreckte Rückenlage. – Die Bestattung lag im ersten Planum bei ca. 63,80 m im Bereich einer unregelmäßig rechteckigen Verfärbung, L. ca. 3 m, B. ca. 2,4 m. – Im nördlichen Teil des Befundes zeichnete sich im nächsten Zwischenplanum nur wenig tiefer dann die unregelmäßig langrechteckige Grube deutlich ab, L. 3,4 m, B. 1,4 m. – Organische Verfärbungen an den Wänden weisen wohl auf einen kammerartigen Einbau hin. – Die Verschmälerung des Befundes zeigt, dass an der Südseite ein Absatz in einer Breite von ca. einem Meter stehen gelassen wurde. Auf Höhe dieses Absatzes ca. 0,7 m oberhalb der Grabsohle lag ein Henkeltopf. – Die Sargnägel stammen nach den Stellennummern wohl aus den oberen Plana. – Nägel Inv. 2005.255,05 sowie 09 und 12. – Auch ist in Planum 2 eine seitliche Verfärbung des Sarges oder eines Grabeinbaus sichtbar. – Am Fußende der Bestattung einen halben Meter oberhalb der Grabsohle und ca. 0,6 m von der beobachteten Sarggrenze entfernt zwei Gefäße, die, nach der Lage zu urteilen, in einer Nische oder auf einem weiteren Absatz in der Grabgrube deponiert waren. – Am Fußende der Bestattung ein weiteres Beigabenensemble im Bereich einer dunkleren Verfärbung. – Die Grabgrube enthält dunkle Verfärbungen als Reste eines Holzsarges. Die Grenzen des Sargbefundes sind scharf umrissen, aber unregelmäßig, L. 2,05 m, B. max. ca. 0,55 m. – Eine schwache größere Verfärbung stammt offenbar von der Grabgrube, L. 2,65 m, B. 0,9 m. Die UK bei liegt bei 63,07 m, also 0,73 m unterhalb des Absatzes. – Reste eines Frauenskeletts, Alter 40–50 Jahre. Ortstreues Individuum.

(23.1) Schüssel Chenet 320 mit Rädchenverzierung Unverzagt 199. – Die Rädchenverzierung wurde in einer umlaufenden Spirale angebracht, beim Nachdrehen des Fußes wurde die Verzierung erkennbar eingeebnet. – Terra Sigillata. – H. 6,9, Dm. 14,2. – Aus der Grabnische unterhalb des Fußendes, einen halben Meter oberhalb der Grabsohle. – Inv. 2005.255,14.

(23.2) Kanne ähnlich Brulet H 13. – Rauwandige Ware, Magerung glimmerhaltig mit vulkanischen Partikeln. – H. 21,7, Dm. 14,0. – Aus der Grabnische unterhalb des Fußendes, einen halben Meter oberhalb der Grabsohle. – Inv. 2005.255,13.

(23.3) Henkeltopf Gellep 109. – Rauwandige Ware. – H. 13,5, Dm. 12,2. – Henkel fehlt, größere Beschädigung am Körper. Kochspur und anhaftende schwarze Kruste. – Aus Planum 1, einen halben Meter südlich der Grabgrube und ca. 0,7 m oberhalb der Grabsohle auf dem oberen Absatz stehend, im Bereich einer schwach erkennbaren Verfärbung. – Inv. 2005.255,03.

(23.4) Kanne ähnlich Gellep 217–218 bzw. Isings 120 b. – Fadenauflage am Hals, der spiralig ansteigende Faden läuft über den Aufsetzpunkt. Leicht unregelmäßiger Fuß mit zarter Rippenverzierung, Boden hochgestochen und mit Heftmarke. – Grünes optisch geblasenes Glas, tordiert. – H. 22,4, Dm. 12,4, Volumen 540 ml, Gewicht 258 g. – Geklebt, Fehlstellen. – Aus dem Beigabenensemble am Fußende. – Inv. 2005.255,18.

(23.5) Trichterhalsflasche mit Standring Trier 101 a. – Schlifffrillenverzierung. Auf Grund der leicht eingesunkenen Schulter ist es schwierig, das Gefäß vollständig zu entleeren. – Gelblichgrünes blasiges Glas mit Schlieren. – H. 16,0, Dm. 11,4, Volumen 650 ml (füllt die Schale [23.7] zweimal), Gewicht 165 g. – Hals beschädigt.– Aus dem Beigabenensemble am Fußende. – Inv. 2005.255,19.

(23.6) Becher Trier 49 a. – Graugrünes blasiges Glas mit Schlieren. – H. 7,0, Dm. 8,9, Volumen 250 ml, Gewicht 65 g. – Boden verkratzt, Benutzungsspur. – Aus dem Beigabenensemble am Fußende. – Inv. 2005.255,17.

(23.7) Weite Halbkugelschale ähnl. Vanpeene 77, mit leicht ausgestelltem Rand, leicht schief. – Grünlichgelbes blasiges Glas, leicht verunreinigt. – H. 5,0, Dm. 12,8, Volumen 320 ml (aus der Trichterhalsflasche [23.5] zweimal zu befüllen), Gewicht 320 g. – Lag auf dem Oberkörper. – Inv. 2005.255,20.

(23.8) Erdprobe mit Buntmetallverfärbung. Dünnes Blech, unregelmäßig korrodiert. – Ursprüngliche Form nach Röntgenbild vom 22.11.2006 nicht bestimmbar. – Aus dem Abraum. – Inv. 2005.255,16.

(23.9) Erdprobe mit offenbar rezenten Pflanzenresten und winzigen Schneckenhäusern. – Inv. 2005.255,15.

(23.10) Zahlreiche Keramikscherben, darunter auch einige wohl vorgeschichtlicher Machart, Ziegelbruchstücke und Steine. – Aus der Verfüllung. – Inv. 2005.255,01, 02, 04, 07, 08 und 10.

(23.11) Tierzahn, Tierknochen. – Aus der Verfüllung. – Inv. 2005.255,06.

Die Kanne (23.2) und die Verzierung der Schüssel (23.1) sprechen für einen Ansatz nicht vor dem Ende des vierten Jahrhunderts, die Kanne (23.4) ermöglicht eine Eingrenzung in die Zeit bis um 400.

Grab 24 (Abb. 33–34). In Planum 1 waren die Gräber 24 und 25 nicht klar zu unterscheiden, da sie im Bereich einer größeren, wohl jüngeren Grube lagen. Diese Unterscheidung war im nächsten Zwischenplanum möglich. – Grab 24 ist eine Körperbestattung, NO–SW, gestreckte Rückenlage, Hände auf dem Oberkörper zusammengelegt, die rechte Hand auf einer Glasschale, unter der rechten Hand noch eine Münze. – L. 2,55 m, B. max. 1,35 m, UK bei 63,18 m. – Verfärbungen und mindestens neun Eisennägel mit anhaftenden Resten eines Eichenholzsarges. – Inv. Nr. 2005.256,04, sowie 09, 11 und 13. – Reste eines vermutlich männlichen Skeletts, Alter 45–55 Jahre. Ortstreues Individuum. – Inv. 2005.256,00.

(24.1) Kännchen mit seitlichem Ausguss Niederbieber 64, Gellep 112. – Glattwandig-sandige Ware. –

H. 11,8, Dm. 8,2, Volumen 190 ml. – Vom Fußende. – Inv. 2005.256,14.

(24.2) Schale, Form wie Chenet 342c oder Gellep 274, jedoch rötlichgelbe glattwandig-sandige Ware. – H. 4,5, Dm. 8,6, Volumen 80 ml. – Vom Fußende. – Inv. 2005.256,15.

(24.3) Flasche Gellep 201, optisch geblasen, tordiert. – Graugrünes Glas mit einigen größeren Blasen. – H. 12,0, Dm. 8,0, Volumen 210 ml, Gewicht 76 g. – Boden verkratzt, Benutzungsspur. – Von links neben dem Schädel. – Inv. 2005.256,02.

(24.4) Kugelabschnittschale Trier 15a. – Graugrünes blasiges Glas. – H. 4,0, Dm. 18,7, Volumen ca. 380 ml, Gewicht 114 g. – Unvollständig, Rand und Umbruch mit korrosionsartigen Schäden. – Lag gestürzt auf dem Oberkörper des Toten unter der rechten Hand, der Arm angewinkelt. – Inv. 2005.256,06.

(24.5) Konischer Becher Trier 53a. – Graugrünes Glas mit Schlieren und kleinen Blasen. – H. 9,4, Dm. 10,0, Gewicht noch 60 g. Unvollständig, ca. 80% erhalten. – Vom Fußende. – Inv. 2005.256,10.

(24.6) Beinnadel mit flachem prismatischem Kopf. – L. 7,1, Schaftdicke 0,3. – Von links neben dem Schädel. – Inv. 2005.256,03.

(24.7) Münze, geprägt 333–334, Fol. Konstantinopel, Münzstätte TRE, RIC 554. – Lag unter der rechten Hand. – Inv. 2005.256,08.

(24.8) Erdprobe mit Buntmetallverfärbung. – Aus dem Bereich des Brustbeins. – Inv. 2005.256,05.

(24.9) Erdprobe mit offenbar rezenten Pflanzenresten und winzigen Schneckenhäusern. – Inv. 2005.256,00.

(24.10) Keramikscherben und Ziegelbruchstücke. – Aus der Verfüllung. – Inv. 2005.256,01,16.

Die Münze liefert einen Terminus post quem von 333. Nach den Beigaben um die Mitte des vierten Jahrhunderts, da noch ein Kännchen des Typus Niederbieber 64 bzw. Gellep 112, aber schon eine optisch geblasene Flasche der Form Gellep 201 vorliegt.

Grab 25 (Abb. 34–36). In Planum 1 waren die Bestattungen 24 und 25 im Bereich eines größeren Befundes nicht klar zu unterscheiden (s. oben). – Bei Grab 25 fand sich eine Schüssel einen halben Meter von der eigentlichen Grabgrube entfernt im Bereich einer schwachen Verfärbung. Wie die relativ große Entfernung zur Bestattung zeigt, handelt es sich eher um einen Absatz als um eine Grabnische. Die Maße der Grabgrube von Grab 25 im nächsten Zwischenplanum bei 63,68 bis 63,76 m betragen L. 2,70 m, B. 0,9 m. – Körperbestattung, NO–SW, Rückenlage, Arme längs des Körpers ausgestreckt. – Vom Eichenholzsarg sind Verfärbung und zahlreiche Sargnägel erhalten. – Sargnägel Inv. 2005.257,08 sowie 20 bis 22 und 35. – L. ca. 1,9 m, einschließlich Beigabenensemble ca. 2,2 m, B. ca. 0,65 m, UK bei 63,15 m. – Reste eines vermutlich männlichen Skeletts, Alter 40–45 Jahre. Ortstreues Individuum. – Inv. 2005.257,00.

(25.1) Teller Gellep 40 mit zwei Drehrillen auf der Außenseite und einer auf der Innenseite. – Terra Sigillata – H. 7,0, Dm. 27,5. – Aus dem Beigabenensemble am Fußende. Darin lagen Tierknochen von der Speisebeigabe. – Inv. 2005.257,09.

(25.2) Becher Gellep 270. – Leicht sandige Belgische Ware. – H. 14,2, Dm. 10,5, Volumen 370 ml. – Aus dem Beigabenensemble am Fußende. – Inv. 2005.257,24.

(25.3) Napf Gellep 274. – Belgische Ware. – H. 6,6, Dm. 9,8, Volumen 180 ml. – Am Rand an drei Stellen Reste von Korrosion der Schale (25.16). – Vom Fußende, unter der Buntmetallschale (25.16). – Inv. 2005.257,28.

(25.4) Napf Gellep 274. – Belgische Ware. – H. 7,0, Dm. 9,7. – Aus dem Beigabenensemble am Fußende. – Inv. 2005.257,29.

(25.5) Napf Gellep 274. – Belgische Ware. – H. 6,8, Dm. 9,3. – Aus dem Beigabenensemble am Fußende. – Inv. 2005.257,30.

(25.5b) Fünf Glassplitter. – Bei der Keramik. – Inv. 2005.257,31.

(25.6) Kanne Gellep 115. – Rauwandige Ware. – H. 26,3, Dm. 19,0, Volumen 2700 ml. – Aus dem Beigabenensemble am Fußende. – Inv. 2005.257,10.

(25.7) Schüssel Gellep 122. – Rauwandige Ware, Magerung mit vulkanischen Partikeln. – H. 7,5, Dm. 18,0. – Wandung geschwärzt (Kochspur). Geborgen wurde auch eine Bodenprobe der Füllung. – Aus einer Nische oder von einem Absatz. – Inv. 2005.257,03.

(25.8) Unguentarium Bonn 40. – Grünliches Glas. – H. 5,0, Dm. 2,7, Gewicht 7 g. Zerschert, unvollständig. – Aus der Bronzeschale (25.16). – Inv. 2005.257,07.

(25.9a) Becher Trier 49a. – Wenige Bruchstücke, sehr wahrscheinlich zugehörig zu (25.9b), dort aber nicht anpassend. – Inv. 2005.257,14.

(25.9b) Becher Trier 49a. – Randdm. 8,4. – Wandscherben, sehr wahrscheinlich zugehörig zu Objekt (25.9a), dort aber nicht anpassend. – Unter der Stellennummer befindet sich auch ein Henkel und mögliche Wandscherben des Fasskruges (25.12), daher wurden die Bruchstücke möglicherweise beim Fasskrug gefunden. – Inv. 2005.257,23.

(25.10) Kugelabschnittschale mit optisch geblasenem Muster wie Vieuxville Grab 187. – Die Verzierung besteht aus länglichen Eindrücken sowie einem vegetabilen Zirkelschlagmuster aus sechs Kreisen, die einen punktverzierten Bodenkreis schneiden. – H. 5,0, Dm. 19,6, Volumen 600 ml, Gewicht 161 g. – Lag gestürzt auf dem Oberkörper. – Inv. 2005.257,15.

(25.11) Bruchstücke einer Flasche mit Zylinderhals und zwei Delfinhenkeln (wohl Typus Trier 140). – Nur Scherben erhalten. – Gefunden links oberhalb des Schädels. – Inv. 2005.257,16.

(25.12) Bruchstücke eines Fasskruges, wohl Typus Gellep 213. – Nur Scherben erhalten, Henkel-, Rippen- und Bauchscherben sind unterscheidbar. – Gefunden rechts oberhalb des Schädels. – Inv. 2005.257,17 und 18.

(25.13) Konischer Becher Isings 106a. – Hellgrünes blasiges Glas. – H. 12,0, Dm. 9,0, Gewicht noch 55 g, unvollständig. – Inv. 2005.257,27.

(25.14) Glasscherben, Gefäßtypus unbestimmt. – Inv. 2005.257,32.

(25.15) Vier kleine gelbgrüne Glasscherben. – Inv. 2005.257,13.

(25.16) Steilwandige Schale mit Horizontalrand, Tongeren Typus 2. – Buntmetall, Oberfläche offenbar verzinnt. – H. 2,5, Randdm. 13,5. – Unterseite mit runder, zum Rand versetzter Standspur, Dm. 9,5. Es handelt sich offenbar nicht um einen verlorenen Standring, sondern um die Aufsatzmarke auf Napf (25.3). – Aus dem Beigabenensemble am Fußende, darüber lag das Unguentarium (25.8). – Inv. 2005.257,11.

(25.17) Gürtelschnalle, vergleichbar der Form Hermes-Loxstedt. – Bügel mit zum Beschlag beißenden Tierköpfen und eingepunztem U-förmigem Dekor, der flache Rand abgesetzt, die Unterseite flach. Rechteckiger Beschlag, Zierfeld aus anderem Material von eher gelber Färbung (wohl Messing). Verzierung mit drei halben floralen Elementen, Randleiste mit eingepunzten Bögen und S-Haken. Zwei Befestigungsniete. Erhalten auch ein Lederfragment des Riemens. – Buntmetall. L. 6,8, B. Bügel 7,7. Beim rechten Fuß. – Inv. 2005.257,12.

(25.18) Buntmetallstreifen. – L. 1,8, B. 0,4. – Inv. 2005.257,26.

(25.19) Messer mit lanzettförmiger Klinge. – Eisen. – L. gesamt ca. 20, Klinge L. ca. 11, B. ca. 3. Maße und Form nach Röntgenaufnahme vom 22.11.2006. – Reste vom Holzgriff aus zerstreutporigem Laubholz sind erhalten. Ein Teil der Griffangel mit flachovalem Buntmetallknauf war abgebrochen. Möglicherweise zugehörig Eisenteile, darunter kurze Nägel mit Holzresten (Inv. 2005.257,25). – Aus dem Bereich zwischen oder rechts neben den Unterschenkeln. – Inv. 2005.257,34.

(25.20) Kamm mit dreieckiger Griffplatte, Böhme Typus A, im Futteral steckend. – Seiten des Futterals weiter ausschwingend als beim Kamm. Drei Lagen, Nieten aus Buntmetall, davon fünf Stück am Kamm, zwei an der Futteralkante. Kreisaugenverzierung an der Oberkante des Kammes und der Unterkante des Futterals. – Bein. – L. 9,5, B. 4,2. – Inv. 2005.257,33.

(25.21) Ein kleiner Eisennagel. – Inv. 2005.257,04.

(25.22) Erdprobe mit Eisenverfärbung. – Inv. 2005.257,36.

(25.23) Wenige Keramikscherben, ein Glasfragment, ein Kiesel. – Aus der Verfüllung. – Inv. 2005.257,01 sowie 02 und 05.

(25.24) Kleintierknochen. – Speisebeigabe aus Teller (25.1). – Inv. 2005.257,06.

Etwas nach der Mitte des vierten Jahrhunderts. Der Becher (25.2) und der Kamm (25.20) weisen jeweils in die erste Hälfte des Jahrhunderts, die Flasche (25.11) in dessen erstes oder zweites Drittel, verzierte Kugelabschnittschalen kommen offenbar erst im letzten Jahrhundertdrittel auf.

Grab 26 (Abb. 36). Körperbestattung, NW–SO, gestreckte Rückenlage. Grube in Planum 2 relativ eng, L. ca. 1,75 m, B. auf Kopfhöhe 0,35 m, B. im Oberkörperbereich 0,5 m, B. am Fußende 0,3 m. – Unterkante bei der Grabung nicht eindeutig bestimmbar, wohl bei 63,78 m. – Reste vom Skelett eines Erwachsenen. – Inv. 2005.258,00.

(26.1) Scherben, wohl von einer flachen, unverzierten Kugelabschnittschale. – Graugrünes, wenig blasiges Glas. – Sehr unvollständig, keine sicheren Randscherben. – Möglicherweise befinden sich noch Fragmente in einer Bodenprobe. – Lag auf dem Oberkörper. – Inv. 2005.258,02.

(26.2) Unterteil eines Unguentariums mit kegelförmigem Körper, wohl Form Trier 84. – Boden mit Heftmarke. Keine Halseinschnürung. – Graugrünes, etwas blasiges Glas. – Oberteil verloren. – H. (7,4), Dm. 7,4, Gewicht 60 g. – Vom linken Unterschenkel. – Inv. 2005.258,04.

(26.3) Zwei Fragmente einer Silbermünze, Siliqua des Valens, Münzstätte TRE, RIC 27 (b), geprägt 367–375 n. Chr. – Aus dem Halsbereich. An dieser Stelle sind in der Dokumentation schwarze Reste als fragliche Textilien beschrieben. – Inv. 2005.258,01.

(26.4) Erdprobe mit unbestimmten Eisenteilen. – Südlich der Füße. – Inv. 2005.258,03.

Die Münze liefert einen Terminus post quem von 367. Wegen der Form des Unguentariums wohl nur wenig später.

Grab 27 (Abb. 36–37). Körperbestattung, NO–SW, Rückenlage, rechter Unterarm auf den Oberkörper gelegt, linker Arm ausgestreckt. – Grabgrube in Planum 2, L. >2,15 m, B. ca. 0,65 m. T. 1,10 m, Unterkante bei ca. 63,63 m. – Art des Grabeinbaus nicht erkennbar, möglicherweise Holzsarg. – Reste eines Skeletts unbestimmten Geschlechts, Alter wohl Anfang 20. Ortstreues Individuum. – Inv. 2005.259,00.

(27.1) Eiförmige Kanne, wohl Variante Gellep 114 ohne Bemalung. – Rauwandige Ware. – H. 17,0, Dm. 11,5, Volumen 700 ml (ungefähr doppeltes Volumen der Flasche [27.3]). – Aus dem Gefäßensemble am Fußende. – Inv. 2005.259,01.

(27.2) Becher Trier 49 a. – Grünliches blasiges Glas mit leichtem Gelbstich. – H. 6,3, Dm. 7,1, Volumen 160 ml, Gewicht 40 g. Lässt sich aus der Flasche (27.3) gut zweimal oder zusammen mit der Faltenschale (27.4) je einmal füllen. – Aus dem Gefäßensemble am Fußende, mit Bodenprobe des Inhaltes. – Inv. 2005.259,02.

(27.3) Flasche Gellep 201, optisch geblasen mit senkrechten Rippen. – Grünliches, blasiges, leicht verunreinigtes Glas mit Schlieren. – H. 12,4–13,0 (Rand schief), Dm. 10,4, Volumen 340 ml. Füllt den Becher (27.2) und die Faltenschale (27.4) zusammen einmal oder jedes dieser Gefäße zweimal. – Aus dem Gefäßensemble am Fußende. – Inv. 2005.259,03.

(27.4) Faltenschale, Variante Trier 28, neun Dellen. – Grünliches, leicht gelbstichiges, etwas blasiges Glas mit Schlieren. – H. 4,8, Dm. 12,0, Volumen 170 ml, Gewicht 47 g. Lässt sich aus der Flasche (27.3) zweimal oder zusammen mit dem Becher (27.2) je einmal füllen. – Lag gestürzt auf dem Oberkörper. – Inv. 2005.259,04.

(27.5) Schlüssel. Das ringförmige Ende mit profiliertem Fortsatz, profilierter Stiel, Bart mit zwei Kerben. – Buntmetall. – L. 3,4. – Vom linken Fuß. – Inv. 2005.259,05.

(27.6) Glasperle. – Perle tordiert mit Heftmarke, Loch nicht mittig. Gelbliches durchsichtiges Glas mit spiraliger Schliere. – Dm. 1,7–1,8, H. max. 0,7, Dm. Fadenloch 0,6. – Vom linken Fuß. – Inv. 2005.259,06.

(27.7) Erdprobe mit offenbar rezenten Pflanzenresten und winzigen Schneckenhäusern, minimale organische Bruchstücke. – Inv. 2005.259,07.

(27.8) Erdprobe mit offenbar rezenten Pflanzenresten und winzigen Schneckenhäusern, ein Stück Holzkohle. – Inv. 2005.259,08.

Die Kanne (27.1) steht einer Form des vierten Jahrhunderts nahe. Die enge Faltenschale (27.4) spricht für eine Anlage des Grabes erst um 400 oder im frühen fünften Jahrhundert.

Grab 28 (Abb. 37). Körperbestattung, SO–NW, gestreckte Rückenlage. – L. 2,05 m, B. 0,53 m, UK bei 63,24 m. – Seitenwände des Holzsarges als ca. 4 cm breite dunkle Verfärbung erkennbar. – Reste eines Frauenskeletts, Alter 25–30 Jahre. Gebietsfremdes Individuum. – Inv. 2005.260,00.

(28.1) Breiter halbkugeliger Becher, ähnlich Gellep 178. – Grünlichblaues blasiges Glas mit Schlieren. – H. 4,4, Dm. 9,8, Volumen 170 ml, Gewicht 53 g. – Lag mit der Mündung nach oben auf der Brust. – Inv. 2005.260,01.

(28.2) Flasche Trier 79 a. – Grünlichblaues blasiges Glas mit Schlieren, ähnlich Becher (28.1). – H. 14,0, Dm. 11,0, Volumen 430 ml, Gewicht 111 g. – Vom linken Fuß. – Inv. 2005.260,02.

(28.3) Angeblich wurden auch Textilreste beobachtet, bei der Fundaufnahme waren keine solchen Spuren mehr in der Bodenprobe erkennbar. – Inv. 2005.260,03 und 04.

Die Geschirrbeigaben (28.1–2) erlauben eine Datierung ins vierte Jahrhundert.

Grab 29 (Abb. 37). Körperbestattung, NO–SW, gestreckte Rückenlage. – L.> 2,1 m, B. Grube 0,75 m, Skelett bei ca. 63,20 m. – Der Baumsarg ist an der flächigen Holzverfärbung und der im Profil halbrunden Unterkante der Grabgrube identifizierbar, B. 0,5 m bei der Schulter, 0,3 m am Fußende.– Reste eines vermutlich weiblichen Skeletts, Alter 20–40 Jahre. Ortstreues Individuum. – Inv. 2005.261,00.

(29.1) Unguentarium ähnlich Bonn 40. – Graugrünes, stark blasiges Glas. – Dm. 3,4, Gewicht 5 g. – Unvollständig, Rand fehlt. – Vom Fußende. – Inv. 2005.261,01.

(29.2) Kugelabschnittschale Trier 15 a. – Grünliches blasiges Glas mit Schlieren. – H. 4,4, Dm. 14,4, Volumen 280 ml, Gewicht 72 g. – Lag gestürzt auf dem Oberkörper. – Inv. 2005.261,03.

(29.3) Glasarmreif, schwarz, opak, ovaler bis D-förmiger Querschnitt. – Dm. außen 6,6, lichte Weite 4,5–4,8, Stärke des Stabs 0,35–0,5, Gewicht 11 g. – Vom Fußende. – Inv. 2005.261,02.

(29.4) Münze. Siliqua Gratian, Trier, RIC 58 a, geprägt 378–383. – Dm. 1,7. – Avers Herrscher n. rechts DN GRATIANVS PF AVG. – Revers eine sitzende Personifikation VIRTVS ROMANORVM /TRPS. – Von der rechten Beckenschaufel. – Inv. 2005.261,04.

Die Münze liefert einen Terminus post quem von 378. Das Unguentarium weist wohl noch in das vierte Jahrhundert.

Grab 30 (Abb. 38). Körperbestattung, NO–SW, gestreckte Rückenlage. L. Grube >1,5 m. – Der Schädel wurde im Planum 1 geborgen, dort L. der Grabgrube 2,30 m. Im nur wenig darunter liegenden Planum 2 ist die Grabgrube in der Höhe des Schädels nicht mehr erkennbar. Bei der Schulter B. 0,55 m, am Fußende B. 0,35 m, Unterkante bei 63,13 m. – Ein Nagel des Holzsarges erhalten, Inv. 2005.262,05. – Reste eines Skeletts, wohl von einer Frau, erwachsenes Individuum. – Inv. 2005.262,00.

(30.1) Kanne Chenet 348 bzw. Brulet 348. – Terra Sigillata, getaucht, mit zwei Fingerabdrücken. – H. 18,2, Dm. 12,7, Volumen 750 ml. – Vom linken Fuß. – Inv. 2005.262,04.

(30.2) Faltenschale Variante Trier 28, elf Dellen. – Hellgrüngelbliches, wenig blasiges Glas. – H. 5,7, Dm. 14,4, Volumen 420 ml, Gewicht 72 g. – Lag gestürzt auf dem Oberkörper. – Inv. 2005.262,02.

(30.3) Faltenschale Variante Trier 28, neun Dellen. – Hellgrünliches, leicht gelbblaues, wenig blasiges Glas mit leichten Schlieren. – Leicht schief, H. 5–5,4, Dm. 10,8, Volumen 170 ml, Gewicht 56 g. – Von der linken Schulter. – Inv. 2005.262,03.

(30.4) Zweizeiliger Dreilagenkamm mit geschweiftem, durchlochtem Ende, Kreisaugenverzierung. – Bein, sechs Eisennieten. – Ein Ende beschädigt, B. (12,5), Dicke ca. 1. Die grobe Zahnung mit sieben Zähnen pro Zentimeter, die feine mit neun. – Offenbar von der linken Schulter. – Inv. 2005.262,01.

Um 400. Die Keramikform (30.1) ist von der zweiten Hälfte des vierten bis ins frühe fünfte Jahrhundert nachweisbar, die Schale (30.3) ermöglicht eine Datierung frühestens um 400.

Grube 31 (Abb. 38). Rezent gestörte rechteckige Grube, Längsachse NW–SO, L. erh. 1,1 m, B. 0,9 m. Die Grube wurde in einer Höhe von 62,81 bis 62,93 m dokumentiert, in einem tieferen Planum war sie nicht mehr nachweisbar. – Skelettreste oder Funde wurden nicht beobachtet. Daher ist nicht zu entscheiden, ob es sich um eine Grabgrube handelt.

Grab 32 (Abb. 38). Körperbestattung, ONO–WSW, Rückenlage, Hände im Becken. – L. Grube ca. 2 m, B. ca. 0,65 m, UK bei ca. 63,00 m. – Um den Körper herum die relativ breite Spur eines Sarges oder Baumsarges, Wandstärke ca. 4 cm, B. Sarg ca. 0,45 m. Spuren eines quer liegenden starken Holzes auf Höhe der Schulter. – Reste eines Männerskeletts, Alter 50–60 Jahre. Ortstreues Individuum. – Inv. 2005.263,00.

(32.1) Flasche Trier 79 a. – Hellgrünes blasiges Glas mit Schlieren. – H. 13,2, Dm. 9,9, Volumen 360 ml, Gewicht 112 g. – Vom linken Fuß. – Inv. 2005.263,01.

(32.2) Becher Trier 49 a. – Grüngelblich bis olivenfarbiges, leicht blasiges Glas mit leichten Verunreinigungen und Schlieren. – H. 7,1, Dm. 8,0, Volumen 220 ml, Gewicht 40 g. – Lag auf dem Oberkörper. – Inv. 2005.263,02.

(32.3) Dreilagenkamm mit dreieckiger Griffplatte und geschweiften Seitenteilen, Böhme Typus C 3. – Rekonstruierte B. 9,2. – Bein, Niete aus Buntmetall. – Stark angegriffen, Kreisaugenverzierung nur noch stellenweise erkennbar. Bis zur Mitte erhalten, nicht anpassende Fragmente. – Vom Bereich der linken Beckenschaufel. – Inv. 2005.263,03.

Die Form des Kammes (32.3) wird meist ins mittlere Drittel des fünften Jahrhunderts datiert, die Flasche (32.1) und der Becher (32.2) gehören zu Gefäßformen, die im vierten und bis ins fünfte Jahrhundert hinein häufig in dieser Kombination vorkommen. Demnach entstand das Grab wohl im zweiten bis vierten Jahrzehnt des fünften Jahrhunderts.

Grab 33 (Abb. 39). Körperbestattung, NW–SO, gestreckte Lage. – Holzsarg L. 1,2 m, B. 0,3 m, UK bei 63,45 m, vier Sargnägel mit Resten von Eichenholz. – Inv. 2005.264,02. – Reste eines vermutlich weiblichen Kinderskeletts, Alter 4–6 Jahre. Ortstreues Individuum. – Inv. 2005.264,00.

(33.1) Faltenschale, Variante Trier 28 mit annähernd kalottenförmigem Boden, vier Dellen. – Hellgraugrünes, blasiges, relativ dickwandiges Glas. – H. 6,3, Dm. 16,0, Volumen 440 ml, Gewicht 175 g. – Lag gestürzt auf dem Oberkörper. – Inv. 2005.264,01.

(33.2) Zweizeiliger Dreilagenkamm. – Bein mit Eisennieten. – In mehrere Fragmente zerfallen, vier Segmente (B. 2,0–2,2) nachgewiesen. Oberfläche stark angegriffen, keine Verzierungen erkennbar. Die grobe Zahnung mit fünf Zähnen pro Zentimeter, die feine nicht feststellbar. – Inv. 2005.264,04.

(33.3) Mittelteil eines zerbrochenen Kiesels, offenbar keine Beigabe. – Streufund. – Inv. 2005.264,00.

Die Beigabe des Kammes (33.2) legt eine Datierung nicht vor dem Ende des vierten Jahrhunderts nahe, wegen der Form der Schale (33.1) entstand das Grab spätestens um 400.

Grab 34 (Abb. 39). Körperbestattung, SSO–NNW, gestreckte Lage. – L. 1,65 m, B. max. 0,65 m, UK bei 64,00 m. – Wohl im Holzsarg. – Keine Beigaben festgestellt. – Reste eines Skeletts unbestimmten Geschlechts, Alter über 20 Jahre. – Inv. 2005.265,00.

(34.1) Randscherbe Keramik, wohl Schüssel der Form Gellep 120. – Eisenreste, Funktion nach Röntgenaufnahme vom 22.11.2006 nicht bestimmbar. – Aus der Verfüllung. Inv. 2005.265,01 und 02.

Das Fragment der nicht vor dem dritten Jahrhundert entstandenen Schüssel ist lediglich als Terminus post quem für die Bestattung zu werten.

Grab 35 (Abb. 39–40). Körperbestattung, SO–NW, gestreckte Rückenlage, Hände wohl im Becken. – Nach dem Befund von Planum 1 offenbar ein Kammergrab, L. ca. 2,8 m, B. ca. 2 m, Holzsarg. – In Planum 2 ist die Grube ca. 0,75 m breit. – Vom Holz- oder Baumsarg wurden starke Seitenwände und breite Querhölzer beobachtet, L. ca. 2,2 m, B. 0,55 m, UK bei 62,65 m. – Reste eines vermutlich männlichen Skeletts, Alter 30–35 Jahre. Gebietsfremdes Individuum. – Inv. 2005.266,00.

(35.1) Krug, Gefäßkörper wie Argonnensigillata Brulet 374. – Rauwandige Ware, Magerung mit vulkanischen Partikeln. – H. 20,8, Dm. 13,5, Volumen 1100 ml. – Graue Kochspur. – Aus dem Beigabenensemble am Fußende. – Inv. 2005.266,13.

(35.2) Flasche Trier 79 a. – Grünliches, stärker blasiges Glas mit Schlieren. – H. 12,3, Dm. 9,6. – Boden verkratzt, Benutzungsspur. – Aus dem Beigabenensemble am Fußende. – Inv. 2005.266,12.

(35.3) Glaskanne Trier 124 b, Isings 120 a. – Grünliches Glas mit kleinen Blasen und Schlieren. – H. 22,4, Dm. 10,5, Volumen 600 ml, Gewicht 298 g. – Der Wulst unter dem Rand besteht aus einem spiralig aufgelegten Faden. Der Standring ist nicht ganz plan. – Aus dem Beigabenensemble am Fußende. – Inv. 2005.266,14.

(35.4) Eiförmiger Becher mit Standring Isings 108. – Grünliches Glas mit kleinen Blasen und Schlieren. – H. 9,5, Dm. 7,5, Volumen 300 ml, Gewicht 83 g. – Aus dem Beigabenensemble am Fußende. – Inv. 2005.266,15.

(35.5) Faltenschale Variante Trier 28, neun Dellen. – Grünliches blasiges Glas mit Schlieren. – H. 7,3, Dm. 15,2, Volumen 500 ml, Gewicht 112 g. – Lag gestürzt auf dem Oberkörper. – Inv. 2005.266,16.

(35.6) Zahlreiche Keramikscherben, darunter ein Bruchstück vorgeschichtlicher Machart, Ziegelbruchstücke, ein Glasfragment und moderne Mörtelbruchstücke. Kleintierknochen. – Aus der Verfüllung. – Inv. 2005.266,02 bis 08 sowie 11.

(35.7) Tierknochen, die Zugehörigkeit zum Grab ist nicht gesichert. – Inv. 2005.266,01.

Die Gefäße (35.1) und (35.4) legen einen Ansatz nicht vor dem späten vierten Jahrhundert nahe, wegen der Kanne (35.3) entstand das Grab wohl nicht später als um 400.

Grab 36 (Abb. 40). Körperbestattung, SO–NW, gestreckte Rückenlage. – In Planum 1 lag die Bestattung im Bereich eines unregelmäßig geformten größeren Befundes. Die Grabungssituation ließ keinen klaren Schluss darauf zu, ob der benachbarte Befund 20 unabhängig von Grab 36 zu sehen ist oder ob es sich um eine zugehörige Beigabennische handelt (vgl. oben). – Im Planum 2 ist das Kopfende rezent gestört. – Verfärbungen weisen auf einen Holzsarg hin, L. erh. 1,55 m, B. max. ca. 0,45 m, UK bei 63,11 m. – Reste eines Frauenskeletts, Alter 50–60 Jahre. Ortstreues Individuum. – Inv. 2005.267,00.

(36.1) Becher Gellep 17, Chenet 333 b. – Terra Sigillata. – H. 8,8, Dm. 6,9, Volumen 100 ml. – Lag offenbar am Fußende. – Inv. 2005.267,06.

(36.2) Trichterhalsflasche ohne Standring Trier 101 b. – Grünliches blasiges Glas mit großer braunvioletter Schliere. – H. 16,0, Dm. 10,5, Volumen 480 ml, Gewicht 165 g. – Boden verkratzt, Benutzungsspur. – Aus dem Beigabenensemble am Fußende. – Inv. 2005.267,07.

(36.3) Konischer Glasbecher, ähnlich Isings 106 c mit violettem Girlandenmuster. – Dm. (8). – Stark beschädigt, unvollständig. – Vom Fußende, anpassende Fragmente lagen auch auf Höhe des linken Knies. Der Becher gelangte also möglicherweise schon zerscherbt ins Grab. – Inv. 2005.267,08.

(36.4) Unguentarium ähnlich Bonn 40. – Glas. – Randdm. 2,2, Gewicht 10 g. – Unvollständig. – Aus dem Beigabenensemble am Fußende. – Inv. 2005.267,09.

(36.5) Spiralfibel mit obenliegender Sehne und geknicktem drahtförmigen Bügel mit Querarm, Hofheim I c. – Aus dem Beigabenensemble am Fußende. – Inv. 2005.267,04.

(36.6) Längliches Eisenobjekt, wohl Nagelfragment. – Inv. 2005.267,03.

(36.7) Dreilagenkamm mit sieben Nieten, doppelt geschweifte Enden, Mittelleiste mit Längsrillen, keine weitere Verzierung erkennbar. – Die grobe Zahnung mit viereinhalb Zähnen pro Zentimeter, die feine mit acht. – Bein, fünf Eisennieten und zwei Nieten aus organischem Material. – L. 12,2, B. 6,4. – An einer Stelle ist am Ende eines Segmentes eine kleine Zacke vom Einsägen des benachbarten Zahns stehen geblieben. Die Segmente müssen also beim Sägen bereits in einem festen Verbund gewesen sein, sonst wäre die Zacke abgebrochen. – Aus dem Beigabenensemble am Fußende. – Inv. 2005.267,05.

(36.8) Erdprobe mit organischem Material. – Inv. 2005.267,10.

(36.9) Keramikscherben und Ziegelbruchstücke. – Aus der Verfüllung. – Inv. 2005.267,01 und 02 – Eine glattwandige Bodenscherbe einer Hochform stammt von Befund Stelle 20-58, dabei handelt es sich möglicherweise um eine ältere Grube, die unterhalb von Grab 36 liegt. – Inv. 2005.267,11.

(36.10) Tierknochen. – Aus einer Grube unterhalb des Planums. – Inv. 2005.267,12.

Die Form der Flasche (36.2) ist bis ins zweite Drittel des vierten Jahrhunderts geläufig, die Beigabe zweizeiliger Beinkämme wird erst gegen dessen Ende üblich. Demnach entstand das Grab wohl nicht lange vor dem Ende des vierten Jahrhunderts.

Grab 37 (Abb. 41). Körperbestattung in einem aus mehreren Teilen zusammengesetzten Steinsarg, Längsachse SW–NO, Zähne im Westen. – L. gesamt ca. 1,4 m, Deckel seitlich abgeschrägt, profiliert, B. ca. 0,75 m, H. mit Deckel ca. 0,6 m, ohne Deckel ca. 0,45 m, UK bei 64,12 m. – Beim Trog handelt es sich um eine Spolie, L. 1,16 m, B. 0,58 m, H. 0,44 m, Wandstärke ca. 0,1 m, die Länge der Vertiefung 1,05 m, ihre Tiefe ca. 0,26 m. – In der Ecke einer Längsseite befindet sich die Hälfte eines Klammerloches, in der anderen Längsseite mittig ein Loch zum Rücken bzw. zum Verbinden zweier Steine. Beschädigt. – Westlich angesetzt war ein kleinerer Bereich, L. 0,4 m lang und B. 0,58 m für den Trog sowie L. 0,3 m und B. 0,77 m für den Deckel. Zum Sarkophag gehören noch separat geborgene Tuffbrocken. – Inv. 2005.268,01. – Reste eines Kinderskeletts unbestimmten Geschlechts, Alter 3–5 Jahre. Ortstreues Individuum. – Inv. 2005.268,00.

(37.1) Becher Gellep 17, Chenet 333 b. – Terra Sigillata. Der Überzug ist an der Innenwand heruntergelaufen. Gefäßkörper etwas unsorgfältig gemacht. – H. 9,6, Dm. 7,5, Volumen 160 ml. – Vom Fußende. – Inv. 2005.268,07.

(37.2) Glasschale mit Horizontalrand und Fadenauflage ähnl. Isings 115. – Eingefalteter Standring. – Grünliches Glas mit sehr vielen Blasen, leicht verunreinigt. – H. 5,2, Randdm. 11,8, Volumen 100 ml, Gewicht 79 g. – Inv. 2005.268,06.

(37.3) Flasche Gellep 201 mit schwach ausgeprägten, breiten vertikalen Rippen. – Grünliches blasiges Glas. – H. 11,3, Randdm. 4,2, Dm. 8,0, Bodendm. 3,6, Volumen 190 ml, Gewicht 78 g. – Vom Fußende. – Inv. 2005.268,08.

(37.4) Schuhnägel. – Beim Schlämmen des Erdreiches gefunden. – Inv. 2005.268,13.

(37.5) Zwei Eisenstäbchen. – Beim Schlämmen des Erdreiches gefunden. – Inv. 2005.268,14.

(37.6) Münze, (Halb-?)siliqua des Constantius, Mzst.? Typus Victoria Augg., sitzende Roma nach links. Geprägt 340–361 n. Chr. – Aus dem Bereich der Zähne, ehemals wohl in Mundlage. – Inv. 2005.268,11.

(37.7) Münze, Fol. Konstantinsöhne, Typus unkenntlich. – Beim Schlämmen des Erdreiches gefunden. – Inv. 2005.268,12.

(37.8) Ein kleines Stück Holzkohle. – Inv. 2005.268,05.

(37.9) Keramikscherben und Ziegelfragmente. – Aus der Verfüllung. – Inv. 2005.268,02 sowie 04, 09, 10, 15 und 16.

Die Münze (37.7) liefert einen Terminus post quem von 340. Nach der beigegebenen Flasche (37.3) und dem Tonbecher (37.1) gehört das Grab in die Mitte oder die zweite Hälfte des vierten Jahrhunderts.

Grab 38 (Abb. 41). Körperbestattung, NO–SW, gestreckte Rückenlage. – L. 2 m, B. 0,55–0,6 m, UK bei 63,18 m. – Dunkle Verfärbungen vom Holzsarg. – Reste eines Männerskeletts, Alter 50–60 Jahre. Ortstreues Individuum. – Inv. 2005.269,00. – In der Nähe des linken Ellbogens wurde ein Nieren- oder Blasenstein gefunden. – Inv. 2005.269,06.

(38.1) Trichterhalsflasche mit Standring Trier 101 a. – Hellgrüngraues blasiges Glas mit Schlieren. – H. 16,7, Dm. 11,7, Gewicht 139 g. – Aus dem Schädelbereich. – Inv. 2005.269,01.

(38.2) Faltenschale Variante Trier 28. – Glas. – Randdm. 13,0, Gewicht 55 g. – Erhalten eine größere Randscherbe mit Delle, sonst nur kleine Fragmente. – Lag auf dem Oberkörper. – Inv. 2005.269,03.

(38.3) Gürtelschnalle ohne Beschlag. Ovaler Bügel mit zwei antithetischen Delfinen beiderseits einer Sphaira, Kreisaugenverzierung. – Buntmetall. – B. ca. 4,8, L. ca. 2,5. – Gefunden beim linken Knie. – Inv. 2005.269,04.

(38.4) Münze, Siliqua Valens, Münzstätte TRE, RIC 27 (e). Geprägt 367–375 n. Chr. – In Mundlage. – Inv. 2005.269,02.

(38.5) Eine Wandscherbe, rauwandige Ware. – Aus der Verfüllung. – Inv. 2005.269,05.

Die Münze (38.4) liefert einen Terminus post quem von 367. Wahrscheinlich entstand das Grab demnach im letzten Drittel des vierten Jahrhunderts, wegen der vorliegenden Variante einer engen Faltenschale möglicherweise auch erst um 400.

Grab 39 (Abb. 42). Körperbestattung, NO–SW, gestreckte Lage. – L. ca. 1,95 m, B. 0,7 m, UK bei 63,17 m. – Wohl im Holzsarg; am Fußende der Bestattung eine ca. 0,2 m breite rechteckige, intensive organische Verfärbung. – Reste eines Skeletts, erwachsenes Individuum. – Inv. 2005.270,00.

(39.1) Kanne Gellep 115. – Rauwandige Ware mit vulkanischen Partikeln. – H. 26,3, Dm. 17,8, Volumen 2500 ml. – Vom Fußende. – Inv. 2005.270,01.

(39.2) Kugelabschnittschale Trier 15 a. – Grünliches blasiges Glas mit Schlieren. – H. 5,5, Dm. 19,2, Volumen 600 ml, Gewicht 199 g. – Lag auf dem Oberkörper. – Inv. 2005.270,02.

(39.3) Trichterhalsflasche ohne Standring Trier 101 b. – Glas. – Randdm. 6,7, Bodendm. 5,2, Gewicht 127 g. – Unvollständig, Unter- und Oberteil nicht aneinanderpassend. – Lag offenbar rechts neben dem Schädel. – Inv. 2005.270,03.

(39.4) Flasche Trier 79 a. – Hellgrünes blasiges Glas. – Randdm. 3,8, Bodendm. 2,6, Gewicht 45 g. – Unvollständig. Vorhanden sind Rand-, Hals-, Boden- und Wandscherben. – Vom rechten Unterschenkel. – Inv. 2005.270,04.

(39.5) Randscherbe eines vielleicht beutelförmigen Glasbechers unbestimmten Typus. – Vom rechten Unterschenkel. – Inv. 2005.270,05.

Die Zusammenstellung der Geschirrbeigabe spricht für eine Datierung im ersten bis zweiten Drittel des vierten Jahrhunderts. So legt die Form von (39.1) und (39.2) einen Ansatz vor dem Ende des vierten Jahrhunderts nahe, diejenige von (39.3) eine Einordnung spätestens im zweiten Drittel des Jahrhunderts.

Grab 40 (Abb. 42). Körperbestattung, NO–SW, gestreckte Rückenlage. – L. ca. 1,9 m, B. ca. 0,6 m, UK bei 63,16 m. – Wand des Holzsarges stellenweise als bis zu 5 cm breite Verfärbung erkennbar. – Reste eines vermutlich weiblichen Skeletts, Alter 50–60 Jahre. Ortstreues Individuum. – Inv. 2005.271,00.

(40.1) Faltenschale mit Fadenumwicklung und abgesprengtem Rand, Variante Trier 28, acht Dellen. – Grünliches, etwas blasiges Glas mit Lochfraß. Dünner Faden, sieben Umläufe. – H. 7,8, Dm. 14,3, Volumen 350 ml, Gewicht 87 g. Ein Teil des Fadens beim Absprengen des Randes verloren. – Lag gestürzt auf dem Oberkörper. – Inv. 2005.271,01.

(40.2) Dreilagenkamm, Mittelleiste mit Kreuzschraffur, Enden geschweift, ein Ende in der Mitte mit Loch. – Bein mit vier Eisennieten. – Gebrochen, L. rekonstruiert 11,4. B. rekonstruiert (an der Mittelachse gespiegelt) 6,0. Die grobe Zahnung mit fünfeinhalb Zähnen pro Zentimeter, die feine mit acht. – Von der rechten Schulter. – Inv. 2005.271,02.

Die Schale (40.1) spricht für eine Datierung in das frühe fünfte Jahrhundert.

Grube 41 (Abb. 43). Im Planum 1 bei 63,68 m schien sich im Bereich einer NO–SW verlaufenden Störung eine ebenso ausgerichtete, unregelmäßige längliche Grube abzuzeichnen. L. 2,8 m, B. ca. 0,6 m. – Der Boden im Bereich dieser Struktur ist nach dem Grabungsdia mit ähnlich kiesigem Material durchsetzt wie die Störung. Skelettreste oder Artefakte wurden nicht beobachtet. – Die Interpretation als Grab ist daher unwahrscheinlich, vielmehr wird der Befund als Teil der Störung zu deuten sein.

Grab 42 (Abb. 43). Körperbestattung, SO–NW, Rückenlage, Hände im Becken. – Grube L. 2,2 m, B. 0,5 m, UK bei 63,35 m. – Holzsarg fraglich. – Eine quer verlaufende Störung berührt den Bereich des rechten Oberarms. – Reste eines Männerskeletts, Alter 60–65 Jahre. Ortstreues Individuum. – Inv. 2005.272,00.

(42.1) Teller Gellep 40 mit zwei Drehrillen auf der Außenseite und einer auf der Innenseite. – Terra Sigillata. – H. 6,5, Dm. 26,1. – Aus dem Bereich neben dem rechten Fuß, darin lagen Tierknochen von einer Speisebeigabe (42.7) und das Unguentarium (42.5). – Inv. 2005.272,07.

(42.2) Krug, etwas plumper als Brulet 374. – Terra Sigillata. – H. 18,3, Dm. 13,0. – Gefäßkörper beschädigt. – Gefunden rechts neben dem Schädel. – Inv. 2005.272,03.

(42.3) Krug, etwas schlanker als Brulet F 5. – Rauwandige Ware, Magerung mit vulkanischen Partikeln. – H. 22,6, Dm. 14,9, Volumen 1250 ml. – Gefunden links neben dem Schädel. – Inv. 2005.272,04.

(42.4) Faltenschale Variante Trier 28, sieben Dellen. – Unsorgfältige Herstellung, Dellen unregelmäßig, eine quer liegende zusätzliche Einbuchtung unter dem Rand. – Hellgrünliches Glas mit kleinen Blasen und Schlieren. – H. 5,6, Randdm. 12,2, Volumen 180 ml, Gewicht 59 g. – Lag gestürzt auf dem Körper in Höhe der Hände. – Inv. 2005.272,02.

(42.5) Glasflakon (Unguentarium), das nur in winzigen Fragmenten geborgen werden konnte. – Gewicht 20 g. – Aus dem Teller (42.1). – Inv. 2005.272,05.

(42.6) Mutmaßlicher Schuhnagel (nach Röntgenaufnahme vom 22.11.2006) und weitere Eisenfragmente. – Inv. 2005.272,01.

(42.7) Speisebeigabe. Tierknochen aus dem Teller (42.1). – Inv. 2005.272,06.

Kannen der Form wie der Krug (42.3) sind bis um die Mitte des vierten Jahrhunderts häufig, und auch das Unguentarium (42.5) passt in dieses Jahrhundert. Die Form von (42.2) und die Schale (42.4) legen eine Datierung erst am Jahrhundertende nahe.

Grab 43 (Abb. 44). Körperbestattung, ONO–WSW, Rückenlage, rechter Arm leicht angewinkelt, linker Arm rechtwinklig auf den Körper gelegt. Unregelmäßige Grube, L. ca. 2,15 m, B. max. ca. 0,95 m, UK bei 63,52 m. – Eichenholzsarg, am rechten und am linken Fuß je ein Sargnagel im Abstand von ca. 0,45 m, die damit einen Hinweis auf die Sargbreite liefern. – Inv. 2005.273,03 und 05; weitere Sargnagelfragmente Inv. 2005.273,01. – Reste eines vermutlich weiblichen Skeletts, Alter 30–35 Jahre. Ortstreues Individuum. – Inv. 2005.273,00.

(43.1) Henkeltopf ähnlich Gellep 109. – Rauwandige Ware, Magerung mit vulkanischen Partikeln. – H. 10,9, Dm. 11,8, Volumen 500 ml. – Kochspur. – Vom Fußende. – Inv. 2005.273,04.

(43.2) Weite Halbkugelschale Gellep 178. – Relativ gut entfärbtes, weißes, leicht grünstichiges, blasiges Glas mit Schlieren, Oberfläche jetzt milchig, wird beim Anfeuchten klar. – H. 4,9, Dm. 10,0, Volumen 190 ml, Gewicht 52 g. – Lag auf dem Oberkörper. – Inv. 2005.273,02.

Die Geschirrbeigaben sprechen für eine Datierung in das vierte Jahrhundert.

Grab 44 (Abb. 44). Körperbestattung, NO–SW, Rückenlage, rechter Arm leicht angewinkelt. – Vom Holzsarg nur Verfärbung und ein Sargnagel erhalten. – Inv. 2005.274,03. – L. >2 m, B. max. 0,8 m, UK bei 63,00 m. – Reste eines vermutlich männlichen Skeletts, Alter 25–35 Jahre. Ortstreues Individuum. – Inv. 2005.274,00.

(44.1) Ecva-Fasskrug Gellep 213 mit Bodenstempel B nach Follmann. – Auf Grund des Schulterknicks nur schwer vollständig zu entleeren. – Grünliches blasiges Glas mit leichten Schlieren. – H. 18,3, Dm. 9,1, Volumen 700 ml, Gewicht 188 g. – Vom Fußende beim Becher (44.2). – Inv. 2005.274,04.

(44.2) Becher Trier 49 a. – Grünlich-graublaues blasiges Glas mit leichten Schlieren. – Am Rand Drückspuren. – H. 6,6, Dm. 7,7, Volumen 190 ml, Gewicht 57 g. – Boden leicht verkratzt, Benutzungsspur. – Vom Fußende bei Fasskrug (44.1). – Inv. 2005.274,05.

(44.3) Faltenschale Variante Trier 28, zehn Dellen. – Rand überschliffen. – Hellgelblichgrünes, blasiges, etwas verunreinigtes Glas mit leichten Schlieren. – H. 6,9, Dm. 18,0, Volumen 650 ml, Gewicht 105 g. – Lag gestürzt auf dem Oberkörper. – Inv. 2005.274,02.

(44.4) Keramikscherben und Ziegelbruchstücke, eine Glasscherbe. – Aus der Verfüllung. – Inv. 2005.274,01 sowie 06 und 07.

Der Krug (44.1) spricht für eine Datierung in die zweite Hälfte des vierten Jahrhunderts.

Grab 45 (Abb. 45). Körperbestattung, NO–SW, gestreckte Rückenlage. – Verfärbungen vom Holzsarg, L. min. 2,15 m, B. min. 0,55 m, UK bei 63,26 m. – Reste eines Männerskeletts, Alter 60–65 Jahre. Ortstreues Individuum. – Inv. 2005.275,00.

(45.1) Zylindrische, optisch geblasene Trichterhalsflasche mit tordierten Rippen, Isings 132. – Grünliches, leicht gelbstichiges blasiges Glas mit dunklen Schlieren und wenigen Verunreinigungen. – H. 27,2, Dm. 9,9, Volumen 1080 ml, Gewicht 304 g. – Von der rechten Schulter. – Inv. 2005.275,03.

(45.2) Schrägrandschale Vanpeene 79. – Gelblichgrünes Glas, wenige kleine Blasen. – H. 5,8, Dm. 13,0. – Unvollständig. – Lag gestürzt auf dem Oberkörper, beim rechten Oberarm. – Inv. 2005.275,04.

(45.3a) Wenige Scherben eines Bechers Trier 49 a. – Wohl zu (45.3b) gehörend. – Vom linken Unterschenkel. – Inv. 2005.275,05.

(45.3b) Scherben eines Bechers Trier 49 a. – Graugrünes blasiges Glas mit Schlieren. – Dm. 7,6, Gewicht 40 g. – Wohl zu (45.3a) gehörend. – Aus den Bereichen unterhalb der Füße sowie unter dem linken Oberarm. Daher gelangte der Becher möglicherweise antik zerbrochen ins Grab. – Inv. 2005.275,07.

(45.4) Trichterhalsflasche mit Standring Trier 101 a. – Grünes blasiges Glas mit leichten Schlieren. – Dm. 15,4, Volumen ca. 1500 ml, Gewicht 244 g. – Hals bis auf Ansatz verloren. Boden verkratzt, Benutzungsspur. – Aus dem Bereich unterhalb der Füße, darauf lagen Teile des Gürtels. – Inv. 2005.275,06.

(45.5) Einfache Gürtelgarnitur, Typus A nach Aouni. Schnalle vom Typus Hermes-Loxstedt. Bügel mit stilisierten Tierkopfenden und bogen- und halbmondförmigen Punzen verziert. Beweglicher, stark korrodierter Beschlag mit Kerbbandverzierung am Rand. Zwei Gegenbeschläge mit verzierten Astragalröhren: (A) Nicht im Block geborgen. L. 6,5, B. 2,1. Inv. 2005.275,08. Auf Flasche (45.4). (B) Im Block geborgen. L. 7. Rand der Beschlagplatten mit Kerbband sowie bogen- und halbmondförmigen Punzen. Astragalröhren mit Perlstabmuster. – (C) Riemendurchzug mit astragalverziertem Mittelteil und dreieckig verbreiterten Enden. L. 6,8, B. 3,7. Lag auf der Flasche (45.4), nicht im Block geborgen. Inv. 2005.275,09. – (D) Lanzettförmige Riemenzunge mit schmalem punzverzierten Band zwischen Blatt und trapezförmigem Zwingenteil, entspricht Böhme Typus A. – (E) Gürtelöse mit Kerbrand. – (F) Wohl zehn runde Gürtelnieten, Typus unbestimmt, nach einem Röntgenbild vom 22.11.2006 lagen die Nieten paarweise nebeneinander. Vollständig zerfallen, konnten nicht geborgen werden. – Lag als kompaktes Ensemble unterhalb des linken Fußes. – Die Objekte aus dem Erdblock haben die Inventarnummer RLMB 2005.275,10.

(45.6) Nagel, L. 5. – Inv. 2005.275,01.

(45.7) Keramikscherben. – Inv. 2005.275,11. – Ein kleines Schneckenhaus, wohl rezent. – Inv. 2005.275,02. – Aus der Verfüllung.

Der Gürtel (45.5) spricht für eine Datierung in das erste Drittel des fünften Jahrhunderts.

Grube 46. Runde Grube von einem Meter Durchmesser, UK bei 63,06 m. – Es wurden keine Funde beobachtet.

Zerstörte römische Bestattungen

Streufunde aus Planum 0. Diese Funde wurden bei der Ausgrabung von 2004 und 2005 zusammenfassend unter Stelle 1 dokumentiert. Unter den Funden befinden sich moderne Objekte, aber auch eine Reihe römischer Fundstücke. Bei verschiedenen Fundpunkten weist die Erhaltung beziehungsweise Zusammensetzung der Objekte darauf hin, dass weitere, unbekannte Gräber oder möglicherweise auch Teile von bekannten Bestattungen wie Grabnischen vom Bagger zerstört wurden. Eine zuverlässige Zuweisung dieser Streufunde zu einem dokumentierten Befund ist nicht möglich. Die Streufunde werden unter dieser Einschränkung hier als Gräber A bis D aufgeführt.

»Grab A« (Abb. 46). An Stelle 1-27 und Stelle 1-28 wurden Gefäßscherben gefunden. Zwei Schüsseln sind weitgehend erhalten; da eine Scherbe von Stelle 27 an die Schüssel von Stelle 28 anpasst, handelt es sich möglicherweise um den Rest einer einzigen Bestattung. Die Objekte (A1) bis (A3) gehören zu Stelle 1-27, die Funde (A4) bis (A6) zu Stelle 1-28. Da die Stellennummer einen relativ frühen Fundzeitpunkt nachweist und da bei Stelle 1-27 auch eine Tüte Tuffbrocken (Inv. 2005.206,00) und ein kleines Ziegelbruchstück gefunden wurde, lässt sich erschließen, dass »Grab A« in der Nähe der teilweise zerstörten Tuffsteinaschenkisten der Gräber 18 und 19 zu lokalisieren ist.

(A1) Schüssel Gellep 122. Das Auflager nicht plan. – Rauwandige Ware, Magerung unregelmäßig mit weißen Partikeln. – H. ca. 4, Randdm. 12,0, Bodendm. ca. 4,2.

(A2) Randscherbe eines Henkeltopfes, wohl ähnlich Gellep 107.

(A3) Mehrere Bruchstücke eines kugeligen Gefäßes unbestimmter Form aus graugrünlichem, wenig blasigem Glas, nach der Glasbeschaffenheit wohl römisch. – Gewicht 11 g.

(A4) Schüssel ähnlich Gellep 122. Das Auflager nicht plan. – Rauwandige Ware, Wandung unterschiedlich braun bzw. grau gefärbt, stand beim Brennen offenbar in einem anderen Gefäß und war daher partiell einer anderer Ofenatmosphäre ausgesetzt. Grobe Magerung mit weißen und glimmerartigen Partikeln. – H. 5,6, Dm. 13,4.

(A5) Rauwandiger Boden einer Hochform. – Dm. 4,2.

(A6) Eine Wandscherbe rauwandiger Schwerkeramik. – Inv. 2005.207,00.

Falls es sich um einen geschlossenen Fund handelt, stammt dieser aus der zweiten Hälfte des vierten Jahrhunderts.

»Grab B« (Abb. 46). Mit der Stellenbezeichnung 1-26 wurden teils frisch gebrochene Fragmente eines bemalten helltonigen Tellers als Streufund geborgen. Das Stück ist am gleichen Tag wie »Grab A« geborgen worden, ein Zusammenhang ist aber nicht nachzuweisen.

(B1) Teller, Form wie Gellep 40. – Bemalte Terra-Sigillata-Imitation, der Scherben blassrosa, der Überzug rot. – H. 7,8, Dm. 30,5. – Inv. 2005.205,00.

Wohl viertes Jahrhundert.

»Grab C« (Abb. 46). Die Streufunde der Stellen 1-43 und 1-44 wurden aufgelesen, als Grab 19 geborgen und Gräber 20, 21 und 22 entdeckt wurden. Möglicherweise stammen die Funde daher ebenfalls aus dem Bereich dieser Gräber. Nach der Erhaltung der Keramik handelt es sich offenbar um Objekte aus einem Grab mit Holzsarg oder möglicherweise auch mehreren solchen. – Nägel Inv. 2005.214,00.

(C1) Teller Gellep 40 mit nach außen geneigtem Rand. – Terra Sigillata. – H. 6,4, Randdm. 29.

(C2) Becher, Form wie Glanztonware Gellep 59. – Glattwandige, leicht sandige Ware, keine Spuren eines Überzuges. – H. 10,5, Dm. 8,5. – Inv. 2005.215,00.

Falls es sich um einen geschlossenen Fund handelt, stammt dieser wegen der Form von (C2) wohl aus dem ersten oder zweiten Drittel des vierten Jahrhunderts.

»Grab D« (Abb. 46). Im Bereich einer modernen Zisterne am südwestlichen Rand der 2004 bis 2005 aufgedeckten Fläche wurden Funde mit den Stellennummern 1-131 bis 1-133 und 1-147 geborgen, die auf Grund ihres Erhaltungszustandes als Grabbeigaben des vierten Jahrhunderts zu interpretieren sind.

(D1) Teller Gellep 38. – Terra Sigillata. – H. 8,6, Dm. 31,2. – Darin lagen der Armreif (D6) und fragliche Knochenfragmente. – Inv. 2005.222,00.

Möglicherweise zugehörig sind die folgenden Glasgefäße sowie eine Tüte winziger Fragmente mit einem Gesamtgewicht von 140 g.

(D2) Hals einer Flasche ähnlich Trier 79 a. – Im Halsbereich Eindrücke eines Werkzeuges. – Grünliches Glas mit kleinen Blasen. – Randdm. 3,4.

(D3) Hals einer Flasche ähnlich Trier 79 a. – Grünliches, leicht blasiges Glas mit Schlieren. – Randdm. 4,2.

(D4) Rand-, Wand- und Bodenscherben eines völlig zerstörten Bechers, wohl Trier 49 a. – Gelblichgrünes Glas mit wenigen Blasen. – Dm. ca. 10. – Inv. 2005.223,00.

(D5) Bruchstücke eines Glasbechers Trier 49 a. – Graugrünliches Glas mit wenigen Blasen. – Randdm. 9. – Inv. 2005.224,00.

(D6) Profilierter Armreif mit Haken-und-Ösen-Verschluss. – Buntmetall. – Dm. 7,0, lichte Weite 6,3. – Außerdem minimale und nicht identifizierbare Beinfragmente, Speiserest? – Aus dem Teller (D1). – Inv. 2005.227,00.

Datierung: Falls es sich um Objekte aus einem geschlossenen Grabfund handelt, stammt dieser wohl aus der ersten Hälfte des vierten Jahrhunderts.

Weitere Streufunde

Aus römischer Zeit stammen einige größere Bruchstücke von Putzhalterziegeln mit anhaftendem Wandputz als mutmaßliche Überreste der bislang noch nicht entdeckten Siedlung. Der Putz ist teilweise noch bis zur flächig roten Bemalung erhalten. Inv. 2005.212,00.

Einige winzige dunkelgraue, glattwandige, mit Kleinrechtecken verzierte Scherben gehören in die Merowingerzeit. Inv. 2005.213,00.

Ein außergewöhnlicher Fund von modernem Metallbesteck umfasst mehr als tausenddreihundert Teile, darunter befanden sich unterschiedliche Gabeln und Löffel, oft versilbert, jedoch keine Messer. Inv. 2005.205,00.

Abkürzungen

Andrikopoulou-Strack / Bauchhenß, Reliefsarkophag	J.-N. Andrikopoulou-Strack / G. Bauchhenß, Der Reliefsarkophag aus Weilerswist-Klein Vernich. Bonner Jahrb. 204, 2004, 47–58.
Böhme, Grabfunde	H.-W. Böhme, Germanische Grabfunde des 4. und 5. Jahrhunderts zwischen unterer Elbe und Loire. Münchener Beitr. Vor- u. Frühgesch. 19 (München 1974).
Eck, Köln	W. Eck, Köln in römischer Zeit. Geschichte einer Stadt im Rahmen des Imperium Romanum. Geschichte der Stadt Köln I (Köln 2004).
Friedhoff, Jakobstraße	U. Friedhoff, Der römische Friedhof an der Jakobstraße zu Köln. Kölner Forsch. 3 (Mainz 1991)
Gaitzsch, Grundformen	W. Gaitzsch, Grundformen römischer Landsiedlungen im Westen der CCAA. Bonner Jahrb. 186, 1986, 397–427.
Gaitzsch u. a., Glashütten	W. Gaitzsch u. a., Spätrömische Glashütten im Hambacher Forst. Bonner Jahrb. 200, 2000, 83–241.
Gottschalk, Einordnung	R. Gottschalk, Zur ethnischen Einordnung einiger spätantiker Gräber des Rheinlandes. In: Th. Fischer / G. Precht / J. Tejral, Germanen beiderseits des spätantiken Limes. Kongress Xanten 1997 (Köln und Brünn 1999) 81–91.
Gottschalk, Niederrheinische Bucht	R. Gottschalk, Studien zu spätrömischen Grabfunden in der südlichen Niederrheinischen Bucht (Dissertationsdruck Bonn 2003).
Gottschalk, Studien	R. Gottschalk, Studien zu spätrömischen Grabfunden in der südlichen Niederrheinischen Bucht (ungedruckte Diss. Bonn 2003). Diese ausführliche Fassung der Arbeit wird nur angeführt, wenn das betreffende Zitat in der zuvor genannten Druckfassung wegen Umfangskürzung entfallen ist.
Haberey, Brühl	W. Haberey, Spätrömische Gräber in Brühl. Bonner Jahrb. 162, 1962, 397–406.
Lenz, Germanische Siedlungen	K.-H. Lenz, Germanische Siedlungen des 3. bis 5. Jahrhunderts n. Chr. in Gallien. Schriftliche Überlieferung und archäologische Befunde. Ber. RGK 86, 2005, 349–444.
Noelke, Gräber	P. Noelke, Reiche Gräber von einem römischen Gutshof in Köln. Germania 62, 1984, 373–423.

Bildrechte. Abb. 1–10 und 14–15 Rheinisches Amt für Bodendenkmalpflege, ausgeführt von Karin Drechsel nach Vorlage des Verf., bis auf Abb. 3–5 sowie 15 (letzere mit Ergänzungen, vgl. Gottschalk, Einordnung 91 Abb. 7). – Abb. 11 und 12 nach Noelke, Gräber Abb. 4–5. – Abb. 13 nach Haberey, Anm. 70, Abb. 11. – Abb. 16–46 Rheinisches Landesmuseum Bonn, Zeichnungen Sigrun Wischhusen und Verf., Montage Natascha Vogt.

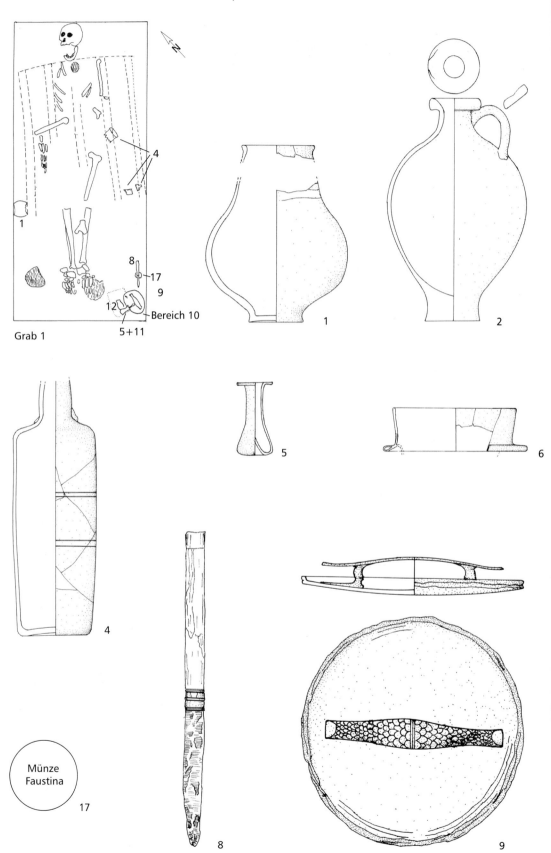

16 Grab 1 (8 und 9 im Maßstab 1:2).

Zwei Bestattungsareale in Hürth-Hermülheim

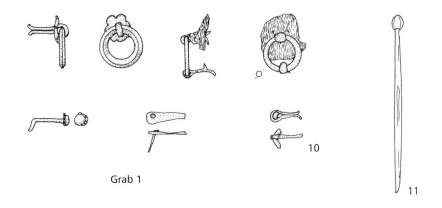

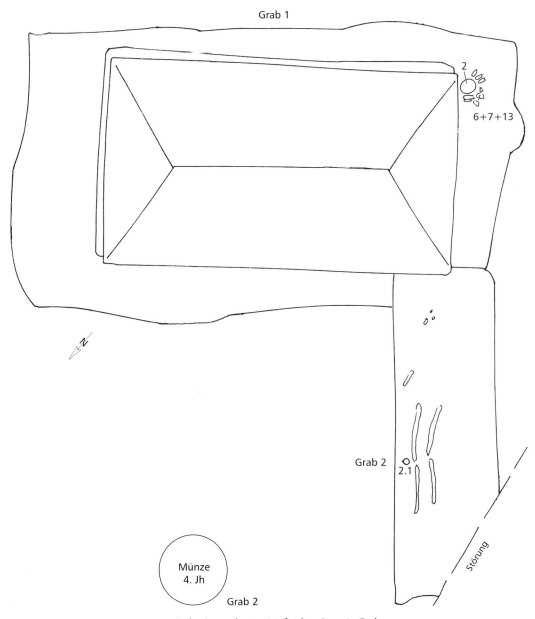

17 Grab 1 (10 und 11 im Maßstab 1:2) sowie Grab 2.

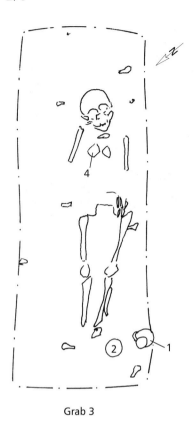
Grab 3

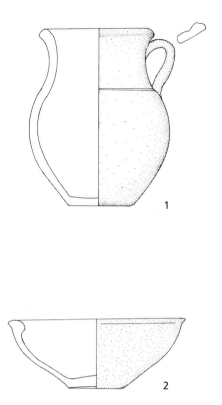

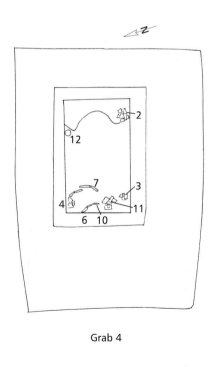
Grab 4

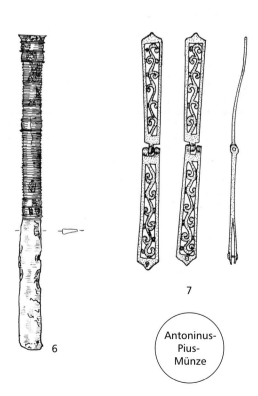

Antoninus-Pius-Münze

18 Grab 3 sowie Grab 4 (6 und 7 im Maßstab 1:2).

Zwei Bestattungsareale in Hürth-Hermülheim 271

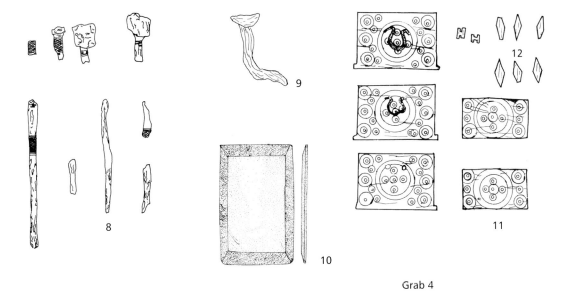

Grab 4

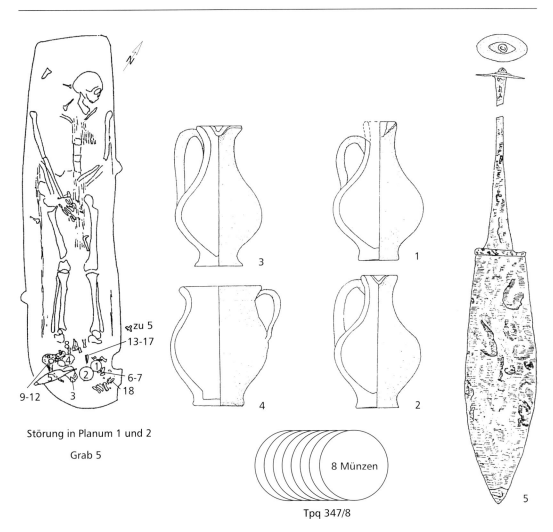

19 Grab 4 (8, 9 und 11 im Maßstab 1:2) sowie Grab 5.

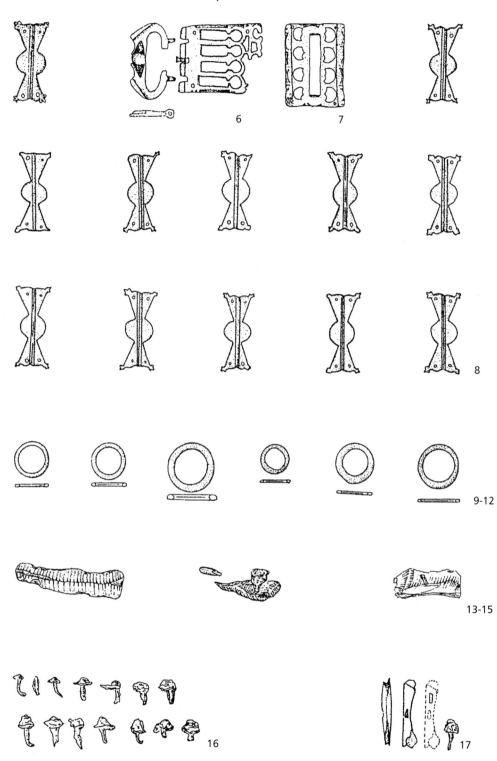

20 Grab 5 (6–17 im Maßstab 1:2).

273

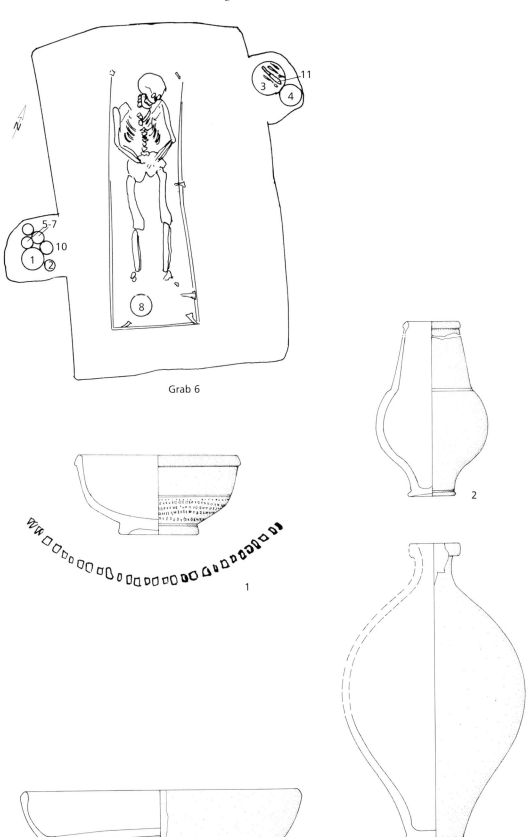

21 Grab 6.

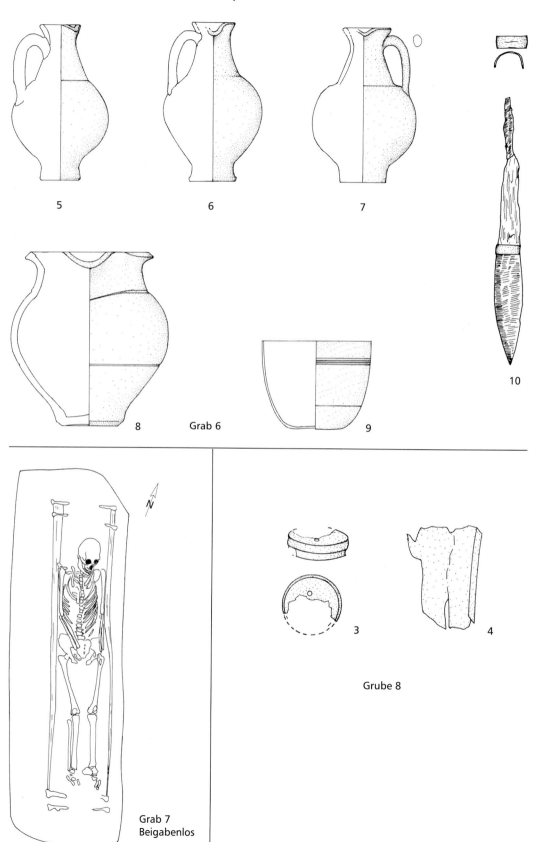

22 Grab 6 (10 im Maßstab 1:2), Grab 7 sowie Grube 8 (3 und 4 im Maßstab 1:2).

275

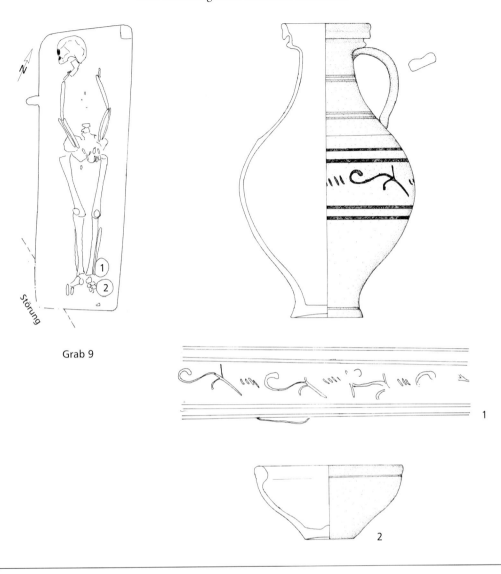

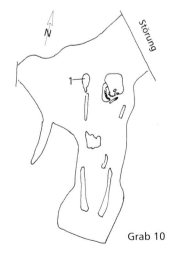

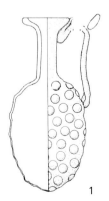

23 Grab 9 und Grab 10.

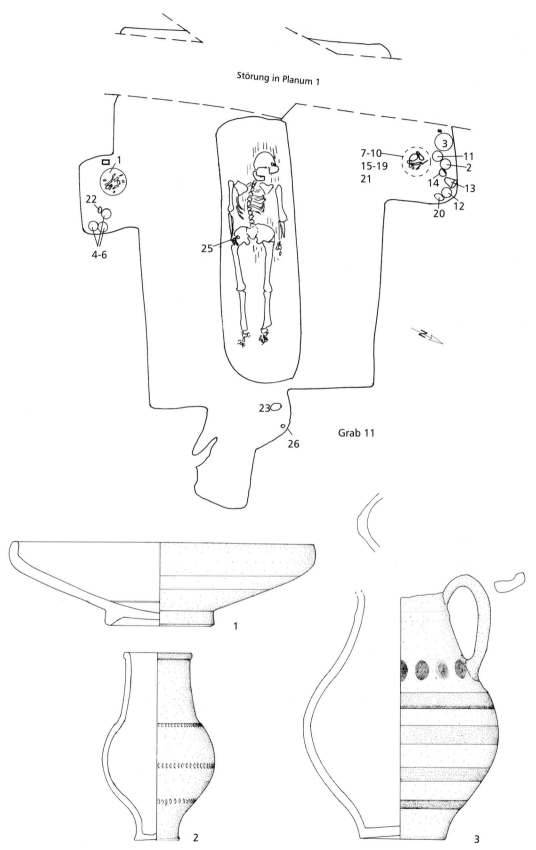

24 Grab 11 (Befund im Maßstab 1:33).

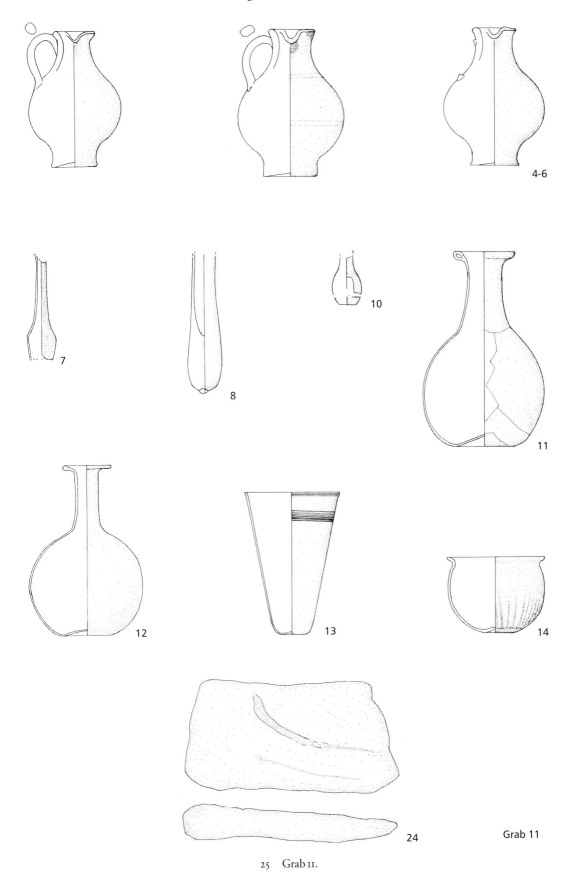

25 Grab 11.

278   Raymund Gottschalk

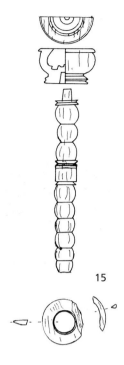
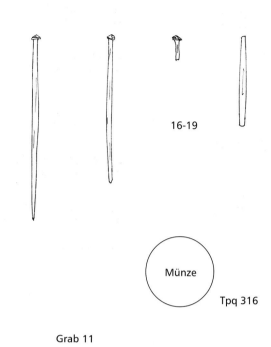

Grab 11

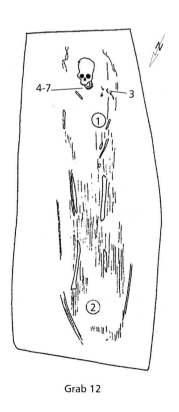

Grab 12

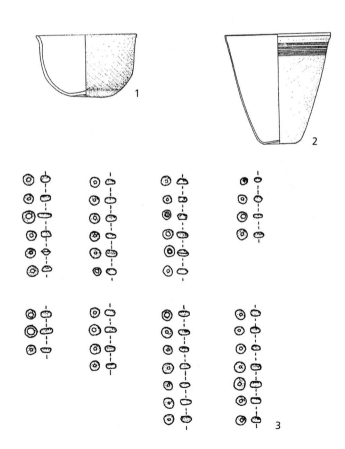

26   Grab 11 sowie Grab 12 (3 im Maßstab 1:2).

279

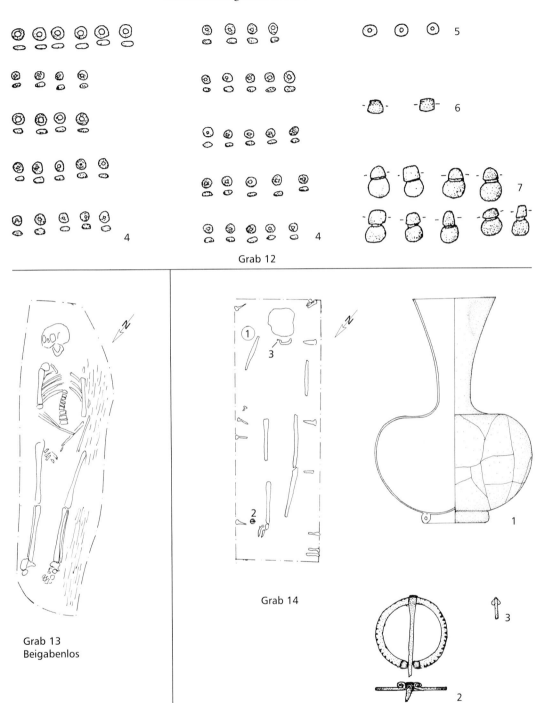

27   Grab 12 (4–7 im Maßstab 1:2), Grab 13 sowie Grab 14 (2–3 im Maßstab 1:2).

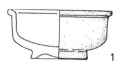
1

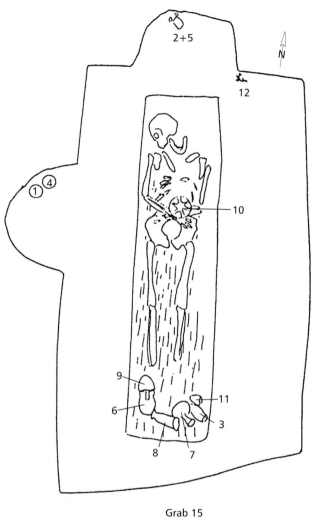
Grab 15

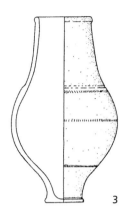
3

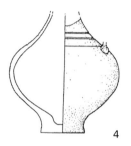
4

6

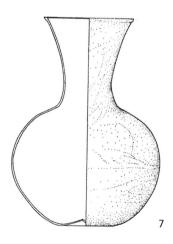
7

28 Grab 15.

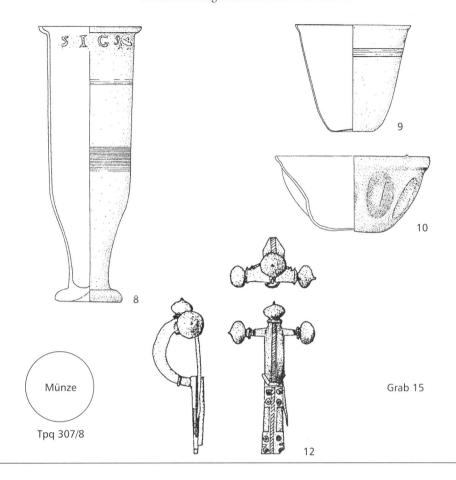
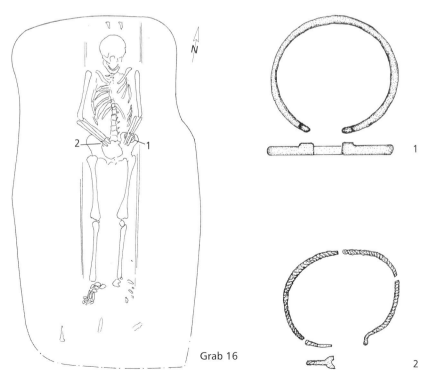

29 Grab 15 (12 im Maßstab 1:2) sowie Grab 16 (1 und 2 im Maßstab 1:2).

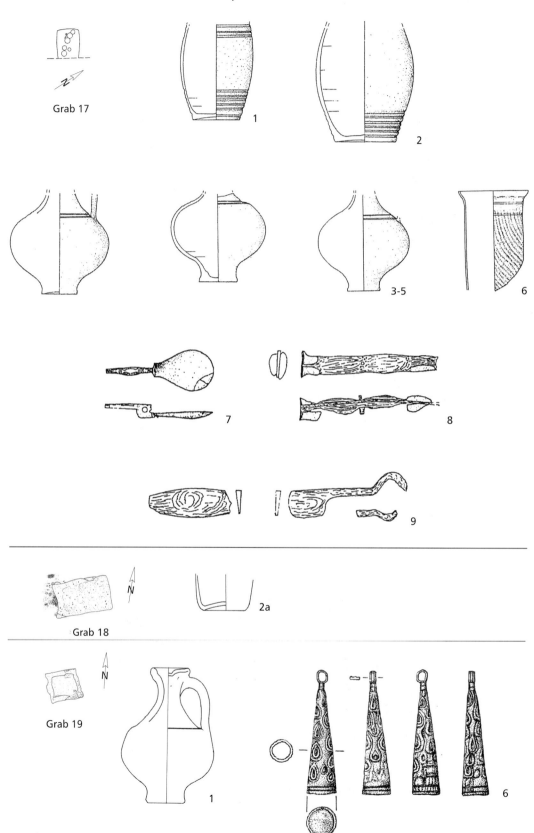

30 Grab 17 (der Befund im Maßstab 1:50, 7–9 im Maßstab 1:2), Grab 18 (der Befund im Maßstab 1:66) sowie Grab 19 (der Befund im Maßstab 1:80, 6 im Maßstab 1:1).

Zwei Bestattungsareale in Hürth-Hermülheim 283

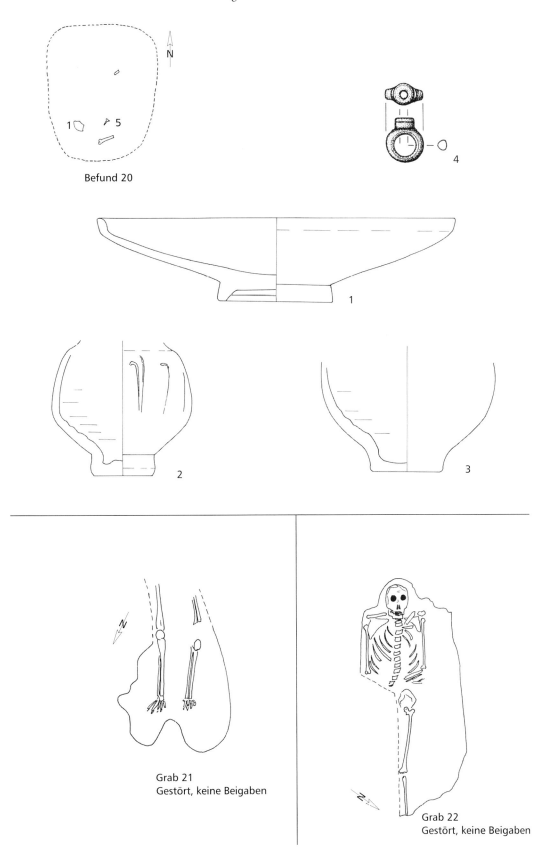

31   Befund 20 (4 im Maßstab 1:2), Grab 21 sowie Grab 22.

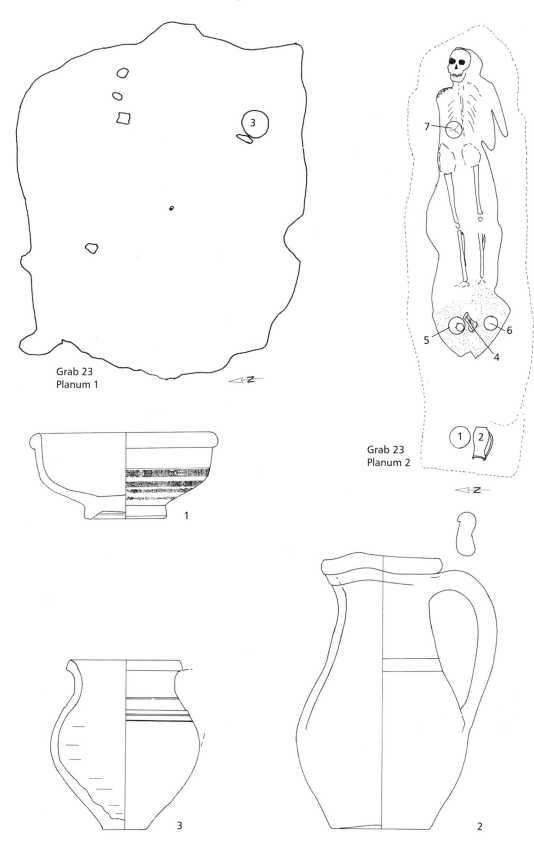

32 Grab 23.

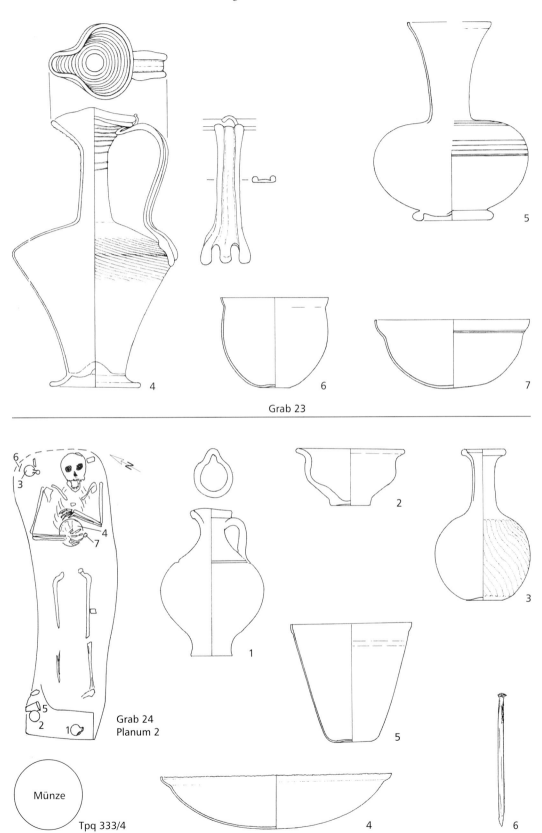

33 Grab 23 sowie Grab 24 (6 im Maßstab 1:2).

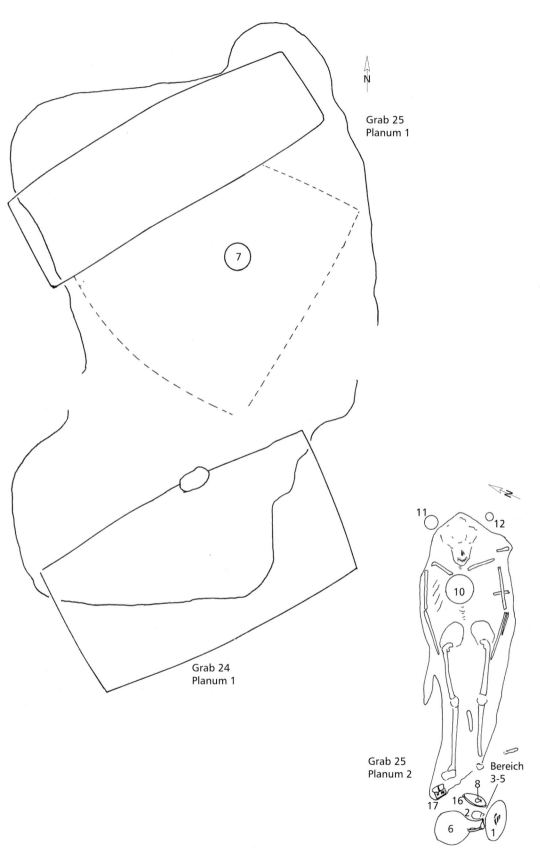

34   Grab 24 sowie Grab 25 mit Planum 1 (oben) und Planum 2 (rechts unten).

35 Grab 25.

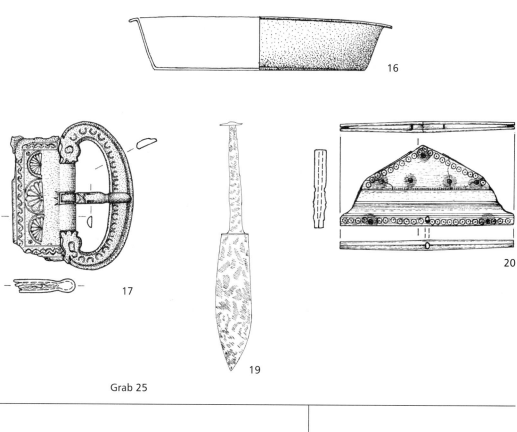
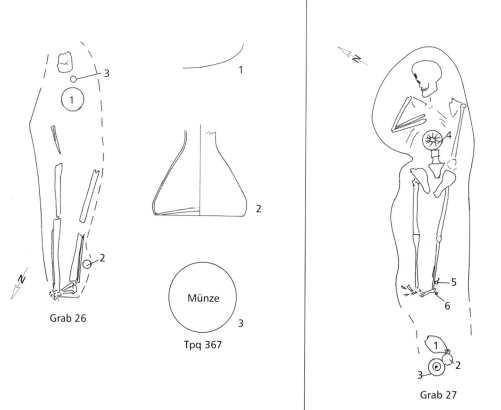

36   Grab 25 (16, 17 und 20 im Maßstab 1:2), Grab 26 sowie Grab 27.

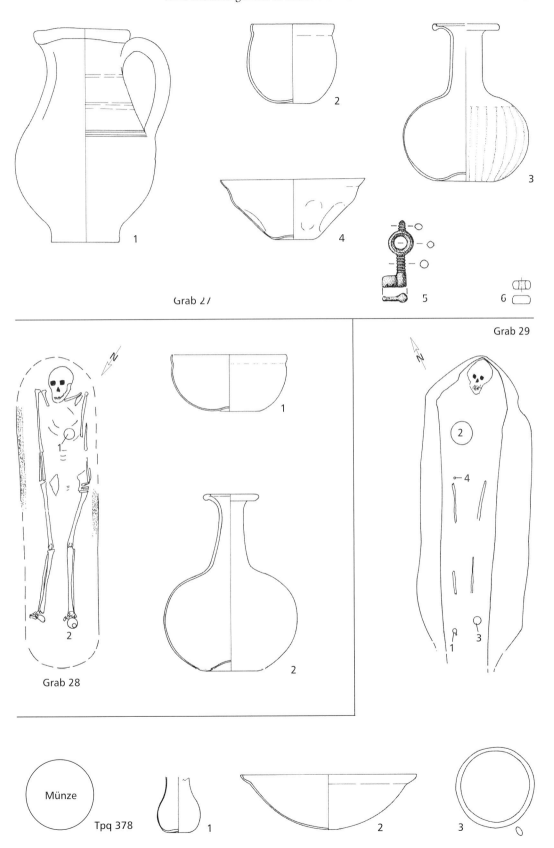

37 Grab 27 (5 im Maßstab 1:2), Grab 28 sowie Grab 29.

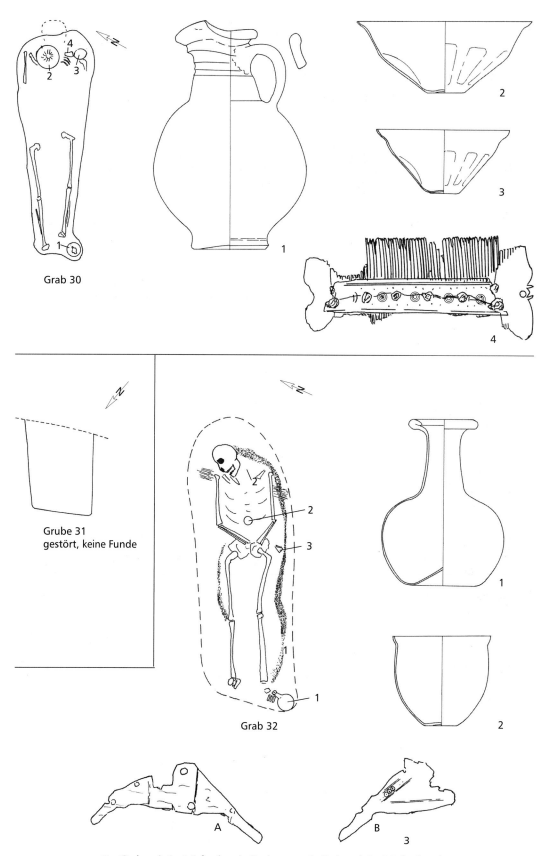

38 Grab 30 (4 im Maßstab 1:2), Grube 31 sowie Grab 32 (3 im Maßstab 1:2).

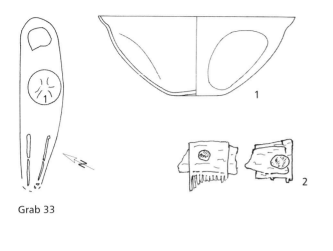
Grab 33

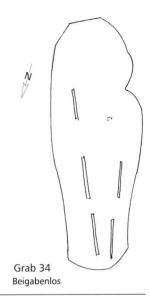
Grab 34
Beigabenlos

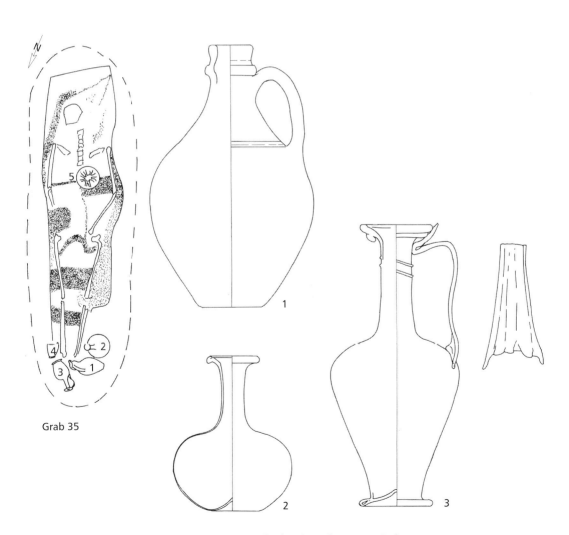
Grab 35

39   Grab 33 (2 im Maßstab 1:2), Grab 34 sowie Grab 35.

292   Raymund Gottschalk

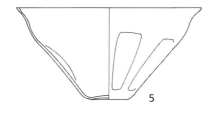

Grab 35

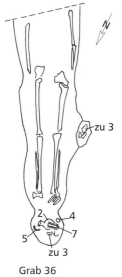

Grab 36

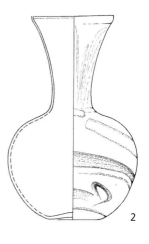

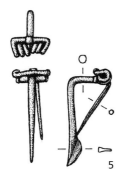
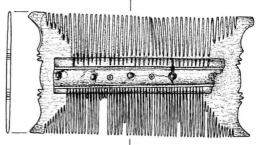
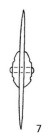

40   Grab 35 sowie Grab 36 (5 und 7 im Maßstab 1:2).

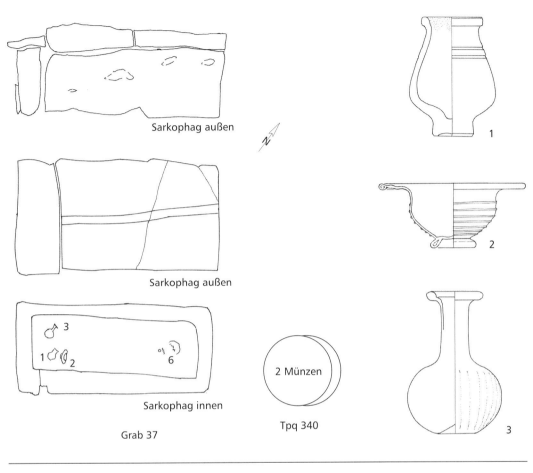
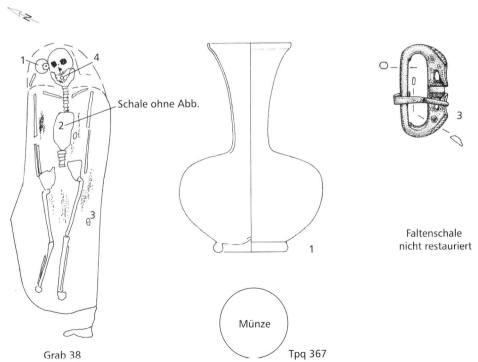

41 Grab 37 sowie Grab 38 (3 im Maßstab 1:2).

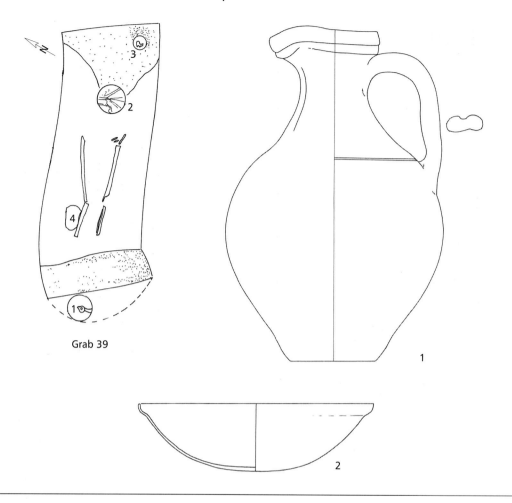
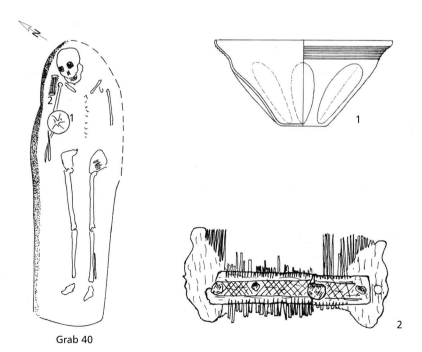

42   Grab 39 sowie Grab 40 (2 im Maßstab 1:2).

Zwei Bestattungsareale in Hürth-Hermülheim 295

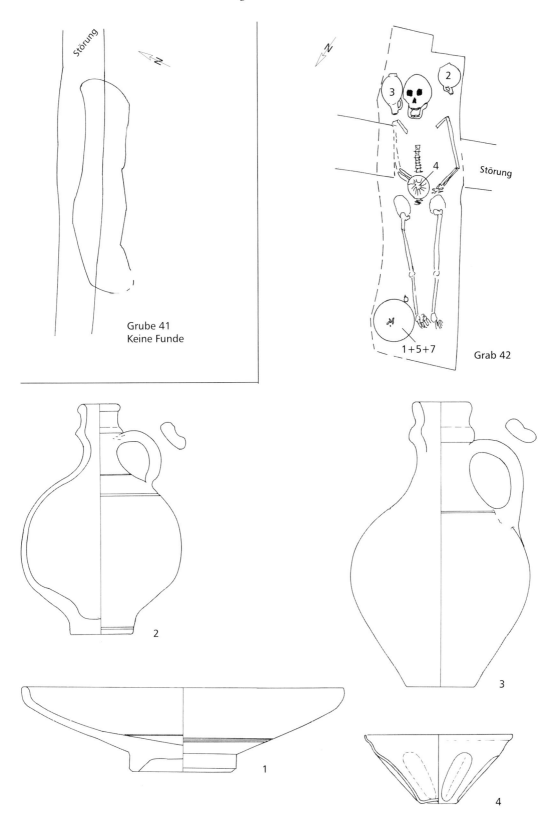

43 Grab 41 sowie Grab 42.

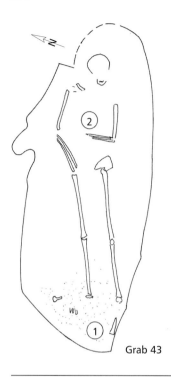

Grab 43

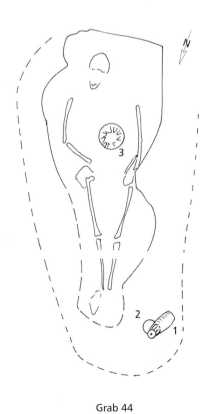
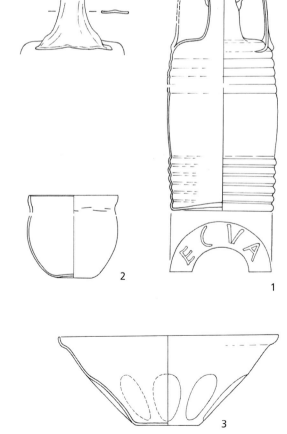

Grab 44

44 Grab 43 sowie Grab 44.

Zwei Bestattungsareale in Hürth-Hermülheim

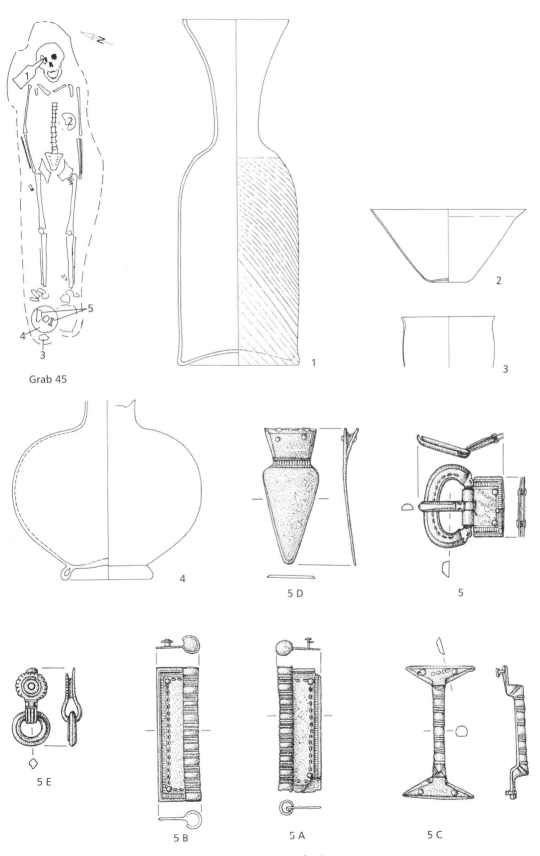

45 Grab 45 (5 im Maßstab 1:2).

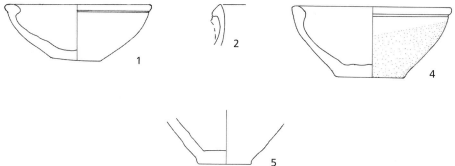
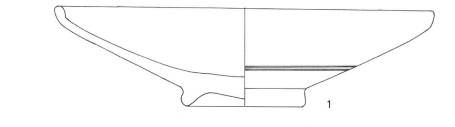
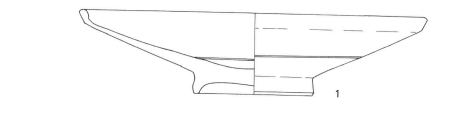
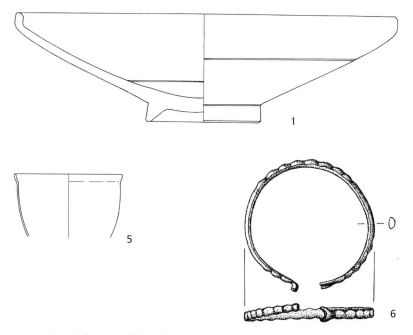

46 »Grab A«, »Grab B«, »Grab C« sowie »Grab D« (6 im Maßstab 1:2).

Berichte

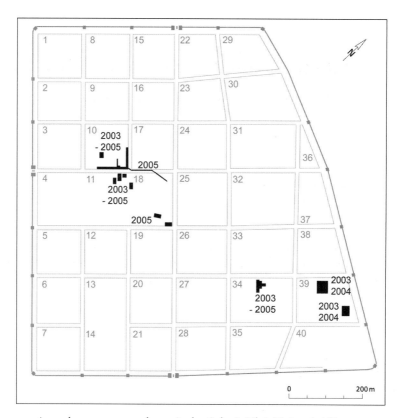

Ausgrabungen 2004 und 2005 in der Colonia Ulpia Traiana bei Xanten.

Archäologischer Park Xanten

Untersuchungen in der Colonia Ulpia Traiana 2004

von Norbert Zieling, Jens Berthold und Sabine Leih

Im Berichtsjahr wurden die Grabungsaktivitäten in der Colonia Ulpia Traiana auf Insula 10 konzentriert, wo im September 2005 mit dem Neubau des Regionalmuseums begonnen wurde. Insbesondere in der nordöstlichen und in der südöstlichen Portikus werden durch die Baumaßnahme erhebliche Bodeneingriffe durch Rohrleitungen, Lüftungsschächte, Wasserreservoirs und Sonden für eine erdgekoppelte Wärmepumpenheizung erwartet, so dass die archäologischen Untersuchungen vor allem an den hierdurch betroffenen Stellen angesetzt wurden. Fortgesetzt wurden auch die Grabungen der Universität Nimwegen im öffentlichen Gebäudekomplex auf Insula 11 sowie die Lehrgrabung der Internationalen Archäologischen Sommerakademie im Handwerkerviertel der Insula 34. Die Untersuchungen auf Insula 39 konnten dagegen abgeschlossen werden.

Datierungen beziehen sich auf die nachchristlichen Jahrhunderte, sofern nichts anderes vermerkt ist.

Die Großen Thermen in Insula 10

Im Berichtsjahr konkretisierten sich endlich die Planungen der für den Museumsneubau unumgänglichen Bodeneingriffe, wodurch eine gezielte Vorbereitung der erforderlichen Grabungsmaßnahmen ermöglicht wurde. Die sechsunddreißig Erdsonden für die Wärmepumpenheizung, die in einem Mindestabstand von fünf Metern zueinander angeordnet werden müssen, sollen nun über den gesamten Portikusbereich an der Nordost- und Südostseite der Thermeninsula verteilt werden, während die Ver- und Entsorgungsleitungen durchweg innerhalb der Südostportikus verlegt werden. In diesem Bereich muss darüber hinaus noch ein großer Wassertank mit den Maßen von vierzehn mal vier Meter ins Erdreich eingebracht werden, um die Funktionsfähigkeit der Sprinkleranlage des künftigen Museums sicher zu stellen.

Die bereits in den Vorjahren in den genannten Bereichen begonnenen Grabungsschnitte wurden deshalb durch weitere ergänzt, um somit das von den Baumaßnahmen betroffene Gelände vor Baubeginn lückenlos untersuchen zu können. Die der Nordostseite der Basilica thermarum vorgelagerte Portikus wurde über eine Länge von insgesamt etwa dreiunddreißig Meter ergraben (Schnitte 2002/14, 2002/15, 2004/02 und 2004/07; Abb. 1). Wie erwartet, wurde hier die thermenzeitliche Portikus aus verstärkten Pfeilerfundamenten und den dazwischen liegenden Spannmauern aufgefunden. Die aus schiefrigem Sandstein (»Grauwacke«) errichteten Fundamente waren gut hüfthoch erhalten. In einer der Spannmauern in Schnitt 2002/14 waren Kalksteinspolien wiederverwendet worden, die auf Grund ihrer sehr glatten Oberflächen den Verdacht nahelegten, sie könnten Inschriften tragen. Die daraufhin durchgeführte Bergung zeigte allerdings, dass sämtliche der insgesamt zehn Kalksteinblöcke inschriftenlos waren. Aus derselben Spannmauer stammt auch das Bruchstück einer Säulentrommel.

Besonderes Augenmerk fiel im angesprochenen Grabungsareal auf die Pfeilerfundamente

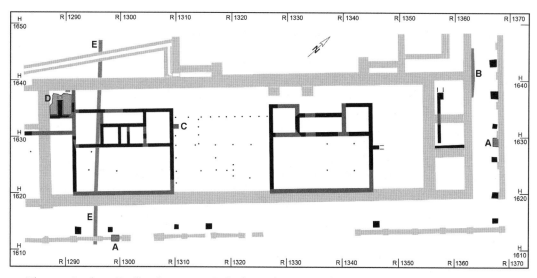

1   Thermen Insula 10, Basilica thermarum. Befunde aus der Zeit vor dem Thermenbau in dunkleren Grautönen: (Punkte) Pfostenlöcher, (A) Brunnen, (B) Abwasserrinne, (C) Herdstelle, (D) Beckenboden, (E–E) Drainage.

der Portikus aus der Zeit vor dem Thermenbau, die von der südöstlichen Achse der Thermeninsula schon bekannt waren. Sie bildeten die Stützen der Gehwegüberdachung jener Handwerksbetriebe, die dort nach dem Jahr 70 entstanden waren und vor dem Bau der Thermen um 125 niedergelegt wurden. Die im Abstand von jeweils gut sechs Metern zueinander angeordneten, nahezu quadratischen Fundamente von durchschnittlich knapp einem Meter Kantenlänge bestanden durchweg aus in Lehm gesetztem, sekundär verwendeten Ziegelbruch und Tuffbrocken, denen vereinzelt auch Kalksteine und Schwerkeramikscherben zugeschlagen waren. Auf diese unvermörtelten Punktfundamente wurde erst in höheren Lagen Sandsteinmauerwerk aufgebracht, wie dies ein Pfeilerfundament in der südöstlichen Portikus zeigte. Umso bemerkenswerter war der Portikusbefund in der Nordostportikus, genauer am nordwestlichen Ende des Grabungsareals gegenüber der späteren Südostmauer des Thermenbadetraktes: Hier fanden sich zwei Pfeilerfundamente, die sich von den anderen deutlich unterschieden. Zum einen waren die Fundamentkörper mit Kantenlängen von knapp anderthalb Metern erheblich größer ausgebildet, zum anderen bestanden sie ab der untersten Lage zu großen Teilen aus Sandsteinen, die im Wechsel mit Ziegelbruch- und Wandputztrümmerlagen und Schichten aus tonigem Lehm übereinander geschichtet waren. Darüber hinaus lagen die Unterkanten der

beiden Punktfundamente bei 20,10 beziehungsweise 20,40 Meter ü. NN und somit etwa 1,10 beziehungsweise 1,40 Meter tiefer als die Unterkante des nächsten südöstlich anschließenden Fundaments. Als Ursache für diesen Wechsel in der Bauausführung darf angenommen werden, dass die Verstärkung der Fundamente wegen des in diesem Bereich sehr instabilen Untergrundes erforderlich war. Weiter nordwestlich (Schnitt 2002/07) wurde bereits 2002 in der Nordostportikus der archäologische Befund eines wohl meist stehenden Gewässers angeschnitten, das seinerzeit als Teil einer noch vor der Gründung der Kolonie in Benutzung befindlichen Hochflutrinne interpretiert wurde, in der sich unter anderem zahlreiche Reste organischen Fundmaterials befanden. Der Schichtenaufbau im Nordprofil des hier angesprochenen Schnittes 2004/07 macht deutlich, dass auch an der Stelle der verstärkten Portikuspfeiler eine ähnliche Situation gegeben war: Die unmittelbar über dem gewachsenen Boden liegenden schluffigen Schichten und ausgeprägte Ortsteinbildungen legen den Schluss nahe, dass sich hier der Rand eines kleinen Tümpels befand. Vorbehaltlich der Fundauswertung muss angenommen werden, dass dieses Gewässer während der Zeit der Handwerksbetriebe noch in Benutzung war und erst für den Bau der Thermen durch Auffüllung mit einer bis zu 36 cm starken sandigen Tonschicht sowie großen Mengen Bauschutt (Wandputz, Tuff, Ziegelbruch) trockengelegt wurde. Diese Bauschutteinfüllung dehnt sich in südöstlicher Richtung bis gut anderthalb Meter nordwestlich des aus Ziegel- und Tuffbruch bestehenden einfachen Pfeilers aus. Dass die Erbauer der Portikus im Bereich des Tümpels vor der Gründung der Kolonie Probleme mit der Standfestigkeit hatten, belegt ein weiterer Befund: Dem nordwestlichen der beiden verstärkten Punktfundamente war offenbar zuvor ein zwar tief hinabreichendes, aber im Grundriss weniger großes Fundament vorausgegangen, das aber aufgegeben und durch das stärkere Fundament ersetzt wurde. Letzteres schneidet das kleinere Fundament.

Ein weiteres Indiz für die Annahme einer ursprünglichen Wasserstelle fand sich direkt nordöstlich der Thermenaußenmauer. Hier verlief parallel zur späteren Mauer eine in den Boden eingegrabene Abwasserrinne. Ihr Anfangspunkt konnte unmittelbar gegenüber dem südöstlichen der beiden verstärkten Punktfundamente ausgemacht werden, im Nordwesten führte sie über die Grabungsgrenze hinaus. Diese somit über eine Länge von etwa neun Metern ergrabene Rinne besaß eine Breite von ursprünglich gut einem Meter, war aber an ihrer Südwestkante durch die Thermenaußenmauer gestört. Am Ausgangspunkt war ihre Sohle flachoval ausgebildet, weiter nordwestlich dagegen spitzgrabenartig. Ihr Gefälle in nordwestlicher Richtung betrug etwa zwölf Prozent (110 cm) auf die erfasste Länge. Es liegt die Vermutung nahe, dass die Rinne mit einem Hausanschluss verbunden war und das Abwasser dieses Hauses in den Tümpel ableitete. Eine Abdeckung konnte ebenso wenig nachgewiesen werden wie eine mögliche Holzfassung, wobei letztere schon auf Grund der in den Profilen beobachteten Steilheit der Seitenwangen erforderlich gewesen sein muss (Abb. 2). In jedem Fall darf aber angenommen werden, dass der überdachte Gehweg an dieser Seite der Handwerkerhäuser spätestens am Anfangspunkt der Rinne zu Ende war beziehungsweise nicht mehr trockenen Fußes begehbar war, da hier bereits die Uferböschung des Tümpels begann.

Eine weitere Bestätigung der besonderen Instabilität des Untergrundes findet sich in der Ausführung der Thermenaußenmauer. Während die Unterkante der Mauer von ihrer Südecke aus gleichbleibend auf einer Höhe von etwa 21,10 Metern ü. NN verläuft, ist ihr Fundament in zwei unregelmäßigen Stufen genau ab der Stelle des Rinnenanfangs in nordwestlicher Richtung bis zur Grabungsgrenze hin auf eine Höhe von ungefähr 20,26 Meter ü. NN abgetieft. Im Bereich dieser Stufen ist darüber hinaus auffällig, dass das Mauerwerk sehr unsauber gesetzt ist und dass an der Außenfront große Mengen Mörtel hervorgequollen sind. Dies ist ein weiterer Hinweis darauf, dass hier wegen der besonderen Bodenverhältnisse eine andere Bautechnik angewendet werden musste.

Zu den Befunden aus der Phase vor dem Thermenbau in der nordöstlichen Portikus ist schließlich noch ein Brunnen zu nennen, der südwestlich der Thermenportikus lag, beinahe unter einem Pfeilerfundament. Dieser Befund soll im kommenden Jahr untersucht werden.

2   Thermen Insula 10, nordöstliche Portikus. Entwässerungsgraben im Nordprofil von Schnitt 2004/07.

In der südöstlichen Portikus wurden die Arbeiten am Schnitt 2003/02 fortgeführt und vor dem Südwestteil der Basilica thermarum zwei weitere große Grabungsschnitte (2004/03 und 2004/04) angelegt. In allen Schnitten war auffallend, dass die Thermenportikus samt der Spannmauern durchweg nicht mehr erhalten war, sondern nur noch durch die entsprechenden Ausbruchsgräben und -gruben repräsentiert wurde. Vermutlich ist dies auf die erheblichen Bodeneingriffe zurückzuführen, die beim Bau der Stahlbetonfabrik in den sechziger Jahren vorgenommen wurden. So konnten auch in allen Grabungsschnitten erhebliche Störungen durch Baggerschaufeln dokumentiert werden. Immerhin spiegelten die Ausbrüche die bereits bekannte Systematik wider: Die Pfeilerfundamente waren im Abstand von jeweils gut fünf Metern angeordnet und durch Spannmauern miteinander verbunden. Einen nicht erwarteten Befund stellten allerdings die Ausbruchsgruben von zwei

Pfeilerfundamenten dar, die gegenüber den anderen deutlich größer und nicht mit einer Spannmauer verbunden waren. Ganz offensichtlich handelt es sich an dieser Stelle um eine besondere Portalsituation vor dem Südwestteil der Basilica thermarum mit einem ungefähr vier Meter breiten Eingang. Ein entsprechend repräsentatives Portal dürfte sich auf gleicher Höhe, das heißt korrespondierend mit dem Portikusportal, in der Südostmauer der Thermenbasilika befunden haben. Ein darauf hindeutender Mauerbefund konnte allerdings nicht beobachtet werden, da die Mauer an dieser Stelle wohl nicht hoch genug erhalten ist. Mit den zur Palästra führenden Portalen an der nordwestlichen Rückseite der Thermenbasilika fluchtet das Portikusportal am Decumanus maximus jedenfalls nicht.

3   Insula 39. Fundamentstickungen nordwestlich des Kellers in Schnitt 2003/06.

Die ebenfalls schon zuvor bekannte Systematik der Pfeilerstellungen der Portikus zu den Handwerkerhäusern aus der Zeit vor dem Thermenbau konnte auch hier bestätigt beziehungsweise ergänzt werden. Auf dieser Seite standen die Pfeiler bzw. Säulen mit einem Abstand von jeweils knapp sechs Metern allerdings etwas dichter zueinander als an der Nordostseite. Die Grabungen fanden unter der Leitung von Norbert Zieling statt. Sie werden im kommenden Jahr fortgesetzt.

Wohn- und Handwerkerhäuser in Insula 34

Die sechzehnte Internationale Archäologische Sommerakademie Xanten setzte die Untersuchung im Wohn- und Handwerkerviertel der Insula 34 fort. Die Ausgrabung war im Jahr 1998 für dieses internationale Projekt eingerichtet worden und ist damit im siebten Jahr in Folge in Bearbeitung. Die Fortführung der Lehrgrabung wurde im Berichtsjahr erneut durch die Finanzierung der Sozial- und Kulturstiftung des Landschaftsverbandes Rheinland ermöglicht.

Der 2002 im vierten Stratum des Schnittes 99/01 erstmals freigelegte Befund einer Kiesschicht mit hohem Knochenanteil hatte durch eine erste Begutachtung des 2003 geborgenen Knochenmaterials an Bedeutung gewonnen. Damals konnte jedoch nur eine Begrenzung nach Südosten festgestellt werden. Im nordöstlich anschließenden Schnitt 99/02 setzte sich dieser Befund fort und war hier nach Nordwesten deutlich begrenzt. Der nordöstliche Abschluss lässt sich derzeit nicht ermitteln; in 2002/05 wird die Schicht allenfalls am Rand aufgedeckt werden und im Schnitt 70/07 wurde sie nicht erfasst. Ob sie in den Untersuchungen der zwanziger Jahre an der Bundesstraße 57 beobachtet wurde, ist unklar. In der bislang freigelegten Fläche lässt sich eine länglich schmale Form in westöstlicher Ausrichtung rekonstruieren, die sich über eine Länge von über dreizehn Meter und eine Breite von etwa dreieinhalb Meter erstreckt. Diese Form legt eine Deutung als Straßentrasse nahe. In der Fläche zeigt sich bereits eine unterschiedliche Materialzusammensetzung der Deckschicht, da der Knochenanteil ganz im Osten stark abnimmt. Hier zeigt sich, dass die Knochenbeimengung bei der Anlage der Straße nur abschnittsweise eingesetzt wurde. Durch den Knochenmüll konnten Transport- und Materialkosten für den Kies gespart werden, ohne die Qualität der Pflasterung wesentlich zu beeinträchtigen; in erster Linie wurde grobkörniges Material zur Festigung benötigt. Die Oberkante der Straßenschicht ist auffallend uneben und weist in dem recht geringen freigelegten Ausschnitt unregelmäßige Höhenunterschiede von vierzig Zentimetern auf (OK von West nach Ost: 21,30 – 21,10 – 21,50 Meter ü. NN). Das Gefälle zu den Längsseiten war hingegen sicherlich bewusst gewählt, um Oberflächenwasser zu den Seiten abzuführen; straßenbegleitende Gräben ließen sich jedoch bislang nicht nachweisen. Die Knochen-Kies-Schicht ist mit ihrer Mächtigkeit von meist etwa zehn Zentimetern nur die Deckschicht eines Straßenkörpers von mindestens einem halben Meter Stärke. In 99/01 lässt sich ein erster Einblick in den Schichtaufbau mit dem Unterbau der Straße beziehungsweise möglichen Vorgängern gewinnen. Eine Vielzahl an

Schichten unter anderem aus feinem Sand, gebranntem Lehm und Schlacken belegen einen stark gegliederten Aufbau, der sich weiter östlich in 99/02 in Ansätzen ebenfalls im sechsten Stratum andeutet. Die Bedeutung der Knochen für wirtschaftsgeschichtliche Fragen wurde bereits erläutert: Sie stammen zum allergrößten Teil von Rindern und lassen sich anhand der vertretenen Körperpartien und der Art der Zerteilung als Reste einer Leimsiederei deuten. Damit kann ein spezialisiertes Gewerbe am Ort nachgewiesen werden, das an diesem bislang vermutlich größten römerzeitlichen Rinderknochenkomplex eingehender untersucht werden sollte. Gleichzeitig liegt in der enormen Anzahl an Individuen, die hier vertreten sind, ein wichtiges Potential zur Erforschung der Viehwirtschaft in der Zeit vor der Koloniegründung. Nach dem verbleibenden Abtrag der knochenführenden Schicht in 2002/02, im Profilsteg zu 99/02 (beide zusammen etwa 1–1,50 × 8,50 m) und in 99/02 werden schätzungsweise die Reste von vierhundert Rindern vorliegen, die innerhalb eines recht kurzen Zeitraums gezüchtet und geschlachtet wurden.

Noch zu klären ist, welche Funktion diese Straße im Siedlungsgefüge der Phase vor der Koloniegründung eingenommen hat. Als Arbeitshypothese ist an eine Grenze zwischen dem Gräberfeld im Süden und der Siedlung im Norden zu denken. Damit würde eine Art Begrenzungsstraße vorliegen.

Weitere Grabungsschwerpunkte der diesjährigen Kampagnen lagen in dem mit mindestens drei Brunnen ausgestatteten, von koloniezeitlichen Handwerkerhäusern eingerahmten Hofbereich sowie in der Detailuntersuchung eines Kanalbefundes im Schnitt 2002/05. Die Leitung der Grabung hatte Jens Berthold.

Wohn- und Handwerkerhäuser der Insula 39

Die im Vorfeld der Neuerrichtung einer Toilettenanlage im Archäologischen Park bereits am Ende des Jahres 2002 begonnenen Grabungen, bei denen an der Ostecke der Insula 39 ein Kanalteilstück, ein Brunnen sowie Reste einzelner Fundamente untersucht wurden, kamen im Frühjahr 2004 zum Abschluss.

Südöstlich des in Schnitt 2002/18 gelegenen Brunnens, der im Vorjahr vollständig ausgegraben wurde, befand sich eine mit Bauschutt verfüllte großflächige Grube. Zur vermeintlich letzten Klärung dieses Befundes, der zunächst als rezente Störung interpretiert worden war, wurde die Fläche noch einmal abgetieft. Unter einer über achtzig Zentimeter dicken Einfüllung aus mit Mörtel und Bauschutt vermischtem humosem Erdreich, die sich nur in den oberen zwanzig Zentimetern als tatsächlich rezent herausstellte, zeigte sich überraschenderweise ab 19,06 Meter ü.NN die ausgebrochene Oberkante eines massiv gemörtelten Fundamentes. Es ist nach Nordosten orientiert und bestand aus lagenweise gesetzten Tuff- und Grauwackesteinen in einer Breite von sechzig Zentimetern. Die östliche Frontseite der Mauer ist sehr sauber gesetzt. Am südwestlichen Ende knickt die Mauer orthogonal in südöstlicher Richtung um und bildete

4   Insula 39. Kellerraum in Schnitt 2003/06.

somit die Westecke eines mutmaßlichen Kellers (Grundfläche mindestens 1,9 m × 2,6 m). An der südlichen Innenseite der nordwestlichen Mauer haften noch Reste eines Ziegelmörtelverputzes. Innerhalb der Mauern lagen mächtige sandige Einfüllungen mit großen Mengen Bauschutt, sehr viel Dachziegeln, Mörtelbrocken, Schieferplatten und anderem. Die Mauern gründeten in einer Tiefe von 18,02 Meter ü.NN. Auffallend war, dass diese Mauerfundamente nicht wie üblich auf einer Stickung aufsaßen. In einer Höhe von 18,40 Meter ü.NN besaß die Mauer einen zirka sechs Zentimeter breiten Fundamentabsatz. Bei 18,20 Meter ü.NN konnte der aus gestampftem Lehm bestehende Nutzungshorizont freigelegt werden, in den in einer späteren Phase ein nach Südosten verlaufendes Fundament in das Fußbodenniveau eingebaut worden war. Der Zusammenhang zu anderen Bauteilen blieb unklar.

Die Art und Tiefe des Raumbefundes legen die Deutung als Keller nahe. Die Verfüllung des Raumes stammt aus dem dritten Jahrhundert und später. Sie entstand sicherlich nach Aufgabe der Häuser beim Niedergang der Colonia Ulpia Traiana. Aus Zeitgründen und wegen der drängenden Neubaumassnahme wurde die nordöstliche und die südöstliche Kellerwand nicht untersucht, folglich konnte auch die Größe des Raumes nicht abschließend geklärt werden. Die Arbeiten wurden im Juni 2004 beendet. Die Grabungsleitung lag bei Sabine Leih.

Die im Zusammenhang mit dem Kolloquium des Vorjahres zur Errichtung der drei Handwerkerhäuser auf Insula 39 bereits 2003 begonnenen Schnitte (2003/03–06) wurden 2004 abschließend bearbeitet und dokumentiert. Umfangreichere Aktivitäten gab es in Schnitt 2003/06. Neben der Dokumentation der bereits bekannten Grauwacke- und Ziegelstickungen galt das Interesse der Kellerausbruchsgrube inmitten des Schnittes. An diese reichten die bereits 2003 entdeckten Ziegel- und darüber liegenden Grauwackestickungen heran (Abb. 3). Der dazugehörige Lehmfußboden lag auf einer Höhe von 20,70 Meter ü. NN. Die Reste von zwei Ziegelplattenöfen sind auf diesem Niveau ebenfalls erhalten.

Beim Abtiefen zeigten sich verschiedene Grubenbefunde sowie in der Ostecke der Ausschnitt eines Grabens, dessen Breite, Länge und Querschnitt sich aber nicht ermitteln ließen. Möglicherweise handelte es sich um einen Traufgraben aus der Zeit vor der Koloniegründung. In Orientierung und Verlauf entsprach er der nordwestlichen und der südöstlichen Kellerfundamentierung. Die Unterkante des Grabens, der ab einer Höhe von 20,30 Meter ü. NN beobachtet werden konnte, lag bei 19,64 Meter ü. NN. Er enthielt nur wenige Funde, darunter in den unteren Füllschichten vereinzelt eisenzeitliche Keramik. Nach Entnahme der Kellerverfüllung tauchten an allen vier Seiten Reste der Fundamentstickungen der Kellerwände auf, die aus Grauwackebruch errichtet und in den anstehenden Sand gesetzt waren (Abb. 4). Der Zugang in den Keller (2,50 m × 2,85 m) erfolgte von Südwesten, vermutlich über eine hölzerne oder eine herausgebrochene steinerne Treppe. An dieser Stelle wies die südwestliche Stickung einen Durchgang von etwa einem Meter Breite auf. An der nordwestlichen Stirnwand zum Keller hat sich auf einer Länge von gut anderthalb Metern ein schulterhoch anstehender Mauerwerksrest erhalten. Die Außenkante dieser Mauer belegt, dass sie ohne Baugrube direkt gegen das Erdreich gesetzt wurde. Im untersten Kellerabsatz zeigte sich noch ab 19,20 Meter ü. NN die unterste Reihe des inneren Sichtmauerwerks aus trapezförmig zugerichteten Tuffsteinen und einem Kalkstein in Mörtel. Der Fußboden des Kellerraumes ist nicht mehr erhalten. Nach Entnahme der gesamten Kellereinfüllung wurden allerdings im gewachsenen Boden zwei nebeneinander liegende, nahezu kreisrunde Gruben beobachtet, die vorsichtig als Standorte von Vorratsgefäßen – vermutlich Kugelamphoren – interpretiert werden. Sie wurden erst unterhalb des mutmaßlichen Fußbodenniveaus des Raumes entdeckt.

Aus der Verfüllung des Kellers wurde viel Fundmaterial, vor allem Baumaterialien und Bauschutt aus dem dritten Jahrhundert geborgen, aber auch Metallfunde, wie Pfahlschuhe, Kesselhaken, Beschläge und ein Schlüssel. Nach Aufgabe des Hauses hatte man offenbar das wiederverwendbare Baumaterial entnommen und die Grube dann verfüllt.

Die Grabungsaktivitäten unter der Leitung von Sabine Leih wurden im Juli 2004 abgeschlossen.

Der Kabelgraben in Insula 39/40

In Zusammenhang mit dem Ausbau des Leitungs- und Kabelnetzes des Archäologischen Parks musste ein fünfzig Zentimeter breiter und bis zu achtzig Zentimeter tiefer Graben ausgeschachtet werden (Schnitt 2004/01). Er verlief von der Ostecke der Insula 39 in südöstlicher Richtung auf das Amphitheater zu und führte im Abstand von einem halben Meter westlich um das Amphitheater herum. Im Nordwesten verzweigte der Graben zweimal zum inneren Umgang der Arena. Im Aushub fand sich vereinzelt Baumaterial und wenig römische Keramik. Baubefunde oder römische Kulturschichten waren durch den Eingriff nicht betroffen, zumal ein Großteil der Leitung in alten Trassen verlegt wurde.

Bildrechte. Alle Bilder Archäologischer Park Xanten und Römermuseum Xanten. Ausführung Horst Stelter (1), Peter Ickelsheimer (2 und 4) und Sabine Leih (3).

Archäologischer Park Xanten

Untersuchungen in der Colonia Ulpia Traiana 2005

von Norbert Zieling

Die Grabungsaktivitäten des Jahres 2005 standen ganz im Zeichen der Neubaumaßnahme für das zukünftige Regionalmuseum in der Thermenbasilika auf Insula 10. Von der Baumaßnahme betroffen waren nicht nur Flächen im direkten Umfeld des Museums, sondern auch Bereiche im Nordwestteil der angrenzenden Insula 11, so dass die Grabungsplanung der Universität Nimwegen hier den Erfordernissen angepasst werden musste. Im Decumanus maximus zwischen den Insulae 17 und 18 sowie auf Insula 18 selbst mussten für Versorgungsleitungen des neuen Museums Gräben und Schachtgruben angelegt werden, die zuvor archäologisch erforscht wurden. Die Errichtung einer großen Trafostation zur Stromversorgung von Museum und Park gab den Anlass für weitere Untersuchungen der bislang weitgehend unerforschten Insula 18 im Zentrum der römischen Stadt. Fortgesetzt wurde die Lehrgrabung der Internationalen Archäologischen Sommerakademie im Handwerkerbezirk der Insula 34.

Datierungen beziehen sich auf die nachchristlichen Jahrhunderte, sofern nichts anderes vermerkt ist.

Große Thermen Insula 10

Die Schwerpunkte der diesjährigen Untersuchungen lagen in noch nicht erkundeten Bereichen der nordöstlichen und südöstlichen Portikus der Thermen (vgl. die erste Abbildung im Bericht für 2004). Versorgungs- und Entsorgungsleitungen, ein großer unterirdischer Wassertank für den Löschwassernachschub der Sprinkleranlage und die Anlage von sechsunddreißig Erdsonden für die Geothermie machten die abschließende Untersuchung der gesamten Portikuszone erforderlich. Besonders zeitaufwändig war dabei die Ausgrabung zweier römischer Brunnen, die auf Grund ihrer Lage unterhalb der thermenzeitlichen Spannmauern der Portikus eindeutig als früher identifiziert und somit den dort angetroffenen Handwerksbetrieben zugeordnet wurden. Bereits im Jahr 2003 wurde in Schnitt 2002/14 in der Nordostportikus unter einer mit Spolien ausgestatteten und von ihr zu etwa einem Drittel überlagerten Spannmauer in einer Tiefe von 21,45 Meter ü. NN eine im Grundriss rechtwinklige Verfärbung beobachtet und dokumentiert, die sich beim Fortschreiten der Grabungen als Brunnenschacht eines zu erkennen gab. Die Untersuchung dieses Brunnens, dessen ovalrunde Baugrube mit einem Durchmesser von knapp zweieinhalb Metern flächig ab einer Tiefe von 21,20 Meter ü. NN erkennbar war, wurde unter Einsatz von Betonschachtringen im mittlerweile bei den Ausgrabungen des Archäologischen Parks bewährten Absenkverfahren durchgeführt. Obwohl zum Aufbringen der Schachtringe Teile der Spannmauer entfernt wurden, gelang es nicht, den gesamten Brunnenkasten innerhalb der Betonringe zu erfassen, so dass die Nordecke des Kastens von den Ringen überlagert wurde. In einem auf Höhe 19,60 Meter ü. NN angelegten Planum zeigte der Brunnengrundriss die durch den äußeren Erddruck entstandene typische kissenförmige Kontur, die an den Rändern erste schwache Holzspuren aufwies. Ausweislich des sukzessive nach unten ergänzten Profils besaß der Brunnen bei etwa 19,50 Meter ü. NN zwar eine leichte Einschnürung, war jedoch bis zu seiner Aufgabe zu keinem Zeitpunkt eingebrochen oder außer Funktion, bis er vermutlich von den Erbauern der Thermen verfüllt wurde. In einer Tiefe von 18,28 Meter ü. NN zeigten sich erste erhaltene Holzbretter des im Grundriss quadratischen Brunnenkastens mit einer Kantenlänge von einem Meter, bei 18,00 Meter ü. NN war der Brunnenkasten vollständig erhalten (Abb. 1). Die mal mehr, mal weniger als spannenbreiten, waagrecht übereinander montierten, hochkant gestellten Bretter der Brunnenwandung aus Nadelholz waren zwischen viereinhalb und sechs Zentimetern stark. Die einzelnen Planken waren

1 Thermen Insula 10, nordöstliche Portikus. Kastenbrunnen der Zeit vor der Koloniegründung in Schnitt 2002/14.

miteinander durch einfache Verzapfungen verbunden, bei denen die Zapfen einander gegenüberliegender Bretter jeweils in rechteckige Kantenausschnitte der Anschlussbretter griffen. Ab einer Tiefe von 17,86 Meter ü. NN wechselte die Konstruktion: Im Inneren des Brunnenkastens, dessen Unterkante bei 17,75 Meter ü. NN lag, steckte ein runder, knapp brusthoher, im Längsschnitt zylindrischer Holzbottich von knapp siebzig Zentimetern Außendurchmesser. Dieser Bottich war aus insgesamt siebzehn senkrecht stehenden Brettern, deren Außenkanten sauber auf Gehrung zugeschnitten waren, zusammengesetzt. Die zwischen elfeinhalb und sechzehn Zentimeter breiten Latten waren oben etwa vier Zentimeter stark und verjüngten sich am unte-

ren Ende auf wenige Millimeter Dicke. Geringfügige Fragmente von Weidengeflecht im oberen Teil des Bottichs können als Reste eines »Fass«-Ringes zur äußeren Fixierung der Dauben interpretiert werden. Die Machart des Bottichs lässt den Schluss zu, dass er nicht in Sekundärverwendung in den Schacht gelangte, sondern eigens als Teil der Brunnenkonstruktion angefertigt worden war. Im Übergangsbereich zwischen dem im Grundriss quadratischen Kasten und dem darin befindlichen runden Bottich befanden sich insgesamt fünfzehn weitere Hölzer unterschiedlichen Zuschnitts, die offensichtlich der Verkeilung des Bottichs innerhalb des Brunnenkastens dienten. Bei einigen von ihnen handelt es sich eindeutig um Eichenholz. Der Brunnen muss ausweislich seiner Lage aus der Zeit der Handwerksbetriebe stammen, war also nach 70 und vor 125 in Betrieb. Eine genauere Datierung seiner Erbauungszeit und gegebenenfalls seiner Nutzungsperiode sollen Untersuchungen erbringen, die vom Dendrochronologischen Forschungslabor des Rheinischen Landesmuseums Trier durchgeführt werden. Die Ergebnisse werden für 2006 erwartet. (Nach freundlicher Mitteilung von Mechthild Neyses-Eiden vom Trierer Museum lassen sich die Eichenhölzer ungefähr an das Ende des ersten beziehungsweise den Anfang des zweiten Jahrhunderts datieren.)

In der südöstlichen Portikus wurde im Schnitt 2004/03 ein weiterer Brunnen untersucht. Auch dieser Schacht, dessen Verfüllung bereits in einer Höhe von 21,60 Meter ü. NN beobachtet wurde, lag unter einer ausgebrochenen Spannmauer der Thermenportikus, allerdings nicht versetzt, sondern mittig darunter. Die Besonderheit dieses Befundes lag in der Tatsache, dass er keinerlei Spuren eines Brunnenkastens aufwies, was nicht mit ungünstigen Erhaltungsbedingungen erklärt werden kann. Das mittig durch den Brunnen zwischen 20,70 und 17,10 Meter ü. NN angelegte Südprofil zeigte deutlich, dass ursprünglich ein gezimmerter Brunnenschacht vorhanden gewesen sein muss, der bereits vor dem Bau der Thermenportikus beziehungsweise aus diesem Anlass komplett aus dem Erdreich entfernt worden war. Etwa ab einer Tiefe von 19,80 Meter ü. NN ist erkennbar, dass die von außen an den Brunnenschacht heranführenden Schichten beim Herausziehen des Kastens nachgerutscht sind, während der Bereich darüber aufgefüllt wurde. Eine Erklärung für eine solche, sehr aufwändige Vorgehensweise könnte die Tatsache sein, dass der nordöstliche Rand des Brunnenkastens nur etwa sechzig Zentimeter von der Außenkante eines Pfeilerfundaments der Thermenportikus lag, das die südwestliche Seite eines Portals zur Basilica thermarum abstützte und deshalb deutlich größer und tiefer ausgebildet war als die anderen Portikusfundamente. Ein unter der Portikus vermodernder Brunnen hätte eine nicht zu verantwortende Instabilität des Untergrunds zur Folge gehabt. Gegen die Überlegung, der Brunnen könnte womöglich nie fertig gestellt worden sein, sprechen vor allem einige Reste sehr dünner Holzbrettchen, die in Tiefen zwischen 17,98 und 17,80 Meter ü. NN in der Brunnenverfüllung angetroffen wurden. Diese dürften, sofern man sie als Fragmente von Dachschindeln der Brunnenbedeckung interpretiert, entweder wahrend der Nutzungszeit des Reservoirs oder aber bei seinem Abbruch dort hineingelangt sein. In letzterem Fall wäre auch eine Deutung der Holzreste – analog zum genannten Brunnenbefund in der Nordostportikus – als untere Bruchstücke der Dauben eines Holzbottichs denkbar. Leider war der Erhaltungszustand der Fragmente zu schlecht für eine sichere Beurteilung. Insgesamt weisen die Befunde der beiden Brunnen jedoch Analogien auf: Auch beim hier zur Diskussion stehenden Befund wechselt die Konstruktion von einem oberen quadratischen Kasten zu einem im Grundriss runden Baukörper unten, also einem Bottich oder Fass. In einem auf Höhe 17,50 Meter ü. NN angelegten Planum zeigte sich der Brunnen durch Absetzungsspuren im Grobsand als nahezu kreisrunde Verfärbung von gut einem Meter Durchmesser. Die Unterkante des Brunnens dürfte bei etwa 17,20 Meter ü. NN gelegen haben, konnte aber wegen des knapp unterhalb von 17,50 Meter ü. NN einströmenden Grundwassers trotz des Einsatzes einer Pumpe nicht exakt erfasst werden.

In der Südostportikus wurden die Arbeiten an den bereits in den Vorjahren angelegten Schnitten 2003/02, 2004/03 und 2004/04, in der Nordostportikus am Schnitt 2004/07 fortgeführt und abgeschlossen. Zur lückenlosen Untersuchung der gesamten Portikus konnten darüber hinaus noch die Profilstege zwischen den Schnitten abgetragen und mit Schnitt 2005/02 ein neuer, letzter Grabungsschnitt in der Südostportikus angelegt werden. Innerhalb der Thermenbasilika wurde der Profilsteg (also Schnitt 2004/08) zwischen den großen Schnitten 88/13 und 91/21 abgetragen, über den der Zugangsweg zum Thermenschutzbau verlief und der deshalb seinerzeit nicht untersucht wurde. Mit der Anlage von Schnitt 2005/01 wurde schließlich noch der letzte bis dato unausgegrabene Bereich zwischen dem Südostende des Schnittes 91/21 und der südöstlichen Außenmauer der Basilika erforscht. Durch diese Maßnahmen konnten die bisher gewonnenen Erkenntnisse zur Stratigraphie, Anlage und Baugeschichte der Handwerksbetriebe aus der Zeit vor der Koloniegründung und der Thermen in vollem Umfang bestätigt werden, neue Aspekte ergaben sich nicht.

Zur Vervollständigung der Dokumentation wurde die Unterkante der Südostmauer der Basilica thermarum auf einer Länge von über vierzig

2   Thermen Insula 10, südöstliche Portikus. Abfallgrube (?) der frühen vorrömischen Eisenzeit in Schnitt 2004/03.

Metern freigelegt und dokumentiert. Die Mauer war im Gegensatz zur Nordwestwand nur flach gegründet, ihre Unterkante lag bei durchschnittlich 21,30 Meter ü. NN. Nach Süden hin (Schnitt 2004/04) senkte sich das Fundament allmählich auf eine Tiefe von ca. 20,60 Meter ü. NN. Gut zwei Schritt nordöstlich des Eckvorsprungs zwischen Südost- und Südwestmauer bildete es einen Absatz und verlief dann auf ca. 19,80 Meter ü. NN. Die Eckkonstruktion selber war noch erheblich tiefer fundamentiert, ihre Unterkante konnte aber aus arbeitssicherheitstechnischen Gründen nicht erreicht werden. Das Fundament, das bis zu einer Tiefe von 19,30 Meter ü. NN dokumentiert werden konnte, wies im unteren Teil (unterhalb 20,0 Meter ü. NN) deutliche Abdrücke der mit Holz verschalten Baugrube auf.

Der schon Ende der neunziger Jahre beobachtete Befund eines mutmaßlichen Entwässerungsgrabens wurde auch in der südöstlichen Porticus wieder aufgenommen. Es handelte sich um einen in nordwest-südöstlicher Orientierung verlaufenden, im Durchschnitt gut sechzig Zentimeter breiten und vierzig Zentimeter tief erhaltenen Sohlgraben, der im Profilsteg zwischen den Schnitten 2004/03 und 2004/04, innerhalb der Basilika in Schnitt 99/3 und im Südostteil der Palästra in Schnitt 2002/09 auf einer Strecke von etwa zweiunddreißig Metern Länge verfolgt werden konnte. Auf dieser Strecke besaß er ein Gefälle in nordwestlicher Richtung von siebenunddreißig Zentimetern, also etwas mehr als einem Prozent. Der Graben war in die antike Geländeoberfläche eingegraben, auf der auch die Handwerksbetriebe errichtet worden waren, besaß aber eine hiervon um wenige Grad Richtung Nordnordwest abweichende Orientierung. Wegen der Stratigraphie muss der Graben älter sein als die Handwerksbetriebe selbst, von deren Mauerausbrüchen er geschnitten wird. Andererseits ist er jünger als die im Südwestteil der Basilika angetroffenen Gruben der vorrömischen Eisenzeit. In den Schnitten, die Hermann Hinz 1963 in der Palästra und dem südöstlich an die Thermen anschließenden Decumanus maximus angelegt hatte, konnte der Graben nicht identifiziert werden, da diese Profile entweder nicht bis auf den so genannten gewachsenen Boden abgegraben oder nur unzureichend dokumentiert worden waren. So bleiben Ausgangspunkt und Ende der Rinne vorläufig ungewiss. Allerdings liegt wegen seines Gefälles nach Nordwesten die Vermutung nahe, dass der Graben vielleicht zur Entwässerung des Geländes vor Errichtung der Handwerksbetriebe angelegt wurde. Es ist daher möglich, dass er in den mutmaßlichen Teich mündete, der an verschiedenen Stellen im Nordostteil der späteren Thermen nachgewiesen ist und der zur Zeit der Handwerksbetriebe an deren Nordwestseite lag.

Die einzigen sicher vorrömischen Befunde waren auch im Berichtsjahr wieder einzelne Gruben der vorrömischen Eisenzeit. Bereits 1999 (Schnitt 99/3) wurden die unteren Reste solcher Gruben, die in aller Regel viel inkohltes Holz und etwas Asche enthielten, in der Thermenbasilika gefunden. Weitere Gruben fanden sich in Schnitt 2004/08 in der Basilika und in den Schnitten 2003/02, 2004/03 und 2004/04 in der Südostportikus, wobei ihre größte Dichte innerhalb des Schnittes 99/3 lag (Abb. 2). Gute Parallelen zu Form, Größe und Einfüllung der Gruben finden sich in der vor- und frühgeschichtlichen Siedlung von Haffen im Altkreis Rees (M. Kempa, Haffen. Rhein. Ausgr. 39 [Köln 1995] 63). Die wenigen Keramikfragmente aus den Xantener Gruben lassen sich anhand ihrer Randformen, der groben Machart und der Magerung mit Quarz in die frühe vorrömische Eisenzeit, genauer in die Stufe Hallstatt C und somit an den Beginn der jüngeren niederrheinischen Grabhügelkultur datieren (freundliche Mitteilung von Jürgen Wegert, Archäologischer Park Xanten).

Im September 2005 begann schließlich die Baumaßnahme für das neue Museum auf den Fundamentmauern der Basilica thermarum. Das Gebäude wird im Untergeschoss Toiletten, Garderobe, einen Vortragssaal und Techniktäume haben, weshalb die Basilika bis zur Fundamentunterkante vollständig ausgebaggert werden musste. Die Nordostfront der fast fünf Meter tief in den Untergrund reichenden Nordwestmauer wurde dabei komplett freigelegt und fotografisch dokumentiert; sie bleibt auch zukünftig im Untergeschoss des Museums sichtbar. Allerdings mussten die beiden Stützfundamente des repräsentativen Portals zwischen der Basilika und dem Frigidarium aus bautechnischen Gründen nach ihrer Dokumentation entfernt werden. Da die Fundamente der Außenmauern an den Achsen der Stahlträgerkonstruktion mit Beton unterfangen werden mussten, wurde die Nordwestmauer an verschiedenen Stellen abschnittsweise untergraben. Bereits seit den Grabungen von 1989 (Schnitt 89/6) war bekannt, dass diese Mauer von einem Pfahlrost aus dicht nebeneinander in den Boden gerammten Eichenpfählen gestützt wurde. Ein Teil dieser Pfähle musste nun für die Unterfangungsarbeiten entfernt werden (Abb. 3). Die im Grundwasser stehenden Stücke wurden unter Einsatz eines Baggers mit Stahlseilen gezogen, einzeln markiert und zur vorläufigen Sicherung und Beprobung in ein großes Wasserbecken gelegt. Einige der insgesamt zweihundertneunzig geborgenen Hölzer sollen künftig im Museum ausgestellt werden, die übrigen werden im kommenden Jahr durch das Dendrochronologische Forschungslabor des Rheinischen Landesmuseums Trier untersucht. Die seinerzeit an den 1989 geborgenen Pfählen durchgeführten

Untersuchungen belegen ein auf das Jahrfünft genaue Fällungsdatum von 125 und eine Herkunft der Eichen aus dem Rhein-Main-Gebiet. Obwohl sämtliche Stücke von den Erbauern der Thermen vor Einbringung in den Boden sehr sauber zugearbeitet und angespitzt worden waren, so dass keine Waldkante erhalten ist, kann der Beginn des Thermenbaues vermutlich mit dieser Analyse noch genauer bestimmt werden. Es gibt zwei Größenmaße: hundertfünfundzwanzig Exemplare haben knapp zwei Metern Länge, hundertfünfundsechzig sind nur halb so lang. Insgesamt zweiunddreißig Stützpfähle stammen von der Südwestmauer der Basilika, an der nur wenige Unterfangungsarbeiten erforderlich waren, die übrigen zweihundertachtundfünfzig von der Nordwestmauer. Die sehr dichte Setzung der Hölzer erlaubt eine grobe Schätzung der Gesamtzahl von etwa dreitausend unter diesen beiden Fundamenten befindlichen Stützen. Mutmaßlich dürften sich darüber hinaus auch unter den Fundamenten der Hauptmauern des Frigidariums, der Tepidarien und des Caldariums Pfahlroste befinden, die mit schweren Rammen in den Boden eingebracht wurden. Sie alle sind ein weiterer Beleg für die logistische und technische Leistung der römischen Bauingenieure.

Die Ausgrabungen in den Thermen, die zur Vorbereitung des Museumsbaues auch 2006 fortgeführt werden, wurden von Norbert Zieling geleitet.

Der öffentliche Repräsentationsbau in Insula 11

Das vom Ministerium für Bauen und Verkehr des Landes Nordrhein-Westfalen geförderte Grabungsprojekt der Universität Nimwegen zur Untersuchung des Repräsentationsgebäudes der Insula 11 ging im Sommer 2005 in seine fünfte Kampagne. Die Grabungsplanung wurde auch hier von der Neubauplanung für das Museum beeinflusst, da große Flächen für den Einbau eines Feuerwehrlöschtanks und einer Rigole zur Versickerung des Dachwassers benötigt wurden. Bodeneingriffe innerhalb der Colonia dürfen, sofern unabwendbar, naturgemäß nur an Stellen vorgenommen werden, die archäologisch bereits abschließend erforscht sind, so dass die Grabungsarbeiten im Nordteil der Insula 11 (Schnitte 2002/11, 2002/12, 2002/13 und 2004/06) vollendet werden mussten, wodurch die südwestlich anschließenden Schnitte 2002/10 und 2004/05 nicht abschließend ergraben wurden. Diese Untersuchungen sollen 2006 fortgeführt und beendet werden. Die Grabungsleitung hatte Michael Erdrich.

Der Monumentalbau in Insula 18

Im Oktober 2005 wurde die Anlage eines fünf auf elf Meter messenden Schnittes (Schnitt 2005/06) südlich der aus dem achtzehnten Jahrhundert stammenden Biermannsmühle auf Insula 18 erforderlich. In diesen Schnitt soll nach Abschluss der Grabungsarbeiten im kommenden Jahr eine Transformatorstation gesetzt wer-

3   Thermen Insula 10, Basilica thermarum. Eichenpfahlrost unter dem nordwestlichen Fundament.

den, die das neue Museum und auch den Archäologischen Park zukünftig mit elektrischem Strom versorgt. Bereits beim Abschieben der Humusschicht wurde ein aus so genannter Grauwacke bestehendes Mauerfundament von gut anderthalb Metern Breite angetroffen, das in nordwest-südöstlicher Orientierung verlief, also parallel zum Cardo maximus. Nach Südwesten hin schloss sich orthogonal eine schmalere, im Verbund gesetzte Mauer an. Bereits bei der Untersuchung des Mühleninnenraumes 1999 wurde eine in gleicher Ausrichtung verlaufende Mauer entdeckt, die allerdings auf Grund ihrer Stärke von knapp zwei Metern und ihres lichten Abstandes von rund einunddreißig Metern zur jetzt aufgefundenen Mauer wahrscheinlich nicht zum gleichen Gebäude gehört. Ungeachtet dessen kann es sich bei den Fundamenten nur um die Reste öffentlicher Monumentalbauten handeln. Die Anlage eines ersten Planums wies unterhalb eines für die Bodenverhältnisse in der Kolonie ungewöhnlich mächtigen Auffüllhorizontes deutliche Spuren von Ausbruchsgräben auf, so dass mit weiteren Mauerzügen beziehungsweise deren Ausbrüchen zu rechnen ist. Zur Feststellung der Fundamentsituation in der Ostecke der Insula 18 wurde Schnitt 2005/07 angelegt, dessen Fundmaterial von der Geländeoberkante bis zum so genannten gewachsenen Boden gesiebt werden soll, um das Fundspektrum von der Neuzeit bis in die frührömische Zeit statistisch auswerten zu können.

Von der Ostecke der Therrneninsula 10 ausgehend musste ein anderthalb Meter breiter Graben zur Aufnahme von Versorgungsleitungen für das künftige Museum in nordöstlicher Richtung durch den Decumanus maximus zwischen den Insulae 17 und 18 und quer über die Insula 18 bis zum Cardo maximus, der heutigen Siegfriedstraße, angelegt werden (Schnitte 2005/03, 2005/04 und 2005/05). Erste Planungsüberlegungen hatten das Ziel, den Graben im Decumanus direkt über dem römischen Straßenkanal auszuheben, um dort neue Erkenntnisse über den Aufbau des Kanals zu gewinnen. Da der Kanal beziehungsweise zwei parallele Kanäle bereits bei den Hinzschen Grabungen 1963 (Schnitte 63/4 und 63/9) zwischen den Insulae 10 und 11 partiell untersucht worden waren, war bekannt, dass die Kanalsohle gut zweieinhalb Meter unter der Geländeoberkante liegen musste. Aus arbeitssicherheitstechnischen Gründen hätte der Grabungsschnitt über den Kanälen unter Einbeziehung mehrerer Sicherheitsstufen eine Breite von mindestens sieben Meter haben müssen. Zur Minimierung der Bodeneingriffe und Einhaltung des engen Zeitrahmens wurden diese Pläne schließlich verworfen. Da bauseits nur eine Grabentiefe von 1,20 Metern gefordert war, wurde der Schnitt letztendlich auch nur bis zu dieser Tiefe untersucht. Um Schäden an den Straßenkanälen zu vermeiden, wurde er auch nicht mittig in die römische Straße, sondern nordwestlich der Straßenmitte und südöstlich der Portikus von Insula 17 angelegt.

Die Ergebnisse der Untersuchungen im Versorgungsleitungsgraben sind schnell zusammengefasst: Über seine gesamte Länge von den Thermen bis zum Cardo maximus konnte in den Profilen eine etwa gut hüfthohe neuzeitliche Auffüllschicht, wie sie bereits im Bereich der Mühle auf Insula 18 und im Schnitt 2002/13 im Norden der Insula 11 beobachtet worden war, nachgewiesen werden. Kaiserzeitliche Befunde, die aber ihrerseits wieder durch rezente Kabelgräben und alte Grabungsschnitte gestört waren, wurden nur im Bereich der Querung des Cardo zwischen den Insulae 10 und 17 (Schnitt 2005/03) angetroffen. Dabei handelte es sich um Teile der antiken Geländeoberfläche mit Resten der darüber liegenden Tuffgrusschicht und dem aufplanierten Hüttenlehmstratum und ein an der Südecke der Insula 17 aus dem Nordprofil ragendes, singuläres Mörtelpaket von bis zu zwanzig Zentimetern Stärke.

Im nordöstlich anschließenden Grabenverlauf (Schnitt 2005/04) zwischen den Insulae 17 und 18 wurde die Schnittunterkante in einem Teilbereich von fünf Metern Länge um etwa dreißig Zentimeter abgetieft, um die Unterkante der massiven rezenten Auffüllung zu erfassen. Hier traten in einem nur einen halben Meter breiten Streifen vor dem Nordprofil verschiedene, nicht näher bestimmbare römische Schichten, in einer Tiefe von gut einem Meter unter der Geländeoberkante ein Estrichfragment und in anderthalb Metern Tiefe der vom Profil angeschnittene Rest einer teilweise mit Holzkohle und etwas Keramik verfüllten Grube auf.

Der diagonal durch den nördlichen Teil der Insula 18 geführte Schnitt 2005/05 zeigte mit seinen mächtigen rezenten Auffüllschichten das gleiche Bild wie die anderen Abschnitte des Versorgungsleitungsgrabens. Bis zur Siegfriedstraße hin wird dieser Graben erst 2006 aufgedeckt werden, um den Parkplatz zu den Thermen, den er durchschneidet, weiterhin nutzen zu können.

Die Grabungen fanden unter der Leitung von Norbert Zieling statt und werden im kommenden Jahr fortgesetzt.

Wohn- und Handwerkerhäuser der Insula 34

Die siebzehnte Internationale Archäologische Sommerakademie im Archäologischen Park Xanten setzte die Untersuchungen im Handwerkerviertel innerhalb der Insula 34 fort, die bereits 1998 mit der Anlage erster Grabungsschnitte an dieser Stelle begonnen worden waren. Die Finanzierung der Leiterstelle übernahm auch in diesem Jahr die Stiftung zur Förderung sozialer und kultureller Zwecke im Verwaltungsgebiet des Landschaftsverbands Rheinland.

Im Hofbereich der coloniazeitlichen Handwerkerhäuser wurde in Schnitt 2002/06 ein weiterer, fünfter Brunnen entdeckt. (Die folgenden Angaben stammen aus dem unpublizierten Abschlussbericht über die Sommerakademie von Stefan Eismann.) Dieser Schacht zeigte sich erstmals in einer Höhe von 20,70 Metern ü. NN und wurde mit zunehmender Tiefe deutlicher. Im Kern besteht er aus einer etwa neunzig Zentimeter im Quadrat großen, rechteckigen Verfärbung aus gelbgrauem Sand mit steriler Verfüllung. Die ihn umgebenden mittel- bis dunkelbraunen Schichten könnten Reste der hölzernen Brunnenverschalung sein. Eine Sondierungsbohrung ergab, dass die Brunnensohle in einer Tiefe von 14,19 Metern ü. NN liegen dürfte. Stratigraphisch ist Brunnen 5 älter als Brunnen 4, dessen Baugrube ihn in seinem oberen Teil überlagert. Dieser jüngere Brunnen kann an das Ende des ersten oder den Anfang des zweiten Jahrhunderts datiert werden. Die spärlichen Funde, die aus Füllung und Grube des älteren Brunnens stammen, erlauben eine Datierung in das erste Jahrhundert, frühestens in die neronische Zeit.

Im Berichtsjahr wurde der bereits aus den Schnitten 99/1 und 99/2 bekannte Kiesweg aus der Zeit vor der Koloniegründung nun auch in Schnitt 2002/02 freigelegt und dokumentiert. Wie in den Vorjahren traten wieder große Mengen von in den Weg eingearbeitetem Knochenmaterial zu Tage. Der Unterbau der Straße bestand aus einem sandig-lehmigen Schichtenpaket, dessen unterster Teil von einer Brandlehmschicht gebildet wurde. Dieses Stratum ist offensichtlich zum Ausgleich einer Bodensenke aufplaniert worden, da es eine homogene Rotfärbung besitzt und die begleitenden Schichten keinerlei Verziegelungsspuren aufweisen. Es könnte von einem Schadensfeuer in der nahen Umgebung stammen. Die darüber liegenden Schichten erreichen eine maximale Mächtigkeit von etwa vierzig Zentimetern und dünnen nach Südwesten hin aus, wo der kiesige Straßenkörper nur noch zehn Zentimeter über der Brandlehmschicht lag.

Im südöstlichen Teil des Grabungsareals konnten drei weitere Gräber – zwei Brandgräber und ein Körpergrab – entdeckt werden (Schnitt 2002/06). Bei den beiden Inkremationen handelte es sich um Brandschüttungsgräber, deren zugehörige Keramik in spätestens claudische oder tiberisch-claudische Zeit gehört. Wie schon bei früher beobachteten Gräbern in diesem Areal konnte auch hier festgestellt werden, dass sekundär massive Bodeneingriffe stattgefunden haben. Die Urnen waren verlagert und teilweise zerstört, die Scheiterhaufenreste bedeckten eine relativ große, formlose Fläche. Eine Erklärung hierfür kann nur in einem großflächigen Erdabtrag gesucht werden, der wegen baulicher Maßnahmen erforderlich gewesen sein dürfte. Der Grabungsbefund gibt aber hierzu bislang keine eindeutigen Belege.

Das Skelett des Körpergrabs lag auf seiner rechten Seite mit dem Kopf im Norden und dem Gesicht nach Westen (Abb. 4). Die Arme waren an den Ellenbogen angewinkelt, die Hände lagen vor dem Gesicht. Das Skelett war knapp oberhalb der Beckenknochen durch die Baugrube von Brunnen 4 abgeschnitten worden. Die Grabgrube aus rötlichbraunem, sandigen Lehm folgte dicht den Konturen des Skeletts. Soweit es aus dem erhaltenen Teil des Grabes heraus be-

4 Insula 34. Von Brunnen 4 gestörtes Körpergrab in Schnitt 2002/06.

urteilt werden kann, ist der Leichnam ohne Beigaben bestattet worden. Nach der Stratigraphie wurde die Beisetzung in der ersten Hälfte des ersten Jahrhunderts angelegt. Ein vereinzelter Menschenschädel, der vor dem Westprofil des Schnittes 99/1 in weit höherer Lage als die regulären Gräber und innerhalb einer sandigen Füllschicht angetroffen wurde, stellt einen weiteren Beleg für die massiven Erdverlagerungen zu Beginn des zweiten Jahrhunderts dar. Die Leitung der Grabung hatte Stefan Eismann.

Geophysikalische Prospektion

Der Einsatz geophysikalischer Prospektionsmethoden zur Erkundung des Areals der Kolonie hat in Xanten eine mittlerweile fast fünfzigjährige Tradition. Ziel eines neuen Forschungsprojektes ist es, das Gesamtgefüge der Römerstadt und ihrer Vorgängersiedlung mit den heute zur Verfügung stehenden Techniken zu prospektieren. Da die Bodenverhältnisse überall unterschiedlich sind, musste zunächst nach dem für Xanten am besten geeigneten Verfahren gesucht werden.

Im März 2005 wurde deshalb nach vielversprechenden geomagnetischen Prospektionen durch Jobst Wippern vom Rheinischen Amt für Bodendenkmalpflege eine Untersuchungsfläche innerhalb des Koloniareals ausgewählt, um für die Teilnehmer an einer Testprospektion gleiche Voraussetzungen zu schaffen. Die Wahl fiel auf den Südwestteil der Insula 39, da hier einerseits bis dato keine Bodeneingriffe vorgenommen worden waren, andererseits aber auf Grund der Grabungsergebnisse im nordwestlichen und östlichen Teil der Insula eine bestimmte Befunderwartung gegeben war. Zu dieser vom Ministerium für Bauen und Verkehr des Landes Nordrhein-Westfalen geförderten Testprospektion wurden neun Fachfirmen und drei Institute eingeladen, ihre jeweils favorisierten Prospektionsmethoden auf der Untersuchungsfläche von hundert mal fünfunddreißig Metern einzusetzen. Die Prospektionen fanden nacheinander im Frühjahr und Sommer 2005 statt. Von den Eingeladenen nahm leider keines der angeschriebenen Universitätsinstitute teil, dafür aber acht Fachfirmen, nämlich ABE-geo Burgdorf, Büro für Geophysik Lorenz Berlin, Eastern Atlas Berlin, geoFact Bonn,

GeoHiRes International Borken, Orpheus-Geophysik Kriftel, Terrana Geophysik Mössingen und Tricon München. Für ihre Bereitschaft zur Teilnahme an der Testprospektion sei den jeweils Verantwortlichen an dieser Stelle noch einmal herzlich gedankt. Die Teilnehmer erhielten aus dem Denkmalförderungsprogramm des Landes eine geringe Aufwandsentschädigung, die an der jeweiligen Zahl der Messtage und der Distanz zwischen Firmensitz und Messort ausgerichtet war. Alle wurden verpflichtet, das Ergebnis ihrer Testprospektion bis Ende September 2005 schriftlich vorzulegen. Die Resultate liegen dem Archäologischen Park Xanten vor, müssen aber noch einer eingehenden Analyse unterzogen werden. Bei einer ersten Betrachtung der eingereichten Plots fällt aber auf, dass sich die bereits in einem Plan von Irwin Scollar aus dem Jahr 1970 grob erkennbare Ausrichtung der Gebäude zum südwestlich angrenzenden Nebendekumanus, abweichend von den Befunden an der Nordostseite der Insula, offenbar bestätigt. Insbesondere an der von Scollar nicht untersuchten Südostseite der Testfläche lassen sich in allen Georadar- und Geoelektrik-Auswertungen klare, eindeutig rechtwinklig zueinander stehende Mauerverläufe in Tiefen von zirka achtzig Zentimeter bis etwa zwei Meter erkennen, nicht aber, oder nur undeutlich, mit der Geomagnetik. Irritierend ist, dass Mauerzüge an der Westecke der Insula nur in den Magnetometerplots gut darstellbar sind, in den Radar- und Elektrik-Auswertungen dagegen nur diffus erscheinen.

Die weitere Zielsetzung des Archäologischen Parks Xanten sieht nun vor, nach der Auswertung der Testergebnisse und der Festlegung der Messverfahren die erforderliche Finanzierung zur Durchführung von Messungen vorzubereiten, um in den kommenden Jahren das gesamte Areal der Colonia Ulpia Traiana geophysikalisch zu prospektieren. Darüberhinaus soll ein Geländestreifen von ungefähr zweihundert Metern Breite um die Stadt herum untersucht werden, der auch den nordöstlich angrenzenden römischen Hafen und das Umland miterfasst.

Bildrechte. Alle Bilder Archäologischer Park Xanten und Römermuseum Xanten. Ausführung Peter Ickelsheimer (1, 2 und 3) und Stefan Eismann (4).

Rheinisches Amt für Bodendenkmalpflege

Ausgrabungen, Funde und Befunde 2005

bearbeitet von Thomas Krüger

Neben den üblichen werden hier die nachfolgend aufgelisteten Abkürzungen verwendet, bei Münzbeschreibungen die von R. Göbl, Antike Numismatik (1978) 11 f. angegebenen.

Arch. Rheinland 2005	Archäologie im Rheinland 2005 (Stuttgart 2006)
BD	Bodendenkmal
BS	Bodenscherbe
DGK5L	Deutsche Grundkarte 1:5000, Luftbildausgabe
Drag.	Dragendorff
erh.	erhalten
Fl.	Fläche
FR	Frimmersdorf, Braunkohlentagebaugebiet
HA	Hambach, Braunkohlentagebaugebiet
NI	Außenstelle Niederrhein des RAB (Xanten)
n. li.	nach links
n. re.	nach rechts
NW	Außenstelle Nideggen-Wollersheim des RAB
OV	Außenstelle Overath des RAB
PR	Prospektionsmaßnahme
RAB	Rheinisches Amt für Bodendenkmalpflege
RLMB	Rheinisches Landesmuseum Bonn
RS	Randscherbe
St.	Stärke bei Maßangaben bzw. Stelle in Planzeichnungen
TK25	Topographische Karte 1:25 000
TS	Terra sigillata
WS	Wandscherbe
WW	Weisweiler, Braunkohlentagebaugebiet

Ältere und mittlere Steinzeit

Düsseldorf (2389/025)(OV 2005/309). An einer Fundstelle bei Angermund mesolith. Feuersteinartefakte: neun Kerne, eine Lamelle, sieben Klingenbruchstücke, 33 Abschläge, 16 Trümmer, ein Bohrer, eine Pfeilschneide (?), eine Lateralretusche, zwei kurze Kratzer, zwei Abschlagfragmente mit Retusche. Ein Rückenmesser u. einige weiß patinierte Abschläge evtl. spätpaläolith. (vgl. Bonner Jahrb. 205, 2005, 298). – Zu den jung- bis endneolith. Funden von dieser Stelle s. u. S. 316 f.
Verbleib: RAB/RLMB
(J. Gechter-Jones)

Essen
1. (2569/008)(NI 2005/173 ≙ E-2005-22). Begehung in Eiberg, w des Sachsenringes. Im N der Mecklenbecks Wiese Quarzitgerölle, verbrannter Sandstein u. ein evtl. mesolith. Kratzer (Abschlaggerät, nord. Feuerstein) mit leichter Glanzpatina etwa in Daumennagelgröße.
Verbleib: Ruhrlandmuseum
(D. Hopp)
2. (2467/019)(NI 2005/224 ≙ E-2005-93). Begehung einer alt- u. mittelsteinzeitl. Fundstelle in Fischlaken, Am Roland. Silexartefakte, darunter Fragment einer Spitzklinge, ein Klingenkratzer u. ein als Retuscheur benutztes Sandsteingeröll (L. 12,5 cm).
Verbleib: Privatbesitz
(H. F. Barnick – D. Hopp)
3. (2468/008)(NI 2005/179 ≙ E-2005-28). Begehung durch H. F. Barnick u. K. Schmude n der ehem. Kaserne in Kupferdreh. Beidseitig angeschlagenes steinzeitl. (?) Quarzitgeröll (L. 11 cm), matt glänzende Patina, deutl. abgerollt. Weiter ö am Greulsberg schon länger bekannte jungpaläolith. u. mesolith. Fundstellen (2468/003, 004).
Verbleib: Privatbesitz
(D. Hopp)
4. Neubau s von Schloss Schellenberg in Rellinghausen. Maaseier u. eine retuschierte Klinge. – Vgl. D. Hopp, Arch. Rheinland 2005, 34 f.

Inden, Kr. Düren. Zum Projekt »Prospektion Paläolithikum im Indetal« vgl. J. Thissen, Arch Rheinland 2005, 28–30.

Nideggen, Kr. Düren (0511/052)(NW 2005/0009). Zu mesolith. Steingeräten am n Rand der Ortslage s. u. S. 317.

Odenthal, Rhein.-Berg. Kr.
1. (1459/001)(OV 2005/207). Bei der Begehung der bekannten mesolith. Fundstelle in Grünenbäumchen fand H. Prinz, Lindlar, elf unmodifizierte Artefakte, einen Stichel, zwei Lateralretuschen u. eine Endretusche aus Feuerstein.
Verbleib: RAB/RLMB
2. (1520/011)(OV 2005/211). Von einer mesolith. Fundstelle in Oberborsbach übergab er 39 unmodifizierte Artefakte aus Feuerstein, Quarzit u. Chalzedon sowie einen Kerbrest, einen Bohrer(?) u. einen retuschierten Abschlag aus Feuerstein.
Verbleib: RAB/RLMB
3. (1458/025)(OV 2005/212). Von einer Fundstelle in Unterboschbach las er 18 unmodifizierte mesolith. Artefakte sowie eine einfache Spitze, ein mikrolith. Fragment u. einen lateralretuschierten Abschlag aus Feuerstein auf.
Verbleib: RAB/RLMB
(J. Gechter-Jones)

Waldfeucht, Kr. Heinsberg (1607/002)(NW 2005/0061). Zu einem mittelpaläolith. Flintartefakt 900 m n der Ortslage s. u. S. 317.

Windeck, Rhein-Sieg-Kr. (0876/016)(OV 2005/222). Zu einem spätpaläolith. gravierten Retuscheur aus Dreisel vgl. W. Heuschen / F. Gelhausen / S. B. Grimm / M. Street, Arch. Rheinland 2005, 31–34.
Verbleib: RAB/RLMB

Jüngere Steinzeit

Baesweiler, Kr. Aachen (1102/012)(NW 2005/1048). Zur Ausgrabung einer bandkeram. Siedlung mit fragl. Brunnenbefund bei Oidtweiler vgl. St. Graßkamp, Arch. Rheinland 2005, 35–37.

Bornheim, Rhein.-Sieg-Kr. (0794/043)(OV 2005/1025). Zu Schwarzerdegruben u. Streufunden von Silexartefakten u. Steinbeilen bei Sechtem s. u. S. 319.

Düsseldorf
1. (2389/019)(OV 2005/308). An der Stelle einer jungneolith. Siedlung nw von Angermund fand Th. van Lohuizen, Ratingen, zahlreiche Artefakte aus Rijckholt-Feuerstein: drei Beilbruchstücke (davon zwei in zweiter Verwendung als Klopfsteine), einen groben Kratzer, fünf Lateralretuschen, zwei Endretuschen, zwei Abschläge mit Lateralretusche, drei Klingenmedialbruchstücke, einen Abschlag, einen Trümmer sowie ein Beilbruchstück u. einen Abschlag aus hellgrauem Feuerstein, ferner ein Beilbruchstück aus Basalt, ein Flussgeröll u. ein Quarzitstück mit Schleifspuren.
2. (2389/025)(OV 2005/309). An einer weiteren Fundstelle bei Angermund fand er jung- bis endneolith. Steingeräte: zwei Beilabschläge aus Rijckholt-, einen aus Lousbergflint u. zwei aus hellgrauem Feuerstein, außerdem einen Beiltrümmer ebenfalls aus hellgrauem Feuerstein, einen kurzen Kratzer, ein Spitzklingenmedialbruchstück u. eine Lateralretusche aus Rijck-

holtflint u. schließlich ein kleines Beil aus graugrünl. Quarzit, grob zugearbeitet mit stumpfem Nacken, rundl. Querschnitt u. asymmetr. geschliffener Schneide, die leicht verdreht zur Längsachse des Beilkörpers liegt (L. 7,3 cm; B. 4,2 cm; H. 2,8 cm). – Zu den mesolith. Funden von dieser Stelle s. o. S. 316, zu den eisenzeitl. vgl. Bonner Jahrb. 198, 1998, 397.
Verbleib: RAB/RLMB
(J. Gechter-Jones)

Erftstadt, Rhein-Erft-Kr. (0728/011)(NW 2005/1046). Gasleitungsbau bei A h r e m. Vorgesch. Befunde, darunter einige der Bandkeramik. – Vgl. J. Kobe / J. Volsek / U. Schoenfelder, Arch. Rheinland 2005, 76–78.

Eschweiler, Kr. Aachen (0890/007)(NW 2005/1016). Ausbau der Autobahnanschlussstelle D ü r w i ß (Nord) am sö Rand von Dürwiß. Ausgrabung einer Siedlung mit zwei Grubenkomplexen u. drei Hausgrundrissen z. T. mit Pfostengruben u. zugehörigen Wandgräben. Vier verzierte, annähernd vollständige Rössener Kugelbecher. Klingen u. Bohrer sowie eine flächenretuschierte Pfeilspitze aus Feuerstein.
(H. Glasmacher – D. Herdemerten – S. Hoff – U. Schoenfelder)

Essen (2533/007)(NI 2005/227 ≙ E-2005-52). G. Arntzen las in H e i d e, ö des Stadions Uhlenkrug eine blattförm. jungsteinzeitl. Pfeilspitze (L. ca. 5,4 cm; B. 2,4 cm) auf. Aus dünnem Abschlag gefertigt, Spitze abgebrochen, westischer Feuerstein. Wahrscheinl. aus sekundär umgelagertem Boden.
Verbleib: Privatbesitz
(D. Hopp)

Frechen, Rhein-Erft-Kr. Zu einer übergroßen fragl. Pfeilspitze aus K ö n i g s d o r f vgl. J. Weiner, Arch. Rheinland 2005, 41 f.

Kreuzau, Kr. Düren (0511/039)(NW 2005/0003). Bei einer Begehung fand T. Kuck, ehrenamtl. Mitarbeiter, ca. 900 m s von B o i c h neolith. Flintartefakte sowie röm. u. mittelalterl. Keramik. Außerdem angepflügte Grube beobachtet mit Funden der Vorgesch., des Neolithikums u. der vorröm. Eisenzeit.
Verbleib: RAB/RLMB
(P. Tutlies)

Langenfeld, Kr. Mettmann (1704/007)(OV 2005/064). Bei einer Feldbegehung ö von R e u s r a t h fand F. Carl, ehrenamtl. Mitarbeiter, eine endneolith./frühbronzezeitl. gestielte u. geflügelte Pfeilspitze (L. 2,8 cm; erh. B. 1,9 cm; D. 0,6 cm; Gew. 2 g) aus Schotter, ein Flügel abgebrochen. – Vgl. Bonner Jahrb. 200, 2000, 538.
Verbleib: RAB/RLMB
(J. Gechter-Jones)

Meerbusch, Rhein-Kr. Neuss (2230/009)(OV 2005/202, 203). Zu Funden neolith. Steingeräte in S t r ü m p s. u. S. 324 f.

Nideggen, Kr. Düren (0511/052)(NW 2005/0009). Am n Rand der Ortslage fand T. Kuck, ehrenamtl. Mitarbeiter aus Kreuzau, bei einer Begehung Steingeräte aus dem Mesolithikum u. dem Alt- bis Mittelneolithikum. Konzentrationen von Siedlungsspuren röm. Zeit (Stellen 5 u. 6) u. des Hochmittelalters (Stelle 8). Eine weitere Konzentration mittelalterl. Keramikfunde in unmittelbarer Nähe einer mutmaß. Wüstung.
Verbleib: RAB/RLMB
(P. Tutlies)

Niederzier, Kr. Düren. Zur Gebrauchsspurenanalyse an einer Steinbeilklinge aus H a m b a c h vgl. J. Weiner, Arch. Rheinland 2005, 39–41.

Rheinbach, Rhein-Sieg-Kr. (0359/038)(OV 2005/1001). Erschließung des Gewerbe- u. Industriegebietes »Nord 2« nö des Stadtzentrums. Fünf Sondageschnitte mit neolith. Siedlungsbefunden u. mittelalterl. Ausbruchsgruben der röm. Eifelwasserleitung. Erweiterungsfl. (4,3 ha) mit zahlreichen weiteren Befunden. – Bandkeram. Befunde, fast ausschließl. Siedlungsgruben, auf begrenzter Fl. (1,2 ha) im Zentrum des untersuchten Gebietes. Funde von jüngerer Flombornstufe bis zum Ende der jüngeren Bandkeramik. Im n Teil der Untersuchungsfl. drei Rössener Großbauten, dazugehörige Siedlungsgruben in der gesamten Fläche. Keram. Funde u. die Überschneidung von Haus u. Gruben lassen eine zumindest zweiphasige Siedlung des Mittelneolithikums erkennen. – Sechs annähernd quadrat. Grubenhäuser wohl der frühen Bronzezeit, wie sie im n Rheinland bisher noch nicht nachgewiesen sind. Vergleichbarer Grundriss in Ochtendung, Kr. Mayen-Koblenz vom Übergang vom Endneolithikum zur Bronzezeit. – Wenige Befunde mit Keramik der mittleren Eisenzeit, Verzierungsmotive entsprechen z. T. solchen aus der Hunsrück-Eifel-Kultur. Zwei SW–NO orientierte Gräben. Darin Keramik u. eine gut erh. einfache Drahtfibel mit kugeligem Fußende der späten Eisenzeit. Funktion der Gräben unklar, vermutl. in fortifikator. Zusammenhang. – Röm. Eifelwasserleitung (L. 13 m) in der Mitte der Grabungsfl. Gewölbe nahezu vollständig der Beackerung zum Opfer gefallen. Auf langen Strecken mittelalterl. Ausbruchsgruben.
(J. Englert)

Rommerskirchen, Rhein-Kr. Neuss
1. (1509/040)(OV 2005/1022). Zur Ausgrabung einer bandkeram. Siedlungsstelle im Areal des Bebauungsplans »Ro 32« s. u. S. 318.
2. (1508/034)(OV 2005/1017, 1020). Zu neolith. Siedlungsbefunden n von V a n i k u m s. u. S. 320.

Waldfeucht, Kr. Heinsberg
1. (1607/002)(NW 2005/0061). Frau G. Tholen fand 900 m n der Ortslage ein bifaziell retuschiertes mittelpaläolith. Flintartefakt, drei Bruchstücke von geschliffenen Beilklingen aus Valkenburger Flint, einen Stichel, eine Pfeilspitze (?) u. zwei Kerne aus Flint.
Verbleib: Privatbesitz

2. (1607/005)(NW 2005/0375). 700 m nö der Ortslage fand sie eine vollständige geschliffene Beilklinge aus sog. Grüngestein, ein Bruchstück einer geschliffenen Beilklinge u. einen verbrannten Kernstein aus Flint.
Verbleib: Privatbesitz

3. (1607/021)(NW 2005/0374). Sie fand 1,1 km sw der Ortslage eine vollständige, geschliffene Beilklinge aus Flint, drei Bruchstücke von ebensolchen sowie einen Kernstein u. einen Bohrer (?) aus Flint.
Verbleib: Privatbesitz

4. (1607/023)(NW 2005/00376). 800 m s der Ortslage fand sie ein Bruchstück einer geschliffenen Beilklinge aus Lousbergflint.
Verbleib: Privatbesitz

5. (1607/024)(NW 2005/0373). 800 m s der Ortslage fand sie das Halbfabrikat einer Beilklinge u. ein Schneidenbruchstück aus Flint, eine leicht beschädigte geschliffene Beilklinge aus Lousbergflint sowie einen Abschlag u. ein Trümmerstück aus Flint.
Verbleib: Privatbesitz

6. (1608/017)(NW 2005/0371). 200 m ö von Frilinghoven fand sie fünf Bruchstücke geschliffener Beilklingen aus Flint.
Verbleib: Privatbesitz

7. (1608/016)(NW 2005/00372). Sie fand 350 m s von Frilinghoven drei Bruchstücke von geschliffenen Beilklingen u. eine leicht beschädigte geschliffene Beilklinge aus Flint.
Verbleib: Privatbesitz
(P. Tutlies)

Würselen, Kr. Aachen. Oberflächenfund mehrerer steinzeitl. Steingeräte bei Euchen mit zwei außergewöhnl. Feuersteinwerkzeugen, messerartig bzw. bohrerähnl. – Vgl. J. Weiner, Arch. Rheinland 2005, 42–44.

Bronzezeit

Bonn. Zur Ausgrabung eines kleinen Gräberfeldes der jüngeren Bronzezeit im Gebiet des Vicus s des röm. Lagers vgl. Th. Becker / J. Gechter-Jones, Arch. Rheinland 2005, 49 f.

Bornheim, Rhein-Sieg-Kr. (0794/043)(OV 2005/1025). Zu Schwarzerdegruben u. Streufunden von Silexartefakten u. Steinbeilen bei Sechtem s. u. S. 319.

Langenfeld, Kr. Mettmann (1704/007)(OV 2005/064). Zu einer endneolith./frühbronzezeitl. Pfeilspitze ö von Reusrath s. o. S. 317.

Rheinbach, Rhein-Sieg-Kr.
1. (0323/038)(OV 2005/1008). Wegen geplanter Neubaumaßnahme Im Lurheck zwei Suchschnitte durch Fa. archaeologie.de. Im nö Bereich zwei urnenfelderzeitl. Gruben.
(A. Kass)

2. (0359/038)(OV 2005/1001). Zu bronzezeitl. Grubenhäusern nö des Stadtzentrums s. o. S. 317.

Rommerskirchen, Rhein-Kr. Neuss
1. (1508/034)(OV 2005/1017, 1020). Zu metallzeitl. Siedlungsbefunden s. u. S. 320.

2. (1509/022)(OV 2005/1023). Ausgrabung durch Fa. M. Wurzel, Archäologie u. Umwelttechnik GmbH wegen geplanter Straße (B 59n, Südumgehung Rommerskirchen) auf dem ö Gillbachufer u. der ö anschließenden Mittelterrasse. Siedlungsgruben der Bischheimer Gruppe. Komplex aus mehreren Gruben u. zwei anscheinend isoliert liegenden Gruben. Offenbar weiträumiges Siedlungsareal. Gruben in der Regel gut erh. u. mit Brandlehm, Keramik u. Silexartefakten durchsetzt. Gruben in sekundärer Nutzung, mit unterhöhlend eingegrabener Kontur. Meist Grob-, seltener Feinkeramik. Kugeltöpfe bzw. -becher, größere Vorratsgefäße u. Schalen. Verzierungselemente: Randkerben, Fingernageleindrücke, Fingertupfen, ein- oder zweizeilige Doppelstichbänder sowie hängende, flächig schraffierte Dreiecke, in einem Fall mit vertikalem Blattzweigmuster. Schnurösen u. Knubben. – Knochenfragmente u. Silexartefakte, darunter unretuschierte bzw. partiell kantenretuschierte Klingenbruchstücke u. Abschläge, Spitzklingenfragment, zwei Klingenkratzer u. ein kratzerartig retuschiertes Klingenfragment. Zwei Schlagsteine aus Quarzit bzw. quarzit. Sandstein mit Schlagnarben u. Fragmente aus quarzit. Sandstein mit überschliffenen Oberfl., wohl Mahl- oder Schleifsteinbruchstücke. – Fundstelle bisher nur durch Meldungen röm. Funde u. als Standort einer Villa rustica bekannt (s. u. S. 329).
(Th. Ibeling)

3. (1509/040)(OV 2005/1022). Ausgrabung (3000 m^2) im Areal des Bebauungsplans »Ro 32«. Befunde durch Erosionsprozesse beeinträchtigt. Zwei bandkeram. NW-SO orientierte Großbauten mit begleitenden Gruben am n Rand einer Siedlung, in der zu unbekannter Zeit ein Erdwerk errichtet wurde. Beide Häuser außerhalb des Spitzgrabens (erh. T. noch 2,27 m). Das Zentrum von Erdwerk u. Siedlung ist unter der heutigen Ortschaft zu suchen u. reichte mindestens bis zur 140 m entfernten Kirche St. Peter, wo bandkeram. Gruben bekannt sind (1509/005). Reibsteine, Feuersteingeräte u. -klingen. Wenige Stücke verzierter Keramik konnte E. Claßen in die Hausgenerationen V–VI, VIII–IX u. X der Merzbachtalchronologie einordnen. – Zur Besiedlung dieser Stelle in der mittleren Eisenzeit s. u. S. 320 u. in der röm. Zeit vgl. Bonner Jahrb. 205, 2005, 322 f.
(M. Aeissen)

Vettweiß, Kr. Düren (0723/069)(NW 2005/110). Kontrolle von Erdarbeiten 800 m sö von Lüxheim. Un-

beschädigte bronzene Absatzbeilklinge vom Typus des Nordwestdeutschen schlichten Absatzbeils mit angedeutetem Mittelgrat, Form Wardböhmen-Anzin, einem Stück aus Hofgeismar nahestehend. Mittlere Hügelgräberbronzezeit. – Vgl. K. Kibbert, Die Äxte und Beile im mittleren Westdeutschland I. PBF IX 10 (München 1980) 239; Hofgeismar: ebd. 246 Nr. 625; H.-E. Joachim / C. Weber, Bonner Jahrb. 206, 2006, 7.
Verbleib: Privatbesitz
(P. Tutlies)

Hallstatt- und Latènezeit

Bornheim, Rhein-Sieg-Kr.
  1. Zu Prospektion u. Ausgrabung eines Gehöfts (Ha D–Frühlat.) bei Hersel vgl. J. Gechter-Jones, Arch. Rheinland 2005, 56 f.
  2. (0794/043)(OV 2005/1025). Verlegung einer Gasleitung am nw Rand von Sechtem. Bauvorgreifende Ausgrabung (L. ca. 700 m; B. 12–16 m) durch Fa. Archbau. Vorgesch. Lesefunde u. Befunde von der Betreuung der Bodenarbeiten für eine Ölleitung 1966. Durch die aktuellen Ausgrabungen Schwarzerdegruben aufgedeckt, die locker über das gesamte Areal verteilt sind (ausgehendes Neolithikum oder frühe Bronzezeit). Streufunde von Silexartefakten u. Steinbeilen. Reste eines bauchigen Pfostenhauses(?). Sechs Abfallgruben mit Keramikfunden, darunter auch ein Spinnwirtel, Rotlehmbrocken u. verglühte Steine als Hinweis auf eine nahegelegene Siedlung der ausgehenden(?) Früheisenzeit. Am Rand einer Grube rundl., dicht gepacktes Scherbennest. Mit Schamotte, Quarzgrus u. organ. Bestandteilen gemagerte Ware. Bauchige Töpfe mit Leisten- u./oder Tupfenzier. Scherben eines bemalten Gefäßes mit Ritzdekor in Form hängender Dreiecke. – Zur teilweise durchgeführten Ausgrabung der bekannten röm. Trümmerstelle in verpflügter Spornlage vgl. C. Brand / P. Ziegeler / U. Schoenfelder, Arch. Rheinland 2005, 84 f. – Am Rande der ehem. durch Ziegel- u. Steinschutt unfruchtbaren Hochfl. große, meist fundleere Gruben u. Gräben mit geradlinigen Konturen. Senkrechte, selten leicht abgeschrägte Wandungen u. horizontale Sohlen. Hellgelbes, schluffiges Verfüllmaterial. Zwei der kleineren Gruben (3,4 × 2,55 m u. 3,2 × 2,2 m; erh. T. 0,6 m bzw. 1,1 m) evtl. von Erdkellern. Wenige Scherbenfunde, die jüngsten von Pingsdorfer u. blaugrauer Ware. Nutzung u. Verfüllung anscheinend im ausgehenden hohen Mittelalter. Gleichzeitigkeit dieser Befunde fragl. Rechtwinklige netz- oder felderartige Strukturen (>Feldergrößen< ca. 7,5 × 5–7 m) aus parallelen schmaleren u. flacheren (erh. T. bis 0,5 m) sowie, rechtwinklig dazu, breiteren u. tieferen (T. bis 1 m) Gräben. Sie liegen nö. u. sw an den Hängen des o. g. Sporns mit der röm. Fundstelle, der noch in Landkarten vom Ende des 19. Jhs. verzeichnet ist. An den Flurgrenzen orientiert liegen sie versetzt neben bzw. anschließend an die bereits bei Tranchot (1803–1820) verzeichneten Ländereien der Grauen Burg, einem bis in das Mittelalter zurückreichenden Rittersitz. Die Gräben dürften einen landschaftsgliedernden, vielleicht landwirtschaftl. Zweck gehabt haben, ohne dass ihre genaue Funktion benannt werden könnte. Ihre Verfüllung u. das umliegende Sediment schließen aus, dass es sich um Entwässerungsgräben handelte.
(C. Brand – U. Schoenfelder – P. Ziegeler)

Erftstadt, Rhein-Erft-Kreis (0788/036)(NW 2005/1006). Zur Ausgrabung einer Siedlung (Ha C–D) in Lechenich vgl. C. Brand / U. Schoenfelder / P. Ziegeler, Arch. Rheinland 2005, 51–53.

Essen (2503/006)(NI 2005/186 ≙ E-2005-35). In Burgaltendorf, s der Straße Am Fröhlinge, in der Flur Auf'm Feld fand D. Niggemann Bruchstücke eines wahrscheinl. früheisenzeitl. Vorratsgefäßes (Dm. ca 27,5 cm; Abb. 1) mit leicht ausbiegendem Oberteil. Oberfl. mit Fingernageleindrücken verziert; 3 cm unter dem Rand umlaufende, unverzierte Leiste. – Bisher lagen hier nur einige uncharakterist. Scherben u. Silices vor. – Vgl. D. Hopp, Studien zur früh- und mitteleisenzeitlichen Siedlungskeramik am Niederrhein. Internat. Arch. 8 (Buch am Erlbach 1991).
Verbleib: Ruhrlandmuseum
(D. Hopp)

Grevenbroich, Rhein-Kr. Neuss (1689/031)(OV 2005/1026). Ausgrabung in Gustorf, Am Kühlchen, im Erschließungsgebiet Gustav-Mahler-Str. In der ausschnittweise untersuchten Fl. einige gut erh. Gruben u. zahlreiche meist schlecht erh. Pfostengruben. Erstere über das gesamte Grabungsareal gestreut, letztere im wesentl. auf den w Teil konzentriert. Siedlung zumindest in w Richtung über die Grabungsfl. hinausreichend. Zwei Vierpfostenspeicher (innen 3,9 m × 4,25 m) durch Pfostenreihung (Zaun?) voneinander abgegrenzt. Funde meist aus den Abfallgruben, hauptsächl. Grobkeramik. Außerdem ein unmodifizierter Silexabschlag, Schleifsteine u. zahlreiche Quarz- u. Quarzitgerölle, teilw. mit Spuren von Hitzeinwirkung. Einige fassförmige Gefäße (teils mit Randverzierung), zwei Schrägrandgefäße u. div. Schalenformen, darunter eine Schale mit hohem Umbruch u. Kammstrichverzierung, eine mit sog. Hakenrand u. eine mit einbiegendem Rand. Wandscherben zeigten z. T. Schlickauftrag. Ca. ein Sechstel der Scherben verziert, meist Kammstrich. Übergang Ha D/Frühlat. – Unmittelbar s der Siedlungsbefunde Kreisgraben eines nicht mehr erh. Grabhügels, im nw Abschnitt von der Kreisform abweichend. Im Inneren Leichenbrandlager mit Grabgrube in situ. Relikte evtl. von mehrfachen Bestattungen. Im

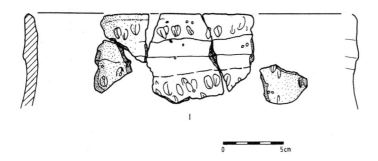

1 Essen. Fragmente eines wahrscheinlich früheisenzeitlichen keramischen Vorratsgefäßes. Maßstab 1:3.

mehrfach gestörten Kreisgraben u. in den Bestattungsbefunden keine datierenden Funde.
Verbleib: RLMB
(Th. Ibeling).

Königswinter, Rhein-Sieg-Kr. (0586/003)(OV 2005/ 285, 288). Zu spätlatènezeitl. Begehungsfunden bei Rübhausen s. u. S. 324.

Kreuzau, Kr. Düren (0511/039)(NW 2005/0003). Zu Funden der vorröm. Eisenzeit bei Boich s. o. S. 317.

Meerbusch, Rhein-Kr. Neuss (2230/009)(OV 2005/ 202, 203). Zu Begehungsfunden der Latènezeit im Neubaugebiet Am Buschend in Strümp s. u. S. 324 f.

Merzenich, Kr. Düren
1. (1063/020)(HA 2003/097; 2005/006, 027). Zu einem eisenzeitlichen Urnengrab bei der Villa rustica HA 488 s. u. S. 326.
2. (1063/017)(HA 2005/075). Zu drei evtl. eisenzeitl. Hügeln sw des Forsthauses Morschenich s. u. S. 326.

Niederzier, Kr. Düren (1063/018). Zu Grab- u. Siedlungsfunden bei Ellen s. u. S. 328.

Nörvenich, Kr. Düren (0843/001)(NW 2005/0091). N vom Antoniterhof fand D. Roth, ehrenamtl. Mitarbeiter aus Erftstadt, bei einer Feldbegehung zwei kelt. Münzen: Aduatuker-KE; 3,28 g; Dm. 14,4 mm; dIT 8868 u. Aduatuker-KE; 4,11 g; Dm. 16,3 mm; dIT 8868 (?). – Vgl. Bonner Jahrb. 182, 1982, 504 f.; ebd. 191, 1991, 560.
Verbleib: Privatbesitz
(C. Klages – P. Tutlies)

Pulheim, Rhein-Erft-Kr. Zu Prospektion u. Ausgrabung einer Hofstelle in Brauweiler vgl. K. Frank, Arch. Rheinland 2005, 53–56.

Rheinbach, Rhein-Sieg-Kr. (0359/038)(OV 2005/1001). Zu eisenzeitl. Siedlungsbefunden nö des Stadtzentrums s. o. S. 318.

Rommerskirchen, Rhein-Kr. Neuss
1. (1509/040)(OV 2005/1022). Ausgrabung (3000 m²) im Areal des Bebauungsplans »Ro 32«. Befunde durch Erosionsprozesse beeinträchtigt. Spuren eines Gehöfts mit wahrscheinl. sechs Pfostenbauten. In Randlage neun Gruben, z. T. als Vorratsilos gedeutet. Aus den Gruben Keramik (Fässer, Schalen, Schüsseln, Flaschen, Becher). Becher mit Omphalosboden, Parallelen in der Marneregion. Silices, Mahlsteinfragmente u. drei stark abgenutzte Tüllenmeißel oder Stechbeitel. Bandkeram. Siedlungsstelle am Übergang Ha D/Frühlat. erneut besiedelt. – Vgl. M. Aeissen / P. Kießling in: Forschungen zur Vorgeschichte und Römerzeit im Rheinland, Beih. Bonner Jahrb. 57 (Mainz 2007) 181–198; zur Besiedlung dieser Stelle in röm. Zeit: Bonner Jahrb. 205, 2005, 322 f.

2. (1508/034)(OV 2005/1017, 1020). Errichtung einer Freileitung vom geplanten Kraftwerk Neurath zur Hochspannungsleitung n von Vanikum. Neun Maststandorte untersucht. Auf der Mittelterrasse 22 Befunde mit Brandlehmbrocken im Bereich des Masten Bl. 4195/6. Ein unspezif. Schwarzerderelikt, eine Grube u. eine Schlitzgrube anhand des dunkelgrau-braunen Substrates neolith. datiert. Außerdem 17 metallzeitl. Pfostengruben, davon 14 zu drei Grundrissen gehörig (ein kleiner Vierpfostenbau, ein vollständig u. ein unvollständig erh. Sechspfostenbau). Datierung der schlecht erh. Befunde nach Grundrisstypologie, Substrat u. Pfostengröße. – Am vorgesehenen Mast Bl. 4535/1012 eine weitere Grube (T. 0,60 m). Darin ein Spinnwirtel, wenige Scherben grober Gefäße sowie Bruchstücke zweier Schüsseln mit Bauchknick u. zweier Schalen mit hohem Umbruch. Übergang Ha D/Frühlat.
(Z. Görür)

Weeze, Kr. Kleve
1. (2832/021)(NI 2005/1016). Zur Ausgrabung zweier Urnenbestattungen (Ha C) vgl. E. Böhm / J.-H. Wroblewski, Arch. Rheinland 2005, 50 f.

2. (2834/014)(NI 2004/0091). Prospektionen der Außenstelle Xanten in der Bauernschaft Vorselaer 1999/2000. Fünf Fundstellen im Vorfeld einer Kiesabgrabung festgestellt. Konzentration von eisen- u. römerzeitl. Keramikbruchstücken (Fundstelle II), Grabenverlauf. Als das Gelände im Januar 2005 wieder betreten werden durfte, war das Areal der Fundstellen weitgehend (ca. 80 %) vom Kiesbetrieb abgebaut. Restl. Untersuchungsfl. (ca. 42 × 24 m) nö vom Büssenhof: Unter dem Oberboden des Donkes braune bis gelblichrote schluffige Mittelsandschicht mit schwachem

Humusanteil, deren Aufbau auf einen Plaggenesch hindeutet (St. 2). Dieser etwa 0,4 m starke Auftrag mit Keramikscherben (10.–12. Jh.) kann nicht durch Hochwasserablagerungen der ö vorbeifließenden, mäandrierenden Niers entstanden sein. Darunter eine homogene Schicht aus braunem, schwach schluffigem Mittelsand, deutl. humoser, vereinzelt mit Holzkohle- u. Staklehm. Von ihrer Oberfl. 65 Keramikscherben, davon 58 handgeformt (1. Jh. v. bzw. 1. Jh. n. Chr.) u. sieben eindeutig röm. Scherben (1.–3. Jh.). Offenbar ein späteisen- oder frühkaiserzeitl. Nutzhorizont, wohl eine Acker- oder Gartenfl., die deutl. durch Bodenbearbeitung u. Tiergänge durchmischt war. Graben (T. 0,15 m) von N nach S durch die Fl. verlaufend u. mit Material aus dem oberen Plaggenesch verfüllt. Darin einige Scherben handgeformter Ware u. röm. Keramik sowie Scherben etwa des 12./13. Jhs. Unterhalb der Verbraunungsschicht (St. ca. 0,25 m) anstehender Sand.
(C. Bridger-Kraus)

Windeck, Rhein-Sieg-Kr. (0876/016)(OV 2005/335, 336). An einer Siedlungsstelle in D r e i s e l las W. Schmidt aus einer hochgepflügten Grubenverfüllung zahlreiche Scherben (Ha D–Frühlat.) auf. Randscherben von Schalen mit hohem Umbruch. Scherben von Fässern mit ausbiegendem Rand, mit Kerbungen u. Fingertupfen verziert sowie Wandscherben mit Kammstrich u. Fingernageleindrücken. In unmittelbarer Nähe zwei Randscherben (Spätlat.) mit innen verdicktem Rand.
Verbleib: RLMB
(J. Gechter-Jones)

Zülpich, Kr. Euskirchen (0564/038)(NW 2005/0198). Von der bereits bekannten röm. Fundstelle las Chr. Baumgartner, Meerbusch, ein bronzenes lanzettförm. Bügelfragment (L. 2,4 cm) einer Fibel auf, Derivat einer Nauheimer Fibel (erste Hälfte des 1. Jhs. v. Chr.; Abb. 2).
Verbleib: Privatbesitz
(P. Tutlies)

2   Zülpich. Latènezeitliches bronzenes Fibelfragment. Maßstab 1:1.

Germanische Kultur der römischen Kaiserzeit

Düsseldorf (2233/003)(OV 2005/307). Th. van Lohuizen, Ratingen, fand bei Begehungen in L o h a u s e n einige german. Scherben, darunter eine RS weitmündiger Napf mit kantig abgesetztem, breitem, schräg nach außen gelegten Rand u. eine RS Form IV mit abgesetztem, verdickten Rand (vgl. R. v. Uslar, Westgermanische Bodenfunde. Germ. Denkmäler Frühzeit 3 [Berlin 1938] Taf. 45.55 bzw. 45.29). Außerdem zahlreiche röm. Scherben (2. Jh.): eine RS, eine WS, drei Henkelfragmente Drag. 20; vier WS Dolium handaufgebaut; zwei RS, sechs WS, drei Henkelfragmente vom Einhenkelkrug mit Bandrand; eine WS Importkrug (Provence); eine RS Deckel; eine RS rw Napf mit Rundstab; eine RS Hofheim 91; einen Henkel Hofheim 89; vier RS Niederbieber 87 früh; eine RS Niederbieber 87 früh; elf BS, 26 WS Topf von german. Siedlung. – Fragment eines grünen mittelalterl./neuzeitl. Glättglases (Dm. 7,9 cm; erh. H. 2,2 cm).
Verbleib: RAB/RLMB
(M. Gechter – J. Gechter-Jones)

Essen (2431/009). Zu Funden, die evtl. von der Alteburg in H e i d h a u s e n stammen, s. u. S. 323.

Moers, Kr. Wesel (2431/009). Zu Funden, die evtl. aus Asciburgium stammen, s. u. S. 323, unter Essen.

Römische Zeit

Aachen. Zu röm. Siedlungsbefunden in der Innenstadt s. u. S. 331.

Bonn
1. (0580/126)(OV 2005/1004). Anlage eines sog. Mediengrabens auf dem Grundstück des ehem. Bundeskanzleramtes u. des zweiten Bundeskanzlersitzes (Palais Schaumburg) im Bereich des Bodendenkmals »Röm. Vicus u. röm. Gräberfeld« (BN 41). Arch. Begleitung der Bauarbeiten durch Fa. Fundort. Besiedlungsschwerpunkt auf der hochwasserfreien älteren Niederterrasse des Rheins zwischen Tempelstr. u. Fritz-Schäfer-Str. Ausschließl. verlagertes röm. Fundmaterial: Keramik, Tuffsteine, behauene Sandsteinquader u. -fragmente sowie Bruchstück einer Ofentenne. Fund eines Bausteins (0,62 × 0,33 × 0,20 m) aus Trachyt mit Einritzung vermutl. eines Steinmetzzeichens oder einer Setzmarke. Grubenrest (T. 0,21 m) mit Knochen, Eisenobjekten, Glasschlacken, Ziegelbruch, Keramikscherben u. dem Fragment eines bearbeiteten Beinobjektes.
(M. El-Kassem)

2. (0629/745)(OV 2005/332). Vorgesehene Neubauung des Grundstücks Römerstr. 75. Ausgrabung wegen Erwartung der re. Vorderseite der Principia

des Bonner Legionslagers. Befunde durch mittelalterl. Steinraub, Bombentrichter u. neuzeitl. Bebauung gestört. Dennoch klar erkennbare Baustruktur der ehem. Principia. Von der re. Raumflucht fünf Kammern mit vorgelagerter Portikus (B. 5,2 m) dokumentiert. Im Hof, parallel zur straßenseitigen Mauer (nicht ergraben) Abwasserleitung aus Gussbeton mit Ziegelabdeckung. Leitung endete stumpf im rechten Winkel an der Portikusmauer der re. Raumflucht. Die Principia wurden anscheinend ohne größere Umbauten noch in der Spätantike genutzt. – Keine Hinweise auf hölzernen Vorgängerbau, wohl aber Funde des 1. Jhs.
Verbleib: RAB/Privatbesitz

3. (0630/007)(OV 2005/016). Abriss der ehem. Garagen der Stadtwerke Bonn in der Hatschiergasse 4. Ausgrabung im Vorfeld der Neubebauung. Starke Bodenstörungen durch neuzeitl. Bauten. Dennoch zweiperiodige röm. Bebauung erkennbar. In der ersten Periode Reste zweier Holzbauten mit Schwellbalken ohne Fundamentierung. Außerdem ein Abwassergraben u. mindestens drei Holzkeller aus dieser Siedlungsphase. In einer zweiten Periode Bebauung in Stein. Zu einer älteren Phase gehören zwei Räume mit Hypokaustenheizung, in einer jüngeren (3. Jh.) Raum mit Kanalheizung angebaut. Außerdem zwei Brunnen u. eine Getreidedarre. Die Baufluchten beider Perioden nach der in das Lager führenden Straße ausgerichtet, der heutigen Sandkaule. Keine Gebäuderekonstruktion mögl. Keine Hinweise auf gewerbl. Tätigkeiten, offenbar reine Wohnbebauung. Die Besiedlung dieses Teils der Canabae legionis des Bonner Lagers begann wahrscheinl. sofort bei seiner Errichtung um 30 n. Chr. Aufgegeben wurden die Gebäude um die Mitte des 3. Jhs. In der Spätantike lag anscheinend ein Töpfereibetrieb in der Nähe.
Verbleib: RLMB/Freie evangelische Gemeinde Bonn
(M. Gechter)

Bornheim, Rhein-Sieg-Kr. (0794/043)(OV 2005/1025). Zur Ausgrabung von Teilen einer Villa rustica bei Sechtem mit Eisen- u. Keramikfunden des 4. Jhs. vgl. C. Brand / P. Ziegeler / U. Schoenfelder, Arch. Rheinland 2005, 84 f.

Elsdorf, Rhein-Erft-Kr.
1. (1063/019)(HA 1989/194, HA 2002/008). Im Etzweiler Erbwald, ö des Graßmaarer Jagdweges Villa rustica HA 130 ausgegraben (Abb. 7). Vierseitige, leicht schiefwinklige Anlage (ca. 1 ha) mit abgerundeter Grabenführung in der NW- u. der SW-Ecke. Jüngere palisadenartige Pfostensetzungen vor der s u. ö Seite sowie partiell vor der n Grabengrenze. Insgesamt neun Häuser: Kiesfundamentierungen von vier Gebäuden, ein größerer ungegliederter Rechteckbau (9 × 22 m) vor der O-Seite u. in der SO-Ecke ein Pfostenbau auf einzelnen Steinstickungen (10 × 24 m); mehr als zwei holzgegründete Pfostenbauten, z. T. unvollständig erh. bzw. zweiphasig; rechteckige Kiesfundamentierung (ca. 10 × 18 m) außerhalb im Bereich der n angrenzenden Parzellierung, vermutl. Stallgebäude oder Viehpferch. Hauptgebäude (ca. 12 × 24 m) vor der N-Seite, Grundriss nur im Kernbau erschlossen, Störungen besonders an der O-Seite. Frühröm. Vorgängerbau (9,50 × 15 m) mit Wandgraben. Zwei vorgelagerte Brunnen (T. über 20 m), runder u. quadrat. Schachtausbau im Sohlenbereich; ein dritter Brunnen in der NO-Ecke des Hofes nicht näher untersucht.

Vor der w Hofgrenze, unweit des Hauptgebäudes, ein rechteckiges Horreum (max. 10 × 17,50 m) mit korridorartig vorgesetztem Raum an der ö Seite u. dreiräumigem Annex vor der SW-Ecke. Nur diese Baubefunde erstreckten sich unter einer markanten Geländeerhebung, die vor der Untersuchung im Wald- u. Rodungsgebiet prospektiert wurde. Vor der n Seite des Hofes u. nach O mehrgliedrige, auch ältere u. abweichend orientierte Flurareale (ca. 70 × 100 m) mit Grabenführungen. Datierung der Siedlung: 1.–3. Jh., einige Münzfunde bis Mitte 4. Jh. – An längerem Flurgraben (Weg?), 120 m ö des Hofes Nekropole mit rechteckiger Einfriedung (15 × 24 m). Mehr als dreißig Brandbestattungen innen u. außen liegend, darunter Urnengräber, ein Ziegelplattengrab u. ein Bustum (2. Jh. u. zweite Hälfte 2. Jh.). An der s Seite Zufahrtsweg (L. 70 m) zur röm. Landstraße. An letzterer parallel orientiert vier Brandgräber. – Ca. 600 m nö benachbarte Villa rustica (HA 431) am ehem. Waldhof Neu-Etzweiler. Zum Straßenverlauf u. zur Lage der Villa HA 130 vgl. Abb. 7. – Vgl. W. Gaitzsch / H. Haarich, Arch. Rheinland 2004, 81–83; U. Heimberg, Bonner Jahrb. 202/203, 2002/2003 (2005) 121; 136 Abb. 46; FMRD VI 2 (im Druck).
Verbleib: RAB/RLMB
(W. Gaitzsch – H. Haarich – J. Janssens)

2. Zur Ausgrabung eines Tempels in der Villa rustica HA 127 vgl. W. Gaitzsch, Arch. Rheinland 2005, 81–83; ders., Arch. Deutschland 2006, H. 5, 49 f.

3. (1168/037)(HA 2004/007). Im Vorfeld des Tagebaues Hambach, im Berrendorfer Hau, 300 m ö der Villa rustica HA 127 schwach ausgeprägte Ziegelstreuung, evtl. von einzelnem Wirtschaftsgebäude oder benachbarter Siedlung.
(W. Gaitzsch – H. Haarich)

4. (1219/004)(NW 2005/0177). Kontrolle von Erdarbeiten im Bereich der bekannten Fundstelle An der Sandkaul, 1 km wsw von Esch. BS spätröm. TS (Drag. 33?), Bronzestilus (L. 9,5 cm), Antoninian des Tetricus (Npr.), 273 n. Chr., Elmer 771. – Vgl. H. Hinz, Kreis Bergheim. Arch. Funde u. Denkmäler Rheinland 2 (Düsseldorf 1969) 234.
Verbleib: Privatbesitz
(C. Klages – P. Tutlies)

5. (1115/017)(HA 2005/074). Vorfeldberäumung des Tagebaues Hambach. Im Schotterkörper des Zufahrtsweges zum abgebrochenen Waldhof Neu-Etzweiler Ziegel (Tegulae u. Imbrices).
Verbleib: RAB/RLMB
(W. Gaitzsch – H. Haarich)

Erftstadt, Rhein-Erft-Kr.
1. (0728/011)(NW 2005/1046). Gasleitungsbau bei Ahrem. Trassenschnitt der Straße Köln–Zülpich–

Trier u. daneben einige Brandschüttungsgräber des 2.–3. Jhs. mit Beigaben. Geschirrsätze, Matronenfigur, Münzen u. Fibeln. – Vgl. J. Kobe / J. Volsek / U. Schoenfelder, Arch. Rheinland 2005, 76–78.

2. (0730/024)(NW 2005/0292). Arch. Bestandserhebung ö von Bliesheim. Trümmerstelle (ca. 120 × 40 m) mit dichter Streuung von Ziegelfragmenten u. Funden (erste Hälfte 1. Jh. bis 4. Jh.). WS Firnisware, Technik A; BS Niederbieber 20; WS TS mit Rädchendekor; RS Teller Niederbieber 113; Ring eines Fingerschlüssels; Fragment eines bronzenen Schlüsselgriffes; zwei Fragmente von Gürtelbeschlägen (Pelta-Beschläge); halbmondförm. Pferdegeschirrbeschlag; zwei Fibelbruchstücke Almgren 19; Scharnierfibel mit drei seitl. Flügelpaaren; zwei ovale Gürtelbeschläge mit Nieten; muschelförm. Gürtelbeschlag. – Karoling. bis otton. Kreuzemailscheibenfibel; WS Kugeltopf, Fehlbrand; Rest einer Buchschließe; Riemenzunge, karoling.
Verbleib: Privatbesitz
(M. Gechter   P. Tutlies)

3. (0725/006)(NW 2005/0170). Oberflächenfunde von einer Ackerfl. 1,5 km w der Ortsmitte von Erp. Denar, republikan., C. VIBIUS D. F. C. N. PANSA, 48 v. Chr., Rom, Crawford 449/2; Dupondius/As? des Vespasian, RIC 739; Bronzene Aucissafibel mit Resten der Silberauflage (L. 4,9 cm), Nadel abgebrochen; Bleikegel.
Verbleib: Privatbesitz

4. (0671/012)(NW 2005/0182)(BD BM 68). Kontrolle von Erdarbeiten 2,2 km w von Friesheim. Denarfragment des Antoninus Pius für Faustina I., RIC 364; zwei Folles, konstantin. Dynastie; ein Centenionalis, 4. Jh.; Scheibenfibel in Rhombenform mit Kreisaugenverzierung, 1.–2. Jh.
Verbleib: Privatbesitz
(C. Klages – P. Tutlies)

Eschweiler, Kr. Aachen (0890/007)(NW 2005/1016). Ausbau der Autobahnanschlussstelle Dürwiß (Nord) am sö Rand von Dürwiß. Ausgrabung einer Siedlungsstelle (2.–4. Jh.). U. a. ein Brunnen in Trockenbauweise, ein Ofen mit Resten einer Lochtenne sowie div. Eisenobjekte u. Luppen offenbar von lokaler Metallverarbeitung. Fragment einer Eisenglocke (H. ca. 6 cm) mit Resten von Vergoldung. – Zwei Brandschüttungsgräber.
(D. Herdemerten – S. Hoff – H. Glasmacher – U. Schoenfelder)

Essen

1. (2500/009)(NI 2005/187 ≙ E-2005/36). Zu Begehungsfunden in Bredeney s. u. S. 332.

2. (2431/009)(E-2005-6). Fundort unklar. Möglicherweise auch Asciburgium bei Moers, Kr. Wesel. Aus dem Nachlass von F. Körholz, Ausgräber auf der Alteburg in Heidhausen (Anfang 20. Jh.), gelangten vor 2003 röm. u. einheim. german. Funde in das Ruhrlandmuseum, die 2005 der Stadtarchäologie übergeben wurden. Ein Fundort am Niederrhein kann nicht ausgeschlossen werden, aufgrund der untyp. Zusammensetzung des Fundmaterials, darunter ein Ziegel mit dem Stempel der »L(egio) XXX V(lpia) V(ictrix)«, die in Asciburgium stationiert war. Das Ruhrlandmuseum war zu Beginn des 20. Jhs. auch am Niederrhein tätig, so dass u. a. röm. u. fränk. Funde aus Krefeld u. Menzelen dorthin gelangten. In den Fundberichten u. Manuskripten von F. Körholz u. E. Kahrs, dem damaligen Museumsdirektor, werden röm. Funde nicht erwähnt. Für einen Teil der einheim. german. Ware kann zwar nicht ausgeschlossen werden, dass sie von der Alteburg stammt, doch ist insgesamt eine Vermischung von Fundmaterialien zu vermuten. – Vgl. D. Hopp / B. Khil / E. Schneider, Archäologische Bibliographie der Stadt Essen (Essen 2000) 63–65; Chr. Fleer, Gestempelte Ziegel aus Asberg. Funde Asciburgium 13 (Duisburg 2003).
Verbleib: Ruhrlandmuseum
(D. Hopp)

Euskirchen, Kr. Euskirchen (0435/033)(NW 2005/0184). Oberflächenfund 1,3 km nw der Ortsmitte von Weidesheim. Antoninian des Valerian II., 1.–3. Emission Köln, Elmer 63; Konstantin I., Fol 323-4 PTR, Ms Trier, RIC 435.
Verbleib: Privatbesitz
(C. Klages – P. Tutlies)

Frechen, Rhein-Erft-Kr. Zur Ausgrabung einer Villa rustica in Königsdorf mit Burgus sowie Brand- u. Körpergräbern vgl. St. Troll, Arch. Rheinland 2005, 91–93.

Grevenbroich, Kr. Neuss (1854/035)(OV 2005/293). Bei einer Villa rustica in Kapellen las der ehrenamtl. Mitarbeiter F. Kellner-Deist, Neuss, folgende bronzene Kleinfunde des 2. Jhs. auf: Zierknopf vom Gürtelbeschlag, verzinnt (H. 1,3 cm; Dm. oben 1,4 cm; Dm. vom Konterbeschlag 1,1 cm; Stift 0,5 cm; halbkugelige Vorderseite H. 0,6 cm; Abb. 3,1); Kastenbeschlagstift mit kugeligem Kopf (1,0 × 0,9 cm) u. kon. Schaft (L. 1,35 cm; Dm. 0,35–0,25 cm; Abb. 3,3); kon. Beschlagstift vom Kastenschloss (Beschlagdm. 1,9 cm u. 1,4 cm; H. 1,4 cm, Stiftsl. 1,6 cm; Stiftquerschnitt 0,9 × 0,55 cm; Lochungsdm. 0,3 cm; Abb. 3,2). Außerdem zwei Münzen: konstantin. Dynastie, Fol. Ms?, Typus GE 2 Fz; dass., Fol. Ms/Typus? – Zur eng benachbarten Fundstelle (1854/027) vgl. Bonner Jahrb. 200, 2000, 550.
Verbleib: RAB/RLMB
(M. Gechter – C. Klages)

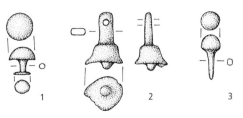

3   Grevenbroich-Kapellen. Bronzene Kleinfunde des zweiten Jahrhunderts von der Fundstelle einer Villa rustica. Maßstab 1:2.

Inden, Kr. Düren

1. Zum Oberflächenfund eines Bronzereliefs mit Arethusadarstellung vgl. W. Gaitzsch, Arch. Rheinland 2005, 153–155.

2. Zur Ausgrabung des Bades der Villa rustica von Alt-Inden (1.–4. Jh.) u. der zugehörigen Quanat-Wasserleitung vgl. M. Dodt / B. Päffgen, Arch. Rheinland 2005, 86–88 u. B. Päffgen, ebd. 89 f.

Jüchen, Rhein-Kr. Neuss (1625/037)(FR 2005/102). W. Adolph fand am n Ortsrand von Garzweiler, im Vorfeld des gleichnamigen Tagebaues ein röm. Bleigewicht (Abb. 4), zylinderförmig gerundet u. unten abgeflacht (L. 5,7 cm; Gew. 174 g). In der Oberseite eine

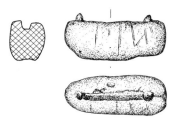

4   Jüchen-Garzweiler. Römisches Bleigewicht mit eingeritzter Inschrift. Maßstab 1:2.

Gussrinne (L. 3,5 cm), sekundär ca. 0,7 cm tief ausgeschabt. Zwei abgebrochene Eisenstutzen von der bügelförmigen Aufhängung. Auf der Oberfl. Reste einer eingeritzten Inschrift, vermutl. das Zahlzeichen »VI« oder »VII«. Ursprüngl. Gew. ca. 7/12 Libra.
Verbleib: Privatbesitz
(W. Gaitzsch)

Jülich, Kr. Düren (1160/011)(NW 2005/0204). Kontrolle von Erdarbeiten sö von Koslar. Bereits bekannte Fundstelle unmittelbar an der röm. Straße Köln–Jülich–Tongeren. Spätantike Astragaltülle von einem Gürtelendbeschlag aus Bronze (L. 8,2 cm), zugehörig zur Gürtelform Serie 2, Ausführung 1 oder 2 (vgl. Furfooz, Prov. Namur, Grab 3: M. Sommer, Die Gürtel und Gürtelbeschläge des 4. und 5. Jahrhunderts im römischen Reich. Bonner H. Vorgesch. 22 [Bonn 1984] Taf. 62.1–2), zweite Hälfte 4. Jh. bis erste Hälfte 5. Jh.; amphorenförm. Riemenzunge aus Bronze, gebrochen (erh. L. 3,6 cm), Typus C, Gürtelgruppe 2, zweite Hälfte 4. Jh. Beide gehören zur militär. Ausrüstung u. könnten auf einen Militärposten hinweisen. – Vgl. Bonner Jahrb. 170, 1970, 401.
Verbleib: Privatbesitz
(M. Gechter – P. Tutlies)

Kaarst, Rhein-Kr. Neuss

1. (2141/009)(OV 2005/322). N der Ortslage fand A. Bayer drei Münzen der konstantin. Dynastie, Fol, Dat./Ms?, Typus Fel Temp Reparatio (Typus Reitersturz) u. ein Ex. konstantin. Dynastie, Fol, Dat./Ms ? (Typus Victoria Aug Lib Romanorum?).

2. (2141/010)(OV 2005/324). Auf einer nahegelegenen Fundstelle fand er fünf weitere röm. Münzen: Claudius, Qd, 41 Rom, 3,68 g, RIC (2) 88; Severer, Dp/As, Typus unkenntl.; Konstantin I., Fol, Ms u. Dat.?, Typus Fel Temp Reparatio (Typus Reitersturz); Konstantinsöhne, Fol, w. o. (Typus Reitersturz); 4. Jh., Fol/Cen?, Ms u. Typus? Ferner eine neuzeitl. Münze: Jülich-Berg, Karl Theodor, halber Stüber 177(?). – Vgl. A. Noss, Die Münzen und Medaillen von Köln 2–4 (Köln 1913–1926).
Verbleib: RAB/RLMB
(J. Gechter-Jones – C. Klages)

Kalkar, Kr. Kleve (3059/001)(NI 2005/0031). Aus der Kiesgrube Maas-Roeloffs in Hönnepel las M. Wensing, ehrenamtl. Mitarbeiterin eine vollständige Zwiebelknopffibel auf. Kupferlegierung, Typus Pröttel 3/4B, seltene Fibelform am Niederrhein (L. 9,1 cm; Bügel 3,8 cm; Fuß 4,8 cm; B. 5,3 cm; H. 2,7 cm; Gew. 59,5 g). Intakt, ledigl. hochgebogene Nadel. Leichte Anrostung. Scharnierarme je zweigeteilt abgestuft, Bügel mit trapezförm. Querschnitt, vom Fuß durch glatte Querleiste getrennt. Am Fußende geschlossener Halter, oben in zwei parallel verlaufenden Reihen je zwölf runde Eintiefungen. 4. Jh., eher dessen zweites Drittel.
Verbleib: Privatbesitz
(C. Bridger)

Königswinter, Rhein-Sieg-Kr. (0586/003)(OV 2005/ 285, 288). Begehungen einer Siedlungsstelle in Rübhausen. U. a. röm. Scherben (erste Hälfte 1. Jh.): eine RS Haltener Kochtopf handaufgebaut mit Glimmeranteil, eine WS Topf mit Ziegelbruchmagerung u. eine RS kleine Bandrandschüssel Haltern 56. Weitere röm. u. spätlatènezeitl. Scherben aus einer Pfostengrube (erh. T. 12 cm): zwei RS Haltener Kochtopf handaufgebaut mit hohem Glimmeranteil; eine WS Topf mit Ziegelbruchmagerung; eine RS, zwei WS Schüssel mit einbiegendem Rand. Evtl. weisen diese Funde auf eine einheim. Siedlungsstelle im Zusammenhang mit dem naheliegenden spätaugusteischen Bleibergbau in Bennerscheid hin. – Zu den Funden eisenzeitl. Keramik u. farbiger Glasarmringfragmente vgl. H. Wolter, Arch. Rheinland 2006, 77–79.
Verbleib: RAB/RLMB
(M. Gechter – J. Gechter-Jones – H. Wolter)

Krefeld. Zu spätantiken Gräbern mit Kreisgräben aus Gellep vgl. Chr. Reichmann, Arch. Rheinland 2005, 93–95.

Kreuzau, Kr. Düren (0511/039)(NW 2005/0003). Zu Keramikfunden bei Boich s. o. S. 317.

Meerbusch, Rhein-Kr. Neuss (2230/009)(OV 2005/ 202, 203, 291). Im Neubaugebiet Am Buschend in Strümp fanden die ehrenamtl. Mitarbeiter F. Kellner-Deist, Neuss, sowie A. Bayer u. M. Krajewski, Kaarst, auf abgeschobenen Kanal- u. Straßentrassen Fragmente

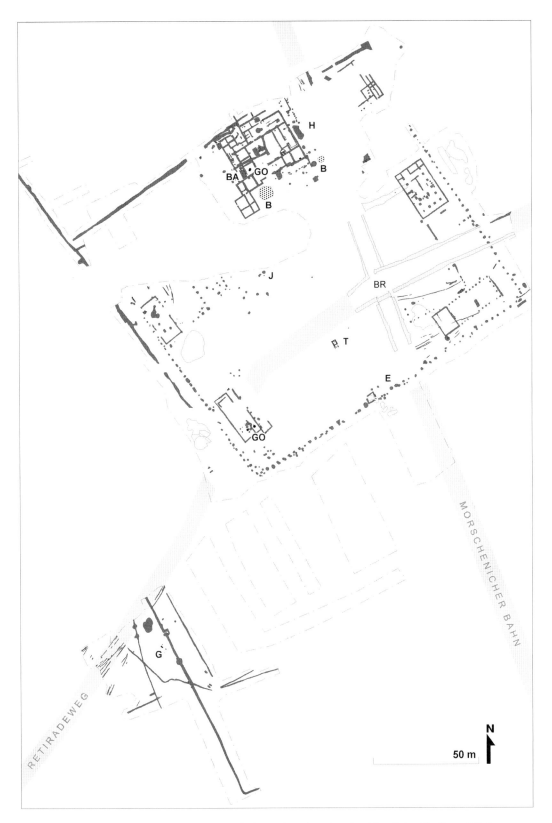

5   Merzenich. Villa rustica HA 488 und Flurareal an der Morschenicher Bahn (Rödinger Weg). Römische Hof- und Flurgräben sowie Pfostengruben und Palisade dunkelgrau. Rezente Wege und Gräben hellgrau. (BA) Bad, (B) Brunnen, (BR) Brücke (neuzeitl.), (E) Hofeingang, (G) Gräber, (GO) Glasöfen, (H) Haupt- und Wohngebäude, (J) Jupitersäule, (T) Tempel.

von Hypokaustziegeln u. Fußbodenplatten. Außerdem Ring einer Bronzeglocke sowie zwei RS Steilrandreibschüssel, eine RS Steilrandreibschüssel fein, eine RS Niederbieber 103 früh, eine RS Niederbieber 89, eine WS Dolium Scheibenware, zwei BS u. zwölf WS Topf, eine RS Deckel u. zwei RS Niederbieber 87 im Abraum (2. Jh.). Über das Baugebiet hinausreichende Fundstreuung einer Villa rustica. – Bereits in den 90er Jahren waren hier neben neolith. Steingeräten Begehungsfunde der Latènezeit u. der röm. Kaiserzeit aufgetreten. Aus einer kleineren Grabung von 2001 stammt röm. Keramik.
Verbleib: RAB/RLMB
(M. Gechter)

Merzenich, Kr. Düren
1. (1063/020)(HA 2003/097; 2005/006, 027). Im Grenzgebiet mit der Gemeinde Niederzier, in der Merzenicher Bürge, am Rödinger Weg Villa rustica HA 488 ausgegraben. Hauptgebäude als hügelartige Erhebung im flachen Waldgelände. Hofareal (ca. 2,25 ha; 143 × 155 m), fünf kiesfundamentierte Gebäude u. mehrere Pfostenbauten (Abb. 5). Mehrphasiges Wohnhaus (max. 35 × 31 m) mit hölzernem Vorgängerbau u. Badetrakt (ca. 50 qm), vorgelagert zwei Brunnen. Am Hauptweg Ädikula u. Jupitersäule, vor der nö Hofseite Speicherbau (15 × 24 m) mit kiesgegründeten Pfeilersetzungen. Hinter dem Hauptgebäude ein Abwasserkanal, parallel zum Umfassungsraben einer z. T. erschlossenen n Gartenparzelle. Farbiger Wandverputz, qualitätvolle Bronzebeschläge, gedrechseltes Buchsbaumholz. NO-Flügel heizbar. Praefurnium u. langrechteckiges Hypokaustum (St. 6–9) verbanden den nw Flügel mit der Portikus. Gemauerter Kellerraum in der sw Ecke der Frontseite. Hier dreiräumiger Anbau (8,5 × 10 m). – Im Badetrakt wurde im 4. Jh. eine Glashütte eingerichtet, ein zweiter Werkplatz im sw Hofgelände. Schmelzofen (St. 51) in einen älteren Estrichboden eingetieft, erh. Teile der aufgehenden Ofenwandung u. ein Hafenbruchstück. W benachbart ein zweiter, weniger gut erh. Glasofen (St. 50). Apsidiale u. quadrat. Einbauten in der ö Portikusseite (St. 80, 83) lassen auf jüngere handwerkl. Aktivitäten schließen. Münzfunde aus konstantin. Zeit datieren die letzte Nutzungsphase. Frühes Fundmaterial aus dem späten 1. Jh. – S des Hofes mittelkaiserzeitl. Flurgrabensystem. Aus Fahrspuren eines Weges, der sog. Morschenicher Bahn, die der Achse des antiken Hauptweges im Hofgelände folgt, Holzproben entnommen u. analysiert. Ziegelbruchstücke mit schlaufenförmigen Wischzeichen, charakterist. für das Baumaterial der 600 m nnö gelegenen Villa rustica HA 127, dürften derselben Ziegelei entstammen. – Röm. Brandgrab u. gestörtes eisenzeitl. Urnengrab. Weitere Grabfunde fehlen. Nekropole wahrscheinl. nw der Gartenparzelle. Sie gelangte vor Beginn der örtl. Untersuchung in den Geländeabbau, der Anfang 2006 den zentralen Villenbereich erfasste. – Vgl. W. Gaitzsch / H. Haarich, Arch. Rheinland 2004, 81–83; W. Gaitzsch, ebd. 2005, 81–83; ders. / J. Weiner ebd. 2006, 151 f.
Verbleib: RAB/RLMB
(W. Gaitzsch – H. Haarich – J. Janssens)

2. (0960/014)(NW 2005/1015). Ausgrabung in einer geplanten städtebaul. Entwicklungsfl. w von Golzheim durch Fa. Goldschmidt GBR, Düren. Teile einer Villa rustica untersucht. Reste mehrerer Nebengebäude, fünf Brunnen u. ein befestigter Umfassungsgraben. Im Bereich des Hauptgebäudes u. a. Reste zweier Wasserbecken u. einer Hypokaustanlage. Graben einer spätantiken Befestigungsanlage. – Teilbereich eines merowing.

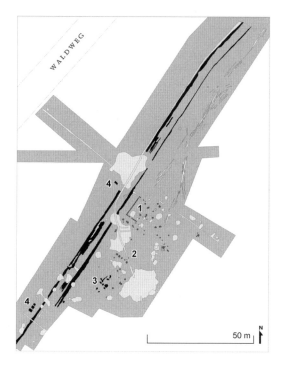

Grubenhauses, mittelalterl. bis neuzeitl. Entnahmegruben, Wege u. Gräben sowie Schützengräben u. Erdbunker des Zweiten Weltkrieges. – Vgl. Bonner Jahrb. 167, 1967, 433.
(H. A. Glasmacher)

3. (1012/019)(HA 2005/083). Prospektionsprogramm HA 417 im Südfeld des Tagebaues Hambach. Im Waldgebiet w von Morschenich Reste eines röm. Hohlweges. Eine Abzweigung in sö Richtung u. der nö Anschluss werden von der Bahnstrecke Düren–Elsdorf gestört.

4. (1063/017)(HA 2005/075). Sw des Forsthauses Morschenich, im bewaldeten Vorfeld des Tagebaues Hambach drei Hügel (St. 2, 3 u. 4) u. eine Grabenführung (St. 1) vermessen. In der Nähe neolith. (HA 2006/004) u. röm. Siedlungen (HA 488, s. o.) untersucht. Datierung der Hügel unbestimmt, evtl. röm. oder eisenzeitl. Hügel St. 3 u. 4 ungleichförmig, Hügel St. 2 kreisrund (Dm. 10,50 m; H. max. 0,90 m über Grabensohle) mit umlaufendem Graben (B. bis 1,50 m; T. ca. 0,25 m).
(W. Gaitzsch – M. Goerke – H. Haarich)

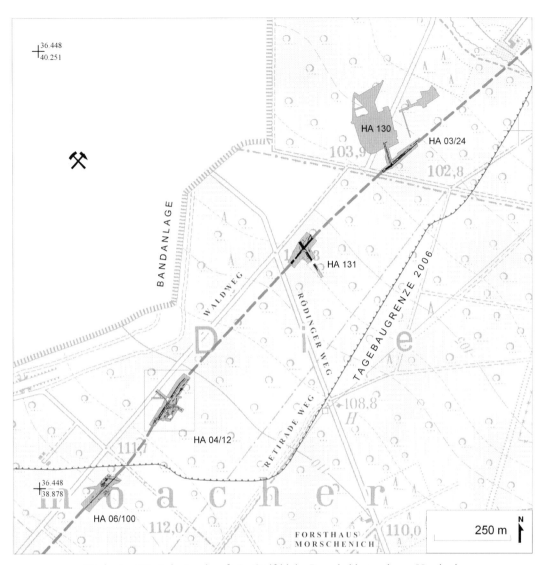

Niederzier. Römische Landstraße im Südfeld des Braunkohlentagebaues Hambach.
6 (Buchseite gegenüber) Die Wegestation (HA 2004/012). (1–2) Wirtschaftbauten, (3) Öfen, (4) Gräber.
Straßengräben schwarz, Grabungsflächen grau. Strichbündel: Fahrspuren.
Rezenter Waldweg Oberzier–Etzweiler.
7 (oben) Grabungsareale, prospektierter u. ergänzter Straßenverlauf (gestrichelt).
Lage und Größe des Detailplans Abb. 6 als dünner Rahmen gekennzeichnet. Ziffern: Fundstellennummern.
Wegebezeichnungen aus dem Jahre 1845, Abbaustand 2006.

Moers, Kr. Wesel. Zu Funden, die evtl. aus Asciburgium stammen, s. o. S. 323 unter Essen.

Monheim, Kr. Mettmann. Zu verkohlten Hainbuchenhölzern aus röm. Gräbern bei Haus Bürgel vgl. U. Tegtmeier, Arch. Rheinland 2005, 74–76.

Neuss, Rhein-Kr. Neuss
  1. (2000/073)(NE 05/8). Gebäudeabriss (ehem. Bürgergesellschaft) u. Neubau an der Mühlenstr. im mittelalterl. Stadtkern. Arch. Begleitung der Arbeiten. In der nö Ecke der Ausschachtung röm. Müllkippe (B. mehr als 10 m) in n Randlage des Vicus (2./3. Jh.). Zu den mittelalterl. Befunden im Gartenbereich des Minoritenklosters s. u. S. 337 f. – Vgl. Bonner Jahrb. 189, 1989, 397. (S. Sauer)

  2. Zur Ausgrabung einer Herberge (Mansio) des 3. Jhs. im Vicus vgl. S. Sauer, Arch. Rheinland 2005, 71–73.

  3. (1857/030)(OV 2005/301). An einer röm. Fundstelle in Rosellen fand F. Kellner-Deist, ehrenamtl. Mitarbeiter, zahlreiche Scherben (2. Jh.), einen Kasten-

beschlagnagel mit kugeligem Kopf (0,9 × 0,7 cm) u. kon. Schaft (L. 1,65 cm; Dm. 0,3–0,2 cm) sowie ein stark zerstörtes As. – Zu den benachbarten Fundstellen (1857/009, 010) vgl. Bonner Jahrb. 145, 1940, 336; ebd. 202/203, 2002/2003, 468 f.
Verbleib: RAB/RLMB
(M. Gechter)

4. (1857/032)(NE 2005/2). Zu Scherbenfunden in Rosellen s. u. S. 338.

Nideggen, Kr. Düren

1. (0511/052)(NW 2005/0009). Zu Siedlungsspuren röm. Zeit am n Rand der Ortslage s. o. S. 317.

2. (0376/003)(NW 2005/0288). Einzelfund im Abraum eines Schützenloches sw von Schmidt. Sesterz des Antoninus Pius für Faustina II. (RIC 1388).
Verbleib: Privatbesitz
(C. Klages)

Niederzier, Kr. Düren

1. (1012/021)(HA 2004/017). Im s Prospektionsgebiet des Tagebaues Hambach, im Bereich der röm. Tongruben, im Merzenicher Wald, ca. 1,7 km nö von Ellen Konzentrationen röm. Ziegel u. Keramikfunde. Von einer sekundären, wohl neuzeitl. Nutzung des Grubenfeldes (Tüppender Busch, Tranchotkarte 1806) zeugen Dämme u. partielle Grabenführungen sowie Spuren von Wölbäckern. Quadrat. Geländererhebung (H. ca. 1,5 m; HA 2006/009, St. 5-1) von einer Grabenanlage (ca. 30 × 30 m). Vermutl. mit dem 500 m sw gelegenen Burgus HA 2004/019 vergleichbar.
Verbleib: RAB/RLMB

2. (1063/020)(HA 2003/097; 2005/006, 027). Zur Villa rustica HA 488 im Grenzgebiet zur Gemeinde Merzenich s. o. S. 326. Erst der jüngere Verlauf der Ausgrabung ergab, dass das Hauptgebäude auf Merzenicher Gebiet, das Hofareal jedoch auf beiden Seiten der Gemeindegrenze gelegen ist. Ältere abweichende Zuordnung vgl. W. Gaitzsch, Arch. Rheinland 2005, 81–83.

3. Zur Ausgrabung eines Tempels in der Villa rustica HA 127 vgl. W. Gaitzsch, Arch. Rheinland 2005, 81–83; ders. Arch. Deutschland 2006, H. 5, 49 f.

4. (1062/016)(HA 2005/076). 2,5 km n von Ellen Siedlungsstelle mit Tegulafragmenten.
(W. Gaitzsch – H. Haarich)

5. (1063/018)(HA 2003/024, 026; 2004/012; 2006/100). Prospektion einer röm. Landstraße (HA 433) in der Ellener Bürge 3,5 km nö von Ellen. Untersuchung in vier Streckenabschnitten (Abb. 7). Straße auf mehr als 3 km nachgewiesen. Die nordöstlichsten Aufschlüsse erfolgten nahe der Siedlungen HA 133 u. HA 127. Sw der Villa HA 130 (s. o. S. 322 unter »Elsdorf«) führte die Straße zu einer Kreuzung (HA 131) mit Anschlüssen in das nw u. sö Siedlungsgebiet. Straße als flacher Hohlweg geführt, partiell Reste einer Aufkiesung (Trassierungsb. 5–6 m, Fahrbahn. max. 4 m). Im nö Streckenabschnitt beidseitig Straßengräben, im sw Teil einseitig. Jüngere Fahrspuren begleiten die Straße u. bezeugen eine Nutzungskontinuität bis in die Gegenwart. – An der Straße früh- u. mittelkaiserzeitl. Brandgräber sowie eine eisenzeitl. Bestattung. Besiedlungshorizont mit Grubenbefunden, Spuren eisenzeitl. Pfostenbauten u. einem vollständigen Speichergrundriss. Stempelverzierte Keramik (Übergang Lat. B/C). – Wegestation lokalisiert (HA 2004/012; Abb. 6). Kiesfundamentierte Wirtschaftsbauten. Daran anschließend Bäckerei mit zwölf Öfen u. Mahlsteinen. Zufahrtsweg (L. 70 m) zum Haupteingang der Villa rustica HA 130 freigelegt (HA 2003/024; Abb. 7). – Vgl. W. Gaitzsch / H. Haarich, Arch. Rheinland 2004, 81–83; W. Gaitzsch in: Alle Wege führen nach Rom, Internationales Römerstraßenkolloquium Bonn. Mat. Bodendenkmalpflege Rheinland 16 (2004) 175–196.
Verbleib: RAB/RLMB
(W. Gaitzsch – M. Goerke – H. Haarich)

Nörvenich, Kr. Düren (0904/011)(NW 2005/0169). Oberflächenfunde n von Rath. Republikan. Denar, PHILIPPUS, 56 v. Chr., Rom, Crawford 425; Denarfragment, flav. Dynastie (?), Typus unkenntl.; zwei spätröm. Münzen; verschiedene Beschläge; Fragment einer Bronzeglocke (erh. H. 5,3 cm); eiserne gebogene Hiebaxt, röm. oder mittelalterl.
Verbleib: Privatbesitz
(C. Klages – P. Tutlies)

Rheinbach, Rhein-Sieg-Kr.

1. (0359/038)(OV 2005/1001). Zu Relikten u. Spuren der röm. Eifelwasserleitung nö der Stadtmitte s. o. S. 317.

2. (0395/024)(OV 2005/200, 330). Bei Feldbegehungen in Niederdrees fand M. Masser, ehrenamtl. Mitarbeiter aus Bonn, ein Fragment eines bronzenen Gürtelbeschlags (spätes 2. Jh.). Eine Seite fehlt, ursprüngl. in Form zweier Phalloi als Füllhorn, seitl. um den durchbrochenen, peltaförmigen Mittelteil angeordnet (L. 3,1 × 2,5 cm; D. 0,5 cm; Abb. 8). Außerdem einige Münzen: As des Vespasian, RIC 557a; Follis des Constans, Av: Kopf n. re. Diadem, CONSTANS PF AUG. Rv: 2 Victorien, Umschrift VICTORIAE D D ///; Halbcentenionalis des Constans, Ms Siscia (?).
Verbleib: RAB/RLMB
(M. Gechter – C. Klages)

Rommerskirchen, Rhein-Kr. Neuss

1. (1571/001)(OV 2005/1021). Ausgrabung (ca. 1530 m²) im Vorfeld der künftigen Umgehungsstraße B 59n,

8 Rheinbach-Niederdrees. Fragment eines bronzenen Gürtelbeschlags aus dem späten zweiten Jahrhundert. Maßstab 1:2.

nw der Ortslage, im Anschlussareal an die bestehende Bundesstraße 59. Fundmaterial spärl. u. schlecht erhalten. Älteste Siedlungsspuren u. ein Graben (1. Jh.) evtl. von der n Umfassung einer noch nicht nachgewiesenen Villa rustica. Vier teils reihig angeordnete Brandschüttungs- oder Urnengräber in geringer Erhaltung. Davon eines mit Überlagerung des Grabens. Keramik (1./2. Jh.) in den Grabverfüllungen. Materialentnahmegrube evtl. gleichzeitig. Schuttbereich mit Überresten eines nicht näher lokalisierten Gebäudes. Zwei Busta mit größeren Grabgruben. Einzelne Keramikscherben aus den Verfüllungen (1.–3. Jh. bzw. 2./3. Jh.).
Verbleib: RAB/RLMB
(H. Husmann – Th. Ibeling)

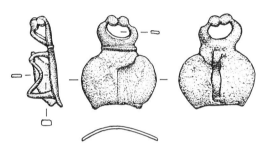

9   Rommerskirchen-Deelen. Bronzener Riemendurchzieher von einem Pferdegeschirr des ersten Jahrhunderts. Maßstab 1:2.

2. (1631/018)(OV 2005/294). In D e e l e n fand der ehrenamtl. Mitarbeiter F. Kellner-Deist, Neuss, einen bronzenen Riemendurchzieher vom Pferdegeschirr (1. Jh.): Ovale Scheibe, an den Schmalseiten angesetzte Lunulae, letztere an einer Seite abgebrochen (L. 4,7 cm; B. 3,9 cm; D. 0,15 cm; Abb. 9), unter der Scheibe der eigentl. Durchzieher (2,2 cm weit; B. 0,5 cm; D. 0,25 cm). Außerdem drei Münzen (1./2. Jh.): As, Av Gst.; Domitian/Titus?, As Typus?; Commodus?, S, Typus?
Verbleib: RAB/RLMB
(M. Gechter – C. Klages)

3. (1509/022)(OV 2005/1023, 1024). Bau der s um den Ort geführten Bundesstraße 59. Ausgrabung bei G i l l auf dem w Gillbachufer. Durch Oberflächenfunde (vgl. Bonner Jahrb 201, 2001, 430) bereits bekannte Hofstelle des 1.–5. Jhs. mit spätantikem bis frühmittelalterl. Schwerpunkt. Vermutl. von Umfassungsgraben nw abgegrenzt. Zahlreiche Grubenbefunde (Abfallgruben) u. zwei größere Grubenkomplexe. Grube mit Steinsetzung u. darin deponiertem Knickwandbecher. In der Aue ein Sechspfostengrubenhaus mit Spuren evtl. von Textil- oder Lederhandwerk. Auf der Mittelterrasse ein weiteres Grubenhaus mit zwei Firstpfosten ohne Eckpfosten, evtl. Spinn- oder Webehütte. – Im Grubenhaus auf der Mittelterrasse zwei Münzen der Kaiser Valentinian sowie Theodosius u. Arcadius, 383–388 n. Chr. bzw. 394–395 n. Chr. Keramik meist handaufgebaut u. nicht auf der Töpferscheibe hergestellt, mit grober Quarz- oder Schamottemagerung. Einfache Teller, Teller mit verdicktem Rand, halbkugelige Schalen, steilwandige Becher, Knickwandbecher u. -schalen. Fragmente reduzierend gebrannte, feine Drehscheibenware, darunter Bruchstücke einer Knickwandschale u. eines einglättverzierten -bechers mit donauländ. Parallelen. Weitere Funde: Baumaterialien, Tierknochen, Metallobjekte, wenige Glasfragmente u. vereinzelte Silexartefakte. – Bestattungsplatz in der Nachbarschaft der prospektierten Villae rusticae. Einzeln gelegenes Bustum (2./3. Jh.) u. 65 m entfernt drei eng benachbarte Bestattungen in Särgen aus Stein (Mitte 3. Jh.), Holz bzw. Holz/Blei. Div. Beigaben. – Vgl. P. Heinrich / Th. Ibeling / S. Jürgens, Arch. Rheinland 2005, 78–80.
(Th. Ibeling)

4. (1571/012)(OV 2005/296). Von der bekannten Siedlungsstelle in S i n s t e d e n las der ehrenamtl. Mitarbeiter F. Kellner-Deist, Neuss, ein Fragment einer Bronzeglocke auf. Aufhängung u. eiserner Klöppel fehlen (erh. H. 2,7 cm; Dm. innen ca. 5 cm; D. 0,1 cm). Außerdem Münze: Faustina II, Dp undatiert (frontal stehende weibl. Gestalt). – Vgl. Bonner Jahrb. 166, 1966, 576; 183, 1983, 656; 200, 2000, 559; 201, 2001, 432.
Verbleib: RAB/RLMB

5. (1507/002)(OV 2005/297). An der bekannten Fundstelle einer Villa rustica in V a n i k u m fand er weitere Keramik u. einen bronzenen Schlossnagel (L. 2,6 cm; Dm. 1,5 cm), Schaft (L.1,9 cm; Querschnitt 0,9 × 0,5 cm; Bohrungsdm. 0,4 cm; Abb. 10). Mitte 1.–3. Jh. Außerdem Münze des Augustus, As, Lugdunum.– Vgl. Bonner Jahrb. 200, 2000, 558.
Verbleib: RAB/RLMB
(M. Gechter – C. Klages)

6. (1507/013)(OV 2005/298). In V a n i k u m fand er eine Bronzemünze: Vespasian, As, Typus unkenntl.
Verbleib: RAB/RLMB
(J. Gechter-Jones – C. Klages)

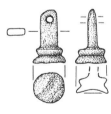

10   Rommerskirchen-Vanikum. Bronzener Schlossnagel von der Fundstelle einer Villa rustica. Maßstab 1:2.

Titz, Rhein-Erft-Kr. (1498/013)(NW 2005/0186). Arch. Bestandserhebung 1,8 km nw von G e v e l s d o r f, beim Gut Burgfeld. Denarfragment Domitian, RIC 19; Dupondius hybrid (Rv Titus, Typus Aeternitas) RIC 122; Sesterzfragment Hadrian, Typus?
Verbleib: Privatbesitz
(C. Klages)

Vettweiß, Kr. Düren
1. (0667/011)(NW 2005/0178). Kontrolle von Erdarbeiten in der Flur Im Schiff, w von Gladbach. Antoninian, Npr. Gall. Sonderreich, Typus Oriens Augg.(?); neun spätröm. Folles/Centenionales. Bleifragment, bronzenes Klapperblech vom Pferdegeschirr, durchbrochener röm. Schlüsselbart (?) aus Zinnbronze. – Zu einem neolith. Feuersteinschaber von dieser Stelle vgl. Bonner Jahrb. 169, 1969, 461.
Verbleib: Privatbesitz
(C. Klages – P. Tutlies)

2. (0564/023)(NW 2005/0185). Arch. Bestandserhebung s von Sievernich. Emailscheibenfibel, ähnl. Böhme 41,1 (L. 3,4 cm); profilierter Bronzering (Dm. 1,6 cm); Rechteckiger Beschlag (2,7 × 1,5 cm).
Verbleib: Privatbesitz
(P. Tutlies)

Weeze, Kr. Kleve (2832/004)(NI 2005/0053). Zum Bruchstück eines röm. Grabsteins mit Mahlszene, der später als Teil eines got. Kapitells sowie als Schwellstein wiederverwendet wurde vgl. P. Noelke / B. Kibilka / D. Kemper, Bonner Jahrb. 205, 2005, 155–241.
Verbleib: St.-Cyriakus-Kirche, Weeze.
(C. Bridger-Kraus)

Xanten, Kr. Wesel. Vgl. den Bericht zum Archäolog. Park in diesem Band.
1. (2899/324)(NI 2005/1031). Zum Fund röm. Spolien im Bereich der Stiftsimmunität s. u. S. 341.
2. (2899/327)(NI 2005/0081). Kontrolle von Erdarbeiten, Baugrube eines Einfamilienhauses im Areal des geschützten BD »Legionsziegelei« (WES 175). Vier Gruben u. Ausbruchsgraben eines Mauerfundamentes. Bruchstücke von sechs Tegulae, drei davon mit Stempel (LEGXXIIPF, LEGXXII, XXX). 1.–3. Jh.
Verbleib: RAB/RLMB
(D. Koran)

3. (2870/112)(NI 2005/1021). Ausgrabung wegen eines Bauvorhabens in Birten, Pastoratsweg. In den Fundamentgräben der Bodenplatte u. in den zugehörigen Zuleitungsgräben Planierschichten mit röm. Fundmaterial aufgedeckt. Diese sind offenbar großflächig anzutreffen. Vergleichbare Beobachtungen in enger Nachbarschaft (2870/054)(NI 2004/1037). Entstehung römerzeitl. oder später.
(St. Weiß-König)

4. Ausgrabung in der Colonia, Insula 34. Zwei Brandschüttungsgräber u. ein Körpergrab (frühes 1. Jh.) überdeckt von claud.-neron. Kulturschicht. Unterbau einer Kiesstraße mit Knochenresten einer Leimsiederei, vgl. St. Eismann, Arch. Rheinland 2005, 61–63.

5. Ausgrabung in den Großen Thermen der Colonia, vgl. N. Zieling, Arch. Rheinland 2005, 63–65.

6. Ausgrabung u. Rekonstruktion der Handwerkerhäuser in der Colonia, Insula 39, vgl. P. Kienzle / S. Leih, Arch. Rheinland 2005, 65–68.

7. Verlegung der Bundesstraße 57. Ausgrabungen auf der geplanten Trasse am Rande der Colonia. Begleitgraben der röm. Ausfallstraße, Gebäudefundamente (soweit datierbar 2.–3. Jh.) u. Siedlungsreste. Becken wahrscheinl. von einem kleinen Nymphäum. Ca. siebzig Brandgräber (1./2. Jh.). – Vgl. C. Bridger / K. Kraus, Arch. Rheinland 2005, 69–71.

Fränkische Zeit

Aachen. Zu Siedlungsbefunden in der Innenstadt s. u. S. 331.

Aldenhoven, Kr. Düren. Zum Fund der zweiten Fibel vom Typus Douai im Rheinland u. über die frühfränk. Besiedlung der Villa rustica bei Engelsdorf im Umfeld des Jülicher Kastells vgl. R. Hertel / U. Müssemeier / M. Perse, Arch. Rheinland 2005, 99–101.

Bergheim, Rhein-Erft-Kr. Ausgrabung des fränk. Gräberfeldes von Zieverich. Untersuchung eines Erdblocks im RLMB. Darin Sax mit gut erh. Scheide u. ankorrodiertem Messer, eiserne Gürtelschnalle mit Silber- u. Messingtauschierungen sowie eine kupferne Pinzette. – Vgl. B. Päffgen / F. Willer, Arch. Rheinland 2005, 103–105.

Erftstadt, Rhein-Erft-Kr.
1. (0730/024)(NW 2005/0292). Zu den Lesefunden ö von Bliesheim s. o. S. 323.
2. Zur Ausgrabung einer karoling. Mühle im Rotbachtal bei Niederberg mit naturwissenschaftl. Untersuchung von Hölzern u. Pflanzenresten vgl. P. Tutlies, Arch. Rheinland 2005, 106–108.

Euskirchen, Kr. Euskirchen. Ausgrabung im merowing. Gräberfeld von Weidesheim. 41 Körperbestattungen (6.–7. Jh.) Ungewöhnl. Tonflasche. – Vgl. M. El-Kassem, Arch. Rheinland 2005, 101–103.

Lohmar, Rhein-Sieg-Kreis (0977/013)(OV 2005/70). Zur Ausgrabung merowing. Grubenhäuser in Unterdorf vgl. unveröff. Magisterarbeit von I. Rahnfeld, Merowingerzeitliche Grubenhäuser aus Lohmar-Unterdorf, Universität Bonn 2007.
Verbleib: RAB/RLMB u. Stadt Lohmar

Merzenich, Kr. Düren (0960/014)(NW 2005/1015). Zu einem merowing. Grubenhaus bei Golzheim s. o. S. 326.

Rommerskirchen, Rhein-Kr. Neuss (1509/022)(OV 2005/1024). Zur Ausgrabung der bekannten Hofstelle bei Gill s. o. S. 329.

Mittelalter und frühe Neuzeit

Aachen (0703/066)(NW 2005/1043);(0703/083)(NW 2005/1019); (0703/118)(NW 2005/1022); (0703/128) (NW 2005/1021); (0703/206)(NW 2005/1049). Leitungsbauarbeiten in der Innenstadt. Befunde der städtischen Be- u. Entwässerung u. des karoling. Torhauses. Röm. Siedlungsbefunde. – Vgl. D. M. Kyritz, Arch. Rheinland 2005, 109–111.

Aldenhoven, Kr. Düren. Zu Schuhlederfunden aus den noch feuchten Wassergräben des Hauses Bock in Pattern vgl. Ch. Schumacher, Arch. Rheinland 2005, 135–137.

Bergheim, Rhein-Erft-Kr. (1275/020)(NW 2005/1001). Errichtung eines Wohnhauses in Kenten, auf dem Areal des Mühlenhofes (BD BM 101). Zu Jahresbeginn u. im Juni bauvorgreifende u. baubegleitende arch. Arbeiten. An der nö Ecke des ehem. Mühlenhofes neuzeitl. Ziegelmauerwerk einer bis ins 20. Jh. bestehenden bzw. belegten Bebauung nachgewiesen. Die Kentener Mühle ist seit dem 14. Jh. urkundl. nachweisbar.
(Z. Görür)

Bonn. Zur Ausgrabung der Burg Duisdorf (15. Jh.) auf den Gelände des Brünkerhofes vgl. C. Ulbert / St. Strauß, Arch. Rheinland 2005, 123–125.

Bornheim, Rhein.-Sieg-Kr. (0794/043)(OV 2005/1025). Zu Gruben u. Gräben in rechtwinkligen netz- oder felderartigen Strukturen bei Sechtem s. o. S. 319.

Brühl, Rhein-Erft-Kr. (0852/082)(NW 2005/1052). Kanalsanierungsarbeiten an der Alten Bonnstr. in Pingsdorf mit arch. Begleitung. Grube oder Grubenhaus u. große Grube (L. mind. 24 m), beide teilw. gestört. Darin Töpfereiabfälle (Mitte bis zweite Hälfte 13. Jh.) vermischt mit zahlreichen Schlacken. Am Ufer des ehem. Pingsdorfer Baches keramikdurchsetzte Sedimente mit Töpfereiabfällen (vornehml. 12.–13. Jh.). Stratigraph. davon nicht trennbar einige Scherben des 9.–11. Jhs.
(M. Heinen)

Düsseldorf

1. (2151/009)(OV 2005/062). Wüstung des Hofes Hulsen in Hubbelrath, ö des Gutes Mydlinghoven, am Hubbelrather Bach lokalisiert. Plateau (12 × 10 m) mit Fundamentresten, Feldbrandziegeln u. Schiefer sowie Irdenware- u. Steingutscherben (19./20. Jh.). Hof im Schatz- u. Lagerbuch des Amtes Mettmann (1670/72) aufgeführt, um 1930 aufgelassen.
Verbleib: RAB/RLMB

2. (2274/028)(OV 2005/006). Sanierung der um 1790 erbauten Seidenweberhäuser in Kaiserswerth, Auf dem Hohen Wall. Beobachtung von Bodeneingriffen. Häuser stehen auf der hohen Aufschüttung für die Wallanlage der Befestigung Kaiserswerth. Wenige Relikte im Keller, im Hausinneren u. im Bereich der Terrasse. Fragmente von glasierter Irdenware, Porzellan u. Glas.
Verbleib: RAB/RLMB
(J. Gechter-Jones – G. u. P. Schulenberg)

3. (2233/003)(OV 2005/307). Zum Fund eines Glättglases bei Lohausen s. o. S. 321.

4. (2194/005)(OV 2005/018). Am Boskampweg, im Aaaper Wald wurde bei Rath ein Grenzstein beobachtet, oben flach gewölbt (23,5 × 16 cm; 40 cm aus der Erde ragend). Auf der Vorderseite ligierte Buchstaben »CT« in geschwungener Form mit schmal zulaufenden Enden. Initialien für Kurfürst Carl-Theodor von der Pfalz u. Bayern, Herzog von Jülich u. Berg (1724–1799), zu dessen Besitz der Wald gehörte. Stein am Waldrand nach Aussage der histor. Karten noch in situ.
(J. Gechter-Jones – P. Schulenberg)

Duisburg

1. (2557/007)(NI 2005/1029). Am w Rand des Calaisplatzes, am Innenhafen nach Wasserrohrbruch Querschnitt durch die Stadtmauer (13. Jh.) untersucht. Die umgebenden Schichten gehören der jüngeren Neuzeit an oder sind verlagert. Verschmälerung auf der Stadtseite (19. Jh.), wahrscheinl. um in den Kellerräumen des damaligen Hauses Platz zu gewinnen. – Vgl. Bonner Jahrb. 196, 1996, 603.

2. (2453/005)(NI 2005/1023). Arch. Begleitung eines unterkellerten Neubaues auf dem frühneuzeitl. Herrensitz Haus Kaldenhausen in Kaldenhausen. Fundamentreste dokumentiert, größtenteils von dem hier im Februar abgerissenen Nebengebäude, die übrigen evtl. von einem Vorgängerbau, dessen Grundriss im Urkataster von 1830 überliefert ist.
(H.-P. Schletter)

Emmerich, Kr. Kleve (3188/078)(NI 2005/1028). Baubegleitende Dokumentation am neuen Seniorenpflegeheim Willibrordstr., Ecke Burgstr. Mittelalterl. bis neuzeitl. Baubefunde in den Leitungsgräben u. in der Baugrube. N Randbebauung der nicht mehr existenten Hottomannstr. mit fünf Häusern. Von hier nach N abzweigende namenlose Seitengasse mit beidseitiger Bebauung. Fünf Mauern entlang des ehem. Verlaufs der Willibrordstr. u. an ihrer Einmündung in die Burgstr., Funktion unklar. Vier Häuser an der Hottomannstr. mit spätmittelalterl. Mauerwerk. Haus mit Mauereinfassung einer spätmittelalterl. Herdstelle u. neuzeitl. Raumunterteilung. Nachbarhaus vorn mit Ziegelpflaster, hinten mit Kreuzgewölbekeller. Zwei Grundmauern (B. 1,55 m u. 1,80 m) eines größeren evtl. turmartigen spätmittelalterl. Bauwerks. Die neuzeitl. Mauerreste an der ehem. Hottomannstr. stimmten nach Karten u. Fotos des 19./20. Jhs. fast durchgängig mit der Vorkriegsbebauung überein. Die spätmittelalterl. Fundamente, auch die an der Seitengasse zum Haus Schwalbenburg u. zum St.-Agnes-Konvent gelegenen, finden sich im Vogelschauplan der Stadt Emmerich von 1667

bestätigt. Ledigl. eine stratifizierte Steinzeugscherbe ist ins Spätmittelalter datierbar. – Vgl. Bonner Jahrb. 206, 2006, 268.
(J.-H. Wroblewski – E. Böhm)

Erftstadt, Rhein-Erft-Kr. (0730/024)(NW 2005/0292). Zu den Lesefunden ö von Bliesheim s. o. S. 323.

Eschweiler, Kr. Aachen (0891/025)(NW 2005/0127). Zwei Sondagen wegen geplanter Bebauung sw an die abgegangene Burg Weisweiler (frühes 16. Jh.) anschließend. Burggraben (B. 14 m) in beiden Schnitten festgestellt. Verfüllung mit mehreren Sedimentlagen, Profil bündig an vorhandene Burgmauer anschließend. Grabensohle wurde nicht erreicht. Rotviolett engobierter Krugboden, Westerwälder Steinzeug, glasierte Irdenware u. ein Tonpfeifenbruchstück (ausgehendes Mittelalter u. Neuzeit).
Verbleib: RLMB
(P. Tutlies)

Essen
1. (2599/004)(NI 2005/181 ≙ E-2005-30). Arbeiten an Versorgungsleitungen in der Innenstadt, vor den Gebäuden Kettwiger Str. 54/56. Im n Profil der Baugrube verlagerte u. schlecht erh. Mauerreste aus Ruhrsandstein mit weichem Kalkmörtel. Evtl. von der Vorgängerbebauung an der ö Seite des histor. Markplatzes, ehem. Markt 15. Bebauung ist hier auf Karten (Anfang 19. Jh.) verzeichnet. Gebäude Markt 13 u. 15 über älteren Fundamenten 1855 u. 1895 als repräsentative Marktbebauung neu errichtet. 1943 fielen die Häuser Bombenangriffen zum Opfer. Nur Reste von Ziegelmauern stammen aus dem 19. Jh. Gebäude reichen hier jedoch wahrscheinl. weit über das 18. Jh. zurück. Sichere Quellen über Häuser am Markt seit dem Ende des 13. Jhs. – Nicht völlig auszuschließen ist, dass der Mauerrest zur mittelalterl. Marktkirche gehört, die ebenfalls im Krieg stark beschädigt wurde. Hierfür sprechen verlagerte Menschenknochen vermutl. vom mittelalterl. Gräberfeld der Kirche. 1997 wenige Meter weiter s Überreste einer mittelalterl. Fontäne entdeckt, die bis etwa 1830 bestand. – Vgl. St. Leenen, Essener Beitr. 113, 2001, 9–97; zu den Fundamentbefunden der Marktkirche St. Gertrud sowie zu den Gräbern im Innenraum u. im Umfeld s. C. Brand / U. Schoenfelder, Arch. Rheinland 2005, 128–130.
(D. Hopp – D. Vinbruck)

2. (2599/070)(NI 2005/165 ≙ E-2005-14). Kanalsanierung in der Innenstadt, im Kreuzungsbereich Kettwiger Str. u. Erste Dellbrügge. Im n Profil des w–ö geführten Grabungsschnittes tonige muldenförmige (?) Schichtreste im Kreidemergel (T. über 4 m) oberhalb u. n eines w–ö verlaufenden, um 1910 erbauten Kanals. Bei Bodenöffnungen 1993/94 Überreste neuzeitl. Wohnbebauung festgestellt. Ältester Fund war eine Bodenscherbe Siegburger Art aus einem umgelagerten Bereich. Wenige Meter ö Reste einer w–ö verlaufenden hochmittelalterl. Mauer. Die o. g. Schichtreste vermutl. von Verfüllung eines w–ö orientierten Grabens. Sedimentanalyse (Geolog. Dienst NRW) ergab »deutl. anthropogenen Einfluss« u. Roggennachweis. Anbau im frühen Mittelalter gering, im 10. Jh. stark intensiviert. Der nachgewiesene Anteil von 1,3 % mag eher für das Frühmittelalter sprechen. Ein Zusammenhang mit o. g. Mauer kann nur vermutet werden. – Ein mittelalterl. Grabenbzw. Befestigungsmauersystem wurde hier u. a. von E. Kahrs beschrieben. Genaue Datierung unklar. Er vermutete die Befestigung der ersten Essener Burg. – Vgl. D. Hopp in: ders. / C. Brand, Essen. Von den Anfängen bis zum Mittelalter. Beih. Arch. u. Geol. Rheinland u. Westfalen 4 (Gelsenkirchen 1995) 125–143; E. Kahrs, Aus Essens Vor- und Frühgeschichte (Essen 1949) 54–63.
(D. Hopp – U. Scheer)

3. (2500/009)(NI 2005/187 ≙ E-2005-36). Begehungen durch D. Niggemann u. die Stadtarchäologie in Bredeney, nw der Isenburg. Mittelalterl. u. neuzeitl. Keramik-, Metall- u. Glasfunde. Darunter Henkel einer Amphore Pingsdorfer Art, kleines kon. Bleigew. (?). Außerdem stark einwärts gebogener, gerundeter Rand von Teller oder Schale (?) mit Drehrille auf der Außenseite, gräul.-weißer Ton mit rötl. Quarzsandmagerung, wahrscheinl. späte röm. Kaiserzeit. Vereinzelte vorgeschichtl. u. kaiserzeitl. Funde sind aus der Umgebung der Isenburg (13. Jh.) seit längerem bekannt. – Vgl. E. Gose, Gefäßtypen der römischen Keramik im Rheinland. Beih. Bonner Jahrb. 1 (Kevelaer 1950) 40 f.
Verbleib: Ruhrlandmuseum
(D. Hopp)

4. (2429/024)(NI 2005/235 ≙ E-2005-60). Umbauarbeiten im Keller des Hauses Kirchtreppe 6, in Kettwig. Gewölbekeller mit Zugängen, Esse u. in Stein gefasste Arbeitsgrube wahrscheinl. sekundär eingebaut. Eine weitere ebenfalls steingefasste Grube, mit Steinplatte verschlossen (Versteck?). Anfänge des vielfach umgebauten Gebäudes vermutl. im Mittelalter. Ältester Fund: Fragment eines spätmittelalterl. Grapens, Irdenware.
Verbleib: Privatbesitz

5. (2569/001)(NI 2005/208 ≙ E-2005-77)(BD E 19). Erneuerung von Kleinkläranlagen auf Haus Horst in Steele. Bodeneingriffe (6 × 3 m; T. mehr als 3 m) im NO des Anwesens. Gelände am Hang mehr als 2 m mit Bauschutt in zwei Phasen (30er u. 50er Jahre) angefüllt, darunter Humuslage u. anstehendes Verwitterungsmaterial. In Verbindung mit Untersuchungen zum Gebäudebestand u. zu Geländemerkmalen lässt der Befund vermuten, dass die Burganlage einen deutl. geringeren Umfang aufwies als bisher angenommen. Im Kanalgraben n der Kapelle, in 60–80 cm T., unter Anschüttungen des 20. Jhs. Rest einer etwa w–ö orientierten Mauer. In Lehm gesetzter Ruhrsandstein auf dem gewachsenen Lehm. Erh. Mauerb. 60 cm, ursprüngl. wohl wesentl. breiter. Mauer vielleicht aus barocker Zeit, evtl. auch deutl. älter. Im Bereich des heutigen Tores, unter den Anschüttungen des 20. Jhs. (T. 50 cm) Plattenlage aus Ruhrsandstein. Weiter nw Reste eines barocken (?) Pflas-

ters aus hochkant gestellten Bruchsteinen. In der Aufschüttung Fragment einer Rinne aus Sandstein. Ältester Fund war eine WS frühes Steinzeug (ca. 14./15. Jh.). – Haus Horst um 1050 urkundl. belegt, im 13. Jh. den Herren von Horst gehörig. Erh. ist eine Kapelle mit roman. Gewölbe. Turnierhof, Türme u. Wehrmauern aus dem 16./17. Jh.
Verbleib: Ruhrlandmuseum
(I. Buhren – D. Hopp)

6. (2465/001)(NI 2004/1033). Baubegleitende Ausgrabung durch Fa. Archbau im w Haupthofbereich der ehem. Abtei W e r d e n (Musikhochschule Folkwang). An vielen Stellen aufplanierte Brandschicht mit Funden des 17.–20. Jhs. Darunter ausgedehnter Bauschutthorizont mit einzelnen Scherben Badorfer- u. Pingsdorfer Ware sowie Steinzeug (17./18. Jh.). Im Bereich der Schuttschicht steinerne Baureste mit weiteren Keramikfunden. Datierungshilfen durch Befundüberschneidungen u. durch Lagevergleiche mit zwei Klostergrundrissen des 18. Jhs. sowie einem weiteren, der den Zustand nach der Säkularisierung u. Umwandlung in ein Gefängnis darstellt. – Im nö Hofbereich, zwischen Preußen- u. Ballettflügel vier Bebauungsphasen aus überwiegend ebenerdigen Gebäuden. Evtl. Überreste des Abtshauses aus dem hohen u. späten Mittelalter. Reste von Kellerfundamenten u. a. von einem nicht mehr erh. Wirtschaftsgebäude der barocken Klosteranlage u. von einer Kaserne (18. Jh.). Unter dem heutigen Torgebäude am w Rand des Innenhofes Mauerzug einer älteren Toranlage nachgewiesen, vermutl. ebenfalls im 18. Jh. bei der barocken Umgestaltung des Klosters entstanden. – Kellerabschnitt (18. Jh.) am s Rand des Hofes durch jüngeren Keller überbaut, der zum Lazarettflügel der Gefängnisneubauten (19. Jh.) gehört. Reste eines Nebengebäudes u. einer Gefängnismauer freigelegt.
(A. Schmid-Hecklau – U. Schoenfelder)

7. (2465/053)(NI 2005/231 ≙ E-2005-56). Bei Gartenarbeiten in W e r d e n, Hufergasse 24, n der mittelalterl. Stadtmauer Bodeneingriffe bis ca. 0,60 m Tiefe. Unter dem Oberboden eine aufgetragene Schicht (St. 0,30 m; Mitte 20. Jh.) mit Industrieschlacke. Darunter eine Lehmschicht mit Funden des 19. u. 20. Jhs. Zu Beginn des 19. Jhs. war die Fl. unbebaut. – Stadtmauer auf ca. 7 m etwa 0,40 m tief freigelegt. Ausbesserungen (20. Jh.) festgestellt.
Verbleib: Ruhrlandmuseum
(D. Hopp)

8. (2465/054)(NI 2005/234 ≙ E-2005-59). Verlegung einer Schlammleitung in W e r d e n, in der Körholzstr. Baurelikte unmittelbar an der mittelalterl. Stadtmauer. Unter den Überresten eines Ziegelbogens mit Bruchsteinunterbau (Steine evtl. von der Stadtmauer sekundär verwendet) bruchsteingemauerte Latrine oder Kloake (Innendm. ca. 80 cm) bis 1,70 m tief verfolgt, nicht vollständig freigelegt. – Zu Beginn des 19. Jahrhunderts war hier nur die Stadtmauer verzeichnet, was zunächst die Vermutung nahelegt, dass es sich um Reste späterer Bebauung handelt. Die Latrine lag jedoch unmittelbar vor der Innenseite der Stadtmauer, möglicherweise in einem Innenhof. Keramikfund des 15./16. Jhs.
Verbleib: Ruhrlandmuseum
(I. Buhren – D. Hopp)

9. Zu archäolog. Beobachtungen im Verfüllmaterial der Teiche der ehem. Abtei W e r d e n u. zu ihrer hist. Entwicklung vgl. D. Hopp, Arch. Rheinland 2005, 130–132.

Euskirchen, Kr. Euskirchen

1. (0392/007)(NW 2004/0095). Abriss u. Neubau eines Jugendgästehauses in K u c h e n h e i m. Ausgrabung der Oberen Burg, einer Wasserburg des 13. Jhs. (BD EU 49). U. a. zahlreiche Keramikfunde aus dem Burggraben (Abb. 11 u. 12). – Vgl. P. Tutlies, Arch. Rheinland 2005, 120 f.

2. (0435/033)(NW 2005/0184). Nw von W e i d e s h e i m Oberflächenfund einer Scheibenfibel aus Bronze (Dm. 1,8 cm) mit Emailresten, karoling. bis hochmittelalterl.
Verbleib: Privatbesitz
(P. Tutlies)

Geilenkirchen, Kr. Heinsberg (1315/008)(NW 2005/1041). Vier Kopflöcher im Innenhof der Burg Trips (BD HS 164). Mauerreste von Vorgängerbauten u. stratigraph. Befund dokumentiert. Zwei Mauerzüge (14./15. Jh.) in der ö Ecke des Burghofes, der eine parallel zum Korridoranbau, der andere rechtwinklig davon abzweigend. Zwei weitere Mauern parallel im Abstand von 0,85 m (Spätmittelalter/Neuzeit), durch die Fundamente des Korridoranbaus überbaut, evtl. im Kontext mit dem o. g. Vorgängerbau.
(E. Böhm – J.-H. Wroblewski – J. Zeune)

Grevenbroich, Rhein-Kr. Neuss

1. (1690/032)(OV 2005/1011). Bauarbeiten mit arch. Begleitung in der Karl-Oberbach-Str. 13 u. 13a, am Rande des mittelalterl. Bebauungsareals, im Überschwemmungsbereich der unmittelbar benachbarten Erft. Nach Kartenunterlagen querte vermutl. eine hochmittelalterl. Gasse das Baugrundstück. Unter rezenten, bis zu 2,20 m mächtigen Bauschuttschichten zwei holzgefasste Brunnen. Einer war bereits von einem Laien ausgenommen worden. Der andere lag an der Baugrubensohle u. bleibt darunter erhalten. In der Verfüllung Keramik des 17. Jhs.
(St. Graßkamp)

2. (1806/027)(OV 2005/292). Bei einer Begehung bei Schloss H ü l c h r a t h fand der ehrenamtl. Mitarbeiter F. Kellner-Deist, Neuss, einen spätmittelalterl. Grapenfuß (L. 6,5 cm; Abb. 13 oben) aus Bronze, dreikantig, kon. mit Lotresten. Außerdem ein Wappenschild (L. 2,6 cm; B. 2,1 cm; D. 0,3 cm; Abb. 13 unten) aus vergoldeter Bronze, beidseitig mit vereinfachtem Jülicher Löwen, seitl. mit senkrechter Aufhängungsöse (H. 0,35–0,65 cm; B. 1,0 cm), darin Rest eines Bronzestiftes (Dm. 0,35 cm). Der Wappenschild unterscheidet sich durch seine Zweiansichtigkeit von den bislang be-

334 Ausgrabungen, Funde und Befunde 2005

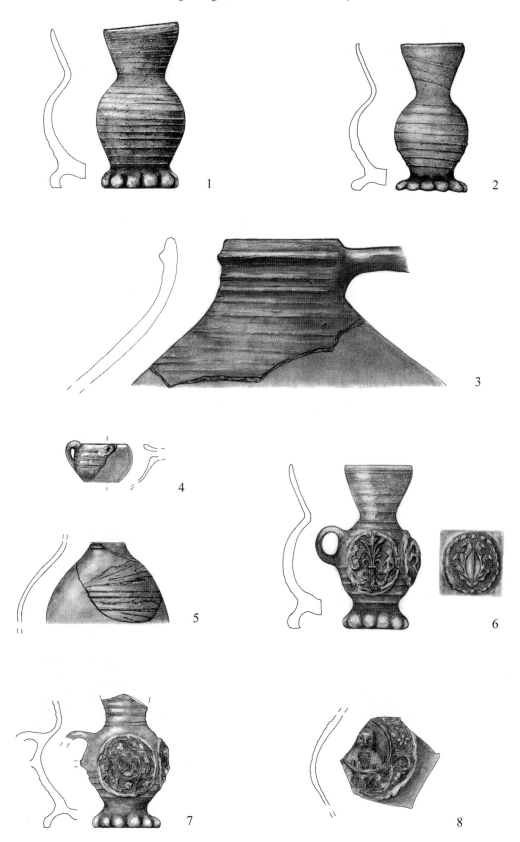

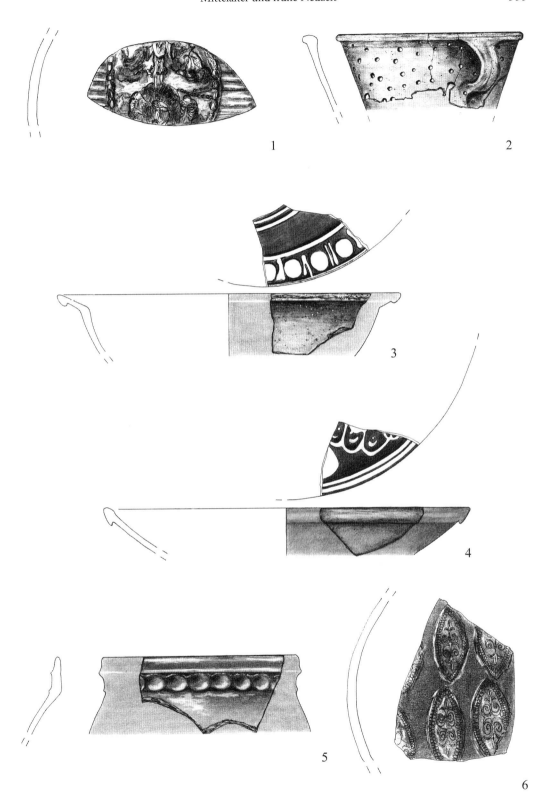

11 und 12 Euskirchen-Kuchenheim. Keramik des vierzehnten bis achtzehnten Jahrhunderts aus dem Graben der Oberen Burg. Maßstab 1:3.

kannten schildförmigen Anhängern, die Teil eines Pferdegeschirrs sind. Schildförmige Pferdegeschirranhänger sind durch das freie Hängen an einer Scharnierachse gekennzeichnet, die im rechten Winkel zur Schauseite angebracht ist (vgl. S. Krabath, Die hoch-und spätmittelalterl. Buntmetallfunde nördlich der Alpen. Internat. Arch. 63 [Rahden 2007] 234 f. Abb. 54.16; Landschaftsverband Westfalen-Lippe [Hrsg.], Neujahrsgruß 2008. Jahresber. 2007 LWL-Archäologie Westfalen u. Altertumskomm. Westfalen [Münster 2008] 52–54 Abb. 15). Obwohl die genaue Verwendung des Wappenschildes nicht bekannt ist, lässt die Vergoldung erkennen, dass er

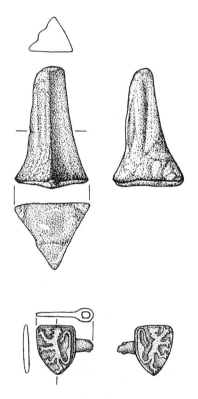

13 Grevenbroich-Hülchrath.
Bronzener Grapenfuß (oben) und Wappenschild aus vergoldeter Bronze (unten). Maßstab 1:2.

zur herrschaftl. Ausstattung gehörte. Beide Gegenstände stammen vermutl. von der Belagerung des kurköln. Schlosses 1499 durch die Truppen des Herzogtums Jülich.
Verbleib: RAB/RLMB
(J. Gechter-Jones)

Heinsberg, Kr. Heinsberg
1. (1611/011)(NW 2005/1017). Bauuntersuchung der Kasemattenanlage (1538–1542) am sö Hang des Kirchberges u. ergänzende Ausgrabungen. Oberhalb der begehbaren Teile eingestürztes Zwischenstück (L. 14 m) des nö–sw verlaufenden Hauptganges. Bergab teilt sich der intakte Hauptgang nach NO u. SW zu den Schießkammern in den Flanken einer Erdbastion. Nö Kammer erh. In der sw Kammer die n Hälfte mit Depotnische freigelegt. Hauptgang durchstieß spätmittelalterl. Ringmauer der Vorburg beim Turm, Am Himmelsgärtchen.
(E. Böhm – J.-H. Wroblewski)
2. (1611/031)(NW 2005/1002). Ausgrabung wegen Neubauvorhaben in der Innenstadt. 13 Lehmöfen (12./13. Jh.), anscheinend Backöfen. Umfangreiche Relikte einer Gerberei (13.–14. Jh.), darunter zahlreiche z. T. dendrochronolog. datierte Hölzer. Weitere Öfen u. Baubefunde des Spätmittelalters u. der frühen Neuzeit teils sicher anderenteils vermutl. im Zusammenhang mit dem Prämonstratenserinnenstift. Im S der Stiftskirche ein Kreuzgang u. 43 Körperbestattungen mit Resten der Holzsärge. – Vgl. J. Rücker, Arch. Rheinland 2005, 117–119.
3. (1611/034)(NW 2005/1000). Umgestaltungs- u. Sanierungsarbeiten am Burgberg. Befunde nur in den obersten Bodenschichten (T. max. 60 cm) freigelegt. U. a. s der Kirche Reste zweier Häuser angetroffen. Evtl. von Kanonikerwohnhäusern, die wegen der Verlegung des Stiftes im Jahre 1255 errichtet wurden. Befunde des Festungsausbaus. Reste einer älteren Ringmauer. Grundmauern von Bauten des 19. Jhs. am ö Hang. In Leitungsgräbchen auf dem Kirchhof an St. Gangolf Grabeinfassungen u. Grabsteinsockel (19. Jh.). – Zu älteren Beobachtungen P. A. Tholens von Brandschichten u. zu Scherbenfunden früher Pingsdorfer Ware nach einem Erdrutsch an dieser Stelle vgl. Bonner Jahrb. 143/144, 1939, 445 f.
(U. Becker)

Inden, Kr. Düren. Ausgrabung einer Dorfwüstung (12.–13. Jh.) bei S c h o p h o v e n , 150 m s von Gut Müllenark, das auf eine hochmittelalterl. Wasserburg zurückgeht. – Vgl. M. Heinen / R. Nehren, Arch. Rheinland 2005, 114–117.

Kleve, Kr. Kleve (3112/040)(NI 2005/1032). Im ehem. Stiftsbezirk an der Nassauer Str. Ausgrabung wegen größeren Bauvorhabens. Reste der spätmittelalterl. bis neuzeitl. Bebauung dokumentiert. Mehrphasiger Gebäudekomplex, Fragmente eines Kellergewölbes u. eines ziegelgemauerten Kanals sowie einige Gruben (15.–19. Jh.). Im Urkataster ist in der w Hälfte des Ausgrabungsareals ein stattl. Haus verzeichnet. Es ist auf einem Plan von Gorissen mit »Reg. Dir.« (Regierungsdirektor) bezeichnet u. stammt aus der Zeit der preuß. Magistratur. Wie lange die Bausubstanz erhalten blieb, ist nicht genau bekannt, vermutl. bis um die Jahrhundertwende.
(U. Ocklenburg)

Korschenbroich, Rhein-Kr. Neuss (1948/001)(OV 2005/017). Bau des neuen Gemeindehauses in G l e h n , neben der St.-Pankratius-Kirche. Unter der heutigen Friedhofsmauer von 1698 wurde ein Teil einer Vorgän-

germauer aus Liedberger Quarzit mit eingearbeiteten röm. Dachziegeln beobachtet.
(J. Gechter-Jones – E. Otten)

Krefeld. Zu den Ausgrabungen an der Wasserburg H ü l s (15. Jh.) vgl. P. Jülich / Ch. Reichmann, Arch. Rheinland 2005, 121–123.

Kreuzau, Kr. Düren (0511/039)(NW 2005/0003). Zu mittelalterl. Funden bei B o i c h s. o. S. 317.

Leverkusen
1. (1644/004)(OV 2005/015). Neubebauung im Bereich eines ehem. Hofes in der Neukronenberger Str. in Q u e t t i n g e n. Flurname Nonnenbruch evtl. auf mittelalterl. Gründung hinweisend. Hofgebäude in den Katasterkarten 1830–1935 verzeichnet. Freigelegt wurden Bruchstein- u. Ziegelfundamente der letzten Bauphase des Hofes, eine neuzeitl. Grube u. zwei Erdkeller. Keller (1,85 × 2,1 m; erh. T. 0,5 m) mit Zugang in der n Ecke. Am Boden einige Gefäßstandspuren u. holzkohleartige Streifen evtl. von hölzernem Laufgang. Der zweite Keller (1,8 × 2,65 m; erh. T. 0,45 m) hatte in der Mitte der ö Längsseite eine aus Grauwacke gemauerte Kellertreppe. Im Lehmboden weitere Gefäßstandspuren sowie Scherben einer weißtonigen, bleiglasierten Irdenwareschüssel (16. Jh.). Beide Keller einheitl. verfüllt, einige wenige Irdenware- u. Steinzeugscherben. Offenbar frühneuzeitl. Gründung des Hofes.
Verbleib: RAB/RLMB
(J. Gechter-Jones – Chr. Schwabroh)
2. (1644/005)(OV 2005/351). Im N von Q u e t t i n g e n dokumentierte die berg. Gruppe ehrenamtl. Mitarbeiter ein Hohlwegesystem. Vom Wiembachtal nach Quettingen hinaufführend. Hauptweg (erh. L. 225 m; Höhenunterschied 21 m) mit markanter Biegung. Profil V-förmig (T. 3–5 m; B. 6–15 m). Vier weitere parallel verlaufende, weniger ausgeprägte Wege (B. 4–7 m; T. 1–2 m). Hauptweg in der Karte v. Mafflings (1824/25) verzeichnet.
(G. Emrich – J. Gechter-Jones)

Linnich, Düren (1320/013)(NW 2005/1008). Sanierungsmaßnahme im Chorbereich der Kirche St. Martinus. März bis Mai baubegleitende archäolog. Untersuchungen durch Fa. M. Wurzel. Im Außenbereich der Kirche spätneuzeitl. Auffüllschicht mit zahlreichen sekundär eingelagerten Skelettresten (18./19. Jh.) von ehem. Gräbern. Im Liegenden eine ein- bis zweischichtige Ablagerung (15./16. Jh.?). Älteste Schichten durch Funde ins 12. bis 14./15. Jh. datierbar. – Im nö, ö u. sö Außenbereich der Kirche Innenseite der Stadtmauer erfasst, die nach den Zerstörungen im ausgehenden 14. Jh. wieder aufgebaut worden war. Die Strebepfeiler des bestehenden spätgot. Kirchenbaues waren in der Regel stumpf an die Stadtmauer angesetzt. Vor der n Chorseite ein ehem., vermutl. spätneuzeitl. Zugang in die Kirchengewölbe. Seine tiefe Lage zeigt das deutl. tiefere ehem. Laufniveau um die Kirche. Unmittelbar neben diesem Eingang Bestattung einer erwachsenen Person. Offensichtl. im Holzsarg, gestreckte Rückenlage, Blick zum Chor u. im Schoß gefaltete Hände. – Im Kircheninnern, vor dem s Chorhalbpfeiler ein einfaches Tonnengewölbe. Darunter ziegelgemauerte Einzelgruft oder tunnelartiger Gruftzugang. Vor dem n Chorhalbpfeiler eine weitere Bestattung im Holzsarg. Daran anschließend nischenartig verspringende Natursteinfundamente aus quaderförmigem Tuff-, Kalk- u. Buntsandsteinen. Untyp. Materialien im spätgot. Kirchenbau, evtl. Relikte des roman. Baues.
(Th. Ibeling)

Lohmar, Rhein-Sieg-Kreis
1. (0977/013)(OV 2005/002). Zwei bauvorgreifende Sondageschnitte in der Bachstr. Lokalisierung eines Hofes nach der Tranchotkarte von 1820. Angeschnittene Grube mit zahlreichen Scherben von Trink- u. Vorratsgeschirr (15. Jh. u. erstes Viertel 16. Jh.).
Verbleib: RAB/RLMB
2. (1183/004)(OV 2005/287). In einem Quellsiefen am w Hang des Hasenbergs in H o n s b a c h fand der ehrenamtl. Mitarbeiter A. Seemann einige Schlacken u. spätmittelalterl. Scherben (eine WS graue Ware, eine BS Siegburger Steinzeug).
Verbleib: RAB/RLMB
(J. Gechter-Jones)

Merzenich, Kr. Düren (0960/014)(NW 2005/1015). Zu mittelalterl. bis neuzeitl. Entnahmegruben bei G o l z h e i m s. o. S. 326.

Mönchengladbach (1991/024)(NI 2005/0004). Sicherungsarbeiten unterhalb des Abtieberges, an der Treppe des Mühlensteges. Ziegelfundament angegraben. Evtl. Teil der s Stadtmauer.
(W. Sengstock)

Moers, Kr. Wesel (2552/019)(NI 2005/1035). Ausgrabung im Schlosspark (»Nepix-Kull«). Oranierzeitl. Wassergräben der Ravelins »L« u. »M«, nach Archivunterlagen 1608 entstanden u. 1763/64 unter Friedrich dem Großen verfüllt. Auf Grund der Bodenbeschaffenheit Grabenprofile nur grob freigelegt. Beide Gräben mit flachen Böschungen. Höhenunterschied von der rezenten Wallkrone zur Grabensohle 5,28 m bzw. 5,70 m.
(U. Ocklenburg)

Nettetal, Kr. Viersen (2299/001)(NI 2005/0017). Bei Feldarbeiten sackte das Rad eines Schleppers in ein Loch (Dm. 1 m; T. 1 m). Anscheinend Einstieg für eine Lösskindelgrube.
(W. Sengstock)

Neuss, Rhein-Kr. Neuss
1. (2000/073)(NE 05/8). Gebäudeabriss (ehem. »Bürgergesellschaft«) u. Neubau an der Mühlenstr. im mittelalterl. Stadtkern. Arch. Begleitung der Arbeiten. Zu den röm. Befunden s. o. S. 327. Im rückwärtigen

Gartenbereich des Minoritenklosters Kellerecke eines bislang unbekannten Gebäudes (13. Jh.). In der Umgebung Keramik (15. Jh.), vorwiegend Siegburger Machart. Neben dem mittelalterl. Gebäude Zisterne mit Überlauf aus Basalten u. Feldbrandziegeln. – An der Grenze zur Mühlenstr., unter der Sohle der alten Tiefgarage Reste des sog. Peinturms (13./14. Jh.), dargestellt auf dem Plan von Braun u. Hogenberg von 1586. Seine Fundamente aus Basalten, Tuffen u. Feldbrandziegeln waren durch den Keller der Bürgergesellschaft schon weitgehend zerstört u. bereits in den 70er Jahren beim Bau der Bürgergesellschaft von W. Giertz u. D. Hupka beobachtet worden. Proben aus der Verfüllung, von K.-H. Knörzer untersucht, wiesen das Turmfundament als Kloake aus. – In der Baugrubensohle Reste zweier neuzeitl. Brunnen.

2. (2048/022)(NE 05/10). Gebäudeabriss wegen geplanten Neubaues in der Niederstr. 47 u. 49 mit arch. Begleitung. Die Keller beider Gebäude bildeten im Mittelalter eine Einheit. Die Stirnmauern an der Niederstr., die w Längswand von Haus Nr. 47 u. die ö Längswand von Haus Nr. 49 aus Grauwacke, Basalten u. Kieseln. Ansatz eines Kreuzgratgewölbes im rückwärtigen Teil des Kellers. Die Zusammensetzung des Mauerwerks u. die Maße der verwendeten Tuffsteine legen eine Datierung des Kellers in das späte 12. Jh. nahe. Umbauphase mit Entfernung des Kreuzgratgewölbes u. Einbau einer Längswand aus Feldbrandziegeln in der Mitte des Kellers, darüber ein neues Feldbrandziegelgewölbe. Ziegelmaße (27 × 13 × 6 cm) des 15.–17. Jhs. Die ö Außenwand von Haus Nr. 49 besteht im Erdgeschoss auf einer Länge von ca. 12 m aus mittelalterl. Mauerwerk (Tuffe, Feldbrandziegel). In der Tuffwand ein roman. Doppelarkadenfenster. – Vgl. Bonner Jahrb. 199, 1999, 473.

3. (1857/032)(NE 2005/2). In Rosellen, Brunnenstr. 8, gegenüber der Kirche Abriss der alten Hofanlage mit arch. Begleitung. Bekannte aufgehende Bebauung wich nicht von den Fundamenten (17./18. Jh.) ab. Keramikmaterial meist aus derselben Zeit. Im rückwärtigen Bereich verfüllte Abortgrube (frühes 20. Jh.). – Wenig röm. Keramik.
(S. Sauer)

Nideggen, Kr. Düren (0511/052)(NW 2005/0009). Zu mittelalterl. Funden u. Befunden am n Rand der Ortslage s. o. S. 317.

Niederzier, Kr. Düren (1062/008)(HA 2004/003, 004); (1062/017)(HA 2004/001); (1062/018)(HA 2004/002). Sö Areal der hochmittelalterl. Hofanlage Wüstweiler (HA 5) im Südfeld des Tagebaues Hambach, ca. 2,5 km nö von Ellen prospektiert u. vermessen (Abb. 14; HA 2004/001–004). Die im Plan von 1670 überlieferte Parzellierung spiegelt sich in der rezenten Fluraufteilung, in Wegen u. Bachläufen sowie in Trockenrinnen. Sö des Hofes, am Winkelbach u. an den w Seitenarmen Wölbäcker lokalisiert (HA 2004/004). Waldbeete aus Gräben u. Dämmen setzen sich in s Richtung fort (HA 2004/003), wo ein größeres Flursystem bis an den rezenten Waldgraben reicht (HA 2004/001). Parallel dazu verbindet ein Hauptgraben die Einzelgräben (B. ca. 3 m). Stichgraben nach NW mündet in einen Zulauf des Winkelbaches. Weiter sw, in der Flur Im Rittersaal dreiseitige Grabenanlage (ca. 135 × max. 60 m) mit innenliegendem Erdwerk (HA 2004/002). Erhöhte Innenfl. (ca. 55 × max. 13,6 m). Von S nähert sich die Viehtrift HA 1998/375. Die Flurrelikte liegen innerhalb oder am Rande der spätmittelalterl. Parzellengrenzen von Wüstweiler u. dürften zeitgleich oder jüngerer Herkunft sein. Die Acker- u. Beetblöcke HA 1998/365, 374 wurden 1670 kartograph. erfasst u. gehörten später teilweise zum nw angrenzenden Frentzer Hof (bereits 1979/1980 vom Tagebau Hambach abgebaut, ebenso das röm. u. frühmittelalterl. Hof- u. Wirtschaftsareal HA 5 u. HA 500). – Vgl. H. Stilke, Der Wüstweiler Hof. Rhein. Ausgr. 51 (Mainz 2002).
(W. Gaitzsch – H. Haarich)

Nörvenich, Kr. Düren (0904/011)(NW 2005/0169). Zum Fund einer evtl. mittelalterl. Hiebaxt s. o. S. 328.

Pulheim, Rhein-Erft-Kr. Zur archäobotan. Untersuchung verkohlter Pflanzenreste aus der Ausgrabung vom Guidelplatz 2001 vgl. J. Meurers-Balke / A. Tolksdorf, Arch. Rheinland 2005, 111–114.

Ratingen, Kr. Mettmann (2278/016)(OV 2005/025). Sachstandsermittlung in der Bahnstr. 7. Suchschnitte zur Ortung der Befestigung in Oberdorf. Bereits 1342 urkundl. erwähnt u. nach histor. Quellen ca. Mitte des 15. Jhs. mit Stadtmauer u. Graben befestigt. Abbruch der Befestigung im 17. Jh. Rundung eines Turmes noch heute im Verlauf der Grundstücksgrenze erkennbar. Sein Fundament u. der Befestigungsgraben (B. 10 m; T. 2,7 m) nachgewiesen.
Verbleib: RAB/RLMB
(J. Gechter-Jones – Chr. Schwabroh)

Rees, Kr. Kleve
1. (3093/031)(NI 2005/1017). Zur Stadtbefestigung vgl. A. Schmidt-Hecklau, Arch. Rheinland 2005, 132–134.

2. (3150/010)(NI 2005/0029). Renovierungsarbeiten in der Kirche St. Quirinus in Millingen. Ziegelfundamente u. Fußbodenrest aus Ziegeln. Grüfte u. eine Grabplatte (2,82 × 1,25 m; Abb. 15) mit Inschrift u. Wappen gefunden: »ANNO DOMINI 1540 DEN 21 DACH FEBRUARY STARFF DIE ERVERSTE UND FROME GAERDT VAN DEN MEVORDEN (oder MEUERT oder MEUERDEN) BITTET VOR IHRE SEELE«. Wappen in blau, zwei Adlerflügel nebeneinander, auf dem Helm offener weißer Pflug (dankenswerter Hinweis von M. Pohl, Kreisarchivar Wesel). – Vgl. H. M. Schleicher (Bearb.), Ernst von Oidtmann und seine genealogisch-heraldische Sammlung in der Universitätsbibliothek zu Köln. Veröff. Westdt. Ges. Familienkde e.V. 10 (Köln 1996) 669.
(W. Sengstock)

Rheinberg, Kr. Wesel (2738/020)(NI 2005/0041). Pflasterarbeiten vor dem kath. Kindergarten. Ziegelbrunnen

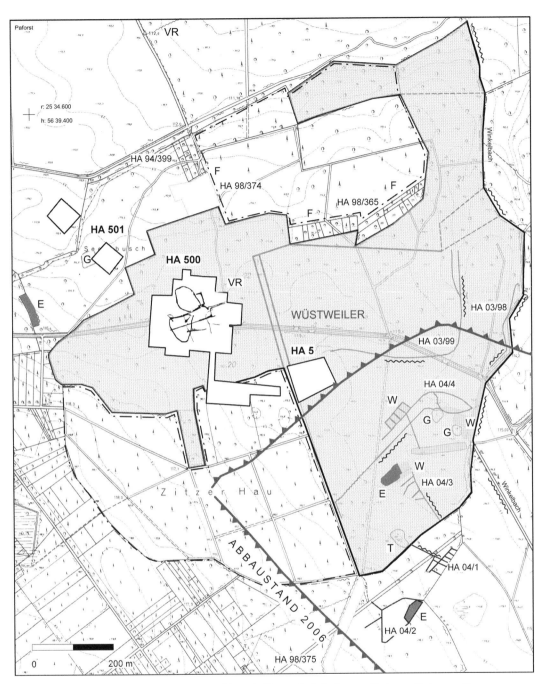

14 Niederzier, Wüstweiler Hof (HA 5). Flurareale (1670) grau, Grabungsflächen weiß.
Ziffern: Grabungs- und Prospektionsmaßnahmen. (E) Erdwerk bzw. Grabenanlage, (F) Feldflur, (G) Grube,
(T) Teich, (VR) Villa rustica, (W) Wölbäcker. Strichpunktlinien: Flurareale Frentzer Hof.
Wellenlinien: Natürliche und künstliche Bach- und Trockenrinnen, Kanalführungen.

(Außendm. 1,7 m) mit Saugrohr u. Gewölbeaufsatz. Brunnen verjüngt sich nach oben.
(W. Sengstock)

Rösrath, Rhein.-Berg. Kr. (1182/006)(OV 2005/286). Im Wald s von Dürbusch fand A. Seemann, ehrenamtl. Mitarbeiter aus Lohmar, eine Schlackenstreuung (ca. 20 × 20 m). Es handelt sich um eine nicht näher datierbare Verhüttungsstelle, wahrscheinl. von Buntmetall.
Verbleib: RAB/RLMB
(J. Gechter-Jones)

Solingen (1872/002)(OV 2005/069). Bausicherungen an der n Terrasse von Schloss Burg an der Wupper. Baugrube (4 × 4 m) an der Innenseite der heutigen Burgmauer. Darin ein Mauerzug aus Bruchsteinen (erfasste L. 3,8 m; B. 1 m) rechtwinklig zur Burgmauer. Die Unterkante der freigelegten Mauer lag unter der Bausohle. Möglicherweise gehörte sie zum ersten Palas Adolfs II. (1106–1160). Die gefundene Keramik (11.–20. Jh.) bestätigt die bekannte Nutzungszeit der Burg. – Vgl. A. Marschall / K. J. Narr / R. v. Uslar, Die vor- und frühgeschichtliche Besiedlung des Bergischen Landes. Beih. Bonner Jahrb. 3 (Neustadt/Aisch 1954) 73 Nr. 1; C. Holtschneider, Romerike Berge 56, 2006, H. 1, 3–6.
(C. Holtschneider)

Troisdorf, Rhein-Sieg-Kr. (0919/027)(OV 2005/068). Baumaßnahme an der Hauptstr. in S p i c h. Bruchsteinkeller mit flachem Gewölbe (4,5 × 5 m; H. 1,2–2,5 m), wohl mittelalterl. In der n Wand zwei Nischen (ca. 0,4 × 0,4 m; H. 0,9 m). Fußboden ursprüngl. mit Platten ausgelegt. Alter, heute vermauerter Zugang in der sö Ecke über Treppenturm erreichbar.
(P. Bürschel – J. Gechter-Jones)

Wassenberg, Kr. Heinsberg (1733/048)(NW 2005/0077) 200 m n der Pletschmühle las der ehrenamtl. Mitarbeiter O. Herrmanns Funde auf. Ein Spinnwirtel, ein Wetzsteinbruchstück u. eine WS Pingsdorfer Ware (mittelalterl.). Ein Spinnwirtel, eine WS getauchte Ware, ein bronzenes Griffbruchstück, drei Bleigewichte, ein Flaschenbodenbruchstück u. acht sonstige Glasbruchstücke (neuzeitl.).
Verbleib: Privatbesitz
(P. Wagner)

Weeze, Kr. Kleve
1. (2832/021)(NI 2005/1016). Zur Ausgrabung einer spätmittelalterl. Grube auf dem Cyriakusplatz vgl. E. Böhm / J.-H. Wroblewski, Arch. Rheinland 2005, 51.
2. (2833/002)(NI 2005/1007). Arch. Begleitung von Erdarbeiten im Umfeld von Haus Hertefeld. Bau- u. Siedlungsspuren in ehem. Haupt- u. Vorburg dokumentiert. In der Vorburg Mauerausbruchgruben durch Steinraub u. Mauerreste einer spätmittelalterl. Vorgängerbebauung. W des Renteiflügels Wassergraben. Offenbar Bebauungselemente aus der Zeit vor der barocken Umgestaltung (um 1700) von Haus Hertefeld. Ein im Ansatz erfasster Graben begrenzte die barocke Vorburg im S, wahrscheinl. bei der Niersbegradigung 1931–1933 zugeschüttet. – Vgl. F. Geschwendt, Kreis Geldern. Arch. Funde u. Denkmäler Rheinland 1 (Köln, Graz und Kevelaer 1960) 317.
(J.-H. Wroblewski – E. Böhm – J. Zeune)

Weilerswist, Kr. Euskirchen (0731/002)(NW 2005/1047). Zur Freilegung der Fundamente eines roman. Kirchturms (Swister Turm) im Zusammenhang mit älteren Ausgrabungen des Kirchenschiffes u. eines röm. Gebäudes vgl. E. Böhm / J. H. Wroblewski, Arch. Rheinland 2005, 126 f.

Wesel, Kr. Wesel
1. (2905/088)(NI 2005/1024). Verlegung von Gas- u. Wasserleitungen in der Hohen Str. Feldbrandmauerwerk dokumentiert. Vor Hausnr. 4 u. 6 zwei Mauerzüge. Am w Rand der Trassensohle eine etwa s–n orientierte homogene Mauer (erh. B. 1,40 m). Mit Baufuge setzte ö eine weitere Mauer (B. ca. 0,68 m; L. 8,10 m) rechtwinklig an. Mauersteine nach Lage u. Beschaffenheit vermutl. vom Dämmer Tor stammend, Hauptzugang zur Mathena-Vorstadt an ihrem ö Ende. 1436/37 erbaut, 1527 umgebaut, um 1700 abgerissen. – Weiter ö zwei Schichtkomplexe vor der Stadtmauer. Der eine (L. 11,70 m) war mit Ziegelsplitt, Holzresten u. Holzkohle durchsetzt, reichte bis unter die modernen Deckschichten u. stammte evtl. teilw. von der Verfüllung des Stadtgrabens.
(U. Ocklenburg)

15 Rees-Millingen, St. Quirinus. Grabplatte von 1540 mit Inschrift und Wappen. Länge 2,82 m.

2. (2964/016)(NI 2005/1020). Bei Erdarbeiten auf Schloss Diersfordt spätmittelalterl. u. neuzeitl. Baubefunde. Unmittelbar w der heutigen Zufahrtsbrücke Grundmauern des Torhauses (15. Jh.). Im O eine Seitenmauer der Tordurchfahrt u. Fragmente eines Ziegelpflasters. Vom Torhaus geht eine wahrschl. gleichzeitige Zwingmauer nach S ab u. umfasst die Hauptburg nach W. Ein zweiter Mauerzug (L. über 55 m; 14. Jh.) als Ringmauer mit Zugangsbrücke von S her erkannt. Untersuchung der bekannten Fundamente der barocken Schlosstreppe. Zwei Stützmauern (18./19. Jh.) zum s Wassergraben. Im Innern des Torhauses, in bauzeitl. Schichten Keramik Siegburger Machart (15. Jh.).
(J.-H. Wroblewski – E. Böhm – J. Zeune)

Wiehl, Oberberg. Kr. (1356/001)(OV 2005/013). Im Waldgebiet »Scherbusch« ö von Morkepütz Hofwüstung Gut Enselskamp lokalisiert. Als ausgedehntes Waldgebiet, das anfangs den Herren von Biberstein gehörte, wurde der Enselskamp 1454 erstmals urkundl. erwähnt (HstA Wiesbaden, Best. 340 Nr. 4793, Lehnakten). Im Jahre 1580 baute sich der Amtmann von Windeck, Johann von Lützenrode, einen Adelssitz im Enselskamp. Dieser wurde 1678 durch den Grafen Wilhelm Friedrich erworben. 1782 übernahm die Familie Kind das homburg. Gut in Erbpacht. 1831 lebten nur noch sechs Personen auf dem Hof, der wohl Mitte des 19. Jhs. aufgegeben wurde. Das ehem. Backhaus wurde bis ca. 1955 als Jagdhäuschen genutzt. Seine Grundmauern sind noch heute im Wald erkennbar.
(A. Schaffranek – J. Gechter-Jones)

Xanten, Kr. Wesel (2899/324)(NI 2005/1031). Modernisierungsmaßnahmen in der Stiftsimmunität. Haus Kapitel 11 teilweise mit Keller versehen, der auch ins Gartengrundstück zur Stiftskirche reichte. Arch. Baubegleitung (250 m²). Stratigraphie der sö Stiftsimmunität. Keine Reste des spätant. u. frühmittelalterl. Gräberfeldes. Älteste Baubefunde von einem Schwellbalkenbau (9. Jh.) im Gartengrundstück. Grundriss setzt sich nach O, im Nachbargrundstück (Kapitel 10) fort. Weitere Gebäudereste vom Ausbau des Stiftes im 9./10. Jh. Erste Kanonikerkurie nicht im Bereich von Haus Kapitel 10/11, sondern im Kapitel 12. Mehrere Erweiterungen u. Umbauten im Hochmittelalter. Außerhalb des Gebäudes, aber wohl zugehörig, eine Latrine (12. Jh.). Bau des Hauses Kapitel 11 erst im Hoch- bis Spätmittelalter. Zunächst ein zweischiffiger Kernbau aus Tuffstein, wohl im 15. Jh. abgeschlossen. Gebäude Kapitel 10 u. 11 offenbar als Einheit errichtet. Im Spätmittelalter an der sö Seite des Kernbaus Turm ergänzt. Umfangreiche Baumaßnahmen im 16./17. Jh. Turm abgerissen u. durch den noch heute bestehenden Treppenturm ersetzt. Gebäude nach SW erweitert. Dort befanden sich vorher ein Ofen u. ein Herd. Entstehung des heutigen Kellers von Haus Kapitel 11 in derselben Zeit. Im Gartengrundstück von Kapitel 11 weitere Baubefunde der frühen Neuzeit, darunter eine Latrine, außerdem zwei Brunnen u. Reste eines Kanals. Einige Architekturfragmente als Spolien verbaut. Darunter ein Bauquader eines röm. Konsolengesimses, vermutl. aus der Colonia.
(St. Weiß-König)

Zülpich, Kr. Euskirchen (0427/009)(NW 2005/0242). 750 m s der Burg Langendorf Oberflächenfund eines halbrund gearbeiteten bronzenen Köpfchens (Dm. 2,3 cm; Abb. 16), innen hohl, mit einem Dorn zum Aufstecken. Vielleicht Knauf eines Messers.
Verbleib: Privatbesitz
(M. Gechter)

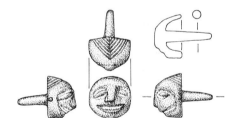

16 Zülpich-Langendorf. Bronzenes Köpfchen. Maßstab 1:2.

Neuzeit

Berg. Gladbach, Rhein.-Berg. Kr. (1402/005)(OV 2005/347). Sw von Oberselbach Reste der histor. überlieferten Grube Eliza lokalisiert. Verbrochenes Stollenmundloch mit Halde (L. ca. 30 m; B. 4–5 m). Stollenverlauf oberhalb des Stollenmundloches auf 22 m Länge durch drei Pingen markiert. Vermutl. ein kleiner Versuchsbetrieb Ende 19. Jh.–Anfang 20. Jh.
(Th. Bilstein – J. Gechter-Jones)

Bergheim, Rhein-Erft-Kr. (1275/020)(NW 2005/1001). Zu Baubefunden im Mühlenhof (14. Jh.) in Kenten s. o. S. 331.

Bonn (0577/046)(OV 2005/026). Sachstandsermittlung in der Hans-Welzel-Str., in Messdorf. Reste von Feldbefestigungen einer Flakstellung des Zweiten Weltkriegs.
(P. Bürschel)

Düsseldorf

1. (2149/012)(OV 2005/029). In der Ilkenstr. in Gerresheim Luftschutzbunker (L. 31,5 m) des Zweiten Weltkrieges dokumentiert. Von ursprüngl. zwei Eingängen, ist noch der n erh., der s wurde nach 1980 abgerissen. Zugang mit Splitterschutzwand aus Beton in Resten

erh. Treppe zur Gasschleuse hinab (T. 2 m). Hier originale Eisentüren. Schutzraum aus Beton in Schalbauweise (B. 2,2 m; H. 2,2 m) parallel zur Treppe. Zwei Kamine u. sieben Lüftungsschächte. Seitenraum (3 × 1,5 m) an der s Seite. Gewölbte Erdüberdeckung ca. 3 m mächtig.
(M. Gechter – G. u. P. Schulenberg)

2. (2149/013)(OV 2005/060). In bewaldeter Hanglage bei Grafenberg zwei verschüttete Zugänge eines Luftschutzstollens. W Stolleneingang (B. 7 m; H. 3,5 m) erh., durch Verkleidung aus Schalbeton geschützt. Ö Zugang als Delle im Hang erkennbar. Stollen vor 1943 U-förmig angelegt u. um 1960 zugeschüttet.

3. (2149/014)(OV 2005/224). Ein weiterer Luftschutzstollen durch neuen Einsturztrichter am oberen Hang zur Ludenberger Str. in Grafenberg identifiziert. Am Hangfuß ein V-förmiger Einschnitt mit Beton- u. Ziegelbruch. Massive Ziegelmauerung als ö Wange eines Stollenzugangs.

4. (2151/009)(OV 2005/062). Zu Scherben des 19./20. Jhs. von der Wüstung des Hofes Hulsen in Hubbelrath s. o. S. 331.

5. (2233/019)(OV 2005/261). Aufbruch u. Begehung eines vermauerten Luftschutzbunkers am Rande des Lantz'schen Parks in Lohausen. Geschwungene Splitterschutzwand aus Ziegeln (H. 2,54 m; D. 0,6 m) schützte den n Bunkereingang (B. 2,0 m). Zweimal rechtwinklig abknickende Treppe hinab zum Schutzraum (L. 30 m; B. 2,0 m; H. 2,2 m), der sich in ähnl. rechtwinklig versetzten Teilstücken zum s Eingang erstreckte. Sieben Lüftungskamine. Be- u. Entlüftung sowie Überdruckklappen in Resten vorhanden. Unmittelbar vor dem s Eingang ein massiver oberird. Betonbau (L. 12,4 m; B. 4,7 m; H. 3,0 m) mit zwei vermauerten Eingängen. Relikte eines ehem. größeren Bunkerkomplexes, Befehlsstelle des Gauleiters.
(M. Gechter – G. u. P. Schulenberg)

6. (2195/008)(OV 2005/001). Zur Prospektion des preuß. Schießstandes bei Rath im Aaper Wald u. zur Ausgrabung des ehem. Offiziershauses vgl. P. Schulenberg, Arch. Rheinland 2005, 149–151.

7. Zur Erkundung eines unterird. Bunkers (sog. Rheinmetallstollen) bei Rath, am w Hang des Aaper Waldes vgl. B. Kamps / Th. Boller, Arch. Rheinland 2005, 158 f.

8. (2055/010)(OV 2005/063). Begehung des »Schumacherfeldes« s des Rathelbacher Hofes in Unterbach. Reste eines Feldbrandofens von ca. 25 m Ausdehnung. Datierung nach dem Ziegelformat ins 19. Jh.
(J. Gechter-Jones – P. Schulenberg – J. Schulz)

9. (2102/016)(OV 2005/021). Beim Hof Kleindüssel in Vennhausen einfacher, privater Schutzbau des Zweiten Weltkrieges für die Hofbewohner. Fensterloser Ziegelbau in den s Hang der Rathelbecker Höhen (L. mehr als 6 m; B. 5 m). Doppelte nicht eingebundene Vorderfront (H. 2,6 m; Gesamtst. 0,8 m). Neben dem Eingang ein Sehschlitz zum Wohnhaus. Lehmbedecktes u. von T-Trägern getragenes Flachdach aus Beton (St. ca. 1 m) mit drei Kaminen (H. 1 m) für einen Ofen bzw. für Lüftungen. Zwei Räume etwa gleicher Größe. Durchgang zum zweiten Raum rechtwinklig versetzt zur Eingangstür, sodass die Trennwand (St. 0,5 m) gleichzeitig vor Luftdruck schützte.
(J. Gechter-Jones – P. Schulenberg – J. Schulz)

Duisburg (2557/007)(NI 2005/1029). Zu neuzeitl. Befunden unmittelbar an der mittelalterl. Stadtmauer s. o. S. 331.

Emmerich, Kr. Kleve

1. (3188/078)(NI 2005/1028). Zu Fundamentmauern am neuen Seniorenpflegeheim, an der Willibrordstr., Ecke Burgstr. s. o. S. 331 f.

2. (3188/080)(NI 2005/0028). Kontrolle von Erdarbeiten, Verlegung von Versorgungsleitungen. Abschnitt (L. 8 m) einer w-ö verlaufenden Mauer eines im Krieg zerstörten Gebäudes von 1825. S Außenmauer mit Pfeilervorlage.
(D. Koran)

Engelskirchen, Oberberg. Kr. (1408/005)(OV 2005/327). Absturzstelle der B-17G-90-BO, Flying Fortress, 43-38595 der US Air Force im Wald bei Stiefelhagen lokalisiert. Maschine am 17.10.1944 von Kölner Flakbatterie abgeschossen. Zwei Trichter (Dm. 5–6 m; T. bis 1,3 m), Munition sowie Bomben- u. Wrackteile gefunden. Recherchen im Kreisarchiv Berg. Gladbach u. in der Flakakte des Bundesmilitärarchivs Freiburg im Breisgau. – Vgl. Missing Air Crew Report 9471, www.aviationarchaeology.com.
Verbleib: RAB/RLMB
(R. Baade)

Erftstadt, Rhein-Erft-Kreis (0725/006)(NW 2005/0170). Oberflächenfunde von einer Ackerfl. 1,7 km w von Erp. Halber Stüber, Jülich-Berg, Karl-Theodor 1786 (vgl. A. Noss, Die Münzen und Medaillen von Köln 2–4 [Köln 1913–1926] Nr. 995). Münze Lüttich, Joseph II., Liard 1789.
Verbleib: RAB/RLMB
(C. Klages)

Essen

1. Über den Abriss der älteren Krupp-Hauptverwaltung u. zwei freigelegte gusseiserne Ziersäulen vgl. D. Hopp / B. Khil, Arch. Rheinland 2005, 151–153.

2. Zu Fundamentbefunden der Marktkirche St. Gertrud sowie zu den Gräbern im Innenraum u. im Umfeld vgl. C. Brand / U. Schoenfelder, Arch. Rheinland 2005, 128–130.

3. (2598/009)(NI 2005/233 ▲ E-2005-58). Anlage einer Baugrube in der Altendorfer Str., im Bereich der 1912 eingeweihten u. 1976 abgerissenen Krupp-Hauptverwaltung (sog. Turmhaus). Überreste des Kellergeschosses u. Teile des erstaunl. gut erh. sog. Rohrleitungskellers. Im NO Fragmente der Außenmauern u. eine Eingangssituation. Im Kellergeschoss Lichthof mit Parkplätzen (z. T. mit den alten Reservierungsschildern), Paternosteraufzüge, Büros für Materialprüfung u. Mate-

rialproben, div. Lagerräume u. a. für Akten sowie die »Telephonie«-Räume. Fundamente des sog. Rohrleitungskellers mit bis zu 4,50 m tiefen Räumen u. Kammern. Darin die Leitungen für Zu- u. Abwasser, Heizungen u. Frischluft sowie u. a. ein großer Bücher- u. Zeitschriftenraum für die Techn. Bibliothek. – Überreste älterer Nutzung im Lichthof, evtl. von der Mechan. Werkstatt I.
Verbleib: Historisches Archiv Krupp u. Ruhrlandmuseum
(D. Hopp)

4. (2598/012)(NI 2005/228 ≙ E-2005-53). In der Innenstadt, s der Pferdebahnstr., unmittelbar w der heutigen Titanhallen auf einer Länge von ca. 300 m etwa sn orientierte, mehrere Meter hoch erh. industrielle Reliktstrukturen. Zwischen massiven Stahlbetonpfeilern (H. ca. 6 m) befinden sich in den unteren zwei bis drei Metern geschlossene Bruchsteinwände, darüber Stahlbetonwannen. Insgesamt sechs rechteckige Strukturkomplexe. Die n Struktur besteht aus Ziegeln einer geschwungenen Fassade. Nach einer Bestandskarte der Gussstahlfabrik, sind 1914 drei Komplexe entstanden, 1914–1918 drei weitere (HAK W AlXV c 153). Das Luftbild von 1943 mit den Kriegszerstörungen der Fabrik lässt mehrere oben offene schiffsförm. Wasserbehälter erkennen. Auf einer Werksfotografie aus den 30er Jahren (HAK W N16 v 6) sind schiffsförm. hölzerne Aufbauten mit eisernen Gerüsten u. Substruktionen aus Bruchstein bzw. Ziegeln u. Stahlbeton zu erkennen. Innerhalb letzterer verläuft auch heute noch eine große Druckleitung, die von jedem Wasserbehälter eine kleinere Zuleitung von oben erhält u. nach N geschlossen ist. – Auf einer Karte von 1918 (HAK W NXV c 154), die die Wasserversorgung der Fabrik darstellt, liegt w der Strukturkomplexe ein Vorfluter, der jedoch im Werksarchiv unter den Kühltürmen geführt wird. Das Aussehen entspricht nach dem hist. Foto, bis auf die Schiffsform, einem Kühlturm: Verjüngung nach oben, Holzwände, Stützgitter, möglichst viel Fl. zur Abkühlung. In den o. g. Plänen ist s ein Dampfkraftwerk verzeichnet. Statt des übl. riesigen Kühlturms sind hier mehrere kleinere hintereinander geschaltet.
(D. Hopp – B. Khil)

5. (2599/004)(NI 2005/181 ≙ E-2005-30). Zu neuzeitl. Baubefunden am Markt s. o. S. 332.

6. (2599/070)(NI 2005/165 ≙ E-2005-14). Zu neuzeitl. Wohnbebauung in der Innenstadt s. o. S. 332.

7. (2597/004)(NI 2005/169 ≙ E-2005-18). Neubebauung zwischen Nöggerath- u. Grunerstr., Gelände des ehem. Freibades West in Frohnhausen. Im S der Fl. Haldenreste wohl von der Zeche Schölerpad. Der frühere Name des Feldes »An der Hagenbeck« verweist auf die gleichnamige Zeche, die 1575 urkundl. erwähnt wird u. um 1900 die Zeche Neuschölerpad ankaufte. – Vgl. H. Spethmann, Essener Beitr. 70, 1955, 23–54; W. G. Hermann, Die alten Zechen an der Ruhr (Essen 1990) 197 f.
(D. Hopp).

8. Zur Ausgrabung der Überreste der Höfe Schulte u. Busemann in Frohnhausen vgl. D. Hopp, Arch. Rheinland 2005, 142 f.

9. (2535/007)(NI 2005/216 ≙ E-2005-85). Umsetzung des 1934 errichteten Kriegerdenkmals wegen Standunsicherheit durch Essener Arbeit (Beschäftigungsges. mbH) am Hinseler Hof, in Holthausen. Unter der sö Ecke des Denkmals für Gefallene des Ersten Weltkriegs fand D. Lerche (Baggerführer) eine grüne Glasflasche. Darin Urkunde der Grundsteinlegung am 17.3.1934 in Sütterlin geschrieben, maschinenschriftl. Liste mit 105 Namen der Gefallenen u. zwölf Namen der Vermissten aus Überruhr, verschiedene Geldscheine (Inflations- u. Notgeld) sowie Marken des Winterhilfswerks.
Verbleib: Ruhrlandmuseum

10. (2531/007)(NI 2005/213 ≙ E-2005-82). Bau eines Regenrückhaltebeckens in Rüttenscheidt w u. sw des Hofes Unterschemmann, Hatzper Str. 104. Moderne, z. T. mehrere Meter mächtige Aufschüttungen vom Bau der Autobahn A 52, vom U-Bahn-Bau u. von der Verfüllung des Borbecker Mühlenbaches (70er Jahre). In Hofnähe mindestens eine Abfallgrube mit Objekten des 20. Jhs. u. mehrere, wohl neuzeitl. pfostenähnl. Verfärbungen, möglicherweise Reste eines Zaunes. Vereinzelte ältere Funde, darunter Wandungsscherbe Siegburger Art (ca. 14./15. Jh.). Der Kotten Schemmann dürfte etwa seit dem Ende des 17. Jhs. existieren, um 1800 wird der Kotten Unterschemmann entstanden sein, direkt neben dem älteren, heute nicht mehr bestehenden Kotten Schemmann (seit 1816 Oberschemmann). – Auffüllung des Bachbettes w des Hofes Unterschemmann in den 70er Jahren. Zahlreiche Menschenknochen gefunden. Damals Kriminalpolizei hinzugerufen. Herkunft des angeschütteten Materials vom U-Bahn-Bau im Bereich des Essener Hauptbahnhofes festgestellt. Es stammt von dem 1827 angelegten u. 1955 beim Ausbau des Ruhrschnellweges (heute A 40) aufgelösten Friedhof am Kettwiger Tor. Weitere Menschenknochen fanden sich 2005. – Vgl. H. Schmitz, Höfe, Kotten und ihre Bewohner 2 (Essen 1993) 82–87.
Verbleib: Ruhrlandmuseum

11. (2498/009)(NI 2005/163 ≙ E-2005-12). Bei einer Feldbegehung in Schuir, ö der Wallneyer Str. fand R. Oer eine Gürtelschließe aus Messing u. einen schlecht erh. Messingknopf mit Aufschrift »Legion Etrangere« (sic!). Am 23.1.1923, während der Ruhrbesetzung, rückte diese auf Essener Gebiet vor u. war hier bis September desselben Jahres stationiert.
Verbleib: Ruhrlandmuseum
(D. Hopp)

12. (2465/001)(NI 2005/207 ≙ E-2005-76). Restaurierungarbeiten in der ehem. Abtei in Werden. Keller mit Kreuzgratgewölbe im NO des 1764 entstandenen n Flügels der barocken Dreiflügelanlage entdeckt. Darin Einbauten (erste Hälfte 20. Jh.), an einer Wand zwei Graffiti von dreiarmigen Kandelabern evtl. aus der Nutzungszeit der Gebäude als Gefängnis (1803–1928). In einem weiteren Kellerraum, hinter einem Durchbruch

durch eine Ziegelwand eine aus Bruchsteinen gesetzte Mauer, anscheinend von einem zugeschütteten Keller des vorbarocken Abtshauses.
(I. Buhren – D. Hopp)

13. (2465/001)(NI 2004/1033). Zu weiteren Baubefunden des 17.–20. Jhs. im Hof der ehem. Abtei Werden (Musikhochschule Folkwang) s. o. S. 333.

14. (2465/053)(NI 2005/231 ≙ E-2005-56). Zu Befunden des 19. u. 20. Jhs. in Werden s. o. S. 333.

15. (2465/055)(NI 2005/241 ≙ E-2005-66). Verlegung von Versorgungsleitungen in Werden, vor dem Haus Brückstr. 25. A. Göbel, ehrenamtl. Mitarbeiter, stellte hier eine etwa NW–SO verlaufende Bruchsteinmauer fest. Vor dem Zweiten Weltkrieg standen in der Brückstr. zahlreiche Wohnhäuser, die bereits auf der Honigmann'schen Karte von 1803/06 verzeichnet sind. – Vgl. K. Lynch in: J. Eberhardt / N. Schöndeling (Hrsg.), Angemerkt. Thesen, Skizzen und Zwischenberichte. Beitr. Baugesch. u. Denkmalpflege Lehr- u. Forschungsbereich Denkmalpflege Fachbereich Architektur FH Köln 5 (Köln 2001); D. Hopp (Hrsg.), Unter unseren Füßen (Essen 2005).

16. (2466/024)(NI 2005/226 ≙ E-2005-51). Neubau eines Gebäudes der Ludgerusschule in der Kellerstr. in Werden. Hinweise auf ältere Bebauung (19. Jh.). Spuren mehrfacher Überschwemmungen des Geländes. – Etwas entfernt floss der in der zweiten Hälfte des 19. Jhs. (?) kanalisierte Steinbach, an den noch der Straßenname »Steinbeck« erinnert. Ein gleichnamiger 1431 genannter Hof befand sich ö des Baches. – Vgl. E. Dickhoff, Essen. Hof- und Flurnamen im Spiegel Essener Straßennamen (Essen 1971) 86.
(D. Hopp)

Heinsberg, Kr. Heinsberg (1611/034)(NW 2005/1000). Zu Fundamentbefunden u. Bestattungen (19. Jh.) am Burgberg s. o. S. 336.

Hückeswagen, Oberberg. Kr. (1974/001)(OV 2005/007). Am w Ufer der Wuppervorsperre bei Hummeltenberg Absturzstelle eines Militärflugzeuges. Trichter im Walboden (Dm. 5 m; T. 2 m) u. verstreute Trümmerteile. Nach den Angaben des Flugbuches u. des Einsatzberichtes sowie mündl. Hinweisen des Piloten F. Krause startete die Maschine, ein Höhenjäger vom Typ Messerschmitt Bf 109H, am 4.11.1944 mit vier weiteren Nachtjägern von Bonn-Hangelar. Sie wurde im Luftraum ö vom Remscheid von einem Bombenflugzeug der Royal Air Force abgeschossen. – Vgl. W. R. Chorley, Royal Air Force Bomber Command losses of the Second World War (Hinckley 1993); M. Middlebrook, The Bomber Command War Dairies 1939–45 (London 2000).
Verbleib: RAB/RLMB
(R. Baade)

Inden, Kr. Düren. Zum Oberflächenfund eines Bronzereliefs mit Arethusa-Darstellung (Ende 19. Jh.) vgl. W. Gaitzsch, Arch. Rheinland 2005, 153–155.

Jülich, Kr. Düren. Zu Befunden aus dem Zitadellenbereich, dem Sepulchrinerinnenkloster u. der preuß. »Stall-Kaserne« sowie zu den Fundamentüberresten der Bebauung nach der Idealstadtplanung (16. Jh.) u. zu einem Keramikbrennofen aus Feldbrandziegeln vgl. B. Dautzenberg / A. Hupka, Arch. Rheinland 2005, 141 f.

Kamp-Lintfort, Kr. Wesel. Zur Ausgrabung der barocken Gartenanlage im ehem. Zisterzienserkloster Kamp vgl. Chr. Keller, Arch. Rheinland 2005, 144–146.

Kaarst, Rhein-Kr. Neuss (2141/010)(OV 2005/324). Zu einer neuzeitl. Münze s. o. S. 324.

Kleve, Kr. Kleve (3112/040)(NI 2005/1032). Zur Ausgrabung neuzeitl. Bausubstanz im ehem. Stiftsbezirk an der Nassauer Str. s. o. S. 336.

Leverkusen (1706/008)(OV 2005/008). Absturzstelle eines Militärflugzeuges vor einem Hof n von Atzlenbach nach zeitgenöss. Fotografien lokalisiert. Aufnahmen mit lesbarer Kennung »YJ-X« u. Seriennummer »42-75226« der Maschine. Wrackteile vermutl. im Boden verborgen, an der Oberfl. nichts mehr gefunden. Es handelte sich um eine amerikan. Republic P-47D »Thunderbolt«, die von der Kölner Flak getroffen am 22.2.1944 abstürzte. – Vgl. G. Alders, Die Kölner Flakabwehr im zweiten Weltkrieg und ihre Schüler-Soldaten 20, 2. Teil (o. O. 1994) 163–165.
(R. Baade)

2. (1642/022)(OV 2005/316). Schützengraben ö oberhalb der Wupper in Opladen dokumentiert. Im Zickzack angelegter Graben (B. 1,9 m; Gesamtl. 156 m; erh. T. 0,45 m). In regelmäßigen Abständen vier Schützenlöcher. Zwei kurze Gräben zweigten rechtwinklig nach hinten ab, einer zu einer MG- bzw. Granatwerferstellung. Als Teil der Verteidigung West im Winter 1944/45 ausgehoben.
(W. Faust – M. Gechter)

Linnich, Düren (1320/013)(NW 2005/1008). Zu einer Auffüllschicht im Außenbereich der Kirche St. Martinus mit zahlreichen sekundär eingelagerten Skelettresten (18./19. Jh.) von ehem. Gräbern s. o. S. 337.

Merzenich, Kr. Düren

1. (1012/020)(HA 2004/0016). Im Merzenicher Wald, 1,5 km w von Morschenich zwei dicht benachbarte Pingen (Dm. ca. 8–14 m, T. 2 u. 3 m). Steile u. kaum verschliffene Wandungen. Wahrschein. nachantike, wohl neuzeitl. Datierung.
(W. Gaitzsch – H. Haarich)

2. (0960/014)(NW 2005/1015). Zu Wegen, Gräben, Schützengräben u. Erdbunkern des Zweiten Weltkrieges s. o. S. 326.

Mettmann, Kr. Mettmann. Über Grabensysteme bei Diepensiepen zur Wiesenbewässerung (19. Jh.) in der Düsselaue vgl. F. Sackel / W. Sauter, Arch. Rheinland 2005, 147 f.

Much, Rhein-Sieg-Kr. (1184/001)(OV 2005/066). Begehung des Naafbachtals. Obergraben einer sw gelegenen Mühle. Der Graben (T. ca. 0,6–0,8 m) ist in den Hang eingearbeitet u. talseitig mit einem Wall versehen. Die nicht namentl. genannte Mühle erscheint zuerst in der Preuß. Neuaufnahme von 1895.
(Th. Becker)

Nettetal, Kr. Viersen. Zum Nachtjägerflugplatz Venloer Heide vgl. W. Wegener, Arch. Rheinland 2005, 155–157.

Niederzier, Kr. Düren (1012/021)(HA 2004/017). Zu Dämmen, Gräben u. Spuren von Wölbäckern im Bereich der Tongruben, im Merzenicher Wald, bei E l l e n s. o. S. 328.

Odenthal, Rhein.-Berg. Kr. (1522/009)(OV 2005/188). Absturzstelle eines Militärflugzeugs in einer Wiese nw von Kramerhof. Maschine vom Typ Messerschmitt Bf 110G-4 (Kennung: G9+CT, Werknr. 740 162) am 24.12.1944 abgestürzt. Aufschlagtrichter als Mulde schwach erkennbar. Umfangreiche Recherchen in der Familie des Bordfunkers A. Fechner u. im Stadtarchiv Odental. – Vgl. H. Mauermann, Fliegerhorst Störmede. Eine Chronik in Bild und Wort (Lippetal 2005).
(R. Baade)

Radevormwald, Rhein.-Berg. Kr. (2024/006)(OV 2005/190). Auf einer Wiese am Dorfrand von H ö n d e Absturzstelle eines amerikan. Jagdflugzeugs vom Typ Republic P-47D »Thunderbolt« vom 14.3.1945. Kleine Trümmerstücke u. Bordmunitionsreste. Recherchen im Stadtarchiv Leverkusen (Bestand Rhein-Wupper-Kreis), in der Schulchronik Wipperfürth-Egen u. im Friedhofsbuch Radevormwald. – Vgl. Missing Aircrew Report 13023, www.aviationarchaeology.com.
(R. Baade)

Rheinberg, Kr. Wesel (2712/003)(NI 2005/0084). Ausschachtungsarbeiten für einen Neubau in B u d b e r g. 69 neuzeitl. Gruben u. ein durch die Baustelle verlaufender Graben.
(W. Sengstock)

Straelen, Kr. Kleve. Zum Nachtjägerflugplatz Venloer Heide vgl. W. Wegener, Arch. Rheinland 2005, 155–157.

Wermelskirchen, Rhein.-Berg. Kr. (1823/010)(OV 2005/326). Absturzstelle der brit. Lancaster Mk I, HK 689, A4-B, 195 Sqn. vom 4.11.1944 in der Nähe von E l l i n g h a u s e n. Maschine anhand der Herstellerprägungen an den geborgenen Wrackteilen identifiziert. Umfangreiche Recherchen nach der Aussage des Piloten Richard P. Perry von der beteiligten 218 Sqn. Royal Air Force, nach der Auskunft des Royal Airforce Museum Hendon sowie nach Akten des Stadtarchivs Wermelskirchen u. des Kreisarchivs Berg. Gladbach. – Vgl. W. R. Chorley, Bomber Command Losses of the Second World War 1944 (Hinckley 1993); M. Middlebrook, The Bomber Command War Dairies. An operational reference book: 1939-45 (London 2000).
Verbleib: RAB/RLMB
(R. Baade)

Wesel, Kr. Wesel (2874/003)(NI 2005/0042). Vorarbeiten für die neue Rheinbrücke in B ü d e r i c h. Fundamente der ehem. Befestigung Fort Napoleon, später Fort Blücher (BD WES 36). U. a. Teilstück der Conterescarpe (B. 1,7 m; H. 1,7 m). Fundament ruhte auf zwei Lagen Grauwacke. Darin, quer zum Fundament, im Abstand von 1,1 m Eichenhölzer (0,2 × 0,2 m) eingelassen.
(W. Sengstock)

Weilerswist, Kr. Euskirchen. Zu den Resten einer Flugabwehrkanone (Flak) in D e r k u m vgl. H.-D. Dick, Arch. Rheinland 2005, 160–162.

Wipperfürth, Oberberg. Kr. (1777/006)(OV 2005/350). Im Wald bei F ä h n r i c h s t ü t t e m Absturzstelle eines amerikan. Militärflugzeugs. Rumpf-, Tragfl.- u. Motorfragmente sowie Messinghülsen von Bordmunition in Streulage. Recherchen in den Dachauer Prozessunterlagen u. im Stadtarchiv Wermelskirchen ergaben, dass es sich um den Bomber B-24J-150-CO, Liberator, 44-40158 handelt, der am 5.4.1945 niederging. – Vgl. H. u. U. Jux, Im Schlagschatten der Großstadt (o. O. 2002); Missing Air Crew Report 1410, www.aviationarchaeology.com.
Verbleib: RAB/RLMB
(R. Baade)

Zülpich, Kr. Euskirchen (0473/026)(NW 2005/0181). Oberflächenfund 650 m sw von N e m m e n i c h. Ein Stüber 1743, Erzstift Köln, Clemens August (vgl. A. Noss, Die Münzen und Medaillen von Köln II–IV [Köln 1913–1926] Nr. 719)
Verbleib: Privatbesitz
(C. Klages)

Nachträge

Bornheim, Rhein-Sieg-Kr. (0676/016). Luftbildbefund vom 4.5.1990. W von Rösberg negative Bewuchsmerkmale auf unregelmäßig begrenzten Fl. In der Nähe vorgesch. u. röm. Keramik. Hinweis auf ehem. Siedlung?
(R. Zantopp)

Burscheid, Rhein.-Berg. Kr.
1. (1709/002)(OV 2005/264). J. Urbahn, Odenthal, übergab Begehungsfunde der Jahre 1980–1985 aus Kaltenherberg. Mittelalterl. Scherben von der bekannten Wüstung »Hahnscheider Hof«. Außerdem röm. Keramik (zweite Hälfte 1. Jh.) von derselben Stelle: eine RS Hofheim 89, eine RS Deckel, eine WS Topf, eine WS Dolium handaufgebaut. – Vgl. Bonner Jahrb. 204, 2004, 338.
2. (1709/011)(OV 2005/268). An anderer Stelle bei Kaltenherberg fand er Scherben (1. Jh.): einen Deckelknauf u. eine RS Haltener Kochtopf.
Verbleib: RAB/RLMB
(M. Gechter)

Düsseldorf (2005/001)(OV 2005/223). Baumbestandener Hügel am w Rand des Schlossparkes Eller, vormals als Motte gedeutet (vgl. Bonner Jahrb. 186, 1986, 647). R. Radziki legte Fotos vor, die eindeutig eine Nutzung des Hügels als Eiskeller belegen. Nach einem Deckeneinsturz am ehem. Eingang Fotoaufnahmen des gewölbten ziegelgemauerten Kellerganges mit zwei rundbogigen Türlaibungen. Gang führte in einen tonnenförmigen Raum, anscheinend tiefer in den Boden u. auch in die Höhe reichend. Einsturzloch 1999 sofort verfüllt.
(J. Gechter-Jones – G. u. P. Schulenberg)

Essen
1. Durchsicht von Altbeständen des Ruhrlandmuseums. Mittelhandknochen (Metacarpus) eines Moschusochsen (Ovibos moschatus). – Vgl. R.-J. Prilloff / U. Scheer, Arch. Rheinland 2005, 26–28.
2. (2568/006)(NI 2005/162 ≙ E-2005-11). In den 60er Jahren fand W. Werner in den damaligen Gartenanlagen bei der evang. Friedenskirche in Steele einen Trichterhalsbecher Siegburger Art (nach 1550). Becher mit Henkel gut erh., Farbe hellgrau-gelbl., Oberfl. glasiert, Trichterhals fehlt, Wellenfuß, Drehrillen am Unterteil (erh. H. ca. 12,5 cm; max. B. 9,0 cm). An der Schulter drei flüchtig aufgebrachte Medaillons (Dm. ca. 5,0 cm). Darin stehender David mit Schwert in der li. u. Leier in der re. Hand, bekrönter Kopf, li. neben David Kirche mit Feldern davor. Re. u. li. neben dem Haupt Inschriftbänder »REX« u. »DAVIT«. – Vgl. E. Hähnel, Siegburger Steinzeug 2 (Köln 1992) Nr. 1784.
Verbleib: Privatbesitz
(D. Hopp)

Geilenkirchen, Kr. Heinsberg (1257/023). Luftbildbefund vom 3.4.1985 s der Stadt. Negative Bewuchsmerkmale u. helle Bodenverfärbungen multitemporal dokumentiert. Rechtwinklig abknickende Mauerverläufe u. parallel dazu Gebäudegrundrisse. Beides parallel zur heutigen Landstraße L240, die in der Tranchotkarte 1805/07 (Bl. 66) »à Aix la Chapelle« beschriftet ist. Die Gebäudegrundrisse lassen an röm. Bebauung denken. Da jedoch nw des Befundes zahlreiche Wehrmachtsbauten, meist Unterstände, lagen, ist auch diese Erklärung denkbar.
(R. Zantopp)

Goch, Kr. Kleve
1. (2952/007)(NI 2003/0084). In Pfalzdorf las der ehrenamtl. Mitarbeiter H. Smits vor längerem neben eisenzeitl. u. röm. Scherben eine Pfeilspitze aus braunem, lichtdurchlässigem Flint auf (L. 2,0 cm; B. 1,3 cm; Gew. 0,9 g; Abb. 17). Fein retuschiertes zweiflügeliges Stück mit Dorn ohne Beschädigungen. Am ehesten endneolith., Becherkulturzeit.
Verbleib: RAB/RLMB

17   Goch-Pfalzdorf.
Pfeilspitze aus Flint. Maßstab 1:1.

2. (2953/002)(NI 2003/0215). Beim Kartoffelroden fand K. Kranen in Pfalzdorf vor Jahren ein Beil aus braungrauem Rijckholtflint. Es gelangte durch H. Smits in die Außenstelle Xanten: Dünnnackige Form (L. 11,1 cm; B. 4,2–5,2 cm; max. St. 2,8 cm; Gew. 212 g) mit gerundetem Nacken u. ungleichmäßiger Wölbung. Querschnitt spitzellipt., Beschädigungen an Kanten u. beiden Fl., Oberfl. mit glänzender Glättung. Mittel- bis jungneolith. Nackenbeil, wie es nicht selten am Niederrhein zu finden ist.
Verbleib: RAB/RLMB

3. (3019/005)(NI 2003/0022). Bei Erntearbeiten zwischen 1996 u. 1999 fand H. Appenzeller in Pfalzdorf zwei Silexbeilbruchstücke, die erst im Berichtsjahr durch H. Smits in die Außenstelle Xanten gelangten. Das größere Stück (erh. L. 10,1 cm; erh. B. 4,7–6,0 cm; max. St. 2,9 cm; Abb. 18 links) aus dunkelbraungrauem Rijckholtflint ist stark beschädigt. Nacken u. eine Fl. wohl vom Pflug scharf abgebrochen, erh. Kanten alt beschädigt. Die Form des geglätteten Bruchstückes ist unregelmäßig mit einer geraden u. einer schiefwinkligen Kante. Vom zweiten Beil (hellgrauer Rijckholtflint; B. 5,7 cm; St. 2,7 cm; Abb. 18 rechts) ist der hochglänzende, glatt polierte Schneidenteil erh., eine Seite mit leichten Beschädigungen. Nacken fehlt. Beide Bruchstücke jung- bis endneolith.
Verbleib: RAB/RLMB
(C. Bridger-Kraus)

18   Goch-Pfalzdorf. Bruchstücke von Feuersteinbeilen. Maßstab 1:2.

4. Zur Übereignung der Sammlung Buffen an den Landschaftsverband Rheinland vgl. J. Obladen Kauder / J. Weiner, Arch. Rheinland 2005, 44 f.

Grevenbroich, Rhein-Kr. Neuss (1900/021). Luftbildbefund vom 14.3.1991 s vom Buscherhof. Helle u. dunkle Bodenverfärbungen von einer rundl. Einfriedung mit Innenstruktur. Evtl. Spuren einer ehem. Hofanlage, die jedoch in den histor. Karten nicht nachgewiesen ist.
(R. Zantopp)

Kempen, Kr. Viersen (2413/005). Luftbildbefund vom 30.5.1990 n von Unterweiden. Positive Bewuchsmerkmale von einigen Gruben unterschiedl. Form u. Größe. In der DGK5L negative Bewuchsmerkmale rechtwinklig abknickender Wege oder Mauerverläufe, evtl. von ehem. Siedlung bzw. von Bestattungen.
(R. Zantopp)

Kerpen, Rhein-Erft-Kr. (0963/017). Luftbildbefund vom 13.3.1991 sw der Stadt. Helle Bodenverfärbungen von den Mauern eines Gebäudegrundrisses, wahrscheinl. einer größeren Villa rustica. Orientierung vom heutigen Infrastruktursystem abweichend. Weiter ö umfangreiche röm. Siedlungsrelikte u. Gräber (vgl. 0963/011 u. Bonner Jahrb. 200, 2000, 550–552).
(R. Zantopp)

Krefeld. Durchsicht von Altbeständen des Ruhrlandmuseums in Essen. Mittelfußknochen (Metatarsus) eines Moschusochsen (Ovibos moschatus) aus Krefeld. – Vgl. R.-J. Prilloff / U. Scheer, Arch. Rheinland 2005, 26–28.

Kürten, Rhein.-Berg. Kr. (1462/008)(OV2005/214). Von einer Fundstelle s von Oberberg übergab H. Prinz, Lindlar, mesolith. Altfunde: siebzig unmodifizierte Artefakte aus Feuerstein, Quarzit, Chalzedon, Kieselschiefer u. Jaspis. Außerdem sieben Werkzeuge aus Feuerstein, näml. eine einfache Spitze, ein Dreieck, zwei Lateralretuschen, zwei Endretuschen u. ein Zwischenstück.
Verbleib: RAB/RLMB
(J. Gechter-Jones)

Mechernich, Kr. Euskirchen
1. (0284/009). Luftbildbefund vom 11.4.1991 n der Stadt. Positive Bewuchsmerkmale von zahlreichen kleinen Gruben als Spuren einer ehem. Siedlung oder eines Gräberfeldes.
2. (0203/010). Luftbildbefund vom 27.6.1981 ö von Weyer. Positive Bewuchsmerkmale von einem Grabenrechteck mit darin liegendem Grabenquadrant. Steht evtl. mit röm. Siedlungsrelikten im Zusammenhang.
(R. Zantopp)

Mülheim. Durchsicht von Altbeständen des Ruhrlandmuseums in Essen. Oberschenkelknochen (Femur) eines Moschusochsen aus Mülheim. – Vgl. R.-J. Prilloff / U. Scheer, Arch. Rheinland 2005, 26–28.

Bad Münstereifel, Kr. Euskirchen (0181/005). Luftbildbefund vom 11.4.1991 s von Eicherscheidt. Positive Bewuchsmerkmale durch zahlreiche kleine längl. Gruben evtl. von einem Gräberfeld.
(R. Zantopp)

Pulheim, Rhein-Erft-Kr. (1451/014). Luftbildbefund vom 23.5.1993 ö von Ingendorf. Dunkle Bodenverfärbungen von ehem. Wegeverlauf mit parallel liegenden ebenfalls dunkel verfärbten Fl. Ein weiterer Weg im spitzen Winkel dazu. Befund zusätzl. in DGK5L anhand negativer Bewuchsmerkmale multitemporal interpretiert. Spuren evtl. von ehem. Siedlung. Durch hist. Karten nicht datierbar.
(R. Zantopp)

Rommerskirchen, Rhein-Kr. Neuss (1752/033)(OV 2005/317). Zu einem bronzenen Tüllenbeil aus Hoeningen, das W. Dickmann bereits 2003 in seinem Gewächshaus beim Pflügen fand, vgl. H. E. Joachim / C.

Weber, Bonner Jahrb. 206, 2006, 15 Abb. 17; 40 Nr. 189.
Verbleib: Privatbesitz
(J. Gechter-Jones)

Solingen (1868/007)(OV 2005/230). Neolith. Einzelfund aus den 70er Jahren in Friedrichsaue von J. Rodenkirchen. Spitznackiges Ovalbeil aus Maasfeuerstein (Brandt Var. b) ganz geschliffen mit gut gerundeter Schneide (L. 17,4 cm; B. 7,5 cm; H. 3,3 cm).
Verbleib: Privatbesitz
(J. Gechter-Jones)

Waldfeucht, Kr. Heinsberg (1729/008). Luftbildbefund vom 7.8.1998 ö von Driesch. Dunkle Bodenverfärbungen von rundl. Einfriedung. Befund auch in DGK5L anhand negativer Bewuchsmerkmale multitemporal interpretiert.
(R. Zantopp)

Weilerswist, Kr. Euskirchen
1. Zur Ausgrabung der Fundamente des Kirchenschiffs u. eines röm. Gebäudes am Swister Turm im Jahre 1933 vgl. E. Böhm / J. H. Wroblewski, Arch. Rheinland 2005, 126 f.
2. (0623/014). Luftbildbefund ö von Metternich. Positive Bewuchsmerkmale von rechteckiger Grabeneinfriedung, die umlagert ist von Gruben unterschiedl. Form u. Größe. Ein weiterer geradliniger Grabenverlauf. Evtl. Spuren einer ehem. Siedlung oder Befestigung.
(R. Zantopp)

Wesel, Kr. Wesel (2964/016)(NI 1993/1016; 04/1013). Bei Entschlammung des Grabens auf Schloss Diersfordt 1993 Wehrmauer festgestellt. Leitungsverlegungen im Sommer 2004. Dokumentation neuzeitl. u. mittelalterl. Befunde der Wirtschaftsgebäude, des Innenhofes u. der Remise. Zwei verfüllte Gräben lassen durch ihre Lage vermuten, dass Schloss Diersfordt auf eine ursprüngl. dreiteilige Burganlage zurückgeht.
(W.-S. van de Graaf)

Wiehl, Oberberg. Kr. (1414/002). Luftbildbefund vom 12.10.1990 sw von Alferzhagen. Positive u. negative Boden- sowie qualitative Bewuchsmerkmale von kleiner rundl. Einfriedung, evtl. im Zusammenhang mit ehem. Siedlung.
(R. Zantopp)

Bildrechte. Abb. 1 Detlef Hopp, Essen. – Abb. 3, 8–10, 13 und 16 Rheinisches Landesmuseum Bonn, Zeichnungen Sigrun Wischhusen. – Das Übrige Rheinisches Amt für Bodendenkmalpflege, Realisierung Evelyn Rogge-Geilenbrügge (2, 4, 11 und 12); Wolfgang Gaitzsch, Titz wie die Folgenden, und zwar zusammen mit Jan Janssens und Guido Schmidt (5), zusammen mit Horst Haarich, Guido Schmidt und Michael Goerke (6), zusammen mit Horst Haarich und Guido Schmidt (7), ferner Horst Haarich zusammen mit Guido Schmidt und Werner Warda (14); Willi Sengstock, Xanten (15); Till Königs, Xanten (17 und 18).

Ortsverzeichnis zum Fundbericht 2005

Die Zahlen verweisen auf die Seiten des Fundberichts.

Kreis Aachen
    Baesweiler-Oidtweiler 316
    Eschweiler-Dürwiß 317, 323
    Eschweiler-Weisweiler 332
    Würselen-Euchen 318

Kreis Düren
    Aldenhoven-Engelsdorf 330
    Aldenhoven-Pattern 331
    Inden 316, 324
    Inden, Alt-Inden 324, 344
    Inden-Schophoven 336
    Jülich 344
    Jülich-Koslar 324
    Kreuzau-Boich 317, 320
    Linnich 337, 344
    Merzenich 320, 326
    Merzenich-Golzheim 326
    Merzenich-Morschenich 320, 326, 344
    Nideggen 316, 317
    Nideggen-Schmidt 328
    Niederzier 328, 338
    Niederzier-Ellen 320, 328
    Niederzier-Hambach 317
    Nörvenich 320
    Nörvenich-Rath 328
    Vettweiß-Gladbach 330
    Vettweiß-Lüxheim 318 f.
    Vettweiß-Sievernich 330

Kreis Euskirchen
    Euskirchen-Kuchenheim 333
    Euskirchen-Weidesheim 323, 330, 339
    Mechernich-Weyer 347
    Bad Münstereifel - Eicherscheidt 347
    Weilerswist 340, 348
    Weilerswist-Derkum 345
    Weilerswist-Metternich 348
    Zülpich 321
    Zülpich-Langendorf 341
    Zülpich-Nemmenich 345

Kreis Heinsberg
    Geilenkirchen 333, 346
    Heinsberg 336
    Wassenberg 340
    Waldfeucht 316, 317, 318
    Waldfeucht-Driesch 348
    Waldfeucht-Frilinghoven 318

Kreis Kleve
    Emmerich 331 f., 342
    Goch-Pfalzdorf 346
    Kalkar-Hönnepel 324
    Kleve 336
    Rees 338
    Rees-Millingen 338
    Straelen 345
    Weeze 320, 330, 340
    Weeze-Vorselaer 320 f.

Kreis Mettmann
    Langenfeld-Reusrath 317, 318
    Mettmann-Diepensiepen 344 f.
    Monheim 327
    Ratingen-Oberdorf 338

Kreis Viersen
    Kempen-Unterweiden 347
    Nettetal 337, 345

Kreis Wesel
    Kamp Lintfort, Kamp 344
    Moers 321, 327, 337
    Rheinberg 338 f.
    Rheinberg-Budberg 345
    Wesel 340, 348
    Wesel-Büderich 345
    Xanten 330, 341
    Xanten-Birten 330
    Xanten (Colonia Ulpia Traiana) 330

Oberbergischer Kreis
    Engelskirchen-Stiefelhagen 342
    Hückeswagen-Hummeltenberg 344
    Wiehl-Alferzhagen 348
    Wiehl-Morkepütz 341
    Wipperfürth-Fähnrichstüttem 345

Rhein-Erft-Kreis
    Bergheim-Kenten 331
    Bergheim-Zieverich 330
    Brühl-Pingsdorf 331
    Elsdorf 322
    Elsdorf-Esch 322
    Elsdorf-Neu Etzweiler 322
    Erftstadt-Ahrem 317, 322 f.
    Erftstadt-Bliesheim 323
    Erftstadt-Erp 323, 342
    Erftstadt-Friesheim 323
    Erftstadt-Lechenich 319
    Erftstadt-Niederberg 330
    Frechen-Königsdorf 317, 323
    Kerpen 347
    Pulheim 338
    Pulheim-Brauweiler 320
    Pulheim-Ingendorf 347
    Titz-Gevelsdorf 329

Rheinisch-Bergischer Kreis
    Berg. Gladbach - Oberselbach   341
    Burscheid-Kaltenherberg   346
    Kürten-Oberberg   347
    Odenthal   345
    Odenthal-Grünenbäumchen   316
    Odenthal-Oberborsbach   316
    Odenthal-Unterboschbach   316
    Radevormwald-Hönde   345
    Rösrath-Dürbusch   339
    Wermelskirchen-Ellinghausen   345

Rhein-Kreis Neuss
    Grevenbroich   319 f., 333, 347
    Grevenbroich-Hülchrath   333 f.
    Grevenbroich-Kapellen   323
    Jüchen-Garzweiler   324
    Kaarst   324
    Korschenbroich-Glehn   336 f.
    Meerbusch-Strümp   317, 320, 324, 326
    Neuss   327, 337 f.
    Neuss-Rosellen   327 f., 338
    Rommerskirchen   317, 318, 320, 328 f.
    Rommerskirchen-Deelen   329
    Rommerskirchen-Gill   329
    Rommerskirchen-Hoeningen   347 f.
    Rommerskirchen-Sinsteden   329
    Rommerskirchen-Vanikum   317, 320, 329

Rhein-Sieg-Kreis
    Bornheim-Hersel   319
    Bornheim-Rösberg   346
    Bornheim-Sechtem   316, 318, 319, 322
    Königswinter-Rübhausen   320, 324
    Lohmar   337
    Lohmar-Honsbach   337
    Lohmar-Unterdorf   330
    Much   345
    Rheinbach   317, 318, 320
    Rheinbach-Niederdrees   328
    Troisdorf-Spich   340
    Windeck-Dreisel   316, 321

Stadt Aachen
    Aachen   321, 331

Stadt Bonn
    Bonn   318, 321 f.
    Bonn-Duisdorf   331
    Bonn-Messdorf   341

Stadt Düsseldorf
    Düsseldorf   331
    Düsseldorf-Angermund   316

    Düsseldorf-Eller   346
    Düsseldorf-Gerresheim   341 f.
    Düsseldorf-Grafenberg   342
    Düsseldorf-Hubbelrath   331, 342
    Düsseldorf-Kaiserswerth   331
    Düsseldorf-Lohausen   321, 331, 342
    Düsseldorf-Rath   331, 342
    Düsseldorf-Unterbach   342
    Düsseldorf-Vennhausen   342

Stadt Duisburg
    Duisburg   331
    Duisburg-Kaldenhausen   331

Stadt Essen
    Essen   332, 342 f., 346
    Essen-Bredeney   332
    Essen-Burgaltendorf   319
    Essen-Eiberg   316
    Essen-Fischlaken   316
    Essen-Frohnhausen   343
    Essen-Heide   317
    Essen-Heidhausen   321, 323
    Essen-Holthausen   343
    Essen-Kettwig   332
    Essen-Kupferdreh   316
    Essen-Rellinghausen   316
    Essen-Rüttenscheidt   343
    Essen-Schuir   343
    Essen-Steele   332 f., 346
    Essen-Werden   333, 343, 344

Stadt Krefeld
    Krefeld   337, 347
    Krefeld-Gellep   324

Stadt Leverkusen
    Leverkusen-Atzlenbach   344
    Leverkusen-Opladen   344
    Leverkusen-Quettingen   337

Stadt Mönchengladbach
    Mönchengladbach   337

Stadt Mülheim
    Mülheim   347

Stadt Solingen
    Solingen   340
    Solingen-Friedrichsaue   348

Rheinisches Landesmuseum Bonn

Bericht der Direktion für das Jahr 2006

Das Jahr 2006 stand ganz im Zeichen des einhundertfünfzigjährigen Jubiläums der Auffindung des Neandertalers. Zu diesem besonderen Ereignis veranstaltete das Museum eine Reihe von Aktivitäten, insbesondere die Ausstellung »Roots. Wurzeln der Menschheit«. Diese Ausstellung kann zu den wichtigsten Präsentationen gezählt werden, die das Landesmuseum in seiner mittlerweile einhundertsechsundachzigjährigen Geschichte realisiert hat. Mit der Ausstellung wurde der Versuch unternommen, dem bedeutendsten paläoanthropologischen Fund im Rheinland, der dem Homo neanderthalensis seinen Namen gegeben hat, die ihm zustehende Anerkennung und Öffentlichkeit zukommen zu lassen. In der Ausstellung wurde deutlich, dass sich gerade in den letzten Jahren des zwanzigsten Jahrhunderts und den ersten Jahren des neuen Jahrtausends durch sensationelle Neufunde die Kenntnisse über den Neandertaler im wissenschaftlichen Bereich deutlich erweitert haben. Das Rheinische Landesmuseum war in diese Forschungen immer mit einbezogen und hat zahlreiche Neuentdeckungen ermöglicht. Die beständige Arbeit mit unserem Neandertalerskelett stellt die Wissenschaftler und alle anderen Mitbeteiligten fortwährend vor neue Herausforderungen, die gerade im Zusammenhang von innovativen naturwissenschaftlichen Methoden auch den forschungsspezifischen Horizont eines archäologischen Museums in den letzten Jahren gewaltig verändert haben. In Zusammenarbeit mit den Naturwissenschaften und der Medizin und mit historischen und soziologischen Wissenschaftsbereichen sind unsere Erkenntnisse über die Lebensbedingungen und Gewichtungen des Homo neanderthalensis stetig gewachsen und zeigen uns heute ein sehr viel umfassenderes Bild dieser Menschen und der Entwicklung der Menschheit generell.

Die Ausstellung öffnete die Sicht auf die Vorläufer und Entwicklungen, die für die Geschichte der Menschwerdung von zentraler Bedeutung waren. Die Hominidenfunde, die in der Ausstellung gemeinsam präsentiert wurden, zeigten ein qualitatives und quantitatives Spektrum, das in dieser Gewichtung nie zuvor und sicherlich auch in den nächsten Jahrzehnten nicht zu sehen sein wird. So startete die Präsentation mit der Situation vor mehr als dreieinhalb Millionen Jahren und zeigte spektakuläre und zum Teil noch nie gezeigte Funde, etwa den Homo erectus aus Dmanissi in Georgien. Die Ausstellung erreichte eine hohe Medienpräsenz und mit mehr als neunzigtausend Besuchern einen Rekord in dem ohnehin leistungsstarken Museumsjahr 2006, in dem mehr als einhundertsechzigtausend Menschen das Haus besuchten.

Zur Medienpräsenz und Öffentlichkeitswirksamkeit trugen in diesem Jahr jedoch auch ganz andere Aktivitäten bei, denn das Rheinische Landesmuseum war Medienstandort der japanischen Fußballnationalmannschaft. Die weltweit beachtete Fußballweltmeisterschaft 2006 in Deutschland fand so auch im Museum statt, und die Glasfassade des Neubaues erstrahlte mehr als sechs Wochen unter der blauen Farbe der japanischen Fußballer. Dreißigtausend Menschen besuchten in diesem Zeitraum das Museum unter dem Vorzeichen des Sportereignisses, aber selbstverständlich auch im Blick auf die rheinische Kulturgeschichte und Archäologie.

Auch das Ausstellungskonzept der Kindermitmachausstellungen konnte im Jahr 2006 einen ersten Rekord verbuchen. Die Ausstellung »Grab mal! Frag mal! Schau mal«, in der die kleinen Besucher in die Rolle von Archäologen schlüpften und mit Grabungstagebuch, Gummistiefeln, Weste und Helm durch die Ausstellung geleitet wurden, um zu graben, zu inventarisieren, zu zeichnen, zu restaurieren und all das zu tun, was echte Archäologen tun, brachte mehr als dreizehntausend Kinder ins Haus. Diese waren je einzeln mindestens anderthalb bis zwei Stunden intensiv betreut, so dass das Museum hier einen besonderen bildungspolitischen Auftrag erfüllt hat. Die Kinder, die unter der Woche in geführten Klassengruppen das Museum besuchten, brachten oft am Wochenende noch einmal Eltern oder Großeltern mit ins Haus, um ihnen »ihre« Ausstellung zu zeigen. Diesen Erfolg, den unsere kleinen Museumsführer an Neubesuchern für das Haus gebracht hat, führte dazu, dass das Landesmuseum zu einem der familienfreundlichsten Häuser in Bonn und Umgebung wurde.

Ein weiteres besonderes Highlight des Jahres 2006 war dann die Präsentation der Barockzeichnungen aus der Sammlung der Königin Christina von Schweden.

Das Neandertalerjahr 2006 war ein besonderes Jahr für die Archäologie im Rheinland und für das Rheinische Landesmuseum mit großen Besucherzahlen und spektakulären Ausstellungen.

Gabriele Uelsberg

Ausstellungen

Grab mal! Frag mal! Schau mal!
Eine archäologische Ausstellung für Kinder von sechs bis zwölf Jahren
23.10.2005 – 12.03.2006
In Kooperation mit dem Zoom-Kindermuseum Wien, der MAUS OLEUM Ausstellungsgesellschaft Köln und dem Westdeutschen Rundfunk Köln

Erich von Stroheim
20.11.2005 – 12.02.2006
In Kooperation mit der Academy of Motion Picture Arts and Sciences

Preisträger des Rheinischen Kunstpreises des Rhein-Sieg-Kreises
Gabriele Pütz
Die Gefahr der Worte
02.02.2006 – 19.03.2006

Zeichenkunst des Barock
aus der Sammlung der Königin Christina von Schweden
15.03.2006 – 11.06.2006
In Kooperation mit dem Museum der bildenden Künste, Leipzig

Szene Rheinland
Christoph Loos
Nanna-Paradox
04.05.2006 – 16.07.2006

Roots
Wurzeln der Menschheit
08.07.2006 – 19.11.2006

Leo-Breuer-Preisträger
Ralf Brück
Im Ernst
14.09.2006 – 22.10.2006

Ugo Dossi
Schach und Schönheit
16.11.2006 – 21.01.2007

Von den Göttern zu Gott
Frühes Christentum im Rheinland
14.12.2006 – 15.04.2007
In Kooperation mit dem Rheinischen Verein für Denkmalpflege und Landschaftsschutz

Bibliothek

Im Berichtsjahr verzeichnete die Bibliothek insgesamt 2842 Neueingänge. Davon wurden 86 Bücher für den Altertumsverein und 2762 Bände für das Museum inventarisiert. Insgesamt 1270 Publikationen davon erhielten wir im Schriftentausch und 1051 als Geschenk- oder Belegstücke. Ein großer Teil der Geschenkexemplare stammt aus zwei Nachlässen, die von Ernst W. Bierschenk bearbeitet wurden. Im Schriftentausch wurden 620 Publikationen an Tauschpartner im In- und Ausland verschickt. Das Besucherbuch enthielt 1612 Einträge.

Im Rahmen der Retrokatalogisierung wurden 1041 Titel des Altbestandes neu erfasst.

Im November 2006 leistete Frau Lilia Löwen ein Praktikum in der Bibliothek ab. Sie inventarisierte in dieser Zeit 263 Publikationen aus dem Claasen-Archiv Walter Müller, Brühl, die das Rheinische Landesmuseum zusammen mit Photographien Hermann Claasens erworben hatte.

Für den Verein von Altertumsfreunden im Rheinlande führte die Bibliothek zwei Bücherverkäufe durch. Dabei wurden Dubletten und Bücher angeboten, die thematisch nicht in die Bibliothek passen. Einer der Verkäufe fand im Lesesaal der Bibliothek statt, ein weiterer während eines Familiensonntags im Museumsfoyer. Den Erlös der Aktionen stellte der Altertumsverein großzügigerweise der Bibliothek für Ankäufe zur Verfügung.

Publikationen

Im Berichtsjahr erschienen die Folgenden von der Redaktion des Landesmuseums betreuten Veröffentlichungen.

Herausgegeben vom Rheinischen Landesmuseum Bonn:
    Berichte aus dem Rheinischen Landesmuseum Bonn 1–4, 2006

Herausgegeben vom Rheinischen Landesmuseum Bonn, dem Rheinischen Amt für Bodendenkmalpflege und dem Verein von Altertumsfreunden im Rheinlande e.V.:
    Bonner Jahrbücher Band 204.

Herausgegeben vom Rheinischen Landesmuseum Bonn und dem Verein von Altertumsfreunden im Rheinlande e. V.:
    Susanne Willer, Römische Grabbauten des 2. und 3. Jahrhunderts nach Christus. Beihefte der Bonner Jahrbücher, Band 56.

Herausgegeben vom Rheinischen Amt für Bodendenkmalpflege:
    Wolf-Dieter Becker, Das Elsbachtal. Die Landschaftsgeschichte vom Endneolithikum bis ins Hochmittelalter. Rheinische Ausgrabungen Band 56.
    Christiane Krahn, Die bandkeramischen Siedlungen im oberen Schlangengrabental, Studien zur bandkeramischen Besiedlung der Aldenhovener Platte. Rheinische Ausgrabungen Band 57.
    Ralf W. Schmitz, Neanderthal 1856–2006. Rheinische Ausgrabungen Band 58.

Jürgen Thissen, Die paläolithischen Freilandstationen von Rheindahlen im Löss zwischen Maas und Niederrhein. Rheinische Ausgrabungen Band 59.

Ursula Francke, Ausgrabungen auf dem Gelände der Schlösser-Brauerei in der Düsseldorfer Altstadt, Archäologische und naturwissenschaftliche Untersuchungen der spätmittelalterlichen und neuzeitlichen Fundstellen mit Beiträgen von Jutta Göpferich, Katharina Mackert, Gerda Koppatz, Anja Danielmeyer, Ursula Tegtmeier und Lisa Gelius-Dietrich. Rheinische Ausgrabungen Band 60.

Zu den Ausstellungen des Hauses im Berichtsjahr erschienen die folgenden Veröffentlichungen. Die oben angeführten Präsentationsdaten im Rheinischen Landesmuseum sind hier nicht wiederholt, genannt wird jedoch, wenn die Ausstellung auch andernorts gezeigt wurde.

Gabriele Pütz: Die Gefahr der Worte. Text Andreas Gelhard (Bonn 2006).
    Zeichenkunst des Barock aus der Sammlung der Königin Christina von Schweden. (Auch Leipzig, Museum der Bildenden Künste, Juli bis September 2006.) Text Richard Hüttel, Verena Schneider und Jeannette Stoschek (Leipzig 2006).
    Christoph Loos: Nanna-Paradox. (Auch Schwäbisch Gmünd, Museum und Galerie im Prediger, Juni bis August 2006; Dublin, Goethe-Institut, September bis Oktober 2006.) Hrsg. Gabriele Uelsberg (Köln 2006).
    Roots. Wurzeln der Menschheit. Hrsg. Gabriele Uelsberg (Bonn 2006).
    Ralf Brück: Im Ernst (Bonn 2006).
    Ugo Dossi: Schach und Schönheit. (Auch Moskau, Tretjakov Galerie, Dezember 2005.) Hrsg. Wolfgang Zemter (Bönen 2005).
    Von den Göttern zu Gott. Frühes Christentum im Rheinland. Red. Thomas Otten und Sebastian Ristow (Stuttgart 2006).

Neuerwerbungen der Sammlung

Arnold Hontoire
(geb. Lüttich 1650, gest. Lüttich 1709)
Büste des Joseph Clemens von Bayern, Erzbischof und Kurfürst von Köln
ca. 1694–96

Terrakotta, hellgrau überzogen, Sockel marmoriert

Inv. 2006.369

Joseph Clemens von Bayern (1671–1723), der Onkel und Amtsvorgänger des Kurfürsten Clemens August, war 1688 zum Kurfürsten von Köln gewählt worden. Im Jahr 1694 wurde er überdies Fürstbischof von Lüttich. Sicherlich aus diesem Anlass schuf der Lütticher Bildhauer Hontoire Porträtbüsten des jugendlichen Fürsten, nämlich die nunmehr für das Haus erworbene sowie eine sehr ähnliche, größere aus Gips im Museum Curtius in Lüttich. Es sind Standesporträts, die den Dargestellten mit Allongeperücke, Hermelinkragen und Brustkreuz zeigen, aber zugleich mit sehr individuellen, ungeschönt realistischen Zügen.

Martin Rosswog

Aus der Werkgruppe »Porträts von Deutschen« Zwanzig schwarzweiße Porträtfotografien, jeweils Format 24 × 30 cm, Vintageprints, Barytabzüge

Für die Fotosammlung konnte ein Konvolut von Porträtfotografien Rosswogs erworben werden. Sie ergänzen die bereits im Besitz des Museums befindliche Werkgruppe »Porträts von Deutschen« des Fotografen, die nun mit insgesamt siebzig Vintageprints komplett im Museum vorliegt.

Im einzelnen handelt es sich um folgende Bilder:

Susanne und Raphaela, Remshagen, 1993

Monika auf ihrem neuen BMX-Rad, Remshagen, etwa 1985

Dennis, Remshagen, 1990

Dennis, Remshagen, 1994

Jasmin und Kirsten mit einer Freundin, Remshagen, 1994

Esther Bauermeister mit einer Freundin, Refrath, 1991

Silke Vogel, Wermelskirchen, 1990

Die Geschwister Caro und Evelyn, Dabringhausen, 1990

Birgit mit Tochter Anja, Leverkusen-Opladen, 1993

Eva de Biasio mit Tochter Sandra, Elsdorf, 1991

Atti von Galwitz mit ihrer jüngsten Tochter, Köln-Hahnwald, 1993

Elfi von der Heyde mit Tochter Julia, Köttingen, 1991

Ivonne Bräunig (Künstlerin) mit Sohn, Köln, 1990

Ingrid Kleine-Kalvelage (Hausfrau, Erzieherin) mit ihren Kindern Severin, Raphaela und Dominik, Remshagen, 1991

Elke Fuchs-Rademacher (Hausfrau, Sozialpädagogin) und Klaus Rademacher (Mathematiker) mit Julia und Alessa, Lindlar, 1993

Beate Ronig-Parma (Künstlerin) und Georgy Bretschneider (Künstler) mit Sohn Luno, Köln, 1990

Andrea Bartels (Musikerin) und Dr. Ulrich Bartels (Musiker) mit Kilian und Veith, Remshagen, 1991

Sebastian Guesnet mit Töchtern Paula und Anna, Lindlar, 1989

Die Haus- und Hofgemeinschaft der Familien Guesnet und Schüller, Lindlar-Voßbruch, 1988

Claudia Roller-Habben (Studentin), Remshagen, 1990

Die Münzsammlung 2002 bis 2005

Außer einer größeren Kollektion von Umlaufgeld der Bundesrepublik Deutschland wurden im Berichtszeitraum einige antike Münzen und neuzeitliche Medaillen gestiftet. So schenkte Herr Michael Masser aus Bonn eine linksrheinisch selten belegte keltische Silbermünze vom Fundort Sechtem (s. u. 2004.02). Einen schönen, in Rheinbach-Schornbusch gefundenen Antoninian von Kaiser Valerian I. stiftete Helmut Gerighausen aus Meckenheim. Herr Dr. Manfred van Rey aus Königswinter überreichte dem Münzkabinett fünfzehn Medaillen der Nachkriegszeit zu den Themen Ludwig van Beethoven, die Stadt Bonn, die Zerstörung der Synagoge von Bonn im Jahr 1938, die Stadt Siegburg, die Deutsche Medaillengesellschaft und die Stadt Aachen.

Bei den folgenden Neuerwerbungen handelt es sich, wie die Fundortangaben zeigen, in der Mehrzahl um Ankäufe von Fundmünzen.

Keltisches Regenbogenschüsselchen, aus Zülpich

Süddeutsche Gruppe, zweites Jahrhundert v. Chr.

Gewicht 7,58 g, Durchmesser 20 mm. – Vgl. H. de la Tour, Atlas de monnaies Gauloises (Paris 1892, ²1924) 9430.

Inv. 2003.03

1 Keltische Goldmünze, Inv. 2003.02.

2 Römische Goldmünze Kaiser Valentinians I., Inv. 2005.64.

3 Kölner Silbermünze des vierzehnten Jahrhunderts, Inv. 2002.09.

4 Deutsche Notgeldscheine aus der Zeit der Inflation 1922/1923, Inv. 2003.410.

Keltischer Stater, aus Zülpich (Abb. 1)
Prägung der Ambianer, Mitte des ersten Jahrhunderts v. Chr.
Gewicht 6,13 g, Durchmesser 17,3 mm. – Nur eine Bildseite (Type uniface). Vgl. S. Scheers, Traité de numismatique celtique II. La Gaule Belgique (Paris 1977) 24.
Inv. 2003.02

Keltischer Augenstater, aus Kelz
Prägung der Treverer, Mitte des ersten Jahrhunderts v. Chr.
Subaerat. Gewicht 3,76 g, Durchmesser 17 mm. – Typ Pottina, vgl. Scheers a. a. O. 30.
Inv. 2005.62

Keltischer Quinar, aus Wichterich
Prägung der Mittelrheinkelten, erstes Jahrhundert v. Chr.
Gewicht 1,49 g, Durchmesser 13,2 mm. – Typ Tanzendes Männlein, vgl. Scheers a. a. O. 57 II.
Inv. 2005.68

Keltischer Quinar, aus Sechtem
Prägung der Mittelrheinkelten, erstes Jahrhundert v. Chr.
Gewicht 1,61 g, Durchmesser 13,1 mm. – Typ Tanzendes Männlein, vgl. Scheers a. a. O. 57 I.
Inv. 2004.02

Römischer Denar, aus Flerzheim
Augustus. – Geprägt 7/6 v. Chr. in Lugdunum (Lyon).
Gewicht 3,54 g, Durchmesser 19,2 mm. – Vgl. RIC Nr. 207.
Inv. 2005.69

Römisches Multiplum zu anderthalb Aurei, ohne Fundort
Konstantin der Große. – Geprägt 325/326 n. Chr. in Nikomedia (Izmit).
Gewicht 6,47 g, Durchmesser 24 mm. – Vgl. RIC Nr. 100.
Inv. 2005.63

Römischer Solidus, aus Volmershoven (Abb. 2)
Kaiser Valentinian I. – Geprägt 364/367 n. Chr. in Konstantinopel.
Gewicht 4,42 g, Durchmesser 21,2 mm. – Vgl. RIC Nr. 3.
Inv. 2005.64

Römischer Halbcentenionalis, aus Flerzheim
    Kaiser Johannes (423–425) oder Kaiser Valentinian III. (425–455).
    Vgl. RIC Nr. 2106/1912 Typ.
    Inv. 2005.70

Englischer Silberpfennig (Short-Cross-Penny), aus Volmershoven
    König Johann Ohneland. – Geprägt etwa 1205–1216.
    Gewicht 1,24 g, Durchmesser 18,5 mm. – Vgl. G. C. Brooke, English Coins (London 1932) 111.
    Inv. 2005.65

Denar des Bistums Münster, aus Volmershoven
    Bischof Otto II. von Lippe (1248–1259).
    Gewicht 1,06 g, Durchmesser 13,1 mm.
    Inv. 2005.66

Doppelschilling des Erzstifts Köln, ohne Fundort (Abb. 3)
    Erzbischof Wilhelm von Gennep. – Geprägt etwa 1356 in Bonn.
    Gewicht 3,86 g, Durchmesser 27,8 mm. – Vgl. A. Noss, Die Münzen der Erzbischöfe von Cöln 1306–1547. Die Münzen und Medaillen von Cöln II (Köln 1913) Nr. 102 a.
    Inv. 2002.09

Zwölf Kurmainzer Kreuzer aus Volmershoven
    Erzbischof Anselm Franz von Ingelheim. – Geprägt 1694 in Aschaffenburg.
    Inv. 2005.67

Einhundertzwei deutsche Notgeldscheine von 1922 und 1923 (Abb. 4)
    Inv. 2003.410,01 bis 410,102

Personalia

Eingetreten in den Dienst des Landesmuseums sind Natascha Vogt (Zeichnerin), Liane Giemsch (Volontärin), Ernst Wilhelm Bierschenk (Angestellter im Büchereidienst, vorübergehend), Silke Günnewig (Volontärin), Eva Gebhard (Ausstellungsdisponentin und Registrarin), Dr. Ulrike Theisen (Volontärin)

Ausgeschieden aus dem Dienst des Landesmuseums sind Dr. Anna-Barbara Follmann-Schulz (Landesobermuseumsrätin), Rudolf Thiebes (Erzieher), Priv.-Doz. Dr. Ralf Wilhelm Schmitz (wissenschaftlicher Referent), Dr. Dorothea Dumoulin (wissenschaftliche Referentin), Miriam Hübner (Volontärin), Verena Schneider (Volontärin), Stephan Saure (wissenschaftlicher Referent).

Es verstarb Heino Kindt (Verwaltungsangestellter).

Bildrechte. Abb. 1–4 Rheinisches Landesmuseum Bonn.

Rheinisches Amt für Bodendenkmalpflege

Bericht der Amtsleitung für das Jahr 2005

Zum Jahresende ging Prof. Dr. Heinz Günter Horn, der Leiter des Referates Bodendenkmalschutz und Bodendenkmalpflege im Ministerium für Bauen und Verkehr des Landes Nordrhein-Westfalen, in den Ruhestand. Er stand für eine strategische Neuausrichtung der Bodendenkmalpflege, die im Jahr 1980 mit dem Inkraftsetzen des neuen Denkmalschutzgesetzes in Nordrhein-Westfalen ihren Anfang genommen hatte. Anders als noch in den Jahrzehnten zuvor wurden nun nicht nur Rettungs- oder Forschungsgrabungen zum Aushängeschild der Landesarchäologie, sondern ganz wesentlich der Schutz und die Pflege des Bodendenkmalbestandes. Hier setzte sich die Einsicht durch, dass Bodendenkmäler gleichsam eine endliche Ressource sind, deren Bewahrung auch für zukünftige Generationen wichtigste Maxime staatlichen Handelns der Denkmalfachbehörden sein muss.

Die Einbindung seines Referates Bodendenkmalschutz und Bodendenkmalpflege nicht in ein Kulturministerium, sondern in ein Planungs- und Bauministerium schuf völlig neue Wege, bodendenkmalpflegerische Anliegen einzubringen. Dieses bezog sich zum einen auf Großbauprojekte wie etwa das neue internationale Kongresszentrum in Bonn oder den Kölner U-Bahn-Bau, wo Gelder für Rettungsgrabungen in einer Größenordnung von mehreren Millionen Euro in die bauvorbereitenden Kostenplanungen eingestellt werden konnten. Immense Verluste im Denkmälerbestand verursachen im Rheinland bekanntlich die großen Tagebaue der Braunkohlengewinnung. Hier konnte Heinz Günter Horn maßgeblich die Installierung einer eigenen Stiftung, der »Stiftung zur Förderung der Archäologie im rheinischen Braunkohlenrevier«, auf den Weg bringen. Seine strategischen Ansätze sind bleibend, und diese potente Archäologie-Stiftung hat mittlerweile auch andernorts Nachahmer gefunden. Als neues, wesentliches Aufgabengebiet hat Ministerialrat Horn immer die »gelehrte Politikberatung« begriffen, wobei ihm klar war, dass nur derjenige die Politik dauerhaft gewinnen kann, der die Öffentlichkeit hinter sich weiß. In diesem Zusammenhang wurde seit 1990 regelmäßig im Abstand von fünf Jahren eine archäologische Landesausstellung konzipiert, die sich jeweils breiter Zustimmung erfreute. Auch im Jahr 2005 – hierzu mehr weiter unten – wurde wiederum eine solche Landesausstellung durchgeführt. Im Zusammenhang mit seinen Verdiensten für die hiesige Landesarchäologie wurde Professor Horn das aktuelle Jahrbuch »Archäologie im Rheinland 2005« gewidmet.

Im Jahr 2005 wurden wiederum wichtige Ausgrabungen durchgeführt, die unsere Kenntnis für einzelne Zeitabschnitte der Landesarchäologie ganz wesentlich bereichert haben. In dem Zusammenhang seien hier etwa die Prospektionen zum Paläolithikum im rheinischen Braunkohlenrevier erwähnt. Die Epoche der Altsteinzeit ist zwar im Rheinland durch Namhaftes wie die Kakushöhle bei Mechernich oder das Neandertal bei Mettmann markant belegt und die Bedeutung dieser Stätten weit über das Rheinland hinaus anerkannt, doch sind neue, wichtige Funde aus diesem Zeitabschnitt kaum bekannt geworden. Gerade im niederrheinischen Braunkohlenrevier wurden deshalb in den letzten zehn Jahren erhebliche Anstrengungen unternommen, eiszeitliche Fundstellen zu entdecken, wozu etwa die Hangböschungen der Tagebaue regelmäßig beobachtet wurden. Besonders erfolgreich scheinen jetzt durch die Archäologie-Stiftung geförderte Baggerprospektionen im Umfeld der Inde zu sein, die im Zusammenhang mit der Ausweitung des Tagebaus Inden verlegt werden muss. Das Gebiet hatte offensichtlich eine besondere Qualität für den mittelpaläolithischen Menschen. Zahlreiche mittel-, aber auch jungpaläolithische Artefakte fanden sich, wobei sich eine ganz besondere Situation mit der Entdeckung eines Steinschlag- und Siedlungsplatzes in situ ergab. Nach vorläufiger Einschätzung der Bodenbildung wird man die Fundstelle in den Zeitabschnitt des Eem oder der frühen Weichseleiszeit stellen können.

Traditionell ist die römische Epoche mit neuen wichtigen Ausgrabungsergebnissen in jedem Berichtsjahr präsent. Auch in diesem Jahr gelangen wiederum unerwartete Ergebnisse. Von der Prosperität römischer Landbesitzer, aber auch von deren Lebenseinstellung zeugt eine römerzeitliche Wasserleitung, die ein Quellgebiet in einer Entfernung von rund einem halben Kilometer zu einer Villa rustica erschloss. Das Bedeutende dieses Aquädukts ist die ingenieurtechnische Leistung, da die Leitung rund dreihundert Meter untertägig verlief. Die unterirdischen Bereiche der Tubatur wurden in der so genannten Qanat-Bauweise ausgeführt, eine Technik, die auch vom Drover Bergtunnel her bekannt ist.

Erwähnenswert aus der Römerzeit sind ebenfalls Ausgrabungen, die in der Gemeinde Rommerskirchen vor dem Bau einer Umgehungsstraße durchgeführt wurden. Die Fundstelle selbst war durch Oberflächenobjekte schon länger bekannt, bei den archäologischen Untersuchungen wurde eine kleine, zu einer Villa rustica gehörende Nekropole angeschnitten. Es ließen sich hier sowohl Brandbestattungen, als auch und Körperbeisetzungen feststellen, die – wie im Rheinland durchaus bekannt – im zweiten und dritten Jahrhundert teilweise parallel existierten. Von besonderer Bedeutung war die Entdeckung eines Bleisarges und eines Steinsarkophages. Beide Gräber waren nicht antik oder modern beraubt und konnten im Block geborgen werden. In den Werkstätten des Rheinischen Landesmuseums Bonn sollen jetzt die weiteren Freilegungsarbeiten erfolgen.

Völlig unspektakulär kündigte sich hingegen ein weiterer Sensationsfund an. Zur Hochwassersicherung wurden am Rotbach bei Erftstadt-Niederberg Baumaßnahmen durchgeführt, die einzelne Hölzer freilegten. Nachgrabungen ergaben die Reste einer karolingischen Wassermühle, die nach erster Auswertung der Dendrodaten wohl im Jahr 833 n. Chr. errichtet wurde. Der Bau von Erftstadt-Niederberg ist die älteste, im Rheinland archäologisch nachgewiesene Getreidemühle. Sie fiel einem noch nicht näher zu bestimmenden Schadensereignis zum Opfer. Die Auswertungen werden eine längere Zeit in Anspruch nehmen, doch besteht vermutlich die Gelegenheit, wichtige konstruktive Fragen des karolingischen Mühlenbaus zu klären.

Im Jahr 2005 wurde auch die Öffentlichkeit wiederum mit dem archäologischen Kulturerbe in verschiedenster Form vertraut gemacht. So konnten wir einen öffentlichen Wanderweg bei Xanten eröffnen, der vom Fürstenberg (Vetera I) über die mittelalterliche Stadt Xanten zur Colonia Ulpia Traiana führt. Der Pfad umfasst insgesamt neunzehn Stationen, die mit Hilfe von Schautafeln archäologische Denkmäler und Situationen erläutern.

Nach den Jahren 1990, 1995 und 2000 wurde auch im Berichtsjahr wieder eine archäologische Landesausstellung im Römisch-Germanischen Museum eröffnet, die mehr als tausendfünfhundert Zeugnisse von der Erdgeschichte bis in die jüngste Vergangenheit zeigte. Die drei amtlichen Bodendenkmalpflegeinstitutionen Nordrhein-Westfalens, also die Ämter in Bonn, Köln und Münster, haben die Funde für diese vierte Leistungsschau der Bodendenkmalpflege zusammengetragen. Die Ausstellung »Von Anfang an. Archäologie in Nordrhein-Westfalen« zeigt Neufunde der Jahre 2001 bis 2005. Dazu erschien ein gleichnamiges Begleitbuch.

Jürgen Kunow

Ehrenamtliche Mitarbeiter

H. Albers, Langerwehe; B. Aretz, Übach-Palenberg; R. Baade, Wermelskirchen; H. Barnick, Essen; O. Bauer, Bonn; G. Baumgarten, Bonn; Chr. Baumgartner, Meerbusch; W. Bender, Köln; T. Bilstein, Overath; M. Bittner, Sonsbeck; U. Boelken, Langenfeld; Th. Boller, Düsseldorf; H. Bouten, Panningen; F. Bretz, Nettersheim; H.-J. Broden, Ratingen; G. Brühl, Bergisch

Gladbach; H. Brühl, Bergisch Gladbach; P. Bruns, Wesel; J. Bucco, Frechen; A. Bücken, Xanten; K. Bürger, Wegberg; O. Bürger, Velbert; M. Butler, Nideggen; T. Butzong, Düsseldorf; R. Cahais, Hilden; F. Carl, Langenfeld; Dr. H.-D. Cichorius, Bergisch Gladbach; R. Clemens, Grefrath; A. Comes, Leichlingen; Dr. M. Dodt, Düren; G. Dohmen, Heinsberg; M. Dohmen, Düren; H. Eggerath, Erkrath; C. Elsemann, Goch; W. H. Embgenbroich, Zülpich; G. Emrich, Lindlar; R. Engelmann, Niederzier; C. Erlemann, Hilden; H. Euler, Remscheid; Dr. W. Faust, Odenthal; L. Fichtner, Erkrath; M. Finke, Wesseling; Dr. K. Flath, Bonn; H.-P. Förster-Großenbach, Kevelaer; W. Franzen, Düren; W. Franzen, Mönchengladbach; M. Gatzki, Bottrop; W. Geucke, Mönchengladbach; Th. Gichl, Köln; M. H. Gierlichs, Langenfeld; L. Gillessen, Erkelenz; F. Gockel, Bonn; A. Göbel, Essen; E. Güler, Pulheim; K. Hannen, Kaarst; H. Hansen, Köln; J. Hattendorf, Nideggen; H. Heckmann, Uedem; G. Heinrichs, Wegberg; S. Hendrich, Düsseldorf; H. Hesse, Viersen; M. Hesse, Viersen; W. Hinke, Kleve; H. O. Hölters, Niederzier; B. Höhner, Kerpen; H. Hoppen, Overath; M. Hundt, Rommerskirchen; G. Hußmann, Xanten; M. Jentsch, Kalkar; R. Jochims, Geilenkirchen; B. Kamps, Neuss; P. Kamps, Neuss; R.-W. Keidel, Eschweiler; F. Kellner-Deist, Erkrath; B. Kibilka, Kevelaer; P. Kirch, Stolberg; K. Kirschbaum, Hilden; Dr. K.-H. Kleinrensing, Duisburg; H.-J. Koepp, Goch; G. Koppers, Geldern; M. Krajewski, Kaarst; E. Kretzschmar, Langerwehe; Dr. G. Krien, Erftstadt; Th. Kuck, Kreuzau; M. Kuhn, Aachen; H. Langerbeins, Wegberg; M. Link, Odenthal; T. Marchetti, Essen; M. Masser, Bonn; A. Mennen, Mönchengladbach; H.-K. Meuskens, Goch; P. Müller, Kempen; G. Nonninger, Nettetal; H. Nonninger, Nettetal; R. Oer, Gelsenkirchen; K. Oerschkes, Geldern; W. Orth, Windeck; K.-A. Ostendorf, Wegberg; E. Otten, Mönchengladbach; K.-H. Pastoors, Geldern; W. Pfannkuchen, Bergisch Gladbach; A. Plewka, Vettweiß; A. M. Plum, Baesweiler; F. Reinisch, Wegberg; B. Rettinghausen, Duisburg; H. W. Rhiem, Weilerswist; A. Ricken, Alpen; A. Ritscher, Remscheid; L. Röhl, Hellenthal; M. Röhl, Hellenthal; G. Rozyn, Kranenburg; R. Ruhland, Wesseling; D. Sackel, Mettmann; F. Sackel, Mettmann; G. Sanders, Niederkrüchten; K. Schaffrath, Übach-Palenberg; R. Scholz, Alfter; B.-P. Schreiber, Erftstadt; G. Schulenberg, Düsseldorf; P. Schulenberg, Düsseldorf; K. Schultze, Goch; K. J. Schulz, Erkrath; M. Schulz, Wegberg; Dr. R. Schulze-Rettmann, Aachen; H. Smits, Goch; M. Spieker, Köln; Dr. P. Staatz, Merzenich; Z. Stachiw, Mechernich; Prof. Dr. W. Stahlhacke, Duisburg; I. Steinwartz, Kall; U. Stimming, Erkrath; V. Stradal, Bonn; M. Spieker, Köln; H.-G. Theunissen, Kranenburg; G. Thielemann, Übach-Palenberg; D. Tomalak, Swisttal; R. Verheyen, Kleve; A. Wagner, Bad Honnef; R. Walter, Köln; M. Wensing, Goch; Dr. B. Weyers, Aachen; G. White, Erftstadt; A. Winkelbrandt, Jülich; I. Winkels, Düsseldorf; H. Wolter, Königswinter; P. zum Kolk, Erkrath; U. zum Kolk, Erkrath.

Publikationen

Bonner Jahrbücher 202/203, 2002/2003

Archäologie im Rheinland 2004
82 Beiträge, 224 Seiten, 194 Abbildungen

Tatort Bodendenkmal
Archäologischer Juristentag 2005
Materialien zur Bodendenkmalpflege im Rheinland 17
96 Seiten, 29 Abbildungen

Wolf-Dieter Becker
Das Elsbachtal
Die Landschaftsgeschichte vom Endneolithikum bis zum Hochmittelalter
Rheinische Ausgrabungen 56
348 Seiten, zahlr. Abbildungen, Tabellen und Diagramme

Begleitbuch zur Landesausstellung »Von Anfang an«
Archäologie in Nordrhein-Westfalen
Herausgegeben von Heinz Günter Horn, Hansgerd Hellenkemper, Gabriele Isenberg und Jürgen Kunow
Schriften zur Bodendenkmalpflege in Nordrhein-Westfalen 8
592 Seiten, zahlreiche Abbildungen

Ehrungen

Für ihre Dissertation »Die merowingerzeitlichen Funde aus der Stadt Bonn und ihrem Umland« erhielt Frau Dr. Ulrike Müssemeier das Albert-Steeger-Stipendium. Der Rheinlandtaler wurde am 25. Oktober den Herren Harry Bons, Friedhelm Elsen und Franz Esser verliehen. Durch ihren persönlichen Einsatz ermöglichten sie es, die Wasserversorgungsanlagen der mittelalterlichen Burg Blankenheim der Öffentlichkeit zu präsentieren und zugänglich zu machen. Die gleiche Auszeichnung erhielt am 13. Dezember Herr Walter Strunk für seine langjährigen Verdienste, die er sich durch seine Geländebegehungen mit der Entdeckung von vierzehn neuen Fundstellen der Steinzeit, durch die Übergabe seiner Sammlung an das Museum in Hürtgenwald und durch seine Informationsveranstaltungen in Schulen erworben hat.

Verein von Altertumsfreunden im Rheinlande

Bericht über die Tätigkeit im Jahre 2006

Die Mitgliederversammlung fand am 27. April 2006 statt. Die Tagesordnung umfasste (1.) den Geschäftsbericht, (2.) den Kassenbericht und (3.) Verschiedenes.

Bericht des Vorsitzenden

Publikationen

Bonner Jahrbücher 204, 2004.

Susanne Willer, Römische Grabbauten des 2. und 3. Jahrhunderts nach Christus. Beihefte der Bonner Jahrbücher, Band 56.

Vorträge

Prof. Dr. Valentin Kockel (Augsburg)
  Neue Forschungen auf dem Forum von Pompeji (19. Januar)

Dr. Gerhard Bauchhenß (Bonn)
  Opfer für die Matronae Aufaniae (16. Februar)

Dr. Friedrich Lüth (Schwerin)
  Von der Sintflut und baltischen Kogge. Neues zu Unterwasserforschungen in der Ostsee (16. März)

Dr. Hans-Hoyer v. Prittwitz und Gaffron (Bonn)
  Aphrodite von ihrer schönsten Seite (27. April)

Prof. Dr. Christoph Schäfer (Hamburg)
  Navis Lusoria. Ein römisches Kriegsschiff im Experiment (18. Mai)

Dr. Friederike Naumann-Steckner (Köln)
  Der Achillespokal. Ein Meisterwerk römischer Glaskunst (22. Juni)

Prof. Dr. Fred H. Smith (Chicago)
  Das Schicksal der Neandertaler und die Entstehung des modernen Menschen (19. Juli)

Dr. Ralf Krumeich (Bonn)
  Statuenweihungen auf der Athener Akropolis im Hellenismus und in der römischen Kaiserzeit (14. September)

Dr. Hans-Ulrich Voss (Schwerin)
  Römergräber in Mecklenburg. Neues zu einer altbekannten Nekropole in Hagenow, Lkr. Ludwigslust (19. Oktober)

Prof. Dr. Zsolt Visy (Pécs [Fünfkirchen])
  Der pannonische Limes auf dem Weg zum Weltkulturerbe (9. November)

Prof. Dr. Paul Zanker (Rom/Pisa/München)
  Die Grabmonumente von Ghirza in Tripolitanien. Selbstverständnis eines sesshaft gewordenen Stammes von Wüstennomaden (7. Dezember)

Es fand am 2. September eine Fahrt ins Neanderthal-Museum in Mettmann sowie vom 23. bis

30. September eine einwöchige Exkursion nach Tschechien in die westböhmischen Bäder Marienbad, Franzensbad und Karlsbad sowie zum Karlstein, nach Brünn und Kromeriz statt.

Mitglieder

Der Verein hatte im Berichtsjahr den Tod folgender Mitglieder zu beklagen:
Prof. Dr. Philipp Filtzinger, Käthe Lauterbach, Robert Orthen und Dr. Wilhelm Piepers.

Dem Verein sind im Berichtsjahr folgende Mitglieder beigetreten:

Dr. Rainer Beckerhoff, Bonn; Eva Cott, Alfter; Marcel El-Kassem, Köln; Tobias Gabrys, Walberberg; Lennart Gilhaus, Voerde; Ana S. Heinen, Bonn; Michael Kaiser, Rommerskirchen; Oliver Karger, Köln; Dr. Petra Kießling, Bonn; Prof. Dr. Anne Kolb, Zürich; Marianne Landvogt, Bonn; Miriam Moser, Bonn; Diane Rösch, Bonn; Dirk Roth, Erftstadt; Gabriel von Berg, Bergisch Gladbach; Alexander Zimmermann, Pliezhausen; Prof. Dr. Erika Zwierlein-Diehl, Bonn.

Der Verein hatte im Berichtsjahr 933 Mitglieder.

Harald Mielsch

Kassenbericht

Vermögen am 1. Januar 2006 .... 12.865,73 €

Einnahmen

Mitgliederbeiträge .... 31.104,45 €
Zinserträge .... 31,18 €
Erlöse Vorträge (einschließlich Reisen) ...... 16.219,60 €
Wissenschaftliche Publikationen und Bücher . 1.680,39 €
Gesamt .... 61.901,35 €

Ausgaben

Vorträge und Veranstaltungen
 (einschließlich Reisen) .... 16.127,70 €
Publikationen .... 5.853,00 €
Bibliothek .... 112,88 €
Vereinsbeiträge .... 305,47 €
Versandkosten .... 8.376,23 €
Verwaltungskosten .... 12.221,31 €
Gezahlte Umsatzsteuer .... 58,17 €
Vorsteuer .... 211,96 €

Reinvermögen zum 31. Dezember 2006 .... 18.634,63 €

Besprechungen

Vorgeschichte

Oliver Rück, **Neue Aspekte und Modelle in der Siedlungsforschung zur Bandkeramik. Die Siedlung Weisweiler 111 auf der Aldenhovener Platte, Kr[eis] Düren.** Publisher Marie Leidorf, Rahden 2007. 318 pages, 158 figures, 82 tables, 1 list, 17 plates.

In the descriptive part of the book where the finds and features of the Weisweiler 111 Bandkeramik settlement are discussed, emphases are on the deviations from normal expectations regarding the Bandkeramik (Linearbandkeramik, Linear Pottery culture), and not too covertly so. Thus, hardly any of the eighteen recognizable houses (probably dating from almost the full Bandkeramik span) conforms to standards: several show bulging walls, others front or back parts which do not align to the central axis in some cases, once an annex is suggested by a set of small postholes, and more. It is not only in the realm of house construction, but also in the sphere of ceramics (and probably that of flint working, too; having no expertise there I shall pass by the latter) that Weisweiler 111 is, according to Rück, rather exceptional among Bandkeramik inventories. I suggest that its excavation is quite exceptional, too, as the Bandkeramik data were collected as by-products of the investigation of a Metal Age site on the very same location. I infer that the author did not take part in the excavation, and, thus, he is not to blame for the relatively tiny data base. So eighty-seven, or less than twelve percent, of the Bandkeramik features visible on the plans have been cut, resulting in forty-nine cross sections only, and less than half of those (thirty-five) yielding sufficient sherds for statistical and chronological evaluation, leaving most houses without such indicators.

In such circumstances one is tempted to expand on the data that are at hand, and Rück has valiantly (and rightly, I would add) accepted that challenge. He brings in evidence from houses in other, larger and better excavated contemporary settlements. This provides an occasion for him to try out novel and sometimes wild ideas, the most salient of which merit further discussion. These include the improbability of the farm yard pattern or ›Hofplatzmodell‹, the numbers of occupants of the houses, and, by implication, the total of inhabitants in the settlements, the construction of Bandkeramik houses on piles rather than on ground-level, the line-like plan of such villages, and, finally, contacts between the Aldenhoven Region and the Paris Basin as indicated by corresponding house plans and details of ceramic decoration. Wild ideas, welcome!

The so-called farm yard pattern (Hofplatzmodell) has found ample acceptance among Bandkeramik students soon after it had been developed in the wake of the Aldenhovener Platte excavations. Briefly, the area of a settlement can be divided into a small number of yards (Hofplätze) on each of which farm houses were built to replace one another successively. Considering the starting and ending years of several settlements, the average replacement interval was calculated at some twenty to twenty-five years, and this space of time was dubbed ›house generation‹. Fifteen such house generations can be defined for the Bandkeramik period, and, based on this definition, a sharper resolution of the data could be established, much better than previous periodizations had allowed. Rück rejects the presumption of a relatively rapid replacement of the houses, as in several instances repairs can be noted in the house plans, or even extensions. Additionally, he argues that construction was expensive in terms of man power. Therefore, Bandkeramik houses may have stood for about a century, considering the durability of oak timber and recent reconstructions of such houses in archaeological parks. However, even as a technical argument this does not stand up to the facts: in the Oerlinghausen reconstruction (H. Luley in: Experimentelle Archäologie. Arch. Mitt. Nordwestdeutschl., Beih. 4 [Oldenburg 1990] 31–44, also referred to by Rück) it is the roof that severely suffers from rot and moss growth damaging the girders and ridge poles, while the walls are threatened by humidity percolating from the subsoil. Of course, repairs could do much to alleviate these problems, but when the houses had stood for one hundred years indeed, the number of villagers would have trebled or quadrupled, and where would they procure their food (cp. C. C. Bakels, Four Linearbandkeramik settlements and their environment. A palaeo-ecological study of Sittard, Stein, Elsloo and Hienheim. Analecta Praehist. Leidensia 11, 1978; J. Lüning, Steinzeitliche Bauern in Deutschland. Die Landwirtschaft im Neolithikum [Bonn 2000])?

More serious, though, is Rück's silent by-passing of social imperatives as possible causes for abandonment of dwellings earlier than technically necessary. Succession, or rather social succession on the yard may have been signalled by the construction of a new house for the new pater familias, leaving the old in their old house. A replacement rate of twenty to twenty-five years accords rather well with the duration of generations in neolithic circumstances, allowing for a Bandkeramian life span of about forty years. If the old people lived beyond these forty years they had to continue repairing and upkeeping their old house; this complies with Rück's and others' observations of repairs which would fit into the Hofplatzmodell. As far as I am aware, nobody has ever claimed that succession or replacement implies momentaneous destruction of the existing house, with one exception: the type 1a houses. The Hofplatz scenario would not wildly inflate the population size and so seriously threaten sustainability.

On the number of people per house. Usually, the number of inhabitants of a house is either estimated from its surface area (ethnographically set at about ten square metres per person), or from assumptions about the type of household once inhabiting the house (ethnographically and ethnologically an extended family of four to seven adults). For Bandkeramik houses the first approach comes up with the problem which surface area is to be referred to: the whole house, or the central part only. If the second approach is taken, its result coincides nicely with an estimate based on the Bandkeramik houses' central part (forty to seventy square meters). Rück, instead, brings in longhouses in other cultures as possible parallels to the Bandkeramik buildings, and puts the figure of inhabitants per house to thirty or more (pp. 146; 247). Such longhouses, though, tend to have a separate room for each family; see, for example, G. Buschan, Illustrierte Völkerkunde I (Stuttgart 1922) 106, on the Irokese referred to, but not referenced by Rück. The excavated Bandkeramik houses at Weisweiler III and elsewhere do only occasionally show a subdivision apart from the front, central, and rear parts commonly distinguished.

Another, indirect approach to the problem of the number of a house's inhabitants is by way of surveying the pottery next to the houses. Most likely, the pots that end up as sherds in the long pits next to the houses were used by their inhabitants. The number of features with pottery finds is very low at Weisweiler III: thirty-eight pits representing twenty Bandkeramik houses, with one or more sherds of 356 pots. One should compare this with the Dutch Geleen-Janskamperveld village, where 334 features, sixty full house equivalents, and sherds from 3552 pots have been unearthed; see P. van de Velde (ed.), Excavations at Geleen-Janskamperveld 1990/1991. Analecta Praehist. Leidensia 39, 2007. At Weisweiler III there were excavated nearly two pits per house, at Janskamperveld nearly six pits. This implies that the number of pots at Weisweiler III must have been substantially larger than the present figure seems to indicate. Additionally there are indicators that the amount of Bandkeramik pottery at Janskamperveld is somewhat smaller than at the nearby Langweiler 8 (see below), for instance, which could imply another increase of the Weisweiler III number of pots. On the twenty years' replacement interval for the houses at Janskamperveld it was estimated that a Bandkeramik household had some ten vessels in use, three for service, four in kitchen use, and another three for storage purposes, suggestive of three adults per house on average. If, on Rück's suggestion, thirty or more people occupied every house, then at Weisweiler III perhaps one single pot would have been available to any individual only, if it is assumed that Aldenhoven Bandkeramians had thrice as many pots as those in Janskamperveld (which they did not). Had the Weisweiler III houses been occupied for a century by thirty persons each, as Rück suggests, then only very few people could have benefited from the pottery. Certainly, wooden, bone, and skin vessels might have filled the difference, but this becomes a little too wild to defend seriously, in my opinion. Here again, the only way out is a return to archaeology's tradition: one small extended family living in a house for no longer than one or one-and-a-half generation.

On Bandkeramik houses as pile-dwellings, Rück rightly observes that most villages of that time were built on slopes although I would rather say on uneven surface. In two out of fourteen Bandkeramik villages selected by Rück (Table 7, p. 134) the slope gradient is five percent or more, which allows height differences between front and rear gables of one metre or more (with a house length of over twenty metres, which applies to about one quarter of the Bandkeramik houses). Even if height differences are less than a metre in most cases, the awkward fact of disleveling remains. Since our species seems to prefer level living floors, pile dwellings offer a solution. A row of posts is found paralleling to the long side of some houses, while others have some posts and spaces in front, both suggestive of terraces or floors on poles there. The idea is illustrated by a house in India where the slope it is built on can be estimated at much more than five percent on the evidence of the photograph (p. 141 fig. 105). Some more images of Batak houses in Indonesia illustrate the idea of pile dwellings (figs. 98; 99), but there no slopes seem to be related to the phenomenon, at least not on the illustrations. The Vietnam Montagnards' house on piles depicted in fig. 106 seems to have been constructed on perfect level ground (p. 142). In none of the cases any construction drawing is presented.

In most south-eastern parts of the Bandkeramik houses double post settings occur, lengthwise approximately in line with the posts in the central parts. As is generally accepted one post of each pair (generally a little thinner) is assumed to have supported a floor, while the other supported the roof. This is also extensively discussed by Rück (p. 141 with figs. 100 and 102, pp. 136; 137). In the north-western parts of the houses no such twin posts have been observed, in this part therefore the floor would have been the earth's surface. In the central parts, however, post holes similar to those of the platform supports of the twin posts in the south-eastern part are relatively often found, but not in close association with regular posts; it eludes me why these in-house posts if they supported a floor indeed have not been twinned with thicker posts, as in the south-eastern part. According to Rück they are indicative of a low platform or floor in that part, together with the posts outside the walls. Yet, there are at best four or five such outside postholes along the whole length of the house, and they are considerably wider apart than the posts within it. This would imply an unimaginably wild construction with horizontal beams hanging from the roof or the wall posts since the posts rarely configure a straight line. To my mind, the extra posts in the central part of the house (which can also be found in the north-western and south-eastern parts) have been more convincingly argued to be auxiliary supports to the girders of the roof; see D. von Brandt, Die linearbandkeramischen Häuser des Siedlungsplatzes Langweiler 8 (Diss. Aachen 1980); id. in U. Boelicke et al., Der bandkeramische Siedlungsplatz Langweiler 8, Gemeinde Aldenhoven, Kreis Düren. Rheinische Ausgr. 28 (Cologne 1988) 36–289. Similarly, Buttler's duly quoted (p. 101) inferences regarding the poles outside the houses, as being either fences or hay racks seem preferable. In conclusion, a pile-based construction for the central part of the house is probably a slight over-interpretation.

Then, Rück's arguments on this topic depart from a slope in south-eastern direction with the north-western part laying on the ground, the floor of the central part being a low platform, with a full podium in the south-eastern part. Such a slope may have existed in some cases, but certainly not in all Bandkeramik houses (and Weisweiler III is a case in point here, as its slope is in the opposite direction, to the north-west; p. 5 fig. 4), which is not discussed by Rück, though. Another possibility is not considered either: the filling up below the lower lying end of the house (the longpits have sufficient volume), and perhaps sometimes also digging in the higher end would solve much of the problematic forty to eighty centimetres of dislevel, applicable in all situations regardless of the slope, which is certainly a less wild idea.

On the line-like plan of Bandkeramik villages: »common to most Bandkeramik villages are groups or rows of parallel houses ranged on the same line (Giebelständigkeit)« (p. 117). The space between the parallel houses tends to one or two houses width. Examples are Straubing-Lerchenhaid, Cuiry-lès-Chaudardes, and Weisweiler III. Such rows perhaps represent the initial, planned settlement structure, and although diluted by later abandonments and additional constructions they can be reconstructed most of the times. The houses in such lines are not necessarily synchronous (p. 121). One of the examples adduced is Janskamperveld (on p. 127), where I myself have played with this very idea, but was unable to substantiate it (op. cit. chapter 15). Another example offered by Rück (p. 125), Elsloo, in which I have also been involved, with so many houses that if the requirement is dropped that the buildings in a settlement row be more or less synchronic, then any number of rows can be discerned. Something similar can be noted for Weisweiler III itself (p. 245): the three earliest constructions on that site form a triangle with none of its edges in line with any of the house fronts (p. 243 fig. 158); however, disregarding synchronicity several alignments of gables (Giebelständigkeiten) can be seen. The settlement row is presented as an alternative to the Hofplatzmodell; perhaps in some instances the first houses in a settlement were laid out in a line, but not generally Bandkeramik-wide.

On contacts between the Rhineland and the Paris Basin, Rheinhessen, Palatinate, and Rheingau in Bandkeramik times: Rück's inferences on contacts between Weisweiler III and the regions farther away are based on the occurrence of rectilinear pottery decoration (about one third of the decorated pots) and some similarities in the houseplans. True enough, rectilinearity is rare in Flomborn period pottery, but soon after almost half of the decoration on the pots was executed in that style right to the end of the Bandkeramik: in the Königshoven settlements (close to Weisweiler III) the proportion rises from twenty-five to even seventy percent, see E. Claßen, Die bandkeramische Siedlungsgruppe bei Königshoven (Diss. Cologne 2006) 243 (Rheinische Ausgr. 64, forthcoming). Moreover, pottery decoration has some more dimensions, and if there really were foreign influences, other dimensions would have been affected, too. Therefore, if anything, local liking (lokale Vorliebe, p. 211) is to be preferred to »influences from other regions«, and why not from the Königshoven neighbours?

Then the houseplans 3 and 4 (dating to house generation 6, resp. 5), being »curved plans« resemble houses elsewhere. House 4 (pp. 30 f.), »slightly trapezoid, together with bulging walls shows changes in architectural tradition«; its Y-type central post configuration puts it firmly in the Flomborn period. Nevertheless, similarities to Villeneuve-Saint-Germain houses (the very Youngest Bandkeramik) in the Paris Basin are noted. I must confess that apart from the very slight trapezoid outline, I cannot find anything special in the plan of House 4; probably Bandkeramians did not see such either, for no change in the house building tradition becomes apparent afterwards, unless it is manifest in House 3 in the next house generation, which at best can be described as a relatively awkward construction with its tapering north-western part and obliquely-aligned south-eastern part; according to Rück this house should relate to the post-Bandkeramik Groß-gartach houses (p. 26). Wild things did apparently occur at Weisweiler III, especially regarding chronological connections.

There are still more things in this book that are questionable or wild. I want to close with a more positive note, though. There are also many things in this book that are main stream (not necessarily a recommendation), emphasising or substantiating smaller or larger concurrences with established insights. I do not think it necessary to spell these out, as that would be a tame reaffirmation of current ideas; instead, I chose to discuss disagreements since it is in that methodical realm that the book is lacking. The book is well-illustrated, well-tabled, and well-written, the author is nowhere hiding his dissenting opinions.

Leiden   Pieter van de Velde

Pierre Allard, **L'industrie lithique des populations rubanées du Nord-Est de la France et de la Belgique.** Internationale Archäologie, Band 86. Verlag Marie Leidorf, Rahden 2005. 290 Seiten, 149 Abbildungen, 151 Tafeln. Ausführliche englische Zusammenfassung.

Neolithische Steinartefakte werden häufig nur sehr summarisch behandelt, da viele Bearbeiter neben der Befundvorlage sich bei jungsteinzeitlichen Grabungspublikationen auf eine chronologische und eventuell noch eine regionale Gliederung der Keramik beschränken. Die vielfältigen Aussagemöglichkeiten, die sich aus den verwendeten Rohmaterialien, der angewandten Steinbearbeitungstechnik und den benutzten und letztlich verworfenen Geräten gewinnen lassen, bleiben daher oft ungenutzt. Eine funktionale Fundstellenanalyse, wie sie bei paläolitischen oder mesolithischen Grabungen üblich ist, wäre für neolithische Flächengrabungen nur bedingt möglich, wenn auch durchaus sinnvoll und wünschenswert. Zwar kann die Erfassung und Auswertung eines umfangreichen Inventars durchaus zeitaufwendig sein, doch ist erst auf der Grundlage von einheitlich erhobenen Daten ein Vergleich zwischen Siedlungen und eine weitergehende Interpretation möglich. Erst auf dieser Basis lässt sich ein regionales Beziehungsgeflecht erkennen und können die unterschiedlichen Funktionen einzelner Siedlungen bestimmt werden. Entwicklungen, Beeinflussungen, Unterschiede und Abgrenzungen auch über größere Entfernungen innerhalb eines kulturellen Komplexes oder zu anderen Kulturgruppen lassen sich so aufzeigen. Dabei erweist es sich des Öfteren, dass die anhand der Steinartefakte festgestellten Beziehungen ein anderes Geflecht darstellen als die durch die Keramikverzierungen ermittelten.

Soweit einige Beobachtungen, die sich im Wesentlichen auf Materialvorlagen von der Aldenhovener Platte beziehen.

In diesem Sinn befasst sich die 2005 publizierte Dissertation von Pierre Allard mit den Inventaren zu den Steinartefakten von fünfzehn ausgewählten bandkeramischen Inventaren aus fünf Regionen, dem Aisne-Tal, der Champagne, dem Elsass, dem Hainaut und dem Hesbaye. Je nach Forschungs- und Publikationsstand umfasst die Darstellung der Regionen zwischen gut einem und drei Dutzend Seiten. Hauptsächlich handelt es sich um Inventare der jüngeren Bandkeramik, dem sogenannten »Rubané Récent et Final du Bassin Parisien« (RRBP/RFBP).

Ziel der Untersuchungen ist es, regionale Muster herauszufinden und Synthesen zu entwickeln. Dafür werden, soweit vorhanden, Daten von weiteren Fundorten der jeweiligen Region herangezogen. Betrachtet werden dafür vorrangig die Beschaffung und Verbreitung von Silex sowie regionale technische und typologische Eigenheiten seiner Verarbeitung. Ergänzend werden chronologische Überlegungen und geographische Aspekte der bandkeramischen Siedlungen in den Untersuchungsgebieten herangezogen.

Die Darstellung der einzelnen Regionen enthält Kartenskizzen mit den Fundstellen und den genutzten Rohmaterialvorkommen. Tabellen und Graphiken illustrieren die Auswertungen zu Technik und Typologie. Da die größten Materialmengen aus dem Aisne-Tal und dem Hesbaye stammen, sind diese beiden Vorlagen die umfangreichsten und enthalten sehr instruktive Darstellungen zu Technik und Typologie.

Mit achtzig Seiten ist die vergleichende Auswertung angemessen vertreten. Die Ergebnisse werden mittels Karten und Tabellen bestens präsentiert. Besonders anschaulich sind die Karten geraten, die die Ergebnisse von Rohmaterialversorgung und Bearbeitungstechnik zusammenfassen (Abb. 125–128). Eine Ausnahme in bandkeramischem Zusammenhang stellt die Produktion besonders großer Klingen bis zwanzig Zentimeter Länge dar, die nur am Fundort Verlaine im Hesbaye westlich von Lüttich festgestellt wurde. Zwar ist dort qualitativ sehr gutes Rohmaterial lokal verfügbar, damit ist aber diese Ausnahme noch nicht erklärbar. Sonst wurden in der bandkeramischen Periode Klingenlängen von zirka acht bis zehn Zentimetern Länge angestrebt, die als Grundformen für Geräte weiterverwendet wurden.

Bezüglich der Steingerätetypen besteht eine weitgehende Übereinstimmung in den untersuchten Regionen. Lediglich sechs Geräteformen, nämlich Kratzer, Pfeilspitzen, Sicheleinsätze, Bohrer und kantenretuschierte Abschläge und Klingen, stellen zumeist mehr als neun Zehntel der Geräte. Stichel, ausgesplitterte Stücke und gezähnte Grobgeräte machen den Rest aus. Es zeigen sich teilweise regionale Unterschiede. So ist das relativ häufige Vorkommen von Sticheln eine Eigenheit der belgischen Fundstellen und denen des Pariser Beckens.

Die umfängliche Auswertung der Pfeilspitzenformen und ihrer Lateralisation führt eine Arbeit von Hartwig Löhr fort, die den regionalen Formen und ihren mesolithischen Ursprüngen nachgeht (Trierer Zeitschr. 57, 1994, 9–127). Asymmetrische Pfeilspitzen sind eine Erscheinung der nordwestlichen linearbandkeramischen Kultur, im Elsass kommen sie praktisch nicht vor. Ihre Anteile im Verhältnis zu symmetrischen Formen und zusätzlich ihre Laterialisation sind regional verschieden.

Der Autor stellt heraus, dass sich chronologische Fragen mit dem vorliegenden Material nicht beantworten lassen, da die Inventare fast nur der jüngeren und jüngsten Bandkeramik angehören. Wichtig ist die Erkenntnis, dass die mittels Keramikverzierungen definierten Regionalgruppen nicht mit der geographischen Verbreitung von Silexrohmaterial übereinstimmen. Die sozialen Netzwerke, die sich durch die Art und Häufigkeit der verschiedenen Silexmaterialien zu erkennen geben, sind viel weitläufiger und weisen oft in andere Richtungen als diejenigen Beziehungen zwischen den Fundorten, die anhand der Keramik aufscheinen. Diese Beobachtung scheint bereits in der ältesten Bandkeramik zuzutreffen, wie Detlef Gronenborn feststellt (Silexartefakte der ältestbandkeramischen Kultur [Bonn 1997]). Für die bandkeramischen wie auch noch für die mittelneolithischen Siedlungen im Rheinland stammen die Rohmaterialien eher aus westlicher Richtung, während die Keramik engere Beziehungen nach Südosten aufweist.

Bezüglich der Technik wird darauf verwiesen, dass im Material der betrachteten Regionen nur geringe Ähnlichkeiten zu spätmesolithischen Inventaren erkennbar sind. Sie betreffen einige Eigenarten der Pfeilspitzen. Dies ist allerdings nicht verwunderlich, da im Wesentlichen jüngerbandkeramische Fundplätze analysiert wurden. Ein großes Problem bezüglich der jeweiligen regionalen Neolithisierung ist das weitgehende Fehlen von gut datierten spätmesolithischen Inventaren. Wie an der Ost- und Nordsee ist auch in Nordfrankreich ein küstennahes Spätmesolithikum gleichzeitig mit neolithischen Gesellschaften im Inland vorhanden.

Ein weiteres Problem stellt das Verhältnis der späten Bandkeramik des Pariser Beckens zur Gruppe von Villeneuve-Saint-Germain und der nachfolgenden Cernykultur dar. Immer noch stehen eine diachrone und eine synchrone Hypothese einander gegenüber. Der Autor sieht in der jüngsten Bandkeramik der Ile de France die Verbindung zur parallelen Villeneuve-Saint-Germain-Gruppe, während mit deren später Phase die Cernykultur gleichzeitig anzusetzen ist. Neben dem Problem der noch nicht endgültig befriedigend geklärten Abfolge der Kulturen weist Allard auf eine große geographische Forschungslücke hin. Im östlichen Frankreich, vor allem am Oberlauf der Maas und in Burgund, fehlen abgesehen vom Elsass Grabungen und Aufarbeitungen neolithischer Siedlungen.

Jeder Bearbeiter von Steinartefakten kann zahlreiche Anregungen aus diesem Werk ziehen. Dies ist natürlich für Vergleiche zu bandkeramischen Inventaren vor allem aus dem westlichen Deutschland wichtig. Hervorzuheben sind die Schemata zur Klingenabbautechnik, die in ihrer gut illustrierten Form vorbildlich sind. Darüber hinaus zeigt die Arbeit, dass möglichst zahlreiche Abbildungen von Steinartefakten für eine Beurteilung nötig sind. Tabellen und statistische Auswertungen sind ein anderer Weg der Materialbeschreibung. Beide methodischen Wege sind für eine allgemeine und übergreifende Beurteilung sinnvoll und sollten als komplementäre Methoden genutzt werden. Die verdienstvolle Arbeit von Pierre Allard schließt Kenntnislücken zum westlichen Verbreitungsgebiet der Bandkeramik und zeigt gleichzeitig auf, wo weiterhin Forschungsbedarf besteht. Fazit – eine rundum empfehlenswerte Publikation mit einem erfreulich ausführlichen Tafelteil und umfänglicher Bibliographie.

Kerpen-Loogh   Werner Schön

Thomas Zimmermann, **Die ältesten kupferzeitlichen Bestattungen mit Dolchbeigabe. Archäologische Untersuchungen in ausgewählten Modellregionen Alteuropas.** Monographien des Römisch-Germanischen Zentralmuseums, Band 71. Verlag des Römisch-Germanischen Zentralmuseums, Mainz 2007. 169 Seiten, 70 Abbildungen.

Bei dem mit 124 Seiten Text und 24 Seiten Katalog ohne Tafelteil recht bescheiden dimensionierten Buch handelt es sich um die Publikation einer 2005 von Peter Schauer in Regensburg als Dissertation angenommenen, zum Teil am Römisch-Germanischen Zentralmuseum im Rahmen eines dreieinhalbjährigen Stipendiums verfassten Arbeit zu den ältesten Bestattungen mit Dolchbeigabe, wobei sowohl kupferne Exemplare als auch solche aus Silex Berücksichtigung finden. Um es gleich vorweg zu nehmen: Für den Druck wurde die Arbeit offenbar nur geringfügig verändert, obwohl eine gründlichere Überarbeitung sichtlich angezeigt gewesen wäre.

Im ersten Kapitel stellt der Autor tabellarisch eine eigene Typologie der Dolche vor, eine »von den bereits etablierten Definitionen abweichende Typengliederung«, um eine »Regionen und Zeiten übergreifende Gruppierung des Fundstoffes« zu erreichen (S. 7 ff.). Er unterteilt die Dolche in »zweischneidige Klingen ohne (Gruppe A) und mit abgesetzter Schäftungspartie (Gruppe B). […] Bei den Metallformen treten die Nietdolche als klar abgrenzbare dritte Gruppe hinzu (Gruppe C)« (S. 7). Für becherzeitliche Nietdolche wurden dann aber davon abweichend und ohne Begründung die Bezeichnungen D und B gewählt (vgl. S. 14 Abb. 11 und 12). Innerhalb dieser Gruppen gibt es weitere Untergliederungen, die mit Zahlen und Kleinbuchstaben gekennzeichnet sind. Darüber hinaus unterscheidet der Autor noch die Obergruppen F (früheste Dolche), B (becherzeitliche Dolche) und K (spätkupferzeitliche Dolche). Zwischen dem Material wird hingegen nicht unterschieden, so dass es sich bei Dolchen mit der Bezeichnung BB (becherzeitliche Dolche der Gruppe B) sowohl um Silex- als auch um Kupferdolche handeln kann (vgl. S. 10 Abb. 6 und S. 13 Abb. 10). Im Katalog findet sich allerdings der hilfreiche Zusatz »Silexdolch«, zuweilen jedoch mit überraschenden Typbezeichnungen, etwa im Fall von Katalogeintrag C 47 und C 48, wo es sich um Silexdolche des Typus BC 1 handeln soll, den es generell nicht gibt und im Fall von Silex auch nicht geben kann. Auf entsprechende Abbildungen wird im Katalog zwar nicht hingewiesen, der aufmerksame Leser ist jedoch in der Lage herauszufinden, dass es sich um Kompositdolche des Typus BBK handeln muss (vgl. S. 12 Abb. 8), die auf S. 105 f. ohne Typbezeichnung besprochen werden und hier auch abgebildet sind (Abb. 68 und 69), wobei es sich um die einzigen bisher bekannten Exemplare handelt. Derartige Unstimmigkeiten sind leider keine Ausnahme, lassen sich aber mangels Abbildungen nicht immer klären (so Kat. C 37: laut Text S. 79 ein Dolch des Typus BA2a, laut Katalog aber Typus BB2a). Ein Tafelteil wäre hilfreich, eine Typentafel sinnvoll gewesen, nicht nur für den Leser, der sich aus den Tabellen (S. 7 ff.) mühsam zu erschließen hat, worum es sich bei einem Dolch des Typus BA1a oder BB2b genau handelt, sondern auch für den Autor. Warum er die Typologie überhaupt erstellt hat, bleibt allerdings unklar – im Kapitel zu den Glockenbechergräbern werden die Typen zwar als Bezeichnungen verwendet, wenn auch nicht durchgehend, aber weder ausgewertet noch kartiert, während im Kapitel zu den »frühesten Dolchen« nicht etwa seine Typen FB1–2, FA1–2 und FC1–6 (S. 8 f. Abb. 4 und 5), sondern durchgehend die »etablierten« Typenbezeichnungen verwendet und kartiert werden. Auch dies, nebenbei bemerkt, fehlerhaft (so S. 41 Abb. 24: A9 [= Nevalı Çori] statt vermutlich A 10 [= Durankulak]).

Die Frage nach dem Dolch als statusbildendem Attribut soll im Vordergrund der Untersuchung stehen, die damit »zur Belebung des Diskurses um gesellschaftliche Modelle des Chalkolithikums und der frühesten Bronzezeit in Alteuropa beitragen« will (S. VII; S. 1). Wichtig sei »in diesem Zusammenhang natürlich die Frage, ob und wie sich der Dolch tragende Bevölkerungsteil im Grabritus von zeitgleichen Grablegen ohne Stichwaffenbeigabe unterscheidet« (S. 1). Diese in der Tat wichtige Frage findet im Folgenden leider nur wenig Beachtung, was nicht überrascht, stehen die Ergebnisse doch bereits zu Beginn fest – für den Autor ist der Dolch a priori eine Waffe und das Statussymbol einer (männlichen) »Elite« (vgl. S. 1; 3 ff.), das, wenn es in Frauengräbern auftaucht, »erstaunt« (S. 81). Ist ein Dolch aus Plattensilex statusmäßig höher zu bewerten als ein »einfaches Kupfermesser«? Beides findet sich im schnurkeramischen Grab aus Franzhausen II, Verfärbung 1301 (S. 51 und Abb. 33). Die Frage wird konkret gar nicht gestellt, jedoch wird angenommen, allgemein handele es sich bei Kupfergegenständen in schnurkeramischem Kontext eher um simple Metallartefakte. »Setzt man abschließend die Glockenbecher-Gruppen mit den Schnurkeramikern in Beziehung, muss m. E. ungeachtet der Diskussion um den Zugang zum Rohstoff Kupfer, das Wissen um seine Verhüttung herausgestellt werden« (S. 51).

Den Schwerpunkt der Untersuchung bilden glockenbecherzeitliche Gräber mit Dolchen (S. 59–113), die allerdings ebenso wenig umfassend analysiert und ausgewertet werden wie die schnurkeramischen Gräber und die sogenannten frühesten Dolche des Neolithikums und der Kupferzeit Anatoliens, Ägyptens, Ost- und Südosteuropas, denen das zweite und dritte Kapitel (S. 17–58) gewidmet ist. Obwohl hier auch Dolche angesprochen werden, die nicht aus einem Grabkontext stammen, findet der bekannte Kupferdolch des frühen vierten Jahrtausends aus Reute-Schorrenried keine Erwähnung. Die beiden ägyptischen Silberdolche aus El-Amrah und Houmra Doum werden zwar angeführt (S. 21 ff.), das für sozialgeschichtliche Fragestellungen interessante Phänomen der Waffen aus Edelmetall wird aber nicht ausführlicher diskutiert, auch nicht an späterer Stelle (vgl. S. 55, wo die Gräber aus Velika Gruda und Mala Gruda genannt sind). Hingewiesen sei daher auf H. Born / S. Hansen, Helme und Waffen Alteuropas (Mainz 2001) 36 ff.

Die Angaben im 344 Fundnummern umfassenden Katalog der Gräber mit Dolchbeigabe sind stark reduziert – nicht einmal die Lage der Dolche in den Gräbern ist vermerkt, was für den Versuch einer Bestimmung ihrer Funktion sicher hilfreich gewesen wäre. Im Text wird diese Position immerhin gelegentlich angeführt. Darüber hinaus stellt sich die Frage, warum zum Beispiel die Iberische Gruppe der Glockenbecher in den Katalog aufgenommen ist (S. 148 ff.), wird sie doch im Text gar nicht behandelt. Ergänzend sei in diesem Zusammenhang hingewiesen auf die nicht zitierte Arbeit von Dirk Brandherm zu den Dolchen und Stabdolchen der Steinkupferzeit und der älteren Bronzezeit auf der Iberischen Halbinsel (PBF VI 12, Stuttgart 2003). Der Katalog ist in drei Teile gegliedert: Teil A umfasst »früheste Dolche aus Einzelgräbern« im westlichen Kleinasien sowie in Ost- und Südosteuropa mit den Fundnummern A 1 bis A 28, Teil B »Gräber früher becherzeitlicher/schnurkeramischer Kulturgruppen/Einzelgrabkulturen« mit den Fundnummern B 1 bis B 108 und Teil C »glockenbecherzeitliche Einzelgräber mit Dolchbeigabe« mit den Fundnummern C 1 bis C 208, wobei nur die letztgenannte Überschrift mit den Angaben im Inhaltsverzeichnis übereinstimmt.

Für Abschnitt C 1 des vierten Kapitels lässt sich eine derartige Übereinstimmung zwar ebenfalls konstatieren, nur beschäftigt sich der Autor hier gar nicht mit der »typologischen Gliederung« der »Stichwaffen aus Flintgestein«, wie die Überschrift suggeriert, sondern mit dem Forschungsstand; die Typologie wurde in ersten Kapitel abgehandelt. Derartige Unstimmigkeiten, Rechtschreib- und Grammatikfehler sowie falsch geschriebene Personennamen hätten durch eine sorgfältigere redaktionelle Bearbeitung beseitigt werden müssen, ebenso wie zahlreiche weitere, schon auf den ersten Blick erkennbare Fehler (so S. 8 Abb. 3: nach der Abbildungsunterschrift Foissac, dem Text S. 7 zufolge aber Trèves; S. 76 Abb. 48: drei Kreisgrabengräber, im Text auf S. 75 werden jedoch fünf angeführt; S. 82 Abb. 53: ein österreichischer Fundort an zwei verschiedenen Stellen in Bayern kartiert, ein tschechischer im Norden Deutschlands; ebenso Hinweise auf Textabbildungen im Katalog, die entweder fehlen oder falsch sind, und so weiter).

Schwerer wiegen die zahlreichen nicht auf den ersten Blick ersichtlichen Fehler, beispielsweise unterschiedliche Angaben zu den Dolchtypen im Text und im Katalog, worauf bereits hingewiesen wurde. Aber auch Aussagen zur Lage der Toten im Grab sind nicht verlässlich, wie das Beispiel Zahlinice zu illustrieren vermag: Laut Katalog (C 83) war die Bestattung südnördlich orientiert, laut Text (S. 76) jedoch nordsüdlich. In diesem Fall ermöglicht ein Blick auf Abbildung 54 (S. 83) die Entscheidung, dass die letztgenannte Aussage zutrifft. Es soll sich um eine nach männlichem Ritus bestattete Frau handeln – angesichts der Lage und der Beigaben (u. a. ein Dolch, ein Armschutzplattenfragment und ein Eberzahn) wären Überlegungen zur Zuverlässigkeit der anthropologischen Bestimmung wünschenswert gewesen.

Der Katalog ist als Materialvorlage nur mit Vorsicht zu genießen, die Auswertung bringt wenig Neues und lässt Vieles vermissen. Aussagen zur Sozialstruktur anhand der glockenbecherzeitlichen Gräber seien problematisch, auch wenn »Anzahl und Funktion von Metallbeigaben […] als Anzeichen für unterschiedliche soziale Rangabstufungen verstanden werden« können. »Es erweist sich jedoch als überaus schwierig, aufgrund der Dolchbeigabe allein auf eine sozial gehobene, oder gar eine Führungsposition seines Trägers zu schließen. Selbst reiche, ja überreich ausgestattete Grablegen lassen sich für das Modell ›Häuptlingsgrab‹ nur bedingt ins Feld führen«, wie der Autor abschließend, zwar im Widerspruch zu seinen vorhergehenden Aussagen, jedoch sicher zutreffend feststellt (S. 124). Andererseits seien aber, basierend auf Aussagen von Detlef Gronenborn, »komplexe Gesellschaften mit einer hierarchischen Führungskonzeption als Modellvorstellung […] von früh- bis mittelneolithischer Zeit für die Kulturverbände Alteuropas anzunehmen«, während sich die von Marija Gimbutas vertretene »Theorie von einer friedvollen, egalitären und matriarchalisch organisierten Neolithgruppe Alteuropas […] als Sozialmodelle (sic!) aufgelöst« hätten (ebd.). Eine etwas ausführlichere Diskussion gesellschaftlicher Modelle anhand des vorgestellten Materials wäre wünschenswert gewesen. Hervorzuheben ist das bleibende Verdienst des Autors, die kupferzeitlichen Bestattungen mit Dolchbeigaben erstmals in einem gesamteuropäischen Rahmen darzustellen.

Würzburg   Heidi Peter-Röcher

Klaus Kilian (†), **Die handgemachte geglättete Keramik mykenischer Zeitstellung**, adaptée par Tobias Mühlenbruch. Tiryns, Forschungen und Berichte, volume XV. Maison d'edition Dr. Ludwig Reichert, Wiesbaden 2007. X et 129 pages, 1 figure, 38 tables.

La céramique non tournée et lissée d'époque mycénienne (handgemachte geglättete Keramik) est mieux connue sous son appellation anglaise de »Handmade Burnished Ware« (HBW). Mise en évidence pour la première fois à Mycènes en 1964, elle a été reconnue par la suite sur différents sites comme Lefkandi, Korakou ou Tirynthe, notamment dans des couches datées de l'Helladique Récent III C (douzième siècle av. J. C.), c'est-à-dire de la période ›post-palatiale‹. Ces observations ont donné lieu à un intense débat concernant la provenance de la HBW. On s'est en effet demandé si cette céramique atypique pouvait fournir des arguments archéologiques étayant la théorie des envahisseurs nordiques qui, à la fin de la période mycénienne, auraient été responsables de la destruction violente des palais. L'importance de cette question pour la connaissance des évènements qui ont abouti à la chute des palais mycéniens explique certainement pourquoi Klaus Kilian s'était réservé l'étude de cette céramique. Peu avant son décès prématuré, il avait achevé un manuscrit qui, pour la publication finale, a été retravaillé par Tobias Mühlenbruch. Les éditeurs ont pris soin d'apporter le moins de changements possibles au texte original, mais ils ont réexaminé la datation de chaque contexte de découverte et revu les références bibliographiques des notes.

Après une courte introduction (p. 1–3), l'auteur présente brièvement les différents types de céramique non tournée antérieurs à la phase des palais mycéniens (Helladique Ancien – Helladique Récent III A), afin d'éviter qu'ils soient confondus avec la HBW (p. 3–6). Il commente ensuite le mode de fabrication, constatant que la HBW n'était pas cuite dans un four de potier mais plutôt dans un foyer en meule (»Meilerbrand«), ce qui ne permettait pas d'atteindre des températures très élevées. Avant la cuisson, les vases étaient soigneusement lissés, soit avec les ongles, soit avec de petites spatules en bois ou en os. L'auteur souligne que l'identification des formes, en premier lieu la distinction entre les vases ouverts et fermés, pose un problème non négligeable, car les bords des récipients fermés étaient souvent polis à l'intérieur. Une identification assurée ne peut donc être réalisée que si l'on possède le fond: à cet endroit, les potiers n'étaient en effet pas en mesure de polir la surface interne des vases fermés. Faute d'analyses, le lieu de production de la HBW de Tirynthe n'est pas connu avec certitude, mais différents indices parlent en faveur d'une production locale.

Dans le chapitre suivant, qui est central pour l'étude car il livre une foule de renseignements cruciaux, Kilian analyse les formes de vases. Une trentaine de formes différentes composent le répertoire de la HBW à Tirynthe. L'auteur décrit chaque variante, la date d'après son contexte de découverte et la compare avec des parallèles hors de Tirynthe, en cherchant à mettre en évidence la possibilité d'une origine étrangère, ou du moins des influences extérieures. Pour parvenir à des résultats précis, il sépare le matériel par phases et fournit toutes les statistiques nécessaires. A Tirynthe, la HBW apparaît à l'Helladique Récent III B (treizième siècle), avec une pièce importée d'Italie qui est à rapprocher d'autres vases italiques découverts en Crète, à Chania et à Kommos. La production locale de la HBW débute à l'Helladique Récent III B développé (späthelladisch III B »entwickelt«). Vers la fin de cette période, le pourcentage de HBW au sein du matériel de Tirynthe augmente de 1,2 à 5,2 percent. Sa production atteint un sommet à la fin de l'Helladique Récent III C ancien, période où la proportion des vases non tournés dépasse les trente percent. La courbe décline vers la fin de l'Helladique Récent III C récent (plus que 2,1 percent de HBW). Avant de tirer les conclusions de ces études statistiques, l'auteur énumère les formes attestées pour chaque phase.

Le chapitre suivant est consacré à la fonction des récipients. Les vases de grande ou moyenne taille étaient utilisés pour le stockage de la nourriture. Ceux qui avaient de plus petites dimensions servaient à faire la cuisine, à manger ou à boire. Du point de vue de la fonction, il n'y a donc guère de différence entre la céramique tournée et la HBW. Cela permet de conclure que la présence de cette céramique particulière ne s'explique pas par son utilisation dans des domaines spécifiques. D'autre part, les vases en HBW ne se trouvent pas de manière isolée. Ils sont toujours associés à de la céramique tournée, que ce soit dans des pièces d'habitat, dans des cuisines, voire même dans certains contextes cultuels. En revanche, ils apparaissent uniquement dans des bâtiments modestes, jamais à l'intérieur du palais ou dans des maisons luxueuses.

La présence de la HBW aux côtés de la céramique tournée, en contexte domestique et dans des espaces de travail, indique qu'elle est intégrée au cadre de vie des habitants de Tirynthe, alors même que la céramique tournée reste prédominante. Si l'on recherche des influences mutuelles entre les deux catégories, on constate que près de neuf percent des vases en HBW sont inspirés de formes tournées. Lorsque la HBW en est à ses débuts, la céramique tournée lui emprunte seulement quelques éléments de décor plastique. Mais à l'Helladique Récent III C développé, au moment où la HBW est bien représentée, ses formes et certaines de ses caractéristiques techniques sont fréquemment reprises par des récipients tournés. L'auteur en conclut que la céramique exogène est rapidement influencée par la céramique traditionnelle, tandis que la seconde attend que la première ait réussi son adaptation avant de s'en inspirer.

A Tirynthe, on a seulement retrouvé quatre vases non tournés qui sont de véritables importations d'Italie. La majorité de la HBW (82 percent) est influencée par la céramique d'impasto de l'Italie du Sud, mais elle est produite dans des ateliers locaux. Certaines formes (16 percent) se rapprochent de ce qu'on trouve au nord-ouest de la Grèce, et un vase s'inspire d'un modèle cananéen.

Après avoir décrit et commenté la HBW de Tirynthe, l'auteur en dresse un inventaire sur les autres sites mycéniens, ainsi que dans des régions périphériques qui eurent des contacts avec les Mycéniens (la Macédoine, Chypre, Troie, etc.), afin d'établir des comparaisons avec le matériel qu'il a étudié lui-même. Ce long chapitre (p. 56–72) constitue un état complet de la situation au moment où Kilian acheva son manuscrit, c'est-à-dire au début des années quatre-vingt dix.

Le dernier chapitre important (p. 72–80) est consacré aux principales questions que pose cette céramique particulière, celles de sa provenance et de son interprétation historique. Pour commencer, l'auteur résume les conclusions des chapitres précédents, en constatant que la HBW est tout d'abord une importation d'Italie, attestée en Crète au Minoenne Récent III A, puis à Tirynthe, Ephyra et Ioannina, à l'Helladique Récent III B développé. Dans la plupart des autres sites, on la trouve seulement à partir de l'Helladique Récent III C ancien. Sur la provenance et la signification de cette céramique, une variété d'hypothèses ont été proposées par différents chercheurs. En ce qui concerne Tirynthe, Kilian rappelle que la HBW ne représente qu'une portion congrue de l'ensemble de la céramique mycénienne, qu'elle fait partie de la vaisselle de tous les jours, qu'elle manque au palais et dans les quartiers habités par les classes sociales élevées, qu'elle fait aussi défaut dans les lieux de culte officiels, et enfin qu'elle est fabriquée – mis à part quelques importations – dans des ateliers locaux, vraisemblablement distincts de ceux qui ont produit la céramique tournée.

D'après l'auteur, la HBW est marquée à toutes les phases par une forte influence de la céramique italique. A l'Helladique Récent III B développé, il semblerait donc que des petits groupes soient venus d'Italie du Sud, et peut-être aussi partiellement du nord-ouest de la Grèce, et qu'ils se soient installés dans les sites mycéniens, en continuant à produire leur propre vaisselle. A l'Helladique Récent III C ancien, la HBW est progressivement intégrée dans la culture mycénienne, comme l'indique son pourcentage élevé au sein de l'ensemble de la céramique (environ trente percent). Aux phases tardives du Helladique Récent III C, le développement de la HBW stagne: la population immigrée semble alors se fondre dans la société mycénienne. Le fait que la HBW soit produite en quantité limitée et qu'elle ne se trouve pas dans l'habitat le plus riche ne cadre pas avec l'hypothèse d'un peuple d'envahisseurs causant la chute des palais mycéniens vers la fin de l'Helladique Récent III B. Selon Kilian, on a plutôt affaire à de petits groupes de »travailleurs immigrés«, spécialistes de différentes techniques artisanales, qui se seraient intégrés dans la société mycénienne.

Kilian propose donc une explication nuancée du phénomène de la HBW. Même si son étude ne tient pas compte des recherches les plus récentes, elle restitue une des images les plus plausibles des évènements qui ont accompagné le déclin et la chute du monde mycénien. Avec cette publication, nous disposons enfin d'une étude approfondie consacrée à la HBW d'un site, celui qui en a livré la plus grande quantité à ce jour (488 individus sont décrits dans le catalogue, p. 81–120). En élargissant son travail à plusieurs autres sites, l'auteur est en mesure d'étayer ses hypothèses: la HBW signale bien la présence d'une population étrangère au sein du monde mycénien, mais il ne s'agit pas des envahisseurs responsables de la chute des palais, comme plusieurs auteurs l'ont soutenu.

Lausanne   Karl Reber

Cornelia Schütz, **Das urnenfelderzeitliche Gräberfeld von Zuchering-Ost, Stadt Ingolstadt.** Mit Beiträgen von Antja Bartel und Manfred Kunter. Materialhefte zur Bayerischen Vorgeschichte, Reihe A, Band 90. Verlag Michael Laßleben, Kallmünz 2006. 361 Seiten, 66 Abbildungen, 286 Tafeln, Beilage.

Die von Cornelia Schütz mustergültig vorgelegte Materialedition zeigt die Möglichkeiten und Grenzen archäologischer Feld- und Auswertungsarbeiten zugleich auf, denn allein die dokumentarische Erfassung von fünfhundertsechzig Gräbern (im Text wird S. 16 von fünfhundertzwanzig »sicher nachgewiesenen Bestattungen« der Stufen Bronzezeit D bis Hallstattphase B3 abzüglich vierundzwanzig Gräbern anderer Zeitstellung gesprochen; dazu S. 21) sowie die Vorlage der gleichzeitigen Kreis- und Viereckgräben und der urnenfelderzeitlichen Streufunde reicht als Edition voll und ganz aus. Zudem hat Frau Schütz alle Gefäße der ersten Grabungskampagne (1983–1989) der Bestattungen 1 bis 302 selbst zusammengesetzt und vorgezeichnet, alle Funde der zweiten Kampagne (1991–2002) der Bestattungen 303 bis 560 sowie alle Befunde zwecks Drucklegung komplett gezeichnet. Es ist daher verständlich, dass sie eine geplante Dissertation der ersten Grabungskampagne nicht fertigstellen konnte und auch eine diesbezügliche Seriation der Keramikgefäße durch Andreas Tillmann von 1996 unpubliziert blieb. Auch andere Untersuchungen (Anthropologische »Untersuchung an menschlichen Brandknochen«, bearbeitet von Manfred Kunter: S. 52–64; »Untersuchungsbericht zu einem Bronzemesser mit textilen Resten«, bearbeitet von Anja Bartel: S. 65–66; »Tierknochen von Speisebeigaben«, zitiert von Schütz nach A. von den Driesch: S. 45) beziehen sich auf den ersten Grabungsabschnitt. Daher stellt die vorliegende Publikation ein Teilergebnis dar, das aber zu Recht im Jahr 2003 anlässlich der Jahrestagung des West- und Süddeutschen Verbandes für Altertumsforschung in Ingolstadt und im selben Jahr in einer dortigen Sonderausstellung samt Begleitpublikation des Stadtmuseums mit dem Titel »Am Ende des Goldenen Zeitalters« präsentiert wurde.

Mit der Vorlage des Gräberfeldes von Zuchering-Ost ist nun eine der größten, Urnenfeldernekropolen des süddeutschen Raumes veröffentlicht, die kontinuierlich seit der Phase D der Bronzezeit belegt wurde. Es liegen mehr als fünfhundert dokumentierte und ausgegrabene Bestattungen vor, bei einer geschätzten Gesamtzahl von achthundert bis tausend Gräbern. (Hinzu kommen, was die Problematik der Grabung angeht, die Befunde und Funde einer nicht publizierten früh- bis hochmittelalterlichen Siedlung.)

Die im Norden und Süden erfasste, im Osten nur unvollständig ergrabene (ungenau die Angabe S. 16) und im Westteil praktisch unbekannte Nekropole (Abb. 5) wird überblicksartig und in Grundrissen ohne Parallelverweise vorgestellt. Das Grabareal liegt auf einem flachen, hochwasserfreien Kiesrücken zwischen Donaumoos und Donauauen in der Nähe einer siebenhundert Meter südöstlich davon gelegenen, etwa gleichzeitigen Siedlung bei Zuchering-Süd (S. 47). Die durch Überpflügung und mittelalterliche Überbauung zumeist gestörten Gräber (S. 20) wurden in der Bronzezeitstufe D fast ausnahmslos als Brandschüttungsbestattungen, danach als Urnengräber angelegt, letztere fallweise auch mit Überhügelung. Schütz beschreibt die Befunde sorgfältig und ebenso auf das Wesentliche beschränkt, wie sie dies bei vier Grabdepots (S. 31 f.) und den Funden tut (S. 34 ff.).

Es gibt einige Wiederholungen (S. 16 u. 21; S. 20 u. 26; S. 24 u. 36), eine nicht genaue Benennung (Überschrift S. 40: besser »Bronzene Gefäße und Gefäßteile«!) und die »Anmerkungen zur Grabungsmethode, Dokumentation und Bergung« (S. 33 f.) hätten eher vor den Abschnitt »Übersicht über die Zeitstellung der Befunde« (S. 16) gehört.

Die kurzen, auch und gerade Besonderheiten ansprechenden Ausführungen sollten Ansporn genug sein, nicht nur die skizzierte Belegungsabfolge der Nekropole (S. 22) zu erforschen, sondern unter Einbeziehung der noch ausstehenden Leichenbrand- und Tierknochenbestimmungen der zweiten Grabungkampagne eine weitergehende wissenschaftliche Auswertung vorzunehmen. Das Studium der Tafelabbildungen mit den Grabfunden vermag dazu regelrecht aufzufordern.

Bonn   Hans-Eckart Joachim

Ursula Putz, **Früheisenzeitliche Prunkgräber in Ober- und Mittelitalien. Archäologische Forschungen zur Entstehung temporärer Eliten.** Regensburger Beiträge zur Prähistorischen Archäologie, Band 15. Universitätsverlag Regensburg 2007. IX und 301 Seiten, 92 Tabellen, 110 Tafeln.

Mit diesem Band wird eine zwischen 2002 und 2006 dank eines Stipendiums des Hochschul- und Wissenschaftsprogramms ›Chancengleichheit für Frauen in Forschung und Lehre‹ entstandene Regensburger Habilitationsschrift vorgelegt. Der Reihenherausgeber Peter Schauer betont (S. VII), dass Ursula Putz schon seit 1994 mit diesem Thema vertraut ist. Dies zeigt ihr älterer Aufsatz ›Gesellschaftlicher Wandel in Mittelitalien im Spiegel villanovazeitlicher Prunkgräber‹ in dem vom selben Herausgeber edierten Band ›Archäologische Untersuchungen zu den Beziehungen zwischen Altitalien und der Zone nordwärts der Alpen während der frühen Eisenzeit Alteuropas. Regensburger Beitr. Prähist. Arch. 4 (Regensburg 1998) 49–68‹.

Wie Schauer (S. VII) und Putz (S. VIII und S. 1) einleitend anmerken, zielt die Arbeit auf eine Betrachtung des Ausstattungsmusters italischer Prunkgräber. So bildet ein nach modernen Regionen und darunter jeweils alphabetisch nach Fundort gegliederter Katalog von fast dreihundert Gräbern gut ein Drittel des Textteils (S. 184–301). Vorangestellt sind fast hundert Tabellen zu Sachformen beziehungsweise Typen dieser Bestattungen (S. 135–183). Abgesehen vom Literatur- und Abkürzungsverzeichnis (S. 113–134) bleiben gut hundert auswertende Seiten mit einem längeren Abschnitt »Ausstattungsmuster« (S. 12–85), der Einleitung zu Gegenstand, Forschungsgeschichte, Quellenlage, Chronologie und zum Begriff ›Prunkgrab‹ (S. 1–12) sowie einer knappen generellen »Auswertung« (S. 85–112). Die Tafeln zeigen aus der Literatur übernommene Abbildungen von Fundobjekten ausgewählter Kontexte.

Eine allgemeine Untersuchung von Prunkgräbern ist in Hinblick auf die sozialen Verhältnisse im frühgeschichtlichen Italien ohne Zweifel ein Desiderat, auch in einer aus der Perspektive der Hallstattarchäologie einerseits großräumigen Ausrichtung auf Mittel- und Norditalien und einer andererseits zeitlichen Einschränkung auf die Früheisenzeit beziehungsweise Archaik. Wie der vorgelegte Katalog der Gräber verschiedener kultureller Räume und Zeitstufen zeigt, handelt es sich allein hinsichtlich der Zahl der Befunde aus unterschiedlichen Forschungsfeldern um eine wagemutige Unternehmung. Anspruchsvoll ist zudem das im Untertitel angekündigte Vorhaben, anhand von Grabfunden der »Entstehung temporärer Eliten« nachzugehen. Leider findet sich zur Erläuterung dieser Fragestellung lediglich folgende, eher unglücklich formulierte Definition: »Bei dem Begriff ›temporäre Elite‹ handelt es sich um herrschende bzw. einflussreiche Personen einer Gemeinschaft, die vorübergehend eine gehobene Position einnehmen. Dabei wird dieser Ausnahmezustand einem Personenverband, also einem Mitglied der ›aristokratischen Gesellschaftsschicht‹ über eine gewisse Dauer zugestanden« (S. 11).

Wie wird dann auf das Quellenmaterial zugegriffen? Ein wichtiges Kriterium ist die Wagenbeigabe, die auch in der italienischen Forschung, allerdings auf Grund der Aussagen schriftlicher Quellen, als Indiz herausragender sozialer Stellung der Bestatteten gilt (A. Emiliozzi [Hrsg.], Carri da guerra e principi etruschi. Ausst. Viterbo [Rom 1997]). Dass Wagen bei Putz als entscheidendes Kennzeichen der Prunkgräber erscheinen, beruht allerdings auf Vorgaben der Hallstattarchäologie. Ergänzend werden Gräber mit figürlich verzierten Gefäßen oder Geräten beziehungsweise statuarischen Menschenbildern und solche mit Schutzwaffen und Bronzegefäßen, vor allem Bronzefeldflaschen angeführt, zumeist nach der Materialauswahl der Bände zu Schilden und Panzerplatten beziehungsweise Panzerscheiben und Feldflaschen im Rahmen der Prähistorischen Bronzefunde (A. Geiger, PBF III 1 [Stuttgart 1994]; G. Tomedi, PBF III 3 [Stuttgart 2000]; D. Marzoli, PBF II 4 [München 1989]).

Aus dieser wie aus jeder Auswahl ergeben sich zwangsläufig Probleme. So sind im Katalog (teilweise wohl nach Emiliozzi a. O.) auch Wagengräber erfasst, über die auf Grund ungenügend dokumentierter Ausgrabungen, wegen Beraubung oder unzureichender Publikationslage Aussagen zu Ausstattungsmustern gar nicht oder kaum möglich sind. Dasselbe gilt für die Sepulchra mit plastischen Darstellungen aus Cerveteri, hätte aber ebenso für die vielen nicht berücksichtigten monumentalen Tumuli in den Nekropolen oder im Umfeld etruskischer Orte gegolten. Andererseits sind neben einigen bisher kaum als Prunkbestattungen betrachteten Wagengräbern von Veji zwar reiche Kriegergräber wie Casale del Fosso 871 und Quattro Fontanili AA 1 aufgeführt, jedoch nicht das auffälligste, nur im Text erwähnte Casale del Fosso 1036. Insgesamt ergibt sich für die Materialbasis eine Dominanz der Männerbeisetzungen, weil der Katalog neben den Wagengräbern vor allem solche mit Schutzwaffen umfasst und auch in Bezug auf das Vorkommen von Bronzegefäßen in erster Linie solche mit Feldflaschen aufgenommen wurden. Für Latium vetus fehlt neben den Befunden von Satricum auf dieser Basis derjenige von Rocca di Papa, Gemarkung Vivaro, der in zumindest einigen der Inventartypen an die reichsten orientalisierenden Gräber Italiens anschließt.

Den Schwerpunkt des Bandes bildet der Abschnitt »Ausstattungsmuster« (S. 12–85), in dem die katalogisierten Prunkbestattungen Region für Region, Fundort für Fundort besprochen werden. Für nahezu alle ausführlicher behandelten Kontexte und Objekte wird immer wieder darauf hingewiesen, dass sie einzigartig seien und deshalb Rang, Status oder Ansehen der Beigesetzten repräsentierten. Allein die Aufzählung der Gräber eines Fundorts oder einer Region umfasst bisweilen eine halbe Seite (S. 39 zu Vetulonia, S. 61 zum Picenum), für Latium benötigt die bloße Nennung aller Wagengräber aus dem achten sowie »weiterer Wagen- und Kriegerbestattungen« aus dem siebten Jahrhundert jeweils bald eine Drittelseite (S. 14 Anm. 86 sowie S. 37).

Neben ungleich gewichteten Angaben zur Belegung von Gräberfeldern und zu Formen des Grabrituals stehen Ausführungen zu den Grabinventaren im Vordergrund, vor allem zu Metallgefäßen, Panzerplatten und Panzerscheiben, Helmen und Schilden. Die fortlaufende Besprechung einzelner Objekte wird regelmäßig durch Hinweise auf Vergleichsfunde unterbrochen.

Auch dabei kann zum Beispiel allein die Aufzählung aller Gräber mit reich verzierten Schilden eine halbe Seite umfassen (S. 40). Dies hätte durch Kartierungen oder kleine Tabellen übersichtlicher präsentiert werden können. In den Tabellen sind dagegen die Bestattungen nach Fundorten beziehungsweise geographischer Nähe zusammengestellt. Das eigentlich Interessante der Prunkgräber wird so kaum deutlich, dass nämlich vergleichbare Objekte und Ausstattungsmuster nicht nur am selben Ort, sondern überregional in unterschiedlichen Kulturräumen auftauchen, also letztendlich ein großräumiges Beziehungsgefüge der bestatteten Personengruppen mit einer spezifischen materiellen Kultur belegen.

Aber obwohl Putz typische Beigabensätze direkt auf Verhaltensmuster im Bestattungsritual bezieht, verstanden als »Gesamtheit aller Handlungen der Bestattenden während eines Totenrituals« mitsamt der »zeitlich vor und nach der eigentlichen Beisetzung liegende[n] Tätigkeiten und Rituale« (S. 1), zielt sie offensichtlich gar nicht auf die Aufdeckung oder Analyse von verschiedenen Ausstattungsmustern unterschiedlicher Zeitstufen und kultureller Räume, die dann historischer Rekonstruktion sozialer Praktiken, des Umgangs mit Dingen dienen könnten. Unter der Prämisse, dass Gräber »Wertvorstellungen und Normen einer Gesellschaft vor Augen« geführt und »sozusagen als Spiegel sozialer Verhältnisse« gedient hätten (S. 1), scheint ihre Auswertung vielmehr auf ein einheitliches Ausstattungsmuster gerichtet, das über die Funktion einzelner Sachformen zu gewinnen sei: »Durch funktionale Analyse der Grabausstattung ist ein mögliches Muster in der Beigabenzusammensetzung zu erkennen«, wobei »Wiederholungen exakt oder ungefähr sein« könnten (S. 12). Ergebnis der Untersuchung ist für Putz dann »trotz geographischer Unterschiede das übereinstimmende Muster innerhalb der jeweiligen Ausstattungen«: »So werden immer die gleichen Gegenstände ins Grab mitgegeben. Dies bedeutet, dass durch diese Regelmäßigkeit im Ensemble eine allgegenwärtige Idee zum Ausdruck kommt« (S. 109). Und diese »immer gleichen Gegenstände« – Wagen, Waffen und Gefäße – gehörten nach Putz zu »der Wagenfahrt, der Darstellung als Krieger, dem Symposion in Zusammenhang mit einer Trankspende (große Ähnlichkeit in der Zusammensetzung der Geschirrsätze), der Hierogamie und der Heroisierung (Verherrlichung) des Toten« (S. 109 f.).

Die »Untersuchung der Ausstattungsmuster«, eigentlich eher eine selektive Besprechung weniger Sachformen, wird so auf eine Interpretation hingeführt, die wesentlich durch zwei Publikationen vorbestimmt ist. Der längere Abschnitt der Auswertung zur Wagenbeigabe scheint geprägt durch eine Arbeit von Markus Uwe Vosteen (Urgeschichtliche Wagen in Mitteleuropa. Freiburger Arch. Stud. 3 [Freiburg 1999]). Gemeint sind nicht historisch belanglose Ergebnisse zur Verbreitung der Wagenbeigabe nach modernen Regionen wie: »Einen Anfang in der Sitte[,] Wagen in Gräbern niederzulegen, lässt sich mit Funden aus Latium anführen, gefolgt von der Emilia-Romagna, über die Toskana ins Picenum und von dort wieder über Umbrien in die Lombardei« (S. 91). Gemeint ist vielmehr Vosteens ›Wagen-Phänomenologie‹, die »Wagenerfindung im Rahmen sakraler Tätigkeiten« und »eine kontinuierliche Nutzung sakraler Wagen ... seit der Jungsteinzeit« voraussetzt, um dann als »Funktion des urgeschichtlichen Sakralwagens« festzuhalten, »daß seine Obliegenheit bei der Erfüllung der elementaren religiösen Funktionen die eines vermittelnden Symbols zwischen zwei Wirklichkeiten, der irdischen und einer überirdischen« gelegen habe (Vosteen a. a. O. 184 f.). Bei Putz wird daraus: »Der Wagen kann als Symbol abstrakter Vorstellungen von transzendenten Mächten angesehen werden, der für die Aufnahme einer privilegierten Gruppe in das Totenreich unabdingbar ist« (S. 93).

Insgesamt interpretiert Putz aber alle Prunkgräber Mittel- und Norditaliens und schließlich auch der Hallstattkultur beziehungsweise sämtlicher Epochen der Vor- und Frühgeschichte aus dem Blickwinkel des sogenannten Situlenfestes, ausgehend von einer spezifischen Deutung der Bilder der Situlenkunst des hallstattzeitlichen Oberitalien, und zwar derjenigen in der Regensburger Habilitationsschrift von Christoph Huth (Menschenbilder und Menschenbild. Anthropomorphe Bildwerke der frühen Eisenzeit [Berlin 2003] bes. 160–218). Demnach thematisiert das Situlenfest initiatorische Riten der Erbfolge von Herrschern beziehungsweise Häuptlingen, wobei einzelne Bildelemente stets als Chiffren für den nur selten als Ganzes dargestellten Zusammenhang zu verstehen sind. Für die Deutung wichtig sind von allen Bildthemen der Situlenkunst vor allem die als ›Trankspende‹ bezeichnete Darreichung eines Trinkgefäßes für zwei als Vater und Sohn angesprochene thronende Hauptakteure durch eine Frau sowie das sogenannte Symplegma. Diese beiden Handlungen stünden sowohl für den Übergang ins Jenseits und die Apotheose des Vaters als auch für die Investitur des Sohns. Die Frauen bei der Darreichung des Tranks und im Symplegma betrachtet Huth als Priesterinnen, beide Szenen symbolisierten die Hierogamie. Huth selbst sieht das Situlenfest schon im Beigabeninventar von Prunkgräbern der Hallstattkultur repräsentiert (Huth a. a. O. 255–261; vgl. RGA² XXVIII [2005] 522–527 s. v. Situlenfest [ders.]).

Dieses anhand der Situlenkunst rekonstruierte Weltbild der Eisenzeit Mitteleuropas basiert interessanterweise auf ikonologischen Deutungen einiger weniger etruskischer Bilder auf Gefäßen und Geräten – sie stammen aus Gräbern, von denen ein Teil auch bei Putz katalogisiert ist – sowie auf Architekturterrakotten der als Paläste oder Regiae bezeichneten Bauten. Da sich aus diesen von Huth (a. O. 175–193) referierten Bildauslegungen weitreichende Schlussfolgerungen für die Interpretation der Grabbefunde ergeben, muss darauf hingewiesen werden, dass diese in der italienischen Forschung in polemischer Weise unter den Stichworten »immaginazione prescientifica« oder »iconologia selvaggia« diskutiert wurden (vgl. von den Hauptkontrahenten etwa M. Cristofani, Prospettiva 83/84, 1996, 2–9 und M. Torelli, Ostraka 1, 1992, 295–301). Allerdings würde in diesem Forschungsfeld kaum jemand die anhand der im weitesten Sinn mythologischen Darstellungen rekonstruierte Vorstellungswelt etruskischer Reges in den Inventaren von Prunkgräbern wiederfinden wollen. Zum einen werden diese nämlich nicht allgemein Reges zugeordnet, zum anderen werden Fürstengräber in der Forschung heute zu Recht nicht als Ausdruck zeitloser kosmologischer Vorstellungen betrachtet, sondern als Monumente spezifischer historischer Formationen.

Bei Putz wird der gesamte Interpretationsrahmen auch nicht explizit eingeführt, sondern dies geschieht nur beiläufig im Abschnitt »Ausstattungsmuster« und dann vor allem in der abschließenden »Auswertung« der einzelnen besonders gewürdigten Sachformen, vor allem des vermeintlichen Situlenfestes, als ob es sich dabei um gesicherte sozialarchäologische oder kulturanthropologische Erkenntnisse handelte. Auch im letzten Teil der Arbeit erscheinen wieder halbseitige Aufzählungen, etwa von Frauengräbern mit Wagen (S. 90), Gräbern mit Tischen und Thronen (S. 101) oder Zeptern (S. 103), und es erstaunen Aussagen wie diejenigen, dass Leichenverbrennung »Befreiung des Körpers von seiner Materie« sei (S. 86) sowie dass »Wein und Olivenöl … zu den Prestigegütern unter den Aristokraten« gehörten (S. 107). Problematischer ist aber, dass sich aus dem an und für sich beachtlichen Versuch der Einarbeitung in fremde Forschungsfelder vielfach Missverständnisse ergeben. So wird in der italienischen Forschung dem im späten achten und im siebten vorchristlichen Jahrhundert die Ausnahme darstellenden Ritus der Brandbestattung besondere Aufmerksamkeit gezollt. Leichenbrand in Stoffen zu bergen, wird nicht selten auf griechischen Einfluss zurückgeführt, beschreibt doch auch Homer das Sammeln der verbrannten Überreste in Stoffen. Putz schließt sich hier der Gegenposition an, die diese Kremationen als Rückgriff auf Villanovatraditionen versteht, begründet das allerdings vor allem mit dem Hinweis auf die ›Bekleidung‹ von Urnen und die Verhüllung von Objekten im Grab (S. 85–87, vgl. Vosteen a. a. O. 129).

Im Situlenfest nach Huth ergeben sich Heroisierung und Apotheose durch die anhand von Trankspende und Symplegma postulierte Heilige Hochzeit. In Bezug auf die Situlenbilder selbst bedeutet die Trankspende indes die Darreichung von Getränken an meist sitzende Personen, wofür nach einer älteren, volkskundlich inspirierten Publikation über Getränke (G. Sverdrup, Rauschtrank und Labetrank im Glauben und Kultus unserer Vorfahren, Avhandl. Norske Videnskaps-Akad. Oslo, Hist.-Filos. Kl. 1940 Nr. 5 [Oslo 1941]) auch im Rahmen des Totenkults der Begriff ›Labetrank‹ verwendet wird, ohne zu berücksichtigen, dass damit im Unterschied zum ›Rauschtrank‹ das Trinken von Wasser gemeint war. Für den Nachweis des gesamten als ›Situlenfest‹ konzipierten Ideenkomplexes an Sachformen spielen Gefäße oder Geräte zwangsläufig eine besondere Rolle. Bei Putz werden diese ohne Differenzierung zwischen Symposion und Bankett auf ein ewiges Festgelage bezogen, welches wiederum einem Totenmahl und gar einer Libation gleichgesetzt wird: »Hinter der Sitte, Bronzefeldflaschen in Gräber niederzulegen, steht eindeutig die Libation, die sich in Gräbern durch zahlreiche Schalen und Tassen manifestiert. Auffallend ist, dass Schalen und Becken, die für die Trankspende verwendet wurden, häufig aus Bronze angefertigt sind, was den Wert und die Bedeutung der Trankspende und damit auch der Feldflasche in den Gräbern unterstreicht« (S. 104 f.). In Wirklichkeit hat das Symposion aber nichts mit der ›Spende‹ eines ›Labetranks‹ zu tun und die Libation ist keine ›Trankspende‹ im Sinne einer Darreichung, sondern ein Trankopfer und daher allgemein die Entäußerung einer Flüssigkeit. Die Semantik der antiken Bezeichnungen derartiger Opferhandlungen weist auf den Aspekt des Gießens beziehungsweise Ausgießens von Flüssigkeiten und keineswegs auf das Trinken, wie allein auf Grund der deutschen Übersetzung und damit des Fachbegriffs vermutet werden könnte (Der Neue Pauly XII 1 [2002] 752 f. s. v. Trankopfer [M. Haase]).

Des weiteren soll die Hierogamie in Beigaben von Prunkgräbern repräsentiert sein. Da das Situlenfest Vater und Sohn mit der Priesterin auch bei der Trankspende verknüpft, werden die Grabausstattungen auf Duplizität und Triplizität von Beigaben geprüft: »Die Duplizität in der Waffenausstattung macht sich auch … in der Tomba Bernardini durch Schwerter, Dolche, Lanzen und Beile in mehrfacher Ausführung bemerkbar« (S. 94). Tabelle 13 informiert aber über vier Schilde, vier Schwerter, drei Dolche, sieben Lanzen und drei Beile. Dass den Bestatteten hin und wieder auch typische Bestandteile der Tracht oder typische Beigaben des jeweils anderen Geschlechts mitgegeben worden sein sollen, führt dann zu Aussagen wie den folgenden zu einem Grab in Fabriano: »Dabei sind die Dreifachsätze von Phialen, Rippenzisten und Bronzesitulen zu berücksichtigen, die vor allem das Thema der Verbindung Vater–Sohn und Gemahlin (Trankspende durch die Frau) weiterführen« (S. 95). Nach Tabelle 63 gibt es aber im Inventar des Grabs auch jeweils eine Amphore, Oinochoe und Schale sowie einen Becher, Kessel und Teller sowie zwei Skyphoi aus Bronze. Dennoch werde mit Befunden wie diesen »symbolisch die Verbindung des Toten mit seiner ehemaligen Gefährtin vor Augen geführt« (S. 97). Für ein bekanntes Grab von Verucchio heißt es dann sogar: »In … Tomba 85 ist die Triplizität der Tische augenfällig. Nehmen hier die Protagonisten (Vater–Sohn–Ehefrau) während des Symposions Platz?« (S. 101). Vernachlässigt man die fehlende Unterscheidung zwischen der Ebene der Repräsentation von Ideologien und derjenigen der Handlungen mit Dingen, so fällt vor allem auf, dass generell alles, was sich auf Frauen bezieht, interpretatorisch dem angesprochenen Konzept der sakral gesicherten Herrschaftsfolge untergeordnet wird.

Unter der Überschrift »Sakrale Herrschaft« erfährt man – bezeichnenderweise präsentiert sich der ganze Abschnitt ohne Nachweise – Folgendes zu Prunkgräbern und zur Heiligen Hochzeit: »Besonders die Ausstattungen reicher Gräber gehen auf eine gemeinsame Auffassung (Wagenfahrt, Symposium und Hierogamie im Jenseits) zurück. ... Unter Hierogamie versteht man wörtlich ›Heirat mit einem Heiligen‹ (Gott). ... Grundlegend ist die [sic!] Hieros gamos (heilige Hochzeit, im Sinne der Vereinigung zweier Menschen), die bereits von ägyptischen Priestern und Priesterinnen zur Verehrung der fruchtbringenden Kraft des Weiblichen gefeiert wurde. Dabei handelt es sich nicht um einen Sexualritus im eigentlichen Sinne, sondern um eine Handlung spiritueller Natur. Hier ist der Geschlechtsverkehr ein Akt, in dem das Männliche und das Weibliche das Göttliche schauen. Die körperliche Vereinigung war das einzige Mittel, durch das der Mann geistig heil werden und die Gnosis (Moment der Klarheit: philosophisches Erfassen religiöser Wahrheiten) erlangen konnte, das heißt das Wissen vom Göttlichen. Die Sexual- und Fruchtbarkeitsriten als sakrosankte Zeremonien dienten dabei als Brücke, über die man von der Erde ins Jenseits gelangte und somit eine spirituelle Ganzheit und eine Einheit mit dem Göttlichen erlangen konnte (Divinisierung). So führt die Apotheose zur Erhebung eines Menschen zu einem Gott. Es [betrifft] Personen, die Großes vollbracht haben, die zu Göttern werden und wie diese verehrt werden müssen. Dieses Gedankengut zeigt sich auch in den vorgestellten Prunkgräbern« (S. 108 f.).

Bei Passagen wie dieser fällt es schwer, dem Text noch wissenschaftlich gerecht zu werden. Der ganze Abschnitt steht aber paradigmatisch für das sachliche Hauptproblem der Arbeit, die Frage nach der Bedeutung der Frauen in der Welt der ›kontemporären Eliten‹. Während beim Referat der Befunde durchaus Vorstellungen zur Rolle der Frauen im Rahmen gentilizischer Gruppen zur Sprache kommen, wie sie die italienische Forschung zugrundelegt, wird dann in der Zusammenschau alles dem angeblichen Situlenfest nach Huth geopfert, in dem Frauen in einer ziemlich eigenwilligen Konzeption der Hierogamie eher Beiwerk der Herrschaftsfolge sind. Aber wie sind im Rahmen des der Arbeit unterlegten Interpretationsmodells die im Katalog durchaus vertretenen, dann aber unverständlicherweise bei der Auswertung vernachlässigten Prunkbestattungen von Frauen zu erklären? Dass die gesamte, vor allem in der Archäologie Etruriens intensiv beleuchtete Rolle der Frauen in der Gesellschaft überhaupt nicht angesprochen wird, weist auf das Desinteresse am Forschungsdiskurs nicht nur der italienischen Archäologie. Dieser bleibt bis auf einige, religiöse Vorstellungen betreffende Aspekte völlig ausgeblendet, obwohl wichtige Arbeiten zur etruskisch-italischen Frühgeschichte im Literaturverzeichnis und den Anmerkungen genannt werden.

Dies alles ergibt sich vielleicht schon aus der Verwendung des Begriffs ›Prunkgrab‹, der außerhalb der deutschen Forschung keine Rolle spielt. Für die von Putz behandelten Befunde werden gewöhnlich die Begriffe ›Fürstengrab‹ (tomba principesca) oder ›Kriegergrab‹ (tomba di guerriero) verwendet. Erforscht werden diese Phänomene in Italien von unterschiedlichen Fächern, einerseits in der Vorgeschichte (protostoria), andererseits in der Klassischen Archäologie (archeologia). Die umfassende Behandlung hätte also durchaus die Chance einer neuen Perspektive geboten. Statt aber bessere und präzisere Kriterien zu entwickeln, wurden eher die von der Wissenschaft bereits erfassten Differenzierungen nivelliert. Dass entscheidende Aspekte der Forschung südlich der Alpen nicht berücksichtigt sind, zeigen die knappen Bemerkungen zur Verwendung des Begriffs ›principesco‹ (S. 10). Wie andere Forscher geht Putz davon aus, dass dieser seit den zwanziger Jahren (P. Ducati, Etruria Antica II [Turin 1925]) für die ›reichen‹ Gräber Italiens verwendet wird. Ganz abgesehen davon, dass Georg Karo schon 1904 (Bull. Paletn. Ital. 30, 1904, 1–29) Bestattungen der orientalisierenden Zeit als ›fürstliche Gräber‹ angesprochen hatte, blieben sowohl Karos als auch Pericle Ducatis Begriffe Episode. Grundlegend für den aktuellen Diskurs zu Fürstengräbern sind vielmehr Beiträge der sechziger und siebziger Jahre, vor allem aus dem Umfeld der Zeitschrift ›Dialoghi di Archeologia‹. Behandelt wurden soziale Veränderungen, die Entstehung gentilizischer Verbände, soziale Mobilität, Landbesitz und Abhängigkeitsformen, Ideologien und Klassen, die Übertragung von Vorstellungen bei Eliten, ideologische Aspekte des Grabrituals oder ›die Gabe‹ im archaischen Etrurien. Diese wie auch darauf folgende Beiträge verknüpfen die Analyse archäologischer Quellen des frühen Etrurien mit der Aussage der antiken Literatur zum frühen Rom und mit Ergebnissen soziolinguistischer Forschungen zu epigraphischen Zeugnissen. In Bezug auf orientalische oder orientalisierende Objekte wird zudem auf Schrift- und Bildquellen des Vorderen Orients und andererseits auf die homerischen Epen als Analogiequellen zurückgegriffen.

Sicherlich wurde dabei die zunehmende Komplexität und Monumentalität von Grabinventaren und Grabformen vorschnell mit der Entwicklung von einer egalitären oder segmentären zu einer nach Klassen oder Rang gegliederten und dann städtisch-aristokratischen Gesellschaft parallelisiert. Da dieses auch auf die Befunde der Poebene und des Picenum übertragene Interpretationsmuster die Basis aller gesellschaftspolitischen Aussagen bildet, auch jener zur Entstehung von Eliten zwischen dem achten und sechsten Jahrhundert bei Putz (vgl. S. 1 f. und den anfangs zitierten Artikel der Verfasserin von 1998), hätte dem im forschungsgeschichtlichen Teil nachgegangen werden müssen.

Abschließend ist zu sagen, dass die hier besprochene Arbeit zwar Zugang zu den internationalen, aber naturgemäß vor allem von der italienischen Archäologie geprägten Forschungsfeldern bietet. Befunde sind über Katalog und Tabellen oder zumindest anhand der Anmerkungen greifbar. Es ist jedoch schade, dass der sozialarchäologische Diskussionsstand nicht referiert und vor allem nicht diskutiert wird. So wurde die Möglichkeit verschenkt, diesen für die Forschung zu mitteleuropäischen Prunk- oder Fürstengräbern zu erschließen und nutzbar zu machen. Es wurde damit auch darauf verzichtet, aus der kritischen Auseinandersetzung mit Positionen der Forschung einen Fortschritt für die Archäologie der frühen Eisenzeit Italiens zu erarbeiten. Auch das möglicherweise innovative Potential des Konzepts ›Prunkgrab‹ für die Analyse der Gräber wird kaum ausgeschöpft. Wegen der einschränkenden Konzentration auf die Ausstattungsmuster wird den weiteren für Prunkbestattungen zentralen Kriterien der Monumentalität und der Lage in der Landschaft denn auch keine Aufmerksamkeit geschenkt. Aus Sicht des Rezensenten ist zudem für die Untersuchung der Ausstattungsmuster von Gräbern ein zumindest im weitesten Sinn semiotischer Ansatz unverzichtbar. Beispiele dafür bieten etwa U. Veit u. a. (Hrsg.), Spuren und Botschaften. Interpretationen materieller Kultur. Tübinger Arch. Taschenb. 4 (Münster 2003); T. L. Kienlin (Hrsg.), Die Dinge als Zeichen. Kulturelles Wissen und materielle Kultur – Perspektiven einer kulturwissenschaftlichen Synthese. Univ. Forsch. Prähist. Arch. (Bonn 2005). Die symbolische Deutung einiger Sachformen der Prunkgräber Italiens vor allem aus dem Blickwinkel einer eher esoterischen Interpretation der Bilder der Situlenkunst scheint demgegenüber wenig weiterführend.

Eine redaktionelle Durchsicht des Manuskriptes wäre dem Text sehr förderlich gewesen, denn orthographische und syntaktische Fehler sowie zahlreiche Stilblüten erschweren die Lektüre stellenweise nicht unerheblich.

Tübingen   Beat Schweizer

Claudia Tappert, **Die Gefäßkeramik der latènezeitlichen Siedlung Straubing-Bajuwarenstraße.** Materialhefte zur Bayerischen Vorgeschichte, Reihe A, Band 89. Verlag Michael Lassleben, Kallmünz 2006. 491 Seiten, 150 Abbildungen, 150 Tafeln, Beilage.

Wohl zu Recht wurde die hier zu besprechende Marburger Dissertation von 2004 im Folgejahr mit dem Straubinger Hochschulpreis ausgezeichnet, denn Claudia Tappert hat eine methodisch und sprachlich sichere Arbeit zur latènezeitlichen Keramik der Ausgrabung »Straubing-Bajuwarenstraße« vorgelegt. Das Buch berücksichtigt zwar alle diesbezüglichen Aspekte versiert, ist aber teilweise zu ausgedehnt geraten. Von der zwischen 1980 und 1983 durchgeführten Rettungsgrabung eines siedlungsgünstigen Areals nahe der Donau, an einer Wegverbindung von der Oberpfalz bis ins Salzkammergut und bis nach Böhmen, wurden im Bereich zweier einander überlagernder frühmittelalterlicher Gräberfelder fast zehntausend latènezeitliche Scherben aufgenommen, deren graphische Dokumentation zum geringen Teil Arbeiten von Rainer Christlein (Zu den jüngsten keltischen Funden Südbayerns. Bayer. Vorgeschbl. 46, 1982, 275–292) und von Walter Fischer (Die Latènezeit in Straubing. Ungedr. Magisterarbeit München 1985) entnommen sind. Die überwiegende Zahl der Zeichnungen für die hundertfünfzig Tafeln, denen ein tabellarischer Katalog (S. 317–490) vorgeschaltet ist, wurde wohl von Tappert selbst gefertigt.

Unter Berücksichtigung aller relevanten Publikationen seit Paul Reinecke (Zur Kenntnis der La-Tène-Denkmäler der Zone nordwärts der Alpen [1902, Nachdr. Bonn 1965] 88–144) bis hin zu Walter Irlinger (Zehn Jahre Latèneforschung im östlichen Bayern. Ein Überblick von 1990 bis 2000. In: Arch. Arbeitsgemeinschaft Ostbayern/West- und Südböhmen [Rahden 2001] 95–106) referiert Tappert ausgewogen und berechtigt kritisch (insbesondere zu Arbeiten von Sabine Rieckhoff: S. 27 f.) den derzeitigen Diskussionsstand zum Themenkreis (S. 18–29). Da sie die Gefäßkeramik als historische Quelle ansieht, versucht sie mit Hilfe wichtigster Methoden wie der statistischen Mengenanalyse, Seriation beziehungsweise Korrespondenzanalyse und im überregionalen Vergleich eine fundortinterne relativchronologische Abfolge zu erreichen (S. 30 f.), was in den folgenden Kapiteln überzeugend gelingt (S. 32–106).

Durch Bestimmung der Warenarten, Formen und Verzierungen vermag Tappert Kategorien zur Charakterisierung einfacher Keramik, Graphittonware sowie früher und echter Drehscheibenware herauszuarbeiten (S. 107–124), die unterschiedliche Entwicklungen aufweisen. Dabei lässt sich die einfache ebenso wie die Graphittonkeramik in chronologisch jeweils zwei aufeinander folgende Entwicklungsphasen trennen, was auch für die Drehscheibenware gilt (S. 124 f.; 132; 142 f.).

Der folgende überregionale Vergleich der in Straubing-Bajuwarenstraße festgestellten Gefäßformen, Verzierungs- und Warenarten ist außerordentlich kenntnisreich und umfassend (S. 144–228). Er mündet zunächst in einer kulturhistorischen Auswertung, die es ermöglicht, fast die Hälfte der Gefäße in das latènezeitliche Chronologiesystem einzuhängen, wobei die frühlatènezeitlichen Gefäßeinheiten überwiegen (S. 229–233). Dabei gehört die einfache Keramik in den Übergang von Hallstatt D(3) zu La Tène A, die Graphittonkeramik größtenteils in die letztere Stufe, die frühe Drehscheibenware setzt wiederum am Übergang von der Hallstattphase zur Latènezeit ein, und die älteste echte Drehscheibenkeramik der Bajuwarenstraße stammt aus den Stufen La Tène A und B, hat aber ihren Schwerpunkt in der Spätlatènezeit.

Diesem Kapitel der »Besiedlungsabfolge im Spiegel der Gefäßkeramik« (S. 229–245) folgt ein viel zu ausführlich angelegtes, inhaltlich wiederholendes Kapitel zu »Veränderungen der Keramiktradition« (S. 245–270), das allerdings in den Abbildungen 135–136 sowie 139–142 einen guten Überblick der Keramik bietet. Der

Vorwurf der Redundanz gilt inhaltlich vor allem auch für den folgenden Abschnitt »Historische Deutung« (S. 270–290), der ebenfalls hätte erheblich gekürzt werden müssen. Bereits im vorigen Kapitel wurde nämlich ein Besiedlungsabbruch »am Übergang der Stufen LT A und LT B« und »eine erneute Nutzung des Platzes erst wieder ab (sic!) der fortgeschrittenen Stufe LT B« konstatiert (S. 257 und 276–277) sowie eine mögliche zweite Siedlungsunterbrechung »zwischen den Stufen LT D1a und LT D1b« vermutet. Ein letzter Besiedlungsabschnitt »beginnt in der Stufe LT D1b und reicht bis in die Stufe LT D2« (S. 260 und 282).

In der Zusammenfassung (S. 291–297) begründet Tappert nochmals, dass »aus dem umfangreichen Siedlungsmaterial ... die Gefäßkeramik zur Bearbeitung« ausgewählt wurde, »da sie die größte Fundgruppe des Platzes darstellt und deshalb eine solide statistische Basis für kulturgeschichtliche Interpretationen bildet« (S. 291). Dass Keramik sui generis frühere Lebenswirklichkeit zeigen soll, verengt wohl doch den Blickwinkel zu sehr, denn sie spiegelt tatsächlich nur eine eher archäologische Rekonstruktion wider. Immerhin lässt sich an der latènezeitlichen Besiedlung von der Bajuwarenstraße in Straubing der Wandel von offenen zu eher geschlossenen Wohnplätzen ebenso nachvollziehen wie das Entstehen des mutmaßlichen Oppidums von Straubing-Azlburg. Zugleich ist von der Stufe La Tène D1b an zunächst die Zuwanderung einer »keltisch-germanischen Mischbevölkerung« aus Thüringen (S. 295) ebenso festzustellen wie dann in der Endlatènezeit »ein enges Zusammenleben verschiedener Bevölkerungsgruppen mit unterschiedlichem ethnischem Hintergrund« (S. 296), die zum Teil »im Bereich der Siedlung Azlburg bis zur römischen Okkupation in vespasianischer Zeit ansässig blieb« (S. 297).

Bonn   Hans-Eckart Joachim

Jan Schuster, **Herzsprung. Eine kaiserzeitliche bis völkerwanderungszeitliche Siedlung in der Uckermark.** Berliner Archäologische Forschungen 1. Verlag Marie Leidorf, Rahden 2004. 340 Seiten, 155 Abbildungen, 94 Tafeln, 8 Beilagen.

Bereits seit den dreißiger Jahren werden in der Region des heutigen Bundeslandes Brandenburg intensive Untersuchungen an Siedlungen der römischen Kaiserzeit vorgenommen. Insbesondere seit den neunziger Jahren ist deren Zahl stark angestiegen, doch bis heute ist nur ein Bruchteil dieser Ausgrabungen ausgewertet und umfangreicher publiziert worden. In dieser Hinsicht ist die Studie von Jan Schuster über die kaiserzeitliche und völkerwanderungszeitliche Siedlung von Herzsprung von besonderem Interesse, nicht nur weil die Publikation umfassend und nach modernen Kriterien erfolgt, sondern weil sie darüber hinaus auch Einblicke bietet in den Raum an der unteren Oder, wo bisher wenige kaiserzeitliche Fundplätze erfasst sind. In einem einführenden Abschnitt stellt der Autor den Fundort vor. Der liegt naturräumlich, wie es für agrarisch geprägte Siedlungen typisch ist, am Übergang von einer Niederung mit günstigen Bedingungen für Viehweide und Rohstoffgewinnung zu einer Hochfläche, auf der geackert werden konnte.

Die freigelegte Fläche umfasste bis zum Ende der Ausgrabungen 1996 insgesamt fast zwei Hektar. Es gelang jedoch nicht, die Siedlung vollständig zu erfassen, denn Teile davon waren bereits vor Beginn der planmäßigen Ausgrabungen 1982 zerstört und fielen auch in den Jahren danach noch voranschreitendem Kiesabbau zum Opfer.

Es folgen Betrachtungen zu den freigelegten Funden und Befunden. Beginnend mit den Bauten werden anhand von Pfostenstandspuren unter anderem vierzehn ebenerdige Langhäuser erschlossen, deren Grundrisse im Detail abgebildet sind. Sie sind auch einem Übersichtsplan zu entnehmen, der als Beilage angefügt ist, und das für kaiserzeitliche Siedlungen übliche Gewirr der Stützen eindrücklich zeigt.

Wenngleich manche der erarbeiteten Strukturen auf den ersten Blick etwas spekulativ wirken, so vermag der Autor doch im Detail seine Auswahl überzeugend zu begründen. Sehr instruktiv sind hierfür insbesondere die Vergleiche mit Pfostengrundrissen von anderen Orten. Der Verfasser zeigt, dass bestimmte bauliche Anlagen anscheinend über weite geographische Räume hinweg gleichen Konstruktionsprinzipien unterliegen. Sehr interessant ist dabei die zumindest in drei Fällen überzeugende Rekonstruktion zaunbegleitender Anlagen, also von Pfostenreihen an der Innenseite von Umhegungen, die zu einem überdachten Baukörper gehörten. Es gelingt damit in Herzsprung einer der wenigen Nachweise derartiger Anlagen außerhalb Dänemarks.

Regional und wohl auch zeitlich bedingte Unterschiede sind zwischen Gebäuden in Herzsprung und in anderen Siedlungen des Barbarikums erkennbar, die der Autor sowohl in unterschiedlichen Bautraditionen als auch Wirtschaftsformen begründet sieht.

Rekonstruktionen von Gebäudetypen und Hypothesen über die damit verbundene Wirtschaftsweise können zwangsläufig nur dann stichhaltig sein, wenn die herausgearbeiteten Phänomene auch durch andere Funde und Befunde der Siedlung bestätigt werden. Insofern muss der Autor wiederholt späteren Kapiteln vorgreifen oder Früheres wiederaufnehmen. Das ist der Übersichtlichkeit der Arbeit nicht immer dienlich.

Das Spektrum der nichtbaulichen Befunde umfasst überwiegend Gruben, Feuerstellen und technische Einrichtungen. Unter ihnen befinden sich einige mit Steinen und Lehm ausgekleidete Anlagen, die Kalkschichten in der Verfüllung und Indizien für eine hohe Hitzeeinwirkung aufweisen. Diese deutet der Autor überzeugend als Kalkbrennöfen. Er korrigiert damit Interpretationen ähnlicher Befunde, die als Backöfen, Feuerstellen, Ausheizherde oder Eisenschmelzöfen angesprochen werden.

Ausgehend von einem muldenförmigen Befund mit ringförmigen Einfüllschichten, von denen eine tiefschwarz und stark holzkohlehaltig ist, interpretiert Schuster eine Reihe weiterer Fundstellen als Grubenmeiler, die zur Herstellung von Holzkohle für den Betrieb eines Hofes, für die Branntkalkgewinnung oder die Schmelzfeuer einer Buntmetallwerkstatt dienten.

Einen besonderen Befund stellt der Eckpfosten eines Hauses mit dem eingelagerten Skelett eines dackelbeinigen kleinwüchsigen Hundes dar. Die rituelle Tierbestattung könnte nach Ansicht des Autors magischsakrale Vorstellungen der Siedler dokumentieren. Dafür spricht, dass der Hund sicher besonderen ideellen, wenn nicht gar materiellen Wert besessen hat, da Kleinhunde außerhalb des römischen Reichs außerordentlich selten waren.

Eine weitere Befundgruppe bilden Lehmlagen, die nicht eindeutig mit Baubefunden zu verbinden sind. Der Verfasser bezeichnet sie als Lehmestriche und zieht unter anderem eine Deutung als Arbeitsplattform in Betracht. Dies gilt insbesondere für einen Fußboden, in dessen Umfeld Buntmetallkonzentrationen festgestellt wurden. Weil nicht weit entfernt davon Holzkohlemeiler festgestellt wurden, die Brennmaterial geliefert haben könnten, wird trotz des Fehlens von Gusstiegeln und Gussformen die ortsfeste Werkstatt eines Buntmetallhandwerkers vermutet.

Sehr interessant sind auch die Befunde einiger Kalköfen, die in Kalkofenhäusern standen, welche ihrerseits in abgesonderten Werkstattarealen konzentriert sind. Dafür gibt es regional und überregional Parallelen; typisch ist jeweils die Doppelwandigkeit der die Öfen umgebenden Baustrukturen. Nach Ansicht Schusters könnten Werkhallen im römischen Reich die Anregung zum Bau derartiger Gebäude geliefert haben. Dies spräche für einen Organisationsgrad handwerklicher Tätigkeit über die Subsistenzwirtschaft hinaus und deute auf eine gleichsam industrielle Verwertung des Kalkes hin, wie sie auch bei der Eisenerzeugung im Barbarikum nachweisbar ist. Als ausschlaggebend für die Errichtung von Kalkofenhäusern vermutet der Verfasser die Notwendigkeit, bei jedem Wetter Kalk herstellen zu können, was seiner Meinung nach bedeutet, dass die Möglichkeit, ständig über diesen Rohstoff zu verfügen, für die Siedlungsgemeinschaften substanziell war. Der Branntkalk wurde vermutlich als Zuschlagstoff für Ton bei der Herstellung von Drehscheibenkeramik verwendet. Dadurch hätte diese Keramik auch bei niedrigeren Temperaturen in einfachen Öfen oder sogar in Meileröfen dicht gebrannt werden können, was erklären würde, weshalb bisher im Brandenburger Raum keine Keramikbrennöfen gefunden wurden.

Die Vorstellung des Fundmaterials beginnt mit der Keramik. Um die großen Mengen von Keramikfragmenten, die in solchen Siedlungen in der Regel anfallen, übersichtlich und effektiv erfassen zu können, gruppiert der Autor Rand- und Bodenausprägungen sowie Handhaben. Diese Einteilung wird ergänzt durch eine Typologie der Gefäßtypen, Warengruppen und Verzierungen.

Einen gesonderten Katalog für die Keramik hat der Autor jedoch nicht erstellt. Er katalogisiert sie lediglich summarisch im Zusammenhang mit den einzelnen Befunden. Auch die Abbildung im Tafelteil erfolgt gruppiert nach Befundzusammenhängen. Das ermöglicht zwar einen guten Überblick über den Inhalt eines Befundes, macht es jedoch extrem schwer, eine Vorstellung von den zu einem bestimmten Typus gehörenden Gefäßen zu erhalten. Dies ist insofern ärgerlich, als Herzsprung und sein Fundgut bei Studien zur römischen Kaiserzeit in Ostbrandenburg immer wieder als Referenz dienen wird. So hätte doch zumindest in den Unterschriften des Tafelteils eine Ansprache der Typen unaufwendig erfolgen können. Ohne diese ist es jetzt nur bedingt möglich, die Charakteristik einzelner Typen und deren Datierung nachzuvollziehen. Das ist umso bedauerlicher, als im Rahmen der Typologie einige Formen von ihm ausführlich diskutiert werden. Sehr aufschlussreich ist hier unter anderem die Untersuchung der glockenförmigen Siebgefäße, die in einem Plädoyer gegen die Deutung als Feuerstülpen und für die Interpretation als Geräte zur Käseherstellung münden.

Der Überblick über Funde scheibengedrehter Keramik zwischen mittlerer Elbe sowie Oder und Neiße zeigt eindrücklich ihre Bindung an Gebiete südlich des dreiundfünfzigsten Breitengrades, in Brandenburg konkret an den Raum südlich von Havel und Spree. Nach Schuster treten die frühesten derartigen Gefäße dort schon in der mittleren Kaiserzeit auf und zeugen von direkten Verbindungen in die Przeworskkultur.

Der Verfasser arbeitet bei dieser hauptsächlich in Form von Schalen produzierten Keramik elf Formengruppen heraus. Er will sie allerdings als nicht zu eng gefasst verstanden wissen, da viele auf der Drehscheibe gefertigte Gefäße nicht in vollständigen Profilen erhalten sind und der Formenschatz der Drehscheibenkeramik im genannten geographischen Raum derzeit nicht vollständig überblickt werden kann. Hilfreicher scheint der Ansatz, ausgehend von der Annahme einer lokalen Herstellung der Drehscheibenkeramik bestimmte »Handwerkerhandschriften« zu verfolgen. Der Autor führt das beispielhaft an einem Detail vor, den bandförmigen Henkelösen.

Die Analyse der Kleinfunde aus Herzsprung ist durch viele Detailuntersuchungen geprägt, etwa zur Herstellung und Nutzung einiger Objekte, wobei Vergleiche aus einem weit gefassten Formenspektrum und einem großen zeitlichen und geographischen Rahmen in die Betrachtungen einfließen. Auf diese Weise wird die Stellung der Siedlung im lokalen und überregionalen Umfeld deutlich.

Dies gilt unter anderem für die Analyse kleiner mehrgliedriger Bronzefibeln mit umgeschlagenem Fuß, mit deren Hilfe Einblicke in kulturelle Verbindungen zur Wielbarkkultur am Beginn der jüngeren römischen Kaiserzeit vermittelt werden.

Einen noch weiteren geographischen Rahmen umspannt die Untersuchung von Geräten mit klingenartigem Blatt und bandförmigem Fortsatz, die vornehmlich im Karpatenraum, darüber hinaus aber von der Nordsee bis ans Schwarze Meer gefunden werden. Bezüglich ihrer Verwendung kann Schuster zwar keine abschließende Deutung geben, sieht aber zwischen ihnen und römischen Spatelsonden gewisse formale Analogien.

Über ein Fibelbügelfragment nimmt der Autor die Debatte um die Typologie einiger völkerwanderungszeitlicher Blechfibeln erneut auf. Ausgehend von den Stücken vom Typus Wiesbaden aus dem fünften Jahrhundert definiert er den neuen Typus Rachow mit eingewölbtem, zum Kopf hin breiter werdendem Bügel, der mit Querrillen und Zickzacklinien verziert ist und einen schmalen, gerade abschließenden Fuß besitzt. Er ist als regionale Form anzusprechen, die zeitbedingt (»Ausdruck eines Zeitstils«) enge formale Verbindungen mit den Niemberger Fibeln und denjenigen vom Typus Wiesbaden besitzt.

Wiederholt in der Literatur diskutiert sind Geräte, die als »Dorne mit Platte« bezeichnet werden. Diese in die späteste Kaiser- und Völkerwanderungszeit gehörenden Objekte sind in Mitteleuropa weit verbreitet. Ihre Streuung weist auf enge Beziehungen zwischen Saale, unterer Oder und mittlerer Donau hin. Der Versuch, mit Hilfe einer Formengliederung innerhalb dieses großen Verbreitungsgebiets regionale Varianten herauszuarbeiten, gelingt nur für eine Version mit tulpenförmigem Umriss.

Eine Zusammenschau von Sachgut und Befunden verfolgt das Ziel, Rückschlüsse auf die Form der Gehöfte und der Siedlung zu erhalten. Dass es sich dabei jedoch auf Grund der Überlieferungsbedingungen am Ort nur um Überlegungen handeln kann, gibt bereits der Titel des Kapitels zu verstehen. Sind doch die Aussagemöglichkeiten eingeschränkt durch das Fehlen einer Vertikalstratigraphie, durch erosionsbedingte Fundverlagerungen und die Tatsache, dass die Fundstelle nicht vollständig erfasst werden konnte. Die Erkenntnismöglichkeiten werden noch weiter dadurch begrenzt, dass datierbares Fundmaterial weit überwiegend aus Gruben und Grubenhäusern stammt, also nicht aus geschlossenen Funden.

Ausgehend vom Fundmaterial werden zunächst zwei zu unterschiedlichen Zeiten genutzte Siedlungsbereiche identifiziert, nämlich ein älterer im Umkreis des Grubenhauses 10 mit Funden der Stufen B2 und C1, und ein jüngerer um das Grubenhaus 8 herum, aus dem mehrheitlich spätkaiserzeitliches und völkerwanderungszeitliches Fundmaterial geborgen wurde.

Daran anschließend wird das Verhältnis dieser Grubenhäuser zu anderen Baustrukturen bestimmt. Dabei sind die Betrachtungen wesentlich auf die Grabungsfläche 1 gerichtet, da der Umfang der Fläche 2 für solche Untersuchungen deutlich zu klein sei. Für seine Analysen nutzt der Verfasser mehrere Indizien, um die Zusammengehörigkeit oder Trennung von Strukturen zu belegen, nämlich unter anderem Überschneidungen von Strukturen, Abstände von Befunden zueinander und Analogieschlüsse aus Befunden von anderen Fundorten. Auf diese Weise rekonstruiert er schließlich sechs Gehöfte. Da einige Gebäude nicht diesen Gehöften zuzuordnen sind, werden noch weitere Höfe außerhalb der Grabungsflächen postuliert.

Es scheinen in Herzsprung zwei Formen von Gehöften vorzuliegen, die im überregionalen Vergleich mit bestimmten Etappen der Entwicklung eisenzeitlicher und römisch-kaiserzeitlicher Siedlungen parallelisiert werden können. Es handelt sich zum einen um die erste Etappe dieser Entwicklung, die vor allem die Siedlungen der vorrömischen Eisenzeit und der älteren römischen Kaiserzeit repräsentiert. Typisch für diese sollen einfache Gehöfte sein, die aus Haupthaus, Nebengebäude und mehreren Speichern bestanden, gelegentlich konnten auch Grubenhäuser dazugehören. Dieser Etappe werden auf Grund ihres Aussehens die Gehöfte 1 und 2 von Herzsprung zugerechnet.

Als charakteristisch für die zweite Etappe der Siedlungsentwicklung vom zweiten bis fünften Jahrhundert gelten in sich abgeschlossene, durchstrukturierte und platzgreifende Gehöfte mit viereckiger Grundform und meist vollständig umlaufenden Zäunen, die Haupt-, Nebengebäude und Speicher sowie freie, nicht fest bebaute Flächen umschließen. Solche Anwesen sind oft Mehrbetriebsgehöfte. Dieser Etappe sollen in Herzsprung auf Grund der Form Gehöft 3 und wegen der gleichen Datierung wohl auch die Höfe 4 und 5 angehören.

Für diese Etappen sind verstreut liegende Einzelgehöfte in Phase 1, in Reihen nebeneinander liegende in Phase 2 typische Siedlungsstrukturen. Ob solche Phänomene auch in Herzsprung vorhanden waren, muss Schuster letztlich offenlassen.

Er erschließt anhand von Funden und Befunden – unter anderem aneinanderpassender Scherben – aus den Arealen, die an die Grabungsflächen anschließen, ein für die Besiedlung genutztes rechteckiges Gebiet von siebenhundertfünfzig mal tausend Metern Größe. Darin nimmt die ergrabene Fläche nur einen sehr kleinen Teil ein, der es verbietet, aus den bisher gewonnenen Ergebnissen die innere Struktur der Siedlung zu rekonstruieren.

Auch zur Sozialstruktur werden nur skizzenartige Überlegungen angestellt, da sich diesbezüglich nur die Gehöfte 2 und 3 auswerten lassen. Demnach handelt es sich bei Anwesen 2 wahrscheinlich um einen unauffälligen, auf Eigenbedarfswirtschaft ausgerichteten Betrieb.

Bei Gehöft 3 jedoch sieht der Autor Anzeichen für eine Herrschaftsbildung. Es handelt sich dabei unter anderem um Edelmetallfunde, die in dem an solchen Stücken aus der jüngeren römischen Kaiserzeit und Völkerwanderungszeit nicht eben reichen Raum beiderseits der unteren Oder eine gewisse Ausnahmestellung begründen. Es sind auch das Vorhandensein eines abgetrennten Werkstattbereichs mit Metallverarbeitung und über den Eigenbedarf hinausgehender Kalkproduktion, die als Reichtum schaffendes und der Repräsentation dienendes Handwerkszentrum gedeutet werden. Auch die durch Scherben belegte Existenz von Glasgefäßen und Schwarzglanzkeramik, die vielen Grubenhäuser und Speicher sowie die Größe des Gehöftes kann man in diese Richtung deuten.

Abschließend widmet sich der Verfasser der Stellung dieser Siedlung in überregionalem Rahmen und geht dabei von den in Herzsprung festgestellten Langhäusern aus. Dabei richtet er seinen Blick zunächst auf einige Topoi, die sich leider oft unreflektiert in der Literatur zum kaiserzeitlichen Siedlungswesen im Osten der Germania bis in jüngere Zeit finden lassen: Ausführlich analysiert er unter anderem die verbreitete Annahme, dass in den kaiserzeitlichen Siedlungen im Raum zwischen Elbe und Oder vornehmlich kurze einschiffige und große vieleckige Bauten, jedoch keine Langhäuser errichtet worden seien, und dass es sich bei den wider Erwarten dort festgestellten Langhäusern um Ausnahmen handeln müsse, die auf Migrationen von der Nordseeküste zurückgehen.

Ein weiterer Topos ist das immer wieder behauptete Fehlen von Langhäusern in Siedlungen im Oder-Weichsel-Raum, gekoppelt mit dem Auftreten scheinbar sehr vieler Grubenhäuser, was dazu führte, dass diese oft als Wohngebäude interpretiert wurden, welche angeblich die Funktion der Langhäuser übernahmen. Es wird nachgewiesen, dass dieser Topos vor allem auf die leider vielfach sehr kleinflächigen Ausgrabungen in Polen und auf einen ungenügenden Publikationsstand zurückgeht.

In einer umfassenden kritischen Sichtung des publizierten Materials wird herausgearbeitet, dass Langhäuser ostwärts bis ins Gebiet von Dnjepr, Dnjestr und Donau in kaiserzeitlichen Siedlungen durchaus vorhanden waren, was in einigen Details zwar kritisch zu betrachten ist, insgesamt jedoch überzeugt und sehr anregend ist.

So gelangt er zu dem Schluss, dass auch im Osten der Germania Langhäuser in kaiserzeitlichen Siedlungen üblich sind. Ebenso sind Grubenhäuser verbreitet. Allerdings bilden beide Gebäudeformen oft Gruppen, die auf den Siedlungsarealen getrennt voneinander angeordnet sind, was für unterschiedlich genutzte Bereiche innerhalb der Fundstellen spricht. Dies ist bei kleinflächigen Ausgrabungen oft nicht erkennbar und das habe, so der Verfasser, wohl zu den oben genannten Fehlinterpretationen geführt. Aber insbesondere die Speicherbauten, die auch im Osten der Germania integraler Bestandteil der Gehöfte sind und als Indiz für eine Wirtschaftsweise mit separater Lagerung von Getreide, Viehfutter und ähnliches gelten, zeigen, dass bezüglich der Wirtschaftsweise keine gravierenden Unterschiede zu den Gebieten weiter westlich bestanden.

Abschließend widmet sich Schuster dann der kulturellen Einordnung der Siedlung von Herzsprung. Er macht sich dabei die Beobachtungen aus dem Nordseeküstengebiet zu eigen, wonach nicht nur Sachgüter, sondern auch Hausbautraditionen und Gehöftformen für die Illustration länger andauernder kultureller Kontakte herangezogen werden können. Demnach sind in Herzsprung sowohl westliche Bautraditionen vertreten, zum Beispiel repräsentiert durch die zaunbegleitenden Anlagen, als auch östliche und südöstliche, nämlich Kalkofengebäude und Häuser mit abgerundeten Schmalseiten. Die westlichen Traditionen werden damit erklärt, dass Herzsprung in einen Verkehrsraum eingebettet gewesen sei, der die westliche Ostsee mit ihren Küstengebieten umfasst habe. Die südöstlichen Traditionen haben den Ort sicher unter anderem über den Oderlauf erreicht. So haben das untere Odergebiet und die Siedlung von Herzsprung wohl eine vermittelnde Rolle zwischen östlichen und westlichen Traditionen eingenommen.

Ähnliches belegen auch Formen des am besprochenen Fundort und andernorts im unteren Oderraum geborgenen Sachguts. Es zeigt periodisch wechselnde, unterschiedlich starke Einflüsse aus dem elbgermanischem Raum, dem Kulturkreis von Willenberg (Wielbark) und Przeworsk beziehungsweise der Denziner (Dębczyno) Gruppe an und weist darüber hinaus auch auf Fernbeziehungen hin, unter anderem in den Donauraum und in die Kultur von Tschernjachow (Černjachov). So lautet Schusters Fazit: Für die Fundstelle von Herzsprung sei »ein Geflecht verschiedener, mitunter entgegengesetzt gerichteter Einbindungen und Kontakte« zu verzeichnen (S. 280).

Störend wirkt die wenig differenzierte formale Gliederung der Studie. So werden Baustrukturen zum Beispiel in verschiedenen, nicht immer aufeinander folgenden Kapiteln behandelt. Unterschiedliches Sachgut, etwa Gefäß- und Fibelformen, werden ohne gut erkennbare Gliederung in jeweils einem Kapitel zusammengefasst, und schließlich sind auch Überschriften einiger Kapitel nicht eben glücklich gewählt. So erschließt sich zum Beispiel aus der Überschrift des Kapitels »4 D4. Eisengeräte, -teile, -blechstücken [sic!], -fragmente« nicht auf Anhieb, dass darunter auch eine Abhandlung zu barrenförmigen Feuerstählen und die überaus interessante Analyse der »Dorne mit Platte« zu finden ist. Und manchmal hätte auch eine energische redaktionelle Bearbeitung der Arbeit nicht geschadet.

Schusters Buch ist in jedem Falle eine aktuellen wissenschaftlichen Ansprüchen genügende Veröffentlichung, die in erfreulicher Weise den bislang noch immer ungenügenden Publikationsstand kaiserzeitlicher Siedlungen im Land Brandenburg erweitert. Aber sie ist darüber hinaus noch sehr viel mehr: Durch viele Einzelstudien zum Sachgut der Siedlung, zur Form einzelner Baustrukturen und nicht zuletzt durch die Zusammenschau insbesondere auch von in der Literatur oft schwer zugänglichen Funden und Befunden aus den Gebieten östlich der Oder wird hier ein Grundlagenwerk vorgelegt, an dem man derzeit bei Studien zum römisch-kaiserzeitlichen Siedlungswesen östlich der Elbe nicht vorbeikommt. Immer wieder nimmt man die Arbeit gerne zur Hand, weil sie Perspektiven eröffnet und zur Diskussion anregt.

Wünsdorf   Johanna Brather

Klassische Archäologie

Volker Michael Strocka (ed.), **Meisterwerke. Internationales Symposion anläßlich des 150. Geburtstag von Adolf Furtwängler.** Freiburg i. B. 30. Juni – 3. Juli 2003. Casa editrice Hirmer, Monaco di Baviera 2005. 352 pagine, 283 illustrazioni.

Il Simposio internazionale organizzato nel 2003 dall'Università di Friburgo, promosso da Volker Michael Strocka per il centocinquantesimo anniversario della nascita di Adolf Furtwängler, oltre a voler celebrare una delle più eminenti figure dell'archeologia moderna, aveva il dichiarato intento di offrire un bilancio e una riflessione critica su una eredità scientifica di enorme spessore, che ha rappresentato un momento storico di svolta nella ricerca archeologica; una eredità che il Simposio (accompagnato dalla mostra tenutasi a Friburgo nello stesso anno: Adolf Furtwängler. Der Archäologe, a cura di Martin Flashar) si proponeva di riesaminare in tutti i suoi molteplici risultati e sviluppi, anche quelli divenuti in prosieguo di tempo per alcuni aspetti più problematici e da ultimo quasi unanimemente accantonati.

Quella del Furtwängler, è appena il caso di ricordarlo, è stata figura esemplare, e per molte ragioni irripetibile, di protagonista di una archeologia che si avviava a coniugare la grande tradizione degli studi classicistici con le nuove istanze del pensiero, in primo luogo positivistico e storicistico: irripetibile, specie se riferita al momento storico e ai mezzi all'epoca disponibili alla ricerca, per la vastità dell'orizzonte tematico e l'estensione cronologica, l'imponenza quantitativa del materiale dominato, la ricchezza del bagaglio conoscitivo, la tensione verso la definizione storica del fenomeno artistico, la modernità dell'impostazione e degli strumenti impiegati.

L'attenzione del Furtwängler si è applicata, con pari lucidità, alla produzione artistica dell'età del bronzo, di quella geometrica, arcaica e classica; al materiale ceramico, alla glittica, alla piccola bronzistica come alla statuaria; ai grandi centri del mondo ellenico come alle culture periferiche, con pari sensibilità per i problemi tecnici, per i principi della classificazione tipologica, per l'analisi formale dell'opera antica, e in una escursione qualitativa dell'oggetto che oscilla dalla cosiddetta produzione di massa (Massenproduktion) sino al momento alto della esperienza artistica, all'opera eccellente, al cosiddetto Meisterwerk appunto.

Su tutti questi settori dell'opera del Furtwängler si sono pronunciati gli intervenuti al Simposio, proponendone in qualche caso una lettura storica, un bilancio (Florian Ruppenstein, Christian Kunze, Joan R. Mertens, Dyfri J. R. Williams, Erika Zwierlein Diehl e Adolf H. Borbein), offrendo in qualche caso contributi nuovi o riletture (Dietrich Berges, Bernard Holtzmann, Christiane Bruns-Özgan, Bernard Andreae, John H. Oakley e Michalis Tiverios), sviluppandone spunti particolari (Renate Bol, Herman A. G. Brijder e Heide Mommsen) o tentando una ripresa delle sue istanze metodologiche (Volker Michael Strocka, Sascha Kansteiner, Giorgos I. Despinis, Angelos Delivorrias e Paolo Moreno); di tanto hanno già dato conto le recensioni nel frattempo uscite alla presente edizione degli atti.

Se si ritiene di qualche utilità tornare ora, a distanza di tempo, su questo volume, non è per offrirne una nuova e sistematica rendicontazione, ma nell'intento di proporre qualche spunto di riflessione su quello che resta uno dei nodi tematici più importanti, e insieme il più problematico, dell'intera eredità scientifica del Furtwängler: non a caso evocato nel titolo stesso del Simposio.

Come è ampiamente noto infatti, mentre gli studi fondanti del Furtwängler nel campo della ceramica micenea, della bronzistica geometrica, della glittica, hanno avuto in prosieguo di tempo un naturale, diremmo quasi fisiologico aggiornamento sul piano del metodo e delle conoscenze sotto la spinta degli accresciuti dati materiali nonché dell'affinarsi degli strumenti tecnici e critici, proprio il contributo che più evidentemente rimane legato al suo nome, lo studio dei capolavori della grande plastica greca attraverso le copie di età romana, è quello che nelle generazioni successive ha trovato più duro confronto.

Con questo nodo tematico e con le sue implicazioni metodologiche si confrontano in particolare, nell'ambito del convegno, oltre al suo ispiratore, Strocka, e a Borbein, ambedue responsabili di studi fondamentali in questo ambito, nonché alcuni altri studiosi di matrice germanica (Sascha Kansteiner, Mathias René Hofter), due esponenti dell'archeologia greca, quali Delivorrias e Despinis, che non soltanto hanno fornito alcuni dei più rilevanti contributi alla conoscenza della grande scultura greca degli ultimi decenni, ma sono anche tra i pochi, in un ambiente scientifico per sua natura tradizionalmente estraneo alle suggestioni della ricerca sulle copie (Kopienforschung), che hanno saputo con maggior frutto coniugare l'analisi dell'originale con gli strumenti della critica delle stesse repliche (Kopienkritik); a questi si affianca una voce, quella di Moreno, tra le poche dell'archeologia italiana prioritariamente attenta alla lettura storico artistica dell'opera antica.

Prima di considerare i risultati emersi dal confronto tra questi moderni rappresentanti di una ricerca sensibile al problema della ›Meisterfrage‹ e il tema proposto dal Simposio, si vorrebbe brevemente richiamare qualche dato sugli sviluppi, e sulla crisi, del metodo di analisi proposto dal Furtwängler.

Come è noto, l'enunciato basilare dei ›Meisterwerke‹ – importante è la copia, l'originale è testimonianza di secondo rango nella definizione dei grandi maestri – è entrato rapidamente in crisi poco dopo la morte del Furtwängler medesimo, in primo luogo a seguito della ampliata conoscenza degli originali stessi, e di un decisivo orientarsi dell'interesse verso la scultura arcaica, che appare ora, nei primi decenni del Novecento, tanto più fresca e nuova, così diretta nella comunicazione del suo messaggio, e tanto più consonante con i nuovi orientamenti della coeva arte figurativa, decisamente impegnata a superare la stanca eredità del classicismo ottocentesco. Nulla come il passaggio dalla percezione visiva dell'opera antica nello stile ›foto Alinari‹ dei ›Meisterwerke‹ a quella delle tavole di Hans Schrader (Phidias, [Francoforte sul Meno 1909]), o dei volumi di Humphrey Payne (Archaic Marble Sculpture from the Acropolis [Londra 1936]), di Ernst Langlotz e Walter-Herwig Schuchhard (Archaische Plastik auf der Akropolis [Francoforte sul Meno 1943]), fino alle superbe foto Walther Hege, è più indicativo della nuova sensibilità e del nuovo approccio al materiale.

Così il ›Kopien und Umbildungen‹ di Georg Lippold (Monaco di Baviera 1923) è servito in definitiva a limare uno strumento della ricerca sentito ormai solo come funzionale ad una preliminare classificazione tipologica della copistica romana, necessario per la redazione di cataloghi e dissertazioni, ricchi di liste via via più lunghe ed articolate, espressione queste ultime di una ars combinatoria sempre più raffinata, quanto sempre meno feconda di risultati affidabili sul piano della ›Meisterfrage‹. Quest'ultima, ancora vigorosamente coltivata per qualche decennio – si pensi, solo in ambiente italiano, ai ›Monumenti policletei‹ di Carlo Anti (Mon. Ant. 1920), al ›Prassitele‹ di Giulio Emanuele Rizzo (Roma 1931), al ›Calamide‹ di Pietro Orlandini (Bologna 1950) e allo ›Skopas‹ di Paolo Enrico Arias (Roma 1950), ai ›Problemi fidiaci‹ di Giovanni Becatti (Milano 1951), ancora così furtwängleriani, e addirittura al ›Pitagora di Reggio‹ di Sebastiana Lagona (Catania 1967) – fino al totale esaurimento delle sue possibilità (pensiamo solo ai tanti diversi profili che sono stati su questa via attribuiti a personalità quali i già ricordati Pitagora, Kalamis, etc.), ha finito col confermare quanto è stato più volte rilevato, che cioè la pietra tombale della ›Meisterfrage‹ sono stati gli stessi ›Meisterwerke‹.

Questi, come è noto, godettero fin dal primo momento di ampio successo – l'edizione inglese, immediatamente approntata per le cure di Eugenia Strong, caso assai raro all'epoca per un testo archeologico, ne è la prova – ma suscitarono altrettanto immediatamente voci critiche e di dissenso, prime fra tutte quella di uno dei maestri dello stesso Furtwängler, Reinhard Kekulé von Stradonitz; e un certo imbarazzo trapela persino in qualche sia pur elogiativo necrologio, ad esempio Sigmund Riezler (Münchner Jahrb. 1907) seguito alla prematura, sconvolgente scomparsa del Nostro.

È significativo che lo stesso Furtwängler non solo abbia sentito l'esigenza di meglio motivare sul piano metodologico il suo lavoro – ›Statuenkopien‹ (Abhandl. Bayer. Akad. d. Wiss. 20, 1896) – ma sia tornato negli anni successivi al 1893 allo studio degli originali greci, quegli originali che nel suo volume apparivano implacabilmente condannati ad un ruolo di secondo rango nel processo di ricostruzione della plastica antica; e non soltanto in questo mosso, come dimostra la riapertura dello scavo ad Egina e la nuova ricostruzione dei frontoni del tempio di Aphaia, dalla immanente presenza a Monaco degli Egineti confezionati da Martin von Wagner e Berthel Thorvaldsen, ma anche sollecitato dalla necessità di offrire una corretta lettura di alcuni singoli recenti rinvenimenti, quali la Fanciulla d'Anzio e la Niobide dagli Orti Sallustiani. Ed è quasi paradossale che le due opere, totalmente fraintese dai primi editori italiani – Giulio Emanuele Rizzo, per la Niobide; Pietro Rosa per la Fanciulla – abbiano trovato proprio dall'autore dei ›Meisterwerke‹, dal sostenitore del primato delle copie, una definizione critica e una collocazione cronologica rimasta definitiva. Un crudele aition ci ha impedito di fruire dei possibili ulteriori sviluppi di questi nuovi orientamenti, segno di un'intelligenza capace di mettere in discussione le sue stesse conquiste.

È altrettanto chiaro che il volume di Paul Zanker (Klassizistische Statuen, Magonza 1977) ha segnato il definitivo tramonto dei ›Meisterwerke‹, rovesciando la prospettiva dell'indagine, ora non più rivolta alla ricostruzione dell'originale scomparso, e quindi attenta a ricercarne le copie più fedeli, ma impegnata invece a definire i momenti e i limiti della creatività dello scultore romano, e quindi incentrata sulle rielaborazioni più distanti dal perduto originale (Vorbild); anche se in un certo senso il nuovo volume ne rappresenta una riproposizione. Strutturato infatti per tipologie, segue il processo di rielaborazione di una serie circoscritta di nobilia opera, ancora una volta frutto di una selezione operata dal gusto della società romana, senza proporsi il problema di una ricostruzione integrata e trasversale del fenomeno della produzione scultorea di questa età in quanto tale.

Negli anni successivi, accanto ad una imbarazzante incertezza di giudizio ripetutamente emergente in occasione di nuovi, eclatanti rinvenimenti di originali greci – si pensi al caso dei bronzi di Riace, dell'Efebo di Mozia; fino al Satiro di Mazara del Vallo, troppo rapidamente promosso a capolavoro prassitelico – e accanto ad isolati tentativi di rimettere in funzione gli strumenti dei ›Meisterwerke‹ sulla spinta dell'affiorare di nuovi elementi oggettivi – testimonianze epigrafiche; resti di originali noti in copie – si registra da ultimo una riproposizione in ambito archeologico, per così dire, della ›Meisterausstellung‹, ovvero della esposizione monografica su un maestro, quale Policleto a Francoforte nel 1990, quella su Lisippo a Roma nel 1995; quella su Prassitele a Parigi ed Atene nel 2007, al ritorno delle monografie del tipo ›Grandi Maestri‹ (Antonio Corso, Prassitele [Roma 1988–1992], The Art of Praxiteles [Roma 2004]), anche in collana (Maestri dell'arte classica, diretti da Luigi Todisco; dopo ›Il Mausoleo di Alicarnasso e i suoi maestri‹ di Claudia Lucchese del 2009 si annunciano Skopas, Policleto e Polignoto).

In attesa di registrare i risultati di questo resuscitato filone della Meisterforschung, che appare comunque irrimediabilmente condannato a muoversi in un circuito di nomi assai ristretto, sembrano più promettenti gli sforzi compiuti negli ultimi tempi per ridare vita e significato, ampliandone la prospettiva, alla ricerca sulle copie romane.

Il più importante di questi tentativi è rappresentato dall'apertura dello studio dei contesti scultorei e dei loro programmi figurativi, e quindi, da ultimo, della cosiddetta Wohnkultur, cioè dell'arte in ambito privato; studio al quale hanno fornito una prima base lavori generali di ricostruzione degli arredi statuari degli edifici termali (H.Manderscheid, Die Skulpturenausstattung der kaiserzeitlichen Thermenanlagen [Berlino 1981]), di quelli teatrali (M.Fuchs, Untersuchungen zur Ausstattung römischer Theater in Italien und den Westprovinzen des Imperium Romanum [Magonza 1987]) e soprattutto dei grandi complessi residenziali di età imperiale (R.Neudecker, Die Skulpturenausstattung römischer Villen in Italien [Magonza 1988]).

Sul piano della impostazione metodologica invece, accanto a una perdurante fluidità nell'uso della terminologia (›Kopie‹, ›Replik‹, ›Variante‹, ›Umbildung‹, etc.) la novità di maggiore rilievo è certo rappresentata dalla crescente consapevolezza di una consistente presenza di repliche di bottega (Werkstattwiederholungen) nel sistema produttivo dell'opera d'arte antica già in età classica, fenomeno che, oltre a comportare una modifica radicale del metodo di applicazione dei termini sopra ricordati, spinge soprattutto a ripensare la fisionomia stessa del ›Maestro‹, sottraendolo all'isolamento al quale lo condanna una tradizione letteraria fortemente selettiva, per collocarlo piuttosto al centro di una officina più simile alla bottega dell'artista rinascimentale di quanto Furtwängler fosse portato a pensare.

Non sono questi filoni ultimi della ricerca che – comprensibilmente – trovano spazio nel Simposio. Con il nodo tematico del volume del 1893, del quale Adolf Borbein offre una lucida ed equilibrata lettura, si confrontano più direttamente, e con esiti diremo sintomatici, alcuni specifici interventi.

Volker Michael Strocka riprende in esame, con strumenti squisitamente furtwängleriani, un piccolo nucleo di opera nobilia fidiaci, dalla Athena Parthenos, all'Hermes tipo Ludovisi, fino a opere più problematiche, come la statua di culto del Metroon di Atene, il gruppo delle Amazzoni Efesie, l'Afrodite a Roma – vera crux desperationis quest'ultima della ›Meisterfrage‹. Non si intende qui entrare del merito delle singole letture proposte – a Fidia è assegnata l'Amazzone Sosikles, smontando ancora una volta la ricostruzione di Renate Bol (Amazones volnerate [Magonza 1998]), che credevamo definitiva; la Cibele è associata al tipo ›Agrippina-Olympia‹, con un ripensamento rispetto a Jahrb. d. Inst. 82, 1967; l'Afrodite ›eximiae pulchritudinis‹ è riconosciuta nella Kore Albani, ormai destinata ad una alterna oscillazione tra le due diverse divinità. Chi scrive ha già espresso (Prospettiva 100, 2000) la sua opinione sul problema ›Agrippina-Olympia‹, che costituisce un punto di snodo per la identificazione di una serie correlata di capolavori della cerchia fidiaca; quello che si vuole qui rilevare è che questo contributo è seguito, nello stesso Simposio, da quello di Giorgos Despinis (che con gli stessi strumenti della critica delle copie arriva ad identificare la Cibele di Agorakritos o di Fidia nel tipo tramandato dalla statua di Livadia), e da quello di Angelos Delivorrias: due studiosi che in passato di una serie di queste stesse opere hanno offerto una diversa lettura (Delivorrias: l'Afrodite tipo Olympia identificata come l'Afrodite di Kalamis sull'Acropoli; l'Afrodite di Roma forse riconoscibile nella Kore Albani; Despinis: l'Afrodite tipo Olympia identificata come l'Afrodite a Roma; una sua replica di bottega come Igea sull'Acropoli). L'assenza di un concreto confronto tra i tre dimostra la sostanziale impossibilità di verifica oggettiva di un ragionamento che rischia di risultare autoreferenziale. La stessa sorprendente assenza di discussione caratterizza l'intervento di Paolo Moreno, peraltro costituito da una densa rassegna di proposte attributive, di identificazioni di opera nobilia, spesso riconosciuti come originali, e in ampia misura frutto di ricerche e intuizioni personali.

In questo quadro il contributo che più correttamente sembra riproporre il metodo del Furtwängler appare quello di Sascha Kansteiner, animato dal proposito di restituire autonomia di significato, ovvero dignità di testimonianza di un autonomo originale, ad una serie di esemplari statuari derubricati dalla critica più recente come creazioni classicistiche. Anche se chi scrive ha, per un singolo caso di questi, espresso una divergente opinione (in: Synergia, Festschrift für Friedrich Krinzinger [Vienna 2005]: senza conoscenza del testo presente), non può non condividere lo sforzo di reagire all'abuso della etichetta di ›classicistico‹ che domina gli anni successivi al 1977, giustamente condannato qui da Borbein. Lo studio del Kansteiner dimostra come la critica delle copie, opportunamente affinata, possa avere ancora esiti positivi, anche se – correttamente – evita di avventurarsi in fughe in avanti sul piano della ›Meisterfrage‹.

Se questa possa e debba ancora essere perseguita, nel senso della ricerca sulla singola, emergente personalità artistica, e non sul contesto della bottega, e come possa essere nuovamente affrontata, è tema che nel corso del volume riemerge più volte nel dibattito, oggetto di attenta riflessione, ma con scarsi esiti sul piano delle proposte fattuali; e così resta ancora in buona misura irrisolto un quesito centrale del Simposio, ovvero quale contributo oggettivo possa ancora offrire alla ›Meisterforschung‹ lo studio delle copie romane, anche dopo che siano state riesaminate alla luce del processo di rifunzionalizzazione nel contesto espositivo romano, di inserimento in un determinato programma secondo gli orientamenti cui si accennava più sopra; e soprattutto non risolto il problema della definizione – finora così soggettiva – del grado di dipendenza della copia dal suo originale, problema basilare per la stessa ›Meisterforschung‹.

Non sembra a chi scrive che quest'ultimo tema possa essere affrontato sulla base di parametri oggettivi diffusamente condivisi se non dopo uno sforzo di sistematizzazione e di definizione della copistica, e in senso lato della scultura ideale, di età imperiale nel suo complesso. Un compito certo molto impegnativo, ma che è stato affrontato in altri campi altrettanto vasti – per la pittura vascolare, per le produzioni ceramiche romane – e che con gli stessi strumenti di stampo morelliano, sostenuti da osservazioni tecniche, dalla attenzione per il contesto, dall'utilizzo delle moderne strumentazioni diagnostiche, la ricerca archeologica dovrà pure affrontare, superando lo stadio attuale della semplice, preliminare definizione delle grandi aree produttive: quella degli artisti di tradizione attica; quelli dei maestri legati all'orizzone microasiatico, la scuola di Afrodisia, la scuola rodia; quella dei marmorarii operanti in ambiente urbano o flegreo; quella infine degli scultori che potremmo raccogliere sotto l'etichetta di ›scuola di Thasos‹. Una ricerca giunta in alcuni casi a risultati per ora solo provvisori, ed incerta nelle modalità operative, come dimostra la drammatica divergenza di valutazione, non solo della cronologia, ma del significato stesso di opere come il Laocoonte, i gruppi di Sperlonga, il Toro Farnese, i donari pergameni.

Questo lavoro dovrà essere affrontato prescindendo inizialmente dal problema della ›Meisterfrage‹, e solo con il proposito di ricostruire il funzionamento delle officine produttive di sculture in età romana, e quindi in primo luogo di comprendere un fenomeno che appartiene prioritariamente a questo ambito culturale: permetterà di precisare oltre all'identità e all'ubicazione, lo spazio operativo e i rapporti di committenza delle singole botteghe o scuole operanti nel settore, anche le modalità di trasmissione di modelli tra diverse officine, quindi i margini di variabilità delle repliche rispetto agli eventuali prototipi; consentirà di definire modalità, ambiti e tempi di diffusione di determinati tipi presso la clientela romana; di verificarne, attraverso la ricostruzione dei contesti, i processi di risemantizzazione e le loro motivazioni.

Un lavoro simile non può prescindere da una corretta e completa anamnesi delle caratteristiche tecniche del materiale scultoreo. In questo senso un progresso assai notevole è stato fatto in seguito al rinvenimento e alla esemplare edizione del complesso dei calchi di originali greci in bronzo dalle terme di Baia (Ch. Landwehr, Die antiken Gipsabgüsse aus Baiae. Griechische Bronzestatuen in Abgüssen römischer Zeit [Berlino 1985]), che ha permesso di gettare uno sguardo nell'interno di una bottega di copisti di età primo e medioimperiale, impegnata appunto nella riproduzione di una circoscritta serie di opera nobilia; ma a distanza di un venticinquennio dalla pubblicazione di questo volume non sembra che la successiva ricerca archeologica ne abbia appieno valorizzato tutte le possibili suggestioni. Ed è un peccato che tra le voci che si sono espresse in questo Simposio sull'eredità del Furtwängler sia mancata quella di Christa Landwehr, specie se si pensa quale valore di testimonianza per la conoscenza della grande plastica greca avrebbe potuto attribuire ai calchi di Baia l'autore dei Meisterwerke.

Solo disponendo di un più nitido e dettagliato quadro conoscitivo del funzionamento di questo settore fondamentale dell'industria artistica di età romana, che è la produzione di copie, potrà essere forse nuovamente affrontato con maggiori possibilità di progresso il tema della ›Meisterfrage‹.

Napoli   Carlo Gasparri

Christian Frevel und Henner von Hesberg (Hrsg.), **Kult und Kommunikation. Medien in Heiligtümern der Antike.** Schriften des Lehr- und Forschungszentrums für die antiken Kulturen des Mittelmeerraumes 4. Verlag Dr. Ludwig Reichert, Wiesbaden 2007. 468 Seiten, 116 Abbildungen.

Der vorliegende Band vereint Beiträge aus zwei verwandten Projekten, einer Ringvorlesung zu Kult und Medialität im Heiligtumskontext und einem Kolloquium zu Votiven und ihrer Kommunikationsleistung. Den gemeinsamen Nenner der ersten sechs Untersuchungen bildet das Thema der Heiligtümer, wobei sowohl nach dem Begriff selbst gefragt wird als auch nach der Form, Nutzung und Instrumentalisierung von Kultstätten. Die übrigen Beiträge widmen sich in einem geographisch und chronologisch lockeren Zusammenhang formalen und kontextuellen Aspekten von Weihungen. Wie sehr oft bei Sammelbänden sind nicht alle Beiträge von gleicher Qualität. Das Buch ist nicht nur thematisch sehr heterogen, sondern vor allem in Bezug auf die methodische Herangehensweise und die grundlegende Definition von ›Heiligtum‹, ›Votiv‹ oder ›Kommunikation‹. Obwohl der Begriff ›Kommunikation‹ verständlicherweise in jedem Beitrag – manchmal sogar im Titel – auftaucht, liegen die Schwerpunkte in den meisten Untersuchungen eindeutig nicht bei den kommunikativen Aspekten in der räumlichen Erfahrbarkeit eines Heiligtums oder der visuellen Auseinandersetzung mit einer spezifischen Votivgattung, auch wenn die Beiträge von Bernd Manuwald, Rotraud Wisskirchen, Christian Frevel, Henner von Hesberg und Ralf Krumeich sehr überzeugend kommunikative Aspekte des jeweils untersuchten Materials herausarbeiten. Während im Kern aller Beiträge hier in der Tat die rituelle Kommunikation steht, wird der Begriff ›Kommunikation‹ andernorts viel stringenter und einheitlicher verwendet, siehe etwa E. Stavrianopoulou (Hrsg.), Ritual and Communication in the Graeco-Roman World, Kernos Suppl. 16 (Lüttich 2006).

José Luis García-Ramon setzt sich in seinem Beitrag (S. 17–38) mit Begriffen in indogermanischen Sprachen auseinander, die Heiligtümer entweder als ein geschlossenes Gebäude oder als einen abgesonderten Raum umschreiben, sei er offen oder geschlossen. Der Verfasser ordnet diese Begriffe vier Kategorien zu, die den sakralen Raum als (a) einen der Gottheit gehörigen Ort, (b) einen Ort des Schutzes, (c) des heiligen Opfers oder des Feuers und (d) ein abgesondertes Gebiet bezeichnen. Anschließend geht der Autor intensiver auf die Begriffe ›τέμενος‹, ›templum‹ und ›ναός‹ ein und arbeitet die divergierenden Vorstellungen von Heiligtümern heraus, die hinter unterschiedlichen sprachlichen Auffassungen des Begriffs stehen.

Katja Sporn (S. 39–62) bietet einen Überblick zu Grotten, die als Heiligtümer genutzt wurden. Es zeigt sich, dass vor allem das Aussehen des Inneren, die besonderen Lichtverhältnisse und die Existenz von Wasser eine eminente Rolle bei der Einrichtung eines Kultes in einer Höhle spielten. Darüber hinaus demonstriert die Autorin überzeugend, dass die architektonische Gestaltung von Kulthöhlen doch eine Ausnahme darstellt. Trotz der erklärten Absicht der Autorin, ausschließlich Kultgrotten zu berücksichtigen, die nicht Teil eines größeren Komplexes oder innerhalb eines städtischen Kontextes lagen, werden in die Diskussion unter anderem die Kaverne am Kap Tainaron, die Korykische Grotte und diejenige im ephesischen Artemision eingeführt. Die Interpretation der von Pausanias (8, 42, 4) detailliert beschriebenen außergewöhnlichen Statue der Demeter Melaina in einer Grotte in Phigaleia als eine »Felsformation« kann nicht angenommen werden, denn Pausanias spricht eindeutig von einer Holzstatue.

Mit einem zentralen Thema aller Altertumswissenschaften, den antiken Kultbildern, beschäftigt sich Dietrich Boschung (S. 63–87). Der Autor versucht, die Parameter herauszuarbeiten, welche Kultbilder in der griechischen Antike als kommunikatives Medium definierten und erlebbar machten: Standort, Größe, Material, Form, Kontext und Inszenierung. Der Autor geht nur sehr kurz auf die Problematik des Begriffs ›Kultbild‹ selbst ein, womit er »die zentral im Tempel aufgestellten Skulpturen« meint. Ferner konzentriert er sich überwiegend auf die Normalfälle, während die zahlreichen Ausnahmen entweder sehr kursorisch besprochen werden oder im Anmerkungsapparat ihren Platz finden und leider allzu oberflächlich erläutert werden. In seinem Versuch, ein kaum zu bändigendes Thema fein säuberlich zu kategorisieren, übersieht der Autor viel zu viele Tatsachen, die dem Bild, das er entwirft, klar widersprechen: Kultbilder standen zum Beispiel auch im Freien oder in Gebäuden, die dem architektonischen Schema eines Tempels nicht entsprechen. Obwohl zahlreiche Quellen kolossale Werke wie den Zeus in Olympia oder die Athena Parthenos in Athen thematisieren, waren die meisten Kultbilder natürlich kleiner. Übergroße Bilder wurden zum Thema antiker Literatur, weil sie die Regel sprengten. Das Material in den Bänden des Lexicon Iconographicum Mythologicae Classicae erweist Generalisierungen der Art »für die Darstellung der Götter hatte sich seit dem 7. Jh. eine feste Ikonographie herausgebildet« als falsch.

Nach einer kurzen Präsentation des thessalischen Mythos über die Geburt des Asklepios und die zugehörige epidaurischen Version widmet sich Bernd Manuwald den literarischen Quellen, die Einblick in das rituelle Geschehen an einem Heilkultort erlauben (S. 89–120. Zu Asklepiosheiligtümern in Griechenland s. inzwischen M. Melfi, I santuari di Asclepio in Grecia I [Rom 2007]). Der Autor analysiert die interessante Passage aus dem aristophanischen Ploutos (vv. 627–770), die er mit dem athenischen Asklepieion in Verbindung bringt. Natürlich darf in einem Beitrag zu den Heilungen des Asklepios nicht Aelius Aristeides mit seinen unendlichen Geschichten aus dem Erfahrungsschatz eines eingebildeten Kranken fehlen. Sehr interessant sind die Ausführungen zu Epidauros und die Analysen der bekannten Iamata (IG IV^2 1, 121–124) und der sogenannten Isyllosinschrift (IG IV^2 1, 128). Der Autor erkennt zu Recht in der epigraphischen Evidenz die raffinierte redaktionelle Arbeit der Heiligtumsleitung, die geschickt modern anmutende Werbe- und Überzeugungsstrategien einsetzte, um den Ruhm der Kultstätte und die Wirkungserfolge des epidaurischen Gottes zu propagieren.

Wolfgang Thiel bespricht in seiner Untersuchung die Religionspolitik Antiochos' IV. Epiphanes vor allem in Palästina (S. 121–163) und geht der wichtigen Frage nach, ob Antiochos in der Tat versucht hat, existierende religiöse Systeme in verschiedenen Teilen seines Reiches bewusst und nachhaltig zu beeinflussen oder sogar zu ändern. Der Verfasser argumentiert, die abrupte Änderung des Reverstyps der seleukidischen Reichsprägungen um 169/168, wonach der thronende Zeus Olympios den Apollon Daphnios ablöst, könne nur durch eine königliche Direktive erklärt werden. Für ihn sind die von Flavius Josephus (ant. Iud. 12, 5, 5) überlieferten Briefe der Samaritaner an Antiochos bezüglich der Umwidmung des Heiligtums auf dem Berg Garizim authentisch und belegen eine hohe Bereitschaft der indigenen Bevölkerung zur Hellenisierung. Den Tempel auf der Akra von Nysa-Skythopolis rekonstruiert der Autor als einen Peripteros und datiert ihn um 150 bis 160 n. Chr. Der Bau sei mit Zeus Olympios-Akraios in Verbindung zu bringen. Hierfür fehlen allerdings jegliche Indizien. Auf Grund einer Inschrift aus dem zweiten vorchristlichen Jahrhundert (SEG 8, 33), die wahrscheinlich eine Liste der Priester des Zeus Olympios enthielt, vermutet Thiel einen hellenistischen Vorgänger des kaiserzeitlichen Tempels. Der Autor geht von ursprünglich zwei Manifestationen aus, nämlich dem olympischen und dem akräischen Zeus, die später miteinander verschmolzen. Sowohl die Zuschreibung des römischen Tempels an Zeus Olympios-Akraios als auch das Postulat eines hellenistischen Vorgängers sind problematisch.

Rotraud Wisskirchen (S. 165–181) bringt überzeugend die Mosaizierung der Apsisstirnwand von St. Kosmas und Damian auf dem Forum Romanum und die veränderte Ostfassade von Alt-St.-Peter mit Papst Sergius I. (687–701) in Verbindung. Sie stützt ihre These nicht mit einer stilistischen Analyse der erhaltenen Überreste, sondern mit einer subtilen Untersuchung des narrativen Programms und seiner Positionierung im

Kontext der Auseinandersetzungen zwischen Sergius und dem byzantinischen Hof. Als Reaktion auf die von Justinian II. einberufene Synode von 691/692, welche unter anderem die Darstellung von für die Westkirche wichtigen Symbolen wie dem Agnus Dei verbot, ließ Sergius eben das Lamm Gottes in den beiden genannten Kirchen darstellen und nutzte hierfür Bilder als wichtige visuelle Kommunikationsmedien.

Der zweite Teil des Bandes wendet sich den Votiven zu.

In dem umfangreichsten Beitrag des Bandes analysiert Christian Frevel Form, Signifikanz, Aufstellungsmodi und archäologische wie architektonische Kontexte von Weihungen im Heiligen Land (S. 183–245). Der Aufsatz stellt eine äußerst gelungene Kombination von theoretischer Betrachtung und minutiöser Analyse einzelner archäologischer Befunde dar. Es ist bemerkenswert, dass Bibelpassagen, die sich explizit auf Dedikationen beziehen, sehr selten sind. In einem eher theoretischen Abschnitt beschreibt der Verfasser drei Gesichtspunkte, die seines Erachtens zur heuristischen Klassifizierung von Votiven hilfreich wären: (a) der Aspekt des Geschenks, der entweder prospektiv oder retrospektiv konnotiert sein kann, (b) derjenige des Zeichens in einer kommunikativen Interaktion, (c) derjenige der Verstetigung der Weihung; dauerhaft sichtbar bleibt der Akt einer Stiftung, ihr Grund, ihr Empfänger und ihr Stifter. Im dritten Teil seines Beitrags widmet sich der Autor der votivbezogenen materiellen Evidenz von der Mittelbronzezeit bis zur Eisenzeit und arbeitet die Bedeutung von Podien sowie Bänken für die Aufstellung von Votiven in Tempelgebäuden heraus.

Im ersten, eher typologisch anmutenden Teil seines Aufsatzes bespricht Robert Wenning (S. 247–277) Form und Aufstellung von Betylen sowie ihre Verehrung im Kult. Laut Verfasser sind Votivnischen für die Aufnahme von Betylen keine staatliche Angelegenheit, sondern werden eher von Mitgliedern der nabatäischen Clans initiiert. Die Affinität der Nabatäer zur Verehrung von Betylen in einem quasi natürlichen Kontext zeigt sich auch in der Tatsache, dass sie erst in augusteischer Zeit die Tempelform als Kultbau übernahmen. Nach Wenning ist das wichtigste Merkmal nabatäischer Tempel das umbaute Kultbildpodium. (Etwas irritierend erscheint in diesem Abschnitt die Pluralform »Temenoi« [sic]). Im letzten Abschnitt geht der Autor kurz auf nabatäische Votivformen und Dedikationsinschriften ein.

Henner von Hesberg (S. 279–309) konzentriert sich auf die kommunikativen Möglichkeiten seriell produzierter kleinformatiger Weihungen, die meistens einer Massenproduktion entstammen. Der Autor betont zu Recht die duale kommunikative Funktion von Votiven, die einerseits die Interaktion zwischen Menschen und Göttern, andererseits den visuellen Austausch unter den Weihenden ermöglichen. Sehr nützlich ist der Überblick über die Forschungsgeschichte zur Semantik des Begriffes ›Weihgeschenk‹. Die Unterscheidung zwischen Weihungen, die primär die Leistungen von Stiftern und Künstlern thematisieren, und solchen, die eng in das Ritual eingebunden werden, überzeugt wenig. Zur letztgenannten Kategorie zählt der Verfasser Pinakes und Votivterrakotten. Über einige Details des Artikels lässt sich diskutieren: Die Aussage, dass Weihinschriften einzig auf zwei Terrakotten, und zwar auf der Rückseite angebracht waren, stimmt so nicht: Auf der Vorderseite einer Büste aus Ithaka gibt es eine eingeritzte Weihung an Odysseus (s. S. Benton, Papers Brit. School Athens 35, 1934/35, 54 Abb. 7). Auch der Annahme, dass großformatige Votive nicht während eines Rituals dem Heiligtum überreicht wurden, wohingegen ein solcher ritueller Kontext für Terrakotten eine Conditio sine qua non sein soll, ist kaum zu folgen. Der signifikante Unterschied zwischen anspruchsvollen und einfacheren Weihobjekten ist meines Erachtens der intendierte Adressat des Kommunikationsaktes: Erstere wenden sich sowohl an die Gottheit als auch an die Heiligtumsbesucher, letztere zielen ausschließlich auf die Kommunikation mit der Gottheit, die den Weihenden sehr wohl kennt, wodurch sich das auffällige Fehlen von Weihinschriften auf Terrakotten erklärt.

Das äußerst interessante Material aus dem sogenannten Votivdepot von Calderazzo bildet die Basis für Daphni Doepners Überlegungen (S. 311–347) zur Funktion von Terrakotten im sakralen Kontext und den semantischen Verbindungen zwischen groß- und kleinformatigen Tonfiguren. Es handelt sich um ungefähr fünfhundert Tonfiguren von etwa vierzig bis sechzig Zentimetern Größe aus der Zeit zwischen 550 und 450 v. Chr., die im epizephyrischen Lokroi, in Medma oder in Hipponion hergestellt wurden. Auf der Basis des Befundes in Agia Irini auf Zypern vermutet die Autorin eine Aufstellung der Tonfiguren um einen Opferplatz. Ihr zufolge stellen fast neun Zehntel der Figuren keine Adoranten, sondern Götter dar, vor allem Aphrodite, Athena und Hermes. Die Verfasserin bespricht die teilweise mangelnde handwerkliche Qualität der Tonfiguren und interpretiert sie wenig überzeugend als einen Versuch, die Götter als »Erscheinung zu thematisieren«. Den letzten Abschnitt ihres Artikels widmet sie den kommunikativen Aspekten von Weihterrakotten. Die Autorin geht meines Erachtens zu weit, wenn sie behauptet, dass auch kleinformatige Tonfigurinen »seltene Gaben« sind, die »zu kollektiven Festen und von ausgewählten Stiftern« geweiht werden konnten.

Nach einer kurzen Auseinandersetzung mit kleinformatigen ägyptischen und ägyptisierenden Objekten aus griechischen Heiligtümern konzentriert sich Helga Bumke auf die ägyptischen Bronzestatuetten aus dem Heraion von Samos und ihre möglichen Stifter (S. 349–380). Ihr zufolge können die Bronzefiguren, die in einer sehr spezifischen Weise ägyptische Götter und Priester darstellen, nicht als Weihungen von Griechen angesehen werden. In den beiden Bronzefiguren ägyptischer Priester erkennt die Autorin Votive ägyptischer Priester, während die Figuren ägyptischer Götter ebenfalls von Ägyptern gestiftet wurden. In diesem Kontext werden ägyptische Bronzespiegel aus den Heraia von Samos und Perachora als Weihungen frommer Ägypterinnen gedeutet. Die ägyptischen Götterfiguren stellten den Beweis für die Existenz eines sehr frühen Kultes ägyptischer Götter auf Samos dar, eine meines Erachtens kaum haltbare Spekulation.

Ausgezeichnet ist der Artikel von Ralf Krumeich (S. 381–413), der darauf hinweist, dass Athen in Hinsicht auf öffentliche Ehrungen für Individuen eine Sonderstellung einnimmt, da vor 393 v. Chr. lediglich Harmodios und Aristogeiton mit der Aufstellung von Statuen geehrt wurden. Der Verfasser weist zu Recht auf die besondere Signifikanz des Aufstellungsortes für die Ehrenstatue Konons im Heiligtum des Zeus Eleutherios auf der Agora hin. Während für statuarische Weihungen auf der Agora eine religiöse Konnotation sicherlich nicht immer vorhanden ist, darf man für Bildnisstatuen auf der Akropolis davon ausgehen, dass sie in allen Fällen Votive darstellen. Allem Anschein nach entwickelte sich der Athener Burgberg erst seit dem vierten vorchristlichen Jahrhundert zu einem wichtigen Aufstellungsort staatlicher Ehrenstatuen. (P. Liddel, Zeitschr. Papyr. u. Epigr. 143, 2003, 79–93 zeigt übrigens, dass im Falle von Dekreten die genau umgekehrte Entwicklung stattgefunden hat: Erst nach der lykurgischen Zeit kommen diese häufiger auf die Agora.) Nach einer knappen Auflistung einiger Ehrenstatuen auf der Akropolis, wobei Krumeich sein Augenmerk besonders auf die Interaktion zwischen Ehreninschrift und Statue richtet, widmet er sich der Lokalisierung der Ehrenstatuen. Offensichtlich galt das Areal an der Nordseite des Parthenon ebenso wie die Südwestecke des Erechtheion als die ἐπιφανέστατοι τόποι. Aus einer kommunikativen Perspektive sollten offenbar staatliche Ehrenstatuen auf der Athener Akropolis ganz besonders die Verbindung zwischen der Politik und dem Kult der Stadtgöttin visuell zum Ausdruck bringen.

Werner Eck bespricht in seinem Beitrag die archäologische und epigraphische Evidenz für den Kult der Matronen in Niedergermanien in Form von Votivaltären (S. 415–433). Er bietet einen Katalog der mit den Matronen verbundenen Altären aus dem heutigen Kölner Stadtgebiet und zeigt auf, dass die größte Vielfalt eben in diesem Gebiet anzutreffen ist. Ihm zufolge ist es durchaus möglich, dass das Hauptheiligtum der ubischen Aufaniae in Köln und nicht in Bonn lag, wie es häufig in der Forschung behauptet wird. Er argumentiert für die Deutung, dass die Mehrheit solcher Votivaltäre keine reale Funktion im alltäglichen Kult der Matronen hatten, sondern die »Erfüllung des göttlichen Auftrags« dokumentieren sollten. Die Größe der Votivaltäre ist ein Indiz für die soziale Stellung der Dedikanten und die Verteilung der Klientel der Matronenheiligtümer in Niedergermanien. Während nämlich in Bonn die Besucher aus den sozial und finanziell höchsten Kreisen stammen, scheinen die Besucher in Pesch aus dem engeren regionalen Umkreis zu kommen.

Auf der Basis zweier Befunde aus einem Liber-Pater-Heiligtum in Apulum sowie einem Domnus-und-Domna-Heiligtum in Sarmizegetusa untersuchen Manuel Fiedler und Constanze Höpken Opferdeponierungen und ihre mediale Funktion im römischen Dakien (S. 435–466). Im Areal des Liber-Pater-Heiligtums wurden vier Kultgruben untersucht, die sowohl als primäre Opferplätze als auch zur Entsorgung großer Mengen an Abfall verwendet wurden. Zahlreiche vollständig rekonstruierbare, erst bei der Deponierung absichtlich zerschlagene Gefäße zeugen nach Ansicht der Autoren von gemeinschaftlich ausgeführten Opfern. In den Gruben wurde offensichtlich auch die bei Opfermählern verwendete Keramik entsorgt. Im Domnus-und-Domna-Heiligtum wurden Favissae ausgegraben, in denen entweder Lampen um und über halbe Rindunterkieferknochen arrangiert oder Lampen- und Becherpaare deponiert wurden. Offensichtlich zeugen die Befunde aus beiden Heiligtumsarealen von einer momentanen Kommunikation mit der Gottheit und gleichzeitig von einem Desinteresse an einer längerfristigen Außenwirkung.

Wie die Herausgeber zu Recht in ihrem Vorwort betonen, »fehlen bisher auf die Altertumswissenschaften zugeschnittene medientheoretische Studien«, die sich auch mit den Kommunikationsleistungen im Heiligtumskontext auseinandersetzen. Auch im vorliegenden Band wird man sie vergebens suchen. Seine Stärke ist nicht der theoretische Aspekt, sondern eindeutig die meist gelungene Besprechung von Einzelfällen.

New York   Ioannis Mylonopoulos

Ulrike Muss (Hrsg.), **Die Archäologie der ephesischen Artemis. Gestalt und Ritual eines Heiligtums.** Verlag Phoibos, Wien 2008. 288 Seiten, zahlreiche Abbildungen.

An dem vorliegenden Sammelband sind dreiundzwanzig Autoren mit insgesamt dreißig Beiträgen beteiligt, die sich vornehmlich Themen der archaischen Periode des ephesischen Heiligtums widmen, nämlich dem achten bis sechsten vorchristlichen Jahrhundert. Das Buch entstand anlässlich einer Wanderausstellung, die von Mai bis September 2008 an in der Türkei gezeigt wurde und richtet sich somit an ein breites Publikum. Fußnoten fehlen gänzlich, was den Text für den interessierten Laien lesbarer macht, dem Fachpublikum allerdings die konkreten Quellen der vorgelegten Ausführungen und Argumente vorenthält. Am Ende der einzelnen Beiträge findet sich jeweils eine kurze Zusammenfassung in türkischer Sprache, eine Auswahlbibliographie sowie die relevanten Abbildungen in guter photographischer Qualität, abgesehen von den Münzen. Parallel zu diesem Band wurde ein Katalog mit ähnlichem, ja stellenweise identischem Inhalt und Bildmaterial erstellt: W. Seipel (Hrsg.), Das Artemision von Ephesos. Heiliger Platz einer Göttin (Wien 2008). Gleiches gilt für das bereits 2001 erschienene Buch U. Muss (Hrsg.), Der Kosmos der Artemis von Ephesos. Sonderschr. Österr. Arch. Inst. 37 (Wien 2001).

Die innere Gliederung erfolgt nach thematischen Gesichtspunkten: Die einzelnen Abschnitte sind mit den Begriffen ›Raum und Zeit‹ (S. 15–54), ›Die Göttin‹ (S. 55–75), ›Archäologie und Ritual‹ (S. 77–197), ›Kultur und Identität‹ (S. 199–240) sowie ›Architektonische Gliederung des Sakralen‹ (S. 241–288) überschrieben.

Im ersten Beitrag des Abschnittes ›Raum und Zeit‹ von Anton Bammer, ›Zur Geographie des Artemisheiligtums‹ (S. 17–19) werden die naturräumlichen Gegebenheiten knapp beschrieben, in erster Linie jedoch die Diskussion um die Datierung, Ausrichtung und Abfolge der Bauten im Bereich des Artemisions eingeleitet, die durch den Autor selbst im letzten Abschnitt erneut aufgegriffen und ausführlicher behandelt wird (s. u.). Als wesentliche Bauwerke werden der Peripteros und seine Vorgänger, die sogenannten Kultbasen aus dem siebten und sechsten Jahrhundert, der Apsidenbau, der sogenannte Hekatompedos und Tempel C, der Hofaltar, die beiden Dipteroi – darunter der sogenannte Kroisostempel aus dem sechsten Jahrhundert sowie der spätklassische ›Weltwunderbau‹ – angeführt sowie deren axiale Lage zueinander betont.

Mit den naturräumlichen Gegebenheiten beschäftigen sich Helmut Brückner, John C. Kraft und Ilhan Kayan, ›Vom Meer umspült, vom Fluss begraben. Zur Paläographie des Artemisions‹ (S. 21–31). Der mit zahlreichen schematischen Karten hervorragend illustrierte Beitrag beschreibt die sich durch Verlandung stetig verändernde Küstenlinie, die häufigen Überflutungen sowie die spätere Versumpfung des Geländes durch den steigenden Grundwasserspiegel. Mit Hilfe geologischer Bohrungen war es möglich, den Landschaftswandel über lange Zeiträume zu rekonstruieren. Dabei wird von den Verfassern eine Anhöhe, auf der bronzezeitliches Material zutage kam, als Keimzelle des späteren Heiligtums ausgemacht. Ein weiteres wichtiges Ergebnis der Untersuchung ist der Nachweis von Schwemmfächersedimenten, die sich spätestens im frühen ersten Jahrtausend im Bereich des Artemisions ablagerten und auf denen die frühesten Bauten errichtet wurden.

Den ältesten Funden aus den von Bammer durchgeführten Grabungen der Jahre 1987 bis 1991 haben Gerhard Forstenpointner, Michael Kerschner und die Herausgeberin selbst ihren Beitrag ›Das Artemision in der späten Bronzezeit und der frühen Eisenzeit‹ (S. 33–46) gewidmet. In erster Linie wird archäologisches Material (Tonfiguren, Keramik, Tierknochen) des späten elften Jahrhunderts bis in die Zeit um 900 behandelt, das vornehmlich aus Anschüttungen stammt, die zur Erweiterung des baulich nutzbaren Geländes vorgenommen wurden. Darüber hinaus werden einige an unterschiedlichen Orten angetroffene spätgeometrisch-früharchaische Funde vorgestellt, so unter anderem ein Elfenbeinkopf und mehrere Askoi. Das Material wird dabei allerdings nur exemplarisch aufgezählt, im Falle von Fragmenten rekonstruiert und vorläufig eingeordnet. Für die Annahme eines seit der Bronzezeit dort angesiedelten Kultes oder gar eines Heiligtums reichen die archäologischen Zeugnisse jedoch gegenwärtig nicht aus. Den ersten thematischen Block beschließt die Herausgeberin mit dem Beitrag ›Zur Geschichte des Artemisions‹ (S. 47–54). Beginnend mit dem zweiten Jahrtausend, gefolgt von einer etwas ausführlicheren Abhandlung der Zeit vom sechsten bis vierten vorchristlichen Jahrhundert und endend im sechsten nachchristlichen Jahrhundert werden dabei historische Ereignisse mit religions-, gesellschafts- und kulturpolitischen Aussagen verknüpft. Hier wären Fußnoten mit den entsprechenden Belegen sicherlich von Vorteil gewesen.

Im zweiten Abschnitt (S. 55–75), der mit ›Die Göttin‹ überschrieben ist, widmen sich die Autoren der folgenden drei Beiträge dem Kultbild, seiner Genese sowie der christlichen Interpretation der Artemis Ephesia. Sarah Morris' Aufsatz ›Zur Vorgeschichte der Artemis Ephesia‹ (S. 57–62) behandelt vornehmlich antike Schriftzeugnisse. Ihre Aussagen bezüglich der Frühzeit stehen jedoch unter der bisher nicht ausreichend nachgewiesenen Prämisse eines bereits während der späten Bronzezeit existierenden Kultes (s. o.). Ulrike Muss beschäftigt sich in ›Kultbild und Statuetten‹ (S. 63–66) knapp mit den verschiedenen weiblichen Statuetten. Andreas Pülz untersucht in seinem Beitrag ›Von der Göttin zur Gottesmutter?‹ (S. 67–75) die interessante Frage, ob sich eine Entwicklung von der heidnischen Anbetung der Artemis hin zur Marienverehrung in Ephesos nachweisen lässt, zumal beiden ganz ähnliche Wirkkräfte zugesprochen wurden beziehungsweise werden. Das Ergebnis ist eher negativ: Leider schweigen die Schriftquellen zu diesem Problem, und auch archäologisch lässt sich die Marienverehrung nicht vor der spätbyzantinischen Zeit nachweisen.

Der dritte und umfangreichste Abschnitt des Sammelbandes, ›Archäologie und Ritual‹ (S. 77–197), widmet sich der Einordnung, Herkunft und Interpretation von Kleinfunden und Keramik, die in das Artemision geweiht, dort deponiert und gefunden worden sind. Im Anschluss an den allgemeinen Überblick über das archäologische Material und die Fundkontexte durch Bammer und Muss (›Geschenke für die Göttin‹, S. 79–84) werden einzelne Materialgruppen vorgestellt. Eröffnet wird der Reigen von Birgit Pulsinger, ›Perlen aus dem Artemision‹ (S. 85–93), die den Leser über Herstellungsverfahren, Typologie und Vergleichsbeispiele aufklärt, für letztere fehlen allerdings die Nachweise in der Literaturliste. Die Herausgeberin deutet in ›Gold des Meeres‹ (S. 95–102) die Bernsteinfunde als Schmuck, der eigens für ein hölzernes Götterbild, das Xoanon, gefertigt wurde. Ob er jedoch fertig importiert oder vor Ort gearbeitet wurde, kann ebenso wenig entschieden werden wie der genaue Zeitraum seiner Verwendung. Des weiteren wird wiederholt die nur schwerlich zu beweisende Annahme geäußert, sowohl in Bezug auf den Perlenschmuck als auch für die Bernsteine, dass diesen ein ›kosmologisches Konzept‹ zugrunde läge. Auch die Materialien ›Elfenbein und Bein aus dem Artemision von Ephesos‹ (S. 103–116) werden von Frau Muss vorgelegt. Die vorgestellten Objekte als Hinweise auf den ethnischen Ursprung der Stifter zu deuten, wie es die Verfasserin vorschlägt, ist äußerst problematisch. Es wird mangels inschriftlicher Zeugnisse für die meisten Funde wohl nie mit Sicherheit zu klären sein, wer, wann und warum ein Votiv in das Heiligtum gebracht hat.

Wie Martine Dewailly und die Herausgeberin in ihrem Beitrag ›Tonfiguren aus dem Artemision von Ephesos‹ (S. 117–124) hervorheben, ist die Anzahl von Tonfiguren im Vergleich zu den anderen Fundgruppen aus dem Heiligtum eher gering. Die auf zweieinhalb Seiten vorgestellten Stücke wurden zum Teil schon mehrfach vorgelegt; im Rahmen dieses Sammelbandes werden sie in chronologischer Folge knapp kunstgeschichtlich eingeordnet. Der ›Keramik aus dem Heiligtum der Artemis‹ (S. 125–132) widmet sich Michael Kerschner. Er konzentriert sich dabei fast ausschließlich auf Waren des siebten und sechsten Jahrhunderts, die er den funktionalen Gruppen ›Kult- und Votivkeramik‹ zuordnet. Abgesehen von Miniaturgefäßen, die am ehesten allein zum Zwecke der Weihung hergestellt wurden, sind die Grenzen jedoch fließend. Ein Großteil der Keramik wurde zudem in sogenannten Planierungsschichten gefunden, die eine chronologische Einordnung erschweren. Mit Hilfe archäometrischer Analysen konnten für Ephesos drei auf chemischer Grundlage erkennbare lokale Gruppen festgestellt sowie Nachahmungen attischer Keramik von Importen derselben unterschieden werden.

Der Beitrag von Stefan Karwiese, ›Das Artemision von Ephesos und die »Er-Findung« der Münze‹ (S. 133–148) entspricht im wesentlichen seinen Ausführungen in Kosmos 2001, 101–110, wurde aber durch weitere Beispiele ergänzt und reicher bebildert. Die Bronzefunde aus dem Artemision wurden von Gudrun Klebinder-Gauß untersucht. Ihre Ergebnisse liegen inzwischen in monographischer Form vor (Bronzefunde aus dem Artemision von Ephesos, Forsch. in Ephesos XII 3 [Wien 2007]). Im vorliegenden Band gibt sie einen allgemeinen Überblick unter dem Titel ›Weihgaben aus Bronze‹ (S. 149–155), in dem sie besonders auf das Fundspektrum eingeht und hervorhebt, dass in das Artemision vornehmlich Schmuckstücke und Trachtbestandteile geweiht worden seien.

In Bezug auf die ›Tierknochenfunde aus dem Artemision‹ (S. 157–165) heben Gerhard Forstenpointer und Gerald E. Weissengruber die große Zahl an nachgewiesenen Jungferkelknochen erneut hervor, die als Belege für die Abhaltung sogenannter Thesmophorien zu interpretieren seien. Die Einbeziehung der experimentellen Archäologie wie der Rekonstruktion eines sogenannten Meriabündels oder auch eines Hörneraltars stellt eine interessante Bereicherung dar. Eine abschließende Beurteilung der Tierknochenfunde steht jedoch noch aus.

Mit den Goldfunden aus dem Artemision, deren Herstellungstechnik und Typologie beschäftigen sich die folgenden beiden Beiträge, geschrieben von Birgit Bühler und Andrea M. Pülz (S. 167–172 und 173–184). Durch Vor- und Rückverweise sind diese Aufsätze auch mit dem folgenden von Viktor Freiberger und Kurt Gschwantler über ›Goldschmiedetechnische Beobachtungen zu den Löwenkopffibeln‹ (S. 185–197) inhaltlich verbunden. Unter den im Artemision gefunden Goldobjekten nehmen die Schmuck- und Trachtbestandteile wiederum den größten Teil ein. Die in Treib- oder Presstechnik hergestellten und verzierten Bleche überwiegen dabei deutlich gegenüber gegossenen Stücken. Als charakteristisch für Heiligtümer weiblicher Gottheiten archaischer Zeit sehen die Verfasser die zahlreich auftretenden Raubvogeldarstellungen in Form von Statuetten, Nadelköpfen, Broschen, Anhängern und Plättchen. In Bezug auf die Löwenkopffibeln wird der hohe Materialwert und die aufwendige, im Detail aber äußerst nachlässig durchgeführte Herstellung, die von den Autoren detailliert beschrieben wird, als Indiz für eine ausschließlich zum Zwecke der Weihung hergestellte Objektgruppe angeführt. Die Unterstellung, der Käufer habe die Löwenkopffibeln wegen ihrer qualitativ schlechten Ausführung nicht für den privaten Gebrauch erworben, bleibt jedoch Hypothese, ebenso wie die häufiger formulierte Vermutung, dass sie zum Schmuck des Kultbildes hergestellt worden seien.

Der Abschnitt ›Kulturelle Identitäten‹ (S. 199–240) widmet sich Funden, die aller Wahrscheinlichkeit nach aus Ägypten sowie dem kretischen, zyprischen, lydischen oder phrygischen Kulturkreis in das Heiligtum geweiht oder die als Nachbildungen beziehungsweise unter dem Einfluss fremder Gegenstände hergestellt worden sind. Nach einer Einleitung in den allgemeinen Fragenkomplex und das Fundspektrum durch Frau Klebinder-Gauß und Frau Pülz (S. 201–207) wendet sich Günther Hölbl dem Thema ›Ägyptisches Kulturgut im archaischen Artemision‹ (S. 209–221) zu. Hervorgehoben sei die Tatsache, dass sogenannte Aegyptiaca vornehmlich in Heiligtümern weiblicher Gottheiten gefunden werden, wobei bis heute ungeklärt ist, ob es sich bei einzelnen Gegenständen aus Fayence in Gestalt von Gefäßen, Figürchen und Skarabäen um Importe aus Ägypten oder um Nachahmungen handelt. Bei einigen Elfenbeinen mit ägyptisierenden Darstellungen handelt es sich darüber hinaus sehr wahrscheinlich um phönikische Verarbeitungen ägyptischer Motive. Einen weiteren Aspekt des ›Fremden‹ greift Kerschner in seinem Beitrag ›Die Lyder und das Artemision von Ephesos‹ heraus (S. 223–233). Er interpretiert die zahlreich gefundenen goldenen Appliken mit Hilfe von Vergleichsbeispielen aus lydischen Tumuli als Zeugnisse der durch Herodot überlieferten Textilweihungen seitens der lydischen Aristokratie, plädiert jedoch generell dafür, von Objekten ›lydischen Typs‹ zu sprechen, da man letztlich nicht entscheiden könne, wo und von wem sie hergestellt wurden und dass darüber hinaus die Grenzen zwischen ionischem und lydischem

Kunsthandwerk kaum mit Sicherheit zu ziehen seien. Anders verhält es sich bei den durch archäometrische Analysen eindeutig Werkstätten in Sardeis zugewiesenen Gefäßen der bichromen Keramik sowie der sogenannten Ephesischen Ware. In der Summe sprächen die archäologischen Zeugnisse sowie die Hinweise aus den Schriftquellen dafür, dass Lyder am Kult im ephesischen Artemision aktiv teilnahmen und auch Weihgeschenke darbrachten. Wie Klebinder-Gauß in ›Ephesos und seine Beziehungen zur phrygischen Bronzekunst‹ (S. 235–240) zeigt, lässt sich bezüglich der Bronzeobjekte eine lokale ionische Produktion von Waren nach phrygischen Vorbildern nachweisen, vor allem Fibeln und Gürtel, die in der Quantität die tatsächlich aus Phrygien stammenden Artefakte deutlich übertreffen.

Im letzten übergeordneten Abschnitt geht es um die ›Architektonische Gestaltung des Sakralen‹ (S. 241–288). Fünf der sieben Beiträge stammen aus der Feder von Bammer, der die Grabungen im Artemision von 1965 bis 1994 geleitet hat. Seine Interpretation des angetroffenen Befundes und die daraus resultierenden Rekonstruktionsvorschläge sind in zahlreichen Aufsätzen publiziert worden. Umso erstaunlicher ist es, dass beispielsweise die Datierung des Peripteros in die protogeometrische Zeit weiterhin an einer mündlichen Aussage zur Datierung der Keramik festgemacht wird (›Der Peripteros und seine Vorgänger‹, S. 244). An anderen Stellen wird an Deutungen festgehalten, die in der übrigen Fachwelt mit guten Argumenten abgelehnt werden. Ein offenkundiges und auch vom Laien nicht zu überlesendes Beispiel ist Bammers Deutung (S. 251–254) des sogenannten Hekatompedos als nordsüdlich orientierten Tempel – oder jetzt vielleicht sogar als Bankettbaus – im Gegensatz zur Interpretation derselben Struktur als Altar, wie sie unter anderem von Aenne Ohnesorg wenige Seiten später vorgebracht wird (S. 263–273).

Mit einem Tondach des siebten Jahrhunderts beschäftigt sich der Beitrag von Ulrich Schädler und Peter Schneider (S. 255–262). Petrographische und mineralogische Untersuchungen haben gezeigt, dass der Ton für die Ziegelfragmente, die 1994 in der Nähe des archaischen Tempels gefunden wurden, aus lokalen Lagerstätten stammt. Die Verfasser rekonstruieren eine Art Prototyp eines lydisch-ionisches Dachsystems, das zu einem Monumentalbau gehört habe und das sie entwicklungsgeschichtlich vor dem sogenannten protokorinthischen Dach ansetzen. Geschlossen wird der Reigen der Aufsätze zur Architektur wiederum von einem Beitrag Bammers, ›Die Kirche im Artemision‹ (S. 285–288), in dem er ungeachtet der Aussagen im vorherigen Aufsatz von Herrn Pülz (S. 67–75) Maria als ›Theotokos‹ zur Nachfolgerin der Artemis erhebt sowie kurz auf einige Bauteile und eine mögliche Rekonstruktion der Kirche eingeht.

Abgesehen von wenigen Beiträgen konzentriert sich der Sammelband auf einen Teilbereich der ›Archäologie der Artemis‹ des achten bis sechsten Jahrhunderts. Die inhaltlichen Widersprüche zeigen, dass die Aufarbeitung der Grabungen im Fluss ist. Symptomatisch hierfür ist das Bespiel der Deponien (Bóthroi). Während ihre Existenz in einem der Beiträge ausdrücklich verneint wird, wird sie an anderer Stelle als nachgewiesen vorausgesetzt und in die Argumentation miteinbezogen (vgl. S. 126 und 185).

Ohne die wissenschaftliche Leistung der langjährigen Grabungen im Artemision schmälern zu wollen, wird anhand dieses Sammelbandes einmal mehr die Notwendigkeit deutlich, die Grabungsdokumentation vorzulegen sowie die Aufarbeitung von Stratigraphie und Keramikfunden voranzutreiben, an der seit längerem intensiv gearbeitet wird (vgl. Österr. Jahresh. 71, 2002, 374).

Am Ende einzelner Beiträge wird zwar auch den eigenen Anschauungen kritisch gegenüberstehende Literatur zitiert, es findet aber keine wirkliche wissenschaftliche Auseinandersetzung statt. Auch wenn man hier anführen mag, dass es nicht die Aufgabe eines solchen Sammelbandes ist, sich dem (durchaus existierenden) wissenschaftlichen Diskurs zu stellen, so wäre das doch eine Bereicherung. Ohne allzu sehr über bereits Bekanntes hinauszugehen, bietet der Band einen guten Überblick über das archäologische Material, das im Bereich des Artemisions gefunden wurde. Gleichzeitig wird deutlich, dass bei der Aufarbeitung die Aufteilung nach Materialgruppen immer dann an ihre Grenzen stößt, wenn der ursprüngliche Fundzusammenhang der Stücke aus den Augen verloren wird. Um es mit den Worten von Frau Klebinder-Gauß zu sagen, können die einzelnen Funde und Befunde »erst in ihrer gemeinsamen Betrachtung ein vollständiges Bild über das Heiligtum abgeben« (S. 152).

Istanbul   Anja Slawisch

Clemente Marconi, **Temple Decoration and Cultural Identity in the Archaic Greek World. The Metopes from Selinus.** Cambridge University Press 2007. 352 Seiten, 130 Abbildungen.

Clemente Marconi, ein italienischer Forscher der heute in den Vereinigten Staaten tätig ist, beschäftigt sich seit mehreren Jahren mit den Reliefmetopen von Selinunt, die als Hauptwerke der griechischen Kunst auf Sizilien allgemein anerkannt sind. Fast gleichzeitig mit einem sehr nützlichen Aufsatz (Riv. Istit. naz. arch. Ser.3, 18, 1995, 5–67), wo er bis dahin unbekanntes Urkundenmaterial zur Entdeckung dieser Reliefs, die größtenteils schon in den zwanziger und dreißiger Jahren des neunzehnten Jahrhunderts stattfand, und genaue Beobachtungen zum wenig bekannten Fragmentmaterial von diesen Skulpturkomplexen vorlegen konnte, hat er 1994 eine umfangreiche Monographie über die bekanntesten dieser Metopen publiziert, nämlich vom frühklassischen Tempel E (Selinunte. Le metope dell'Heraion [Modena 1994]). Auf italienisch abgefasst und wohl auch deshalb von der internationalen Forschung nur nebenbei berücksichtigt, macht das Buch einen zwiespältigen Eindruck, der auch in den nicht besonders zahlreichen Rezensionen sichtbar ist. Neben wertvollen Beobachtungen zur Bildhauertechnik und einer lobenswerten Aufarbeitung und Vorlage der vielen Fragmente stand eine ungewöhnlich phantasiereiche Behandlung von Deutungsfragen und schwach begründete Vorschläge zur Wiederherstellung der Motive auf den verlorenen oder nur fragmentarisch erhaltenen Platten. Das Buch ist daher nur mit großer Vorsicht zu verwenden.

Man nimmt deshalb den neuerschienenen Band des Verfassers, wo er wieder zu den Skulpturen von Selinunt zurückkehrt – jetzt zu den archaischen Reliefmetopen –, mit gewissen Bedenken in die Hand, die sich jedoch bald verflüchtigen. Das Buch ist auf englisch geschrieben, also für die weltweite Archäologieforschung bestimmt, von einem renommierten angloamerikanischen akademischen Verlagshaus produziert und vorgelegt und vermittelt unmittelbar den Eindruck nüchterner, zuverlässiger Wissenschaft. Dieser Eindruck bestätigt sich auch beim Lesen; das Buch ist durchaus ernst zu nehmen und setzt sich hohe Ziele, die leider nur teilweise erreicht werden.

Die beiden ersten Kapitel greifen weit aus, um den allgemeinen Hintergrund für die Entstehung der Selinuntiner Metopenreliefs darzustellen, allerdings ohne wesentliche neue Ergebnisse zu erreichen. Lobenswert ist gewiss die Absicht, Bauskulpturen in ihrer Beziehung mit der Architektur zu studieren, doch wird dieses Vorhaben nur teilweise durchgeführt. Das erste Kapitel gibt eine recht nützliche allgemeine Übersicht über unsere heutige Kenntnis vom figürlichen Schmuck archaischer Tempel in Griechenland und Ionien. Einige Einsichten sind fruchtbar, zum Beispiel die Annahme, das um 620 eine Verschiebung des Bauschmucks von den Wänden zum Oberbau stattfand, was ungefähr mit der Steinwerdung des dorischen Tempels zusammenfallen könnte. Vermutungen dieser Art bedürften aber einer besseren Begründung. Es ist auch fraglich, wieweit diese Darlegungen für das Material von Selinunt bedeutsam sind. Die Bedeutung des Giebels von Korfu wird richtig erkannt, doch entgeht dem Verfasser die enge Bindung zwischen Säulenstellung und Organisation des Giebelschmucks, die ein wichtiger Leitfaden für das Verständnis späterer Skulpturdekorationen wird, auch in Selinunt.

Im zweiten Kapitel werden die Anfänge der monumentalen Tempelarchitektur auf Sizilien recht gründlich behandelt, mit viel Aufmerksamkeit für den sehr wichtigen Apollontempel in Syrakus. Dabei werden allerdings die letzten Ergebnisse von Dieter Mertens zum Gebälk unzulänglich berücksichtigt: Eine so überholte Aufrissrekonstruktion wie Abbildung 19 von dem nahe verwandten Syrakusaner Olympieion sollte heute nicht mehr vorgelegt werden. Verdienstvollerweise werden auch die sonst meist vernachlässigten frühen Tempelreste von Megara Hyblaea und Gela einbezogen.

Man hätte aber hier, gerade weil das Hauptthema des Buchs doch der Metopenschmuck ist, auch eine Behandlung der Fragmente früher sizilischer Terrakottareliefs erwartet, die mehr oder weniger sicher als Metopen gedeutet werden, eher als die weitläufige Diskussion der Reiterakroterien, die für Selinunt nicht viel ergibt. Besonders fällt es auf, dass an dieser Stelle der wichtige Tempel B in Himera nicht erwähnt wird, wo nach Vermutungen Terrakottametopen in einem schlichten Tempelbau ohne andere Elemente dorischer Architektur vorkamen. Möglicherweise ist dort eine wichtige Vorstufe für die spätere Entwicklung in Selinunt zu finden.

Im dritten Kapitel behandelt Marconi die frühe Geschichte Selinunts und versucht dabei, neue feldarchäologische Ergebnisse in eine recht nützliche Übersicht einzuarbeiten. Zur Diskussion des Gründungsjahres der Kolonie Selinunt (628 oder 650) bringt er keine neue Argumente bei, zieht aber das spätere Datum vor. Auffallenderweise versucht er die Bedeutung der geographischen Lage Selinunts in engem Kontakt mit dem phönikisch-punischen Kulturgebiet und so nahe wie möglich an der wichtigen Meerdurchfahrt zwischen Sizilien und Nordafrika etwas abzuwerten. Doch geht es kaum an, die ganz besondere und in der ganzen griechischen Welt fast beispiellose öffentliche und private Bautätigkeit zwischen etwa 550 und 450 v. Chr. und die wirtschaftliche Blüte, die sich darin spiegelt, außer Acht zu lassen. Nur durch Ausfuhr von Öl, Wein und Getreide lässt sich solche Prosperität nicht erklären. Dabei können die Beziehungen mit den Karthagern durchaus auch schwierige Momente gekannt haben, wie die Nachrichten von den kriegerischen Unternehmungen in Westsizilien zuerst es Pentathlos, später des Dorieus es auch nahelegen; so erklärt sich einfach die einzige Inschrift, die Marconi als Stütze für seine Ansichten anführen kann.

Nach einer knappen und nützlichen Übersicht über die frühe Tempelarchitektur in Selinunt, die auch neue und noch wenig bekannte Forschungsergebnisse einbezieht, ist die Behandlung der meist als Y-Metopen bezeichneten ›kleinen‹ Metopen ausgesprochen vorsichtig. Anhand der Anordnung der Rahmung gehören diese Reliefplatten ganz klar zu zwei verschiedenen Gruppen, wie der Verfasser richtig sieht. Ob beide demselben Tempel zugewiesen werden können, was die ganz ähnlichen Dimensionen aller Stücke, besonders die Höhen, es eigentlich nahe legen, oder zwei verschiedenen Gebäuden, ist nach der Entdeckung von Architekturfragmenten anderer und gleichzeitiger Bauten der gleichen Größe eine eigentlich unlösbare Frage geworden. Eine Entscheidung kann nur von der Architekturforschung erhofft werden.

Wo die Bestimmung der Motive fraglich ist, bleibt Marconi meist vorsichtig. So vermeidet er zum Beispiel die Entscheidung, ob die stark zerstörte Metope mit Herakles den Kampf gegen Acheloos oder denjenigen gegen den kretischen Stier darstellt. Bisweilen urteilt er zu rasch: Poseidon als Wagenlenker der Viergespannmetope kann nicht ohne weiteres ausgeschlossen werden; sein Gesicht ist zwar bartlos, doch wird in der frükarchaischen Kunst auch der Meergott so dargestellt, und der Größenunterschied zwischen den Gesichtern der beiden Dargestellten deutet wohl auf einen Geschlechtsunterschied. Der Autor datiert die Metopen in die Jahre nach der Mitte des sechsten Jahrhunderts. Er verwendet dabei das Vergleichsmaterial aus dem ägäischen Gebiet ganz richtig, will es aber nicht in üblicher Weise für die stilistische Einordnung dieser Werke gelten lassen. Die Argumente, die für einen Ursprung dieses besonderen Reliefstils im ägäischen Raum sprechen, hat Marconi nicht berücksichtigt.

Die Behandlung der Metopen vom Tempel C beginnt zu Recht mit einer Darstellung der Architektur, weil dieser wichtige Bau nach dem Großwerk von Richard Koldewey und Otto Puchstein keine Bearbeitung mehr erfahren hat. Verdienstvollerweise wird ein solches Unternehmen jetzt von italienischer Seite vorbereitet. Zu diesen Metopen hat Marconi wichtiges und früher unbekanntes Archivmaterial von der Entdeckung im Jahr 1823 aufgefunden und in dem eingangs erwähnten Aufsatz vorgelegt, was neue Aufschlüsse für die Verteilung vieler Metopenfragmente ermöglicht. Die Behandlung der Motive geht über das schon Bekannte kaum hinaus, wenn auch einiges neue Vergleichsmaterial herangezogen wird, wie zum Beispiel die Arula aus Ravanusa mit dem Tod der Medusa.

Dass auch links über dem Mittelinterkolumnium ein frontales Viergespann dargestellt war, was der Verfasser früher bezweifelte, findet sich jetzt durch Auffindung von Fragmenten bestätigt. Es darf wohl entgegen seiner Annahme vermutet werden, dass die beiden Darstellungen nicht unabhängig voneinander sind und das hier die beiden Tempelgötter vorgestellt werden – also wohl Apollon in der erhaltenen und Artemis in der zerstörten Metope, eine Deutung, die von Marconi nicht diskutiert wird. Die Darstellungen dieser beiden Götter auf den klassischen Tetradrachmen von Selinunt könnten diese Annahme unterstützen, und es liegt nahe, hier die Übertragung von den bekannten festlandgriechischen Giebeldarstellungen der göttlichen Epiphanie in den Friesbereich zu sehen, eine Möglichkeit, die der Autor zwar berührt, aber nicht verfolgt.

Wichtig ist die neue, gesicherte Zusammenstellung der beiden Fragmente C 5 und C 10, deren Platz in der Metopenfolge nun bestimmt werden kann. Für das Verständnis der Frieskomposition muss man zukünftig diesem Ergebnis Rechnung tragen. Marconi enthält sich in diesem Buch gewagter und unzulänglich begründeter Deutungen und Rekonstruktionsvorschläge. Am kühnsten ist wohl die Interpretation der beiden Fragmente C 4 und C 9, wo er ebenso wie andere Forscher die Tötung der Klytaimnestra erkennen will. Auch das Fragment C 8 wurde früher dieser Metope zugeschrieben, und es erstaunt, das diese Zusammenstellung abgelehnt wird, ohne dass die technischen Merkmale wie Verfärbung und Blockdicke diskutiert werden, die dafür sprechen, und ohne dass eine Zeichnung vorgelegt wird, die dieses Ergebnis bestätigte. Überhaupt werden einige Entscheidungen zu schnell und ohne genügende Bewertung der möglichen Alternativen gefällt, aber eine erschöpfende Behandlung aller Probleme wäre wohl nur im Rahmen eines größeren Buches möglich gewesen.

Gut erarbeitet sind die abschließenden Abschnitte zu Komposition, Datierung und Stil. Der Vorschlag, eine Unterbrechung in der Bauzeit anzunehmen, welche die sonst schwer verständliche Mischung von Datierungsmerkmalen erklären könnte, ist erwägenswert. Es bleibt abzuwarten, ob dies durch die Neubearbeitung der Tempelarchitektur bestätigt werden kann. Einleuchtend ist auch der Nachweis bedeutender Qualitätsunterschiede zwischen den ziemlich groben Reliefs und einigen Fragmenten von weit besserer Qualität, die an verschiedene Arbeitsgruppen denken lassen. Klar erfasst ist, dass die korinthische Plastik grundlegend für den Stil von Selinunt war. Dieser künstlerische Hintergrund wurde durch das südöstliche Sizilien vermittelt, und zwar nicht nur über Syrakus, sondern auch über Gela, wo es wichtiges Vergleichsmaterial gibt.

Das sechste und letzte Kapitel enthält mehrere zum Teil recht gute Beobachtungen über verschiedene Elemente der kulturellen Identität Selinunts, die in der Auswahl und Zusammenstellung der Bildmotive Ausdruck finden und dadurch erfassbar werden. Besonders einleuchtend sind hier die Betrachtungen zur Bedeutung des Reisens in der von Hellas fernen Apoikie und zu den kultischen Beziehungen mit der Mutterstadt Megara in Griechenland.

Interessant auch der Einfluss des frontal gerichteten Medusakopfes im Terrakottagiebel des Tempels C auf die auffallende Frontalität der Figuren in den Metopen dieses Gebäudes. Diese schöne Beobachtung erschöpft aber kaum das wichtige Verhältnis zwischen Metopen und Giebelschmuck einerseits sowie dem Rhythmus der Säulenstellung andererseits. Wenigstens im Tempel C sind solche Beziehungen einigermaßen erfassbar. Gerade weil das Buch sich vornimmt, die tieferen Zusammenhänge zwischen der Architektur einerseits und dem Ganzen des Bildschmucks andererseits zu analysieren, fällt es auf, dass diese Verbindungen nicht gründlicher verfolgt werden.

Der Band ist nützlich, nicht zuletzt wegen der klaren Zusammenstellung und Bearbeitung früherer Forschung – wenn auch nicht immer mit überzeugenden Einschätzungen derselben. Unerlässlich ist er vor allem wegen des abschließenden Katalogabschnitts mit gründlicher Neubearbeitung und Vorlage der bislang unzulänglich bekannten Fragmente, auch in Fotografien und Zeichnungen, sofern sie mit den beiden schon erwähnten Gruppen von Metopen verbunden werden können. Diesen Ergebnissen muss jede zukünftige Behandlung der Skulpturen Rechnung tragen. Viele zum Teil sehr gute Einzelbeobachtungen finden sich auch im Text verstreut, wobei Wiederholungen älterer Ansichten bei so oft besprochenen Werken natürlich unvermeidbar sind.

Dennoch argumentiert das Buch nicht wirklich erfolgreich. Es versucht zu viel und zu Verschiedenartiges zu erreichen, bleibt deshalb oft bei einer recht oberflächlichen Behandlung der vielen Fragen und Probleme stehen und vermag es nicht, die vielen Einzelbeobachtungen zu einer einheitlichen und gezielten Darstellung zu verbinden. So gerät auch das im ersten Kapitel ganz allgemein und zunächst noch ohne Zusammenhang mit Selinunt ausgesprochene Ziel des Bandes weitgehend aus dem Blickfeld, nämlich die Analyse der Beziehungen zwischen Architektur und Skulpturdekorationen.

Die größte Schwäche des Buchs liegt vielleicht darin, dass der etwas spätere, aber noch archaische Tempel F und die Reste seines Reliefschmucks nicht einbezogen werden. Dieser Bau wurde wahrscheinlich erst um etwa 490 v. Chr. errichtet, denn früher können die Metopenfragmente kaum datiert werden, obwohl die Architektur weit altertümlicher scheint, ein Dilemma, das mit den Datierungsfragen der C Metopen verwandt und vielleicht auch verbunden ist, aber niemals gründlich behandelt wurde. Die Reste dieser F-Metopen hat Marconi zwar in seinem früheren Aufsatz vorgelegt, und zwar mit wichtigen Aufschlüssen zu den früher unbekannten Fragmenten und zur Dokumentation der Fundumstände. Die stilistischen, chronologischen und kulturellen Beziehungen zu den früheren und späteren Metopen werden dort jedoch nicht bewertet. Auf diese Weise hat der Autor die Gelegenheit verpasst, die möglichen Verbindungen zwischen den Metopengruppen von Y bis E darzustellen. Die so entstandene Lücke macht es ihm jetzt unmöglich, seine Ergebnisse zu den archaischen Metopen mit seiner früheren Darstellung der frühklassischen E-Metopen zu verbinden. Diese werden im ganzen Buch folglich auch nur ein einziges Mal erwähnt.

Dieser Verzicht ist zu bedauern, denn der Verfasser dürfte heute der größte Kenner dieser Skulpturen sein. Er verpasst eine einmalige Gelegenheit, die gerade Selinunt bietet, nämlich die Entwicklung und Wandlung anspruchsvoller Tempeldekorationen durch das schicksalsschwere Jahrhundert von etwa 550 bis 450 v. Chr. an einem bestimmten, gewiss besonderen Ort fast lückenlos zu verfolgen. Aufschlüsse zur kulturellen Identität Selinunts, wie sie sich in der Monumentalkunst ausdrückt, sind ein ausgesprochenes Ziel der Darstellung Marconis, werden aber auf diese Weise nur partiell erreicht. Hier liegen wichtige Aufgaben für zukünftige Erforschung der Denkmäler dieser einzigartigen Griechenstadt (vgl. noch ohne Kenntnis des hier vorgelegten Buches geschrieben jüngst Rez., The Relief Metopes from Selinus. Programs and Messages. In: P. Schulz / R. von den Hoff [Hrsg.], Structure, Image Ornament. Architectural Sculpture of the Greek World [Oxford 2009, 153–173). Sie befand sich zwar an der äußersten Peripherie der griechischen Welt, kann aber dank ihrer Lage im Zentrum des Mittelmeerraums keineswegs als randständig gelten. Zwar lassen sich besondere orientalische oder semitische Einflüsse in den Denkmälern am Ort nicht feststellen – von solchen Vermutungen hält sich der Verfasser zu Recht fern. Aber die Position kann nicht ohne Bedeutung für die ganz besonderen Erzeugnisse dieser Stadt gewesen sein.

Neben den wichtigen feldarchäologischen Arbeiten, die in den letzten Jahren in Selinunt vorbildlich durchgeführt wurden, gilt es für die zukünftige Forschung auch, die architektonischen und bildlichen Zeugnisse der Stadt in dieser Hinsicht besser zu verstehen, denn auch im Rahmen des archaischen Sizilien scheinen sie einmalig zu sein. Einem solchen Verständnis führt uns das Buch Marconis gewiss näher, es lässt aber noch viel Raum für weitere Beschäftigung mit diesen bedeutsamen Denkmälern übrig.

Bergen   Erik Østby

Dirk Piekarski, **Anonyme griechische Porträts des 4. Jhs. v. Chr. Chronologie und Typologie.** Internationale Archäologie, Band 82. Verlag Marie Leidorf, Rahden 2004. 211 Seiten, 39 Tafeln mit 76 Abbildungen.

Die griechischen Porträts werden im Unterschied zu den römischen bisher vor allem als Einzelbildnisse oder nach der Rolle der Dargestellten zu Gruppen geordnet behandelt, also etwa Darstellungen von Politikern, Herrschern, Philosophen und so weiter. Eine Ausnahme bildet die 1980 erschienene Bonner Dissertation von Emmanuel Voutiras zu den griechischen Porträts des fünften und frühen vierten Jahrhunderts, an die die vorliegende, gleichfalls in Bonn entstandene Doktorarbeit von Dirk Piekarski anknüpft, indem sie mit der Untersuchung der typologischen und chronologischen Entwicklung der Gattung in Spätklassik und Frühhellenismus eine Forschungslücke schließt. Das behandelte Material hat erhebliche Relevanz für die gesamte Thematik der Entwicklung des griechischen Porträts, insbesondere für die Frage nach dem Verhältnis von idealen und individuellen Merkmalen und den damit verbundenen inhaltlichen Aussagen. In den gewählten Zeitraum fallen mit der Alexanderzeit und dem frühen Hellenismus historische und kulturelle Einschnitte, die zu Veränderungen der gesellschaftlichen Leitbilder führen, zu denen die zeitgenössischen Bildnisstatuen in Korrelation stehen.

Der Titel der Arbeit suggeriert eine Beschränkung auf das sogenannte anonyme Porträt, das definiert wird als »die Darstellung einer historischen Person, deren Name uns unbekannt ist« (S. 2). Gemeint sind die zumeist in römischen Kopien überlieferten Bildnisse berühmter Griechen ohne erhaltene Namensbeischrift. An der Diskussion über Benennungsvorschläge zu diesen möchte sich der Autor ganz bewusst nicht beteiligen (S. 4), sondern den Schwerpunkt auf Chronologie und Typologie legen. Allerdings stellt sich schon in der Einleitung, wenn es um den Begriff des Porträts und die grundlegenden Probleme dieser Bildgattung geht (S. 1–5), die Frage, wie sinnvoll eine Beschränkung auf die unbenannten Stücke sein kann. Tatsächlich zeigt sich bald, dass sowohl benannte wie unbenannte Bildnisse untersucht werden, nur dass erstere nicht im Katalog aufgeführt sind. Auch chronologisch greift die Arbeit über die im Titel angegebene Spanne hinaus, indem sie explizit Denkmäler einbezieht, die den ersten Jahrzehnten des dritten Jahrhunderts zugewiesen werden. Der Band bietet weit mehr, als der Titel erwarten lässt: Es ist ein Buch über spätklassische und frühhellenistische Porträts unter Einbeziehung der Figurentypen auf gleichzeitigen Grabreliefs, bereichert durch einen Katalog zu den Bildnissen unbenannter helmloser bärtiger Männer.

Der Katalog verzeichnet siebenundvierzig chronologisch angeordnete Porträttypen. Davon sind sechs als griechische Originale erhalten, die übrigen als römische Kopien überliefert. Sofern mehrere Repliken bekannt sind, finden sich Replikenlisten und kurze Kopienrezensionen. Auf diese Weise sind insgesamt hundertvierundzwanzig Denkmäler mit allen notwendigen Informationen aufgelistet. Ein knappes Verzeichnis der Aufbewahrungsorte erleichtert den Zugang zum Katalog. Ein erhebliches Manko für die Benutzbarkeit als wissenschaftliches Werk ist jedoch das Fehlen eines Registers.

Die Tafeln zeigen insgesamt fünfundzwanzig der im Katalog behandelten Porträts durchgehend in mehreren Aufnahmen; neben der Vorderansicht erscheinen die Köpfe zumeist im Profil, gelegentlich auch in Rückansicht. Die Qualität der Abbildungen ist sehr unterschiedlich, was sowohl an den als Vorlagen dienenden Museumsfotos als auch am Druck zu liegen scheint. Für die weitere Porträtforschung liegt damit umfangreiches und wichtiges Material erschlossen und analysiert vor.

Der Überblick zur Forschungsgeschichte fasst in knapper Form die Entwicklung zusammen und nennt die wichtigsten Publikationen (S. 5–8). Unter Verweis auf verschiedene Veröffentlichungen der jüngeren Zeit wird auf eine umfassende Analyse und eine Einordnung in größere wissenschaftsgeschichtliche Zusammenhänge verzichtet. Es schließt sich ein ebenso konzentrierter Abschnitt zum Forschungsstand an (S. 9 f.). Hier stellt Piekarski eingangs mit Recht die Frage, ob Idealität und Individualität in Bildnissen einander ausschließen. Wie sich im weiteren Verlauf der Arbeit zeigt, favorisiert der Autor eine partielle Synthese individualisierender und idealisierender Züge im spätklassischen Porträt, ein sichtlich auf Überlegungen von Nikolaus Himmelmann zurückgehender Ansatz (zusammengefasst in: Die private Bildnisweihung bei den Griechen. Zu den Ursprüngen des abendländischen Porträts [2001]). Wichtig für das Buch ist die Auseinandersetzung mit Arbeiten der jüngeren Forschung, die von einer weitgehenden Orientierung der spätklassischen Porträts am sogenannten egalitären Bürgerbild ausgehen (vor allem P. Zanker, Die Maske des Sokrates [1995]

und R. von den Hoff, Philosophenporträts des Früh- und Hochhellenismus [1994]). In Anlehnung an die kritische Rezension der Thesen Paul Zankers durch Himmelmann (Bonner Jahrb. 195, 1995, 653–661) vertritt Piekarski die Auffassung, »daß diese ›Bürgerbildnisse‹ nun keineswegs repräsentativ für die Porträtkunst des 4. Jhs., sondern nur ein Teil des Phänomens sind« (S. 10). In diesem Zusammenhang will er die anonymen Porträts stärker berücksichtigen. Das ist zweifellos sinnvoll, allerdings entsteht durch diese Antithese von Anfang an eine problematische Dichotomie von »Bürgerbild« und »Porträt«.

Im Kapitel zur »Materialauswahl« (S. 11–14) wird begründet, warum »Gegenstand der Untersuchung … die rundplastischen Porträts bärtiger Männer ohne Helm« sind. Ausgeklammert werden die Frauenbildnisse, da sie nur in geringer Zahl überliefert sind und bis in hellenistische Zeit den unpersönlichen Typen der Idealplastik folgen. Die schwierige Abgrenzung zur Idealplastik wird auch als Argument für die Ausklammerung der unbärtigen Köpfe angeführt, ehrlicherweise aber auch nicht verschwiegen, dass durch diese Beschränkung eine Behandlung des Alexanderporträts und der damit verbundenen weitreichenden Probleme vermieden werden sollte. Offensichtlich pragmatische Gründe hat auch der Verzicht auf eine Behandlung der Behelmten, also der sogenannten Strategenköpfe. Trotz dieser Prämissen kommt Piekarski wie im Falle der benannten Stücke in der Folge nicht darum herum, auf Bildnisse von Frauen sowie von behelmten und unbärtigen Männern einzugehen. Es folgen denn auch gleich Exkurse zum Alexanderbild (S. 12 f.) und den sogenannten Strategenköpfen (S. 13 f.).

In einem kurzen Kapitel zur »Überlieferungssituation« (S. 15–18) werden vor allem Problemfelder der römischen Rezeptionsgeschichte angesprochen. Ausführlicher ist nur ein Abschnitt zum Thema Doppelhermen, in deren Zusammenstellung der Verfasser mit guten – wenn auch nicht neuen – Argumenten sinnstiftende Kombinationen erkennt (S. 16 f.). Dies wird später für ihn wichtig, wenn es um Fragen der Benennung geht.

Im folgenden Kapitel zur Chronologie (S. 19–51) wird auf gut dreißig Seiten der Versuch gemacht, die Porträts des späten fünften bis frühen dritten Jahrhunderts nach ihrer Zeitstellung zu ordnen, ein ebenso nützliches wie schwieriges Unterfangen.

Ausgehend von Köpfen auf Grabreliefs wird als Charakteristikum für Bildnisse des späten fünften Jahrhunderts eine »dichte Zentralkomposition« der Elemente Augen, Nase und Mund ausgemacht (S. 20 f.). Gegenüber diesen Köpfen werde bei solchen des frühesten vierten Jahrhunderts »der Umriß weiter vereinheitlicht, der Aufbau [sei] stockender und komprimierter.« Schließlich liest man: »Diese neu gewonnene Geschlossenheit gilt auch für die einzelnen Organe. An die Stelle der ehedem freieren Zuordnung von Augen, Nase und Mund ist eine noch dichtere, auf die Gesichtsmitte hin orientierte Komposition getreten.« (S. 21) Inwieweit die noch mehrmals als Argument herangezogene »Verteilung der Gesichtsorgane« wirklich ein entscheidendes stilistisches und damit datierendes Merkmal ist (etwa S. 25, 33 und 42), ist auch angesichts des reichen Materials der attischen Grabreliefs schwer nachvollziehbar. Gerne wüsste man, ob dieser These Vermessungen zugrunde liegen oder ob sie ganz auf subjektiven Eindrücken beruht. Um nur ein Beispiel herauszugreifen: Der Rezensent bezweifelt, dass eine Einordnung des sogenannten Apollodor (Kat. 6) unter die Bildnisse des Reichen Stils »wegen der stärkeren Rundung des Schädels und der freieren Verteilung der Gesichtsorgane sowohl beim Typus Neapel-Millesgården als auch beim ›Strategen Pastoret‹ allerdings ausgeschlossen« ist (S. 25). In diesem Fall überzeugt auch der für eine Datierung zwischen 380 und 360 herangezogene Vergleich mit dem Asklepios Giustini nicht, gerade was die Anlage der Frisur betrifft.

Die umfangreichen Stilanalysen basieren vor allem auf Beobachtungen zu den Konstruktionsprinzipien der Köpfe. Erst in der Zusammenfassung formuliert der Autor in aller Deutlichkeit, dass er zwei im späten fünften Jahrhundert wurzelnde spätklassische Traditionsstränge mit unterschiedlicher Ausrichtung erkennt, gekennzeichnet einerseits durch »das Prinzip der Verfestigung« und andererseits durch eine Weiterführung des »Reichen Stils mit seinen plastischen, ausgreifenden Formen« (S.161). Er verfolgt in der zweiten Hälfte des vierten Jahrhunderts eine Annährung und ein baldiges Ineinanderaufgehen der beiden Stilrichtungen. Auf Grund seiner Beobachtungen möchte Piekarski die gängigen Epocheneinteilungen um den »gleichsam ›Post-Reichen‹ Stil« (S. 25) und den »gleichsam ›Post-Schlichten‹ Stil« (S. 27) erweitern; zwei Differenzierungen, denen schon wegen ihrer Diktion keine große Zukunft in der Forschung beschieden sein dürfte.

Mit viel Fleiß hat Piekarski die Forschungsliteratur gesichtet, und er bemüht sich um eine chronologische Anordnung der spätklassischen Porträts. Gelegentlich erscheinen die auf Grund stilistischer Beobachtungen getroffenen Möglichkeiten der Datierung etwas überschätzt, so zum Beispiel, wenn der Platonkopf Typus Boehringer »um 360 mit Tendenz zu 350« datiert wird (S. 27) und damit entgegen gängiger Auffassung noch zu Lebzeiten des Philosophen. Man fragt sich nach dem Sinn eines solchen Vorschlages, wenn gleich der einschränkende Satz folgt: »Selbstverständlich ist eine Entstehung auch erst nach 350 damit keineswegs ausgeschlossen.« Mit Recht merkt der Autor selbst an anderer Stelle an, dass man »eine genauere Datierung als bis auf ein Jahrhundertviertel … auf stilistischer Basis heutzutage kaum mehr seriös vertreten« kann (S. 50). Im Falle des Platonbildnisses hätte man sich überdies eine Berücksichtigung der übrigen Repliken gewünscht, die zum Teil erheblich vom Münchner Stück abweichen.

Der wichtige originale Bronzekopf Porticello in Reggio di Calabria (Kat. 5) wird in das frühe vierte Jahrhundert datiert (S. 22 f.). Der Autor postuliert für den Kopf auf Grund seiner Komposition und einzelner gestalterischer Details eine Mittelstellung zwischen Reichem und Schlichtem Stil. Die Auseinandersetzung mit den bisher angeführten Argumenten für eine Datierung vor oder an den Beginn der Hochklassik (hier insbesondere B. S. Ridgway in: dies. / C. J. Eiseman, The Porticello Shipwreck [1987] 99–103; N. Himmelmann, Realistische Themen in der griechischen Kunst der archaischen und klassischen Zeit [1994] 74–79) fällt dabei erstaunlich knapp aus. Der Porticellokopf zeigt exemplarisch die Schwierigkeiten bei der Einordnung griechischer Originalbronzen in ein überwiegend auf der Analyse römischer Marmorkopien basierendes stilistisches Gerüst. Ein Vergleich mit Bronzen wie den Kriegern von Riace und dem Gott aus dem Meer vom Kap Artemision oder den Skulpturen vom Parthenon spricht nach Auffassung des Rezensenten deutlich für eine Datierung des Porticellokopfes in die Mitte des fünften Jahrhunderts.

Viel Raum nimmt die umstrittene Datierung des Antisthenesbildnisses ein (S. 46–49). Sichtlich unter dem Eindruck der seinerzeitigen Bonner Kontroverse zwischen Himmelmann und Ralf von den Hoff vermeidet es der Autor allerdings, eine exponierte eigene Position zu beziehen.

Die ganze Problematik des auf stilkritischen Argumenten basierenden Chronologiegerüstes wird in der abgedruckten Tabelle mit Datierungsvorschlägen zu benannten und unbenannten Porträts deutlich (S. 49), deren Suggestion einer feinmaschigen zeitlichen Matrix der Autor mit Recht gleich wieder einschränkt, indem er bemerkt, dass die angeführten Jahreszahlen »lediglich der Veranschaulichung relativchronologischer Abfolgen und Bezüge dienen sollen« (S. 50). Insgesamt ist es ein Verdienst der Arbeit, die vorgeschlagene chronologische Abfolge auch auf sorgfältige Vergleiche mit Reliefwerken (neben Grabreliefs auch Urkundenreliefs) und idealen Köpfen aufgebaut zu haben.

Piekarski konstatiert eine sprunghafte Vermehrung der Porträts im dritten Viertel des vierten Jahrhunderts (S. 50 f.) und verbindet diese Beobachtung – allerdings erst in seiner Zusammenfassung – mit den kulturellen Restaurationsprogrammen von Eubulos und Lykurg sowie davon inspirierten privaten Statuenstiftungen (S. 162).

Mit über hundert Seiten Umfang folgt das Hauptkapitel der Arbeit zur Typologie der spätklassischen Porträts (S. 53–160). Terminologisch differenziert der Autor zwischen »Typus« und »Schema«: »Typus« wird im Sinne einer eng gefassten Begrifflichkeit für eine Gruppe von Denkmälern verwendet, die ein gemeinsames Vorbild kopieren, »Schema« als Kategorisierung für eine Klasse von Stücken mit ähnlichen ikonographischen Merkmalen. Einleitend weist Piekarski zu Recht darauf hin, dass die rundplastischen Bildnisse ein deutlich vielfältigeres Typenrepertoire aufweisen als die Grabreliefs. Trotzdem orientiert sich die Einteilung sichtlich an den von Johannes Bergemann in seiner umfangreichen Monographie zu den attischen Grabreliefs entwickelten Schemata der Einteilung nach Frisurentypen (Demos und Thanatos. Untersuchungen zum Wertesystem der Polis im Spiegel der attischen Grabreliefs des 4. Jahrhunderts v. Chr. und zur Funktion der gleichzeitigen Grabbauten [München 1997] Kapitel IV). Das Material wird eingeteilt in (A) Porträts mit Kurzhaarfrisuren, und zwar (1) Porträts mit vollen Kurzhaarfrisuren, (2) Porträts mit Kurzhaarfrisuren und gelichteten Schläfen, sowie (3) Sonstige Porträts mit Kurzhaarfrisuren, ferner (B) Porträts mit Langhaarfrisuren, und zwar (1) Porträts mit einfachen Langhaarfrisuren, (2) Porträts mit Anastole- und/oder Haarkranz-Frisuren, (3) Die Porträttypen Neapel 6154 und Athen 6439, sowie (4) Der Porträttypus London 1000, dann (C) Porträts mit Glatze, und zwar (1) Porträts mit Vollglatze und kurzen Haaren, (2) Porträts mit Stirn-/Halbglatze und kurzen/halblangen Haaren, (3) Die Porträttypen Albani 626 und Reggio di Calabria 17096, sowie (4) Porträts mit Stirn-/Halbglatze und langen Haaren, ferner (D) Sonstige Porträts, und zwar (1) Der Porträttypus Vatikan 332 und Verwandtes, sowie (2) Der Porträttypus Berlin Sk 322 – Vatikan 10041. – Eine so schematische Einteilung ist für die weitgehend überpersönlichen Grabreliefs angemessen, für die in jeder Hinsicht vielfältigere Gruppe der Porträts ist sie wenig ergiebig und stellt den Leser auf harte Geduldsproben. Die Einteilung führt im Ergebnis zu einer Überbewertung der Haar- und Bartmerkmale für die Aussage der Porträts!

Von Bergemann übernimmt Piekarski auch den Begriff des »männlichen Normalschemas«, der eine wichtige Rolle in seiner Argumentation spielt. Demnach gäbe es in Form der vollen Kurzhaarfrisuren mit mittellangem gepflegten Bart ein durchgehendes klassisches Normalschema männlicher Kopfdarstellung, das als Parameter für eine angleichende oder abweichende Darstellungsweise dienen könne (S. 54 f. und passim). Diese wiederum wird als Gradmesser für eine beabsichtigte Angleichung oder bewusste Abweichung vom sogenannten Bürgerideal verstanden. Angesichts des breiten typologischen Spektrums rundplastischer Porträts vermag der Rezensent ein derartiges Normalschema nicht zu erkennen, und man muss sich fragen, ob sich in der spätklassischen Porträtkunst tatsächlich alles um die Frage des sogenannten Bürgerideals dreht. Obgleich Piekarski selbst an mehreren Stellen die bei Grabreliefs und Porträts unterschiedlichen Entwicklungstendenzen im vierten Jahrhundert herausarbeitet – zugespitzt formuliert in der Zusammenfassung (S. 164 f.) –, bleibt er seiner Fragestellung verhaftet, eine methodische Inkonsequenz, die sich offensichtlich aus der oben skizzierten intensiven Auseinandersetzung mit den Arbeiten von Zanker und Bergemann ergibt.

Insbesondere in den drei Abschnitten mit der Bezeichnung »Zwischenbetrachtung« geht der Autor den Beobachtungen zum Verhältnis zwischen den ikonographischen Schemata der Figuren auf attischen Grabreliefs und den gleichzeitigen rundplastischen Porträts nach (S. 88–91, 116–120 und 147 f.). Hinsichtlich der Grabreliefs unterscheidet er entschieden zwischen Figuren im Vordergrund und solchen im Hintergrund. Demnach erfüllen die Gestalten in der ersten Raumschicht als Hauptakteure mit einem stark eingeschränkten motivischen Spektrum repräsentative Funktionen, während diejenigen im Hintergrund mit einer größeren Varianzbreite der Gestaltung stärker als Träger emotionaler Bewegtheit dienen. Dies wird gleichgesetzt mit einer Bedeutungsabstufung zwischen vornehmen Vertretern und weniger prominenten Mitgliedern des Oikos (etwa S. 116). Ein grundlegendes Problem für die gesamten Überlegungen zur Typologie der Porträts entsteht dadurch, dass Piekarski zu dem Ergebnis kommt, dass »gerade jene Figuren in der ›zweiten Reihe‹ der Grabreliefs … den Porträtmeistern offenkundig als Gegenstand der künstlerischen Auseinandersetzung dienten« (S. 164; entsprechend S. 117); ja, er möchte geradezu ein Tabu erkennen, sich auf die Vordergrundfiguren zu beziehen (S. 119). Die Vorstellung, dass Hintergrundfiguren der Grabreliefs als Vorlagen oder Orientierung für die freiplastischen Porträts dienten, zieht sich wie ein roter Faden durch die Argumentation des Buches. Der Autor stellt sich vor, dass es sich um modifizierte Motivübernahmen handelt, wobei unterschiedliche Arten der Aneignung zwischen Kurzhaarfrisuren einerseits und Langhaarfrisuren andererseits konstatiert werden: »Immerhin kann festgestellt werden, dass sich die vergleichsweise lose Bezugnahme der Porträts mit langen Vollhaarfrisuren auf entsprechende Grabreliefköpfe erheblich von der Darstellung zeitgenössischer Porträts mit kurzen Vollhaarfrisuren unterscheidet, die nämlich von den Grabreliefs z. T. ganze Kopfschemata übernehmen« (S. 119; vgl. S. 163). Der Rezensent steht dieser These kritisch gegenüber: Das durch die archäologische Überlieferung evozierte quantitative und vor allem forschungsgeschichtliche Übergewicht der Grabreliefs hat den Verfasser offenbar dazu verführt, ein künstlerisches Abhängigkeitsverhältnis anzunehmen, das es so kaum gegeben haben kann. Vergleicht man die im Original und in Kopien erhaltenen rundplastischen Skulpturen des vierten Jahrhunderts mit den gleichzeitigen Grabreliefs, dann erweisen sie sich insgesamt als Produkte einer gemeinsamen bildhauerischen Entwicklung mit gattungsspezifischen Besonderheiten. Im Falle der attischen Grabreliefs und Porträts zeigen die deutlichen stilistischen Übereinstimmungen, dass die Erzeugnisse beider Gruppen aus denselben Werkstätten stammen, wobei nur wenige Grabreliefs in der Sorgfalt der Ausführung an die rundplastischen Skulpturen einschließlich der Porträts heranreichen. Die Vorstellung einer einseitigen Beeinflussung der Porträts durch die Grabreliefs – speziell durch die Hintergrundfiguren und differenziert nach Frisurenschemata – erscheint mir angesichts der skizzierten Zusammenhänge gänzlich ausgeschlossen.

Grundsätzlich greift die Arbeit immer sehr weit aus, so etwa wenn der Abschnitt über die Porträts mit vollen Kurzhaarfrisuren – das sogenannte Normalschema – mit den Bildnissen der Tyrannenmörder, des Themistokles und des Pindar einsetzt (S. 55–57). Wiederum werden sinnvollerweise die benannten Porträts zusammen mit den unbenannten behandelt.

Innerhalb der nach Frisurenschemata eingeteilten Unterkapitel zur Typologie werden die Porträts nach der zuvor erstellten chronologischen Reihenfolge geordnet. Sowohl die unbenannten als auch die benannten Bildnisse werden in ausgewogener und die jeweilige Literatur vorbildlich berücksichtigender Weise analysiert. Überhaupt ist ein Bemühen nach Versachlichung der Argumentation spürbar; dazu gehört auch der weitgehende Verzicht auf die archäologischen Rufnamen zugunsten der Benennung anhand der Aufbewahrungsorte und Inventarnummern sowie eine fast übertriebene Skepsis gegenüber den Deutungsmöglichkeiten mimischer Bildformeln (etwa S. 95 und 164). Es darf allerdings bezweifelt werden, dass eingebürgerte und leicht zu merkende Benennungen wie »Stratege Farnese« oder »Dichter Berlin–München« künftig abgelöst werden durch Bezeichnungen wie »Typus Neapel 6132« oder »Typus Berlin Sk 317 – München 303«; von mnemotechnisch nicht zu bewältigenden Ungetümen wie »Typus Kopenhagen 2616 – Madrid 107-E – Florenz« gar nicht zu reden.

Vom wissenschaftlichen Impetus des Autors zeugen auch die weit über tausend Anmerkungen, die in zumeist knapper Form die relevanten Informationen enthalten. Ohne eine gute Fachbibliothek ist die Arbeit ohnehin kaum sinnvoll lesbar, da die Beschränkung des Abbildungsteils auf insgesamt nur fünfundzwanzig Porträts den Leser zum Heranziehen einer Vielzahl von Publikationen nötigt.

Aus der Fülle der Einzelbeobachtungen seien hier nur einige herausgegriffen:

Eine ausgewogene Synthese des Forschungsstandes bieten im Abschnitt zu den Porträts mit Kurzhaarfrisuren die einleitenden Überlegungen, die früh- und hochklassische Porträts behandeln, namentlich die Tyrannenmörder, Themistokles, Pindar, den ›Wandernden Dichter‹, Perikles und Anakreon (S. 55–62). Dies gilt in gleicher Weise für Bildnisse der ersten Hälfte des vierten Jahrhunderts wie den sogenannten Sophokles III, das Platonporträt Typus Boehringer und den Miltiades (S. 63–69). Problematisch erscheint die aus der Gegenüberstellung der Porträts des Perikles und des Miltiades entwickelte These, eine Darstellung mit Strategenhelm sei »nur für unbescholtene Strategen vorbehalten gewesen«, während »das Normalschema im Falle des Miltiades möglicherweise eine schwächere Form der öffentlichen Repräsentation« gewesen sei (S. 69). Der Rezensent hält eine Einteilung in unbescholtene und weniger unbescholtene Strategen für eine moderne Idee, die sich mit den Funktionen der griechischen Bildnisstatuen in keine sinnvolle Verbindung bringen lässt. Bei einem direkten Vergleich der beiden Porträts ist überdies zu berücksichtigen, dass sie in einem zeitlichen Abstand von mehr als einem Jahrhundert entstanden sind.

Das Porträt Typus Boston B. 1082 (Kat. 18) wird überzeugend als Darstellung eines Philosophen in der Nachfolge des Sokrates beziehungsweise des Platon eingeordnet. Angesichts der in der Einleitung so vehement vorgetragenen Kritik an der Benennung von Porträts auf Grund von Mutmaßungen überrascht allerdings die Vermutung, man könne den Bostoner Kopf im Ausschlussverfahren als Speusippos identifizieren (S. 70–73). Wenig überzeugend ist der Versuch, den Porträttypus Kopenhagen 542 – Florenz 1914.370 (Kat. 16) zum typologischen Vorläufer des Thermenherrschers zu erklären und ihn analog als nackte Statue zu ergänzen (S. 84), zumal die Replik in Florenz die Form einer Herme mit Mantel hat.

Bei der Besprechung des originalen Bronzekopfes London 268 aus dem Apollontempel von Kyrene (Kat. 11) leistet Piekarski eine ausgewogene Darstellung der bisherigen Forschungsdiskussion (S. 84–86). Eine eigenständige Meinung wird aber weder in Bezug auf die Interpretation, also den Status und die ethnische Zugehörigkeit des Dargestellten, noch auf seine stilistische beziehungsweise kunstlandschaftliche Einordnung deutlich. So wird etwa ausgeführt: »Angesichts solcher Belege ist nicht anzunehmen, wenngleich auch nicht zwingend auszuschließen, dass es sich bei dem Schöpfer des Bronzeporträts um einen Künstler aus dem griechischen Mutterland handelte, da die übliche, d. h. distanzierte Sichtweise fehlt.« Wenig später heißt es abschließend kommentarlos: »Gerade die unverwechselbare Gesichtsphysiognomie … gab Anlass zu der Vermutung, in dem Bronzekopf London 268 wahlweise ein Werk des Demetrios von Alopeke oder des Lysistratos, eines Bruders des Lysipp, zu sehen, die für ihren ausgesprochen hohen Grad an Realismus berühmt waren« (S. 86).

Am Beispiel des zum Figurenschmuck des Mausoleums von Halikarnass gehörenden Kopfes London 1054 (Kat. 12) wird das Dilemma der Orientierung am sogenannten bürgerlichen Normalschema deutlich, wenn Piekarski ausführt, dass Haar- und Barttracht sowie »die alters- und regungslosen Gesichtszüge« der »gängigen Bürgerikonographie attischer Prägung« entsprechen, und darauf aufbauend die Frage in den Raum stellt, »ob der ›Schöne Kopf‹ sozusagen das ›bürgerliche Normalschema Kariens‹ repräsentiert« (S. 87). Piekarski selbst relativiert die angedachte Dichotomie zwischen dem gleichsam bürgerlichen Kopf London 1054 und dem herrscherlichen ›Maussollos‹, wenn er bemerkt: »Es ist jedoch noch gar nicht ausgemacht, dass der ›Schöne Kopf‹ nicht ebenfalls ein Mitglied des karischen Herrscherhauses darstellen könnte« (S. 88).

In der Einleitung des Kapitels zu den Porträts mit Langhaarfrisuren verweist Piekarski mit Recht auf die relativ unspezifische Bedeutung dieser Bildformel. Wiederum wird die von den Grabreliefs ausgehende Betrachtungsweise deutlich, wenn der Autor als erstes ein Frisurenschema für langhaarige alte Männer im Vordergrundbereich von Grabreliefs herausarbeitet, das sogenannte »Kallias-Schema« (S. 91–93), und als auffälligen Befund festhält, dass dieses Schema »innerhalb der Porträtkunst in der gesamten klassischen Zeit keine bedeutsame Rolle« spielt, obgleich es sich »doch auch für die Porträts bestens geeignet hätte« (S. 93). Derselbe Argumentationsgang findet sich später auch für die von Piekarski als »Anastole-Haarkranz-Frisur« oder »Prokleides-Schema« bezeichnete Frisurengestaltung (S. 98–100). Dagegen sieht er bei einer Reihe von Porträttypen mit Langhaarfrisuren Angleichungen an Hintergrundfiguren auf Grabreliefs (S. 94–98). Exemplarisch das folgende Resümee: »Es lässt sich demnach nur sicher festhalten, dass auch der Typus Neapel 6162 vom grundsätzlichen Schema her der Ikonographie trauernder Hintergrundfiguren auf Grabreliefs folgt, ohne jedoch deren expressive Mimik und oft vernachlässigtes Äußeres zu übernehmen« (S. 97). Zurückhaltend bleibt der Autor hinsichtlich der Deutung und Benennung dieser Porträts.

Die ausführlich diskutierten Porträts des spartanischen Königs Archidamos aus der Villa dei Papiri und des Strategen Farnese (Kat. 28) werden wiederum in scharfen Gegensatz zu den Typen älterer Männer auf attischen Grabreliefs gestellt (S. 100–107, bes. 102). Unabhängig von dieser methodischen Problematik überzeugen die Überlegungen zu den Bedeutungsspektren der verwendeten Bildformeln des Archidamosporträts und auch der zeitgenössischen Alexanderbildnisse (S. 105 f.). Für letztere ist insbesondere der Hinweis wichtig, dass die Anastolefrisur und die idealen Züge der Alexanderköpfe gerade keine Einreihung in eine gesellschaftliche Gruppe bedeuten, sondern eine heroisierende Überhöhung ausdrücken (S. 106).

Im folgenden Unterkapitel werden der bronzene Originalkopf Athen 6439 des ›Faustkämpfers aus Olympia‹ (Kat. 7) und die Porträtherme Neapel 6154 (Kat. 6) behandelt (S. 107–112). Das bronzene Athletenbildnis aus Olympia mit seinen gegenüber anderen Sportlerdarstellungen auffallend individuell wirkenden physiognomischen Merkmalen wird mit der berühmten Nachricht bei Plinius zusammengebracht, wonach erst den dreimaligen Olympiasiegern das Aufstellen einer Statue mit persönlichen Bildniszügen gestattet war (S. 111). Bezüglich der Porträtherme aus Herkulaneum lehnt Piekarski die Deutung als Apollodor ab. Nach seiner Auffassung ließe sich das Kopfschema mit verschiedenen Figuren in herausgehobener Stellung verbinden, mit Königen, Heroen, Göttern, mythischen Herolden und sogar mit Philosophen. Unklar bleibt die vorgeschlagene Verbindung mit Figuren der Vasenmalerei, die sich »in emotionalen Ausnahmesituationen« befinden (S. 108 f.).

Es folgt ein Unterkapitel zum sogenannten Maussollos (Kat. 8) beziehungsweise den männlichen und weiblichen Porträts aus dem Mausoleum von Halikarnass (S. 112–116). Der Autor möchte Frisur und Tracht des ›Maussollos‹ mit griechischen Götterdarstellungen archaischer und klassischer Zeit verbinden (S. 114 f.). Wenig stringent wirkt die Argumentation, wenn die Kleidung einerseits als »zeituntypisch« bezeichnet wird, und andererseits wenig später postuliert wird, dass die aufwendige Kleidung und der kurze Bart den ›Maussollos‹ als »bewußt auf sein Äußeres bedachten ›Weltmann‹« charakterisierten (S. 114). Der Rezensent würde dagegen weiterhin einer Deutung den Vorzug geben, nach der es sich um das Bildnis eines Angehörigen der Hekatomnidendynastie in einheimisch karischer Tracht und mit schulterlangem Haar nach orientalischer Mode handelt. Auch die kräftigen Körperformen und Gesichtsproportionen lassen sich mit kleinasiatisch-orientalischen Idealen verbinden.

Im folgenden Unterkapitel zu den »Porträts mit Glatze« geht der Verfasser in gewohnter Weise von den Figurentypen auf den Grabreliefs aus und stellt fest, dass glatzköpfige Männer dort insgesamt selten und überwiegend erst seit der Mitte des vierten Jahrhunderts bei den sogenannten Hintergrundfiguren auftreten. Dagegen beobachtet er Glatzköpfigkeit oder Andeutung davon bei über einem Drittel der im Katalog zusammengestellten Porträts. Er differenziert zwischen Vollglatze, »wenn der weit überwiegende Teil des Kopfes betroffen ist«, Halbglatze, wenn ungefähr »die Hälfte der Kalotte kahlköpfig ist«, und Stirnglatze, »wenn sich die Kahlköpfigkeit nur auf den geringeren Teil des Vorderkopfes erstreckt« (S. 120).

Wieder greift der Autor mit Recht weit aus und bezieht etwa den hochklassischen Bildnistypus Kapitol 596 in die Betrachtung ein (S. 122 f.). In diesem möchte er wegen dessen Kahlköpfigkeit mit einiger Wahrscheinlichkeit ein Porträt des Aischylos erkennen, wobei er darin weitgehend der Argumentation von German Hafner folgt (Das Bildnis des Aischylos, Jahrb. DAI 70, 1955, 105–128 bes. 117–128). Das inschriftlich benannte Bildnis des attischen Redners Lysias mit seiner bis auf den Hinterkopf reichenden Glatze wird in die Jahre 380 bis 370 datiert und »als eine Ausweitung des Motivrepertoires des klassischen Bürgerbildes« verstanden (S. 124). Während der Autor in seiner Analyse glatzköpfiger Darstellungen soweit wiederum Johannes Bergemann folgt, kommt er auf Grund seiner These von der grundsätzlichen Differenzierung zwischen Grabrelieffiguren im Vordergrund und solchen im Hintergrund zu einem einschränkenden Urteil: »Kahlköpfigkeit eignet sich also auf den Grabreliefs nicht für die Darstellung eines Bürgers überhaupt, sondern nur für einen bestimmten Kreis« (S. 124). Die Vorstellung, dass es sich bei diesem Kreis um die weniger bedeutenden Mitglieder des Oikos handelt, wird etwa durch die vom Autor selbst angeführte Ilissosstele unwahrscheinlich gemacht. Den naheliegenden Gedanken, dass unterschiedliche Ausprägungen von Kahlköpfigkeit bei den überpersönlich gehaltenen Figuren der Grabreliefs lediglich mögliche ikonographische Merkmale der Altersdifferenzierung darstellen, während sie bei den Porträts darüber hinaus individuellen Charakter haben, formuliert Piekarski anfangs vorsichtig (S. 124), später mit etwas mehr Zuversicht (S. 126).

Die von der Analyse der Grabreliefs ausgehende Vorstellung genormter Darstellungsschemata erschwert dem Autor auch weiterhin einen unbefangenen Blick auf die Porträts. Abweichungen von den Figurentypen der Funerärplastik werden als Vermischung gegensätzlicher Bildformeln verstanden, wobei es sich vor allem um angebliche Widersprüche zwischen Kopf- und Körperschemata handeln soll. Dies betrifft eine ganze Reihe benannter und unbenannter Porträts: Thukydides sei »trotz seiner Stirnglatze zwar kein wirklich alter Mann, dürfte aber gerade deshalb eigentlich nicht kahlköpfig sein« (S. 126); das gewählte Körperschema der Aischinesstatue passe »eigentlich nicht zum Kopfschema« (S. 128); der sogenannte Hypereides sei »wie aus Versatzstücken komponiert« (S. 134); der Bildnistypus Berlin Sk 317 – München 303 (Kat. 25) stelle eine »Vermischung höchst widersprüchlicher Bildformeln« dar, wobei bewusst unbürgerliche Züge durch positiv konnotierte Details »aufgefangen« würden (S. 146 f.), und auch bei der Sophoklesstatue ehemals im Lateran passten »Kopf- und Körperschema eigentlich nicht zusammen« (S. 153). Erkennt man dagegen die individuelle Note auch der Haar- und Bartgestaltung als Charakteristika der Porträts an, dann lösen sich diese problematischen Dichotomien auf. Als Beispiel mag die originale Marmorstatue des sogenannten Philosophen von Delphi (Kat. 37, S. 136–138) dienen, die Piekarski als Kombination des »Kopfschemas eines kahlköpfigen Greises mit dem Körperschema eines Mannes niedrigen oder mittleren Alters« problematisiert (S. 137). Nach meiner Auffassung reicht Glatze als alleiniges Merkmal nicht aus, um den Dargestellten als Greis zu charakterisieren, vielmehr handelt es sich um einen reiferen Mann mit den entsprechenden Alterszügen im Gesicht, aber auch den entsprechenden körperlichen Merkmalen. So erkennt man insbesondere in den Seitenansichten Erschlaffungen der Muskulatur im Bereich von Schultern, Oberarmen und Brust, wie sie in der griechischen Kunst dieser Zeit zur Kennzeichnung fortgeschrittenen Alters üblich sind.

In einem eigenen Abschnitt (S. 138–141) werden die Bildnistypen Albani 626 (Kat. 1) und der originale Bronzekopf Reggio di Calabria 17096 (Kat. 5) behandelt. Aufbauend auf Beobachtungen von Voutiras möchte der Autor die beiden Bildnisse zusammen mit den Porträts von Sokrates und Pindar in eine Bildniskategorie einordnen, in die ikonographische Merkmale von Mischwesen eingeflossen seien. Während für die Porträts des Sokrates eine überzeugende Kombination aus literarischen und archäologischen Quellen vorliegt und für das Pindarbildnis zumindest nachvollziehbare Vergleiche zu Kentaurenköpfen angeführt werden können (s. etwa die Überlegungen bei N. Himmelmann, Minima Archaeologica [1996] 104–107 oder ders., Die private Bildnisweihung bei den Griechen [2001] 6 f.; 64–67), sind im Falle der beiden anonymen Porträts die angeführten Merkmale völlig unspezifisch: So sollen »Stirnglatze, Brauenform und Langbärtigkeit« des Bildnisses Albani 626 von Mischwesen entlehnt sein; der Bronzekopf aus Porticello weise eine »außerordentliche … Ähnlichkeit … zu Darstellungen von Mischwesen« auf (S. 140), wobei der Nachweis der behaupteten Übereinstimmungen ausbleibt.

Der Kopf aus Porticello muss auch typologisch zunächst einmal im Vergleich mit erhaltenen griechischen Originalarbeiten beurteilt werden, vor allem mit den Bronzen. Manches im Kontrast zu den römischen Marmorkopien außergewöhnlich drastisch wirkende Motiv wird dadurch relativiert. Ich kann jedenfalls die behauptete »große Ähnlichkeit mit Silenen« nicht sehen und teile auch das wiederum aus dem Vergleich mit dem sogenannten Bürgerideal gewonnene Resümee nicht: »Wenn der Typus Albani 626 unbürgerlich ist, dann ist der Porticello-Kopf regelrecht antibürgerlich« (S. 141). Hinsichtlich der Deutung dieses wichtigen Porträts vermisst man eine gründliche Auseinandersetzung mit den übrigen Bestandteilen des Fundkomplexes sowie eine Thematisierung des Details der um den Kopf verlaufenden Rille, die eine ehemals vorhandene Binde oder einen Kranz bezeugt; vermutlich folgt der Autor hier einem Vorschlag von Himmelmann (Realistische Themen a. a. O. 75), der aber sicher zu Unrecht an einen technischen Grund dachte.

Auch die »Porträts mit Stirn-/Halbglatze und langen Haaren« werden in gewohnter Weise ganz vor dem Hintergrund der Figurentypen auf Grabreliefs behandelt, was etwa für das Porträt des Euripides Farnese in der Schlussfolgerung mündet, es handele sich bei diesem Typus um einen Rückgriff auf ein besonderes Würdeschema, weil eine entsprechende Erscheinungsform auf den Grabreliefs nicht nachzuweisen sei (S. 144 f.).

Im abschließenden Teil des Kapitels folgen unter der Überschrift »Sonstige Porträts« Bildnisse, die eine Wulstbinde oder einen Reif im Haar tragen (S. 149–157). Der letzte behandelte Porträttypus Berlin Sk 322 – Vatikan 10041 (Kat. 47) mit seinem charakteristischen Haarkranz aus Ringellocken macht nochmals die Schwierigkeiten bei der typologischen Beurteilung gerade der unbenannten Porträts deutlich (S. 158–160). Der Autor diskutiert zwei Erklärungsmodelle, nämlich die Angleichung an altertümliche Götterköpfe oder die Übernahme von Porträtzügen durch ein Götterbild, und resümiert: »So lange keine sicheren Beweise gefunden werden, sollte man … von der einfacheren Lösung ausgehen …, daß es sich nicht um eine Angleichung des Hermes an einen (alten) Verehrer, sondern in der Tat um ein wirkliches Porträt mit götterhaften Zügen handelt« (S. 160). Der Rezensent gesteht, dass ihm weder der eine noch der andere Gedanke gekommen wären.

In der relativ ausführlichen Zusammenfassung nehmen erwartungsgemäß die Ausführungen zum typologischen Zusammenhang zwischen den Porträts und den Figuren auf den Grabreliefs den breitesten Raum ein (S. 162–165). Prononcierter als in den vorangegangenen Kapiteln formuliert der Autor die Gattungsunterschiede – sichtlich bemüht, sich von der These des ›Bürgerporträts‹ abzusetzen, die nicht ganz zu Recht als Opinio communis bezeichnet wird (S. 162). Gerne möchte man dem Autor zustimmen, wenn er formuliert: »Es wäre daher vollkommen falsch, wollte man die Ikonographie der Grabdenkmäler als normativen Maßstab für die Porträtkunst bezeichnen« (S. 165). Doch bleibt das Dilemma der Orientierung an der vorgeblichen Leitgattung deutlich, wenn zuvor gesagt wird: »Zwar dienten die Bürgerdarstellungen auf den attischen Grabreliefs den Porträtkünstlern tatsächlich des öfteren als Maßstab, doch handelt es sich – abgesehen vom ›Normalschema‹ – nur in den wenigsten Fällen um die wirklich repräsentativen Bürgerfiguren« (S. 163), woraus der Schluss gezogen wird, es habe offenbar kein Problem darin bestanden, »sich im Habitus einer minder repräsentativen Hintergrundfigur abbilden zu lassen« (S. 165).

Zum formellen Duktus des Buches ist zu bemerken, dass gelegentlich gewisse Eigenheiten, ja Manierismen bei der sprachlichen Umsetzung der beobachteten bildnerischen Gestaltung der Porträts auftreten. Beispiele: Die Anastole ist »über die Toleranz hinaus auf die rechte Stirnhälfte verrutscht« (S. 13); »den loseren Einbezug der Gesichtsorgane in das Gesichtsfeld« (S. 21); »der Aufbau [sc. des Gesichtes] ist stockender und komprimierter« (S. 21); »die steile Stirn, die sich ihrerseits lastend über die aufgebrochene Brauenpartie schiebt« (S. 23); »die Frisur liegt dem Schädel wie ein druckloses Polster auf« (S. 30); »beginnen die Wangen, zu den Ohren hin zu fliehen, das Gesicht spitzt sich allmählich zu« (S. 32 f.); »die weichen, runden Brauenbögen, die zu den Schläfen hin flächig entblößt werden« (S. 37); »ist bei dem Berliner Porträt … das beginnende Fliehen der Wangen zu bemerken« (S. 39); »greifen die Geheimratsecken tiefer in die Haarmasse ein« (S. 77); die »Wangen des Porträts sind spröde und werden von einer leicht schlaffen Epidermis überspannt« (S. 97 f.). Man muss befürchten, dass solche Stilblüten im doppelten Wortsinn der ohnehin zu beobachtenden Tendenz Vorschub leisten, die Ergebnisse der Stilforschung deutscher Prägung außerhalb unseres Sprachraumes zu ignorieren.

Als Gesamteindruck ist festzuhalten, dass das Werk von Piekarski eine ungemein fleißige Arbeit ist, die das schwierige – fast möchte man sagen: undankbare – Material und die entsprechende Forschungsliteratur zusammenstellt. Hervorzuheben ist insbesondere das im Katalogteil geleistete Bemühen um eine Analyse und chronologische Einordnung der erhaltenen römischen Kopien. Die Orientierung an einem Zweig der jüngeren Forschung mit seiner starken Betonung der Rolle des sogenannten Normalbürgers – einschließlich entsprechender Gegenreaktionen – führt bei der Beurteilung der Porträts zu einer gewissen Beschränkung auf die Frage nach dem Grad der Abhängigkeit von einem postulierten bürgerlichen Darstellungsschema. In diesem Zusammenhang erscheint auch die als Grundlage der Typologie dienende Vorstellung problematisch, wonach die Figurenschemata der Grabreliefs, insbesondere die der Hintergrundfiguren, als Vorbilder für die rundplastischen Porträts gedient hätten. Ältere Forschungsmeinungen werden zumeist sehr sorgfältig abgewogen, in der Synthese aber mangelt es an methodischer Stringenz, und man wünschte dem Autor gelegentlich mehr Mut zu eigenen Urteilen. Trotzdem löst die Arbeit weitgehend die hohen Erwartungen ein, die man von einer Behandlung des gewählten Themas im Rahmen einer Arbeit der zu Recht berühmten Bonner Stilschule der Klassischen Archäologie erhoffen konnte.

Frankfurt am Main   Harald Schulze

Valia Schild-Xenidou, **Corpus der boiotischen Grab- und Weihreliefs des 6. bis 4. Jahrhunderts v. Chr.** Mitteilungen des Deutschen Archäologischen Instituts, Athenische Abteilung, Zwanzigstes Beiheft. Publisher Philipp von Zabern, Mainz 2008. 365 pages, 48 plates.

Valia Schild-Xenidou's book, a greatly expanded version of the author's 1969 Munich dissertation that was originally published in unillustrated, photocopied form in 1972, is the latest in the distinguished series of catalogues of sculpture published by the German Archaeological Institute in Athens. The catalogue of the new version includes forty-three reliefs discovered or located since the original publication. Each entry consists of a detailed description, discussion of the inscription where relevant, and relatively up-to-date bibliography. The catalogue is fully illustrated with high-quality black and white photographs. Accompanying chapters consider the style, date, form, and iconography of the reliefs.

After an introduction outlining the rather limited scope of the early studies of Boeotian sculpture by Gustav Körte (Die antiken Skulpturen aus Böotien, Mitt. DAI Athen 3, 1878, 301–422) and Gerhard Rodenwaldt (Thespische Reliefs, Jahrb. DAI 28, 1913, 309–339), Schild-Xenidou tackles the challenge first posed by Christos Karousos in his catalogue of the Thebes Museum (Τό Μουσεῖο τῆς Θήβας [Athens 1934] 7), the collection and chronological ordering of all known Archaic and Classical Boeotian grave and votive reliefs. This second chapter, by far the longest of the book, consists of a descriptive analysis of the Boeotian reliefs from the earliest example, the grave monument of Kitylos and Dermys of about 580–570, to the grave and votive reliefs of the late fourth century. Since the original contexts of almost all of the pieces are unknown and since, in the case of the grave stelai, many of the inscriptions date from Hellenistic or Roman re-use of the stones, the objects are dated through their stylistic relationship to contemporary Attic and island grave, votive, and document reliefs.

Although the strong influence of Attic, Cycladic, and Ionian sculpture is apparent throughout, the local character of the reliefs presented is manifested even in the earliest examples. While Boeotian carving has frequently been characterized as provincial and »handwerklich«, and while Schild-Xenidou is quick to recognize the unassuming quality of many of the works, at the same time her sympathetic analysis reveals the often surprisingly original and expressive aspects of many of the reliefs. One wishes in fact that she had treated this topic more directly and extensively, as it emerges only gradually in the discussion of the individual pieces. She concludes that Boeotian sculpture is stamped by its rural character and lacks the subtlety of Attic and island work. There is little interest in the underlying structure of the body and a strong preference for profile and frontal views; where the three-quarter view is used, it is usually in works strongly influenced by Attic or island sculpture. Although it is difficult to generalize across a span of about two centuries, other common traits of Boeotian relief that she identifies include a tendency toward bold, compact forms with strong contours, and stiff, hard drapery with flat, sparse folds revealing little of the body underneath. The outstanding and unusual exceptions are the well-known ›Black Stelai‹ produced in the late fifth and early fourth centuries by an apparently very specialized Theban workshop. These stelai, with their delicately engraved interior detail, three-quarter views, and landscape elements, are best characterized as more painterly in style. Although the distinctive character of this workshop is evident in every aspect of its production, the reasons for the author's attributions of other reliefs to workshops in Thebes, Tanagra, and Thespiai are not always so apparent. Many of the ascriptions apparently stem from the general find places and the use of distinctive local stones, but whether there are corresponding stylistic and iconographic signatures for these workshops is not fully explored. It is abundantly clear from Schild-Xenidou's study, however, that the sculptural production of Boeotia was not centralized and that a closer look at the major local areas of production might be warranted.

The third chapter considers the form of the stelai, their material, and inscriptions. There was no good source of marble in Boeotia. Although a few of the reliefs are carved from Pentelic and Hymettian marble imported from Attica, most of them are made from the several distinctive local limestones identified by Rodenwaldt in his work on Thespian reliefs – a blue-grey stone similar in appearance to Hymettian marble, the hard black stone used in the engraved reliefs from Thebes and Tanagra, a yellow-brown ›tufa‹ from the quarries near Tanagra, and the local limestone of Thespiai, often called ›Thespian marble‹. Schild-Xenidou examines the use of these materials in the major centres, as well as in the north-western area of Orchomenos and Lebadeia. She concludes that the choice of local limestone appears not to have been merely an economic consideration, since a number of the reliefs, including the Black Stelai, exhibit high-quality workmanship.

The stele forms and the frames of Boeotian reliefs were also influenced by island and Attic stelai and exhibit many of the same general types, pieces crowned with sphinxes and palmettes and those with or without pediments and frames. But like the sculpture itself, a certain originality and independence from outside influences can be seen in unusual deviations from the standard types, such as flat pediments that were probably originally painted, pediments indicated by grooves, or a pediment carved against the background of the relief.

Although a fair number, about one third of the reliefs in her catalogue, preserve inscriptions, and although Schild-Xenidou is well aware of the potential significance of them, she nevertheless has to conclude that the study of them offers little in the way of information about the deceased or the dedicators. Even in cases in which the original inscription is preserved, there is little to be gleaned from them since the names are consistently in the nominative, with no ethnics or patronymics. Only one grave relief is inscribed with an epigram. The later inscriptions on the re-used pieces are duly noted in the catalogue, but the interesting phenomenon of re-use is not itself examined in detail and perhaps deserves further study, since all of them appear to have come from Thespiai and could perhaps be tied to local circumstances. The inscriptions on the votive reliefs are no more informative, giving usually only the names of the dedicators and the gods or heroes to whom they were dedicated.

The fourth chapter discusses the scenes and figure types of the grave reliefs. The figures again show Attic and island influence, but some independence of those traditions is also indicated by the relative rarity of the very popular Attic motifs of the so-called mistress and maid as well as dexiosis. Two late fifth-century figures of priestesses, identified by their temple keys, are the earliest examples of this kind of representation on grave reliefs to be found in Greek art. Notable among the male figures are armed and unarmed riders and charging warriors, a type found not only on the Black Stelai of Thebes but also on contemporary examples in yellow limestone and marble. It is not clear why the reliefs depicting the rider heroes and the so-called Totenmahlreliefs, actually images dedicated to banqueting heroes, are included in the chapter on grave reliefs, since their iconography and function are much more closely related to those of the votives treated in the next chapter. Schild-Xenidou considers the pieces depicting the rider heroes, who are usually accompanied by women pouring libations as well as by mortal worshippers, to have been erected by the families of the deceased who wanted to elevate them to hero status, yet there is no evidence that these reliefs came from cemeteries or that they were not dedicated to long-venerated local heroes. Likewise she considers the Totenmahlreliefs as dedications of the descendants of heroized dead, but there is no evidence for this type of relief in a funerary context until the Hellenistic period. The style and iconography of the Boeotian reliefs does not differ from that of Attic votive reliefs dedicated to banqueting heroes, and the fact that some of them are made of Pentelic marble even suggests that they might have been imported, as Schild-Xenidou herself notes.

The fifth chapter considers the iconography of Boeotian votive reliefs, which (excluding the rider hero and the Totenmahlreliefs) constitute a small part of the corpus, only some twenty reliefs dating from the late fifth to the end of the fourth century. The marbles are dedicated to a relatively limited number of deities and heroes, some with only one dedication apiece: Kybele, Pan, Herakles, Demeter, Aphrodite, Dionysos, Artemis, Zeus Meilichios, and Agathos Daimon. The deities and heroes appear both alone and with mortal worshippers. The reliefs are of modest workmanship, made from local stone, and exhibit at the same time Attic influence and a certain local independence in their iconography. Kybele, for example, is depicted once in her familiar naiskos, yet not alone as usual but accompanied by worshippers, and in two other reliefs in the presence of a group of other, locally venerated gods. Theban-born Herakles is the most frequently represented. Although the specific find spots of the reliefs are rarely known, Schild-Xenidou provides a thorough background for the local cults and sanctuaries from which the sculptures might have come.

One might wish that Schild-Xenidou had broadened the outlines of her original investigation to include more discussion of such topics as the workshops and their styles and the phenomenon of the re-used stelai. But in her fully documented treatment of the sculpture, she has convincingly made the case that Boeotian reliefs constitute more than a mere provincial imitation of Attic and island work, and she has laid a firm foundation for further studies of Boeotian art in general.

Appleton, Wisconsin   Carol Lawton

Max Kunze, **Griechische und römische Bronzen. Meisterwerke antiker Bronzen und Metallarbeiten aus der Sammlung Borowski,** Band I. Verlag Franz Philipp Rutzen, Ruhpolding und Mainz 2007. 328 Seiten, 447 zumeist farbige Abbildungen, 16 Tabellen.

Nach der Publikation der antiken Gläser (R. St. Bianchi [Hrsg.], Reflections on Ancient Glass from the Borowski Collection. Bible Lands Museum Jerusalem [2002]) und Gemmen (G. M. Bernheimer, Ancient Gems from the Borowski Collection [2007]) der heute das Bible Lands Museum in Jerusalem bildenden Sammlung Elie Borowski sind nun auch die griechischen und römischen Bronzen des Sammlers und Kunsthändlers in einem großzügig illustrierten Band vorgelegt. Der Bezeichnung als erster Band der ›Meisterwerke antiker Bronzen und Metallarbeiten aus der Sammlung Borowski‹ ist zu entnehmen, dass weitere Kataloge folgen werden. Max Kunze übernahm damit die Aufgabe, einen Teil einer Kollektion zu publizieren, die ihm nicht unbekannt war; hatte er doch bereits 2002 bis 2003 in einer Sonderausstellung eines der spektakulärsten Stücke Borowskis in Stendal präsentiert und zusammen mit Bernard Andreae und Sascha Kansteiner in einem kleinen, aber reich und gut bebilderten Heft vorgestellt: den von ihm so benannten ›Meeresgott mit Seepferd‹ beziehungsweise ›Triton und Hippokamp‹ (Meeresgott und Seepferd. Ein neuentdecktes Meisterwerk griechischer Bronzekunst aus Jerusalem. Sonderausstellung Winckelmann-Gesellschaft mit Winckelmann-Museum Stendal, 2002–2003 [2002]), auf den noch zurückzukommen sein wird.

Nach einem Vorwort mit einem kurzen Abriss zur Entstehung der Sammlung folgt der in sieben Kapitel gegliederte Hauptteil des Buches. Die ersten fünf behandeln Objekte der minoischen und mykenischen Bronzezeit, Bronzen aus Griechenland und Unteritalien, in chronologischer Folge behandelt als Werke geometrischer Zeit, der Archaik, der Klassik und des Hellenismus sowie Bronzekunst der römischen Kaiserzeit. Es folgt die Behandlung der Fälschungen und zweifelhaften Stücke. Den Abschluss bildet schließlich ein Beitrag von Josef Riederer, der die Metallanalysen der achtundsiebzig teils mehrfach beprobten Antiken vorstellt und eine erste metallurgische Auswertung vornimmt.

Zwar entsprechen die im Inhaltsverzeichnis aufgeführten Überschriften nicht immer denjenigen im Text. Als praktisch für die Nutzung des Katalogs erweisen sich dagegen die lebenden Kolumnentitel, die auch beim Durchblättern eine schnelle Orientierung ermöglichen, die Provenienzangabe ›Unteritalien‹ dabei aber leider auch dann auslassen, wenn diese angezeigt wäre.

Die Bronzeexponate des Bible Lands Museums werden in Form eines Katalogs vorgelegt, der einem festen Schema folgt: Die Katalognummern markieren sechs Materialgruppen, die durch vorangestellte Buchstaben voneinander zu unterscheiden sind: ›B‹ steht für die minoisch-mykenische Bronzezeit, ›G‹-Nummern bezeichnen geometrische Stücke aus Griechenland und Unteritalien, ›A‹ weist auf archaische Objekte aus Griechenland hin, ›C‹ auf klassische und hellenistische Bronzekunst der gleichen Provenienz, ›R‹-Nummern kennzeichnen schließlich römische Werke der Kaiserzeit und ›D‹ Fälschungen und zweifelhaften Stücke. Der Katalognummer folgen Titel des Objekts, Inventarnummer, kunstgeschichtliche Periode, Datierung, Material, Maße, Beschreibung und eine Publikations- und Literaturliste. Die Beschreibung wiederum folgt dem Aufbau: Erhaltungszustand, Patina, Gusstechnik und detaillierte Beschreibung mit Nennung von Vergleichen. Ergänzend kommen ein oder mehrere Ansichten des Kunstwerks hinzu, teilweise sinnvoll bereichert durch Zeichnungen.

Die behandelten Objekte sind alle mit zumeist farbigen Abbildungen versehen, die allerdings von unterschiedlicher Qualität sind. Manche Aufnahmen sind leicht unscharf, einige sogar von mangelhafter Qualität. Auch die digitale Bildbearbeitung hat durch Rasterung (Abb. zu C 7 auf S. 131?), Freistellung (S. 159) und Montagen (etwa den nachträglich eingefügten Sockel auf S. 249 Abb.) die Abbildungsqualität teilweise beeinträchtigt (siehe auch Randstreifen auf S. 109 Abb.). Für diese Missstände ist natürlich nicht der Autor verantwortlich. Zudem wird der Leser durch die Fülle der Bilder, in denen die Bronzen oftmals aus unterschiedlichen Blickwinkeln gezeigt werden, durchaus entschädigt.

Das erste Kapitel, zur minoisch-mykenischen Zeit (S. 11 ff.), beinhaltet mittel- bis spätminoische Statuetten männlicher und weiblicher Adoranten sowie Miniatur-Doppeläxte, die als Weihegeschenke Verwendung fanden. Da die Äxte mit einer teils dicken Korrosionsschicht überzogen sind, sind die beigefügten Zeichnungen zur Verdeutlichung der dekorativen Details sehr hilfreich. Dazu kommt ferner ein Ausgussgefäß (Lekanis), das wie die zuvor genannten Stücke kretischer Provenienz sein soll. Aus einem gemeinsamen Fundkomplex, einem späthelladischen Grab auf dem griechischen Festland, sollen zwei weitere Objekte stammen: eine kugelige Bronzetasse und ein Kurzschwert. In die Rubrik ›Fälschungen‹ werden zwei vermeintlich kretisch-minoische Statuetten verwiesen, die unter anderem auf Grund der nicht stimmigen Metallanalysen als moderne Fälschungen entlarvt werden konnten (siehe S. 305 f., D 1 und D 2).

Das zweite Kapitel des Katalogs ist Griechenland und Unteritalien in geometrischer Zeit gewidmet (S. 21 ff.). Die ersten vierzehn Katalognummern listen kleine geometrische bis frührarchaische Stierfigürchen auf, deren Herkunft, wenn bekannt, in Kreta, Lakonien beziehungsweise Olympia und in Mittelitalien zu suchen ist. Es folgen die kleinen Statuetten eines Schafs und zweier Reiter mit Pferd. Alle Figuren sind wohl als Weihegaben aus Heiligtümern anzusehen. Ferner werden neben zwei Kriegerfigürchen sieben der typischen geometrischen Pferde auf Standplatte verzeichnet, die unterschiedlichen Provenienzen zugewiesen werden können und über teils gute Vergleiche aus gesicherten Fundzusammenhängen verfügen. Einen weiteren großen Komplex innerhalb der spätgeometrischen Bronzen bilden die Brillenfibeln aus Nordgriechenland oder Thessalien sowie eine größere Anzahl schön verzierter Platten- und Bogenfibeln, ebenfalls zumeist aus Thessalien. Das Kapitel beschließen verschiedenförmige Anhänger, darunter auch tiergestaltige und solche in Form von Miniaturgefäßen sowie mit Gravuren und Punzierungen verzierte Armreifen, ein Pektoral und zwei ähnlich verzierte Pinzetten. Ein mittel- bis spätgeometrisch datierter sogenannter Diskus (G 78 auf S. 61 f.; die Bezeichnung ist etwas unglücklich gewählt, da sie die Assoziationen in die falsche Richtung lenkt) ist leider ohne sichere Herkunftsangabe (›Mittelitalisch‹ mit Fragezeichen) und gehörte, vergleicht man die Parallele im zitierten Genfer Ausstellungskatalog, möglicherweise zu einer sogenannten Sanguisugafibel.

Das dritte Kapitel beschäftigt sich mit Bronzen archaischer Zeit, ebenfalls aus Griechenland und Unteritalien (S. 65 ff.). Eine größere Gruppe stellen die kleinformatigen Statuetten von Koren und vor allem Kuroi dar, die sowohl Weihegaben bilden, als auch in funktionalen Zusammenhängen in Gestalt von Griffen oder an Henkeln von Gefäßen auftreten. Mit akribischem Blick werden auch die weniger qualitätvollen Bronzen beschrieben, Vergleiche benannt und eine zeitliche Einordnung getroffen. Der hockende Silen A 25 (S. 90 f.) gehört dagegen zu den selteneren und interessanteren Stücken. Eine gute Parallele stellt eine rhodische Terrakotte vergleichbarer Größe (Höhe 7,5 cm) aus dem frühen fünften Jahrhundert v. Chr. dar, die sich im British Museum in London befindet (R. A. Higgins, Catalogue of the Terracottas in the Department of Greek and Roman Antiquities, British Museum, Bd. I [1954] 74 Nr. 163 Taf. 31). Beide Figuren verbinden neben dem recht flächigen Gesicht die dem Kopf anliegenden Tierohren, die nicht, wie zumeist in dieser Zeit, betont vom Kopfkontur abstehen; so auch bei der als Vergleich angeführten Terrakotte in Würzburg (korrekt: LIMC VIII [1997] 1114 Nr. 35). Es fällt allerdings auf, dass der borowskische Silen ein Paarhufer ist, während antike griechische Gestalten dieser Art Mischwesen sind, die den Pferden nahe stehen (vgl. E. Simon, LIMC VIII a. a. O., bes. 1109 und 1132 f.). Erst Horaz vermischt sie mit den Panen und nennt die Satyrn »spitzohrig und ziegenfüßig« (vgl. ebenda).

Ebenfalls bemerkenswert ist der schöne archaische Mädchenkopf A 26 (S. 92 f.), der bereits von Sybille Haynes publiziert wurde (Arch. Class. 43, 1991, bes. 976 ff.). Der Verfasser folgt Haynes' Zuweisung des Kopfes an eine unteritalische Werkstatt, möglicherweise in Tarent oder Sybaris, und ihrer Funktionsbestimmung als Ex Voto, in Anlehnung an die dort üblichen Votivköpfe aus Terrakotta, die kostengünstig in großer Stückzahl – und im Vergleich zur Bronze in deutlich größerem Maßstab – hergestellt wurden. Des Weiteren sind diverse Tierfiguren zu nennen, die großenteils zu Gefäßen und Geräten gehörten, wie auch einige vollständige Bronzegefäße. Besonders zu erwähnen ist ein Exaleiptron aus Bronze und Eisen. Zu dem seltenen, gut erhaltenen Gerät werden Vergleiche sowohl aus Bronze und Eisen, aber auch vollständig aus Bronze genannt. Eine einzigartige Verzierung, zu der mir keine Parallele bekannt ist, ist der Schlangenkopf, der sich von einem der seitlich angebrachten Griffe zur Gefäßmitte hinaufwindet und in den Behälter hineinschaut.

Das Kapitel zu ›Griechenland, Klassik und Hellenismus‹ (S. 121 ff.) enthält eine Fülle von Material. Eine weitere Untergliederung wäre wünschenswert gewesen, wenngleich die Trennlinie zwischen beiden Perioden oft schwer zu ziehen ist und neben Objekten, die sich im Grenzbereich dieser beiden Epochen einordnen lassen, hier auch solche aufgenommen sind, die unter Umständen römischer Produktion entstammen (vgl. etwa C 49). Entgegen dem Buchtitel kommen nun zusätzlich zu Bronzeobjekten auch solche aus Silber vor (so C 1, C 13, C 14, C 43, C 44 und C 46). Ferner sind trotz der geographischen Eingrenzung in der Kapitelüberschrift auch großgriechische, also unteritalische Objekte (so C 42, C 47 und C 48) sowie als südarabische und jemenitische Produkte gekennzeichnete Statuetten aufgenommen (so C 36 bis C 40).

Eines der prominentesten Stücke der Sammlung Elie Borowski ist mit Sicherheit die hier als Tritongruppe bezeichnete Plastik C 20 (S. 149 ff.), die 2002–2003 zusammen mit einigen anderen Bronzen aus der genannten Sammlung in einer Ausstellung im Winckelmann-Museum in Stendal gezeigt und mit sehr guten Abbildungen publiziert wurde. Bernard Andreae verbindet die Gruppe in der genannten Publikation mit der Rettung der Argo aus dem Tritonsee (Apoll. Rhod. 4, 1364–1377), wobei er die Argo im Hippokampen verbildlicht sieht und die deutlich hervortretenden Krebsbeine des sogenannten Triton nicht weiter thematisiert. Erika Simon greift diese Besonderheit in einem kurz darauf erschienenen Artikel noch einmal auf (siehe das Zitat zu C 20 auf S. 153: Anadolu 25, 2003, 137 ff.). Ihr gelingt es mit überzeugenden Vergleichen nicht nur den Krebsbeinigen als Personifikation des Sternbildes Cancer zu erweisen, sondern daran anschließend auch den Hippokampen als Verkörperung des Hundssterns Sirius. Die Gruppe erschließt sich auf Grund dieser überzeugenden Deutung als Geburtszeichen eines uns unbekannten, sicher wohlhabenden Auftraggebers, der sie als persönliches Glückssymbol, vielleicht als Tafelaufsatz verwendete (vgl. Simon, Anadolou a. a. O. 141 f. mit dem Hinweis auf die vergleichbare Verwendung des Capricornus durch Augustus). Denkbar ist meines Erachtens auch eine Nutzung als luxuriöser Lampenhalter, etwa als Tafelaufsatz (s. etwa C. Ceci, Piccoli Bronzi del Real Museo Nazionale [Neapel 1858] Taf. 3, abgebildet in L. Pirzio Biroli Stefanelli, Il Bronzo dei Romani. Arredo e suppellettile [1990] 24 Abb. 22; vgl. besonders den oben in einen Kerzenständer oder Lampenteller auslaufenden Schwanz des Delphins mit Amor oder den vor einem knorrigen Baum sitzenden Silen, hinter dem die beiden Äste in Lampentellern enden; siehe auch 82 Abb. 37 und 209 Abb. 186). Die vom Verfasser postulierte Nutzung als Aufsatz eines Thrones (S. 153) bleibt dagegen diffus und bedürfte meines Erachtens einer näheren Erläuterung. Leider wird Erika Simons These dem Leser im Text nicht im Zusammenhang vorgestellt, sondern lediglich angedeutet. Die in den Literaturhinweisen genannten Vergleiche aus der Sammlung Fleischman und dem Artikel zu Triton im Lexicon Iconographicum sind nur begrenzt hilfreich, da der mit Krebsbeinen dargestellte Meergott auf Grund dieser anatomischen Besonderheit eben kein Triton sein kann und die vorgestellte Gruppe beziehungsweise ihr Bewegungsmotiv dort keine Parallele findet.

Der Katalogteil, der sich mit Bronzen der römischen Kaiserzeit beschäftigt (S. 189 ff.), ist, wie zu erwarten, besonders umfangreich und umfasst knapp über hundert Objekte, darunter neben Statuetten auch Beschläge, Geräte und Gefäße.

Eine herausragende Statuette dieser Gruppe ist der gut erhaltene, qualitätvolle Bacchus mit Panther R 7 (S. 202 ff.). Ivonne Manfrini-Aragno nennt in ihrer ikonographischen Arbeit ›Bacchus dans les bronzes hellénistiques et romains‹ (Lausanne 1987) zwei gute Vergleichsbeispiele, eine Statuette aus Athen-Ambelokipi (ebd. 63 f. Abb. 44), auf ihrer Abbildung noch unrestauriert, und eine ehemals im Museum Kircherianum in Rom befindliche, nun verschollene Bronze (ebd. 64 Abb. 45), deren einzig existente Abbildung eine Zeichnung von Salomon Reinach darstellt. Alle drei Figuren stimmen in Größe und Ausführung so weitgehend überein, dass sie über gemeinsame Wurzeln verfügen müssen. Ob diese darin bestehen, dass sie einer einzigen Athener Werkstatt entstammen, wie Pepi Krystalli-Votsi vorschlägt (in: Acta of the 12th International Congress on Ancient Bronzes. Nimwegen 1992 [Amersfoort 1995] 271 ff. mit Abb. 3; leider nicht ganz korrekt zitiert) und von Kunze als gesichert vorausgesetzt wird, oder ob die Verbindung über die Nutzung gemeinsamer Model oder deren Weitergabe bestand, wie Manfrini-Aragno vermutet (a. a. O. bes. 64), lässt sich aufgrund der schmalen Materialbasis wohl nicht endgültig entscheiden. Der Rückschluss einer ersten, damit nachweisbaren Serienproduktion in einer Athener Werkstatt ist daher nicht zwingend. Leider ist der Verbleib der ehemals in Rom ausgestellten Statuette unklar, so dass vergleichende Untersuchungen entfallen müssen. Wolfgang Helbig vermutet übrigens eine moderne Entstehung oder zumindest Überarbeitung der Figur hellenistischen Typus' (Führer durch die öffentlichen Sammlungen Klassischer Altertümer in Rom II [¹Leipzig 1891] 387; dass. [²Leipzig 1899] 423 Nr. 1484; dass. [³Leipzig 1912] 302 Nr. 1749). Aber auch für die zuletzt in Griechenland gefundene Statuette stehen technische Untersuchungen wohl noch aus beziehungsweise wurden solche noch nicht publiziert. Die Art ihrer Montage – sowohl die im Innern erkennbaren Arbeitsspuren als auch die Stückelung und Endmontage der großen Statuette – könnten weitere Hinweise auf eine mögliche gemeinsame Werkstatt oder aber verschiedene Produktionsstätten geben.

Neben den im Buchtitel angekündigten Bronzen enthält auch dieses Kapitel Silberobjekte, wie zum Beispiel die Statuette einer Göttin oder Kaiserin mit Diadem (R 16, S. 218 ff.), die der Verfasser detailliert beschreibt. Dabei arbeitet er die offenen Fragen heraus (bes. S. 220).

Beachtung verdient auch der in einen Mantel gekleidete Esel R 24 (S. 231 f.). Auf Grund der Größe, des unteren Abschlusses und auch der Beschaffenheit der Bronzeoberfläche handelt es sich offenbar um das Fragment eines Messergriffs aus ägyptischer Produktion. Die »Verdickung« am rückwärtigen hinteren Abschluss rührt von einem Blätterkelch her, dem die Karikatur ab Höhe der Oberschenkel entsteigt. (Die ausgebrochene Öse am Oberkopf könnte später eingebohrt worden sein.) Gute Vergleiche, ebenfalls mit Tieren und Karikaturen verziert, bieten Bronzen der Sammlung Fouquet (P. Perdrizet, Bronzes Grecs d'Egypte de la Collection Fouquet [Paris 1911] Taf. 20 oben Mitte sowie Taf. 23 obere Reihe und Mitte links und rechts, s. dazu S. 47 Nr. 77 und S. 55 Nr. 88. 90. 91, siehe auch Taf. 27 mit S. 73 Nr. 108 und öfter). Zu einem weiteren Messergriff, verziert mit der vollständigen Figur eines Gladiators, nennt auch Kunze ein Vergleichsbeispiel aus der eben genannten Sammlung (siehe R 34, S. 242 f.). Die Form des Helms der Statuette Borowski erinnert an diejenige eines Secutors (vgl. E. Köhne / C. Ewigleben [Hrsg.], Caesaren und Gladiatoren. Die Macht der Unterhaltung im antiken Rom. Ausstellung Hamburg, Museum für Kunst und Gewerbe 2000 [Mainz 2000] bes. 69).

Das Bronzepferdchen R 39 (S. 246 f.), das einen Huf auf eine Amphora setzt, findet in dem zitierten Pferdchen in der Sammlung Fleischman eine gute motivische Parallele, wenngleich die Ausführung der Stücke recht unterschiedlich ist. So scheint auch die Funktion eines Dreifußaufsatzes möglich. Allerdings bilden die Standplatten der Dreifußaufsätze in der Regel eine ebene Fläche (vgl. U. Klatt, Kölner Jahrb. 28, 1995, bes. 474 Abb. 141–143; 498 Abb. 184; 546 ff. Abb. 252–256), während die Standplatte des Pferdes Borowski deutliche Höhenunterschiede aufweist. Eine Deutung als Geländerelief wäre angesichts der mäßigen Qualität der Ausführung allerdings übertrieben. Da die Seiten der Standplatte dieselbe Patina aufweisen wie die übrige Statuette, müsste diese bereits in der Antike aus der ursprünglichen, für Dreifüße typischen Form ausgeschnitten worden sein (vgl. Klatt a. a. O. bes. 407 Abb. 74; 549 Abb. 256).

Mit dem letzten Stück des römischen Kapitels – einem Silberlöffel, der laut Kunze der Spätantike oder dem frühen Mittelalter entstammt – sind die Grenzen dessen erreicht, was Buchtitel und Kapitelüberschrift versprechen.

Das sechste Kapitel des Katalogs führt die Fälschungen und zweifelhaften Objekte mit derselben Genauigkeit auf, mit der die antiken Originale zuvor im Buch vorgelegt wurden. So lassen sich anhand der Fotos, Beschreibungen und Literaturangaben die Zweifel an der Echtheit nachvollziehen, die sich zum Beispiel in Zusammenhang mit der Dreifigurengruppe D 4 auch typologisch noch weiter ausführen ließen. Ein Hauptargument für die nachantike Entstehung der Werke liefern jeweils die im Altertum nicht üblichen Zusammensetzungen der Legierungen, auf die im folgenden Kapitel im Detail hingewiesen wird. Ein Argumentationsstrang, der allerdings auch irreführen kann, wie die Athenastatuette D 5 zeigt (S. 309 f.). Der Schlusssatz (S. 310) attestiert ihr – nachdem sie vor der Folie eines griechischen Vorbilds beschrieben wurde – auf Grund des hohen Bleigehalts der Legierung von sechs Prozent, nicht klassisch-griechisch zu sein. Dass eine klassizistische Athenastatuette natürlich auch in römischem Zusammenhang denkbar ist, wird an dieser Stelle nicht in Erwägung gezogen. Dahingegen schreibt Riederer (S. 321), dass »gegen die antike Herkunft der Athena ... von der Metallanalyse her nichts einzuwenden« sei, da die Legierung römischen Gepflogenheiten entspricht. Noch unverständlicher ist die Bewertung des Bronzekopfes D 8 (S. 312). Nach einer kurzen Beschreibung Kunzes folgt ohne Begründung die Wertung, dass hier »offensichtlich eine moderne Arbeit« vorliegt, unmittelbar gefolgt von dem als Beleg erscheinenden Nachsatz: »siehe auch die Metallanalyse.« Schlägt man dort nach (S. 321), findet man allerdings Riederers Kommentar, dass auch hier »von der Analyse her nichts gegen die römische Herkunft einzuwenden« sei. Ein ähnlich uneinheitliches Bild ergibt sich bei Katalognummer D 9 (S. 312 f.), die laut Kunze auf Grund der Metallanalyse »ein moderner Guss bzw. eine Fälschung« sein muss, während Riederer (S. 321) lediglich eine hellenistische Herkunft ausschließt. Eine engere inhaltliche Vernetzung der Katalogartikel mit der naturwissenschaftlichen Analyse wäre dringend angeraten gewesen.

Zudem ließe sich die Anzahl der zweifelhaften Stücke wohl vermehren. Als Beispiel soll hier die Statuette R 19 (S. 223 ff.) genannt werden. Hier verwundert besonders die Beschaffenheit der Oberfläche, die über der extrem glatten, nicht oxydierten Fläche, welche die Metallfarbe unverfälscht erkennen lässt, unvermittelt dicke malachitgrüne Pusteln aufweist, die anscheinend nicht korrosiv-zerstörerisch in die Bronze eingreifen, sondern ihr erhaben aufliegen. Dazu kommen verschiedene Ungereimtheiten motivischer und typologischer Art, die Zweifel an der Authentizität der Statuette aufkommen lassen.

Auch die zuvor gezeigte Statuette R 18 (S. 221 f.) fällt auf, nicht nur durch die Ausführung des Kopfes, sondern auch durch die unorganische Anlage der Falten des kurzen Gewandes und zum Beispiel den offenbar ohne Haltegurte hinter der rechten Schulter gleichsam schwebenden Köcher. In der Beschreibung werden namhafte Vergleiche herangezogen, die auch mit Literaturzitaten belegt werden. Allerdings stammt die im Lexicon Iconographicum zu »Artemis/Diana« (nicht »s. v. Diana«, so S. 222) zitierte Passage zum Typus Bünemann-Cherchel von Erika Simon und nicht von Gerhard Bauchhenß (dessen Name zudem falsch geschrieben wird). Auch scheint das durch dicke Wülste gekennzeichnete Gewand (Tunika?) der Diana Borowski gerade durch seine Grobheit ungeeignet für die Darstellung des fein gefältelten sogenannten Krokosgewandes, das daher als Vergleich ungeeignet erscheint. Ein Hinweis auf den Typus Versailles-Leptis Magna (der zweite Ortsname üblicherweise ohne Bindestrich) erübrigt sich daher ebenso wie der weitere Verweis auf die möglicherweise hinter diesem Typus stehende Artemis Brauronia des Praxiteles, der die Figur mit einem Umfeld in Verbindung zu bringen scheint, mit dem sie nur wenig zu tun hat. Die gelängten Körperformen sowie das Bewegungsmotiv verbinden die Diana Borowski mit der als Vergleich herangezogenen Diana im Museo Provinciale d'Arte in Trento, doch gibt es deutliche stilistische Unterschiede zwischen beiden Figuren. Die mangelnde Qualität und das kostbare Material – die Statuette besteht aus Silber – bilden einen seltsamen Kontrast. Leider liegt keine Materialuntersuchung vor.

Die auf S. 201 vorgestellte Statuette R 6 erstaunt nicht weniger. Die Technik – ein »sehr dünner Hohlguss« – lässt aufhorchen. Die Bronze müsste dann üblicherweise in verlorener Form gegossen worden sein, was bei einer Höhe der Statuette von wenig über zehn Zentimetern kaum praktikabel erscheint. Zudem würde man wenigstens die raumgreifenden Partien der Arme als Vollguss erwarten; wie aber sollte man diese an der

»sehr dünnen« Wandung des Torso befestigen? Möglicherweise ist die technische Ausführung eher ein Hinweis auf eine moderne Entstehung der Figur, wenngleich die Metallanalyse unauffällig ist (Riederer geht nicht gesondert auf dieses Objekt ein, vgl. S. 319 f.). – Letztendlich ist Klarheit bezüglich der Echtheit einzelner Stücke lediglich anhand der Abbildungen natürlich nicht zu erreichen.

Das letzte Kapitel ist den Metallanalysen gewidmet (S. 315 ff.). Im Jahr 1995 konnte Riederer achtundsiebzig Objekte aus der Sammlung Borowski mittels der Atomabsorptionsspektrographie untersuchen. Bei den insgesamt neunundachtzig Proben wurden die Elemente Zinn, Blei, Zink, Eisen, Nickel, Silber, Antimon, Arsen, Wismut, Kobalt, Gold und Cadmium quantitativ bestimmt. Die beiden letztgenannten Elemente lagen in der Regel unter der Grenze des mit dieser Untersuchungsmethode Nachweisbaren, nämlich für Gold bei einem Hundertstel und für Cadmium bei einem Tausendstel Prozent. Der Kupfergehalt wurde anhand der quantitativ ermittelten Elementanteile zu hundert Prozent errechnet.

Zwei der drei untersuchten minoischen Statuetten (S. 315) bestehen, wie zu erwarten, aus einem recht reinen Kupfer mit sehr geringen Anteilen an Spurenelementen und einem für minoisches Kupfer typischen geringen Silbergehalt. Die dritte Figur besteht aus einer Zinnbronze (90,84 % Kupfer) mit leicht erhöhtem Zinkgehalt, der mit knapp einem halben Prozent deutlich über dem durchschnittlichen Anteil von einem Zehntel Prozent liegt.

Aus geometrischer Zeit wurden zehn griechischen Bronzen quantifiziert (S. 315 f.). Typisch für diese Zeit sind Bronzelegierungen mit hohem Zinngehalt (sechs Objekte). Eine weitere Bronzefigur mit hohem Zinngehalt weist zudem einen Bleianteil über fünf Prozent aus, was bereits auf eine bewusste Zugabe hindeutet. Vereinzelt kommen aber auch Zinn-Blei-Bronzen mit geringem und mittlerem Zinn- und Bleigehalt vor. Die Spurenelementanteile erreichen höhere Werte als bei den minoischen Kupferfiguren, bewegen sich aber durchweg im niedrigen Bereich. – Leider fehlen in den Tabellen die Werte für den Vogel G 16, der im Text genannt wird.

Neunzehn Objekte der Versuchsreihe stammen aus dem archaischen Griechenland (S. 316 f.). Die bleihaltigen Bronzen setzen sich in dieser Zeit mehr und mehr für den Statuettenguss gegenüber stark zinnhaltigen Legierungen durch. Fast reines Kupfer wird nur noch in Ausnahmefällen für den Guss verwendet (vgl. Objekt A 36: 98,84 % Kupfer).

Die heterogenen Legierungen der Zinnbronzen mit unterschiedlicher Gewichtung der Spurenelemente führt Riederer auf die unterschiedlichen Herkunftsgebiete der Statuetten und Geräteteile zurück. Die ebenfalls vorhandenen Zinn-Blei-Bronzen zeichnen ein ähnlich uneinheitliches Bild, mit Bleianteilen zwischen über einem bis über zwölf Prozent und sowohl niedrigen wie auch deutlich erhöhten Spurenelementanteilen.

Die griechischen Objekte klassischer Zeit (S. 318) weisen auf Grund ihrer unterschiedlichen Beschaffenheit entsprechend divergierende Werte auf: Dass die Spiegelstütze aus einer gut zu polierenden Bronzelegierung mit hohem Zinngehalt besteht, versteht sich angesichts der Verwendung von selbst. Der sich zu den Legierungen der Statuetten ergebende Unterschied kann in diesem Fall nicht auf eine bestimmte Zeitstellung fixiert oder als Argument für eine solche herangezogen werden.

Der erste Satz des Abschnitts ist irreführend formuliert, denn die Statuette C 18 besteht offenbar nicht, wie suggeriert, aus fast reinem Silber mit einem Anteil von knapp zwei Prozent Kupfer (vgl. S. 146 ff.), sondern aus einer Bronzelegierung. Die zu C 18 in der beigegebenen Tabelle verzeichneten Werte liefern jedenfalls keine entsprechenden Daten. Auch die Zählung der getesteten Objekte führt zur Verwirrung. So ist dort von vier analysierten Stücken die Rede: Es werden zwei angeführt – der stehende Mann C 18 und die Spiegelstütze C 7 – und es folgen ›vier übrige Objekte‹ – unter anderem eine gesockelte männliche Figur A 18, bei der es sich wohl korrekt um C 18 handelt, da A 18 (S. 83), abgesehen von der wohl zutreffenden archaischen Datierung, keinen Sockel aufweist –, wohingegen nur drei Objekte – C 18, C 7 und A 26 – in der folgenden Tabelle aufgeführt sind. Eine korrekte Zuordnung ist dem Leser hier kaum mehr möglich.

Von den griechisch-hellenistischen Statuetten wurden elf analysiert (S. 318). Es handelt sich durchgängig um Zinn-Blei-Bronzen, von denen eine Gruppe viel Zinn bei wenig Blei aufweist, während sich die andere Gruppe durch deutlich höhere Bleiwerte bei mittlerem Zinngehalt auszeichnet. Riederer weist hier auf eine Tendenz hin, die sich in römischer Zeit noch verstärken sollte: Der Bleianteil der Legierungen steigt, während der Prozentsatz an Zinn langsam sinkt. Die in der Regel niedrigen Anteile an Spurenelementen variieren leicht. Ein Objekt (C 22, s. S. 155 f.) zeigt eine recht hohe Konzentration an Silber (0,76 Prozent), was nach Riederer darauf schließen lässt, das die Bronzelegierung durch eingeschmolzenes Silber verunreinigt wurde. Leider ist der entsprechende Wert in der Tabelle fälschlich in die Zeile darunter gerutscht und schlägt nun vermeintlich für die Schauspielerstatuette zu Buche. Dieser in der Tabelle als C 31 bezeichnete Schauspieler führt allerdings korrekt die Katalognummer C 30 und erscheint mit dieser auch im Text über der Tabelle. – Ein unkritischer oder eiliger Leser, der sich auf Text und Tabellen verlässt, ist hier verloren.

In römischer Zeit (S. 319 f.) gab es zwei Neuerungen: Zum einen stieg der Bleigehalt der Bronzelegierungen an, da Blei billig ein verfügbarer Rohstoff ist und der Bleianteil den Schmelzpunkt der Legierung senkt, worin man offensichtlich einen wünschenswerten Effekt sah. Zum zweiten entstanden Messinglegierungen, wenngleich diese vor allem für den Guss von Gefäßen und Geräten, weniger dagegen von Statuetten verwendet wurden. Lediglich in Frankreich und im Rheinland tauchen Messingstatuetten auf. Die meisten Figuren bestehen weiterhin aus Zinn-Blei-Bronzen mit hohen Bleigehalten bis zu über einem Viertel und Zinnanteilen von sechs bis zehn Prozent. Der Anteil der Spurenelemente bleibt, wie bisher, meistens niedrig.

Die Göttin R 16 mag auf Grund ihres recht hohen Kupfergehalts von knapp fünfzehn Prozent Eingang in den ausgewiesenen Bronzekatalog gefunden haben. Jedenfalls beträgt ihr Silberanteil vermutlich rund fünfundachtzig Prozent, wie auch aus der Tabelle hervorgeht, während die direkt darüber im Text beschriebenen fünfundsiebzig Prozent wohl wieder dem Druckfehlerteufel oder der Flüchtigkeit des Verfassers zuzuschreiben sind.

›Die Fälschungen‹ überschreibt Riederer seinen achten Abschnitt (S. 321), in dem er anhand metallurgischer Unstimmigkeiten im Vergleich mit antiken Legierungen zweifelhafte Objekte als vermutlich neuzeitlich erweist. – Das ›Gefäßbeil‹ mit der Katalognummer D 9 in der Tabelle entspricht übrigens dem (korrekten) ›Gefäßbein‹, leider ohne Angabe der Katalognummer, am Ende des Texts.

Zusammenfassend muss betont werden, dass eine derart umfangreiche Vorlage von Metallanalysen vorbildlich ist und viel häufiger praktiziert werden sollte. Auch die knappe Wertung der Ergebnisse ist ausgesprochen nützlich und zudem eine gute Materialgrundlage für weitere Forschungen. Leider schmälern die zahlreichen Fehler und Zahlenverwechslungen die Freude an der Lektüre, zumal der Leser sie nicht immer mit Sicherheit eigenständig beheben kann.

Der vorliegende Katalog erschließt – besonders für die ausgewiesenen Bronzeforscher – eine weitere wichtige Sammlung antiker Kunst und legt das Material umsichtig und anschaulich vor. Die Ergänzung der archäologischen Sicht durch metallurgische Überlegungen und Materialanalysen ist vorbildhaft. Hoffentlich regt dieses Konzept viele zukünftige Bearbeiter ähnlicher Komplexe zur Nachahmung an.

Bonn   Ute Klatt

Carina Weiss, **Die antiken Gemmen der Sammlung Heinrich Dressel in der Antikensammlung Berlin.** Publisher Ergon, Würzburg 2007. 496 pages, 102 plates.

This is an important addition to the many publications of engraved gems which have appeared, notably in Germany, over the last thirty years, a response to the renewed interest in the subject on the part of classical arthistorians. Not the least of the new approaches is the greater attention paid to the collectors themselves – in this case Dressel, who did his collecting in Rome before 1885 and was later head of the Münzkabinett in Berlin. He died in 1920, when his gems (743 in number) were given to the Berlin Antiquarium, already a major repository of ancient gems, catalogued by the great Furtwängler. Dressel's career and collecting activity is carefully recorded and assessed here.

The catalogue achieves the expected highest standards in excellence of description, recording and discussion, by a scholar who has proved her command of the subject in other publications. Descriptions have to be meticulous – it is easy with such small objects to overlook significant details. A bonus is the full listing of comparanda and the discussion, of both familiar subjects and the more obscure. This is a boon to researchers although it makes the task of the writer more exacting. It is not easy to hold the images of all the discussed gems in the memory while searching the by now immense literature and many catalogues devoted to the subject and to related subjects for comparanda. This is far more exacting than vase or sculpture publication.

The collection includes many pieces already known through the publications of Furtwängler and others, and is not altogether confined to the familiar range of the gems available on the Rome market. The catalogue wisely assembles in a single section the late Hellenistic, Italic and Roman, divided by subject; the Italic is well represented in the collection. Good photographs of the original gems are reinforced with illustrations of casts where necessary, which is wise since photographs of the original stones can sometimes deceive, distort or obscure detail.

I notice especially the amethyst fragment of a large Hellenistic intaglio with Apollo (16); what seems a head of Mars admiring a pinax with Venus (32); a strange large Asclepius with a large snake (50); Eros with biga (60) like the odd Pompeii piece (see Pagans and Christians. From Antiquity to the Middle Ages. Papers in Honour of Martin Henig, Presented on the Occasion of His 65th Birthday [2007] 76); Eros frightening a Psyche butterfly through a massive mask (65); Africa riding a lion (174); a large Athena Lemnia bust (180); a disrobing Venus or Hermaphrodite associated by Weiss with the engraver Aulos (225); a strange barbarian rider (402). There are a few cameos, too often omitted in catalogues.

Oxford   John Boardman

Ann Steiner, **Reading Greek Vases.** Cambridge University Press 2007. XVII and 346 pages, 158 illustrations.

This is one of the most thought-provoking books on Greek vase-painting of the Archaic and Classical periods to be published in the last decade, and it is one of the few studies employing theoretical approaches that clearly and consistently explain these theories and how they relate to the images on the vases throughout the book without turning to the use of incomprehensive theoretical jargon. Steiner's basic premise is that repetition and symmetry are underlying principles in the decoration of Athenian vases from the Archaic period and conveyed meaning to the ancient viewer – a code of sorts which she unravels for her modern reader. Fortunately, her analyses are based mostly on solid, accurate readings of the pictures with only the occasional mistake (for example, the central youth holds a kylix [cup], not a skyphos in fig. 9.4, p. 201 f.), a characteristic not always found in books on vase-painting employing theoretical models to explain images.

In chapter one Steiner starts her inquiry with a pelike (a type of amphora) in Boston by the early red-figure vase-painter of about 510, Euthymides, that shows on each side two boy dancers jumping in mid-air to the music of an aulos player. What is striking about the vase is that the boys are shown in a frontal view on one side and a back view on the other, thereby compelling the viewer to compare the two sides. Inscriptions add to this, for that on one side is answered by another on the other side: »Leagros is handsome – yes indeed, Leagros is handsome«. It is the meaning behind this and other types of repetition in the imagery that Steiner seeks to explain. The rest of the chapter reviews earlier explanations for repetition and surveys various theories for explaining how it helps in the transmission of information in various media. These include information theory, semiotics, and narratology. In general, the author points out that repetition creates texts that can supply various types of information, including narrative and paradigm.

Chapter two examines the use of repetition in the works of one vase-painter, Exekias, the greatest master of black-figure vase-painting, and a careful and intelligent artist, so as to establish the range of meanings that repetition can create. The author demonstrates by a careful analysis of Exekias' compositions and use of inscriptions that repetition helps give a cohesive and, therefore, enhanced message by connecting the two sides of the vase and can create parody and aid narration. Synonymy, homonymy, antonymy and ellipsis are sometimes used by the artist to further engage the viewer. The chapter closes with a look at bilingual vases by followers of Exekias, the black-figure Lysippides Painter and the red-figure Andokides Painter, both active around 520 to 510, and the author concludes that their use of repetition was influenced by and taken from Exekias.

The next chapter examines groups of vases sharing nearly identical figural decoration on both sides. Many of these vessels have the same shape and decoration and are labeled as ›types‹ by the author. These include Horsehead amphorai and Komast-dancer cups, created before the middle of the sixth century, and Glauxskyphoi primarily from the fifth with the characteristic painted owl. They indicate that Athenian artists understood the communicative value of repetition which could be used for the quick identification of a ›type‹, so that the viewer need not spend time and energy comparing.

Chapters four and five turn to the elements of metadiscourse, namely written inscriptions on the vases which sometimes provide firm evidence, as with the Boston pelike, that the viewer is expected to look at both sides of a vase when considering it, and images of repeated spectators whose reactions to the action help the viewer understand and interpret the scene. Steiner's investigation begins with the work of the Heidelberg Painter, who decorated almost exclusively cups in the black-figure technique shortly before the middle of the sixth century, and in whose oeuvre these spectators first proliferate. She points out that their presence on both sides of the cup guides the viewer to consider the relationship of the two. This is in the subsequent decades followed by works of the Amasis Painter, Lydos and the painters of Group E who also liked to use repeated spectators as links between scenes.

Inscriptions, she concludes were probably intended to be read by the viewer (they are not just purely decorative), sometimes aloud at a symposium, thereby serving as prompts for conversation which could include aspects of the vase-paintings in which they occur. Various categories of repeated inscriptions are then discussed individually: (1) inscriptions continued from one side of the vase to the other, (2) inscriptions continued from one side of the vase to the other but with added words, (3) inscriptions repeating sounds to create parody, (4) repeated kalos inscriptions or those spread over two sides of the cup, (5) inscriptions naming spectators-narratees, (6) inscriptions commenting about the action on a vase, and (7) repeated labels. Inscriptions, as repeated figures, invite the viewer to consider both sides of the vase and help create various levels of meaning.

The next four chapters take a detailed look at figural scenes. The first examines how repetition plays a role in story-telling. After a review of the various names used in previous scholarship to label various types of visual narration, Steiner focuses on repetition used to connect two or more different scenes. She considers these by types: (1) unified narration when one subject is extended over two fields on a vase, (2) cyclic narration where two or more non-simultaneous events involving the same individual are rendered, (3) phased and causally linked mythological narration, (4) linked generic events, and (5) civic as well as religious rituals. Her analysis demonstrates that repetition was used to link fields in order to aid in story-telling, and what is repeated can be used to emphasize certain parts of the story. All these types appeared ubiquitously from about 550 to 475.

The seventh chapter examines how artists use repetition to create paradigms – visual similes. Steiner notes that other scholars have noticed this phenomenon before (Mark Stansbury-O'Donnell, Thomas Bertram Lonsdale Webster, Ingeborg Schiebler, and Rebecca H. Sinos) but presents a fuller overview, defining more exactly how the artists achieved this goal. Examples she presents include mortals acting like heroes in combat, in selecting a bride, and in hunting. In other cases repetition creates links between heroes and male symposiasts, and figures with divine or heroic attributes are mixed with mortals, thereby serving to equate the two, with repetition sometimes acting to create paradigms for the mortals.

Repetition used in narrative to contrast different aspects of a character or to show the same element in two or more different views is the subject of the eighth chapter. Steiner presents various examples on vases dating between 575 and the first quarter of the fifth century that focus on Athena, Herakles, and the social experiences of the elite in courtship, symposium and various other activities including school, battle, and the palaestra. Repetition of elements between the various decorative fields on many vases is the key device used to create a complex picture of a divinity or mortal.

The ninth chapter looks at vases on which repetition appears to create parody either by inscription or image. After reviewing parody from a theoretical perspective, the author considers parody in Athenian comedy and satyr-plays, and observes that parody in vase-painting is created by using repetition to reference a figural text used elsewhere on the vase. Because we cannot be certain of the relationship between maker and viewer of the vase and in what setting the vase was viewed, it can be difficult to be certain that parody is present. In the case of inscriptions, which the author images as being read aloud at a symposium, we are on firmer footing for there is a clear play on words on a number of the elegant black-figure Little Master cups from 540 to 520, and the inscriptions on some red-figure vases by the Pioneers of the following decade suggest that certain social groups, such as women and foreigners, are the objects of amusement.

After having looked at individual types of repetition in the earlier chapters, in chapter ten the author examines six individual vases in detail for the use of various types of repetition on the same vessel. These include some very famous vases: Euphronios' volute-krater in Arezzo and the Berlin Painter's name-piece, two red-figure masterpieces from the end of the sixth century. In the case of the latter, for example, she concludes that the repetition of inscriptions, characters and attributes engage the viewer and allow him to consider the satyr-aspects of Hermes and the Hermes-aspect of the satyrs (but see now M. B. Moore, Ant. Kunst 49, 2006, 17–28 for other reasons).

The final chapter looks at how repetition on the vases is reflected in the environment where they were used, namely in the symposium. First the author establishes from archaeological evidence that painted pottery was used at symposia and concludes that the shapes of many Attic black- and red-figure vases indicate they were for use at a symposium. Next she explores the role of Etruscans as purchasers of the painted vases and concludes that subjects on Attic pottery were meant for Athenian viewers and not Etruscan. Succeeding sections explore how various types of repetition on the vases, such as paradigm and parody, would resonate in a symposium setting. Ample use of literary sources provides parallels for the messages provided by repetition in the vase-paintings and indicate that the vases reflect much of the experience of an Athenian symposium and thereby an elite world-view.

The picture as a whole that the author presents of the use of repetition and the meanings derived from it is mostly convincing, and is an aspect that all will have to consider more closely when interpreting the pictures on Archaic Attic vases. But having said this, I, as some other scholars, will find it difficult to believe that repetition was always a factor purposefully employed by the vase-painter in his compositions and decoration. A characteristic of Archaic art is the use and repetition of schemes, and most Archaic vase-painters had a limited set of types of figures they used and repeated, so that one can well envision the artist simply using a set figure-type from his limited repertoire because it fits the situation best, not because he wanted to employ repetition to create a deeper level of meaning. Study of workshop deposits have shown that each vase is not a single, unique creation, but that the vase-painters in many cases produced multiple versions of the same scene. In Steiner's defense, though, she has analyzed primarily top quality pieces, some of which were probably unique creations by the vase-painters and not part of a similar batch, so that her view that the repetition was purposefully planned is in some cases more likely. Still, there are a number of vases where she sees repetition that others may not. For example, she considers Achilles in the Troilos scene on one side of Lydos' black-figure amphora in Berlin, created about 540, to repeat the figure of Neoptolemos on the other (p. 108 f., figs. 6.8 and 6.9), but Achilles runs with feet off the ground and Neoptolemos strides right with both feet on the ground, and Achilles holds a spear up by his chest and Neoptolemos the boy Astynax down by his buttocks. In other cases her interpretation is questionable or pressed too far, as on a red-figure cup by Epiktetos in London where she believes a viewer would equate the youth drawing wine from a krater with Theseus slaying the Minotaur on the other side (p. 200–202, figs. 9.3–9.5), or a cup by the Heidelberg Painter where she believes the figure wrestling a lion on the exterior is a mortal, not Heracles (p. 134, fig. 7.4). The basic question of how similar does a figure have to be in order to be considered as an example of repetition is never fully addressed.

As a whole, the book is well produced with excellent illustrations presented at a scale that allows the reader to see most of the details, although on occasion the pictures could have been placed more closely to the text associated with it. The book could have also undergone one more proof reading to remove several obvious typos. On occasion an earlier interpretation of a particular vase (or vases) is not mentioned or taken into account by the author. Such is the case with Elfriede Knauer's convincing proposition that a red-figure cup in the Louvre (G 138) by the early classical Triptolemos Painter (p. 162–164, figs. 7.30–7.32) depicts a procession of fathers and sons going to the celebration of the κουρεῖον on the third day of the Apatouria (Arch. Anz. 1996, 221–239). At other times Steiner's work dovetails nicely with that of other scholars. I think here of her comments on spectator figures (p. 57–65) and Mark Stansbury-O'Donnell's recent book about them, ›Vase Painting, Gender, and Social Identity in Archaic Athens‹ (Cambridge 2006). I find it odd that she insists that most Athenian figured vases were meant for the symposion when she herself lists a range of other shapes which had other uses (p. 231–234). There are thousands of late black-figure lekythoi mainly made for funerary purposes. Repetition on them is never considered. Some minor quibbles I have include: (1) the cup potted by Exekias in figs. 2.1–2.2 is not a plain lip cup (p. 75) but a cup of special shape with the body of a lip cup and the foot of a Siana cup, (2) I cannot see any sword being plunged into the lion by Herakles in fig. 4.8 as the author claims, (3) the turning posts surrounding the deer hunt in the predella of Psiax's hydria in Würzburg (fig. 7.20) are not mentioned or considered in the author's interpretation of the vase, (4) the updated list of vases inscribed with the name Paidikos in CVA Walters Art Gallery 1, USA 28, p. 50, should have been mentioned in her n. 20 on p. 296,5) the boy on a psykter in New York by Oltos is not receiving pederastic gifts (p. 219, fig. 10.6) but is being annointed victor (see E. Kefalidou, Νίκητις. Εικονογραφική μελέτη του αρχαίου ελλένικου αθλήισμου [Thessaloniki 1996] 188 f. no. G 37).

This book is laudable and noteworthy. Although there are sections and conclusions that will not by universally accepted, parts, such as those displaying Steiner's careful analysis of the role that inscriptions can play on the vases in respect to the viewer and the figural scenes decorating them, are groundbreaking. Readers of this book will come away looking at vases in a new way.

Williamsburg, Virginia   John H. Oakley

Stefan Schmidt, **Rhetorische Bilder auf attischen Vasen. Visuelle Kommunikation im 5. Jahrhundert v. Chr.** Publisher Dietrich Reimer, Berlin 2005. 329 pages, 137 figures.

The scholarship on Attic figured pottery has a long tradition of dissertations and monographs on specific shapes. In earlier years, such studies focused primarily on questions of form, ornament, and usage and include such now-classic books at Barbara Philippaki's on the stamnos (The Attic Stamnos [Oxford 1967]), Erika Diehl's on the hydria (Die Hydria. Formengeschichte und Verwendung im Kult des Altertums [Mainz 1964]), and Donna C. Kurtz's on the white lekythos (Athenian White Lekythoi. Pattern and Painters [Oxford 1975]). These studies generally paid less attention to iconography and made little attempt to try to correlate the range of imagery found on a particular shape with the vase's function. An early, and very influential, attempt in this direction was offered by Ingeborg Scheibler's 1987 article on the belly amphora (Jahrb. DAI 102, 1987, 57–118), an approach that she later pursued in a study of the skyphos (Ant. Kunst 43, 2000, 17–43). In recent years, several dissertations adopting versions of this methodology have been written on other shapes, including no fewer than three just a few years apart on the epinetron (P. Badinou, La laine et le parfum. Épinetra et alabastres: forme, iconographie et fonction. Recherches de céramique attique féminine [Leuven 2003]; C. Mercati, Epinetron. Storia di una forma ceramica fra archeologia e cultura [Città di Castello 2003]; F. Heinrich, Das Epinetron. Aspekte der weiblichen Lebenswelt im Spiegel eines Arbeitsgeräts [Rahden/Westf. 2006]). It is noteworthy that these recent studies have often focused on shapes associated with women, as part of the larger enterprise in classical archaeology of elucidating the lives of ancient women, especially in Athens, where we have the richest evidence.

Stefan Schmidt's book, based on a Habilitation submitted to the University of Augsburg in 2001, continues on this path, but with some notable new twists and turns. The book comprises four monographic studies of different shapes, three of them with pronounced female associations: the lekythos (oil flask), the pyxis (round box), the chous (a small jug, mainly for men and boys), and the hydria (water vessel). The link among the four investigations, as well as the distinctive feature of Schmidt's project, is his thesis that in the later years of the fifth century, these (and presumably other) shapes in Attic red-figure become primarily bearers of specific messages for the Athenians who used them in life and placed them (often in deliberate groupings) in their loved ones' graves. The ›rhetoric‹ of the book's title refers to the author's argument that the messages conveyed by the vase-paintings are analogous to the art of verbal persuasion that flourished in Athens in the last third of the fifth century, traditionally though to have been introduced by the Sicilian Gorgias about 427 and soon evident not only in the Assembly and the law courts, but also in other literary genres, such as tragedy and historiography. The ›communicative‹ value of the imagery referred to in the book's subtitle is measured in the relationship between the function of the vase and its real or imagined context of use. Although in his Introduction, Schmidt makes the obligatory nod in the direction of modern theorists like Roland Barthes and recent work on perception and visual communication, the body of the book is grounded in a thorough application of traditional methods of archaeological scholarship, along with strategic deployment of literary texts to establish a historical and social context, but is not weighed down by large amounts of theory.

For each of the four chapters, Schmidt provides a wide-ranging study that traces the shape back to its origins in Attic black-figure of the sixth century and then follows it through each generation down to the last decades of the fifth, where the new ›rhetorical‹ quality of the imagery becomes clear against the background of what came before. The collection of images is equally wide-ranging, but with a rigorously applied limitation that distinguishes Schmidt's method from that of earlier studies of shape and iconography. In order to ascertain as closely as possible what the imagery means to A t h e - n i a n s (and to avoid the distracting question, often posed in recent years, whether some imagery on Attic vases may have been directed at Etruscan or other non-Greek buyers), he focuses in the first instance on vases found in a documented excavation context in Athens and Attika – burials in the Kerameikos, well deposits in the Agora, graves in various locations in the city and the outlying demes. Only when the meaning and function of a shape and its imagery has been established on the basis of these examples, does Schmidt adduce others found outside Attika that conform to the framework. While other scholars of iconography have paid lip service to the caveat that most of the Attic vases we have today were not found in Greece and may have been made for the overseas market (cf., among many recent studies, R. Osborne, World Arch. 33, 2002, 277–295), Schmidt is the first to take seriously the implications of this dilemma by building his study exclusively on those vases from an Attic context. The results are often strikingly original and illuminating.

Each of the four shapes studied presents a somewhat different set of issues with regard to its function and the rituals of daily life or cult. The white lekythos is usually agreed to have the closest correlation to one specific use – as a funerary offering – but Schmidt considers it within the larger context of all lekythoi, including black- and red-figure, as well as variations like the squat-lekythos. A close study of Agora wells reveals that by the second quarter of the fifth century, the shoulder lekythos is exclusively funerary, while its earlier domestic functions have been assumed by the squat lekythos. Black-figure lekythoi, whether on a white ground or not, display a very wide range of subjects that cannot be subsumed under one heading, like ›eschatological‹, but rather, following a suggestion of Robin Osborne, refer to the ›social person‹ of the deceased. The 470's are the decisive turning point for the shift to exclusively funerary scenes on lekythoi, and Schmidt believes that the earliest painters of funerary white lekythoi (the Timokrates Painter, the Painter of Athens 1826, the Inscription and Tymbos Painters) developed out of the black-figure tradition. He then follows the increasing complexity of the images on white lekythoi after the middle of the fifth century and, where possible, attempts to reconstruct a ›program‹ comprising multiple vases in the same tomb that may portray the same individual in different stages of life and death. As he rightly suggests, the familiar game of guessing who is the deceased and who is the survivor is too schematic, as the agenda is more complex and nuanced than this (on this problem see also J. H. Oakley, Picturing Death in Classical Athens. The Evidence of the White Lekythoi [Cambridge 2004] 173–191 and passim). In extreme cases, elements that don't seem to go together at all are juxtaposed in the same scene, for example two youths hunting near a grave stele, or the odd combination on the example that graces the cover of the book (Athens, Nat. Mus. 1957): a woman carrying a large tray of offerings, accompanied by a girl, at a stele, alongside a youth seated in front of a tumulus, turning to look back at a hare. Noting that this vase was found in the same tomb as the famous epinetron by the Eretria Painter and several other lekythoi and a pyxis, Schmidt speculates that the collective imagery was intended to represent as much of the family as possible. The seeming confusion of the lekythos Athens 1957 could suggest that the scene was hastily revised when the youth died unexpectedly – an intriguing idea but hardly capable of proof.

An excursus on the wedding and funerary loutrophoros in the later fifth century clarifies the development Schmidt sees in the white lekythos, as the loutrophoros gradually takes on ›rhetorical‹ qualities celebrating the deceased (for instance, as horsemen and warriors) in the manner of epigrams and funeral orations. When both the lekythos and the loutrophoros start to be made in marble during the 420's, the notion of different kinds of rhetoric for different audiences is very apparent. The pottery version, made for a single occasion, carries explicit references to death, while the marble version, as a permanent marker, does not (which aligns them rather with the marble stelai).

In the case of the pyxis, Schmidt's second case study, there is no a priori reason to suspect a specific ceremonial or ritual function, though Schmidt raises the question whether it might have acquired one in the course of the fifth century. The black-figure pyxis in the Archaic period, of whatever type (usually the tripod-pyxis) cannot be associated with women or any other single group (in fact its imagery is more often ›male‹: symposium, komos, chariot-race, Herakles and Dionysos), or with any particular use. Only from the second quarter of the fifth century can we be more secure in associating the pyxis with cosmetics, traces of which have been found inside. By the mid-fifth century, the imagery of pyxides is overwhelmingly drawn from the lives of women, and by the later years of the century, Schmidt can document the nuptial associations of the pyxis, both in burials, where it is found alongside a pair of lebetes gamikoi (vessels for the nuptial bath), and in depictions of pyxides in wedding scenes on nuptial shapes, often as a gift from a youth to a woman. According to Schmidt's paradigm, the vessel becomes steadily less important for what it contains (whether incense, cosmetics or jewelry) than as a canvas to display the values and virtues of the women who used it.

In a more daring move, Schmidt argues that representations of traditional heroic and divine myths on Classical pyxides have been refashioned in unusual ways (»pointierte Mythenbilder«) in order to speak more directly to the Athenian women who used them and identified with certain figures. Thus, such scenes as the Judgment of Paris, the Birth of Aphrodite, Danae on Seriphos, and the pursuit of Aegina by Zeus and of Oreithyia by Boreas are all revised to give a female perspective on an old story. In the last decades of the fifth century, large female gatherings, for example of Muses or Nereids, occur on pyxides, their inscribed names giving them almost the quality of personifications. These give way in turn to actual gatherings of abstract personifications, usually in the retinue of Aphrodite. Schmidt rightly observes that the modern categories of myth, personification, and allegory do not work when applied too rigidly (as perhaps by this reviewer), for all convey similar messages to the girls and women to whom the vases were addressed. The chapter concludes with a look back to the lekythos, to show that its evolution, and that of the pyxis, toward vehicles directed at women as users and viewers are more parallel and synchronized than has previously been recognized.

The chous, subject of Schmidt's third chapter, presents a very different set of questions, since its very name would seem to associate it with a specific festival, the Anthesteria, whose first day was known as ›choes‹. (For recent reconstructions of the festival published too late for Schmidt to take account of, see S.C. Humphreys, The Strangeness of Gods [Oxford 2004] 223–275; R. Parker, Polytheism and Society at Athens [Oxford 2005] 290–305.) Yet in origin, as Schmidt shows, the chous did not have a ceremonial character and was but one of several types of oinochoe (wine jug) made for household use. He suggests that, while other oinochoai derived from metal prototypes, the chous more likely grew out of a coarse-ware vessel, and until well into the fifth century, more choes are simply black-glazed rather than decorated, with a few well-known exceptions such as the Amasis Painter's in New York (Metropolitan Mus. 1978.11.22; D.v. Bothmer, The Amasis Painter and his World [Malibu 1985] cat.33). Yet the standard volume of the full-sized chous argues for its use in the drinking competitions that we know formed part of the Anthesteria.

Like earlier scholars, Schmidt acknowledges that the miniature choes are a separate category that should not be lumped together with the full-sized model. As he points out, the miniatures have a brief lifespan of a few decades in the late fifth century and the beginning of the fourth, while the full-size chous was produced continuously over almost two centuries. There is general agreement that the miniatures, which virtually all depict young children (of both sexes), have some connection to children's participation in the Anthesteria. The most hotly debated issue is to what extent the full-size chous can be associated with the festival – rarely, sometimes, or almost always? The skeptical view, first outlined in a short article by Andreas Rumpf, has been argued in greatest detail by Richard Hamilton (Choes and Anthesteria [Ann Arbor 1992]). Schmidt, after a careful, diachronic review of all the evidence takes the more nuanced position that, when approaching the imagery of choes, one should look first for links with the world of Dionysos and the consumption of wine (which are indeed quite prevalent) in the broader sense, rather than for specific illustrations of the festival, and that, in light of the wealth of Dionysian imagery, it would be counter-intuitive to deny any association with the Anthesteria, the god's most famous festival.

One of the most intriguing clues is Schmidt's observation that most depictions of a chous occur on choes, and even when depicted on other shapes, the chous is usually held by a reveler (komast). The implication is that, while other types of oinochoe were typically used at the symposium, the chous was carried by its owner with him wherever he went – a hint at the aitiology of the festival, involving Orestes and the distribution of individual choes to avoid sharing a vessel with the polluted matricide.

Schmidt is able to show that from the 470's on, there is an increasingly close association between red-figure choes and the Anthesteria, first in a large group that depict a komast traveling to or from the celebration, then, after the mid-century, with new themes even more closely tied to the festival from the workshops of the Eretria and Meidias Painters. One of these is the extraordinary and enigmatic one recently published by Olga Tzachou-Alexandri (in: J.H. Oakley / O. Palagia, Athenian Potters and Painters [Oxford 1997] 473–490), which includes Prometheus and Epimetheus, as well as a mask of Dionysos in a liknon (basket). The vase is here given an interesting reading in the context of the festival. Schmidt is able to include in his model scenes with no overt reference to the Anthesteria by suggesting that they conjure up a festival atmosphere, once that would remind viewers of their favorite events and activities, even if not at the Anthesteria itself. A special case is the assemblage of choes found in the tomb of Dexileos, including one that depicts the Tyrannicides statues (incorporating the heroes in the festivities), all, in Schmidt's interpretation, combining to define the ›social person‹ of Dexileos and the celebrations he would have enjoyed in his short life.

In discussing the miniature choes, Schmidt contests a commonly held idea that they were gifts to children at a specific moment of initiation, for example at age three, since the skeletal remains found in the relevant child burials do not suggest a common age. Instead, he sees the vessels mainly as toys, used by children in life to let them participate in the festivities and later deposited, rather than made as grave-goods. The themes were chosen for the parents who bought them, not for the children who used them (cf. G. Ham in: Rites of Passage in Ancient Greece, ed. M. Padilla [Lewisburg 1999] 201–218).

The final chapter, titled »Hydrien. Gefäße für Wasser und Gefäße der Frauen«, is perhaps the most challenging for Schmidt's methodology, for while no one would doubt the first part of this heading, that the hydria is a water-jar, the specific association with women for which he wants to argue is more problematic. For the Archaic period, Schmidt canvasses a wide variety of uses for the hydria, some limited to the metal ones (for instance as prizes in the games), but in many cases with the clay hydriai competing with the metal ones as a cheaper alternative. In the Classical period, the red-figure hydria is no longer found in households (or in Agora well deposits from houses), that is, it was not being used at private symposia, but rather in public dining.

There are also noticeable shifts in the iconography. The range of subjects on black-figure hydriai is not different from that on other shapes (all reflecting primarily aristocratic values, in Schmidt's view), with the striking exception of the many fountain-house scenes (seventy out of thousand-one-hundred black-figure hydriai) that represent an early instance of correlating shape or function with imagery. After reviewing the much-debated question of the status of the women in the fountain-house scenes, Schmidt concludes that the primary message is a celebration of the water and its many virtues, and less attention was paid to the individuals who carry it or bathe in it. And whoever they are, it is the women's attractiveness that is of greater concern than their social status. To the fraught question, how much ›reality‹ is there in scenes such as nude bathing women, Schmidt responds, »there is only the reality of the image«.

Schmidt sees the increasing focus on women begin with red-figure hydriai and kalpides (a very similar shape) of the early fifth century. In order to trace an iconographical development in exemplary fashion, he compares the range of scenes depicted by two painters a generation apart who both favored the hydria: the Leningrad Painter in the second quarter of the fifth century and the Phiale Painter in the third. The result is that the rather heterogeneous repertoire of the earlier painter has narrowed by the time of the later one to a focus on women's scenes, including housework, dance (probably in a cultic context rather than hetairai), erotic pursuits, and musicians. To the age-old question, ›hetairai or respectable women?‹, Schmidt answers that this is a modern way of categorizing ›situative‹ images, while the Greek painter and his audience were not interested in a clear differentiation of women's roles. For the mythological scenes, Schmidt attempts a reading as metaphors for women's lives, particularly as meditations on marriage in the novel treatment of such heroines as Andromeda and the Danaids.

By the time we reach the Washing Painter's hydriai in the 420's and later, the shift toward women's scenes is complete, often with allusions to marriage and the wedding. Schmidt is once again leery of seeing a lot of hetairai on the vases of this period, even when women are shown nude (and wearing a garter!). Rather, for him they refer chastely to the bridal bath, just as depictions of working with textiles allude to wedding preparations. Schmidt concludes that, like the chous (and unlike the loutrophoros, lebes or pyxis), the hydria was never associated with only one type of use, but that by the late fifth century, the messages it projected were very much aligned with those of the dedicated wedding vessels.

In sum, Stefan Schmidt's book offers an often original and illuminating new approach to the study of Attic vase imagery. Weaving together insights from semiotic analysis of (mainly) French classical scholarship with a rigorously applied focus on archaeological context, the method developed here represents a major step forward in our understanding of painted pottery and its communicative role in the complex and sophisticated culture of High Classical Athens.

Baltimore   Alan Shapiro

Claudio Gallazzi, Bärbel Kramer, Salvatore Settis (Hrsg.), **Il Papiro di Artemidoro** (P. Artemid.). Unter Mitarbeit und mit Beiträgen von Gianfranco Adornato, Dario Benedetti, Elza Bontempi, Laura Depero, Duilio Bertani, Luca Consolandi, Silvia Bruni, Vittoria Guglielmi, Agnese Cartocci, Mariaelena Fedi, Pier Andrea Mandò, Francesco Taccetti, Albio Cesare Cassio, Andrea Migliori, Chiara Perelli Cippo und Agostino Soldati. Verlag LED Edizioni Universitarie di Lettere Economia Diritto, Mailand 2008. Textband mit 616 Seiten und zahlreichen Abbildungen, Tafelband mit 40 Tafeln, 4 Falttafeln und einer DVD.

Zehn Jahre nach der ersten knappen Bekanntgabe des Papyrus, der dank einer großzügige Stiftung im Museo Egizio von Turin zu bewundern ist (AFP 44, 1998), und zwei Jahre nach der ersten vollständigen Vorstellung in dem Ausstellungskatalog Turin (C. Galazzi / S. Settis, Le tre vite di Artemidoro. Voci e sguardi dall'Egitto greco romano) liegt hier in zwei gewichtigen Bänden von ungewöhnlich aufwendiger Ausstattung die vollständige Publikation eines ebenso ungewöhnlichen Papyrus vor. Es ist eine Gemeinschaftsarbeit der drei genannten Autoren, deren Beiträge nicht immer abgegrenzt werden und vieler weiterer Mitarbeiter, unter denen Gianfranco Adornato für die Ikonographie und Albio Cesare Cassio für den Artemidortext hervorgehoben werden.

Der Papyrus wurde als Teil einer Pappmachécollage im früheren zwanzigsten Jahrhundert in Ägypten gefunden und exportiert. Fundort und sekundäre Verwendung des Materials sind unbekannt. Im gleichen Konvolut gefundene Urkunden weisen auf Antaiopolis als mögliche Provenienz hin. Ihre Publikation erfolgt an anderer Stelle. Die ausführliche Beschreibung des Rotulus sowie die naturwissenschaftlichen Untersuchungen des Papyrus lassen keinen vernünftigen Zweifel an der Echtheit mehr zu. Man möchte hoffen, dass die Angriffe dagegen (s. S. 56 f.), die in Heftigkeit und Ton an die Gelehrtenfehden des neunzehnten Jahrhunderts erinnern, jetzt verstummen. Die Radiokarbonuntersuchungen erlauben eine Datierung des Papyrus in das erste nachchristliche Jahrhundert. Der Rotulus war ursprünglich drei Meter lang und enthält mit Lücken und Beschädigungen fünf Kolumnen des geographischen

Werkes des Artemidor aus dem zweiten Buch über Spanien, wie ein Zitat bei Stephanus von Byzanz beweist (S. 68). Nach der zweiten Kolumne des Textes ist eine Karte eingefügt. Auf dem unbeschriebenen Anfang des Rotulus und nach dem Text finden sich Zeichnungen von Köpfen und Gliedmaßen, die zu einer späteren Verwendung gehören. Der Text ist offensichtlich nicht bis zu Ende kopiert worden. Die Zeichnungen sind spätere Werkstattübungen. Weitere Graphiken auf der Rückseite bilden ein enger zusammenhängendes Repertoire von zum Teil phantastischen Tieren, das man sich ebenfalls in einer Werkstatt vorstellen muss. Darauf wird noch einzugehen sein.

Die Publikation des Artemidortextes nimmt knapp ein Drittel des Bandes ein (172 von 616 Seiten). Das ist bei einem Text von nicht einmal zweihundert erhaltenen Zeilen sehr viel und weist auf die Gründlichkeit, mit der sich der Herausgeber Cassio um jeden einzelnen Buchstaben bemüht hat. Schriftzeichen, die nur im Abdruck auf der Gegenseite der Rolle erhalten sind, sind in den Text eingefügt und in roter Farbe abgesetzt. Da jede Textkolumne auch in mehreren großformatigen Abbildungen unter verschiedenen Beleuchtungen vorgelegt wird, hätte die Diskussion jedes nicht ganz sicheren Buchstabens auch kürzer ausfallen können. Kolumne eins und zwei enthalten eine in asianischem Stil gehaltene Lobpreisung der Geographie. Von Kolumne drei sind nur wenige Lettern erhalten. Die Kolumnen vier und fünf enthalten einen Periplus der spanischen Küste mit Entfernungsangaben vom heutigen Katalonien bis nach Galizien. Der Kommentar liefert hier ausführlich die Parallelen und mögliche Identifikationen der genannten Orte. Neu ist zum Beispiel die erst seit kurzer Zeit durch Münzen bekannt gewordene Stadt Ipsa (S. 252 f.) in der Baetica.

Wesentlich schwieriger als der Text ist das Verständnis der Karte, die vor der Beschreibung Spaniens in den Text eingefügt ist. Die Autoren betonen (S. 274–309), dass sie neben einer genauen Beschreibung Deutungsvorschläge machen, aber nicht alle Fragen beantworten können. Die Karte ist wohl wie der Text nicht fertig gestellt worden. Sie enthält keine Beschriftung, sondern eine Vielzahl von Linien, einfachen, die als Straßen, sowie doppelten, die als sehr breite Flüsse interpretiert werden. Ferner gibt es im oberen Teil des Plans eine Reihe von Vignetten für verschieden große Orte, ummauerte Städte, Kastelle, Grabmonumente (?) usw. Nach der Position dieser Karte vor der Beschreibung Spaniens könnte es nahe liegen, dass dieses Land oder ein Teil von ihm gemeint ist. Dem widerspricht allerdings, dass der Text eine Beschreibung der Küste enthält, in der Karte aber nichts dergleichen erkennbar ist. Trotzdem wird die Möglichkeit der Identifizierung mit dem Tal des Ebro oder der Baetica ausführlich diskutiert. Ein klares Ergebnis ist nicht möglich. Die Besprechung endet mit dem Hinweis, dass auch Ausschnitte der Tabula Peutingeriana ohne Namensbeischriften nicht identifizierbar wären. Das gibt immerhin einen Hinweis darauf, dass hier möglicherweise eine andere Art von Karte intendiert ist als in der astronomisch-mathematischen Geographie eines Eratosthenes oder Ptolemaios. Weitere Forschungen sind notwendig, ein einfacher Ausweg aus der Aporie ist aber nicht zu erwarten.

Es erfolgt dann die ausführliche Besprechung der vierzig Zeichnungen auf der Rückseite des Papyrus (S. 311–460). Es ist plausibel, dass damit im späteren ersten nachchristlichen Jahrhundert die Wiederverwendung der unvollendeten Buchrolle begann. Alle Tierdarstellungen hatten ursprünglich eine Beischrift. Eine Art Zusammenfassung (S. 425) nennt »Tiere, die den Okeanos bewohnen, fliegende, laufende und Meerungeheuer (Kete)«. Neben Einzeltieren sind auch Gruppen dargestellt, meistens im Kampf miteinander. Ein großer Teil der Wesen ist phantastisch, so Adlergreifen und Chimärengreifen, Pantherkrokodile und verschiedene Meerungeheuer, die sonst aus der Antike nicht bekannt sind. Die möglichen zoologischen Identifizierungen dieser Tiere, die antiken Traditionen dazu und die bildlichen Darstellungen sind mit bemerkenswertem Fleiß und großer Umsicht zusammengestellt. Hier gibt es nur wenig kritisch zu bemerken. Der Kastor V6 ist wohl eher ein doggenähnlicher Hund mit einem Dioskurennamen als ein Biber. Die Wildziege V38 hat nicht vier Hörner, sondern deren zwei und sehr lange Ohren. Sie wird in der Art eines Löwen von einem »Lynx« angegriffen, der sie am Maul gepackt hat und versucht, sie zu ersticken. Das Raubtier hat die Pinselohren eines Luchses. Sein langer Schwanz zeigt aber, dass der Zeichner keine direkte Anschauung von einem Luchs hatte. Das gilt auch für den »Tigris« V31, dessen schlanker Körper den Panthern V19 und V28 ähnelt. Ein angeblich mythischer Vogel »Stymphalis« V7 ist meines Erachtens mit dem bis in den Sudan verbreiteten »Sekretär« zu identifizieren (s. B. Grzimek, Grzimeks Tierleben VII [1968] 339).

Wichtig ist natürlich die Frage nach der Funktion dieser Zusammenstellung. Die Autoren sehen darin ein Repertorium, ein Bestiarium für den Gebrauch innerhalb einer Werkstatt, etwa als Vorlage für Mosaiken. Als Beispiel dafür nennen sie die Fischmosaiken aus Pompeji, die von ähnlichen Rollen mit einzelnen Fischen als Vorlage abgeleitet sein sollen. Der Funktionsanalyse wird man grundsätzlich zustimmen, jedoch nicht in der hier vorgeschlagenen Spezifizierung. Es erscheint fraglich, ob die mit extremer Feinheit der Farbschattierung und Nuancen ausgeführten Mosaiken des Späthellenismus – nicht nur Fischmosaiken – auf rein zeichnerischen Vorlagen wie etwa V5 oder VII beruhen können. Hier möchte man Vorlagen auf Pergament annehmen. Die Beispiele auf dem Papyrus geben ja nur ganz grob die Umrisse, die Flossen und Reihen von Schuppen, also die wichtigsten ikonographischen Details. Malerische Einzelheiten sind weitgehend vermieden, bis auf Konturschatten zur Angabe des Volumens. Die später zu besprechenden Köpfe hingen mit größeren Varianten von Modellierungen zur Darstellung eines Gesichtes wären sehr viel leichter etwa in Malereien des vierten pompejanischen Stils umzusetzen. Auch hier müssen die Farben aber vom ausführenden Künstler eingesetzt werden. Der Artemidorpapyrus würde meines Erachtens nur für eher summarische Bilder als ikonographischer Anhaltspunkt genügen. Ein viel älteres Beispiel, der Fries von Marissa (J. P. Peters / H. Thiersch, Painted Tombs in the Necropolis of Marissa [London 1905]) weist solche Figuren auf. Vielleicht erklärt sich die seltsame Ikonographie des ganzen Frieses mit der Zusammenfügung von realistischer Jagdszene einerseits und Skizzen zu jagdbaren und phantastischen Tieren sowie schließlich ungewöhnlichen Fischen andererseits aus der Verwendung eines solchen Papyrus als Vorlage. Die Wundertiere könnten noch als Überhöhung der Jagdtaten eines Bewohners von Marissa angesehen werden. Die Fische passen aber nicht zur Wüste Negev in der Umgebung der Stadt. Die Fische (Peters/Thiersch a. a. O. Taf. 6) sind in der Art der Darstellung gut mit denen des Artemidorpapyrus zu vergleichen. Für qualitätvolle Arbeiten in Opus vermiculatum müssen genaue Vorlagen verwendet worden sein (s. Rez., Kopien in Mosaiken und Wandmalereien. In: K. Junker / A. Stähli / Ch. Kunze [Hrsg.], Original und Kopie [Wiesbaden 2008] 177 ff.).

Ausführlich bespricht im Folgenden Adornato die Zeichnungen auf dem Recto des Papyrus (S. 463–578), das heißt auf dem Vorsatzblatt und im Anschluss an die Textkolumnen mit der Beschreibung Iberiens. Es handelt sich um sechs Köpfe und sechzehn Hände bzw. Füße. Für alle diese werden parallele Details in der antiken Skulptur vom fünften vorchristlichen bis ins dritte nachchristliche Jahrhundert genannt und oft auch abgebildet, die unterschiedlich genau sind. Für Füße und Hände werden trotz dieser vielen Vergleichsbilder stilistisch-chronologische Festlegungen vermieden. Bei den Köpfen sind die Zuweisungen dagegen oft genau. Hier gibt es einige Bedenken. So soll R 1, ein nach oben schauender bärtiger älterer Mann, den epikureischen Philosophen Metrodor wiedergeben und nach einem Abguss der Statue gezeichnet sein. Metrodor hat jedoch ein viel schmaleres Gesicht und ist stets mit gesenktem Haupt gezeigt. Die Identifikation ist also sehr zweifelhaft. Bei diesem Kopf soll – wie schon in der Einleitung des Abschnitts vorgetragen – die Bildung des Unterlides in der Zeichnung erkennen lassen, dass er nach dem Gipsabguss eines Bronzeoriginals gefertigt sein müsse. Schattierte Unterlider beziehungsweise Tränensäcke finden sich sehr viel ähnlicher aber in der Wandmalerei des ersten nachchristlichen Jahrhunderts. Man kann etwa den berühmten Herakles in dem Telephosbild aus Herkulaneum vergleichen (s. M. M. Gabriel, Masters of Campanian Painting [New York 1952] Taf. 3). In solchen Köpfen findet sich auch die breite parallele Schattierung für das Volumen des Gesichts. Man wird sehen, dass es auch bei anderen Köpfen des Artemidorpapyrus Indizien dafür gibt, dass sie auf malerischen Vorlagen basieren.

Der bärtige Kopf im Profil mit vorspringendem Bart und in die Stirn hängender Anastole R 2 wird mit Vatergottheiten wie Zeus, Poseidon und besonders Saturn verglichen. Bei genauer Betrachtung sind die Haare aber weitgehend von gezackten Blättern bedeckt, die deutlich in mehreren Schichten übereinander liegen. Dies wird als Schleier des Saturn gedeutet, was nicht zutreffen kann. Der Kopf dürfte vielmehr auch wegen der schlängelnden Gebilde am Hals (Schlangen oder Seetang) einen Okeanos darstellen. Ein vergleichbarer Kopf des ersten Jahrhunderts findet sich in Stuck modelliert in den Forumstermen von Pompeji (J. Overbeck / A. Mau, Pompeji[4] [Leipzig 1884] 204 Abb. 117; Negativ im Deutschen Archäologischen Institut Rom 31.2836). Noch ähnlicher sind spätere Mosaiken, etwa im House of the Calender in Antiochia (F. Çimok, Antioch Mosaics. A Corpus [Istanbul 2000] 46 f.). Auch hier ist eine Herkunft der Zeichnung aus der Flächenkunst also wahrscheinlicher.

Vom nächsten Kopf ist nur der lange Bart, ein Teil der Nackenhaare sowie Teile des Abdrucks der Kalotte erhalten (R 19). Die kürzeren Nackenhaare sind nur leicht gebogen, die längeren Barthaare gelegentlich eingerollt. Adornato sieht beim Bart Parallelen in der Skulptur des Strengen Stils, bei den Nackenhaaren im vierten Jahrhundert wie in dem Porträt Platons. Eher zu vergleichen wäre in der Wandmalerei der kleinformatige Zeus der Farnesina mit ähnlich geschlossenen Konturen (M. R. Sanzi di Mino, La Villa della Farnesina in palazzo Massimo alle Terme [Mailand 1998] Abb. 97).

Die Korkenzieherlocken dieses kleinen Gemäldes verbinden sie auch mit dem Kopf R 20, einem jugendlichen Haupt in der Art des Strengen Stils. Das Erscheinungsbild der langen, weit auf die Brust herabhängenden Locken lässt sich schlecht mit der These verbinden, dass diese Zeichnung auf Abgüsse von Köpfen zurückgehe, die in der Werkstatt hingen (S. 615).

Das gilt auch für den rätselhaften Kopf R 21 mit riesigen Augen und starrem Blick, fliehendem Kinn, komplizierten Locken und wiederum weit herabhängenden, sich überkreuzenden Korkenzieherlocken. Da der Hals unter dem Kehlkopf in glatter Linie endet, kann man sich einen Abguss des Kopfes mit solchen Locken als Vorbild schwer vorstellen. Ein gemaltes Vorbild, vielleicht ein von Perseus gehaltenes Gorgoneion, scheint plausibler. Eine genaue Parallele ist allerdings nicht bekannt. Der Kopf mit Buckellocken R 23 wird von Adornato als später Ptolemäer gedeutet. Er gehört ebenfalls zu einer ganzen Figur, wie Halsausschnitt und Schulter erkennen lassen. Insgesamt scheinen die Köpfe wie die Hände und Füße des Papyrus eher als Studien nach Gemälden und als Vorlagen für spätere Malereien oder Mosaiken denkbar denn als Kopien nach Abgüssen. Trifft diese Deutung zu, müssen wir uns im ersten nachchristlichen Jahrhundert in Ägypten klassizistische Gemälde vorstellen, zu denen wir im Westen bisher nur in den Bildern der Farnesina und in den Marmorgemälden aus den Vesuvstädten Parallelen haben. Das würde unser Bild von der Spätphase der alexandrinischen Kunst erheblich bereichern.

Eine Zusammenfassung von Settis unter dem Titel ›Il contributo del papiro alla storia dell'arte antica‹

(S. 581–616) rundet den Band ab. Sicher zu Recht betont er, dass die Zeichnung als Vorübung der Malerei, für die wir vor allem zu den Malern des vierten vorchristlichen Jahrhunderts schriftliche Überlieferungen haben, auch später noch große Bedeutung gehabt haben muss. Weitere Forschungen sollen folgen (s. auch S. Settis, Artemidoro. Un papiro dal I secolo al XXI [Turin 2008]).

Es sind hier vor allem Bedenken und Korrekturmöglichkeiten vorgebracht worden. Zum Schluss soll noch einmal der Gewinn betont werden, den die ausführliche und gelehrte Vorlage dieses für uns einmaligen Werkes bedeutet. Vieles wird weiter in der Diskussion bleiben, die sich aber immer auf dieses Buch wird stützen müssen.

Bonn   Harald Mielsch

Rom und Provinzen

José María Blázquez, **Arte y Religión en el Mediterráneo Antiguo.** Ediciones Cátedra, Madrid 2008. 512 pages, avec quelques illustrations en noir et blanc.

Depuis une vingtaine d'années, le Professeur José María Blázquez se propose réunir périodiquement dans un livre, des articles publiés dans des revues dispersées.

Étant donné qu'après son doctorat (1956) sur les religions primitives d'Hispania (dont le premier – et unique – volume, sur les ›Fuentes Literarias y Epigraficas‹ a été publié en 1962), il s'est toujours intéressé à ce domaine de la religion, des cultes et divinités, les titres de ses ouvrages tournent toujours autour de cette thématique, à laquelle l'Auteur ajoutait souvent les manifestations artistiques, surtout celles constituées par les mosaïques: ›Imagen y mito. Estudios sobre las religiones mediterráneas e ibéricas‹ (1989), ›Mitos, dioses y héroes en el Mediterráneo antiguo‹ (1999), ›Religiones, ritos y creencias funerarias en la Hispania prerromana‹ (2001), ›El Mediterráneo y España en la Antigüedad‹ (2003), entre autres.

On ne sera donc pas surpris en sachant que le dernier volume publié (Madrid, 2006) a pour titre ›El Mediterraneo. Historia. Arqueología. Religión. Arte‹. C'est vraiment son domaine et, comme il publie beaucoup, il a toujours des nouveautés à y inclure.

›Arte y Religión en el Mediterráneo Antiguo‹ rassemble vingt-neuf articles suivant un ordre chronologique entre 1961 et 2007 (la provenance des articles est indiquée p. 501 s.). En effet, le titre ›art et religion‹ recouvre un ensemble très varié de thèmes, un peu ›éloignés‹ les uns des autres parfois, si l'on pense au seconde chapitre, sur les sources littéraires relatives à la pêche et à son rôle économique dans l'Antiquité (p. 21–37); au quatrième chapitre, sur les mines hispaniques et sur la Méditerranée à la fin de la République romaine (p. 51–72); au sixième chapitre, où l'auteur nous parle des conduites sexuelles et des groupes marginaux d'après la poésie de Martial et de Juvénal (p. 107–123); ou bien aussi au dixième chapitre, qui traite de l'exploitation de la pourpre sur les côtes atlantiques (p. 171–178).

L'ouvrage ne comporte pas simplement des études larges sur les mosaïques (un des thèmes de prédilection de Blázquez) ni sur les divinités indigènes (dont il ne cesse de mettre à jour les listes), mais tout un ensemble de thèmes concernant l'Antiquité romaine et préromaine et même le Proche-Orient ancien. Une place importante (toute la quatrième partie, p. 315–499) est accordée aux mosaïques de toute la région méditerranéenne, d'Hispania, d'Afrique du Nord, notamment du Musée du Bardo, et à celles de la surprenante collection de l'Hôtel Villa Real de Madrid (p. 455–499).

L'index (p. 503–511) est certes assez minutieux, obéissant, d'ailleurs, aux sous-titres dont l'Auteur aime parsemer ses articles pour bien attirer l'attention de son lecteur, ayant conscience aussi (j'en suis sûr!) que, par ailleurs, il serait difficile à suivre, étant donné le très vaste éventail de renseignements qu'ils nous fournit.

Il ne s'agit donc pas d'indices thématiques, onomastiques, géographiques qui rendraient, en effet, plus aisée la recherche, car ce livre n'est pas à lire d'un bout à l'autre, mais se veut utile au spécialiste. De même, en ce qui concerne la bibliographie, les articles sont ici publiés comme ils l'ont été dans la revue ou dans l'original: d'où la bibliographie est tantôt placée à la fin, tantôt et le plus souvent en note de bas de page.

Au total, on trouvera à peu près tout dans ce livre, très dense, d'autant que l'Auteur est doué d'une érudition étonnante; il s'est toujours intéressé à tous les domaines de l'Histoire Ancienne et de l'Archéologie méditerranéenne (de l'Europe et aussi, bien sûr, de l'Afrique romaine) et aux débuts du Christianisme.

Pour illustrer un peu cette exceptionnelle densité de l'information, on peut – et l'exemple est pris totalement au hasard – transcrire le passage suivant du sixième chapitre (›Conductas sexuales y grupos sociales marginados en la poesía de Marcial y Juvenal‹):

»En una soberbia escultura hallada en las proximidades de Pompeya, un sátiro se dispone a realizar un coito a dietro, de pie, con una ninfa. La escena se repite en un bronce pompeyano. La postura coital en esta pieza se realiza more ferarum, postura citada por Aristófanes en Lisistrata y en el libro IV de De rerum natura de Lucrecio« (p. 117).

Quatre lignes, quatre ›sujets‹: une sculpture, un bronze, deux citations approximatives. C'est suffisant pour une référence de culture générale et pour quelqu'un qui n'est pas un chercheur; mais si quelqu'un veut effectuer une étude approfondie sur ce thème, il n'a ici que des pistes très ténues, auxquelles on fait confiance mais qui ne sont pas assez précisément documentées: où, dans Lisistrata, Aristophane fait-il allusion à cette pratique sexuelle? Où peut-on savoir quelque chose de plus sur ce bronze pompéien: est-il conservé au Musée de Naples?

Prenons le cas de la décoration des monuments funéraires au quatorzième chapitre, ›Estela hispanorromana con águila‹ (p. 207–213). Il s'agit de la stèle trouvée à Vilar de Sarriá (Lugo), dont la scène, à cause de l'aigle représentée ailes déployées (outre un bateau à voile et un dauphin), a été considérée comme la représentation d'Ulysse et des sirènes. Blázquez n'est pas d'accord et, à son avis, le bateau symbolise le voyage du défunt vers l'au-delà et l'aigle son ascension au ciel. On parcourt alors sept pages remplies d'exemples pris dans toute la Méditerranée et à toutes les époques de l'Antiquité. On parle, à un certain moment (p. 213) de Ba'alshamin, qui est le ›seigneur du ciel‹, nom donné, au deuxième millénaire avant J.-C., aux divinités suprêmes »de los panteones sirio-palestinos, sumero-acadios y anatolios«, sans aucune référence bibliographique. Et l'Auteur finit ce chapitre avec ce paragraphe:

»De un dios solar simbolizado por el águila se pasó, probablemente, al águila con carácter psicopompo en las estelas y en las apoteosis de los emperadores, y con una concepción solar o astral de la ultratumba, muy extendida fuera y dentro de Hispania« (p. 213).

Il y a là tout un discours!

C'est son style, sa façon de nous stupéfier par l'ampleur d'un savoir que peu de savants peuvent se targuer de posséder.

Coimbra   José d'Encarnação

Brigitte Ruck, **Die Großen dieser Welt. Kolossalporträts im antiken Rom**. Archäologie und Geschichte, volume 11. Publisher Archäologie und Geschichte, Heidelberg 2007. 343 pages, 50 plates, 3 illustrations.

When one gazes at the colossal image of an historic person, whether it is a statue of Ramesses II at Abu Simbel, the fragments of Constantine's enormous statue in Rome or the Presidential portraits on Mount Rushmore, certain physical and emotional reactions are unavoidable. The act of craning the neck backward to look up at the huge image, and the resulting vertigo, the inevitable comparison of its scale with one's own stature, and the consequent feelings of insignificance and vulnerability evoke a range of powerful responses. Patrons who commission such images and artists who execute them may hope to inspire religious awe, humble loyalty, delight at the technological daring of the works, or blunt intimidation. Not infrequently, they seek all these reactions simultaneously: works like those at Abu Simbel, for example, not only presented the king as a god incarnate but reminded the Nubians none too subtly that a ruler capable of such costly feats of engineering must also command a formidable military force. The actual reactions that such sculptures evoke range from the desired responses to their opposites: contempt for the grandiosity of their patrons, resentment of their extravagance, and aesthetic condemnation of their obtrusive presence. Percy Bysshe Shelley's sonnet ›Ozymandias‹ gloats over the fate of a gigantic statue of Ramesses similar to those at Abu Simbel, transformed by time from a demonstration of power to a symbol of mortality: »Gaze on my works, ye mighty, and despair.« Indeed, over-life-size images of a ruler make the most obvious and easy targets for vengeful destruction after his fall, a fact demonstrated by the fate of monuments from Domitian's huge equestrian monument in the Roman Forum to Saddam Hussein's statue in Baghdad.

The heavy emotional and political baggage that colossal portraits carry, therefore, justifies special attention to works of this format, their original contexts and their historical implications. Brigitte Ruck's study, based on her doctoral thesis, is a welcome contribution to scholarship on Roman portraiture, and one that will provide her fellow scholars with a useful source of information and methodology in the coming years. Her approach and choice of material differs from but complements that of Detlev Kreikenbom's earlier survey: she examines material from a much narrower geographical range, but a longer time span, and a broader variety of artifacts. Kreikenbom's 1992 volume ›Griechische und Römische Kolossalporträts bis zum späten ersten Jahrhundert nach Christus‹ surveyed extant colossal sculptures from the entire Mediterranean region, ending, as the title indicates, with the early principate of Trajan. Ruck confines her survey to material in or from the city of Rome, but expands her focus to include not only surviving sculptures but bases and inscriptions, as well as literary records of lost works. These latter include the huge statue of Nero in the guise of Sol that originally stood at the entrance to his Golden House, and the great Equus Domitiani in the Roman Forum, described in helpful although frustratingly imprecise detail by Statius (Silvae 1, 1). By focusing on a small but significant location, she is able to examine material from a five hundred year period, works that most probably inspired emulation throughout the Roman Empire and set trends that patrons elsewhere followed. The decision to focus only on works from within the ancient city limits, unfortunately, requires the exclusion of one of the most beautiful surviving colossi of Roman antiquity, the great Antinous-Bacchus from Tivoli, only about thirty kilometers from Rome, which now stands in the Sala Rotonda of the Vatican. Antinous's dramatically god-like images must therefore be represented only by two fragmentary works of city-Roman provenance (catalog nos. 24 and 25). Nonetheless, the decision to focus only on the capital city is a reasonable one, since the body of material that Rome provides is already quite extensive.

The catalog of this material, presented in table format on pages 279–300, includes a total of 115 surviving objects: 72 sculptures, and 42 statue bases. Ruck subdivides the extant sculptures into works that were certainly or very probably found in Rome, on the one hand (catalog 1.1, nos. 1–46), and those for which a city-Roman provenance can be inferred (catalog 1.2, nos. 47–64), on the other. She further subdivides each of those groups into male and female portraits. The inscribed blocks and tablets she groups into bases that are fully or almost fully preserved (catalog 2.1, nos. 73–81) and those that are fragmentary, but whose original dimensions can be reconstructed using epigraphical methods (catalog 2.2, nos. 82–115). These groups are subdivided into inscriptions for emperors or members of the imperial house, on the one hand, and magistrates on the other. In many cases, it is clear that Ruck has not only seen but measured and examined these objects herself, although in others she has had to rely on information from the Corpus Inscriptionum Latinarum, since many of these blocks are inaccessible, or partially obscured by their present display.

Where first-hand measurement of objects is not practical, Ruck makes effective use of secondary sources. The Capitoline Museums, for example, contain a very large number of portrait sculptures, both life size and over life size, for which the catalogue by Klaus Fittschen and Paul Zanker provides thorough and reliable measurements. In Table 1 (pp. 22–25), she compares the measurements of these objects, reconstructing the total height of a statue to which a portrait head could belong by calculating the ratio of the head or face to the overall height of the body. (It does not matter if these heads actually did belong to complete statues, as opposed to busts; the object is to determine how closely they do or do not approximate life-size). The results demonstrate that the great majority of surviving sculptures fall within the range of life-size to about one and one half times life size, while those of more than one and one half times life size are the outliers, the works that must have impressed their contemporaries with their unusually large proportions. She thus arrives by a slightly different route at the same definition of »colossal« dimensions that Kreikenbom adopted (op. cit. 3–6).

Applying a similar method to the widths of statue bases and their inscription tablets, she determines that the normal range of size is a total width of 105 centimeters or less, and a width for the central, inscribed area of the tablet of 85 centimeters or less. The outliers have total widths ranging from 121 to 134 centimeters, and mid-section widths of 96 to 115 centimeters (Tables 4–5, pp. 28–33). Inferring the height of a statue that a base could support, based on the evidence of cuttings for marble plinths or bronze dowels, and of the ratios of height to maximum width in well preserved statues, she arrives at the conclusion that a standing figure would have a ratio of about little more than two-and-a-half times the width of the inscription. A colossal statue, then, would require a base with a middle section of at least one meter. If only the tablet, rather than the entire base, survives, however, one must allow for the possibility that the statue was seated or mounted on horseback in which case the width of the sella curulis or of the horse's body would require a broader plinth for a life-size figure. Statues that shared a base with several other portrait statues would also have to be somewhat more compact than those on individual bases, to allow room between the figures for extended arms and attributes. Table 8 (p. 135), therefore, provides a very useful guide for the height of statues in each of those common formats that could belong to inscriptions of widths ranging from 60 to 180 centimeters.

Ruck divides her text into five chapters: definition of colossal scale; contexts of exhibition of colossal portrait statues; a chronological survey from the Republic through the era of the third-century soldier emperors; colossal statues of late antiquity; and conclusions. In all of these sections, she bases her inferences on meticulous study of the physical evidence, and application of her own method. The second chapter, on the architectural settings of colossal statues, is particularly helpful in reconstructing how the Roman viewer would have interacted with these objects: as cult images or votive offerings in temples; as freestanding statues in open spaces; in the niches of an architectural façade; atop triumphal arches, columns, or monumental tombs; on the estates both of private citizens and of imperial figures (the great colossus of Nero originally belonged to this category), or within tombs. It is here that her survey of inscriptions and bases is particularly helpful in reconstructing lost sculptural programs that once formed an organic part of their architectural settings. Inevitably, however, when the evidence consists of incomplete bases or tablets, Ruck must often concede that the evidence for colossal scale of the statues they once supported is inconclusive.

Having established this groundwork for the settings of the statues, Ruck can then demonstrate persuasively in the following chapters how the competition in each successive dynasty to outdo its predecessors led to an expansion of scale both in building programs and in the sculptures that decorated them. Thus, over life size statues of the living emperor, which Augustus carefully avoided along with any suggestion of Hellenistic claims to divine kingship, had become commonplace by the time of Trajan. The Forum Traiani was essentially an enlarged version of the Forum Augustum, closely modeled on the former in its layout and sculptural program, but much more spacious. Statues that occupied comparable positions in the later complex, such as the equestrian statue of the emperor in the center of the open space, could no longer be life-size without being dwarfed by their surroundings. The allegedly Christian emperor Constantine, ironically, employed even more extravagantly divine iconography for his own image than most of his predecessors. The huge statue whose fragments stand today in the Palazzo dei Conservatori may have been recut from a posthumous statue of the deified Hadrian. In its new context, however, the statue appropriated the imagery and scale of an enthroned Jupiter to a lifetime representation of the emperor. The find spot of the fragments in the Basilica of Maxentius and Constantine leaves little doubt that it did not stand in an architectural niche, as had been standard for portrait statues within buildings, but in the center of the eastern apse. Such a position evoked the placement of a divine cult statue in a temple.

The photographs, drawings and diagrams that appear in fifty plates serve their purpose quite well in clarifying Ruck's descriptions and analysis. All are in black and white, and the great majority of photographs are in quarter-page format or smaller, which does not allow the illustrations of sculpture to convey much artistic nuance. Stylistic analysis, however, is not the focus of this book, and the decision to opt for thorough illustration rather than more beautifully produced images is appropriate. This is not, obviously, a book with much appeal for general audiences or undergraduate students, but will be a very useful source for scholars dealing with portrait sculpture or epigraphic material connected with portraiture.

Oakland University   Susan Wood

Wolfgang Ehrhardt, **Casa delle Nozze d'argento (V 2, i)**. Häuser in Pompeji, Band 12. Verlag Hirmer, München 2004. 284 Seiten und 823 Abbildungen.

Das gewaltige Buch im Großfolioformat ist der zwölfte und voraussichtlich letzte Band der von Volker Michael Strocka im Auftrag des Deutschen Archäologischen Instituts und der Soprintendenza Archeologica di Pompei herausgegebenen Reihe ›Häuser in Pompeji‹, die somit zwanzig Jahre nach dem Erscheinen des ersten Bandes ihren Abschluss findet. Wolfgang Ehrhardt resümiert in seiner Einleitung kurz zur Geschichte des Projektes (S. 7 f.), welches über Jahrzehnte hin von der Deutschen Forschungsgemeinschaft finanziert wurde, und nennt noch einmal das Hauptanliegen, nämlich die Dokumentation in Bild und Wort der empfindlichen und besonders vom Verfall bedrohten Wandmalereien beispielhaft ausgesuchter Häuser. Tatsächlich geht das Unternehmen von Beginn an über diese Absicht hinaus, indem es sich auch mit der Architekturgeschichte, den Fußböden und den beweglichen Funden befasst, doch wird den Malereien immer besondere Aufmerksamkeit geschenkt. Die starke Konzentration auf die Dokumentation und die Beschränkung eines jeden Bandes auf ein einzelnes Haus bedingen einen »mikrohistorischen Ansatz« (S. 7), der die Autoren ebenso konditioniert hat wie der ausdrückliche Verzicht auf Grabungen und eine Reihe von editorischen Vorgaben des Herausgebers. Diese Charakteristika sind in den Besprechungen zu früheren Bänden der ›Häuser in Pompeji‹ immer wieder besprochen worden, so dass hier darauf verzichtet werden kann. Allerdings will der Rezensent nicht verschweigen, dass er dem Konzept der Reihe grundsätzlich zustimmt und zudem positiv voreingenommen ist, da er selbst einen der vorangegangenen Bände verfasst hat. Zweifellos hat das Projekt zusammen mit anderen vergleichbaren Unternehmungen, die von Forschern aus aller Welt in Pompeji durchgeführt wurden und werden, dazu beigetragen, unseren Kenntnisstand erheblich zu verbessern. Getrübt wird diese positive Bilanz lediglich dadurch, dass die bei der Porta Marina gelegene Villa Imperiale, deren Publikation ebenfalls vorgesehen war, nun wohl nicht mehr erscheinen wird.

Der vorliegende Band Ehrhardts ist das umfangreichste Buch der Reihe und setzt hierdurch schon rein quantitativ einen gewichtigen Schlusspunkt. Der Rezensent weiß aus eigener Erfahrung, dass die Herstellung der Dokumentation eine langwierige und mühselige Arbeit ist, für die der Autor und seine Mitarbeiter Anerkennung verdienen. Vor allem die Wandmalereien des Hauses sind in gewohnter Weise in zahlreichen, zum Teil hervorragenden Fotos und in sorgfältigen Graustufenzeichnungen in einem Fünftel Größe dokumentiert, die viele Details zeigen, die vor Ort mit bloßem Auge und ohne Kunstlicht gar nicht mehr zu erkennen sind. Jede Wand und jedes in situ befindliche Detail ist abgebildet und beschrieben, so dass auch spezielle Detailfragen beantwortet werden können. Der dokumentarische Hauptteil des Buches (S. 27–185) liefert die Grundlage für jede zukünftige wissenschaftliche Auseinandersetzung mit diesem Haus.

Es ist allerdings schade, dass einige Aspekte des Befundes weniger sorgfältig dokumentiert worden sind, obwohl dies nur einen relativ geringen Mehraufwand bedeutet hätte. So wird zur Epigraphik, also vor allem zu den im Hause gefundenen Graffiti, jeweils nur die bisherige Literatur zitiert, in erster Linie die frühen Grabungsberichte und das Corpus Inscriptionum Latinarum (z. B. S. 49, 110 und 131). Auch wenn die meisten Wandkritzeleien heute nicht mehr lesbar sind, hätten sie doch zumindest in ihrem Wortlaut nach den älteren Publikationen wiedergegeben werden können, zumal in einigen Fällen im auswertenden Teil auf sie Bezug genommen wird.

Nur diejenigen beweglichen Funde, die noch heute im Hause vorhanden sind, werden ausführlich gewürdigt, wie die Brunnenschale und das Puteal im Atrium ›d‹ (S. 49 f.). Darüber hinaus wird nur aus den alten Grabungsberichten zitiert. Der Verfasser begründet dieses Verfahren in der Einleitung damit (S. 7), dass das bewegliche Inventar in der Kölner Dissertation von Bernhard Sigges aus dem Jahr 2000 bearbeitet wurde, die in elektronischer Form zugänglich ist: »Vita cognita. Die Ausstattung pompejanischer Wohnhäuser mit Gefäßen und Geräten untersucht an ausgewählten Beispielen«, auffindbar auf dem Kölner Universitätspublikationsserver. Ein Abdruck im vorliegenden Buch sei hingegen aus Kostengründen nicht möglich gewesen. Dies ist keine überzeugende wirklich Begründung, da das Buch auch jetzt schon fast zweihundert Euro kostet und für die meisten Privatkunden damit ohnehin zu teuer sein dürfte. Jetzt ist man gezwungen, zwei Publikationen nebeneinander zu benutzen und das, was in Ehrhardts Buch fehlt, aus Sigges' Dissertation zu ergänzen. Der dortige zusammenfassende Abschnitt zur Casa delle Nozze d'argento wiederholt vieles, was auch in Ehrhardts auswertendem Teil (S. 190–270) steht, während auf die bewegliche Ausstattung praktisch nicht eingegangen wird.

Die sehr ausführlichen verbalen Schilderungen der Wanddekorationen und der Architektur entsprechen den oben erwähnten Vorgaben des Herausgebers und sind in allen Bänden der Reihe ähnlich. Sie stehen in der deutschen Tradition der ausführlichen Denkmälerbeschreibung, mit deren Hilfe man das Untersuchungsobjekt zu erfassen und zu begreifen sucht. Vor allem die Darstellungen zum Mauerwerk sind aber mitunter sehr wortreich und nicht immer leicht nachzuvollziehen, und es stellt sich die Frage, ob man bei derartigen technischen Beschreibungen in Zukunft nicht stärker schematisieren und strukturieren sollte. Ein Modell könnte hier das in Italien weit verbreitete Erfassungsschema der ›stratigraphischen Mauereinheiten‹ (»unità stratigrafica muraria«) sein, wie es zum Beispiel im ersten Band der von Filippo Coarelli und Fabrizio Pesando herausgegebenen Publikation ›Rileggere Pompei‹ zum Thema ›L'insula 10 della regio VI‹ (Rom 2005) verwendet wird. Die unterscheidbaren Bauphasen oder Bauabschnitte einer Wand werden dort als Einheiten begriffen und in Formblättern erfasst, was die Übersicht wesentlich erleichtert. Eine Mauer kann demzufolge aus nur einer oder auch aus mehreren Einheiten bestehen. Wenn man diese in die verfügbaren Schnitte und Ansichten einzeichnet, lassen sich die Ergebnisse der Bauuntersuchung einfacher vermitteln.

Eine wichtige Rolle kommt im vorliegenden Buch der Dokumentation der Unterputze zu, die von Reinhard Meyer-Graft untersucht wurden. Dessen Ergebnisse benutzt der Verfasser ausgiebig zur Klärung der Bau- und Dekorationsgeschichte, wobei er voraussetzt, dass jeder Unterputztypus in jeweils nur einer Bauphase verwendet worden sei. So stecken unter dem Dekorationsrest Ersten Stils im späteren Treppenhaus ›g‹ die Unterputze L 9 und 2 N 6, die in die erste Dekorationsphase datiert werden können. Hiervon ausgehend setzt Ehrhardt alle Putzreste des Hauses, die diesen Typen entsprechen, in die Gründungszeit, auch wenn diese keine erkennbare Verzierung mehr tragen. Diese Methode ist schon in einigen früheren Bänden der ›Häuser in Pompeji‹ zur Klärung der Bau- und Dekorationsgeschichte verwendet worden, was vereinzelt kritisiert wurde (vgl. R. Ling, The Insula of the Menander at Pompeii I. The structures [Oxford 1997] 23 f.). In der Tat handelt es sich nicht um ein allgemein anerkanntes und verbreitetes Verfahren, sondern um eine Untersuchungsmethode, die empirisch im Verlaufe des Projektes ›Häuser in Pompeji‹ entwickelt worden ist und darin besteht, die unter dem Mikroskop optisch wahrnehmbaren Charakteristika verschiedener Putzproben zu beschreiben und zu klassifizieren. Im deskriptiven Teil des Buches findet sich zu jedem Raum eine Tabelle, in welcher die Putze mit ihren Entnahmestellen aufgelistet sind, und die Angaben darüber enthält, in welchem Schichtenverhältnis die Straten gegebenenfalls zueinander stehen. Die einzelnen Typen sind mit Abkürzungen wie etwa UP L 13, UP M 7 oder UP 2 N 6 benannt, doch erfährt man nicht, wovon sich diese herleiten. Schwerer wiegt, dass die einzelnen Putztypen nirgends für den Leser nachvollziehbar definiert und beschrieben werden, weshalb unbekannt bleibt, welche Merkmale einen Typus konstituieren. Zwar sind achtzehn Proben unterschiedlicher Typen in Makroaufnahmen von vierfacher Größe farbig abgebildet (Abb. 806–823), doch fehlt hierzu jede Kommentierung; und auch wenn viele Unterschiede deutlich erkennbar sind, muss man doch zum Beispiel fragen, wie sich der Unterputz Ersten Stils P 5 (Abb. 806) zweifelsfrei von dem durchaus ähnlichen des Zweiten Stils L 12 (Abb. 816) trennen lässt. Der Verfasser sieht die aus den Putzuntersuchungen gewonnenen Ergebnisse als quasi naturwissenschaftlich erwiesen und objektiv richtig an, doch wegen der mangelnden Transparenz der Methode bleibt dem Leser nur die Wahl, dem Autor hierin einfach Glauben zu schenken oder eben nicht.

Neben der Casa del Labirinto ist die Casa delle Nozze d'argento zweifellos das berühmteste der in der Reihe vorgelegten Häuser, weshalb sich der Autor im auswertenden Teil des Buches (S. 186–270) mit den Ergebnissen und Hypothesen so bekannter Vorgänger wie August Mau, Amedeo Maiuri, Hendrik Gerard Beyen, Marietta De Vos und anderer konfrontiert sieht. In wesentlichen Punkten bestätigt er die bestehende Forschungsmeinung und legt somit zwangsläufig weniger neue Erkenntnisse vor, als es bei der Bearbeitung eines schlechter erforschten Hauses der Fall gewesen wäre. Dennoch sind seine Ergebnisse wichtig, denn auf Grundlage der minutiösen Dokumentation kann er offene Fragen entscheiden, zahlreiche Detailaspekte hinzufügen und bereits bestehende Hypothesen absichern. Die genaue Beobachtung des Mauerwerks, der Wanddekoration und der Fußböden liefert hierzu die Anhaltspunkte.

Die Casa delle Nozze d'argento gehört ebenso wie die benachbarte Casa del Cenacolo nicht zur ältesten Bebauung der Insula V 2 i, die in ihrer jetzigen Ausdehnung vermutlich im dritten Jahrhundert v. Chr. angelegt wurde (S. 186–189). Für die frühesten Strukturen ist ein Kalksteinfachwerk bezeichnend, welches in beiden Häusern fehlt. Sie sind vielmehr erst in der zweiten Hälfte des zweiten vorchristlichen Jahrhunderts entstanden, als ältere und vermutlich kleinere Häuser abgerissen wurden und eine Terrassierung des nach Süden abfallenden Geländes erfolgte.

In der Rekonstruktion des Gründungsbaus (S. 190–205, Plan Abb. 107) bestätigt der Verfasser weitgehend die Thesen Maus, weicht aber von dessen Datierung in die Zeit kurz vor 80 v. Chr. ab, wobei er sich insbesondere auf die stilistische und typologische Einordnung der Tuffkapitelle der Atriumssäulen stützt, die in das letzte Viertel des zweiten Jahrhunderts datiert werden können (S. 229 f.). Zu dieser Zeit besaßen die Zimmer am Atrium noch gewaltige, über vier Meter hohe Türen, und das später eingezogene Obergeschoss war noch nicht vorhanden. Das Tablinum war sowohl zum Atrium als auch zum Peristyl hin noch ganz geöffnet und wurde von den parallel angelegten Räumen ›p/q‹ und ›n‹ flankiert. An den Langseiten des Atriums, also im Westen und Osten, entsprachen die Türöffnungen einander, wodurch die Gesamtanlage weit symmetrischer wirkte als im heutigen Zustand.

Ein interessantes Ergebnis ist, dass der große Hortus 5 im Osten des Hauses nicht nur sicher in die erste Phase gehört, sondern zu dieser Zeit mittels dreier Türen und eines großen Fensters in der Rückwand der Ala 7 eng mit dem Atriumstrakt verbunden war (S. 194 f. sowie 201–203).

Gegen Maiuri und Beyen bestätigt Ehrhardt die Annahme Maus, wonach das Peristyl ›r‹ von Beginn an den rhodischen Typus mit erhöhter Nordportikus vertrat (S. 197–199), auch wenn die Säulen der drei anderen Seiten in ihrer aktuellen Gestalt jünger sind. Hingegen bleibt die alte Frage weiterhin ungelöst, ob die Casa del Cenacolo ursprünglich mit der Casa delle Nozze d'argento verbunden war, wie schon Mau annimmt. Einen breiten Durchgang zwischen den beiden Hallen, wie er in anderen Doppelatriumhäusern belegt ist, hat es nie gegeben. Bestenfalls gab es eine verwinkelte und nur mittelbare Verbindung über die kleineren Räume an der Nordseite der beiden Atrien (S. 204 f.).

Von der Ausstattung des Gründungsbaus haben sich in einigen Räumen am Atrium ›d‹ und am Peristyl ›r‹ relativ einfache Terrazzoböden erhalten (S. 230–232), während die Wanddekorationen Ersten Stils, abgesehen von dem eher zufällig erhaltenen Rest im Treppenhaus ›g‹, komplett den späteren Umbauten und Neudekorationen zum Opfer gefallen sind.

Das Haus des späten zweiten Jahrhunderts gehört in die Reihe der großen hellenistischen Stadtpaläste Pompejis und verfügt wie die Casa del Fauno in ihrer ersten Phase über ein Peristyl und einen Hortus. Da der Blick vom Atrium aus nach Süden in das große Peristyl und nach Osten in den Garten fiel, entstand fast der Eindruck, als befände man sich in einer außerhalb der Stadt gelegenen Villa, wie es auch in der deutlich bescheideneren Casa di Sallustio suggeriert wurde (S. 205–207).

Ehrhardt handelt im auswertenden Teil zunächst von der Baugeschichte (S. 186–228) und wendet sich anschließend den Wandmalereien und Pavimenten zu (S. 229–266), was zu manchen Vor- und Rückverweisen sowie Wiederholungen führt, denn die Chronologie der Bauphasen stützt sich auf die Datierung der Dekorationen und nicht umgekehrt, was der Verfasser selbst unterstreicht (S. 237).

So lässt sich die schon von Mau beschriebene bekannte Umbaumaßnahme, die im Atriumstrakt zur Absenkung der Raumhöhen und zur Anlage eines Obergeschosses führt (S. 207–218 und Abb. 108), dank der Wandmalereien des Zweiten Stils und des Kandelaberstils in die zweite Hälfte des ersten vorchristlichen Jahrhunderts datieren (S. 207). Das Atrium verlor hierbei seine streng symmetrische Anlage, und die hohen Türen der Seitenräume wurden deutlich abgesenkt. Da die Fauces und das Tablinum jedoch ihre ursprüngliche Deckenhöhe beibehielten, zerfällt das neue Obergeschoss in einen westlichen und einen östlichen Abschnitt, die nicht miteinander verbunden sind (S. 209–211 und Abb. 104). Insgesamt führen vier Treppen und vielleicht noch eine fünfte aus der Casa del Cenacolo in die Obergeschossräume, die nur zum Teil durch Türen untereinander verbunden sind und zudem unterschiedliche Fußbodenniveaus aufweisen. Dieses inhomogene obere Stockwerk macht keinen sehr repräsentativen Eindruck, und des Verfassers Einschätzung, hier seien »neue angenehmere Wohnmöglichkeiten geschaffen« worden (S. 211), ist nur schwer nachzuvollziehen.

Des Weiteren wurden die beiden Cubicula links und rechts der Fauces zur Straße hin geöffnet und somit in Läden umgewandelt, und es fand eine Reihe von Veränderungen im hinteren Teil des Hauses statt. Nach den Ergebnissen der Putzuntersuchungen gehört der Stylobat der umlaufenden Portikus im großen Hortus 5 in diese Phase. Auf ihm standen dieselben charakteristischen achteckigen Pfeiler wie auf der West-, Süd- und Ostseite des Peristyls ›r‹ sowie im korinthischen Oecus 4, der offenbar jetzt seine charakteristische Gestalt erhielt.

Die Fußböden dieser Bauphase gehören zu zwei Gruppen (S. 233 236) und sind bis zum Jahre 79 n. Chr. erhalten geblieben: In einigen Räumen am Peristyl ›r‹ und in der Ala 7 finden sich Tessellatmosaiken, unter denen der bunte und perspektivisch angelegte Boden des Raumes ›n‹ als besonders prachtvolles und deutlich der Zeit des Zweiten Stils angehörendes Exemplar hervorsticht (Abb. 446 und 449). Das Atrium ›d‹, die Fauces und die Ala 6 weisen hingegen einen schlichteren Signinumboden mit weißen Tessellae auf. Um eine Übersicht zu den Pavimenten des ganzen Hauses zu vermitteln, wäre es nützlich gewesen, einen Gesamtmosaikplan beizugeben.

Die Wandmalereien des Zweiten Stils und des Kandelaberstils, die für die Phase des späteren ersten vorchristlichen Jahrhunderts bezeichnend und datierend sind (S. 237–257), betrachten Mau und Beyen als gleichzeitig, wohingegen Marietta De Vos ein chronologisches Aufeinanderfolgen vorschlägt. Die von Ehrhardt herangezogenen Putzanalysen bestätigen die Unterschiedlichkeit der beiden Dekorationsformen und geben somit De Vos Recht. Dass die im korinthischen Oecus 4 und in weiteren Räumen an der Südseite des Peristyls gut erhaltenen Dekorationen Zweiten Stils trotz ihrer geschlossenen Komposition relativ spät zu datieren sind, ist schon von Beyen und anderen gesehen worden. Eine Reihe von Manierismen in den spärlich vorkommenden Wanddurchblicken und in den Ornamenten schließt eine allzu frühe Entstehung aus. Der Verfasser arbeitet die charakteristischen Merkmale der Malereien überzeugend heraus und vergleicht sie mit anderen Komplexen in Pompeji, aber auch mit Häusern wie der Casa di Augusto und der Villa della Farnesina in Rom und gelangt zu einer Datierung um 40 v. Chr., am Ende der Phase IIa nach Beyen (S. 239–249). Die jüngst von Irene Iacopi und Giovanna Tedone publizierten neuen Ergebnisse zum Augustushaus (Mitt. DAI Rom 112, 2005/2006, 351–378), nach denen die dortigen Malereien schon in die Jahre 42 bis 36 v. Chr. zu datieren sind, waren dem Autor noch nicht bekannt. Sie könnten, da sie einen entscheidenden Angelpunkt der Chronologie des späten Zweiten Stils betreffen, die Datierung auch der Casa delle Nozze d'argento um einige Jahre nach oben verschieben.

Gut erhaltene Abschnitte des Kandelaberstils finden sich im Atrium ›d‹ und in einer großen Nische im westlichen Abschnitt der Südwand des Peristyls. Hinzu kommen einige kleine Reste in Räumen am Atrium und im Garten (S. 249–256). Ehrhardt, der sich schon in früheren Arbeiten intensiv mit dem Kandelaberstil beschäftigt hat und zweifellos einer der besten Kenner der Materie ist, sieht in ihm mit Beyen eine Weiterentwicklung der geschlossenen Wände des Zweiten Stils und datiert die Dekorationen der Casa delle Nozze d'argento in die Zeit um 30 v. Chr., ganz ans Ende der Umbauphase, zu der er auch die Ausschmückung im Zweiten Stil rechnet. Gleichzeitig nimmt er an, dass die Wahl der verschiedenen Dekorationssysteme außerdem von den Raumfunktionen bedingt wurde (S. 253–254): In den Gesellschaftsräumen am Peristyl habe man den aufwendigeren Zweiten Stil bevorzugt, im eher öffentlichen Atrium hingegen den Kandelaberstil. In der relativen Schlichtheit all dieser Dekorationen, die in einem gewissen Widerspruch zur hohen Qualität der Ausführung steht, erkennt er die Absicht des Auftraggebers, den strengen und ehrwürdigen Eindruck des zu ersetzenden Ersten Stils zu erhalten. Vor allem die Dekoration des Atriums legt diesen Verdacht tatsächlich nahe, denn die Orthostaten der Mittelzone (Abb. 186 und 188) zeigen gar keine Kandelaber, sondern aufrecht stehende Quader mit Spiegeln, die am Ersten Stil orientiert scheinen.

Zur Zeit des Vierten Stils kam es zu einer Reihe kleinerer Baumaßnahmen, die den Charakter des Hauses jedoch wesentlich veränderten und nach Ehrhardt daher einem übergeordneten Plan folgten (S. 221–228), zumal sie mit einer weitgehenden Neudekoration der Wände einhergingen. Die wichtigsten Veränderungen sind der Rückbau der beiden Läden an der Straßenfront zu Cubicula, die Schließung aller Verbindungen zwischen der Atriumostseite und dem Garten 5 sowie in letzterem der Abriss der Portiken bei gleichzeitiger Anlage eines Stibadions mit Brunnenanlage. Hierdurch wurde der Hortus von einem Gymnasium in einen reinen Garten umgewandelt und zudem fast vollständig vom Rest des Hauses isoliert, wobei nur eine Verbindungstür zum Peristyl ›r‹ erhalten blieb. Schließlich gehört der Bade- und Küchentrakt westlich des Peristyls in seiner jetzigen Form in diese Phase.

Zur Datierung der Wandmalereien des Vierten Stils zieht schon Mau einen Graffito mit der Konsularangabe des Jahres 60 n. Chr. heran, der sich auf dem Putz einer der Säulen im Nordportikus des Peristyls fand (S. 219). In der Tat liegt die Vermutung nahe, dass die Säulen gleichzeitig mit der Neudekoration der Portikuswände verputzt wurden, und nach Ehrhardt wurde in beiden Fällen auch derselbe Unterputztyp verwendet, der sich zudem unter dem Vierten Stil im Oecus 4 und im Raum ›f‹ fand (S. 219–221). In seiner stilistischen und typologischen Analyse der Malereien stellt der Verfasser zudem heraus, dass die meisten Dekorationen so eng miteinander verwandt sind, dass sie einer einheitlichen neronischen Ausstattungsphase zugeschrieben werden können (S. 257–259). Diese ist vor oder in das Jahr 60 n. Chr. zu datieren und gehört somit dem sogenannten frühen Vierten Stil an. Der im Weiteren von Ehrhardt durchgeführte Vergleich der Architekturprospekte und der kräftigen Borten mit anderen Fresken des Vierten Stils, die auf Grund außerstilistischer Merkmale vor dem Erdbeben von 62 n. Chr. entstanden sein dürften, bestätigen diese Einordnung (S. 259–261). Leider äußert sich der Autor nicht dazu, inwieweit sich die Dekorationen der Casa delle Nozze d'argento andererseits von sicher oder wahrscheinlich späten Wänden Vierten Stils unterscheiden, was für die Frage interessant gewesen wäre, ob eine Feindatierung des Vierten Stils in Pompeji stilistisch und typologisch überhaupt möglich ist. Interessant ist in diesem Zusammenhang die Dekoration des Oecus ›q‹, die zwar auf Grund der Baugeschichte und der Putzproben mit den anderen Malereien gleichzeitig zu sein scheint (S. 259 sowie 264 f.), von diesen aber im Erscheinungsbild völlig abweicht. Die Borten sind durch feine Fruchtständer ersetzt, um die sich Ranken winden, in den überschlanken Prospekten erscheinen filigrane Kandelaber, und die Ornamentik ist reicher und kleinteiliger als in den anderen Räumen. Dieser Typus, der in gewisser Weise an Wände des frühen Dritten Stils erinnert, findet in Pompeji eine Reihe von Parallelen, unter anderen die namengebende Dekoration der Casa della Parete Nera, die gemeinhin für spät gehalten wird, und eine Wand in der Casa dell'Ara Massima, welche vermutlich in die Zeit vor 62 gehört. Dieser Befund macht deutlich, dass im Vierten Stil ganz unterschiedliche Systeme gleichzeitig auftreten und eine stilistische Trennung einer frühen von einer späten Gruppe in Pompeji praktisch nicht möglich ist. Ehrhardt thematisiert dies allerdings nicht, da es ihm allein darauf ankommt nachzuweisen, dass die Dekoration des Raumes ›q‹ derselben neronischen Phase angehört wie die anderen Malereien des Hauses.

Die alten Dekorationen des Kandelaberstils und des Zweiten Stils wurden in einigen Räumen im Vierten Stil ergänzt, was sich vor allem im Atrium ›d‹ und im

Oecus 4 gut beobachten lässt (S. 262 f.). Diese Reparaturen beinhalten zwar manche neuen und zeitgenössischen Ornamente, sind insgesamt aber bemüht, den Charakter der frühen Dekorationen zu bewahren.

In einem abschließenden Kapitel zu Haus und Bewohner schließt sich der Verfasser der Meinung Matteo Della Cortes und Henrik Mouritsens an und identifiziert Lucius Albucius Celsus auf Grund einiger Wahlinschriften beim Zugang des Vicolo und einiger Graffiti im Haus als dessen letzten Besitzer. Die Familie gehörte spätestens seit tiberischer Zeit zum Ordo der Stadt.

Wie alle Bände der ›Häuser in Pompeji‹ lässt das Buch eine sorgfältige redaktionelle Bearbeitung erkennen, und Druckfehler begegnen nur sehr vereinzelt. Der Autor drückt sich an manchen Stellen etwas kompliziert aus, was die Lektüre nicht eben erleichtert. So heißt es etwa auf Seite 265 »Zum dargelegten Verhalten (des Auftraggebers) paßt auch die ansonsten nicht den restlichen Neubemalungen des Vierten Stils kommensurable Ausmalung des Raumes q«, und ein Abschnitt zu den Dekorationen späten Zweiten Stils trägt die Überschrift: »Opposition von architektonisch dominierten und pretiös kabinetthaften Raumdekorierungen« (S. 239). Derartige Formulierungen erfordern schon von einem deutschsprachigen Leser einiges Nachdenken und stellen für alle anderen vermutlich eine nur schwer zu überwindende Hürde dar. Daher ist es ein willkommener Abschluss, dass dem Buch neben einer Zusammenfassung auf Deutsch (S. 271–275) auch ein Riassunto auf Italienisch beigegeben ist (S. 276–280), der Lingua Franca der Pompejiforschung.

Ehrhardt hat das Projekt der ›Häuser in Pompeji‹ über viele Jahre hinweg wissenschaftlich betreut und als einziger Autor drei gewichtige Bände beigesteuert, nämlich zur Casa dell'Orso (1988), zur Casa di Paquius Proculus (1998) und schließlich zur Casa delle Nozze d'argento (2004). Hiermit hat er einen wesentlichen Beitrag zur Grundlagenforschung geleistet und eine beeindruckende Dokumentation vorgelegt, die auch in Zukunft von bleibendem Wert sein wird.

Rom   Thomas Fröhlich

Michele Borgongino, **Archeobotanica. Reperti vegetali da Pompei e dal territorio vesuviano.** Studi della Soprintendenza archeologica di Pompei, Band 16. Verlag L'Erma di Bretschneider, Rom 2006. 232 Seiten, 35 Abbildungen.

Der Ausbruch des Vesuvs im Jahre 79 n. Chr. war nicht nur eine Naturkatastrophe, die mehrere Städte und Gemeinden verschüttete und Tausende von Menschen das Leben kostete, sondern sie überlieferte auch der Nachwelt eine Momentaufnahme des Lebens in der italischen Provinz während der frühen Kaiserzeit mit allen seinen Facetten, die seit dem achtzehnten Jahrhundert Gegenstand archäologischer Forschungen ist. Zu den Funden zählen auch verkohlt erhaltene pflanzliche Materialien, von Früchten oder Samen von Nahrungspflanzen über Holzkohle und Fasern beziehungsweise Geflecht bis zu Brot und Gebäck.

Der vorliegende Band präsentiert alle bisher bekannt gewordenen pflanzlichen Funde, katalogisiert sie und stellt sie in einen kulturgeschichtlichen Kontext unter Berücksichtigung der archäologischen und historischen Quellen in Italien. Dieser Überblick gliedert sich in die Kapitel: Früchte, Gemüse und Hülsenfrüchte, Getreide, Gewürze, Faserpflanzen, Futterpflanzen und harzliefernde Pflanzen. Das Kapitel über die Früchte ist mit wunderschönen farbigen Abbildungen von Wandmalereien aus den beim Ausbruch verschütteten Orten ausgestattet.

Der nachfolgende Katalog umfasst weit über fünfhundert Nummern. Er ist den gemeinsprachlichen italienischen Artnamen folgend alphabetisch geordnet. Es folgt jeweils die Inventarnummer des betreffenden Museums, gefolgt von einer kurzen, aber aussagekräftigen Fundbeschreibung mit Literaturhinweisen und gegebenenfalls weiteren Anmerkungen. Die meisten Katalognummern sind mit guten Schwarzweißfotos oder Zeichnungen mit hohem Erkennungswert dokumentiert.

Beim bloßen Durchblättern des Katalogs offenbart sich dieser als reich gefüllte Schatztruhe. Das beginnt – den italienischen Bezeichnungen alphabetisch folgend – mit verkohlten Knoblauchzehen, führt über Hanfsamen, Früchte des Johannisbrotbaumes, Esskastanien, dann die häufigen Küchenzwiebeln und Datteln, schließlich Emmer und Ackerbohnen zu getrockneten Feigen, Heu mit zahlreichen Grünlandarten, Eichengalläpfeln, die wohl zur Bereitung von Eisengallustinte vorgesehen waren, schließlich bis zu versteinerten Weinrückständen aus einer Amphore. Dazwischen reiht sich mit Getreide, überwiegend wohl Hartweizen, aber auch Gerste, ferner Linsen, die Früchte und das Gewebe von Lein, Mandeln, Granatäpfel, Rispen- und Kolbenhirse, Hasel- und Walnüsse, Oliven, Pfirsiche, Pinienkerne, Erbsen, Speierling, Pflaume, Weintrauben einschließlich Tresterfunden, Linsenwicken eine Liste, die an das Register der Zutaten eines italienischen Kochbuches erinnert. Den Abschluss bilden veränderte pflanzliche Nahrung, hauptsächlich Brot und anderes Gebäck sowie Gefäßinhalte. Die Bilder dokumentieren einen Erhaltungszustand, der die meisten Archäobotaniker mit Neid erfüllen könnte.

Dem Katalog schließt sich ein Kapitel über Vorratsgefäße für pflanzliche Nahrungsmittel an. Am Ende des Werkes werden die erfassten Funde in diversen Listen dokumentiert. Das beginnt mit einer floristischen Übersicht der belegten Arten alphabetisch nach Familien und innerhalb derer wiederum alphabetisch geordnet. Es folgt eine chronologisch nach Funddaten geordnete Liste, beginnend am 4. April 1740 und bis 2000 reichend. Den Schluss bildet eine tabellarische Erfassung nach Fundort und Aufbewahrungsort.

Das Literaturverzeichnis ist vergleichsweise knapp gehalten und beschränkt sich neben den Klassikern vor allem auf die italienischsprachige Literatur.

Als einziger Wunsch bleibt vielleicht offen, dass man das Material vielleicht gerne in einen größeren und ausführlicheren ernährungsgeschichtlichen Kontext gestellt gesehen hätte, und zwar in räumlicher Hinsicht, was den Zeithorizont, also die frühe römische Kaiserzeit betrifft, in zeitlicher, was die italienische Halbinsel betrifft. Man hätte also gerne erfahren, was zur Ernährung in neronisch-claudischer Zeit in anderen Teilen des Imperiums bekannt ist, und wie sich die Nahrungswirtschaft in Italien vor der Kaiserzeit entwickelte. Dennoch ist das Werk für jeden Archäobotaniker und Archäologen eine lohnende Anschaffung, wenn nicht ein Muss.

Gaienhofen-Hemmenhofen   Manfred Rösch

Maria R[adnoti]-Alföldi, **Die Fundmünzen der römischen Zeit in Deutschland. Abteilung IV: Rheinland-Pfalz, Band 3: Stadt und Reg[ierungs]bez[irk] Trier**, [Teilband 4:] Stadt Trier, Straßen rechts der Mosel A–K (3022–3110). 2007. 407 Seiten. – [Teilband 5:] dass. L–Z (3111–3186). 2007. 407 Seiten. – [Teilband 6:] Stadt Trier, Ortsteile links der Mosel. Trier und Umgebung (3187–3197). Nachträge und Ergänzungen. 2008. 187 Seiten. – Verlag Philipp von Zabern, Mainz. Jeweils mit Kartenbeilage.

Römische Geldstücke werden schon seit Jahrhunderten als historische Quelle herangezogen. Ein richtiges Instrumentarium zur Vermeidung von Fehlinterpretationen von Münzfunden wurde aber erst im Laufe des zwanzigsten Jahrhunderts entwickelt. Dies geht davon aus, dass stets der Gesamtzusammenhang eines Fundes zu beachten ist. Um dies zu ermöglichen, begründeten Hans Gebhart und Konrad Kraft 1952 das Projekt ›Fundmünzen der Römischen Zeit in Deutschland‹, dessen Leitung die Autorin dieser Bände seit 1970 mit viel Tatkraft innehatte. Inzwischen liegt der größte Teil der Edition für Deutschland einschließlich der ostdeutschen Länder vor. Dabei handelt es sich um reine Inventarbände nach festem Schema ohne Abbildungen. Es fehlen jedoch noch die Volumina für die römischen Rheinlande mit den Regierungsbezirken Koblenz, Köln (ausgenommen die Städte Köln und Neuss) und Düsseldorf, die wichtig wären, nicht zuletzt als Vergleichsmaterial für das rechtsrheinische Germanien. Dem Vernehmen nach wird diese Lücke noch geschlossen werden, trotz der Entscheidung von 2005, die Finanzierung des Gesamtprojektes einzustellen.

Das Gebiet der Stadt Trier ist so fundreich, dass das Material nach topografischen Kriterien auf mehrere Bände verteilt erfasst ist. Einen ersten davon legte die Autorin bereits 1970 vor, und zwar zum Fundgut aus dem Tempelbezirk im Altbachtal. Im Jahr 2006 folgten dann ebenfalls von Frau Alföldi die sogenannten Kaiserbauten. Die Münzen aus Trier ohne genauen Fundort beziehungsweise ohne Inventarnummer stellte 2004 Hans-Christoph Noeske zusammen.

Der Text ist wie gewohnt spaltenförmig komprimiert. Um bei stetig wachsendem Material, besonders nach Entwicklung der Metallsonden, das Projekt durchführen zu können, hat die Autorin den 31. Dezember 1970 als Enddatum der hier verzeichneten Fundmünzen gewählt. Eine große Menge Fundmaterial bleibt so ausgeschlossen. Das ist bedauerlich, aber wahrscheinlich unvermeidlich, da die Vorarbeiten der Verfasserin lange zurückliegen und eine laufende Ergänzung durch neue Fundmünzen die Fertigstellung wohl unmöglich gemacht hätten. Da Münzen in den Fundspektren von Einzelfunden gemäß den Gesetzen der Wahrscheinlichkeit verteilt sind, kann davon ausgegangen werden, dass das hier vorgelegte Material bis 1970 in seiner Gesamtzusammensetzung repräsentativ ist für das Gebiet der Stadt Trier. Das neue, hier fehlende Fundmaterial bleibt natürlich dennoch wichtig, besonders für die einzelnen Fundstellen. Ein nicht unwesentlicher Grund für die Entscheidung, das Jahr 1970 zum Endjahr der Fundvorlage zu machen, war sicher – auch wenn dies im Text so nicht gesagt wird – die Beendigung der Finanzierung durch die Mainzer Akademie, wodurch die Anstellung eines neuen Bearbeiters unmöglich wurde. Da es in Rheinland-Pfalz keine Landesnumismatik gibt, ist die Bewältigung der Fundmassen ohne Zusatzpersonal nicht zu schaffen.

Unterschieden wird nach Einzelfunden, Kollektivfunden, Grabfunden und Schatzfunden. Unter Kollektivfunden werden aus dem Überlieferungskontext heraus zusammengehörige Geldstücke verstanden, die aber bei der Auffindung nicht unmittelbar beieinander lagen.

In den vorliegenden Bänden kommen keltische Prägungen kaum vor. Der Schwerpunkt des Materials liegt – wenig erstaunlich – in der Spätantike. Als Referenzwerk werden alle Volumina des international anerkannten Standardwerkes Roman Imperial Coinage (RIC) einschließlich der nach 1970 erschienenen benutzt und unkritisch deren Datierung eingesetzt. In Einzelfällen führt dies zu Problemen, wie etwa bei der massenhaft vorkommenden Serie VICTORIAE DDNNAVGGG (Victoriae Dominorum Nostrorum Augustorum), die auf 347/348 datiert wird, während eine nach Erscheinen des betreffenden achten Bandes der RIC vorgenommene Detailuntersuchung für die Münzstätte Trier (D. Gricourt, Schweiz. Num. Rundschau 1998, 127–140) sowohl wegen stilistischer Merkmale, der Reihung innerhalb der Prägeserien wie auch des Fundvorkommens von einer breiteren Streuung zwischen 341 und 348 ausgeht. Das gilt ebenso auch für das wohl auf einem Druckfehler in der revidierten Ausgabe des ersten Bandes der RIC beruhende Datum der Jahre 15 bis 10 v. Chr. für die Asse der Serie Lugdunum I des Augustus, die allerdings in Trier weniger zahlreich sind als die spätantiken Stücke, deren Münzstättenangabe unkenntlich ist und die daher kein Zitat nach RIC erhalten können.

Bei Barbarisierungen beziehungsweise irregulären Prägungen, die vor allem im ersten, in der zweiten Hälfte des dritten und in der Mitte des vierten Jahrhunderts vorkommen, werden der Prototyp angegeben und eine Datierung eingesetzt, die sich aus der Arbeit der letzten Jahre ergeben hat. Ausführlich begründet wird diese Einordnung nicht, doch ist es sicherlich besser so, als dass die Datierung der Vorbilder benannt und damit irreleitende Daten nahegelegt würde.

Im sechsten Teilband werden diejenigen Fundmünzen verzeichnet, von denen sicher ist, dass sie aus Trier stammen, ohne dass sich der Fundort genauer spezifizieren ließe. Hier finden sich ferner auch die keramischen Fälscherformen, die zur Herstellung von Gussfälschungen im Einsatz waren. Die Nachträge präsentieren zu den bis 1970 gefundenen Stücken ergänzende Informationen, die während der Drucklegung zugänglich wurden.

Alles in allem bieten die hier vorgelegten zusammen mit den schon vorher erschienenen Bänden eine Materialerschließung, die sich in unterschiedlichen Richtungen auswerten lässt. Einerseits ermöglicht sie Aussagen zur Chronologie des römischen Treviri, andererseits bietet sie auch Material für eine geldgeschichtliche Analyse. Es ist zu wünschen, dass die Bände zu den Fundmünzen aus Trier auch tatsächlich vielfältig herangezogen werden.

Münster   Peter Ilisch

Holger Komnick, Johannes Heinrichs and Bernd Päffgen, **Die Fundmünzen der römischen Zeit in Deutschland. Abteilung IV: Nordrhein-Westfalen, Band 2: Reg[ierungs]bez[irk] Aachen**, [Teilband 1:] Landkreise Düren, Erkelenz, Jülich. Publisher Philipp von Zabern, Mayence 2008. 569 pages.

This volume is one of the last of a well-known series that will be published on Roman coin finds in Germany. When its companion volumes in the last batch are in print there will be a complete record not only of coins existing in the present, but of coins found and mentioned in print in the past and now untraceable. There have been many short reviews of different volumes as they appeared but to attempt a more detailed summary to mark the completion of the project is a challenge which I think is well worth taking up.

This volume contains three hundred eighty-three entries of Roman (including Celtic and early post-Roman) coins found in parts of the area (Regierungsbezirk) of Aachen, specifically administrative districts (Landkreise) Düren, Erkelenz and Jülich. The entries list well over six thousand seven hundred eighty-three coins described as separate finds (Einzelfunde), votive finds, group finds (Kollektivfunde), grave finds and hoards. Where objects other than coins were found in or with a hoard this is sometimes mentioned in the general introduction to the entry. Of all the entries one hundred thirty-one separate finds describe discoveries with just one coin, thirty-three of just two coins, and one-hundred and five contain more than three coins. There are sixty-four entries of grave finds totalling two hundred forty-seven coins, five of group finds totalling four hundred fifty-three coins, and fifteen of hoards totalling thousand nine hundred twenty-three coins. At this point in a very dull summary it may be useful to break off to qualify some of those very simple statements and so to comment on the work involved in making them. The first entry is numbered 2001, the last, 2377, so why have three hundred eighty-three entries been mentioned? There are examples of numbers with an ›a‹ or a ›b‹ added; there are also two entries listed as »without a number«. Therefore in order for me to be totally accurate, and in such a distinguished series anything less would be unacceptable, it is necessary to work through every entry to add on those with ›a‹ or ›b‹, or no number. Any critic will object that I have not followed my own principles because I have vaguely referred to »well over six thousand seven hundred eighty-three coins«. Why such an exact number qualified by a totally inexact phrase? This brings out the twenty-five (at least) entries in which it is made quite clear that what has been described is not an account of the full find, for other coins are known to exist, or to have existed, but nothing is known of them – whether number, condition, or date.

So how many ancient sites do these three hundred eighty-three entries describe? Is it one entry per site? That can easily be answered by reference to Altdorf which site takes up entries 2154 to 2188; Froitzheim can be found in entries 2033 to 2037; Jülich (area of the city) is found in entries 2217 to 2297.

Other volumes in the series have used a more detailed numbering system in which a modern place is given an entry number (2056) and individual find-spots within that modern place are listed as sub-units (2056.1, 2056.2). For perfectly good reasons it seems unlikely that the number of sites referred to can be worked out. The number of modern place names or administrative units could be counted, but there is no way of knowing whether two separate groups of coins from one place name or unit belong to one find spot, or archaeological site, or two. Exactly the same problem is of concern to those working on the interpretation of coin finds in the British Portable Antiquities Scheme where even a detailed map reference still involves an area of a square kilometre and many finders are reluctant to be that specific about their find-spots.

At this point we can return to description. The entry number (2154 etc.) refers to volume two of the coins of the region of Aachen which belongs in section six (Nordrhein-Westfalen) of the complete Fundmünzen series. This numbering also applies to other second volumes such as that for Pfalz which is the second volume of section four (Rheinland-Pfalz), so to make any reference to an entry unique the section (state, ›Land‹) number must also be quoted. Within each entry every coin has a serial number and this allows a unique and easily traceable reference number to be quoted for every coin in the corpus. Thus the single find of a larger copper coin of Gratian minted between 378 and 383 found in the area of Muldenau could be quoted as VI-2083-1. Clearly the inclusion of more than one entry »without number« causes difficulties for such precision.

The question of serial numbers, lines of text, and identical coins varies from place to place in the series. Early volumes used up a considerable amount of paper by describing the first of a group of identical coins in full and then printing each example on a separate line with marks to say the description was the same for each. The reason for using a line of print for each coin was clearly because each identical coin had different information (such as museum registration numbers) attached to it. Some later volumes economised on space, gave the serial numbers as (for example) 17–21, meaning that coins 17, 18, 19, 20 and 21 all had the same descriptions, and then gave any differences in footnotes in small type. This volume continues firmly the old tradition so that the eighteen coins of the Vindelici of type Ziegaus VD in entry 2358 (Steinstrass Celtic hoard) museum numbers 79,1348, 14 to 31 take up most of page 522.

From the point of view of quick reference or use these two slightly different systems have very small draw-backs and benefits. The old system means that when you are extracting from the lists coins of a certain type or date or mint you can ignore the serial number, run your eye down the page of description, count up the number of lines of text and so obtain a total for your chosen type. Where the new system is in use you have to notice the fact and take account of the small groups of identical coins as your eye moves, counting, down the page. An alternative would, of course, be to note the first and last serial numbers of the chosen type and do a quick subtraction sum. Grouped serial numbers on the other hand definitely save space. The important point at issue here is the fact that the volumes are firm statements of established fact and never stray into the least path of interpretation even to the extent of basic summaries. Individual coins are seen as facts, summaries of assemblages are presumably seen as forbidden interpretation.

Where it has been possible each serial number identifies its coin by a standard work of reference – most often Roman Imperial Coinage (RIC). No one can possibly deny that this is the right thing to do, and now that the whole series of RIC is available it is the right reference to use. Yet the life of the Fundmünzen spans the publication of RIC volumes VI, VII, VIII and X so that the early books referred back to Henry Cohen (Description historique des monnaies frappées sous l'Empire Romain [Paris 1880]) and other problematic works. The main problem with Cohen now is not so much occasional unreliability and active imagination, but the simple fact that most libraries have removed it from the shelves so that it is no longer available. It is true that it has been reprinted, but few librarians can be persuaded to invest in a new copy of a publication the old copy of which was thrown out years ago.

This gives the numismatist who wants to compare the coin finds in, say, different areas of the city of Trier great difficulty for the volume on the finds from the Altbachtal was assembled before the late volumes of RIC and even before Late Roman Bronze Coinage (R. A. G. Carson / P. V. Hill / J. P. C. Kent [London 1960]) was in common use. Clearly it is impossible to do the work all over again so what is needed is a web site which gives a concordance for Cohen and RIC so that all workers may make their own ›translations‹ with only a short connection to the web. Mention of the web must involve great regret that the attempts that have been made to produce a digital form of the Fundmünzen, which could be consulted on the web, have so far failed; we must hope for success sometime in the future. But this cannot be taken as a criticism of the work under discussion because the lifetime of the Fundmünzen has seen computers shrink from machines filling air-conditioned rooms accessible only by highly trained experts to lap-tops for all.

Two interesting questions remain to be considered. What do the coins found represent, and what points can a summary of them in this volume lead to? The answer to the first question seems obvious. The coins found do not represent anything other than themselves, they are the coins found, as the title of the series has always proclaimed. But are they a random or representative sample of all the coins that could possibly have been found? One way of considering this would be to look at the coins of the precious metals, good silver and gold, of the »long« fourth century (circa 294 the reform of Diocletian to circa 415 after the fall of Jovinus). The totals, with all the uncertainties mentioned above, are about five gold coins and five of good silver. Is this what might be expected? Judging from material gathered from excavations in Britain a total of about four thousand separate coins found might produce between three and five good silver coins of the fourth century. On this basis the coin finds are »normal«. The gold finds, compared with the evidence of excavations in Britain are very much abnormal, for excavations in Britain and, a first quick survey suggests, in the rest of Europe, rarely produce gold coins. Yet work in progress by Roger Bland and Xavier Loriot (personal communication) shows that several hundreds of gold coins have been found in Britain. How should ›normality‹ of coin finds be defined?

This short summary may sound incoherent yet when argued out in full it highlights a number of aspects of coin finds which have to date hardly been considered. The coins published in this volume give the chance of interpreting this collection of information from a limited area of Germany with anywhere else in the Roman Empire. But first the rules of comparison have to be worked out. One obvious question involves geographical areas, and here it is important to note that the idea of national corpora has spread widely to many areas of Europe. Though Wales is well served by the excellent work of Peter Guest and Nick Wells (Iron Age and Roman coins from Wales. Collection Moneta 66 [Wetteren 2007]) research in England, Scotland and France, for example, has been less systematic. Is the comparison used above between coins from a personal survey of Britain and coins from Germany valid? Should we expect coins in different areas to show uniform representation of metals, denominations, chronological periods and mint origin? The answer at present is that we do not know. Regional differences have been suspected, but, so far, seldom if ever demonstrated.

But the Fundmünzen shows us the way in which the problem can be investigated, for a first step would be to summarise the information in the volumes so that the South (Bavaria) may be compared with the North (Lower Saxony). Those states (Länder) are far enough apart not only to provide a good testing ground for a demonstration of geographic and ancient political regionality in coin finds but also to provide similarities and differences which can be followed up elsewhere. The project is reasonable in its demands on time and knowledge. I was able to produce a rough spreadsheet of all the information in this volume in about ten hours. It could probably be checked for accuracy in at most another ten hours. One worker could reduce two volumes of the series in a forty hour week. The result could not only be used for detailed research and comparison, but could also act as a general guide to the contents of each book. As an example, such summaries would demonstrate that this book only lists about nine coins to be considered as regular or official, struck in the period 275 to 294, so students of this period would clearly find more material in other volumes.

Or would they? Are the low numbers of this period (Probus, Carus, Diocletian before the reform) in this volume simply a reflection of reduced production in the mints? Very large hoards of this period make it quite clear that to the contrary new mints were being established and coin production was booming. Is the low representation in this group of finds a statement that such radiate coins occur mainly as hoards rather than separate finds? A very sketchy and out of date summary of finds in western Europe (R. Reece, Britannia 4, 1973, 227–251) shows that such coins are very common in the Mediterranean area, Italy and the south of France. So why are so few of them being found in the area round Aachen (and, it can confidently be said, in Britain)?

At last the discussion has widened out from an enthusiast's concentration on small round bits of metal which most students of the ancient world regard as useful for little more than providing a portrait of a named emperor or empress, or an obscure deity, to a problem which even ancient historians might care to consider.

What is the area afflicted by this dearth of new coinage? Once this has been established what historical model can be constructed to explain this separation from smooth coin supply? Do the area and date involved connect up with other information from written sources or epigraphy to amplify any models constructed? How does this episode connect up with the foregoing Gallic Empire and the following Tetrarchy?

This discussion does highlight one trap which the Fundmünzen sets for the unwary student. Only about nine coins in the lists are given dates between 275 and 294. A student without any knowledge of coins might well conclude that this represents the coinage in circulation at the time and start to construct a model in which all official Roman administration broke down after the fall of the Gallic Empire only to be re-established somewhere before 300. This would be strongly contested by anyone with numismatic knowledge because so many of the coins in the volume are described as »Tetricus 270 4 barb« – meaning a coin purporting to be of the emperor Tetricus, who ruled from 270 to 274, but in fact a barbarous or unofficial copy. Since Tetricus was only retired in 274 those copies belong to later years and provide the basic small change for the apparently coinless period. The distribution of these Barbarous Radiates seems to be the mirror image of the distribution of the regular coins of the period 275 to 294, which, if true, makes good sense. Is their distribution within the borders of modern Germany, from the foothills of the Alps to the northern coastal plain uniform? A few days with a complete set of the Fundmünzen will help us. It cannot give us a final answer because the recognition of a ›barbarous‹ radiate varies from person to person. The matter could only be settled by the production of an electronic data base which included photographs of the suspect coins so that all researchers could make up their own minds.

The completion of the Fundmünzen has only been achieved through the hard, detailed, and exact work of a group of scholars who were working to one end – the gathering and publishing of information on Roman coin finds in Germany and its publication. The work has given birth to a companion series, Studien zu Fundmünzen der Antike, and those volumes have explored different aspects and problems of coin studies. But apart from the excellent work of Frank Berger (Untersuchungen zu römerzeitlichen Münzfunden in Nordwestdeutschland [Berlin 1992]) the problem of what to do with the Fundmünzen has not been tackled. Indeed, it has not been seen as a problem. A corpus is a corpus, and the aim is to make it as accurate and complete as possible. What others may do with, or to, the corpus when it was complete was not the business in hand. If that subject had reared its head during work on the project it would have led to a large amount of wasted time with people sitting at desks thinking beautiful thoughts about coin-finds instead of doing their job. This means that a superb corpus has been produced, but there are few people who are trained to use it for research. Fundmünzen therefore differs from the great corpora of ancient inscriptions because those were, and are, compiled for use by people who are trained in epigraphy. Coins need to catch up.

Use of the Fundmünzen will not just happen because it is there, people need to be trained to use the information provided by coin finds. This cannot be done in two lectures on ›sources for ancient history‹ or ›archaeological material‹ because those do not involve students in doing anything – they require only an ability to absorb the information given, record it, and regurgitate it if necessary in an examination. Ability to use the material, or to take an interest in it can only be provoked by a requirement to sit down with a volume of the Fundmünzen, extract some specified information, and then do something original with it. And that can only be done when the student in question has a basic knowledge of the Roman coinage and how it behaves in use and loss.

So I celebrate the whole project and the manner in which it has been executed, and I give my strongest congratulations to those who have founded and directed it and the many scholars who have worked on it. Everyone who approaches the volumes to gain information for projects on which they are engaged will have specific requirements. They will all feel a passing annoyance because the corpus is not organised in the way that would immediately give them the information they want. But this is the whole virtue of the corpus – that it is not tailored to the needs of one type of researcher. All possible information is there in such a form that with a little effort all may find what they need. The challenge now is to educate all students of the Roman past to use this superb source of information.

London   Richard Reece

Stefan Groh und Helga Sedlmayer, **Forschungen im Vicus Ost von Mautern-Favianis. Die Grabungen der Jahre 1997–1999.** Mit Beiträgen von Christa Frank, Karl Günther Kunst, Klaus Vondrowec und Reinhold Weding. Verlag der Österreichischen Akademie der Wissenschaften, Wien 2006. Textband 768 Seiten mit 272 Abbildungen, Katalog- und Tafelband 766 Seiten, Beilagenmappe mit 49 zum Teil farbigen Beilagen und einer CD-ROM.

Lange Zeit galt die archäologische Untersuchung der römischen Zivil- und Militärvici am obergermanisch-rätischen Limes auch international gesehen als führend; großflächige Untersuchungen und eine schier unüberschaubare Flut von kleineren und größeren Abhandlungen waren das Ergebnis. Jetzt müssen wir uns daran gewöhnen, nach Noricum zu blicken. Vorbildlich und über diesen Raum hinaus richtungweisend ist die Vorlage der Resultate der Grabungen in dem im Südosten dieser Provinz gelegenen Zivilvicus am Saazkogel (H. Sedlmayer / G. Tiefengraber, Forschungen im südostnorischen Vicus am Saazkogel [Steiermark]. Die Grabungen der Jahre 2002 bis 2005. Mit Beiträgen von A. Eder-Hinterleitner, Ch. Grill, St. Groh, S. Lehner, A. Lippert, K. Löcker, W. Neugebauer, U. Schachinger und S. Seren. Österreichisches Archäologisches Institut, Sonderschriften 41 [Wien 2006]). Was die Militärvici betrifft, so liegt für Mautern am norischen Donaulimes, das mit dem römischen Garnisonsort Favianis identifiziert wird, eine ganze Reihe ausgezeichneter Publikationen vor, die diesen Truppenstandort zu dem am besten untersuchten und publizierten römischen Militärstützpunkt machen. Im Jahr 2002 erschien eine wuchtige Monographie über zwei kleinere Grabungen sowie die Auswertung der baubegleitenden Beobachtungen an den Wasserleitungsgräben, den sogenannten Künetten, im Bereich des Mauterner Militärlagers. Hier haben Stefan Groh und Helga Sedlmayer, unterstützt durch eine Anzahl Spezialisten, Altes und Neues aus dem Militärlager zusammengetragen und teilweise neu bewertet (St. Groh / H. Sedlmayer, Forschungen im Kastell Mautern-Favianis. Die Grabungen der Jahre 1996 und 1997. Mit Beiträgen von O. Cichocki, Ch. Frank, K. Groszschmidt, H. Herdits, K. Kunst, M. Popovtschak, S. Verginis, C. Wawruschka und R. Wedenig. Der römische Limes in Österreich 42 [Wien 2002]). Gelungen ist hier neben vielem anderen die reibungslose Integration verschiedener naturwissenschaftlicher Untersuchungen in das Gesamtbild.

Groh und Sedlmayer legen jetzt auch die Ergebnisse der Ausgrabungen der Jahre 1997 bis 1999 im Bereich des Materner Vicus Ost vor. Kaum mehr als ein Jahrzehnt nach Beginn der Ausgrabungen dieses Vicus im Jahre 1997 haben die Autoren somit die Ergebnisse dieser umfangreichen Untersuchungen in Gestalt von zwei wuchtigen Monographien veröffentlicht.

Das schiere Gewicht, immerhin einige Kilogramm, der hier zu besprechenden Arbeit erschlägt. Manches hätte reduziert werden können, sicherlich hätte man den Text hier und da straffen sollen, aber das sind Nebensächlichkeiten. Ebenso darf man fragen, ob der Informationswert mancher Tabelle nicht sehr gering ist – man betrachte beispielsweise Abbildung 122, in der die Grundfläche aller zweiundfünfzig Grubenhütten in Quadratmetern dargestellt wird, obwohl in Abbildung 123 dieselben Werte der Grubenhütten aus den vier Siedlungsperioden erneut aufgeschlüsselt werden, oder Abbildungen 125 und 126, in denen das Volumen und die Pfostengrubentiefe derselben Hütten detailliert wiedergegeben werden –, zumal außerhalb Mauterns keine relevanten Vergleichsmöglichkeiten vorhanden sind. Außerdem fehlt ein Bezug auf den antiken Laufhorizont. Gleiches gilt für die eng mit den hier angesprochenen Beispielen verbundenen Tabellen 58 bis 67, wo für jede Periode und jeden Grubenhaustyps die Grundfläche und die Befundtiefe aufgelistet werden. Die Abbildung 129 zeigt die römischen Siedlungen mit Grubenhütten in Noricum und Pannonien. Hier wäre etwa ein Asterisk für Mautern und ein deutlicher Verweis auf die Liste der kartierten Fundorte wünschenswert gewesen. Aber auch solche Anmerkungen treffen nicht den Kern der Arbeit. – Die Breite und die große Fülle der bereitgestellten Informationen, die von allen beteiligten Autoren präsentiert werden, laden zum Lesen und zu weiterführenden, über die Grenzen des römischen Truppenstandortes Mauterns und der norischen Provinz hinausreichenden Fragen ein.

Inzwischen ist das römische Mautern der am besten untersuchte und am gründlichsten publizierte römische Garnisonsort überhaupt. Lange hat sich die Erforschung der römischen Militärvici auf die Untersuchung der Entwicklung der einzelnen Heeresstandorte und ihrer Militärlager beschränkt. Die Erforschung von Mautern-Favianis hat dank der vielen Fragen, die die Publikationen von Groh und Sedlmaier hervorrufen, neue Dimensionen geschaffen. Die Zivilsiedlungen der Militärlager an Rhein und Donau bezeichnet man allgemein als Vici. Sie bildeten organische Siedlungskörper, die als reine »Militärvici« – was das auch immer im Einzelnen bedeutet haben mag – vielleicht je nach der geographischen Lage nur in ihrer Anfangsphase und den ersten Jahrzehnten ihres Bestehens existierten. Und dann? Was bestimmte ihre individuelle Entwicklung? Wie reagierte die sicherlich zunächst dominante Militärverwaltung auf die wachsende nichtmilitärisch geprägte Bedeutung dieser Orte? Wie funktionierten diese Siedlungen in einem nichtmilitärischen Hinterland? Wie wenig wissen wir! Die sorgfältige Auswertung der Baubefunde im Mauterner Vicus Ost durch Groh zeigt eine überraschende Dynamik im Siedlungsgeschehen. Mehrfache radikale Veränderungen in der Nutzung und räumlichen Gliederung einzelner Parzellen reflektieren die ökonomischen und sozialen Entwicklungen in der Garnison über die Jahrhunderte hinweg in einer bisher nicht vermuteten Dichte.

Nach einer sehr knapp gehaltenen Einleitung informiert Groh uns über die Ergebnisse der den Grabungen vorangegangenen geophysikalischen Untersuchungen sowie einer etwas belehrend klingenden Darstellung der computergestützten Grabungsmethodik und der Grabungsdokumentation. Unklar bleibt der Sinn und Inhalt des Nutzungsintensitätskoeffizienten (NIK), den dieser Autor als einen der »wichtigsten Parameter bezeichnet, der sich aus der Interpretation eines flächig gegrabenen Befunds« ergibt (S. 35 f.). Die Faktoren (2, 4, 6 und 8), mit denen die Quadratmeterzahl der Befunde multipliziert wird, um so den genannten Koeffizienten zu erhalten, erscheinen willkürlich gewählt. Einen geringen Faktor, nämlich 2, schreibt er nicht stark genutzten Flächen wie Brachen oder Wiesen zu, was durchaus nachvollziehbar ist. Überraschend ist jedoch, dass auch archäologisch schwer nachweisbare Aktivitätszonen wie Gärten oder landwirtschaftlich genutzte Flächen den gleichen geringen Faktor zugeteilt bekommen (vgl. Tabelle 39). Bei seiner Behandlung der archäologischen Befunde je Periode (Kapitel 7 bis 13) erscheint eine Berechnung des Koeffizienten für jede römische Parzelle, ohne dass hier ein überzeugender Erkenntniszuwachs sichtbar wird.

Wichtig und ungemein informativ ist hingegen die Beschreibung der Befunde nach Perioden, wobei sich die Angaben zur Datierung des Beginns und des Endes einer Epoche an die Periodisierung des Truppenlagers anlehnen. Die Erschließung des Vicusareals, also der Festlegung der Straßentrassen und der Parzellierung des bisher brachliegenden Geländes, beginnt, was nicht weiter überrascht, gleichzeitig mit dem Bau des Militärlagers um 70 n. Chr. Es zeigt sich, dass der Charakter der Bebauung der einzelnen abgesteckten Parzellen stark unterschiedlich ist und damit wohl die verschiedenen Ansprüche oder Anforderungen der Grundstückseigentümer reflektiert. Entsprechend »lebendig« muss ein römischer Militärvicus ausgesehen haben: Hinlänglich bekannte Streifenhäuser (»Mehrraumhäuser«) mit einer sich über mehrere Parzellen erstreckenden geschlossenen Dachlandschaft bestanden neben offenen, weitgehend unbebauten Grundstücken und solchen, auf denen auch in der ersten Periode bereits die für den norischen und vor allem für den pannonischen Raum typischen Grubenhütten standen. Daher darf man von einer Bevölkerung ausgehen, zu der neben den gemeinsam mit der Truppe hier eingetroffenen Vicani auch ein eher einheimischer, norisch-pannonischer Bevölkerungsanteil gehört haben muss. Unterschiedlich stellt sich bereits während der frühesten Phase des Vicus die gewerbliche Nutzung der einzelnen Häuser dar, vor allem im Bereich der Metallverarbeitung, wobei sich manche Gewerbe einem archäologischen Nachweis hartnäckig entziehen. Denkbar ist auch, wenn man sich die Dynamik der Mauterner Siedlung vor Augen führt, dass sich innerhalb einer Periode Eigentümer und Nutzung einer Parzelle geändert haben können, ohne dass wir es archäologisch fassen. Das Ende der ersten Periode um etwa 100 n. Chr. verbindet Groh mit einem Truppenwechsel im Militärlager, in dessen Folge zumindest ein Teil der Vicusbevölkerung weggezogen ist.

Eher kritisch stehe ich Überlegungen zur Kaufkraft der Vicani gegenüber (S. 734). Der Anteil von etwa einem Viertel der Terra Sigillata und anderer sogenannter Importkeramik am Gesamtfundaufkommen zeigt meiner Auffassung nach eher die rasche Einbindung der in Mautern neu stationierten Truppe und ihres Trosses in das norische Wirtschaftssystem. Interessant wäre ein Vergleich des Konsumverhaltens von Bewohnern eines Militärvicus und der autochthonen Bevölkerung. Darüber hinaus war das römische Heer – und zwar nicht nur der Truppenverband als Ganzes, sondern auch der einzelne Soldat – ein lukrativer Wirtschaftsfaktor wegen der regelmäßigen Soldzahlungen und gelegentlichen Sonderzuwendungen, seien es Donativa, seien es Beuteanteile. Im Gegensatz zur Mehrzahl der Provinzbevölkerung hatte der Legionär Bargeld zu seiner freien Verfügung. Die Tatsache, dass Sigillaten rasch und in einigem Umfang nachgeahmt wurden, zeigt, dass die Form des Geschirres fester Bestandteil der Keramikausstattung eines Haushaltes war. Ob eine nachgeahmte

Sigillataschüssel tatsächlich viel billiger war als eine importierte glänzend rote Schüssel, das entzieht sich unserer Kenntnis, da wir weder etwas über die Preise einer echten wie diejenige einer nachgeahmten Sigillata wissen. Was die Adaption neuer Gebräuche anbelangt, so könnte ich mir vorstellen, dass eine Standortverlagerung der Truppen und der zugehörigen Vicani beträchtlichen Einfluss auf das Konsumverhalten dieser Menschen hatte. Hier wären vergleichende Studien zu Konsumverhalten und Essgewohnheiten am alten und am neuen Standort sehr interessant.

Während sich die bei der Gründung des Vicus festgelegte Parzellierung auch in der zweiten Periode nur unwesentlich veränderte, wandelte sich die Bebauung nachdrücklich. Die Streifenhäuser der ersten Periode wurden planmäßig abgerissen und durch Grubenhütten ersetzt. Es ist naheliegend, an einen Bevölkerungswechsel oder den Zuzug von Siedlern aus dem pannonischen Raum zu denken. Hier wurden diese für die einheimische Bevölkerung Pannoniens nicht ungewöhnlichen eingetieften Häuser nicht frei zueinander stehend errichtet, sondern innerhalb der wohl vom Militär beim Aufbau des Vicus ausgemessenen Parzellen. Wie schon zuvor war nicht jede Flur bebaut oder archäologisch nachweisbar genutzt, denkbar sind auch als Brachland dienende Flächen. Nicht recht nachvollziehbar ist die Einschätzung von Groh, nach welcher die materielle Kultur der norischen Vicani ein norisch-pannonisches Substrat anzeigt, das stark vom Militär beeinflusst ist und sich damit als mediterraner »Lebenskultur« geöffnet erweist (S. 63). Die deutliche Prägung durch das Militär ist doch eine Folge der dominanten Wirtschafts- und Finanzkraft der in Mautern stationierten Truppen, der vielfältigen persönlichen und sozialen Beziehungen zwischen den hier stationierten Soldaten und der Vicusbevölkerung sowie der zunehmenden Integration der Donaugrenze und ihres Hinterlandes in die römischen Markt- und Vertriebssysteme. Das Ende der zweiten Periode fällt in die Zeit um 130 oder 140 und markiert den Beginn der Auflösung der aus der Anfangsphase des Vicus datierenden Parzellierung. Die über Jahrzehnte beibehaltene starre Landaufteilung beiderseits der Straße B wurde für den Bau einer Töpferei aufgegeben. Was bedeutet das? Zunächst einmal doch wohl neue Eigentums- und Besitzverhältnisse. War der erste Bewohner eines Grundstücks Eigentümer oder Pächter beziehungsweise Nutzer seines Bodens? Aus Mautern, aber auch aus anderen Militärvici kennen wir die Teilung von Parzellen; manche werden größer, andere kleiner. Wo liegen die Besitzrechte?

Auch hinsichtlich der Nutzung einzelner Parzellen, aber auch ganzer Teile des Vicus machen sich in der dritten Periode deutliche Veränderungen bemerkbar. Unterschiedliche Gewerbebetriebe – Töpfereien und eine Gerberei – lassen sich hier in der Peripherie der Militärsiedlung nieder. Für beide Arten von Gewerbe werden die erforderlichen infrastrukturellen Maßnahmen durchgeführt, nämlich die Neuparzellierung und das Abteufen von Brunnen. Die bereits in der zweiten Periode auf den Parzellen 11 und 12 ansässigen metallverarbeitenden Werkstätten konnten sich nicht nur halten, sondern waren allem Anschein nach wirtschaftlich erfolgreich, da die ebenfalls auf den Parzellen stehenden Grubenhütten, die ja als Wohnhäuser dienten, in der zweiten Periode deutlich größer ausfielen. Unbeantwortet bleibt die Frage nach den Gründen, warum sich jetzt größere Officinae niederließen, wie die schon angesprochene Töpferei. Vermutlich war aus dem ursprünglichen Militärvicus ein Zentralort für die Versorgung des Umlandes mit Keramik, Leder, Metallwaren und anderen gewerblich erzeugten Produkten entstanden, wobei die Versorgung der im Lager stationierten Truppe auch weiterhin ein wichtiger Wirtschaftsfaktor für die Entwicklung des Vicus blieb. Weitere Untersuchungen wie die Vorliegende zum Verhältnis zwischen Militärvici und deren rein zivilem Umland.

Das Ende dieser ökonomisch gesehen wohl sehr fruchtbaren Periode fällt in die Jahre um 170 bis 180, also eine Zeit, in der das Imperium sich in einer tiefen Krise befand. Mit keinem Wort verbinden die Autoren das Ende der dritten Periode und die von Groh aufgezeigten Veränderungen in der Einteilung des öffentlichen Raumes mit den Auswirkungen der Markomannenkriege. Dies überrascht. Auch wenn konkrete Hinweise auf Zerstörungen oder abgebrannte Siedlungen fehlen, ist es nur schwer vorstellbar, dass der Krieg und die in seinem Gefolge eingeschleppten Seuchen keine Auswirkungen auf das römische Mautern hatten. Darunter verstehen wir nicht nur den Nachweis direkter Kriegshandlungen, also Brandschichten, großflächige Planierungen oder Waffenfunde. Interessant wäre auch der Nachweis gezielter Investitionen, mit denen wohlhabende Privatleute oder wohl eher die Provinzverwaltung einen ökonomischen Wiederaufbau zu stimulieren versuchten.

Für die vierte Periode, also die Zeit nach den Markomannenkriegen, stellt Groh einen massiven Bruch in der Kontinuität fest. Keines der im Bereich der Ausgrabungen gelegenen Gewerbegebiete der dritten Periode überlebte den Übergang in die vierte. Stattdessen müssen wir erkennen, dass die Reduktion des Siedlungsareals mit einem zunehmenden Verlust innerer Ordnung einhergeht. Scheinbar willkürlich platzierte Grubenhütten, die in der Tradition einheimischer Siedlergruppen stehen, prägen nun das Bild der Stadt. Aus den Ausführungen von Groh gewinnt man den Eindruck, dass im besten Falle alles stagnierte, vieles sogar im Niedergang begriffen war. Wiederum muss die Frage nach den Eigentumsverhältnissen gestellt werden. Wer ist die ordnende Kraft oder die Verwaltung, die das Siedlungsbild schafft? Der Wegfall der Töpfereien, deren Produktion den Bedarf an Gebrauchskeramik des Mauterner Garnisonsortes übertroffen und wohl auch die Region Mautern mit Geschirr versorgt haben dürfte, überrascht und zwingt zum Nachdenken. Wohin verlagerte sich die Produktion oder war eine beträchtliche Reduktion des Absatzmarktes Ursache für das Ende der Töpferbetriebe? Was bedeutet die Auflösung der Parzellierung, die doch über hundert Jahre Bestand gehabt hatte. Wer gestattete überhaupt die Aufhebung des Katasters? Diese Frage ist insofern wichtig, als es hier juristisch um Grundbesitz und fiskalisch um Steuerabgaben geht.

Von hier sei ein Sprung in die Schlussphase des Vicus gestattet. Die Lagervorstadt war wohl aufgegeben und archäologisch betrachtet leer, geradezu befundlos. Wie aber verhält sich die wunderbare Beschreibung der Vita Sancti Severini und seiner Klostergemeinschaft am Ort zu dem Bild des Ausgegrabenen? Kein Befund ist auch ein Befund. Den Garnisonsort Mautern-Favianis zeichnen also zwei völlig unterschiedliche Überlieferungen aus, einerseits die archäologischen Ergebnisse, andererseits die historische Überlieferung des Eugipp über das Lebenswerk des Heiligen Severin. Hier wären einige klärende oder kommentierende Worte angebracht gewesen.

Wenn man von den Sigillaten absieht, die insgesamt wenig zur chronologischen Gliederung der Entwicklung des Lagerdorfes Mautern-Favianis beitragen, zeichnet Sedlmaier für die Beschreibung und Interpretation der Keramikfunde wie auch der meisten anderen Fundkategorien aus den Grabungen im Vicus Ost verantwortlich. Soweit eine Überprüfung in Stichproben relevante Einblicke verschaffen kann, gibt es kaum Anlass zu Kritik. Die Beschreibung der Keramik und der anderen Fundkategorien entspricht dem Kanon des Üblichen. Hilfreich wären Typentafeln gewesen, vor allem wenn man an Leser der Publikation denkt, die mit der lokalen und regionalen Situation weniger vertraut sind. Ganz wichtig, wertvoll und sinnvoll ist der lückenlose Katalog aller Funde im jeweiligen Befund. Die Fundzeichnungen sind technisch sauber, ästhetischen Ansprüchen genügen die einfachen Stirchzeichnungen aber wie üblich nicht. Die Photos der reliefverzierten Sigillaten im Tafelteil sind qualitativ schwach.

Zwei Phänomene fallen bei der Fundbearbeitung auf. Sehr gering ist der Anteil der Glasfunde, von denen gut hundert bestimmbar und weitere deutlich über hundert nicht einzuordnen sind. Hier hätte ich, vom niedergermanischen und obergermanisch-rätischen Limes verwöhnt, mehr erwartet. Gleiches gilt für die Eisen- und Buntmetallfunde – spärlich, sehr spärlich. Wo sind die Möbelbeschläge als Reste von Küchenschrankinventaren? Waren diese archäologischen Fundkategorien aus römischer Zeit tatsächlich so selten in Noricum, oder gibt es andere Gründe für deren äußerst vereinzeltes Vorkommen? Gab es eine über Jahrhunderte gut funktionierende Abfallentsorgung, was bedeuten würde, dass irgendwo, vermutlich unterhalb Mauterns in der Donau der Müll einer jahrhundertelangen römerzeitlichen Besiedlungsgeschichte verborgen liegt? Oder hatten die Bewohner immer genügend Zeit, ihren Hausrat in Ruhe einzupacken, war das römische Mautern also während seiner langen Geschichte von überraschenden Katastrophen verschont geblieben, worunter begrenzte Schadfeuer ebenso fallen wie die Vernichtung von Teilen oder gar dem gesamten Vicus als Folge von Krieg oder Unglück?

Auffällig ist unter den Funden in Bereich des Vicus Ost auch der geringe Anteil von Metallobjekten von der militärischen Ausrüstung römischer Soldaten, die ja in dem Kastell Favianis stationiert gewesen waren. Stupend ist der Vergleich mit einem niedergermanischen Fundort, wie der Vorgängersiedlung der Colonia Ulpia Traiana, etwa zweieinhalb Kilometer nördlich des Xantener Legionslagers (K. H. Lenz, Römische Waffen, militärische Ausrüstung und militärische Befunde aus dem Stadtgebiet der Colonia Ulpia Traiana [Xanten] [Bonn 2006]). – Ich möchte nicht falsch verstanden werden. Diese Bemerkungen bedeuten keine Kritik an der Fundbearbeitung von Frau Sedlmayer, ganz in Gegenteil. Es ist ihre gewissenhafte Arbeit, die solche Fragen und viele andere erst möglich macht!

Ungewöhnlich breiten Raum nehmen die beiden Berichte zu den Mollusken und den Tierresten ein, wobei bedauernd angemerkt werden muss, dass die Darlegung von Christa Frank über die Mollusken an das falsche Publikum gerichtet ist. Nicht Weichtierforscher lesen die Publikation über die Ergebnisse der Ausgrabungen in Teilen des Vicus Ost von Mautern, sondern Archäologen. Eine Reduzierung des Fachjargons wäre sehr zweckdienlich gewesen. Was bitte ist ein »xeromesophiler Bereich« (S. 620)? Wir haben uns inzwischen an Worte wie »Thanatocoenose« gewöhnt, nur sähe ich als Rezensent es gerne, wenn solche Sachverhalte im Lesetext in verständlichem Deutsch benannt wären. Ein anderes Beispiel von fast unfreiwilliger Komik möge mein Problem mit diesem Beitrag verdeutlichen: »Periode 1 des Vicus Ost ist malakologisch [sc. weichtierkundlich] weder im Auxiliarkastell noch im Vicus Süd repräsentiert« (S. 622). Vor allem in der Zusammenfassung der Ergebnisse hätte sich der Leser eine allgemein verständliche Sprache gewünscht. Durch das Festhalten an einem Fachjargon, der den meisten Lesern unverständlich ist, bleiben aus archäologischer Perspektive die Ergebnisse der angetroffenen Moluskenreste leider weitgehend unzugänglich. Bemerkenswert ist immerhin die Erklärung, dass das massenhafte Auffinden von Weinbergschneckenschalen in Befund O701 auf einen intensiven Konsum dieser Art während der zweiten Periode schließen lässt.

Günther Karl Kunst hat die Bearbeitung der Tierknochen aus einigen ausgewählten Befunden übernommen. In seiner Einleitung erklärt er mit klaren Worten die Überlegungen, die zur Entscheidung für bestimmte Kontexte geführt haben. Was das Artenspektrum im Mauterner Vicus Ost betrifft, stimmte es, wenn man vom überraschenden Fehlen der Hauskatze einmal absieht, gut mit anderen bekannten Militärvici überein. Das gilt auch hinsichtlich der für jede Tierart angezeigten Skelette, die Analyse der Hack- und Schnittspuren und andere inzwischen zum allgemeinen Kanon der Untersuchung an Tierknochen einer archäologischen Fundstelle zählende Verfahren.

Den Abschluss der Publikation bildet eine ebenso knappe wie deutliche Zusammenfassung der erzielten Ergebnisse. Die Siedlungsgeschichte des Vicus wird in geraffter Form dargestellt und in einen organischen Verband mit dem Militärlager gestellt. Wie so oft empfiehlt es sich, die Lektüre eines Buches mit dem Lesen der Zusammenfassung zu beginnen.

Mit dieser vorzüglichen und ungemein inhaltsreichen Publikation haben Stefan Groh und Helga Sedlmayer Maßstäbe gesetzt. Sie haben nicht nur eine saubere Darstellung der Ergebnisse einer großflächigen Ausgrabung vorgelegt, sondern in vielfältiger Weise zur Diskussion eingeladen. Dieses Buch wird noch lange aktuell bleiben.

Lublin   Michael Erdrich

Gaële Féret und Richard Sylvestre, **Les graffiti sur céramique d'Augusta Raurica**. Forschungen in Augst, Band 40. Römermuseum Augst 2008. 323 Seiten, 58 Abbildungen, 105 Tafeln.

Ritzinschriften auf Keramik stellten innerhalb der provinzialrömischen Archäologie lange Zeit eine nur wenig beachtete Quellengattung dar. Die 1975 erschienene Arbeit aus der Feder von Lothar Bakker und Brigitte Galsterer-Kröll zu den Graffiti im Rheinischen Landesmuseum Bonn sowie die 1983 von Frau Galsterer veröffentlichte Studie zu den Graffiti aus Haltern bildeten für deutschsprachigen Raum über viele Jahre hinweg die beiden einzigen Monographien zu diesem Thema. Erst in jüngster Zeit finden Ritzinschriften auf römischer Töpferware zunehmend das Interesse der Wissenschaft. Mit der Bearbeitung der Bestände aus Nida-Heddernheim (M. Scholz, Graffiti auf römischen Tongefäßen aus NIDA-Heddernheim [Frankfurt 1999]), Neuss (J. Kütter, Graffiti auf römischer Gefäßkeramik aus Neuss [2008]) sowie Xanten (St. Weiß-König, Die Graffiti auf römischer Gefäßkeramik aus dem Bereich der CVT. Xantener Berichte, in Vorbereitung) wurden inzwischen mehrere größere römische Siedlungen untersucht, die wichtige kulturgeschichtliche Einblicke in das Alltagsleben der antiken Bewohner liefern.

Mit der hier zu besprechenden Vorlage der Graffiti auf Gefäßen aus Augst wurde der bislang größte Bestand an Ritzinschriften einer römischen Stadt – das Buch enthält die stattliche Anzahl von 1816 Katalognummern – erfasst und wissenschaftlich ausgewertet. Es setzt die Serie jener Publikationen fort, die sich mit der Vorlage einzelner archäologischer Fundgruppen der Colonia Augusta Raurica befassen. Der gewohnt hohe Standard in Ausstattung und redaktioneller Sorgfalt dieser Reihe wurde auch im vorliegenden Fall erfreulicherweise beibehalten.

Der umfangreiche Materialbestand ist in zwei große Gruppen unterteilt: in jene Graffiti, die post cocturam angebracht wurden, also nach dem Brand, sowie jene Ritzinschriften, die bereits davor entstanden sind, also ante cocturam. Erwartungsgemäß dominieren auch in Augst diejenigen Graffitti, die erst nachträglich auf der Keramik eingeritzt wurden. Die Verfasser untersuchen völlig zu recht beide Gruppen getrennt voneinander, da sie inhaltlich unterschiedlichen Charakter haben.

Zunächst widmen sich Féret und Sylvestre den nachträglich eingeritzten Graffiti (S. 21–97). Hier lassen sich mehrere Phänomene beobachten, die auch schon bei anderen römischen Siedlungen festgestellt wurden. Die überwiegende Masse des Materials bilden sogenannte Besitzerinschriften, während religiöse Weihungen oder gar literarische Sentenzen äußerst seltene Ausnahmefälle darstellen. Der Umstand, dass man die Augster Graffiti vornehmlich auf höherwertiger Ware findet, vor allem auf Terra Sigillata, entspricht ebenfalls einer allgemein bekannten Tendenz.

Besonders interessant ist der Bestand an Namen, die durch die Besitzerinschriften überliefert werden. Insgesamt liegen 76 verwertbare Angaben vor, die wichtige Ergänzungen zu dem bisherigen onomastischen Bild darstellen, das im Wesentlichen auf entsprechenden Angaben in den Steindenkmälern basiert. Die Graffiti zeigen nämlich einen deutlich höheren Anteil an gallisch-keltischen Namen (36,1 Prozent) in der Augster Bevölkerung als dies bislang bekannt war. Hier werden nun also auch Bevölkerungsgruppen sichtbar, die in den teuren Steindenkmälern weniger markant in Erscheinung treten. Gerne wüssten wir mehr über den sozialen Hintergrund der jetzt erst durch die Graffiti bekannt gewordenen Männer wie Billiccus, Cracomos, Tatarus, Sacuro oder Seco.

Eine weitere wichtige Bereicherung für die Augster Bevölkerungsgeschichte stellen die fünfzehn Namen von Frauen auf Keramikgefäßen dar, da die örtlichen Steininschriften in dieser Hinsicht bislang nur sehr spärliche Auskünfte gaben. Auch hier finden sich einige Trägerinnen von keltischen Namen, zum Beispiel Elvina oder Saccita. Die überwiegende Masse aller Besitzerinschriften ist erwartungsgemäß nur fragmentarisch erhalten, so dass zwar einzelne Silben lesbar sind, eine sichere Rekonstruktion des ursprünglichen Namens jedoch nicht mehr möglich ist. Trotz dieser Einschränkungen haben die Autoren auch dieses unattraktivere Material vorbildlich erfasst und analysiert, soweit es möglich ist.

In der kleinen Gruppe religiöser Ritzinschriften finden sich neben Jupiter und Mars wiederum zwei Vertreter der einheimisch-keltischen Tradition, nämlich die Göttinnen Epona und Sirona. Kaum umfangreicher ist der Bestand an literarischen Sentenzen, von denen in Augst insgesamt vier Nachweise vorliegen. In drei Fällen wird man die leider nur fragmentarisch erhaltenen Textreste Trinksprüchen zuschreiben dürfen, der vierte, annähernd vollständig erhaltene Graffito entzieht sich leider einer sicheren Lesung, obwohl die beiden Autoren alle denkbaren Möglichkeiten ausführlich diskutieren: FLORASIONONAMALAVTVACVDIIQAT[—]VE / SO Hier ist auch der Rezensent mit seinem Latein am Ende.

Weitere, nicht allzu umfangreiche Gruppen unter den nachträglich angebrachten Graffiti bilden Angaben zu Inhalt, Preisen und Gewichten sowie Gefäßbezeichnungen, nämlich viermal die Benennung »olla« und einmal eventuell »catillus«. Abschließend behandeln die Verfasser die anepigraphischen Einritzungen, unter denen sich auch ein Phallus sowie die Reste von zwei figürlichen Darstellungen finden, ein Gladiator und ein Vogel. Schwierig zu deuten sind nach wie vor Markierungen wie Stern, Kreuz oder Dreizack. Zumindest ein Teil davon dürfte als einfache Eigentumskennzeichnung gedient haben, vor allem dann, wenn der Besitzer des betreffenden Gefäßes des Lesens und Schreibens unkundig war.

Damit ist im Wesentlichen die inhaltliche Struktur der post cocturam eingeritzten Graffiti aus Augst umrissen. Die Autoren unterziehen das Material anschließend noch einer kurzen paläographischen Analyse, wobei sie besonders der Frage nachgehen, ob einzelne Buchstaben eventuell eine chronologische Entwicklung durchlaufen haben (S. 84–91). Zweifelsfreie stilistische Merkmale für eine Datierung lassen sich hier aber, von ganz wenigen Einzelfällen abgesehen, bislang nicht erkennen. Die Vielzahl der zuvor gewonnenen Einzelinformationen wird schließlich in einem gut lesbaren, kulturgeschichtlich orientierten Abschnitt zusammengefasst (S. 92–97).

Der zweite, deutlich kürzere Textteil des Buches beschäftigt sich mit insgesamt 231 Graffiti, die bereits vor dem Brand in den noch feuchten Ton eingeritzt wurden (S. 99–116). Bei den Gefäßen handelt es sich um einfache Töpfe, deren Gefäßschulter mit dem Namen des Herstellers signiert wurde. In 48 Fällen sind diese Inschriften vollständig erhalten, in weiteren 153 Fällen können die ursprünglichen Namen sicher rekonstruiert werden. Die Belege verteilen sich auf insgesamt acht verschiedene Töpfer, von denen fast alle einen einheimischen keltischen Namen tragen: Bellissa, Verinus, Sucus, Drisco, Naucus, Patturo, Capito und Sacardo. Wie weit man daraus auf die ethnische Zusammensetzung der Augster Töpfer insgesamt schließen darf, sei dahingestellt. Die vorliegende Arbeit zeigt aber in jedem Fall sehr eindrücklich, dass das Fortleben keltischer Traditionen auch im städtischen Milieu offenbar weitaus stärker ausgeprägt war als dies die bisherigen Zeugnisse erkennen ließen. Insofern liefert die hier vorgelegte Untersuchung wichtige neue Erkenntnisse zur lokalen Bevölkerungsgeschichte der Colonia Augusta Raurica.

Der Textteil des Buches schließt mit Zusammenfassungen in Französisch, Deutsch und Englisch, gefolgt von einem Literaturverzeichnis. Konkordanzlisten sowie zwei Übersichtspläne der römischen Stadt helfen dem Leser bei der Orientierung bezüglich der einzelnen Fundortangaben. Auch der anschließende Katalogteil (S. 157–218) ist benutzerfreundlich gestaltet und ermöglicht so einen schnellen Zugriff auf die Informationen zu einzelnen Stücken. Den Schluss bilden hundert schwarzweiße sowie fünf farbige Tafeln.

Generell kann den beiden Autoren ein souveräner Umgang mit dem Material bescheinigt werden. Darüber hinaus sei ihnen eine große Anerkennung für die aufwendige Erfassung auch der zahlreichen weniger ergiebigen, zum Teil stark fragmentierten Ritzinschriften ausgesprochen. Nur in ganz wenigen Einzelfällen wird der Leser vielleicht eine abweichende Ergänzung oder Interpretation der Ritzinschriften in Erwägung ziehen. So wären etwa beim Graffito »CONTVBERN[—]«, den die Autoren als Eigennamen auffassen und zu »Contubern[ius]« ergänzen (S. 29 Nr. 17), durchaus auch andere Lesungsmöglichkeiten denkbar. Neben der Interpretation als Besitzvermerk einer militärischen Stubengemeinschaft – also im Sinne von »contubernium des …« – ist vor allem eine Ergänzung zu »contubern[alis]« verlockend. Das betreffende Stück wäre dann als Geschenk an einen Wohn- oder Stubengenossen aufzufassen. Da man mit Blick auf die relativ späte Datierung (150–250 n. Chr.) für Augst nicht unbedingt an ein militärisches Contubernium denken möchte, scheint dem Rezensenten eine zweite Ergänzungsmöglichkeit überlegenswert: Der Begriff des ›contubernalis‹ ist nämlich auch im zivilen Kontext geläufig, wo er einen Mitbewohner, vielleicht auch einen Lebensgefährten bezeichnet (vgl. H. Nesselhauf, Ber. RGK 27, 1938, 80 Nr. 96). Doch bleibt auch dies nur eine von mehreren Deutungsmöglichkeiten; letzte Gewissheit ist hier nicht zu gewinnen.

Nicht ganz nachvollziehen kann der Rezensent, warum der nur bruchstückhaft erhaltene Graffitorest »[—]MAR[—]« (Nr. 213) als Dedikation an Mars gewertet und in der Gruppe der religiösen Weihungen aufgeführt wird (S. 62), obwohl die Autoren alternative Lesungen ausdrücklich nicht ausschließen: »Quoique fragmentaire, l'inscription semble être une dédicace à Mars, mais nous ne pouvons là encore écarter complètement l'hypothèse d'une marque de propriété.« Es wäre daher sinnvoller gewesen, das betreffende Stück in die Gruppe der nicht mehr sicher zu ergänzenden Graffitireste einzureihen.

Diese kleinen Anmerkungen sollen jedoch die Leistung der beiden Autoren nicht schmälern. Der Band ist ein wichtiger Beitrag sowohl zur Geschichte der Colonia Augusta Raurica als auch zur provinzialrömischen Graffitoforschung insgesamt.

Xanten　　　　　　　　　　　　　　Marcus Reuter

Michaela Konrad, **Die Ausgrabungen unter dem Niedermünster zu Regensburg II. Bauten und Funde der römischen Zeit. Auswertung.** Mit Beiträgen von Karlheinz Dietz, Michael Mackensen, Herbert Riedl, Andrea Rottloff und Eleonore Wintergerst. Münchner Beiträge zur Vor- und Frühgeschichte, Band 57. Verlag C. H. Beck, München 2005. 152 Seiten, 15 Abbildungen, 2 Tabellen im Text, 62 Tafeln, 3 Beilagen.

Zwischen 1963 und 1968 führte Klaus Schwarz (†) Ausgrabungen unter dem Niedermünster zu Regensburg durch. Der jetzt von Michaela Konrad vorgelegte zweite Band zu diesen Untersuchungen enthält die Auswertung der römischen Baustrukturen und ausgewählter römischer Funde. Dort werden die römischen Befunde vom Baubeginn des Lagers der Legio III Italica bis zum Übergang von der Spätantike zum Frühmittelalter interpretiert, die allerdings erst im noch nicht gedruckten ersten Teil vorgelegt werden. Im Detail werden die vorgelegten Deutungen daher erst nach dem Erscheinen von Band I nachzuvollziehen sein. Dort sollen darüber hinaus auch die vorgeschichtlichen, früh- und hochmittelalterlichen Befunde enthalten sein, die von Arno Rettner und Eleonore Wintergerst bearbeitet werden. Mit dem nunmehr vorliegenden Buch wird zumindest teilweise ein langes Desiderat der Forschung erfüllt, dessen Bedeutung für die Frage nach der Kontinuität zwischen Spätantike und Frühmittelalter der Fachwelt mindestens seit 1977 klar ist. Damals erschien ein ausführlicher Vorbericht über die Grabungen von Klaus Schwarz im Jahresbericht der bayerischen Bodendenkmalpflege (Bd. 13/14, 1972/73). Die hervorragend dokumentierten Untersuchungen geben unter anderem die Bauabfolge innerhalb des Legionslagers von der Gründung bis zur Spätantike wieder. Aus technischen und stratigraphischen Gründen konnten allerdings die römischen Baureste, die unter mittelalterlichen liegen, nur bruchstückhaft erfasst werden. Dennoch entstehen ausgezeichnete Einblicke in die römische Geschichte Regensburgs. Die Arbeit von Schwarz steht auch im Blickfeld der Einleitung von Konrads Band, in der sie seine inzwischen veraltete Interpretation der Befunde bespricht, um die Verbindung zum Vorbericht herzustellen.

Zu Beginn werden die Baubefunde beschrieben, deren absolutchronologische Einordnung nach der Besprechung der Kleinfunde erfolgt. Die ältesten Gebäude des Regensburger Legionslagers waren in Holz-Erde-Technik ausgeführt. Unter diesen lagen vorwiegend Gruben und Pfosten, die Konrad mit dem Lagerbau in Verbindung bringt. Die Holz-Erde-Phase der mittleren Kaiserzeit des Regensburger Legionslagers (MKZ I, 179 bis etwa 243/244 n. Chr.), die unter dem Niedermünster in Form von Baracken mit zu den Lagergassen vorgelagerten Portiken nachzuweisen ist, wurde großflächig durch Brand zerstört, deren übriggebliebenen Strukturen anschließend planiert. Beim Neubau in Stein während der zweiten mittelkaiserzeitlichen Phase wurden vermutlich Maße und Lage der älteren Strukturen in etwa beibehalten (MKZ II, 243/244 n bis 275/276). In dieser Zeit nutzte man die Umwehrung des Lagers aus der Vorgängerperiode weiter. Auch die vier für die zweite mittelkaiserzeitliche Phase nachweisbaren Steinbaracken wurden durch Brand zerstört. In der möglicherweise mit Abstand darauffolgenden älteren spätrömischen Phase (SR I) wurde das gesamte Fachwerk niedergelegt und der Brandschutt einplaniert; mittelkaiserzeitliche Steinmauern wurden aber auch weitergenutzt und erhöht. Viele der bei Schwarz als spätantik angesprochenen Mauern haben nach Konrad einen mittelkaiserzeitlichen Kern. Die Zerstörung der ersten spätrömischen Phase fand laut Münzfunden nach 364/378 statt. Nach dieser Zerstörung wurden die Baracken nur noch partiell genutzt. Diese zweite spätrömische Phase (SR II) wird durch lehmgebundene Mauern, die teilweise an ältere anschließen, und den Einbau von Kanalheizungen charakterisiert. Es liegen starke Niveauunterschiede zwischen den Fußböden vor. Die Barackengrundrisse wurden im zuletzt genannten Zeitabschnitt grundlegend verändert. Aus den langgestreckten Baracken wurden etwa durch das Einziehen von Lehmmauern annähernd quadratische Räume, deren Aufgehendes möglicherweise in Blockbauweise errichtet war. Plünderungen markierten um die Mitte des fünften Jahrhunderts das Ende der spätrömischen Bauphase; darauf hin bildete sich die sogenannte schwarze Schicht. Wahrscheinlich wurden die noch sichtbaren Mauern abgetragen und der Bauschutt eingeebnet. Auf der Planierung des römischen Baubestandes wurden leichte Pfostenbauten errichtet, die mit der antiken Nutzung nichts mehr gemein hatten.

Das Fundmaterial aus Niedermünster wird unter dem Titel »Ausgewählte Funde« besprochen. Die bereits von Hans-Jörg Kellner und Bernhard Overbeck publizierte Münzliste wird nur in Auszügen wiederholt, soweit es für die chronologische Einordnung der Baubefunde relevant ist. Die Vorlage der Keramik erfolgt nach den Standards. Allerdings fehlt eine auswertende Behandlung der Gebrauchskeramik, insbesondere der wichtigen spätantiken Formen. Nur die Terra Sigillata, die Feinkeramik und Räuchergefäße werden explizit angesprochen. Auf diese Weise ist der Fundkatalog für den Benutzer nur schwer zugänglich, da mit einer Auswertung ja auch eine Art Index zu den dort publizierten Stücken besteht.

Die Lagerphasen dienen dazu, neue chronologische Argumente für die zeitliche Einordnung der rätischen Ware zu finden. Nicht ganz überraschend ist die Spätdatierung der Stilgruppe 3a der rätischen Ware, da bereits häufiger solche Stücke auch aus späteren Kontexten bekannt sind; vgl. M. Müller, Faimingen-Phoebiana II. Die römischen Grabfunde. Limesforsch. 26 [Mainz 1999] bes. 53; G. Moosbauer, Die ländliche Besiedlung im östlichen Raetien während der römischen Kaiserzeit. Passauer Universitätsschr. Arch. 4 [Espelkamp 1997] 77–79, letzteres eher in der Tradition von Th. Fischer, Das Umland des römischen Regensburg. Münchner Beitr. Vor- und Frühgesch. 42 [München 1990] 56 f. Allerdings bleiben Zweifel, da für eine Vorlage nach Dekorationen die im Fundbestand vorhandenen Stücke gerade für eine Unterscheidung zwischen Drexel 3a und 3b nach Fischer nicht aussagekräftig genug sind. Entscheidender als das Dekor scheint die Randform der rätischen Ware zu sein: Zylindrische, scharf umgelegte Ränder gehören eher in das zweite Jahrhundert, Steilränder oder konische Hälse mit Randlippe zeigen späte Becherformen an. Entsprechend tritt die späte Becherform im Regensburger Legionslager auf: Taf. 8 B 3–7; Taf. 27 A 2 (Verzierung wie Drexel 1); Taf. 27 A 3; Taf. 35

D 1 (Verzierung wie Drexel 1). Das Auftreten von Dekorationen der Stilgruppe 1 im Regensburger Legionslager belegt, dass weniger diese als die Gefäßformen entscheidend zu einer chronologischen Einordnung beitragen können. Allerdings sei vor zu verallgemeinernden Aussagen zur rätischen Ware gewarnt, da diese normalerweise regional hergestellt wurde. So kann selbst ein Vergleich zwischen Faimingen und Regensburg zu Problemen führen. Eine allgemeine Aufarbeitung dieser für die Chronologie Rätiens so wichtigen Ware nach geographischen und chronologischen Kriterien wäre wirklich wünschenswert.

Mit der rollrädchen- beziehungsweise reliefverzierten Terra Sigillata sowie den Töpferstempeln beschäftigt sich Herbert Riedl. Das Kapitel zur nordafrikanischen Terra Sigillata ist von Michael Mackensen in bewährter Weise verfasst. Besonderes Augenmerk ist auf die Besprechung einer nordtunesischen Lampe des Typus Hayes I B beziehungsweise Atlante VIII D1 zu legen, die als eines der spätesten Stücke aus dem Regensburger Legionslager, nämlich aus der Mitte des fünften Jahrhunderts, einen wichtigen Terminus post quem für dessen Zerstörung liefert. Die Glasbearbeitung erfolgt durch Andrea Rottloff, die bestens mit den rätischen Gläsern vertraut ist. Rottloff kann auf Grund einer Kappe, also einem Werkstattabfall, für das spätrömische Regensburg Glasherstellung nachweisen. Die Metallfunde werden ebenfalls nur in Auswahl identifiziert, da die Auswertung nur für Trachtzubehör und Schmuck erfolgt ist. Karlheinz Dietz fasst nochmals alle römischen Inschriften aus Niedermünster zusammen: Neben den bekannten Stücken ist vor allem ein bisher eher unbeachtetes Fragment zu nennen, das einen »exactus legionis« nennt, der in einer Schreibstube tätig war. Die römischen Werksteine werden von Eleonore Wintergerst behandelt.

Es folgt die chronologisch-historische Auswertung der Ergebnisse. Einzelfunde wertet Konrad als Hinweise auf eine claudische »(Militär?)präsenz« im weiteren Umfeld des Legionslagers. Der Nachweis von neuen claudisch-neronischen Militärniederlassungen an Isar und Donau (vgl. zuletzt G. Moosbauer in: K. Schmotz [Hrsg.], Vorträge des 21. Niederbayerischen Archäologentages [Rahden 2003] 247–293 mit wieder neuen Anlagen) unterstützt diese These weiter.

Zwischen dem Ende der mittelkaiserzeitlichen Nutzung und dem Beginn der spätantiken Phasen vermutet Konrad eine längere Unterbrechung, in der Aufräumarbeiten stattfanden. Dieser Hiatus soll auf Grund des numismatischen Befundes bis zu fünfzig Jahre gedauert haben, ohne dass eine direkt anschließende Besiedlung absolut ausgeschlossen wäre. Da nur sehr wenig aussagekräftiges Fundmaterial vorliegt, bleiben an dieser Stelle Zweifel. Damit ergibt sich für Regensburg ein grundsätzlich anderes Bild als für das benachbarte Straubing, wo ein hölzerner Vorläufer des tetrarchischen Steinkastells vermutet wird, s. G. Moosbauer, Kastell und Friedhöfe der Spätantike in Straubing. Passauer Universitätsschr. Arch. 10 [Rahden 2005]. Da beide Arbeiten etwa gleichzeitig erschienen sind, konnten die beiden Siedlungen in den jeweiligen Monographien jedoch noch nicht verglichen werden.

Konrad geht von einer weiteren militärischen Nutzung der jetzt nur noch straßenseitig wiederhergestellten Baracken in der ersten spätantiken Phase aus, während sie auf Grund der Aufwertung dieser Bauten mit Kanalheizungen und dem Vorkommen von Frauenschmuck in der folgenden Periode zumindest von einer teilzivilen Nutzung spricht. Ähnlich wie in Straubing belegen in Regensburg die Funde eine Präsenz romanischer Bevölkerung bis ins zweite Drittel des fünften Jahrhunderts, ein Nachweis germanische Siedler in relevantem Umfang bis zu diesem Zeitpunkt kann auf Grund der nur wenigen germanischen Stücke nach Konrad nicht erfolgen. Das korrespondiert gut mit den Ergebnissen für Straubing, wo im Vergleich etwa zu Neuburg an der Donau ebenfalls mit einer wesentlich stärkeren romanischen Restbevölkerung zu rechnen ist. Für Straubing wurde dafür der Einfluss des Regensburger Legionslagers verantwortlich gemacht, die Bestätigung erfolgt jetzt durch die Befunde der Niedermünstergrabung.

Der Katalog erfasst, aufgegliedert nach Bauphasen, zunächst die stratifizierten, dann in Auswahl auch Funde aus vermischten Zusammenhängen. Die gewählte Gliederung erleichtert den Zugang zum Material unter chronologischen Gesichtspunkten und ist der Auswertung der Baustrukturen angepasst.

Mit der Vorlage der Befunde und Funde aus den Grabungen unter dem Regensburger Niedermünster wird ein weiterer wichtiger Baustein zur Kenntnis der spätantiken Geschichte Rätiens der Wissenschaft zugänglich gemacht. Darüber hinaus liegen nun weitere wichtige Informationen zur mittelkaiserzeitlichen Militärgeschichte von Regensburg vor. Es bleibt nur zu hoffen, dass auch der erste Band der Niedermünsterauswertung zu den Befunden in absehbarer Zeit erscheinen wird. Der Verfasserin ist für die schnelle Publikation nach Abschluss der Arbeiten im Jahr 2004 zu danken.

Osnabrück   Günther Moosbauer

Ulrike Ehmig, **Die römischen Amphoren im Umland von Mainz.** Frankfurter Archäologische Schriften, Band 5. Publisher Dr. Ludwig Reichert, Wiesbaden 2007. 357 pages, 104 plates.

The volume presents Roman amphorae from the regions surrounding ancient Mogontiacum, modern Mayence. The author is well known to the scientific audience in this field, as she has already published a profound study on the containers from the capital of the upper Germania: Die römischen Amphoren aus Mainz (Möhnesee 2004). More than nine thousand amphorae were studied, coming from selected sites in

Rhenish Hesse, South Hesse and the frontier area north of the River Main. Doctor Ehmig carried out the research thanks to a grant by the German Science Foundation (Deutsche Forschungsgemeinschaft). The archaeological material comes from a variety of sites, such as civitas capitals (Wiesbaden, Worms, Heddernheim, Dieburg), forts and related settlements (Rödgen, Höchst, Hofheim, Mayence-Kastel, Alzey, Gernsheim, Groß-Gerau, Hanau, Heldenbergen, Grosskrotzenburg, Altenstadt, Kleiner Feldberg, Holzhausen), rural settlements among others. Overall, seven thousand five hundred amphorae from seventeen sites are presented and compared.

At first, the analysis of imported Mediterranean ware led the author to consider that it was not possible to differentiate patterns of consumption in relation to different types of sites, between civilian and military ones, with the exception of the high proportion of wine amphorae found in Roman villae rusticae. However, it was possible to establish that far fewer amphorae for fish sauce and olives are found in complexes from outlying areas rather than at the central site of Mayence. The author does not try to explain the observed differences in consumption patterns and this is explained by two different features in her analysis: the lack of historical and anthropological interpretive models and the disregard for the information from the producing areas in the Mediterranean.

There is no direct access to the past, and the only way to explain data, archaeological or otherwise, is to use an interpretive model. The author does not produce anyone as such and directly rejects historical and anthropological ones, championed by a host of scholars in different countries, even though Ehmig centres her attack toward José Remesal and his followers. Remesal established a series of interpretive procedures grounded on a historical approach, linking archaeological, literary and epigraphic evidence, in order to propose a more articulate understanding of the ancient supply. Several other authors projected a variety of historical approaches. Others added to this kind of access an anthropological one, considering identity issues, in line with social theory discussions in the last twenty years or so. In this context, olive oil consumption has been linked to market and military supply, annona, societates mercatorum, and beyond. The use of such items as olive oil, wine or fish sauce has been taken as a part of much broader identity issues, as cultural pledges. Ehmig pays no attention to theoretical models, does not study literary and epigraphic evidence. Unsurprisingly, the author stresses the supposed limitations in the interpretations of Roman amphorae and emphasizes that no conclusions are possible about the developments of potteries, the volume of production or the intensity and direction of trade. There is no comprehensive study of the producing areas, no map of the potteries manufacturing the imported amphorae included in the volume. The absence of theory explains the lack of interpretation and this ultimately explains why meaning is often uncertain (»Deutung eindeutig«, p. 73). This is crystal clear in the study of the so-called Dressel 20 imitations. With no anthropological or historical interpretive model in mind, the author considers those amphorae could be used for wine, beer or even be sold as empty vessels.

The overall emphasis is to prove that amphorae cannot be used as an indicator for consumption of foodstuffs. However, painted inscription mentioning olives (»olivae«; olivae; »oliva picena«, plate 103) lead the author to question whether eating habits were different in the provincial capitals and the legionary fortresses on the one hand and the rural surroundings on the other. What are the evidences for the supposed similar consumption patterns in capitals, military sites and the countryside? In the absence of an anthropological interpretive model explaining this counterintuitive suggestion, the reader is left guessing how a few inscriptions referring to olives can be considered so informative. It is also difficult to conciliate her claim that few epigraphic evidence is enough, whilst she denies amphora stamps in the hundreds, studied as part of a historical and anthropological approach, can produce valid interpretations.

In chapter six, a series of considerations on the study of amphora stamps from Southern Spain is in a way a tribute to the scholarly endeavor, since the 1980s, of such authors as Michel Ponsich, Emilio Rodríguez-Almeida and José Remesal, whose reasoning has been increasingly (»mehr und mehr«, p. 87) incorporated by those studying consumption patterns in the Roman world. In the absence of historical and anthropological models, the author prefers to use an axiomatic vocabulary, using such adjectives as »false« archaeological premises and such nouns as »deficits«, to refer to a plethora of scholarly studies focussing on consumption and supply in the Roman Empire. Contrary to those studies, the author does not propose any interpretive model and rather prefers to stress the supposed limitations in the analysis of Roman amphorae from settlement contexts. The apodictic tone pervades the whole volume, complementing the lack of historical and anthropological models. As warned Thomas Aquinas, the argument from authority is always the weakest.

Unlike the author though, I think it is important to acknowledge the contributions and merits of the endeavour of others, and this volume is no exception. First and foremost, the collection of archaeological material from the area around Mayence is praiseworthy, as are the very useful drawings of hundreds of amphorae, stamps, painted inscriptions and graffiti. The analysis of remains of pitch and lime provide indications about the primary and secondary use of amphorae. Gas chromatography analyses contribute to a better understanding of production and preparation of amphorae before they were filled. Overall, the volume is a useful collection of amphorae from the Mayence hinterland.

Campinas, Brazil   Pedro Paulo A. Funari

Bernd Bienert, **Die römischen Bronzegefäße im Rheinischen Landesmuseum Trier.** Trierer Zeitschrift, Beiheft 31. Rheinisches Landesmuseum Trier 2007. 287 Seiten, zahlreiche Abbildungen.

Seit den grundlegenden und noch immer hoch zu bewertenden Arbeiten von Heinrich Willers (Die römischen Bronzeeimer von Hemmoor [Hannover und Leipzig 1901]; Neue Untersuchungen über die römische Bronzeindustrie von Capua und von Niedergermanien [Hannover und Leipzig 1907]), die gleichzeitig oder doch in zeitlicher Nähe zu der ebenfalls bahnbrechenden Veröffentlichung eines der bedeutendsten Hortfunde der Antike überhaupt durch Franz Winter und Erich Pernice (Der Hildesheimer Silberfund [Berlin 1901]) erschienen sind, hat sich die Metallgefäßkunde methodisch in mehrere Richtungen bewegt. Die Realien allein typologisch und chronologisch zu untergliedern und auf ihre Verbreitung hin zu untersuchen, ist zwar unabdingbare Voraussetzung, darf aber niemals alleiniges Ziel, allenfalls Mittel der Forschung sein. Das war auch Willers bewusst und ist besonders von Aladár Radnóti stets vehement vertreten worden, dem es generell primär um die historische Perspektive ging und der immer wieder vor einer Materialforschung um ihrer selbst willen warnte. Will sich die gefäßtoreutische Spezialforschung also als eine historische begreifen, muss sie sich einer Vielzahl von Fragen stellen, deren Beantwortung in der Praxis zwar von Fall zu Fall gelingt, dabei aber häufig einem Hindernislauf unter erschwerten Bedingungen gleicht.

Zunächst einmal waren Metallgefäße, verglichen mit ihren keramischen und gläsernen Korrelaten, schon in der Antike weniger stark vertreten und müssten allein deswegen in den Funden unterrepräsentiert sein, was noch einmal durch die Tatsache verstärkt wird, dass unbrauchbar gewordene Exemplare nicht zu hundert Prozent als Abfall entsorgt, sondern wiederverwendet oder als Wertbesitz aufbewahrt wurden. Es ist also ein grundlegender Irrtum zu glauben, man hätte unbenutzbar gewordene Gefäße einfach fortgeworfen, wie man hin und wieder lesen kann. Dass Dinge auch unabsichtlich verloren gingen, versteht sich von selbst. Hätten wir nicht die verschütteten Siedlungen am Vesuv mit ihren vollständig erhaltenen Hausinventaren, die freilich keineswegs häufig zutage geförderten Ladungen und Ausstattungen untergegangener Schiffe, die Metallgefäße begünstigenden Grabsitten diesseits und jenseits der römischen Grenzen, die verschiedenen Horthorizonte als Indikatoren unsicherer Zeitläufte und die Gewässerfunde, auch als Ausfluss kultischer Praktiken, würde das vollständig erhaltene Gefäß die Ausnahme bilden. Wir wären im Wesentlichen auf eine äußerst fragmentarische Überlieferung in Form von zumeist kleinteiligen Gefäßresten aus Siedlungen angewiesen. Nur selten wird dabei nämlich erkannt, dass es sich selbst bei diesen auch um Teile zerstreuter Schrottdepots handeln kann, die ihrerseits wiederum auf metallverarbeitendes Gewerbe am Ort hinweisen können.

Erschwerend kommt hinzu, dass spezialisierte Offizinen der Metallgefäßproduktion nach ihrer Räumung und Niederlegung im archäologischen Fundbild von ihrer Architektur her kaum von anderen Werkstätten zu unterscheiden sind und ohne ihre spezifische Ausstattung kein kohärentes Bild ergeben, während die literarische Evidenz viel zu oberflächlich ist, um detaillierte Einsichten in die betriebswirtschaftliche Organisation solcher Produktionsstätten zu gewähren. Zwar lassen sich Modelle entwickeln, die von unabdingbaren Gegebenheiten ausgehen dürfen, diese aber nicht durchgängig belegen können. Klar ist, dass es ohne die antiken Lagerstätten und deren Ausbeutung in römischer Zeit keine Metallverarbeitung gegeben hätte. Auch musste man das gewonnene Rohmaterial aufbereiten, portionieren, bereitstellen, transportieren und vertreiben, wobei uns die einzelnen Stationen im wesentlichen verborgen bleiben. Das metallverarbeitende Gewerbe ist zwar in einer Fülle von überkommenen Berufsbezeichnungen greifbar, vereinzelt auch in Darstellungen, nicht aber in der Interaktion und gegenseitigen Dependenz der Beteiligten. Wie waren die Werkstätten ausgestattet, wie sah die Produktplanung und wie die Entwurfgestaltung aus und nach welchen Vorgaben und Normen verlief die Produktion? Arbeitete man entsprechend den Auftragseingängen oder auf Vorrat in der Hoffnung auf gute Absatzmöglichkeiten? Zwar kennen wir etliche Werkzeuge der Metallverarbeitung, nicht aber das komplette Sortiment und die Reihenfolge der Arbeitsgänge mit ihren Ver- und Bearbeitungstechniken. Die Produktpalette einer Werkstatt wird nur dann fassbar, wenn gleiche Herstellerstempel auf unterschiedlichen Erzeugnissen auftauchen, was nur äußerst selten der Fall ist. Auch über die Lebensdauer eines Produktionsbetriebes, den Vertrieb der Erzeugnisse, die Löhne und Preise haben wir nur vage Vorstellungen. Vieles an Erkenntnis muss dem Material mühsam abgerungen werden, etwa die Rekonstruktion fertigungstechnischer und werkstattspezifischer Verfahren, die sich mit Hilfe archäometrischer Methoden auf einem viel versprechenden Weg befindet. Hier sind die Mittel noch keineswegs ausgeschöpft. Die Genese und Herleitung von Gefäßformen und -typen ist zu untersuchen. Handelt es sich dabei um italischrömische oder provinzialrömische Neuschöpfungen oder aber um Adaptionen oder Modifikationen älterer griechisch-hellenistischer und etruskischer Vorbilder? Ein großes Anliegen der Forschung ist es, die antike Bezeichnung und die ureigene Funktion der Gefäße zu ermitteln, was nicht nur aus einer Auswertung der schriftlichen Quellen, sondern auch aus einer Analyse der Steindenkmäler, überhaupt der darstellenden Kunst resultiert, wie auch aus Fundzusammenhängen zu ermitteln ist. Aus der Vergesellschaftung der Funde und der Analyse der Befunde nämlich lassen sich nicht nur unterschiedliche Verwendungsweisen im Imperium und in dessen barbarischen Randgebieten ableiten. Die Rolle solcher Gefäße in den zivilen Haushaltungen im festlichen wie auch alltäglichen Gebrauch, im Gewerbe, aber auch im Marschgepäck des Militärs sowie in dessen Standlagern, in Kult und Opferritus wie auch im Begräbnisritual zu ermitteln, stellt eine Herausforderung dar, die ohne Anwendung der komplexen Methode nicht zu bewältigen sein wird.

Es mangelt also keineswegs an Fragestellungen, will man sich mit römischen Metallgefäßen beschäftigen. Die Beantwortung erfordert häufig allerdings lange Wege und hat schon manchen karrierebewussten Schnellreisenden in Sachen Archäologie dazu bewogen, dieses altertumswissenschaftliche Feld unbestellt liegenzulassen, überhaupt zu meiden oder gar kurzerhand als nicht mehr ganz zeitgemäß zu disqualifizieren. Dabei wird heutzutage nur allzu schnell übersehen, dass es die enorme Vielfalt der Betätigungsfelder innerhalb der Altertumswissenschaften ist, die deren Reichtum begründet. Die von oben verordneten neuen Studiengänge dagegen, die eine deutliche Verkürzung der Verweildauer an den Universitäten und, daraus resultierend, eine starke Einengung auf das vermeintlich Wesentliche zum Ziel haben, werden künftig unweigerlich zu einer Verarmung der altertumswissenschaftlichen Disziplinen führen müssen. Dazu passen unbedingt die immer schlechter werdenden beruflichen Aussichten für den wissenschaftlichen Nachwuchs und ein System, dass selbst vor dessen Ausbeutung nicht zurückschreckt. Ungeachtet dieser Einlassungen ist die Anzahl derer, die sich mit Metallgefäßen beschäftigen, nicht eben groß. Über jeden Zuwachs an forscherischem Impetus muss man sich daher ganz besonders freuen, was in vollem Umfang für das hier zu besprechende Buch gilt, in dem die Metallgefäße vorlegt werden, die im Rheinischen Landesmuseum Trier aufbewahrt werden, insgesamt dreihundertfünf Gefäße und Gefäßfragmente. Etwas weniger als die Hälfte davon stammt aus Trier selbst oder seinem unmittelbaren Umfeld, der kleinere Teil aus dem Umland, den heutigen Landkreisen Bernkastel-Wittlich, Birkenfeld, Bitburg-Prüm, Daun, Mayen-Koblenz und Trier-Saarburg. Das Einzugsgebiet reicht bis nach Luxemburg und dem Saarland. Mehr als ein Fünftel der Objekte sind ohne Fundort und Fundzusammenhänge überliefert.

Die Veröffentlichung ist die Inauguraldissertation des Verf., erarbeitet in den Jahren 1990 bis 1997 am Fachbereich III Klassische Archäologie der Universität Trier. Danach vergingen noch einmal zehn Jahre, bis die Arbeit erscheinen konnte. Berücksichtigt ist das Fundaufkommen bis 1997, Literatur dagegen wurde noch bis 2005 eingearbeitet. Allerdings vermisst man hier so wichtige neuere Arbeiten wie beispielsweise die von Jean-Pierre Pautreau herausgegebene über den Fund von Antran (Antran [Vienne]. Un ensemble aristocratique du premier siècle [Poitiers 1999]) – hierzu wird nur der Vorbericht zitiert (Arch. Korrbl. 21, 1991, 271 ff.) –, die Studie von Claudia Braun über die römischen Bronzebalsamarien mit Reliefdekor (BAR Int. Ser. 917 [Oxford 2001]) oder diejenige von Anne Kapeller über die Bronzegefäße von Avenches (Aventicum; Bull. Assoc. Pro Aventico 45, 2003, 83 ff.) und andere mehr. Nur schwer nachvollziehbar ist die Tatsache, dass man in einer Abhandlung über römische Metallgefäße auf die Zitierung und Auswertung der wichtigen Arbeit von Ulla Lund Hansen (Römischer Import im Norden [Kopenhagen 1987]), die der Verfasser ja zweifelsohne kennt, vollkommen verzichten kann. In diesem Zusammenhang sei der Hinweis erlaubt, dass der Begriff »Germania libera« in der Importforschung längst als nicht begründbar zugunsten der Bezeichnungen »Germania magna«, »Germania« oder »germanisches Barbaricum« (R. Laser / H. U. Voss, Corpus der römischen Funde im europäischen Barbaricum. Deutschland I, Bundesländer Brandenburg und Berlin [Bonn 1994] 4) ausgemustert wurde.

Für die Vorlage des Materials hat der Verfasser die Form eines typologisch geordneten Kataloges gewählt. Hundertelf sogenannte Formen werden zu vierundzwanzig Gruppen (A–X) zusammengefasst. Zwölf nicht eindeutig zugewiesene Gefäßfragmente (Y) beschließen den Katalog. Abwechselnd ist synonym mal von Formen, mal von Typen die Rede. Besser hätte man »Form« als Überbegriff gewählt (etwa »Eimer«), mit »Typus« dagegen die Ausprägung einer solcher Form (zum Beispiel »Eimer vom Hemmoorer Typus«) angesprochen, ein System, das sich längst bewährt hat. Das Hauptgewicht der Arbeit liegt auf typologischen Untersuchungen, denen sich weiterführende Fragen anschließen. Doch lassen sich nach Meinung des Verfassers auf der Materialbasis auch »Überlegungen zur Gestaltung des antiken Alltags, zur wirtschaftlichen Entwicklung und zum Ablauf der Romanisierung in den Nordprovinzen des Imperium Romanum anstellen« (S. 9). Nach solchen exemplarischen Ableitungen sucht man allerdings vergebens.

Die Freude am rein Deskriptiven ist nicht zu übersehen und beherrscht den durch Gründlichkeit gekennzeichneten Hauptteil der Arbeit. In einem auswertenden Vorspann wird zunächst versucht, die Geschichte der jeweiligen Gefäßform abzuhandeln, was sowohl den in Trier aufbewahrten Bestand betrifft, als auch den hier nicht vorhandenen und anderweitig vom Autor erfassten. Letzterer bleibt häufig ohne unmittelbaren Nutzen für die Auswertung des vorgelegten Materials, erschwert aber das Arbeiten mit diesem Buch. Öfters werden dabei Varianten (etwa S. 33 ff.) definiert, ohne entsprechende Abbildungen zur Verfügung zu stellen, die es dem Leser erleichtern würden, den Gedankengängen Bienerts zu folgen. Insgesamt sind es Fragen der Typologie, der Herstellungsverfahren, der Chronologie, der Verbreitung, der Provenienz und der Funktion, die den Verfasser bewegen, wobei er in seinen stark referierenden Ausführungen nur selten zu neuen Ansätzen gelangt. Das soll ihm freilich nicht zum Nachteil ausgelegt werden, da es sich hierbei um Fragen handelt, die jede für sich eine ausführliche monographische Spezialstudie erfordern. Eine solche Anforderung würde den vorgegebenen Rahmen sprengen. Vieles an datierbaren Vergleichsfunden beispielsweise wurde schon von Richard Petrovszky sehr gründlich zusammengestellt und kommentiert und hätte nicht rekapituliert, sondern allenfalls ergänzt oder kritisch diskutiert werden müssen. Bei dieser Gelegenheit ist darauf hinzuweisen, dass beispielsweise die bisherige Datierung des mehrfach zitierten Fundes von Neupotz in die Jahre 277 bis 278 mittlerweile mit guten Gründen zugunsten eines Ansatzes um 260 revidiert wurde. Das konnte aber Bienert zum Zeitpunkt der Drucklegung natürlich noch nicht wissen. In dieser Hinsicht ist manche seiner chronologischen Folgerungen zu relativieren.

Der sich an den Vorspann anschließende Katalog erfasst zunächst das Material, aus dem die Metallgefäße gefertigt wurden, wobei der Verfasser die verwendeten Rohstoffe allerdings nur makroskopisch beurteilen kann, da er nicht über Metallanalysen verfügt. Solche hält er freilich für notwendig (S. 9), worin ihm unbedingt zuzustimmen ist. Ebenso notwendig sind aber auch metallografische Untersuchungen, unerlässlich für die Bestimmung der Herstellungstechniken. Er unterscheidet aus diesem Grunde grob zwischen den Begriffen »Kupferlegierung«, »Kupferlegierung und Eisen« und »Kupferlegierung (Tendenz Messing)«. Vielleicht hätte man diese Einschränkung in der Einleitung summarisch begründen können und so die doch unbefriedigenden und letztlich auch unergiebigen Wiederholungen vermieden. Neben den üblichen Angaben zu Maßen, Fundort und aktuellem Zustand wird das jeweilige Stück noch einmal außerordentlich akribisch beschrieben, dessen Einordnung und Kurzbeschreibung ja im Vorspann bereits erfolgte. Damit findet sich alles Wissenswerte über ein Objekt nicht an einem Ort, sondern sowohl im Vorspann als auch im Katalogtext. Zum Schluss wird die ältere Literatur zu dem jeweiligen Stück genannt. Da die Funde selbst fotografisch wiedergegeben sind, leider nicht durchgehend standardisiert im Profil, in der Draufsicht und der Unteransicht, dafür aber in guter Qualität, werden auch die Fotoabbildungen detailliert nachgewiesen. Der Maßstab ist uneinheitlich. Zeichnungen konnten vermutlich aus Kostengründen nicht durchgehend, sondern nur in Einzelfällen angefertigt werden. Die meisten Typenzeichnungen, die den einzelnen abgehandelten Formen beziehungsweise Typen vorangestellt sind, wurden daher diversen Publikationen entnommen. So muss man in Kauf nehmen, dass auch die Formen- beziehungsweise Typentafeln am Ende des Buches uneinheitlich sind und somit als eine Art Pasticcio wegen der unterschiedlichen Maßstäbe wenigstens bei Nichtfachleuten für Irritationen sorgen müssen, ein Mangel, der sich angesichts des Zeitrahmens, der für diese Arbeit zur Verfügung stand, durchaus durch einfaches Vergrößern oder Verkleinern hätte beheben lassen. Bedauerlicherweise fehlen Angaben zu Gewicht und Wandstärke, die heute eigentlich zum Standard zählen sollten. Ob die Bestimmung der Oberflächentönung dagegen tatsächlich für weiteren Erkenntnisgewinn sorgt, darf man bezweifeln, da es sich bei der Patina immer nur um ein ungewolltes Zufallsprodukt handelt, ohne wirkliche Aussagekraft für die Geschichte des jeweiligen Gefäßes.

Die Farbbestimmung nach dem Schwaneberger Farbenführer für Briefmarkensammler ist zwar eindeutig, mit den Kürzeln der in Fachkreisen auch international weiter verbreiteten Munsell Soil Color Chart wäre aber vermutlich einem größeren Kreis von Forschern gedient. Dem eigentlichen auswertenden Katalogteil schließen sich in einem eigenen Kapitel Überlegungen zur Herstellungsweise der in Trier verwahrten Metallgefäße an.

Zu den Ausführungen Bienerts gäbe es eine Menge anzumerken, was angesichts des hierfür vorgesehenen Rahmens aber nur exemplarisch geschehen kann. Als wenig geglückt empfindet der Rezensent beispielsweise den Zusammenschluss von Kannen, Krügen und Blechkannen zu einer Gruppe (C). Entsprechend unübersichtlich gestaltet sich der auswertende Vorspann. Die Forschung hat bisher diese drei Kategorien stets für sich gesehen und folgerichtig auch für sich behandelt: Die Kannen gelten als Gießgefäße vorrangig bei der Handwaschung, die Krüge als Wein- oder Wasserbehältnisse beim Mahl und die Blechkannen als Gefäße zum Erhitzen des Wassers über dem offenen Feuer in der Küche (geschwärzter Boden, Kalkablagerungen im Inneren), die man bei der Speisezubereitung wie auch zum Verdünnen des Weines beim Trinkgelage benötigte. Dabei können Krüge und Wasserkannen durchaus ein Paar bilden und einander funktional bedingen, wie uns nicht nur der Sarkophag von Simpelveld, sondern auch die Vergesellschaftungen in den Gräbern lehren. Man sollte unbedingt an der Eigenständigkeit jeder dieser drei Untergruppen festhalten, jedenfalls spricht aus typologischer wie funktionaler Sicht nichts dafür, von diesem Schema plötzlich abzuweichen. Kat. 19 entspricht nicht der Form 7, wie sie die Typenzeichnung vorgibt (= den Boesterd 276), also dem wohl erfolgreichsten Krugmodell in den Nordwestprovinzen während des zweiten und den dritten Jahrhunderts, sondern gehört zu dessen italischem Vorläufertyp (= Tassinari, Pompei B 1221a), der jetzt von Klára Szabó in einer eigenen Studie vorgelegt wird. Kat. 20 eignete einem Krug Radnóti 80 beziehungsweise Tassinari, Pompei B 1222. Der Henkel Kat. 24 dürfte weniger zur Form 8 (= den Boesterd 277), sondern zu einem Krug des Typus Eich (S. 29 Anm. 134) gehört haben, und steht wiederum in enger Verwandtschaft zu einem Krug aus Verulamium (S. Frere, Verulamium Excavations I. Reports of the Research Committee of the Society of Antiquaries of London 28 [London 1972] Abb. 43 Nr. 143) sowohl was die enge Mündung als auch die vegetabile Strukturierung und Länge des Henkel anlangt. Den Krug mit Fußattaschen Form 11 (S. 30) schon an die Wende vom ersten zum zweiten Jahrhundert zu datieren, dazu reicht der keinesfalls gesicherte Kontext bei dem Exemplar den Boesterd 289 nicht aus. Zu welchen chronologischen Fehlschlüssen käme man sonst für einen vergleichbaren Henkel, der sich unter dem Fundmaterial von Augsburg-Oberhausen fand (W. Hübener, Die römischen Metallfunde von Augsburg-Oberhausen. Materialh. Bayer. Vorgesch. 28 [Kallmünz/Opf. 1973] Taf. 24, 22)?

Die Blechkannen könnte man noch ein wenig besser ordnen. Die Formen 13, 14 und womöglich auch 17 dürften in dieser Reihung noch italischer Produktion entstammen und dem ersten Jahrhundert angehören. Dem würde man Form 18 anschließen, die als provinziales Erzeugnis in jedem Falle in dieses Jahrhundert gehört, auch wenn man bislang noch kein einziges komplettes Exemplar kennt. Form 16 ist ein sehr verbreitetes Modell, das mit kleinen Abweichungen bei annähernd gleicher Grundform (Mündung und Henkel zusammen in einem Stück gegossen, aufwärts gerichteter Ausguss, größte Ausdehnung unterhalb der Gefäßmitte) schon an der Wende vom ersten zum zweiten Jahrhundert nachzuweisen ist und sicher im gesamten zweiten und wohl noch in der ersten Hälfte des dritten Jahrhunderts auch in den Nordwestprovinzen produziert wurde. Dann käme Form 12, die ebenso in Italien wie auch in den Nordwestprovinzen belegt ist. Der Typus gehört aber schon dem späten zweiten oder dem dritten Jahrhundert an. Jünger dürfte die Form 15 sein, deren Belege vor allem in das dritte Jahrhundert verweisen. Die Löcher auf den Attaschen der Blechkannen der Form 16 sind sicher nicht primär Dekor (S. 34), sondern dienten vorrangig der Hitzeausleitung, wie ja auch die Attaschen aus dem gleichen Grunde üblicherweise nicht auf dem Gefäßkörper befestigt sind, sondern mit einem kleinen Abstand montiert wurden. Die praktische Verwendbarkeit des Henkels war durch dessen Verbindung zur Mündung gewährleistet. Wichtig ist die Erkenntnis Bienerts, dass Blechkannen nördlich der Alpen verstärkt im Zusammenhang mit der Stationierung römischer Truppen zu sehen sind, was freilich einer Begründung bedurft hätte. Tatsächlich sind diese Kochgefäße signifikant für die militärische Ausrüstung, sie sind geradezu Standardgefäße, die sehr häufig in den frührömischen Lagern belegt sind, aber auch in denen der Limeszeit. Das hat vor allem mit der Zubereitung des Weines zu tun, der ja auch beim Militär zu den Grundnahrungsmitteln gehörte und wahlweise des Zusatzes von kaltem, warmem oder heißem Wasser bedurfte. Generell hat das weitgehende Fehlen von Krügen (S. 31) und Heißwasserkannen im germanischen Barbaricum damit zu tun, dass die Germanen überwiegend keinen Wein tranken, jedenfalls nicht more Romano. Daher konnten sie bestimmte Teile des römischen Trinkservices – dazu gehören auch Weinschöpfer – nicht adäquat verwenden. Ähnliches kann man auch für einen Teil des Toilettengeschirrs konstatieren, etwa Badeschalen (S. 63 f.), Strigiles und Balsamarien, was eindeutig auf die unterschiedlichen Gepflogenheiten bei der Körperpflege diesseits und jenseits der römischen Grenzen zurückzuführen ist. Universell verwendet wurden dagegen Waschschüsseln.

Ein Problem stellt nach wie vor die Funktionsbestimmung der sogenannten Aylesfordpfannen dar, das auch Bienert nicht lösen kann und das im Augenblick wohl auch nicht befriedigend zu lösen ist. Sie für Koch-, Servier- und Waschgefäße zu halten, entspricht dem aktuellen Diskussionsstand, dürfte aber an der antiken Wirklichkeit vorbeigehen. Das gilt sicher auch für den Vorschlag, als kaiserzeitliche Nachfolger der Aylesfordpfannen einfache Bratpfannen in Betracht zu ziehen (S. 72). Diese sind in ihrer Funktion eindeutig festgelegt, zumeist vom Feuer geschwärzt und von der Machart her einfach. Die ältesten erhalten gebliebenen Exemplare sind aus den Vesuvsiedlungen überliefert, und nur hier lässt sich eine Verbindung zu den jüngeren Bratpfannen aufzeigen. Mit den Aylesfordpfannen haben diese nichts zu tun. Vom Gefäßaufbau gleich sind Griffschalen, die schon in spätklassisch-frühhellenistischer Zeit in Griechenland nachweisbar sind, in Etrurien seit dem dritten vorchristlichen Jahrhundert. Dort stehen sie eindeutig im Zusammenhang mit dem Symposion, und eine Zugehörigkeit der Aylesfordpfannen zum Trinkgeschirr ist mehr als nur wahrscheinlich. Das gilt mit Sicherheit für die sogenannten Kasserollen, für die Stephan Bender in seiner Frankfurter Dissertation eine Funktion als Trinkgeschirr überzeugend nachweisen und die antike Bezeichnung »trulla« verifizieren konnte. Der verfremdete Gebrauch eines solchen Stücks kann niemals ausgeschlossen werden, doch sollte man in jedem Falle von der Deutung als Vielzweckgefäß (S. 84) endlich Abschied nehmen.

Nicht zustimmen kann ich der Frühdatierung des Eimers vom Hemmoorer Typus Kat. 158 bereits vor der Mitte des zweiten Jahrhunderts einzig aus stilistischen Gründen, da sich der Rankenfries, eine Efeuranke, nach Meinung des Verfassers gut mit südgallischen Bilderschüsseln vergleichen ließe. Dem Rezensenten ist allerdings keine Efeuranke bekannt, aus deren Übereinstimmung eine Affinität zwischen beiden Materialgruppen zwingend abzuleiten wäre. Auch sollte man nicht vergessen, dass die Herstellung der betreffenden tönernen Schüsseln spätestens in spätneronischer Zeit endete. Als Vorbild wären sie dann zwei bis drei Generationen später zu Ehren gekommen, was nur schwer vorstellbar ist. Auch kann man bei einem solchen Allerweltsdekormotiv nicht unbedingt von einer zeitlich und regional befristeten Modeerscheinung sprechen und so den Zusammenhang herstellen. Zur weiteren Festigung der Frühdatierung der Hemmoorer Eimer zieht der Verfasser auch die reliefverzierten Waren mittel- und ostgallischer Sigillatamanufakturen trajanisch-antoninischer Zeit mit Seethiasoi, Jagd- und Tierfriesen heran. Allein auf stilistische Vergleiche eine Chronologie zu gründen, hat seine Tücken, wie sich immer wieder gezeigt hat. Tatsächlich gehören Efeuranken zum Repertoire der gesamten Antike, sind auf Gefäßen schon in klassischer Zeit nachweisbar und finden sich bis in die Spätantike hinein. Auch die Friese mit Seethiasoi, Jagd- und Tierszenen kennt man noch in der spätrömischen Zeit. Vorerst sollte man bei dem Datierungsansatz von Petrovszky bleiben, allenfalls für die Frühformen der Hemmoorer Eimer vielleicht gerade noch das ausgehende zweite Jahrhundert in Betracht ziehen. Diese Tendenz zur Frühdatierung der von Petrovszky definierten dritten Generation römischer Metallgefäße wird auch bei den Halbdeckelbecken (Formen 39 und 40) erkennbar, deren Herstellungsbeginn der Verfasser (S. 119) schon vor der Mitte des zweiten Jahrhunderts ansetzen möchte, einer im großen und ganzen noch friedlichen Epoche, die arm ist an gut datierbaren Metallgefäßfunden, von Horten ganz zu schweigen. So bleibt es bei vagen Mutmaßungen, die für eine ernsthafte Diskussion noch nicht ausreichen. Zum Schluss noch zwei Ergänzungen: Kat. 301 dürfte zu einem Eimer mit Gesichtsattaschen des Typus Eggers 26 gehört haben, Kat. 302 zu einer Griffschale des Typs Hagenow.

Alle diese Kritikpunkte, die man noch vermehren könnte, stellen aber nicht das Verdienst dieser Arbeit in Frage, auch wenn die langen Beschreibungen dem Leser mitunter einiges abfordern. Lehrreich ist zu sehen, wie wenig in einer so bedeutenden römischen Metropole wie Trier von dem einstmals zweifellos vorhandenen Reichtum an Buntmetallgefäßen übriggeblieben ist. Was nicht als Grabausstattung fungierte, wurde verbraucht und verschwand schließlich irgendwann als beschädigtes Stück in irgendeinem Schmelztiegel. Auch wird die kontinuierliche Besiedlung des Stadtareals im Laufe der beiden zurückliegenden Jahrtausende für einen ständigen Schwund der Denkmäler gesorgt haben. Man denke nur an den 1628 entdeckten Silberschatz mit mehr als hundert Kilogramm Gesamtgewicht, der aus finanzieller Not zur Wertschöpfung eingeschmolzen wurde.

Sehr akribisch hat der Verfasser die Fundaufnahme betrieben und alles zusammengetragen, was ihm erreichbar war und einer sehr gründlichen Analyse unterzogen. Dafür gebührt ihm Anerkennung, denn es gibt bislang noch nicht sehr viele Großsiedlungen, deren Bestände an Metallgefäßen vorgelegt wurden. Wer viel mit Fragmenten hantieren muss, weiß überdies die verdienstvolle Arbeit Bienerts zu schätzen. Man hätte ihm insgesamt ein wenig mehr kritische Distanz zu älteren Forschungsmeinungen und mehr Entschiedenheit gerade in den Funktionsfragen gewünscht. Mancher neue Datierungsansatz bleibt leider spekulativ. Schließlich sollte aber nicht vergessen werden, dass es sich hier um eine Inauguraldissertation handelt. Solche Arbeiten gedeihen recht unterschiedlich je nach Qualität und Engagement der verantwortlichen Betreuung. Es ist dem Verfasser zu wünschen, dass er der Gefäßtoreutik in der einen oder anderen Hinsicht treu bleibt. Dass er sich in diesem Metier wohl fühlt, sieht man der insgesamt gut ausgestatteten und gründlich redigierten Arbeit an.

Frankfurt am Main   Joachim Gorecki

Johan Nicolay, **Armed Batavians. Uses and Significance of Weaponry and Horse Gear from Non-Military Contexts in the Rhine Delta (50 BC to AD 450).** Amsterdam Archaeological Studies, volume 11. Amsterdam University Press 2007. x and 407 pages, 104 figures, 96 plates.

This substantial volume provides a detailed summary of Johan Nicolay's doctoral research, which was undertaken at the Archaeological Centre of the Vrije Universiteit, where it formed part of the research project ›The Batavians. Ethnic identity in a frontier situation‹. Nicolay's important monograph is a further significant addition to the archaeological knowledge of the Roman period in the Lower Rhine Delta and builds on earlier volumes published in the same series, including important studies by Nico Roymans and Ton Derks. This current book explores the use and significance of Roman so-called military items, including weaponry, signalling instruments and horse gear from non-military contexts in the eastern Rhine delta, across the area that is thought to have included the territory of the tribe or civitas called the Batavi. Nicolay's substantial database includes more than two-thousand seven hundred items of Roman military equipment, including weaponry and horse gear, derived from garrisons, urban centres, rural settlements, cult places, rivers and graves across this territory.

In the past, Roman military equipment has usually been associated with the idea of a military presence on the sites of discovery. In recent years, however, such equipment has been found in large numbers on a variety of apparently civilian sites, including rural settlements. It has been proposed that objects of these types indicate the involvement of military in the life of civil populations, but the increasing frequency of such finds casts doubt on such straightforward explanations. Nicolay explores the Roman military equipment dating to between 50 B.C. and 50 A.D. that occurs on a variety of non-villa settlements across this territory, adopting a contextual and social approach to the analysis of the material that addresses the use and significance of these objects in civil and military contexts. Adopting a ›life cycle model‹ for the parts of equipment, Nicolay conducts a detailed chronological and regional assessment of the material that emphasises how widely military equipment is distributed over the survey area. The finds from the Rhine Delta are also compared to those from northern Gaul, trans-Rhenish Germania and Britannia, leaving this reviewer wishing that data in these regions had been collected in the same exemplary fashion.

The detailed analysis conducted in this report leads Nicolay to conclude that the items in civil contexts formed personal memorabilia brought back to the homeland of the Batavi after twenty-five years of service in the Roman auxiliary forces. These pieces in indigenous contexts, therefore, came to symbolise the newly acquired veteran status of these retired soldiers. The relative frequency of military equipment in civil context, therefore, reflects the large-scale recruitment of Batavians into the Roman army as auxiliary soldiers as well as the return of surviving soldiers to their native communities after their period of service. Nicolay's study provides a full assessment of the complexity of the relationship between military and civil identity amongst the Batavi, an issue of relevance to other provincial populations that witnessed large-scale military recruitment.

The detailed study also explores the cases in which individual finds can be related to excavated structures and archaeological contexts, indicating the frequency of such objects on a significant number of excavated rural settlements and at the temple site of Empel. The occurrence of military equipment at a temple site and the frequency of swords and weapons from river deposits lead to the suspicion that certain of the objects deposited in ditches and on house sites in settlement context might also derive from ritual acts that had been conducted on site. Nicolay addresses this idea, stressing the occurrence of military objects in peripheral parts of the settlement, their deposition in purpose-dug pits and the incomplete nature of the sets deposited. Fragmentary pieces are also frequent on settlements but the author does not address the potential significance of the fragmentation of such objects and the potential relevance of such information for the interpretation of the life cycle of objects (see J. Chapman Fragmentation in Archaeology [London 2000] and B. Croxford, Britannia 34, 2003, 81–95).

A major element of the author's research and a substantial element of this publication is the highly impressive inventory of military equipment that fills about one third out of the roughly four-hundred pages. These items include those held by museum and also a large number of finds made by metal detector users. This material, which includes some previously unpublished finds, is fully described and well illustrated by line drawings and photographs. It emphasises the importance of finds collected by metal detector users and the impact of these discoveries on the scholarly understanding of the Roman period across Western Europe. In conclusion, this highly impressive volume summarizes an excellent piece of research that has added substantial new knowledge to the understanding of the assimilation of a particular ethnic group into the Roman empire.

University of Durham   Richard Hingley

Karl-Heinz Lenz, **Römische Waffen, militärische Ausrüstung und militärische Befunde aus dem Stadtgebiet der Colonia Ulpia Traiana (Xanten)**. Verlag Rudolf Habelt, Bonn 2006. 209 Seiten, 63 Abbildungen, 90 Tafeln.

Die vorliegende Arbeit wurde 2001 als Habilitation an der Katholischen Universität Nimwegen eingereicht. Entsprechend dem etwas akademisch-sperrig klingenden Titel ist das Werk zweigeteilt in Formenkunde und Chronologie der Xantener Militaria beziehungsweise der Diskussion ihrer Stellung in militärischen Fundzusammenhängen der Colonia Ulpia Traiana und der sich daraus ergebenden archäologisch-historischen Interpretation.

Die Typologie der überwiegend früh- bis mittelkaiserzeitlichen Militaria folgt den gängigen provinzialrömischen Publikationen. Die Datierung erfolgt extern nach fest datierten Fundplätzen, da eine stratigraphische »interne« zeitliche Einordnung wie in Augst auf Grund überwiegend fehlender Befundbearbeitung in Xanten nicht möglich war. Daraus ergeben sich grobe Datierungsvorschläge (S. 9–11). Vermutlich bedingt dadurch, dass die Auswahl der Vergleichsliteratur durch den Filter fest datierter Fundorte getroffen wurde, beziehungsweise einzelne Arbeiten erst nach Abschluss der Drucklegung erschienen, fehlen im Literaturverzeichnis teilweise wichtige neuere Material- und Befundvorlagen wie etwa die Militaria im National Museum of Wales (E. M. Chapman, A Catalogue of Roman Military Equipment in the National Museum of Wales. British Arch. Reports, Brit. Ser. 388 [Oxford 2005]) oder die Funde und Befunde aus dem flavischen Legionslager von Rottweil (R. Franke, Arae Flaviae V. Die Kastelle I und II von Arae Flaviae/Rottweil und die römische Okkupation des oberen Neckargebietes. Forsch. u. Ber. Vor- u. Frühgesch. Baden-Württemberg 93 [Stuttgart 2003]).

Unter den Xantener Militaria lassen sich keine Belege für eine Produktion vor Ort feststellen. Typologisch herausragende Einzelstücke fehlen. Interessant ist ein blattförmiger Pferdegeschirranhänger mit punzierter Besitzerinschrift (Taf. 27,234), der ihn als Besitz des Gaius Visellius aus der Zenturie des »Latin(i)us« ausweist. Leider fehlen in der Katalogbeschreibung sowie in der Diskussion zu diesem Objekt (S. 24 f.) Überlegungen zur Herkunft dieses Legionsreiters aus der ersten Hälfte des ersten Jahrhunderts, was angesichts der Seltenheit von Besitzerinschriften auf militärischen Kleinobjekten etwas verwundert. Die fehlende Auseinandersetzung mit Kleininschriften ist aber auch in anderen Fundvorlagen, beispielsweise in Eining, zu beobachten. Epigraphisch ist die Gens Visellia nur zehnmal in Dalmatien, Spanien, der Gallia Belgica, Dalmatien und Pannonien sowie in der Moesia Inferior belegt, wobei der Verbreitungsschwerpunkt mit vier Nachweisen in der Gallia Belgica liegt, also in räumlicher Nähe zum Fundort Xanten (B. Lörincz, Onomasticon Provinciarum Europae Latinarum IV [Wien 2002] 175). Hervorzuheben ist auch ein nielliertes Dosenortband (Taf. 63,626) der zweiten Hälfte des dritten Jahrhunderts, das zu einer Gruppe erst jüngst erneut behandelter Stücke dieses Typus gehört (M. Biborski / D. Quast, Arch. Korrbl. 36/4, 2006, 559–572).

Die Diskussion der Militaria ist eher summarisch gehalten. Der Wert des Buches liegt sicher in der auf den typologischen Teil folgenden detaillierten Vorlage der militärischen Befunde aus Xanten, die trotz der oft nur ausschnittsweise ergrabenen Befunde und der massiven Störung durch die koloniezeitliche Überbauung eine komplexe Abfolge von Militärlagern erkennen lassen. Im Norden der späteren Koloniestadt finden sich Indizien für ein spätaugusteisch-tiberisches Auxiliarkastell im Bereich der Insulae 15, 16, 22 und 23. Von einem weiteren, claudisch-neronischen Hilfstruppenlager im Bereich der Insula 38 konnte die östliche Praetentura mit Doppelbaracke, die Via principalis und die Via praetoria, das Praetorium (?) sowie die Principia, ein Teil der Via quintana und ferner eine Baracke in der Retentura erfasst werden (S. 51 Abb. 29). An der Ostseite des Kastells lag der Flusshafen. Die Principia lassen sich bautypologisch sehr gut mit Zentralgebäuden claudisch-neronischer Auxiliarkastelle vergleichen. Die Befunde des claudisch-neronischen Kastells in Insula 38, in dem eine Infanterieeinheit stationiert war, erlauben auch Rückschlüsse auf das bei der Planung verwendete Grundmodul, in diesem Fall fünfzehn römische Fuß (S. 66). Ob eine methodisch korrekte Kartierung von Militaria wissenschaftlich immer zielführend ist, erscheint zum Beispiel bezüglich der Fundverteilung des Pferdegeschirrs fraglich, das sich überwiegend im Bereich der Straßen konzentriert. Dies weise nämlich nach Lenz »auf die Nutzung der Straßen durch Reiter und Zugtiere« (S. 68), was mangels anderer Verkehrswege in einem Kastell eigentlich zu erwarten ist.

Im Zentrum der Kolonie konnten unter der Forumsinsula 25 und der angrenzenden Insula 26 mehrere Mannschaftsbaracken und Bauten eines oder mehrerer Auxiliarkastelle der frühen Kaiserzeit nachgewiesen werden (S. 69–81). In Insula 25 zeigte sich eine Mannschaftsbaracke claudischer Zeit, die als bislang nicht nachgewiesenes konstruktives Detail einen Mittelgang aufweist. In Insula 26 wurde der Kopfbau einer Reiterbaracke claudischer Zeit erfasst (S. 72 f. Abb. 43 und 44), der die charakteristischen Jaucherinnen zeigt, wie sie beispielsweise in den Kastellen Heidenheim, Augsburg oder Ruffenhofen nachweisbar sind. In einer späteren Periode wurde die Reiterbaracke abgerissen und ebenfalls noch in claudischer Zeit durch ein Korridorgebäude ersetzt, für das der Autor eine Verwendung als Valetudinarium erwägt (S. 76–79). Im Bereich der Hafentempelinsula 37 wurden Spuren eines frühkaiserzeitlichen Kastellvicus ergraben (S. 81–86). Hier ist kritisch anzumerken, dass bei der Bildunterschrift zu Abbildung 51, die die augusteisch-tiberische und die claudische Phase des Kastellvicus von Asciburgium-Moers-Asberg zeigt, irritierenderweise zunächst »Colonia Ulpia Traiana (Xanten)« steht, bevor der Vicus korrekt mit Moers-Asberg benannt wird. Dieser Fehler ist sicher in der sonst sehr stringenten Systematik begründet (die auch in Kapitelüberschriften durch ausgefeilte Dezimalgliederung greifbar ist), die bei allen Bildunterschriften zunächst den Fundort Xanten voranstellt.

Wichtig ist die Zusammenfassung zur Kenntnis des Rheinverlaufes in römischer Zeit (S. 86–92). Die östlich der Kolonie liegenden Hafenanlagen wurden nach dendrochronologischen Befunden erst seit der spätflavischen Epoche ausgebaut und dann in hadrianischer bis frühantoninischer Zeit erweitert. Geologische Untersuchungen zeigten, dass die Militärlager im Gebiet der späteren Colonia Ulpia Traiana an einem Altarm des Rheins oder einer Hochwasserrinne lagen. Diese Auffassung blieb nicht unwidersprochen, und es lassen sich auch geologische Argumente anführen, wonach der Rheinarm östlich der Kolonie in römischer Zeit noch aktiv war. Die Diskussion in Xanten zeigt an einem lokal begrenzten Ausschnitt der Rheingrenze exemplarisch, wie unzureichend unsere Kenntnisse über Flussverläufe in römischer Zeit noch sind, eine Frage, die besonders bei der Erarbeitung von Pufferzonen bei Flussgrenzen als mögliche zukünftige Module des transnationalen Welterbes »Grenzen des römischen Reiches« akut wird (vgl. S. Jilek in: D. Breeze / S. Jilek [Hrsg.], Frontiers of the Roman Empire. The European Dimension of a World Heritage Site [Edinburgh 2008] 65–70). Für den niedergermanischen Rheinlimes in Nordrhein-Westfalen wurden hier bereits neue Ansätze entwickelt, die sich wahrscheinlich in modifizierter Form auch auf den Donaulimes übertragen ließen (R. Gerlach / Th. Becker / J. Meurers-Balke / I. Herzog in: A. Thiel [Hrsg.], Neue Forschungen am Limes. 4. Fachkoll. Deutsche Limeskommission Osterburken 2007. Beitr. z. Welterbe Limes 3 [Stuttgart 2008] 8–17).

Zurückkommend zu dem hier zu besprechenden Buch lassen sich für die mittlere und späte Kaiserzeit Aussagen zur Militärgeschichte nur durch die Kartierung einzelner Militariagruppen auf der Matrix des mittelkaiserzeitlichen Stadtplanes der Colonia Ulpia Traiana gewinnen, wobei sich besonders eine Fundkonzentration im Bereich der Insulae 19, 20 und 27 abzeichnet, die als Hinweis auf eine Garnison oder als Beleg für Kampfhandlungen im dritten Viertel des dritten Jahrhunderts gewertet werden können (S. 103–106). In den zentralen Insulae der um 276 zerstörten Stadt wurde im vierten Jahrhundert eine Reduktionsbefestigung errichtet. Die wenigen datierbaren Militaria weisen überwiegend in die Mitte oder die zweite Hälfte des vierten Jahrhunderts.

Auf neunzig Tafeln werden abschließend die Fundobjekte, gegliedert nach früher, mittlerer und später Kaiserzeit, überwiegend in Zweidrittelgröße abgebildet. Bei einzelnen Fragmenten (z. B. Taf. 26, 229; 230) fehlen die Querschnitte.

In Fragen der Kleinfundtypologie wird man dieses Buch nur bedingt auf der Suche nach Parallelfunden heranziehen. Insgesamt bietet das lesenswerte Werk von Karl Heinz Lenz, das sich durch eine prägnante Sprache auszeichnet, besonders durch die detaillierte Befundanalyse interessante militär- und siedlungsgeschichtliche Einblicke in die römische Geschichte Xantens.

München   Christof Flügel

Walter Melzer und Torsten Capelle (Hrsg.), **Bleibergbau und Bleiverarbeitung während der römischen Kaiserzeit im rechtsrheinischen Barbaricum.** Soester Beiträge zur Archäologie, Band 8. Westfälische Verlagsbuchhandlung Mocker und Jahn, Soest 2007. 191 Seiten, 106 Abbildungen und Tabellen.

Ist es schon eine leider oft nicht genügend wahrgenommene Tatsache, dass durch montanarchäologische Forschungen der Beginn bislang nur in Schriftquellen überlieferter Bergbautätigkeit in bestimmten Gebieten oft um Jahrhunderte weiter zurückdatiert werden kann, so gilt dies insbesondere für das Untersuchungsfeld dieses Bandes. Bis zu den neuen glücklichen archäologischen Funden hatte sich niemand mit seinem Thema befasst, niemand die Frage nach germanischer Bleiproduktion zur Römerzeit gestellt. Dabei ist die Frage seit der Entdeckung römischen Bergbaus auf dem Lüderich bei Rösrath durch die Rheinische Denkmalpflege in Overath und die folgenden montanarchäologischen Untersuchungen des Deutschen Bergbau-Museums von 2000 bis 2005 aktuell. Allerdings schien Rohstoffgewinnung in diesem rhein- und damit grenznahen Bereich durch eine Art kleiner Grenzverkehr zum beidseitigen Nutzen leichter vorstellbar.

In diesem Band aber geht es darum, ob es die lokale Bleiproduktion im rechtsrheinischen, weit von der Rheingrenze entfernt liegenden Teil Germaniens gab, und wenn ja, wie man sie sich vorzustellen hat. Anlass zu den neuen Überlegungen waren weniger die in und bei römischen Lagern aus den Zeiten vor der Varusschlacht angetroffenen Bleifunde, als vielmehr römische Bleibarren mit der Bezeichnung »GERM« oder »Germanicum« aus einigen römischen Schiffswracks vor der Küste Südfrankreichs. Erst dadurch gerieten die gar nicht so seltenen Bleifunde im Großraum Soest so sehr in den Fokus der Betrachtung, dass im März 2006 in Soest eine Tagung mit dem Thema des Buchtitels stattfand. Der Band gibt die sechzehn Referate dieses Kolloquiums wieder.

Zunächst werden die kaiserzeitlichen Bleifunde Westfalens in ihrem chronologischen und geographischen Rahmen vorgestellt (Christian Bergen, S. 9–14). Aufwendig mit Blei statt mit Stroh gedeckte ›Imponierdächer‹ der römischen Epoche kommen bislang nur in Baden-Württemberg vor, und in Westfalen gibt es Vergleichbares erst in der Karolingerzeit. Die Kenntnis, wie man aus Blei große Gefäße macht, hatte ebenfalls bis in diese Zeit überlebt, während das Gießen künstlerischer Produkte keine Nachahmungen fand, obwohl Bruchstücke derartiger Applikationen bis weit nach Germanien hinein gefunden werden. Dennoch kommen Gussabfälle allenthalben vor, besonders in Soest und Umgebung, wo es auch zahlreiche Barrenfunde gibt. Im Frühmittelalter lebt eine alte Tradition wieder auf, indem man beginnt, kleine kultische Gegenstände aus dem wahrscheinlich vergleichsweise billigen, jedenfalls aber leicht zu verarbeitenden Blei herzustellen, eine Praxis, die bereits Jahrtausende früher im Alten Orient begann und für Mitteleuropa am deutlichsten in den Pilgerabzeichen des Mittelalters fassbar wird.

Ein straffer Überblick stellt das Münsterland in der späten Eisen- und der frühen Kaiserzeit dar, und zwar vor dem Hintergrund der Frage, wer denn der Abnehmer des möglicherweise hier produzierten Bleis gewesen sein könnte (Christoph Grünewald, S. 15–24): Rom, das Sauerland beziehungsweise die weitere Umgebung, also das Münsterland. Dabei spielt die eisenzeitliche und altkaiserzeitliche Siedlung Sendenhorst-Albersloh im Kreis Warendorf eine wichtige Rolle. Die aus Pfosten errichteten, meist zweischiffigen Häuser haben gewaltige Ausmaße. Aus einem stammt ein fast viereinhalb Kilogramm schwerer Bleiring von sechzehn Zentimetern Durchmesser, das einzige Bleiobjekt dort aus sicher datiertem frühkaiserzeitlichen Kontext. Seine Funktion ist bis heute unklar. Abgesehen von diesem Stück hat das Münsterland keine archäologisch fassbare Verbindung zum Thema dieser Tagung.

Das änderte sich grundlegend in den letzten Jahrzehnten für die frührömische Kaiserzeit in Westfalen (Daniel Bérenger, S. 25–31). Hier wurden in der Flur Braukesiepen in Balve-Garbeck 1985 innerhalb einer Siedlung des ersten nachchristlichen Jahrhunderts zum ersten Mal die typischen kleinen trapezförmigen Bleibarren geborgen, für die der Begriff »Kleinbarren« eingeführt wurde. Neben landwirtschaftlichen Orten kommen aber auch solche vor, die als Schmiedesiedlung (Warburg-Daseburg) angesprochen werden können, die sich in der Zeit von rund 20/30 bis 50/60 n. Chr. zumindest teilweise spezialisiert hatten. In einer Siedlung bei dem Römerlager von Anreppen wurde auch Blei verarbeitet. In Salzkotten-Thüle (Kreis Paderborn) gab es einen ländlichen Betrieb mit Eisenverarbeitung, von hier aber stammt auch einer der genannten trapezförmigen Bleibarren. Weitere zehn kleinere Stücke dieser Art (kegelstumpf- oder trapezförmig und rechteckig) werden aufgelistet. Alle ostwestfälischen Bleifunde stammen aus den Kreisen Paderborn und Höxter, also nicht weit entfernt von den Erzvorkommen um Brilon. Es wird noch auf die rätselhaften, meist noch unpublizierten sechzehn sogenannten Spinnwirtel aus Blei hingewiesen, die in einem späteren Artikel durch einen Fachmann als Gießkegel erklärt werden, die beim Füllen einer Form im Gießtrichter als Abfall übrig bleiben (S. 95 f.).

Im römischen Lager von Haltern sehen die Bleifunde ganz anders aus (Rudolf Aßkamp und Bernhard Rudnick, S. 33–40). Am bekanntesten ist der große typisch römische Bleibarren mit seiner nach dem Guss eingeschlagenen Beschriftung von zweihundertdrei römischen Pfund und der neunzehnten Legion. Nach seiner Bleiisotopenanalyse stammt er wohl aus Spanien. Es gibt einen zweiten Standardbarren, Reste einer Druckwasserleitung, zahlreiche verschiedene Gewichte, viele konische Lote und noch mehr bikonische Schleuderbleie. Seltener sind Model zur Anfertigung von Wachsmodellen, Klammern zur Keramikreparatur und Werkstattabfälle. Über dieses bei den Römern übliche Inventar hinaus sind mehr als zweihundert Nachbildungen von keltischen Aduatuker-Münzen in einem Grab besonders erwähnenswert, da die Deutung dieses Komplexes aus augusteischer Zeit noch nicht gelungen ist.

Bisher ist unklar, ob all dieses Blei von weither importiert wurde, oder ob es bereits eine Nutzung lokaler Lagerstätten gab.

Die Frage nach einer römischen Bleigewinnung im Raum Brilon und dem Bleitransport nach Rom wurde allein durch die Bleibarrenfunde versunkener römischer Schiffe vor der südfranzösischen Küste sowie zwischen Korsika und Sardinien aktuell (Norbert Hanel und Peter Rothenhöfer; S. 41–46). So stammen allein aus Saintes-Maries-de-la-Mer knapp hundert massive Bleibarren mit einem Gesamtgewicht von fünfeinhalb Tonnen, gestempelt mit »L(ucius) Flavius Veruclae Plumb(um) Germ(anicum)«, vielleicht zu lesen als »Germanisches Blei des Lucius Flavius Verucla«, wo also das ›Plumbum Germanicum‹ genannt wird. Diese Inschriften erlauben, das Fragment auf dem Barrenabschnitt aus Bad Sassendorf-Heppen im Kreis Soest demselben Produzenten zuzuschreiben und das »GERM« zu »Germanicum« zu ergänzen. Eine Idee, die dann durch den fast drei Tonnen schweren Barrenfund bei Rena Maiore (Sardinien) bestätigt wurde, wo das »Germanicum« ausgeschrieben ist. Erst hierdurch stellte sich die Frage nach germanischer Bleiproduktion überhaupt. So viele Tonnen germanisches Blei auf dem Weg nach Rom setzen ansehnliche Bergbau- und Verhüttungsaktivitäten voraus. Es sieht in der Tat so aus, zumal Kaiser Augustus in diesem Zusammenhang als Besitzer genannt wird: »Augusti Caesaris Germanicum« (»Des Kaisers Augustus germanisches [Blei]«). Das passt zu einigen antiken Berichten, wo die Metallausbeute – meist Gold – im kaiserlichen Auftrag möglichst schnell nach der Eroberung erfolgte. Aber es geht noch weiter: Aus Brilon-Altenbüren stammt ein kleines Bruchstück eines runden Bleibleches von rund acht Zentimetern Durchmesser mit dem Inschriftrest »Pudens«. Ein Unternehmer Pudens in Verbindung mit Germanien kommt auch in einer Barrenbeschriftung von Rena Maiore vor: »Pudenis (plumbum) Germ(anicum)« (»Germanisches [Blei] des Pudens«). Aber offensichtlich gab es nicht nur Einzelunternehmer, sondern auch Zusammenschlüsse von solchen, wie ein anderer Barren aus der Rhônebucht zeigt: »Sociorum plumb(um) Ger(manicum)« (»Gesellschaft des germanischen Bleis«).

Die zahlreichen Funde der letzten Jahrzehnte von sogenannten Kleinbarren in Verbindung mit einem typisch römischen Bleibarren in Soest machten diese zu einem begehrten Forschungsobjekt und stellen die Frage nach der germanischen Bleiproduktion im nördlichen Sauerland während der römischen Kaiserzeit (Peter Rothenhöfer, S. 47–55). Mittlerweile sind mehr als sechzig Exemplare aus dem weiteren Sauerland bekannt, von denen die datierbaren ins erste nachchristliche Jahrhundert gehören, somit in die Zeit nach der römischen Okkupation. Typologisch werden sie von den großen trapezförmigen Barren abgeleitet, stellen sie doch etwa ein abgesägtes Teilstück davon dar. Neu sind die vor dem schmaleren Ende angebrachten Löcher, mit denen die Kleinbarren für den Transport aufgefädelt werden konnten. Im Gegensatz zu den mehr pyramidenstumpfförmigen spanischen und französischen Exemplaren haben die westfälischen Kleinbarren parallele Vorder- und Rückseiten. Das gibt einen Hinweis auf ihre Produktion: Das Metall wurde in einfache flache Gruben in der Erde gegossen, in denen es erkaltete. Die leicht durch Abkühlungsschwund eingetiefte Oberseite ist bei manchen Stücken zu erkennen. In Spanien gibt es zumindest eine tönerne Gussform für mehrere Exemplare. Die räumlich begrenzte Verbreitung im Großraum von Soest und Brilon allein lässt schon an eine lokale Produktion denken. Es gilt aber festzuhalten, dass die Erfassung solcher Kleinbarren erst am Anfang steht. Unter vor der Küste von Haifa gefundenen Barren gibt es vergleichbare Stücke bereits aus der späten Bronzezeit: E. Galili, Inst. Archaeometallurgical Stud., Newsletter 9, 1986, 4–6 Abb. 6.

Damit stellt sich die Frage nach römischem und einheimischem Bergbau der Kaiserzeit im nordöstlichen Sauerland (Martin Straßburger, S. 57–70). Einer effektiven und kostengünstigen Erzproduktion kamen die Lagerstätten von Ramsbeck und der Briloner Hochfläche mit ihrer geringen Teufe entgegen. Montanarchäologische Funde in den Bergbaurevieren sind selten, aktenkundige Funde fehlen bis jetzt ganz. Aber kleine Bleiglanzkristalle in einer vorrömischen Eisenzeitsiedlung und der angebliche Fund eines kleinen Henkelkruges in einer Grube von Marsberg deuten die damalige Nutzung einheimischer Lagerstätten immerhin an. Der vordere Teil des Venetianer-Stollens im Bastenberg bei Ramsbeck ähnelt immerhin römischen Streckenquerschnitten, aber bislang gab es keine weiteren Datierungsmöglichkeiten. Die »Ausrichtung« (S. 67, gemeint ist die Fundstreuung) germanischer Bleibarren zum Südmünsterländer Bezirk mit etwa hundertdreißig Salzquellen könnte auf die Nutzung von Salzsiedepfannen aus Blei in römischer Technik oder Tradition hinweisen. Festzuhalten bleibt, dass es mehr Hinweise auf Bleiverarbeitung als auf Bleierzverhüttung gibt, Schlacken fehlen fast vollständig. Wie öfter erprobt, wird man sie vielleicht bei systematischen Bachbegehungen finden können. Bislang jedenfalls fehlen direkte Hinweise auf römische Ausbeutung sauerländischer Lagerstätten und die dortige Produktion frühkaiserzeitlicher Bleibarren im Umfang ganzer Schiffsladungen.

Es fehlen auf Grund der Erhaltungsbedingungen im östlichen Westfalen flächendeckende Ergebnisse der Bodendenkmalpflege, wie am Beispiel der Besiedlung des Kreises Soest in der Eisenzeit anschaulich wird (Kerstin Batzel, S. 71–90). Kulturelle Einflüsse aus dem Norden nehmen zugunsten solcher aus dem Süden ab, ein Vorgang, der bereits in der Keltenzeit begann, aber erst recht zur Römerzeit fassbar wird. Gewinnung von Rohstoffen zeichnet sich nur für Salz und Eisen ab, in welchem Zusammenhang auch der Hellweg in den Blickwinkel rückt.

Dies gilt insbesondere für Soest, das ein Zentrum der Bleiverarbeitung im ersten nachchristlichen Jahrhundert war (Walter Melzer und Ingo Pfeffer, S. 91–104.).

Intensive Bodendenkmalpflege hat zahlreiche Reste von Bleiverarbeitung zutage gefördert. Dazu gehören knapp zwei Zentner Werkstattabfälle, unter denen Füllungen von Gusskegeln zahlreich vorkommen. Diese entstanden vermutlich in Eingusstrichtern, aber es ist nicht klar, was in den eigentlichen Gussformen produziert wurde. Funde von Trachtbestandteilen, Bleimodellen von Fibeln und Verzierungen, Bleischeiben und Modeln geben vereinzelte Hinweise. Siedepfannen aus Blei für die Salzgewinnung sind nicht belegt.

Hinweise darauf, ob das in der Kaiserzeit als germanisch bezeichnete Blei tatsächlich aus Lagerstätten in Germanien stammt, kann nur die Archäometrie liefern, solange bis auf die wenigen antiken Bleischlacken im Briloner Revier kein montanarchäologischer Beleg beizubringen ist. Um die Ergebnisse ihrer Analysen in einen großen Rahmen zu stellen, umreißen Michael Bode, Andreas Hauptmann und Klaus Mezger die antike Bleiproduktion von Spanien bis Griechenland (S. 105–123). Bleiisotopen- und Spurenelementanalysen sollen die Zusammenhänge überprüfen. Aber die Geologie spielt nicht so eindeutig mit. Da viele Lagerstätten ein gleiches oder ähnliches Alter haben, unterscheiden sich die Isotopenwerte der fraglichen Lagerstätten oft nicht signifikant. So könnte zum Beispiel das britannische Blei die Quelle der Kleinbarren aus dem Soester Land sein, aber auch die Eifel und das Sauerland kommen in Frage. Die großen Bleibarren aus den römischen Lagern stammen aus Südspanien. Der Halterner Barren passt in die Sierra Morena, aber auch zum Verhüttungsplatz am Lüderich im Bergischen Land, hier sind die Tätigkeiten aber jünger als die Varusschlacht. Die Kleinbarren von Balve-Garbeck zeigen eine gute Übereinstimmung mit Bleiglanz von Brilon und den Soester Funden. Letztlich ist es die Namensgleichheit des Pudens auf dem Blech von Brilon-Altenbüren und dem Barren von Rena Maiore, welche die Idee der Bleiproduktion im östlichen Westfalen nahelegt. Und wenn das kleine Pudens-Blech durch Handel oder als Souvenir dorthin gelangt ist?

Zurück zum Salz. Hat das frühmittelalterliche Soester Sälzerquartier des sechsten Jahrhunderts die römische Technik weitergeführt (Susanne Jülich, S. 125–133)? Jedenfalls standen auf den Öfen die sogenannten Siedepfannen aus Blei, wie kleinere Metallreste belegen. In Britannien haben sich fast zwei Dutzend Stücke dieser Art aus der Römerzeit erhalten, so dass man für Soest eine ähnliche Technik vermuten könnte, zumal das Blei der Soester Funde isotopisch gesehen aus dem Raume Brilon stammen kann.

Für den Transport von Salz und Blei kommt vor allem der Hellweg zwischen Duisburg und Soest in Frage. Lässt sich seine Nutzung bereits für die Römerzeit in Dortmund belegen (Henriette Brink-Kloke, S. 135–139)? In die jüngere Kaiserzeit jedenfalls gehört eine Siedlung in Dortmund-Oespel, in der eine Werkstatt mit vielen Metallabfällen, auch Blei, gefunden wurde. Einen Beleg für umfangreichen Bleitransport liefern die bisherigen Hinweise allerdings noch nicht.

An zentraler Stelle am Hellweg lag der Siedlungsplatz Kamen-Westick, der seit der jüngeren römischen Kaiserzeit bis um 900 genutzt wurde (Wolfgang Ebel-Zepezauer, S. 141–146). Es wird weiterer Untersuchungen dieses wichtigen Ortes bedürfen, um die Bedeutung der Metallreste und -abfälle besser verstehen zu können.

Die Bedeutung des Hellwegs im Zusammenhang mit der Hafenstadt Gelduba (Krefeld-Gellep) ändert sich im Laufe der Zeit (Christoph Reichmann, S. 147–161). Auf die Verlandung des Rheinhafens Asciburgium (Moers-Asberg) am Ende des ersten Jahrhunderts folgte die Gründung des südlich benachbarten Gelduba. Als Import aus dem freien Germanien lassen sich dort eine bestimmte Pflanze aus den historischen Quellen und gewisse Wildtiere aus dem archäozoologischen Knochenbefund nachweisen. Umgekehrt hat es einen Techniktransfer für die Keramikproduktion in östlicher Richtung gegeben. In der ersten Hälfte des vierten Jahrhunderts erlebte der Handelsaustausch entlang des Hellwegs einen Höhepunkt.

Spielten bei diesem Handel römische Münzen in Westfalen eine Rolle (Peter Ilisch, S. 163–167)? Zunächst gilt festzuhalten, dass bereits in der Latènezeit keltische Regenbogenschüsselchen oft in größerer Zahl ins rechtsrheinische Gebiet importiert wurden. Dann finden sich augusteische Geldstücke nicht nur in den römischen Lagern, sondern auch im weiteren Hellwegbereich. Bemerkenswert, dass sich der Münzimport zu Beginn des vierten Jahrhundert enorm steigert. Wieder spielt Soest-Ardey mit hundertfünfundsiebzig Münzen eine große Rolle, wird aber noch übertrumpft von Kamen-Westick, wo allein fast siebenhundert Prägungen aus der Zeit von 300 bis 349 n. Chr. geborgen wurden, oder Zeche Erin in Castrop-Rauxel mit hundertachtundachtzig Stück. Da die Zahl der zu Schmuckzwecken durchbohrten Exemplare insgesamt gesehen gering ist, scheint es, als ob die Münzen auch einen monetären Wert in Germanien gehabt haben könnten, so dass neben dem anzunehmenden Tauschhandel auch eine begrenzte Geldwirtschaft denkbar wird.

Gar nicht so allein stehen die Bleiobjekte und andere Begehungsfunde einer Marschensiedlung des ersten nachchristlichen Jahrtausends bei Elsfleth im Kreis Wesermarsch auf einer Geländekuppe im heutigen Mündungsgebiet der Hunte (Jonathan Scheschkewitz, S. 169–177). Der Fundreichtum an Fibeln etwa für die erste Hälfte des ersten Jahrtausends ist nicht zu begreifen, wenn man nicht einen intensiven Kontakt mit der Außenwelt annimmt, der lange anhielt. Hier fand Handelsverkehr nicht nur statt, hier wurde er nach meiner Meinung kontrolliert. Man fühlt sich an einige orientalische Inseln erinnert, die nur durch ihre Lage eine Kontrolle des Seeverkehrs mit der Folge außerordentlichen Wohlstands erreichten, ohne dass die lokalen Verhältnisse allein einen Aufenthalt dort gefördert hätten. Ein silberner Gusskegel, ein Goldblechfragment, Silberbleche, Buntmetallabfall und wieder zahlreiche Bleikegel mit Mittelloch weisen auf langanhaltende

Metallverarbeitung hin. Kleine rechteckige Bleibleche mit einem endständigen Befestigungsloch mögen als Gewichte für Angelleinen oder als Netzsenker im Gebrauch gewesen sein.

Der Mitherausgeber des Bandes, Organisator des Symposiums und Soester Stadtarchäologe Walter Melzer fasst zum Schluss die Ergebnisse der Soester Tagung zusammen, wobei er auf die offen bleibenden Forschungsfragen hinweist.

Jedenfalls ist die Forschung durch die neuen Funde im Großraum von Soest und Brilon auf Objekte und mögliche Zusammenhänge aufmerksam geworden, deren Bedeutung weit über den lokalen Rahmen hinausgeht. Germanisches Blei für Rom, germanisches Blei für Germanien? Römische Unternehmer, die germanisches Blei gewinnen lassen und Richtung Mittelmeer schaffen? Und der betreffende Bergbau ist für diese Zeiten dennoch bisher nicht nachgewiesen. Hoffentlich können Montanarchäologie und Archäometrie hier bald Klarheit schaffen. Die Anregungen, welche die neuen Beobachtungen und Ideen bereits in der Praxis bewirkten, lassen sich schon bei der Lektüre dieses gelungenen Bandes erahnen. Sie werden weitere Schritte zur Lösung der offenen Probleme anregen.

Bochum   Gerd Weisgerber

Felix Teichner, **Entre tierra y mar. Zwischen Land und Meer. Architektur und Wirtschaftsweise ländlicher Siedlungsplätze im Süden der römischen Provinz Lusitanien (Portugal)**. Studia Lusitania, Band 5. Museo Nacional de Arte Romano, Mérida 2008. Textband mit 666 Seiten und 318 Abbildungen, Katalogband mit 457 Seiten und 205 Tafeln.

In dem vorliegenden Werk untersucht der Autor fünf Siedlungsstellen der Römerzeit in Lusitanien: Monte de Mora, nordwestlich der Provinzhauptstadt Emerita Augusta gelegen, sowie die unweit des heutigen Faro an der Algarve liegenden küstennahen Orte Abicada, Marmeleiros, Cerro da Vila und Milreu. Die Vorarbeiten zu der äußerst umfangreichen Untersuchung, die an den jeweiligen Orten unter unterschiedlichen Rahmenbedingungen durchgeführt wurde, reichen bis in das Jahr 1998 zurück und wurden mit Unterstützung unterschiedlichster portugiesischer und deutscher Institutionen durchgeführt. Ausgangspunkt war die Mitarbeit des Autors an den Forschungen und Grabungen der Außenstelle Lissabon des Deutschen Archäologischen Instituts Madrid durch Theodor Hauschild in Milreu bei Estói, der nach seiner Pensionierung dem Autor die bis zum Jahr 1999 vorliegenden Ergebnisse zur Bearbeitung und Auswertung überließ. Das Projekt war in der Folgezeit überwiegend an der Universität Frankfurt angesiedelt, wo sich der Autor im Wintersemester 2004/2005 mit der vorliegenden Untersuchung habilitiert hat. Allerdings findet sich in dem Buch selbst ein Hinweis auf diesen Zusammenhang nur im Vorwort der Direktorin des Deutschen Archäologischen Instituts Madrid.

Teichner fasst die von ihm untersuchten ländlichen Siedlungsstellen nicht als römische Villen auf, sondern begründet seine neutralere Ansprache »Siedlungsplätze«, hinter denen »sich freilich nicht nur Einzelsiedlungen, sondern auch kleine vici oder sekundäre Zentren verbergen können« (S. 36). Neben der Analyse von Wohnbauten sei somit eine genaue Betrachtung der Gewerbeanlagen und landwirtschaftlichen Einrichtungen nötig, um eine Einordnung solcher Fundstellen vornehmen zu können. Diesen Vorüberlegungen folgt eine kurze Darstellung der Entwicklung der provinzialrömischen Archäologie in Portugal sowie eine Skizze der naturräumlichen Voraussetzungen. Aus der Tatsache, dass eine Erläuterung zur Gliederung und zum Aufbau der Arbeit bereits auf den Seiten 53–57 erfolgt, wird der komplexe Aufbau der Baubeschreibungen und Fundkataloge deutlich.

Die siedlungskundlichen Untersuchungen nach den einleitenden Vorbemerkungen beginnen mit Monte da Nora im zentralportugiesischen Binnenland (S. 61–91). Auf dem Hügel konnte durch geomagnetische Prospektionen und gezielte Nachgrabungen ein doppeltes Grabensystem mit Innenbebauung nachgewiesen werden. Eine Phasentrennung der Bauspuren erbrachte für den Ort eine Besiedlungsdauer von etwa 80 v. Chr. bis in die zweite Hälfte des fünften Jahrhunderts n. Chr. Zu Beginn existierte eine einheimische, befestigte Siedlung, in der römischen Kaiserzeit eine landwirtschaftlich genutzte Ansiedlung.

Der zweite untersuchte Ort, Milreu, liegt rund neun Kilometer nördlich und somit im Hinterland der antiken Hafenstadt Ossanoba, dem heutigen Faro. Die Besprechung dieses Areals beansprucht deutlich mehr Raum als der bescheidenere eingangs besprochene Fundort (S. 95–270). Hier nun handelt es sich um einen veritablen römischen Gutshof, dessen Anfänge – die ersten Siedlungsspuren gehören noch in augusteische Zeit – wohl im dritten Viertel des ersten Jahrhunderts n. Chr. liegen. Von einer einfachen Villa rustica über mehrere Peristylvillen ist hier der Ausbau zur Prachtvilla zu verfolgen. Das Abbrechen der Siedlungsfunde ist erst zu Beginn des zehnten Jahrhunderts zu beobachten. Teichner bespricht das Areal nach sogenannten Baueinheiten: (A) Pars urbana, (B) Balneum, (C) Pars rustica 1 (Ölmühle), (D) Kelterei, (E) Grabbauten, (F) Wohnbau und Wirtschaftshof, (G) Kultbau (Aula?), (H) Gewerbebau, (I) Brunnenanlage, (J) Wirtschaftsgebäude. Er deutet den am besten erhaltenen Gebäudekomplex der Villa nach wie vor als Kultbau (S. 250–256 und 514–516). Dieser Zentralbau mit umlaufender Portikus und zentralem Wasserbecken ist in der ersten Hälfte des vierten Jahrhunderts errichtet worden und wurde im sechsten bis siebten Jahrhundert in eine Kirche umgebaut, wie ein Baptisterium mit Taufpiscina belegt. Dennis Graen (zuletzt: Sepultus in villa. Die Grabbauten römischer Villenbesitzer. Studien zu Ursprung und Entwicklung von den Anfängen bis zum Ende des 4. Jahrhunderts nach Christus. Antiquitates 46 [Hamburg 2008] 77–83 und 312–322) plädiert nachdrücklich für eine Deutung des Baus in Milreu und vergleichbarer Anlagen als Mausoleen. Tatsächlich lassen aber die aufwendigen Wasserzuleitungen nicht unbedingt an einen Grabbau denken. In dieser Frage bleibt zu hoffen, dass die seit langem erwartete Abschlusspublikation des Komplexes durch Theodor Hauschild, der zuletzt an eine Art Nymphäum dachte, weitere Klärung bringen kann.

Die Besiedlung auf dem Cerro da Vila an der Algarve (S. 273–409), einem bis zu sechs Meter ansteigenden Hügel oberhalb einer heute verlandete Lagune an der Atlantikküste, hat eine ähnliche Entwicklung genommen wie die Villa von Milreu: Nach zarten Anfängen und der Anlage eines Gehöfts in der frühen Kaiserzeit entwickelte sich eine Villenanlage, deren Blütezeit in die Spätantike fällt. Auch hier geht der Autor nach Baueinheiten vor und bespricht zunächst das um einen zentralen Peristylhof angelegte Hauptgebäude der Villa. Es folgen Latrinen- und Badeanlagen, ein Nymphaeum, angrenzende Häuser, Gewerbebauten, eine Töpferei und vermutlich eine Kalkbrennerei sowie Grabanlagen.

Nach der kurzen Besprechung des eher unergiebigen Fundortes Marmeleiros in unmittelbarer Nähe dazu, bei dem es sich offenbar um eine Fischereistation handelt (S. 413–416), wird diese Vorgehensweise konsequent auch auf die letzte Fundstelle angewendet, nämlich Quinta di Abicada in der Region Algarve. Auf einem Geländesporn im Zusammenfluss zweier Bachläufe, die hier in den Rio Alvor münden, liegt eine Villa, deren Hauptbauphase wohl in tetrarchischer Zeit liegt. In dieser Ausbaustufe werden drei parataktisch angeordnete Raumgruppen von einer repräsentativen Portikusfassade im Süden abgeschlossen.

In dem nun folgenden Kapitel »Wohnbauten ländlicher Siedlungen zwischen der späten Eisenzeit und dem frühen Mittelalter« (S. 451–516) folgt die vergleichende Auswertung der voranstehenden deskriptiven Teile. Diese Ausführungen zu Bauformen der einheimischen eisenzeitlichen Bevölkerung, Bauten der ersten Kolonistengeneration, mittelkaiserzeitlichen Peristylanlagen (mit anschließendem Triklinium), dem Übergang zur spätantiken Luxusarchitektur, den Raumelementen der spätantiken Prachtvillen, Badeanlagen, Latrinen, Kult- und Sepulkralbauten bis zu frühmittelalterlichen und islamischen Gebäuden liefern die eigentliche architekturgeschichtliche Einordnung der behandelten Komplexe. Mit Hilfe von Listen und maßstäblich einheitlich umgezeichneten Übersichtsabbildungen werden weitere typologisch verwandte Vergleichskomplexe herangezogen. In ähnlich übersichtlicher Weise folgt eine architektonische und funktionale Analyse der Wirtschaftsbauten (S. 519–570) sowie die siedlungsgeschichtliche Auswertung (S. 573–601).

In diesen Kapiteln werden nun Zusammenhänge sichtbar: In der Zeit der späten Republik und der frühen Kaiserzeit existieren im Untersuchungsraum kompakte Kernbauten, die die ältere Forschung als Wehrgehöfte (casas fuertes) bezeichnete. Zu diesen »Bauten der ersten Kolonistengeneration«, wie Teichner sie nennt, sind allerdings auch kleine ländliche Hofanlagen zu zählen. Die zusammengestellten Peristylanlagen der mittleren Kaiserzeit weisen dann als gemeinsames Merkmal, wenn auch in unterschiedlicher Reihung, die Abfolge von Vestibül, Säulenhof und Triklinium auf. Die Entwicklung zur spätantiken Luxusarchitektur wird anschließend zunächst anhand der aufwendigen Speisesäle diskutiert, die in der Regel apsidiale Abschlüsse aufweisen. Diese Räume entstehen seit der zweiten Hälfte des dritten Jahrhunderts (Milreu). Cubicula, langgestreckte Säle mit apsidialem Abschluss, die in der Spätantike als repräsentative Empfangs- und Speiseräume zu deuten sind, und »polygonale Raumelemente« unterschiedlicher Funktion sind Versatzstücke neuen luxuriösen Bauens. Irritierend mag dem Leser erscheinen, dass polygonale Raumtypen äußerst unterschiedlicher Funktion und Zeitstellung in der Zusammenschau ihrer Grundrisse erscheinen, ohne dass auf Spezifika ihres Gesamtkontextes eingegangen wird. Durchaus richtig wird etwa die oktogonale Aula der neronischen Domus aurea als Parallele zu einem vergleichbaren Komplex in Quinta da Abicada (dort Baueinheit B) genannt. Warum aber ein Motiv stadtrömischer kaiserlicher Villenarchitektur des ersten Jahrhunderts in tetrarchischer Zeit (sonst unterbleiben in der Regel konkrete Vergleiche mit italischen Komplexen) im Süden Portugals rezipiert wird, wird nicht erwogen. Anders als in Rom handelt es sich in Abicada im Aufgehenden aber offenbar nicht um einen überwölbten Raum, sondern um einen polygonalen Innenhof, auf den die anschließenden Wohn- und Speiseräume ausgerichtet sind. Insofern lassen sich spätantike Parallelen von der Iberischen Halbinsel anführen (S. 479–483: etwa Valdetorres de Jarama, Rabaçal und andere). Die Bäder der ländlichen Siedlungen in Lusitanien bestehen in der Regel zunächst aus einer Reihung von Baderäumen, bevor dann gelegentlich axialsymmetrische Bäder vom doppelten Reihentypus auszumachen sind. Größere Warmbaderäume (caldaria maiores) sind seltener, finden sich aber etwa auf dem Cerro da Vila.

Kult- und Sepulkralbauten im Villenkontext sind gemeinsam besprochen. In diesem Zusammenhang, der von der Forschung lange vernachlässigt wurde, gibt es noch größeren Klärungsbedarf (vgl. die oben zitierte Untersuchung von Graen). Während Turmmonumente, Kolumbarien und tempelförmige Mausoleen eindeutig als Grablegen erkennbar sind, bleiben – wie bereits oben angedeutet – die nymphäenartigen sogenannten Kultbauten von Milreu, São Cucufate, Quinta de Marim, Carranque und Los Castillejos enigmatisch. Andere Interpretationsansätze von Dennis Graen und Kim Bowes sind nur in knappster Form angesprochen (Anm. 808), wahrscheinlich weil bei deren Bekanntwerden das Manuskript bereits im Wesentlichen abgeschlossen war.

Während die Wohngebäude, Badeanlagen sowie Grab- und Kultbauten die wirtschaftlichen Möglichkeiten der jeweiligen Villenbesitzer widerspiegeln, zeigen die angrenzenden Wirtschaftsbauten, welche ökonomische Grundlage der nach außen dargestellte Wohlstand besaß. Beachtlich große Lagerräume mit Dolia, kleinere und mehrschiffige Hallenbauten, Horrea, Werkstätten und Stallungen, Toranlagen von Wirtschaftshöfen, Öl- und Weinpressen, Ölmühlen, Areale zur Herstellung von Fischsaucen sowie Färbereien werden in ähnlicher Form wie die Wohntrakte untersucht.

Herauszuheben ist, dass in der vorliegenden Untersuchung sämtliche archäologischen Denkmälergattungen, also architektonische Befunde, Münzen, Funde aus Metall, Bein, Gagat, Glas, Keramik, Ziegel, Wandmalereien, Mosaiken, Skulpturen, Tierknochen (letztere analysiert von Norbert Bennecke) in Text und Fundkatalog ausgewertet wurden, um ein umfassendes Bild der Siedlungsstellen zu gewinnen. Dabei sind alle zur Verfügung stehenden Methoden sinnvoll eingesetzt worden, wie geomagnetische Prospektion oder Radiokarbondaten.

Nachdem seit den Pionierarbeiten von J.-C. Gorges, Les villas hispano-romaines. Inventaire et Problématique archéologiques (Paris 1979) und M. C. Fernández Castro, Villas romanas en España (Madrid 1982) zur hispanischen Villenarchitektur nun schon einige Zeit vergangen ist, zeigen nicht zuletzt die beiden großen, auch mit Beiträgen Teichners ausgestatteten Sammelbände von A. Chavarría Arnau (Hrsg.), Villas tordoantiguas en el Mediterráneo Occidental. Archivo Español de Arqueología, Anejos 39 (Madrid 2006) und C. Fernández Ochoa u. a. (Hrsg.), Las villae tardorromanas en el occidente del Imperio. Arquitectura y función. IV Coloquio internacional de Arqueología en Gijón 2006 (Gijón 2008) sowie die umfassende Monographie von A. Chavarría Arnau, El final de las villae en Hispania. Siglos IV–VII (Paris 2007), dass das Thema der Villen und ländlichen Siedlungsformen in der Spätantike auf der Iberischen Halbinsel in der jüngeren Vergangenheit wieder vermehrt im Fokus der Forschung steht. In diesem Rahmen hat Teichner einen wichtigen und aktuellen Beitrag geleistet, mit dem in der Tat erstmals ein Einblick in Architektur, Wirtschaftweise und ländliche Besiedlung am äußersten Rand der antiken Welt gewonnen ist und der zudem den beachtlichen Zeitraum zwischen dem ersten vorchristlichen und dem zehnten nachchristlichen Jahrhundert umfasst.

Zusammenfassungen auf Deutsch, Spanisch, Portugiesisch, Englisch und Französisch (S. 603–633) runden das große Werk ab. Schließlich ist zu betonen, dass die mutige Entscheidung der Herausgeber, allen voran Trinidad Nogales Basarrate, in Mérida eine so umfangreiche Arbeit zu einem in Portugal angesiedelten Thema in deutscher Sprache zu publizieren, besonderen Respekt und Anerkennung verdient. Vielleicht beschämt dies ein wenig diejenigen, die Internationalität durch Beschränkung auf nur eine wissenschaftliche Verkehrssprache zu erreichen suchen. Dem vorliegenden Werk, das für den Untersuchungsraum als grundlegend zu bezeichnen ist, ist jedenfalls nicht nur auf der Iberischen Halbinsel und im deutschen Sprachraum eine weitreichende Rezeption zu wünschen.

Trier   Markus Trunk

Michael Mackensen, **Militärlager oder Marmorwerkstätten. Neue Untersuchungen im Ostbereich des Arbeits- und Steinbruchlagers von Simitthus/Chemtou**, mit Beiträgen von Hans Roland Baldus. Simitthus III. Verlag Philipp von Zabern, Mainz 2005. XV und 171 Seiten, 73 Abbildungen.

Nach einem ersten Vorbericht (Mitt. DAI Rom 107, 2000, 487–503) legt Michael Mackensen mit dem dritten Band der Simitthus Publikation die in einer rund einmonatigen Kampagne ergrabenen Funde und Befunde im Ostbereich des sogenannten Arbeits- und Steinbruchlagers vor. Wie im Vorwort (S. IX–XI) ausgeführt, sind vorläufig keine weiteren deutschen Grabungen zu erwarten, da aus der Kooperation zwischen dem Institut National du Patrimoine in Tunis und dem Deutschen Archäologischen Institut bis anhin nicht überbrückte Unstimmigkeiten erwachsen sind.

Umso wichtiger sind folglich die im Buch dargelegten Ergebnisse, die eine Neubewertung der im zweiten Band der Simitthus-Reihe publizierten Resultate ermöglichen. Das nordöstlich des Marmorriffs (Djebel Chemtou) gelegene, aus drei hermetisch voneinander abgetrennten Teilen und einem östlichen Annex bestehende Lager wurde in den vorgängigen Ausgrabungen Friedrich Rakobs von 1968 bis 1974 sowie 1978 und 1979 untersucht, wobei das Interesse im wesentlichen dem zentralen Bereich des sogenannten Arbeits- und Steinbruchlagers galt. Die 1992 von Mustapha Khanoussi angestoßenen Freilegungsarbeiten bestätigten die in Luftbildern angedeutete Gliederung der komplexen Anlage und lieferten im Ostbereich Hinweise auf Strukturen (S. 1 f.). Der Autor bespricht zunächst die von Rakob ergrabenen Befunde für den zentralen Bereich des Lagers (S. 3–10).

In Bezug auf die militärische Präsenz vor Ort (S. 11–17) wird vermutet, dass die epigraphisch in Simitthus erwähnten Soldaten mit Aufgaben rund um den Steinbruch betraut waren, sei es als Bruchleiter oder Wachpersonal. Doch könne eine kontinuierliche Militärgarnison, anders als dies Khanoussi behauptet, nicht nachgewiesen werden. Dieser interpretiert den Westbereich mit abgerundeter Außenmauer, Heiligtum und darunterliegender Tresorkammer als militärisch genutztes Areal – eine Interpretation, die sich, wie nun begründet wird, anhand des Fundmaterials für den Westbereich ebenso wenig halten lasse wie für den Ostbereich.

Ziel der von Mackensen vorgenommenen Kampagne war die steingerechte Aufnahme der von 1992 bis 1997 ergrabenen Befunde im Ost- und Westbereich (S. 9 f.), die Verbesserung der relativen und absoluten Datierung der Schichten- und Baufolgen sowie eine Grundrissanalyse der Gebäude, ihrer Funktion und ihrer Umnutzung. Bezüglich der Umfassungsmauer der einzelnen Teilbereiche, die diese voneinander abriegelt, postuliert Rakob Gleichzeitigkeit. Wie die nun durchgeführte Analyse des freigelegten Mauerwerks ergibt, kann von einer einheitlich geplanten und gleichzeitig errichteten Gesamtanlage aber nicht die Rede sein (S. 21–4). Wie Baufugen und Bautechnik erkennen lassen, scheint der Ostbereich an die bereits bestehende Umfassungsmauer des Zentralbereiches angebaut worden zu sein.

Der Bebauung und räumlichen Anordnung des Ostbereiches, das heißt der präzisen Beschreibung des Baubefundes, gilt die hauptsächliche Aufmerksamkeit dieses dritten Simitthus-Bandes (S. 25–58). Die Innenbauten in der von der Einfassungsmauer abgegrenzten Fläche von etwa fünfundfünfzig mal fünfunddreißig Metern, also etwa einem Fünftel Hektar, werden durch eine Toranlage im Süden erschlossen; beidseits des verriegelbaren Tores liegt je eine Zeile von drei Räumen (3 bis 5 sowie 6 bis 8), die über einen Hof durch einflüglige Türen von Norden her betreten werden konnten. In der Mitte des Ostbereiches befinden sich zwei aus sieben an der Ost- beziehungsweise Westmauer angelegte symmetrische Raumkomplexe (9 bis 16 sowie 17 bis 24). Im nördlichen Teil wird die spiegelgleiche Anordnung der Bauten aufgegeben: In der zentralen Achse liegt an der nördlichen Umfassungsmauer angelegt eine rechteckige Kammer mit breitrechteckigem Vorraum (1 und 2). Diese verfügt über eine Art Fundament aus Kalksteinplatten, das als Auflage für Kalksteinquader gedient haben könnte. Aus dem archäologischen Befund und den Funden ergeben sich keine direkten Hinweise zur Funktion dieses Komplexes (S. 56 f.). Westlich davon liegt ein aus zehn Räumen bestehender Bau (25 bis 34), der nicht vollständig aufgenommen, jedoch vermessen wurde. Eine erste Aufmessung ohne detaillierte Bauaufnahme liegt auch für den Komplex östlich der zentralen Kammern 1 und 2 beziehungsweise für die Räume 35 bis 42 vor. Bemerkenswert ist die bereits von Rakob im zweiten Band besprochene Latrine mit acht Konsolblöcken, die hinter diesen Räumlichkeiten hervortritt. Mit Ausnahme der Kammern 1 und 2 sind die Gebäude des Ostbereiches in Opus-africanum-Bauweise ausgeführt, während bei Nummer 1 die Mauern gemörtelt sind und für 1 und 2 eine zwei Meter tiefe Fundamentierung vorliegt. Die vielfach erhaltenen Türschwellen mit Verriegelungslöchern und Drehpfannen erlauben überdies Aussagen zur Tortechnik, Fragmente von Flachdecken in Caementicium solche zur Dachkonstruktion.

Sondagen in den Räumen 1, 2, 11 und 12 brachten geschlossene Keramikensembles hervor, die eine präzise chronologische Einordnung der Schichtenfolgen und Bauphasen im Ostbereich ermöglichen (S. 59–66). Anhand eines Tellerfragmentes Hayes 50 A in C2-Qualität bereits in der ältesten Bauphase ergibt sich für die Datierung der Einfassungsmauer des Ostbereiches ein Terminus post quem von 230 bis 240 n. Chr. Die Raumreihen an der Südmauer (3 bis 8) sowie der mittlere Gebäudekomplex an der Westmauer (9 bis 16) wurden einmal erneuert, vermutlich weil Mauern und Deckenkonstruktionen eingebrochen waren, vielleicht auf äußere Einwirkungen hin, etwa ein Erdbeben. Die zweite Bauperiode erfolgte unmittelbar auf die erste. Für diese zweite Phase wird anhand eines stratifizierten Fundkomplexes aus den Räumen 11 und 12 sowie eines Schälchens Hayes 52 in C3-Qualität eine Nutzungsdauer von der Mitte des dritten Jahrhunderts bis gegen 280 oder 300 n. Chr. postuliert. Eine Veränderung der Gebäudegrundrisse zwischen den Bauphasen erfolgte jedenfalls nicht, das heißt, die meisten Gebäude wurden lediglich wieder instand gesetzt. Diese Beobachtungen ergeben einen deutlich späteren Zeitpunkt des Baus des Ostbereiches, nämlich gegen die Mitte des dritten Jahrhunderts, als von Rakob vermutet wird, der einen Ansatz um 160 n. Chr. bevorzugt. Zur gleichen Zeit erfolgte wahrscheinlich die Umänderung der Nutzung im sechsschiffigen Gebäude des Zentralbereiches, wie die mit Unterstützung von Hans Roland Baldus ausgewerteten Münzreihen der Ausgrabungen von 1998 ergeben (siehe Anhang). Vermutlich erfolgte ein Einsturz der Decken im sechsschiffigen Zentralgebäude und Vorgebäude (Terminus post quem 253), wie Mackensen annimmt, gleichzeitig mit den Verstürzen im Ostbereich. Daraus folgert der Autor für die zweite Phase des Ostbereiches eine Datierung von 260 bis in die achtziger und neunziger Jahre des dritten Jahrhunderts.

Neben der Datierung der einzelnen Bauphasen ist Mackensens Anliegen, die Nutzung des Ostbereiches anhand der Funde und Befunde genauer zu beleuchten (S. 67–83). Die Entdeckung zahlreicher Marmorschalenfabrikate, Schmiedeschlackenresten, einer Schleifbank in Raum 13 und zahlreicher Reibsteine aus den Räumen 9 bis 16 gibt Anlass zur Vermutung, dass der Ostbereich gerade während der zweiten Phase, womöglich aber auch schon früher, für die handwerkliche Produktion von Marmorgefäßen benutzt wurde. Der Verfasser versucht überdies, mittels der Anwendung archäologischer Kriterien und Methoden den zivilen oder militärischen Charakter des Lagers zu bestimmen.

Rakob beschreibt dagegen, im wesentlichen auf den abgerundeten Einfassungsmauern basierend, das gesamte Lager als militärischen Bau. Militaria wurden jedoch nicht gefunden, und auch die Analyse der Gebäudegrundrisse, die mit denen von Kastellen der Provinzen Africa proconsularis und Numidia verglichen werden, liefert keine eindeutigen Ergebnisse. Die Räume 9 bis 16 an der Ostmauer sah man als militärische Unterkünfte, doch zeigen die Vergleiche mit Kleinkastellen, dass eine solche Annahme nicht beweisbar ist. Auch bei den Räumen 25 bis 34 ist ein solcher Schluss unzulässig, allenfalls scheinen sie als Depot und Speicher (Horreum) gedient zu haben. Die Räume 1 und 2 werden wahrscheinlich, so der Autor, ein ziviles

Heiligtum beherbergt haben, vielleicht – auf Grund der als Horreum identifizierten benachbarten Räumlichkeiten – für einen Genius horrei beziehungsweise horreorum. Das Merkmal abgerundeter Umfassungsmauern vermag man zwar in den Militärbauten des zweiten Jahrhunderts in Nordafrika zu erkennen, doch sind im Ostbereich des Lagers von Simitthus keine weiteren Merkmale aus Kastellen vergleichbarer Größe vermerkt, wie Wehrgang, Fallgitter und überdachte Tordurchfahrt. Überdies finden sich abgerundete Ecken auch bei zivilen Bauten wieder, wie etwa in Tripolitanien. Dem Ostbereich – und somit auch der gesamten Anlage – wird folglich der militärische Charakter zu Recht ganz abgesprochen (S. 85 f.).

Nachdem der Ostbereich, der nach der Errichtung des Zentralbereiches erbaut wurde, nun sicher zu datieren ist, stellt sich die Frage nach dem relativchronologischen Verhältnis der einzelnen Bauabschnitte (Zentralbereich, südlicher Vorbau, West- und Ostbereich) des sogenannten Arbeits- und Steinbruchlagers von Simitthus (S. 87–109). Mackensen postuliert – basierend auf Baubeobachtungen zur Umfassungsmauer – die zeitliche Nähe von West- und Ostbereich. Den südlichen Vorbau datiert er auf Grund »konstruktiver Merkmale« gleichzeitig mit dem Zentralbereich. Die besondere Aufmerksamkeit gilt allerdings der Periodisierung und Datierung der Gebäude des Zentralbereiches. Dies erfolgt auf der Grundlage der Fundmünzen aus den Grabungen der Jahre 1968 bis 1980.

Der Autor präsentiert eine in zwei Perioden beziehungsweise vier Phasen aufgeteilte Entstehungs- und Belegungsgeschichte, die er aus der Analyse der Fundmünzen erschließt (S. 100 f.). Daraus ergibt sich, dass in der ersten Phase der ersten Periode der Bau eines sechsschiffigen Gebäudes samt Einfassungsmauer um 170, in einer zweiten Phase der Bau einer kleinen Thermenanlage des Reihentyps und der Einbau von Feuchträumen (Lavacra) im sechsschiffigen Gebäude des Zentralbereichs erfolgte. Spätestens seit der Mitte der dreißiger Jahre des dritten Jahrhunderts wurde der Zentralbereich nicht mehr als Arbeits- und Steinbruchlager genutzt. Die zweite Periode der Nutzung erfolgte wiederum in zwei Phasen: In der zweiten Hälfte der dreißiger oder in den frühen vierziger Jahren des dritten Jahrhunderts (erste Phase) wurden das sechsschiffige Gebäude und die kleinen Thermen zu marmorverarbeitenden Werkstätten umgebaut, während ein Einbruch der Deckenkonstruktion des sechsschiffigen Gebäudes vielleicht Mitte der fünfziger Jahre erfolgte. In einer zweiten Phase, von der Mitte der fünfziger Jahre des dritten Jahrhunderts an, scheint der südliche Vorbau oder Korridor zu einer geschlossenen Vorhalle errichtet zu sein. In den frühen siebziger Jahren stürzte auch das Gewölbe der kleinen Thermen ein, während in der Mitte der siebziger Jahre der Kernbereich des sechsschiffigen Gebäudes zu einer Schleifwerkstätte umgebaut wurde. Diese Nutzung dürfte in den achtziger Jahren des dritten Jahrhunderts erfolgt sein, die Aufgabe derartiger Ateliers in der südlichen Vorhalle und in den kleinen Thermen im späten dritten oder frühen vierten Jahrhundert.

Überdies werden die auf den reliefverzierten Marmorschalen aus Simitthus dargestellten Szenen und Rosetten vorgestellt, wobei diese mit den mittelkaiserzeitlichen reliefverzierten Sigillatatellern und -schalen aus Sidi Marzouk Tounsi sowie der ins späte dritte oder frühe vierte Jahrhundert datierten Kugelabschnittschale aus Burg (lat. Tasgaetium) bei Eschenz in der Schweiz verglichen werden.

Die Überlegungen schließen mit einer Zusammenfassung der Resultate in deutscher, französischer und englischer Sprache (S. 111–122). Hierauf folgt ein Katalog (S. 123–138), in dem erstens die von Baldus bearbeiteten Münzen der Ausgrabungen von 1998 sowie zweitens die stratifizierten Fundkomplexe aus selbiger Grabung vorgelegt und illustriert sind. Angefügt ist ferner ein Anhang (S. 139–170) zu den Münzen aus den Ausgrabungen von 1968, 1970 bis 1974 sowie 1977 bis 1980 mit Abbildungen und Abbildungsnachweisen.

Michael Mackensen gelingt abermals eine auf seiner profunden Materialkenntnis basierende, sorgfältige Aufarbeitung der Funde und Befunde aus dem 1998 untersuchten Ostbereich der Anlage. Seine Präzisierungen zur Nutzungshistorie des Zentralbereiches liefern eine deutlich verbesserte Ausgangslage für weitere Überlegungen zur Verwaltungsgeschichte der kaiserlichen Steinbrüche. Man kann nur hoffen, dass bisherige und künftige Grabungskampagnen vor Ort eine ähnlich hochwertige Publikation erfahren.

Basel   Alfred M. Hirt

Fahri Işık, **Girlanden-Sarkophage aus Aphrodisias.** Sarkophag-Studien 5. Verlag Philipp von Zabern, Mainz 2007. XVI und 202 Seiten, 112 Tafeln.

Seit Gerhard Rodenwaldts Studien in den dreißiger und vierziger Jahren des zwanzigsten Jahrhunderts sind die kleinasiatischen Girlandensarkophage Gegenstand der Sarkophagforschung. Insbesondere in den letzten dreißig Jahren widmet man sich diesem Thema mit erhöhter Intensität, da unsere Kenntnis der Gattung, bedingt durch neuere Ausgrabungen in den wichtigen Kunstzentren des griechischen Ostens, zusehends auf eine breitere Materialbasis gestellt wird. So erhofft man Aufschluss über viele nicht nur im Brennpunkt stehende, sondern auch kontrovers diskutierte Fragen. Zu den ›heißen Eisen‹ gehören Produktionsbeginn und Ende der Gattung, generell ihre Chronologie und Typologie sowie deren Herleitung, die Identifizierung von Merkmalen regionaler Gruppen und nicht zuletzt die Frage nach dem Produktionsbeginn von Halbfabrikaten kleinasiatischer Girlandensarkophage, die ihrerseits aufs engste mit der Frage nach der einsetzenden Serienproduktion der Girlandensarkophage verbunden ist.

Vorweg zu erläutern, da nämlich grundlegend für die Lektüre des anzuzeigenden Buches, ist die vom Verfasser seit den siebziger Jahren vertretene Position hinsichtlich des Einsetzens der kleinasiatischen Girlandensarkophage. Im Gegensatz zu Rodenwaldt, der die stadtrömischen Exemplare aus dem frühen zweiten nachchristlichen Jahrhundert auf kleinasiatische Anregung zurückführte, postuliert Işık für die Entstehung der Gattung in Kleinasien stadtrömischen Einfluss. Demzufolge hält er den Produktionsbeginn der kleinasiatischen Girlandensarkophage erst seit trajanischer Zeit für möglich, mithin seit dem frühen zweiten Jahrhundert. Den Beginn der Halbfabrikate macht der Autor am Celsussarkophag fest, der um 115 n. Chr. für Tiberios Iulios Kelsos Polemaianos in Ephesos aufgestellt wurde. Dieser ist Işıks Einschätzung nach das älteste Halbfabrikat. Erst danach sei überhaupt mit dem Beginn der Hauptproduktion zu rechnen. Dieser vom Autor seither beharrlich vertretene späte Ansatz blieb nicht ohne Widerspruch. Zur diesbezüglich geäußerten Kritik s. D. Berges, Frühe Girlandensarkophage in Kleinasien. In: G. Koch (Hrsg.), Grabeskunst der römischen Kaiserzeit (Mainz 1993) 29; äußerst nützlich V. M. Strocka, Datierungskriterien kleinasiatischer Girlandensarkophage. Arch. Anz. 1996, 455–472. Ins Schwanken gerät Işıks ohnehin auf tönernen Füßen stehende These, wenn man Strocka, Berges und anderen folgt und deren Datierung von Girlandensarkophagen in die beiden Jahrhunderte um die Zeitenwende akzeptiert. Dass die Produktion ephesischer Halbfabrikate auch schon für die augusteische Zeit nachzuweisen ist, zeigt H. Thür, Der späthellenistisch-frühkaiserzeitliche Girlandensarkophag S 1. In: dies. – D. Knibbe (Hrsg.), Via Sacra Ephesiaca II, ÖAI Ber. u. Mat. 6 (Wien 1995) 49–54. Vom Verfasser werden solche Exemplare als »einzelne Nachzügler des 1. Jhs. n. Chr.« bezeichnet, die einem »Prototypus«, vertreten in Çanakkale und Burdur, folgen (F. Isik in: G. Koch [Hrsg.], Akten des Symposiums ›125 Jahre Sarkophag-Corpus‹, Marburg 1995 [Mainz 1998] 278). Damit wäre ein weiterer Streitpunkt angesprochen, der die hellenistische Kontinuitätsfrage und die frühesten Girlandensarkophage betrifft: V. M. Strocka in: S. Şahin (Hrsg.), Studien zur Religion und Kultur Kleinasiens. Festschrift für Friedrich Karl Dörner, Bd. II (Leiden 1978) 882–913. Darauf soll hier allerdings nicht eingegangen werden, da dieses Thema von der Aphrodisiaspublikation nicht berührt wird.

Das Problem liegt auf der Hand: Es fehlt an fest datierten Denkmälern innerhalb der Gattung, und man ist nahezu ausschließlich auf Stilvergleiche der Girlandenornamentik angewiesen. Hat man einen der seltenen Fälle, dass ein Girlandensarkophag durch äußere Kriterien datierbar ist, wie das ins Jahr 69/70 n. Chr., das hundertste Jahr der aktischen Ära, zu setzende Stück in Uşak aus Philadelphia, dem heutigen Alaşehir, so wird diese Datierung von Işık nicht akzeptiert (Strocka, Datierungskriterien a. a. O. 464). Zweck dieser Ausführungen, die im Rahmen einer Buchbesprechung vielleicht ungewöhnlich erscheinen, ist es zu verdeutlichen, dass kleinasiatische Girlandensarkophage problembeladen und Sorgenkinder der Sarkophagforschung sind. Vor diesem Hintergrund sah man mit einer gewissen Spannung der Publikation der Girlandensarkophage von Aphrodisias entgegen.

Die Girlandensarkophage bilden die größte Gruppe im Rahmen der Sarkophagherstellung von Aphrodisias. Aufgenommen wurden in den Katalog zweihundertfünfzehn Exemplare, darunter zum Teil sehr kleine Fragmente. Wer allerdings glaubt, dass damit alle bis zum gegenwärtigen Zeitpunkt bekannten Exemplare aus dieser Stadt erfasst seien, der irrt. Wie dem Vorwort der Herausgeber zu entnehmen ist, handelt es sich lediglich um das bis 1993 bekannt gewordene Material. Seither entdeckte Neufunde werden von den dort tätigen amerikanischen Ausgräbern bearbeitet. Da diese Information leicht überlesen wird, weil sie nur im Vorwort der Herausgeber, nicht aber vom Autor selbst eigens erwähnt wird, soll hier darauf hingewiesen werden. Gewisse Aussagen des Verfassers wie beispielsweise sein Anliegen, »von dieser Leitform ein gültiges Bild zu gewinnen« (S. 101), relativieren sich auch unter diesem Aspekt. Leider erfährt man nicht, wie umfangreich das noch unpublizierte Material ist. Auf ein weiteres, jüngst vorgelegtes Exemplar sei schon einmal hingewiesen: R. R. R. Smith, Roman Portrait Statuary from Aphrodisias. Aphrodisias II (Mainz 2006) 307 Sarc 11 Taf. 160. Für die beiden anderen von Smith aufgenommenen Stücke gilt: ebd. 308 Sarc 12 entspricht im besprochenen Band Kat. 179, Smith a. a. O. 308 Sarc 13 entspricht dort Kat. 139.

Die Sarkophage werden von Işık anhand der Form der Girlandenträger in zwei Typen getrennt: Typus I (Kat. 1–18) umfasst Kästen mit Köpfen als Girlandenträger. Als Grundform gelten Widderköpfe an den Ecken, Stierköpfe an den Langseiten. Als Variante 1 werden Kästen bezeichnet, welche auf der Rückseite die Grundform mit Widderköpfen an den Ecken und dazwischen Stierköpfe aufweisen, bei denen jedoch auf der Vorderseite an den Ecken Gorgonenköpfe und dazwischen Eroten als Träger fungieren. Bei Variante 2 sitzen an allen Ecken Gorgonenköpfe, Eroten auf der einen, Niken auf der anderen Langseite. Typus I besitzt keinen Lünettenschmuck. Zu Typus II gehört die Grundform mit Vollfiguren als Girlandenträger. Die Lünetten sind geschmückt. Nach der hohen beziehungsweise tiefen Anbringung des Girlandenapparates wird eine weitere Trennung in Typus II 1 (Kat. 19–80) und Typus II 2 (Kat. 81–215) vorgenommen. Innerhalb des Typus II 2 gibt es die Unterteilung in Variante 1 mit Tabula ansata als Mittelmotiv und in Variante 2 mit Säulen oder Pilastern als Girlandenträger.

Über die Tauglichkeit dieser typologischen Einteilung ließe sich streiten. So etwa bei Variante 2 des Typus I (Eroten und Niken an den Langseiten, Gorgonenköpfe an den Ecken), belegt durch Katalognummer 10, von der der Verfasser selbst sagt, dass »sich das kanonische Bild grundlegend« ändere (S. 5). Wenn sich das Bild so grundlegend ändert, darf diese Gruppe dann überhaupt noch als Variante bezeichnet werden? Weder Widder- noch Stierköpfe sind vorhanden. Eine dieser beiden motivischen Komponenten würde man aber erwarten, wenn die Sarkophage demselben Typus angehören sollen. Allein die Anbringung der Girlande im oberen Bereich des Kastens reicht nicht aus. Wäre es nicht sinnvoller gewesen, Variante 2 des Typus I bei Typus II 1 unterzubringen? Denn auch hier gibt es die hohe Anbringung der Girlande und vor allem die Vollfiguren als Träger. Es kommt hinzu, dass viele dem Typus I zugewiesene Stücke so fragmentiert sind, dass eine typologische Zuweisung unsicher ist.

Darauf aufbauend erfolgt eine Gliederung des Materials in die Gruppen A, B und C. Hier glaubt Verfasser »ein solch festes Formenrepertoire« (S. 2) zu erkennen, dass er ›Gruppe‹ synonym für ›Werkstatt‹ verwendet. Demzufolge seien von Werkstatt A Sarkophage des Typus I und von Werkstatt B Sarkophage des Typus II 1 hergestellt worden. Aus Werkstatt C stammten Sarkophage des Typus II 2 mit den Varianten 1 und 2. Nach der Herkunft der für sie charakteristischen Formen bezeichnet der Autor Gruppe A als »ephesisch-aphrodisiasisch«, da seines Erachtens von Ephesos abhängig; Gruppe B als »einheimisch-aphrodisiasisch« wegen der »überwiegend regionaltypischen Motive« und Gruppe C als »römisch-aphrodisiasisch«, weil stadtrömische Motive wie beispielsweise die Tabula ansata sowie Girlanden mit Manschetten übernommen wurden. Diesem Gliederungsschema folgt die Einteilung des Buches in die Kapitel 1 bis 3 (S. 3–77). Ikonographie und Motivgeschichte werden in Kapitel 4 behandelt (S. 78–100), gefolgt von der Zusammenfassung (S. 101–104). Nach dem Katalog (S. 105–143) kommt unter dem Titel »The Inscriptions« ein Beitrag von Joyce M. Reynolds und Charlotte Roueché mit anschließendem Index der Inschriften (S. 147–192).

Da wie oben erwähnt die Meinungen über Beginn und Ende der Produktion von Girlandensarkophage auseinandergehen, ist es von besonderem Interesse, welchen Beitrag das Material aus Aphrodisias zur Klärung dieser Frage beitragen kann. Die Einteilung in die Gruppen A bis C ist nicht nur eine Trennung in Werkstätten, sondern auch eine chronologische Abfolge. Gruppe A sieht der Verfasser als die älteste und in Abhängigkeit von ephesischen Vorbildern entstanden, daher auch die Bezeichnung »ephesisch-aphrodisiasische« Werkstatt, und datiert ihren Beginn in flavische, ihr Auslaufen beziehungsweise ihre Ablösung durch Gruppe B in spätantoninische Zeit. Ebenfalls in spätantoninische Zeit wird der Produktionsbeginn der Gruppe C gesetzt. Diese Werkstatt arbeite »parallel zu Gruppe B bis in tetrarchische Zeit ununterbrochen weiter« (S. 102). Die Katalogstücke 152 bis 155 werden als die spätesten Sarkophage bezeichnet (S. 76) und in nachgallienische bis tetrarchische Zeit (270–300 n. Chr.) datiert. Zu den Werkstätten nur soviel: Es ist und bleibt schwierig, Işıks Gleichsetzung der Begriffe ›Gruppe‹ und ›Werkstatt‹ zu akzeptieren und sie als Synonyme zu verwenden. Es ist eine Sache, allein auf der Basis von Motivischem Gruppen zu bilden, eine andere aber, allein daraus auf Werkstätten zu schließen. Um eine derartige Trennung plausibel zu machen, müssten weitere werkstattspezifische Merkmale hinzukommen, etwa technischer und handwerklicher Art. Denkbar wären doch auch mehr als nur zwei gleichzeitig arbeitende Werkstätten, die dasselbe Motivrepertoire verwenden.

Zu den Datierungen der Sarkophage gelangt der Autor durch die stilistische Untersuchung des Girlandenschmucks. Für jede der drei Gruppen wird eine Entwicklungsreihe gebildet. Das Bemühen um »die Bildung einer durchgehenden Entwicklungsreihe«, in der jedes noch so kleine Girlandenfragment seine stilistische Einordnung findet, ist zu honorieren, wenn auch nicht immer nachzuvollziehen. Als Datierungsaufhänger für die auf rein stilistischem Weg erschlossene Reihe dienen für Gruppe A sieben Girlandensarkophage aus Ephesos, die in Kapitel 1.2 »Exkurs zur Typologie und Chronologie ephesischer Girlanden-Sarkophage« (S. 7–9) zuerst einmal in eine stilistische Abfolge gebracht und ihrerseits an die ephesische Ostothek aus Kula (Taf. 109, 1) anhängt werden. Neu ist, dass deren inschriftliche Datierung ins Jahr 61/62 n. Chr. von Işık mittlerweile nolens volens akzeptiert wird. Diese kann »trotz meiner Skepsis gegenüber der Ärenrechnung stilistisch für die spätneronischen Girlanden Kleinasiens« stehen (S. 7). An die Ostothek aus Kula wird das Fragment Ephesos A (Taf. 109, 2) angeschlossen (nicht identisch mit Ephesos A 1 und 2: F. Işık, Arch. Anz. 1992, 136 Abb. 23; 24; Strocka, Datierungskriterien a. a. O. 456). An dieses werden sodann die Katalogstücke 3 bis 5 (Taf. 1; 2) stilistisch angehängt und damit flavisch (Kat. 3; 4) beziehungsweise spätflavisch (Kat. 5) datiert. Katalognummer 6, vom Verfasser noch 1998 für hadrianisch gehalten, bekommt jetzt eine trajanische Datierung. Gruppe B lässt der Autor mit der Frisur des an Lucilla erinnernden Frauenkopfes auf einem Fragment (Kat. 26, Taf. 13, 3) zusammen mit einem weiteren solchen (Kat. 27, Taf. 13, 1. 2) in mittelantoninischer Zeit (160–170 n. Chr.) beginnen (S. 38), gefolgt von den Katalogstücken 28 bis 37 mit spätantoninischer Datierung (170–190 n. Chr.). Durch Stilvergleiche zwischen Gruppe B und C setzt er den Produktionsanfang von Werkstatt C ins Spätantoninische (S. 67). Da Gruppe C im Hinblick auf die Motive »eine starke Abhängigkeit von Rom« (S. 102) zeigt, hält der Verfasser es für angebracht, die Stilentwicklung dieser Werkstatt anhand von Vergleichen mit stadtrömischen Girlandensarkophagen chronologisch einzuordnen. Dies ist methodisch nicht ganz unbedenklich und man fragt sich, ob man sich zur Beurteilung der Stilentwicklung nicht besser an der Bauornamentik Kleinasiens orientiert hätte. Verwiesen sei auf Strocka, Datierungskriterien a. a. O. 466 ff. Da es den Rahmen einer Rezension sprengen würde, auf die Datierungen im einzelnen einzugehen, sei generell bemerkt, dass der Autor für die Girlandensarkophage aus Aphrodisias eine sehr engmaschige Chronologie entwickelt. Dass es auch davon abweichende Datierungen gibt, soll nur an einem Beispiel gezeigt werden: Katalogstück 139 (Taf. 79) wird von Işık in gallienische Zeit gesetzt (250–270 n. Chr.), von Smith ins frühe dritte Jahrhundert (a. a. O. 308 Sarc 13 Taf. 160).

»Diese durch verschiedene Vergleiche abgesicherten Ergebnisse sind von großer Bedeutung, weil damit zum ersten Mal nachgewiesen wird, dass die Produktion von Girlanden-Sarkophagen in Kleinasien in größerer Zahl nicht vor antoninischer Zeit ansetzt« (S. 67). Die Diskussion um den Herstellungsbeginn dürfte mit dieser Aussage noch nicht abgeschlossen sein, denn dieser späte Zeitansatz ist nach wie vor ein neuralgischer Punkt. Bei der vom Autor gewählten Formulierung liegt die Betonung wohl auf den Worten »in größerer Zahl«, denn er muss selbst zugeben: »Es ist anzunehmen, dass Kat. 3 nicht das erste und Kat. 18 nicht das letzte Exemplar des Typus I in Aphrodisias gewesen sind …. Die Produktion von Werkstatt A dürfte allerdings nicht viel früher als Kat. 3 anzusetzen sein« (S. 18). Damit befindet man sich immerhin in flavischer Zeit. Anhand des Materials von Aphrodisias ließe sich aber ein noch viel früherer Produktionsbeginn wahrscheinlich machen, denn für die Katalogstücke 13 und 17, beide von Işık für spätantoninisch erklärt, plädiert Berges a. a. O. 29 f. anhand von Stilvergleichen mit Rundaltären aus Tralleis und in Aphrodisias sowie der Ostothek aus Kyme und Bauornamentik in Aphrodisias für eine frühkaiserzeitliche Entstehung in der augusteischen oder tiberischen Ära. Die Argumente sind noch einmal zusammengefasst bei Strocka, Datierungskriterien a. a. O. 464.

Welche Neuigkeiten gibt es zur Herstellung von Halbfabrikaten? Zu diesem Thema ist bereits eingangs zu erfahren: »Wann die Produktion von Halbfabrikaten in Aphrodisias begann, lässt sich beim heutigen Forschungsstand nicht feststellen« (S. 5). Dies ist bedauerlich, denn der Sarkophag hinter dem Odeion (Kat. 1 Taf. 11) ist ein Halbfabrikat. Für ihn ist wegen des Grabungsbefundes und der Fundvergesellschaftung mit einem frühkaiserzeitlichen Rundaltar eine Datierung in augusteische Zeit, ins frühe erste Jahrhundert n. Chr. wahrscheinlich gemacht worden: Strocka, Datierungskriterien a. a. O. 464 mit Anm. 45. Dieses Exemplar nimmt zusammen mit Katalognummer 5 in Aydın gleichsam eine Schlüsselfunktion in der Problematik um den Beginn von Halbfabrikaten in Aphrodisias ein. Beiden Stücken wird allerdings von Işık der Charakter eines Halbfabrikates abgesprochen. Er bezeichnet ersteren als »roh belassen«, als einen »unfertigen Sarkophag«, »im ersten Stadium des Arbeitsprozesses«. Es sei »sehr unwahrscheinlich, dass er als Halbfabrikat in den Steinbrüchen hergestellt worden« sei (S. 4). Ebensowenig scheint der Verfasser den von ihm spätflavisch datierten Sarkophag Katalognummer 5 in Aydın mit der in Bosse belassenen Rückseite (Kat. 5c, Taf. 1, 4) als Halbfabrikat gelten zu lassen, denn er spricht hier von einem »frühen Bearbeitungsstadium« (S. 3). Damit käme der Verfasser für Aphrodisias zu einer wesentlich früheren Datierung für die Herstellung von Halbfabrikaten. Mehr noch, für Strocka und Berges gehört Katalogstück 5 sogar schon in die frühe Kaiserzeit (augusteisch?): Berges a. a. O. 29; Strocka, Datierungskriterien a. a. O. 459 ff. Ganz anders Işık: Unter Hinweis auf den Celsussarkophag geht er nach wie vor davon aus, dass zur Produktion von Girlandenhalbfabrikaten »mit Sicherheit schon im frühen 2. Jahrhundert n. Chr. übergegangen« wurde (S. 5). Die Herstellung von Halbfabrikaten setzt für den Verfasser in Aphrodisias jedenfalls später als im Hauptzentrum ein, das heißt in Ephesos, »dessen Halbfabrikats-Typen die Werkstatt von Aphrodisias anregten« (S. 5). Somit sieht der Autor den Sarkophag Katalognummer 1 erst in trajanisch-hadrianischer Zeit entstanden.

Das von Işık gezeichnete Bild der in Aphrodisias hergestellten Girlandensarkophage wird sicherlich nicht jeden überzeugen und man zögert, dieses mit ihm als gültig zu bezeichnen (vgl. S. 101). Zumindest aber wird die Diskussion durch die nun vorliegende Publikation auf eine breitere Materialbasis gestellt.

Würzburg   Stephanie Böhm

Winfried Held, **Gergakome. Ein ›altehrwürdiges‹ Heiligtum im kaiserzeitlichen Kleinasien.** Istanbuler Forschungen, Band 49. Verlag Ernst Wasmuth, Tübingen 2008. 213 Seiten, 250 Abbildungen, 1 Faltbeilage.

Gergakome wird wohl zu Recht als eines der ungewöhnlichsten antiken Heiligtümer in Kleinasien angesehen. Die außerordentlich gut erhaltene Stätte liegt abseits der großen antiken und modernen Überlandverbindungen im karischen Bergland östlich des Cine-Çay, des antiken Marsyas. Obwohl der Ort bereits 1894 durch Georges Cousin bekannt gemacht wurde, hat er seither kaum Beachtung in der archäologischen Forschung gefunden. In der vorliegenden Arbeit beschäftigt sich Winfried Held im Rahmen seiner Habilitationsschrift aus dem Jahr 2003 nun erstmals intensiv und umfassend mit dem Ort und seinen Monumenten, wobei die gewonnenen Ergebnisse auf einem zweiwöchigen archäologischen Survey basieren, der durch ein dreiköpfiges Team im Herbst 1994 durchgeführt wurde. Der Bestand und die Befunde der Denkmäler werden durch zahlreiche in den Text eingebundene Schwarzweißfotos sowie durch den beigelegten Gesamtplan in ausreichender Qualität dokumentiert.

In der Einleitung werden neben der Darstellung der angewandten Methoden auch die eingeschränkten Rahmenbedingungen während der Feldarbeiten mit ihren »geringen finanziellen und personellen Möglichkeiten« verdeutlicht. Die Arbeitsweisen und Techniken entsprechen gängigen Standards, unterscheiden aber den Survey freilich – wie der Autor selbst klar bekundet – erheblich von anderen, methodisch komplexer vorgehenden, allerdings weitaus besser ausgestatteten Unternehmungen. Gemeinsam mit der Forschungsgeschichte werden auch die bisherigen Interpretationsmodelle erörtert, aus denen deutlich wird, wie unterschiedlich die ausschließlich aus dem lokal anstehenden Augengneis gewonnenen und »den Eindruck sehr hohen Alters« hervorrufenden Monumente bewertet werden. So bewegen sich die Vorschläge für die zeitliche Einordnung der Bauten I bis XIV, der drei kolossalen Statuen und deren teilweise reliefverzierten Basen, der Grotte, der beiden Becken, der neunzehn Stelen beziehungsweise Stelenfragmente und der insgesamt dreiundvierzig Inschriften sowie der sonstigen Werkblöcke von der archaischen Periode bis zur Kaiserzeit. Hinsichtlich der Deutung besteht in der jüngeren Forschung eine klare Präferenz für die Interpretation der Anlage als Kultplatz oder Heiligtum.

Den Beschreibungen der Monumente vorangestellt ist der Abschnitt ›Geographische Lage‹ (S. 3–8) mit der Einbettung des Ortes in die allgemeine historische Topographie des nördlichen Karien unter Berücksichtigung der Erkenntnisse aus anderen aktuellen archäologischen Feldforschungen in der näheren und weiteren Umgebung. Durch die gewählte Vorgangsweise wird die abgeschiedene Lage von Gergakome fern der großen Siedlungen an dem untergeordneten Verkehrsweg von Alabanda nach Hyllarima besonders offensichtlich. Etwas unverständlich ist, warum das Kapitel ›Antike Monumente in der Umgebung von Gergakome‹, das am Ende des Bandes angeschlossen ist (S. 181–205; im Inhaltverzeichnis wird irrtümlich S. 203 angegeben), nicht an jener Stelle in die Arbeit eingebunden ist, zumal seine Ergebnisse ausschnittsartigen Charakter besitzen und nicht aus einer systematischen Begehung hervorgegangen sind.

Die Präsentation der Einzelmonumente (S. 11–107) erfolgt nach Gattungen. Das Heiligtum ist gegliedert in drei große Bereiche, das Zentrum mit der Großen Terrasse und dem Terrain südlich davon, die Zone im Norden sowie diejenige im Südwesten. Summarische Erläuterungen zu den kultischen Einrichtungen in den jeweiligen Arealen ermöglichen, die sakrale Topographie des Ortes im Überblick zu erfassen.

Im Zentrum der Anlage steht auf der langgestreckten, mehrfach geknickten Ostterrasse der vollständig erhaltene, allerdings relativ kleine Tempel (Bau I), dessen Giebel die in großen Buchstaben ausgeführte Inschrift »Γεργας« trägt. Die Beschreibung der Monumente ist präzise und erfasst zahlreiche Details. Behandelt sind Merkmale der Bautechnik und Ausstattung sowie vor allem Besonderheiten des Grundrisses, etwa die aufwendige, tiefe Nische in der Rückwand zur Aufnahme des nicht erhaltenen Kultbildes.

Hinsichtlich der zeichnerischen Dokumentation der Architektur erschiene es im Sinne bautechnischer Planaufnahme dagegen angebracht, wenn zusätzlich zum beigefügten Maßstab auch Maßeintragungen direkt in den Zeichnungen vorgenommen worden wären, ein Desiderat, das für die gesamte Architekturaufnahme gilt. Maße und andere im Text thematisierte Angaben, zum Beispiel zum Gewicht einzelner Werkblöcke des Tempels oder der Deckplatte des Quellhauses Bau II, ließen sich so einfacher überprüfen. Vereinzelt sind Aussagen, wie etwa zum Volumen und zum Gewicht der gewaltigen Steinplatte zur Abdeckung der Nische des Tempels (S. 29), mangels Maßangaben im Text und wegen fehlender zeichnerischer Wiedergabe nicht nachvollziehbar. Zur besseren Lesbarkeit der Abbildungen wäre es darüber hinaus insbesondere in den Zeichnungen zu Bau I erforderlich gewesen, die Texturen der Steinoberflächen graphisch wiederzugeben. Generell ist leider bei so gut wie allen Zeichnungen wohl aus zeitlicher Distanz zur Aufnahme im Feld von 1994 die Überarbeitung auf dem Reißbrett ersichtlich, manchmal auch mittels Lineal geschönten Kantenlinien, wie bei Abbildung 144.

In Bezug auf die architektonischen Gestaltung des Tempelinnenraumes sei die intendierte Gegensätzlichkeit betont zwischen dem wuchtigen, archaisch wirkenden Erscheinungsbild der Wandarchitektur und der gewaltigen Deckplatten des Giebeldaches einerseits sowie den fein ziselierten Profilen des kunstvoll petrifizierten Dachstuhls andererseits, der nur dekorative und keine statische Funktion erfüllte. Diesem gestalterischen Element wurde bei der Besprechung im Unterschied zur Erläuterung technischer Komponenten wenig Aufmerksamkeit zuteil. Gewinnt der Raum vor der Nische schon durch das Giebeldach an Höhe, verstärken die gegenüber den Ausmaßen der Bauglieder der Wände geringen Dimensionen der Firstpfette und der je zwei seitlichen Sparren den Eindruck von Leichtigkeit. Als einzige entsprechend aufwendig ausgeführte Bauglieder tragen sie wesentlich zur Gestaltung des Innenraumes und des sakralen Ambientes bei.

Etwas südwestlich des Tempels befindet sich am flachen Hang vor der Ostterrasse umgeben von einem vermutlichen Kapitellfragment (S 5), einer roh ausgeführten Stele (S 16) und zweier Steleneinlassungen (S 17 und S 18) sowie der Felsinschriften F 7 und F 8 eine große geglättete Felsfläche, die mit einigen langen Quadern zu einer Rundterrasse von zwölfeinhalb Metern Durchmesser gebildet wurde. Ein Vorschlag zur Deutung und Nutzung der Einrichtung, die an ihrer Oberseite mehrere flache rechteckige Abarbeitungen trägt, wird nicht versucht, ebenso wird die Lage zum Tempel oder zu der etwa fünfzig Meter entfernten, direkt oberhalb der Rundterrasse aufgestellten Statue A in keiner Weise thematisiert. Abbildung 13, welche einen Schnitt durch die Rundterrasse von Westen mit einer Öffnung im Unterbau zeigt, erweckt überdies den Anschein, als hätten die langen Quader zur Überbrückung beziehungsweise Eindeckung eines unter der Anlage hindurchgeleiteten Wasserlaufes gedient. Im etwas höher liegenden Gelände östlich der Rundterrasse finden sich jedenfalls das Quellhaus VIII und das vermutlich die gleiche Funktion erfüllende Gebäude XIII sowie in unmittelbarer Nähe zur Statue B das große und kleine Becken.

Groß dimensionierte Quader, die jeweils die Seitenwände oder die Rückwand bilden, treten auch bei der Gruppe der Quellhäuser mit offener Frontseite und Π-förmigem Grundriss auf, wobei allerdings drei der insgesamt vier Gebäude entgegen der für diese Bauten gängigen Lösung freistehend gestaltet sind und nur Bau XII in eine Terrassenmauer eingegliedert ist. Die freistehenden Bauten II, XII und vermutlich auch VII werden überdies nach Ausweis adäquater Öffnungen in den Rückwänden durch Wasserleitungen gespeist, so dass sie, wie der Autor treffend bemerkt, eigentlich als Brunnen-, nicht als Quellhäuser zu bezeichnen sind (S. 123 Anm. 165). Konkret erwägt Held die Versorgung der Brunnenhäuser durch weiter entfernt entspringende Quellen (s. S. 65 etwa zur Versorgung von Bau II) und Zuleitungen in Form von Tonrohrleitungen, wofür indes nur auf ein einziges, bei Bau VII gefundenes Fragment verwiesen wird. Auch der Block V 4, der über eine eingearbeitete Rinne verfügt, wird im Zusammenhang mit einer Wasserleitung für Bau VII gedeutet (S. 18). Basierend auf diesen Kontext ist auf einen aktuellen Befund aus dem Jahr 2008 in dem auch von Held aus bautypologischen Gründen als Vergleich herangezogenen Alinda aufmerksam zu machen (P. Ruggendorfer, Der Alinda-Survey. Die Ergebnisse der Kampagne 2008, 27. Araştırma Sonuçları Toplantısı 2008 [im Druck]). Am Hang westlich der Siedlung von Alinda diente eine in den Felsen eingetiefte und offen über den Hang geführte Rinne wohl der Versorgung der beiden Quellhäuser oder der Aquäduktbrücke am Hangfuß. Derzeit ist noch unklar, ob durch die über längere Abschnitte zu verfolgende Rinne Oberflächenwasser nach Regenfällen kanalisiert und gezielt zu den wassertechnischen Einrichtungen geleitet wurde oder ob sie die Verbindung zu einer noch nicht lokalisierten Quelle im oberen Bereich des bis heute wasserreichen Hanges darstellt.

Der Bau XI, die große zweischiffige Halle im Norden des Heiligtums von Gergakome, ist gemeinsam mit einem vermutlichen Quellhaus (Bau XI c), einer anikonischen Stele (S 19, Abb. 70, nicht im Gesamtplan) und einem Dreschplatz Teil einer kleineren Anzahl an wohl profanen Monumenten, zu denen auch noch zwei landwirtschaftliche Einrichtungen (Bauten V und VI) südlich vom Zentrum des heiligen Bezirks zu zählen sind. Bau XI wird als Quartier für Besucher angesprochen. Da es allerdings schwierig ist, in diesem Punkt auf Basis des Baubefundes Gewissheit zu erlangen, wird man nicht zuletzt wegen des benachbarten Dreschplatzes eine Funktion in Verbindung mit landwirtschaftlicher Tätigkeit weiterhin als Möglichkeit zu berücksichtigen haben, wie dies auch der Autor erwägt (S. 130, etwa zum Vertrieb landwirtschaftlicher Erträge).

Im Abschnitt ›Interpretation‹ (S. 117–151) gelingt es Held, für die unweit des Tempels aufgestellte Statue A mit guten Gründen wahrscheinlich zu machen, dass es sich um ein Standbild der Kybele handelte, das in seinem Erscheinungsbild (geschlossenes Standmotiv, dicht am Körper gehaltene Oberarme, waagrecht vorgestreckte Unterarme und in den Händen gehaltene Wollbinden sowie applizierter Brustschmuck) an kaiserzeitliche Wiedergaben der Artemis Ephesia angeglichen ist und möglicherweise als Μήτηρ Γεργα verehrt wurde. In den beiden anderen Statuen erkennt er Apollon in Chlamys und mit einem Köcher dessen Riemen über die Brust geführt ist (Statue B; die attestierte »motivische Verwandtschaft« zum Apoll von Belvedere ist überzogen) und Dionysos (Statue C). Die Identifizierung der Statue C stützt sich im Wesentlichen auf den anhand der photographischen und zeichnerischen Dokumentation nicht zweifelsfrei erkennbaren Reliefschmuck in Form von Pantherköpfen und einem Reiter (Zeus Karios?) und muss als unsicher gelten.

Die Deutung des architektonischen Befundes geht von diesen ikonographischen Analysen sowie der epigraphischen Evidenz aus: Der größte Teil der dreiundvierzig Inschriften beinhaltet die Worte Γεργα, Γεργας und Γεργακώμη. Daneben kennzeichnet die Nennung Μάρσ[υ]ας an Bau II die heilige Quelle des gleichnamigen Flusses; der verschollenen Inschrift F 23 wird die hypothetische Lesung eines Stephanophorentitels und einer Syngeneia entnommen. Held gelangt insgesamt zu dem bestechenden Schluss, dass es sich bei Gergakome um ein Heiligtum handelt, in dessen Kult zwei Mythentraditionen vereint wurden, die beide direkte Bezüge zur nahen lydischen Stadt Nysa am Mäander aufweisen. Gemeint ist die Apollon-Marsyas-Sage, die seit dem Hellenismus mit dem Mythos der Kybele verwoben war, wobei als bemerkenswertester Bestandteil dieser Version der musikalische Wettstreit zwischen Apollon und Marsyas nicht im phrygischen Kelainai, sondern eben in Nysa angesiedelt wurde. Eine lokale Variante des Mythos von Demeter und Dionysos bildet den zweiten Mythenstrang und war Thema der Marmorreliefs in der Sockelzone der in der Severerzeit entstandenen Scaenae frons des Theaters von Nysa. In dieser Fassung wird das Dionysoskind von Hermes zu den Nymphen von Nysa gebracht, durch Kybele vom Wahnsinn geheilt und von lärmenden Korybanten geschützt wird, bevor sich Kore mit dem Kind und Demeter wiedervereinigen.

Hinsichtlich der zeitlichen Einordnung von Gergakome tritt der Autor für eine kaiserzeitliche Datierung der Anlage ein, wobei neben den bekannten, aus den Inschriften gewonnenen Kriterien für diese Zeitstellung anhand der Buchstabenformen nun weitere Argumente aus der Bautechnik geltend gemacht werden, in Form von Klammern, Mauerdübeln, Mörtel und Keilsteinbögen. Da keine früheren Bauphasen feststellbar seien, wird die Anlage nach Auffassung von Held in der Kaiserzeit mit urtümlich gestaltetem architektonischem Erscheinungsbild in einem Zuge errichtet. In dem konsequent konzipierten und realisierten Entwurf finden sich zahlreiche Komponenten kleinasiatischer Kulte, etwa Anklänge an die Statue der Artemis Ephesia, an phrygische Felsheiligtümer der Kybele und an anikonische Götterbilder in Form von Stelen, Pfeilern, Säulen und rohen Steinen sowie Bezüge zu Quellhäusern karischer Tradition und zu Naiskoi als Kultbildschreine wie in Euromos, Kastabos oder Ephesos. Gergakome sei demnach als römisches Konstrukt eines ›altehrwürdigen Heiligtums‹ anzusehen. Dies veranlasst den Autor, die Gründung mit den geistigen Strömungen der Zweiten Sophistik im zweiten und dritten nachchristlichen Jahrhundert zu verbinden, durch welche die »innerhalb des römischen Reiches politisch weitgehend einflusslose Elite der griechischen Städte den Rang ihrer Heimatorte durch deren besondere Leistungen in historischer und mythischer Vergangenheit hervorzuheben trachtete«. Dabei wird explizit nicht die griechische, sondern die karische Vergangenheit hochgehalten und einer besonderen Wertschätzung für sehr alte Kulte Ausdruck gegeben, wenn auch in einer Form, »die es so freilich in der ersehnten karischen Frühzeit nie gegeben hat«.

In einem Überblick zur Entwicklung der außerstädtischen Heiligtümer in Karien und Phrygien sowie in Ephesos, Didyma und auf Samos versucht der Verfasser aufzuzeigen, dass in den meisten karischen Heiligtümern im zweiten Jahrhundert eine erneute Blüte und bauliche Aktivität einsetzte, wobei die Stifter oftmals einheimische Honoratioren waren. Die Abschrift und die Ergänzungen von Cousin in der verschollenen Inschrift F 23 erwähnen eine Syngeneia, eine angeblich für die Kaiserzeit nicht mehr nachgewiesene hellenistische Verwaltungseinheit, ferner den Titel des Stephanophoros sowie das im Text folgende, aus zwei Buchstaben bestehenden Kürzel für jene Stadt, auf deren Territorium Gergakome lag. Dies alles führt den Autor zu dem freilich zurückhaltend formulierten, aber trotzdem wenig überzeugenden Schluss, dass Vertreter der Zweiten Sophistik aus dem nahen Alabanda gemeinsam mit weiteren Mitgliedern aus anderen benachbarten Städten für die Gründung verantwortlich zeichneten.

So schlüssig die Argumentation hinsichtlich der sicherlich zutreffenden kultischen Interpretation der Anlage ist, und auch ihre Weihung und Zeitstellung plausibel gemacht werden konnte, so sehr gibt die hypothetisch erschlossene Verbindung des Heiligtums zu Alabanda und zu einer Vereinigung von Sophisten dem Leser Anlass zu der Frage, ob die Konzeption von Gergakome nicht in einem größeren Kontext zu verstehen ist und wegen der zahlreichen Anklänge nicht in direktem Zusammenhang mit der Stadt Nysa zu sehen ist. Die Ausstattung der Scenae frons des dortigen Theaters mit dem figürlichen reliefierten architektonischen Fries ist beredtes Zeugnis für die auf mythisch-historische Tradition gründende öffentliche Selbstdarstellung in den kaiserzeitlichen Poleis im Osten und damit Beispiel für ein Bildprogramm mit großer lokalspezifischer Bedeutung.

Bezeichnenderweise haben sich Bezüge zwischen den Reliefdarstellungen mit der Verfolgung der Kore durch Pluton in einer Gegend, deren Terrain durch Berg-, Quell- und Flußgottheiten charakterisiert ist, und der Topographie und den Festen im unweit von Nysa gelegenen Heiligtums von Acharaka herstellen lassen, das Plouton und Kore geweiht war, s. R. Lindner, Mythos und Identität. Studien zur Selbstdarstellung kleinasiatischer Städte in der römischen Kaiserzeit (Stuttgart 1994) 111–116. Nach epigraphischer Evidenz wurde in Acharaka alljährlich im Rahmen der Theogamia die Hochzeit des göttlichen Paares gefeiert (Strab. 14, 1, 44 spricht von einer πανήγυρις), die auch in den Reliefs wiedergegeben ist. Jährliche Feste, an denen die Nyseer und die im Umkreis siedelnde Bevölkerung teilgenommen haben, überliefert Strabon (14, 1, 45) auch für den etwa dreißig Stadien von Nysa entfernt liegenden Ort mit dem Toponym Leimon (›Wiese‹), in dessen Nähe auch eine Erdöffnung gezeigt wurde, die Pluton und Kore geweiht gewesen wäre und bis nach Acharaka geführt hätte.

Mit Gergakome könnte ein Heiligtum vorliegen, in dem nicht nur – wie der Verfasser veranschaulichen kann – zwei modifizierte, lokale Mythen angesiedelt waren. Ähnlich wie die oben angesprochenen Kultorte der Umgebung könnte es durchaus als sakraler, auch in den Festkalender eingebundener Bestandteil des Selbstdarstellungsprogramms der kaiserzeitlichen Polisgemeinschaft im zweiten nachchristlichen Jahrhundert von Nysa aus gegründet worden sein. Eine Auseinandersetzung mit dieser Fragestellung wäre wünschenswert gewesen.

Zusammenfassend bietet die Arbeit mehrheitlich genaue Analysen und in der Regel überzeugende Schlussfolgerungen. Es ist das Verdienst von Held, die Monumente von Gergakome erstmals detailliert vorzulegen und zu untersuchen sowie das Heiligtum in seiner Geschichte und Funktion in einen größeren kulturhistorischen Kontext einzugliedern. Seine Vorschläge zur Weihung, Zeitstellung und Gründung des Heiligtums werden sicherlich die Diskussion in der Forschung anregen.

Wien   Peter Ruggendorfer

Martin Steskal und Martino La Torre, **Das Vediusgymnasium in Ephesos. Archäologie und Baubefund.** Mit Beiträgen von Gerhard Forstenpointner, Alfred Galik, Sabine Ladstätter, Matthias Pfisterer, Georg A. Plattner, Roman Sauer, Veronika Scheibelreiter, Hans Taeuber, Johannes Walter, Gerald E. Weissengruber und Stefan Zohmann. Forschungen in Ephesus, Band XIV 1. Verlag der Österreichischen Akademie der Wissenschaften, Wien 2008. Ein Textband mit 361 Seiten, 34 Textabbildungen und zahlreichen Tabellen sowie ein Tafelband mit 417 Tafeln, davon 36 Pläne.

Die Vorlage der vier monumentalen Komplexe aus Thermen und Gymnasien in Ephesus, des Ostgymnasiums, des Hafengymnasiums, des Theatergymnasiums und des Vediusgymnasiums, bildet seit langem ein Desiderat der Forschung zu Ephesos. Das Vediusgymnasium wurde schon in den zwanziger Jahren des vergangenen Jahrhunderts von Max Theuer und denn in den fünfziger Jahren von Franz Miltner zu einem Drittel ausgegraben. Daher bot sich bei diesem inschriftlich und literarisch zwischen 147 und 149 n.Chr. datierten Bau die Möglichkeit, auf der Grundlage der seinerzeitigen Dokumentation mit neuen Methoden der Archäologie und Bauforschung ohne große Flächengrabung – die Gesamtgröße beträgt fast anderthalb Hektar! –, aber mit punktuellen archäologischen Untersuchungen und gezielten bauhistorischen Studien die Forschungen wieder aufzunehmen. Darüber hinaus bot die Planung eines Besucherzentrums am Nordrand der antiken Stadt bei den Thermen einen Anlass für das im Jahr 2000 begonnene sechsjährige interdisziplinäre Forschungsunternehmen. Dabei wurden neben den genannten Autoren spezieller Fachgebiete die archäologischen Untersuchungen von Martin Steskal und die bauhistorischen von Martino La Torre durchgeführt. Die von La Torre verfassten Kapitel, der zugehörige Katalogteil und das Planwerk wurden 2007/2008 an der Technischen Universität München als Dissertation angenommen.

Das Buch ist in elf Kapitel gegliedert. In der Einleitung von Steskal werden Aufgabenstellung und Methode erläutert sowie die Ausgrabungs- und Forschungsgeschichte resümiert. Ziel war es, die Vorarbeiten Max Theuers, Josef Keils und Franz Miltners unter Einbeziehung von Tagebuchaufzeichnungen, Korrespondenzen, Fotos, Zeichnungen und Skizzen sowie des 1958 von Miltner vorgelegten Gesamtplans zum Abschluss zu bringen. Nach den Ausgrabungen in der Zwischenkriegszeit und kurz nach dem Zweiten Weltkrieg war ja die Realisierung eines geplanten Bandes mit allen vier Komplexen von Bädern und Gymnasien durch den Krieg, dann durch andere Schwerpunktsetzung in den ephesischen Grabungen und schließlich den Tod zuerst Theuers dann Miltners vereitelt worden. Der besonders für den Osten des Reiches charakteristische und mit zahlreichen Beispielen vertretene Bautypus, eine Kombination von Thermen des axialsymmetrischen Kaisertypus mit einem vollständig entwickelten Gymnasium, erforderte auch bei den drei ähnlichen ephesischen Baukomplexen eine architekturgeschichtliche und typologische Analyse und Bewertung. Außerdem war die Bau- und vor allem Nutzungsgeschichte durch neue Bauaufnahmen und archäologische Untersuchungen zu klären und durch Einbeziehung von Nachbardisziplinen wie Epigraphik und Numismatik sowie Archäobotanik und Archäozoologie ein über den Bezug zum Gebäude hinausgehendes, kulturhistorisches, also ganzheitliches Bild zu gewinnen. Dazu kommen Fragen des restauratorisch-denkmalpflegerischen Umgangs mit der Ruine. Der bei den Neugrabungen entdeckten, reichen Skulpturenausstattung ist ein eigener Band vorbehalten.

Die Materialvorlage beginnt mit dem Baubefund und der Baubeschreibung im zweiten Kapitel, gefolgt vom stratigraphischen Befund im dritten, den Funden im vierten, diese unterteilt in einzelne Fundgattungen wie Keramik mit petrographisch-mineralogischen Analysen, Glas, Kleinfunde (Metall, Elfenbein und Terrakotten), Münzen, Archäozoologie, Archäobotanik und Inschriften. Anschließend wird im fünften Kapitel die Ausstattung vorgestellt (Marmor, Mosaik und Bauornamentik). Die folgenden zusammenfassenden Abschnitte gehen anhand des vorgelegten Befunds und Fundmaterials dann im sechsten Kapitel (Haustechnik) auf die heiz- und wassertechnischen Anlagen, auf Fenster und Latrinen ein. Im siebten Kapitel werden die Funktionen und Raumbezeichnungen diskutiert. Die letzten Abschnitte sind der Person des Stifters im achten Kapitel, dem stadttopographischen Kontext im neunten und den Sicherungsarbeiten im zehnten Kapitel sowie einer Zusammenfassung im elften gewidmet.

In La Torres ›Baubefund und Baubeschreibung‹ werden nach einem Resümee der Unterlagen von Theuer und Miltner, nach technischen Hinweisen zur Bauaufnahme und zur dreidimensionalen Rekonstruktion des immerhin an vielen Stellen bis zur Kämpferlinie der Wände oder einigen Gewölberesten erhaltenen Bauwerks die einzelnen Räume systematisch in der Reihenfolge des Besuchergangs eines antiken Benutzers abgehandelt. Jedem Raum sind einige grundlegende Abmessungen zur Raumgröße sowie zu Maßen von Bau-, Tür- und Fensteröffnungen vorangestellt. Der Baubefund ist genau beschrieben, auf etwaige Beobachtungen oder Ergebnisse der Altgrabung wie auch Hinweise auf historische Veduten und anderes wird verwiesen.

Das zugehörige Bildmaterial an farbigen oder schwarzweißen Fotos ist umfangreich (Taf. 1–250), ergänzt durch Baudetails und Einzelfunde in Zeichnung und Lichtbild sowie durch steingerechte Bauaufnahmen, kombiniert mit der grafischen Rekonstruktion. Diese Einzelaufnahmen werden am Ende auf sechsunddreißig Tafeln in derselben Systematik durch zusammenmontierte Gesamtpläne von insgesamt sechsundzwanzig Schnittzeichnungen (!) in Befund und Rekonstruktion zu Übersichten zusammengefasst und mit sechs Abbildungen von Außenansichten in dreidimensionaler Darstellung visualisiert. Hervorzuheben ist, dass sich die heute so gern bevorzugte Photogrammetrie weder vom Aufwand noch vom Ergebnis als zweckmäßig oder wirtschaftlich erwies, sondern das herkömmliche Handaufmaß eingesetzt wurde, natürlich mit anschließender digitaler Aufbereitung durch computergestützte Konstruktionsprogramme. Die Neuaufnahme führte zu kleineren Korrekturen des Gesamtplans, aber auch zu anderer Rekonstruktion einzelner Gewölbe, zu neuen Beobachtungen von Details wie Bauöffnungen, Planänderungen während der Bauarbeiten, Umbauphasen und deren Feinchronologie.

Die Lage der fünfzehn archäologischen Sondagen gibt Tafel 251. Die Platzierung erfolgte nach Fragen zur Nutzungsgeschichte, der Grundrisstypologie, der Ausstattung sowie der Anbindung an das Umfeld. Im dritten Kapitel werden von Steskal die einzelnen Sondagen durch die Befundbeschreibung der Schichten und eine tabellarische Stratenübersicht erschlossen, die Zusammenhänge durch eine Harrismatrix veranschaulicht und der Befund im Kontext resümiert. Dabei werden sowohl die bis in spätgeometrische Zeit zurückreichende Vorgeschichte des Areals, der siedlungsgeschichtliche Hiatus im Hellenismus, die vor der Mitte des zweiten nachchristlichen Jahrhunderts beginnenden Aufschüttungs- und Terrassierungsarbeiten wie auch die erste Ausstattungsphase, eine grundlegende Neuausstattung im ersten Viertel des fünften Jahrhunderts, die Einstellung des Badebetriebs am Ende desselben Säkulums, die Nutzung der Keller als Abfalldeponie, Brandzerstörung, Gewölbeeinsturz und Nachnutzung bis ins siebte oder achte Jahrhundert gut datiert und separiert. Neben der Klärung dieser Bau- und Nutzungsphasen mit Ein- und Umbauten gelingt auch eine Reihe von bemerkenswerten Beobachtungen zum Ausschlachten eines solch großen Baukomplexes als Materialdepot. So beispielsweise die Verlegung von eigenen Rohrleitungen, um das für das Zersägen der Marmorteile benötigte Wasser zu- und abzuführen.

Die ausführliche Vorstellung, Datierung und Interpretation des keramischen Fundmaterials durch Sabine Ladstätter im vierten Kapitel mit dreiundneunzig Tafeln und zahlreichen Graphiken im Text orientiert sich an den stratigraphischen Tabellen im dritten Kapitel und erweist sich wegen einiger über die Bedeutung für das Bauwerk hinausgehender Aspekte als durchaus gerechtfertigt. Die versiegelten Planierschichten unter den Böden des genau datierbaren Gebäudes enthielten zwar ein sehr heterogenes Keramikspektrum vom achten vorchristlichen bis zum zweiten nachchristlichen Jahrhundert, aber die Terra Sigillata ließ sich feinchronologisch gut auswerten und als ausschließlich regionale Produktion bestimmen. Die Benutzung der Kanäle und Keller als Schutt- und Abfalldeponie in der Spätzeit führte zu einem Fundspektrum, das in dieser Fülle und Anschaulichkeit bisher kaum erschlossen wurde. Darüber hinaus gelingen Roman Sauer durch petrographische Analysen der Keramik mit Bestimmung der Herkunftsorte vor allem der Amphoren, aber auch des besseren Kochgeschirrs, neue Einblicke in Handelswege, Produktionsorte und deren Zeitgebundenheit.

Auch die anderen Fundgatten (s. o.) sind entsprechend den aktuellen wissenschaftlichen Standards vorzüglich aufbereitet. Gerade die von Gerhard Forstenpointner, Alfred Galik, Stefan Zohmann und Gerald Weissengruber in extenso dargestellten archäozoologischen Untersuchungsergebnisse zeigen, was bei richtiger Bergungsmethode heute aus früher wenig beachteten Abfallschichten und Fundmaterialien an Erkenntnissen gewonnen werden kann. Gleiches gilt für die archäobotanischen Analysen der Makroreste von Johannes Walter, die mit unserem gestiegenen Umweltbewusstsein den Blick auf die Lebenswelt der antiken Menschen besonders aufschlussreich machen, ja ein erstaunliches Fortleben von Traditionen zeigen.

Die von Hans Taeuber präsentierten Inschriftenfragmente schließlich hängen entweder mit dem Bau oder Betrieb des Gebäudes zusammen – sie verraten zum Beispiel, wo der Besucher seine Eintrittsgebühr zu entrichten hatte – oder wurden sekundär angebracht, andere sind Streufunde.

Im fünften Kapitel erläutert La Torre, dass nach der Ausstattung die Thermengymnasien Kleinasiens mit Recht der von Keil so genannten Gruppe der Prunkgymnasien zugeordnet werden. Leider ist das Ausmaß der Zerstörung und Plünderung gerade am neben einer Straße gelegenen Vediusgymnasium gewaltig. Die Mosaikböden fügen sich ins Bild der kleinasiatischen Muster. Opus-sectile-Böden stehen in deutlichem Zusammenhang mit der Bedeutung des Raumes, so etwa im Marmorsaal, der für besondere, repräsentative Aufgaben reserviert war. Vergleiche mit anderen Schmuckböden Kleinasiens machen dies klar. Die Bauornamentik fügt sich ebenfalls in die Ausstattung aktueller Großbauten wie der Celsusbibliothek, des Serapeions oder des Hadrianeums.

Auch hinsichtlich der wasser- und heiztechnischen Anlagen bietet das Vediusgymnasium keine technischen oder konstruktiven Besonderheiten, wie im sechsten Kapitel von La Torre dargelegt wird. Die Haustechnik war zu dieser Zeit bereits so perfektioniert, dass sich an dem stark zerstörten Bauwerk keine Details finden, die nicht schon von ähnlichen Bauten bekannt und diskutiert sind, wobei der Autor durchaus einiges richtigstellt, was in der Literatur immer wieder an Irrtümern kursiert. Interessant sind die vermuteten Dekantierbecken im Obergeschoss der zentralen Wirtschaftshöfe X und XII, bemerkenswert auch die Präfurnien in den Pfeilern zum Caldarium und dessen fast neun Meter hohe Fenster, wovon schon Theuer einige Reste fand. Der Rezensent vermisst allerdings einen farblich differenzierten Wasserplan der Zu- und Ableitungen, Fallrohre, Kanäle und ähnlichem.

Im siebten Kapitel zur Funktion der Räume charakterisieren La Torre und Steskal noch einmal die Besonderheit des neuen Bautyps der Thermengymnasien, die für das Prestige, das Selbstverständnis und die Außenwirkung der Nobilität einer Stadt eine wichtige Rolle spielten. Mit ihrer breiten Nutzungsmöglichkeit als Orte der Freizeitgestaltung ebenso wie als Ausbildungsstätten für die Jugend stellen diese Baukomplexe eine gelungene Verbindung von römischer Bautechnik und griechischem Bildungskonzept dar. Man wird den Autoren daher auch in ihrem Widerspruch der Meinung von einem zu dieser Zeit bereits »anachronistischen Bautypus« folgen können, ungeachtet des Bedeutungsverlusts der griechischen Gymnasien durch den Aufstieg des Christentums. Konsequenterweise sehen sie das Verschwinden dieses Gebäudetyps nach dem zweiten Jahrhundert eher als eine Folge des Nachlassens privater Bautätigkeit und Stiftungen.

In der Folge wird zunächst allgemein, dann im Vergleich mit den anderen ephesischen und kleinasiatischen Beispielen auf die verschiedenen Funktionen des Gymnasiumstrakts eingegangen, die später sogar auch die Umnutzung von Räumen des Badeteils betreffen, wie den Funktionswandel der Basilica thermarum (Raum III) zu einem Vortragssaal durch Einbau von Bänken anstelle von Wasserbecken. Ähnliches lässt sich auch an den anderen ephesischen Beispielen beobachten. Bei den meisten Baderäumen wird die Nomenklatur Daniel Krenckers beibehalten, ist die Funktion mehr oder weniger strukturell bedingt, wenn nicht spezielle Einrichtungen diese determinieren.

Der von den ersten Ausgräbern auch wegen des zentralen Altarblocks als ›Kaisersaal‹ titulierte Raum MS an der Palästra wird von den Autoren überzeugender als ›Marmorsaal‹ bezeichnet, denn es handelt sich um ein sekundäres Arrangement. Vielmehr diente der Saal mit seinem reichen Statuenschmuck der repräsentativen Selbstdarstellung der Stifterfamilie der Vedier, auf die Steskal im achten Kapitel detailliert eingeht. Der Raum konnte aber möglicherweise auch für Symposien genutzt werden. Die doppel-T-förmig angelegte Basilica thermarum als Wandelhalle mit Wandbecken für Wasserspiele, aber auch für Lesungen und Musikdarbietungen findet sich mit kleinen Abwandlungen auch in den anderen ephesischen Thermen. Die Funktionen der meisten Räume des Badetrakts erschließen sich aus der kanonischen Struktur der Thermen beziehungsweise im Vergleich mit anderen Beispielen, bieten also keine Überraschungen.

Der Bau des Vediusgymnasiums fällt in die Zeit von Antoninus Pius, die einen Höhepunkt in der städtebaulichen Entwicklung und wirtschaftlichen Prosperität von Ephesos als Metropolis Asiae darstellt. Der Bauplatz an herausgehobener Position, vermutlich im koressischen Viertel, lag im Hellenismus wahrscheinlich noch extra muros, wie Steskal in neunten Kapitel ausführt. Darin wird die Bauentwicklung des Thermengymnasiums in Zusammenhang mit der Stadtbaugeschichte bis in die christlich gewordene Spätantike und die Nachnutzung des siebten und achten Jahrhunderts gestellt.

Wenig wurde seit seiner Ausgrabung vor achtzig Jahren zur Konservierung und Präsentation dieser Ruine getan, wie La Torre im zehnten Kapitel betont. Sie wurde immer wieder durch Vandalismus in Mitleidenschaft gezogen, aber es kam nur 1920 und 1958 zu einigen substanzsichernden Maßnahmen. Diese Situation wurde, wie es heute unerlässlich ist, mit der Neuaufnahme der Arbeiten durch ein denkmalpflegerisches Gesamtkonzept und mit einem Maßnahmenkatalog unmittelbar grabungsbedingter mittelfristiger Restaurierungsarbeiten geändert. Notsicherungen am Mauerwerk fanden nur bei eklatanter statischer Gefährdung statt, zur Kennzeichnung von Original und Reparatur bediente man sich der rot eingefärbten Mantelfuge. Vermeidbare Bodenfreilegungen wurden unterlassen, schlecht erhaltene Böden ins Depot verbracht, exponierte Mosaiken wurden mit Flies oder Japanpapier und Kalkmörtelauflage gegen Bewuchs und mechanische Belastung geschützt. Bestimmte Bereiche der Ruine wurden unzugänglich abgemauert, um zu verhindern, dass Materialien ständig hin und her verschleppt werden. Es wird sich zeigen, wie weit all dies weiteren Verlusten vorzubeugen imstande ist und wie das im Buch nicht weiter erläuterte denkmalpflegerische Gesamtkonzept realisiert wird, auch angesichts der oben angesprochenen touristischen Planungen. Doch dieser letzte Punkt sollte vielleicht Thema einer eigenen kleinen Publikation sein.

So kann der Rezensent nur resümieren, dass mit dieser Veröffentlichung eines der großen Thermengymnasien von Ephesus in vorbildlicher Weise mit allen Methoden und Mitteln heutiger archäologischer Forschung untersucht, bearbeitet und vorgestellt wird. Die Auf- und Einarbeitung alter Grabungen ist ein mühsames und schwieriges Unternehmen, das die Autoren aber mit Bravour gelöst haben. Von der interdisziplinären Zusammenarbeit bis zum denkmalpflegerischen Umgang mit der Ruine bleiben fast keine Wünsche offen, mag auch die Arbeit wegen des traditionellen Folioformats der ›Forschungen in Ephesus‹ nicht ganz einfach zu handhaben sein.

Mainz   Günther Stanzl

Tønnes Bekker-Nielsen (Hrsg.), **Ancient Fishing and Fish Processing in the Black Sea Region.** Proceedings of an interdiciplinary workshop on marine resources and trade in fish products in the Black Sea region in antiquity, Syddansk Universitet Esbjerg, 4.–5. April 2003. Black Sea Studies 2. Aarhus University Press 2005. 222 Seiten, 57 schwarzweiße Abbildungen, 5 Tabellen.

Das Buch umfasst neun Vorträge eines interdisziplinären Workshops über marine Ressourcen und Handel mit Fischprodukten in der Schwarzmeerregion. Gastgeber war das Zentrum für Schwarzmeerstudien (Centre for Black Sea Studies) der dänischen Forschungsstiftung (Danmarks Grundforskningsfond). Die Publikation ist über die Internetseite dieses Forschungszentrums (www.pontos.dk) kostenfrei einzusehen.

Wie der Kongress ein Jahr später in Cádiz zeigt (Conferencia internacional sobre la pesca en antiguidad en el ámbito del Estrecho de Gibraltar, Puerto de Santa Maria [Cádiz] Juni 2004), ist das Thema der Fischverarbeitung in der Antike sehr aktuell. Obwohl beide Tagungen den Fokus auf unterschiedliche Regionen legen – einmal das westliche Mittelmeer, einmal das Schwarze Meer –, spannen sie beide den Bogen von der Antike über die frühen Neuzeit bis zur jetzigen Situation. Die Tatsache, dass die Tagung in Dänemark an einem modernen Fischereistandort stattfand, animiert gerade dazu, Überlegungen und Vergleiche zu Prinzipien und naturwissenschaftlichen Voraussetzungen von Fischverarbeitung, Fangmethoden und Nutzung zur menschlichen Ernährung anzustellen und diese unter diachronischen und synchronischen Aspekten in die Diskussionen einfließen zu lassen. Um so bedauerlicher ist daher, dass der Ausgangsvortrag »The biochemistry of fish processing« von Hans Otto Sørensen nicht unter den Vorträgen abgedruckt wurde.

In der Einleitung (S. 13–19) wird die Relevanz des Kolloquiums aus der Sicht des Herausgebers dargestellt. Fisch als Nahrungsmittel im Altertum ist uns aus antiken literarischen Quellen wohl bekannt. Hinweise zu

Fischen und deren Zubereitung finden sich in unterschiedlichen Genres, etwa in der Lyrik, in medizinischen Abhandlungen, Theaterstücken oder auch gastronomischen Werken. Die Stellungnahmen zum Fischverzehr im Speiseplan in der antiken Literatur und deren Besprechung in der bisherigen Forschung fallen zum Teil unterschiedlich aus. John Wilkins wendet sich in seinem Beitrag »Fish as a Source of Food in Antiquity« (S. 21–30) dezidiert gegen die beiden verallgemeinernden Positionen, nach denen antiker Fischverzehr entweder eine kleine Rolle in der Nahrungskette spielte oder nur als Luxusspeise bekannt war (T. W. Gallant, A Fisherman's Tale [Gent 1985]; J. Davidson, Courtesans and Fishcakes. The consuming passions of classical Athens [London 1997], dt. Kurtisanen und Meeresfrüchte. Die verzehrenden Leidenschaften im klassischen Athen [Berlin 1999]). Vielmehr liegt der Fokus bei ihm auf den gesundheitlichen und medizinischen Aspekten von Fischverzehr und seiner Spiegelung in der antiken Überlieferung. Diese reflektieren detaillierte Kenntnisse zu zahlreichen Fischarten, ihrer Herkunft und Zubereitungsarten, die zum Allgemeinwissen zumindest für den Personenkreis gehörten, der durch seine Bildung Zugang zu den Quellen hatte.

Im nächsten Beitrag werden die literarischen Überlieferungen zur Fischverarbeitung in der griechisch-römischen Antike ausführlich vorgestellt, also besonders zu Pökelfisch (salsamentum, tarichos) und Fischsaucen (garum, liquamen, allec, muria). Unter dem Aspekt der Produktion und des Handels mit Fischprodukten setzt Robert Curtis (»Sources for Production and Trade of Greek and Roman Processed Fish«, S. 31–46) diese in Relation zu den Erkenntnissen der Auswertung weiterer Quellengattungen zu diesem Thema, also zu einer stets wachsenden Anzahl epigraphischer Funde, archäologischer Befunde sowie ethnographischer Vergleiche. Die literarische Überlieferung gibt Hinweise zu unterschiedlichen Methoden, deren Anwendung, Verwendungszweck und zu Vorgehensweisen in der Produktion und deren Nebenprodukten. Gleichzeitig liefert sie auch Hinweise zur geografischen Lage der Produktionsorte. Seit dem vorgeschrittenen zwanzigsten Jahrhundert treten die archäologischen Quellen hinzu, deren Bearbeitung die verstreut vorliegenden Erkenntnisse der unterschiedlichen Forschungsstränge miteinander verknüpfen. Für den westlichen Mittelmeerraum ist das Werk von Michel Ponsich und Miguel Tarradell (Garum et industries antiques de salaison dans la Méditerranée occidentale [Paris 1965]), in diesem Sinne heute noch richtungsweisend. Die Anzahl der dort erwähnten Fundorte stieg von fünfzehn in der ersten Auflage des Buches von 1965 auf neunundachtzig in der erweiterten Ausgabe 1988. Anschließend daran konzentrieren sich die Überblickswerke in der Nachfolge größtenteils auf eine Besprechung des physischen Aspektes der aufgelisteten Fischverarbeitungsanlagen (so R. Étienne / R. Mayet, Salaisons et sauces de poisson Hispaniques [Paris 2002]). Schon früh wurde dabei für den Bereich der Krim auf die Diskrepanz zwischen der literarischen Überlieferung für das siebte bis fünfte vorchristliche Jahrhundert einerseits und den archäologischen Befunden vor allem aus dem zweiten nachchristlichen Jahrhunderts andererseits hingewiesen. Auch einzelne ethnographische Vergleiche sind sehr lehrreich, etwa solche mit dem Produktionsvorgehen in einigen Regionen Südostasiens, wurden aber bis weit in die zweite Hälfte des zwanzigsten Jahrhunderts in der Forschung nur vereinzelt herangezogen. In der aktuellen Forschung treten neben den sozioökonomischen Aspekten des Fischverzehrs auch Fragestellungen zur Produktentwicklung in der Antike hinzu. Basierend auf den physikalischen und chemischen Prozessen zur Herstellung von Fischprodukten sind es nun die naturwissenschaftlichen Disziplinen der Ernährungswissenschaften, Biochemie und Mikrobiologie, die sich in die kulturhistorischen Diskussionen um dieses Thema einschalten. Zahlreiche Faktoren hinsichtlich der Konservierung von Fisch durch Fermentation treffen in den antiken Verarbeitungszentren zusammen: ausreichendes und vielfältiges Fischvorkommen, kontinuierliche Salzgewinnung, hinlängliche Frischwasserressourcen sowie wichtige Kenntnisse, etwa über das Verhältnis zwischen Salz und Fisch, die Dauer des Verarbeitungsprozesses und die Zutaten.

Zum Aspekt des Handels trat dagegen schon im Laufe des neunzehnten Jahrhunderts eine archäologische Quellengattung in den Vordergrund der Diskussion: die Transportamphore. Weiterführende Forschungsansätze liefern hier Neufunde von Amphoreninhalten aus unterwasserarchäologischen Kontexten sowie die intensive Erforschung der handelstechnisch relevanten Aufschriften, also der Tituli picti, Graffiti und Stempel. Die Fischverarbeitungszentren lagen an den Küsten vom Schwarzen Meer – so Chersonnesos, Tyritake und Myrmekion auf der Krim – bis zum Atlantik. Vor allem im Westen geben die Füllmengen der Pökelbecken erste Anhaltspunkte zu den Produktionskapazitäten der kaiserzeitlichen Fischereiindustrie, so für Sétubal (Troia) in Portugal etwa sechshundert bis siebenhundertfünfzig, für das spanische Bolonia (Baelo Claudia) etwa zweihundert sowie für Cotta und Lixus in Marokko zusammen über tausend Kubikmeter. Für Ploumanach in Frankreich liegen keine genaueren Zahlen vor.

Aus antiken Textquellen und Inschriften ist bekannt, dass Fischprodukte in römischer Zeit nicht teuer waren. Weiter lassen die Schriftzeugnisse annehmen, dass im Gegensatz zum Verzehr von Frisch- oder Pökelfisch die Verwendung von Garum sowohl räumlich als auch sozial verbreiteter als bisher angenommen war. Bei dem Begriff »Frischfisch« handelt es sich um einen Begriff, der stark sozial-kulturell determiniert ist, wie Hans Otto Sørensen in seinem leider nicht abgedrucktem Vortrag auf der Tagung thematisierte. Bestimmte Arten von Fischfäulnis gelten in einigen Ländern noch heute als Delikatesse. Die Beliebtheit von Fischsaucen in der Antike zeugt von einer anderen Herangehensweise und sicherlich auch höheren Toleranz gegenüber Zersetzungsprodukten. Die Seltenheit, mit der Fisch- und

Nahrungsmittelvergiftung im Allgemeinen erwähnt wird, und die Hinweise auf Nachtfischerei deuten darauf hin, dass in der Antike genau wie heute Frische im Vordergrund stand. Der Umgang mit Frischfisch in der Antike ist nicht erschöpfend behandelt und bedarf einer weiteren Untersuchung.

In ihrem Überblick über »The Archaeological Evidence for Fish Processing in the Western Mediterranean« (S. 47–82) behandelt Athena Trakadas die Verarbeitungsanlagen im heutigen westlichen Mittelmeer. Die Untersuchung großer Anlagen zum Beispiel in Marokko soll dazu dienen, ähnliche Komplexe in der Schwarzmeerregion besser zu deuten. Methodisch schwierig ist es, von der Größe der Anlagen auf ihre Produktionskapazitäten zu schließen, liegen doch zu wesentlichen Produktionsfaktoren in der Antike keine Angaben vor, etwa zur Dauer der Verarbeitungsprozesse oder zur Häufigkeit der Neubefüllung. Vielmehr ist ein metrischer Vergleich der Wannengrößen von Pökelbecken in Ost und West von Interesse, nicht nur für Rückschlüsse auf unterschiedliche Wirtschaftsarten, also industrielle oder oikosbasierte Verarbeitung. Trakadas diskutiert zudem die Herkunft der Produktionsverfahren im Westen: Wurde die Fischverarbeitung erst durch die Punier etabliert oder fand sie schon im Zuge der griechischen Expansion statt? In der Forschungsgeschichte, die über einen längeren Zeitraum die Überlegenheit der griechischen Kultur im Vordergrund stellte, wurde auf einen griechischen Ursprung plädiert. Der archäologische Befund der frühen Anlagen aus dem fünften Jahrhundert bei Cádiz in Südspanien deutet dagegen eher auf eine phönizisch-punische Einführung hin.

Einige verallgemeinernde chronologische und räumliche Überlegungen erlauben die zahlreichen gut dokumentierten Fischverarbeitungsstätten im Westen. Sie liegen hauptsächlich in den römischen Provinzen Baetica, Tarraconensis, Lusitania und Mauretania tingitana und reichen vom zweiten vorchristlichen bis in das dritte nachchristliche Jahrhundert, wobei die Haupttätigkeit in unterschiedlicher Ausprägung vom ausgehenden ersten vorchristlichen bis ins erste nachchristliche Jahrhundert stattfand, also bis zu dem Zeitpunkt, als die spanischen Produkte nach dem Zeugnis des Galenos von Pergamon (129–199 n. Chr.) die pontische Ware gänzlich vom Versorgungsmarkt Roms verdrängten. Die Anlagen auf der Krim erreichten jedoch ihren Produktionshöhepunkt erst in der Kaiserzeit, im zweiten Jahrhundert und blieben für den lokalen und ostmediterranen Raum bis ins fünfte und sechste Jahrhundert in Betrieb.

Im archäologischen Befund lässt sich eine hohe Homogenität in der Konzeption und baulichen Ausführung der betreffenden Anlagen im westlichen Mittelmeerraum feststellen. Aus der Form der Industriebauten kann nicht auf die Verarbeitung und auf eine bestimmte Produktion geschlossen werden: Meist handelt es sich um rechteckige Bottiche (cetariae); runde Exemplare sind nur aus Bolonia und Lixus bekannt. Voraussetzung neben den topografischen Bedingungen sind für Trakadas: Versorgung mit Frischwasser und aufbereitetem Salz sowie Holzwirtschaft. Zu den eigentlichen Bottichen aus Opus signinum gesellen sich Hypokaustenanlagen zum Erhitzen der Saucen sowie häufig auch Töpferöfen zur Herstellung von Transportamphoren. Diese benötigen wiederum Ton sowie ebenfalls Wasser und Holz als Rohstoffe. Die wichtigste Ressource stellt natürlich das Tiervorkommen selbst dar, nämlich an Thunfischen, Makrelen, Aalen, Sardinen und Schalentieren.

Die Anlagen benötigten die Infrastruktur einer Stadt, einer Villa oder eines Vicus, waren aber meist extraurban angelegt, wie in Lixus und Sétubal, fallweise aber auch innerstädtisch, wie in Bolonia oder in Tyritake auf der Krim. Kleinere Betriebe dienten zur Versorgung einer Villa, etwa in Essaouria, andere stehen isoliert und bildeten zum Teil eigene, gänzlich selbstständig funktionierende Produktionszentren, wie in Cotta. Auf eine produktionsorientierte industrielle Verarbeitung deuten die großen Anlagen von Baelo, Troia und Cotta hin. Diese waren daher auch sicherlich ganzjährig in Betrieb; kleinere Anlagen, die nur auf einer kleinen Infrastruktur basierten, arbeiteten dagegen vermutlich nur saisonal. Der unterschiedlichen Organisationsstruktur steht die auffallende Einheitlichkeit im Erscheinungsbild der Anlagen und des Auftritts der westlichen Produkte entgegen. Einige Anlagen werden sicherlich Privateigentum gewesen sein, doch sprechen die Inschriften und das einheitliche Gepräge für eine Bewirtschaftung durch Genossenschaften (societates). Für den westlichen Mittelmeerraum wird deren Zentrum im Umkreis von Cádiz (Gades) vermutet, weswegen in der Diskussion um hier beschriebene Produkte der Begriff »gaditanian label« in die Forschung eingebracht wurde.

Anhand der wichtigsten antiken Quelle aus dem zweiten nachchristlichen Jahrhundert, der Halieutika des Oppian, beschäftigt sich Tønnes Bekker-Nielsen in seinem Beitrag »The Technology and Productivity of Ancient Sea Fishing« (S. 83–95) mit der Produktivität antiker Fischerei in Bezug auf die zur Verfügung stehenden Fischfangtechniken. Dabei zeigt er auf, dass schon die einfachste Fangtechnik mit einer langen Hakenreihe oder mit einem Wurfnetz genügend Fang einbringt, um Pökel- oder Saucenproduktion auszuüben. Antike Fangtechniken waren demnach weder unproduktiv noch ungenügend, vielmehr waren deren Quoten übermäßig für den baldigen Verzehr als Frischfisch. Daher war die Weiterverarbeitung in der Antike gewissermaßen eine Notlösung; da andere Konservierungsmöglichkeiten als Trocknen, Räuchern, Pökeln oder das Einlegen und das Einkochen zu Saucen nicht zur Verfügung standen. Die seltene Erwähnung von Seefischerei in der Literatur sowie in der epigrafischen Überlieferung mag in der geringen sozialen Wertschätzung dieser Tätigkeit sowie in der Tatsache liegen, dass diese keiner staatlichen Überwachung und Steuerung unterlag, wie zum Beispiel der Handel mit Getreide. Bildliche Darstellungen zeigen eindeutig, dass Fischfang nicht allein vom Ufer möglich war, sondern auch vom Boot betrieben wurde. Das Werk des Oppian schildert in Form eines in Hexametern geschriebenen Lehrgedichts sehr ausführlich die Meeresfauna und die Möglichkeiten zum Fischfang, liefert aber keine Anhaltspunkte zwischen der Fischerei zur Selbsternährung einerseits und derjenigen zur industriellen Verarbeitung zu unterscheiden.

Im darauf folgenden Beitrag wird das Thema der Produktivität von Anne Lif Lund Jacobsen erneut aufgegriffen (»The Reability of Fishing Statistics as a Source for Catches and Fish Stocks in Antiquity«, S. 97–104). Die Autorin warnt davor, moderne Zahlen als Grundlage zur Rekonstruktion antiker Fangquoten heranzuziehen. Hauptkritikpunkt an den von Thomas W. Gallant 1985 (a. a. O.) veröffentlichten Ansichten ist, dass dieser die Natur als konstanten Faktor ansieht. Der diachronische Vergleich zeigt, dass die moderne Situation nicht unreflektiert auf die Antike übertragen werden kann. Diverse, nicht genau quantifizierbare Faktoren haben im Laufe der Zeiten zum Teil wesentliche Veränderungen im marinen Ökosystem verursacht: Da wären zum Beispiel die Ausbeutung des Fischbestandes, die Effizienz des Fanggeräts, anthropogen bedingte Küstenveränderungen sowie klimatische Veränderungen.

Erst mit dem Beitrag von Nadežda A. Gavriljuk über die Fischerei der Vorgeschichte in der Schwarzmeerregion (»Fishery in the Life of the Nomadic Population of the Northern Black Sea Area in the Early Iron Age«, S. 105–113) wendet sich der Themenkreis dem eigentlichen Kern der Tagung zu. In dem die Autorin auf die häufigen Fischmotive in der skythischen Kunst hinweist, rückt sie die Begriffe »Fisch« und »Meer« in die Sphäre des Steppennomadentums. Nach ihrer Ansicht ist die vorgriechische Fischerei im nomadisch bis halbnomadisch geprägten Raum Südrusslands in der Forschung bisher zu gering geschätzt worden. Die breiten Flüsse bieten genügend Gelegenheit zu intensiv betriebenem Fang, auch wenn dieser erst vom späten fünften und frühen vierten vorchristlichen Jahrhundert an archäologisch fassbar ist. Fischerei auf kommerzieller Basis lässt sich jedoch am unteren Dnjepr erst seit dem zweiten nachchristlichen Jahrhundert belegen. Die Autorin vertritt die These, Fischerei hätte somit in der Anfangszeit zur nomadischen Ökonomie gehört und wäre erst unter griechischem Einfluss kommerziell ausgebaut worden. Dabei wurde das oikosgestützte System bis in die römische Zeit beibehalten.

Vladimir F. Stolba behandelt das Thema der Fischerei in der Schwarzmeer-Region unter dem Blickpunkt der ikonografischen Überlieferung (»Fish and Money. Numismatic Evidence for Black Sea Fishing«, S. 115–132). Fische und marine Arten bieten ein großes Potential an symbolischen, mythologischen und religiösen Konnotationen. Darstellungen auf Münzen der pontischen Stadtstaaten sind häufig so realistisch abgebildet, dass eine genaue ichthyologische Bestimmung möglich ist. Besonders beliebt sind die unterschiedlichen Arten des Störs. Auffallend nicht nur im ikonografischen, sondern auch im archäologischen Befund ist das Vorkommen des Delphins, der im griechischen Kulturraum durch Tabu vor Fang und Verzehr geschützt war. Prinzipiell spiegeln Münzen ein generelles Interesse am Fisch, jedoch warnt Stolba, daraus Rückschlüsse auf die Rolle in der Wirtschaft zu schließen, besonders hinsichtlich der Städte, die eben keine Fischdarstellungen auf Münzen prägen, wie Byzantion und Anchialos.

Die Fischverarbeitung an der Küste der Schwarzmeerregion erläutert Jakob Munk Højte (»The Archaeological Evidence for Fish Processing in the Black Sea Region«, S. 133–160). Der Beitrag bietet einen Überblick zu den Befunden und deren Erforschung. Dies ist umso erfreulicher, da zahlreiche Grabungen aus Gründen der Erhaltung wieder zugeschüttet wurden und die Publikationen hierzu nicht nur aus sprachlichen Gründen schwer zugänglich sind. Zudem ist die größte Anlage in Chersonessos noch gar nicht in ihrer Gänze erfasst. Die Dimensionen der anderen Produktionsstätten bezeugen eindeutig die Stellung der Verarbeitung auf der Krim: Das Fassungsvermögen der Becken von Tyritake beträgt annähernd fünfhundert Kubikmeter, das Volumen von Chersonessos wird auf rund zweitausend Kubikmeter geschätzt. In Vergleich dazu weist Lixus, eine der größten Anlagen im westlichen Mittelmeer, ein Fassungsvermögen von knapp über tausend Kubikmetern auf. Über genaue Füllmengen der Becken und wie häufig im Jahr diese gefüllt wurden, liegen aber keine Informationen vor. Im rauen Klima der Krim wird der Füllzyklus sicherlich gegenüber den milderen Zonen Nordafrikas und Südspaniens eingeschränkt gewesen sein.

Neben den Fischverarbeitungsanlagen liegen noch andere Funde und Befunde zur Fischerei vor: Fischgerät, Ausgucktürme, Fischreste und Transportamphoren. Besondere Erwähnung findet die große Anzahl von untersuchten Fischproben aus den antiken Siedlungen von Olbia und Berezan. Diese ergaben eine Konzentration bei der Bearbeitung auf besondere Fischarten. Zudem weisen sie einen stetigen Größenrückgang auf, der als Folge des Überfischens angesehen wird. Die Verarbeitungsanlagen auf der Krim sind nicht früher als in das erste nachchristliche Jahrhundert zu datieren und erreichten ihr Produktionsmaximum nicht vor dem späten zweiten Jahrhundert, vermutlich etwas später als diejenigen auf der iberischen Halbinsel und in Nordafrika. Schon früher belegt sind aber der Fang anhand von Fischgeräten und die Verarbeitung anhand der Schriftquellen. Eine Erklärung für das Fehlen früher archäologischer Befunde für größere Verarbeitungsbetriebe ist möglicherweise, dass ephemere Vorgängerbauten durch die späteren Anlagen verunklärt wurden. Vermutlich standen zu früheren Zeiten zudem andere Konservierungs- und Verarbeitungsmöglichkeiten wie Trocknen oder Räuchern im Vordergrund, worauf die Reste der Räucherhütte in Elizavetovka verweisen könnten (s. u.). Auffallend ist, dass die Anlagen im Vergleich zu denen im westlichen Mittelmeerraum eher kleinräumig aufgeteilt sind und in Verbindung mit Häusern stehen, was auf eine oikosgestützte Produktion bis ins dritte und vierte nachchristliche Jahrhundert schließen lässt: Sowohl die große Anlage von Tyritake innerhalb der Stadtmauer aus dem ersten nachchristlichen Jahrhundert als auch die wenig späteren großen Betriebe von Chersonessos waren in kleinere Abschnitte unterteilt. Erst die Diversifikation zu einer marktorientierten Fischsaucenproduktion machte besondere Anlagen notwendig, die an einem Ort konzentriert rentabler arbeiten konnten. Der Autor lässt die Frage offen, ob das Aufkommen der Anlagen auf der Krim durch einen »change in production mode« oder durch einen »change in quantity of processed fish« beeinflusst wurde. Auch lässt sich das Verhältnis zwischen Eigenbedarf und kommerzieller Nutzung nicht genauer definieren.

John Lund und Vicent Gabrielsen widmen sich dem Aspekt des Transports von Fischprodukten (»A Fishy Business. Transport Amphorae of the Black Sea Region as a Source for the Trade in Fish and Fish Products in the Classical and Hellenistic periods«, S. 161–169). Im Vordergrund steht hier die Transportamphore, eine der wichtigsten Quellen der antiken Wirtschaftsgeschichte, die durch das Werk von David P. S. Peacock und David F. Williams (Amphorae and the Roman Economy. An Introductory Guide [London und New York 1985]) noch größere Bedeutung erlangt haben als zuvor. Zum einen ermöglichen Inhaltsuntersuchungen geschlossener Gefäßfunde, besonders aus unterwasserarchäologischen Kontexten, Rückschlüsse auf deren Inhalt, zum anderen tragen die Inschriftenuntersuchungen der letzten Jahrzehnte zu Graffiti, Tituli picti und Stempeln neue Erkenntnisse zum Warenhandel in Amphoren bei. Dabei zeigt sich, dass von der Gefäßform nicht auf deren Inhalt geschlossen werden kann. Die Bergung einer Transportamphore aus einem antiken Schiffswrack bei Varna (Bulgarien), deren Inhaltsuntersuchung Pökelfisch sowie Olivenrückstände ergaben, wirft zahlreiche Fragen auf. Zur Beantwortung stehen weitreichende Vermutungen zur Diskussion, die jedoch zum jetzigen Zeitpunkt auf Grund der fehlenden Menge an Beweisen nicht überzeugend belegt werden können.

Die Autoren gehen in ihrem Beitrag der Frage nach, warum erstaunlich wenig Informationen über Schwarzmeerfisch aus vorchristlicher Zeit vorliegen. Schriftliche Nachrichten belegen den Export von Tarichos (Pökelfleisch) und anderen Fischprodukten aus der Schwarzmeerregion in die Ägäis, jedoch sind bisher kaum archäologische Zeugnisse für einen großen, überregionalen, auf Amphoren gestützten Handel mit Fisch und Fischprodukten aus dem Schwarzmeergebiet in vorrömischer Zeit bekannt. Dieses Fehlen im archäologischen Befund wird durch die Hypothese erklärt, dass möglicherweise Fischprodukte in wiederverwendeten Öl- oder Weinamphoren wie beim Schiffwrack von Varna, oder in anderen Gefäßen transportiert wurden, etwa Körbe für Tarichos oder Holzfässer für Garum.

Der erste Teil der Überlegung klingt überzeugend, jedoch ist Wiederverwendung von Amphoren im überregionalen Handel nicht in systematischer Form erkennbar, sondern nur vereinzelt und punktuell belegt. Daher ist die letztere Interpretation zum heutigen Kenntnisstand sicherlich die plausibelste. Die reelle Größe des Handelsvolumens mit Fisch und Fischprodukten und ihre Stellung im regionalen und überregionalen Verhältnis sind daher aus dem archäologischen Befund nicht direkt ersichtlich.

Mit Transportvolumina bei Amphoren beschäftigt sich auch der Beitrag von Bo Ejstrud (»Size Matters. Estimating Trade of Wine, Oil and Fish-Sauce From Amphorae in the First Century AD«, S. 171–181). Ausgehend von den Befunden in Augst werden Volumina von Amphoren besprochen sowie das relative Volumenverhältnis zwischen den einzelnen Warengattungen Wein, Öl und Fischsauce. Auffallend ist dabei für die untersuchten Fundstellen in den nordwestlichen Provinzen der hohe Anteil von Fischsauce gegenüber demjenigen von Wein im Vergleich zu den untersuchten Städten des Mittelmeergebiets. Der Verbrauch von Wein in der Veteranenkolonie Augusta Raurica wird jedoch nicht anders als in anderen Städten des römischen Reiches gewesen sein. Auch hier darf somit eine nicht dokumentierte Fehlmenge durch die Verwendung anderer, aus vergänglichem Material bestehender Gefäße angenommen werden.

Die Thesen der Beiträge von Lund, Gabrielsen und Ejstrud stimmen nachdenklich. Zwar sind Amphoren eine wichtige archäologische Fundgattung, doch zeigt sich, dass die Konzentration allein auf diese Transportmöglichkeit das Bild des Warenflusses in der Antike verzerren kann. Stefanie Martin-Kilcher wies schon 1990 darauf hin (Arch. Schweiz 13, 37–44), dass die deutliche Abnahme importierter Fischsaucenamphoren nicht mit einem Wandel in den Eßgewohnheiten zusammenhängen muss, sondern mit dem Rückgriff auf andere Bezugsquellen zusammenhängen kann, möglicherweise aus Nordgallien, welche ihre Waren in anderen Gefäßen anlieferten, vermutlich in Holzfässern.

Als weitere Kernaussage bleibt festzuhalten, dass die Herstellung von Fischsauce nicht die einzige Konservierungsart in der Antike war. Die Verfahren des Räucherns und Trocknens haben durch den Entzug von Feuchtigkeit ebenfalls einen konservierenden Effekt. Bei Elizavetovka auf der Krim sind Reste eines vermeintlichen Räucherhauses gefunden worden, ein bisher singulärer Befund. Dagegen hinterlassen Trocknungsgestänge möglicherweise nur einige Pfostenlöcher. Da gerade von dieser vielseitig anwendbare Konservierungsart nur wenig Spuren übrig bleiben, ist sie archäologisch kaum nachweisbar, womit ihre Rolle im wirtschaftlichen Gefüge auch nicht näher quantifizierbar ist. Es ist gerade der Übergang oder gar das Nebeneinander von Fischverarbeitung, die auf Heimarbeit basierte, und solcher in industrieller Ausführung, welche die Krim hinsichtlich der Betriebsart vom westlichen Mittelmeerbereich unterscheidet. Tønnes Bekker-Nielsen schlägt in der Einleitung des vorliegenden Buches vor, die unterschiedlichen Produktionsarten möglicherweise im Zusammenhang mit der technischen Entwicklung und zunehmenden Marktdiversifikation zu sehen: einerseits haushaltsbezogene Fischtrocknung und Pökelfisch für den regionalen Absatz, andererseits Fischsaucenproduktion für den Fernhandel im Römischen Reich.

Offen bleibt in der Geschichte der Fischverarbeitung auf der Krim, besonders zur dortigen Garumproduktion, die wesentliche Frage, ob die Verarbeitung aus einem Angebot oder aus einer Nachfrage entstand. War der Entschluss, vom Fischpökeln zur Garumproduktion überzugehen, aus externen Gründen entstanden – etwa dem Rückgang des Fischbestandes, so dass nur kleinere Fische zur Verfügung standen, die sich nicht zum Pökeln oder Frischverkauf eigneten –, oder entstand die Abwendung von der Kernkompetenz und zur Umorientierung aus einer wachsenden Nachfrage nach einer modischen Zutat?

Diese Frage berührt den Wesenskern antiker Wirtschaftsgeschichte. Aus einer primitivistischen Sicht ist der Wechsel als lokale Reaktion auf von außen geänderten Situationen wie Klima oder Schwankungen bei der Ernte zu verstehen, aus einer modernistischen Sicht hingegen könnte dies als aktive Antwort seitens der gut informierten Krimbewohner gewertet werden. Die entsprechende Infrastruktur wurde vermutlich von aristokratischen Personen mit Zugang zu Technik, Kapital und nötigem Know-how entwickelt, die international vernetzt auf bestimmte Marktsituationen reagieren konnten. Somit wurde das vergängliche Gut, der Fisch, mit einfach zu erwerbenden Mitteln, nämlich dem Salz, kombiniert zu einem Produkt längerer Haltbarkeit und größerer Nachfrage, eben dem Garum. Es zeichnet sich somit ab, dass der produktive Sprung eher eine Reaktion auf die geänderte Nachfrage darstellt. Jedoch sind die unterschiedlichen Aspekte zur Fischverarbeitung in der Schwarzmeerregion noch längst nicht ausführlich bearbeitet. Obwohl die Fischverarbeitung im Bereich des Schwarzen Meeres schon früh Gegenstand von Untersuchungen war (s. etwa H. K. E. Köhler, Tarichos ou recherches sur l'histoire et les antiquités des pêcheries de la Russie méridionale [St. Petersburg 1832]), ist dieser Aspekt der antiken Wirtschaftsgeschichte mittlerweile, bedingt auch durch die mangelnde sprachliche Zugänglichkeit der Forschungsberichte, aus dem Blickwinkel geraten.

Das Werk schließt mit einem Abkürzungsverzeichnis, einer ausführlichen und aktualisierten Bibliographie und mit einer Adressenliste der Tagungsteilnehmer. Ein ausführlicher Index, sortiert nach Personen, Orten und antiken Quellen, vereinfacht die Handhabung.

Ein Übersichtswerk zum Forschungstand wie das vorliegende ist sehr willkommen – wenn auch das Thema anfangs aus der bekannten, auf das westliche Mittelmeer zentrierten Warte angegangen wird. Erst zu einem späteren Zeitpunkt wird als Kontrast dazu das eigentliche Thema der Tagung besprochen. Des Weiteren wird zwar im Titel die gesamte Schwarzmeerregion angesprochen, doch liegt der Schwerpunkt eindeutig auf der gut untersuchten Nordküste. Die anderen Meeresabschnitte werden kaum erwähnt. Trotz dieser Einschränkungen wird der Forschungstand leicht verständlich präsentiert und Forschungsrichtungen wie auch wissenschaftliche Desiderate thematisiert. Aus diesem Grunde ist das Werk nicht nur für Studenten, sondern auch für Fachwissenschaftler der Altertumswissenschaften geeignet, die einen schnellen Einstieg zum Forschungstand dieses Spezialaspektes der antiken Wirtschafts- und Handelsgeschichte suchen.

Mönchengladbach   Marcus Heinrich Hermanns

Alte Geschichte

Klaus Fittschen (Hrsg.), **Historische Landeskunde und Epigraphik in Griechenland.** Akten des Symposiums veranstaltet aus Anlaß des 100. Todestages von H. G. Lolling (1848–1894) in Athen vom 28. bis zum 30. 9. 1994. Verlag Scriptorium, Münster 2007. VII und 468 Seiten mit zahlreichen Abbildungen, eine Beilage.

Habbo Gerhard Lolling, 1848 in Tergast bei Emden in Ostfriesland geboren und bereits 1894 in Athen verstorben, gehört zu den Begründern der historischen Landeskunde und Epigraphik in Griechenland. Nach dem mit einer Promotion »De Medusa« abgeschlossenen Studium in Göttingen war er seit 1872 Privatlehrer im Haus des deutschen Konsuls und Buchhändlers Karl Wilberg in Athen, ein Jahr später wurde er korrespondierendes, 1877 ordentliches Mitglied des Deutschen Archäologischen Instituts (DAI). Lollings auf Reisen durch Griechenland erweiterte Fachkenntnisse veranlassten Karl Baedeker schon 1876, den jungen Gelehrten mit der Abfassung eines »Griechenlandhandbuchs« zu beauftragen. Dieser sogenannte »Ur-Baedeker« beruht auf Lollings »Reisenotizen aus Griechenland 1876 und 1877«, die Bert Heinrich 1989 publizierte, sowie weiteren Arbeiten und wurde schließlich 1883 gedruckt. Von 1881 bis 1888 arbeitete Lolling als Bibliothekar beim DAI Athen. Neben Ausgrabungsmitarbeit und weiteren Reisen konnte er dort den Beitrag »Hellenische Landeskunde und Topographie« für Iwan Müllers Handbuch über Geographie und politische Geschichte des klassischen Altertums abschließen, das 1889 erschien. Als die

Leitung des DAI Lolling nicht weiterbeschäftigte, trat er 1888 in den griechischen Staatsdienst ein und wurde Leiter des Epigraphischen Museums in Athen. Diese Stellung hatte er bis zu seinem frühen Tod inne. Neben Forschungspublikationen erinnert auch Lollings klassisch gestaltetes Grabmal auf dem Ersten Friedhof in Athen an einen Gelehrten, der trotz mancher Widrigkeiten in seiner Karriere Bedeutendes geleistet hat.

Aus Anlass des hundertsten Todestages von Lolling veranstaltete das DAI in Athen ein Symposium, dessen Akten mit einer durch diverse Sachzwänge erklärbaren Verspätung von über einem Dutzend Jahren nun in einem umfangreichen Band gedruckt vorliegen. Das Werk bietet neben einem Teil der Symposiumsbeiträge einige Dokumente zu Lollings Leben und Werk, namentlich seine erhaltenen Briefe an gelehrte Zeitgenossen.

Den Auftakt macht ein Beitrag von Klaus Fittschen über »H. G. Lolling und das Deutsche Archäologische Institut« (S. 11–23), der in einem Anhang auch Dokumente über die Beschäftigung des Forschers am DAI Athen vorlegt und Bemerkungen zum »Ur-Baedeker« beisteuert. Klaus Hallof stellt sodann »Lolling und das Inschriftenwerk der Berliner Akademie« (S. 25–58) dar und bietet nützliche Konkordanzen zwischen den vom Geehrten publizierten Inschriften und den Inscriptiones Graecae. Einer besonders wichtigen Inschrift widmet sich im Anschluss Patricia A. Butz mit ihrer Studie zu »H. G. Lolling and the editio princeps of the Hekatompedon Inscription« (S. 59–95 und die nicht paginierte Falttafel); auch diesem Beitrag ist eine hilfreiche Konkordanz zwischen den Arbeiten Lollings und der heute maßgeblichen dritten Ausgabe der attischen Inschriften, IG I³, beigefügt, ferner ein »Exemplar of letterforms for the ›Hekatompedon Inscription‹«. Den Abschluss der Beiträge zu Lollings Bedeutung für die Epigraphik bietet Angelos Matthaiou mit einer Studie zu »Ὁ Λόλλιγκ καὶ οἱ ἐπιγραφὲς τῶν Ἀθηνῶν« (S. 97–108). Lollings Arbeiten zur Epigraphik und historischen Landeskunde sind die Inspiration für Beiträge über »Lolling's Topographical Work on Salamis« (S. 109–122) von Merle K. Langdon, über »Boiotian Military Elites« (mit einem Anhang über die Grabstelen) von Albert Schachter (S. 123–139) und über »Participation of Foreigners at Boiotian Festivals in Hellenistic-Roman Times« von John M. Fossey (S. 141–150). Wieder zu epigraphischen Fragen kehrt Duane W. Roller mit ihrer Studie »The Inscriptions of Tanagra« (S. 151–156) zurück. Mit Lollings archäologischer Arbeit setzen sich mehrere Beiträge auseinander: Jutta Stroszeck untersucht ausführlich »H. G. Lollings Bericht über die Ausgrabungen des Jahres 1876 in der Kokkali-Nekropole von Tanagra« (S. 157–206), Jost Knauss bietet »Anmerkungen zu H. G. Lollings Lokalisierung von Alalkomenai am Kopais-See« (S. 207–216); aktuellen Forschungsergebnissen widmet sich hingegen John Bintliff in seiner Darstellung über »Current Research on the Settlement of Boeotia in the Medieval and Early Modern Era«, in der er sein »Boeotian Village History Project« präsentiert (S. 217–226).

Eine Auswertung der nachgelassenen Aufzeichnungen Lollings im Archiv des DAI Athen wird Kordula Eibl in ihrem Beitrag über »H. G. Lollings Forschungen am Artemision in Nordeuböa 1877 bis 1883« verdankt (S. 227–267); ein weiterer Beitrag zur Forschungsgeschichte stammt sodann von Denis Knoepfler, »Un rival de Lolling à l'Artémision d'Eubée. Le poète Georgios Drosinis« (S. 269–282), der einen Anhang über die Lokalisierung des nordeuböischen Demos Iristos »localisé grâce à une trouvaille de Lolling« anschließt. Lollings Studien zu Südeuböa widmet sich Hans Rupprecht Goette in seinem Beitrag über »H. G. Lolling in Elliniko bei Platanistos (Karystia)« (S. 283–291), »Lolling in Thessalien (1882)« untersucht Christian Habicht (S. 293–298), der auch »aus Lollings thessalischen Tagebüchern« zitiert (S. 299–306). Den Abschluss der Symposiumsbeiträge macht eine kurze Studie von Ulla Kreilinger über »Pausanias und Lolling« (S. 307–309).

Der zweite Teil des Bandes widmet sich einer Übersicht über Lollings Leben und Werk sowie dessen erhaltenen Briefen. Eine Zeittafel zum Leben des Gelehrten sowie ein Verzeichnis der Nachrufe auf ihn und biographischer Darstellungen (S. 313–319) stellen Hans Rupprecht Goette und Klaus Fittschen zusammen, eine Übersicht über die von Lolling gehaltenen Vorträge und dessen Schriften (S. 321–330) Kordula Eibl. Ulla Kreilinger präsentiert in Übertragung und Kommentar einen zuvor unpublizierten Vortrag des Forschers über den »Tumulus des Kar« bei Megara (S. 331–335). Den Abschluss dieses Teils bilden über hundert von dessen Briefen, die Ursula Zehm, Klaus Fittschen und Klaus Hallof in Übertragung und Kommentar bieten; es handelt sich um Schreiben an Lollings Göttinger Lehrer Friedrich Wieseler (1811–1892), an seinen Dienstherrn Ulrich Köhler (1838–1903), seinerzeit Erster Sekretar des DAI Athen, an Adolf Furtwängler (1853–1907), damals Habilitand und Dozent in Bonn und dann Direktorialassistent in Berlin, an den Münchener Lehrstuhlinhaber Heinrich Brunn (1844–1894), den Bonner Professor Reinhard Kekulé von Stradonitz (1839–1911), den seinerzeit für das DAI tätigen Robert Koldewey (1855–1925), den in Freiburg Lehrenden Franz Studnitzka (1860–1929) sowie den damals in Göttingen wirkenden Ulrich von Wilamowitz-Moellendorff (1848–1931); es folgen alle erhaltenen Briefe Lollings an die Berliner Gelehrten Adolf Kirchhoff (1826–1908) und Theodor Mommsen (1817–1903); Antwortschreiben sind zu keinem der Briefe erhalten (S. 413–468). Die durch die Kommentare sehr gut erschlossenen Briefe ermöglichen eine Vielzahl von Beobachtungen zur Landeskunde und Epigraphik, aber auch zur Wissenschaftsgeschichte des neunzehnten Jahrhunderts.

Auch wenn der lange Zeitraum zwischen dem Symposium und seiner Publikation dazu geführt hat, dass mehrere Beiträge andernorts erschienen sind, verdankt die Wissenschaft nun dem verdienten Herausgeber, seinen Mitarbeitenden und dem Verlag einen sorgfältig produzierten, reich illustrierten und stattlichen Band, der einen guten Überblick zur sonst oft unterschätzten

Bedeutung Lollings für die historische Landeskunde und Epigraphik in Griechenland bietet.

Erfurt   Kai Brodersen

Anna-Maria Wittke, Eckart Olshausen, Richard Szydlak, **Historischer Atlas der antiken Welt.** Herausgegeben von Hubert Cancik, Manfred Landfester und Helmuth Schneider. Der Neue Pauly. Supplemente, Band III. Verlag J. B. Metzler, Stuttgart und Weimar 2007. XIX und 308 Seiten, 161 vierfarbige Karten, 44 Schwarzweißkarten und Tabellen.

Einen Atlas zu besprechen ist etwas anderes, als ein Buch mit einigen Bildern und Zeichnungen vorzustellen. Da sich dem Leser und Betrachter eines Bandes dieser Art zwei unterschiedliche Medien eröffnen, sollten Gestaltung und Inhalte sowohl einzeln als auch im Zusammenspiel betrachtet werden. Bei einem Atlas, der sich als Ergänzung zu einem größeren Gesamtwerk, dem Neuen Pauly, und zugleich als eigenständiges Buch sieht, gilt dies im Besonderen.

Moderne Atlanten stellen nicht erst seit der etwa auf dem Historikertag 2004 zum Thema »Kommunikation und Raum« thematisierten Wiederkehr der Geographie und Kartographie im Fokus der Historiker wichtige Elemente fruchtbarer historischer Forschung und deren Visualisierung dar. Karten eines historischen Atlasses vereinen die Macht der Bilder mit der Technik der Kartographie, dem historisch belegbaren Forschungsstand – oder auch Forschungsthesen – in einer Art und Weise, wie sie kein Text allein darstellen kann. Diese Synthese aus historischen Fakten und bildlicher Gestaltung führt jedoch dazu, dass eine Karte des historischen Themas nicht immer einfacher oder korrekter ist als eine andere Umsetzung der historischen Umstände. Eine Karte bleibt eine der Variationen historischer Interpretation und Geschichtsschreibung.

Da die Autoren des Bandes Neuland betreten wollen, sind ihre Ziele in der Konzeption sorgsam zu betrachten.

Die Einzelkarten decken wohl den überwiegenden Teil der klassischen Seminarthemen der Alten Geschichte ab und lassen die Erfahrung der Autoren gewinnbringend in die Kartenauswahl einfließen. Hierbei kommt die thematische Erweiterung auf die Vor- und Frühgeschichte des dritten vorchristlichen Jahrtausends sowie die Verlängerung des historischen Horizontes bis auf die byzantinische Zeit konstruktiv zur Geltung und ist als eine der Stärken des Kartenwerkes zu sehen. Eine zu eng gefasste Epochenbegrenzung wäre kontraproduktiv gewesen.

Der Atlas will fast die ganze Palette der möglichen thematischen Karten für den Betrachter zugänglich machen: Wirtschaft, Politik, Gesellschaft, Verwaltung und deren prozesshafte Verknüpfung im geographischen Raum sollen mit einer spezifischen Kartensprache sowie in den Begleittexten Ausdruck finden.

Bei einer solchen Menge an Karten und Ansprüchen ist es unabdingbar, dem Nutzer einen gut organisierten Hilfsapparat zur Seite zu stellen. Hier wird nicht nur ein etwas unübersichtlich gestaltetes Inhaltsverzeichnis der Karten, sondern auch ein sehr hilfreiches systematisches Kartenverzeichnis bereitgestellt, ebenso ein selbstverständliches, aber in diesem Falle sehr gründliches Register. Leider gehen im letzten Teil zwischen Karten und Register einige der wichtigen Kommentarergänzungen mit Quellen, Literatur und Tabellen etwas verloren, dabei stellen diese einen bedeutenden Gewinn des Atlasses und für das wissenschaftliche Arbeiten wirklich hilfreiches Verzeichnis dar. Vor allem die Tabellen zu den Karten der römischen Geschichte sind zu loben, etwa bei der Darstellung der gallischen Feldzüge Caesars, oder auch die Listen zu den Provinzen des römischen Reiches, die entscheidende Ereignisse und deren Beleg übersichtlich vorweisen. Praktischerweise sind die Quellen und Literaturangaben für die Begleittexte und Karten auf der jeweiligen Seite zu finden, wenn auch nicht immer sehr ausführlich, ebenso die Hinweise auf weitere Kartenblätter.

Was im Hilfsapparat fehlt oder wünschenswert gewesen wäre, ist ein geographischer Überblick der Kartenschnitte, der die geographische Orientierung und Recherche in Zeit und Raum klarer visualisiert hätte, wie es sonst auch schon in Schulatlanten üblich ist.

Der im Vorwort formulierte Anspruch, als Atlas auch für schulische Zwecke ein ansprechendes Werk zu sein, dürfte in den allermeisten Fällen schon an zwei entscheidenden Hürden scheitern, nämlich am Mangel an Zeit und dem an Geld. Für den Preis des hier vorgelegten Werkes erhält man zur Zeit etwa sechs Schüleratlanten, und zudem ist der Anteil der Antike in den Lehrplänen in vielen Bundesländern auf ein nahezu unverantwortliches Maß reduziert worden. Über neun von zehn Karten und Texten sind nicht Gegenstand des Geschichtsunterrichts und für Schüler schlichtweg zu komplex. Hier bieten sich für den Schulbetrieb die Klassiker wie der ›Putzger‹ mehr an.

Ganz anders sieht dies jedoch für die Hauptzielrichtung des Atlasses, den universitären Lehr- und Lehrbetrieb aus. Hier ist das Werk durchaus ein willkommenes und äußerst hilfreiches Medium und hebt sich deutlich von seinem einzigen wissenschaftlichen Fachkonkurrenten der letzten Jahre, dem ›Barrington Atlas of the Greek and Roman World‹ ab. Auf Basis des ›Barrington‹ entstanden viele der Darstellungen des hier besprochenen Bandes, dessen Kartenvarianz jedoch deutlich besser ist.

Obwohl der Atlas in seinen 161 Haupt- und 44 Nebenkarten etwa zu fast zwei Dritteln aus Material des Neuen Pauly besteht, stellt er in vielen Teilen neue und – im positiven Unterschied zum Pauly – farbige und größere Karten bereit. Beim Kern des Buches, den Doppelseiten mit Text und Karte auf je einer ganzen Seite, passen sich die begleitenden Bemerkungen in ihrer Leserichtung dem Format des jeweils nur einseitigen Kartenblattes an. Dies hat deutliche Vorteile beim kontinuierlichen Lesen und Betrachten einer Doppelseite. Erst wenn zum Beispiel auf Kommentartabellen in den Ergänzungen hingewiesen wird, muss der Nutzer in seinen Blick- und Lesefluss Einbußen hinnehmen. Ein hilfreiches Element wären verstärkt Hinweise auf die wichtigsten Schlagworte des Neuen Pauly gewesen. Damit hätten die Texte und der Atlas insgesamt den Charakter eines Supplementbandes zum Neuen Pauly verstärkt und die Zusammenarbeit mit dem Lexikon effizienter gemacht.

Die Texte zu den Karten sind jeweils kurzgefasste Aufsätze zu den betreffenden Themen. Ab und zu fehlt jedoch ein stärkerer Bezug oder eine eingehendere Erklärung des Textes zum Kartenbild. So wird beispielsweise der Bataveraufstand im Text gut in den römischen Bürgerkrieg von 69/70 n. Chr. und dessen Ereignisse eingebettet, jedoch kommt die Dynamik der historischen Entwicklung in der sehr statisch wirkenden Karte nicht zum Vorschein. Umgekehrt stellen komplexe Kartenbilder auch geübte Leser vor eine schwierige Aufgabe. Hier hätte der Begleittext ab und an stärker auf die Karte selbst eingehen sollen. Insgesamt ist hierbei die schon im Vorwort genannte ›Kartensprache‹ zu den historischen Prozessen deutlich, aber nicht immer einfach zu übersetzen.

Die kartographische Aufarbeitung der historischen Inhalte ist technisch sehr sauber und deutlich und geradezu als vorbildlich zu bezeichnen. Vereinzelt gibt es jedoch Unterschiede in der Legende, wie zum Beispiel die unterschiedliche Signatur für den Limes in Britannien und im restlichen Imperium. Im Ganzen gesehen hilft das Einlesen in die Karten und deren Legenden im Laufe der Arbeit mit dem Atlas, das Auge des Betrachters weiter für die historisch-geographischen Bezüge zu schulen.

Bei der sicherlich schwierigen Entscheidung der Auswahl der Kartenthemen des Atlanten haben die Autoren und Editoren leider die Randbereiche und angrenzenden Reiche der antiken Mittelmeerwelt zum größten Teil ausgeblendet. Das Partherreich beziehungsweise Sassanidenreich fehlt ebenso wie zum Beispiel eine Karte der germanischen Siedlungszonen in der Antike. Einige Darstellungen der Verwaltungsordnungen, wie zum Beispiel die der Entwicklung der römischen Provinzen in Ägypten und Arabien, erscheinen sehr leer und nicht besonders aussagekräftig. Bei einigen Karten sind Ausschnitte und Inhalte nicht immer optimal abgestimmt. Dies ist insgesamt eine der schwierigsten Teildisziplinen der Kartographie, die der Atlas normalerweise gut bewältigt. So ist zum Beispiel hinsichtlich der Entwicklung der römischen Provinzen in Nordafrika einerseits eine hohe Dichte von Siedlungen an der Mittelmeerküste verzeichnet, auf der anderen Seite sind aber in großen Teilen auf über der Hälfte des Kartenbildes nur die leere Sahara mit vier Völkernamen und zwei Gebirgsnamen vermerkt. Gerade auf dieser Karte, die den Unterschied von besiedelter Küstenregion und der großen siedlungsfreien Zone der Sahara darstellen könnte, fehlen aber gleichzeitig die äußersten römischen Vorposten, wie das südlichste römische Kastell Ghadames (Cidamus). Bei machen Karten wirkt die Legende sehr gestreckt und sehr großzügig im Gegensatz zur Größe der dazugehörigen Grafik. Insgesamt bestätigt aber die Gestaltung der verschiedenen Karten die Klarheit der Aussagen aus dem Bild.

Den letzten Sprung in die moderne und interaktive Medienwelt hat der Atlas jedoch noch nicht geschafft. Es wäre wünschenswert gewesen, eine Multimediaergänzung mit den Karten beziehungsweise den zugrundeliegenden Daten und dem Register anzugliedern. In Zeiten immer zugänglicher werdender Atlanten im Internet, die auch den wissenschaftlichen Austausch und die Darstellung von historischen Karten und Daten ermöglichen, sollte sich ein Atlas zur antiken Welt dieser Entwicklung nicht verschließen.

Hinter dem Supplement des Neuen Pauly verbirgt sich ein für die Lehre und Forschung wichtiges Teilstück historischer Geographie und Kartographie für die Alte Geschichte. Es gibt wenige Bücher, die sowohl die Komplexität als auch die Bandbreite der historischen Prozesse und Ereignisse der Antike in einem Buch sach- und fachgerecht darstellen – dieser Atlas kann es jedoch. Darüber hinaus werden sowohl interessierte Laien als auch Fachleute lange konstruktiv mit diesem Band als Standardwerk arbeiten können.

Darmstadt   Wolfgang Moschek

Paul Veyne, **Die griechisch-römische Religion. Kult, Frömmigkeit und Moral.** Aus dem Französischen übersetzt von Ursula Blank-Sangmeister unter Mitarbeit von Anna Raupach. Mit einem Geleitwort von Christian Meier. Verlag Philipp Reclam jun., Stuttgart 2008. 198 Seiten.

Dieses kleine Büchlein ist die Übersetzung des langen Religionskapitels in Veynes 2005 in Paris erschienenem Buch »L'empire Gréco-Romain«. Die Vertauschung der französischen Titelworte »Culte, piété et morale dans le paganisme gréco-romain« macht die Überschrift über diesem Essay missverständlich: Es geht um das Verhältnis von Moral und Religion im antiken Paganismus und die Rolle, die Kult und Frömmigkeit dabei spielen. In einer Vielzahl von Facetten, deren Abfolge und Auswahl sich nicht immer erschließen, konzentriert sich der Autor in der ersten Hälfte der Abhandlung auf Vorstellungen von und dem Umgang mit den Göttern, in der zweiten Hälfte auf deren Verehrer und Nicht-Verehrer, Vorstellungen von Frömmigkeit und ihren Ausdruck im Kult sowie intellektuelle Entwicklungen, die revolutionär sind und doch die Praktiken nur geringfügig verändern. Der Text ist gut lesbar und voll von prägnanten wie überraschenden Geschichten, deren

Quellen minutiös in Anmerkungen, die man mühsam am Buchende finden muss, nachgewiesen werden; Anmerkungen im übrigen, die oft ein Eigenleben neben dem Haupttext führen und Diskussionen zu zentralen Problemen bieten.

Der Essay weist zahlreiche Redundanzen und auch Widersprüche auf, die indes keine fehlende Redaktion verraten, sondern Folge des Vorgehens und der Grundannahmen sind. Obwohl ein historischer Zugang behauptet wird, bleibt die Abhandlung merkwürdig orts- und geschichtslos. Trotz gelegentlicher Verweise auf den legendären Numa Pompilius lässt sich das Dargestellte nur selten über das fünfte oder sechste Jahrhundert zurückverfolgen. Gleichwohl soll schon der Anfang und radikaler noch das Ende des vierten Jahrhunderts wichtige Umschwünge bezeichnen. Dass das Ende der Darstellung im Ende des zweiten nachchristlichen Jahrhunderts liegt, erfährt der Lesende erst spät im Buch. Dazwischen gibt es zwar immer wieder datierte Anfänge von Neuem, aber nicht minder häufig »Rückfälle« in Altes, undatiert zumeist, so dass nie ein klares Bild von Entwicklung entsteht. Dies nun entspricht den Grundannahmen des Autors, die in zwei »Exkursen« an späten Stellen offengelegt werden: Religion im engeren Sinne versteht Veyne als ein spezielles, irreduzibles, mit einer gewissen Erhabenheit verbundenes Gefühl, das es nicht bei jedem einzelnen, aber in allen Kulturen gibt, ohne dass damit die Annahme eines realen Urhebers dieses Gefühls verbunden sein muss. In konkreten kulturellen Formationen kann sich dieses nun mit ganz unterschiedlichen Praktiken und Institutionen verbinden, die dann in einem loseren Sinne als Religionen angesprochen werden. Diese aber unterliegen großer Variabilität. Statistisch gesehen führt der Ernst des religiösen Erlebnisses, das wenigen zuteil wird, praktisch immer zu einer gesellschaftlichen Majorität von Personen, die (bei durchaus geringer eigener Praxis) der Religion Wohlwollen entgegenbringen, ohne sich irgendwelche metaphysischen Annahmen zu eigen zu machen. Auf die Antike übertragen heißt das, dass es zwar einige wenige wirklich Fromme gibt – etwa Priester in privaten Kulten –, aber der Skeptizismus der Intellektuellen schon seit der vorsokratischen Philosophie nicht in Atheismus, sondern in Deismus – diese Behauptung findet sich mehrfach wörtlich – umschlägt, der dem praktizierten Kult gegenüber tolerant bleibt. Hier wird Veynes Darstellung in wichtigen Details widersprüchlich: Die Oberschicht, zumal in Rom, sei hauptsächlicher oder gar alleiniger Akteur des Kultes, sehe in ihm aber einen wichtigen Sozialkitt für die Unterschicht und lasse sich wiederum von deren Begeisterung für den Kult selbst anstecken. So habe die antike Religion zwar konzeptuell mit Moral wenig zu tun, aber die Vorstellung von der staatsbürgerlichen Nützlichkeit des Kultes fördere in der nichtreligiösen Moralphilosophie die Idee, auch Frömmigkeit als eine Tugend, also einen dauerhaften Habitus zu betrachten, der sich dann auch in entsprechender Praxis niederschlage, bis hin zum täglichen Kult.

Veynes Konstrukt eines bedeutungslosen, auf Pflichtübung gegen die gelegentlich Ehre erheischenden Götter reduzierten Kultes ist als Modellvorstellung diskussionswürdig, als historische Aussage zutiefst problematisch. Daran ändert die Kontrastierung mit einem Christentum nichts, das als glaubensorientierte virtuose Liebesreligion vorgestellt und vom Verfasser somit nicht minder ahistorisch geschildert ist. Meine resümierende These lautet: Der Essay ist ein lesenswertes Zeugnis vom Ringen um das Verständnis antiker Religion am Ende des zwanzigsten Jahrhunderts – der Forschungsstand entspricht, zumal für die nichtfranzösische Forschung, im wesentlichen demjenigen gegen Ende der achtziger Jahre – durch einen französischen Intellektuellen, der die fortdauernde Präsenz eines Christentums katholischer Gestalt, das weder die Massen mobilisiert noch der intellektuellen Kritik seit der Aufklärung Entscheidendes entgegenzusetzen hat, mit einem gewissen Erstaunen und der Neugierde auf die zukünftige Entwicklung zur Kenntnis nimmt. Ein solcher Versuch der Einordnung – und mehr ist es nicht – schient mir für den Umgang mit dem Band wichtig; in der sonst informativen Einleitung von Christian Meier fehlt leider ein Ansatz dazu.

Erfurt Jörg Rüpke

Otto Hiltbrunner, **Gastfreundschaft in der Antike und im frühen Christentum.** Wissenschaftliche Buchgesellschaft, Darmstadt 2005. 224 Seiten.

Der Umgang mit dem Fremden, der als Gast in Land und Haus der anderen kam, war in vormodernen Gesellschaften stets die Ausnahme, mit der es umsichtig und nach den geltenden Regeln umzugehen galt. Fremde stellten einerseits eine Bedrohung dar; andererseits erregten sie Neugier und Interesse. Odysseus, der Urtypus des Fremden, der auf seinen Irrfahrten immer wieder an anderen Gestaden an Land ging, weckte Ängste und faszinierte zugleich durch seine Geschichten und Gesänge. Für die Menschen in einer immer stärker globalisierten Welt ist der Umgang mit den Fremden Alltag. Sie begegnen ihnen in jeder denkbaren Lebenssituation – direkt: und zwar nicht nur auf Reisen, sondern daheim bei der Verrichtung der alltäglichsten Geschäfte, und heutzutage auch medial: in Bildern und Texten, die in den Massenmedien in ungebrochener Flut auf sie einstürmen. Otto Hiltbrunner hat mit seinem Buch zu »Gastfreundschaft in der Antike und im frühen Christentum« also ein Thema gewählt, das an Aktualität nichts zu wünschen übrig lässt, und zwar gerade deshalb, weil es sich mit längst vergangenen, uns fremden Gesellschaften beschäftigt. Denn schließlich lautet einer der zentralen Vorwürfe aller jener, die Fremdenfeindlichkeit anprangern, dass diese so beklagenswerte Haltung in erster Linie darauf zurückzuführen sei, dass wir über die Fremden, ihre Sitten, Gebräuche und Geschichte nichts wissen und schon deshalb mit Abneigung und Abweisung reagieren. Ein Buch zum Thema Gastfreundschaft verspricht also auf jeden Fall Belehrung in einem ebenso aktuellen wie sensiblen Bereich.

Der Autor wählt für seine Untersuchung einen denkbar weiten Rahmen. Zeitlich erstreckt sie sich von der homerischen Zeit bis in das siebte nachchristliche Jahrhundert, räumlich umfasst sie die antiken Kulturen des Mittelmeerraumes sowie die »byzantinischen Ostländer« (S. 7). In seinem einleitenden Kapitel beschäftigt sich der Verfasser zunächst mit den »Grundhaltungen« (S. 9–25). Dabei geht es ihm einerseits um die »Urangst vor dem Fremden« und andererseits um die unterschiedlichen Rituale, die die Ankunft eines Auswärtigen und den Prozess seiner Aufnahme in das Haus des Gastgebers markieren. In dieses Kapitel eingefügt werden ferner sprachgeschichtliche Überlegungen zu den Termini, mit denen Germanen und Altlatiner, Griechen und Römer, Kelten und Skythen den fremden Gast bezeichneten. Dabei zeichnet sich bereits in diesem einführenden Teil ein Grundmuster ab, das für das gesamte Buch typisch ist: Hiltbrunner führt eine große Zahl von Beispielen an und zitiert dabei immer wieder aus den antiken Zeugnissen. Caesar, Tacitus und die Lieder der Edda kommen ebenso zu Wort wie Euripides, Sokrates und Ennius. Darüber hinaus stellt er allgemeine Common-sense-Überlegungen an, etwa zu den Auswirkungen von Klima und Umwelt, Handel und Verkehr auf die Entwicklung des Gastrechtes.

In seinem Überblick über die »griechisch-römische Gastfreundschaft in historischer Zeit« (S. 34–156) unterscheidet der Verfasser zunächst zwischen »privaten Gästen und Gastgebern« (S. 34–60) und »Gastfreundschaft von Staaten und Gemeinschaften« (S. 60–106). Auch hier führt er wieder Beispiele aus ganz verschiedenen Epochen und aus einer Vielzahl von kulturellen Kontexten zusammen. Die Ausführungen des Sokrates zu Gastlichkeit als Standespflicht der Reichen werden hier ebenso behandelt wie die Figur des Parasiten in der Komödie, die Einkehr von Göttern und Heroen in die Häuser der Armen und die zahlreichen (historischen) Beispiele für grobe Verletzungen des Gastrechtes. Darüber hinaus geht es aber auch um die antiken Vorstellungen vom Asylrecht und um die Rolle privater Gastfreundschaftsbeziehungen im Bereich von Diplomatie und Politik. Einzelnen Aspekten wie zum Beispiel der Beherbergung von Gästen, die zu lokalen und überregionalen Festen reisten, den Mahlgemeinschaften von Nachbarn, Bürgergruppen und Vereinen sowie den Privilegien der ›amici populi Romani‹ wird ebenso Raum gewidmet wie dem Klientelwesen, dem Städtepatronat und der Einquartierung von Truppen im römischen Reich. Dabei mag die von der Rezensentin durchaus willkürlich zusammengestellte Auswahl der hier aufgezählten Beispiele zugleich den Duktus und die Argumentationsweise des Verfassers verdeutlichen: Der Autor geht in diesem Kapitel unsystematisch und assoziativ

vor. Aspekte der griechischen Kultur werden unvermittelt neben solche gestellt, die spezifisch für die römische sind. Frühgriechisches steht neben Spätantikem, es gibt keine nachvollziehbare Differenzierung zwischen ›privat‹ und ›öffentlich‹ und erst recht keine, die dem modernen Forschungsstand zu diesem in der letzten Generation wohlerforschten Gebiet entsprechen würde. Und dieser Vorgehensweise entspricht auch der Umgang mit den antiken Autoren, die auch in diesem Kapitel immer wieder herangezogen werden. Ob Pindar, Herodot oder Petronius, ob Euripides, Plautus oder Vitruv – die Texte werden ohne Berücksichtigung von Epoche, Umfeld und Gattung nebeneinandergestellt und damit aus ihrem literarischen und historischen Kontext herausgelöst.

Und an dieser Vorgehensweise ändert sich auch in den nächsten Kapiteln nichts, in denen es um »Straßenverkehr und Rastorte« (S. 106–123) und um das »Gastgewerbe« (S. 123–156) geht. Auch hier reichen die Beispiele wieder weit in Raum und Zeit. Das Hethiterreich und das Perserreich kommen ebenso zur Sprache wie Plinius' Beschreibung der Weihrauchstraße, der Cursus publicus in der Spätantike und die archäologischen Zeugnisse zu Gasthäusern und Tavernen aus den Vesuvstädten, wobei der Autor sich bei letzteren allerdings auf Überblicksdarstellungen aus den fünfziger Jahren bezieht, die als völlig überholt gelten müssen. Inhaltlich zeichnet sich dieses Kapitel neben der üblichen thematischen Vielfalt allerdings durch ein klares Leitmotiv aus: Griechen und Römer, Aristophanes und Platon, Sallust und Petronius verachteten den professionellen Gastgeber, den Pensionswirt und Kneipenbesitzer und bezichtigten das in diesem Gewerbe tätige weibliche Personal gern und oft der Prostitution. Daran änderte sich im übrigen auch im »christlichen Altertum« (S. 156–207) nichts, dem das letzte große Kapitel gewidmet ist. Die Herbergen galten »noch mehr als den Heiden den frommen Christen als Lasterhöhlen« (S. 182). Doch damit erschöpften sich schon die Gemeinsamkeiten und die transepochale und multikulturelle Kontinuität. Die Christen, so betont Hiltbrunner, hätten eine neue Art von Gastlichkeit geschaffen, die nicht mehr auf der für antike Gesellschaften so zentralen Vorstellung von der Verpflichtung zur Reziprozität beruht habe. Sie hätten für Gastlichkeit keine Gegenleistung erwartet und seien Armen und Kranken, Witwen und Waisen ebenfalls großzügig und freundlich gegenübergetreten – eine Haltung, die sich etwa in der Errichtung von Herbergen widerspiegelte, die reiche Bürger für Durchreisende und bedürftige Mitbürger errichteten. Natürlich habe man darauf geachtet, nur »rechtgläubige Christen« und nicht »jeden Landstreicher« aufzunehmen – »Häretiker fanden keinen Zugang« (S. 186 f.).

Der Umgang mit den fremden Gästen im eigenen Haus und im eigenen Land war und ist ein ebenso komplexes wie kontroverses Thema. Und deshalb muss bei seiner Behandlung gerade im Detail mit möglichst großer Trennschärfe vorgegangen werden. Ziel muss es sein, die Differenzen zwischen den einzelnen Kulturen und Epochen zu betonen und historisch herzuleiten. Zeitgenössische Texte, die das Thema behandeln, müssen dementsprechend kompromisslos kontextualisiert werden, um als aussagekräftige Zeugnisse kulturspezifischer Besonderheiten dienen zu können. Hier liegt das Manko dieses Buches, dem es nicht gelingt, durch die Beschreibung der Vielfalt und Differenziertheit der antiken Lebenswelten unsere Sensibilität für die historische Genese aktueller Probleme zu schärfen – doch vielleicht ist dieser Anspruch einfach zu hoch.

Köln   Elke Stein-Hölkeskamp

Joachim Losehand, **Die letzten Tage des Pompeius. Von Pharsalos bis Pelusion.** Verlag Phoibos, Wien 2008. 402 Seiten, 1 Karte, 1 Abbildung.

Die Handlungschancen einer historischen Person in den Strukturen ihrer Zeit zu bewerten und hierbei den späteren Verlauf unberücksichtigt zu lassen, sollte das methodische Ziel einer jeden biographischen Studie sein. Joachim Losehand möchte in seinem Buch zu den letzten Tagen des großen Römers, das die überarbeitete Fassung seiner Dissertation aus dem Jahre 2005 darstellt, noch einen Schritt weitergehen: »Was wäre gewesen, wenn Pompeius n i c h t nach Pelusion gefahren wäre ..., was wäre gewesen, wenn Pompeius in Pelusion n i c h t ermordet worden wäre ...?« (S. 13) und zuletzt: »Was, wenn Pompeius schon 50 gestorben wäre?« (S. 359), sind die Fragen, die der Autor sich stellt und für seine Leser beantworten will.

Die Untersuchung teilt sich in drei Abschnitte: Pompejus' Vita (S. 15–93), seine letzten Tage (S. 95–234) und »Facta ficta – ficta facta. Nicht die letzten Tage des Pompeius« (S. 235–373). Angehängt sind ein Nachwort (S. 375 f.) sowie ein Verzeichnis der benutzten Quellen und Literatur (S. 377–402). Quellen- und Sachindizes hingegen fehlen.

Der erste Teil widmet sich jenen Ereignissen der späten römischen Republik, die Pompejus aktiv mitgestaltet und -erlebt hat, wobei der Verfasser schon in der Vorbemerkung (S. 17–21) warnt, dass er für diesen Abschnitt keinen »Anspruch auf Innovation oder Originalität« (S. 19) erhebt. Folglich orientiert sich die weitere Darstellung im Wesentlichen an den verschiedenen Stationen im Leben des großen Feldherren bis zum Ausbruch des Bürgerkrieges. Wichtige Probleme der Forschung, wie etwa die Frage, ob er gegen Mithridates VI. ein ›imperium maius‹ besaß (so S. 55 ohne Diskussion; vgl. anders K. M. Girardet, Chiron 31, 2001, 153–209), werden hierbei nur selten thematisiert.

In der Tat sind die letzten Wochen des Pompejus ohne die Berücksichtigung seiner bisherigen politischen und militärischen Karriere nicht zu bewerten. Allerdings wäre es zweifellos vertretbar gewesen, die Kenntnis über die wichtigsten Ereignisse vorauszusetzen, anstatt durchweg Bekanntes aneinanderzureihen.

Im zweiten Teil zu den Ereignissen zwischen Pharsalos und Pelusion (S. 95–234) diskutiert Losehand als erstes die Quellenlage (S. 97–104) – im Großen und Ganzen eine Zusammenfassung der Ergebnisse von Jan Radicke (Lucans poetische Technik. Studien zum historischen Epos [Leiden u. a. 2004]). Hernach widmet sich der Autor detailliert den Quellenberichten (S. 105–112), die für die Reiseetappe bis Syedra vorliegen, und den bekannten Reisebegleitern des Feldherrn (S. 112–120). Die Arbeit von Matthias Dingmann (Pompeius Magnus. Machtgrundlagen eines spätrepublikanischen Politikers [Rahden 2007]), die ausführlich auf dessen Anhänger eingeht, konnte hierbei nicht mehr berücksichtigt werden. Es folgt die »Synthese und Rekonstruktion der Reise bis zum consilium von Syedra« (S. 120–131), als dessen Ergebnis der Verfasser eine Reisedauer von fünf, höchstens sechs Tagen berechnet, womit er – wie bei den meisten chronologischen Berechnungen – der richtungweisenden Studie von Walther Judeich (Caesar im Orient. Kritische Übersicht der Ereignisse vom 9. August 48 bis October 47 [Leipzig 1885]) folgt.

Der nächste Unterabschnitt ist dem Consilium in der Bucht von Pamphylien gewidmet (S. 135–167). Die Quellen lokalisieren den Ort, an dem die Beratung zwischen Pompejus und seinen Anhängern über das weitere Vorgehen stattfand, unterschiedlich: Plutarch verortet ihn in Attaleia (Pomp. 76, 1), Lucan in Syedra (8, 259); Appian spricht weniger spezifisch von Kilikien (civ. 2, 83, 349).

Auch der Verlauf der Diskussion im Rahmen des Consilium wird in den Quellen unterschiedlich wiedergegeben. Interessant – und nach Losehand (S. 137–139) nicht erklärbar – ist der vorgebliche Plan, den man bei Cäsar findet (civ. 3, 102, 6; 103, 1): Demnach habe Pompejus nach Syrien reisen wollen, dies jedoch auf Zypern aufgegeben, als er erfuhr, dass ihm Antiochia verschlossen war. Diese Reiseroute beinhalte allerdings einen Umweg; ebenso diejenige über Zypern und Syrien nach Ägypten. Ferner schweigen sich die übrigen Quellen (siehe aber Lucan. 8, 168–170) über einen derartigen Plan aus. Andererseits ist es meines Erachtens nicht auszuschließen, dass das Consilium gar kein definitives Ziel festgelegt hatte und Pompejus unter Umständen abwarten wollte, wie man im Osten auf seine Niederlage bei Pharsalos reagierte, bevor er sich auf einen Ort festlegte, von wo aus er den Widerstand gegen Cäsar organisieren würde. Im Übrigen ist Pompejus möglicherweise nur deshalb über Zypern gesegelt, um dort Truppen auszuheben, was ebenfalls durch Cäsar bezeugt wird (civ. 3, 103, 1).

Im Folgenden (S. 139–154) wird ausführlich auf den bei Lucan (8, 276–289), Plutarch (Pomp. 76, 6) und Appian (civ. 2, 83, 349) überlieferten Vorschlag des Pompejus eingegangen, die Unterstützung der Parther zu suchen. Diesen Plan habe er während des Consilium seinen Beratern und Freunden unterbreitet, dann aber auf ihr Anraten fallengelassen. Losehand kann überzeugend darlegen, dass das Ganze wahrscheinlich auf pompejusfeindliche Propaganda zurückgeht. Cassius Dio

(41, 55, 4) berichtet nicht nur, dass der Feldherr vor Pharsalos ein Hilfsangebot der Parther im Tausch gegen Syrien abgelehnt hat, sondern bezweifelt auch den Plan, das er danach deren Hilfe gesucht haben könnte (42, 2, 5). An derselben Stelle wird berichtet, dass die Parther zudem einen senatorischen Gesandten festgesetzt hatten. Cäsar (civ. 3, 82, 4) bezeugt nicht nur den Namen des Senators, Lucilius Hirrus (tr. pl. 53), sondern verortet die Gefangennahme auch in die Zeit vor Pharsalos. Folglich hat Pompejus es kaum ernsthaft erwogen, sich zu den Parthern zu begeben.

Sodann wird die von Theophanes bei Plutarch (Pomp. 76, 5–6) ins Spiel gebrachte Idee diskutiert, in Ägypten Zuflucht zu suchen (S. 154–161), um zuletzt die Möglichkeit abzuwägen, sich bei Juba I. zu sammeln (S. 161–165). Dabei stellt Losehand schon an dieser Stelle fest, dass dieser König verglichen mit dem jungen Ptolemaios der verlässlichere Klient gewesen wäre, was der Autor durch seine spätere Analyse (S. 343–348) noch zu untermauern sucht. Weder hier noch im kontrafaktischen Teil der Untersuchung wird allerdings die Möglichkeit berücksichtigt, dass Pompejus bewusst die Reise zum unzuverlässigeren Klienten unternommen hat, um durch seine persönliche Anwesenheit den jungen Ptolemaios beziehungsweise dessen Anhänger an einem Seitenwechsel zu hindern.

Die folgenden Unterkapitel zeichnen detailliert die nächste Reiseetappe von Syedra bis Pelusion (S. 169–176) und die Vorgänge in Pelusion (S. 177–214) nach, wobei auch den beteiligten Personen jeweils kürzere prosopographische Abschnitte gewidmet werden (zu der bei Lucan detailliert beschriebenen Enthauptung und Bestattung wäre neuerdings auch M. Erasmo in: C. Deroux [Hrsg.], Studies in Latin Literature and Roman History 12 [Brüssel 2005] 344–360 zu vergleichen). Auf das Problem des Morddatums wird nicht eingegangen (hierzu: J. Bayet, in: Mélanges de philologie, de littérature et d'histoire anciennes. Offerts a Alfred Ernout [Paris 1940] 5–10; D. Bonneau, Rev. Études Latines 39, 1961, 105–111).

In den zusammenfassenden und abschließenden Bemerkungen zu diesem zweiten Teil (S. 215–234) wird nochmals herausgestellt, dass es eine »Fehlentscheidung von Pompeius [gewesen sei], nach Ägypten zu gehen, eine Fehlentscheidung, die ihn nicht nur den Sieg, sondern das Leben kostete« (S. 234).

Der dritte Teil (S. 235–373) soll die Handlungsmöglichkeiten des Pompejus nach Pharsalos und diejenigen des ptolemäischen Hofes bei seiner Ankunft ausloten, indem die eingangs erwähnten kontrafaktischen Szenarien durchgespielt werden. Losehand beschränkt sich hierbei auf zwei »Weggabelungen«: »Das consilium der Römer in Syedra und das consilium der Ägypter in Pelusion« (S. 243). Ferner soll auch die Frage beantwortet werden, was geschehen wäre, wenn Pompejus schon im Jahre 50 gestorben wäre.

Den Szenarien als theoretische Basis vorangestellt sind interessante Ausführungen (S. 245–282), unter anderem zu den verschiedenen in der Geschichtswissenschaft nebeneinander benutzten Begriffen, wie etwa »virtuelle Geschichte«, »Parallelgeschichte«, »ungeschehene Geschichte« und »kontrafaktische Geschichte«. Daneben geht Losehand auf Sinn und Zweck der Beschäftigung mit kontrafaktischen Erwägungen ein, wobei er auch auf die Möglichkeiten fiktiver Szenarien eingeht, die nicht Ergebnis tatsächlicher Handlungsalternativen sind.

Es folgt die Schilderung der Ereignisse nach Pharsalos in der zweiten Hälfte des Jahres 48 (S. 283–328), wobei nicht einleuchtet, warum es sich bei dieser Situationsbeschreibung um eine »praktische Umsetzung« des theoretischen Teils handeln soll, wie die Kapitelüberschrift behauptet.

Losehand diskutiert (S. 283–290) die verschiedenen möglichen Erklärungen für die Entscheidung, nach der Niederlage von Pharsalos nicht zur Flotte zu flüchten, und findet eine plausible Lösung in der Annahme, dass jener im Bewusstsein handelte, Cäsar sei vordergründig daran interessiert, ihn dingfest zu machen (vgl. Caes. civ. 3, 102, 1), und dass Pompejus' Flucht den Schiffen Zeit zum Abzug verschaffen würde. Entgegen den antiken und vielen modernen Urteilen war dieser nach Ansicht des Autors unter Umständen also auch direkt nach der Niederlage immer noch zu bedachtsamen Handlungen fähig, auch wenn nicht völlig ausgeschlossen wird, dass er ohne jeden Plan einfach den kürzesten Weg zur Küste wählte. Hierzu ist zusätzlich anzumerken, dass er auch – weniger selbstlos – gehofft haben könnte, Cäsar würde sich mit der Zerschlagung der Pompejaner einige Zeit beschäftigen, was dem Flüchtenden einen Vorsprung verschafft hätte.

Hierauf werden die weiteren Vorgänge im östlichen und westlichen Mittelmeerraum während der Flucht und Ermordung des Pompejus diskutiert (S. 290–328). Erneut geht Losehand auf die Beratungen in der Bucht von Pamphylien ein und stellt fest, dass nicht zu entscheiden ist, ob die Konsultationen in Attaleia oder Syedra stattfanden (S. 320 Anm. 1663). Dass hierbei nicht nur überlegt wurde, wohin der Geschlagene flüchten sollte, sondern auch, wohin sich seine Boten wenden sollten, um Verbündete zu aktivieren (S. 320 f.), ist sicherlich plausibel.

Der Übersicht über die parallel ablaufenden Begebenheiten in Ost und West folgt der zweite Teil der »Praktische(n) Umsetzung« mit der Frage nach dem »Was wäre wenn?« (S. 329–364). Unter der Voraussetzung, dass Pompejus nicht nach Ägypten gefahren wäre, werden drei kontrafaktische Annahmen durchgespielt, nämlich sein Verbleib in Pamphylien sowie die Flucht zu den Parthern oder zu Juba.

Das erste Szenario hätte nach Losehand in einem »Desaster« für Pompejus (S. 333) geendet. Allerdings ist die Spekulation (S. 331), dass Zypern ihm auf seine Veranlassung zweitausend Soldaten geschickt hätte, auch wenn er nicht selbst auf die Insel gegangen wäre, wahrscheinlich Wunschdenken. Bei Cäsar (civ. 3, 103, 1) heißt es, dass Pompejus Sklaven von römischen Steuerpächtern auf Zypern einzog und dass die dortigen Kaufleute ebenfalls kriegstaugliche Männer stellen mussten. Ohne dessen Anwesenheit wäre dies wohl nicht geschehen.

Wenig Erfolg versprechend wäre nach Losehand auch eine Flucht zu den Parthern gewesen, da dies zu seiner politischen Isolation geführt hätte. Dass »die Ereignisse im westlichen Mittelmeerraum im Wesentlichen kaum anders abgelaufen wären, als sie faktisch abgelaufen sind« (S. 341), wenn Pompejus zu den Parthern gegangen wäre, bleibt eine unbeweisbare Behauptung, die dazu dient, das von Losehand gezeichnete kontrafaktische Szenario zu vereinfachen.

Am aussichtsreichsten wäre eine Flucht zu Juba gewesen, so das Ergebnis des dritten Szenarios (S. 347). Allerdings sind auch hier einige vorausgesetzte Ereignisse zweifelhafter Natur. Dass Cäsar sich beispielsweise in Alexandrien in die Thronstreitigkeiten eingemischt hätte, wenn sein Gegner nicht dort ermordet worden wäre, und dass sich auch die übrigen Ereignisse, nämlich der Alexandrinische Krieg, genauso zugetragen hätten, wie sie uns überliefert sind, während Pompejus zu Cato und anschließend zu Juba gelangt wäre und mit diesen Truppen gesammelt hätte (S. 345), setzt voraus, dass Cäsar bei seiner Ankunft in Ägypten sein Ziel, den Gegner in jedem Falle zu verfolgen, um dessen Wiedererstarken zu verhindern (Caes. civ. 3, 102, 1), einfach fallen gelassen hätte, was Losehand etwa für das Szenario »ad Parthos« noch ausschließt (S. 337). Dass dann auch Pharnakes seinen Feldzug begonnen und Truppen Cäsars gebunden hätte, dass ebenso die von Antonius zurückgeführten Einheiten gemeutert hätten und dass Cäsar »vielleicht [...] für einen Moment das Glück verlassen« (S. 347) hätte, ist grundsätzlich alles denkbar, aber sehr spekulativ.

Als vierte Annahme wird vorausgesetzt, dass Pompejus zwar nach Pelusion gereist wäre, man ihn dort aber nicht ermordet, sondern gefangengenommen hätte. Nach Losehand gibt es drei plausible Folgeszenarien: Der Gefangene hätte entweder als Unterpfand bei den innerptolemäischen Streitigkeiten gedient oder wäre an Cäsar ausgeliefert worden oder hätte in der Gefangenschaft Selbstmord begangen. Die Folgespekulation, dass Cäsar seinen Feind nach der Auslieferung begnadigt hätte, ist gleichfalls vorstellbar. Dass Pompejus dann aber Selbstmord begangen hätte (S. 352), ist nur eine mögliche Fortführung des Szenarios. Ebenso gut hätte er sich begnadigen lassen können, um den Kampf wieder aufzunehmen. Auch hätte er sich am Tyrannenmord beteiligen können, wie der Verfasser wenig später zu bedenken gibt (S. 354 f.). Die Möglichkeiten können einfach nicht alle durchdacht werden. Insofern ist jede weitergehende Spekulation in die Richtung, was geschehen wäre, wenn Pompejus in Pelusion nicht getötet worden wäre, müßig und ohne tatsächlichen Erkenntnisgewinn.

Die fünfte kontrafaktische Annahme, dass Pompejus in Pelusion freundlich aufgenommen worden wäre (S. 355–359), führt zu dem Ergebnis, dass er im Bündnis mit Ptolemaios seinen Gegner Cäsar unter Umständen besiegt hätte, wobei Losehand betont, dass die »persönliche Vorliebe« (S. 358) über den Ausgang dieses Szenarios entscheidet.

Zuletzt wird die fiktive Annahme diskutiert, was geschehen wäre, wenn Pompejus schon im Jahr 50 gestorben wäre (S. 359–364). Hierbei ist Losehand der Ansicht, dass Cäsar sich seinen Gegnern gegenüber entweder schnell durchgesetzt oder ganz ohne militärische Eskalation sein zweites Konsulat erhalten hätte.

In der abschließenden Beurteilung (S. 365–373) stellt sich der Autor zwei Fragen: War erstens das Ende des Pompejus unausweichlich? Handelt es sich zweitens bei seinem Tod um einen Wendepunkt in der antiken Geschichte? Beides wird verneint. Zum einen war die Ausgangslage nach Pharsalos nicht völlig hoffnungslos, zum anderen hätte sein Sieg das Ende der römischen Republik nicht aufgehalten (S. 370). Letzteres ist eine erstaunlich teleologische Ansicht angesichts der Tatsache, dass die Untersuchung sich zum Ziel setzt, auf Alternativen hinzuweisen.

Hierin liegt auch insgesamt die größte Schwäche des kontrafaktischen Teils. Einerseits werden plausible fiktive Szenarien zum tatsächlichen Schicksal des Feldherrn formuliert, andererseits wird von den übrigen Ereignissen größtenteils erwartet, dass sie wie bekannt ablaufen, obwohl die unbekannten Variablen unüberschaubar sind.

Ferner neigt der Autor auch abseits der kontrafaktischen Kapitel gelegentlich zu Spekulationen. So mutmaßt er auf Grund einer durchaus diskussionswürdigen Charakterisierung Sullas durch Christian Meier, dass der Diktator »im jungen Pompeius einen Menschen seines Formats, einen Seelenverwandten vermutete und ihm deshalb überschwenglich begegnete« (S. 29 Anm. 79). Dass Losehand sich angesichts mangelnder Informationen, wer genau die rund sechzig Senatoren waren, die mit Pompejus zur Beratung zusammenkamen (Plut. Pomp. 76, 1), wünscht, Cicero wäre dabei gewesen, um »mit spitzer Zunge und an seine Kollegen gerichteten spöttischen Bemerkungen, kräftige Farben und Konturen in die, von den wenigen sicheren Nachrichten nur blaß und leicht hingeworfenen historischen Skizzen« (S. 120) zu bringen, führt in dieselbe Richtung. Befremdlich wirkt, dass der Verfasser zuerst einen Bezug zwischen dem an der Ermordung des Pompejus beteiligten Zenturio Salvius und dem späteren Kaiser Salvius Otho herstellt (S. 207), um ihn sogleich wieder zu verwerfen. Ebenso irritierend ist die gelegentliche Diskussion abwegiger fiktiver Szenarien, die im selben Atemzug abgelehnt werden, etwa die Frage, ob Cäsar den lebenden Pompejus im Triumphzug mitgeführt hätte (S. 350 f.).

Daneben finden sich eine Reihe von Fehlern beziehungsweise Ungenauigkeiten: Lepidus, der Konsul des Jahres 78, war 77 nicht nur Statthalter von Gallia Transalpina (S. 34), sondern auch von Gallia Cisalpina (siehe T. R. S. Broughton, The Magistrates of the Roman Republic III: Supplement². Philological Monographs 15, 3 [Atlanta 1986] 7). Losehand behauptet (S. 65), dass Cäsar »sofort zum Ende seiner Amtszeit im März 61« nach

Spanien aufgebrochen sei. Hierzu ist zu bemerken, dass die Prätur am Ende eines jeden Jahres auslief und dass Cäsar zwar gerne rasch aufgebrochen wäre, seine Abreise aber durch Forderungen seiner Gläubiger verzögert wurde. An anderer Stelle (S. 112) steht, bei Velleius Paterculus bleibe unerwähnt, dass Pompejus' Ehefrau Cornelia diesen in Mytilene getroffen und fortan begleitet habe, was allerdings gerade dieser Autor (Vell. 2, 53, 2) festhält. Zu dem Porträtkopf des Theophanes im Museum von Mytilene wird zuerst von sicherer Identifizierung ausgegangen (S. 113 Anm. 585; so zuletzt auch G. Grimm, Antike Welt 35, 2004, 63–70, hier 68 mit Abb. 5a und 5b auf S. 66), die kurz darauf dann aber in Frage gestellt wird (S. 115 Anm. 599). Im Gegensatz zur Behauptung (S. 124), Cassius Dio (42, 2, 2) berichte, Pompejus sei mit vier Vertrauten von Pharsalos geflohen, wird an der genannten Stelle nur gesagt, dass der Feldherr μετ' ὀλίγων die Flucht ergriff. Dass Dio in 42, 2, 5 »eine Gesandtschaft aus Senatoren erwähnt« (S. 141), ist gleichfalls ungenau; der Historiker spricht nur von einem einzigen senatorischen Gesandten. Mark Anton fungierte unter Gabinius in Ägypten nicht als Magister equitum (S. 157), sondern als Praefectus equitum.

Störend wirkt sich außerdem die konstante Wiederholung gewisser Inhalte aus. So wird beispielsweise nicht nur mehrfach erwähnt, dass Deiotaros von Pompejus in den Osten gesandt wurde, sondern auch die entsprechende Lucanstelle (8, 213–214) wird in drei von vier Fällen wörtlich im Haupttext zitiert (S. 108, 117, 141 und 313).

Insgesamt ist somit festzuhalten, dass die Untersuchung zu den letzten Tagen des Pompejus ihren größten Wert aus dem zweiten, die kontrafaktischen Kapitel vorbereitenden Teil bezieht. Hier wird detailliert und mit althistorischen Methoden die Chronologie der Ereignisse vor der Ermordung des Feldherrn auf den Prüfstand gestellt. Die kontrafaktische Untersuchung birgt dagegen zahlreiche Unwägbarkeiten, die sich beim Durchspielen der verschiedenen Szenarien ergeben. Quid dicendum? Die Frage nach dem Was-wäre-wenn hilft dem Historiker dabei, Alternativen zu der für uns vermeintlich zwangsläufig ablaufenden Geschichte wahrzunehmen und auch dem Zufall eine Chance einzuräumen. Ob die Beantwortung derartiger Fragen durch fiktive Szenarien einen tatsächlichen Erkenntnisgewinn beschert und methodisch einwandfrei möglich ist, bleibt dagegen nach wie vor höchst zweifelhaft.

Trier   Krešimir Matijević

Bernhard Laubach, **Lateinische Spruchregeln zum Unterhaltsrecht.** Dissertationen zur Rechtsgeschichte, Band 14. Verlag Böhlau, Köln, Weimar und Wien 2004. x und 199 Seiten.

Wenn ein Mensch nicht genügend Geld- und Sachmittel hat, um für seine Grundbedürfnisse an Nahrung, Kleidung und Wohnraum zu sorgen, verpflichtet das Recht Verwandte und gegenwärtige oder frühere Ehepartner zur Leistung von Unterhalt. Diese Pflicht zur familiären Solidarität hat auch im modernen Sozialstaat Vorrang vor Hilfeleistungen der öffentlichen Hand. Die Ausgestaltung des Unterhaltsrechts gibt Auskunft über die Bedeutung familiärer Bande in einer Gesellschaft – oder zumindest über die Vorstellungen des Gesetzgebers von deren Bedeutung. Eine Arbeit, die sich mit den Wurzeln des heutigen Unterhaltsrechts in der Rechtsgeschichte seit der römischen Antike beschäftigt, ist deshalb nicht nur für Juristen, sondern auch für Sozialhistoriker interessant.

Die von Andreas Wacke betreute Kölner Dissertation von Bernhard Laubach richtet sich allerdings wohl in erster Linie an Juristen. Der Autor will den Ursprung und die heutige Bedeutung von Rechtsparömien aus dem Bereich des Unterhaltsrechts untersuchen und damit heutigen Juristen, die sich mit dieser Rechtsmaterie zu beschäftigen haben, eine »Orientierungshilfe« (S. 3) bieten. Der »quellenhistorische […] Hintergrund« (S. 2) bestimmter Rechtsnormen soll aufgehellt werden. Vor allem aus dem Schluss der Arbeit wird deutlich, dass es letztlich darum geht, »bleibende Prinzipien des Unterhaltsrechts« (S. 176) aufzudecken, die »fast universell über die verschiedenen Epochen und Zeiten hinweg auf das Unterhaltsrecht anwendbar« (S. 175) sind. In diesen Prinzipien sieht der Verfasser »Eckpfeiler, auf denen ein gesamteuropäisches Unterhaltsrecht wieder errichtet werden könnte« (S. 176).

Laubach beginnt nach einer Einleitung und methodischen Vorbemerkungen (S. 1–4) mit einer Abgrenzung seines Gegenstandes, des Unterhaltsrechts, von verwandten Rechtsmaterien (S. 5–27). Er definiert Unterhaltsansprüche als Ansprüche auf gesetzlicher Grundlage, die sich gegen eine Privatperson, nicht aber gegen den Staat als Träger von Sozialhilfeleistungen richten und der Sicherung des Lebensbedarfs des Empfängers dienen (S. 27). Die Begriffsbestimmung ist plausibel, doch fällt im Abschnitt zur Themenabgrenzung auf, dass Laubach in etwas unklarer Weise zwischen Instituten des antiken römischen und des modernen Rechts hin- und herspringt. So stellt der Autor unter der Überschrift »Familienrechtliche Versorgungsansprüche« umstandslos die Pflicht zur Rückgabe der römischen Mitgift (›dos‹) neben den Versorgungsausgleich des heutigen Familienrechts, um dann beide Rechtsinstitute vom Unterhalt abzugrenzen. Zu den im antiken römischen Recht bedeutsamen Unterhaltsvermächtnissen wird in wenigen Zeilen festgestellt, sie besäßen »keinen originär unterhaltsrechtlichen Charakter« (S. 19) und schieden damit aus dem Untersuchungsgegenstand aus. Das steht zwar im Einklang mit der eingangs gegebenen Definition, denn wenn Unterhaltszahlungen aus einem Vermächtnis geschuldet werden, beruht die Zahlungspflicht nicht unmittelbar auf einer gesetzlichen Bestimmung, sondern auf der Anordnung im Testament. Jedoch muss Laubach später mehrfach auf die römisch-rechtlichen Regeln zum Unterhaltsvermächtnis zurückkommen (S. 98 f. zu Dig. 34, 1, 14 pr.; S. 111 f. und S. 120 f. zu Dig. 34, 1, 6; S. 114–116 zu Dig. 2, 15, 8, 1 und Dig. 2, 15, 8, 24; S. 166 f. zu Dig. 2, 15, 8, 10). Er hätte besser daran getan, den Leser schon zu Beginn darauf vorzubereiten, dass das römische Unterhaltsrecht sich ohne Berücksichtigung der Vermächtnisse nicht angemessen würdigen lässt: Die römischen Unterhaltsvermächtnisse standen zwar rechtssystematisch betrachtet auf einer anderen Grundlage als die gesetzlichen Unterhaltsansprüche, erfüllten aber ähnliche wirtschaftliche und soziale Funktionen. Daher können sie bei einer Suche nach unwandelbaren Grundprinzipien des Unterhaltsrechts nicht unberücksichtigt bleiben.

Unter den untersuchten lateinischen Spruchregeln nimmt der Satz »filii locupletes parentes egentes tenentur alere et contra« – »Reiche Kinder müssen bedürftige Eltern unterhalten und umgekehrt« bei Weitem den größten Raum ein (S. 31–135). Der Verfasser entnimmt diesem von dem mittelalterlichen italienischen Juristen Odofredus geprägten Satz zunächst das unterhaltsrechtliche Prinzip der Verpflichtung von Verwandten in gerader Linie in beiden Richtungen: Unterhalt schulden sowohl Vorfahren ihren Abkömmlingen als auch Abkömmlinge ihren Vorfahren. Im heutigen deutschen Recht ist dieser Grundsatz verwirklicht und kann dazu führen, dass erwachsene Kinder erhebliche finanzielle Lasten tragen, wenn ihre Eltern pflegebedürftig werden und Betreuungsleistungen in Anspruch nehmen müssen.

Die universale Geltung dieses Prinzips ist allerdings zweifelhaft. Laubach zeigt ausführlich, dass sich im römischen Recht die allgemeine Pflicht zum Unterhalt für Verwandte in gerader Linie erst nach und nach herausbildete. Insbesondere die Unterhaltspflicht der Mutter für ihre Kinder, aber auch die Unterhaltspflicht der Kinder für ihre Eltern wurden erst im Lauf der klassischen Epoche des römischen Rechts entwickelt (S. 52–68). Ursprünglich ist nur die Unterhaltspflicht des Vaters für seine ehelichen Kinder (S. 159 Anm. 80). – Auch in der neueren Rechtsgeschichte scheint die Rechtfertigung der Unterhaltspflicht von Kindern gegenüber ihren Eltern nicht unzweifelhaft gewesen zu sein (S. 70–76). Heute wird der Umfang der Unterhaltspflicht von Kindern für ihre Eltern kontrovers diskutiert; einige Stimmen fordern gar die völlige Abschaffung des Unterhaltsanspruchs der Eltern.

Weiter entnimmt der Autor dem Satz »filii locupletes parentes egentes tenentur alere et contra«, dass eine Unterhaltspflicht einerseits die Bedürftigkeit des Gläubigers, andererseits die Leistungsfähigkeit des Schuldners voraussetzt. Nur wer selbst nicht in der Lage ist, für seinen Lebensunterhalt zu sorgen, muss Unterhalt erhalten, und nur wer Zahlungen leisten kann, ohne selbst in Not zu geraten, schuldet Unterhalt. Diese beiden Voraussetzungen haben in der Tat schon für die gesetzlichen Unterhaltsansprüche des römischen Rechts gegolten, wie anhand von Dig. 25, 3, 5, 7 und Cod. 5, 25, 2 gezeigt wird.

Als nächste Spruchregel behandelt Laubach den Satz »non aetati sed necessitati alimenta debentur« – »Nicht wegen [eines bestimmten] Alters, sondern wegen Bedürftigkeit wird Unterhalt geschuldet« (S. 97–136). Diese Regel besagt, dass die Unterhaltspflicht (der Eltern) nicht nur gegenüber minderjährigen Kindern, sondern auch gegenüber erwachsenen bestehen kann, sofern die Kinder, obgleich sie ein Alter erreicht haben, indem sie selbst für sich sorgen können sollten, bedürftig bleiben.

Der Autor stellt fest, dass sich die Ursprünge dieser Regel nicht mehr feststellen lassen (S. 98). Sodann rekurriert er für das antike römische Recht auf Dig. 34, 1, 14 pr. Die Quelle betrifft ein Unterhaltsvermächtnis. Jemand hat im Testament angeordnet, dass seine Erben einem Kind Unterhalt leisten müssen und nicht festgelegt, bis zu welchem Alter das Kind die Zahlungen bekommen soll. Der spätklassische Jurist Ulpian stellt zu diesem Sachverhalt fest, das Unterhaltsvermächtnis müsse gezahlt werden, solange der Unterhaltsempfänger lebe, sofern sich nicht beweisen lasse, dass der Erblasser die Unterhaltsleistungen auf eine bestimmte Zeit begrenzen wollte. Ulpian widerspricht damit der Auffassung des republikanischen Juristen Mela, wonach das Unterhaltsvermächtnis grundsätzlich mit Erreichen der Geschlechtsreife des Begünstigten endet. Die Stelle zeigt also zum einen, dass einzelne römische Juristen von einer zeitlichen Begrenzung des Unterhaltsvermächtnisses ausgingen, zum anderen belegt sie, dass der Gesichtspunkt der Bedürftigkeit zumindest beim Vermächtnis von Unterhaltsleistungen keine Rolle spielte. Für das antike römische Recht lässt sich mithin die Geltung des Satzes »non aetati sed necessitati alimenta debentur« gerade nicht feststellen. Der Autor räumt auch selbst ein, es lasse sich nicht nachweisen, dass die Regel in Auseinandersetzung mit Dig. 34, 1, 14 pr. entstand.

Der Satz »non aetati sed necessitati alimenta debentur« wurde vielmehr, wie Laubach darlegt, im mittelalterlichen gemeinen Recht formuliert und diente dazu, das Bedürftigkeitsprinzip gegen andersartige Vorstellungen zu verteidigen. Wie der Verfasser vermerkt, kannten verschiedene Rechte germanischen Ursprungs Begrenzungen von Unterhaltspflichten nach dem Alter des Gläubigers. Erreichte ein Abkömmling, für den Unterhalt zu zahlen war, ein bestimmtes Alter, so endete die Unterhaltspflicht, auch wenn das Kind weiterhin nicht in der Lage war, selbst für seinen Unterhalt zu sorgen (S. 100 f.). Viele moderne Rechtsordnungen sehen nur ausnahmsweise eine Unterhaltsverpflichtung der Eltern nach Volljährigkeit des Kindes vor. Mit dem Argument, dass immerhin in besonderen Fällen über die fixe Altersgrenze der Volljährigkeit hinaus Unterhalt geleistet werden muss, kann Laubach dennoch das Ergebnis formulieren, dass der Non-aetati-Satz heute in den meisten europäischen Ländern gilt (S. 105 f.). Von einer universalen Geltung der lateinischen Regel kann danach nicht wirklich die Rede sein. Interessant ist indes der in diesen Abschnitt eingeflochtene Exkurs zur Behandlung der Frage, in welchem Umfang die

Kosten für die Ausbildung oder das Studium eines Kindes als Teil des Unterhalts verlangt werden können, und zwar in verschiedenen Epochen der Rechtsgeschichte (S. 116–122).

Auf den verbleibenden knapp vierzig Seiten werden noch drei weitere Spruchregeln behandelt.

Zum Satz »venter non patitur moram« – »Der [hungrige] Bauch [des bedürftigen Unterhaltsgläubigers] duldet keinen Verzug«, der herausstellt, dass Unterhaltsansprüche rasch durchgesetzt werden müssen, wenn der Gläubiger etwas von ihnen haben soll, zeigt Laubach, dass es sowohl in der römischen Antike als auch im modernen deutschen bürgerlichen Recht Normen gibt, die der zügigen Verwirklichung des Unterhaltsanspruchs dienen (S. 137—149). Dass sich aber die prozessrechtlichen Mechanismen, die der zeitigen Erfüllung des Anspruchs auf Unterhalt dienlich sein sollen, erheblich gewandelt haben, wird leider nicht erörtert. Auch bleibt in diesem Fall – anders als in anderen Teilen der Arbeit – die Rechtsentwicklung im Mittelalter und in der frühen Neuzeit weitgehend ausgeblendet.

Der Spruchregel »in praeteritum non vivitur« – »Man lebt nicht in der Vergangenheit« (und kann deshalb für vergangene Zeiten keine Hilfe zum Lebensunterhalt verlangen) sind nur wenige Seiten gewidmet (S. 151–164). Das ist deshalb enttäuschend, weil es sich bei diesem Satz, der zum Ausdruck bringt, dass Unterhalt nur im Vorhinein und nicht für einen bereits verstrichenen Zeitraum verlangt werden kann, um die bekannteste lateinische Spruchregel zum Unterhaltsrecht handeln dürfte. Deshalb wird gerade diese Regel auch im Klappentext des Buches besonders herausgestellt. Aus der knappen Behandlung ergibt sich, dass dieser Grundsatz im römischen Recht unbekannt war (S. 155). Der Satz »in praeteritum non vivitur« geht erst auf Dionysius Gothofredus zurück (Denis Godefroy der Ältere, 1549–1622). Gothofredus erläuterte Cod. 2, 4, 8, einen Text, in dem es um das Verbot von Vergleichsverträgen über Unterhaltsansprüche geht. Dieses Verbot gilt nach Cod. 2, 4, 8 für Vergleiche über Unterhaltsansprüche in Bezug auf vergangene Zeiträume nicht. Der Unterhaltsgläubiger kann also in einem Vergleich mit seinem Schuldner auf die Zahlung von rückständigem Unterhalt für die Vergangenheit ganz oder zum Teil verzichten, er kann den Schuldner aber nicht von der künftigen Verpflichtung zum Unterhalt befreien. Zur Verdeutlichung formuliert Gothofredus den Satz »nemo in praeteritum vivit« (S. 155).

Auch die Formulierung von Gothofredus hat also noch nicht die Bedeutung, die heute mit der Regel »in praeteritum non vivitur« verbunden wird. Sie bringt lediglich zum Ausdruck, dass nach römischem Recht die Verpflichtung zur Nachzahlung von Unterhalt für die Vergangenheit durch das Gesetz nicht – wie die Verpflichtung für die Zukunft – gegen Verzichtsakte des Unterhaltsgläubigers selbst gesichert wurde. Die heute in Paragraph 1613 des Bürgerlichen Gesetzbuches verankerte Regel, nach der Unterhalt für die Vergangenheit grundsätzlich überhaupt nicht gefordert werden kann, kam, wie der Verfasser zeigt, erst am Ende des siebzehnten Jahrhunderts auf und hat sich erst im neunzehnten allgemein durchgesetzt (S. 157 f.). Von einer Kontinuität seit der Antike kann also wiederum nicht die Rede sein.

Nur noch neun Seiten (S. 165–174) bleiben für den Satz »alimenta cum vita finiuntur« – »Unterhaltsansprüche enden, wenn das Leben endet«. Laubach beschäftigt sich im Zusammenhang mit dieser Sentenz vor allem mit der passiven und aktiven Unvererblichkeit von Unterhaltsansprüchen. Zum antiken römischen Recht zieht er unter anderem Dig. 25, 3, 5, 17 heran. Aus dieser Stelle ergibt sich, dass die passive Unvererblichkeit für das römische Recht zumindest nicht ganz unzweifelhaft ist. Die Entwicklung im gemeinen Recht bleibt ausgespart.

Ungeachtet der aus Sicht des Rezensenten bestehenden Einwände gegen mehrere Schlussfolgerungen des Verfassers handelt es sich insgesamt um eine gut lesbare Arbeit, die dem Leser viele interessante Quellen vorstellt und erläutert. Allerdings löst der Autor den Anspruch nicht ein, Prinzipien des Unterhaltsrechts von universaler Geltung aufzudecken. Dass im Recht der Wandel die Regel und das Unveränderliche die Ausnahme ist, kann ihm freilich nicht angelastet werden und schließt auch keineswegs aus, dass historische Untersuchungen für die künftige Ausgestaltung des Rechts wichtige Gesichtspunkte bringen können. Laubachs Forschungen zu den Wurzeln des heutigen deutschen Unterhaltsrechts im römischen Recht und im gemeineuropäischen Ius Commune können daher durchaus Anregungen für die Ausgestaltung eines künftigen gemeineuropäischen Unterhaltsrechts enthalten.

Trier   Thomas Rüfner

Wolfgang Szaivert und Reinhard Wolters, **Löhne, Preise, Werte. Quellen zur römischen Geldwirtschaft.** Wissenschaftliche Buchgesellschaft, Darmstadt 2005. x und 376 Seiten.

Den Anstoß, diesen Band zu verfassen, gaben die wohl jedem Altertumswissenschaftler immer wieder gestellten Fragen nach der Kaufkraft bestimmter antiker Münzen und der Wertrelation zu heutigen Preisen (S. 1). Insofern ist es grundsätzlich zu begrüßen, dass nunmehr eine Zusammenstellung von Löhnen und Preisen für das Imperium Romanum existiert.

Eine wesentliche und gut begründete zeitliche Einschränkung wurde freilich vorgenommen: Es wurden die Jahrhunderte ausgewählt, in denen der Denar das Leitnominal darstellte, also die Zeit vom späten dritten vorchristlichen bis zum ausgehenden dritten nachchristlichen Jahrhundert.

Auf Grund der Materialfülle wurde eine weitere Einschränkung vorgenommen: Die Autoren beschränken sich auf die Auswertung der literarischen Quellen, leider unter Auslassung der juristischen Fachschriftstellerei. Mit Ausnahme der Res Gestae des Augustus, die ein inschriftlich überliefertes literarisches Zeugnis darstellen, wurde also auf epigraphisches und papyrologisches Material vollständig verzichtet. Diese aus arbeitsökonomischen Gründen vorgenommene Selbstbeschränkung ist bedauerlich, da dadurch der Wert des Buches entscheidend gemindert wird, was die Autoren selbst einräumen: »Trotz anderer Hoffnungen und Erwartungen lassen sich aus dem vorliegenden Material kaum wirklich aussagekräftige Preistrends rekonstruieren. Noch bevor die Inflation des dritten Jahrhunderts sich beschleunigt, brechen die literarischen Quellen ab. Die papyrologische Überlieferung Ägyptens bietet hier das deutlich bessere Material. Als Perspektive künftiger Forschung wäre ein Vergleich der hier zusammengestellten Preise, Löhne und Wertangaben mit der papyrologischen, mehr aber noch der epigraphischen Überlieferung erforderlich« (S. 17).

Um wissenschaftlich belastbare Aussagen treffen zu können, wird der Leser also zumindest auch auf die in den Fußnoten der Einleitung und in der gründlichen Bibliographie von Walter Scheidel angeführte Literatur zurückgreifen müssen. Für Ägypten wäre das insbesondere die Studie von Hans-Joachim Dexhage über »Preise, Mieten, Pachten, Kosten und Löhne im römischen Ägypten bis zum Regierungsantritt Diokletians« (Vorarbeiten zu einer Wirtschaftsgeschichte des römischen Ägypten I [Sankt Katharinen 1991]), für den Westen des Reichs vor allem János György Szilagyis Werk »Prices and Wages in the Western Provinces of the Roman Empire« (Acta Ant. Acad. Scien. Hungaricae 11, 1963, 325–389), sowie Stanislaw Mrozeks Buch »Prix et rémunération dans l'occident romain« (Danzig 1975), für das ganze Imperium der Kaiserzeit Richard Duncan-Jones Band »The Economy of the Roman Empire« (Quantitative Studies_ [Cambridge 1982]).

Die vorliegende Studie, bei der es sich um eine Quellensammlung mit Übersetzung handelt, ist – abgesehen von der Einleitung und der Bibliographie – in zwei Teile gegliedert: »Ausgewählte Quellen« und »Regesten«. Die ausgewählten Textpassagen sind wiederum in drei Hauptgruppen unterteilt: »Der private Haushalt«, »Der öffentliche Haushalt« und »Münzen und Geldwirtschaft«. Merkwürdigerweise folgen die »Regesten«, die sehr viel mehr Quellen beinhalten, nicht demselben System. Hier finden sich folgende sechs Hauptgruppen: »Römische Staatskassen«, »Außerrömisches«, »Privatkassen«, »Zensus«, »Preise« und »Geldwirtschaft«. Während im ersten Hauptteil die Untergruppen nach sachlichen Gesichtspunkten unterteilt sind, wird in den eigentlich nützlicheren »Regesten« die alphabetische Unordnung bevorzugt.

Dem vielversprechenden Titel wird die Arbeit nicht ganz gerecht. Die an sich sehr zu begrüßende – weil ein Desiderat darstellende – Quellensammlung bleibt somit, wie die Autoren selbst einräumen, solange ein Torso, bis vor allem die epigraphischen und papyrologischen Zeugnisse nicht adäquat zusammengestellt sind.

Wenig ergiebig ist der knappe Index. Stichproben führten oft ins Leere. So sucht derjenige, der sich bevorzugt mit den Ostprovinzen des Reichs befasst, etwa die griechischen Bezeichnungen reichsrömischer Münznominale vergebens: Kodrantes (Quadrans), Assarion (As), Obolos (Dupondius) und anderes. Nicht nur im Neuen Testament werden sie häufig erwähnt. Für einen Preisvergleich sind Hinweise auf Nominale unverzichtbar. Von uneingeschränktem Wert ist hingegen die reichhaltige Bibliographie.

Essen   Ruprecht Ziegler

Barbara Burrell, **Neokoroi. Greek Cities and Roman Emperors.** Cincinnati Classical Studies, New Series, Band 9. Verlag Brill, Leiden 2004. xx und 422 Seiten, 37 Tafeln mit 197 Abbildungen.

Der Titel »neokoros« hatte seit der zweiten Hälfte des ersten nachchristlichen Jahrhunderts für die Städte des griechischen Ostens eine große Bedeutung. Das Wort, im Deutschen vielleicht am ehesten mit »Tempelwart« zu übersetzen, bezeichnete ursprünglich das sakrale Amt eines Menschen, ehe es im genannten Jahrhundert zu einem Ehrentitel für die Städte im griechischen Osten des Römischen Reiches wurde, die einen Tempel für den Kaiserkult einer Provinz oder Teilprovinz beherbergten (S. 3–6). Die städtischen Münzen und Inschriften zeigen, in welchem Maß dieser Titel Anteil an der Identität einer Bürgerschaft hatte und welcher Aufwand betrieben wurde, um andere Städte zu übertrumpfen. Aus Sicht der weströmischen Reichselite und auch einiger (weniger) Angehöriger der östlichen Eliten handelte es sich dabei um unverständliches Gezänk um den »Schatten des Esels« (Dion Chrys. 34, 48).

Dieses Urteil prägt die literarischen Quellen und hat daher auch lange Zeit das Urteil der Wissenschaft dominiert. Nachdem in den letzten Jahrzehnten aber eine Vielzahl von Einzelstudien von Louis Robert, Reinhold Merkelbach, Steven J. Friesen und anderen erschienen sind, war die Zeit reif für eine umfassendere Analyse dieses Phänomens. Tatsächlich sind fast gleichzeitig zwei Studien erschienen, die sich des Themas in unterschiedlicher, teilweise sich ergänzender Weise angenommen haben. Während Burrell in der hier zu besprechenden Arbeit eine umfangreiche und detaillierte Analyse der Neokorie im ganzen griechischen Osten vorgelegt hat, behandelt Anna Heller allgemeiner, aber regional beschränkter die städtischen Rivalitäten in der Provinz Asia und der Teilprovinz Bithynia (A. Heller, Les bêtises des Grecs. Conflits et rivalités entre cités d'Asie et de Bithynie à l'époque romaine, [Bordeaux 2006]).

Burrells Buch, das auf eine in großem Umfang überarbeitete Dissertation in Klassischer Archäologie an der Harvard University von 1980 zurückgeht, ist von seiner Anlage her als sehr benutzerfreundlich gedachtes Nachschlagewerk konzipiert.

Nach einer Einführung, die die Vorgehensweise (S. 1–3), die Genese des Titels »neokoros« (S. 3–6) sowie die Quellengrundlage (S. 6–12) behandelt und eine »Benutzungsanleitung« gibt (S. 12 f.), folgen siebenunddreißig Kapitel, die jeweils eine Stadt und ihre Neokorietitel behandeln. Nach Meinung der Verfasserin »the core of the book« (12).

Diese Kapitel sind nach den Koina gruppiert und diese wiederum in der Reihenfolge, in der diese Städtebünde ihren ersten Tempel für einen provinzialen Kaiserkult bekamen. Innerhalb der Koina sind die einzelnen Städte wiederum nach dem Zeitpunkt sortiert, an dem sie ihren ersten Neokorostempel erhielten. Um jenseits der einzelnen Polis auch übergreifende Entwicklungen in den Blick nehmen zu können, folgt im zweiten Teil noch eine chronologische Übersicht.

Dieser Teil besteht aus fünf Kapiteln, die verschiedene übergreifende Fragen behandeln. Dabei geht es um die chronologische Entwicklung des Kaiserkultes in den Neokorosstädten (S. 275–304), um die Tempel, die die Gemeinden zu Neokoroi machten (S. 305–330), um die Rivalitäten und die Selbstdarstellung der Poleis und ihrer Eliten (S. 331–342), um die Koina und ihre Funktionäre (S. 343–358) sowie die Rolle Roms (Kapitel 42, 359–371).

Eine Zusammenfassung (S. 372–374), ein ausführliches Literaturverzeichnis (S. 375–394), eine chronologische Tabelle, verschiedene Indizes und ein Tafelteil beschließen den Band.

Die Autorin hat eine große Menge Material überwiegend epigraphischer und numismatischer Art verarbeitet und weitgehend überzeugend interpretiert. Hier ist nicht der Ort, abweichende Meinungen in dem ein oder anderen Detail zu diskutieren, doch sei zumindest ein Addendum zum Kapitel über Thessalonike gestattet: Leider sind die von Georgios Velenis 1999 in den meist schlecht zugänglichen Akten der Ancient-Macedonia-Symposien publizierten Inschriften SEG 49, 815–817 der Verfasserin nicht mehr rechtzeitig bekannt geworden. Sie belegen die von Burrell (S. 199) zu Recht gegen Edson postulierte Zugehörigkeit Thessalonikes zum Koinon der Makedonen und zeigen, dass die Pythien auch noch 260 n. Chr. mit vollem Namen als »Kaisareia Epinikia Kabeiria Pythia« bezeichnet wurden (vgl. die Zweifel der Verfasserin S. 201).

Schließlich sei gegen anders lautende Kritik (S. Mitchell, Am. Journal Arch. Online Book Review 112, 2008, issue 112.4) der Autorin darin zugestimmt, dass auch vielfache Neokorietitel durchaus nicht einfach usurpiert werden konnten, sondern auf kaiserlicher Privilegierung beruhten.

Burrells Buch wird sicher auf lange Zeit ein Standardwerk zum Thema bleiben, auf das man nicht nur wegen seiner Benutzerfreundlichkeit immer gerne zurückgreifen wird.

Zürich   Jens Bartels

Spätantike, frühes Mittelalter und Mittelalter

Joachim Henning (ed.), **Post-Roman Towns. Trade and Settlement in Europe and Byzantium. Volume I: The Heirs of the Roman West. Volume II: Byzantium, Pliska, and the Balkans.** Millennium Studies in the culture and history of the first millennium C. E. Publisher Walter de Gruyter, Berlin and New York 2007. 565 and 707 pages.

It is thirty-five years since Herbert Jankuhn, Walter Schlesinger and Heiko Steuer organized a major conference at Göttingen (18–24 April 1972) on the origin of European cities that led to a two-volume collection of essays: Vor- und Frühformen der europäischen Stadt im Mittelalter (Göttingen 1973). Joachim Henning's reprise, based upon a conference held in Bad Homburg in 2004, could not be more different from the ground-breaking enterprise at Göttingen. The focus of the 1972 conference and subsequent two volumes were essentially restricted to the Baltic Sea and selective regions of eastern Europe. This was quite natural given Jankuhn's own contribution based upon his long association with Hedeby (Haithabu). So sites on the then East German and Polish littoral figured prominently, as did then newly excavated sites on the North Sea like Dorestad. London, though, was absent, as was York. Instead, Winchester and, in its shadow, Hamwih (Anglo-Saxon Southampton), as it was then known, were introduced to a wider, principally German and Scandinavian audience. But the heart of the seminal Göttingen volumes was composed of major essays by German historians who examined urban history with the barest reference to the archaeological evidence. More than thirty years on, Henning's two volumes containing sixty essays and reports reflect a different age. The geographical scope is far greater – not only are Italy, the Balkans and (Byzantine) Anatolia considered in important papers but there is also a brief contribution devoted to post-Roman Tiberias in Palestine. No less importantly, more than half of the papers cover projects in eastern Europe with special emphasis being given to Henning's own excavations at Pliska in Bulgaria. The methodological approach is very different too. Henning's own introduction immerses itself in reviewing historical paradigms, setting the scene, appropriately, for Michael McCormick's elegant and thought-provoking essay where, as a historian, he provocatively challenges current archaeological scholarship. Most of all, the past thirty years have brought to light a fascinating level of new detail that is not critically compared in these two volumes – there is no ground-breaking conclusion – yet now published it means that scholars have a mine of information that was simply unimaginable in Göttingen in 1972.

Two issues are central to the scope of these papers: first, what factors led to the creation of post-Roman urbanism, and second, the extraordinary differences in urban scale described in the many contributions to these volumes.

Urban origins. Joachim Henning's introduction looks to craftsmen as »the keepers of the light of the urban economy«. They were no less important, he contends, in making the ninth-century command economy in Carolingian monasteries. Michael McCormick in his essay ›Where do trading towns come from?‹ considers an entirely different answer – »reges ex machina«, kings as town-makers. The bipolar configuration of wics and royal sites found all around Europe, he argues, is certainly compelling. However, he provocatively speculates that »the new towns may be the consequence, rather than the cause of their growth«. In other words, places that began as the focus of exchange between traders and craftsmen were eventually appropriated by the political elite. McCormick is rightly attracted to the chronological convergences wherein towns from the Baltic to the Adriatic appear suddenly to prosper around A. D. 800. Without mentioning it, he is plainly seduced by the world systems model, and, for example, in an important analysis of recent archaeological research, he re-visits Sture Bolin's arguments linking the rise of ninth-century southern Scandinavia to a sudden influx in the Baltic sea region of Arabic silver dirhams. Taking this further, McCormick examines the first results of Bjorn Ambrosiani's 1990s excavations at Birka (Sweden) to consider whether the Arabic and other resources reached the Baltic by way of the Rhineland (and North Sea), and ultimately by way of Venice in the Mediterranean. Johan Callmer also contributes to the debate about urban origins in northern and eastern Europe. He acknowledges the association of emporia with political elites, but argues that they were not »initiators«. Instead, the role of these political elites was »one of passive profiteers«. More explicitly than Henning, he identifies »the leading groups of the traders and organisers of shipping« as the »active agents at the emporia«. He mediates this conclusion with the speculation that »a balanced mutual relationship between agents of trade and local elites is likely«. Not all the participants were readily persuaded by the diminished role of the political elite in town-making. This is especially evident in the chapters covering southern and eastern Europe as well as Byzantium. In Rome, for instance, Paolo Delogu identifies »a patriarchal economy« managed by the papal government of aristocrats. Likewise, in his elegant contribution about the Moravian centre at Pohansko, Jiří Macháček offers a compelling account of a place that may have been a palatium with an emporium »that could only be built by a man in possession of the highest authority in the country«. Then, too, the series of long essays and reports dedicated to the immense metropolis of Pliska in Bulgaria convincingly demonstrate that its underlying military prowess was sustained by »a strongly centralized society«, according to Joachim Henning. The Byzantine model is evidently in his mind. New evidence of middle Byzantine towns certainly affirms the continuing presence of urbanism in the eighth and ninth centuries. At the Byzantine cities of Amorium and Thessalonike – described in two important chapters in the second volume – the decisive role of a local ›strategos‹, appointed by the emperor in Constantinople, was fundamental to the administration of all elements of urban life including active artisanal production. In the light of this important debate about origins and indeed the investment of political versus mercantile and artisanal power, perhaps the most telling contributions to these volumes, however, are those dealing with urbanism in the heart of the Carolingian kingdoms. Egon Wamers' account of the topography of ›Franconofurd‹, early medieval Frankfurt, shows how extraordinarily modest this important one-street riverside town was. It was essentially a combination of a palace with its cathedral, separated from a discrete settlement that grew up alongside the riverside road – the so-called ›one-street settlement‹. Wamers draws parallels with other one street settlements now known on the Danube and Rhine – Regensburg, Cologne, Mainz and Strasbourg. Being in the shadow of Charlemagne's palace at Frankfurt, it might have been supposed that a great trading community would have taken shape. The archaeology, or rather the absence of it, is striking. Further afield in the Carolingian kingdom, Frans Theuws describes the archaeology of Maastricht and Namur which were slow to evolve as urban centres and now do not appear to have readily supplanted the coastal emporia as urban foci. Theuws explains the slow growth of these inland urban centres as a consequence of the ruralisation of the later Merovingian and Carolingian aristocracy. Instead, in this »age of experiments«, he speculates that Carolingian production was concentrated at monastic sites and asks if commercial activities were also moved to these places. The archaeology of the great north German monastery of Fulda described in an important contribution by Thomas Kind certainly illustrates Theuws's point. The evidence for production as well as traded commodities is compelling. It is no less compelling for the west Hungarian monastery of Mosaburg (Zalavár) described by Béla Miklós Szőke founded in about A. D. 850. The existence of workshops clearly associated with a basilica constructed to deploy its relics in a ring crypt further illustrates, as Theuws had noted, the complex relationships in the Carolingian world between the church and state as experiments were made in new economic ventures.

So, in essence, we are left in no doubt about the centralised administrative political authority in town-building in Byzantium, which was perhaps interpreted in different forms in south-east Europe and Rome, where the legacy of the old Roman Empire was strongest. But in northern and western Europe between the river Po and the Baltic the circumstances were more variegated. Perhaps missing in this latter case is a fuller picture of the beaching places or periodic markets now well known from Denmark, the North Sea littoral and England. Were certain of these impermanent or periodic beaching places, once subjected to patronage by the political elite, precursors of the successive urban sites like Hamwic, Quentovic, Dorestad, Ribe and Haithabu – and perhaps of the Po-estuary emporia of Comacchio near Ravenna, the precursor of Venice, elegantly described by Sauro Gelichi in these volumes? Whatever, as Henning and Theuws in different chapters point out, the Carolingian aristocracy had essentially taken up residence in the countryside. Moreover, notwithstanding the reforms instigated in the economy at the Council of Frankfurt in A. D. 793 these appear to have led to very limited production and commercial activity close to the secular centres like Frankfurt (in sharp contrast to comparable administrative centres in Byzantium) yet, clearly lead to marked investment in monasteries which, to quote Henning, became the epicentres of the short-lived Carolingian command economy. In this differing circumstances we must assume entirely different models for implementing taxation or tribute systems – in England as Byzantium the urban centres surely played a major role whereas in the Frankish kingdom this cannot have been the case.

Scale: this variation of political versus commercial and artisanal authority in town-building has to be viewed through the intriguing prism of scale – the one archaeological index, given the small excavated sample in most towns, which is incontrovertible. The Göttingen conference created a paradigm that viewed the emporia as huge sprawling centres, but in fact the differences in scale are extraordinary. Birka and Haithabu covered twelve and twenty-four hectares; Staraja Ladoga, according to Johan Callmer, was four to five hectares in area while he reports Kiev to have occupied eighty hectares by the tenth century. Dorestad and Quentovic probably occupied about thirty to forty hectares, while Hamwic, Ipswich and Lundenwic occupied about fifty hectares or more. The Adriatic towns of Comacchio and Venice, according to Gelichi, were of the same order of magnitude, as were the Moravian towns described by Poláček. Pliska in Bulgaria was colossal, occupying more than two thousand hectares, and surely compares with Constantinople, as Henning cautiously observes. The range of sizes must be compared with palatial sites like Frankfurt or Pohansko, on the one hand, or on the other hand Carolingian age monasteries like Fulda and Mosaburg (Zalavár). Comparing like with like, of course, can be often difficult, yet a few observations emerge from the many essays in these volumes. First, before the tenth century the Baltic sea system of emporia from Staraja Ladoga in the east Baltic to Kaupang and Ribe in the west Baltic gave rise to small urban places, mostly of ten hectares or less. Second, the Anglo-Saxon emporia were the largest around the North Sea, exceeding in terms of size those of Dorestad, Quentovic and probably Rouen. Third, the latter, if Gelichi's first observations about Comacchio and Venice prove to be substantiated, were comparable in size to the Adriatic sea emporia. Fourth, the emporia located on the frontiers of the Carolingian kingdom were considerably larger than any sites in the Rhineland or Seine valley. Fifth, monasteries and possibly palaces were the largest urban-like places with the Carolingian kingdoms and these were planned and developed on an urban scale comparable with, for example, the Baltic emporia. Lastly, the eastern and south-eastern European centres were certainly envisaged – in terms of their defences at least – on an earlier Byzantine scale which were sustained in only selective points in the empire such as at Amorium and Thessalonike.

Surely, then, the scale informs the debate about origins and purpose, as much as the far-flung connections that appear to link so many of these places around A. D. 800. Great centres like Pliska and London with their planned fortifications and often-repaired gravelled street grid, respectively, must owe their origins to the intervention of a ›reges ex machina‹. On the other hand the smaller Baltic sea emporia may be the result of local traders or artisans, whereby liminal exchange nodes were eventually given new status as local potentates appreciated the economic and social importance of these places. Between these two poles, then, is the intriguing situation in the Carolingian kingdoms where a ruralised kingship eschewed the urban administrative programmes of the Byzantines and the town-building prowess of the Anglo-Saxons and Moravians.

With more archaeology the debate about the origins and evolution of early urbanism has developed remarkably since the landmark Göttingen conference of 1972. Nevertheless, the extraordinary wealth of archaeology from all over western Europe begs many new historical questions of the geo-political circumstances and challenges accepted historical tropes. Joachim Henning must be congratulated for convening and publishing these volumes. With time, as for the 1972 conference, these papers will be regarded as major contributions in a paradigm shift in our understanding of the making of early medieval Europe.

Philadelphia   Richard Hodges

Gunnar Brands und Hans-Georg Severin (Hrsg.), **Die spätantike Stadt und ihre Christianisierung.** Symposium Halle an der Saale 2000 (= Spätantike – Frühes Christentum – Byzanz. Kunst im ersten Jahrtausend. Reihe B: Studien und Perspektiven, Bd. 11). Verlag Dr. Ludwig Reichert, Wiesbaden 2003. VIII und 310 Seiten, 125 Tafeln.

Die wissenschaftlich lange vernachlässigte spätantike Stadt hat Konjunktur. Davon zeugen verschiedene Publikationen der letzten Jahre, so auch der hier anzuzeigende Tagungsband. Die darin veröffentlichten Aufsätze sind bis auf den Aufsatz von Robert Born Ausarbeitungen der Referate, die auf dem Symposium ›Die Spätantike Stadt und ihre Christianisierung‹ gehalten wurden, das vom 14. bis 16. Februar 2000 an der Martin-Luther-Universität in Halle-Wittenberg stattgefunden hat.

Der einleitende Artikel von Gunnar Brands gibt eine allgemeine Einleitung in das Thema (S. 1–26). Zunächst gibt der Autor einen weitgefassten Abriss zur Forschungsgeschichte, der auch Soziologie und Politikwissenschaft einbezieht, insbesondere die Theorien zur Stadt von Max Weber. Anschließend kritisiert Brands, dass bei älteren klassisch-archäologischen Untersuchungen die christlich-spätantike Epoche gerne ausgeklammert wurde, beziehungsweise lediglich als Zerstörung der antiken Stadtstrukturen aufgefasst wurde. Für Brands sind die vom späten vierten bis ins sechste Jahrhundert vermehrt belegten Wiederherstellungsinschriften nicht zwangsläufig – wie bisher in der Forschung meist vertreten – ein Beweis für den allgemeinen Verfall, sondern Beleg dafür, dass man sich vielerorts um die Infrastruktur und Gebäude einer Stadt kümmerte.

Weiter diskutiert er die Frage nach dem Rückgang der Führungsschicht der Kurialen und kommt zu dem Schluss, dass sich dieses keineswegs als generellen Verlust der Oberschicht darstellen lässt, da besonders in den großen Städten wie Rom, Antiochia, Mailand oder Ephesos das Stifterwesen während des vierten bis sechsten Jahrhunderts nicht abreißt. Die Stiftungen richteten sich in der Regel nicht mehr auf Gebäude wie Gymnasien, Theater oder Thermen, sondern auf Kirchen und karitative Einrichtungen. Weiter sei auch die Bautätigkeit im privaten Bereich der Kurialen zu berücksichtigen. Nach diesen hinführenden Themensträngen stellt Brands die Frage nach der spätantik-christlichen Stadt und ob beziehungsweise wie diese als Neuerung begriffen werden konnte. Der Verfasser verweist auf den anonymen Pilgerbericht aus dem Jahre 333, der anschaulich macht, dass es bereits ausreichen konnte, am Stadttor Kreuze anzubringen, um der Stadt ein christliches Antlitz zu verleihen. Zum anderen wird auf die Gesetzgebung hingewiesen, die dann noch ausführlicher in dem Artikel ›Baurecht und Religionspolitik. Vorchristlicher und christlicher Städtebau der römischen Kaiserzeit im Lichte weltlicher und kirchlicher Rechtsvorschriften‹ von Karl Leo Noethlichs besprochen wird, die einer willkürlichen Zerstörung alter Bauwerke entgegentrat: Als Regelfall kann weniger die spektakuläre Zerstörung des Paganen als vielmehr dessen Verdrängung herausgestellt werden. Neue Kirchenbauten konnten das Element der Dezentralisierung fördern. Zu dieser Thematik gehört auch die Aufwertung der Nekropolen durch verehrte Gräber und Grabeskirchen.

Zu den weiteren Themen, die Brands anschneidet, gehören die Barbareneinfälle und deren Folgen für die Stadtkultur, der Einfluss der Bischöfe auf die Bautätigkeit und das Bauprogramm, Erläuterungen zu dem Begriff Ornamenta urbis sowie Beispiele für die Umnutzung von Tempeln, Theatern und anderen paganen Gebäuden.

Brands' Einführung ist als Orientierung zum Forschungsstand bezüglich der spätantiken christlichen Stadt gut geeignet, der Leser hätte sich aber – wie beim Thema Baurecht – mehr Querverweise zu den folgenden Artikeln gewünscht.

Die weiteren dreiundzwanzig Aufsätze von Archäologen, Bauhistorikern und Althistorikern behandeln in alphabetischer Ordnung der Autorennamen einzelne Städte, Gebiete und Räume sowie spezielle Bereiche beziehungsweise einzelne Bauten einer Stadt. So vermisst man eine thematische Ordnung nach inhaltlichen Leitaspekten wie Stadtbild, Stadtbefestigung, Baupolitik, Baurecht, Religionspolitik, Kirchenbau sowie den Beziehungen zwischen Stadt und Land, die sicher weiterführend gewesen wäre.

Im Folgenden seien die weiteren Beiträge nur kurz genannt, um grob die Hauptinhalte zu vermitteln. Achim Arbeiter resümiert den Forschungsstand auf der Iberischen Halbinsel (S. 27–41). Franz Alto Bauer beschäftigt sich mit Ostia und betont, dass sich die Christianisierung der Stadt zunächst nicht so sehr architektonisch vollzog, sondern vielmehr bestimmte Orte durch Martyrien und Heiligenüberlieferungen gewissermaßen uminterpretiert wurden (S. 43–62). Für Konstantinopel äußert sich Albrecht Berger etwas provokant dahingehend, dass man für die Reichshauptstadt gar erst seit 532 eine Baupolitik monumentaler, im Stadtbild bewusst herausgehobener Kirchen sehen könne (S. 63–71). Grundsätzliche Beobachtungen zur spätrömischen Stadt im östlichen Mittelmeerraum liefert Beat Brenk (S. 85–95).

Nach diesen Beiträgen zum Stadtbild führt Robert Born in andere Zusammenhänge. Er behandelt für die Scythia Minor den wichtigen Bereich der spätantiken Stadtbefestigungen (S. 73–84). Ortwin Dally widmet sich den Aspekten von Unterhalt und Umnutzung heidnischer Tempel (S. 97–114). Die Umgestaltung vorhandener Architektur ist das Thema von Klaus Stefan Freyberger am Beispiel von Kanatha in Syrien (S. 115–124). Städtebauliche Einzelaspekte aus Ägypten trägt Peter Grossmann bei (S. 125–134). Veränderungen konstatiert Andreas Gutsfeld für Hippo Regius (S. 135–144). Wolfram Hoepfner fragt für Athen nach dem Ende der Agora (S. 145–150) und betont die Sinnhaftigkeit von Kirchenstandorten im Stadtbild. Kenneth Holum widmet sich Caesarea Palaestinae (S. 151–164).

Hans Rudolf Meier behandelt übergreifend das Phänomen von Zentrumsverlagerung und Deurbanisierung (S. 165–178). Ein anschauliches Beispiel für die sich verändernde Stellung des bischöflichen Baukomplexes in der Stadt bietet Aquileia, wo sich die Doppelkirche Bischof Theodors im zweiten Jahrzehnt des vierten Jahrhunderts in die vorhandene Architektur einfügte, eine Generation später jedoch auf einer außer Funktion gesetzten Straße erweitert und gegen Ende des Jahrhunderts durch einen neuen Großbau ersetzt wurde (S. 168 f.). Die häufig zu beobachtende Lage von Kirchen in städtischen Randbereichen bewertet Meier als Anzeige für Auflösungsvorgänge (»Entstädterung«) spätantiker Städte (S. 177), wobei natürlich bedacht werden muss, ob der dichter bebaute und kostspielige Innenbereich der Stadt im vierten Jahrhundert in der Regel überhaupt für Kirchenbauten zur Verfügung stand.

Aufschlussreich sind die von Karl Leo Noethlichs zusammengestellten Quellen zu Baurecht und Religionspolitik (S. 179–198). Er betont die notwendige chronologische Differenzierung: Eine zielgerichtete Zerstörung von heidnischen Tempeln wird erst im Jahr 435 gefordert. Weiterhin betont er die immer stärker werdende Stellung des Bischofs (S. 194).

Alexis Oepen beschäftigt sich mit Theaterbauten in Hispanien (S. 199–218). Die Lage von Bischofsresidenzen in der spätantiken Stadt untersucht Ulrich Real (S. 219–238). Der Beitrag von Klaus Rheidt bilanziert die Verhältnisse in Anatolien (S. 239–248): Für Aizanoi kann er eine weitgehende Umgestaltung der Stadt herausarbeiten, aber der Bedeutung der Städte als Bischofssitz auch prosperierende ländliche Siedlungen mit aufwendiger architektonischer Ausstattung zur Seite stellen.

Gegen die häufig überbetonten Lagebezüge der Kirchen im Stadtbild richtet sich der Beitrag von Severin (S. 249–258), der teilweise im Widerspruch zu Hoepfner zum Ergebnis kommt, dass »Immobilien durch Kauf, Schenkung oder Vererbung Baugrundstücke für Kirchen« wurden und so »die Verfügbarkeit wie auch der Zufall eine entscheidende Rolle« spielte (S. 257).

In ihrem Beitrag zu Ephesos betont Hilke Thür (S. 259–274) außer der wichtigen Rolle der Kirchen die neue Bedeutung der Straßenräume, die für Prozessionen hergerichtet wurden.

Yoram Tsafrir beschäftigt sich dann mit dem Beispiel von Bet Shean im Heiligen Land, dem antiken Scythopolis (S. 275–284), das veranschaulicht, wie weit die genuinen Funktionen des Komplexes von Forum und Basilika als sozialem, ökonomischem und administrativem Zentrum verloren gingen und von den Kirchen übernommen wurden. Weiterhin wird betont, dass private Stiftungen seit dem vierten Jahrhundert nur noch an die Kirchen und nicht mehr an zivile Einrichtungen gingen.

Bryan Ward-Perkins neigt in seinem Beitrag »Reconfiguring Sacred Space« (S. 285–290) zur problematischen Auffassung, dass das Stadtzentrum von Christen gezielt gemieden worden sei. Auf Grund von literarischen Zeugnissen und Bildquellen, besonders über das ikonographische Thema der »Stadt im Mauerkranz«, deutet dann Rainer Warland die Stadt übergreifend als »Leitbild und Lebensform« (S. 291–298).

Für die kilikischen Ruinenstätten bei Akören erschließt Ulrike Wulf ebenfalls die größer werdende Bedeutung des ländlichen Umfelds der Stadt (S. 299–307).

Insgesamt betrachtet bietet der Tagungsband eine gute Darstellung zur Forschungsfrage nach der spätantiken Stadt und ihrer Christianisierung. Man hätte sich jedoch der Übersichtlichkeit wegen eine stärker thematisch orientierte oder formal in Überblicks- und Einzelbeiträge aufgebaute Gesamtgliederung mit redaktionellen Querverweisen zur Einleitung sowie innerhalb der Einzelbeiträge gewünscht. Bei den Artikeln ist zudem eine deutlich oströmische Dominanz festzustellen, was meines Erachtens bedauerlich ist, denn so wird ein etwas einseitiges Bild der Spätantike gezeichnet: Gallien, Britannien, die germanischen Provinzen, Rätien und die Donauprovinzen fehlen. Ein topographisches Register erleichtert die Benutzbarkeit. Gut gelungen ist der Abbildungsteil mit zahlreichen Plänen, Zeichnungen und Schwarzweißfotografien, auch wenn man einige Mosaike lieber in Farbaufnahmen sähe.

München   Bernd Päffgen

Nachleben

Klaus Fittschen, **Die Bildnisgalerie in Herrenhausen bei Hannover. Zur Rezeptions- und Sammlungsgeschichte antiker Porträts.** Abhandlungen der Akademie der Wissenschaften zu Göttingen, Philologisch-Historische Klasse, Dritte Folge, Band 275. Verlag Vandenhoeck und Ruprecht, Göttingen 2006. 338 Seiten, 96 Tafeln.

Unübersehbar steigt in den letzten Jahren das Interesse der Klassischen Archäologie, Phänomene des Nachlebens der Antike, der Antikerezeption und der Verarbeitung antiker Vorlagen in Kunst und Architektur vor allem seit der frühen Neuzeit als Forschungsgegenstand und Elemente der eigenen Fachgeschichte in den Blick zu nehmen. Diese Hinwendung zu Thematiken, die ihren Epochenbezug nicht nur in der – zumeist – griechisch-römischen Antike finden, resultiert nicht zuletzt aus der Beobachtung, dass Formen der künstlerischen Antikerezeption und der politischen Aneignung antiker Kunst einer wissenschaftlichen Auseinandersetzung vorausgingen, und so den Nährboden für eine systematische Erforschung der Antike bildeten.

Porträts, die zu Serien oder Folgen zusammengestellt waren, tradierten antike Tugenden und waren so in der

Lage, die repräsentativen Bedürfnisse ihrer Besitzer seit der frühen Neuzeit idealtypisch ins Bild zu setzen. Solch einer Porträtfolge widmet sich Klaus Fittschen in seiner ausführlichen und reich illustrierten Untersuchung zur Bildnisgalerie in Herrenhausen bei Hannover. Er kann den Umfang der Galerie von Bronzeporträts, die im siebzehnten und achtzehnten Jahrhundert für antik gehalten wurden und mit einheitlich gestalteten Büsten versehen sind, jetzt zuverlässig mit ehemals vierundzwanzig Stück festlegen (S. 45–47); hinzu kommen zwei barocke Bildnisse sogenannter Mohren aus farbigem Marmor (Kat. 25 und 26, S. 306 f.). Sein Ziel, so präzisiert der Autor im Vorwort, ist es, über die Identifikation der antiken Vorbilder hinausgehend »die Rezeptionsgeschichte dieser Vorbilder in ihrer ganzen Breite in [seine] Untersuchungen einzubeziehen. Daraus ergab sich zwangsläufig, auch auf sammlungsgeschichtliche Fragen einzugehen.« (S. 7). Die Untersuchung markiert damit eine Verlagerung des Forschungsinteresses von der positivistischen Erfassung des antiken Anteils neuzeitlich überformter Skulpturen hin zu einer inhaltlichen Kontextualisierung solcher Stücke in ihrem jeweiligen Zeithorizont.

Die Untersuchung gliedert sich in zwei Hauptteile, den über zweihundert Seiten umfassenden Katalog der einzelnen Bildnisse (S. 99–309) einerseits und – ihm vorangestellt – zehn kurze Kapitel andererseits mit Überlegungen zum lokalen Kontext der Aufstellung in einer Galerie und zum Phänomen der Bildnisgalerien seit der frühen Neuzeit insgesamt. Sie widmen sich der Herrenhäuser Bildnisgalerie selbst (Kapitel 1–7; S. 17–61), den neuzeitlichen Galerien mit Bildnissen bedeutender Griechen und Römer (Kapitel 8; S. 63–85) sowie dem Verhältnis der Herrenhäuser Galerie zur Göttinger Abgusssammlung und zur Porträtproduktion der Fürstenberger Porzellanmanufaktur am Ende des achtzehnten Jahrhunderts (Kapitel 9 und 10; S. 87–98). Die Beobachtungen am Material selbst, die Geschichte des Galeriegebäudes, des Zustandekommens der Porträtfolge sowie Datierungs- und Werkstattfragen können so jeweils einzeln nachvollzogen werden. Der Verfasser behandelt sowohl Aspekte der jeweiligen Bildnistypen und ihrer Repliken, die die mittelbare oder unmittelbare Relation der einzelnen Stücke zu ihren antiken Vorbildern herausstellen, als auch Fragen zur Einbindung solcher Bildnisgalerien in größere Zusammenhänge.

Als richtungweisend für die Interpretation des Gesamtkomplexes stellt der Autor die Beobachtung an den Anfang, dass das Herrenhäuser Galeriegebäude als Erweiterung des ursprünglichen Schlosses aus dem siebzehnten Jahrhundert so geplant wurde, dass der die ganze Länge einnehmende Festsaal mitsamt den fest eingebauten Büstensockeln seit 1694 errichtet wurde, bevor der Erwerb spezieller Bildnisse überhaupt ins Auge gefasst wurde (S. 21; 39); die Porträts waren also nicht Bestandteil der ersten Planung. Sie stammen aus dem Nachlass des französischen Königs Ludwig XIV. und wurden mit großer Wahrscheinlichkeit Ende des Jahres 1715 erworben (S. 23–25). Schon vor der Erwerbung waren die Bronzeporträts mit einheitlichen Büsten versehen, obwohl sie aus mindestens zwei unabhängig voneinander hergestellten Serien stammten (S. 37; 59).

Die Ergebnisse aus den Einzelbetrachtungen des Katalogs werden im zugehörigen Kapitel »Die Herrenhäuser Bildnisse und ihre antiken Vorbilder« referiert (S. 41–43). Hierbei kristallisiert sich eine Gruppe von Porträts heraus, die mit nach heutigem Verständnis falsch aufgelegten Lorbeerkränzen ausgestattet sind und deren Vorbilder sich am ehesten in Münzporträts finden lassen. Diese Stücke entstanden wohl schon zu Beginn des sechzehnten Jahrhunderts. Die Köpfe einer zweiten Gruppe, nämlich aus der zweiten Hälfte des siebzehnten Jahrhunderts, lassen sich hingegen recht genau antiken Vorbildern zuordnen. Fittschen bewertet es als problematisch, dass dabei mit Hilfe der Büsten ein einheitliches Format und Aussehen angestrebt wurde, und dass die ältere Serie nicht dem Wissensstand der Zeit entsprach (S. 61). Dies kann allerdings kaum überraschen, da einheitliche Sockel und Büsten neben anderen Mitteln zur optischen Vereinheitlichung heterogener Sammlungsbestände in zahlreichen Aufstellungszusammenhängen vor allem des Barocks benutzt wurden.

Der Verfasser untersucht im Folgenden den Zusammenhang dieser Gruppen mit anderen Porträtserien und arbeitet heraus, dass die eigenwillige Form des Lorbeerkranzes die ältere Herrenhäuser Gruppe mit der marmornen Porträtserie auf der oberen Terrasse von Schloss Sanssouci bei Potsdam verbindet, die somit auf dieselben Vorlagen zurück gehen wird (S. 50–55). Ohne dass der Autor dies im Einzelnen ausführt, bietet gerade dieses Beispiel eine der aufregendsten Schlussfolgerungen, die von künftigen Forschungen zum Komplex der Kaiserserien aufgegriffen werden sollte. Meines Wissens ist bisher nicht versucht worden, die Zusammensetzung dieser Serien hinsichtlich der Herkunftsorte der antiken oder auch neuzeitlichen Vorlagen zu qualifizieren. Auch der Umstand, dass immer wieder länger bekannte mit neu hinzukommenden Vorlagen kombiniert und zu immer neuen Serien vereint wurden, hat bisher nur geringe Beachtung gefunden. Solche Untersuchungen können gewiss zur Klärung offener Fragen hinsichtlich der Werkstätten führen, die seit der frühen Neuzeit antike Porträts kopierten (vgl. S. 57–61).

Den neuzeitlichen Galerien mit Bildnissen bedeutender Griechen und Römer widmet Fittschen ein eigenes längeres Kapitel (S. 63–85), das mit den sogenannten suetonischen Zwölfkaiserserien einsetzt. Man mag sich diese jedoch anders als der Verfasser angesichts ihrer Popularität jedoch kaum unter der Prämisse vorstellen, sie seien »einfallslos und unpersönlich, in ihrem massenhaften Auftreten geradezu geistlos« (S. 63). Ergänzend tritt eine Übersicht über umfangreichere und gemischtere Bildnisserien hinzu (S. 72–85). Angemerkt sei, dass diese zeitlich allerdings kaum von den Kaiserserien zu scheiden sind. Gerade das Beispiel Herrenhausen dokumentiert ja eindrucksvoll, wie stark Ausstattungsvoraussetzungen und Verfügbarkeit der Stücke auf dem Markt die Konzeptionen solcher Galerien bestimmten.

In den abschließenden Kapiteln zum Verhältnis der Göttinger Abgusssammlung (S. 87–94) und der Porzellanporträts der Fürstenberger Manufaktur (S. 87–94) gegenüber der Herrenhäuser Bildnisgalerie wird die Zeit des Verschwindens der Kaisergalerien erreicht. Das Weiterreichen der im regionalen Umfeld in dieser Epoche vielfach wieder aufgenommenen Herrenhäuser Vorlagen hätte seitens des Autors größerer Aufmerksamkeit verdient. Die Schlüsselposition, die Christian Gottlob Heyne in Göttingen bei der Verbreitung dieser Vorlagen einnahm, ist in diesem faktenreichen Kapitel zwar angedeutet, in welcher Weise hierdurch jedoch die Verbreitung und Popularisierung exklusiv-adliger Sammlungskategorien ausgelöst wurde, ist noch nicht klar gefasst. Zur aktuellen Erforschung der Rolle der Kunstmanufakturen des ausgehenden achtzehnten Jahrhunderts bei der Reproduktion von Antiken wird das Kapitel zur Fürstenberger Manufaktur sicher seinen Beitrag leisten.

Grundlage der Untersuchung ist der breit angelegte Katalog. Fittschen stellt die sechsundzwanzig Büsten und Köpfe in Text und Bild vor, zumindest soweit dies möglich ist. Denn durch die wechselvolle Geschichte der Bildnisgalerie sind einige Porträts heute verloren, da sie nach der 1803 erfolgten Requirierung unter Napoleon nicht zurückgebracht wurden. Die fehlenden Stücke sind durch Abgüsse dokumentiert, die 1767 den Grundstock der Sammlung von Christian Gottlob Heyne an der Göttinger Universität bildeten. Die Abfolge des Katalogs entspricht den Nummern, die sich auf den erhaltenen Büsten befinden (Kat. 1–15), beziehungsweise der Rekonstruktion der Abfolge und damit auch der Anordnung in der Galerie selbst (S. 99). Schon ein kurzer Blick auf die Sequenz der Büsten verrät, dass es sich nicht um eine reine Kaisergalerie handelte, finden sich doch in dieser Reihe etwa auch Persönlichkeiten aus der römischen Republik, etwa die seinerzeit als Scipio (Kat. 1), Marius und Sulla (Kat. 2 und 3) gedeuteten Bildnisse, ferner ein hellenistischer Herrscher, der sogenannte Ptolemaeus Cleopatrae (Kat. 4) und ein als »Epicurus« bezeichneter Philosoph. Die Benennungen folgen den älteren Quellen (S. 35–37).

Die Katalogeinträge sind umfassend. Einer detaillierten Beschreibung der einzelnen Bronzen, sofern diese erhalten sind, folgt die Zuordnung der jeweiligen Abgüsse in Göttingen sowie die Identifikation des jeweils zugrunde liegenden Vorbildes. Vollständige Literaturlisten sind den jeweiligen Dokumentationen angeschlossen. Analog zu den Katalogeinträgen finden sich auf den beigegebenen Tafeln Abbildungen sowohl der Herrenhäuser Bronzen als auch der wichtigsten plastischen und malerischen Vergleichsstücke, sodass das sonst eher verstreut publizierte Vergleichsmaterial gut erschlossen ist.

Wo dies möglich, nötig oder sinnvoll erscheint, gibt der Verfasser ausführliche Expertisen zum antiken Vorbild selbst, vor allem aber seiner Sammlungs- und Wirkungsgeschichte. Im Falle des Scipio Rospigliosi (Kat. 1, S. 100–135), dem er außerdem Überlegungen zu weiteren Typen vermeintlicher Scipiobildnisse sowie ein eigenes Kapitel zur Identifikation von Kahlköpfen als Scipio beigibt (S. 112–117), führt dies zu einem äußerst ausführlichen Katalogeintrag, denn angeschlossen finden sich nun nicht nur Replikenlisten zu diesem Vorbild selbst (Liste A1–A21, S. 122–126), sondern auch zu denen anderer verwandter oder geklitterter Typen. Auch im Falle des vermeintlichen Vitellius (Kat. 12, S. 186–234), der auf den häufig kopierten sogenannten Vitellius Grimani in Venedig zurückgeht, führt dieses Vorgehen für den Leser zu einer kaum überschaubaren Zahl von Anhängen (hier Listen A–K, S. 205–234).

Motiviert sind diese Einträge auch durch eines der Hauptanliegen der Untersuchung, die aus dem Erkenntnisinteresse des Klassischen Archäologen heraus der Zuweisung zu richtiger oder falscher Identifikation der antiken Vorlage verpflichtet ist. Fittschen beobachtet diesbezüglich eine gewisse Gleichgültigkeit der ausführenden modernen Künstler und Auftraggeber gegenüber der Originaltreue, die dazu führen konnte, dass antike Porträts spezieller Persönlichkeiten selbst dann nicht als Vorlagen verwendet wurden, wenn sie sicher identifiziert waren (vgl. S. 77–79). Die Fokussierung auf die Frage, wie getreu antike Vorbilder kopiert wurden, lässt aus dem Blick geraten, dass gerade die kreativen Deutungen, Umbildungen und Neuschöpfungen im jeweiligen Kontext spezifische Funktionen übernehmen konnten. Dabei spielten wohl unterschiedliche Interessen eine Rolle, etwa der Gedanke, eine vollständige Serie zu gestalten. Genauso oft war aber wohl auch der Wunsch maßgeblich, durch die Aufnahme eines bestimmten Porträts in die eigene Kollektion mit anderen Sammlern konkurrieren zu können. Dieses Bestreben ließ sich oft nur durch Replizierung eines spezifischen Kopfes erfüllen, wobei die Frage nach der historischen Authentizität der Benennung nicht ausschlaggebend war.

Für die Zukunft wünscht man sich weitere Materialvorlagen zu den Porträtserien antiker Persönlichkeiten in ganz Europa, um das Phänomen insgesamt in den Blick nehmen zu können. Die Dokumentation der Herrenhäuser Bildnisgalerie wird in ihrer Vollständigkeit einen Ausgangspunkt für alle darstellen, die sich künftig mit vergleichbaren Phänomenen befassen wollen.

Berlin   Charlotte Schreiter